《中国河湖大典》编纂委员会 编著
Compiled by: Editorial Committee of
Encyclopedia of Rivers and Lakes in China

中国河湖大典

ENCYCLOPEDIA OF RIVERS AND LAKES IN CHINA

【黑龙江、辽河卷】
SECTION OF HEILONG RIVER
AND LIAOHE RIVER BASINS

中国水利水电出版社
China Water & Power Press

封面题字　敬正书

图书在版编目（CIP）数据

中国河湖大典 = Encyclopedia of rivers and lakes in China. 黑龙江、辽河卷 /《中国河湖大典》编纂委员会编著. -- 北京：中国水利水电出版社，2014.4
　　ISBN 978-7-5170-1950-3

Ⅰ. ①中… Ⅱ. ①中… Ⅲ. ①河流—概况—中国②湖泊—概况—中国③黑龙江—概况④辽河—概况　Ⅳ. ①K928.4

中国版本图书馆CIP数据核字（2014）第088172号

审图号：GS（2013）1975号

书　　名	**中国河湖大典　黑龙江、辽河卷** ENCYCLOPEDIA OF RIVERS AND LAKES IN CHINA SECTION OF HEILONG RIVER AND LIAOHE RIVER BASINS
版　　权	《中国河湖大典》编纂委员会 中　国　水　利　水　电　出　版　社
出版发行	中国水利水电出版社 （北京市海淀区玉渊潭南路1号D座　100038） 网址：www.waterpub.com.cn E-mail：sales@waterpub.com.cn 电话：（010）68367658（发行部）
经　　售	北京科水图书销售中心（零售） 电话：（010）88383994、63202643、68545874 全国各地新华书店和相关出版物销售网点
排　　版	中国水利水电出版社微机排版中心
印　　刷	北京新华印刷有限公司
规　　格	210mm×285mm　16开本　28印张　1305千字　1插页
版　　次	2014年4月第1版　2014年4月第1次印刷
印　　数	0001—3000册
定　　价	**258.00元**

凡购买我社图书，如有缺页、倒页、脱页的，本社发行部负责调换
版权所有·侵权必究

《中国河湖大典》编纂委员会

主　任：敬正书

副主任：矫　勇　　周　英　　陈小江

委　员：（按姓名笔画排序）

　　　　于　睿　　于丛乐　　王世江　　王仕尧　　王扬俊　　王全胜　　王孝忠
　　　　王宏江　　王忠法　　王晓东　　戈　锋　　文　明　　邓　坚　　叶建春
　　　　叶勇义　　史会云　　白玛旺堆　匡尚富　　吕振霖　　仲　刚　　朱开茗
　　　　朱芳清　　朱宪生　　任宪韶　　庄　先　　刘　震　　刘水在　　刘兰育
　　　　刘伟民　　刘雅鸣　　汤鑫华　　许文海　　孙砚方　　孙晓山　　孙继昌
　　　　孙雪涛　　纪　冰　　杜昌文　　李代鑫　　李英明　　李国英　　李洪波
　　　　李清林　　杨志英　　肖　友　　吴存荣　　吴洪相　　冷　刚　　宋光禄
　　　　宋继峰　　张红兵　　张志彤　　张拓原　　张金如　　张绮文　　张嘉毅
　　　　张德新　　陆　兵　　陈　川　　岳中明　　金俊杰　　周日方　　周运龙
　　　　周学文　　郑连第　　赵　伟　　赵文元　　钟想廷　　段安华　　袁进琳
　　　　耿福明　　顾　浩　　党连文　　钱　敏　　高　波　　高而坤　　黄柏青
　　　　盛维德　　康国玺　　宿　政　　彭述明　　董克义　　蒋尊玉　　韩乃义
　　　　程　静　　焦志忠　　谢承或　　蔡其华　　谭策吾　　黎　平　　滕胜叶
　　　　潘军峰　　戴军勇

主　编：敬正书

常务副主编：顾　浩　　郑连第

副主编：蔡其华　　李国英　　钱　敏　　邓　坚　　任宪韶　　岳中明　　党连文
　　　　叶建春　　刘雅鸣　　匡尚富　　汤鑫华　　戴定忠　　胡昌支

《中国河湖大典》专家组

组　　长：郑连第

副组长：焦得生

成　　员：陆孝平　窦以松　李文垠　窦鸿身　赵魁义　徐根才　张卫东

《中国河湖大典》编纂委员会办公室

主　　任：胡昌支

副主任：穆励生　王　丽

成　　员：（按姓名笔画排序）

马爱梅　王可欣　王海琴　王德鸿　冯红春　纪　红　吉鑫丽

曲大鹏　杜丙照　李忠胜　李金玲　吴　娟　崔志强　程　锐

《黑龙江、辽河卷》终审专家：（按姓名笔画排序）

丁泽民　李代鑫　张卫东　陆孝平　郑连第　赵广和　顾　浩

黄朝忠　焦得生　蔡　蕃

松辽分支编纂委员会

主　任：**党连文**

副主任：朱振家　肖　友　张德新　仲　刚　陈　欣　宋光禄

松辽分支编纂委员会办公室

主　任：于洪民

副主任：陈志云

成　员：侯吉长　徐　青　张立杰　王跃刚　宋艳春　刘　芳　管万凯　吴黎明　杨亚军　高永敏　张淑敏

松辽分支专家组

组　长：李海路　武龙甫

成　员：宋为民　王丹予　王成梓　袁国臣

松辽分支编纂人员名单

主　编：党连文

副主编：于洪民　陈志云　侯吉长

主要编写人员：（按姓名笔画排序）

刁延辉　于　颖　于文祥　马　弛
马志民　马林蛟　马明印　王　华
王　志　王　勇　王　野　王　鹏
王　燕　王友为　王丹红　王在兴
王成梓　王先成　王守民　王志爱
王丽娟　党连榆　王怀军　王国军
王忠成　王金芳　王金阁　王金宽
王春林　王春梅　王春雷　王政坤
王贵锁　王家枢　王桂峰　王维喜
王德军　尹子龙　尹成敏　尹祥辉
石百顺　卢　静　卢家保　叶长增
田志坤　田喜龙　白云峰　白中义
白连军　白景贵　丛玉林　丛庆滋
边　境　冯尚伟　冯明祥　冯宝元
宁兆壮　毕孟君　吕云峰　吕　平
吕　安　吕喜仁　朱　军　朱　辉
朱云庆　朱世阁　朱阴成　朱海滨
伊　涛　刘　芳　刘　奇　刘　岩
刘　洋　刘文生　刘东宁　刘西哲
刘成刚　刘国敏　刘国锋　刘明波
刘佰林　刘晨曦　刘崇楼　刘福永
刘群义　刘潭中　齐勇才　齐跃峰
闫舜皆　许明坤　孙卫军　孙世海
孙艳凤　孙梅杰　孙景泉　孙蔓丽
苏　荣　杜宏伟　杜绍清　杜新民
李　力　李　成　李　胜　李　爽
李少堂　李任江　李向国　李庆玥
李兴文　李志学　李作雄　李国新
李明德　李忠江　李绍堂　李宪军
李恩茂　李铁峰　李绪生　李　晶
李道庆　杨　旭　杨长兴　杨玉久
杨维夫　时百顺　吴文宝　吴玉波

吴殿哲	邱立军	邹新来	宋　凯	**参加编写人员：（以姓名笔画排序）**
宋艳春	宋福君	宋德余	张义夫	丁　勇　于　冰　王晓昕　王晓妮
张玉泉	张世全	张东国	张永久	王鹏勃　尹雄锐　曲　洋　曲大力
张永保	张永胜	张伟石	张丽霞	关　雪　李光华　李应硕　李树军
张拥慧	张国君	张金萍	张树仁	李　鹏　邱阳华　张　敏　张　鹤
张思平	张景哲	张瑞虹	陆殿阁	张政一　陈　伟　陈　娟　林　岚
陈　杰	陈树华	陈新国	陈赫忠	季叶飞　赵瑞娟　胡春媛　侯　琳
邵承南	邵　锋	范朝辉	国　志	贺石良　贾长青　夏友军　高　远
岳雅静	金　严	周世勇	周成富	曹国忠　梁团豪　董丽丹　谢艾楠
周庆瑜	周洪林	周德发	郑秀文	**审稿：（按姓名笔画排序）**
郑春成	郑　强	孟凡平	孟庆福	王丹予　王成梓　李海路　宋为民
赵连玉	赵环宇	赵英君	赵松丽	张德福　陈志云　相玉梅　侯吉长
赵学义	赵孟芹	赵洪年	南广顺	袁国臣
相玉梅	钟占华	段茗衡	侯吉长	
侯远旭	姜　智	姜玉婷	姜润文	**照片提供人员：（按姓名笔画排序）**
洪万平	宫　巍	秦显锋	袁志山	王　志　王　聪　王业安　王全军
桂武南	夏守筠	顾延芹	倪　伟	王兴林　方殿君　巴雅尔图　艾德民
倪红军	徐　飞	徐　青	徐艳春	刘长青　刘　勇　孙　艾　孙国伟
高文宏	高玉忠	高永敏	高春晖	李国良　李　明　李静林　杨　孝
高振家	高海菊	郭海军	郭鹏飞	杨　波　杨忠城　吴继学　张玉岭
梁　冰	曹雪松	盛长顺	鄂　志	张　旭　张　明　张　爽　张肖楠
崔允东	崔俊舟	矫礼华	阎长坤	张宝贵　陈张羽　罗兆军　郑秀文
盖红军	寇　宁	隋　意	彭　毅	宝　林　宗树兴　孟令钦　赵贵斌
董巧红	董忠龙	韩玉梅	韩光辉	侯　非　徐　青　高庭兴　陶　然
傅　军	曾宪利	谢　斌	雷庆勇	葛文军　温立权　蔡克平　臧砚明
綦志仁	裴梦竹	燕树立		

编修当代水经　服务千秋伟业
——《中国河湖大典》序

　　水是人类和一切生物生存的物质基础，是发展经济、保护环境、改善民生的基础性自然资源和战略性经济资源。我国幅员辽阔，地形多样，气候复杂，河湖众多，流域面积超过 1 000 平方千米的河流有 1 500 多条，湖水面积在 1 平方千米以上的湖泊达 2 939 个。先民逐水而居，以水为伴，既享受江河湖泊的恩惠，也遭受洪魔旱魃的侵扰。从大禹治水开始，中华民族始终在同水旱灾害作斗争。上下 5 000 年，一部中国历史，从一定意义上讲，也是中国人民兴水利、除水害的历史。

　　"善治国者先治水"。新中国成立以来，党和政府带领全国人民开展了大规模水利建设，初步形成了防洪、排涝、灌溉、供水、发电等比较完整的水利工程体系，全国已建成江河堤防 28.69 万千米，是新中国成立之初的 7 倍，相当于环绕地球赤道 7 圈多；各类水库数量从 1 223 座增加到 2008 年的 86 353 座，总库容从约 200 亿立方米增加到 6 924 亿立方米；供水量从 1 031 亿立方米增加到 5 828 亿立方米；农田有效灌溉面积从新中国成立之初的 2.4 亿亩扩大到目前的 8.77 亿亩；累计解决了 2.72 亿农村人口的饮水困难和 1.65 亿农村人口的饮水不安全问题，以及 3 亿多无电人口的用电问题；治理水土流失面积 101.6 万平方千米。我国以占世界 6% 的淡水资源、9% 的耕地养育了占世界 21% 的人口并向全面小康社会迈进，这是中华民族 5 000 年文明史上前所未有的伟大成就，也是中国人民对世界发展作出的巨大贡献。

　　当前和今后一个时期，我国正处于全面建设小康社会、加快推进社会主义现代化的关键阶段。人多水少，水资源时空分布不均、水土资源与生产力布局不相匹配，是我国将要长期面对的基本水情。特别是受全球气候变化影响，近年来我国极端水旱灾害事件呈多发频发突发趋势，洪涝灾害、干旱缺水、水体污染和水土流失等水问题更加复杂。党和政府高度重视解决水问题，把节约资源、保护环境作为基本国策，大力倡导并深入落实科学发展观。水利部门结合实际提出了可持续发展治水思路，坚持以人为本，坚持人与自然和谐，以民生水利发展为重点，以节水防污型社会建设为途径，以水资源可持续利用为目标，对水资源进行合理开发、高效利用、综合治理、优化配置、全面节约、有效保护和科学管理，推进传统水利向现代水利、可持续发展水利转变，以水资源的可持续利用保障经济社会的可持续发展。我们期望并且坚信，到2020年我国全面建设小康社会目标实现之时，人民群众的防洪安全将得到可靠保障，城乡居民普遍享有安全清洁的饮用水，水环境和水生态状况显著改善，祖国的山更绿、水更清、天更蓝。

盛世修典是中华民族的优良传统。作为水资源主要载体和水旱灾害的地表源头，河流和湖泊历来受到高度重视，描述河湖的文献成为中华民族文化宝库中的重要典藏。公元6世纪郦道元所著的《水经注》，以更早记载我国江河水道的古书——《水经》为纲，溯源探流，访渎搜渠，以辞约意丰、情韵悠然的笔触，记述了1 500多年前我国自然地理、人文地理、历史地理面貌，成为后世人们了解全国水资源、水环境及其开发利用状况的主要依据。其后，历代也出现过一些描述河湖的文献，但其内容的广度和深度都无法与《水经注》相比。今人为此作出过很多努力，出版了一些有关中国河湖及水资源的书籍，但仍未能反映我国河湖水系的全貌。新世纪以来，随着经济社会发展和水资源条件变化，随着治水思路调整和水利实践深入，编纂出版《中国河湖大典》（以下简称《大典》），全面、准确地反映我国江河湖泊的历史和现状，弘扬、传承中华水文化，引导社会科学治水，维护河流生态健康，自然成为水利人和各界有识之士的迫切愿望与神圣使命。

水利部党组高度重视《大典》的编纂出版工作。2004年3月，水利部原部长汪恕诚同志作出批示，请时任水利部党组副书记、副部长的敬正书同志担任全书编委会主任兼主编，组成了由有关司局、流域机构及有关各省、市、自治区水利（务）厅（局）等单位负责人为委员的编委会，下设编委会办公室，组织有关专家成立全书专家组；各流域机构和地方水利部门也成立了相应的工作机构，组织了精干力量。敬正书同志不仅亲自著书、审稿，还多次深入各地指导编纂工作，协调处理编纂过程中遇到的各种困难，创造性地解决了大量关键难题，付出了巨大辛劳。各地撰稿人员和有关专家孜孜不倦、辛勤耕耘，或埋头著述，或字斟句酌，或旁征博引，或探幽发微，奠定了《大典》的基础。全书编委会办公室（中国水利水电出版社）和各地编纂办公室工作人员上下沟通，多方协调，充分发挥了桥梁和纽带作用。《大典》涉及编纂人员数千人，既有水利系统领导干部，也有系统内外专业人才，既有水利水电专家，也有地理学科权威。作者阵容之强大，组织工作之繁复，我国水利出版史鲜见。编纂工作不仅要对已有资料进行系统梳理与整编，还要对许多无人区进行开创性勘探、调查与研究；不仅要纠正历史讹误，明辨是非曲直，努力正本清源，还要秉持科学理念，描绘崭新实践，充实时代元素；不仅要善于突破地理盲区，还要勇于超越思想藩篱。可以说，《大典》不仅是我国江河湖泊面貌和水利实践过程的真实写照，也是"献身、负责、求实"水利行业精神的具体展现。借此机会，谨向参与编纂出版工作的同志们表示由衷的敬意和诚挚的感谢!

《大典》以我国河流湖泊的当代水文水资源状况为主、水利工程建设情况为辅，涉及地理、历史、环境、生态、农业、文化、经济和社会等领域，以现有权威水文资料、史志资料为依托，借鉴《水经注》的行文方式，通过图文并茂的装帧版式，对我国河流湖泊的基本资料进行系统收集、整理、加工和提炼，客观描述当今中国河流湖泊的基本状况，反映 21 世纪初人类对江河湖泊利用、保护、治理的新理念，是一部具有重要存史价值和重大现实意义的权威工具书，可为水利部门、社会各界乃至国际人士提供新颖、系统、准确、便捷的参考信息，为我国水利事业和经济社会的可持续发展服务。

中华民族悠久灿烂的文明史，中华大地多姿多彩的水景观，孕育了具有鲜明特色的水文化。新中国成立以来波澜壮阔的治水实践和举世瞩目的治水成就，又极大地丰富和发展了水文化。在新的历史时期，我们既要充分认识传统水文化的历史意义和现实价值，对传统水文化进行科学梳理、深入挖掘和系统总结，传承和发扬先进水文化；也要从广泛生动的水利实践中汲取时代精神，在人民群众的治水行动中丰富水文化，在水利事业的发展进步中创新水文化，引导社会建立人水和谐的生产生活方式，促使水文化更好地适应经济社会健康发展的需要。《大典》的编纂是一项浩大的水文化工程，它的问世是水文化建设结出的硕果。《大典》以其所载信息的科学性、准确性、实用性、丰富性和系统性，确立了其在中国水利史册中的权威地位，堪称当代中国的《水经注》。希望广大水利干部职工珍爱《大典》，用好《大典》，使《大典》更好地服务于水利这一千秋伟业，更好地推动社会主义文化大发展大繁荣。

我相信，在科学发展观的引领指导下，在水利部门和社会各界的共同努力下，我国的水利事业必将取得更加辉煌的成就，我国的河流湖泊必将变得更加绚丽多彩、永葆生命健康。

是为序。

中华人民共和国水利部部长 陈雷

2009 年 9 月 27 日

编 纂 说 明

《中国河湖大典》(以下简称《大典》)是一部全面、科学、客观描述中国河流湖泊体系,重要河流湖泊自然、人文状况的大型典籍,由中华人民共和国水利部及其派出的流域管理机构组织各省、自治区、直辖市水行政主管部门负责人、水利系统内外相关专家学者组成的《大典》编纂委员会及其执行机构编纂完成,以供各界人士和有关方面了解或研究河流、湖泊之用。

中国幅员辽阔,不同地域气候、水文千变万化,地形、植被千差万别,河流、湖泊自然面貌千姿百态。中华民族悠久的历史又赋予这些河流湖泊深厚多彩的文化内涵。如何全面真实、深浅适度地将这些信息综合表述在统一的文本之中,现存的文献典籍鲜有可借鉴的先例。因此,编纂《大典》可以说是一项具有挑战性的工作。

《大典》编纂工作在启动伊始就受到社会各方的关注,财政部为此立项,新闻出版总署将其列入"十一五"重点图书出版规划。为保证编纂质量,编纂委员会组织水利、地理、历史等学界专家成立了专家组,各流域机构也组建了编纂机构与工作班子,广揽各方熟悉相关河湖的专家学者、工程技术人员、研究和关心河湖的人士作为撰稿人和审稿人,以使本《大典》更真实、更全面、更权威。

《大典》由序、编纂说明、分卷前言、总论、条目、插图、附表和索引等部分组成,其中条目即全书的正文,是《大典》的主体。各部分的编纂规则如下。

一、条目的含义、选列及编号

1. 含义

条目是《大典》的基本叙述单元,一般一个条目表述一条河流或一个湖泊,所指河湖包括天然河流、天然湖泊、著名的人工河流(包括运河、灌溉水系、引水渠道等)和人工湖泊(水库)。

2. 选列标准

中国河流和湖泊数量巨大,规模和影响差异悬殊,为使全书条目的总数合理,做到各地域间条目数量的大致平衡和内容相称,选列条目时河湖分为两类:第一类是在主要技术参数上达到一定规模的,第二类是规模以下但有特色或重要价值的。

(1)《大典》选列条目标准

达到一定规模的选列条目标准为:

天然河流,流域面积达到或超过1 000平方千米者(包括各级支流);

天然湖泊,水面面积达到或超过10平方千米者;

水库,总库容达到或超过1亿立方米者;

人工渠道,限规模大、历史悠久或社会影响独到者。

规模以下河湖数量众多,其中一些在自然、社会、经济、科技、环境、历史、文化、军事等领域具有突出价值或特殊影响,因此也被列入,称为规模以下列条河湖。这类条目入选的数量控制在第一类条目数量的1.0~1.5倍之间。

(2) 其他问题处理原则

1) 泉源、瀑布、湿地、水渠和水闸的列条问题。泉源、瀑布一般在相应的河流或湖泊中予以阐述；个别著名或特色突出者单独列条，但严格控制数量；各类湿地因与相关河流、湖泊不可分割，除极个别者外，没有单独列条，其内容在相关的河流、湖泊中阐述。我国水渠和水闸所形成的水域数量很大，它们都是开发治理河湖的工程，故在相应的河湖条目中给予表述。

2) "双源"或"多源"河流的列条问题。由于自然或社会的原因，少数河流没有公认的单一的主源头，而是有两个或多个并列的源头（例如，海河有潮白河、永定河、大清河、子牙河、漳卫南运河等）。此类河流通常既从整体上列选一个条目，在撰写释文时，概述部分以全河流域为撰写范围，说明此河有两个或多个并列的源头；纪实部分则从两源或多源的汇合处写起，直至入河（湖、海）口止；此外，又把两个或多个源头分别作为这条河流最上游的两条或多条支流另列条目。

3) 河网或河口的列条问题。平原河网地区，河流的干支关系与一般水系不同。《大典》把一定区域内有水流联系的水网作为一个水系列为条目；而水网中的水流如符合列条要求，就列为该水网的下一级条目。一些河流的河口，水流比较复杂，这一区域也作为一个河网予以列条。

3. 条目篇幅分档

为保持全书内容的分布均衡、繁简适当，《大典》在编纂过程中将条目按其篇幅分为7个层次：①特长条；②长条；③中长条；④中条；⑤中短条；⑥短条；⑦短短条。特长条用于极少数特别重要、内容特别丰富的河流，如长江、黄河；长条用于其他重要干流、特别重要的湖泊，如松花江、辽河、淮河、珠江、太湖、洞庭湖、鄱阳湖等；中长条用于七大流域下的重要支流、重要独流入海河流、重要内陆河流、重要湖泊和特大水库，如汉江、汾河、钱塘江、雅鲁藏布江、塔里木河、洪泽湖、三峡水库等；中条用于比较重要的河流、湖泊和水库，如文峪河、白洋淀、密云水库等；中短条用于一般的河流、一般的湖泊；短条用于其他内容偏少的河湖；短短条用于内容最少的河湖。

4. 条目编号

(1) 编号的表达形式

为便于读者阅读，《大典》对选列的河湖条目进行统一编号。每个条目都有唯一的编号，读者根据编号可以方便地查找条目在书中的准确位置。所有编号组成的体系，体现了本书列条的全国河流、湖泊的存在状况及相互关系。

条目编号的表达形式为×.×.×.×.×，其中每个"×"标示水系的一个干支层次，即几级支流。其具体编法是：

1) 从左侧开始，第一位×为流域分片的编号，也是该流域干流（一级列条河湖）的编号。水系和水系群体之间的排号顺序以东北为先，后续按顺时针方向依次排列。黑龙江及其流域片为1，辽河及其流域片为2，海河及其流域片为3，黄河及其流域片为4，淮河及其流域片为5，长江及其流域片为6，七大江河之外的独流入海河流为7，珠江及其流域片为8，海岛河流水系为9，内陆水系为10。

2) 前两位×.×为二级列条河湖编号。在相应的流域范围内，按二级列条河湖入河口在一级列条河湖干流上从上游到下游的顺序排列。湖泊水系编号与河流水系相同。

3) 前三位×.×.×为三级列条河湖编号。在相应的二级列条河湖流域范围内，按三级列条河湖入河口在二级列条河湖干流从上游到下游的顺序排列。其余依此类推。

4）条目编号示例

  6 长江   表示长江水系在全国水系中的编号为 6

  6.133 洞庭湖水系   表示洞庭湖水系在长江水系中的编号为 133

  6.133.5 湘江   表示湘江在洞庭湖水系中的编号为 5

  6.133.5.18 舂陵水   表示舂陵水在湘江水系中的编号为 18

  6.133.5.18.3 欧阳海水库   表示欧阳海水库在舂陵水水系中的编号为 3

（2）独流入海河流、内流河湖编号

《大典》把位于一个特定地区的七大江河以外的独流入海河流或内流河湖作为一个群体（例如东南诸河、广东沿海诸河、羌塘高原内流河湖等）当作一级水系进行编号，其中的河湖按上述原则依次进行编号。

（3）条目编号与条目总表

全书各卷条目按上述原则编成的条目编号体系形成《大典》条目总表，收录于《综合卷》。

5. 分卷安排

依据前述条目编号体系及各水系的地理位置，全书共分下列 10 卷：综合卷，黑龙江、辽河卷，海河卷，黄河卷，淮河卷，长江卷（上、下），东南诸河、台湾卷，珠江卷，西南诸河卷，西北诸河卷。

二、条目的结构

条目由条题、释文、示意图、照片等组成，释文是条目的主体。

1. 条题

条题由汉字条题和外文条题组成，外文条题是汉字条题对应的外文译名。

（1）一河多名

一河多名的情况甚多。《大典》规定：以国家明文规定的名字为条题，没有国家明文规定名称的河湖则以一个应用最广、在社会上影响最大的名字作为条题，其他名字则在释文中——列出。

（2）一河分段异名

一条河流上下游可能存在不同名称。对此，《大典》只选择权威认可的或在社会上最具影响的名字作为条题。如果不具备上述条件，则选择最下游一段河名作为条题。为使读者阅读和检索方便，有必要时，在条题后加括弧注明自上而下的河段名称。

（3）多河或多湖同名

多河或多湖同名者很多。由于在正文和附录中所有条目都是按条目编号排列的，在索引中所有河湖名称后面都注有其所在页码，故同名不会出现混淆问题。少数同名者在条题后面加注了所在地区。

2. 释文

释文是条目的核心内容，其主旨是介绍中国河流、湖泊的基本情况，重点是河湖的自然状况，有关经济、工程、文化、社会、历史的内容力求简洁明了，且紧扣人与河湖的相互关系。

释文一般由三部分组成：①题解，②概述，③纪实。

（1）题解

题解是对条题的概括说明。内容包括：河湖名称、别名、少数民族语言称谓、古名，河湖类型，河系关系，河湖发源地、入河（湖、海）口，流域所处经纬度（字数少的条目省略），干流行经及支流伸展所及省、自治区、直辖市。

（2）概述

概述是对河流、湖泊宏观情况的记述，主要包括下述内容：

1）河湖要素。

①天然河流：所在水系、自然环境概要、河道历史变迁、河长、流域面积、多年平均入海（河、湖）水量、输沙量。

②天然湖泊：湖河关系、自然环境概要、历史变迁、湖面面积及其丰枯变化、水质及其变化等。

③人工河流：功用及开发目标、水系关系、自然环境概要、河长、设计规模、建成时间等。

④水库：位置、自然环境概要、功用及开发目标、坝型、坝体主要尺寸、库容、库面面积及其丰枯变化、淤积情况、建成时间等。

2）气候水文。气候、降水、蒸发、多年平均流量、冰情、历史洪水等。

3）减灾兴利。旱涝灾害、水利史概述、水资源开发、防洪、灌溉、治涝、发电、航运、城市供水、水土保持等。

（3）纪实

自源头至入河（湖、海）口，依次记述流经地段、自然状况、人与河湖相互影响，属于微观情况描述。包括：

1）自然状况。地质地貌、水流（流态、变化、特殊洪水、断流、泉源、瀑布、地下河等）、沼泽、环境与生态（植被覆盖、生物资源及其多样性、珍稀动植物）等。

2）水事工程和遗迹。重要堤防、不列条水库、渠道、灌区、灌排设施等。

3）自然资源和社会经济概况。

4）与河湖相关的自然景观与文化遗存。城邑聚落、历史事件、民族文化、风景名胜（世界文化遗产和自然遗产、国家重点文物、国家风景名胜区、国家水利风景区等）、名人胜迹（历史人物在此地值得记忆的与河湖相关的遗迹）等。

5）与条目相关的不列条河湖的特色内容的简要表述。

3. 示意图

在《大典》条目的释文中，附加了一些平面布置图或河流水系示意图、湖区示意图、库区示意图等。

4. 照片

部分条目配有照片，与释文相互印证和烘托。多数照片反映自然生态，也有部分照片反映人文和工程面貌。

5. 其他

（1）水利工程本身的描述原则

《大典》不只是水利著作，故对水利工程不作专业详述，主要记述工程在人与河湖关系中的作用，扼要地反映工程的科学技术水平。

（2）水库的描述原则

水库是作为人工湖泊而列条的。《大典》主要描述其形成、规模、形状，人与水库的关系，经济社会效益，以及相关生态、环境情况。

（3）条目与行政区划的关系

条目撰写以水系为单元，不受行政区划的分割。

三、《大典》的其他组成部分

1. 地图与水系图插页

地图与水系图分为 3 个层次：

（1）全国地图

包括中国政区图、中国地形图、中国河流水系及水资源分区图等。

（2）大流域和大地区水系图

1）大流域水系图包括七大江河的水系图。

2）大地区水系图包括七大江河水系以外由大地区联系的河湖水系图，涉及东南诸河、西南诸河、西北诸河等。

3）七大江河以外无法划入大地区的河湖，根据水资源分区和流域管理范围，分别划入大流域或大地区。

（3）重要支流水系图

一些大流域或大地区水系图比例尺较小，所展示的内容有限。因此，把大流域、大地区按大支流、干流区间或独立的小流域群分片，绘制若干支流水系图，显示相应范围内的列条河湖的流向及干支关系。

根据《大典》的宗旨，所附地图或水系图与一般的地图不同，其核心内容是河湖水系。除标出居民点等必要信息外，其他内容尽量简化。

2. 附表

（1）全国水系一览表

列条河湖数量有限，为了更全面展示我国河湖总体情况，在《综合卷》中编列了"全国水系一览表"，把收录范围扩大为：河流流域面积 100 平方千米，湖泊水面面积 1 平方千米，水库库容 100 万立方米及其以上规模。

（2）其他附表

为使读者更方便、清晰地了解各列条河湖要素及相关事项，《大典》在各卷之末增列一些附表，如"列条河流一览表"、"列条湖泊一览表"、"列条水库一览表"、"灌溉面积在 2 万公顷以上的灌区一览表"。

3. 索引

《大典》中河湖数量众多，相互关系错综复杂，为方便读者查阅，每卷后设"条题汉字笔画索引"、"条题外文索引"和"内容索引"。内容索引中的河湖名有黑体和宋体两种，黑体为列条河湖，宋体为列条河湖的别称、又称和未列条河湖。内容索引中宋体的河湖名在释文中用楷体标示，以方便检索。释文中标示为斜体的为列条河湖名，表示读者可在专条查阅该河湖的知识，此处不赘述。

《黑龙江、辽河卷》前言

　　黑龙江（中国侧）及其在我国境内的最大支流松花江，以及辽河和一些独流入海河流构成了东北地区水系网，尤其是松花江和辽河，纵横东北大地东西南北，浇灌着黑龙江省、吉林省、辽宁省、内蒙古自治区三市一盟和河北承德市部分地区的松辽流域 124.9 万平方千米肥沃土地，养育着 1.1 亿多勤劳的人民。松花江和辽河均属中国七大江河之列。

　　东北地区拥有众多的国际河流，黑龙江上游中的额尔古纳河、黑龙江中游、黑龙江支流乌苏里江为中俄界河；额尔古纳河支流哈拉哈河、克鲁伦河分别为中蒙界河和跨境河流；鸭绿江和图们江为中朝界河；绥芬河为中朝跨境河流。此外还有界湖，兴凯湖为中俄界湖，呼伦湖、贝尔湖为中蒙界湖。

　　东北地区地处我国最北端，幅员辽阔，地大物博，自然资源丰富，人文底蕴深厚，多个少数民族风情独特，在我国经济社会中占十分重要的地位。

　　《中国河湖大典　黑龙江、辽河卷》（以下简称《黑、辽卷》）是一部翔实地记述黑龙江（中国侧）和辽河水系的自然概貌、开发利用、保护与治理、人文历史遗存的重要基础性文献。《黑、辽卷》的编纂出版，将为广大读者提供东北地区水系的河情、水情信息、人文史实，从而促进水利事业的发展，服务社会，惠及当代，造福子孙。根据东北地区河湖具体情况，《黑、辽卷》把东北地区河湖分成五大水系，即黑龙江水系、辽河水系、日本海水系、黄海水系及渤海水系。其中黑龙江水系为黑龙江我国境内的河流和湖泊；日本海、黄海及渤海水系分别为注入日本海、黄海及渤海的河流。《黑、辽卷》所列条目总计 551 条，依据类型分类，河流条目为 390 条，水库条目 101 条，湖泊条目 60 条。其中独流入海水系中日本海水系 22 条，黄海水系 48 条，渤海水系 39 条。所列附表为四种，分别为"列条河流一览表"、"列条水库一览表"、"列条湖泊一览表"及"灌溉面积在 2 万公顷以上的灌区一览表"。附图有水系图和水系示意图，其中水系图 16 幅，水系示意图 50 幅，彩色照片 917 张。

　　《黑、辽卷》是《中国河湖大典》的组成部分，由水利部松辽水利委员会组织编纂。2004 年 11 月，根据水利部统一部署，松辽水利委员会成立了编纂委员会，下设办公室和专家组，具体负责编纂工作的实施。流域内的黑龙江省、吉林省、辽宁省、内蒙古自治区及大连市也分别成立了编纂机构，组织开展条目的撰稿工作。

《黑、辽卷》编纂过程中，得到了《中国河湖大典》编委会和水利部专家组的指导，全体编纂人员倾注了大量的心血，付出了艰辛的劳动，在《黑、辽卷》出版发行之际，谨向《中国河湖大典》编委会、有关专家、各承编单位和全体编纂人员致以诚挚的感谢！

由于东北地区北端属高寒地区，人烟稀少，加之国际河流的原故，资料文献匮乏，尽管撰写人员尽了最大的努力，仍难免有疏漏不足之处，敬请专家学者和广大读者批评指正。

编者

目 录

编修当代水经　服务千秋伟业——《中国河湖大典》序
编纂说明
《黑龙江、辽河卷》前言

黑 龙 江 水 系
Heilong River Basin

1　黑龙江（Heilongjiang River） ··· 1

一、干流　源头—松花江口
Main Stream（Headstream to Songhua River Mouth）

1.1　库都尔河（Kuduer River） ················ 11	1.10.3　敖鲁古雅河（Aoluguya River） ········ 26
1.2　免渡河（Miandu River） ····················· 11	1.10.4　安格林河（Angelin River） ·············· 26
1.2.1　乌奴耳河（Wunuer River） ············· 12	1.11　阿巴河（Aba River） ························ 27
1.2.2　扎墩河（Zhadun River） ················ 12	1.12　乌玛河（Wuma River） ···················· 27
1.3　特尼河（Teni River） ·························· 12	1.13　恩和哈达河（Enhehada River） ········ 27
1.4　伊敏河（Yimin River） ························ 13	1.14　额木尔河（Emuer River） ·················· 27
1.4.1　敖宁高勒（Aoninggaole River） ······ 14	1.14.1　老槽河（Laocao River） ················ 29
1.4.2　苇特根河（Weitegen River） ··········· 15	1.14.2　大林河（Dalin River） ···················· 30
1.4.3　锡尼河（Xini River） ························ 15	1.14.2.1　古莲河（Gulian River） ··············· 30
1.4.4　辉河（Huihe River） ························ 16	1.14.3　二龙河（Erlong River） ··················· 30
1.5　莫尔格勒河（Moergele River） ·········· 16	1.15　盘古河（Pangu River） ····················· 31
1.6　呼伦湖（Hulun Lake） ························ 17	1.16　西尔根气河（Xiergenqi River） ········· 31
1.6.1　克鲁伦河（Kelulun River） ·············· 18	1.16.1　小西尔根气河（Xiaoxiergenqi River） ···· 32
1.6.2　乌尔逊河（Wuerxun River） ············ 19	1.17　呼玛河（Huma River） ····················· 32
1.6.2.1　哈拉哈河（Halaha River） ··········· 20	1.17.1　卡玛兰河（Kamalan River） ·········· 34
1.6.2.2　贝尔湖（Beier Lake） ··················· 20	1.17.2　塔河（Tahe River） ························ 35
1.6.2.3　好来音河（Haolaiyin River） ········ 21	1.17.3　倭勒根河（Wolegen River） ··········· 35
1.7　根河（Genhe River） ·························· 21	1.17.3.1　内倭勒根河（Neiwolegen River） ··· 36
1.7.1　图里河（Tuli River） ························ 22	1.17.4　绰纳河（Chuona River） ················ 36
1.7.1.1　伊图里河（Yituli River） ················ 23	1.17.5　古龙干河（Gulonggan River） ······· 37
1.7.2　依根河（Yigen River） ····················· 23	1.18　宽河（Kuanhe River） ······················· 37
1.8　得耳布尔河（Deerbuer River） ·········· 23	1.18.1　汗达河（Handa River） ·················· 38
1.8.1　哈乌尔河（Hawuer River） ·············· 24	1.19　法别拉河（Fabiela River） ··············· 38
1.9　莫尔道嘎河（Moerdaoga River） ······· 24	1.19.1　象山水库（Xiangshan Reservoir） ··· 39
1.10　激流河（Jiliu River） ·························· 24	1.20　公别拉河（Gongbiela River） ············ 39
1.10.1　阿龙山河（Alongshan River） ······· 26	1.20.1　西沟水库（Xigou Reservoir） ········· 40
1.10.2　满归河（Mangui River） ················ 26	1.21　逊毕拉河（Xunbila River） ················ 40

1

1.21.1　辰清河（Chenqing River） ……… 42	1.22.1　库尔滨水库（Kuerbin Reservoir） ……… 45
1.21.2　卧牛河（Woniu River） ……… 42	1.22.2　二皮河（Erpi River） ……… 46
1.21.3　茅兰河（Maolan River） ……… 43	1.23　乌云河（Wuyun River） ……… 46
1.21.4　沾河（Zhanhe River） ……… 43	1.24　结烈河（Jielie River） ……… 47
1.21.4.1　都鲁河（Dulu River） ……… 44	1.25　乌拉嘎河（Wulaga River） ……… 47
1.21.5　乌底河（Wudi River） ……… 44	1.26　嘉荫河（Jiayin River） ……… 48
1.22　库尔滨河（Kuerbin River） ……… 45	

二、松花江水系
Songhua River Basin

1.27　松花江（Songhua River） ……… 49	1.27.19　雅鲁河（Yalu River） ……… 80
1.27.1　罕诺河（Hannuo River） ……… 56	1.27.19.1　阿木牛河（Amuniu River） ……… 82
1.27.2　卧都河（Wodu River） ……… 56	1.27.19.2　卧牛河（Woniu River） ……… 82
1.27.3　那都里河（Naduli River） ……… 56	1.27.19.3　济沁河（Jiqin River） ……… 83
1.27.3.1　古里河（Guli River） ……… 57	1.27.19.4　罕达罕河（Handahan River） ……… 83
1.27.4　多布库里河（Duobukuli River） ……… 57	1.27.20　绰尔河（Chaoer River） ……… 84
1.27.5　欧肯河（Ouken River） ……… 57	1.27.20.1　哈布气河（Habuqi River） ……… 86
1.27.6　门鲁河（Menlu River） ……… 58	1.27.20.2　托欣河（Tuoxin River） ……… 86
1.27.6.1　泥鳅河（Niqiu River） ……… 59	1.27.20.3　龙江湖（Longjiang Lake） ……… 86
1.27.7　科洛河（Keluo River） ……… 59	1.27.20.4　岱古敖泡（Daiguaopao Lake） ……… 87
1.27.7.1　沐河（Muhe River） ……… 60	1.27.21　二龙套河（Erlongtao River） ……… 87
1.27.8　甘河（Ganhe River） ……… 60	1.27.21.1　洋沙泡（Yangshapao Lake） ……… 87
1.27.8.1　克一河（Keyi River） ……… 61	1.27.21.2　苇子沟泡（Weizigoupao Lake） ……… 88
1.27.8.2　阿里河（Ali River） ……… 61	1.27.21.3　高棉泡（Gaomianpao Lake） ……… 88
1.27.8.3　奎勒河（Kuile River） ……… 62	1.27.22　乌裕尔河（Wuyuer River） ……… 88
1.27.8.3.1　卧罗河（Woluo River） ……… 62	1.27.22.1　润津河（Runjin River） ……… 90
1.27.9　霍日里河（Huorili River） ……… 63	1.27.22.2　泰西河（Taixi River） ……… 90
1.27.10　尼尔基水库（Nierji Reservoir） ……… 63	1.27.22.3　双阳河（Shuangyang River） ……… 90
1.27.11　讷谟尔河（Nemoer River） ……… 65	1.27.22.3.1　双阳河水库（Shuangyanghe Reservoir） ……… 91
1.27.11.1　山口水库（Shankou Reservoir） ……… 67	1.27.22.4　东升水库（Dongsheng Reservoir） ……… 92
1.27.11.2　石龙河（Shilong River） ……… 67	1.27.22.4.1　龙虎泡水库（Longhupao Reservoir） ……… 92
1.27.11.2.1　五大连池（Wudalianchi Lake） ……… 68	1.27.22.4.2　克钦湖（Keqin Lake） ……… 93
1.27.11.3　老莱河（Laolai River） ……… 69	1.27.22.4.3　南山湖（Nanshan Lake） ……… 93
1.27.12　北引渠道（Beiyin Channel） ……… 69	1.27.22.4.4　连环湖（Lianhuan Lake） ……… 93
1.27.12.1　大庆水库（Daqing Reservoir） ……… 71	1.27.22.4.5　齐家泡（Qijiapao Lake） ……… 94
1.27.12.2　红旗泡水库（Hongqipao Reservoir） ……… 71	1.27.22.4.6　月饼泡（Yuebingpao Lake） ……… 94
1.27.13　诺敏河（Nuomin River） ……… 72	1.27.22.4.7　庄头泡（Zhuangtoupao Lake） ……… 95
1.27.13.1　毕拉河（Bila River） ……… 73	1.27.22.4.8　马勒盖泡（Malegaipao Lake） ……… 95
1.27.13.1.1　讷门河（Nemen River） ……… 74	1.27.22.4.9　五棵树泡（Wukeshupao Lake） ……… 95
1.27.13.1.2　扎文河（Zhawen River） ……… 74	1.27.22.4.10　喇嘛寺泡（Lamasipao Lake） ……… 95
1.27.13.2　格尼河（Geni River） ……… 74	1.27.22.4.11　石人沟后堵泡（Shirengouhoudupao Lake） ……… 95
1.27.14　黄蒿沟（Huanghaogou River） ……… 75	1.27.22.4.12　大金泡（Dajinpao Lake） ……… 96
1.27.14.1　太平湖水库（Taipinghu Reservoir） ……… 76	1.27.22.5　南引水库（Nanyin Reservoir） ……… 96
1.27.15　阿伦河（Alun River） ……… 77	1.27.22.5.1　西大海（Xidahai Lake） ……… 97
1.27.16　音河（Yinhe River） ……… 78	1.27.22.5.2　东大海（Dongdahai Lake） ……… 97
1.27.16.1　音河水库（Yinhe Reservoir） ……… 79	1.27.22.6　茂兴湖（Maoxing Lake） ……… 97
1.27.17　鸿雁泡（Hongyanpao Lake） ……… 80	1.27.23　哈尔挠泡（Haernaopao Lake） ……… 97
1.27.18　库勒河（Kule River） ……… 80	

1.27.24	老鸹窝泡（Laoguawopao Lake）	97
1.27.25	莫什海泡（Moshihaipao Lake）	98
1.27.26	洮儿河（Taoer River）	98
1.27.26.1	哈干河（Hagan River）	100
1.27.26.2	察尔森水库（Chaersen Reservoir）	100
1.27.26.3	归流河（Guiliu River）	102
1.27.26.3.1	阿德河（Ade River）	103
1.27.26.4	蛟流河（Jiaoliu River）	103
1.27.26.4.1	那金河（Najin River）	103
1.27.26.4.2	额木特河（Emute River）	104
1.27.26.4.2.1	向海水库（Xianghai Reservoir）	104
1.27.26.5	月亮湖水库（Yuelianghu Reservoir）	105
1.27.26.6	嘎海后泡（Gahaihoupao Lake）	106
1.27.26.7	西二龙泡（Xi'erlongpao Lake）	106
1.27.26.8	新荒泡（Xinhuangpao Lake）	106
1.27.26.9	莫莫格泡（Momogepao Lake）	106
1.27.26.10	鹅头泡（Etoupao Lake）	107
1.27.26.11	弯垅泡（Wanlongpao Lake）	107
1.27.27	霍林河（Huolin River）	107
1.27.27.1	坤都冷河（Kunduleng River）	109
1.27.27.2	四海泡（Sihaipao Lake）	110
1.27.27.3	十三泡（Shisanpao Lake）	110
1.27.27.4	四十六泡（Sishiliupao Lake）	110
1.27.27.5	腰井泡（Yaojingpao Lake）	110
1.27.27.6	牛心套堡泡（Niuxintaobaopao Lake）	110
1.27.27.7	大布苏湖（Dabusu Lake）	111
1.27.27.8	张家泡（Zhangjiapao Lake）	111
1.27.27.9	花敖泡（Hua'aopao Lake）	111
1.27.27.10	小西米泡（Xiaoximipao Lake）	112
1.27.27.11	利民泡（Liminpao Lake）	112
1.27.27.12	新庙泡（Xinmiaopao Lake）	112
1.27.27.13	查干湖（Chagan Lake）	112
1.27.27.14	大库里泡（Dakulipao Lake）	113
1.27.28	第二松花江（Diersonghua River）	114
1.27.28.1	长白山天池（Changbaishan Tianchi Lake）	118
1.27.28.2	五道白河（Wudaobai River）	119
1.27.28.3	两江水库（Liangjiang Reservoir）	119
1.27.28.4	古洞河（Gudong River）	120
1.27.28.4.1	富尔河（Fuer River）	120
1.27.28.5	头道白河（Toudaobai River）	121
1.27.28.6	露水河（Lushui River）	121
1.27.28.7	头道松花江（Toudaosonghua River）	122
1.27.28.7.1	松山水库（Songshan Reservoir）	123
1.27.28.7.2	锦江（Jinjiang River）	123
1.27.28.7.3	松江河（Songjiang River）	123
1.27.28.7.3.1	小山水库（Xiaoshan Reservoir）	124
1.27.28.7.3.2	大蒲春河（Dapuchun River）	124
1.27.28.7.4	珠子河（Zhuzi River）	124
1.27.28.7.5	那尔轰河（Naerhong River）	125
1.27.28.8	白山水库（Baishan Reservoir）	125
1.27.28.9	山麻河（Shanma River）	127
1.27.28.10	红石水库（Hongshi Reservoir）	127
1.27.28.11	辉发河（Huifa River）	128
1.27.28.11.1	海龙水库（Hailong Reservoir）	131
1.27.28.11.2	大横道河（Dahengdao River）	131
1.27.28.11.3	莲河（Lianhe River）	131
1.27.28.11.4	大沙河（Dasha River）	132
1.27.28.11.5	一统河（Yitong River）	132
1.27.28.11.6	三统河（Santong River）	132
1.27.28.11.7	大龙湾（Dalongwan Lake）	133
1.27.28.11.8	三角龙湾（Sanjiaolongwan Lake）	134
1.27.28.11.9	挡石河（Dangshi River）	134
1.27.28.11.10	富太河（Futai River）	134
1.27.28.11.11	呼兰河（Hulan River）	134
1.27.28.11.12	金沙河（Jinsha River）	135
1.27.28.12	漂河（Piaohe River）	135
1.27.28.13	蛟河（Jiaohe River）	135
1.27.28.13.1	拉法河（Lafa River）	136
1.27.28.14	丰满水库（Fengman Reservoir）	136
1.27.28.15	温德河（Wende River）	138
1.27.28.16	牤牛河（Mangniu River）	139
1.27.28.17	鳌龙河（Aolong River）	139
1.27.28.17.1	大绥河（Dasui River）	140
1.27.28.18	团山子河（Tuanshanzi River）	140
1.27.28.19	沐石河（Mushi River）	140
1.27.28.20	饮马河（Yinma River）	141
1.27.28.20.1	双阳河（Shuangyang River）	142
1.27.28.20.2	岔路河（Chalu River）	142
1.27.28.20.2.1	星星哨水库（Xingxingshao Reservoir）	143
1.27.28.20.3	石头口门水库（Shitoukoumen Reservoir）	144
1.27.28.20.4	雾开河（Wukai River）	145
1.27.28.20.5	伊通河（Yitong River）	145
1.27.28.20.5.1	新立城水库（Xinlicheng Reservoir）	148
1.27.28.20.5.2	新凯河（Xinkai River）	148
1.27.28.20.5.2.1	太平池水库（Taipingchi Reservoir）	149
1.27.28.20.5.2.2	宝泉河（Baoquan River）	149
1.27.28.20.6	波罗湖（Boluo Lake）	149
1.27.29	安肇新河（Anzhaoxinhe River）	150
1.27.29.1	王花泡（Wanghuapao Lake）	151
1.27.29.2	北二十里泡（Beiershilipao Lake）	152
1.27.29.3	中内泡（Zhongneipao Lake）	152
1.27.29.4	库里泡（Kulipao Lake）	153
1.27.29.5	培利滨泡（Peilibinpao Lake）	153
1.27.29.6	兴隆泡（Xinglongpao Lake）	153
1.27.29.7	六十六号泡（Liushiliuhaopao Lake）	154
1.27.30	夹津沟（Jiajingou River）	154

1.27.31	拉林河（Lalin River）	154
1.27.31.1	磨盘山水库（Mopanshan Reservoir）	156
1.27.31.2	溪浪河（Xilang River）	157
1.27.31.2.1	霍伦河（Huolun River）	158
1.27.31.2.1.1	桃源河（Taoyuan River）	158
1.27.31.3	牤牛河（Mangniu River）	158
1.27.31.3.1	龙凤山水库（Longfengshan Reservoir）	159
1.27.31.3.2	大泥河（Dani River）	160
1.27.31.4	卡岔河（Kacha River）	160
1.27.31.4.1	亮甲山水库（Liangjiashan Reservoir）	160
1.27.31.4.2	二道河（Erdao River）	161
1.27.31.5	大荒沟（Dahuanggou River）	161
1.27.32	阿什河（Ashi River）	161
1.27.32.1	西泉眼水库（Xiquanyan Reservoir）	162
1.27.33	呼兰河（Hulan River）	163
1.27.33.1	依吉密河（Yijimi River）	165
1.27.33.2	安邦河（Anbang River）	166
1.27.33.3	欧根河（Ougen River）	166
1.27.33.4	津河（Jinhe River）	167
1.27.33.5	努敏河（Numin River）	167
1.27.33.5.1	克音河（Keyin River）	168
1.27.33.6	通肯河（Tongken River）	168
1.27.33.6.1	扎音河（Zhayin River）	169
1.27.33.6.1.1	东方红水库（Dongfanghong Reservoir）	170
1.27.33.6.2	海伦河（Hailun River）	170
1.27.33.7	泥河（Nihe River）	170
1.27.33.7.1	泥河水库（Nihe Reservoir）	171
1.27.34	蜚克图河（Feiketu River）	171
1.27.35	少陵河（Shaoling River）	172
1.27.36	木兰达河（Mulanda River）	172
1.27.37	岔林河（Chalin River）	173
1.27.38	蚂蚁河（Mayi River）	173
1.27.38.1	黄泥河（Huangni River）	175
1.27.38.2	亮珠河（Liangzhu River）	176
1.27.39	跃进泡（Yuejinpao Lake）	176
1.27.40	牡丹江（Mudan River）	176
1.27.40.1	小石河（Xiaoshi River）	179
1.27.40.2	黄泥河（Huangni River）	179
1.27.40.3	沙河（Shahe River）	179
1.27.40.4	珠尔多河（Zhuerduo River）	180
1.27.40.5	镜泊湖水库（Jingbohu Reservoir）	180
1.27.40.6	蛤蟆河（Hama River）	181
1.27.40.6.1	桦树川水库（Huashuchuan Reservoir）	181
1.27.40.7	海浪河（Hailang River）	182
1.27.40.8	五虎林河（Wuhulin River）	183
1.27.40.9	三道河子（Sandaohezi River）	183
1.27.40.10	莲花水库（Lianhua Reservoir）	184
1.27.40.11	乌斯浑河（Wusihun River）	185
1.27.41	倭肯河（Woken River）	185
1.27.41.1	桃山水库（Taoshan Reservoir）	188
1.27.41.2	七虎力河（Qihuli River）	189
1.27.41.3	八虎力河（Bahuli River）	189
1.27.41.3.1	向阳山水库（Xiangyangshan Reservoir）	189
1.27.42	巴兰河（Balan River）	190
1.27.43	汤旺河（Tangwang River）	191
1.27.43.1	友好河（Youhao River）	193
1.27.43.2	双子河（Shuangzi River）	194
1.27.43.3	伊春河（Yichun River）	194
1.27.43.4	五道库河（Wudaoku River）	195
1.27.43.5	大丰河（Dafeng River）	195
1.27.43.6	西南岔河（Xinancha River）	195
1.27.44	梧桐河（Wutong River）	196
1.27.45	都鲁河（Dulu River）	197
1.27.45.1	老等泡（Laodengpao Lake）	198
1.27.46	安邦河（Anbang River）	198
1.27.47	蜿蜒河（Wanyan River）	198

三、干流　松花江口—乌苏里江口

Main Stream (Songhua River Mouth to Wusuli River Mouth)

1.28	浓江（Nongjiang River）	200
1.28.1	鸭绿河（Yalu River）	201
1.29	乌苏里江（Wusuli River）	201
1.29.1	兴凯湖（Xingkai Lake）	204
1.29.2	松阿察河（Songacha River）	206
1.29.3	穆棱河（Muling River）	207
1.29.3.1	团结水库（Tuanjie Reservoir）	209
1.29.3.2	亮子河（Liangzi River）	209
1.29.3.3	哈达河（Hada River）	210
1.29.3.4	黄泥河（Huangni River）	210
1.29.3.5	裴德河（Peide River）	210
1.29.3.5.1	青年水库（Qingnian Reservoir）	210
1.29.4	七虎林河（Qihulin River）	211
1.29.5	阿布沁河（Abuqin River）	212
1.29.6	挠力河（Naoli River）	212
1.29.6.1	龙头桥水库（Longtouqiao Reservoir）	215
1.29.6.2	蛤蟆通河（Hamatong River）	216
1.29.6.2.1	蛤蟆通水库（Hamatong Reservoir）	216
1.29.6.3	七星河（Qixing River）	217
1.29.6.4	七里沁河（Qiliqin River）	218
1.29.6.5	外七星河（Waiqixing River）	218
1.29.7	别拉洪河（Bielahong River）	219

辽 河 水 系
Liaohe River Basin

2 辽河（Liaohe River） ······ 220	
2.1 黑里河（Heili River） ······ 228	2.13.6 二龙山水库（Erlongshan Reservoir） ······ 249
2.1.1 打虎石水库（Dahushi Reservoir） ······ 229	2.13.7 卡伦河（Kalun River） ······ 249
2.2 坤兑河（Kundui River） ······ 229	2.13.8 小辽河（Xiaoliao River） ······ 249
2.3 英金河（Yingjin River） ······ 229	2.13.9 兴开河（Xingkai River） ······ 250
2.3.1 西路嘎河（Xiluga River） ······ 230	2.14 公河（Gonghe River） ······ 251
2.3.2 锡伯河（Xibo River） ······ 230	2.14.1 李家河（Lijia River） ······ 251
2.3.3 召苏河（Zhaosu River） ······ 231	2.14.1.1 卧龙湖水库（Wolonghu Reservoir） ······ 251
2.4 蚌河（Banghe River） ······ 231	2.14.1.2 八家子河（Bajiazi River） ······ 252
2.5 羊肠子河（Yangchangzi River） ······ 231	2.15 招苏台河（Zhaosutai River） ······ 252
2.6 红山水库（Hongshan Reservoir） ······ 231	2.15.1 条子河（Tiaozi River） ······ 252
2.7 西拉木伦河（Xilamulun River） ······ 232	2.15.2 二道河（Erdao River） ······ 252
2.7.1 萨岭河（Saling River） ······ 233	2.16 王河（Wanghe River） ······ 253
2.7.2 大克头河（Daketou River） ······ 234	2.16.1 泡子沿水库（Paoziyan Reservoir） ······ 253
2.7.3 必如河（Biru River） ······ 234	2.17 清河（Qinghe River） ······ 253
2.7.4 百岔河（Baicha River） ······ 234	2.17.1 清河水库（Qinghe Reservoir） ······ 254
2.7.5 苇塘河（Weitang River） ······ 235	2.17.2 碾盘河（Nianpan River） ······ 255
2.7.6 查干木伦河（Chaganmulun River） ······ 235	2.17.3 寇河（Kouhe River） ······ 255
2.7.6.1 巴尔汰河（Baertai River） ······ 236	2.17.3.1 南城子水库（Nanchengzi Reservoir） ······ 256
2.7.6.2 嘎斯汰河（Gasitai River） ······ 236	2.18 沙河（Shahe River） ······ 257
2.7.6.3 古力古台河（Guligutai River） ······ 236	2.19 柴河（Chaihe River） ······ 257
2.7.7 少冷河（Shaoleng River） ······ 236	2.19.1 柴河水库（Chaihe Reservoir） ······ 258
2.8 孟家段水库（Mengjiaduan Reservoir） ······ 237	2.20 凡河（Fanhe River） ······ 259
2.9 莫力庙水库（Molimiao Reservoir） ······ 237	2.20.1 榛子岭水库（Zhenziling Reservoir） ······ 260
2.10 教来河（Jiaolai River） ······ 238	2.21 拉马河（Lama River） ······ 260
2.10.1 孟克河（Mengke River） ······ 239	2.22 石佛寺水库（Shifosi Reservoir） ······ 261
2.10.2 舍力虎水库（Shelihu Reservoir） ······ 239	2.23 秀水河（Xiushui River） ······ 261
2.10.3 吐尔基山水库（Tuerjishan Reservoir） ······ 240	2.24 养息牧河（Yangximu River） ······ 262
2.11 新开河（Xinkai River） ······ 240	2.25 柳河（Liuhe River） ······ 262
2.11.1 他拉干水库（Talagan Reservoir） ······ 241	2.25.1 养畜牧河（Yangxumu River） ······ 263
2.12 乌力吉木伦河（Wulijimulun River） ······ 241	2.25.2 闹德海水库（Naodehai Reservoir） ······ 263
2.12.1 乌兰白旗河（Wulanbaiqi River） ······ 243	2.25.3 大清沟水库（Daqinggou Reservoir） ······ 264
2.12.2 大欧木伦河（Daoumulun River） ······ 243	2.26 太平河（Taiping River） ······ 265
2.12.3 黑沐伦河（Heimulun River） ······ 244	2.27 绕阳河（Raoyang River） ······ 265
2.12.3.1 苏吉高勒（Sujigaole River） ······ 244	2.27.1 东沙河（Dongsha River） ······ 266
2.12.4 广兴堡河（Guangxingpu River） ······ 244	2.27.1.1 八宝海河（Babaohai River） ······ 267
2.12.5 胜利河（Shengli River） ······ 245	2.27.2 羊肠河（Yangchang River） ······ 267
2.12.6 乌鲁格奇河（Wulugeqi River） ······ 245	2.27.3 锦盘河（Jinpan River） ······ 268
2.13 东辽河（Dongliao River） ······ 245	2.28 浑河（Hunhe River） ······ 268
2.13.1 灯杆河（Denggan River） ······ 248	2.28.1 小孤家水库（Xiaogujia Reservoir） ······ 271
2.13.2 渭津河（Weijin River） ······ 248	2.28.2 苏子河（Suzi River） ······ 271
2.13.3 大梨树河（Dalishu River） ······ 248	2.28.2.1 红升水库（Hongsheng Reservoir） ······ 272
2.13.4 半截河（Banjie River） ······ 248	2.28.3 社河（Shehe River） ······ 272
2.13.5 乌龙半截河（Wulongbanjie River） ······ 248	2.28.4 大伙房水库（Dahuofang Reservoir） ······ 272

2.28.5	章党河（Zhangdang River） …… 274	2.29.8	汤河（Tanghe River） …… 282
2.28.6	东洲河（Dongzhou River） …… 274	2.29.8.1	汤河水库（Tanghe Reservoir） …… 282
2.28.6.1	关山水库（Guanshan Reservoir） …… 274	2.29.9	北沙河（Beisha River） …… 283
2.28.7	蒲河（Puhe River） …… 274	2.29.9.1	十里河（Shili River） …… 284
2.28.7.1	棋盘山水库（Qipanshan Reservoir） …… 275	2.29.10	柳壕河（Liuhao River） …… 284
2.29	太子河（Taizi River） …… 276	2.29.11	南沙河（Nansha River） …… 285
2.29.1	三道河（Sandao River） …… 278	2.29.12	运粮河（Yunliang River） …… 285
2.29.2	观音阁水库（Guanyinge Reservoir） …… 278	2.29.13	杨柳河（Yangliu River） …… 285
2.29.3	小汤河（Xiaotang River） …… 279	2.29.14	五道河（Wudao River） …… 286
2.29.3.1	关门山水库（Guanmenshan Reservoir） …… 280	2.29.14.1	上英水库（Shangying Reservoir） …… 286
2.29.4	小夹河（Xiaojia River） …… 280	2.29.15	海城河（Haicheng River） …… 286
2.29.5	细河（Xihe River） …… 280	2.29.15.1	山嘴水库（Shanzui Reservoir） …… 287
2.29.6	兰河（Lanhe River） …… 281	2.29.15.2	王家坎水库（Wangjiakan Reservoir） …… 287
2.29.7	葠窝水库（Shenwo Reservoir） …… 281	2.30	大辽河（Daliao River） …… 288

独流入海水系
Rivers Flowing Directly into the Sea

7.1	入日本海水系（Rivers Flowing into the Japan Sea） …… 290	7.2.1.6	云峰水库（Yunfeng Reservoir） …… 313
7.1.1	绥芬河（Suifen River） …… 290	7.2.1.7	渭原水库（Weiyuan Reservoir） …… 314
7.1.1.1	小绥芬河（Xiaosuifen River） …… 293	7.2.1.8	浑江（Hunjiang River） …… 314
7.1.1.2	瑚布图河（Hubutu River） …… 294	7.2.1.8.1	红土崖河（Hongtuya River） …… 317
7.1.2	图们江（Tumen River） …… 294	7.2.1.8.2	大罗圈河（Daluoquan River） …… 318
7.1.2.1	天女浴躬池（Tiannuyugongchi Lake） …… 297	7.2.1.8.3	哈泥河（Hani River） …… 318
7.1.2.2	红旗河（Hongqi River） …… 297	7.2.1.8.4	蝲蛄河（Lagu River） …… 318
7.1.2.2.1	大马鹿河（Damalu River） …… 297	7.2.1.8.5	苇沙河（Weisha River） …… 319
7.1.2.3	嘎呀河（Gaya River） …… 297	7.2.1.8.6	小新开河（Xiaoxinkai River） …… 319
7.1.2.3.1	桦皮甸子河（Huapidianzi River） …… 299	7.2.1.8.7	富尔江（Fuer River） …… 319
7.1.2.3.2	春阳河（Chunyang River） …… 299	7.2.1.8.8	桓仁水库（Huanren Reservoir） …… 320
7.1.2.3.3	前河（Qianhe River） …… 299	7.2.1.8.9	大二河（Daer River） …… 321
7.1.2.3.4	汪清河（Wangqing River） …… 299	7.2.1.8.10	大雅河（Daya River） …… 322
7.1.2.3.5	布尔哈通河（Buerhatong River） …… 300	7.2.1.8.11	回龙山水库（Huilongshan Reservoir） …… 322
7.1.2.3.5.1	福兴河（Fuxing River） …… 300	7.2.1.8.12	雅河（Yahe River） …… 323
7.1.2.3.5.2	朝阳河（Chaoyang River） …… 301	7.2.1.8.13	半拉江（Banla River） …… 323
7.1.2.3.5.3	海兰河（Hailan River） …… 301	7.2.1.8.14	太平哨水库（Taipingshao Reservoir） …… 324
7.1.2.3.5.3.1	蜂蜜河（Fengmi River） …… 303	7.2.1.9	水丰水库（Shuifeng Reservoir） …… 325
7.1.2.3.5.3.2	长仁河（Changren River） …… 303	7.2.1.10	太平湾水库（Taipingwan Reservoir） …… 326
7.1.2.4	密江（Mijiang River） …… 303	7.2.1.11	蒲石河（Pushi River） …… 326
7.1.2.5	珲春河（Hunchun River） …… 303	7.2.1.12	爱河（Aihe River） …… 327
7.1.2.5.1	兰家趟子河（Lanjiatangzi River） …… 304	7.2.1.12.1	八道河（Badao River） …… 329
7.2	入黄海水系（Rivers Flowing into the Yellow Sea） …… 304	7.2.1.12.2	草河（Caohe River） …… 330
7.2.1	鸭绿江（Yalu River） …… 305	7.2.1.13	铁甲水库（Tiejia Reservoir） …… 331
7.2.1.1	十九道沟河（Shijiudaogou River） …… 312	7.2.2	大洋河（Dayang River） …… 331
7.2.1.2	十三道沟河（Shisandaogou River） …… 312	7.2.2.1	哨子河（Shaozi River） …… 333
7.2.1.3	八道沟河（Badaogou River） …… 312	7.2.2.2	土门子水库（Tumenzi Reservoir） …… 333
7.2.1.4	五道沟河（Wudaogou River） …… 313	7.2.2.3	罗圈背水库（Luoquanbei Reservoir） …… 334
7.2.1.5	三道沟河（Sandaogou River） …… 313	7.2.3	湖里河（Huli River） …… 334
		7.2.3.1	转角楼水库（Zhuanjiaolou Reservoir） …… 335
		7.2.4	英那河（Yingna River） …… 335

7.2.4.1 英那河水库（Yingnahe Reservoir）	336	Daling River）	354
7.2.5 庄河（Zhuanghe River）	337	7.3.6.4.1 瓦房店水库（Wafangdian Reservoir）	355
7.2.5.1 朱隈水库（Zhuwei Reservoir）	337	7.3.6.5 老爷庙河（Laoyemiao River）	356
7.2.6 小寺河（Xiaosi River）	338	7.3.6.6 第二牤牛河（Diermangniu River）	356
7.2.7 碧流河（Biliu River）	339	7.3.6.7 老虎山河（Laohushan River）	357
7.2.7.1 碧流河水库（Biliuhe Reservoir）	340	7.3.6.8 阎王鼻子水库（Yanwangbizi Reservoir）	358
7.2.8 赞子河（Zanzi River）	341	7.3.6.9 牤牛河（Mangniu River）	359
7.2.9 大沙河（Dasha River）	342	7.3.6.10 白石水库（Baishi Reservoir）	359
7.2.9.1 刘大水库（Liuda Reservoir）	342	7.3.6.11 细河（Xihe River）	360
7.2.10 登沙河（Dengsha River）	343	7.3.6.11.1 依玛图河（Yimatu River）	362
7.3 入渤海水系（Rivers Flowing into the Bohai Sea）	343	7.3.6.11.1.1 佛寺水库（Fosi Reservoir）	362
7.3.1 复州河（Fuzhou River）	344	7.3.6.11.2 清河（Qinghe River）	362
7.3.1.1 松树水库（Songshu Reservoir）	346	7.3.7 小凌河（Xiaoling River）	363
7.3.1.2 东风水库（Dongfeng Reservoir）	346	7.3.7.1 元宝山水库（Yuanbaoshan Reservoir）	364
7.3.2 浮渡河（Fudu River）	347	7.3.7.2 女儿河（Nuer River）	365
7.3.3 熊岳河（Xiongyue River）	348	7.3.7.2.1 乌金塘水库（Wujintang Reservoir）	365
7.3.4 沙河（Shahe River）	348	7.3.8 连山河（Lianshan River）	366
7.3.5 大清河（Daqing River）	349	7.3.9 五里河（Wuli River）	366
7.3.5.1 石门水库（Shimen Reservoir）	349	7.3.10 兴城河（Xingcheng River）	367
7.3.5.2 三道岭水库（Sandaoling Reservoir）	350	7.3.11 碱厂水库（Jianchang Reservoir）	367
7.3.6 大凌河（Daling River）	350	7.3.12 六股河（Liugu River）	368
7.3.6.1 宫山嘴水库（Gongshanzui Reservoir）	353	7.3.12.1 龙屯水库（Longtun Reservoir）	369
7.3.6.2 渗津河（Shenjin River）	354	7.3.13 狗河（Gouhe River）	369
7.3.6.3 菩萨庙水库（Pusamiao Reservoir）	354	7.3.14 大风口水库（Dafengkou Reservoir）	370
7.3.6.4 大凌河西支（West Branch of		7.3.15 九江河（Jiujiang River）	371

附　录
Appendix

附表一 黑龙江、辽河卷列条河流一览表	372	附表四 黑龙江、辽河卷灌溉面积在 2 万公顷以上的灌区一览表	399
附表二 黑龙江、辽河卷列条湖泊一览表	392		
附表三 黑龙江、辽河卷列条水库一览表	394		

索　引
Index

条题汉字笔画索引	400	内容索引	408
条题外文索引	404		

插　页　目　录

黑龙江流域境内水系图　　　　　　　　　　入黄海诸河水系图

图 例

北京市 ★	首都	....	堤防
哈尔滨市 ◉	省级行政中心		大中型水库
伊春市 ◎	地级市行政中心		小型水库
延吉市	自治州行政中心 地区（盟）行政中心		蓄滞洪区
漠河县 ⊙	县级行政中心	⊠	闸
图强镇 ○	乡、镇	▲	水文站
北极村 •	村庄	△	水位站
	国界		水电站
—·—·—	省级界		世界自然和文化遗产
— — —	地级界	❖	国家级自然保护区
- - - -	县级界		国家级风景名胜区
▲835.2 凤凰山	山峰		国家水利风景区
	常年河、湖泊		国家森林公园
	时令河	∘	文化遗址、景点
	流域界		

黑龙江水系

Heilong River Basin

1 黑龙江

(Heilongjiang River)

流经蒙古国、中华人民共和国和俄罗斯联邦共和国的跨境河流。其两个源头分别在蒙古国和中华人民共和国,上游下半段与中游为中俄界河,下游在俄罗斯境内。《山海经》中称欲水、黑水;《旧唐书》和《新唐书》中称望建河、室建河,辽宋元时名混同江,明朝始称黑龙江。满语称黑龙江为萨哈连乌拉("萨哈连"是"黑","乌拉"为"水");蒙语称哈拉穆河;俄罗斯称其为阿穆尔河("阿穆尔"为"爱情"的意思)。早年由于河水中含有大量腐殖质,水色黝黑,犹如蛟龙奔腾,由此得名黑龙江。由于黑龙江流域地跨中、俄、蒙三国,本文除水系部分外,主要阐述该流域在我国境内部分干支流情况。

概　　述

水系　黑龙江有南北两源,北源为发源于蒙古国境内的肯特山东麓、流经俄罗斯境内的石勒喀河,南源为发源于我国境内大兴安岭西坡的额尔古纳河,额尔古纳河上源为海拉尔河。额尔古纳河与北源石勒喀河在内蒙古自治区额尔古纳市的恩和哈达村汇合后始称黑龙江干流。黑龙江在俄罗斯境内尼古拉耶夫斯克(我国曾称庙街)附近注入鄂霍次克海的鞑靼海峡。如以石勒喀河为源头,黑龙江全长4 416千米;以海拉尔河为源头,黑龙江全长4 344千米,流域面积共计184万平方千米,我国境内流域面积90万平方千米。

黑龙江分为三段:南北两源汇合点内蒙古自治区额尔古纳市的恩和哈达村以上为上游段,自恩和哈达村至乌苏里江汇入口为中游段,乌苏里江以下至入海口为下游段。黑龙江从源头到入海口,沿途接纳百余条支流,其中超大支流有我国境内的**松花江**和中俄界河**乌苏里江**以及俄罗斯境内的结雅河、布列亚河和通古斯河。在我国境内流域面积大于10 000平方千米的支流有50余条。

地质地貌　黑龙江流域范围在东经108°20′~141°20′,北纬42°00′~55°45′之间。

海拉尔河流域地处大兴安岭西坡与蒙古高原东北边缘的结合部,地形呈北、东、南三面高,西及西北低,形成向西及西北开口的箕形。额尔古纳河上段我国一侧为呼伦贝尔草原,地势平坦开阔,其下段及石勒喀河口以下黑龙江流域,在我国一侧是由大兴安岭、小兴安岭构成的山地地貌,群山连绵,沟谷纵横,地势西北高,向东南逐渐降低,由于地质构造变动及物理风化作用,形成剥蚀地形、侵蚀堆积地形、堆积地形和火山岩地形,构成了低山、丘陵、火山熔岩台地、盆地、平原、河谷的地貌特征。

大兴安岭山地是在海西期大兴安岭褶皱带基础上形成,其地面物质由以花岗岩、石英粗面岩及中新生代酸性火山岩构成。小兴安岭山地是在海西期褶皱带基础上形成,地面物质由海西期花岗岩、石英岩、片岩、沙砾岩及新生代玄武岩

黑龙江

额尔古纳湿地

秋染黑龙江

冰封黑龙江

构成。

气候水文 黑龙江全流域地处寒温带和温带气候区，自西向东随着距海洋的距离由远及近，逐渐由半干旱、半湿润到湿润气候，大部分属典型的大陆性季风气候。多年平均气温呈西北低东南高的分布趋势，海拉尔河流域为－2.2摄氏度左右，额尔古纳河流域为－5.5摄氏度，石勒喀河口以下中国侧为－4.9～2摄氏度左右；7月最高气温37～40摄氏度，1月最低气温－40～－50摄氏度。海拉尔流域和额尔古纳河流域无霜期为100天左右，最大冻深为2.5～3.8米。石勒喀河口以下流域为80～140天，最大冻深达3米左右。

多年平均年降水量由西向东、东南递增，海拉尔河、额尔古纳河流域为350毫米左右，黑龙江干流地区为450～650毫米，降水主要集中在6—9月，占全年降水量的70%，其中冬季降雪占年降水的10%～20%。

多年平均年径流深大致呈东大西小的趋势，西部呈北大南小的趋势，明显反映出强烈的海洋及地形因素的影响。高值区为小兴安岭、长白山脉，其数值为400～500毫米；低值区为三江平原、俄罗斯境内结雅—布列亚平原以及远离海洋的西部地区，其数值仅50毫米左右。额尔古纳河室韦和奇乾两地多年平均流量分别为133立方米每秒和292立方米每秒，黑龙江干流漠河水文站、呼玛水文站、黑河水文站和太平沟水文站多年平均流量分别为882、1 317、1 598和4 824立方米每秒。黑龙江洛古河水文站多年平均年径流量为275亿立方米，中游卡伦山水文站为1 060亿立方米，俄罗斯哈巴罗夫斯克（伯力）水文站为2 785亿立方米，入海口处为3 550亿立方米。

黑龙江太平沟段风光

黑龙江是少沙河流，额尔古纳河和黑龙江上游多年平均含沙量为0.05千克每立方米，中游为0.075千克每立方米，松花江口以下至哈巴罗夫斯克为0.1千克每立方米。黑龙江黑河断面多年平均年输沙量为273万吨，其中一半来自北源石勒喀河；中游太平沟断面为1 180万吨，一半以上来自结雅河。

由于地处高寒地区，冰期长，冰层厚，有冰上冰甚至连底冻以及开江期形成冰坝。当开江期遇有降雨或气温较高时，往往会形成较大的冰坝的现象。额尔古纳河的冰坝壅水可达6米。石勒喀河口至结雅河间，冰坝规模甚大，1960年在加林达站冰坝壅高水位比1958年特大洪水水位还高出2.18米，水位的日涨幅达7米。1985年大冰坝推平了古城岛上的全部建筑物，河道也因此变迁，兴安乡被迫搬迁。历次冰坝长度在5～50千米之间，历时从数小时至15天不等。

自然资源

1. 水能资源。黑龙江上游段额尔古纳河水能蕴藏量为54亿千瓦时，黑龙江中游水能蕴藏量为550亿千瓦时，从漠河到太平沟河段梯级可开发的水能为262亿千瓦时。

白桦林

2. 森林资源。额尔古纳河和黑龙江中游地区我国境内大、小兴安岭森林茂密，主要树种有落叶松、樟子松、红松和白桦树等，大兴安岭山地森林覆盖率高达83%，木材蓄积量高，是我国重要的木材生产加工基地。

3. 野生动植物资源。由于流域内森林茂密，林中野生动植物资源十分丰富，有马鹿、棕熊、紫貂、麋鹿、野猪等300余种野生动物；有木耳、猴头菇、蕨菜、蘑菇等10多种野生真菌食品；有红豆、都柿、黑越桔、山葡萄、黑加仑等10余科野生浆果；有黄芪、五味子、百合、灵芝、贝母、党参等250余种中草药材。

4. 矿产资源。流域内矿产资源极其丰富，已探明的矿藏有煤、金、铁、钼、石墨、石灰石、云母、花岗岩、膨润土等。

5. 旅游资源。流域旅游资源十分丰富。有得天独厚的大兴安岭原始森林；有一见难忘的呼伦贝尔大草原；有娇媚秀丽的草原明珠呼伦湖；有我国第一大陆路口岸满洲里；有鄂伦春、达斡尔、赫哲及蒙古等少数民族风情游；有"中国不夜城"和"极光村"之称的漠河北极村；有展现远古时期风貌高嘉荫恐龙公园；有体现大自然特色的三江平原自然保护区；此外，还有

瑷珲历史陈列馆

爱国主义教育基地黑河市瑷珲历史陈列馆、孙吴县日本关东军731部队细菌试验地遗址等。

6. 交通航运。流域在我国一侧，从西至东，有加格达奇经塔河到漠河的铁路、塔河至东方红的铁路、北安至黑河的铁路、南岔到乌伊的铁路、佳木斯至鹤岗的铁路等，铁路南侧与国家铁路干线相连，而沿江各县、市均有公路相通；在俄方一侧，有西伯利亚远东大铁路干线大体与黑龙江平行走向延伸，并有支线与我国的满洲里、黑河两城市相连。

731遗址

额尔古纳河奇乾至恩和哈达段可通行100～300吨级船舶；石勒喀河口至结雅河口段枯水期航运水深可维持1.5米，航道宽60米，可通行1 000吨级船舶；结雅河口至乌苏里江河口段除特别枯水年份外，航运水深1.8米左右，能满足1 000吨级船舶通行。在俄罗斯一侧，额尔古纳河中水时，从奥洛奇到石勒喀河口，为不定期通航。黑龙江中游上段，航道水深1.3米，航道宽60米，通行1 000吨级以下的船舶；中游河段可满足3 000吨级船舶通行。

7. 渔业。黑龙江中游大约有30余种重要经济鱼类。黑河市以上有雅罗、唇鲭、鲫鱼、松花江翘嘴鲌、鲟鱼、大马哈鱼等，嘉荫县至抚远县有鲑鱼、鲟鱼、鳇鱼、鲶鱼、鲢鱼等。我国20世纪60年代，年捕鱼量达6 000吨，其中大马哈鱼年产4 000吨，近年来产量大幅下降，年产仅2 000多吨。大马哈鱼是海水洄游鱼类，每年9—10月从海中洄游到乌苏里江、松花江、**呼玛河**等黑龙江支流产仔，次年4—5月仔鱼洄游到海中育肥。鲟鱼、鳇鱼是短程洄游鱼类，游程约为200千米。

黑龙江渔家

水旱灾害 据中俄双方历史文献、洪水调查和观测资料，1872—1990年的100多年间，黑龙江发生大洪水的年份有1872、1897、1928、1929、1958、1959、1972、1984年等。

1958年是新中国成立以来沿江地区遭受水灾最为严重的年份之一，上游洪水主要来自额尔古纳河和俄境内石勒喀河，上游洪水与俄境内结雅河洪水遭遇形成黑龙江中游的大洪水。据不完全统计，呼玛、黑河、孙吴、逊克、嘉荫、萝北、同江、抚远等市县受灾人口6.37万，淹没农田5.29万公顷，冲毁房屋3 716间，冲毁堤防8千米、公路21千米，其中呼玛、奇克、乌云、朝阳4个城镇全城被淹。

1984年大洪水，是自1929年有水文记载以来的最高水位洪水。这次洪水使我国境内沿江的黑河、大兴安岭、伊春、合江4个地区的11个市县和7个国营农场受灾，受灾村屯321个，人口38.5万，堤防决口29处，冲毁堤防25千米、公路258千米、桥涵180座、通信线路405千米；嘉荫县城平地水深达1.5～3米。

据史料记载，黑龙江流域1903、1921年曾发生较大旱灾。1921年春旱，黑龙江省5月降雨量仅10～30毫米，黑龙江干流旱情最为严重，许多草甸子由于干旱而着火。

1982年东北地区发生自新中国成立之后最严重的干旱（4—9月），以黑龙江省为最严重，受灾面积超过东北地区总受灾面积的一半以上。以黑河市为例，6月降雨量比常年少58%，9月少55%，黑河地区46.9%的农田遭受旱灾。1951、1971、1985年的旱灾也比较严重。

治理开发 黑龙江干流界河段，我国已建成堤防510千米，俄罗斯在中下游修建临时性堤防114千米。

中俄双方对黑龙江水力资源的开发利用做了大量工作。早在1956年，中苏双方签订了"关于中华人民共和国和苏维埃社会主义共和国联盟共同进行调查黑龙江流域自然资源和生产力发展远景的科学研究工作及额尔古纳河和黑龙江上游综合利用规划的勘测设计工作协定"，1961年双方共同完成了"中苏黑龙江上游综合利用规划报告"，但未能经双方政府审批而搁置下来。直到1986年10月，两国政府又签订了"中华人民共和国政府和苏维埃社会主义共和国联盟关于组建中苏指导编制额尔古纳河和黑龙江界河段水资源综合利用规划委员会的协定"，自签订协定之后的10年间，两国相关部门和专家做了大量工作。最终形成的文件包括：双方各自的专业报告、各专业共同简要报告、总报告和规划要点报告。13种专业共同简要报告中，有7种专业报告已经双方专家协商一致，并经双方确认，但其余6种专业报告未经协商讨论。

经济社会 额尔古纳河和黑龙江中游河段，在我国一侧行政区划属内蒙古自治区呼伦贝尔市和黑龙江省沿江11个市县和7个国营农场。沿江的主要城镇有内蒙古自治区的室韦和奇乾，黑龙江省的漠河、呼玛、黑河、逊克、嘉荫、同江、抚远。其中黑河市为地区行署所在地，与俄罗斯阿穆尔州首府布拉戈维申斯科隔江相望，是我国沿黑龙江的最大城市。我国沿界河段总人口约140万，以农业为主，粮食作物为小麦、大豆，工业有木材加工、煤炭、电力、金矿开采、造纸、印刷和农机制造等，黑河市对俄边贸也很兴旺。

黑龙江黑河段夜景

梦幻流冰（黑河段）

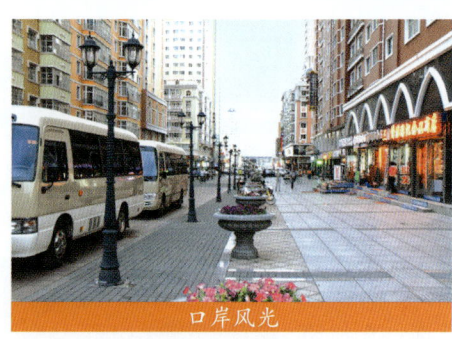

口岸风光

满洲里国门

纪　实

黑龙江有南北两源，北源为俄罗斯境内的石勒喀河，南源为中俄界河额尔古纳河，而额尔古纳河的上源为我国境内的海拉尔河。黑龙江的"纪实"主要对南源及额尔古纳河、黑龙江中游中国侧进行描述。

上游段　黑龙江自南北两源源头至内蒙古自治区额尔古纳市的恩和哈达村为上游段，包括海拉尔河和额尔古纳河以及石勒喀河。

海拉尔河　额尔古纳河上源，发源于内蒙古自治区牙克石市大兴安岭西麓古鲁契那山，河长622千米，流域面积5.481万平方千米，流域涵盖牙克石市、海拉尔区、鄂温克族自治旗、陈巴尔虎旗、新巴尔虎旗、满洲里市等六个旗市。

海拉尔河上游称大雁河，河长148千米。自源头西南流经兴安里林场、克里河林场，在乌尔其汉镇右岸有**库都尔河**汇入，以下始称海拉尔河；在乌尔其汉镇设有水文站，在乌尔其汉镇以下向西流经牙克石市。牙克石市素有"绿色宝库"之誉，山多林茂，是国家重要林木主产区之一，更是世界稀有的樟子松产区，被列为樟子松树种基地。2005年全市人口14.16万。牙克石市设有水文站，在牙克石左岸有**免渡河**汇入。

西行至海拉尔区，右岸有**特尼河**汇入，左岸有**伊敏河**汇入。海拉尔区为呼伦贝尔市政府所在地。"海拉尔"蒙语的意思是"野韭菜"，秦汉时期为东胡人、匈奴人、鲜卑人居住地，唐宋时期为室韦人、契丹人居住，元朝时成为成吉思汗弟弟合拙·哈萨尔封地。清朝雍正十年，在伊敏河西岸筑城，称呼伦贝尔城；2005年全区总人口25.6万，牲畜存栏数为11.47万头，拥有食品、建材、造纸、制药、机械加工等行业。

过海拉尔区西行进入陈巴尔虎旗。在巴彦库仁镇附近有**莫尔格勒河**从右岸汇入。莫尔格勒河与海拉尔河汇合口，有莫尔格勒河湿地，面积为413.4平方千米，生长着大片芦苇，与海拉尔河水系共同构成呼伦贝尔大草原湿地生态系统。

继续西行，海拉尔河进入新巴尔虎左旗，并在满洲里新开河镇有**呼伦湖**水系下游出流的扎兰鄂罗木河（新开河）汇入后，始称额尔古纳河。

海拉尔河通过扎兰鄂罗木河（新开河）与呼伦湖相通，大水年份呼伦湖水通过该河流入海拉尔河，而一般年份海拉尔河与呼伦湖彼此相隔；当海拉尔河水位高于呼伦湖水位时，则一部分水量又注入呼伦湖中。1971年，在扎兰鄂罗木河上修建了泄水闸和拦洪闸，对呼伦湖水位进行人工控制，使呼伦湖水大部分时间直接进入额尔古纳河。呼伦湖入湖河流还

有**乌尔逊河**和发源于蒙古国的**克鲁伦河**。

满洲里市位于呼伦贝尔大草原西端，2005年全市人口26万。北与俄罗斯毗邻，西与蒙古国相接，是一座独领中、俄、蒙三国风情、中西文化交融的城市，也是我国最大的陆运口岸，素有"欧亚大陆桥"之称，在东北亚经济圈中处于国际市场双向辐射面的交会点。北京通往俄罗斯首都莫斯科的大铁路在牙克石市以后基本沿海拉尔河走向，并过满洲里市后进入俄罗斯境内，因此，满洲里市是北京与莫斯科之间铁路的直接连接点。

海拉尔河在牙克石市以下穿行于呼伦贝尔大草原中，该河段属于典型的草甸河流，河流两岸多湿地、沼泽和牛轭湖。流域内有**辉河**内陆湿地国家级保护区，保护面积34.68万公顷，主要保护湿地珍禽草原。

额尔古纳河　黑龙江的南源，额尔古纳河干流为中、俄界河。呼伦湖出流的扎兰鄂罗木河，在满洲里市二卡附近的阿巴盖图山脚以下汇入海拉尔河，以下始称额尔古纳河，河长898千米，境内流域面积约15.31万平方千米。额尔古纳河流域涵盖内蒙古自治区的满洲里市新巴尔虎左旗、陈巴尔虎旗、额尔古纳市和根河市，并以大兴安岭山脊为分水岭与松花江上源嫩江水系相隔。

额尔古纳河上源海拉尔河由东向西流，而额尔古纳河则由西南向东北流，二者之间形成近45°夹角。河流上游段（黑山头镇以上）为开阔的丘陵地形，地表起伏和缓，是呼伦贝尔高原的北部边缘，草原面积广阔，草地资源丰富，含草甸草原、山地草原等。海拉尔河下游区和额尔古纳河上游区处于呼伦贝尔大草原。其河漫滩宽达14.0千米，河道弯曲，

额尔古纳河

黑龙江干流上游段境内水系图

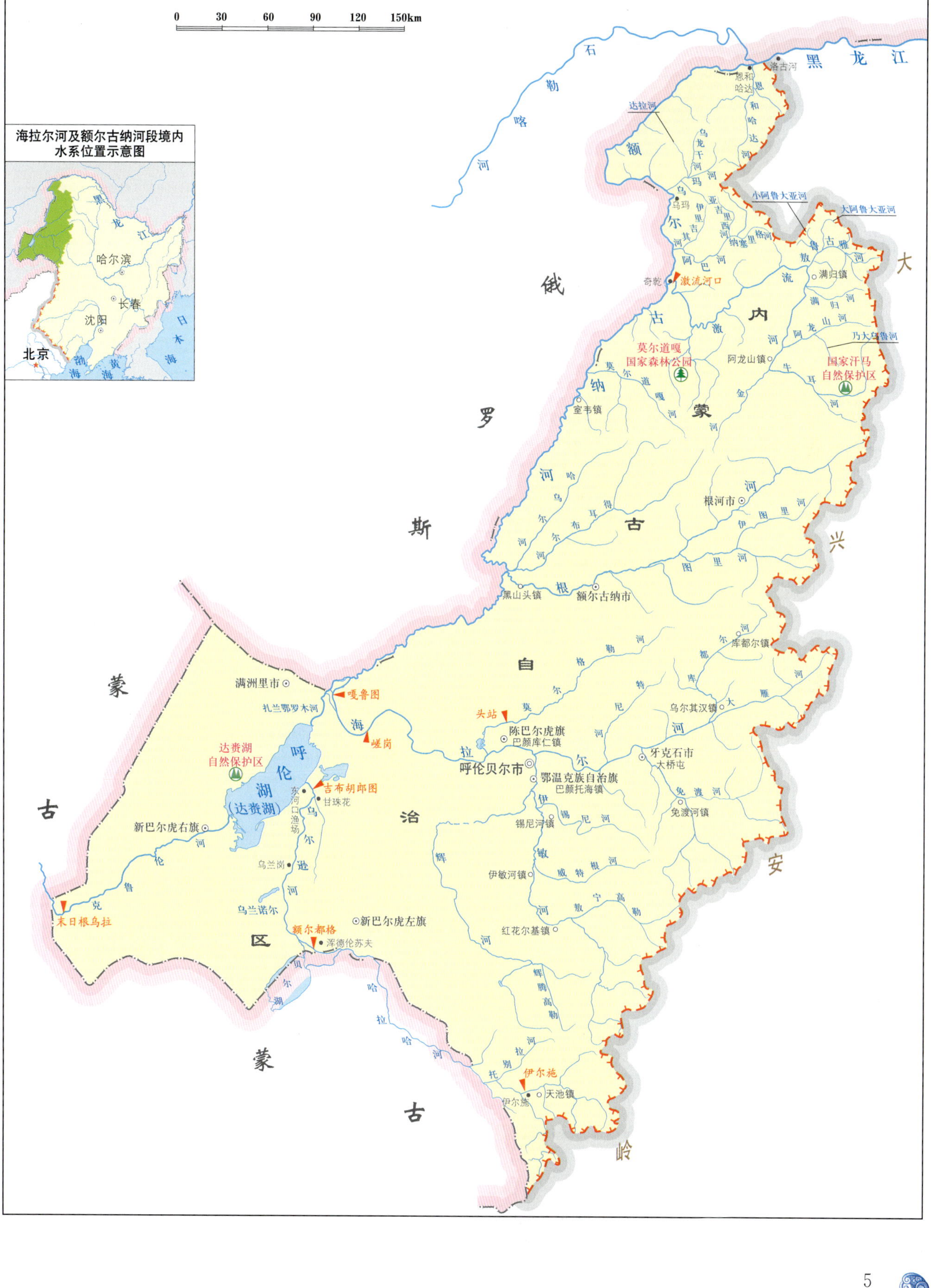

额尔古纳河两岸

河汊发育，平均比降为0.1‰。黑山头镇以下额尔古纳河进入丘陵山地。

黑山头镇隔河与俄罗斯相望，是国家一类开放口岸，与俄罗斯货运往来，夏季船运，冬季冰上运输。元朝时该镇曾是成吉思汗二弟合拙·哈萨尔领地，黑山头元代古城便是哈萨尔家庭居住的主要城池。

额尔古纳市距黑山头镇约50千米，该市是多民族聚居的城市，有蒙古、回、满、苗、壮、俄罗斯、锡伯、鄂伦春、鄂温克等民族，2001年全市人口为8万。该市自然资源丰富，原始森林面积占全市总面积的67%，木材蓄积量2.2亿立方米，草场面积约占20%，草质优良。境内三河镇是"三河牛""三河马"的主要产地；矿产资源以煤、金尤为丰富，沿额尔古纳河边界有黄金矿藏地带长达400千米，地表覆盖浅，含金砂层厚，品位高。

黑山头镇四卡北12千米相继有**根河**、**得耳布尔河**汇入。

额尔古纳河黑山头镇以下进入丘陵山地，河谷逐渐缩窄，两岸陡峭；至新粗鲁海图到吉拉林段，河谷缩窄为2～3千米，河宽200～300米，水深2米以上；吉拉林以下，河流进入峡谷，河谷宽1～2千米，两岸山体对峙，陡峭险峻，流速加大。

河流前行，进入室韦镇境内，室韦镇11世纪时是室韦部落游牧、渔猎生活的地方。该镇与俄罗斯奥洛契相望，是一类对外开放口岸，设有室韦俄罗斯民族乡。

过室韦镇东北15千米处，有支流**莫尔道嘎河**于兴安屯以下汇入。莫尔道嘎国家森林公园占地57.8万公顷，园内山峦起伏，古木参天，溪流密布，处处展现出幽、野、秀、奇的自然景观，保存着我国寒温带最原始针叶森林的风貌。

河流前行至吉拉林之南有**激流河**注入。流域上游有国家级汗马自然保护区，保护区面积10.73万公顷，主要保护寒温带原始针叶林生态系统。保护区内牛耳河被划定为冷水鱼自然保护区，主要保护珍贵的冷水鱼类。

河流继续前行20千米处，有历史上著名的珠尔干河边防总卡伦奇乾。1908年清朝政府为防范沙俄入侵和掠夺，曾在奇乾设立边防哨所。奇乾北侧，有**阿巴河**注入，阿巴河发源于大兴安岭西麓石礁山，河长137千米。再前行，有**乌玛河**汇入，该河发源于大兴安岭山脉石礁

额尔古纳河

山西侧，河长76.2千米。

在内蒙古自治区最北端的边境小镇恩和哈达村，有**恩和哈达河**汇入，恩和哈达村隔河与俄罗斯乌斯契斯特烈尔村相对。俄罗斯境内的黑龙江北源石勒喀河在该村以东与额尔古纳河汇合，以下始称黑龙江。

中游段 自恩和哈达村至乌苏里江汇入口为黑龙江中游段。中游段又分上下两段。

中游上段 自恩和哈达村至结雅河汇入口为上段，全长900千米，河道比降0.2‰。江水穿行于大兴安岭和外兴安岭山地之间，沿江两岸山区地形相对比高80～100米，两岸时有谷地出现，河道宽窄交错变化，江中有岛屿、浅滩，部分河谷宽达数千米，河床多为砂砾或卵石构成，相对比较稳定，局部有冲刷。流域内森林、草地面积占70%以上。

由内蒙古自治区的恩和哈达村下行约9千米，抵达黑龙江省漠河县洛古河村。1987年在洛古河村设立了洛古河水文站，是黑龙江干流的第一站。从洛古河村下行约50千米到达漠河镇（即北极村）。北极村是我国纬度最高而且唯一能在夏至看到北极光的地方，这一天的午夜只有短暂的黑夜，晚霞与黎明曙光几乎相连，天色仅稍微昏暗之后，紧接着就是朝霞似锦，旭日高悬，黑天变成"白夜"。冬季，在天空的北面，常出现绚丽多彩的北极光景象，北极光在北面天空开始出现时，是一个由小到大颜色变幻不定的光环，当彩色臻至最灿烂妍丽时，光环慢慢移向东边，并由大到小，渐渐消失。独特的极昼天象景观使漠河县素有"中国不夜城"和"极光城"之称。在北极村里立有"中国最北一家"、"北陲哨兵"碑、"神州北极"碑。公元前12世纪，漠河就臣属中原，但因地处偏远，人烟稀少，当地仅以鄂伦春等少数游牧民族为主。有史料记载，有位鄂伦春人在河谷为猎马掘墓时发现了黄金，消息传开后，由于边塞闭塞，无兵驻守，外国人纷至沓来盗采黄金，1887年后，清政府才开始大批派员开发金矿。光绪二十一年（1895年），慈禧太后收到黄金贡品，非常喜悦，封漠河老金沟金矿为"胭脂沟"。在漠河乡南面金沟林场现存有清代"胭脂沟"遗址。

1987年5月6日，在大兴安岭北侧漠河县境内发生一场震惊中外的特大森林火灾。5.8万多军、警、民经过28个昼夜奋力扑救，于6月2日彻底将大火扑灭。此次火灾过火面积达101万公顷，烧毁木材80多万立方米，死亡193人，受灾群众5万多人。现在，漠河县建有"5·6"火灾纪念馆。

从漠河乡前行150千米，于兴安镇东南右纳**额木尔河**。额木尔河河口附近有一个小岛，名为古城岛，南北长6千米，东西宽3千米，面积15.2平方千米，归漠河县兴安镇管辖。该处保存有雅克萨城，即中国古城阿尔巴津，为我国达斡尔族世居地。清顺治元年（1644年），沙俄趁虚强占了我国的雅

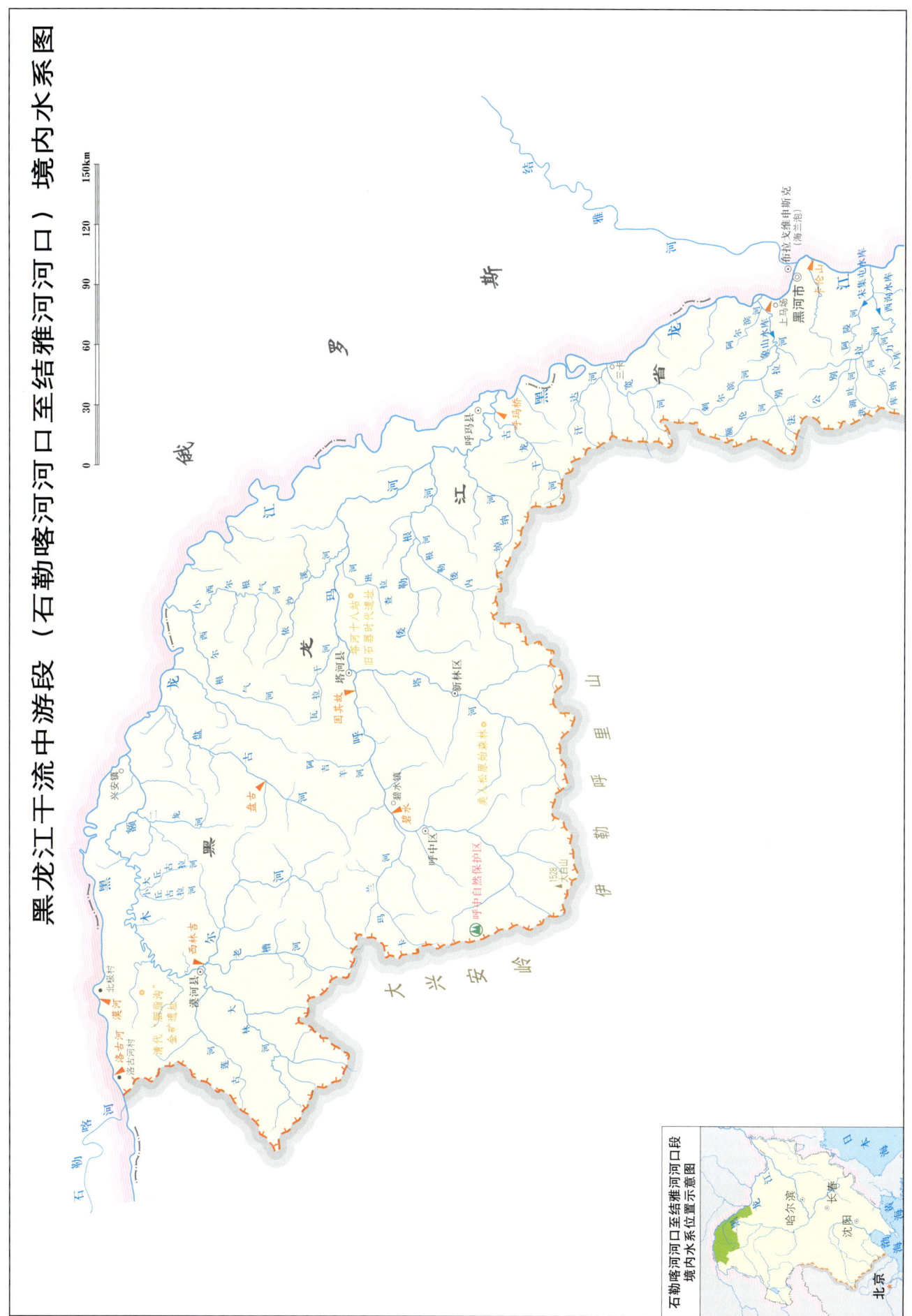

黑龙江干流中游段（石勒喀河河口至结雅河河口）境内水系图

克萨等城镇，1685年，清军集结于古城岛，向雅克萨城发动进攻，并取得胜利。康熙二十八年（1689年），中俄双方缔结了《中俄尼布楚条约》，条约规定黑龙江以北、外兴安岭以南和乌苏里江以东地区为清朝领土。

兴安镇现在设有兴安口岸，是介于黑河与满洲里之间的客货运输口岸，为黑龙江省对俄贸易六个口岸之一。此外，兴安镇还是黑龙江上游一带有名的"鱼乡"。

冒烟山

自兴安镇下行进入塔河县境内，塔河县是我国最寒冷地区之一，在塔河县境内的黑龙江河段，可领略龟山、皇冠山、冒烟山等迷人景色；塔河县境内先后有*盘古河*和*西尔根气河*注入。

继续下行至呼玛镇，有呼玛河注入。呼玛镇是呼玛县城所在地，坐落于呼玛河与黑龙江汇合口的淤积平原上，三面临水，一面傍山，水深流急，是黑龙江上游的天然港湾。清代著名的"呼玛尔之战"就发生在这里，现存有遗址。在清军与沙俄的雅克萨战役中，呼玛港是清军停泊战船和运输船的基地。呼玛县是我国最北的重要产粮县之一，也是重要的木材生产基地。呼玛县水资源十分丰富，人均占有水资源量10.4万立方米，相当于全国人均占有量的40倍。

从呼玛县城下行253千米，便是连接欧亚大陆桥的我国著名边境口岸黑河市，其间，在地营子村有呼玛河汇入，在黑山头有*宽河*汇入。黑河市是黑龙江干流上游与中游的分界点。该市地处小兴安岭北麓的黑河盆地，三面环山，主要河流除界河黑龙江外，还有黑龙江支流*法别拉河*和*公别拉河*。黑河市上游侧设有上马场水文站，集水面积49.1万平方千米，是黑龙江界河段上游的控制站。黑河市隔江与俄罗斯阿穆尔州首府布拉戈维申斯克（海兰泡）相望，边境贸易发达，黑河市对岸布拉戈维申斯克以下有俄罗斯一侧黑龙江最大支流结雅河注入。结雅河长1 242千米，流域面积23.3万平方千米，多年平均流量1 870立方米每秒，上游建有结雅水电站，总装机容量129万千瓦，库容为683亿立方米。

黑河市森林资源丰富，森林覆盖率为58.5%，盛产樟子松、水曲柳和白桦。矿产资源中的金、铜、玛瑙石及矿泉水资源居黑龙江省之首。黑河历史悠久，有瑷珲古城遗址、抗俄军事要塞、瑷珲将军墓、古驿站道卡等历史文化的重要遗址。黑河山川秀丽，江河纵横交错，有大黑河岛、俄罗斯商品街、五道豁洛岛影视基地等人文景观。

中游下段 自结雅河口至乌苏里江口为黑龙江中游下段，河长994千米，平均比降0.09‰。黑河市以下，黑龙江干流河道渐宽。左岸纳入俄罗斯境内结雅河后，黑龙江水量加大转向南流。距黑河市东南8千米处、结雅河口以下，设有卡伦山水文站。该站为黑龙江干流中游段的另一个水文站，集水面积72.5万平方千米。河流下行32千米，便进入古城瑷珲镇。瑷珲古城历史悠久，原设在江东（现俄罗斯境内），建于1674年，为清代黑龙江将军最初驻地，后因交通不便，又移至江西，1684年，清政府在黑龙江右岸建设瑷珲新城，黑龙江将军衙门移至此地。17世纪40年代以前，黑龙江两岸均为中华民族生息地，后因明、清两代王朝

瑷珲城

瑷珲魁星阁

争斗而无暇北顾，沙俄趁虚侵入，清政府腐败无能，于1858年5月28日，在今瑷珲城签订了丧权辱国的《中俄瑷珲条约》，割让了黑龙江以北、外兴安岭以南60万平方千米土地。现在瑷珲镇建有瑷珲展览馆，是著名的爱国主义教育基地。

过瑷珲镇后有公别拉河汇入，继续下行进入孙吴县境内。孙吴县是国家商品粮大豆出口、大豆超早熟种子及亚麻生产基地。境内有侵华日军731细菌部队673支队遗址、胜山侵华日军要塞遗址等。

黑龙江由孙吴县下行转向东流，到逊克县所在地奇克镇。奇克镇早期为桦子场，鄂伦春人的游猎地，后因1900年的"庚子俄难"，江东64屯的难民来此地避难并定

东北粮仓

居而逐渐形成村落。奇克镇以下，先后有*逊毕拉河*和*库尔滨河*注入。逊克县于1992年成为黑龙江省第一个农村初级电气化县。

黑龙江下行至嘉荫县常胜乡时，左岸纳入俄罗斯境内的布列亚河。该河长623千米，流域面积7.07万平方千米，多年平均流量940立方米每秒，河上建有布列亚水电站，装机容量200万千瓦。在嘉荫县境内，河流密布，沟壑纵横，黑龙江

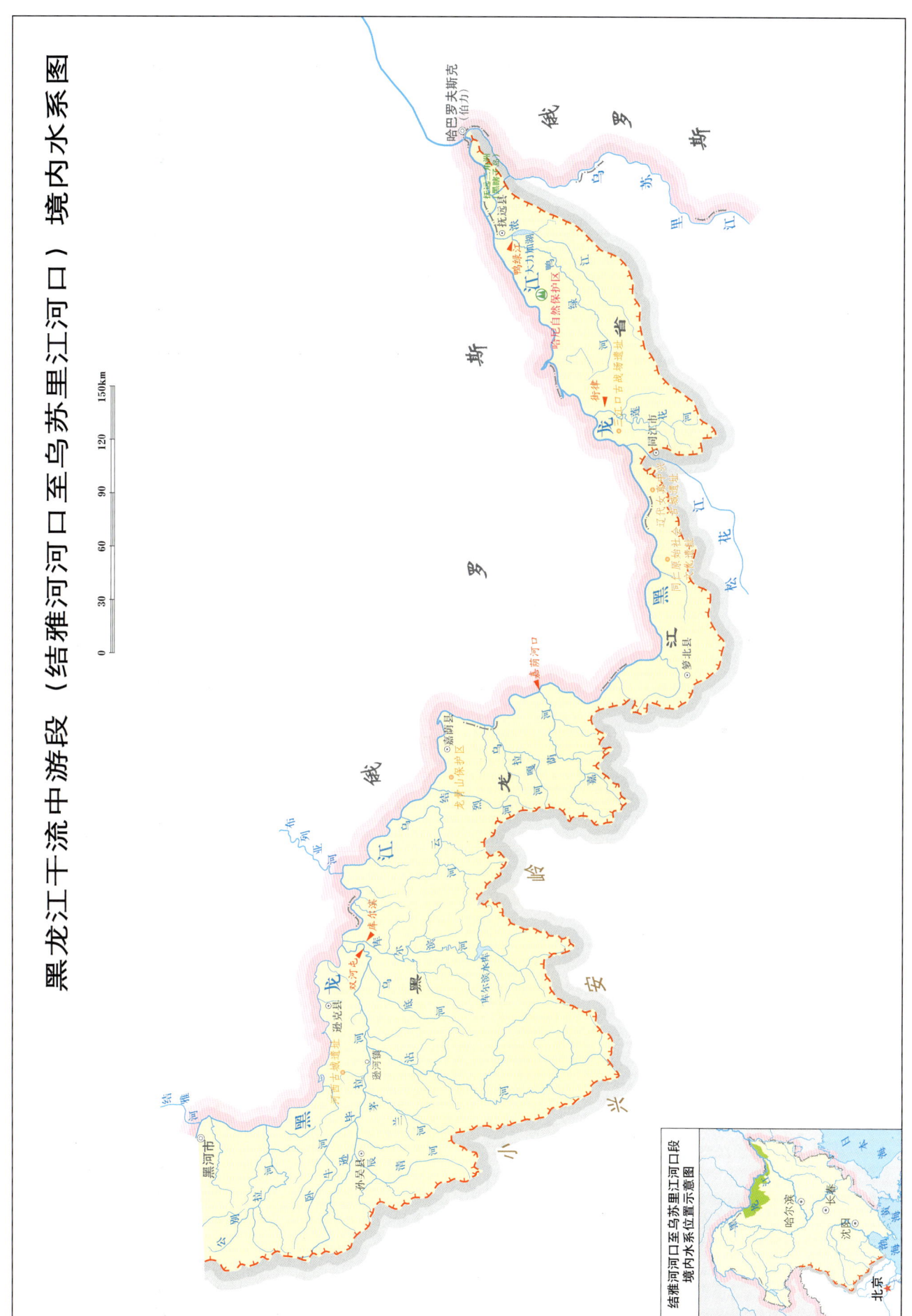

黑龙江干流中游段（结雅河河口至乌苏里江河口）境内水系图

的主要支流有**乌云河**、**结烈河**、**乌拉嘎河**和**嘉荫河**。嘉荫河口处黑龙江干流上建有水文站。嘉荫县城为朝阳镇。据考证，距今约7 000多万年前，嘉荫的北东方向是一片茫茫泽国，气候湿润，植物繁茂，是鸭嘴龙和霸王龙等恐龙家族生息繁衍的乐园。从已发掘出来的化石和装配成型的恐龙标本来看，成年鸭嘴龙身高4～6米，长3～12米，体重可达20多吨，属草食恐龙中较大的种群。清朝时期，沙俄曾在此处盗掘一批恐龙化石，命名为阿穆尔满洲龙，现在陈列在列宁格勒地质博物馆。1978—1979年，黑龙江省博物馆和有关单位在太平林场附近黑龙江畔一座小山上发掘出大批恐龙化石，已装配成型四具，被命名为东北鸭嘴龙化石，此处有"恐龙的故乡"之称。龙骨山保护区为黑龙江省一级文物保护单位。嘉荫县盛产黄金，森林密布，木材蓄积量大，因而有"绿色黄金宝地"之美誉。

黑龙江离开嘉荫县城转向南流进入萝北县境，江水冲出高山峡谷进入三江平原——世界三大黑土地之一的东北黑土地范围。萝北县地处小兴安岭南麓与三江平原的交会

嘉荫恐龙

处。境内的名山口岸为国家一类客货口岸，黑龙江萝北段水深域阔，为江海联运黄金水道最佳起点。萝北县有独特的人文和自然景观，有黑龙江小三峡和名山风景名胜区等旅游区。

黑龙江在萝北县的名山镇附近又转向东流，向下进入绥滨县。绥滨县地处三江平原，是我国重要产粮县之一；渔业在本县经济中占有重要地位，盛产鲑、鳇、鲟和鳖

三江平原一角

花等名贵鱼种。境内北有中兴古城遗址，南有奥里米古城遗址。黑龙江在我国境内的最大支流松花江在该县南部和东南部边界上穿行，并在与同江市的交界处注入黑龙江。

黑龙江进入同江市后转而东北流。同江市地处三江平原腹地，土地肥沃，资源丰富，是我国重要商品粮基地之一，主要粮食作物为小麦和大豆；水产资源丰富，盛产鲟鱼、鳇鱼、鲑鱼和大白鱼等。同江市是新兴的口岸城市，黑龙江和松花江夏季可通航大型客轮，冬季开通江上冰道。境内旅游资源丰富，有三江口古战场遗址、街津口风景名胜区，在与抚远县交界处有洪河自然保护区。

自古以来同江是我国人口最少的赫哲族的居住地。他们历来傍水而居，素以"夏捕鱼作粮，冬捕貂易货"为生计。赫哲人过去以大马哈鱼皮做服装，现在则以鱼皮做服饰工艺品。夏季以独木舟捕鱼，冬季以狗拉雪橇狩猎。新中国成立前，赫哲族仅有300余人，现在已达到2 000多人。同江市境内设有街津口赫哲族乡和八岔赫哲族乡。同江是黑龙江与松花江交汇地，著名的三江口就在此处。两江之水泾渭分明。《吉林

通志》记载："北水墨绿，南水浑黄，中有一线，如刀断划，流一百七十里到伊加嘎（今抚远），色始浑然"。"北水"指黑龙江，"南水"为松花江。

抚远县是中俄黑龙江界河最后一段。抚远县地处三江平原东北部，黑龙江和乌苏里江的交汇处，东、北两面与俄罗斯隔江相望。境内除黑龙江和乌苏里江

三江口古战场

外，还有黑龙江支流**浓江**、浓江上的大力加湖、浓江支流**鸭绿河**及乌苏里江支流**别拉洪河**。抚远土地资源丰富，农村人均占有耕地面积2公顷，是我国人均占有耕地面积最多的县；盛产大马哈鱼、鳇鱼、鲟鱼，年孵化鲟鱼能力达1 000万尾，是黑龙江省主要渔业基地。大马哈鱼子、鳇鱼子为名贵佳肴，在国际市场上享有盛誉。抚远县是黑龙江省唯一的"一个口岸两个通道"的著名边贸口岸城市，水运发达。抚远县城距俄罗斯远东最大城市哈巴罗夫斯克（伯力）仅65千米，是我国最快捷、最方便的中俄旅游购物的口岸。抚远镇依山临江，形势险要，为我国边关重镇，城东有辽金"莽吉塔"古城遗址，是黑龙江省文物保护单位。

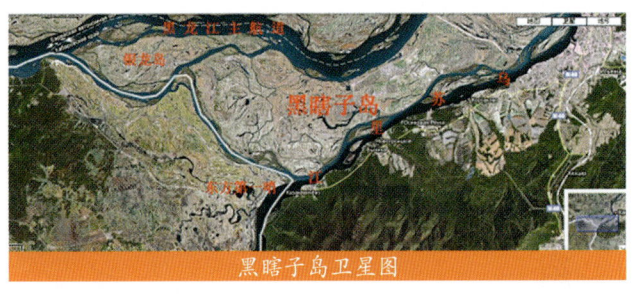
黑瞎子岛卫星图

黑龙江与其支流乌苏里江交汇处形成抚远三角洲，又称黑瞎子岛，面积约327平方千米。自从1929年中东路事件后，前苏联一直对该岛实施管辖。根据2004年《中华人民共和国和俄罗斯联邦关于中俄国界东段的补充协定》，我国收回半个黑瞎子岛的主权，获地174平方千米。所谓黑瞎子岛是因常有黑熊出没而得名。黑瞎子岛是我国最早见到太阳的地方。由于地处我国最东端"金鸡"版图上鸡冠的位置，扼守着黑龙江和乌苏里江通航的咽喉，并紧临俄罗斯哈巴罗夫斯克，因此具有重要的战略地位。中俄双方面对现实，解决了两国的边界历史遗留问题，为中俄领土争端画上了句号。

抚远县境内乌苏镇是我国最东部非行政建制著名小镇，建有"英雄东方第一哨"纪念碑，小镇北面有华夏东极风景名胜区。

至乌苏里江口，黑龙江结束了其干流作为中俄界河段的流程。乌苏里江口以下，黑龙江进入俄罗斯境内，成为俄罗斯境内河，并开始了黑龙江的下游段。

下游段　黑龙江下游段，离开哈巴罗夫斯克下行不久，有通古斯河注入。在共青城以上，江水蜿蜒于盆地之中，河道不稳定，江汉发育，河道呈网状。共青城以下，江水进入群山之间，河床比较稳定，齐尔曼诺夫村以下，江水在低地上前行，直至入海。黑龙江在俄境内尼古拉耶夫斯克（我国称庙街）附近注入鄂霍次克海的鞑靼海峡。河口多年平均流量10 800立方米每秒，多年平均年径流量3 550亿立方米。

一、干流 源头—松花江口
Main Stream（Headstream to Songhua River Mouth）

1.1 库都尔河
(Kuduer River)

黑龙江上源海拉尔河右岸支流，又名库都里河，发源于内蒙古自治区牙克石市北部大兴安岭中段庆格勒图山西麓，海拔1 396米。于乌尔其汉镇西北处汇入海拉尔河，全程在牙克石市北部库都尔镇境内。

库都尔河

流域地势东北高，西南低，呈狭长带形，属大兴安岭中段山麓，地形起伏较大。河流坡陡流急。境内山多林茂，森林覆盖率为71.7%，素有"绿色宝库"之称，是国家重要的林业产区之一。主要树种有落叶松、白桦、杨树等。矿产资源有煤、铁、铅、锌、萤石、珍珠岩等。

流域地处寒温带大陆性季风气候区，多年平均气温-2.8摄氏度，无霜期90天，多年平均年降水量429毫米，多年平均年水面蒸发量705毫米。

库都尔河河道弯曲，总体流向由东北至西南，河长186.9千米，流域面积3 484平方千米，河道比降1.34‰，河谷宽1～3千米，河面宽40～100米，多年平均年径流量5.251亿立方米；主要支流有外新河、太平沟、原林河、巴都尔河、大莫拐河等。

库都尔河自源头经新账房林场至库都尔镇，为群山密林间的洼塘地带，常年积水内涝，加之无霜期短，自然条件较差，不利于农作物生长。该镇原是一自然村，随着林区开发，国家在此设森林工业局（后改为库都尔林业局），为国家大型森工企业。

过库都尔镇西南流，右岸有爱林林场，至原林林场，库都尔河从林场中间穿过，汇合林场东侧库力库都沟、西侧乌岔沟和西南乌克里沟。境内山多林密，自然资源丰富。

过原林林场流经育林场，折而东南流至乌尔其汉镇，汇入海拉尔河上源大雁河。乌尔其汉镇三面环山，西南地势开阔，库都尔河、大雁河从镇区流过。有铁路由南向北从镇内西侧通往根河市满归镇。乌尔其汉镇设有水文站。

1.2 免渡河
(Miandu River)

黑龙江上源海拉尔河左岸支流。发源于内蒙古自治区牙克石市乌奴耳镇大兴安岭北麓牛房山，海拔1 169米，于牙克石市以北莫拐牧场附近汇入海拉尔河，全流域处在牙克石市境内。

流域地势东南高，西北低，以中低山为主。山体岩石以花岗岩为主，经长期侵蚀，山体浑圆，山坡弛缓。扎墩河河口以下河谷展宽，两岸多丘陵、谷地，河两岸分布有冲积、洪积平原。流域内森林密布，大部分山体被森林覆盖，覆盖率达60%以上。

流域属寒温带大陆性季风气候区，多年平均年气温为-2.5摄氏度，最低气温-48.5摄氏度，最高气温36.8摄氏度，无霜期85天，最大冻土深3米，多年平均年降水量423毫米，多年平均年水面蒸发量710毫米。

河流自东南向西北流，河长194千米，流域面积6 704平方千米。平均比降1.9‰，自然落差451米，水能理论蕴藏量2.66亿千瓦，可开发装机容量0.61万千瓦；主要支流有**乌奴耳河**、**扎墩河**等；多年平均年径流量8.669亿立方米。经济以林业为主，牙克石市以上沿河村镇较少，水质较好，设有大桥屯水文站。

1983年牙克石市发生特大洪水，洪峰流量1 590立方米每秒。1998年6—8月，流域暴发大洪水，一次降雨532毫米，

免渡河麦收季节

超过历史最高纪录,致使山洪暴发,牙克石市洪峰流量1010立方米每秒,淹没损失达50亿元。

新中国成立以来,免渡河流域累计修筑防洪堤长度15.17千米。

从源头流至乌奴耳村,有乌奴耳河汇入,经乌奴耳镇折向西北,流向免渡河镇,右岸有扎墩河汇入。免渡河镇背山面水,2005年人口3.04万,经济以林业为主。免渡河镇以下,河谷展宽,两岸土地肥沃,已建成市级粮食、蔬菜种植及奶牛养殖基地,镇区有滨洲铁路穿过。

下行30千米至牙克石市。该段为免渡河下游,主河道变宽,两岸为冲积平原,为农业种植区域。

免渡河于牙克石市以北莫拐牧场附近注入海拉尔河。

牙克石市位于免渡河右岸入海拉尔河口的三角洲地区,1984年撤旗建市,2005年有人口38.93万,有耕地11万公顷。全市形成了以乳品、制酒、煤炭为主的工业体系,依托大兴安岭丰富的浆果资源生产红酒;原煤储量1.8亿吨,煤种为长焰煤。

流域地处大兴安岭林海深处,山川秀美,自然风光如诗如画。2002年以来,牙克石市已建设成为森林生态旅游城市,形成了"绿色旅游,白色旅游"品牌,发展原始森林、冰雪娱乐、岭上观光等旅游业;土特产品有灵芝、猴头菇、白蘑、黑木耳、山野菜等;兴安牌栲胶获林业部优质产品奖。

1.2.1 乌奴耳河
(Wunuer River)

免渡河左岸支流,发源于内蒙古自治区牙克石市西部大兴安岭山脉牛房山东南麓,海拔1394米,于乌奴耳村东注入免渡河。全流域地处牙克石市境内。

流域东南高,西北低,支流众多,水系发育,呈扇形。群山绵延,峡谷纵横,山地占流域面积的77%,海拔大多在900米以上,地貌属浅山丘陵地带,山体浑圆,山坡弛缓。河谷开阔,15度以内的缓坡地占80%以上;土质肥沃,黑钙土层在50厘米以上。境内林木丛生,森林、草地植被发育繁茂,主要树种有落叶松、白桦、杨树等,森林覆盖率为71.1%,是国家重要的林区之一,经济以林业为主。

流域多年平均气温-2.8摄氏度,最低气温-50摄氏度,最高气温39摄氏度;多年平均年降水量430毫米,年水面蒸发量690毫米,年径流量0.33亿立方米,无霜期95天。

河流自西南向东北流,河长104.9千米,流域面积2595平方千米,主要支流有哈日扎拉河、哈拉沟、小南沟、乌山沟等。

乌奴耳河自河源东北流至乌奴耳镇,该段称乌尼日河。河道弯曲,在浅山中穿行,河道两岸多沼泽。河源区属牛房山林场,为国家原始森林。乌奴耳镇以东有哈日扎拉河汇入,为乌奴耳河右岸最大的支流,其流域面积和水量与乌尼日河相当。两河流域位于大兴安岭主脉,森林资源丰富,主要林场有乌奴耳林场、高吉山林场、玉镇山林场、牛房山林场、哈拉沟林场、密林林场等。两河汇流后经乌奴耳镇向北流入免渡河。乌奴耳河右岸的乌奴耳镇,1985年建镇,以后又改为村,以出产优质石灰石闻名,镇内设有乌奴耳林业局和免渡河林业局及乌奴耳营蚕山狩猎场。

乌奴耳营蚕山狩猎场位于牙克石市乌奴耳林业局施业区内,距乌奴耳镇18千米,总面积3000公顷。猎场四面环山,中间是长寿湖,山凹中生长着茂密的针、阔叶混交原始林木,适合各种野生动物生息,是内蒙古第一个对外开放的野生动物狩猎区。猎场内野生动物种类有马鹿、黑熊、犴、狍、野猪、猞猁、雪兔、狐狸、水獭等10多种;禽类有榛鸡、啄木鸟、野鸡、杜鹃等20多种,除国家规定的稀少珍贵鸟兽外,其他通过批准可猎取。

1.2.2 扎墩河
(Zhadun River)

免渡河右岸支流,发源于大兴安岭西麓安伊克奈山,海拔1300~700米。全流域在牙克石市免渡河镇境内。

流域东高西低,均处于山区,山峦起伏,林木广布。流域多年平均气温-2.8摄氏度,多年平均年降水量430毫米,年水面蒸发量690毫米,年径流量0.35亿立方米,年无霜期95天。

河流自北向南再折向西流,呈半月形弯曲。河长125.7千米,流域面积2750.8平方千米。由河源至北大河汇入口为上游,河槽深窄;北大河汇入后折而西流,进入中下游,河道两侧多沼泽及草地,水草丰美。北大河为扎墩河左岸最大支流,右岸为三根河林场。

过扎墩河林场,右岸有银岭河、北头河汇入,于免渡河镇以南注入免渡河。

免渡河镇位于扎墩河与免渡河汇合口处,此处有凤凰山旅游区,该区景色自然天成,山水环绕,水树相融,凤凰山庄北侧山崖下,河水蜿蜒流过,水流平缓,可乘船观赏两岸悬崖峭壁。该处建有滑雪场,是集森林、草原、河流、冰雪景观为一体的旅游度假区。

凤凰山

1.3 特尼河
(Teni River)

黑龙江上源海拉尔河右岸支流。发源于内蒙古自治区牙克石市境内大兴安岭新峰山西侧山顶,海拔1068米,流经陈巴尔虎旗、鄂温克族自治旗,于海拉尔区蒙根陶海苏木注入海拉尔河。河长128.4千米,流域面积1400平方千米。

流域东北高,西南低,属大兴安岭浅山丘陵地带,为大兴安岭西部向呼伦贝尔高平原过渡地带,山体浑圆,山坡弛缓;河谷开阔,河道两侧多沼泽及草地。

流域地处寒温带大陆性季风气候区,多年平均气温-2.5摄氏度,最低气温-49摄氏度,最高

三河马

气温38.4摄氏度；多年平均年降水量375毫米，多年平均年水面蒸发量715毫米，年无霜期90天；流域多年平均年径流量0.46亿立方米。

流域为草原牧区，优良草场面积占33%，芦苇资源丰富，但森林覆盖率仅为6.1%。流域境内矿产资源有煤、金、硫铁、珍珠岩等。

特尼河自源头向西南流，河道基本顺直，特尼河牧场以上两岸多山，河谷宽500～1 000米，特尼河牧场以下河谷展宽，两岸多平原草甸，牧场东南有达勒宾诺尔草原区湖泊，达勒宾诺尔以下折向南流；自霍鲁宋以下至蒙根陶海乡扎罗木得，河道弯曲，为海拉尔市与陈巴尔虎旗界河，建有扎罗木得水库；过水库后河流下行从右岸注入海拉尔河。

特尼河牧场至扎罗木得段为草原牧区，牧业经济发达，是三河马、三河牛培育基地之一。

1.4 伊敏河
(Yimin River)

黑龙江南源额尔古纳河上段海拉尔河左岸支流，又称依奔河、伊宋河。发源于内蒙古自治区鄂温克族自治旗红花尔基镇南部依和高古达山北麓，海拔1 684米，流经鄂温克族自治旗与新巴尔虎左旗，于海拉尔城区北注入海拉尔河。

流域地处大兴安岭和呼伦贝尔高平原，地势东南高，西北低。东南部为山地，相对高差200～400米。中部为低山丘陵区，为山地向高平原过渡地带，河谷较为开阔。

伊敏河

土质以黑钙土、风沙土为主，植被为森林草甸和草甸草原，是良好的打草场和放牧场。西北部为高平原区，是呼伦贝尔高原的组成部分，地形开阔平坦，稍有波状起伏，少量孤立沙丘。河流较少，河床宽浅曲折，形成开阔的河滩和河谷洼地。土质以栗钙土、风沙土为主，植被以干草原和禾草甸为主，牧草资源比较丰富，是伊敏河流域主要的畜牧业基地。

流域地处寒温带大陆性季风气候区，多年平均气温－2.3摄氏度，最低气温－48.5摄氏度，最高气温36.8摄氏度，年无霜期114天；多年平均年降水量356毫米，多年平均年水面蒸发量810毫米。

伊敏河河长359.4千米，河道弯曲，流域面积22 640平方千米，多年平均年径流量12.75亿立方米。河水清澈，水质优良，基本无污染；主要支流有**敖宁高勒河**、**苇特根河**、**锡尼河**、**辉河**，呈不对称分布；伊敏河上设有红花尔

伊敏河草原

伊敏河水系示意图

基、伊敏和海拉尔水文站。

1958、1984年春汛洪水成灾。1998年，该河发生洪水，受灾面积6 596平方千米。1987年春旱严重，由于干旱低温，使牧草返青推迟1个月，造成大量牲畜发生疫病、死亡。

红花尔基镇以上地处大兴安岭中段西坡中低山区，是我国面积最大的天然樟子松林区，森林覆盖率27.61%。1998年，该区被列为国家级森林生态保护区，面积2万公顷，主要保护对象为樟子松林。

流域内矿产资源主要有煤、石灰石、大理石、花岗岩、绿柱石、白陶土等，其中褐煤储量103.12亿吨以上，现已建成伊敏煤矿。伊敏露天矿是国家"八五"重点建设项目之一，利用坑口电厂发电输往东北电网。

流域已建成防洪堤工程6处，堤防总长达27.70千米。其中，海拉尔区防洪堤16.02千米，奋斗乡防洪堤3.50千米，巴彦托海镇防洪堤3.32千米，巴彦塔拉防洪堤2.18千米，西苏木防洪堤1.18千米，伊敏苏木防洪堤1.50千米。

受流域地形影响，伊敏河支流多分布在右岸大兴安岭支脉低山丘陵区，左岸因地处高平原沙丘区，只有一条辉河汇入，而且断断续续，大水年份才有水流汇入。红花尔基以上

海拉尔河口

牧归

支流发育，水源补给多来自该段；红花尔基以下，河道顺直，无大的弯曲，一直到汇入海拉尔河河口。

纪　实

上游　按地貌和河道特征分，河源至红花尔基为上游，处于大兴安岭山地林区，河谷呈U形，谷宽2～4千米，河面宽20～60米，河道比降1/400～1/600，河床由卵石构成。上游地区森林广布，为自治区樟子松主要产区。河流在中低山峡谷穿行，产汇流条件好，水量丰沛。自河源由东南向西北流，由海拔1 684米的山地，逐步降低到红花尔基镇的892米，处于全胜林场范围内；至头道桥村，右岸有敖宁高勒汇入，之后伊敏河折而西流至红花尔基镇，镇内有红花尔基林业局。

流域上游国家级樟子松自然保护区，被誉为"樟子松的故乡"，属红花尔基林业局管辖。保护区内山势挺拔俊秀，林地面积110万公顷，木材蓄积量2 768万立方米。红花尔基樟子松林带连绵200多千米，面积约30万公顷，活立木总蓄积量1 392.68万立方米，为全国最大的樟子松母树林基地。原始林林木挺拔，层次清晰，林冠郁密，林下空旷，栖息有大量野生动物，有驼鹿、水獭、猞猁、黑熊、麝、狍、榛鸡、紫貂、花鼠等，大多属于国家重点保护动物。

下游　红花尔基镇至河口为下游段。沿程经过伊敏河镇、锡尼河东和锡尼河西、巴彦托海镇，右岸分别有威特根河和锡尼河汇入，左岸纳入辉河，并在海拉尔城区南注入海拉尔河。下游段河谷逐渐开阔，一般为5～10千米，河面宽50～80米，河道比降约1/1 500，沿岸多湖泊湿地，芦苇资源丰富，芦苇地面积851平方千米。

巴彦托海镇为鄂温克族自治旗政府所在地，位于伊敏河下游两岸，距海拉尔市9千米。"巴彦托海"为蒙古语，意为"富饶的河套"。

那达慕

海拉尔河和伊敏河两岸多少年来世世代代传诵着一个美丽动人的传说。相传很久以前，在鄂温克草原的敖包山下，年轻美丽、聪明伶俐的伊敏姑娘和英俊潇洒、勇敢机智的青年海拉尔深深相爱着。贪婪的呼伦王爷嘎尔吐为了霸占伊敏姑娘，设圈套把海拉尔抓来用酒灌醉投进敖包山下的北河，接着逼姑娘与他成婚。伊敏姑娘挣脱后喊着海拉尔哥的名字跳进了敖包山下的南河。顷刻间南河与北河的河水暴涨，嘎尔吐王爷被卷进浪里变成了万人践踏的"嘎吐石"。从此以后，为了纪念这一对恋人，草原人们把北河称为海拉尔河，南河称为伊敏河。

1.4.1　敖宁高勒
（Aoninggaole River）

伊敏河　右岸支流，又名鄂依那河，发源于内蒙古自治区呼伦贝尔市鄂温克族自治旗南部摩天岭东南麓，海拔1 370米，于头道桥村西注入伊敏河；全程在鄂温克族自治旗境内。

流域由东南向西北倾斜，下游为低山丘陵区，由山地向平原过渡，丘陵和缓起伏，河谷开阔。

流域地处寒温带大陆性季风气候区，多年平均气温－2.3

维纳河

摄氏度，最低气温－48.5摄氏度，最高气温36.8摄氏度，年无霜期80天，年结冰期5～6个月；多年平均年降水量400毫米，年水面蒸发量740毫米，多年平均年径流量1.2亿立方米。

河流流经大兴安岭中低山区。流向自东南至西北折向西南，呈半月形弯曲，河槽宽浅，主要支流有咸那宁高勒。河长87千米，流域面积2 137平方千米。

上游段称维纳河，远近闻名的维纳河矿泉位于该段。维纳河两岸多山，森林密布，有维纳河林场。林场以南2千米有泉眼8处，分布在三面环山向北开口的V形山间谷地内，各泉相距1～5米，属偏硅酸、碳酸复合矿泉水，泉水每升含游离二氧化碳1 579.6～2 120.8毫克，偏硅酸60.9～73.6毫克，铁17.61～20.04毫克，水中锂、锶、氟、偏硼酸含量均达到矿泉水标准，并含有人体所需的镍、锰、钒、锌、硫、磷、碳、氢、氮、氧等元素与成分，不含有害毒物。水质可与举世闻名的法国维希矿泉相媲美，被当地蒙古、鄂温克、鄂伦春人称为"神水"。维纳河矿泉旅游区风景秀丽，三面环山，一面临水，林木相映，是呼伦贝尔市著名的疗养、旅游胜地。

过维纳河林场后河流进入下游段折向西南流，下游左岸有小孤山农场，利用河水发展灌溉农业；过小孤山农场至头道桥附近注入伊敏河。

维纳河冬景

敖宁高勒全程均流经森林地区，林地面积1.9万公顷，林木蓄积量220万立方米；该区属寒温针叶林带，以兴安落叶松、樟子松为主。

1.4.2 苇特根河
(Weitegen River)

伊敏河右岸支流，又名咸特很河、咸特很高勒。发源于鄂温克族自治旗东南部大兴安岭山脉伊和布德尔山西北麓，于内蒙古自治区呼伦贝尔市伊敏河镇附近注入伊敏河。

流域地形由东向西逐渐倾斜，由山地向平原过渡，丘陵和缓起伏，河谷开阔。土壤以棕色针叶林灰色森林土、黑钙土为主。

苇特根河河道弯曲，河长142.3千米，流域面积1 640平方千米。

该流域多年平均气温－2.3摄氏度，最高气温36.8摄氏度，最低气温－48.5摄氏度，全年日照时数2 900小时；多年平均年降水量383.7毫米，年降水量的70％～80％集中在6—8月；年结冰期5～6个月，年无霜期约114天；多年平均年径流量0.92亿立方米。

苇特根河上游流经大兴安岭林区，林区面积64万公顷，主要树种有樟子松、落叶松等，林木总蓄积量2 760万立方米，林中野生动物有鹿、驼鹿、黑熊等，鸟类有天鹅、飞龙、丹顶鹤等。

苇特根河下行至苇特根苏木，为草原牧区。两岸草原广阔，牧草丰美，牛、羊、马成群。

河流下游建有苇子坑水电站。过电站西北流，于伊敏河镇永丰乡注入伊敏河。

流域所在的鄂温克族自治旗，草原面积1.19万平方千米，总贮草量约46.5亿千克。2005年年末，牲畜存栏头数65.42万头只。

该旗为鄂温克族聚居区，"鄂温克"意为"住在大山林中的人们"。此外还有蒙古、达斡尔、回、满、鄂伦春、俄罗斯等少数民族生活、居住于此。鄂温克族有自己的民族语言和风俗习惯，民族节日为"米阔勒"节。

1.4.3 锡尼河
(Xini River)

伊敏河右岸支流，发源于内蒙古自治区呼伦贝尔市鄂温克族自治旗东哈日陶海嘎查东南大布德尔山西麓，流经罕乌拉，哈日托海等地，于锡尼河镇附近注入伊敏河。

流域东南高，西北低，地貌属低山丘陵向波状高原过渡地带。河长123千米，流域面积1 565平方千米，支流短小，河槽宽浅，水量小。流域地处寒温带半干旱大陆性季风气候区，多年平均气温－2.3摄氏度，年日照时数2 900小时，最高气温37.7摄氏度，极端最低气温－46.0摄氏度；多年平均年降水量360毫米，多年平均年水面蒸发量850毫米，多年平均年径流量0.88亿立方米。

锡尼河在哈日嘎郎以上为上游，河道较顺直，支流发育；以下进入波状平原区，河道弯缓，水流迂回曲折，两岸多沼泽。

锡尼河上游为大兴安岭林区，主要树种有樟子松、落叶松、桦树；中下游为呼伦贝尔大草原；下游湿地盛产芦苇。

流域矿产资源有煤、铁、花岗岩、大理石等，以畜牧业为主体经济，牧场土地肥美，河湖芦苇蓄积量大，盛产牛奶、牛羊肉、木材、奶油、奶粉、干酪等。境内有滨洲铁路，干线公

锡尼河冬日晨晖

路有 301 国道及 201、202 省道。

巴彦胡硕敖包山旅游点坐落于锡尼河镇的伊敏河畔。巴彦胡硕"敖包"（即用石块堆起的小山包）是当地布里亚特牧民祭祀先祖、天地、神灵的地方。布里亚特人是蒙古民族最古老的一支。每年春秋两季，身穿盛装的牧民在这里祭敖包，并举行丰富多彩的文体活动，其中，摔跤、赛马等民族传统节目尤为精彩。近年来已被开发为 AA 级草原旅游区，"巴彦胡硕"蒙古语意为"富饶的山冈"，该景点为第一部草原电影《草原上的人们》的外景拍摄地，片中主题歌《敖包相会》也在此地录制。

草原羊群

草原马群

1.4.4 辉河
（Huihe River）

伊敏河左岸支流，发源于内蒙古自治区呼伦贝尔市鄂温克族自治旗南部大兴安岭乌月山东北 2 千米附近，海拔 1 508 米，于巴彦托海镇南 10 千米汇入伊敏河。流域属新巴尔虎左旗、陈巴尔虎旗、鄂温克族自治旗。

流域上游地处大兴安岭北麓山地，中部为低山丘陵，由南向北逐渐向高平原过渡。

辉河流域地处寒温带大陆性季风气候区，多年平均气温 －2.3 摄氏度，最低气温 －48.5 摄氏度，最高气温 38.8 摄氏度，年无霜期 114 天，多年平均年降水量 326 毫米，多年平均年蒸发量 860 毫米。

辉河河长 437 千米，流域面积 11 470 平方千米，多年平均年径流量 1.47 亿立方米；上游和中游有明显河床，下游无明显河床；河道平均比降 0.15‰，主要支流有巴润毛盖河、准毛盖河等。

辉河自河源由南向北流，河道弯曲，呈半月形，两岸无较大支流汇入。辉苏木防火站以上流经大兴安岭北麓中低山区，上游称辉腾高勒。

上游区森林广布，林中野生动物资源丰富，有鹿、犴、狍子、黄羊等。中下游流经沙丘和沼泽地，水流滞缓。左岸为呼伦贝尔沙带，沙带长约 140 千米，宽 15~70 千米，呈平缓沙地地貌，多为固定和半固定沙丘，沙丘间有平坦广阔的低平地，现已开发为农业种植区。河流沿岸低地多沼泽，湖泡中生长有茂密的芦苇，是鄂温克族自治旗重要的芦苇产区，年产量 3.5 万吨。河谷开阔，土质以黑钙土、草甸沼泽土为主。

辉河自翁格浩斯嘎查以下至伊敏河口段，地势低平，河道落差小，水流缓慢，水流下切较弱，河床不明显。湖泊沼泽遍布，自上而下有超伊钦查干诺尔、呼和诺尔、阿拉坦桑诺尔、乌兰诺尔、阿仁诺尔、拜兴诺尔、塔尔根诺尔、鄂伦诺尔、查干诺尔等。河道、湖泊周边多为沼泽地，是水禽的栖息繁衍地。辉河在巴彦托海镇 10 千米处汇入伊敏河。

辉河为新巴尔虎左旗与鄂温克族自治旗的界河，新巴尔虎左旗从古代起就是蒙古等北方游牧民族繁衍生息的地方。"巴尔虎"人是由原驻牧在贝加尔湖北部巴尔虎真河流域而得名，为蒙古族古老部落。

1.5 莫尔格勒河
（Moergele River）

黑龙江上源海拉尔河右岸支流。发源于大兴安岭西麓内蒙古自治区陈巴尔虎旗鄂温克苏木阿散嘎查东北山麓，海拔 1 040 米，于巴彦哈达苏木以东注入海拉尔河。河流流经陈巴尔虎旗鄂温克苏木、巴彦哈达苏木以及巴彦库仁镇。

莫尔格勒河地处呼伦贝尔大草原腹地，地势由东北向西南逐渐降低，上游为低山丘陵，地势起伏较大，是主要产流区，中下游为高平原，地势平坦开阔。

莫尔格勒河流域地处寒温带大陆性季风气候区，多年平均气温 －0.2 摄氏度，最低气温 －48.5 摄氏度，最高气温 36.7 摄氏度；多年平均年降水量 320 毫米，多年平均年水面蒸发量 770 毫米。

河流由东北至西南流，河长 319 千米，流域面积 4 987 平方千米，多年平均年径流量 1.43 亿立方米；上游支流众多，沟短流急；下游基本无支流，河道迂回曲折，地表径流不发育，两岸多湿地沼泽；主要支流有阿吉嘎廷浑迪、乌力牙斯廷浑迪、沙巴尔廷浑迪等；设有头站水文站。

莫尔格勒河湿地位于陈巴尔虎旗境内、莫尔格勒河下游

辉河芦苇荡

莫尔格勒河

和海拉尔河汇合口处,总面积413.40平方千米。湿地宽阔,最宽处约15千米,生长着大片芦苇和其他沼泽植被,在涵养水源、控制水量、水土保持和维护区域生态平衡方面发挥着重要作用,是呼伦贝尔草原的湿地生态系统组成部分。

流域上游森林面积465平方千米,但森林覆盖率仅为6.1%,主要有白桦、山杨、樟子松、落叶松;中下游草原面积1.58万平方千米,占土地面积的81%,草质好,出口日本等国。流域内土壤自上而下为山地淋溶黑钙土、灰色森林土、草甸草原黑钙土、草甸土、沼泽土等,矿产资源有煤、金、萤石、硫铁、芒硝、铜、钼、珍珠岩等,野生动物有鹿、熊、猞猁、水獭、麝鼠等,野生植物有柴胡、赤芍、黄芪、蘑菇等。

1984年8月流域遭受洪水袭击,洪峰流量1 680立方米/秒,洪水使巴彦库仁镇受淹。

莫尔格勒河上游河道基本顺直,在呼和温都尔嘎查以上为中低山区,森林密布。河谷深窄,水流急,两岸支流发育,主要水源均来自本区域。阿达盖以下河谷展宽,两岸多滩地,河道局部弯曲加剧,两岸多沼泽、湖泊,主要湖泊有呼和诺尔、查干诺尔等。呼和温都尔附近有金帐汗蒙古部落景区。

河流下游左岸有巴彦库仁镇,为旗政府所在地。"巴彦库仁"为蒙古语,意为"富饶的院落",因地处海拉尔河和莫尔格勒河之间水草丰美的盆地而得名。旗政府所在地有居民1.6万人。巴彦库仁镇奶牛饲养业发展迅速,奶牛品种优良,70%的居民住户养有奶牛。

呼伦湖水系示意图

呼和诺尔部落

1996年流域下游被列为陈巴尔虎草甸草原保护区,保护面积51万公顷,保护对象为草甸草原。呼和诺尔湖周边为呼和诺尔草原,位于海拉尔河与莫尔格勒河汇合处附近。呼和诺尔草原是呼伦贝尔草原秀丽风光的缩影,夏秋季节绿草如茵、鲜花似锦的草原环抱着在蓝天白云下微波荡漾的呼和诺尔湖,美不胜收。

1.6 呼伦湖
(Hulun Lake)

又名达赉湖、呼伦池,《山海经》中称"大泽",唐代称"俱伦泊",清称"库楞湖"。"呼伦"和"达赉"分别为突厥和蒙古语"海""湖"的意思。位于内蒙古自治区呼伦贝尔市新巴尔虎右旗、新巴尔虎左旗境内,地理坐标为东经116°58′~118°03″,北纬48°35′~49°19′。

呼伦湖地处呼伦贝尔草原西端,为地层强烈下陷的构造盆地,形状似西南—东北向平卧的口袋,湖底地形似一不规整的锅底。

呼伦湖位于高纬度地区,属寒温带半干旱大陆性季风气候,冬季漫长而寒冷,夏季并不炎热;多年平均气温-1.2摄氏度,极端最低气温-38摄氏度,最高气温40摄氏度,年无霜期112天左右,最大冻土深3.8米;多年平均年降水量278毫米,多年平均年水面蒸发量1 158毫米。

湖面面积2 342.5平方千米,湖长93千米,最宽处41千米,平均宽度32千米,平均水深5.7米,最深处10米左右。水域和湿地总面积为3 253平方千米。

呼伦湖入湖河流有**贝尔湖**出流的**乌尔逊河**和发源于蒙古人民共和国的**克鲁伦河**。呼伦湖由扎兰鄂罗木河(新开河)与海拉尔河相通,扎兰鄂罗木河(新开河)是一条调节湖水的吞吐性河流,海拉尔河水位高于呼伦湖水位时河水注入呼伦湖,反之呼伦湖水则外流,经海拉尔河下泄,成为额尔古纳河水源的一部分。

呼伦湖

1958年，扎兰鄂罗木河被煤矿堵塞，当地于1971年挖掘了一条长16.4千米的人工河（新开河），将扎兰鄂罗木河的一段河床改道，并修建了泄水闸和拦洪闸，使呼伦湖水位得到人工控制，呼伦湖水大部分时间直接流入额尔古纳河。

清光绪二十三年（1897年），由呼伦贝尔副都统衙门的笔贴式（秘书）写成的《呼伦贝尔副都统衙门志稿》中的"河流湖泊篇"中记载："呼伦湖自西向

呼伦贝尔草原

东北长150余里，宽70余里，周长300余里，深不可测。乌尔逊河从东南方流入，克鲁伦河从正西流入。""扎兰鄂罗木河，在城（海拉尔）西北310多里，从海拉尔河分出一支向西南流60余里，经高勒特格卡伦流入呼伦湖。"

呼伦湖水质呈微碱性，pH值在8.5～9.1之间，含盐量1.10～1.25克每升，碱度10.0毫克当量每升。

拴马桩

呼伦湖区自然资源丰富，发展鱼类生产有着得天独厚的有利条件。经济鱼类有油䱗鲦、鲤鱼等；秀丽白虾，又称秀丽长臂虾，具有生长快、食性广、繁殖能力强、营养成分高等特点，年均产量100余吨。呼伦湖于1981年开始培育珍珠，1983年开始放养河蟹。呼伦湖芦苇资源十分丰富，是全区、全国重点芦苇产区之一。

湖区水域辽阔，沿岸沼泽湿地广布，成为鸟类的天堂，湖区鸟类种类繁多，其中有许多珍稀品种；北方型鸟类众多，如

呼伦湖畔羊群

大鸨、翘鼻麻鸭、柳莺等；草原上典型代表种类蒙古百灵、云雀等在湖周围形成优势种群；多种鸭类、鹭类等水禽、涉禽为湖区夏候鸟的主要种群；还有其他的小型滨水鸟灰沙燕、苇莺等，组成了滨湖地区丰富多彩的鸟类群落。

呼伦湖地区自然生态环境保存较好，水美、草美、鱼美，是避暑旅游的胜地。弘吉拉部落旅游景区位于呼伦湖西南岸，成吉思汗的母亲、妻子都出生在这里，景区集草原风情、历史文化、生态景观于一体。成吉思汗拴马桩位于呼伦湖西岸，距岸约10余米的湖水里，高10米左右，周长15米左右的柱石突兀而立，柱石呈不规则形状，上细下粗，石纹条条，纵横交错。石缝间有水鸟飞过，盘旋湖上。传说成吉思汗为统一蒙古草原征战时曾在这里休息，并在这个柱石上拴过马，故称成吉思汗拴马桩。

呼伦湖自然保护区始建于1986年，1992年晋升为国家级自然保护区。呼伦湖处于中、蒙、俄三国交界处中国境内，属于跨国生态系统的一部分，2002年被列入国际重点湿地名录，并被联合国教科文组织接纳为世界生物圈保护区。保护区总面积3 253平方千米，是一个以保护珍稀鸟类、湿地生态系统及草原为主的综合性自然保护区，是众多候鸟栖息的佳境，也是大洋洲及东北亚候鸟迁徙的驿站。

1.6.1　克鲁伦河
(Kelulun River)

属**呼伦湖**水系，《汉书》称"卢朐河"，《金史》称"龙居河"，明代改称"饮马河"，清代始称"克鲁伦河"。发源于蒙古国肯特山东麓，于内蒙古自治区呼伦贝尔市新巴尔虎右旗克尔伦苏木乌兰恩格日嘎查西进入我国境内，于阿尔山苏木希日塔拉东汇入呼伦湖；流经蒙古国中央省、肯特省、东方省及我国内蒙古自治区新巴尔虎右旗。

克鲁伦河中上游在蒙古国境内，地处低山丘陵区，大部分为戈壁沙漠；下游（中国段）为呼伦贝尔高原一部分，由低山丘陵和高平原组成。

流域地处寒温带半干旱大陆性季风气候区，春季干旱风大，夏季短而炎热，秋季早霜，冬季雪大；多年平均气温－1.2摄氏度，极端最低气温－38摄氏度，最高气温40.1摄氏度，无霜期年平均112天；多年平均年降水量253毫米，多年平均年水面蒸发量1 158毫米。

克鲁伦河流向由西南至东北，河长1 146.5千米，流域面积92 670平方千米，中国境内河长206千米，流域面积15 747平方千米，其中闭流区面积264.13平方千米；多年平均流量20.0立方米每秒，多年平均年径流量为6.3亿立方米，含沙量353～652克每立方米。两岸为半荒漠的低山，地表径流不发育，没有较大支流汇入。克鲁伦河流经草原牧区，以畜牧业为主，基本无污染，水质较好。克鲁伦河在我国境内设有阿拉坦额莫勒水文站。

中上游蒙古国境内为戈壁沙漠，植被以沙生植物为主；我国境内新巴尔虎右旗多为优良牧场，植物种类繁多，草场面积204.6万公顷；有白

克鲁伦河

蘑、草蘑等菌类植物，尤以天山白蘑著名。

我国境内新巴尔虎右旗已探明的矿产资源有20余种，矿点有64处，其中煤炭储量约11.9亿吨；铜矿位于东部乌奴克图山，属特大规模的斑岩型铜钼矿，铜钼金属储量达226万吨；锰、铅、锌、银主要分布在旗西北白音甲乌拉矿点、旗西南的查干宝拉格矿点、额仁陶拉盖矿点，其中额仁陶拉盖矿点是全国第二大银矿，银总储量达2 700吨，平均品位400克每吨；萤石主要分布在西部，储量约120万吨；芒硝储量2 000万吨左右，品位在40%以上；石膏储量110万吨，属鱼鳞状石膏，品位达95%。

据2005年统计，新巴尔虎右旗年末总人口3.35万，牲畜存栏数123.95万头（只）。

下游水利以开发缺水草场和解决人畜饮水为主。河流两岸修有防洪堤55.32千米，保护草场面积0.5万公顷。

纪　实

克鲁伦河进入我国境内后，由西南流向东北，河道基本顺直，无较大弯曲，河道比降小，流速缓慢，多叉流，沿岸多沼泽湿地。自上而下有哈日诺尔、善丁诺尔、呼吉仁诺尔等湖泊多处。河谷宽3～5千米，河床宽40～90米，水深一般为2米。域内地域辽阔，水草丰美，为呼伦贝尔草原西端的天然牧场。

早在旧石器中晚期，便有呼伦贝尔古老人类扎赉诺尔人在新巴尔虎右旗劳动生息。秦朝以来，有东胡、匈奴、鲜卑、契丹、蒙古塔塔尔等北方少数民族部落在此居住。"巴尔虎"人是原驻在贝加尔湖北部巴尔虎真河（今俄罗斯巴尔古津河）的蒙古族古老部落，1207年，成吉思汗统一蒙古高原后，巴尔虎诸部归附蒙古帝国。17世纪中叶，沙俄以武力向南扩张时，巴尔虎人开始南迁至黑龙江流域和呼伦贝尔地区。雍正十二年（1934年），清政府将喀尔喀蒙古车臣汗部要求加入清八旗的巴尔虎蒙古人迁居呼伦湖、**贝尔湖**、**哈拉哈河**、**乌尔逊河**与克鲁伦河下游一带。1948年正式成立新巴尔虎右翼旗人民政府，隶属呼伦贝尔盟。1959年，改称新巴尔虎右旗。克鲁伦河是新巴尔虎右旗人民生活和生产的主要水源。民族构成除蒙古族、汉族外，还有达斡尔、回、朝鲜、鄂温克、满、藏、柯尔克孜族等。

勒勒车

境内有辽代长城，横贯西北部，另有喇嘛庙乌金呼日勒庙（东庙）、查干诺尔庙（西庙）为自治区文物保护单位。1998年新巴尔虎右旗被列为省级巴尔虎草原黄羊保护区，保护区面积52.83万公顷。

巴尔虎蒙古族是古老的游牧民族之一，长期过着逐水草而居的游牧生活。20世纪80年代以来，大部分已定居，但一些传统习俗仍延续至今，形成一道靓丽的风景。居民毡房俗称蒙古包，坐落于蓝天绿草之间牧民，放马牧羊，热情好客。每年举行一次那达慕大会，进行传统体育项目竞技及文化物资交流。巴尔虎蒙古族人民有祭敖包的习俗，盛装的牧民们穿着色彩亮丽、制作精美的蒙古袍，以牛、羊、奶制品等祭品向天地祈福，场面隆重；载歌载舞，进行赛马、射箭、摔跤等民族体育活动和物资交流活动。

牧民生活

1.6.2　乌尔逊河

(Wuerxun River)

属**呼伦湖**水系，又称鄂尔逊河。上源起于**哈拉哈河**和**贝尔湖**，北流注入呼伦湖，一河连两湖，为呼伦湖与贝尔湖之间的连通水道，亦为内蒙古自治区新巴尔虎左旗与新巴尔虎右旗的界河。

流域地处寒温带大陆性干旱气候区，多年平均气温－0.3摄氏度，最低气温－35.4摄氏度，最高气温34.6摄氏度，多年平均年降水量250毫米，年日照时数3 100小时，年无霜期127天，结冰期5个多月。

乌尔逊河起于贝尔湖北岸一号渔场，下至甘珠花以北入呼伦湖，由南向北流；地势平坦，海拔591～552米；河道比降0.12‰，水流平稳，是典型的草原河流。

河长223.28千米，流域面积1.04万平方千米，多年平均年径流量7.35亿立方米。河宽60～70米，水深2米左右，支流有**好来音河**。河水无污染，水质优良。设有坤都冷水文站。在河流左岸贝尔苏木北部有乌兰诺尔（蒙古语意为"红色的湖泊"），为乌尔逊河的潟湖。

河流两岸为牧业区域。草原面积204.6万公顷，草场多为优良牧场，野生植物种类繁多，以禾本科、菊科的饲用植物为主，芦苇面积0.6万公顷。

已探明矿产资源有石油、天然气、煤炭、有色金属、盐、碱、硝等15种，其中石油资源量5.3亿吨，煤炭160多亿吨。

乌尔逊河

贝尔湖为乌尔逊河源头，对乌尔逊河的水量起调节作用。河流自贝尔湖起，河道比较顺直，无明显弯曲，经新巴尔虎左旗的一号渔场、三号渔场、浑德伦、乌尔逊、伊和呼热等嘎查至乌兰诺尔。乌兰诺尔位于乌尔逊河左岸贝尔苏木境内，湖泊呈东北一西南走向，呈长条形，其北部建有乌兰诺尔渔场，湖泊周边为牧场，湖西有包格德乌拉山，海拔922米，湖泊补给主要来自乌尔逊河，大水年份乌尔逊河水涌入乌兰诺尔，小水年份，河湖各自分开，中间为沼泽湿地。

乌尔逊河流过乌兰诺尔后继续北流，经巴音布日德、巴彦敖苏木、扎和庙、乌尔逊高勒等嘎查至甘珠花嘎查，于甘珠花以西东河口渔场附近注入呼伦湖。支流好来音河流至苏敏岁日嘎查以下，河道不明显，形成无尾河，只在大水年份汇入乌尔逊河。

乌尔逊河两岸草原广布，水草丰美，是呼伦贝尔市重要的牧业生产基地。生活在呼伦贝尔草原最早的民族是东胡，后为乌桓和鲜卑、女真、室韦、蒙古等民族。

两岸湿地极多，河口一带尤甚。沿河两岸大小湖泊零星分布，多生红柳、芦苇，新巴尔虎右旗芦苇面积达0.6万公顷，年产量2 500～3 000吨。由于水草丰盛，栖息繁衍着国家珍稀鸟类35种，有黑鹳、玉带海雕、丹顶鹤、白鹤、大天鹅、苍鹰等。

乌尔逊河水饵食丰富，是呼伦、贝尔两大湖泊鱼类产卵繁殖洄游通道；红尾鲤鱼、鲫鱼、蒙古红鲌、狗鱼、鲇鱼、油餐条、秀丽白虾等为主要鱼虾种类。"双湖鱼跃"可谓乌尔逊河的胜景之一。每年7、8月，游人便去乌尔逊中游的乌兰岗观看"鲤鱼跳龙门"的盛景：在乌兰岗，只见鲤鱼密密麻麻地聚在鱼栅前，欢跃而起，使人目不暇接。当年，叶剑英元帅观后曾写道："鲤鱼龙门事已陈，乌兰湖畔一番新。鲤鱼跃跃争先进，头破鳞伤竟不停"。随着气候、温度、水流、饵料的变化，贝尔湖鱼类每年均经乌尔逊河洄游。当秋水渐寒时，鱼群便由呼伦湖逆水洄游到贝尔湖，聚集到深水处越冬。到了春天产卵时节，鱼群又经过乌尔逊河洄游到呼伦湖浅水处繁衍。

乌尔逊河所在的新巴尔虎右旗有省级巴尔虎草原黄羊保护区，主要保护黄羊等野生动物。

1.6.2.1 哈拉哈河
(Halaha River)

呼伦湖水系。又称哈拉哈格勒，《蒙古秘史》称"哈励哈河"。发源于内蒙古自治区阿尔山市大兴安岭南麓吉里革先山南坡五道沟附近，至新巴尔虎左旗阿木古郎镇与巴音哈拉苏木交界处，分为南北两支，北支经浑德伦苏木汇入**乌尔逊河**，南支汇入**贝尔湖**。流经阿尔山市、新巴尔虎左旗及蒙古国。

哈拉哈河流域地势东南高，西北低，上游段地处大兴安岭山地西坡边缘，中下游为呼伦贝尔波状高平原，宽阔平坦。

流域地处寒温带大陆性季风气候区，多年平均气温－2.5摄氏度，最低气温－40.1摄氏度，最高气温39.5摄氏度，年无霜期90天，多年平均年降水量350毫米，多年平均年水面蒸发量760毫米。阿尔山市最大冻土深度312厘米。

哈拉哈河自东南向西北流，河长399.23千米，流域面积8 735.82平方千米，多年平均流量13.70立方米每秒，多年平均年径流量4.32亿立方米。哈拉哈河干流上游在我国境内，中游大部位于蒙古国境内，下游主要为中、蒙界河。沿岸两侧草甸地带多沼泽，水质良好。上游河道弯曲，河岸陡峭，水面宽50～80米，河谷宽400～1 000米。中下游河谷宽1 000～2 000千米。主要支流有苏呼河、托列拉河均发源于我国，但努木尔根河流域大部分在蒙古国。新巴尔虎左旗境内。

流域上游有林地面积13.33万公顷，森林覆盖率较低，仅为12.7%，中下游多为天然牧场，下游为我国著名的呼伦贝尔草原。流域内探明的矿产资源有石油、天然气、煤炭等。

阿尔山市天池镇伊尔施村以上为上游，从上而下流经南沟林场至天池村。天池村北有著名的阿尔山天池，该池湖面面积13.5公顷，东西长450米，南北宽300米，属高位火山口。椭圆形湖面水平如镜，湖水久旱不干，久雨不溢，倒映青山绿树、蓝天白云，宛如仙境。石塘林位于天池东，长20千米，宽10千米，为火山喷发后岩浆流淌冷却凝结而成，为亚洲最大的近期死火山玄武岩地貌，犹如波涛汹涌的熔岩海洋，怪石嶙峋，形状各异。塘内寸土无积，但落叶松高大挺拔，偃松（爬地松）翠绿青葱。石与林相依，花与草相融，清流时隐时现。石塘林地下有潜流，潜流下行10多千米，又流出地面，进入三潭峡。该峡自上而下为卧牛滩、虎石滩、悦心滩，峡长3千米，出口处形成飞瀑奇观。

河流下行，过金江沟林场后，纳入右岸支流苏呼河，继续前行到达伊尔施林场天池镇。转向西北流，下行约10千米，托列拉河从右侧加入。下行，与从蒙古国流来的努木尔根河汇入后，成为中蒙界河。

哈拉哈河至新巴尔虎左旗阿木古郎镇达日扎塔拉拜以东，从蒙古国又进入我国境内，一直到浑德伦苏木以东均为两国界河，流至阿木古郎镇巴音塔拉后，哈拉哈河分为南北两支，北支经浑德伦汇入乌尔逊河，南支汇入贝尔湖。

为发展中蒙贸易，2005年，于新巴尔虎左旗阿木古郎镇南22千米处建成哈拉哈大桥，桥长164.9米，桥宽5.5米，为连接我国额布都格口岸与蒙古国的巴音胡硕的唯一通道。

1.6.2.2 贝尔湖
(Beier Lake)

中蒙界湖，属**呼伦湖**水系。《清一统志》称其"布雨尔湖"，《黑龙江舆地图》称"贝尔湖"。位于东经117°42′～117°80′，北纬47°50′～47°85′。东南部在蒙古国境内，西北部51.2平方千米在我国境内，属新巴尔虎右旗贝尔苏木辖区，地处呼伦贝尔高原西南部边缘。

湖面呈椭圆形，西北、东南湖岸光滑顺直，东北、西南湖岸曲折多变；西南东北向长40千米，东南西北向宽20千米，湖面面积611.2平方千米，平均水深9米，最深处约50米。贝尔湖为淡水湖，pH值8.2，矿化度0.28克每升，水质良好。

贝尔湖地区地处寒温带大陆性季风气候区，多年平均气温－0.3摄氏度，最高气温36.4摄氏度，年无霜期127天。多年平均年降水量240毫米，多年平均年水面蒸发量981毫米。

贝尔湖补给水源为**哈拉哈河**，流出通道为**乌尔逊河**。贝尔湖成为哈拉哈河的尾闾，乌尔逊河的源头，为吞吐性湖泊。丰水年份贝尔湖水量排入乌尔逊河，注入呼伦湖。湖泊西南角有一独立的较小湖泊，称巴彦湖，蒙古语意为"富饶的湖"。

贝尔湖

鸟的乐园

湖周围为平原牧场，土地肥沃，矿产资源丰富，有巴润乌和日图煤田、乌努克图铜矿、额仁陶勒盖银矿等。湖西北部我国境内，草场面积204万公顷，湖泊以南属蒙古国东方省所辖，为广袤的戈壁沙漠，经济以草原畜牧业为主。

贝尔湖湖面辽阔，碧波荡漾，水鸟翩翩，湖畔草绿花艳，

阿尔山天池

湖光山色格外绮丽，湖底为砂砾，湖水清澈，是天然的渔场。湖内盛产鲤、白鱼、红鳍、狗鱼等和各种虾类。湖四周除部分沼泽外，大部分湖岸高出湖面2米以上，是优良的放牧场。

湖泊西北部内蒙古自治区新巴尔虎右旗贝尔苏木境内，银海岸旅游景区占地40公顷，与蒙古国隔湖相望，内设300米长的天然浴场，可在此游泳、钓鱼、沙浴、乘游船在湖中观赏湖光水色。

1.6.2.3 好来音河
(Haolaiyin River)

乌尔逊河右岸支流，又称巴润浩来音沟。发源于内蒙古自治区新巴尔虎左旗新宝力格苏木南部宝力根敖包，沿程海拔580～550米。流经新宝力格苏木及吉布胡郎图苏木。好来音河位于呼伦贝尔高原腹地，地形宽阔平坦，自然落差小。

流域气候属寒温带半干旱大陆性季风气候，多年平均气温－0.3摄氏度，最低气温－35.4摄氏度，最高气温34.6摄氏度，年无霜期110天；多年平均年降水量278毫米，多年平均年水面蒸发量1 050毫米，多年平均年径流量0.22亿立方米。

河流流向自南向北，为草原性河流，河道顺直，河长145.7千米，流域面积2 243.69平方千米。该河为季节性河流，每年7—9月，受上游降水影响，河道汇聚周边来水，形成水流，流速缓慢。两岸为草原牧区，水质较好，为周边人畜饮水的主要水源。在河道下游右岸有哈力玛呼都格供水基本井，流至苏敏岁日嘎查以下，河道不明显，形成无尾河，只在大水年份河水在乌兰图嘎附近汇入乌尔逊河，河流两侧多沼泽。

流域地处呼伦贝尔大草原，为纯牧区，经济以畜牧业为主，土地肥沃，草场广阔。2005年牧业年度牲畜存栏数为200万头（只）。

1.7 根河
(Genhe River)

黑龙江额尔古纳河段右岸支流。发源于内蒙古自治区根河市大兴安岭伊吉奇山西南侧，于额尔古纳市四卡北12千米处汇入额尔古纳河，沿程海拔1 242～520米。地理坐标为东经119°22′～122°42′，北纬50°00′～51°17′。自东北向西南流经内蒙古自治区根河市、额尔古纳市和陈巴尔虎旗。

概　述

流域地处大兴安岭西北麓，呼伦贝尔高原北端。流域东北高，西南低，境内群山连绵，森林密布。支流**伊根河**河口以上为山地林区，伊根河河口以下属低山丘陵区，上游森林区为灰化土，下游丘陵草原区为黑钙土，草原区为退化黑钙土。

流域地处寒温带大陆性季风气候区，多年平均气温－3.1摄氏度，最低气温－46.2摄氏度，最高气温36.6摄氏度，年无霜期在70天左右；多年平均年降水量412毫米，多年平均年水面蒸发量730毫米。

河流流向由东北至西南，河长461米，流域面积1.58万平方千米，河道平均比降1.5‰，多年平均年径流量23.3亿立方米。

河源至伊根河口为上游段。该段属山地林区，林木茂密，河岸稳定，河槽较深，谷坡30～35度，河谷1～2千米。地形起伏较大，河网较发育。下游段由伊根河口至根河口，此段河槽变浅，水流平稳而多曲折，属低山丘陵区，河网不发育，无支流汇入。河谷宽5～10千米，至根河口附近，河道变迁频繁，洪水时常漫出河槽，两岸多湿地和牛轭湖。主要支流右岸有：雅格河、冷布落河、潮查河等；左岸有**图里河**、伊根河、库力河等。

流域基本无污染，水质优良。据1966—1981年实测，pH值6.3，平均年离子总量每升59.5毫克，平均年总硬度每升0.41毫克当量；设有黑山头水文站。

据调查资料，根河1929年洪水最大，1955年为第二位。根河黑山头站1955年洪峰流量1 520立方米每秒，2006年洪峰流量为1 140立方米每秒，为实测最大值。1950年7月枯水流量仅为5.64立方米每秒。

秀美根河

根河流域为呼伦贝尔市的林业产区之一，有全国保存最好的原始森林，面积200万公顷，木材蓄积量2.2亿立方米。树种以兴安落叶松为主，有白桦、白杨、樟子松等。

下游段多为农牧业区域，可利用草场57.3万公顷，草质优良、品种繁多，具有发展畜牧业的优越条件，是"三河马""三河牛"的主产地。流域内有耕地2 533公顷，种植小麦、蔬菜等。下游是呼伦贝尔市第二大淡水鱼产区，年产25万千克。域内矿产资源有煤、金、铝、锌、铀、铁、钨、铜、萤石等，尤以煤炭储量丰富，其中拉布达林煤矿远景储量达13亿吨。沿额尔古纳河边界有黄金地带长400千米，地表覆盖浅，含金沙层厚，品位高。流域野生动物资源丰富，列入国家保护范围的有驼鹿、驯鹿、马鹿、紫貂、雪兔、飞龙等12种。

河流上游的根河市建有自流灌区3处，扬水站7处，有效

根河

根河水系示意图

灌溉面积0.19万公顷；下游的额尔古纳市建成机电井33眼，水利工程设施可供7.2万人和7.9万头（只）牲畜饮水。根河沿河修筑堤防187.87千米，防洪标准20年一遇。

纪　实

根河自河源至下央格气林场为源头区域，两岸河网发育，有萨吉气、约安里、雅格河等十几条支流。两岸山岭对峙，陡峭险峻。流域内林木茂密，河道比降大，水流湍急，下切强烈。河谷呈槽形，谷坡30～35度，谷宽1～2千米。该段为根河市林木主产区，主要森工企业有开拉气林场、上央格气林场、下央格气林场、乌力库玛林场等，森林覆盖率73.6%。

根河过乌力库玛林场又西南流，至根河市。全市辖5镇1乡，属多民族聚居区，有蒙古、达斡尔、鄂温克、鄂伦春等少数民族，2005年，全市人口16.72万，是内

根河湿地

蒙古自治区北部最大的城市；根河横贯该市南部，市周建防洪堤2.7千米；利用丰富的野生红豆制酒，远近闻名，2005年荣获中国十佳节约型中小城市称号。

过根河市至伊根河口段，该段右岸支流短小，主要支流均从左侧汇入，有冷布落河、木瑞河、角刀木河、伊根河等汇入。

伊根河口至根河口为下游段，河槽变浅，水流平稳而多曲折，属低山丘陵区，地势起伏不大，坡度15～25度。伊根农场至上库力多为大漫岗，坡度为3～25度，山麓平阔。至入额尔古纳河口的黑山头段有沙丘、丘陵，沿河两侧为草甸土与沼泽土。在洼地已经沼泽化的地域形成沼泽土。滩地草甸地带多沼泽。

根河下游地区以农、牧业经济为主，亦有捕鱼和种植小块蔬菜等。以右岸的三河回族乡为中心，形成了畜牧业生产基地，以出产"三河马""三河牛"著称。2005年，根河市牲畜存栏头数28.76万头（只）；现雀巢公司入驻该市，加速了畜牧业的发展。

在根河下游疏林区及草原区的漫山坡上，为宜农区。左岸有秋骆驼马场和拉布达林牛场。自拉布达林到黑山头镇55千米，沿河两岸为草原区，生长着0.5米高的碱草、狼草、落豆秧。

拉布达林为额尔古纳市政府所在地。额尔古纳蒙语意为"以手递物"。2005年年底，全市总人口8.53万，平均每平方千米不足3人。为多民族聚居区，有蒙古、回、满、朝鲜、达斡尔、鄂伦春、鄂温克、壮、苗、锡伯、俄罗斯等少数民族。2005年全市粮油总产量26.63万吨，牲畜总头数28.76万头（只）。近年来，努力打造文化名市，经国内外权威历史专家及蒙元文化专家考察论证，认定该市为蒙古族发源地。

黑山头镇隔额尔古纳河与俄罗斯相望，为国家边境开放口岸。

根河使鹿新族

1.7.1　图里河
(Tuli River)

根河左岸支流，又称鹤河。"图里"是蒙古语"清澈"的意思。发源于内蒙古自治区牙克石市图里河镇都汉林场以东山麓，分水岭海拔1 029米，流经牙克石市图里河镇于图里河镇赵家店村以西汇入根河。

流域地处大兴安岭主脉西麓，群山环抱，山多林茂，沟壑纵横，地势东高西低。属寒温带大陆性季风气候区，多年平均气温－4.9℃，最低气温－50.2摄氏度，最高气温39摄氏度；年无霜期60天，最大冻土深度4.5米；多年平均年降水量460毫米，多年平均年蒸发量720毫米，多年平均年径流量7.25亿立方米。

河流流向由东至西，主要支流在图里镇以上，河道比降大，水流湍急，下切强烈，河谷呈槽形。河长134.8千米，流域面积3 647.68

图里河

平方千米，河床较顺直，河谷宽1～3千米，河宽50～100米，河道平均比降1.48‰；水力理论蕴藏量1.85万千瓦，水质优良；支流有开拉气主沟、西尼气河、西尼气东源、*伊图里河*、喀喇其主沟、哈达河等。

流域森林资源丰富，森林覆盖率76%，树种有兴安落叶松、樟子松、白桦、蒙古柞、黑桦和白杨等；人工成林蓄积量5.521万立方米。经济以森工和林副加工业为主，主要森工企业有库都汉林场、开拉气林场、西尼气林场、

喀喇其林场、图里河林场等。林区有可食用野生植物40余种，主要食用浆果有越桔和笃斯，用来酿酒和制果酱，红豆酒和越桔酒分别荣获国家铜牌和银牌奖；食用菌有灵芝、猴头菇、木耳达10余种，野菜类植物有黄花和蕨菜等20余种。

图里河镇位于图里河左岸，据2002年统计，总人口3.35万，大小牲畜1.330万头（只）。图里河镇有少数民族人口上万人，1946年达斡尔族从嫩江流域移居此地，主要从事农、牧、狩猎生产。达斡尔族有语言文字，信仰萨满教；饮食以稷子米和荞麦面为主食，喜食牛奶，主要节日有春节、抹灰节。

图里河镇以下，伊图里河从右岸汇入，河谷逐渐展宽，向西进入下游平原区，河流曲折蜿蜒，两岸多沼泽地，盛产芦苇。沿河分布有多处农业种植区，引图里河水灌溉农田4 000公顷。

1.7.1.1 伊图里河
(Yituli River)

图里河右岸支流，蒙古语意为"水清如镜"。发源于内蒙古自治区牙克石市伊图里河村喀喇其林场东北山顶，海拔1 029米，于伊图里河村道木达以西注入图里河；全河流经伊图里河镇境内。

伊图里河

流域位于大兴安岭主脉西麓，地势东高西低，山体为花岗岩，群山逶迤，沟谷较短，比降陡，山体多为浑圆状。地处寒温带大陆性季风气候区，多年平均气温-4.9℃，最低气温-50.2摄氏度，最高气温39摄氏度，年无霜期60天，最大冻土深度4.5米；多年平均年降水量460毫米，多年平均年蒸发量720毫米，年径流量2.24亿立方米。

伊图里河属山溪性河流，天然降水充沛，加之林区涵养，河水稳定，终年流淌。河长96.6千米，流域面积1 122平方千米。上游河源区山体陡峻，河水下切强烈，多为V形河槽，河谷较窄；至伊图里河镇以下，河床渐宽，河谷开阔，沿河地带农民利用河水就地引蓄，开展少量的种植业。上游地区森林茂密，为林木主产区。流域内森工及林副产品加工为主要经济形式，建有伊图里河林业局，为国家大型森工企业，隶属内蒙古森工集团。

伊图里河镇以林业为主，农、牧业为基础，是林产品加工、矿产和其他经济共同发展的城镇。全镇有人口近4万，是多民族地区。为方便木材拉运，沿伊图里河河谷修有公路、铁路，通往图里河镇。从河源往下游依次有喀喇其林场、觉苟荀林场、大其拉哈林场。

伊图里河源处于出寒温带浅山林海之中，保持着原始山水风貌，属原生态森林河流，近年来随着旅游业的发展，逐步开发为森林观光区。

1.7.2 依根河
(Yigen River)

根河左岸支流。发源于内蒙古自治区牙克石市西尼气南部山麓，分水岭海拔1 029米。流经西林农牧场后于红星农业点进入额尔古纳市，流到上库力街道办事处小孤山东北注入根河。

流域处于大兴安岭腹地，群山环抱，连绵起伏，沟谷较短，比降大，山体多为浑圆状。山岭多被森林覆盖，山多林茂，沟壑纵横，地势由东南向西北倾斜。

流域地处寒温带大陆性季风气候区，春季多风少雨，夏季温凉多雨，秋季凉爽历时短，冬季寒冷而漫长；多年平均气温-4.1℃，最低气温-50.2摄氏度，最高气温39摄氏度，年无霜期70天，最大冻土深度4.0米；多年平均年降水量380毫米，年蒸发量730毫米，年径流量1.63亿立方米。

河流流向由东向西，再向西北，呈半月形弯曲，流到靠近根河时，与根河平行。河长114千米，流域面积1 302平方千米。

伊力根防火站以上，山体陡峻，河水下切强烈，多为V形河槽，河谷较窄，河谷宽200～500米，河宽20～50米；防火站以下，河床渐宽，河谷开阔，河谷宽500～2 000米，河宽30～80米，沿河地带开辟少量农田。

流域经济以森工及林副产品加工为主要形式。

1.8 得耳布尔河
(Deerbuer River)

黑龙江额尔古纳河段右岸支流。发源于内蒙古自治区根河市得耳布尔村东北静岭山，海拔1 252米，于黑山头镇古城屯西汇入额尔古纳河；流经根河市和额尔古纳市境内。

河流上游为大兴安岭山地，山脉绵延，山顶平缓，高差不大，河网发育，河谷开阔；中下游进入额尔古纳市境内，地表起伏和缓，为呼伦贝尔草原北部边缘，宜农宜牧。

流域地处寒温带大陆性季风气候区，多年平均气温-5.5摄氏度，最低气温-46.2摄氏度，最高气温36.6摄氏度；多年平均年降水量357毫米，多年平均年水面蒸发量750毫米。

河流流向自东北向西南，河长188千米，流域面积6 816平方千米。支流有古尔布干河、**哈乌尔河**等。流域多年平均流量19.8立方米每秒，多年平均年径流量6.24亿立方米；水能理论蕴藏量2.01万千瓦，可开发装机容量0.31万千瓦。

得耳布尔河自河源向西南流，左岸有得耳布尔村，至得耳布尔林场，林场西北有铅锌矿区；经三道桥、二道河子，右岸有康达岭林场，该段大部为山区，两岸中低山连绵；过康达岭林场后，进入额尔古纳市境内呼伦贝尔草原，沿河两岸有农耕区；过十里桥后右岸有吉尔布干河汇入，经过河口的三角地带下行至苏沁牧场。该段河道顺直，两岸多为农业种植区域，利用河水发展灌

得耳布尔河草原

溉农业。

该河经苏沁，经三河马场四队至红旗屯，右岸有哈乌尔河汇入。该区段以出产三河马驰名中外。苏沁牧场河段水流分散，多沼泽地。于黑山头镇**根河**河口北附近汇入额尔古纳河。

1.8.1 哈乌尔河
(Hawuer River)

得耳布尔河右岸支流，又称哈乌鲁河，发源于内蒙古自治区额尔古纳市大兴安岭支脉大黑山，海拔1 404米，于红旗屯以西汇入得耳布尔河。全部在额尔古纳市境内。

流域地势东北高，西南低，呈狭长条状，河道基本顺直。流域位于大兴安岭余脉与额尔古纳河冲积平原之间的狭长地带，上游为低山丘陵，下游地表起伏和缓，为呼伦贝尔市北部草原边缘区，宜农宜牧。

哈乌尔河

流域多年平均气温-5.5摄氏度，最低气温-46.2摄氏度，最高气温36.6摄氏度，多年平均年降水量357毫米，多年平均年水面蒸发量785毫米，多年平均年径流量1.77亿立方米。河长181.3千米，流域面积1 938平方千米；支流发育，呈树枝状，河道宽浅。

自河源向西南流，过自兴林场，至恩和屯（原俄罗斯民族乡）。该乡为俄罗斯族聚居区，"巴斯克"节是俄罗斯族最具代表性的传统节日。恩和屯以下河流比降放缓，河道迂迴，两岸多沼泽。过泉山子屯，于红旗屯以西汇入得耳布尔河。

流域野生资源丰富，仅野生浆果就有20多种，如越桔、笃斯、稠李子等；野菜类有黄花菜、蕨菜、柳蒿芽等，食用菌有草原白花脸、紫花脸蘑菇，中草药有黄芪、防风、赤勺等上百种。

1.9 莫尔道嘎河
(Moerdaoga River)

黑龙江额尔古纳河段右岸支流，发源于内蒙古自治区额尔古纳市中部大秀山北麓，分水岭海拔1 414米，于大新屯以西注入额尔古纳河。全程位于额尔古纳市中部。

流域地处大兴安岭余脉，东南高，西北低，上中游属波状高原地貌。下游地表起伏和缓，是呼伦贝尔草原北部边缘，宜农宜牧。

流域地处寒温带大陆性季风气候区，多年平均气温-3.1摄氏度，最低气温-46.2摄氏度，最高气温36.6摄氏度，年无霜期81天左右；多年平均年降水量358.6毫米，多年平均年水面蒸发量720毫米。

莫尔道嘎河总体由东南流向西北，河长108千米，流域面积2 674平方千米；多年平均流量13.3立方米每秒，多年平均年径流量4.19亿立方米；水能理论蕴藏量1.81万千瓦，可开发装机容量0.08万千瓦。自然资源丰富，原始森林保存面积大，树种主要以兴安落叶松为主，还有白桦、白杨、樟子松等。

莫尔道嘎河自源头起两岸山丘起伏，林木繁茂，河流在山岭峡谷中穿行，至莫尔道嘎镇。该镇人口2万多，镇内设有莫尔道嘎林业局，莫尔道嘎镇至根河市有铁路相通。莫尔道嘎森林公园为国家级森林公园，占地面积57.8万公顷，园内山峦起伏，古木参天，溪流密布，处处展现幽、野、秀、奇的自然风貌，保存着原始的寒温带针叶林森林景观。

河流过胜利林场（现为莫格拉屯）后，左岸有古纳河汇入，在胜利林场以下进入平原区，该段地势低平，河道比降放缓，两岸多为农业区，沿途村镇引用河水发展灌溉农业。

1.10 激流河
(Jiliu River)

黑龙江额尔古纳河段右岸支流，又称贝尔茨河。发源于内蒙古大兴安岭山脉西北麓内蒙古自治区根河市牛耳河镇雉鸡场山西麓三望山附近，于额尔古纳市奇乾镇激流河口乡西注入额尔古纳河，河流沿程海拔1 421～312米，流经根河市和额尔古纳市境内。

概　　述

流域地处大兴安岭余脉，由东北向西南逐渐倾斜，上游山高林密，河谷深窄；中游群山环抱，森林密布，由中低山地逐渐过渡到呼伦贝尔草原；下游起伏和缓，是呼伦贝尔草原北部边缘，宜农宜牧。流域内由于冬季严寒，夏季短暂，地面下有冻土存在，融冻水及降水不易下渗，加上杂草丛生，河道两侧滩地草甸地带多沼泽、踏头甸子。

激流河流域地处寒温带大陆性季风气候区，具有湿润型森林气候特征，寒冷湿润，冬长无夏，春秋相连，无霜期短，昼夜温差大，积温不足；多年平均气温-5.3摄氏度，最低气温-49.6摄氏度，最高气温35.4摄氏度，年无霜期50天；多年平均年降水量478毫米，多年平均年水面蒸发量590毫米。

激流河河道迂回曲折，河长468千米，流域面积1.67万平方千米，多年平均年径流量30.86亿立方米，主要支流有金河、**阿龙山河**、**满归河**、**敖鲁古雅河**和**安格林河**。流域地处原始森林及草原区，河流污染较轻，水质良好。

莫尔道嘎河

1.10 激流河

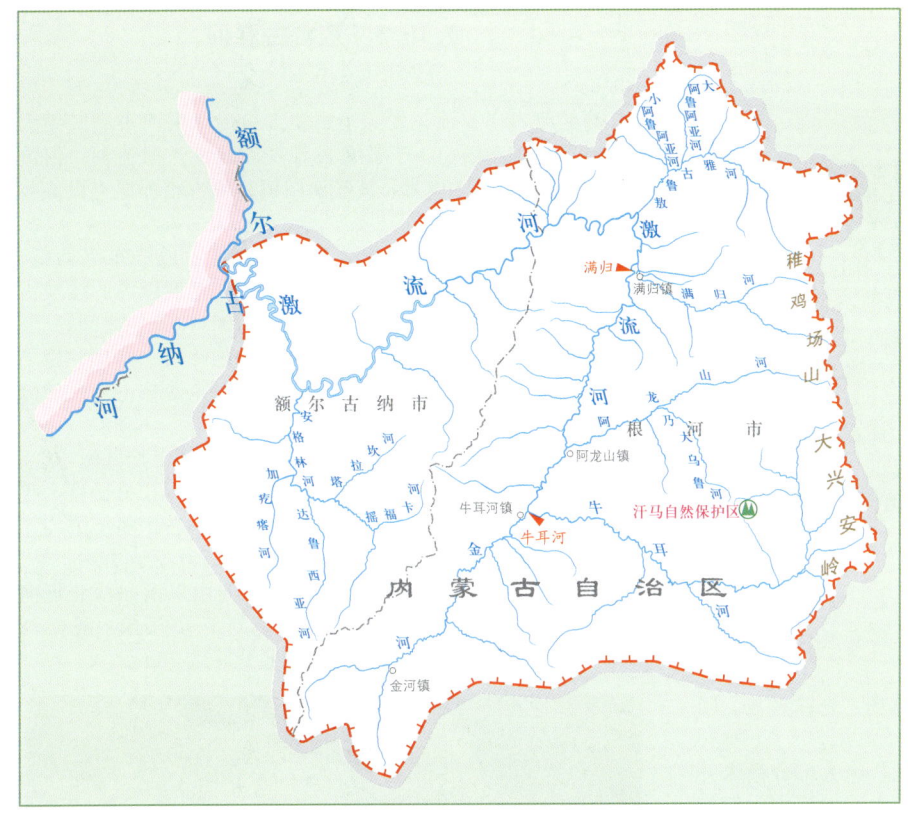

激流河水系示意图

1988年激流河境内连降暴雨，造成山洪暴发，发生罕见的洪水灾害。

流域内上中游原始森林面积145.7万公顷，基本是天然林，森林覆盖率73.6%，活立木总蓄积量为1.38亿立方米，树种以兴安落叶松为主，还有白桦、白杨、樟子松等；草场面积11.5万公顷。流域内野生土特产丰富，可直接产生经济效益的就有几百种，仅野生浆果就有越桔、笃斯、稠李子等20余种。野菜类有黄花菜、蕨菜、柳蒿菜等；还有大量可食用真菌类，以草原白花脸、紫花脸蘑菇最受人们喜欢；中草药有黄芪、防风、赤芍等上百种。2004年雀巢进驻额尔古纳市后，以优质三河牛牛奶作为原料生产的乳制品畅销国内外。

激流河下游属尚未开发的原生态森林草原区，保持着原始生态景观。河道宽浅，沿岸多沼泽地。

流域内矿产有金属矿铅、煤、锌、铁（磁铁、黄铁）、金等，非金属矿有石灰石、萤石、珍珠岩、石墨、冰洲岩等；铅锌矿床位于得耳布尔镇下比利亚谷，储量为1 948万吨；石灰石和白云石矿分布于满归、阿龙山、牛耳河等地，满归储量1.7亿吨左右。拉布大林煤矿煤质优良，每千克发热量74大卡，远景储量达13亿吨。沿额尔古纳河边界有黄金资源的地带长达400多千米，尤其是西口子、乌玛、古拉林3个大区储量更为丰富，地表覆盖浅，含金沙层厚、品位高。

纪 实

激流河上源为牛耳河，自东向西流至牛耳河村北3千米处与金河汇合后向东北流，始称激流河，该段设有牛耳河水文站。牛耳河及金河流域地处大兴安岭北部山区，山体陡峻，基岩广布，河流穿行于森林覆盖的群山之中，两岸高山对峙，河谷深窄，河谷宽0.5~2.0千米，河道迂迴曲折。流域内森林资源丰富，森林覆盖率高达75%，森林多为原始林区，绝大部分尚未开发，保持着原始状态。

牛耳河流域1996年成为汗马国家级自然保护区，保护区面积10.73万公顷，主要保护生态系统。汗马自然保护区拥有寒温型明亮针叶林带的优势植被，还有少量樟子松和白桦林；水源充足，掩蔽条件好，林地藓类和地衣及灌木偃松为鹿和紫貂等珍贵动物的生栖创造了良好条件。区内栖息着寒温带针叶动物群落的绝大多数动物，兽类珍稀动物有马鹿、驼鹿、紫貂、貂熊、扫雪、水獭、雪兔等，鸟类以榛鸡、细嘴松鸡、小太平鸟、黑琴鸡等为主，附近还有我国已无野生种群的驯鹿。保护区内有大小孤山、牛耳湖、老头林、塔头沼泽、圈河等让人流连忘返的原始自然景观。2000年牛耳被划定为冷水鱼自然保护区，面积17.43万公顷。流域内设有多处林场。

激流河下行至阿龙山镇下，右岸接纳阿龙山河；"阿龙山"鄂温克语意为"分岔的水泡子"。

河流至满归镇，右岸接纳满归河。满归镇以上，从20世纪50年代开始，先后组建了得耳布尔、金河、阿龙山、满归等林业局，并有满归水文站。

至敖鲁古雅鄂温克民族乡（旧址），有敖鲁古雅河汇入。该乡东依高山，西傍激流河，村舍坐落于依山傍水风景优美的谷地中，鸟语花香，景色异常秀丽。敖鲁古雅拥有独特的民俗旅游资源。鄂温克猎民独特的生产和游猎生活方式，古老的文学艺术、宗教，保留至今的民族风俗和民族风情，引人入胜的狩猎趣闻，特别是他们役使的驯鹿，是我国唯一的驯鹿群，所有这些成为国内外游人追寻纯朴美、自然美的好地方。当地猎产品的野生动物皮张、鹿茸、熊筋、犴筋等远销国内外。

激流河在右岸接纳敖鲁古雅河后折向西南流，进入下游，左岸有安格林河汇入。激流河下游属尚未开发的原生态森林

激流河上源牛耳河

激流河

草原区,保持着原始生态景观,河道宽浅,沿岸多沼泽地。

1.10.1 阿龙山河
(Alongshan River)

激流河支流。又名乌鲁古气河。发源于内蒙古自治区根河市阿龙山镇雉鸡场山山麓,分水岭海拔1 223米。于阿龙山镇北汇入激流河,全河均在阿龙山镇境内。

流域地处大兴安岭北部山区,上游两岸多山,谷宽0.5~2.0千米,河道迂回曲折,中游河谷比较宽平,下游右岸有奥科里堆山,海拔1 520米,与左岸山脉对峙,形成一个卡口;地貌以绵缓的山系为主体,地形起伏较大,森林茂密,森林覆盖率高达75%。

流域地处寒温带大陆性季风气候区,具有湿润型森林气候的特征;多年平均气温-5.5摄氏度,最低气温-49.6摄氏度,最高气温35.4摄氏度,年无霜期50天;多年平均年降水量458毫米,多年平均年水面蒸发量570毫米,多年平均年径流量2.77亿立方米。

阿龙山河由东北流向西南,河长86千米,流域面积1 500平方千米;支流发育,水系呈树枝状,主要支流有乃大乌鲁河等。

流域经济以林业为主,域内有阿中林场、先锋林场、阿南林场等。

流域地处大兴安岭西北坡原始森林区,绝大部分尚未开发,仍保持原始生态。支流乃大乌鲁河于中游的阿中村西汇入,以下河谷比较宽平,两侧多沼泽地。阿龙山镇位于阿龙山河汇入激流河河口处,"阿龙山"为鄂温克语"分岔的水泡子"之意。下游右岸的奥科里堆山因其山体高峻,山顶表面阴坡积雪长达6个月以上,已开发为冰雪旅游区。

1.10.2 满归河
(Mangui River)

激流河右岸支流,又名孟库依河,发源于内蒙古自治区根河市满归镇大兴安岭雉鸡场山西麓,于满归镇以北注入激流河,河流沿程海拔1 262~900米,流经根河市的满归镇。

流域位于大兴安岭山地,重峦叠嶂,地势东高西低。流域地处寒温带湿润型森林气候区,多年平均气温-5.5摄氏度,最高气温35.4摄氏度,最低气温-49.6摄氏度,年无霜期50天;多年平均年降水量458毫米,多年平均年水面蒸发量550毫米。

河流流向由东北向西南,再向西北,河长66.8千米,流域面积901.60平方千米,比降3.62‰。河网呈树枝状,干支流均在峡谷中穿行,两岸山高陡峭,河谷深窄,谷宽0.4~2千米,水流湍急。由于地处高寒区,有永久性冻土分布,两岸滩地草甸地带沼泽遍布。

流域地处大兴安岭北部原始森林区,绝大部分尚未开发,仍保持原始生态环境,森林覆盖率73.6%,为大兴安岭主要林产区,主要树种为兴安落叶松、樟子松、白桦等。

满归河自河源至下游入河口处,左岸有满归镇,位于牙林线铁路的终点。主要以森林工业为主,满归林业局是内蒙古自治区"文明企业"。

流域人烟稀少,居民点较少。为实施国家天然林保护工程,2000年后,北部林区逐步将人口迁出,并植树造林,维护森林自然风貌。

流域旅游资源丰富,有全国保存较完好的原始森林,并先后开发了漂流、民族风情游、原始森林探险等旅游项目。

1.10.3 敖鲁古雅河
(Aoluguya River)

激流河右岸支流,发源于内蒙古自治区根河市满归镇大兴安岭西麓雉鸡场山,于敖鲁古雅乡以北汇入激流河,河流沿程海拔1 297~806米,流经满归镇敖鲁古雅鄂温克民族乡(旧址)。

流域地处大兴安岭北部,以山地为主,地势东高西低。山多林茂,山脉绵缓,山体浑圆,坡度在15度以内的缓坡占80%以上,地势起伏相对较缓,高差在100~300米之间。

流域内森林资源丰富,主要树种有落叶松、白桦、樟子松、杨树等,森林覆盖率高达75%,多为原始林,绝大部分尚未开发,保持原始生态状态。

流域地处寒温带湿润型森林气候区,多年平均气温-5.5摄氏度,最低气温-49.6摄氏度,最高气温35.4摄氏度,年无霜期60天;多年平均年降水量458毫米左右,多年平均年水面蒸发量550毫米,多年平均年径流量2.57亿立方米。

敖鲁古雅河两岸支流发育,河流流向由东南向西北再向西南,呈半月形弯曲,河槽宽浅,谷宽0.4~2千米。河长78千米,流域面积1 390平方千米,河道比降2.76‰。

敖鲁古雅风光

河流两岸分布有狭长河滩地,滩地草甸地带沼泽遍布;河流天然水质优良,基本上没有污染;由于地处高寒区,有永久性冻土分布。主要支流有大阿鲁阿亚河、小阿鲁阿亚河、马其克外河、拜拉马坎河等。

敖鲁古雅河属原生态河流,无大型水利开发,只在沿河两岸开发有小型灌区,从事种植业。

流域自然资源有煤、金等,但以森林资源为主,依靠丰富的林木资源,发展特色养殖、种植业,建设以黑木耳为主的食用菌栽培基地,以野生浆果、山野菜为主的绿色食品开发基地,以驯鹿及梅花鹿为主的特色养殖基地。利用野生资源生产的野生蓝莓系列产品,以其纯天然、无污染和上乘的产品质量赢得国内外消费者的好评。

流域人口稀少,主要乡镇为敖鲁古雅鄂温克民族乡(旧址),2005年,全乡总人口1 471人。该乡位于依山傍水风景优美的谷地中,鸟语花香,景色异常秀丽。

1.10.4 安格林河
(Angelin River)

激流河左岸支流。发源于内蒙古自治区额尔古纳市莫尔道嘎镇加疼瘩山北麓,海拔1 124米,于奇乾荒火地以南汇入激流河,流经莫尔道嘎镇、奇乾。

流域地处大兴安岭西北坡,和缓起伏的山脉为流域地貌的主要特征。地势南高北低,上源区位于加疼瘩岭阴坡,多为原始林区,森林覆盖率67%;绝大部分尚未开发,仍保留着原始的山水风貌。

流域地处寒温带大陆性季风气候区,具有湿润型森林气候的特征;多年平均气温-5.3摄氏度,最低气温-46.3摄氏度,最高气温 36 摄氏度,年无霜期 50 天;多年平均年降水量 357 毫米,多年平均年水面蒸发量 595 毫米。

两岸缓山连绵,河道迂回曲折,总体由南向北流,滩地草甸地带沼泽遍布,水量丰沛,河网发育,呈扇形。河长 91 千米,流域面积 1 600 多平方千米,多年平均流量 13.2 立方米每秒,多年平均年径流量 4.16 亿立方米,水能理论蕴藏量 1.11 万千瓦,主要支流有摇福卡河、塔拉坎河、达鲁西亚河、加疙瘩河等。

流域主要资源为森林,主要林业企业有多拉吉玛林场、安格林林场,树种有兴安落叶松、白桦及樟子松等。

流域被划定为额尔古纳国家级自然保护区,保护区面积 31.40 万公顷,主要保护对象为原始森林及河流中下游的湿地生态系统,该保护区为额尔古纳市绿色旅游开发区域。

额尔古纳自然保护区

1.11 阿巴河
(Aba River)

黑龙江 额尔古纳河段右岸支流,又称珠尔干河,发源于内蒙古自治区额尔古纳市奇乾东北部大兴安岭西麓石碓山,于奇乾东北汇入额尔古纳河,河流沿程海拔 1 135.9～869 米,全河均位于奇乾境内。

流域地处大兴安岭西麓低山丘陵区,山体浑圆,坡度较缓,地势由东北向西南倾斜;森林覆盖率 67%,主要树种为兴安落叶松、白桦、白杨、樟子松等。

流域地处高纬度、高海拔的寒温带大陆性季风气候区,具有湿润型森林气候的特征;多年平均气温－5.5 摄氏度,最低气温－49.6 摄氏度,最高气温 35.4 摄氏度,年无霜期 50 天;多年平均年降水量 450 毫米左右,多年平均年水面蒸发量 550 毫米。

阿巴河属山区河流,河道迂回曲折,总体由东北流向西南,河网发育,呈扇形。河长 137 千米,流域面积 2 391 平方千米,多年平均流量 14.7 立方米每秒,多年平均年径流量 4.63 亿立方米,河道比降 2.39‰;水能理论蕴藏量 1.82 万千瓦,可开发装机容量 0.13 万千瓦。

1948 年 6 月中下旬,该地区连降十几天大雨,引起山洪暴发,平地水深达 3～4 米,某些村屯内只露出屋顶。1956 年 7 月阴雨连绵 10 日,河流水位猛涨,为 40 年所未见。三河至室韦公路被冲坏,毁坏大桥 3 座。奇乾水灾严重,坡下住宅水深 1.4 米,其余地方屋内水深 1 米左右。

流域内人烟稀少,奇乾位于阿巴河汇入口处,是该流域最大的乡级镇。

阿巴河自河源起,先后接纳塞里格河、亚吉里西河,至大营村仍为山地林区,南岸为好哈拉尔后肚山,海拔 949 米;北岸为高平山,海拔 1 239 米。河流在南北两大山体间穿行,河谷深窄,受山体顶托影响,河道迂回曲折,至奇乾后,右岸有伊里吉其河汇入;又西流于奇乾西北汇入额尔古纳河。

奇乾,民国 10 年(1921 年)曾设奇乾县,后撤县改乡,现在又撤乡改村。

流域经济以林业为主,新中国成立后,国家设林业经营机构,主要以林木采伐业为主;20 世纪后,以林副产品加工业为主;近年来旅游业兴起,开发出绿色旅游项目。

1.12 乌玛河
(Wuma River)

黑龙江 额尔古纳河段右岸支流,发源于内蒙古自治区额尔古纳市恩和哈达大兴安岭山脉石碓山西麓,于乌玛村西注入额尔古纳河。河流沿程海拔 1 352～711 米,流域均位于恩和哈达乡境内。

乌玛河全程流经山区,东北高,西南低。流域内多山,山体浑圆,坡度较缓,森林覆盖,河滩草甸地带多沼泽。

流域为高纬度河流,流域地处寒温带大陆性季风气候区,具有湿润型森林气候的特征;多年平均气温－5.5 摄氏度,最低气温－50 摄氏度,年无霜期 40～50 天;多年平均年降水量 450 毫米,多年平均年水面蒸发量 550 毫米,多年平均年径流量 2.74 亿立方米。

乌玛河由东北流向西南,河长 76.2 千米,流域面积 1 829 平方千米,河道平均比降 3.91‰。河流水量丰沛,自源头往下,依次接纳乌龙干河、达拉河,至腰甸村以下无较大支流汇入。

流域经济以林业为主,2001 年后实施天然林保护,转为开发林下产品,主要有桦树蘑、刺蘑、猴头菇、榛蘑等,产品销往国内外。

乌玛河上游左岸被划定为乌玛自然保护区,主要保护对象为森林生态系统,面积 300 公顷。流域内最大的村镇是位于入河口处的乌玛村,该村隔河与俄罗斯相望。

1.13 恩和哈达河
(Enhehada River)

黑龙江 额尔古纳河段右岸支流。发源于内蒙古自治区额尔古纳市恩和哈达镇大兴安岭山脉石碓山,于恩和哈达村附近汇入额尔古纳河,河流沿程海拔 1 300～700 米。

流域地处大兴安岭西缘,为中低山地貌,地势由南向北倾斜,山多林茂,全域处于原始森林内,河滩草甸地带多沼泽。

流域地处寒温带大陆性季风气候区,具有湿润型森林气候的特征,多年平均气温－5.5 摄氏度,最低气温－50 摄氏度,年无霜期 40～50 天;多年平均年降水量 450 毫米,多年平均年径流量 3.21 亿立方米。

恩和哈达河流向由南向北,河长 108 千米,流域面积 2 137 平方千米,支流发育,主要支流有八道卡河、阿凌河、拖安鼓里河、托里苏玛河等。

恩和哈达河属原生态河流,保留原始自然状况,人烟极少,恩和哈达村是全域唯一较大村落。经济以林业为主,属大兴安岭森工企业管辖。在下游入河口处的三角洲夏季有零星种植业,如蔬菜等。

恩和哈达村坐落在内蒙古自治区最北端,为边境小镇,隔额尔古纳河与对岸俄罗斯的乌斯契斯特烈尔夫村相望。

1.14 额木尔河
(Emuer River)

黑龙江 右岸支流,原名阿巴昔河,1980 年地名普查曾改

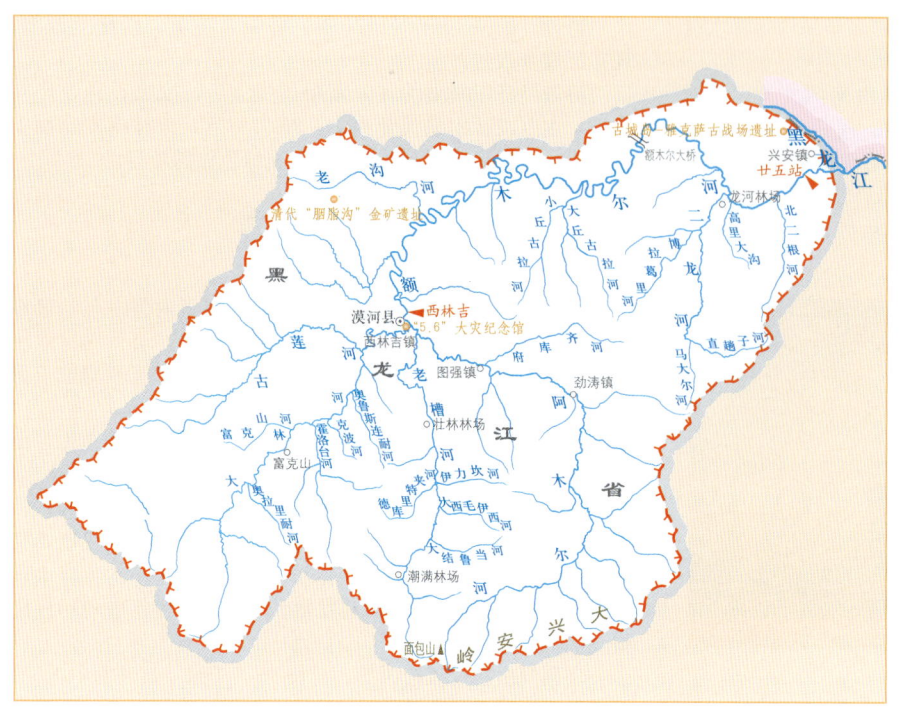

额木尔河水系示意图

为兴安河，现在仍称额木尔河；其地理坐标为东经122°22′～124°02′，北纬52°15′～53°27′；流域面积16 121平方千米，属山区性河流。

概　述

水系　额木尔河是额尔古纳河以下第一条汇入黑龙江的一级支流，发源于大兴安岭山脉东坡，河源海拔1 010米，上源为阿木尔河。

河流全长469千米，中游有**老槽河**及**大林河**在漠河县城东部注入后始称额木尔河。

流域处于黑龙江省漠河县境内，流经深山峡谷中，平均比降0.36‰，有一级支流15条，其中流域面积大于1 000平方千米的支流有3条，为老槽河、大材河及**二龙河**。该河于兴安镇大河西村南2千米处注入黑龙江，河口海拔249米，天然落差761米。河道绕山而流，七转八回，形成许多牛轭湖和沙洲平原，河道弯曲系数为10.8。

地质地貌　流域地处大兴安岭地区的北部山区，山峦起伏，沟谷纵横，河网密布，地形复杂。南部属于中山区，西部为大兴安岭北端主脉，分水岭均在海拔1 000米以上，北部为低山区，地势由南向北及东北逐渐降低。流域内断裂发育，永冻层为良好的不透水层，河谷泉水较多，大部分为裂隙泉，常形成冰锥或冰丘，有的常年不消。个别陡坡处见有崖锥、滑坡和崩塌遗迹。其上游阿木尔河、老槽河、大林河冲刷堆积而形成三角盆地东西长20余千米，南北宽15千米，是天然农牧业基地。河沟地貌比较单一，谷底为高低漫滩区，由第四系全新统冲积卵石组成，表层多为亚砂土。

沿河一带多为泥炭质土壤，在海拔300米左右的河谷一、二级阶地的草甸土带，适宜发展农牧业生产。

气候水文　流域地处寒温带大陆性季风气候区，小气候变化多，局部气候差异显著。冬季在极地大陆气团控制下，气候寒冷、干燥而漫长；夏季受副热带海洋气团的影响，降水集中，雨量充沛，气候湿热，日照时间长，适宜耐寒作物生长。

流域多年平均气温－4.4摄氏度，一年中平均气温在0摄氏度以下的时间长达8个月；冬季极端最低气温可达－50摄氏度以下。1969年漠河气象站测得漠河日极端最低气温达－52.3摄氏度，迄今国内尚无超过这一极值的低温纪录；年无霜期91天，年日照时数2 440小时，多年平均年蒸发量906毫米。

流域水资源丰富，流域内河流绕境，泉水遍布。河流水源以雨水补给为主，融雪为辅，径流中雨水补给占75%～80%。

流域多年平均年降水量368毫米，降水年内分布极不均匀，主要集中在6—9月，占年总来水量的70%；多年平均流量86.5立方米每秒，夏季丰水期最大流量可达2 160立方米每秒，多年平均年径流量28.2亿立方米，径流深1 773.3毫米，河流平均水深5米，平均流速1.0～1.5米每秒。

洪涝灾害　19世纪，流域发生2次水灾。1872年，由于大面积降雨，黑龙江干流及额木尔河同时涨水，漠河县所在地变成一片汪洋。1897年8月，由于连日降雨，黑龙江及支流额木尔河水位猛涨，洪水冲进漠河县城内，造成房屋倒塌，淹死牲畜，冲毁农田。

20世纪，额木尔河流域发生多次水灾。1933年7月、1936年7月及1942年5月均发生大水，洪水冲进县城，造成房屋倒塌，农田作物被淹，部分牲畜被淹死。1977年5月及1988年6月，额木尔河和支流大林河分别涨水，部分农田被淹。

治理开发　额木尔河上建有5处堤防，其中漠河县城西林吉镇堤防长度6 400米，兴安镇堤防长度2 500米，图强镇堤防长度2 768米，奋斗林场堤防长度2 300米，劲涛镇堤防长度7 034米。

自然资源　流域内自然资源丰富，尤以森林、矿产、旅游、珍稀动植物资源闻名于世。流域内森林覆被率为76.6%，林地面积16 281平方千米，木材总蓄积量14 647万立方米，主要树种有樟子松、落叶松、白桦、云杉等。

域内矿产资源有黄金、煤炭、石灰石、石墨、膨润土、大理石、汞、黄铁、水晶等20余种，特别是黄金开采已有百余年的历史，已探明储量为40.5吨；煤储量在1亿吨以上，现已进行开采。

域内野生动物资源种类繁多，有马鹿、驯鹿、梅花鹿、棕熊、紫貂、飞龙等珍禽异兽四百余种。这里的绿色植物天然名贵无污染，红豆、都柿、草莓、山葡萄、山丁子是酿酒和调制纯绿色饮品的最佳原料；猴头菇、木耳、蘑菇、蕨菜等遍布群山峻岭，有名贵草药三百余种。

经济社会　全流域地处漠河县境内，西林吉镇为漠河县政府所在地，全县人口8万余人，工业形成了以森林工业为主体、黄金、煤炭等工业全面发展的格局；农业除种植小麦、燕麦外，其余均为蔬菜；在交通方面，有铁路从县城西林吉镇通往嫩江县，沿江公路通往呼玛县，而且有黑龙江的航运之便；由于极光和白夜的奇特自然景观，旅游业日渐发展。

纪　实

额木尔河自上而下流经阿木尔林业局、图强林业局、漠河县城，最后在兴安镇古城岛附近汇入黑龙江。

阿木尔林业局位于大兴安岭北坡，上源阿木尔河流域。额木尔河源头位于青松林场施业区的面包山，在阿木尔林业局境内流130千米后至图强、西林吉林业局，然后又进入阿木尔林业局境内。

额木尔河全流域在黑龙江省漠河县境内，漠河县位于我国最北端，是我国纬度最高的县份。境内有汉、蒙、回、满、朝鲜、鄂伦春、锡伯、土家等11个民族，有3个国家林业企业、1个煤矿企业。在县城附近建有西林吉水文站，在其下游廿五站附近建有廿五站水文站。

明末清初，漠河一带属索伦部居住区，除达斡尔、鄂温克、鄂伦春等少数民族游猎民众外，尚无定居者。自清朝以来，漠河境内生活的居民以汉族为主，间有少数民族杂居，在各民族交往中，通用汉语，但少数民族仍在使用本民族语言的习惯。各民族间有着不同的宗教信仰，主要有道教、佛教、伊斯兰教、天主教、基督教、东正教、萨满教。

漠河县地理位置独特，天象奇特，有"金鸡冠上之璀璨明珠"的美誉。有"白夜"和"北极光"两大天然奇景。每年夏季，漠河白天越来越长，夜晚越来越短，尤其是夏至前后半个月，晚霞与黎明同在，因此，漠河有"不夜城"之称谓，每晚只有子夜时分一两个小时天色稍显昏暗，随后便是朝霞似锦，旭日高悬；冬季情况正好相反。在漠河上空的北面，经常出现绚丽多彩的北极光奇景。北极光在北面天空开始出现时，是一个由小至大、颜色变幻不定的光环，色彩最妍丽时，光环慢慢移向东边，由大变小，逐渐消失。每当此时，观光的游人莫不翘首而望，欣赏难得一见的奇景。现在，夏至被定为漠河县的"北极光节"。

北极光

北极哨所

旅游资源得天独厚，北极村与俄罗斯阿穆尔州、赤塔州隔江相望；近年开通了对俄过境游，黑

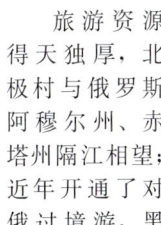
北极点

龙江上的洛古河大桥工程建设已经启动，将促进边贸、国际客运及边境旅游事业的发展。北极村内有"中国最北一家""北陲哨兵"碑、"神州北极"碑、"望江楼"等旅游景点。境内原始森林繁茂葱郁，可探险、狩猎、篝火野宿。"胭脂沟""古黄金之路"充满历史的神秘，雅克萨古战场等明、清时期

的古迹遗址景点众多。

隋唐时，漠河境域属契丹室韦之地。唐代，契丹居室韦山，室韦山在漠河西南，漠河一带称为室韦国，唐王朝在黑龙江西部设置室韦都督府，漠河地受其管辖。室韦之名始见

北极村

于北魏史籍，分布于今天大兴安岭东西两侧，黑龙江南北两岸。据《旧唐书·室韦传》载："东至黑水，西接突厥，南接契丹，北至于海。"大室韦，在今额尔古纳河下游之南。蒙兀室韦，在阿尔巴西河，今额木尔河流域（漠河县）境内。

1987年5月6日，在大兴安岭北麓漠河境内林区发生了一场震动中外的特大森林火灾。5.8万多军、警、民经过28个昼夜的奋力扑救，于6月2日彻底扑灭。这场火灾的直接损失达5亿多元，过火面积101万公顷，其中林地面积近70%，烧毁贮木场和林场的木材80多万立方米，受灾群众5万多人，死亡193人。现在，在漠河县建有"5·6"火灾纪念馆，明示和纪念那段惨烈的历史。

兴安镇位于漠河县东北部，北隔黑龙江与俄罗斯阿穆尔州相望。1906年，在此处设置边防站卡伦，1934年漠河被日军侵占，并在额木尔卡伦设立警察署、军警、岗哨、监视国境地。

火灾纪念馆

兴安镇是黑龙江上游一带有名的"鱼乡"。春秋两季鱼汛一到，人们争相捕捞，这里家家织渔网，人人会捕鱼。兴安口岸是经国务院批准的黑龙江省对俄边贸六个口岸之一。兴安口岸是介于黑河和满洲里口岸中间的客货运输口岸，俄罗斯政府也制定出台了一些优惠政策，允许中国公司到俄罗斯购货，并对从中国进口的仪器、医药、轻工、服装、鞋帽等日用消费品享受减半征税的优惠等，促进了本地区边贸和经济的发展。

1.14.1 老槽河

(Laocao River)

额木尔河左岸支流，又称老潮河，发源于黑龙江省漠河县大兴安岭伊勒呼里山的北坡面包山西麓，河流由南向北流经图强林业局的潮满、壮林林场，于漠河县西林吉镇南9千米处折向东又转北流，于西林吉镇东部注入额木尔河。

流域地势较平缓，属于起伏不大的低山丘陵地区。地势南高北低，东陡西缓，山脉多为南北走向，溪流密布，沟谷纵横。河道全长114千米，集水面积1 627平方千米，河面宽30～51米，平均水深约1～1.5米，平均比降3.47‰，河道弯曲系数2.71，河道天然落差395米，多年平均年径流量3.03亿立方米。

老槽河河床较为开阔，迂回多湾，水浅流急。其支流较多，较大的支流有大结鲁当河、伊力坎河、德库里特夹河和大西毛伊西河。

流域地处寒温带大陆性季风气候区，多年平均气温-5～-6摄氏度，最高气温34摄氏度，最低气温-49摄氏度；多年平均年降水量400～500毫米，年内降水分布不均，夏季降

水占全年降水量的90%左右；年无霜期80天左右，平均风速1.9米每秒，风向多为西北风。流域内多年平均冻深达3米以上，河流从12月中旬至次年4月中旬有连底冻。

流域横贯漠河县南部，过去曾是放木排的主要通道，如今水上漂流等活动蓬勃开展，为地方旅游业的发展起到重要作用。流域内生长都柿等野果，为当地人民带来了很高的经济效益。1987年一场特大森林火灾，吞噬了这里的森林资源，大量的林木毁于一炬。如今经过地方政府20多年的努力，流域内已恢复昔日的风采。森林植被茂盛，山野果种类丰富，其中都柿和越桔果产量极高，味道醇美；冷水性鱼类繁多，有细鳞鱼、鲤鱼、哲罗鱼等，不仅味道鲜美，还具有很高的经济价值；矿产资源丰富，有黄金、煤炭、铁、石灰石等矿藏，在浩瀚的绿色海洋中繁衍生息着貂熊、驼鹿、獐子、紫貂等各种珍禽异兽。山峦竞秀，珍禽在天，呈现着大森林的原始风韵。

1.14.2 大林河
（Dalin River）

额木尔河左岸支流，源头称多里纳河，发源于大兴安岭石堆山北麓，自西南向东北流至西林吉水文站上游500米处注入额木尔河。河长147千米，流域面积4 553平方千米，河道平均比降3.37‰，河道弯曲系数为4.62。

河流北临富克山，东临霍洛台山，属典型山溪性河流。流域地貌类型属石质中低山山地，具有老年期的明显特征，山峦连绵，地势平缓，山体浑圆。

大林河的支流较多，最大支流为**古莲河**，流域面积为1 200平方千米。其他流域面积超过100平方千米的有克波河、富克山河、奥鲁斯连耐河、霍洛台河、克波河、奥拉里耐河等。

流域地处寒温带大陆性季风气候区，是我国最寒冷的地区之一，小气候多变化，四季气候差异显著；多年平均气温－4.4摄氏度，极端最低气温－50摄氏度以下；多年平均年无霜期91天，日照时数2 440小时；多年平均年蒸发量906毫米；多年平均年降水量428.6毫米，全年降水量70%以上集中在7、8月；多年平均年径流量7.18亿立方米；多年平均风速2.1米每秒，最大风速可达16.7米每秒。

大林河河漫滩谷地和阶地，由于永冻土层的存在，呈隔水底板，致使沼泽分布比较广泛，为山区典型灌丛沼泽，基本处于天然状态；沼泽主要是泥炭沼泽土和腐殖质沼泽土；沼泽水主要由河水、地下水和降水补给。

采金设备

大林河自西向东横穿漠河县政府所在地西林吉镇，把城镇分为桥南、桥北两个区，西林吉在日伪统治时期为秘密军事大本营，日本关东军秘密进驻西林吉，在黑山头一带构筑工事、储藏军事物资、修筑飞机场，伺机进攻苏联和长期统治漠河。

胭脂沟旧址

大林河流域蕴藏矿藏有20多种，已开发的主要有黄金、煤、石灰石等。清末漠河就有淘金者，如今沿"古黄金之路"仍然可以寻觅到当年淘金者的痕迹。现已探明大林河流域储金量达12吨。古莲河煤矿储量也相当丰富，煤层平均厚度为11.3米。森林资源丰富，树种有落叶松、樟子松、白桦等。珍禽异兽300余种，河中有大马哈鱼、鲤鱼、哲罗鱼等名贵鱼种。

春秋两季气候干燥易发生火灾。1987年5月6日，在八九级大风的呼啸声中，大火在漠河县城中肆虐，顷刻间，拥有4万多人口的漠河县城变成了一片火海，人们为了逃离大火，纷纷跳进大林河。因此，大林河被当地人叫为"救命河"。

大林河入额木尔河河口距漠河县不到500米。漠河有着悠久的历史文化，尤以清代"胭脂沟"金矿遗址和"古黄金之路"蜚声国内外。这里还是剽悍的鄂温克族聚集地，保留着北方游牧民族的特有习俗和文化，展现着现代文明和原始文化的交融。

1.14.2.1 古莲河
（Gulian River）

大林河左岸支流，发源于黑龙江省漠河县西部的富克山，流域面积为1 200平方千米，河长80千米，平均河宽50米，水深1.2米左右，由西南向东北流，属于山溪性河流。全流域处在漠河县境内。

古莲河流经古莲河煤矿矿区和古莲河林场，于古莲河林场古莲河车站南侧注入大林河；主要支流有波鲁夏里河、博拉府河和霍拉盆河。流域内地貌类型属于石质中低山山地，山峦连绵，地势较平缓，山体浑圆。

流域地处寒温带大陆性季风气候区，四季变化显著，多年平均气温－4.4摄氏度，极端最低气温可达－50摄氏度，是我国最寒冷的地区之一，每年11月上旬至次年的4月中旬为结冰期，一年中无霜期仅有三个月；多年平均年降水量428毫米，其中70%集中在7、8月，多年平均年蒸发量906毫米。

流域为原始森林区，主要树种为落叶松、红松、桦树、杨树等。河流沿岸地区蕴藏有煤炭、砂金等矿藏，古莲河中下游左侧的古莲河煤矿储量丰富，矿区面积为44.8平方千米，煤层平均厚度为11.3千米，累计探明储量1.3亿吨，煤炭属于优质的低磷、低硫的长焰煤。1984年建成古莲河金矿，已探明砂金储量12吨。

1.14.3 二龙河
（Erlong River）

额木尔河右岸支流，发源于黑龙江省漠河县大兴安岭北麓，由南向北流经依林林场，在龙河林场附近下4千米处注入额木尔河，河长65千米，流域面积1 423平方千米，属于山溪性河流；河流平均水深0.6米，河道比降0.56‰，弯曲系数6.76，多年平均年径流量2.24亿立方米。

流域多为低山丘陵，绵延起伏，地形为南高北低。流域地处寒温带大陆性季风气候区，春季来迟，风多雨少；夏季短而湿热，降雨多而集中；多年平均年降水量394.9毫米，降雨主要集中在7—8月，占全年降水量的90%左右；全年无霜期一般78天左右，多年平均气温－5.5摄氏度，最高气温35摄氏度，最低气温－45摄氏度；冻土深达3.0米以上，每年12月中旬至次年4月上旬有连底冻。

二龙河的支流有博拉葛里河、马大尔河、高里大沟、直趟子河和北二根河。

二龙河流经的林场均属阿木尔林业局管辖；辖区森林资源丰富，主要树种有落叶松、樟子松、白桦，还有少量云杉和兴安柳。

在二龙河流域地下资源中先后发现了金矿、银矿、煤矿、铁矿、大理石矿等矿藏，矿产资源储量十分丰富。流域内野生动物资源丰富，珍贵的动物有黑熊、鹿、飞龙、紫貂等。

经历了1987年5月6日特大森林火灾的阿木尔林业局，经过多年重建，如今山峦竞秀，森林茂密，重现出昔日莽莽林海的恢弘气势。

1.15 盘古河
(Pangu River)

黑龙江右岸支流，鄂伦春语为"盘挂河"，意为"河水翻滚"；因该河河床高低不平，使水流翻滚而得名；属典型山溪性河流。

概　述

盘古河发源于黑龙江省塔河县白卡鲁山，河道全长165千米，河源高程1 100米，入黑龙江口高程240米，河道平均比降0.81‰，河道弯曲系数1.47。河床由砂砾或卵石组成，河流两岸有高低不等的河漫滩。

盘古河自西南向东北流经盘古镇、盘中林场、沿江林场，在塔河县开库康乡西部的马伦村下游约8千米处注入黑龙江；流域面积3 638平方千米。

流域地形复杂，山峦连绵起伏，多属低山区，间有少部分中山区，局部有泥炭地、沼泽地、低洼地。流域内土壤为典型棕针土、沼泽土、河滩森林土、生草棕针土、潜育棕针土壤、白色草甸土壤等，土层厚度12～23厘米；北部地区为多年连续冻土带。流域上游森林繁茂葱郁，渺无人烟，是原始森林保护区。

按地形条件，盘古河划分为上游、下游两段：上游段由源头白卡鲁山至盘中林场，两岸山势较陡，沟谷较窄；下游段为盘中林场至河口，河道弯曲，水流左右摆动。

盘古河沿途接纳23条支流，流域面积大于200平方千米的支流依次为聂河、拉哈提河、西里涅河、大头卡河、塔里亚河。

流域地处寒温带大陆性季风气候区，多年平均气温－2.4摄氏度，极端最高气温37.2摄氏度，极端最低气温－45.8摄氏度，无霜期98天左右，年日照时数2 015～2 865小时，有效积温1 276～1 969摄氏度；每年11月上旬至次年4月中旬为结冰期。盘古河从1996年建水文站至2005年其中有10年发生连底冻，平均冰厚1.39米。

流域多年平均年降水量460.3毫米，年内分配不均匀，降水集中在6—9月，占年降水量80%左右；多年平均年径流量7亿立方米，水质达到国家Ⅲ类标准。

中上游地区1986—2005年的20年间，共发生较大水灾5次。1991年7月1日洪峰流量254立方米每秒，相当于50年一遇，是有资料记载以来最大一次。洪水冲毁桥涵12座、道路13千米，冲走木材600立方米。下游地区1957—1986年的30年间，共发生水灾4次，最大的一次发生于1958年7月31日，洪峰流量616立方米每秒。盘古河干流河道治理以堤防加高加固为主，1991年在河流的左岸修堤防3 030米，防洪标准为5年一遇至10年一遇洪水。

盘古河中上游勘探查明，沙金储量0.794吨，此外，矿产还有煤和泥炭等；流域森林资源丰富，森林覆盖率90%，主要树种有落叶松、樟子松、白桦；野生植物上千种，许多野生植物具有较高的经济价值，诸如山葡萄、红豆、都柿、稠李子等，还有纯天然无污染的山野菜食用真菌，有蕨菜、黄瓜香、金针菜、柳蒿芽、山韭菜、木耳、猴头菇和灵芝等；中草药有黄芪、贝母、党参、五味子等，珍禽异兽有雪兔、飞龙等。

纪　实

盘古河源自塔河县西南白卡鲁山（顶峰1 396米）山麓，源头由岩石缝里涌出的基岩裂隙水汇集而成，河水晶莹。河流两岸山势较陡，沟谷较窄，森林繁茂葱郁。

盘古河自源头向东北前行80余千米到达盘古镇。该镇居住着蒙古、回、朝鲜、达斡尔等少数民族，人口6 976人；经济以林业生产为主，主要从事天然林保护，有计划地进行采伐；农业每年大田只能种植马铃薯。

盘古贮木场是全国最大的贮木场，位于盘古河支流西里涅河西岸，沿河向西南呈长方形延伸，占地面积40.1公顷，木材储积量为38万立方米。

盘古河出盘古镇，向东北流，进入盘中林场。1987年春季干旱少雨，草木枯干，发生了震惊中外的"5·6"特大森林火灾，烧毁盘中林场，受灾居民209户。为警示后人，修建纪念碑一座。碑文为"公元1987年5月6日大兴安岭发生特大森林火灾，燃烧28个昼夜，焚毁森林资源65万公顷，5月7日晚10时30分狂风大作，森林大火越山跨岭声同海啸，若万壑雷鸣直扑盘中，顷刻间烟云蔽日，盘中林场被焚一片焦土，因乡里组织及时，民风多善乡邻相助，长幼无一人伤亡共度大劫，奋争重建家园，盘中林场创后建于1988年10月15日全部移进新居。"为不忘火难，当地把每年的5月6日定为反思日。

盘古河出盘中林场，向北流进沿江林场。17世纪中叶，为抗击沙俄侵扰，清康熙帝命理藩院侍郎明爱开通墨尔根（今嫩江）至雅克萨（今漠河县兴安乡古城岛对岸）之间的驿道，共开设25个驿站。

盘古河出二十三站之后向北流约19千米，汇入浪涛滚滚的黑龙江。

1.16 西尔根气河
(Xiergenqi River)

黑龙江右岸支流，位于黑龙江省大兴安岭塔河县北部。是典型的山溪性河流。"西尔根气"鄂伦春语意为"河长弯多"。

概　述

西尔根气河发源于塔河县伊勒呼里山北麓西罗奇山脉，向东流经瓦拉干镇和开库康乡属地，在开库康乡的双合站上游注入黑龙江。河道全长228千米，河宽30～50米，水深0.6～1.8米，平均比降1.34‰，河道弯曲度大，弯曲系数为2.5，河床为砂砾或卵石组成。流域面积3 857平方千米，北临平顶山，西临笔架山，东临秀水山。

西尔根气河上源大西尔根气河，在距入黑龙江河口22千米处，于右岸纳入支流**小西尔根气河**后方称西尔根气河。西尔根气河支流还有古鲁干河。流域地形变化较大，多为山地。

流域属寒温带大陆性季风气候区，由于受大陆及季风交替影响，气候变化显著。春季多风少雨而干旱，夏季短暂而温湿，秋季降温急剧，多伴有早霜，冬季漫长而严寒。

流域多年平均气温－2.4摄氏度，极端最高气温37.3摄氏度，极端最低气温－45.8摄氏度；多年平均年降水量460.3毫米，年内分配不均，降水多集中在6—9月；多年平均年径流量67 498万立方米，多年平均年水面蒸发量1 036.1毫米；平均风速2.9米每秒，多为偏西风或西北风；多年平均年日照时数2 368.1小时，年无霜期98天，在8月末9月初和次年5月常出现霜冻，有"霜打洼地、露打坡"之说，其危害极大，可使农作物受冻绝产。

流域内多原始森林，植被茂盛，森林覆盖率高达81.23%，以兴安落叶松、樟子松为主，还有少量的云杉、白桦；野生动物资源也很丰富，珍贵兽类有驼鹿、貂熊、猞猁等；流域盛产北方低温冷水性鱼类，如大马哈鱼、细鳞鱼等，具有丰富的营养和较高的经济价值；矿产资源主要有金、煤等。

纪　实

西尔根气河上源大西尔根气河自南向北流经马林林场、二十二站。马林林场始建于1970年，以木材生产和营林生产为主，森林蓄积量为648万立方米，森林覆盖率为55.08%。1987年5月6日特大森林火灾中，马林林场全部烧毁，大量的中幼林被烧死，荒山秃岭到处可见，15 000平方米家属房、厂房被烧毁，1 006人无家可归；这次火灾后，国家投资重建家园。为纪念遇难的人们，1988年修建高7.43米，占地39.68平方米，上书"新马林纪念碑"一座，碑身正面写"勿忘劫难日，警示后来人"。

二十二站又名斡路站，清康熙二十四年（1685年）农历四月，清军进剿占据雅克萨城的沙俄兵匪，康熙皇帝命令开通25个驿站。光绪二十年（1894年）后，李金镛开办漠河金矿，使古驿道演变成"黄金之路"，各站点开始逐渐有人居住。在二十二站有古鲁千河汇入。古鲁干河处于瓦拉干镇境内，"瓦拉干"鄂伦春语为"向阳坡多"之意，因河道大部分沿南侧山脚而得名。瓦拉干镇区内多高山，地形复杂，森林郁郁葱葱。

大西尔根气河由二十二站折向东流进入开库康乡。开库康素称"上三乡"，与俄罗斯隔江相望，河滩森林土土质肥沃，水分充分，林草茂盛，适合粮、菜作物的生长，是塔河县粮食和蔬菜的主要产区。开库康乡1991年曾受两次洪水的袭击，淹没农田110公顷、道路13千米、护江堤50米，护江堤决口25米。1988年，开库康乡修筑护岸613米。

大西尔根气河在流经下鱼亮子下游约2千米处，有小西尔根气河汇入后，再下行至双合站上游2千米处由西向东转北注入黑龙江。

河口地区有"双合国家级自然保护区"，总面积88 849公顷，其中核心区面积35 699公顷。保护区北界与俄罗斯隔江相望。这里山峦起伏，河水倘徉，地形复杂，多年来无人在此居住。但是这里曾有古人类活动，据十八站乡鄂伦春民族发掘的4处旧石器晚期遗址出土文物证明，早在1.1万多年前就有人类在这附近繁衍生息，过着原始的渔猎生活。

1.16.1　小西尔根气河
(Xiaoxiergenqi River)

西尔根气河右岸支流，发源于黑龙江省塔河县西罗奇山岭的最高峰蒙克山，属山溪性河流。

流域内地势西南高，东北低，属低山区。河流流经塔河县境内的秀峰镇、瓦拉干镇、依西肯乡，在距西尔根气河口约22千米处汇入大西尔根气河，河长189千米，河道平均比降1.06‰，河道弯曲系数4.2。小西尔根气河的支流有八里湾河、二十一站河和加木护力罕河。

流域地处寒温带大陆性季风气候区，夏季短暂而温热，冬季气候寒冷干燥；多年平均气温－2.4℃，最低气温－45.8摄氏度，最高气温37.3摄氏度，年无霜期80～100天；多年平均年降水量460毫米，多集中在7、8月；多年平均年径流量2.93亿立方米。

流域内植被茂盛，以兴安落叶松、樟子松为主，还有少量的云杉、白桦。林中有珍稀名动物，其中马鹿已被列入国家二类保护动物。此外，矿产资源也很丰富，其中沙金已被开采，其他的矿物有麦饭石、煤、大理石、石灰石等20多种。河流上游右侧、依西肯乡西南部与十八站交界处，有小西尔根气河金矿，又称宝兴沟金矿，1991年建成投产，储量为2.86吨。

河流进入依西肯乡后，河道蜿蜒曲折，两岸及周围峰峦叠嶂，景色秀丽。依西肯乡东北隔江与俄罗斯相望。光绪三十四年（1908年），清政府恢复了卡伦制，在依西肯设置了卡伦。

小西尔根气河上游左侧有二十站，右侧有二十一站，都曾是清代当时的驿站，由于驿路崎岖不平，荒草丛生，主要为往来漠河及漠河以西额尔古纳河我国一侧的西口子的淘金工人和向京师运黄金开设的，故后人称之为"黄金之路"。

1.17　呼玛河
(Huma River)

黑龙江右岸支流，鄂伦春语意为"鹿经常活动的地方"，达斡尔语意为"高山峡谷不见日光的急流"。发源于黑龙江省呼玛县东部，穿过塔河县，再回到呼玛县西部汇入黑龙江。

概　述

流域范围　呼玛河地处黑龙江中游，地理坐标东经124°44′～126°42′，北纬51°53′～51°37′。河长526千米，流域面积31 197平方千米，北与**额木尔河**相邻，南以伊勒呼里山为分水岭与**松花江**上源嫩江相邻，西与嫩江支流**甘河**相邻，东与黑龙江干流相连。流域地跨大兴安岭地区呼中、韩家园子、十八站三个林业局及塔河、呼玛两县共计17个林场和3个乡镇。

地貌　流域多低山丘陵，地势西高东低。流域南北两侧的分水岭为地势险峻的原始石质山区，群峰林立，山峦重叠。河流行经的中间地带为山地冻结棕色针叶林土和山地暗棕色森林土，河谷区为河谷草甸土，土层深而肥沃，低洼处为沼泽和塔头（也称漂筏），此外，尚有岛状冻土和永冻土零星分布。

河流穿行地区，在新构造运动作用下盆地持续下降，

呼玛河

1.17 呼玛河

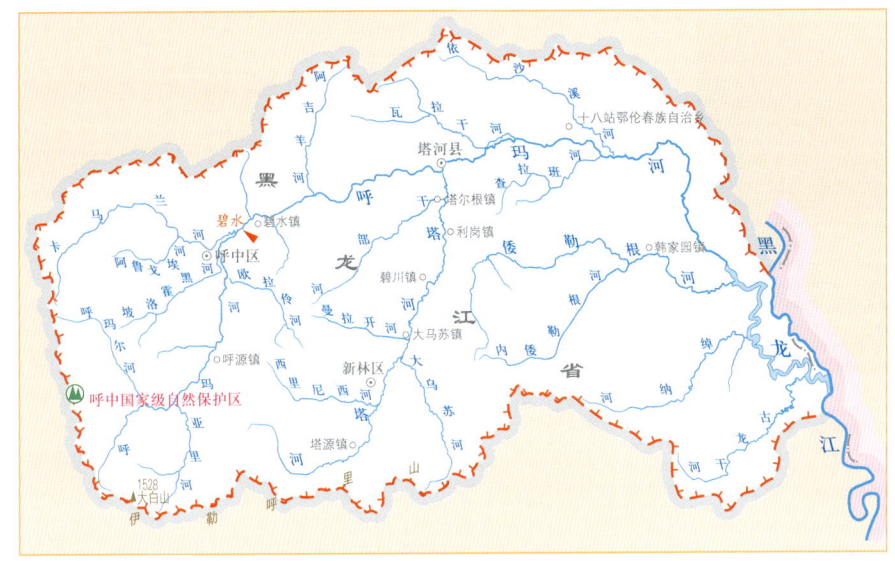

呼玛河水系示意图

南北两山不断上升因而形成悬殊的地形高差,南北山脊与盆地河谷海拔相差近1 000米。

水系 呼玛河发源于黑龙江省呼玛县西端大兴安岭地区呼中林业局伊勒呼里山北麓,大白山、桥乌拉山和雉鸡场山之间,河源高程1 010米,入黑龙江河口高程170米,河道总高差840米,平均比降1.41‰,河道弯曲系数2.1。

呼玛河水系呈树枝状分布,自源头到黑龙江入河口,沿途接纳大小支流50余条,自上而下较大支流左岸有呼玛尔河、坡洛霍黑河、**卡玛兰河**、阿吉羊河、瓦拉干河、依沙溪河,右岸有亚里河、欧拉伶河、**塔河**、查拉班河、**倭勒根河**、**绰纳河**、**古龙干河**。

气候水文 流域地处低纬度寒温带大陆性季风气候区,多年平均气温-2.6摄氏度,最低气温-48.2摄氏度,最高气温39.4摄氏度;年无霜期90天左右,结冰期达7个月之久,素有"高寒禁区"之称。

多年平均年降水量473.4毫米,年际变化较大,年内分配不均,6—9月降水占全年的80%左右;多年平均年蒸发量962.2毫米,日照时数一般年为2 430.8小时。在2005年度水功能区水质检测中,呼玛河水质为Ⅱ类,多年平均年径流量70.1亿立方米。

水旱灾害 呼玛河流域近几十年较大的洪水有1988、1991、1998年三次大洪水,特别是1991年的大洪水使塔河县境内冲毁1 297户房屋,受灾人口13 000人。

经济社会 流域内铁路、公路、水路构成较为便捷的交通网络,2005年全流域人口19.9万,主要产业为林产工业、生态旅游业、特色养殖、绿色食品、北药(北方中药)开发及矿产开发等。

自然资源 流域内森林茂密,森林覆盖率(2004年)为67%,木材总蓄积量为20 404.2万立方米,树种主要有落叶松、白桦、樟子松、云杉、杨柳树等,为我国主要木材产地;地下矿藏资源主要有铁、煤、铜、钼等20余种,现已开采的有金和煤,铁矿在流域的中游已初步试采。域内山地特产极其丰富,山林中有蘑菇、木耳、黄花菜、蕨菜等席中佳品,黄芪、百合、五味子、掌参、灵芝、麝香等上百种名贵药材;野生动物有马鹿、獐子、貂熊、猞猁、犴、紫貂、熊、水獭、麝鼠等多种珍禽异兽;呼玛河的白鱼、哲罗鱼、大马哈鱼、细鳞鱼堪称鱼中上品。

治理与开发 呼玛河干流河道治理以固堤、疏浚、治污和综合开发为主要内容,干流现有堤防总长度103.26千米,穿堤建筑物6座。除塔河镇城区堤防按50年一遇洪水设计外,其余均为10年一遇至20年一遇洪水标准。

纪　实

上游 呼玛河发源伊勒呼里山北麓大白山(海拔1 528米)、桥乌拉山(海拔1 222米)和雉鸡场山间,由基岩裂隙水形成无数条小溪汇集而成。源流由西南向东北流经呼中自然保护区,有呼玛尔河、亚里河汇入,然后经呼源镇、苍山林场、宏伟林场、呼中区至碧水镇,之前有欧拉伶河、坡洛霍黑河和卡玛兰河注入,以上为上游。此处设有碧水水文站。

呼玛河发源地大白山

呼中国家级自然保护区地处大兴安岭主脉和伊勒呼里山所夹成的东北向坡地区,1988年经国务院批准,总面积为167 213公顷,主要保护针叶林生态系统和珍稀动物貂熊。保护区植物有700多种,兴安落叶松是本区的代表树种,约占70%,有大面积的纯林。保护区动物是我国唯一的寒温带针叶林动物群,有国家一级保护动物貂熊,国家二级保护动物兔狲;冷水鱼类有细鳞鱼、哲罗鱼、重唇鱼;保护区内还有极地小鲵。

中游 呼玛河出碧水镇后改向东流,经碧水林场、提扬山林场、秀山林场、吉羊河林场,然后进入塔河县,在塔河县与呼玛县交界处有阿吉羊河汇入。经塔林林场到达塔河县县城塔河镇,此处有塔

呼中保护区

河汇入。在塔河镇设有呼玛河干流中游水文站——固其故水文站。塔河县地处大兴安岭北部林区,总面积为14 420平方千米,人口101 691人,是呼玛河中游最大行政区域,有汉、满、回、蒙古、藏、朝鲜、达翰尔、鄂温克、鄂伦春、苗、彝、壮、布依、俄罗斯、锡伯等15个民族。塔河县境内在11 000多年前就有人类繁衍生息。在塔河县,呼玛河左岸18米高的二级阶地上,有十八站遗址,属于旧石器时代晚期遗址。批量的石器标本证明了单纯旧石器时代晚期原生文堆积化层,存在于松嫩平原的原始早期时代。境内土地大部分生长着茂密

呼玛河冰瀑

的森林，森林覆盖率81.23%，木材总蓄积量65 600千立方米，树种主要有落叶松、白桦、樟子松、云杉、杨柳树等，是我国主要木材生产基地。

河流前行、经十八站鄂伦春族乡，前后有查拉班河和依沙溪河汇入。在十八站鄂伦春族乡有1 164公顷农田，采用自流灌溉，地下蕴藏着多种矿藏资源，主要有铁、金和煤等，已开采的有金和煤。塔河县地处高纬度地区，日出日落相差无几，夏至前后，每天日照时间长达17小时以上，即使到午夜，天空仍呈灰白明亮，出现黑夜白昼现象，甚为壮观。呼玛河过十八站拐向东南进入下游呼玛县境内，在塔河县境内流程150千米。

下游 呼玛河进入呼玛县白银纳鄂伦春族乡，之后转向南偏东，经兴华乡折向东南流，在日升利乡下游有倭勒根河注入，在二道盘查有绰纳河注入；出二道盘查到达荣边有呼玛河汇入黑龙江的把口站呼玛桥水文站，该站测得呼玛河最大洪峰流量为4 290立方米每秒（1991年）；河流过荣边之后有古龙干河汇入，续流12千米后注入黑龙江。

白银纳鄂伦春族乡是以鄂伦春族为主的少数民族乡。新中国成立50多年来，鄂伦春民族的生产和生活条件发生了根本变化。1984年建立了白银纳鄂伦春族乡，居民基本都住进了砖瓦结构的新居。各行各业都能见到鄂伦春族同胞的身影。

鄂伦春风情

呼玛县地处大兴安岭东麓黑龙江之滨，绵延起伏的伊勒呼里山横亘境内。全县总面积14 335平方千米，总人口39 071人。境内多为大兴安岭林地沼泽土，主要分布在呼玛河沿岸地势平坦的区域。在河谷小平原，多为黑砂土所覆盖，土质松散，透水性强，适于小麦、大豆和部分蔬菜的生长，是大兴安岭地区的主要粮食产区。全县有林地面积172.2万公顷，其中天然林地占99.95%，覆盖率70.7%，木材蓄积量7 885万立方米。树种主要有落叶松、樟子松以及白桦、黑桦、柞树等；森林里生长着黑木耳、猴头菇等土特产品，还有都柿、亚格达、稠李子、刺玫果等天然野生浆果以及五味子、黄芪等上百种药材，还栖息着犴、鹿、猞猁、紫貂、水獭等名贵野生动物和飞龙、大雁、雉鸡等珍禽异鸟。县内矿藏有煤、铜、铁、铜、钼、磷等20多种，特别是黄金的储量占全省的45.9%，是黑龙江省重点黄金产地之一。

1.17.1 卡玛兰河

(Kamalan River)

呼玛河左岸支流，发源于大兴安岭雉鸡场山东麓。流域面积2 048平方千米，地处黑龙江省大兴安岭呼中区西北部，属山溪性河流。

卡玛兰河从源头以西南流向东北，再转向东南的弧形流向卡玛林场并在碧水镇附近汇入呼玛河。

河流全长94千米，河道弯曲系数1.76。流域地处呼玛河上游地势较低的中低山区，四面环山，中间是卡玛兰河谷，在山谷间有冲积平原分布。流域内土壤以棕色针叶林土分布最广，河谷区分布草甸土，土层厚而肥沃，低洼处有塔头、沼泽，此外还有岛状冻土和永久冻土零星分布。

流域地处寒温带大陆性季风气候区，多年平均气温－3.84摄氏度，极端最高气温37.7摄氏度，极端最低气温－49.2摄氏度；多年平均年蒸发量912.6毫米，年平均风速1.6米每秒，年最大风速15.0米每秒，多为西北风；多年平均年日照时数2 340.3小时，年无霜期96天；多年平均年降水量490毫米，7—9月占全年降水量的80%左右；多年平均年径流量4.7亿立方米，水质良好。

卡玛兰河自其源流经整个呼中区，河谷呈U形，上游两岸为石质中低山地，坡陡流急，陡峭的河岸下部多石屑群。中下游地势平坦，属低山丘陵区，坡度平缓，水流速度渐慢；接纳阿鲁戈埃河后，河道增宽，河道弯曲度大，河道中分布着零星的大块卧牛石；两岸多有宽阔的河漫滩，滩地最宽处2.5千米；河面宽20～25米，水深0.6～1.0米，中水河床与洪水河道分界明显。入河口附近，因受呼玛河顶托作用，水流缓慢。

卡玛兰河流域高山幽谷，清流潺潺，古木参天，珍禽奇兽栖息繁衍，展现着原始林莽的雄浑气象。广阔的林海中蕴藏着丰富的森林资源，森林类型以兴安落叶松林为主，还有樟子松、红皮云杉、香杨和朝鲜柳等。流域矿产资源十分丰富，有金、钼、铅、铜、麦饭石、铁红、大理石、煤炭、石灰石等，麦饭石矿源蕴藏约30万吨，质地优良；现除麦饭石和铁红有少量开采外，其余均未开发。域内有野生兽类50余种，鸟类30余种，其中国家级保护的珍禽野兽有10余种，诸如獐子、驼鹿、猞猁、雪兔、水獭、榛鸡等。

卡玛兰河流域是我国纬度高、气候寒冷的水域之一，河水清澈，是中国第一批建立以保护鱼类为主的呼玛河自然保护区的一部分，适合大马哈鱼等鱼类生栖繁殖，此外还盛产哲罗鱼、细鳞鱼等。这片古老的原始森林曾是少数民族鄂伦春猎人经常出没的地方，以前没有常住人口，直至1966年冬，铁道兵部队来此铺路架桥，以后来自五湖四海的建设队伍纷纷进驻，形成了一个由汉、蒙古、回、满、达斡尔、朝鲜等12个民族组成的大家庭，组建了飞虎山林场、白卡鲁山林场及东方红林场，统一归呼中林业局管理。

为了使天然林资源得到休养生息，1998年，国家在国有林区实施天然林保护工程，将大兴安岭林区列为全国首批重点实施地区。居住在卡玛兰河畔的林业职工随之迁出，通过实施封山育林，不断扩大人工林面积，调整森林结构等措施，使国有天然林逐步得到恢复，森林覆盖率达到89.3%。

实施天然林保护工程后，林业建设发生了以木材生产为主向以生态建设为主的历史性转变，通过产业结构的调整与经营机制的转换，形成了林产工业、多种经营、自营经济、地方工业蓬勃发展的大好局面。家具等产品远销中国香港地区及日本、韩国、美国、东南亚及西欧各国。特色经济产业发展迅猛，黑木耳栽培、绒山羊、马鹿、獭兔养殖渐成规模。呼中木耳胶质含量高，不仅畅销全国，还远销新加坡、马来西亚等国家。

卡玛兰河下游左岸有一处20 000平方米的野生动物繁殖中心，建于1988年，是为恢复1987年5月6日大火后的野生动物繁殖区而修建的。

卡玛兰河出呼中镇至碧水镇，在碧水镇西南方向1.3千米处汇入呼玛河。

1.17.2 塔河
(Tahe River)

呼玛河右岸支流，发源于大兴安岭伊勒呼里山西端北坡，流域面积6589平方千米，河长187千米。河流由南向北流经黑龙江省大兴安岭地区塔源镇、林海乡、新林镇、大乌苏镇、碧州镇、翠岗镇、塔尔根乡，在塔河县城东南4千米处注入呼玛河。

概　述

流域以低山丘陵为主，山体散大，山顶浑圆，尖顶极少；山谷坦荡，阳坡短而陡，阴坡缓而长。流域地层由寒冻风化碎石、岩浆岩、沉积岩、变质岩等构成，土壤为山地棕色针叶林土，其次有沼泽土、草甸土等。流域内河谷密集，沟塘低地土层较厚，局部有沼泽地和低洼积水；多年冻土发育较为普遍，冻土较深。

塔河由南向北流，河道顺直，河床由砂砾或卵石构成，水流急，河道平均比降2.34‰，为山溪性河流；塔河支流较多，较大的有左岸的西里尼西河、曼拉开河、干部河以及左岸的大乌苏河。

流域地处寒温带大陆性季风气候区，年平均积温不足1600摄氏度，最低气温-46.9摄氏度，最高气温37.9摄氏度，多年平均气温-2.4摄氏度，年无霜期91天左右，结冰期长达7个月之久，素有"高寒禁区"之称。流域多年平均年降水量515.1毫米，年内分配不均匀，6—9月降水占全年降水量的80%左右；年水面蒸发量905.3毫米，日照时数一般年为2298小时，多年平均年径流量16.29亿立方米。水质符合国家Ⅱ类水质标准。

流域内多暴雨洪水，历时短，强度大，峰高流急。新林水文站1971—2005年发生较大的水灾4次。1991年6月30日是有资料记载以来最大的一次，洪峰流量2220立方米每秒，平地水深达80厘米，大水冲毁防洪堤，毁坏公路496.5千米，桥涵92座。新林区原堤防在1991年大洪水发生时多处决口，全部水毁。此后在左岸修建新堤防7670米，防洪标准为50年一遇洪水。

塔河流域森林资源丰富，森林覆盖率69%，主要树种有落叶松、樟子松和白桦；有黑熊、鹿、猞猁、飞龙等野生动物，有猴头菇、木耳等菌类，有都柿、红豆等野

塔河林区

果，还有黄芪、灵芝、草参、五味子等中药材。域内已探明的矿产有黄金、麦饭石、煤炭、花岗岩、大理石、石灰石、高岭土等。

纪　实

塔河源头由基岩裂隙水汇集而成，向东延伸，溪流涓涓，晶莹清澈，经呼中区塔源镇转向东北流，过林海有西里尼亚河汇入；抵达新林区政府所在地新林镇。该镇总面积1430公顷，地势较平坦，居住着汉、满、回、蒙古、苗、朝鲜、达翰尔、锡伯等民族，人口4.5万，是全区人口数量最多、密度最大的镇；镇北部保留有美人松原始森林；经济以地方工业为主，生产的刨花板和胶合板远销美国、日本、俄罗斯、韩国、乌克兰等国家。

塔河出新林区，继续北流经大乌苏、碧州、翠岗、塔尔根等镇，沿程低山连绵，先后有大乌苏河、曼拉开河、干部河汇入。

塔河继续北流约20千米进入塔河县境内，随即于塔河县城南4千米处注入呼玛河。

塔河县地处大兴安岭山脉北麓，是大兴安岭原始森林的腹部，地势西南高，东北低，平均海拔500米左右。塔河县人口10.2万，居住着汉、满、回、鄂伦春、达翰尔等民族。塔河县地域早在旧石器时代晚期就有人类活动，县域经济主要以小型私营企业为主，有木材精深加工产业，筷子厂、矿泉水厂众多；由于气候寒冷，农作物只能种植小麦、马铃薯。

塔河水文站是塔河末端控制站，始建于1962年。右岸为山，左岸为自然滩地。

1.17.3 倭勒根河
(Wolegen River)

呼玛河右岸支流，流域面积3859平方千米，流经黑龙江省塔河县新林区与呼玛县，属典型的山溪性河流。

概　述

倭勒根河上源为外倭勒根河，鄂伦春语为"隔河喊话"。发源于大兴安岭新林区翠岗镇境内的沙兰山北麓。倭勒根河自源头向北流，而后折向东，流经翠岗镇和呼玛县的韩家园镇，于呼玛县日升利村附近汇入呼玛河；全长325千米，河道平均比降2.99‰，河道弯曲系数2.50。

流域地处大兴安岭隆起带东侧，属伊勒呼里山地带，地势由西北向东南降低。流域内南北两侧分界线为地势较低的低山丘陵，四面群山环绕，丘陵起伏，沟壑纵横，沼泽密布。区域主要土壤为山地棕色针叶林土，其次是沼泽土，还有草甸土、山地石质苔原土、冻层棕色森林土及河谷生草森林土等。域内土壤肥沃，森林植被茂盛。

倭勒根河支流众多，流域面积大于100平方千米的有**内倭勒根河**、达拉字河及吉龙河。

流域地处寒温带大陆性季风气候区，多年平均气温-1.7摄氏度，极端最高气温39.4摄氏度，极端最低气温-48.2摄氏度；多年平均年蒸发量921.6毫米，年平均风速1.6米每秒，年最大风速24.0米每秒，其风向为西北风；年平均日照时数2583.96小时，年均无霜期102天。

流域内多年平均年降水量492.6毫米，年际变化较大，最大年降水量和最小年降水量比值为2.5；降水量年内分配不均匀，6—9月降水占全年的80%左右；流域多年平均年径流量8.3亿立方米。在2005年度水质监测中，水质为Ⅲ类。

纪　实

倭勒根河上源外倭勒根河，长约189千米，在沙兰山北麓自河源呈近似东北弧向流经翠岗镇后入韩家园镇，与内倭勒根河汇合后，始称倭勒根河。内、外倭勒根河首尾几乎封闭成O形，沿河两岸有大面积的沼泽地，称内外倭勒根沼泽。沼泽中河谷开阔，比降小，水流缓慢，水清澈，少泥沙。沼泽地常年有积水或季节性积水，大面积的林原沼泽草地沿江河绵延相连，水草肥美，为大马哈鱼、哲罗鱼、细鳞鱼等鱼类产卵区，发展渔牧业的潜力很大。沼泽区森林植被良好，河谷沼泽之外山峦重叠，森林茂密，集原始森林植被与水域、沼

泽、草甸于一体的广袤大地上具有丰富的自然资源，生长有兴安落叶松、樟子松等10多种树木，有紫貂、棕熊、雪兔和榛鸡等珍禽异兽；地下矿产资源丰富，蕴藏着黄金、铂金、铜、砷、石灰石、高岭土、大理石等。1937年前后，日寇侵入韩家园地区，从事武装采伐、采金等掠夺活动，外倭勒根河畔是当时日军兵营活动场所。

倭勒根河进入韩家园境内一路蜿蜒穿行于山谷间，山势起伏，坡陡流急，河谷变窄，沿程接纳达拉罕河及吉龙河两条较大支流，距河口3千米处，河道靠近右岸；左岸河谷开阔，与呼玛河右岸滩地连成一片，河道紊乱，泡泽、牛轭湖遍布其中。

落叶松松塔

流域内农田甚少，水草肥美，森林密布，山地植被发育良好，不仅蕴藏着丰富的野生动植物资源，还蕴藏着黄金、云母、铁、石棉等丰富矿产资源。其中黄金产量尤为丰富，清末民初，韩家园的黄金开采已具有较大规模，距今已有百年的开采史。20世纪80年代，吉龙沟被勘探出黄金储量有1.37万吨，从国外引进现代化先进采金设备，倭勒根河流域再次掀起了采金热。

倭勒根河流域的十五站、十六站、十七站是清康熙年间为反击沙俄妄图侵占**黑龙江**流域大片领土而进行雅克萨战争时设立的古驿站，清光绪三十四年（1908年）驿站撤销，站丁全部还籍于民。

抗日战争时期，韩家园地区曾是抗日斗争的战场。1941年冬和1942年春，东北抗日联军三路军三支队与日寇在韩家园附近进行过激战，抗日将士血染倭勒根河流域的山山水水，许多抗日英雄长眠于此。1988年呼玛县人民政府在韩家园达罕村建立纪念碑。

倭勒根河流域自隋唐时期起，是室韦、契丹、蒙古、达斡尔、鄂温克、鄂伦春族的渔猎区。1997年9月在区域内发现了距今有1万~5万年的猛犸象遗骨。周边出土文物表明，倭勒根河流域自古就有人类活动。

韩家园镇是韩家园林业局驻地，韩家园林业局是一家具有现代林业经济模式的国有森林工业企业，倭勒根河流域是韩家园林业局的主伐场。2002年，境内全面实行木材停采和砂金禁采，实施封山育林和砂金过采区植被恢复工作，使森林生态功能得到了初步恢复；大力发展林业特色产业，绒山羊、獭兔、鹿等特色养殖业、北药开发业、林木产品精深加工业以及绿色食品等特色产业，创建了松涛鹿苑野生动物养殖基地及北药五味子种植基地。

倭勒根河出韩家园入兴华乡，在日升利村东南1千米处，自左岸汇入呼玛河。

1.17.3.1　内倭勒根河
(Neiwolegen River)

倭勒根河右岸支流，发源于黑龙江省大兴安岭地区新林区翠岗镇沙兰山北麓，与倭勒根河上段外倭勒根河在十八站境内汇合成倭勒根河。流域面积1 232平方千米，河长160千米，河道平均比降1.25‰，多年平均径流量3.17亿立方米。

内倭勒根河自发源地向东流纳入库纳森河后转向东北。

流域地势西南高，东北低，河道顺直，河床由砂砾或卵石组成，下游河口，河床上砂卵石零乱，河岸冲刷明显，是典型的山溪性河流。

流域属寒温带大陆性季风气候区，多年平均气温－1.7摄氏度，最低气温－48.2摄氏度，最高气温39.4摄氏度。流域多年平均年降水量515毫米，年无霜期91天左右；降水量年内分配不均匀，6—9月降水占年降水量的80%左右；每年11月上旬至次年4月下旬为结冰期，全河连底冻。该河水质状况良好，达到国家Ⅲ类水质标准。

流域内以低山丘陵为主，局部有沼泽地和低洼积水，土壤多为棕色针叶林土，其次是沼泽土、草甸土、山地石质苔原土、冻层棕色针叶林土及谷地生草森林土等，土层较浅。流域人迹罕至，山峦连绵起伏，森林繁茂葱郁，森林覆盖率90%，有兴安落叶松、白桦、柞树等主要树种；都柿、红豆等野果，木耳、猴头菇等菌类；黑熊、狍子、鹿等野生动物，还有黄芪、五味子等中草药材；地下矿藏已探明的有金、铜、铁、铅等金属矿。

高纬度的地理位置和原始森林的生态环境赋予内倭勒根河流域奇特的景色：春季，映山红迎春怒放，气象万千；夏季，鲜花锦簇，百卉争艳，气候宜人；秋季，山色空濛，碧水如染；冬季，雪覆千山，一派北国风光。

1.17.4　绰纳河
(Chuona River)

呼玛河右岸支流，位于黑龙江省大兴安岭地区呼玛县中部，流域面积2 240平方千米，河长171千米。属山溪性河流。

绰纳河发源于大兴安岭伊勒呼里山北坡，河源由基岩裂隙水形成数条小溪汇集而成，河流呈S形自西向东北流，经呼玛县绰纳河自然保护区、兴隆林场，在兴隆林场境内入呼玛河。

流域地处呼玛河下游，地形起伏不大，属低山丘陵冰缘地貌，在母岩中火成岩广泛分布；土壤以棕色针叶林土为主。区内森林茂密，林中沼泽到处可见。

流域属寒温带大陆性季风气候，冬季异常寒冷，夏季温和短暂，日温差较大；多年平均气温－0.95摄氏度，极端最高气温39.4摄氏度，极端最低气温－48.2摄氏度；多年平均年蒸发量937.8毫米，年平均风速1.6米每秒，年最大风速24米每秒，多西北风；多年平均年日照时数2 584小时，年无霜期114天，每年11月上旬至次年4月中旬为结冰封冻期。

流域多年平均年降水量470毫米，年内分配不均，7—9月降水占全年降水量的80%左右。流域内支流纵横交错，大小泡泽星罗棋布，共有83个，面积为0.41平方千米。

绰纳河源头与**松花江**上段嫩江支流二根河源头隔伊勒呼里山南北相对，源头及流经省级绰纳河自然保护区境内。保护区总面积105 067公顷，是我国唯一的位于寒温带与温带植物区系交错过渡地带的保护区。保护区内大小河流交错纵横，形状各异的水泡零星分布于山谷中湿地内，水产资源丰富，有鱼类50余种，其中乌苏里白鲑、哲罗鱼、黑龙江茴鱼和普通鲇鱼等被列入濒危物种红皮书。保护区森林覆盖率高达90.5%，树种主要有落叶松、柞树、黑桦等，这里的绿色植物天然无污染，牙格达（红豆）、都柿、草莓等是调制饮品及制作糕点的天然最佳原料。窄叶杜香是一种名贵的芳香植物，由它提炼的芳香油远销国外；猴头菇、毛尖蘑、松茸等菌类采集外销，已成为当地居民主要收入来源；榛子亦为本地特产，另有上百种中草药材，其中黄芪、五味子、柴胡等远销省内外。密林中繁衍栖息着貂熊、马鹿、榛鸡等珍禽奇兽。貂熊是国家一级保护野生动物，属于极度濒危物种，在绰纳河保护区内可见出没。

绰纳河红豆

保护区内绰纳河支流九那大沟河右岸有清康熙年间设置的一处古驿站——十四站，当时，大兴安岭地区的各少数民族配合清朝官兵同沙俄入侵者进行了雅克萨战争。保护区内人烟稀少，只有两处管理站的工作人员长期居住。

貂熊

绰纳河出保护区入兴隆林场，前行有兴隆河汇入。绰纳河入呼玛河口附近，河谷开阔、弯曲，凹岸坍塌，河槽比较紊乱，河中有岛，水中有滩，滩生柳毛，岛长大树，汊流主流难以分辨，河道流水不畅，长年和季节性积水致使两岸形成了广阔的沼泽湿地。

绰纳河及其支流兴隆河两岸盛产黄金、大理石、黏土矿、铁、钛、石棉等，其中大理石含镁率低，杂质少，储量在2 000万吨以上。绰纳河沿岸沙金已有百年的开采史，著名的兴隆金矿就建于兴隆河左岸。20世纪80年代，兴隆金矿与韩家园金矿是国家冶金部直属企业。过度无序开采，使江河泥沙俱下，大小河流受到不同程度的污染，加剧了生态环境的恶化。为加大对生态环境的保护力度，从2002年开始大兴安岭地区对采金活动予以取缔，并对遭到破坏的森林植被和生态环境逐步进行人工恢复，目前森林覆盖率88.5%。

绰纳河在兴隆林场境内于呼玛河二道盘查水文站下游3千米处汇入呼玛河。

1.17.5 古龙干河
(Gulonggan River)

呼玛河下游右岸的最后一条支流，位于黑龙江省呼玛县中部。发源于伊勒呼里山东侧，在愚涯山附近注入呼玛河，河长98千米。流域面积2 130平方千米，属山溪性河流。

古龙干河河床宽5~25米，平均水深0.5~2米，河道弯曲系数3.51，河道比降1.11‰。

古龙干河自源头由西北向东南流，沿河两岸多低山丘陵，森林密布，河床狭窄，水流急，流水清澈见底。流域内的土壤以暗棕壤为主，兼有沼泽土、黑土、黄土性黏土。

古龙干河水资源丰富。流域内有一面积为1 281平方千米的湿地，该湿地以草本湿地和水域湿地为主。湿地内有丰富的植物和动物，是迁徙候鸟、水禽、鱼类及其他野生

党参

动物的栖息繁殖地，其中有国家一级保护鸟类金雕、黑嘴松鸡、白鹳、黑鹳等，国家二级保护野性动物马鹿、驼鹿、棕熊、小天鹅、大天鹅、花尾榛鸡等；珍稀植物有草苁蓉、钻天柳、野生五味子等。湿地中还栖息繁衍着龙江草蜥、黑龙江林蛙、极地小鲵等两栖爬行类动物，以及乌苏里田螺、东北圆田螺、珠母珍珠蚌、背角无齿蚌等水生生物。

古龙干河流域地处寒温带大陆性季风气候区，极端最高气温39.4摄氏度，极端最低气温-48.2摄氏度，多年平均气温-2.1摄氏度；多年平均年蒸发量937.8毫米，多年平均风速1.6米每秒，风向多西北风；多年平均年日照时数2 529小时，年无霜期90~110天。

流域多年平均年降水量400~600毫米，降水量年内分配不均，6—9月降水占全年的80%；结冰期长达5个月之久，多年平均年径流量3.73亿立方米，水质状况良好。

古龙干河流域属于低山地貌，在河谷和低洼地及平原中的低湿地，常年有积水或季节性积水，局部地区有岛状永久性冰层或冻土层存在。

古龙干河流经椅子圈林场和湖通河林场，森林覆被率为80%左右。森林中生长着木耳、猴头菇、松茸等食用菌，尤其在金矿尖尾上生长的毛尖蘑驰名中外；无污染的都柿、稠李子、黑加仑、刺玫果等野生浆果是酿制果酒、饮料的上乘佳品；有号称"兴安药材八百种"的北芪、掌参、党参、柴胡、桔梗、防风等寒地野生药材。

流域内的椅子圈煤矿位于呼玛镇西南38千米处，矿内的褐煤埋藏浅，易开采，伪满时期已经开采，近期查明储量为4 000余万吨。域内建有椅子圈火力发电厂，装机容量4 500千瓦，以解决**黑龙江**上游右岸一级支流**宽河**上的宽河水电站冬季停机期间广大用户的电力来源。宽河水电站与椅子圈火电厂间的35千伏高压输电线路联网运行，满足了呼玛县南半部的三卡、北疆两乡与三卡林场用电的需要。

流域内除已开采的褐煤外，还有黄金、铜、铁、铝、磷、铅、石墨、玄武石、石灰石、大理石、黑白花岗岩等30多种矿藏。

1.18 宽河
(Kuanhe River)

黑龙江左岸支流，上源为南宽河，发源于黑龙江省黑河市北部伊勒呼里山北麓。流域面积2 134平方千米，属山溪性河流。

宽河自西南向东北流，由黑河市进入呼玛县境内，于三卡乡上游500米处汇入黑龙江。河道全长76千米，河道弯曲系数3.08，比降0.95‰。河道比较稳定，河宽5~25米，水深0.5~2.5米，多年平均流量13立方米每秒，多年平均年径流量3.73亿立方米。

宽河流域属寒温带大陆性季风气候区，多年平均气温-0.7摄氏度，极端最低气温-42摄氏度，极端最高气温33摄氏度；多年平均年蒸发量898.5毫米，多年平均风速1.6米每秒，最大风力可达6~7级，主要为西北风。流域多年平均年日照时数2 584小时，年无霜期114天；多年平均年降水量448.2毫米，结冰期平均160天左右，最大冰厚1.8米，最大冻土深3米。宽河每年进入9月流量明显减少，到了12月几乎断流。

宽河流域的桃源峰水电站建设工程是呼玛县招商引资项目之一，是呼玛县农村初级电气化试点县的骨干工程，位于呼玛县三卡乡境内，距黑龙江不到10千米。三卡乡北20千米

之遥的江湾村都里口，山水绵延，九曲十八湾，地形奇特，风景秀美，有"中国第一湾"之美誉。三卡乡为呼玛县主要产粮区，农作物有小麦、大豆、马铃薯等。

宽河流域自然资源十分丰富，森林茂密，树种以兴安落叶松为主，樟子松、蒙古柞、白桦、黑桦次之。流域内是生物资源的宝库，异兽珍禽有鹿、犴、貂、黑熊、狍子、猞猁、紫貂、榛鸡等，有哲罗、细鳞等冷水鱼类；无污染的都柿、稠李子、黑加仑、刺玫果等野生浆果是酿制果酒、饮料的上乘佳品；还有号称"兴安药材八百种"的北芪、五味子、党参、柴胡、桔梗、防风寒地野生药材。流域内还有贮量可观的金、煤、铁、磷等矿藏。

1.18.1 汗达河
（Handa River）

宽河右岸支流，发源于黑龙江省呼玛县境内的铁帽山西北麓。流域面积1 021平方千米，河长66千米，河道弯曲系数3.0，平均水深0.5～2米，落差210米，平均比降7.66‰，多年平均年径流量1.79亿立方米。

汗达河自源头向东北流至老道店一带又折向东南，纳入葛拉曼河后，在宽河桥下游400～500米处汇入宽河，属典型的山溪性河流。

流域地处寒温带大陆性季风气候区，多年平均气温－2.1摄氏度，最低气温－42摄氏度，最高气温33摄氏度，多年平均年日照时数2 584小时，年无霜期80～100天；多年平均年蒸发量937.8毫米；风向西北风，最大风力可达6～7级；多年平均年降水量470.0毫米，降水量年内分配不均匀，6—9月降水量占全年的80%左右；结冰期长达5个月之久。

汗达河支流有羊角河、葛拉曼河和小汗达河。

流域内南北两侧分水岭为地势较低的低山丘陵区，山势起伏，河谷狭窄，地势西高东低，低洼处有塔头、沼泽；土壤以暗棕壤土为主，土壤肥沃，森林茂密，主要有落叶松、樟子松以及白桦、黑桦、山杨、柞树等。森林里生长着黑木耳、猴头菇等名特山产品和都柿、亚格达、稠李子、刺玫果等天然野生浆果以及五味子、黄芪、贝母等上百种药材，有鹿、麝、紫貂、金雕、棕熊、水獭、雪兔等野兽和榛鸡、大雁、细嘴松鸡等珍禽异鸟；流域内还蕴藏着丰富的黄金矿藏。

河道随山势弯曲，河床地质构造为风化石，河床多砂卵石、砂组成。水中有滩地，滩生柳毛，河水清澈，无污染。

汗达河流域位于呼玛县三卡林场境内，清光绪年间设奇拉卡伦。三卡林场，位于呼玛县南部，林场总面积11.843万公顷；境内的石英砂，矿石中二氧化硅含量达95%～97%，并含有少量铁和微量的铬、钛等元素，储量在4 000万吨左右，色泽洁白，晶莹透明，是国内其他石英砂矿所少见；境内的珍珠岩储量丰富，矿体纯正，粒度适膨化、易加工、埋藏浅易露天开采。当地以种植业、养殖业、采集业为主；适宜种植小麦、大豆、玉米、油菜、马铃薯及蔬菜瓜类作物。

1.19 法别拉河
（Fabiela River）

黑龙江右岸支流，又称鄂列雅沟。流域范围西以小兴安岭与**松花江**上段嫩江支流查尔格拉河、**泥鳅河**分界，北接黑龙江省呼玛县，南靠**公别拉河**流域。

法别拉河发源于黑龙江省黑河市爱辉区罕达汽镇小兴安岭山脉勒呼里山东坡北大岗，河长151千米，河宽4～85米，水深0.5～1.9米，河道平均比降2.42‰；由西向东流，在黑

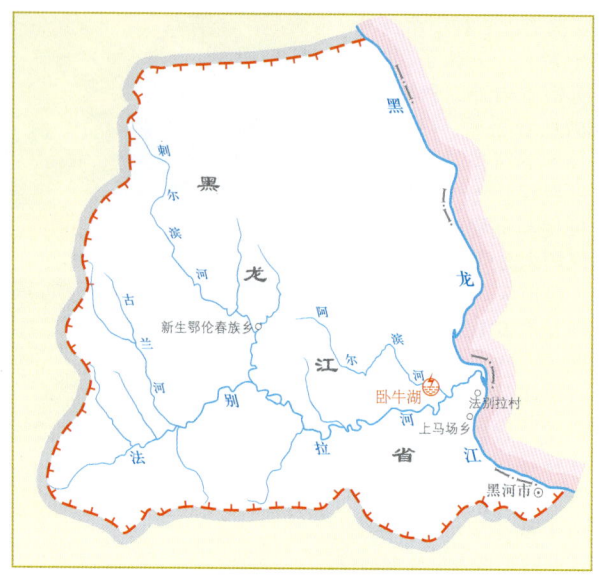

法别拉河水系示意图

河市上马厂乡法别拉村附近汇入黑龙江。

流域面积2 902平方千米，其中山丘区2 409平方千米，平原区493平方千米。河床由砂卵石组成。上游植被良好，下游河床开阔。较大支流自上而下有古兰河、剌尔滨河和阿尔滨河。

法别拉河流域地势西南高，东北低，属低山丘陵地貌。河槽狭窄，两岸次生林密布。上游为切割不深的低山，谷坡坡角一般20～40度。下游为丘陵平原地区，山岭平齐没有显著的高峰。山地林木主要是以白桦为主的阔叶次生林，沿江平原和狭窄河谷平原是流域内主要的农作物耕种区。流域内群山环绕，森林茂盛，林地占全流域面积的83%，草原占9%，可耕地占7%，水面占1%。

流域属寒温带大陆性季风气候区，多年平均气温－0.3摄氏度，最高气温37.7摄氏度，最低气温－44.5摄氏度，平均封河期160天左右，最大冰厚1.8米，最大冻土深度可达2.75米，年无霜期124天。流域内冬季多西北风，夏季多西南风，多年平均风速3.9米每秒，最大风速26.7米每秒；多年平均年蒸发量660毫米，全年日照时数2 630小时。流域多年平均年降水量527.6毫米，年内分配不均，6—9月降水占全年降水量的70%～80%。河流水质良好，达到国家Ⅲ类水质标准。

法别拉河流域水利资源比较丰富，多年平均年径流深176毫米，多年平均年径流量5.08亿立方米，多年平均流量16.4立方米每秒，地下水年平均来水量0.1亿～0.6亿立方米。流域理论水能蕴藏量10万千瓦，开发利用3万千瓦。

法别拉河流经黑河市罕达汽镇、新生鄂伦春族乡、象山水库、上马厂乡，在上马厂乡法别拉村附近汇入黑龙江。流域内山峰起伏，森林密布，是爱辉区主要林区之一。

法别拉河上游由东南向西北流，先后有左岸古兰河和刺尔滨河注入，刺尔滨河流域的新生鄂伦春族乡是黑龙江省鄂伦春族主要聚居地之一。鄂伦春族世代居住在内外兴安岭，被称为"兴安岭之王"；因精骑善射又被称为"狩猎民族"和"马背上的民族"，因与白桦树有不解之缘，又被称为"白桦林中的民族"。鄂伦春族有自己的语言，一般通用汉字，信奉萨满教，崇拜自然物。

法别拉河中游建有**象山水库**，距黑河市72千米。刺尔滨河在右岸注入后，法别拉河转向东北流进入上马厂乡境内，

又有右岸阿尔滨河注入。上马厂乡境内的卧牛湖水电站已经运营发电，三道湾子水电站正在筹建中；黑河至呼玛的沿江公路横贯全境，交通方便。

法别拉河流域河床开阔，两岸有茂密的原始森林，生长着落叶松、红松、桦树、杨树、柞树等耐寒树种。桦树皮制作的多种精美手工艺品，如：衣、鞋、盒、篓、桶、箱、碗等，图案美丽、轻巧耐用，耐水性很强，是当地主要外贸出口产品，大多出自于鄂伦春族人之手。此外流域还产有木耳、猴头菇、榛子、松子、都柿等多种土特产品及珍贵的中草药材，野生动物有鹿、狍、野猪、熊、狐狸、猞猁、水獭、野鸡、飞龙等。

1.19.1 象山水库
(Xiangshan Reservoir)

法别拉河中游的大型水库，坝址在刺尔滨河汇入口以下约8千米处。工程于1992年10月10日开工，1997年8月28日下闸蓄水，1997年9月10日并网发电。

水库坝址以上控制流域面积1 972平方千米，占全流域面积的67.3%。水库按100年一遇洪水设计，2 000年一遇洪水校核，总库容3.34亿立方米，兴利库容（调节库容）1.9亿立方米，死库容1.01亿立方米，调洪库容0.43亿立方米。

该水库是以发电为主，兼顾防洪、养鱼等综合利用，是法别拉河梯级开发的第一级水电站。象山水电站是全国第二批农村电气化试点县（市）电源工程，是黑龙江省"八五"期间的重点建设项目。电厂装机3台，总装机容量1.8万千瓦。多年平均年发电量4 130万千瓦时，有110千伏、长94千米输电线路经黑宝山变电所与国网相连，按"以水定电"的方式运行，承担黑龙江省北部电网的部分调峰任务。水库下游的防洪对象主要是沿河两岸的农田和村屯，10年一遇洪水经水库调节后削峰37%，保护下游6个村屯5 000余人口、500公顷农田和一条边防公路。

库区地处高纬度地带，最低气温-44.5摄氏度，最高气温36.5摄氏度，多年平均气温-0.3摄氏度；多年平均年降水量510毫米，7—9月降水量占全年的70%左右；降水量年季变化较大，建库以来最大年降水量632.8毫米（1998年），最小年降水量372.5毫米（2000年），相差1.7倍；多年平均年蒸发量1 164毫米；多年平均相对湿度68.3%，多年平均风速3.8米每秒，最大风速26.7米每秒；最大冻土深3米，平均封冻期160天。

象山水库自1997年运行以来经历了2006年的20年一遇较大洪水，洪峰流量760立方米每秒，洪水总量1.75亿立方米，水库最大泄流量195.6立方米每秒，水库削减洪峰74%。库区属低山丘陵地貌，周边次生林密布，矿产资源丰富，盛产黄金、煤炭。象山水库同**西沟水库**并排"仰卧"在法别拉河和**公别拉河**上，宛如两条巨龙，人们称长者为雄，短者为雌，两座水库的电站共同承担着黑河市的城乡供电任务。

1.20 公别拉河
(Gongbiela River)

黑龙江左岸支流，流域面积2 803平方千米，全流域皆在黑龙江省黑河市爱辉区境内，属典型的山溪性河流。

概 述

公别拉河发源于小兴安岭东麓黑河市爱辉区罕达汽镇境内的大黑山，河长165千米，河道平均比降2.76‰。流域北临石金河，西部以小兴安岭与**松花江**上段嫩江支流**门鲁河**为界，南为**逊毕拉河**。

公别拉河

公别拉河流域地势由西向东递降，源头最高峰大黑山海拔867.4米，河口为120米。流域处于小兴安岭褶皱带的东南部、爱辉阿尔山背斜的东北端，以断裂构造为主，在公别拉河右侧八车力河、哈拉台河分布北东向构造断裂带；地貌特征为低山峡谷区，出露地层以海西期花岗岩为主，呈大面积出露。

公别拉河流域两岸支流分布较均匀，多数短而湍急，由上至下左岸依次有义气罕河、阿陵河，右岸有秀水河、洪湖吐河、库纳尔河、八库力河、潮水河等支流汇入。干流流经罕达汽镇、锦河农场辖区，过西岗子镇，在坤河达斡尔族满族乡政府所在地附近注入黑龙江。

公别拉河水系示意图

公别拉河流域地处寒温带大陆性季风气候区，多年平均气温-0.3摄氏度，最高气温36.5摄氏度，最低气温-44.5摄氏度。多年平均年蒸发量690毫米，多年平均相对湿度66%。多年平均风速3.6米每秒。河流封冻期160天左右，最大冰厚1.8米，最大冻土深3.0米，年均无霜期125天。年均日照时数2 655.8小时。多年平均年降水量527.6毫米，年内分配不均，6—8月降水量占全年降水量的75%以上。多年平均年径流量6.3亿立方米。水质良好，达到国家Ⅲ类水质标准。

公别拉河中游建有**西沟水库**，距黑河市59千米，上游建有富地营子水库，总库容为0.965亿立方米，作为西沟水电站的调节水库。

纪 实

公别拉河流经罕达汽镇，这里居住着汉、满、达斡尔、鄂伦春和朝鲜五个民族。清朝以前，罕达汽一带是鄂伦春民族游猎区域，"罕达汽"为鄂伦春语，意为"跑马沟"。民国初年，这里发现了黄金矿源，于是资本家在此设立兴安金厂。1936年，日寇在罕达汽设立了采金会社，进行掠夺式开采。新中国成立后，在敌伪金矿废墟上恢复了对黄金的开采。流域内森林资源十分丰富，盛产落叶松、柞树、白桦等。草场植物种类繁多，以小叶樟、草藤杂草占优势。域内夏秋季节百花盛开，芬芳四溢，群众俗称"五花草塘"。

秋景

出罕达汽镇辖区以下有义气罕河注入，进入锦河农场区域后，山谷逐渐开阔，河道弯曲，两岸多湿地。锦河农场场部，清代称石匠河屯，民国初期称翁湖沟，建场前称神武屯，"九一八"事变后，日本侵略者将翁湖沟视为战略要地，驻有重兵，与不远处的山神府和西岗子两个军事重镇形成鼎足之势。

锦河农场位于黑河市西南15千米，土地肥沃，土壤多为棕壤土，其次是草甸灰化土、黑土、草甸土；有汉、满、蒙古、回、达斡尔等民族共同居住，平均每平方千米只有3.9人；森林覆盖率74%。这里资源极为丰富，盛产木耳、蘑菇、榛子、蕨菜、都柿等多种野果、野菜以及黄芩、柴胡、桔梗、党参、五味子等几十种中药材，还有貂、熊等野生动物和该农场内黄金、铜、煤等矿藏。作家梁晓声的《年轮》《这是一片神奇的土地》等作品就是取材于20世纪六七十年代锦河农场的知青生活。

从团山子到西沟水文站是河流的中游，此段是一个长30千米的大甩湾，河谷深且狭窄，河道坡降大，水流湍急。河流到这里进入西岗子镇域。西岗子镇位于黑河市南45千米，是黑河至大岭、黑河至齐齐哈尔及黑河至嫩江公路交汇点。清康熙二十二年（1683年），满洲八旗官兵进入爱辉区域以后，在这里建立一些旗屯、官庄，还设立了驿站，现在的坤站即为当时的头站，又称萨哈连站。该镇辖区内有西沟水库、宋集屯水库、宋集屯煤矿、富地营子铜矿、盘肠沟煤矿等，矿藏有煤炭、铜、大理石、花岗岩、玛瑙等，农产品主要有大豆、小麦、玉米，以及黄芪、五味子等北药。爱辉区大豆生产基地的大豆年总产量可达1 000万千克，所产大豆品质优良，深受国内外客商的欢迎。

西沟水文站以下河流进入平原地区，河谷开阔平坦，有大片耕地，是粮食主产区。坤河达斡尔族满族乡的沿江平原土地肥沃，是地道的鱼米之乡，特产鲟鱼和鳇鱼味道鲜美而产量不大，非常珍贵，全国闻名。

1.20.1 西沟水库
（Xigou Reservoir）

公别拉河中游的大型水库，坝址位于黑龙江省黑河市西岗子镇西沟村上游团山子附近，功能以发电为主，兼有防洪、养鱼、旅游等综合效益。

坝址以上控制流域面积1 168平方千米，水库总库容1.46亿立方米，电站装机容量3.6万千瓦，多年平均年发电量9 114.3万千瓦时，工程于1987年7月开工，1991年年末投产发电。

水库上游森林密布，山谷狭窄，河流支汊较多；水库下游进入平原区，河谷开阔平坦，并开垦有大量农田。水库地处高纬度地带，属寒温带气候区，多年平均气温－1.5摄氏度，夏季最高气温37.7摄氏度，冬季最低气温－44.5摄氏度，年无霜期124天。流域多年平均年降水量557毫米，主要集中在5—9月，约占全年降水量的87%以上。流域多年平均年蒸发量1 164毫米，多年平均相对湿度66%，多年平均年径流量3.175亿立方米。

水库枢纽工程主要由拦河坝、岸坡开敞式溢洪道及引水发电系统组成。大坝为沥青混凝土心墙堆石坝，坝长646米，最大坝高36米，坝顶宽5米。岸坡开敞式溢洪道位于大坝中段，最大泄洪流量1 361立方米每秒。发电引水隧洞全长6 792米，压力管道全长326.1米。

西沟水库由坝址至库尾形成了从西北至东南走向的狭长的河道型水库，水面宽一般不足200米。库区位于风景秀美的峡谷地带，河道急流险滩尽没于水底，形成多处人工岛屿。距坝址以上32.7千米新建成梯级水库——富地营子水库，控制流域面积511平方千米，作为西沟水库的补偿调节水库。

库区周围森林资源丰富，以阔叶林为主，其次为针叶林及针阔叶混交林，树木种类较多，大多有耐寒、耐旱、耐贫瘠的特点，主要树种有落叶松、柞树、桦树、杨树等。森林中生长着大量的野生食用产品和名贵中药材，有木耳、榛子、蕨菜、猴头菇、松子、都柿等，人参、黄芪、刺五加、五味子、党参、五味子、鹿茸等；还有貂、熊、狍子、野猪、飞龙鸟、野鸡等野生动物和飞禽。山珍产品久负盛名，品质优良，畅销中外。常见的鱼类有30多种，产量较高的鱼类有鲢、鲤、鲫、雅罗、狗鱼、鳊花等。水库中养殖的亚洲银鱼，味道鲜美，产量少，非常珍贵，远销国外。

西沟水库上游风光

库区周围为锦河农场区域，两岸多湿地，是20世纪50年代中后期开垦北大荒的转业军人创立。农场土地肥沃，土壤多为棕壤土，其次是草甸灰化土、黑土、草甸土。农场有汉、满、蒙古、回、达斡尔等民族共同居住。地广人稀，物产丰富，有很大的开发潜力。

坝址以下，河谷深且狭窄，河道坡降大，水流湍急。水库发电厂以下14千米的西岗子镇区域，两岸开阔，位于黑河市西南45千米，是黑大、黑齐、黑嫩公路交会点，交通便利。该镇矿产资源丰富，地下矿藏有煤炭、铜、大理石、花岗岩、玛瑙等。这里有大片的耕地，是黑河市的粮食主产区，主要农产品有大豆、小麦、玉米，还有黄芪、五味子等北药，其中，大豆年总产量可达1万吨，所产大豆品质优，深受国内外客商的欢迎。

1.21 逊毕拉河
（Xunbila River）

黑龙江右岸支流，又称逊河、逊比拉河、逊别拉河。发源于小兴安岭东坡黑河市爱辉区二站乡大岭林场北部，在逊克县车陆乡西双河村附近注入黑龙江。

逊毕拉河

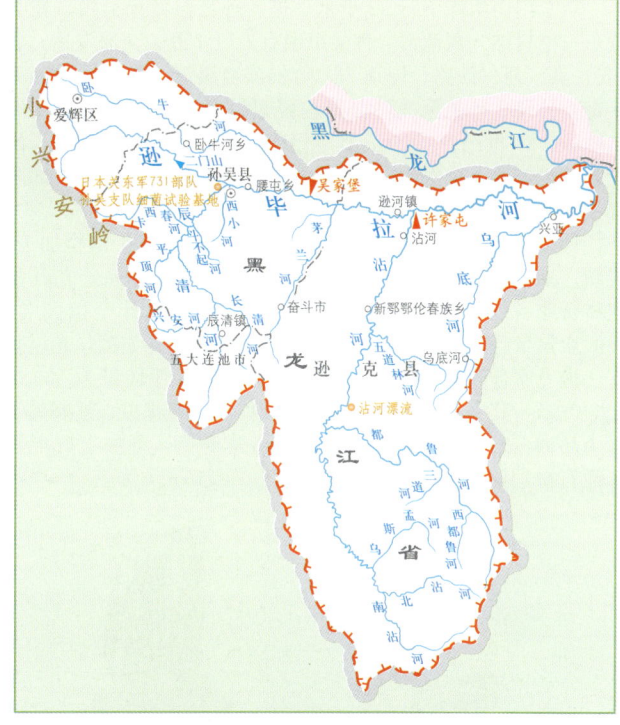
逊毕拉河水系示意图

逊毕拉河

概　述

流域地处小兴安岭褶皱山坡地区，海拔300～700米，山岭平齐，没有显著高峰。地势西南高，东北低，自小兴安岭向黑龙江倾斜。山地植被主要为森林，山前发育着大片丘陵平原。由于径流的切割作用，干支流河谷，相对高差40米左右，河谷形成带状平原，海拔160～300米。

逊毕拉河上游基本为花岗岩区，中游为花岗岩、玄武岩等火成岩分布地区，下游基本为玄武岩区。其中支流**辰清河**清溪乡一带和支流**沾河**沿河一带是具有气孔状或杏仁状构造的玄武岩。

逊毕拉河河长279千米，流域面积15 743平方千米，按河谷地貌及河道形状特征分为上、中、下游三段。上游为河源至孙吴镇，孙吴镇至逊河镇段为中游，逊河镇至河口为下游段，河道平均比降为1.76‰。

逊毕拉河有**辰清河**、**茅兰河**、沾河、**乌底河**、**卧牛河**五条主要支流，流域形状极不对称，除卧牛河分布在左侧外，其余支流均分布在右侧。

流域地处寒温带大陆性季风气候区，多年平均气温-1.0摄氏度，最高气温36.3摄氏度，最低气温-46摄氏度，最大冻土深2.2～2.5米。山地无霜期80～105天，沿江河谷平原无霜期110～120天。冬季多西北风，夏季多西南风，平均风速4～5米每秒，最大风速在20米每秒以上。多年平均年日照时数2 100～2 700小时，多年平均年蒸发量在660～720毫米之间；结冻期在180天左右，最大冰厚1.8米。

流域多年平均年降水量为500～600毫米，降水量自小兴安岭向黑龙江递减，降水年内分配极不均匀，6—9月降水量占全年的70%以上；多年平均年径流量27.55亿立方米。径流的年际变化较大，丰、枯水年径流数值相差5倍以上，且呈现连丰、连枯、丰枯交替的变化趋势。河流含沙量较小，多年平均年输沙量14.3万吨。河流水质较好，一般为Ⅱ～Ⅲ类水。逊毕拉河理论水能蕴藏量20.4万千瓦。

流域内森林资源丰富，森林覆盖率70%以上，以阔叶林为主，针阔混交林为辅。阔叶林主要树种为白桦、柞树、黑桦、山杨林，针叶林主要为落叶松、云杉等。

流域内现已探明的矿产有黄金、煤、铁、石英砂、膨润土、玄武岩、花岗岩、泥炭等，除黄金外，其余均没有开发。逊毕拉河干流及沾河还开发了小兴安岭自然风光观光及漂流项目。

逊毕拉河流域洪水灾害严重，一般性洪水4～5年发生一次，较大洪水7～9年发生一次。由于流域洪涝灾害严重，旱灾反映不太明显，以致群众中形成了"十旱九收，十涝九丢"的说法。

逊毕拉河流域跨爱辉区、孙吴县、五大连池市、逊克县四个市（区、县），流域内有1处县城、3个国营农场的六个分场，还有沾河林业局管辖的24个国有林场，总人口11.35万，耕地面积8.5万公顷，尚有可开垦荒地7.89万公顷；林地面积97.84万公顷，木材储量5 031.9万立方米；草原沼泽32.85万公顷；水域面积312.0平方千米。

纪　实

逊毕拉河自源头向东南方向弯曲绕经黑河市爱辉区三站屯后进入孙吴县界，河道坡降较大，水流湍急。源头有大岭林场，林木茂盛，以松、柞混交林为主要植被，野生植物繁多，仅药用植物就达300种；野生动物有马鹿、狍子、驼鹿、野猪、黑熊、野兔、紫貂、猞猁等几十种。

河源下行50千米，建有二门山水库。二门山水库是一座以防洪、城镇供水和发电、灌溉为主，兼顾养鱼、旅游等综合利用的水库工程，总库容7 920万立方米，装机容量2 500千瓦，年发电量491万千瓦时。

从二门山水库下行32千米，进入孙吴县城孙吴镇。在县城东三屯村纳入辰清河。孙吴镇现有人口4万，交通发达，北（安）黑（河）铁路、国道202哈尔滨至黑河公路、省道孙吴至奇克公路、孙吴至二站公路均经过这里，是四方陆路交通之咽喉。20世纪30年代，日本侵略者曾在孙吴苦心经营，修工事、筑要塞、屯兵10万，臭名昭著的日本关东军731部队孙吴支队细菌试验基地就建在这里。

孙吴县在已有农林经济的基础上，逐渐建成了木材加工、轻纺、烟草、食品、建材工业全面发展的工业体系，尤其是建材行业，石材种类之多，储量之大，质量之佳全国闻名。玄武岩储量超过5亿立方米，加工后黑如漆，亮如镜，光泽照人，被专家誉为"孙吴墨玉"。花岗岩初步探明储量为100多亿立方米，其中有玫瑰红、花红、紫蔷薇、菊花白、芝麻黑等十个品种，岩块较大，纹理清晰，色彩鲜艳，可加工成上等饰面石材，具有很高的开采价值。

孙吴墨玉

自孙吴县城以下，逊毕拉河进入中游，两岸为低山丘陵及平、漫岗，地势较平坦，土壤肥沃，是孙吴县的农业生产基地。

河流中游设有吴家堡水文站，为国家基本站，观测项目有水位、降水、蒸发、流量、冰情等。中游段的东卧牛河村附近有卧牛河纳入。吴家堡水文站至四不漏子河段，河流蜿蜒曲折。孙吴县开展了漂流项目，沿逊毕拉河顺流而下，九曲十八弯，急滩一个接着一个，惊险刺激。

河流在四不漏子附近纳入茅兰河后进入逊克县界，在逊河镇处接纳了最大支流沾河。逊克县经济发展较快，以小麦、大豆著称全省，是黑龙江省第一批50个商品粮基地县之一。2000年是全国农村水电电气化县之一。全县总面积16 826平方千米，总人口86 691人。逊克县城所在地为黑龙江畔的奇克镇。

从逊河镇继续下行过松树沟乡。松树沟乡位于县城东南部，横跨逊毕拉河南北两岸。1936年冬，抗联赵尚志将军的部队，曾一度攻陷此地，摧毁伪满警察署。

河流在接纳乌底河后到了双河屯水文站。双河屯水文站是逊毕拉河下游控制站，控制面积15 652平方千米，为国家基本站。

逊毕拉河下游段河道曲折，河槽下切不深，形成了众多的港汊泡沼，河槽水深平均1～2米，水面宽200～300米，一般洪水即可出槽，最大河漫滩宽达7 500米。河套中处处可见郁郁葱葱的猫柳、水曲柳、榆树和结满红玛瑙般果实的山丁子树。

逊毕拉河两岸是花的世界，春天最先从山坡上探出头的是达子香，殷红的花朵如同炽烈燃烧的火焰，仿佛能染红河水。夏日绿丛中遍布着支支百合、淡黄色的忘忧草和姹紫嫣红不知名的野花。秋季凉风乍起，传来五味子、黄芪、刺五加、赤芍等浓浓的药香。严冬草枯花凋，洁白晶莹的雪花接踵而至。

逊毕拉河出双河屯水文站继续下行，经西双河村后向北注入黑龙江。

1.21.1 辰清河
（Chenqing River）

逊毕拉河右岸支流，流域面积2 032平方千米，跨黑龙江省五大连池市和孙吴县，典型的山溪性河流。

辰清河发源于黑龙江省小兴安岭北坡的五大连池市高巍山山谷内，自南而北，流经五大连池市兴安乡及孙吴县红旗、辰清、清溪、西兴等乡镇，在孙吴县城西北4千米处汇入逊毕拉河。河长104千米，河道平均比降1.81‰，河道弯曲系数1.35，河宽12～60米。

流域地势西南高，东北低，森林密布，植被良好。林木以阔叶林为主，针阔混交林为辅。两岸山地及滩地相间，河道弯曲，多急流险滩，个别河段河床基岩裸露，卧牛石布满哨口。河流中下游流经辰清盆地、清溪盆地；一级阶地发育，河谷沿岸和局部地带的缓山坡处多形成沼泽湿地，泉水较多，冬季易形成冰丘。

辰清河支流较多，较大的支流有兴安河、长清河、西小河、平顶河、卡西春河、斗不起河和沟浪河七条。辰清河多年平均流量11.3立方米每秒，多年平均年径流量3.6亿立方米，水质良好，达到国家Ⅲ类水质标准；水力资源理论蕴藏量0.9万千瓦，水资源未得到开发利用。除孙吴县兴北乡辰清河左岸建有7千米长的堤防外，全流域无其他水利工程。

辰清河流域地处寒温带大陆性季风气候区，多年平均气温−1.5摄氏度，最高气温35.2摄氏度，最低气温−48.1摄氏度；多年平均年蒸发量590毫米，年平均风速3米每秒，多偏西风。流域多年平均年日照时数2 569.7小时，年无霜期80～120天；年平均封冻天数为172天，最大冰厚1.4米。

流域多年平均年降水量540毫米，降水分配不均匀，西多东少，年内分配也不均匀，6—9月降水量占年降水总量的70%左右。

辰清河上游左岸有襄河农场十队、十一队，右岸有五大连池市兴安乡元青山、辰清河等村屯。

辰清河流经五大连池市38千米进入孙吴县域，在左岸纳入兴安河、右岸纳入长清河后流经辰清镇。辰清镇坐落于白垩系辰清凹陷盆地内，哈尔滨至黑河公路、黑河至北安铁路从此穿过，交通便利。

辰清孙吴段河流滩地开阔，河流蜿蜒曲折，灌丛草甸水草茂盛，植被以苔草、小叶樟、柳丛为主，局部有沼泽性塔头甸子，两岸低山丘陵广布天然次生林，山脊上有零星成熟林分布，树种以柞树、白桦、黑桦为主。

辰清河过平顶村左岸纳入平顶河后流入山谷，河流依山而行，河底多为卧牛石及河卵石，河道比降大，流速急。在清溪乡左纳卡西春河，右纳斗不起河后，两岸开始有较多的耕地。土特产极为丰富，有木耳、蘑菇、榛子、蕨菜、都柿等多种野果、野菜。黄芩、黄芪、柴胡、桔梗、党参、五味子等几十种中药材。

辰清河进入西兴乡后纳入左岸支流沟浪河，继续下行至孙吴镇北三屯村东注入逊毕拉河。

1.21.2 卧牛河
（Woniu River）

逊毕拉河左岸支流，发源于黑龙江省小兴安岭西坡黑河市爱辉区的石古山和库纳山山脚下，流经黑河市爱辉区、孙吴县，在孙吴县腰屯乡卧牛河屯南 1 千米处注入逊毕拉河。河长 98 千米，流域面积 1 075 平方千米，河道平均比降 1.0‰，河流弯曲系数 1.25，河宽 5～50 米。

流域地势西北高，东南低。源头为小兴安岭山地，森林茂盛，植被良好，中下游流经低山丘陵区，河流弯曲度大。

流域地处寒温带大陆性季风气候区，多年平均气温－1.0摄氏度，全年有 5 个半月平均气温在 0 摄氏度以下，最低气温－46 摄氏度，最高气温 36.3 摄氏度，年无霜期为 80～120天。流域多年平均年降水量 540 毫米，降水年内分配不均匀，6—9 月降水量占全年降水量的 75%以上；多年平均年径流量 2.18 亿立方米。

卧牛河水利工程较少，仅卧牛河乡建有堤防 0.2 千米。

卧牛河上游流经黑河市爱辉区二站林场、二站乡，除在河滩地有小部分耕地外，植被覆盖茂密，树木以松树、桦树、柞树为主，大多为次生林。河流宽度在 5～20 米之间，坡陡流急，冬季河流连底冻。中游流经孙吴县卧牛河乡及大河口林场。下游流经孙吴县腰屯乡，境内多为低山和冲积平原，属半山区，共有耕地面积 7 716 公顷，林业用地面积 337.5 公顷，农牧业并举，农业以生产大豆、小麦为主。红色边疆农场部分生产队处在该乡，是孙吴县主要产粮区。

1.21.3　茅兰河
（Maolan River）

逊毕拉河右岸支流，又名茅栏河，发源于黑龙江省逊克县新鄂乡立新林场附近的山谷，为逊克县、孙吴县两县的界河。河长 63 千米，流域面积 830 平方千米，畅流期正常流量约 8.16 立方米每秒。

流域地势西南高，东北低。上游为小兴安岭余脉山地，中下游为低山丘陵区，河谷较宽阔，中游以下分布有冲积平原，土壤为沼泽化黑土及白浆化黑土，耕地较多，是重要的产粮区。

流域地处寒温带大陆性季风气候区，多年平均气温－0.8摄氏度，最低气温－46 摄氏度，最高气温 36.3 摄氏度，最大冻土深 2.4 米，河流封冻期 180 天。流域内降水充沛，多年平均年降水量 660 毫米，年内分配不均匀，6—9 月降水量占降水总量的 70%以上，多年平均年径流量 1.5 亿立方米。

流域内已建成茅兰涝区治理工程及左岸堤防。根据逊毕拉河流域规划，在茅兰河中游规划建设茅兰水库，集水面积 361 平方千米，是一个以灌溉为主兼顾防洪发电的中型水库。

茅兰河左岸流经孙吴县奋斗、群山及腰屯等乡。

奋斗乡属山区乡，全乡耕地 0.56 万公顷，草原 0.27 万公顷，林地 5.28 万公顷，主要树种有桦、柞、松等；总人口 4 418 人；农作物以大豆为主，兼种小麦、玉米、马铃薯等；山珍产品十分丰富，有木耳、蕨菜、猴头菇、榛子和多种珍贵药材；矿产主要有煤、钼、铁、沸石，已建成奋斗煤矿。群山乡，地处小兴安岭北麓，以大鹅养殖及繁育为主。腰屯乡境内多为低山和冲积平原，属半山区。

茅兰河在腰屯乡四不漏子桥南 2 千米处注入逊毕拉河。

1.21.4　沾河
（Zhanhe River）

逊毕拉河右岸支流，又称沾别拉河，发源于黑龙江省逊克县南端小兴安岭山脉北坡汤元山南麓，自南而北流经逊克县新鄂鄂伦春民族乡、逊河镇，于逊河镇的双河村西注入逊毕拉河。全流域均处在逊克县境内。

概　　述

沾河河长 260 千米，流域面积 6 578 平方千米。按河谷地貌、河道形状特征及水流形态分为上、中、下游三段，上游为河源至红旗农场乌斯孟河河口；乌斯孟河河口至新鄂鄂伦春族乡新鄂村段为中游；新鄂村以下为下游段；河道平均比降 1.28‰。沾河上源有南沾河和北沾河，二者交汇后为沾河。沾河水系呈不规则的树枝形分布，有 14 条支流，主要支流分布在右岸，自上而下有乌斯孟河、***都鲁河***、五道林河。

冬季的沾河

沾河流域地处寒温带大陆性季风气候区，多年平均气温－1.6～－0.5 摄氏度，最高气温 35.7 摄氏度，最低气温－46摄氏度，最大冻土深 2.2～2.5 米；山区无霜期为 80～105 天，沿江河谷平原无霜期 110～120 天。流域内冬季多西北风，夏季多西南风，日照时数为 2 100～2 700 小时，多年平均年蒸发量在 590～720 毫米之间。结冻期在 168 天左右，最大冰厚 1.3 米。

流域内多年平均年降水量 506.7 毫米，降水量自上游向下游递减，降水年内分配极不均匀，6—9 月降水量占全年降水量的 75%以上。多年平均年径流量 13.9 亿立方米，径流的年际变化较大，丰、枯水年径流相差 5 倍以上，且呈现连丰、连枯、丰枯交替的变化趋势。流域理论水能蕴藏量 7.14 万千瓦。

沾河含沙量较小，多年平均年输沙量 5.9 万吨。河流水质较好，一般为Ⅱ～Ⅲ类水。

流域位于小兴安岭褶皱东部山坡，山岭平齐，没有显著高峰；地势自小兴安岭向逊毕拉河口倾斜。山地植被主要为森林，山前发育着大片丘陵。由于径流的切割作用较强，干支流河谷较深，相对高差 40 米左右，下游河谷形成带状平原。

流域森林资源丰富，森林覆盖率达 70%以上，是针叶林木材主产区。流域内建有大沾河国家森林公园，开展了沾河漂流、鄂伦春民族风情游。域内现已探明的矿产有金、煤、磁铁矿、玄武岩、花岗岩、泥炭等。

沾河自南而北贯穿新鄂鄂伦春民族乡，乡域内设有逊克农场场部和沾河林业局管辖的 11 个国营林场。流域内人口约 3 000 人，人口密度为每平方千米 0.5 人。经济主要以林业、农业为主，主要农作物是小麦、大豆，无工矿企业。

纪　　实

上游　沾河河源至乌斯孟河河口为上游。该段为小兴安岭山脉主脉东北坡，地形起伏较大，河流弯曲，两岸森林密布，新曙光林场以上为原始森林区，多陡坡峻岭，山峦峰峰相连，错落参差。沟谷众多，谷深狭窄，水流湍急。上游无居民点。

该段森林资源丰富，是针叶林主产区，以针叶林红松、果松、落叶松、云杉等为主；野生动物资源丰富，有马鹿、狍子、驼鹿、野猪、黑熊、紫貂及飞龙、鹤类等几十种。

白头鹤

中游 乌斯孟河河口至新鄂鄂伦春族乡新鄂村段为中游。都鲁河在坤得气林场从右侧汇入。河流弯曲多急流哨口，两岸植被良好，森林密布，河水清澈。这里有沾河林业局采伐用的小火车自西向东经沾北林场通往北营林场。中游段森林资源丰富，野生植物种类繁多，仅药用植物就达 300 种，较常见的中药材有：黄芪、五味子、刺五加、百合、白芍、赤芍、防风、柴胡、桔梗等。

大沾河国家森林公园位于本区内，距著名的世界自然遗产五大连池火山风景区 30 千米，有着与五大连池一脉相承的原始森林和火山喷发遗留的独特自然景观。

弯曲的河道

沾河流域原始森林茂密，有着黑龙江省最佳的漂流、森林浴、科考探险、鄂伦春民族风情旅游和森林小火车旅游资源。著名的沾河漂流的起点为沾河畔的沾北林场，终点是新鄂鄂伦春族乡，全长 80 千米。漂流段两岸陡崖峭壁，裸露突出的岩石形状各异，河床由花岗岩与河卵石组成，河道弯曲，河水清澈，有险滩 17 处；漂流过程中可进行垂钓、狩猎和采集山野产品等活动。

流域内的新鄂村是鄂伦春族自治乡所在地。鄂伦春人在新中国成立前世代在沾河流域游猎，以捕猎的狍、鹿、野猪、熊等野生动物肉为食，辅以交换的粮食及采集的山

沾河漂流

野菜，穿的是野生动物皮张缝制的衣服，过着居无定所的生活，没有文字，有本民族语言，信奉"萨满教"。新中国成立后，在党和政府的关怀下，1953 年组织鄂伦春人择地定居，1956 年成立了鄂伦春族自治乡，开始农耕生产，建立了卫生所，开办了学校，鄂伦春人自此走上新生活。

下游 新鄂鄂伦春族乡至河口为下游，下游水势平缓，左岸有狭长的冲积平原。右岸沾河以东、乌底河以西是著名的"乌底河大岗"，地势开阔起伏不大，局部为湿地，现大部分开垦为逊克农场的耕地。

沾河下游设有宁家屯水文站，是沾河流域控制站。沾河在逊河镇双河村西侧汇入逊毕拉河。

沾河湿地

1.21.4.1 都鲁河
(Dulu River)

沾河右岸支流，发源于小兴安岭石仓山西南麓、江心山东麓的山谷内，流域位于黑龙江省逊克县新鄂乡境内。

都鲁河河长 112 千米，流域面积 1 598 平方千米，畅流期平均流量 14.5 立方米每秒。在沾河林业局坤得气林场施业区自右岸注入沾河。

都鲁河支流众多，流域面积超过 100 平方千米的有西都鲁河、三道河。

流域地势东南高，西北低，流经小兴安岭山谷间。流域地处寒温带大陆性季风气候区，多年平均气温 -0.8 摄氏度，最低气温 -46 摄氏度，最高气温 35.5 摄氏度，全年有 5 个月平均气温在 0 摄氏度以下，河流封冻期达六个半月之久，冬季支流连底冻。流域多年平均年降水量 540 毫米，年内分配不均匀，6—9 月降水量占年降水总量的 70% 以上；多年平均年径流量 3.8 亿立方米。

都鲁河流域山峦起伏，森林茂密，溪流众多，坡陡水急。河流上游的伊春市岭峰经营林场、北营林场是红松的故乡，黑龙江省原木主产区。中游有两处峡谷区。下游河谷地区水草丰美，泡沼相连，是沾河湿地的重要组成部分。

流域内无耕地，是少有的原始森林区，红松松子是林场经济的重要来源之一。

1.21.5 乌底河
(Wudi River)

逊毕拉河右岸支流，发源于黑龙江省逊克县中部小兴安岭北麓大寿山的北坡，流经逊克县松树沟乡，于二龙村和兴亚村之间汇入逊毕拉河，系典型的山溪性河流。乌底河河长 88 千米，河道比降 4‰，流域面积 1 029 平方千米，畅流期平均流量 16.8 立方米每秒。

乌底河流域西南高，东北低，上游为小兴安岭山地，下游为丘陵地带。河流右岸山峦重叠，山多坡陡；左岸地势较平缓，土质肥沃，适于农耕。流域地处寒温带大陆性季风气候区，多年平均气温 -0.4 摄氏度，最低气温 -46 摄氏度，最高气温 36.3 摄氏度，全年有 5 个月平均气温在 0 摄氏度以下。流域多年平均年降水量 540 毫米，年内分配不均匀，6—9 月降水量占全年降水量的 70% 以上；多年平均年径流量 1.9 亿立方米。

源头及右岸山地地区林木茂盛，以松、柞混交林为主。松树沟乡是半山区，乌底河在该乡中部自南向北穿过全

境。全乡总面积约 1 160 平方千米；有汉、满、达斡尔、蒙古、朝鲜、回族，总人口 5 000 余人；共有耕地 9 360 公顷，农业生产以大豆、小麦为主。

1.22 库尔滨河
(Kuerbin River)

黑龙江右岸支流，又称克尔芬河，"库尔滨"满语为"晾渔场"的意思。流域面积 4 968 平方千米，为典型山溪性河流。

概　述

库尔滨河发源于小兴安岭北麓的白鹿山南坡，流经黑龙江省逊克县的克林、宝山、新鄂鄂伦春族、车陆等乡镇，在车陆乡库尔滨村下游汇入黑龙江。河长 221 千米，河道平均比降 2.29‰。

流域地势南高北低，上游森林密布，植被良好，沿程多峡谷，河道弯曲，多急流险滩，个别河段河床基岩裸露，卧牛石布满哨口；下游地势低平，河水清澈，现已开垦有较多的耕地。

库尔滨河

库尔滨河支流较多，从河源至河口从左岸汇入的支流有西玛鲁河、格拉河、乌鲁木河、**二皮河**、加道梯河；从右岸汇入的支流有霍吉河、克林河、阿廷河、都尔滨河，其中二皮河为库尔滨河最大的支流。

流域地处寒温带季风气候区，多年平均气温－0.4 摄氏度，最高气温 36.3 摄氏度，最低气温－44.8 摄氏度；年平均风速 3 米每秒，多偏西风。流域多年平均年日照时数 4 454 小时，年均无霜期 120 天，封冻天数 172 天，最大冰厚 1.4 米。

流域内多年平均年降水量 540 毫米，年内分配不均匀，6—9 月降水量占年降水总量的 72%；多年平均流量 28.9 立方米每秒，多年平均年径流量 9.83 亿立方米，含沙量在 16～28 克每立方米之间，多年平均年输沙量 1.46 万吨。水质良好，可达到国家Ⅲ类水标准。

库尔滨河洪水发生频率比较频繁，其中以 1951 年最大，洪峰流量 3 232 立方米每秒。春季冰雪融化后亦常有春汛发生，个别河段易形成冰凌卡塞和冰坝。库尔滨河水能资源丰富，规划库尔滨河干流可建 11 处水电站，装机容量达 9.2 万千瓦，年发电量 2.74 亿千瓦时。现已建成库尔滨、宝山、白石、乌松岗 4 座小型水电站。

纪　实

库尔滨河河源由逊克县克林乡境内 10 余条山溪汇流而成，源头地区林木茂盛，主要为松、柞混交林；出源头向北流进入库尔滨水库。克林乡政府所在地即在水库岸边。库尔滨河干流现已建成四座水电站，其中库尔滨水电站建在上游，1984 年建成。

河流出克林乡进入大平台垦区经三兴山，以下左右两岸地势比较平坦，有较多的宜农荒地；克林河口三岭山以北，便是著名的山地平台石麻大岗，石麻大岗面积为 178 平方千米。流域内森林资源丰富，野生植物繁多，仅药用植物就达 300 余种。库尔滨河上游人烟稀少，每平方千米为 3 人。

沿河下行，有宝山水电站。宝山水电站于 1993 年开工兴建。宝山水电站是隧洞引水式电站，总装机容量 19 500 千瓦，年发电量 5 800 万千瓦时。在宝山水电站以下，沿途风光美不胜收，在林下有一条黑褐色的玄武岩带，当地人称之为石龙。这条石龙长达数十千米，在林中蜿蜒起伏。每到春天达子香花盛开时，黑色的玄武岩旁点缀着一丛丛如烈焰一般的达子香花，景色美丽异常。

经过石龙就到了白石水电站。白石水电站是调峰电站，装机容量 2 750 千瓦，年发电量 1 330 万千瓦时。水库周围的山上绿树成荫，库水异常清澈，如一池碧潭。

白石电站下游，有成片的天然白桦林带，高大挺拔，密不透风，白桦林中基本没有其他杂树和杂草，空气格外清新，置身于白桦林间尽情地享受森林

库尔滨雾凇

浴，令人心旷神怡。下游紧接着是乌松岗水电站，总装机容量 2.4 万千瓦，年发电量 6 590 万千瓦时。由于库尔滨河上多座水电站的建成，使逊克县跨入全国电气化县先进行列。

库尔滨河继续下行到新兴鄂伦春族自治乡。新兴开展了库尔滨河漂流旅游项目，整个漂程 15 千米，坐在橡皮艇上沿河而下约 4 个小时。其间库尔滨河的"哗哨"，长 200 余米，落差近 30 米，河中显露的大石激起了湍急的水花，惊险异常。激流过后是深水汀，水面宽阔平静，这里是撒网捕鱼和垂钓的好地方，因为水深，常能钓到珍贵的细鳞和哲罗等冷水鱼。再往下行，是最精彩的十八湾，十八湾不但落差大，水流急，而且湾多，曲曲折折的河道就像迷宫，既考验漂流者的反应能力，又考验驾驶能力，稍有不慎就可能翻船，格外刺激。

漂流的尽头是库尔滨水文站，库尔滨水文站属国家基本水文站，测站位于逊克县车陆乡，集水面积 4 956 平方千米，是库尔滨河下游控制站，距河口 13 千米。

库尔滨河过水文站后，经西双河村及库尔滨村之间，向北偏东方向逶迤注入黑龙江。

1.22.1 库尔滨水库
(Kuerbin Reservoir)

库尔滨河上的大型水库。位于库尔滨河上游，坝址距逊克县城 150 千米。

库尔滨水库是以防洪发电为主，兼有水产养殖、旅游等综合效益的大型水利枢纽工程，总库容 3.9 亿立方米。

库区地处小兴安岭北麓，属寒温带大陆性季风气候区，多年平均气温－0.2 摄氏度，最高气温 36.3 摄氏度，最低气

温-44.8摄氏度，年无霜期128天，多年平均年降水量558毫米。

库尔滨水库1977年7月动工，1984年10月第一台机组发电。水库枢纽工程由沥青混凝土心墙堆石坝、溢洪道、坝后式发电厂房等建筑物组成。坝长410米，最大坝高23.5米；溢洪道设有弧形钢闸门，溢洪堰体后接宽58米、长98.5米的钢筋混凝土泄水渠将洪水送入河道。电厂装机容量4 800千瓦，多年平均年发电量1 638万千瓦时。水库集水面积2 044平方千米，水库长约15千米，水库水面面积43.70平方千米，其防洪效益为保护逊克县的4个乡镇、一个农场、一个林场、18个村屯，保护人口约为2万、耕地2万公顷。

库尔滨水库

库尔滨水库为东南西北走向的河道型水库，水库最宽处约1 500米，水库三面环山，山体陡峭，山体岩石裸露。周围森林密布，植被良好，天然林面积约2 000多平方千米，为针阔叶混生林，树种为红松、水曲柳及乔木、灌木。林中山野菜和菌类资源丰富，盛产人参、灵芝、五味子、黄芩等上百种中药材，飞禽走兽众多。水库处于库尔滨河上游，人烟稀少，每平方千米仅有3人左右。

水库周边布满黑褐色的玄武岩，绵延数十千米，在这些岩石中间生长着达子香，每年春天花开时，在岩石上形成一道奇特的景观。此外水电站水轮发电机组流出来的水流遇到-30摄氏度的冷空气会凝成雾凇，形成美丽的风景，因此，该地被黑龙江省摄影家协会命名为雾凇之乡摄影家基地。

1.22.2　二皮河
(Erpi River)

库尔滨河左岸支流，发源于小兴安岭大寿山的东麓，流经黑龙江省逊克县宝山乡及大平台垦区，在二皮河村下游约20千米处注入库尔滨河。该河长77千米，流域面积1 089平方千米，畅流期平均流量14.7立方米每秒。全流域位于逊克县境内。

二皮河流域西南高，东北低，上游为小兴安岭山地，下游为低山丘陵地带。流域地处寒温带大陆性季风气候，多年平均气温-0.4摄氏度，最低气温-44.8摄氏度，最高气温36.3摄氏度，全年有5个月平均气温在0摄氏度以下。流域多年平均年降水量540毫米，降水年内分配不均匀，6—9月降水量占降水总量的70%以上；多年平均年径流量2.0亿立方米。二皮河水资源丰富，尚未开发利用，在二皮河上可开发装机容量960千瓦的水力发电站一座。

河流流经宝山乡和松树沟乡辖区。宝山乡属山区丘陵地带，因附近山区盛产玛瑙石而得名；境内森林资源丰富，主要树种有红松、柞树、桦树；农业生产以种植小麦为主。松树沟乡是半山区，农业生产以小麦、大豆为主。二皮河下游与库尔滨河之间广泛分布着山间台地，当地人称"大平台"，海拔

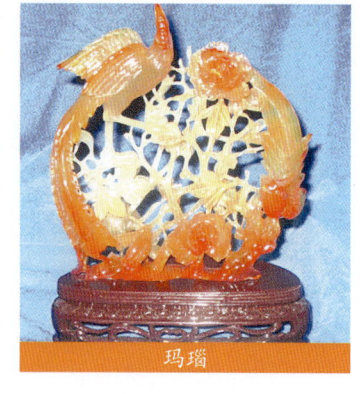

玛瑙

260米以上，相对高差40~60米。平台微向东北倾斜，台面起伏甚微，沟谷亦较少，台地由玄武岩构成，上覆砂砾石、亚黏土，台地边缘地形陡峻，基岩裸露。

1.23　乌云河
(Wuyun River)

黑龙江右岸支流，流域面积2 949平方千米，河长123千米，河宽20~40米，落差457米，河道平均比降2.85‰。河流呈西南—东北走向，属典型山溪性河流。

概　述

乌云河发源于黑龙江省逊克县境内的乌云山东南麓，河因山而得名。流经乌伊岭区美丰林场、永胜苗圃、嘉荫县良种场，于嘉荫县团结村东北3千米处汇入黑龙江。

乌云河

流域地处寒温带大陆性季风气候区，具有明显的山地气候特征，多年平均气温-0.8摄氏度，最高气温37.0摄氏度，最低气温-42.0摄氏度，年无霜期120天左右；流冰天数约24天，最大冰厚1.5米，全年封冻160天，在封冻期经常会出现10余天连底冻断流现象；最大冻土深2.7米左右。流域多年平均年降水量579.6毫米，降水主要集中在6—9月，约占全年降水量的75.0%；年蒸发量539.5毫米；多年平均流量12.4立方米每秒，多年平均年径流量5.40亿立方米。水质良好，达到Ⅱ类标准。

流域内高山连绵，沟谷纵横。上游多为高山峡谷，河流沿岸山势地形起伏较大，一般阳坡陡短，阴坡缓长；下游地貌主要以低丘陵和漫岗为主，坡角在30度以下。山谷中除少量沼泽湿地外，还广泛分布着经流水切割而成的熔岩台地，台地表层土壤含丰富有机质，部分已被开垦为耕地。

乌云河上游是逊克县与伊春市乌伊岭区的界河，中游是乌伊岭区与嘉荫县的界河，下游在嘉荫县境内。流域森林植被茂盛，土壤肥沃，动植物资源丰富。

纪　实

乌云河源头地带人迹罕至，俗称"鬼难达"。河流两岸遍布峻岩峭壁，石缝中古松斜出，绝壁直冲云天。在乌云河源头地区，曾发现轰动一时的"船形棺"遗址，船棺由粗大的独木制成，棺内摆放多件狩猎器具。据考证墓主人是早期在这

一带生活的鄂伦春族人的首领。鄂伦春人被誉为"小兴安岭之王"。

乌云河上游河段弯曲多险滩和深潭，浅滩花哨处水流湍急，浪花飞溅，深潭深达3.0～5.0米，漩涡连串。

悬棺

乌云河出乌伊岭区美丰林场后进入嘉荫县境内，沿岸人烟稀少，每平方千米不足一人。该段山势陡峻，水深流急。在乌云河红石碴子河段建有小型的红石水电站一处，现已开发为乌云河红旗岭旅游区。

河流经红石电站进入嘉荫农场良种场境内，这里地势开阔，随处可见大面积耕地，是嘉荫农场培育新品种的实验基地；从良种场顺流而下进入两岸遍布核桃树的"核桃岭"，驻足乌云河大桥上眺望，核桃岭连绵起伏，沿乌云

乌云河美景

河蜿蜒向前，直至黑龙江畔。在每年金秋十月核桃成熟的季节，核桃岭层林尽染，一片金黄，果实累累，馨香弥漫。如今乌云河沿岸的核桃岭已成了沿岸村民的"致富岭"，山核桃被加工成罐头或其他绿色食品，核桃壳被加工成花瓶等工艺品，十分畅销。

在乌云河下游的乌云河大桥下设有东风水文站，乌云河由此向东北流入嘉荫县团结村注入黑龙江。

1.24　结烈河
(Jielie River)

黑龙江右岸支流，发源于小兴安岭守虎山，流经黑龙江省伊春市嘉荫县结源村、守虎山林场、青山乡、嘉荫农场，于沿江村北4千米处汇入黑龙江。流域面积1 014平方千米，河长129千米，一般水深1～2米，河宽30米左右，河道比降2.05‰。

流域地处寒温带大陆性季风气候区，多年平均气温－1.3摄氏度，最低气温－42摄氏度，最高气温37摄氏度，年无霜期129天。封冻期长达152天，最大冰厚1.5米在稳定封冻期有时出现连底冻现象。流域多年平均降水量577.1毫米，降水分配不均，6—9月的降水量占全年降水量的73.0%，多年平均年蒸发量354毫米，多年平均流量4.16立方米每秒，多年平均年径流量2.50亿立方米。

源流出北沟林场后，流经结源林场和守虎山林场。河流上游穿行于深山峡谷中，水流急，险滩多，窄谷近岸密布水冬瓜树林，林下广布塔头草甸湿地。山地植被发育，无山不翠，动植物种类繁多。在守虎山林场上游右岸有一处国家级红松母树林保护区，面积约2平方千米，树龄多数在100年以上。

河流出守虎山林场经青山乡后河谷逐渐变宽，水流减缓，沿途右岸有大翁泉河和翁泉河汇入。在青山乡中游河段两岸建成黑木耳生产基地，袋栽木耳覆盖面积达100多公顷，全部采用从河道抽水微喷技术。团结林场有国家标准苗圃10公顷，也从结烈河取水喷灌。

结烈河流出青山乡后进入黑龙江省农垦总局嘉荫农场，在距场部1千米处结烈河左岸建有一处用于灌溉农田的引水渠道，渠首为"柳条坝"，当地人称其为"幸福渠"。嘉荫农场总面积50 305公顷，人口10 095人，以小麦和大豆为主要种植品种，各类农作物年总产量在5万吨以上。

河流出嘉荫农场的宽阔地带后进入多山丘陵地带，时而落差较大，水流湍急；时而地势平坦，水流平缓；目前，这段长15千米的水域已被开发为漂流景区。

恐龙化石

在结烈河河口处有一座与俄罗斯隔江相望的"鸟岛"，面积1.1平方千米，岛上鸟类繁多，有灰鹤、白头雁、雷鸟等30余种。岛南端有一个野鸭滩，滩上遍布野鸭窝，野鸭蛋垂手可拾，野鸭在空中成群飞翔，遮天盖日，构成河口区一道独特风景。

在河口下游约15千米的黑龙江右岸，有临江而立的龙骨山遗址，1978年5月至1979年9月在这里挖掘出了古文物恐龙化石1 432件，经组装的两具平头恐龙复原骨架，现陈列在黑龙江省博物馆。这里也是我国较早出土恐龙化石的地方，被誉为"恐龙故乡"。

1.25　乌拉嘎河
(Wulaga River)

黑龙江右岸支流，鄂伦春语意为"高山上的河"。发源于黑龙江省嘉荫县乌拉嘎镇西南部。流经北沟林场、乌拉嘎镇、胜利屯、互助村，于保兴乡南汇入与黑龙江相通的江汊中。河长90千米，河宽20米左右，水深1～2米，流域面积1 166平方千米。

流域内多年平均气温－1.3摄氏度，最高气温36摄氏度，最低气温－42摄氏度；多年平均年降水量538.5毫米，年蒸发量390毫米，年无霜期约100天，多年平均流量4.5立方米每秒，多年平均年径流量2.92亿立方米。

河流上游为丘陵山地，下游多为开阔山谷，土壤肥沃。河流沿东北方向流经乌拉嘎镇。

乌拉嘎河上游沿岸分布着大小金沟数十条，含金层埋深在1米左右，脉金来源于花岗岩中的石英脉，乌拉嘎金矿闻名遐迩，森林资源丰富，可谓"遍地是黄金，处处有密林"。生长于含金土质上的鸡腿蘑，味道鲜美，曾经是国宴佳肴。抗联领袖赵尚志曾在这一带建立游击区，打击盗采黄金的日伪军。乌拉嘎镇现有一家年产在4万两以上的国有大型金矿生产企业。1951年7月，乌拉嘎金矿响应政府"一两黄金武装一名士兵"的号召，积极支援抗美援朝战争，捐献黄金7.5万两，同时又捐献一架喷气式战斗机，命名为"黄金号"。

乌拉嘎河由乌拉嘎镇流进鄂伦春人聚居区胜利屯，这里已被开发为鄂伦春民族风情旅游区，在此可以游览具有民族特色的鄂伦春民族风情园，参观鄂伦春民俗展室内陈列的鄂伦春族人早期居住场所、工艺品、狩猎、渔猎工具，观看鄂伦春族人狩猎生活和狩猎方法表演。

乌拉嘎河由胜利屯向东北方向流经互助村，纳入西北岔河后进入嘉荫县保兴乡，在保兴乡南注入黑龙江的江汊中。

1.26 嘉荫河
(Jiayin River)

黑龙江右岸支流，又称夹金河。属典型山溪性河流。发源于黑龙江省伊春市与鹤岗市交界的927高地东麓和904高地西北麓。河流由源头流向东北，经南丰农场、嘉荫河农场、曙光林场、河口林场，于嘉荫县嘉荫河口村东汇入黑龙江。该为鹤岗市、嘉荫县、萝北县的界河，河长123千米，流域面积2101平方千米，河宽25米左右，平均水深1.5米，落差847米，河道平均比降3.97‰。流域多年平均流量10.2立方米每秒，多年平均年径流量5.25亿立方米。

流域地处寒温带大陆性季风气候区，具有明显的山地气候特征，多年平均气温−1.3摄氏度，最高气温37.4摄氏度，最低气温−43.0摄氏度；年无霜期145天左右，封冻天数190天左右，最大冻土深2.8米。流域内降水量充沛，多年平均年降水量668.0毫米，降水量年内分配不均，6—9月降水量约占全年降水量的73%。年蒸发量487毫米。河流沿岸人烟稀少，水质良好，达到Ⅱ类标准。

流域地处黑龙江中游和**松花江**之间，上游多高山窄谷，下游属丘陵地貌，河谷开阔平坦，谷底宽2～4千米。新中国成立前，该地区曾进行无序大规模采金作业，河床两岸遍布废弃的沙金沟。河谷地貌以高河漫滩为主，漫滩上多分布沼泽湿地、牛轭湖、水泡等。局部河谷中分布山前台地，台地表层土壤中含丰富有机质，大部分已开垦为耕地。

流域内植被属小兴安岭—老爷岭植物区，小兴安岭—张广才岭植物亚区。地带性植被有以红松为主的针阔混交林，由于多年采伐，现在主要为柞树、桦树占优的阔叶次生林。山区森林覆盖率为88%。

嘉荫河是黑龙江省境内传统的大马哈鱼洄游产卵地之一，河水清澈，平坦的河道上布满适合大马哈鱼产卵的鹅卵石。

嘉荫河从源头北流至鹤岗与嘉荫县交界处转向东南，沿着边界流至砬子农场有笑山河、西南岔河从右岸汇入，然后向东又拐向北，沿程有杜家河汇入，在青峰林场又转向东北流，在河口林场有桦皮沟河从右岸汇入。在鹤岗市与伊春市交界处的嘉荫河右岸，有一处距今约800年的辽末金初时期的古阿硫城遗址。古城坐落在嘉荫山东南麓，新青林业局施业区内，古城南低北高，依势掘壕筑城，壕深3米，宽3～12米不等，东北西3面城墙长约1400米，在古城的偏南部，有日伪时期修筑的一条"警备道"穿城而过。在古城内所发现的铜器，均为辽金时代的典型器物。

二、松花江水系
Songhua River Basin

1.27 松花江
(Songhua River)

黑龙江右岸支流，我国七大江河之一。松花江的名称几经更迭，松花江最早见于《后汉书》和《三国志》，称为弱水，北魏称难水，（北魏时代的难水包括近日的嫩江、松花江以及黑龙江下游）；到了唐代松花江称那河，那河是难河的音转，又称他漏河；辽初时始称鸭子河，后又改称混同江。松花江这一名称直到明代才正式出现，《明史·冯胜传》记载洪武二十年（1387年）出现松花江之名，到宣德四年（1429年）以后频见松花江之名。

松花江

传统上称松花江有两源，北源嫩江，南源**第二松花江**，两江在吉林省松原市三岔河镇汇流后称松花江。本次按河长、流域面积、径流量等综合因素确定嫩江为松花江的源头。松花江发源于大兴安岭伊勒呼里山中段南侧，河源高程969米，流经内蒙古自治区、黑龙江省、吉林省，于黑龙江省同江市注入黑龙江，河长2 309千米，流域面积55.68万平方千米。

概 述

流域范围 松花江流域位于我国东北地区的北部，介于东经119°52′~132°31′，北纬41°42′~51°38′之间。西部和北部以大兴安岭和小兴安岭为界，与黑龙江流域为邻；东部和东南部以长白山、张广才岭、老爷岭、完达山和龙岗山等山脉为界，与**乌苏里江**、**绥芬河**、**图们江**和**鸭绿江**流域为邻；西南部以松辽分水岭丘陵地带为界，与**辽河**流域为邻。松花江流域地跨内蒙古、黑龙江、吉林和辽宁四省（自治区），有哈尔滨、长春2个省会城市和25个地（市、盟）共98个县（市、区、旗）。

地貌 流域三面环山，西部是大兴安岭北段，北部是小兴安岭，东部为老爷岭和长白山等组成的中低山，中部为松嫩平原和三江平原的一部分；松辽分水岭成坡岗状起伏于流域南端。大兴安岭雄踞金鸡之冠，海拔1 000~1 400米，主要由火山岩组成，盛产落叶松、樟子松，被誉为"森林宝库"；小兴安岭则由低山、丘陵构成，因其红松蓄积量占全国总量的一半以上，有"红松故乡"之称；长白山中低山区，海拔约800~1 100米，森林茂密，有大面积的原始森林分布。松嫩平原和三江平原均属黑土带的一部分，并分布着一些沼泽和泡子，在中低山和平原间分布着丘陵和台地。

大兴安岭原始森林

水系 松花江源头至三岔河段称嫩江，长1 370千米，其中河源至嫩江县城为上游段，长661千米，穿行在大小兴安岭延伸的山谷中，河谷狭窄，一般宽为100~200米，河道比降较大，平均为1‰。嫩江县至莫力达瓦旗（尼尔基镇）为中游段，河段长120千米，由山丘区向平原区的过渡地带，河谷宽2 000~3 000米，河道比降为0.22‰。尼尔基镇至三岔河为下游段，长589千米，河流进入平原地带，河道蜿蜒曲折，沙滩、沙洲、汊河鳞次栉比，两岸滩地延展很宽，最宽处达10余千米，滩地上广泛分布着湿地和牛轭湖；河道比降较缓，齐齐哈尔市以上为0.2‰~0.1‰，齐齐哈尔市以下为0.1‰~0.04‰；河道弯曲系数为1.08。

三岔河以下称松花江，长939千米。其中三岔河至哈尔滨为上游段，长240千米，河流穿行于松嫩平原中，河道多弯曲，主流不稳定，比降为0.5‰，主槽宽一般400~600米，个别宽处可达1 000米，两岸滩地有较多的残存古河道、泡沼或湿地。哈尔滨至依兰（三姓）为中游段，河道由平原逐渐进入山前区和丘陵地带，河谷较狭窄，河谷两岸为高平原和丘陵山区；出峡谷后，河道逐渐为弯曲分汊形，蛇曲发育，水流多分汊，河床中沙洲、江心滩和边滩普遍发育。依兰至同江为下游段，下游上段为依兰至佳木斯长111千米，河道蜿蜒分汊，浅滩发育，河宽为500~600米，最宽可达800~1 300米，比降1.13‰；下游下段为佳木斯至同江，长253千米，河道多汊，两岸为地势平坦的低平原，河道横断面较复杂，江面和滩地开阔，歧流纵横，河床中边滩、浅滩、江心岛、江心滩发育，一般滩地为5~10千米，主槽宽1 500~2 000米，水面比降为0.1‰。

松花江流域水系发育，支流众多，据统计，流域面积1 000平方千米以上的支流共118条，流域面积大于10 000平方千米的支流19条，它们是**甘河**、**讷漠尔河**、**诺敏河**、**雅鲁河**、**绰尔河**、**乌裕尔河**、**洮儿河**、**蛟流河**、**霍林河**、**第二松花江干流**、**辉发河**、**饮马河**、**拉林河**、**呼兰河**、**通肯河**、**蚂蚁河**、**牡丹江**、**倭肯河**和**汤旺河**。

松花江是我国东北地区一条少沙河流，其多年平均含沙量0.16千克每立方米，虽然含沙量不大，但由于年径流量较大，全流域多年平均年输沙量也近1 000万吨。根据2009年松花江流域水质现状调查结果，松花江全年综合评价的26 596.9千米中，水质为Ⅰ类的河占总评价河长的1.89%、Ⅱ类占7.72%、Ⅲ类占30.87%、Ⅳ类占27.31%、Ⅴ类占14.34%、劣Ⅴ类的占17.87%，Ⅲ类以上水质仅为40.48%。松花江流域水质污染以有机污染为主，面源污染较重。

气候 松花江流域地处温带大陆性季风气候区，冬季严寒漫长，夏秋降雨集中，春季干燥多风，年内温差较大。根据统计，多年平均气温在3～5摄氏度，极端最高气温为45摄氏度（抚松站），极端最低气温－47.3摄氏度（嫩江站）。流域降水的时空分布极不均匀，多年平均年降水量为400～750毫米，由东南向西北递减，第二松花江、拉林河最多，松嫩平原较少；降水主要集中在6—9月，占全年降水量的70%～80%。降水的年际变化也较大，年最大与最小降水量

万顷良田

之比在3倍左右，连续数年多水和连续数年少水的情况时有出现，使本流域成为洪、涝、旱灾的多发性地区。多年平均年蒸发量为600～1 000毫米，流域的东部及东南部为600～800毫米，中部松嫩平原为800～1 000毫米，西部1 000毫米左右。流域年日照时数为2 200～2 400小时。全年无霜期100～150天。

松花江流域的江河封冻日期多在11月中下旬，解冻多在4月中旬，封冻期130～180天。第二松花江封冻期为130天左右，多年平均冰厚0.8米左右；嫩江上游封冻期180天左右，冰厚大于1.2米。

自然资源 松花江流域地理条件优越，有多种多样自然生态系统，自然资源丰富。

松花江流域是世界瞩目的三大黑土带之一的中国东北黑土带的重要组成部分，有广阔的生产粮食的肥沃农平原。在我国北方重要的林业基地小兴安岭、长白山林区和大兴安岭林区，生长着红松、樟子松、美人松、红皮云杉、白桦、榆树、椴树等许多珍贵树种，大小兴安岭素有"绿色宝库"之称，长白山则是世界"生物资源宝库"，栖息着东北虎、梅花鹿、紫貂、林蛙、飞龙等特有动物，生长着人参、黑木耳、蘑菇、松子、山野菜等山珍。

松花江流域主要矿产资源有石油、天然气、油

大庆油田

母页岩、煤和铁、金等。松花江流域多年平均年径流量783.97亿立方米，多年平均地下水资源量323.88亿立方米。

松花江流域有得天独厚的旅游资源，既能享受夏日的凉爽，又能领略冰天雪地寒风袭人的乐趣。自然景观有闻名遐迩的长白山**天池**、火山喷发形成的世界第二大高山堰塞湖镜泊湖、特殊火山喷发地貌的**五大连池**等。人文景观也独有特色，女真族的发祥地、著名的金上京、五国城、东京城等均在流域内。

水旱灾害
水旱灾害是松花江流域主要的自然灾害，对工农业生产和人民生活、生命财产威胁很大。根据史料记载分析，水灾发生次数多于旱灾，但受灾面积没有旱灾大，造成的损失则比较多。

冰雪运动

哈尔滨防洪纪念塔

1998年大水时嫩江大桥段

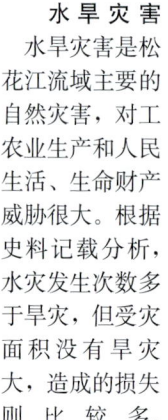

1801—2000年，共发生水灾105次，占总年数的52.5%，平均不到2年发生一次。在105个水灾年份中，水旱并发的有34年次，发生连涝30次。水灾多发生在夏秋季。

根据统计（1951—1985年）全流域水灾总面积为2 139.4万公顷，成灾1 572.5万公顷，年均成灾面积为44.9万公顷。全流域共有20年发生旱灾，以春旱（4月、5月）为最多，嫩江流域灾情为最重。多年平均受灾耕地约为1 044万公顷。

1998年夏季，松花江流域发生了特大洪水。这一年的6—8月，松花江流域特别是嫩江流域出现多次大雨和暴雨，致使嫩江右侧支流、嫩江干流及松花江干流连续发生了大洪水和特大洪水。嫩江干流齐齐哈尔、江桥、大赉等站均发生了超300年一遇的特大洪水；松花江干流下岱吉、哈尔滨站发生了超百年一遇的特大洪水。8月19日8时，哈尔滨水文站洪峰流量为16 600立方米每秒，为该站1898年建站以来的第一位洪水。这场洪水洪峰之高、洪量之大、持续时间之长都是历史

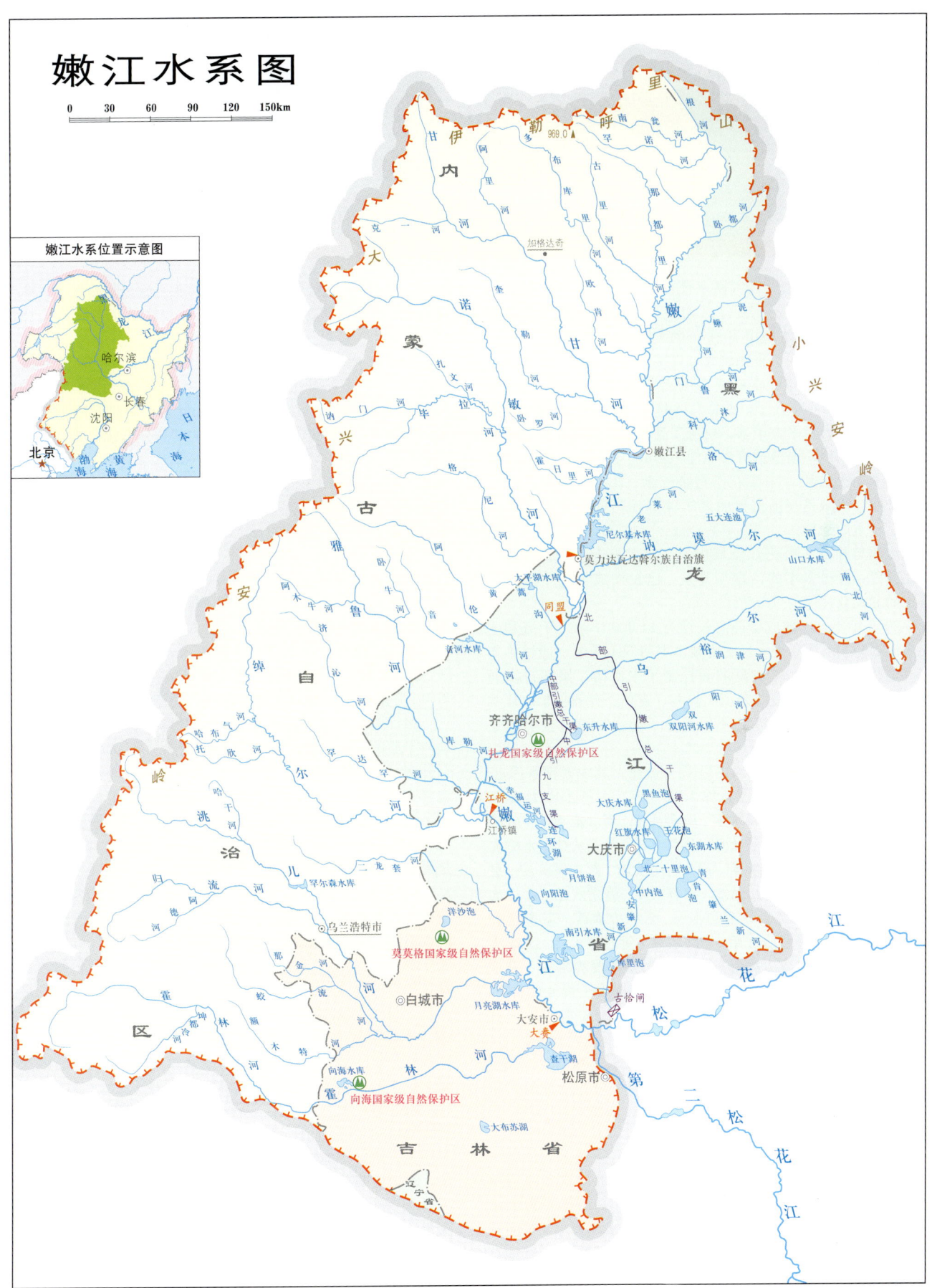

松花江哈尔滨段堤防

上少见的。1998年松花江大洪水使黑龙江省、吉林省的西部地区，内蒙古自治区的东部地区遭受了严重的洪涝灾害。受灾县、市88个，进水城市70个，倒塌房屋90多万间，工业、交通、水利工程等损失也比较大，直接经济损失达480亿元。

经济社会 松花江全流域2000年总人口为5 596万，其中城镇人口为2 697.5万，占总人口的48.2%。全流域平均人口密度为100人每平方千米。松花江流域是我国重要的农业基地和商品粮基地，全流域有耕地面积1 485万公顷，有效灌溉面积261.1万公顷，主要农作物是玉米、小麦、水稻、大豆等。松花江流域是我国重要的老工业基地，特别是重工业有着举足轻重的地位。

治理与开发 松花江流域由过去的"棒打狍子瓢舀鱼"的北大荒，经过多年的治理与开发，已发展成目前"鱼米之乡"的北大仓。

2000年年末已建成堤防总长约为14 000千米，干流和主要支流堤防长8 050千米，主要城市堤防661千米。通过多年的河道整治和疏浚，基本理顺和控制了主河槽，保证行洪通畅和河势稳定，特别是哈尔滨、长春、吉林、齐齐哈尔、佳木斯等沿江的几个主要城市，不但提高了防洪标准，也美化了城市环境。

2000年年末共建成蓄水工程13 462座，其中大型水库35座，中型水库123座，小型水库13 304座。大型水库为**太平湖水库、音河水库、月亮湖水库、向海水库、察尔森水库、山口水库、双阳河水库、龙虎泡水库、南引水库、东升水库、大庆水库、红旗泡水库、太平池水库、石头口门水库、新立城水库、星星哨水库、丰满水库、白山水库、红石水库、海龙水库、两江水库、小山水库、松山水库**、双沟水库、**亮甲山水库、东方红水库、龙凤山水库、磨盘山水库、泥河水库、镜泊湖水库、莲花水库、桦树川水库、向阳山水库、桃山水库、西泉眼水库**等；建成引水工程1 192处，其中大型10处；建成提水工程4 648处，其中大型3处；还有调水工程4处和利用地下水的生产井35.76万眼。上述工程的总供水能力达352.95亿立方米。

松花江全流域2000年有效灌溉面积261.1万公顷，其中大中型灌区33处，有效灌溉面积19.34万公顷。治理易涝耕地233.4万公顷。

纪　实

嫩江段 嫩江出源头自西北向东南流，上游段多流经山谷之中，两岸森林覆盖，沼泽湿地星罗棋布，山体多为火山岩组成，河谷狭窄，坡度较大，河道蜿蜒，水流湍急，水面宽一般为100~200米，河床多系碎石及砂砾石组成。河流具有山溪性特征。

上游地处原始林区，人烟稀少，地势高寒。目前主要以林业采伐为主。库漠屯水文站是嫩江上游地区一个主要控制站，已有40年实测资料。库漠屯以上河流，落差较大，水量较丰富，是水能资源较集中的河流，较好的水电梯级有固固河、卧都河、富里江、库漠屯，装机容量约为358兆瓦，过库莫屯，嫩江南流35千米即到嫩江县城。清光绪三十四年（1908年）设嫩江府，民国2年（1913年）改为嫩江县。嫩江县城旧称墨尔根城，因墨尔根河而得名，始建于康熙二十五年（1686年），是我国历史上有名的"边外七镇"之一。康熙二十九年（1690年）黑龙江将军曾经从黑龙江城（瑷珲城）移驻此地，康熙四十九年（1710年）设置墨尔根副都统。该县土质肥沃，水资源丰富，农业比较发达，主要生产大豆和小麦，是重要农业产区之一，嫩江县被誉为"中国大豆之乡"，为全国的产量大县。森林资源丰富，盛产落叶松、樟子松和白桦等林木及相应的林下产品，如黑木耳、猴头菇、山野菜等。矿产资源有金、铜、铁、煤等，其中以多宝山的铜矿为丰，是黑龙江省最大的铜矿之一。

嫩江上游设有9条较大支流汇入，其中**罕诺河**、古利库河、**那都里河、多布库里河、欧肯河**等从右岸汇入，**卧都河**、固固河、**门鲁河**和**科洛河**从左岸汇入。

嫩江过嫩江县城进入中游段，两岸多低山丘陵，是中低山向平原的过渡地带。两岸阶地不对称，阿彦浅以下河谷渐行开阔，河谷宽2~3千米，河床宽达300~700米，水面河道比降为0.44‰~0.22‰，河床质由砂及碎石组成。在嫩江县城下游约4千米，第一条流域面积超过10 000平方千米的支流甘河从右岸汇入。该河段两岸分布有许多大型国营农场，是黑龙江省、内蒙古自治区主要粮食生产基地。

河流下行至尼尔基镇，尼尔基镇是莫力达瓦达斡尔族自治旗政府所在地，清代为布特哈总管衙门辖地。民国时设布西设治局，后在原布西设治局和西布特哈总管公署的基础上，成立莫力达瓦旗，20世纪50年代成立莫力达瓦达斡尔族自治旗。如今的莫力达瓦达斡尔族自治旗总土地面积1.38万平方千米，是一个以达斡尔族为主，包括汉、鄂温克、鄂伦春、满、蒙古等17个民族组成的民族自治地区，是一个农、牧、林各业并举的旗县。此处有**尼尔基水库**，是2010年前嫩江干流上唯一的一座大型控制性枢纽工程。

嫩江过尼尔基后为下游段，即进入平原地区。此段河谷最宽处可达10余千米，河道蜿蜒曲折，沙滩、沙洲、汊河鳞次栉比，两岸滩地延展很宽，滩地上广泛分布着湿地和牛轭湖，河道坡降分两段，在齐齐哈尔市以上为0.2‰~1‰，以下为0.04‰~0.1‰，主槽水面宽度一般为300~400米，水深为3~5米。河床质组成从上往下由粗变细，由沙、砂砾逐渐变成细砂、黏土。下游段两岸支流汇入逐渐加多，水量增加，但由于两岸都修有堤防，行洪宽度一般约4~5千米。主槽靠近右岸堤防，左岸二克浅以上有一长达6~7千米的串沟，发生洪水时串沟走水，直接影响左岸堤防的安全。

河流下行，有诺敏河的东支东诺敏河及讷漠尔河分别在右岸和左岸汇入嫩江，此处河滩地受嫩江和两条支流常年冲积而连成一片，到讷河市的拉哈附近滩地宽已达10千米，滩地上长满灌木，北部引嫩工程头部也位于本河段。

北部引嫩工程是从嫩江无坝引水，为黑龙江省20世纪70年代修建的一项大型引水工程。渠首建在讷河县拉哈镇嫩江渡口上游，渠道设计流量近期为30立方米每秒，考虑远景发展，建筑物按通水流量50立方米每秒设计和施工。总干渠全长242千米，全年引水量4.65亿立方米。北部引嫩工程包括嫩江护岸、分流工程、引渠、进水闸、渠首工程和通南沟、乌裕尔河、双阳河等大型交叉工程及大庆、红旗泡两座库容超过1亿立方米的蓄水工程。

嫩江拉哈至同盟段行洪断面最宽处可达15千米，右岸有诺敏河的西支西诺敏河汇入。在嫩江左岸塔哈附近有中部引嫩工程。此河段内设有同盟水文站。中部引嫩工程位于黑龙江省松嫩平原的乌裕尔河、**双阳河**尾部闭流区，这里由于风沙大、少雨，是旱、涝、洪、风、碱等灾害易发生的地区。为了治理乌裕尔河、双阳河地区的干旱与洪涝，先后修建了引嫩塔哈灌区、八一运河、东升水库、富裕河南涝区、林甸中部涝区、齐齐哈尔市江东涝区和乌裕尔河齐富堤防等工程，构成了现在较为完整的引、蓄、防、泄工程体系。嫩江同盟至齐齐哈尔市段河道两侧湿地更密，右岸有黄蒿沟汇入，同盟至三家子间行洪断面宽度在10千米左右，左岸塔哈河由嫩江分出，并于大高粱附近流回嫩江，在嫩江与塔哈河中还有弯曲的小河道，洪水时能通流。其间有阿伦河汇入，在**阿伦河**河口以下，嫩江左岸有保护齐齐哈尔市的富裕—齐市大堤，右岸建有三处堤防。

尼尔基镇至齐齐哈尔市嫩江两岸是世界三大黑土带之一的我国黑土带的重要部分，是重要商品粮和奶牛产地之一，这里也是双阳河、乌裕尔河下游闭流区芦苇产地。有全国重点产粮基地——讷河市，有东北著名的四大灌区之一的查平灌区和全国商品牛基地——富裕县。主要粮食作物有小麦、玉米、大豆、水稻、马铃薯，主要牲畜为奶牛、黄牛和绵羊。

齐齐哈尔市为黑龙江省西部地区的政治、经济、文化和交通中心，是黑龙江省重要工业城市之一。齐齐哈尔旧称卜奎，是达斡尔语的音译，城市始建于康熙二十一年（1682年）。康熙二十八年（1689年）设齐齐哈尔副都统，康熙三十八年（1699年）黑龙江将军衙门从墨尔根（今嫩江县）移至此，以后到1954年一直是黑龙江省的省城。光绪三十一年（1905年）黑水厅、宣统元年（1908年）龙江府、民国2年（1913年）龙江县均设于此。齐齐哈尔素有"扼四达之要冲，为诸城之都会"之称。在市区东部有扎龙自然保护区，是中外闻名的丹顶鹤之乡。

过富拉尔基后，右岸有雅鲁河、绰尔河汇入。在绰尔河对面，嫩江左岸则为宽达9千米的滩地，这一段嫩江主槽外观上较整齐，沿江两岸有连续的滩地，滩地上密生柳丛和各种不同的水草。距绰尔河口下游约10余千米即为黑龙江省泰来县境内的平齐线铁路桥（简称江桥）。该河段设有江桥水文站，它是嫩江上的主要控制站，积累了较长时间水文资料。

江桥以下左岸有南部引嫩工程。南部引嫩工程渠首在杜尔伯特蒙古族自治县他拉哈公社红土山下，无坝引水，经3.8千米引渠和24.1千米输水干渠，把水引进乌尔塔泡、他拉海泡等8个自然湖泡中，形成270平方千米的库区。而后，再经肇源县义顺乡狼驼子泄水闸，通过42.1千米泄水渠进入**安肇新河**，再经肇源县古恰闸泄入松花江。该河段年可引水3.84亿立方米，丰水年最大可引水7.7亿立方米。嫩江右岸则有白沙滩提水站，由嫩江引水入白城地区进行农业灌溉。河流下行有洮儿河从右岸汇入嫩江。白沙滩至洮儿河汇入口的月亮泡中间的广大地区均属莫莫格国家级自然保护区。洮儿河上建有察尔森水库。

江桥以下的嫩江江段行洪宽度约为9～10千米，两岸湖泊和湿地星罗棋布。嫩江下行进入大安市，系由原大赉、安广两县合并而成，是吉林省著名的淡水鱼产地和畜牧业重点县市之一。

嫩江行至大安西部右岸有支流霍林河，该属无尾河，下游漫散在大安市西部低洼地中。

在吉林省松原市三岔河镇有支流第二松花江汇入，两河汇合后始称松花江。河流由西北折后东流。

松花江段 松花江的上游段流淌在一望无际的平坦黑土地上，从上而下弯道和河汊交替出现，演变也比较剧烈。主槽宽400～600米，水深4～7米。三岔河至哈尔滨江段两侧阶地和河漫滩普遍发育。阶地多由砂砾石、中细砂、亚砂土和亚黏土构成，阶地高程在140～150米之间，相对起伏不大，一般在10米左右。河漫滩比较宽阔，宽度在几百米到几千米不等；上层由亚黏土和淤泥质亚黏土组成，下层由淤泥质细沙和砂砾土等第四纪冲积物组成，滩面平坦，其上湿地和牛轭湖广为分布。由于两岸堤防建设标准已达50年，有效地保护了乡镇和农田。此河段有夹津沟从左岸汇入，拉林河从右岸汇入，拉林河汇入口上游侧有第二松花江汇入后的第一个水文站——下岱吉水文站。

哈尔滨市城区处于上游段的末端，河道受自然和人为因素的综合影响，演变比较频繁。河底坡降很缓，平均水深3～6米。由于两岸堤防和多处桥梁引堤的控制，并对河道部分滩地进行了清淤和岸线整治，河槽宽窄基本相同，使洪水能顺畅通过。近年来通过美化河道两岸，使其更适合人民生活。

哈尔滨市跨松花江两岸，是黑龙江省省会和政治、经济、文化、交通中心，亦是我国北方对俄罗斯和东欧各国的重要对外贸易、文化、交通口岸。我国满族的祖先女真族完颜部的一部在这里建立了"阿勒锦"村（阿勒锦是"荣誉、声望"

嫩江齐齐哈尔市河道

嫩江明月岛

的意思），元代转音为哈尔滨。随着"京旗移垦"以及此后的开禁放垦政策的实行，到了18世纪末，在哈尔滨地区已建立了更多的满族移民和汉族垦民的村落，有许多满族、汉族人民在这里从事渔业，故此地曾有"渔村"之称。19世纪末，沙皇俄国侵占了哈尔滨，1926年3月26日被沙皇及其残余势力侵占长达28年之久的哈尔滨行政权被我国全部收回。哈尔滨市有很多建筑具有俄国特色，如索菲亚大教堂、马迭尔大饭店等。

哈尔滨冰灯

松花江蜿蜒流经哈尔滨市区，右岸有**阿什河**汇入，使哈尔滨成为一座美丽的江城；由于冬长夏短，冰雪皑皑，又有冰城之誉。

哈尔滨市是我国重要的机械制造工业中心和最早的发电设备制造基地。另外，亚麻纺织、甜菜制糖、制药等闻名全国。哈尔滨是一座具有特色的美丽城市，夏季是旅游度假的乐园，冬季则是观赏冰雪美景的胜地。

松花江上游段两岸土地肥沃，是我国重要商品粮产地，亚麻、甜菜等种植业和饲养牛等畜牧业也在黑龙江省占有重要地位。

松花江中游段沿江两岸均属哈尔滨市管辖。呼兰河在呼兰区从左岸汇入。松花江进入张广才岭和小兴安岭的山前过渡地带后，由于两岸山体约束，南北对峙，河谷较狭窄。河谷左岸为平原，修有20年防洪标准的堤防；右岸多为山丘区。河道为弯曲分汊形，河流蛇曲、多分汊。其中：哈尔滨到沙河子长297千米，河道比降为0.6‰，河床质多系沙和粗沙，河道中浅滩较发育；沙河子至牡丹江江口长35千米，河宽1.5～2千米，比降一般在0.6‰～1.5‰左右。河床岩盘大部分为花岗岩，其上覆有粗沙、砾石，边滩亦有基岩裸露，多暗礁、岛屿。著名的松花江"三姓浅滩"即在此河段内，滩地长约27千米，水浅，坡降平缓，水流分散，底质坚硬。三姓浅滩是本河段通航的重点碍航浅滩。本河段右岸有较大支流裴克图河、蚂蚁河、牡丹江和倭肯河汇入，左岸有**少陵河**、**木兰达河**、**岔林河**、**巴兰河**等支流汇入。

沿江两岸的县城有巴彦、木兰、通河、宾县、方正和依兰。

巴彦县位于松花江左岸，巴彦是满语"巴彦苏苏"的简称，意思是富饶的村庄，巴彦是黑龙江省农业大县，是出口大豆的重要产地。

木兰县取名于境内的木兰达河，木兰系蒙语秃山的意思。清光绪三十一年（1905年）于五站设治，宣统元年（1909年）改县。木兰县是农业县，以生产粮食为主。

通河县原名大通县，因境内有大通河而得名。县城建于清光绪三十一年（1905年），1914年因与甘肃大通县同名改称通河县，该县是松花江主要航运港口之一，县西北部为小兴安岭支脉山地，林业在经济中占较大比重。该县盛产人参，1987年曾采集一株人参重达505克，号称"世界人参之王"。水晶的储量和产量居黑龙江省之首。县内的乌龙国际狩猎场是黑龙江省四大狩猎场之一。

人参

宾县有"五山一水四分田"之称，为全国产粮大县之一，是全国大豆生产基地县。

方正县与通河县隔江相望，被誉为"富硒大米"之乡，得莫力炖鱼名闻遐迩。

依兰县是满语"依兰哈喇"的简称。"依兰"意思是"三"，"哈喇"意思是"姓"，因此依兰又有"三姓"之称，又因清初葛、卢、胡三姓赫哲氏族受招抚，迁居此地，1664年建"三姓城"。依兰是我国满族祖居的地方之一。清雍正十年（1722年）设三姓副都统，光绪三十一年（1905年）设依兰府，民国2年（1913年）改县。依兰有辽金代的古墓遗址和金代五国城遗址。五国城遗址位于依兰镇内，相传宋徽宗、钦宗被囚于此。1900年依兰军民曾经痛击沙俄侵略者于此。支流牡丹江在依兰县城西从右岸汇入松花江，支流倭肯河在城东汇入松花江，县城北面是松花江，县城三面环水，成为黑龙江省著名的旅游城市，已形成古城文化区、巴兰河漂流区、四块石景区和原始森林冰川峡谷景区四大旅游景区。依兰农业发达，除粮食和经济作物外，畜牧业生产正在向规模化发展。

哈尔滨至通河县，松花江基本上是由西向东流，过通河后则由西南往东北流。遇武开江年份，上游先开江，依兰及其下游段后开江时，易发生冰凌受阻，形成冰坝，且由于动冰压力破坏护岸等，造成冰凌灾害。

依兰至松花江河口又形成两段，其中依兰至佳木斯长111千米，沿江右岸多为丘陵和低山地形，左岸则为宽广的冲积平原。河道具有蜿蜒性分岔河道的特点，浅滩发育，整个河段共有浅滩51处，河床质多系卵石和沙构成。河道比降为1.13‰。这段河道为松花江江面较窄的河段，最窄处仅为400～500米。支流汤旺河在汤原县城汇入松花江。汤原县属三江平原西部，以粮食生产和畜牧业为主，是水稻主产区之一。

松花江过汤原县向东北流约50千米，即到达三江平原的政治、经济、文化中心——佳木斯市。

佳木斯市旧名东兴镇，清宣统二年（1910年）在此设桦川县，民国2年（1913年）县治移至悦来镇，1939年为伪三江省省会，改称佳木斯市。1945年8月后佳木斯市是当时合江省省会，现在为黑龙江省省辖市。佳木斯市位于三江平原腹地，是我国通向东北亚的重要口岸城市，盛产鲑鱼、鳇鱼和鲟鱼，其鱼子在欧美市场很有声望。

松花江佳木斯市区段河道比较顺直，河槽较宽深，主槽宽800～1300米，但心滩发育，在佳木斯港区码头对面有较大江心滩柳树岛。河床基本稳定。沿江曾多次遭遇冰凌灾害

松花江中下游水系图

影响。

松花江佳木斯以下253千米河段流经三江平原，两岸为地势平坦的低平原。河道横断面形状比较复杂，江面和滩地开阔，滩地杂草丛生，较大洪水即漫滩，歧流纵横，河道宽广，一般滩地宽为5～10千米，主槽宽1 500～2 000米，河岸为亚黏土夹沙砾薄层组成，河床底部为中细沙，局部地段有粗沙与砾石构成。河床中边滩、浅滩、江心岛、江心滩发育，本段河道共计有大小滩地113处，其中著名浅滩23处，河槽滞蓄能力较大。两岸堤防防洪标准为50年一遇，有效地阻挡了洪水对三江平原商品粮基地的肆虐。

松花江过佳木斯市后，右岸有**梧桐河**、**都鲁河**和**蜿蜒河**汇入，左岸有**安邦河**汇入。

佳木斯以下沿江有桦川县、绥滨县、富锦市和同江市。桦川县清宣统元年（1909年）始建于桦皮川，故名桦川。1910年县治移驻于佳木斯，民国2年（1913年）迁悦来镇。桦川县北临松花江，南枕完达山，北部平原是鱼米之乡，为黑龙江省水稻重点产区和水稻种子县之一，南部森林茂盛，是天然林和人工林的重点保护区。瓦里霍吞古城遗址是金代五国城之一，是辽、金、明代松花江流域重要城镇，也是军事重镇。

河流出桦川县，松花江东流126千米到绥滨县城。绥滨县民国6年（1917年）在绥东镇置设治局，1929年在敖来密设县，1949年曾合并于富锦县，1964年恢复绥滨县。绥滨县南靠松花江，北临黑龙江，是我国重要产粮县之一，盛产鲑鱼、鳇鱼、鲟鱼等名贵鱼种。

松花江过绥滨再下行23千米，右岸即富锦市。富锦市1881年在嘎尔当设富克锦协领，1907年置巡（属临江州），1909年设富锦县，1988年8月国务院批准撤销富锦县，设立富锦市（县级市）。富锦市地域广阔，农业资源丰富，有耕地17.2万公顷，可垦荒地13万公顷。现为国家重点农业开发区、大豆生产区和商品粮基地。

松花江过富锦市东北流78千米即达同江市。本段河道为黑龙江水顶托的回水变动区范围。同江市位于松花江右岸。清光绪三十二年（1906年）设临江州，1910年升为临江府，民国2年（1913年）改为临江县，1914年因与吉林省临江县重名改为同江县，1949年并入抚远，1966年恢复同江县，1987年2月国务院批准撤销同江县，设立同江市（县级市）。该市是以小麦、大豆、水稻等粮豆为主的国家重要商品粮基地之一，也是鲟鳇鱼、鲑鱼和大白鱼等名贵鱼种的重要产地。

同江市是赫哲族聚居地之一。街津口和八岔为赫哲族乡，赫哲族以捕鱼为主，正像乌苏里船歌所描述的："……赫哲人撒开千张网，船儿满江鱼满舱……"

同江市扼松花江与黑龙江汇合口，河谷开阔，河流散乱，中泓迁徙不定，口门呈喇叭口状。松花江口门位于同江市下游3千米处，滚滚松花江水在此汇入黑龙江。

1.27.1　罕诺河

（Hannuo River）

松花江嫩江上游右岸支流，发源于内蒙古自治区鄂伦春自治旗伊勒呼里山东麓条阿泥塔山，于鄂伦春自治旗朝阳村以下约25千米处汇入嫩江。河源高程969米，河口高程543米。地理坐标为东经124°25′～125°52′，北纬50°58′～51°15′。河长213千米，流域面积1384平方千米，河道平均比降0.89‰。

流域地势西北高，东南低，兼有低山、丘陵、平原地貌。其中石头山以上河段称砍都河，河道狭窄，两岸多山，属伊勒呼里山支脉。石头山以下河段称罕诺河，除左岸有浅山丘陵外，大部为冲洪积河谷平原，河道两岸地势平坦，沼泽湿地多，为农业种植区域。

流域多年平均气温－2.3摄氏度，多年平均年降水量520毫米，多年平均年水面蒸发量600毫米，多年平均年径流量2.32亿立方米，全年无霜期95天。

罕诺河呈S形，总体流向自西北向东南，流域狭长，两岸支流短小，且多集中于上游砍都河左岸，局部河段受两岸山体顶托，弯曲较多，自条阿泥塔山发源后，东南流，两岸为山林，河谷狭窄，至中游受石头山顶托，折而东北流，呈S形弯曲，以下河谷逐渐开阔，河道比降变缓，由浅山丘陵区，至河谷平原区，两岸多沼泽、泡子和草甸等，夏秋季易发生内涝。

流域上游两岸多山，为林区，山体表面被林木覆盖，森林覆盖率为50.16%，土壤为棕色针叶林土。林木主要为兴安落叶松，灌木主要有丛桦、榛子、杜鹃、杜香、胡枝子；草本

北国红豆

植物有大叶樟、小叶樟、苔草、三棱草等；菌类植物有针蘑、花脸蘑、木耳、猴头菇等。

罕诺河流域人烟稀少，水资源利用程度较低，除沿河有少量的农业种植区用水外，尚属原生态河流。全河无大的乡镇，有少量的居民点。经济以林业、农牧业为主。

1.27.2　卧都河

（Wodu River）

松花江嫩江上游左岸支流，发源于黑龙江省黑河市爱辉区滨南林场小兴安岭河界山，自东北向西南流，在嫩江县卧都河林场附近注入嫩江。流域面积1488平方千米，河长92千米，河道比降1.9‰。

卧都河流域属于低山丘陵区，山体久经剥蚀、山顶呈脊状、锯齿状或浑圆状，宽谷发育，河道多沼泽。流域东北高，西南低，上游为小兴安岭山地，下游为低山丘陵区。河道穿越山区，两岸多陡山峭壁，水流湍急。卧都河干支流均流经小兴安岭山间谷地，河道最宽约100米，最窄处仅几米，河床多分布卵石及碎石，河流比降较大。水系呈不规则树枝形分布，支流主要有伊洛特河、鄂里特河、泉呼河、泉眼河和庄武河。

流域内人烟稀少，植被属于兴安岭针阔叶混交林植被区，土壤为暗棕壤、草甸土和沼泽土。主要树种有落叶松、白桦、蒙古柞，有越桔柳等灌木。森林覆盖率达70%以上。爱辉区境内设有滨南林场，嫩江县境内设有卧都河林场，下游河口段始有部分耕地，但耕地面积较少，不足流域面积的2%。

流域冬季严寒，夏季多雨。多年平均气温－0.8摄氏度，全年有5个半月平均气温在0摄氏度以下。多年平均年降水量540毫米，降水年内分配不均匀，多集中于6—9月，占年降水总量的70%以上。多年平均年径流量2.6亿立方米。

1.27.3　那都里河

（Naduli River）

松花江嫩江上游右岸支流，发源于内蒙古自治区鄂伦春自治旗伊勒呼里山南坡，河源高程722米，于勃音那林场以东汇入嫩江。地理坐标为东经124°23′～125°27′，北纬50°10′～51°12′，流经鄂伦春自治旗古里乡。河长236千米，流域面积5428平方千米，河道比降8.7‰。

那都里河地势北高南低，全程流经低山丘陵区，山丘浑圆，坡度都小于40度，河谷宽平。上游石头山以上河谷狭窄，自西向东南流，河流在峡谷中穿行，两岸群山连绵，山区林木茂密。石头山以下，由北向南流，河谷渐宽，两岸多沼泽、草甸。主要支流有**古里河**、拉气河、兴木沟河等。

流域呈"丫"字形，干流位于东侧，西侧为古里河，古里河与干流流域面积相当，两河汇合后，下行约10千米，于勃音那林场东汇入嫩江。

流域多年平均气温－1.5摄氏度，多年平均年降水量520毫米、水面蒸发量600毫米、年径流量10.1亿立方米，全年

无霜期约 95 天，水质良好。

流域森林资源丰富，覆盖率约 56%，1956 年开始森林采伐业，1999 年由于森林覆盖率下降，农林牧业结构重新调整，转为发展食用菌、中草药等特色产业。矿产资源有煤、金、银、石灰石、铅锌、玛瑙等。野生动物有马鹿、驼鹿、紫貂、猞猁、榛鸡、熊等。野生植物有黄芪、黄芩、桔梗、防风、龙胆草、柴胡、猴头菇、黑木耳等。

流域上游以森林采伐及林产品为主。中下游河滩分布有农业种植区，广大的低山丘陵区为畜牧业区域。

那都里河流域位于鄂伦春自治旗东北部，属尚未大规模开发的河流，人烟稀少，无大村镇，只在中上游河谷两侧设有森林管护机构。

流域属鄂伦春族聚居区，历史上的鄂伦春族以狩猎为主，捕鱼、开采和家庭手工业为辅，不从事种植业，直至 1954 年，猎民陆续定居后才开始逐步从事种植业生产。农作物以粮豆作物为主，有小麦、玉米、谷子等，主要经济作物有白菜、甘蓝、胡萝卜等。牧业饲养家畜，主要有马、牛、羊、猪等，饲料有天然牧草、农作秸秆、松针及阔树叶。

1.27.3.1 古里河
（Guli River）

那都里河 支流，发源于内蒙古自治区鄂伦春自治旗古里乡伊勒呼里山东南麓，于古里乡古里农场附近注入那都里河。河源高程 946 米，河口高程 406 米。河长 157 千米，流域面积 2879 平方千米，河道平均比降 3.44‰。

流域地形为起伏的山地，西北部高，东南部低，由西北部的大兴安岭中低山地逐渐向嫩江平原过渡，低山分布范围大。

流域多年平均气温 −1.5 摄氏度，多年平均年降水量 515 毫米、水面蒸发量 600 毫米、年径流量 5.84 亿立方米，无霜期 95 天。流域水土流失轻微，河流含沙量甚小，水质优良。

流域呈长条形，自西北向东南流，河网发育，大小支流几乎平行往东南流，河道顺直，无大的弯曲，河槽宽浅，两岸多沼泽。

流域上游左侧一支流称小古里河，右侧一支流称大古里河，两河汇流后称古里河，大古里河为正源。小古里河河长 73 千米，流域面积 998 平方千米。大小古里河基本平行，均自西北往东南汇流，两河中间夹一条狭窄的浅山丘陵，两河相距约 5 千米，两河汇流后以下有马家河汇入。

流域植被繁茂，森林覆盖率达 50% 以上，以兴安落叶松为主，是国家林业重要生产基地之一。设有古里机械化造林场、古里林场等。经济以林业经济为主，下游沿河一带有农业种植区域。

1.27.4 多布库里河
（Duobukuli River）

松花江 嫩江上游右岸支流，发源于内蒙古自治区鄂伦春自治旗古里乡西北伊勒呼里山南侧，于古里乡兴牧屯南约 25 千米处汇入嫩江。地理坐标为东经 123°31′～125°11′，北纬 49°55′～51°24′。河长 329 千米，流域面积 5760 平方千米，河道平均比降 3.15‰。

流域地势西北高，东南低，由西北向东南缓慢倾斜。地貌由山地、丘陵逐渐向嫩江平原过渡。上游处于大兴安岭山地，自然植被繁茂，以落叶松为主，林下土壤为棕色针叶林土。该区为鄂伦春自治旗主要林业基地。中游处于丘陵区，高程 500 米以下，相对高差 40～200 米。植被以次生阔叶林和灌木丛杂草为主，土壤为暗棕壤和黑土，是鄂伦春自治旗主要农业基地。下游为河谷冲积平原，包括河谷间平地、洼地和河漫滩等，河谷宽平，河槽窄小，河槽宽度在 6～40 米，植被主要以小叶樟为主的草甸植被和以苔草为主的沼泽植被。土壤为暗色草甸土和沼泽土。流域由于火山喷发造成大量玄武岩溢出，形成火山熔岩地貌，地质构造属古生代—中生代复式背斜构造，褶皱多为北东向新华夏系构造。

流域呈狭长条状，自西北流向东南，无大的弯曲，但局部小弯曲较多，尤其在翠峰林场以北母子宫河汇入口处，形成"门"字形弯曲。

多布库里河自源头东南流折向南流，河道顺直，支流较短，流域面积大于 100 平方千米的支流有 10 条，主要支流有乌鲁卡河、库除河、大杨气河、母子宫河等。乌鲁卡河在壮志林场养路队南从右岸汇入，库除河在壮志林场北从左岸汇入，大杨气河在大杨气林场北从右岸汇入，母子宫河在翠峰林场北从右岸汇入。

流域春季干旱多风，日照充足，夏季短暂温凉，多雨，秋季气温骤变，霜冻早，冬季漫长严寒。多年平均气温 −1.5 摄氏度，多年平均年降水量为 513 毫米、年水面蒸发量 610 毫米、年径流量 12.3 亿立方米，全年无霜期 95 天。该河天然水质优良，基本无污染，矿化度较低，在 0.1～0.2 克每升之间，水化学类型为 HCO_3-Ca 型水。

流域内洪涝灾害时有发生，1987、1988、1989、1998 年为大水年份。1988 年 8 月下旬，连续出现 5 次大雨，多布库里河发生水灾。1989 年 6 月 1 日至 7 月 25 日，大杨树地区 52 天内降雨 307.6 毫米，多布库里河水出槽，造成洪涝灾害。流域内 1961、1972、1977、1979 等年份的旱灾也比较严重。

流域内在上游山区及林区开展了水土保持建设工作，并在沿河重要城镇修建防洪土堤，在中下游农业开发区，以自流引水及开凿机电井发展灌溉农业。

多布库里河松林镇以上流经中低山区，两岸群山连绵，河流在峡谷中穿行。全河自上而下，设有伊南工区、望峰林场、壮志林场、大扬气林场、绿水林场、古源林场、翠峰林场等。该区属大兴安岭林区，森林茂密，是国家重要的森林基地之一，森林覆盖率达 50.16%。河流上游段以林业经济为主，树种主要有落叶松、白桦、柞树、山杨、柳树，及灌木丛、榛柴等。松林镇以下河道两侧多沼泽地，河道宽浅，水流平缓。大黑山东有无名泡子，湖面高程 352 米，湖水面面积 0.11 平方千米，集水面积 27.3 平方千米，流入多布库里河。河流进入丘陵平原区，植物以阔叶林及灌木丛为主，两岸多引用河水灌田，已开发小型灌区多处，为鄂伦春自治旗农业开发区。至下游左岸有古里乡，古里林场东南也有一无名泡子，湖面高程 267 米，湖水面面积 0.12 平方千米，集水面积 63.0 平方千米，流入多布库里河。

流域内矿藏主要有黄金，大杨树镇富饶村村民打井时从岩芯中发现岩金。林区土特产有鹿茸、黄芪、猴头菇、柳蒿芽、山丁子果、稠李子果等，其中的鹿茸分花鹿茸、马鹿茸，1959—1990 年，多布库里河所在的鄂伦春自治旗出产鹿茸约 2500 千克之多。猴头菇大多生长在柞树上，因形状酷似猕猴的头部而得名。

1.27.5 欧肯河
（Ouken River）

松花江 嫩江上游右岸支流，发源于内蒙古自治区鄂伦春自治旗古里乡翠峰村东南山丘，于古里乡小石山屯东约15千米处汇入嫩江。地理坐标为东经124°20′~125°12′，北纬49°44′~50°26′。河长163千米，流域面积1602平方千米。河源高程627米，河口高程263米。河道平均比降2.23‰。

流域呈狭长条状，地势西北高，东南低，地处大兴安岭东南余脉向嫩江平原的过渡地带。

四平山村以上为上游，流经浅山丘陵区，河道顺直。过四平山后，进入嫩江右岸平原区，河槽宽浅，支流短促，水量不丰；河道比降变缓，水流迂回曲折，两岸多湖泊、湿地，水生植物繁茂，成为水禽鸟类的栖息地。

流域四季气候变化显著。春季干旱多风，夏季短暂温凉、多雨，秋季气温骤变，霜冻早，冬季漫长严寒。多年平均气温-1.3摄氏度，多年平均年降水量510毫米、年水面蒸发量620毫米、年径流量3.41亿立方米。

欧肯河河道弯曲，总体流向自西北向东南。主要支流有肯尼根河、晓瓦力毕拉罕河等。距古里乡西约2.5千米处，有晓瓦力毕拉罕湖，湖面高程276米，湖水面面积0.28平方千米，集水面积25.9平方千米，流入欧肯河。

流域上游浅山区多林木，森林覆盖率达50.16%，中下游有农业种植区域。该河全程流经山地与嫩江冲积平原过渡地带，两岸土质肥沃，水草丰美，宜农宜牧，是重要商品粮产地。该河下游有红彦镇，人口1.5万，另有欧肯河农场。

域内主要矿产资源有煤、金等，野生动物资源有马鹿、驼鹿等，野生植物有黄芪、黄芩、蘑菇、猴头菇、黑木耳等。

流域下游1999年设立欧肯河自然保护区，面积2.07万公顷，主要保护湿地生态系统。

1.27.6 门鲁河
（Menlu River）

松花江 嫩江上游左岸支流，发源于黑龙江省黑河市爱辉区北师河乡小兴安岭山脉西南坡伊里沙地区，于嫩江县门鲁河种畜场二分场约4千米处汇入嫩江。河长142千米，流域面积5378平方千米，平均比降3.8‰。

概　述

门鲁河东以小兴安岭与黑龙江支流**法别拉河**、**公别拉河**流域为界，南临**科洛河**，西靠嫩江，北临**卧都河**，位于东经125°11′~126°48′，北纬49°30′~50°27′之间。流域内地势东北高，西南低，自小兴安岭西北部向嫩江逐渐倾斜。河源高程640米，山坡高度300~600米，流域平均高度为537.5米。流域内地貌主要是低山河谷和丘陵漫岗，没有显著的高峰，波状平原比例较小。低山河谷区森林植被主要是落叶松、白桦、黑桦、柞木和山杨组成的混交林，河谷平原主要是草原和农作物。

流域为大兴安岭、小兴安岭的结合部，地质构造复杂，山体久经剥蚀，山顶呈脊状、锯齿状或浑圆状。宽谷发育，河谷多沼泽。河流两岸不对称，多具北岸陡南岸缓，东岸陡西岸缓的特点。地表层为暗棕壤、草甸暗棕壤、草甸土和沼泽土。

流域内地下水为松散岩类孔隙水、碎屑岩类裂隙孔隙水、火山岩类裂隙孔隙水和基岩孔隙水。

流域内山区、丘陵面积为3329平方千米，占总面积的70%；平原面积为1587平方千米，占总面积的29%；水面面积为55平方千米，占总面积的1%。门鲁河水系支流多偏于右侧，其主要支流为**泥鳅河**、北师河、喜鹊河。流域平均宽度46.8千米，最大宽度79千米。河宽一般20~70米。

流域冬季寒冷漫长，夏季温湿多雨。多年平均气温-0.5摄氏度，夏季最高气温35摄氏度，冬季最低气温-47摄氏度。河流从10月末到次年4月下旬为封冻期，平均封冻期为180天，最大冰厚1.3米，土层最大冻深2.5米。年平均日照时数2676小时，无霜期100~110天。流域内大风多出现在春秋两季，多年平均风速3.0米每秒，春季最大风速26米每秒。

门鲁河流域多年平均年降水量527.5毫米，5~8月降水量约占全年降水量的70%左右。流域内最大24小时降雨量为168毫米（罕达气雨量站1985年6月16日），多年平均年蒸发量660毫米、年径流量9.18亿立方米。

门鲁河河口断面水质级别总体为Ⅲ类，其他监测参数水质级别多为Ⅰ类、Ⅱ类，水质状况整体较好。

流域内森林主要分布在流域上游，主要树种有蒙古栎、紫椴、糖槭、黄檗、水曲柳、胡桃楸、白桦、黑桦、山杨、春榆、落叶松等。流域内矿藏有黄金、煤、石材等18种。

旱灾在门鲁河流域发生较频繁，而且多发生在春天多风少雨季节。但是由于门鲁河流域属低山丘陵地带，旱灾对农业生产影响较洪涝灾害轻，粮食减产不大，旱灾大致1~3年发生一次，发生重旱灾几率较小。

门鲁河流域洪水灾害较为频繁，一般性洪水3~5年出现一次，大洪水和较大灾害性洪水约15年出现一次。河流具有山区性河流特征，洪水涨落变化急剧，峰谷明显，汇流时间较短，一般在24~48小时左右。一次洪水过程在10~15天，洪量主要集中在3天内。发生特大洪水年份有1942、1972、1985年。

1942年洪水（据1990年7月历史洪水调查资料）洪峰流量1200立方米每秒。1972年6月30日发生特大洪水，泥鳅河霍龙门水文站洪峰流量779立方米每秒，造成嫩江至漠河公路依克特大桥冲毁，发往多宝山铜矿的公共汽车行至浮桥中心时被洪水冲入河中，5人死亡。1985年6月16日，罕达气一带普降暴雨，降雨量达168毫米，造成河水暴涨，泥鳅河发生山洪，霍龙门水文站洪峰流量1070立方米每秒。沿河有霍龙门、座虎滩、门鲁河等7个乡34个村屯和珍珠岩矿、门鲁河种畜场受灾，洪水淹地5.08万公顷，受灾1210户，泥鳅河村进水最大水深达3米。

流域内总人口3.4万，总耕地面积5.44万公顷，总林地面积48.7万公顷，草原面积14万公顷，粮食总产量4587万千克，年产木材7500立方米，煤矿年产量250万~300万吨，年产黄金约437千克。

纪　实

河流上游流经小兴安岭山地，流域内群山环绕，林木茂盛，有黑河市爱辉区七二七林场、大岭林场和嫩江县大治林场、霍龙门林场均设在这里，是黑河市主要的林业基地。植被发育，水源丰富，盛产猴头菇、黑木耳、元蘑、黄蘑、山芹、黄花菜、榛子、蕨菜、都柿、山丁子、枸杞等天然食用菌和山野菜，有的产品已打入国际市场，成为黑河市东部山区经济的一项资源优势。野生动物亦多，有黑熊、狍子、山兔、野鸡、飞龙等30余种，被誉为天然的动物园。

门鲁河经北师河牧点进入嫩江县，流经多宝山镇、霍龙门乡、长江乡。河谷宽一般不超过1~2千米，河床多为碎石及卵石。支流**泥鳅河**在霍龙门乡前泥鳅村从右岸汇入门鲁河。过门鲁河水文站以下，河谷稍见加宽。至门鲁河种畜场境内，河道弯曲狭窄。河床多为卵石、碎石及细砂。

门鲁河流域自北师河牧点到河口广大区域内,土壤均为黑土,黑土表层为深厚的腐殖质层,厚度可达30～60厘米,甚至达1米以上,呈黑色。黑土适用于种植各种温带农作物,种植小麦、大豆、玉米、甜菜、马铃薯等皆可获高产,农民形容这种土壤为"捏一把会流出油来"。日伪时期,日本开拓团在此进行初步开垦。新中国成立初期,国家开始大力开发北大荒,10万转业官兵开进北大荒,掀起北大荒建设高潮。到20世纪50年代中期,区域内先后建有地区机关农场、门鲁河种畜场、建边农场、嫩北农场、兰空农场、二炮农场、59196部队农场、81697部队农场、81026部队农场、81134部队农场、1470部队农场等。流域内粮食作物以小麦、大豆为主,是黑龙江省大豆主产区,以牛、兔、鸡、菌、野菜、葱为主导产业,元葱、芸豆产品已进入国际市场。

1.27.6.1 泥鳅河
(Niqiu River)

门鲁河右岸支流,发源于黑龙江省黑河市罕达气镇小兴安岭狼母猪沟,于嫩江县霍龙门乡前泥鳅村汇入门鲁河。河长135.5千米,流域面积2 392平方千米,河源高程640米,河口高程280米,河道比降1.1‰。

流域位于大兴安岭、小兴安岭的结合部,地势北高南低、东高西低,山顶呈浑圆状,宽谷发育,河谷多沼泽。岩石以白垩系嫩江组砂页岩为主,地表多草甸土和沼泽土。泥鳅河由北向南穿越山区,河谷狭窄,两岸陡山峭壁,河道弯急。上游河道宽5～10米,河道窄,平均水深1.2米。主要支流有裸河、播根里河、霍龙门沟等。

流域冬季漫长寒冷,夏季温湿多雨。多年平均气温-1.0摄氏度,夏季最高气温37摄氏度,冬季最低气温-47摄氏度。河流从10月末到次年4月下旬为封冻期,平均封冻期为180天,最大冰厚1.3米,土层最大冻深2.5米。多年平均无霜期100～110天。流域内大风多出现在春秋两季,多年平均风速3.0米每秒,春季最大风速26米每秒。

泥鳅河流域多年平均年降水量506毫米,降水年内分配不均,6—9月降水量416毫米,占全年降水总量82.2%。降水年际变化大,最大年降水量727.6毫米(1989年),最小年降水量324.2毫米(1996年)。最大1日降水量168毫米(罕达气站1985年6月16日),最大1小时降雨量59.5毫米。泥鳅河干流控制站霍龙门水文站多年平均年径流量3.41亿立方米,最大年径流量为6.37亿立方米(1998年),最小年径流量0.956亿立方米(1974年),最大流量1 070立方米每秒(1985年)。流域多年平均年径流量4.33亿立方米。

泥鳅河流域洪涝灾害较为频繁,涝灾平均2～3年发生一次,据实地调查,1949年以来,共发生16次涝灾。河流具有山区性河流特性,洪水涨落变化急剧,峰谷明显,汇流时间较短,一般在24～48小时左右。一次洪水过程在10～15天,洪量主要集中在3天内。发生特大洪水年份有1972、1985年。

嫩江至漠河公路、嫩江至黑宝山铁路纵贯流域南北,构成较为发达的交通网络。煤炭、采金工业发达,是流域经济的重要支柱。花岗岩、珍珠岩等石料储量丰富,开采方便。

泥鳅河由南向北穿越黑河市北部罕达气镇、金水农场、七二七林场、大岭林场等。森林资源主要分布在流域上游,林产品主要树种有蒙古栎、紫椴、糖椴、黄檗、水曲柳、胡桃楸、白桦、黑桦、柞树、山杨、春榆等,木材蓄积量达322万立方米。山区盛产猴头菇、黑木耳、元蘑、黄蘑、山芹、黄花菜、榛子、蕨菜、都柿、山丁子、枸杞等天然食用菌和山野菜,有的产品已打入国际市场,成为黑河市东部山区经济的一项资源优势。

流域内矿产资源较为丰富,已发现的金属有金、铜、钼、钨、铁、锌、铝、银、钯等18种,其中探明储量的有7种,以黄金、煤为主。黑宝山煤田位于多宝山镇东南部、霍龙门乡北部、黑河市罕达气乡西部,探明储量有3亿～5亿吨。泥鳅河上游的黄金分布广,储量近6吨,年产黄金700千克。多宝山铜钼矿位于嫩漠公路169千米以东15千米处,已探明铜储量C级115万吨,C+D级237万吨,钼8万吨,伴生金73万吨,为黑龙江省最大的铜矿,在全国位居重要地位。

泥鳅河经霍龙门乡小农场屯流入嫩江县境内,县境内泥鳅河河长77千米,在嫩江县霍龙门乡前泥鳅村汇入门鲁河。河口河道宽度50米,河床多为碎石和卵石。流域内自然条件与环境条件较好,粮食总产稳定,单产较高。20世纪50年代,开发北大荒,粮食作物以小麦、大豆为主,是黑龙江省大豆主产区。

1.27.7 科洛河
(Keluo River)

松花江嫩江左岸支流,发源于黑龙江省孙吴县正阳山乡东岗村东南的小兴安岭北段西麓,流经孙吴、五大连池和嫩江等县市,在嫩江县联兴乡哈什太村南注入嫩江,地理坐标东经125°16′～127°04′,北纬48°51′～49°31′。河长324千米,流域总面积为8 539平方千米。

流域东部为强烈褶皱及火成岩活动频繁地区,分布着不同时代的花岗岩、火山岩、变质岩,岩层较为破碎。地下水直接受大气降水补给,蕴藏的地下水多为风化壳和裂隙带中潜水,厚度变化相差很大,地下水分布不均匀,富水性变化大,埋藏条件复杂;西部为漫滩、阶地和冰水洪积平原,广

科洛河

泛分布第四系砂、砂砾石孔隙潜水。漫滩水量较丰富,埋藏浅,水质好。阶地含水层的岩性、厚度不一,富水性变化较大,同一河流不同地段均有很大差异。含水层厚度一般由上游向下游增厚,且多具承压性质,冰水洪积平原,地下水埋藏深为10米左右,水质较好。地震多沿第四纪火山活动带和构造断裂带分布,为地震重点监视区。流域内森林面积占41%,耕地占19%以上。

科洛河支流众多,主要支流为**冰河**,在嫩江县科洛镇科后村上游从右侧汇入科洛河。上游河道宽10～15米,下游宽100～200米。下游有滩地和沙洲。河床以沙、卵石、碎石为主。流域平均宽度56千米,最大宽度85千米。

春季干旱多风,夏季温热多雨,秋季凉爽少雨,冬季寒冷漫长。多年平均气温-1.5摄氏度,最高气温35摄氏度,最低气温-50摄氏度。多年平均年降水量500毫米、年水面蒸发量660毫米。全年日照时数为2 500小时,从12月中旬至次年3月中旬为结冰期,多西北风,无霜期120天。多年平均年径流量10.6亿立方米。

上游为山区,森林茂密,野生动植物较多。中下游为丘

陵漫岗区，地势平坦、开阔，土壤以暗棕壤为主。有七星泡、山河、嫩江、嫩北等多个部队农场及哈尔滨铁路局农副业生产基地。主要农作物为小麦、玉米、大豆和甜菜等。

科洛镇的科后村历史上是一个驿站，元代辟北路驿道时在此设驿站，清康熙二十四年（1685 年）北路驿道建置五站称科洛尔站，云南王吴三桂的部下曾被发配到这里屯垦戍边。抗日战争时，抗联英雄王明贵在科洛南山打游击，老百姓经常冒着生命危险给抗联战士送粮、送衣。

科洛河治理工程仅在下游汇入嫩江的河口右岸有 16 千米回水堤。

1.27.7.1　沐河

（Muhe River）

科洛河 右岸支流，发源于黑龙江省嫩江县塔溪乡小兴安岭西坡，在科洛乡科后村东 3 千米处（称沐河沿）汇入科洛河。河源高程 580 米，河长 88 千米，流域面积 1 785 平方千米，平均比降 3.75‰。

沐河支流众多，较大的支流有塔溪河、鄂头河、土石沟、孤家沟。

流域内地势东高西低，自东北向西倾斜。沐河源流称南岔子河，与北岔子河汇流后称四恕河，在塔溪乡刘家窝堡村附近纳塔溪河后始称沐河。流域多年平均年降水量 540 毫米、年径流量 2.27 亿立方米。20 世纪 50 年代末，沐河流域曾建设杨树、二十里河两处小型自流灌区，进行水稻种植，拦河坝形式为柳石坝，但由于早霜等气候原因种植失败而弃用。

流域上游为小兴安岭山脉，有石头人山、大尖山、一道孤山和一道梁至五道梁等十余座山峰。沐河流域属于科洛火山群丘陵状台地区，久经冲蚀，

科洛火山群

河流两侧形成广阔的谷地。山体久经剥蚀，山顶浑圆。台地表面完整，多呈波状起伏，火山锥突起形如海中岛屿。地面物质由白垩系泥岩，第二系粉砂岩和第四系玄武岩组成，地表层为暗棕壤、草甸土、黑土和沼泽土。群山耸立，森林茂密，溪流众多。中下游为丘陵漫岗区，林草丰美，土地肥沃，现已开垦为大片耕地，许多农场和副食基地均设于此。

1.27.8　甘河

（Ganhe River）

松花江 嫩江上游右岸支流，甘河鄂伦春语为"大河"之意，发源于内蒙古自治区鄂伦春自治旗甘河镇甘源村以北雄鸡场山西麓，于莫力达瓦达斡尔族自治旗额尔和乡马家窝棚附近汇入嫩江。

河长 501 千米，流域面积 1.967 万平方千米，河源高程 1 250 米，河口高程 320 米，河道平均比降 1.85‰。地理坐标为东经 122°08′～125°09′，北纬 49°08′～51°29′。流经鄂伦春自治旗、莫力达瓦达斡尔族自治旗。

流域地处大兴安岭东坡，地势总体趋势为西北高，东南低。西部及西北部群山起伏，连绵不断，地势陡峻，森林覆盖率 85.7%。基岩裸露较少，树枝状沟谷极为发育。东南部为丘陵区，地面坡度变小，剥蚀作用强烈。

甘河自西北流向东南，流域上游林区植被良好。河槽深窄，支流发育。较大支流有 **克一河**、**奎勒河**、**阿里河**、额尔格奇河等。甘河设有吉文、柳家屯两座水文站。

流域内四季气候变化显著，冬季异常寒冷。多年平均气温 －1.3 摄氏度、年降水量 510 毫米、年水面蒸发量 630 毫米。全年无霜期 95 天，多年最大冻土深度 250 厘米。多年平均年径流量 40.7 亿立方米，属降雨补给型河流，径流年内及年际变化较大。洪水主要为暴雨洪水，多发生在 6—9 月，以 7—8 月为最多，如柳家屯水文站 5—9 月径流量约占全年的 81.7%。春季开河时也有冰凌洪水发生，但其量级远远小于暴雨洪水。由于流域植被较好，产汇流时间长，河道内基流量较大，其洪峰多为矮胖型。

甘河流域纬度较高，冬季寒冷漫长。结冰日期多在 10 月，封冻多在 11 月，开河多在 4 月，多年平均封冻天数 160 天。上游吉文水文站最大冰厚达 2 米左右，下游柳家屯水文站达 1.48 米。甘河的流向由西北至东南，从高纬度流向低纬度。所以开河时一般下游先开河，上游后开河，大量冰水安全下泄。由于柳家屯位于狭谷中，所以柳家屯水文站部分年份要较加格达奇河封河早而开河晚。据调查，柳家屯春季开河时曾有部分年份发生过冰坝。

甘河流域以 1988 年发生的洪水为最大，流域内鄂伦春自治旗 8 个乡镇受灾人口达 6.17 万。

流域位于大兴安岭林区，森林资源丰富。截至 2005 年年底，流域内的鄂伦春自治旗，森林活立木总蓄积量为 104.5 万立方米，林业用地 1.38 万公顷；重点发展食用菌、中草药、亚麻、獭兔等特色产业，其中食用菌产地以克一河镇、阿里河镇为中心，以黑木耳为主，产品销往 30 多个国家和地区；矿产资源有煤、白金、镍、钼、钴等，主要分布在甘河吉文镇及阿里河镇之间 100 平方千米的矿化带中。

甘河流域水能理论蕴藏量 34.57 万千瓦，其中甘河干流 30.95 万千瓦，奎勒河 3.62 万千瓦。

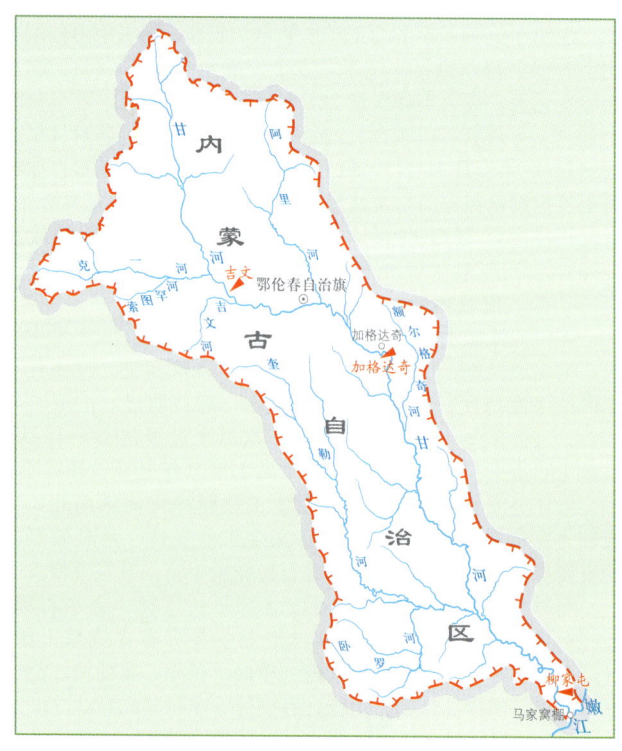

甘河水系示意图

甘河两岸共修建防洪堤坝52.04千米，河道险工12处，长4 270米。甘河镇、大杨树镇、阿里河镇达到20年一遇洪水标准，其他乡镇达到10年一遇洪水标准。

甘河

流域内共有鄂伦春自治旗、莫力达瓦达斡尔族自治旗的15个乡镇，其中，鄂伦春旗9个，莫力达瓦6个，还有5个林业局及大杨树农场管理局下属的5个农场。

全流域共有人口33.2万，以汉族为多数，有蒙古、鄂伦春、达斡尔、鄂温克等近20个民族，是一个多民族聚居区。

全流域耕地面积9.927万公顷，其中，地方4.493万公顷、农场5.232万公顷、林场0.102万公顷，粮豆薯播种面积6.287万公顷，总产量20.24万吨。大小牲畜7.34万头（只），其中大牲畜5.68万头。

流域内有可开发的甸子地面积2.94万公顷，其中，甘河干流1.433万公顷，奎勒河0.769万公顷，卧罗河0.733万公顷。

流域内主要城镇有克一河、甘河、吉文、阿里河、大杨树等城镇。主要工业有煤炭、电力、木材及木材加工、食品、皮革等。这些城镇位于甘河干流沿岸，加海铁路沿线，交通便利，有利于当地经济建设的发展。

甘河自河源至甘河镇，两岸山高林密，狭谷幽长，森林广布，为大兴安岭主要林业产区，两岸有源江林场、奇力滨林场、库西林场。甘河镇以东有支流克一河注入。过甘河镇，经吉文镇至阿里河镇。阿里河镇以上，两岸地形高峻，相对高差200～400米，谷坡30～50度，谷宽1～1.5千米。该镇为鄂伦春自治旗旗府所在地，镇北有阿里河汇入甘河。

甘河过阿里河镇下行，经齐奇岭至昆仑山、加格达奇，经乌鲁布铁镇至大杨树镇、奎勒河镇，右岸有奎勒河汇入。该段河谷平缓呈浅槽形，谷宽4～5千米，可季节性通航。

河流过奎勒河镇东南流经巴彦鄂温克民族乡，于哈达阳镇额尔和村东从右岸汇入嫩江。该段为甘河下游区，地势平缓，河道两岸多沼泽地，河槽宽浅，水流缓慢。右岸有甘河农场，为农业种植区域。

1.27.8.1 克一河
（Keyi River）

甘河右岸支流，"克一河"为鄂伦春语，意为"紧靠山弯流的水"，发源于内蒙古自治区鄂伦春自治旗克一河镇库布春林场以北大兴安岭山脉南麓，于甘河镇以东注入甘河。河长86千米，流域面积1 780平方千米，河源高程1 267米，河口高程1 060米，河道平均比降2.41‰。

流域地处大兴安岭东坡，西高东低，两岸山峰逶迤。河流在群山间穿行，流域呈狭长条状，自西向东流，河道两岸多沼泽地，河槽宽浅，水流缓慢。

流域多年平均气温－3.0摄氏度，多年平均年降水量510毫米、年水面蒸发量610毫米、年径流量3.53亿立方米。全年无霜期80天，最大冻土深度270厘米。

1984年7月14日，克一河发生洪水，淹没房屋2 000多间，冲毁桥涵24座。1988年7月发生霜冻，克一河镇以西农作物多被冻死。

克一河流域为大兴安岭林区，森林覆盖率达50%以上，树种以兴安落叶松为主，为我国重要的林业生产基地之一，森林工

克一河

业发达，河谷有狭长的滩地，多腐殖土，山间野生植物有蘑菇、猴头菇、黑木耳等。流域内矿产主要为珍珠岩矿，克一河镇以南3.5千米处有较好的珍珠岩矿体，储量34万吨。

河流开发程度较高，河道两侧有公路、铁路，有克一河镇和甘河镇。克一河镇以下，河道顺直，支流发育，水量丰沛，谷宽1～2千米。

克一河镇位于旗政府驻地阿里河镇西85千米处，1956年在此建立林场，1957年建镇。克一河镇位于克一河北岸、伊加铁路两侧，东西向分布，略呈矩形。

1986年建成的克一河国家森林公园，是以森林景观和保护生态环境为主体，融自然景观与人文景观为一体的生态型郊野公

兴安国家森林公园

园。景区占地1.92万公顷，森林覆盖率93.5%，春季绿树青山，盛夏凉风习习，秋季彩叶点点，冬季银装素裹。景区景点由姊妹湖、利克斯蛇山、森林、牧场组成。

1.27.8.2 阿里河
（Ali River）

甘河左岸支流，发源于内蒙古自治区鄂伦春自治旗伊山林场伊勒呼里山南侧，由西北向东南流，于阿里河镇东南阿东良种场附近汇入甘河。河长124千米，流域面积2 183平方千米，河源高程1 162米，河口高程747米，自然落差415米，河道平均比降2.16‰。

阿里河位于大兴安岭东坡，流域地势西北高，东南低，群山连绵，为大兴安岭重要林区之一。阿里河河道弯曲呈扇形，中下游两岸多沼泽及草地，水草丰美。

流域多年平均气温－1.6℃，多年平均年降水量为510毫米、年水面蒸发量610毫米、年径流量4.39亿立方米，全年无霜期80天。

阿里河

1965年，阿里河上游普降大到暴雨，水位猛涨，泛滥成灾。1985年6月12日，阿里河镇南护城堤决口150米，镇内平地水深1米。1986年7月发生在阿里河镇的强旋风，风向由北向南，风速达37米每秒，将林业局贮木场40吨龙门吊车刮倒，部分民房房盖被旋风卷走。

阿里河镇为内蒙古自治区主要林业产区，林地资源丰富，主要树种为落叶松、白桦。

阿里河的嘎仙沟一带有镍、钼、钴稀有金属，还有铜、铝、锌综合矿区，同时还出产黑色大理石。

嘎仙洞

阿里河镇为鄂伦春自治旗政府所在地，地处甘河与阿里河汇合处。"阿里"为鄂伦春语，意为"磷火"。阿里河两岸为沼泽地，夏季无风夜常有沼气自燃现象。1952年建镇，有旗、镇属工业企业40余家。该镇以北10千米处有鲜卑遗址嘎仙洞，是大兴安岭地区著名的古迹，为国家一级文物保护单位。嘎仙洞坐落在峰峦层叠、古木参天间的一座高达百米的花岗岩陡壁上，岩隙间可见几排横生支出的树木。游人登上一条10余米长人工开凿的石阶，通过洞前一片平展的石台，可以来到洞口。洞口呈三角形，高20米，下部最宽处28米。进入洞内，可见穹庐状洞顶，洞深92米，里面可容纳千余人。1980年在洞内石壁上发现北魏太平真君四年（443年）铭刻，经考证发现，该洞正是《魏书》上记载的距今已有1 500余年、我国北魏时期第三代皇帝鲜卑族拓跋氏先祖居住的石室旧墟。鲜卑族是我国古代统一北方地区，建立第一个少数民族政权的民族。嘎仙洞也因此成了我国东北部边疆地区最早有文献记载的少数民族遗址。嘎仙洞四周巨石嶙峋，绝壁凌空，林海莽莽，绿树参天，气势磅礴，巍峨壮观，是绝好的避暑旅游胜地。鄂伦春族自治旗在这里设立了文物管理站。

相思谷

流域内开发有阿里河国家森林公园，由相思谷原始景区、仙子湖景区、伊勒呼里山阿里河源头景区、窟窿山景区四个主景区组成。园区总面积为2 486公顷，森林覆盖率达94%，其中集中连片的纯原始生态林占42%，属我国东北东部温带针阔叶混交林区域和大兴安岭寒温针叶林区之间的过渡带。

1.27.8.3 奎勒河
（Kuile River）

甘河右岸支流，发源于内蒙古自治区鄂伦春自治旗奎源林场以西大兴安岭莫格吉大山东麓，于莫力达瓦达斡尔族自治旗巴彦鄂温克民族乡以东乌日根塔拉处汇入甘河。河长242千米，流域面积4 733平方千米，河源高程1 042米，河口高程362米，河道平均比降1.07‰。

流域地势西北高，东南低，大兴安岭南麓扎克奇山自北向南纵贯全境。流域下游与嫩江平原接壤。

流域多年平均气温－0.5摄氏度。多年平均年降水量500毫米、年水面蒸发量700毫米，多年平均年径流量8.87亿立方米，全年无霜期100天左右。

奎勒河流域为狭长条状，呈L形，总体由西北流向东南。奎中林场以上分两支，西支为正源，称大奎勒河，东支为支流称小奎勒河。两河汇流后，自西北向东南流，至大库莫折而东流。上中游全程流经山区，河道局部弯曲较多，支流短促，下游进入嫩江右岸平原，主要支流有**卧罗河**。该河天然水质优良，基本无污染，矿化度较低，水化学类型为HCO_3—Ca型水。

奎勒河水能资源丰富，理论蕴藏量2.35万千瓦。

流域上中游山区植被繁茂，为大兴安岭林区，属国家重要林业基地之一。森林覆盖率50.1%，树种以兴安落叶松为主。进入下游平原后，河谷开阔，两岸地形平坦，地势降低至300～500米，多沼泽湿地，次生林丛生，水草丰美，土质肥沃，多为腐殖土，为农业种植区域。流域内矿产资源有煤、金、银、石灰石等。

1989年6月1日至7月25日，流域52天降水量总计307.6毫米，河水出槽漫滩，冲毁防洪坝13处、公路99千米、桥涵多处，受灾农田0.71万公顷。

流域主要村镇为奎勒河镇，人口1.5万。

奎勒河河源区奎源林场处被划定为阿里河国家森林公园范围，主要保护兴安落叶松等野生植物，阿里河国家森林公园相思谷原始景区位于奎源林场境内。大奎勒河左岸被划定为县级奎勒河自然保护区，主要保护野生动植物。

1.27.8.3.1 卧罗河
（Woluo River）

奎勒河右岸支流，发源于内蒙古自治区鄂伦春自治旗诺敏河镇宜里农场七连以上山区，于奎勒河镇以西注入奎勒河。河长99.9千米，流域面积1 249.42平方千米。

卧罗河源出鄂伦春自治旗南部低山丘陵区，西高东低，下游与嫩江平原接壤。

流域内多年平均气温1.0摄氏度，多年平均年降水量480毫米、年水面蒸发量750毫米，多年平均年径流量2.58亿立方米，全年无霜期100天左右。

卧罗河支流发育，河槽宽浅，水量丰沛，水质优良。进入下游平原后，河谷开阔，两岸土地平坦，多沼泽湿地，土质肥沃，水草丰美，为农业种植区域。

卧罗河流域为少数民族聚居区，主要有鄂伦春、鄂温克、达斡尔等少数民族。经济以农牧业为主。

卧罗河自河源向东流，至卧罗河村，右岸有支流乃木河汇入，卧罗河村位于两河汇流处。过卧罗河村，河水遇山体顶托，折而北流。于奎勒河镇西从右岸注入奎勒河。

卧罗河村至入河口区间河段为鄂伦春自治旗与莫力达瓦

达斡尔族自治旗之间的分界河流，两旗以河为界。

1.27.9 霍日里河
（Huorili River）

松花江 嫩江右岸支流，发源于内蒙古自治区莫力达瓦达斡尔族自治旗塔温敖宝镇七旗山东南麓，于腾克镇后霍日里村以东注入嫩江。

霍日里河河源高程552米，河口高程378米。地理位置为东经123°55′~124°44′，北纬48°50′~49°14′，流经塔温敖宝镇和腾克镇。河长142千米，流域面积1 312.39平方千米，河道平均比降1.23‰。

流域地处大兴安岭东麓支脉，地势西高东低，为浅山丘陵地貌。山体形态呈浑圆逶迤的漫岗丘陵，下游地势低平，为嫩江右岸平原。

霍日里河

流域多年平均气温1.3摄氏度、年降水量475毫米、年水面蒸发量800毫米，全年无霜期115天，多年平均年径流量2.72亿立方米。

河流在浅山丘陵间迂回，由西北流向东南，流域呈树枝状，支流较长，向两翼伸展。主要支流有霍里勺坎河、德扎奇必也河等。流域内植被繁茂，水土流失较轻。河水含沙量小，水质良好，基本无污染，矿化度小于0.5克每升，为$HCO_3—Ca$型水。

山体表面林草繁茂，树种有蒙古栎、山杨、白桦等。野生植物以稠李子、山里红、山杏、榛子及花脸蘑、猴头菇、木耳等为主。流域矿藏以煤、珍珠岩、石灰矿为主。

塔温敖宝镇以上河流河谷深窄，居民点较少。塔温敖宝镇以下至特莫呼珠，河谷展宽，沿河两岸人口村庄密集，为农业种植区域，霍日里河也成为该区域的主要灌溉水源。河流至下游为腾克镇辖区，进入嫩江平原，地势低平，盛产玉米、谷子、黄豆等，为自治区粮食生产基地。

流域所在旗为达斡尔族聚居区，历史上达斡尔族以穿皮制服装为主，中青年男子帽顶饰以貂皮、鼠尾、腰佩猎刀，喜食肉粥、奶粥。达斡尔族注重礼仪，尊重老人和长者，以热情好客著称，有独特的婚娶礼仪。

1.27.10 尼尔基水库
（Nierji Reservoir）

松花江 嫩江干流上的大型水库，坝址右岸为内蒙古自治区莫力达瓦达斡尔族自治旗的尼尔基镇，左岸为黑龙江省讷河市二克浅乡，距下游黑龙江省齐齐哈尔市130千米。

概　　述

尼尔基水库是一座以防洪及工农业供水为主，结合发电、航运及水环境，并为松辽流域水资源的优化配置创造条件的大型控制性工程。

水库校核洪水位219.9米，相应总库容为86.1亿立方米；正常蓄水位216米，相应库容64.56亿立方米；死水位195米，相应库容4.88亿立方米；防洪高水位218.15米，相应库容为75.88亿立方米；汛限水位213.37米，相应库容52亿立

枢纽鸟瞰图

方米。

水库坝址以上河长585千米，控制流域面积6.64万平方千米，占嫩江流域面积的22.35%。坝址以上为山区和丘陵区地貌，森林密布、植被良好。两岸呈不对称地形，右岸多为沉积台地和剥蚀丘陵，地面坡度平缓，左岸为二级侵蚀堆积阶地。河谷滩地平坦，槽大谷小，谷宽2~5千米。库区基岩透水性微弱，且在基岩上有5~20余米黏性土覆盖，不存在渗漏问题，土壤多由壤土、砂壤土和黏土等组成。坝址以下为松嫩平原，地势平缓，河道宽阔。

水库坝址处两岸山体低矮，河谷呈不对称的U形，底宽1 770米。嫩江于坝前分为两股水流，主流靠近右岸，支流位于中央，平水期江水面各宽约450米和120米。河谷左侧有一宽约90米的牛轭湖，汛期与主流连通，河谷中分布有岛状心滩，地形平坦。坝址左岸为二级侵蚀堆积阶地，在高程195米以下坡度较陡，以上为缓坡；右岸为一低矮的环形山体，系白土山台地，台面宽1~1.5千米。坝址岩性覆盖层为第四纪冲积层，厚30~37米。结构从上到下依次为壤土、沙壤土层、砂卵石层和含泥砂砾石层，基岩主要为花岗闪长岩。本区地震基本烈度为Ⅵ度。

水库地处中温带大陆性季风气候区，春季干燥而风大，夏季温湿多雨，秋季暂短凉爽，冬季漫长而寒冷，长达半年之久。坝址处多年平均气温为1.5摄氏度，历史最高气温发生在7月，为39.5摄氏度；最低气温发生在1月，为-40摄氏度。多年平均年降水量475毫米，降水集中在6—9月，占全年降水量的87.2%。多年平均年蒸发量743.3毫米，多年平均风速为3.3米每秒，多年平均无霜期134天，最大冻土深为2.51米，多年平均年径流量104.7亿立方米，多年平均年输沙量为47万吨。

尼尔基水库枢纽主要由主坝、副坝、溢洪道、水电站厂房和灌溉输水洞（管）等建筑物组成。工程等别为一等工程，主要建筑物为Ⅰ级，地震设防烈度为Ⅶ度。大坝总长7 265.55米，最大坝高40.55米，坝顶高程221米。正常运用洪水标准为千年一遇（15 000立方米每秒），非常运用洪水标准为可能最大洪水（24 900立方米每秒）。

枢纽图

主坝为沥青混凝土心墙砂砾石坝，布置在主河谷内，坝顶高程为221米，坝顶宽8米，长1658.31米，最大坝高40.55米；左副坝位于二级侵蚀阶地上，为黏土心墙砂砾石坝，最大坝高23米，坝长1396.59米；右副坝位于白土山台地上，为黏土心墙弃渣堆石坝，最大坝高15.5米，坝长3976.1米（包括溢洪道挡水部分）。

泄水建筑物为开敞式岸坡溢洪道，布置在右岸白土山台地上，溢洪道共设11孔，单孔净宽12米，溢流前缘总宽度为166米，溢洪道纵向长度为875米。堰顶高程199.8米，最大泄流量20 300立方米每秒。

电站厂区建筑物包括河床式厂房和变电站。主厂房紧靠河床右岸布置，尺寸为149米×26.1米×60.64米（长×宽×高）。厂内装有4台水轮发电机组，单机容量62.5兆瓦，总装机250兆瓦，多年平均年发电量6.144亿千瓦时。

在左、右岸各布置一座灌溉输水建筑物，设计流量分别为10立方米每秒和34立方米每秒。

电站

纪　　实

尼尔基水库坐落于嫩江中游段，坝址处是嫩江干流最后一个峡谷，扼嫩江由山丘区流入广阔平原的咽喉。坝址以上主要河流有嫩江，以及嫩江右侧支流**罕诺河**、**那都里河**、**古里河**、**多布库里河**，嫩江左侧支流**卧都河**、**门鲁河**、**科洛河**等。

库区汇入的河流有**甘河**、郭恩河、**霍日里河**等。

尼尔基水库为河谷型水库，正常蓄水位时，库水面积498.3平方千米，库长119千米，平均宽4千米，最宽为17.5千米；水库最大深度35米，平均深度为13米。水库蓄水后库岸蜿蜒曲折，形成较大库湾6处、孤岛1处、半岛4处。库区内原讷河市库勒浅处和莫旗腾克乡址处处形成大于50平方千米的浅水区，水库具有水面宽阔、水深较浅的特点，水天一色，风光旖旎。

库区周边植被较好，分为森林、灌丛和草地三类。其中森林植物以蒙古栎林为主，间有杨、黑桦等落叶阔叶杂木林，主要分布在低山丘陵地带；灌丛主要分布在丘陵地带，植物为柳、稠李、胡枝子、山丁子等；草地植物繁多，有线叶菊、贝加尔针茅、苔草、裂叶蒿、地榆、野豌豆、羊草、蓬子菜、黄花菜、凤毛菊等几十个品种，按其植被类型主要为草甸草原、典型草甸及沼泽化草甸，它们分布在平原及丘陵林间隙地、丘陵缓坡与河谷阶地、山间谷地、山麓、丘缘丘间低地。库水清澈，没有污染，水质为国家地表水标准Ⅲ级以上。

库区生态环境良好，为野生动植物栖息、繁衍、生存提供了优越的自然条件。可供人食用的野生植物种类达30余种，有蕨菜、蘑菇、柳蒿芽、都柿、榛子等绿色食品；野生花卉有兴安杜鹃、野百合、野玫瑰、报春花等上百种；野生陆地动物近100种，被列为国家一级保护的动物的有黑熊、紫貂、丹顶鹤等，列为国家二级保护动物的有飞龙（花尾榛鸡）、雉鸡、狍子等；盛产金鲤、白鱼、鳌花、红尾等名贵野生鱼类40余种。

库区周边土地肥沃，光照充足，水草丰盛，是嫩江流域的北国粮仓。农作物主要有大豆、马铃薯、甜菜、水稻、小麦、向日葵、蔬菜等品种。其中嫩江县、莫力达瓦旗有"大豆之乡"美誉，而讷河市则为马铃薯和甜菜之乡，甜菜产量和绵白糖产量均为全国之冠。

敖包

尼尔基水库北枕兴安龙脉，西临呼伦贝尔大草原，南接辽阔的松嫩平原，这里人杰地灵，人类很早就在这里繁衍、生息，留下了众多痕迹。有旧石器时代清河屯遗址、新石器时期的多金原始社会遗址、拉哈辽金古城遗址、建于金代的长城金界壕，以及清代时期的碉楼、斡包、墓碑遗址等。

尼尔基水库周边有汉、达斡尔、蒙古、鄂温克、满、鄂伦春、朝鲜、回等20多个民族聚居，历史悠久。浓郁的民族风情风格各异，蒙古、鄂伦春、鄂温克等少数民族至今还保留着自己的生活习俗和文化传统，兼有游牧文化、渔猎文化与农耕文化的特点。值得一提的是莫力达瓦达斡尔族自治旗是中国唯一的达斡尔族自治旗，该旗于1958年8月15日建立，首府为尼尔基镇。"尼尔基"达斡尔语为"繁荣"之意。达斡尔族以狩猎和农业为主，渔业也比较发达，原居住在黑龙江北岸，17世纪中叶，这个民族为维护祖国统一，打响了武装抗击沙俄入侵的第一枪，在浴血奋战了半个世纪之后，南迁到大兴安岭东麓、嫩江流域中上游。达斡尔族人能歌善舞，多才多艺，其民间文学和民间舞蹈广为流传，妇女擅长缝制各种皮衣，男人则喜欢赛马、摔跤、射箭，尤其擅打"贝阔"，这种传统的体育活动就是现代曲棍球的前身，如今，莫力达瓦达斡尔族自治旗也成为著名的"曲棍球之乡"。

目前，当地的人们依托工程、自然和人文景观特色，大力开展旅游事业，已经建成的达斡尔民族园坐落在尼尔基水

尼尔基水库码头

库环湖景区内斡包山上,园内有民族民俗村、雅克萨古城、无名英雄纪念碑、抗沙俄英雄纪念碑、布特哈八旗总管衙门、国际标准曲棍球比赛场、萨满文化博物馆等景点和建筑。另外还有坐落在库区左岸大架山上的全国唯一集高山旅游滑雪和越野旅游滑雪为一体的滑雪场,水库周边的四方山生态园、博荣山植物园等景点景观都独具特色。

1.27.11 讷谟尔河
(Nemoer River)

松花江嫩江左岸支流,讷谟尔蒙语意为"秋",满语意为"嫩"。发源于黑龙江省北安市小兴安岭西南坡佛仑山岭,流经北安、五大连池、克山、讷河、嫩江五个县(市),在讷河市西南39.6千米处注入嫩江。地理位置为东经124°38′~127°40′,北纬47°44′~48°56′。河流长569千米,流域面积13 945平方千米,河道平均比降0.41‰。

概 述

流域范围 讷谟尔河流域位于黑龙江省西部偏北,东为小兴安岭,南靠**乌裕尔河**,北与**科洛河**为邻。流域长度为283.8千米,平均宽49.13千米。河源高程410米,河口高程177米,全河总落差233米。

地貌 讷谟尔河流域地势呈东高西低、北高南低,上游为小兴安岭西麓低山区,中游为小兴安岭余脉低山丘陵,下游进入平原区。流域内山地面积为3 002平方千米,丘陵面积为3 876.3平方千米,台地面积为3 574.7平方千米,河道湖泊面积为3 492平方千米,流域最大宽度75.5千米,最小宽度12.5千米。

在讷谟尔河右岸支流**石龙河**流域的分水岭上有14座火山锥屹立在丘陵之上,高出地面100~300米,形成五个相连的大池子,称为**五大连池**。

本流域地貌可分为低山、丘陵、岗阜状平原、熔岩台地、一级阶地和漫滩。整个河流分为上、中、下三段。**山口水库**坝址以上为上游,河谷狭长,水流湍急,穿行于山岭相连的小兴安岭西麓,植被良好,针阔混合林连绵不断;山口至讷河市为中游,流经山地丘陵过渡地带,二龙山农场附近河谷宽约1.5千米,土泥浅水文站处高水位时最大水面宽3 000米,最大水深5米;讷河市至河口段为下游,流经广阔的平原地带,河谷宽一般为5~8千米,河面最宽达14千米,沿岸多泡沼湿地为农业区。

水系 呈树枝状,由25条大小支流组成,流域面积大于100平方千米的支流15条。

气候水文 讷谟尔河流域属中温带大陆性气候区,具有夏短冬长的特点。冬季严寒而漫长,地面覆雪,土壤冻结,河流封冻;夏季温热多雨。多年平均气温1.1摄氏度,冬季最低气温达-42.2摄氏度,夏季最高气温达35.7摄氏度,年平均无霜期为122天。多年平均冻土深度为2.22米,最大冻土深度在2.82米(1977年克山)。多年平均风速3~4米每秒,风向多为西北风,春秋为多风季节,年最大风速达到8级。

流域内多年平均年降水量587毫米,雨量分布为山区大于平原。北部和东部低山河谷区为多雨区,年降水量在600毫米以上;中、南部为雨水较多区,年降水量500~600毫米;西北部为少雨区,年降水量450~500毫米;西南部为干旱少雨区,年降水量400~450毫米。降水年内分配不均,6~9月降水量约占年降水量80.2%。降水年际变化较大,最少降水年出现在1954年,年降水量仅为291.6毫米,最多降水年出现在1957年,年降水量为681.1毫米。年平均水面蒸发量650~850毫米,多年平均年径流量15.48亿立方米。多年平均结冰期为235.7天,平均最大冰厚1.16米。

水旱灾害 据《黑龙江省240年旱涝史》(1991年9月第一版)记载,讷谟尔河流域发生较大旱灾的年份有11年。1989年发生特大旱灾,讷谟尔河断流(五大连池市),大部分

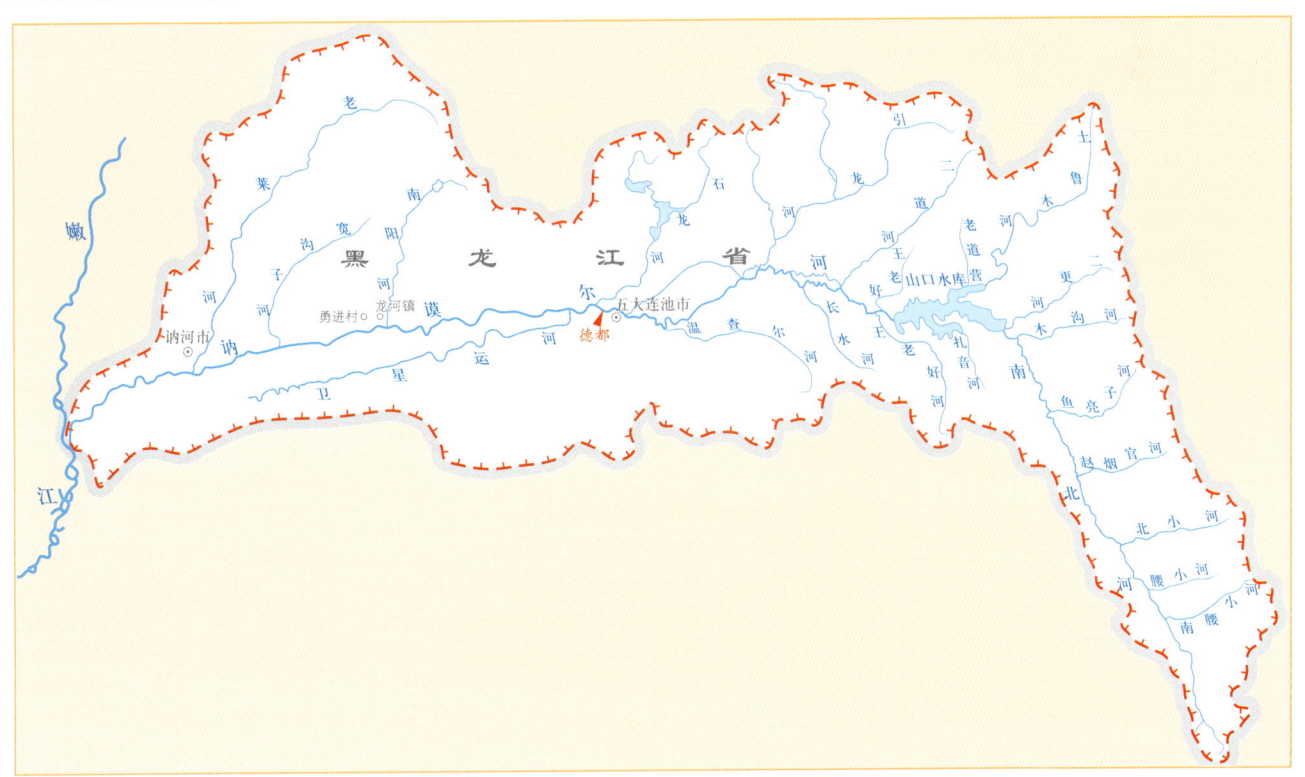

讷谟尔河水系示意图

沟、塘、泉、井枯干，部分村屯人、畜饮用水都发生困难。清嘉庆十二年（1807年），布特哈大旱，人掘草根、野菜为食。1954年大旱，成灾面积42 256公顷。1977年1—5月大旱，151 409公顷耕地（占总耕地面积的59.5%）未出苗。1979年5月下旬至7月18日连续54天高温无雨。

讷谟尔河流域有记载以来的250余年间（1746—2005年），发生较大的洪水18次。其中：1931年夏，讷谟尔河水暴涨，讷河县南门外汪洋一片，沿河两岸村庄被冲毁，农田被淹没，交通阻断，大量人畜死亡；1953年夏，汛期连续降雨18日，讷谟尔河水陡涨，讷河市8月11日水位达97.1米，洪峰流量达4 800立方米每秒，为有记录以来的特大洪水。另外，霜冻、风灾、雹灾和病虫灾在本区也是常见的自然灾害。

经济社会 流域内有耕地23.47万公顷，占流域面积的26.27%。据2005年统计，流域内有人口90万，其中农业人口65万，平均人口密度为每平方千米70人。人口分布的特点是中下游比较密集，上游稀少分散。民族以汉族居多，另有满、蒙古、达斡尔、鄂温克、鄂伦春等27个少数民族。

流域内经济发展较快，农业开发早，土壤肥沃，适合于农业耕作。到2005年，流域内已经建成我国机械化程度最高、现代农业技术最先进的国有农场群，是黑龙江省的主要产粮区之一，已经成为国家重要商品粮基地，被誉为"东北的大粮仓"。流域传统作物以大豆、小麦、玉米为主，经济作物有甜菜、马铃薯等。近几年水田发展较快，水稻种植面积大幅度增加。

治理与开发 河道现有堤防总长251.33千米，其中左岸堤防138.33千米，右岸113千米。保护面积4.91万公顷，其中保护耕地3.53万公顷，城镇4个，村屯74个，人口2.86万。

1958年在中游左岸五大连池市和平镇开挖与其平行的卫星运河，流经五大连池、克山、讷河3县（市），全长92千米，主要用于灌溉农田。

流域内已挖大小排水沟89条，共长44 268米，整理出耕地4 420公顷，治理内涝面积3 680公顷，占低洼易涝耕地面积的41%。除涝面积1.28万公顷，占低洼易涝耕地面积的64%，其中达5年一遇至10年一遇治涝标准的为8 100公顷。流域内自上而下有9个大型以上灌区。共建：水库14座，其中大型水库1座，其余为中小型水库，总库容11.81亿立方米；建塘坝6座，电力提水灌溉站7处、机电灌溉井36眼，农田有效灌溉面积4 600公顷，其中水田面积2 573公顷。

纪 实

上游 源头至山口水库段为上游，称之为南北河。河名是根据该河的流向而得，流向沿着小兴安岭走向，大体由东南流向西北，在长水河农场17队附近折向西流，经井家店、卫东、朝阳林场、大岭、南北河自然保护区、建设林场等村落。山口水库以上是人烟稀少的林区，平均每平方千米仅有7人。沿途先后接纳南腰小河、腰小河、北小河、赵烟官河、鱼亮子河、木沟河、二更河等支流。在库区汇入的支流有土鲁木河、扎音河等。整个河床占据着宽广谷底的右侧，这些支流全部在右岸。上游是森林分布较广的山区，植被良好，流域坡度大，汇流快。

中游 山口水库至讷河市段为中游。河流出山口水库后始称讷谟尔河，一路西行，流经龙镇、二龙山、长水河、永丰、花园、红五月、跃进等24个国有农牧场，穿过北（安）黑（河）铁路、G202国道直奔五大连池市，沿途又接纳了右岸的二道河、引龙河、**石龙河**、石底河、南阳河、宽沟子河、**老莱河**和左岸的王老好河、长水河、温查尔河等河流。

讷谟尔河中游区域，地表水资源具有可开发价值的首推五大连池市。这里有24条大小河流，水面1.061万公顷，总面积1 860公顷的5个火山堰塞湖，80%以上的水源来自湖底1 000多个温泉，是天然的渔场，年捕鱼量400吨以上，有10科、39种鱼，其中东北银鲫、三花（鳊花、鲫花、鳌花）、五罗（哲罗、法罗、鸭罗、铜罗、胡罗）等鱼种世界稀有。

在讷谟尔河中游，202千米长的地域内滩地平坦，土质肥沃，自然条件优越。自上而下有永丰、建设、和平、北兴、九井、讷南、全胜、红旗、太平9个1 000公顷以上的灌区。水源以利用讷谟尔河水为主，流域经济发展较快，五大连池市、克山县均以农业为主，是黑龙江省重要产粮区。境内牧场宽阔，饲料充足，已建成奶牛、黄牛、马、羊、猪、禽等重要的畜产基地。山清水秀的肥沃土地，草木清华，引来了大批野生动物。山林地带有艾虎、水獭、麝鼠、狐狸等野生兽类和飞龙、野鸡、啄木鸟、猫头鹰、鸽子等禽类。青色草原种畜场和茂山林场有野生药材60余种。

流域内资源丰富，有红松、樟子松、落叶松等森林资源，有铁、煤、石英砂、页岩、钾长石等矿藏资源。流域内各市县工业发展迅速、种类齐全，主要有机械、化肥、水泥、制糖等。

流域内的朝阳山位于黑龙江省五大连池市朝阳乡中部，属小兴安岭山脉。山势呈东西走向，平均高程500米左右，面积约10平方千米。这里峰峦叠嶂，沟壑纵横，林木丛生，以柞、桦、杨树为主；野生动物有黑熊、野猪、猞猁、飞龙鸟等；并盛产野生植物蕨菜。1938年冬，东北抗日联军由六军十一团、十二团和三军八团组成的第二次西征支队到达德都县后，在朝阳山山区创建抗联后方根据地，作为部队的休整基地。1939年5月，东北抗日联军以三军、六军、九军、十一军为基础，在朝阳山正式成立第三路军，总指挥部设在朝阳山。抗联军先后在这里建立了医院、修械所、被服厂，并成为中共北满省委驻地，还建立了北满省委军政干校。

讷谟尔河西行到青山镇（五大连池市政府驻地）有德都水文站（由原土泥浅水文站上迁），该站建于1971年。测验断面距离河源341千米，至河口228千米，集水面积7 200平方千米，中游河道比降在1/1 500，一般河槽宽在200～500米，水深1～3米，最大水深3.87米，洪水期最大河宽7.17千米，水深6米。多年平均年径流量15.4亿立方米，年径流深182.5毫米，最大年径流量27.84亿立方米，最大年径流深328.7毫米。历史最大洪水为1953年8月1日，洪峰流量为4 800立方米每秒。春季最小枯水流量为0；最大凌汛流量78.5立方米每秒。河流过德都水文站以后继续西行，至五大连池市和平镇和平村，左岸建有大型灌渠引水工程卫星运河，运河跨越黑龙江省的五大连池市、克山县、讷河市三县（市），干渠全长92.5千米，设计灌溉面积2.445万公顷。运河的建设给五大连池市、克山县、讷河市振兴农业，改变农业生产面貌创造了有利条件。

河流过德都水文站后，右岸有支流石龙河汇入。石龙河河谷受老黑山及火烧山岩流堵塞，形成五个串联的深浅不等的池子，后人称为五大连池。其中二池、三池、四池规模较大，水面面积一般年份有40平方千米，二池水深14米，三池水深10米，头池、五池水深5米。五大连池分布着景观奇特的火山群，有14座火山，火山地貌完整，被誉为"天然火山博物馆"。为国家重点风景名胜区和矿泉辽养胜地，是世界地质公园。

继续西行至龙河镇有支流南阳河自右岸汇入。在龙河镇勇进村西有一座金代古城，2005年4月被黑龙江省人民政府公布为黑龙江省文物保护单位。清朝末代皇后婉容故乡位于讷河市龙河镇保安村莽乃屯。

出勇进古城西行有宽沟子河自右岸汇入。宽沟子河右岸的山顶上有市级文物保护单位东风辽金遗址。

在讷河市区东有老莱河自右岸汇入。

下游　讷河市至河口段为下游。讷河市因讷谟尔河横贯全境而得名。于1913年设立县，1992年撤县设市。地处松嫩平原北缘、素有"黑土地上的明珠"美誉的讷河市，农业以盛产大豆、小麦、马铃薯、甜菜著称，以"北国粮仓"闻名遐迩，是国家重点粮食生产基地之一，全国百个产粮大县之一。大豆出口基地，国家无毒种薯基地，是嫩江平原上崛起的"中国马铃薯之乡""中国甜菜之乡"。2007年国家批准黑龙江省讷河市雨亭公园为国家城市湿地公园。雨亭公园位于讷河市讷河镇南环路东，占地45.5公顷，其中绿地和水面为43公顷。公园建于1915年，因当时建有一座避雨草亭，故名"雨亭公园"。雨亭公园各景点之间有纵横交错、井然有序的靓丽景观。在林荫休息区保存有历代遗留的古碑，具有重要的历史研究价值和艺术欣赏价值。敖包山、白金堡遗址、莽鼐古墓群向现代人昭示了远古文明。

河水经过G111东线国道，下行6千米之后与齐（齐齐哈尔）加（加格达奇）铁路相交，继续下行33.6千米汇入嫩江。在这段距离内，河道的弯曲度为1.5，比降为0.38‰，此段河床在大水期水面宽可达7.17千米，尤其是临近河口河段，常与嫩江干流同时涨水，造成顶托影响，河道排水不畅，经常造成内涝。

1.27.11.1　山口水库
(Shankou Reservoir)

讷谟尔河上游干流上的大型水库，坝址位于黑龙江省五大连池市龙镇山口村，距黑龙江省五大连池市区55千米。水库坝址以上集水面积3 745平方千米，总库容为9.95亿立方米，是一座集防洪、发电、灌溉、供水、养鱼综合利用的水库。工程于1995年8月31日开工，1999年春季蓄水，年末并网发电，2000年10月主体工程完工。

山口水库

概　　述

水库按500年一遇洪水设计，5 000年一遇洪水校核，校核库容为9.95亿立方米，兴利库容为7.4亿立方米，死库容为3.1亿立方米，净调节水量为4.3亿立方米。

水库枢纽工程由主坝、溢洪道、引水隧洞和电站组成。主坝为沥青混凝土心墙堆石坝，坝长763米，坝高35.7米；溢洪道为岸坡开敞式，净宽为36米，由三孔弧形闸门控制，设计洪水泄流量为700立方米每秒，校核洪水泄流量为2 790立方米每秒；输水洞为岸塔式圆形引水隧洞，洞径为5.3米；

电站为地面式厂房，装机容量2.6万千瓦，年发电量6 448万千瓦时。

水库每年可提供工业用水9 460万立方米，灌溉水稻3万公顷，防洪可保护五大连池、讷河、克山等城镇，并保护5万公顷农田及下游近百万人口，以及北黑铁路、鹤嫩公路、G202国道。

库区多年平均年降水量581.3毫米，降雨主要集中在汛期6—9月，占全年降水的76%左右。降水量年际变化较大，最大年降水量为732毫米，最小年降水量为405毫米，相差1.8倍。多年平均气温0摄氏度，最高气温38.2摄氏度，最低气温在-42.0摄氏度。全年无霜期120天，最大冻土深为2.0米，多年平均年水面蒸发量980.5毫米，多年平均风速3.5米每秒，最大风速为19.0米每秒，风向多为西南风。多年平均年径流量8.2亿立方米。

山口水库自1999年运行以来，经历了2003、2006年两次10年一遇洪水，削减洪峰都在50%以上。在抗击这两场洪水过程中，山口水库均发挥了巨大的错峰、削峰和拦蓄作用，为减轻下游洪水灾害、保护下游上百万人民生命财产安全作出了重大贡献。

纪　　实

山口水库以上地势为一条狭长的河谷盆地，属小兴安岭余脉部分，为山岭连绵的低山地带。

山口水库以上讷谟尔河称南北河，库区以上先后有南腰小河、腰小河、北小河、赵官烟河、鱼亮子河、木沟河、二更河等支流汇入，这些支流全部在右岸。上游是森林分布较广的山区，植被良好，流域坡度大，汇流快。在库区汇入的支流有土鲁木河、扎音河、王老好河等。

山口水库目前已成为五大连池市重点旅游观光景区，即山口湖风景区，它是黑龙江省风景名胜区、国家AAA级旅游风景区、国家级水利风景区。84平方千米的浩渺湖面，近10亿立方米的巨大库容，威武矗立的763米的长堤，现代化的发电厂房，天然与人工的有机交融，构成了令人瞩目的浏览胜地。景区地形系小兴安岭西坡向松嫩平原延伸的山区出口处，不仅具有典型的小兴安岭余脉低山丘陵景观，而且受新构造运动的影响，断层发育，山峦起伏，山头浑圆，山峰陡峭，具有难得的近代构造地貌景观。库区四周青山环绕、林木繁茂，宽阔的水域中不时分布着大小不等的库湾、孤岛，形成了优美动人的山水相依、丛林相连的自然风光。随着微地形发育，保护区具有水域、森林、草地、沼泽等微景观生态类型，孕育和保存着丰富的生物资源。库岸林地有以白桦、黑桦、柞树为主的天然次生林和原始林，其中生长有黄檗、水曲柳、红松等国家重点保护植物。茂密的岸边森林不仅使库区风景宜人，而且对库区水质保护和水源涵养起着重要作用。在山口自然保护区内有脊椎动物252种，其中兽类37种，如黑熊、棕熊、紫貂、猞猁、马鹿等；有国家级重点保护鸟类，如丹顶鹤、中华沙秋鸭、鸳鸯、雀鹰、白枕鹤等。在这自然保护区内还有多种山野菜，如黑木耳、猴头菇、蕨菜、黄花菜等，还有大量昆虫和水生生物。

1.27.11.2　石龙河
(Shilong River)

讷谟尔河支流，发源于黑龙江省五大连池市西北部格拉球山以北的沼泽地，自北向南流，依次由**五大连池**的五池流经四池、三池、二池和头池，沿石龙熔岩流东缘在团结乡永发村东侧南流注入讷谟尔河。河长61千米，流域面积723平方千米。

流域属小兴安岭与松嫩平原的交接地带,境内多系低山丘陵、漫川漫岗。土壤主要有暗棕壤和黑土,暗棕壤腐殖层厚薄不均,薄者不足 10 厘米,厚者 50 厘米以上;黑土腐殖质层一般 20～60 厘米,厚者可达 70 厘米。适宜针阔混交林生长,其中杨桦林占优势,天然针叶林极少,人工针叶林主要在焦得布林场,以落叶松为主。

石龙河浅层地下水均为潜水性质。地下水的埋深一般为 5～30 米。玄武岩台地,地下水水位埋深较浅,一般不超过 15 米。而在台地边缘和局部沟谷切割的低洼处,地下水带以下降泉的形式溢出地表。根据抽水资料,区内地下水的单井单位出水量(当水位下降 1 米时每小时的出水量)一般都不超过 3 吨每小时。玄武岩的个别泉的流量较大,最大者达 200～300 吨每小时。

流域属中温带半湿润大陆性季风气候区。多年平均气温为 0.76 摄氏度,境内四季气候差异较大。春季气温回升较快,温差较大;夏季炎热,7 月气温最高,最高气温 38.2 摄氏度;秋季气温下降很快,10 月平均气温下降到 2.3 摄氏度;冬季寒冷,最低气温－42 摄氏度。多年平均年降水量 467.8 毫米,降水多集中于 7、8 月间。多年平均年蒸发量 850 毫米。河水依赖涌泉和地表径流补给,终年不枯。河水于每年 10 月下旬开始结冰,次年 5 月解冻,封冻期长达半年之久,最大冰厚 1.7 米。河水属重碳酸盐类钙、钠组Ⅰ型水。有鱼类 10 科 39 种,其中主要经济鱼类有鲤、鲫、鲢、鳙、草鱼等。

石龙河主要支流有张世通沟、药泉河等。张世通沟发源于尾山以北的山谷,全长 23.5 千米,河宽 2～5 米,平均水深 0.6 米。流量不大,注入石龙河,是五大连池的一条重要支流;药泉河发源于药泉湖,沿石龙西侧南流,注入石龙河,全长 7.5 千米,河宽 4～7 米,平均水深 0.2 米。

石龙河水系示意图

石龙河矿产资源种类较多,目前已查明的有铁、铜、砂金、黄铁、硫、火山砾、浮石、玄武岩、珍珠岩、侵入岩(花岗石)、河流沙、黏土、草炭等。

讷谟尔乡引改水工程于 1991 年动工,1992 年 10 月 26 日竣工通水,日供水能力 505 吨,有 8 个村、5 362 人受益。

1996 年,为了解决五大连池市市政府所在地青山镇的饮用自来水水质差、水源匮乏问题,筹资兴建了"引双入青"供水工程,就是北引双泉乡双龙泉东泉群矿泉水南入青山镇。双龙泉矿泉群系五大连池矿泉中偏硅酸水系,天然形成的裸露泉眼昼夜自涌量达 3 万吨。工程于 1999 年 9 月 24 日破土动工,2000 年 9 月 26 日竣工,使 4 万多城区居民饮用上了清澈、甘甜的矿泉水。使五大连池市成为继法国维希城之后的世界第二个矿泉水进入寻常百姓家的城市。

1.27.11.2.1　五大连池
(Wudalianchi Lake)

石龙河上游的我国第二大火山熔岩堰塞湖,旧称乌德邻池,位于黑龙江省五大连池市西北部。系由老黑山、火烧山两座火山喷溢的玄武岩熔岩流阻塞石龙河道,使水流受阻,形成彼此相连呈串珠状的五个小湖得名,称乌德邻鄂模(满语"鄂模"即池、泡)。后由满语译成汉语时,除将"鄂模"直译成"池"以外,又因"乌德邻"与"五池相连"的音义近似,于是便转换成了现在的"五大连池"。五个池子总面积达 40 平方千米。

头池位于五个池子最南边,水面面积最小,枯水期 0.117 平方千米,丰水期 0.187 平方千米;水深枯水期为 1.3 米,丰水期为 2～4 米,为砂砾、熔岩底。

二池又名大雷池,面积居中,水面面积枯水期为 2.544 平方千米,丰水期为 7.5 平方千米;水深枯水期为 4.2 米,丰水期为 7～10 米,大部分为熔岩底。二池岸曲折,西岸和西北岸皆为雄奇的熔岩台地。池水淡绿带棕色,波光粼粼。

三池水面面积最大,枯水期为 8.208 平方千米、丰水期为 21.5 平方千米;水深枯水期为 4 米,丰水期为 7～10 米。三池池岸更为迂回曲折,多由火山熔岩台地构成。

四池又名静波池,水面面积仅比头池略大一些,枯水期为 0.311 平方千米,丰水期为 0.525 平方千米;水深枯水期为 2.8 米,丰水期为 3～5 米。池岸岩石突兀,绿草如茵。

五池面积仅次于三池,水面面积枯水期为 5.34 平方千米,丰水期 10.5 平方千米;水深枯水期为 3.6 米,丰水期为 4～6 米。湖岸曲折,沙底平缓,水质好,鱼类资源丰富,是天然水上活动场。

沿湖有 14 座火山锥,其中湖西有 68 平方千米的熔岩台地,熔岩石龙和熔岩洞等近代熔岩地貌,类型齐全,保存完整,被科学家称为"天然火山博物馆"和"打开的火山教科书"。喷发年代跳跃很大,由史前的 200 多万年到近代的 280 多年前。这里拥有世界上保存最完整、分布最集中、品类最齐全、状貌最典型的新老期火山地质地貌。14 座拔地而起的火山锥,其中 12 座形成于 1 200 万—100 万年的地质时期,2 座新火山—老黑山和火烧山喷发于 1719—1721 年,占地 60 多平方千米,是中国最新的火山。据清《黑龙江外传》载:"墨尔根(今嫩江县)东南,一日地中忽出火,石块飞腾,声震四野,越数日火熄,其地遂成池沼,此康熙五十八年(1719 年)事"。在《宁古塔记略》中述:"离城(德都)东北五十里有水荡,周围三十里,于康熙五十九年(1720 年)六七月间,忽烟火冲天,其声如雷,昼夜不绝,声闻五六十里,其飞出者皆黑石硫黄之类,经年不断,竟成一山,兼有城郭,热气逼人三十余里,只可登远山而望,今热气渐衰,然隔数里,人仍不能近"。这里所记载的是老黑山和火烧山当时喷发的情景及其规模。在这两年的火山喷溢过程中先后形成了老黑山、火烧山。由老黑山和火烧山喷溢的熔岩流如同天然大坝,把石龙河截为五段,成为五个熔岩堰塞的湖泊，形成了中国著名的火山堰塞湖——五大连池。

老黑山海拔 515.9 米，高出地面 165.9 米。山体由黑褐色的火山砾、火山渣组成，远远望去是一

五大连池

座黑色的山体。老黑山的火山口是一个巨大的漏斗状火山口，非常壮观。火口直径 350 米，深 145 米，是目前世界上保存最完整的火山口。火烧山规模较老黑山小，海拔 392.6 米，锥体直径 800 米，火口径 450 米，火口深 63 米，火山口把整个大山劈为两半，裂缝狰狞，状态怪异，山坡中随处可见大小不一的火山弹。

12 座老期火山已被植物覆盖。其中最高的南格拉球山海拔 602.6 米，山顶有高出地面 70 多米的火山口天池；龙门山有天然龙门石寨、火山口森林；东焦得布山有熔岩冰洞、火山口风洞；药泉山附近有南饮泉、北饮泉、翻花泉和南洗泉，是全国著名的冷水碳酸矿泉。

老期火山与新期火山相间排列，规模较大的圆台形火山与规模较小的岩渣堆、盾火山相依偎，圆盆状火山口、圆椅状火山口、漏斗状火山口、破裂状火山口、复合状火山口应有尽有，新期火山喷发形成的翻花熔岩、结壳熔岩交替出现，数量众多，规模宏大，保存完好的喷气锥、喷气碟世界罕见。在石龙河西岸向南延伸，有一条长 17 千米、最宽处 12 千米、面积 70 多平方千米的熔岩流，当地居民称为"石龙"。这种大面积的熔岩流地貌，是由于岩浆在流动过程中，表层先凝固，成为平坦光滑没有破碎的熔岩表壳，表壳下面熔岩流仍在继续流动，熔岩表壳被流动熔岩流牵引作用，发生塑性变形，形成了石海、熔岩瀑布、熔岩暗道、熔岩钟乳、熔岩旋涡、象鼻熔岩、翻花熔岩、喷气锥碟、火山砾和火山弹等千姿百态的熔岩地貌。

近湖一带有 3 个矿泉带，为碳酸泉、冷碳酸泉和含氡矿泉水，储量 11.8 万立方米，泉水清澈可饮。此外还有矿泥两处，储量 3.64 亿立方米。

湖区风光绮丽，是世界地质公园，也是矿泉疗养胜地。

五大连池在我国辽金时代无人居住，伴随着两座新期火山的喷发，五个彼此相连的火山堰塞湖的形成和疗效神奇的矿泉水的出露，才有游牧民族达斡尔族人的迁入，后来汉族人大量迁入垦荒种地，繁衍生息，逐渐形成五大连池人民与周边少数民族独特的民族文化与民俗风情。

1.27.11.3 老莱河
(Laolai River)

讷谟尔河右岸支流，"老莱"由俄佛罗音转而成。原名喀穆尼喀俄佛罗（由附近青山嘴子得名，满语为"隘口"之意），发源于黑龙江省嫩江县的尖山，由北向南流，经嫩江县双山镇、伊拉哈镇、讷河市老莱镇，于讷河市区东郊汇入讷谟尔河。河源高程 419 米，河口高程 193.5 米，流域面积 2 306 平方千米，河长 147 千米，河道比降 1.53‰。流域内多年平均年径流量 8 647.5 万立方米。

流域地处小兴安岭西部松嫩平原的北缘，为小兴安岭山前高平原，地势北高南低，由东北向西南倾斜。地表覆盖层厚，土壤肥沃，植被茂盛，适合于种植小麦、大豆等粮油作物。老莱河的支流较少，只有源头有几条小河。河床窄而弯曲，一般水深 1 米，宽 10～20 米，汛期 100 余米。由于没有治理河道，原河床既窄又浅致使夏秋暴雨季节河水漫溢出槽，积水成为沼泽，杂草丛生，无雨季节则水量断续缓流。

流域内建有黑龙江省九三农垦分局和鹤山、跃进、尖山、荣军、老莱农场。土壤为黑土与黑钙土，有机质含量丰富，土质疏松结构状况好，可耕性好。现有耕地 20.6 万公顷，主要种植的作物有小麦、大豆、玉米、谷子、高粱、水稻等；经济作物以马铃薯和甜菜为主，马铃薯品种优良，驰名全国。

经黑龙江省地质部门勘探，流域内有 20 余种金属和非金属矿藏。其中老莱黄土矿开采的黄黏土为世界稀有的化工和建筑材料。讷河瓷土（高岭土、钾长石、石砂伴生矿）储量在 10 亿吨以上，具有开发价值。

1.27.12 北引渠道
(Beiyin Channel)

黑龙江省北部引嫩工程输水总干渠的简称，位于黑龙江省西部松嫩平原腹地，地处东经 123°43′～124°30′，北纬 45°33′～48°29′。渠首位于讷河市拉哈镇北大约 5 千米的嫩江左岸，由西北向东南流，经讷河、富裕、依安、林甸、青冈、明水、萨尔图、安达等 8 个市县（区），沿途穿越齐嫩、齐北二条铁路及 111 国道至安达市太平庄镇总干渠末端节制闸，渠道总长 243 千米。

概　述

北引渠道由渠首、乌北总干渠、乌南总干渠、萨尔图分干渠、**大庆水库**引渠、东湖水库引渠等组成。渠道上建有分水闸、节制闸和交叉建筑物（跨越铁路、公路、河流）等各类建筑物 180 余座。

渠首由引水渠和进水闸组成。引水渠全长 2.57 千米，进水闸引水能力 50 立方米每秒。

乌北总干渠设计引水流量 50 立方米每秒，复式断面，全长 89.16 千米。渠首至乌北总干渠 22 千米处，渠底宽 28～22 米，水深 2 米，边坡比 1∶3，纵向比降为 1/15 000。乌北总干渠 22～82 千米处，渠道底宽 18～16 米，水深 2.3 米，边坡比 1∶2.5，纵向比降为 1/15 000。

乌南总干渠设计引水量为 30 立方米每秒，复式断面，全长 113.93 千米，断面尺寸逐渐变化。渠道底宽为 16～12 米，水深 2.30～2.85 米，边坡比 1∶1.5，纵向比降 1/15 000，两侧马道宽为 5 米。

萨尔图分干渠设计引水流量 22 立方米每秒，全长 39.43 千米。渠底宽为 12 米，水深 1.9～2.4 米，边坡比 1∶1.5，纵向比降为 1/2 500～1/10 000。

大庆水库引渠设计引水流量 20 立方米每秒，全长 38 千米。底宽 14 米，水深 2.07 米，渠道边坡比 1∶1.4～1∶4，纵向比降为 1/11 500。

东湖水库引渠设计引水流量为 7.5 立方米每秒，全长 42 千米。底宽 3 米，水深 2.7～3.3 米，渠道边坡比 1∶1.75，纵向比降为 1/15 000。

北引渠道多年平均年引水量为 4.65 亿立方米，最大年引水量 5.1 亿立方米，最小年引水量为 2.62 亿立方米，该渠道为 8 个万亩以上灌区供水，实际灌溉面积 1.184 万公顷，并为大庆地区石油工业供水。

1.27.12 北引渠道

北引渠道水系示意图

北引渠道流经区域属中温带半湿润大陆性季风区，多年平均气温 2.9 摄氏度，最高气温 40.1 摄氏度（齐齐哈尔站，2002 年），月均最低温多发生在 1 月，最低气温 −42.2 摄氏度（讷河市站，1966 年）。全年无霜期为 180～200 天，结冻期近半年之久，最大冻土深 2～2.5 米。多年平均年降水量 380～450 毫米，降水年内分布不均，70% 降水集中在 7—8 月；降水年际变化较大，年降水量最大为 748 毫米（1998 年），最小仅为 207 毫米（2004 年）；降水时空分布不均，东北部多年平均年降水量最高可达 500 毫米，西南部多年平均年降水量仅为 370 毫米。

纪　实

北引渠道所在地区地势北高南低，天然水系极不发育，天然河流只有两条，即**乌裕尔河**、**双阳河**，两条呈季节性变化，非汛期水少，汛期成灾，该区域属于黑龙江省重干旱地区，历史上平均十年一大旱，春旱年年有，素有"十年九旱"之称。

20 世纪 70 年代以前，北引渠道上游地区农田成片，居民以种植旱田作物为主，下游地区基本为亘古荒原，草芦茂密，泡沼成片，处于原生态，人烟稀少，少量居民以农耕渔牧为生。

20 世纪 70 年代初，为解决大庆油田及石油化工急需用水和松嫩平原干旱，以及富裕、林甸等县防病改水问题，繁荣本地区工农业经济，国家和黑龙江省决定筹资 1.6 亿元修建北部引嫩工程。

北引渠道从渠首进水闸开始经过 89.16 千米至乌裕尔河，此段渠道称为乌北总干渠。此段渠道两岸以农业生产为主，沃土成片，粮丰、林密，村屯错落有致，属齐齐哈尔讷河市富裕县境内。自然资源有石英砂、石灰石、大理石、石油、天然气等，经济作物有油料、甜菜、马铃薯、烤烟等。

北引渠道穿过乌裕尔河（平交立交相结合工程）、双阳河（立交工程）后，至萨尔图分干渠进水闸，此段渠道称乌南总干渠。渠道长 113.93 千米，渠道上游段流经齐齐哈尔市的富裕、依安两县，该段渠道顺直，人烟稠密，两岸以农耕为主，沃土良田一望无际。早在三四千年前的新石器时代这里就有人类存在。该区域农业资源丰富，农作物以玉米为主，兼有水稻；经济作物以甜菜为主，兼有烤烟。下游段属大庆市及绥化市的青冈、明水、安达境内，人烟稀少。控制区内为低平原，平坦开阔，一望无际，颇具原始草原风貌，生长着各种草类和中草药，主要有甘草、防风、山竹羊草、黄花、荷花等；这里活动着少量的灰狼、狐狸、黄鼬、獐、狍、獾、貂、野兔、沙半鸡、灰鹤等野生动物；在草类中以碱草（俗称羊草）质量最佳、草味清香、营养丰富，是品质极好的牛、羊饲料。

大庆水库引水渠道从北引乌南总干渠 75.7 千米处开始，到大庆水库止，渠道长 38 千米，渠道流经地均在大庆市境内。渠道中上游两岸多为盐碱地，农田以旱作为主，草场丰茂，素有"绿色草原"之称。渠道下游两岸为大庆油田主产区之一的采油六厂，作为中国最大的石油天然气基地，截至 2005 年，大庆油田累计探明石油地质储量 58.8 亿吨，天然气储量 1 627 亿立方米，累计生产原油 18.46 亿吨，占全国同期陆地油田原油总产量的 40% 以上，建成了世界级的大型石化生产基地，油田主力油层采收率达到 51%，开发水平居世界领先地位。沿渠两岸抽油机星罗棋布，此起彼伏；蓝天沃野，滨州铁路，G301 国道穿越市区，油田公路更是四通八达。自然景观项目有连环湖国际水禽狩猎场、扎龙自然保护区、林甸温泉等。历史遗迹项目有新石器时代遗址、寿山将军墓遗址、辽金古城遗址等。石油文化项目有被列为国际旅游景的石油科技博物馆、铁人王进喜纪念馆、大庆油田的发现井——松基三井等。

萨尔图分干渠自乌南总干渠节制闸起过黑鱼泡交叉至**红旗泡水库**进水闸止，全长 39.43 千米。渠道地处闭流洼地，地势平坦，上中游渠道乌南总干渠节制闸至黑鱼泡交叉段属安达市境内，下游黑鱼泡交叉至红旗泡水库进水闸段属大庆市。

萨尔图分干渠道已经渐进入烟稠密区，渠道顺直，两岸多盐碱地，泡沼众多，苇丰草密，牧业发达，有少量以旱作种植玉米为主的农田，两岸村落居民多为20世纪50年代山东移民，故居民屯均谓"村"。20世纪70年代初该区域还是寸草不生的盐碱地，经引嫩渠道引来了优质的嫩江水后这里发生了巨变。现在该区域湖泊众多，有依湖而建的居民小区和由八一农垦大学、大庆石油大学等一批国家重点院校组成的大学城。

东湖水库引渠自北引乌南总干渠始，跨过明青截流沟15千米（平交），到东湖水库止，渠道长42千米。此段渠道两岸人烟稠密，河道较顺直，两岸以农田为主，间有小块草原、村庄，树木稀少，属安达市境内。商周至唐末，安达境内生活着朝鲜人的祖先秽貊人，辽金至清这里成为满、蒙古等民族的天下，秽貊人迁到他处。"安达"源于满语、蒙古语中的"朋友"一词。清末东北北部开禁，中原汉族移民大量涌入，中东铁路开工后，俄罗斯人也蜂拥而至，清光绪三十二年（1906年）设安达厅。安达市与我国著名石油城大庆市毗邻，农业资源丰富，是全国500个商品粮大县之一，奶牛业发达，奶牛存栏量位居全国县（市）级之首，有"牛城"之称。自然资源有盐、碱、硝、石油、天然气，经济作物有油料、甜菜、烤烟。

北引渠道工程自运行以来，先后对江道取水工程、渠道工程、水质改善工程进行了整治和改扩建。输送的水质90%以上为Ⅱ级水质，为黑龙江省西部地区的社会发展、经济建设、防病治病、改善环境作出了巨大贡献。

1.27.12.1　大庆水库
（Daqing Reservoir）

黑龙江省北部**北引渠道**的大型反调节水库，是依靠天然泡沼围堰而成的平原水库，是大庆石油生产和居民生活用水的重要水源地。位于黑龙江省大庆市萨尔图区以东15千米处，总库容1.78亿立方米，水面面积60平方千米。工程于1973年4月开工，1976年8月竣工，1977年7月蓄水运行。

大庆水库是原安达市防洪滞泄区黑鱼泡的一部分，因盛产黑鱼而得名。黑鱼泡滞洪区地势平坦，集水面积2 953平方千米，为了满足大庆石油工业用水的需要，中间用长10千米的堤坝将滞洪区分隔成东库和西库两部分，当水位在147.9米时，东库面积为100平方千米，仍然作为大庆地区防洪排滞的一部分；西库面积60平方千米，即大庆水库。

大庆水库区域属中温带大陆性季风气候区，冬季严寒而漫长，春季干旱多大风，夏季高温而多雨，秋季凉爽而短促。多年平均年降水量426毫米、年水面蒸发量972毫米。多年平均气温3.3摄氏度，最高气温为38.3摄氏度，最低气温为－37.2摄氏度，最大冻土深2.3米。

水库坝址以上引水渠长202.7千米（其中总干渠长164.7千米，分干渠长38千米）。多年平均年引水量2.15亿立方米，多年平均年输沙量11.7万吨，水质指标大部分达到地表Ⅱ类水标准。

大庆水库枢纽工程由土坝、泄水闸、进水闸、泵站四部分组成。土坝包括主坝、东坝、西坝，全系均质土坝，全长33千米，最大坝高4.5米，最低坝高3.9米，顶宽为8米，上游边坡一般均在1：3，下游边坡1：3至1：5，上游护坡为混凝土预制板。泄水闸位于萨尔图分干21+729渠段处，4孔，为钢筋混凝土整体式，每孔净宽4米，设计流量60立方米每秒。设两级泵站，日供水能力为25万～30万立方米，为

采油矿区、自备电厂及生活供水。进水闸位于引嫩总干渠乌南75+700渠段处，经38千米引水渠至大庆水库。水闸为钢筋混凝土整体式，2孔，每孔净宽4米，平板钢闸门，设计流量为20立方米每秒。

大庆水库自1977年7月建成蓄水运行以来，为大庆石油稳产高产起到了重要保障作用，同时也发挥了生活供水、水产养殖、生态旅游等综合效益。随着石油、石化工业的进一步发展以及城市人口的增长，对水资源的需求急剧增加。为此，2001年对大庆水库进行增容扩建，为大庆市的可持续发展提供了必要的水源保障。

1.27.12.2　红旗泡水库
（Hongqipao Reservoir）

黑龙江省北部**北引渠道**的一座大型反调节平原水库，位于黑龙江省安达市与大庆市龙凤区结合部，距安达市区东北约25千米，距大庆市龙凤区东约12.5千米，总库容1.16亿立方米。工程于1972年9月动工，1974年9月竣工蓄水。

水库区域属中温带大陆性季风气候区，冬季严寒而漫长，春季干旱多大风，夏季高温而多雨，秋季凉爽短促。多年平均气温3.3摄氏度，最低气温出现在1月为－37.2摄氏度，最高气温出现在7月，为38.3摄氏度。多年平均年降水量为426毫米，多年平均年水面蒸发量为972毫米，最大冻土深2.14米。

水库坝址以上引水渠道长242.745千米（其中总干渠长203.315千米，萨尔图分干渠长39.43千米）。多年平均年引水量为4.65亿立方米，年平均输沙量12.33万吨，水质达到Ⅱ类水标准。

工程主要由土坝、溢洪道、进水闸和提水泵站组成。土坝包括主坝、西副坝和东副坝，全系均质土坝，全长16.67千米，最大坝高5.36米，顶宽3米，主坝坝顶高程为150.95米，副坝坝顶高程为149米。主坝坝址位于安达市种牛场，副坝位置涉及大庆市乙烯农场，大庆市农工商集团的一分场、五分场。溢洪道位于主坝西侧9+945米处，其结构型式为钢筋混凝土闸、桥整体式，2孔，每孔净宽为4米，装有2扇平板钢闸门，尺寸4.36米×2.2米，最大泄流量70立方米每秒。进水闸位于西副坝北端，萨尔图分干渠末端39+450千米处，其结构型式为钢筋混凝土闸桥整体式，2孔，每孔净宽4米。闸门型式为平板钢闸门，闸门尺寸4.34米×2.2米，设计引水流量为20.2立方米每秒。提水泵站位于西副坝中端3+250米处伸入库区内300米，取水最低水位144.5米，引水口底高程142.5米，呈"八"字形，泵房内安装轴流泵5台，设计日最大提水能力32万吨。

库区芦苇

红旗泡水库是大庆石油化工生产及居民生活用水的重要水源地，其中大庆石化总厂总用水量的98%来自该水库。红旗泡水库一直是险库，库岸经常出现滑坡等险情，其中最大一次险情发生在1991年，泄水闸东侧的滑坡险些造成水库溃坝。1996年7月18日水库进行除险加固工程建设，于1998年6月30日竣工，保证了石油化工生产用水及居民生活用水安全。

红旗泡水库水面辽阔，南北长7.5千米，东西宽6.5千米，水面面积为35平方千米。库区内有一个天然小岛——仙人岛，面积约1平方千米。小岛似一枚蚌含珍珠，枯水期游人可涉水进入，丰水期乘舟进入仙境般的小岛。岛上森林密布、芦苇丰厚、溪流清澈、顽石露头。据不完全统计，水库中有鱼类40多种，有人们熟悉的鲤鱼、鲫鱼等，又有被称为"三花"的名贵鱼种鳌花、鳊花、吉花。

1.27.13 诺敏河
(Nuomin River)

松花江嫩江右岸支流，古称属利水、越河，地理坐标为东经121°48′～124°28′，北纬48°10′～50°36′。全长466千米，流域面积25 966平方千米，河道平均比降1.99‰。

诺敏河之秋

概 述

地貌 诺敏河流域地处大兴安岭东麓，地形西北高东南低，山地面积占90%以上。上游是大兴安岭森林区，山峦起伏，地势陡峻，高程900～1 000米左右，属强切割的中山地区，河流穿行山峡之中，水流湍急；右岸大支流**毕拉河**汇入口以下为低山丘陵地带，河流坡降转缓但多弯曲，河谷展阔，最低高程不足300米，该段剥蚀、侵蚀作用强烈，堆积作用加强；至下游右岸支流**格尼河**汇入后，逐渐过渡为松嫩平原区，为山前冲积倾斜平原，高程200米左右。

诺敏河上游位于鄂伦春自治旗，两岸山丘连绵，为大兴安岭主要林业基地，有毕力格林场、特勒林场、库都汉林场、库亚林场、利克斯林场等。中下游山体逐渐低平，两岸多为农业种植区。

河流水系 诺敏河发源于内蒙古自治区鄂伦春自治旗托扎敏乡大兴安岭支脉西尼气山东南麓，河源高程1 040米，由西北向东南，流经阿荣旗、莫力达瓦达斡尔族自治旗，在黑龙江省查哈阳农场渠首以下河流分为东诺敏河、西诺敏河。东诺敏河在内蒙古自治区莫力达瓦达斡尔族自治旗博荣乡以东4.5千米处汇入嫩江，河口高程173米；西诺敏河于黑龙江省甘南县东阳镇南5.16千米处汇入嫩江，河口高程168米。

诺敏河

全程流经山区，支流发育，河道弯曲，水系呈树枝状。有流域面积大于100平方千米的支流27条，流域面积大于1 000平方千米的一、二级支流4条，分别是毕拉河、**讷门河**、**扎文河**、格尼河等。

气候水文 流域属寒温带大陆性季风气候，上下游存在着明显的地区差异，自上而下多年平均气温为－1.5～2.0摄氏度、年降水量为510～470毫米、年水面蒸发量为630～820毫米。全年无霜期85～115天，最大冻土深度达3.35米（亚东镇站），平均冻深为2.50米左右。冻结时间最早在10月中下旬，解冻时间在次年3月下旬至4月上旬。多年平均日照时间在2 500～2 900小时之间。多年平均年径流量46.41亿立方米。

洪涝灾害 诺敏河流域自然灾害主要是洪水和内涝。1949年以来该河发生较大洪水7次。在1969年大洪水中有7 587人受灾，淹没诺敏镇及沿河的10个自然村屯、1 300公顷耕地，据统计博荣乡、汉古尔河镇、尼尔基镇等3个乡镇，

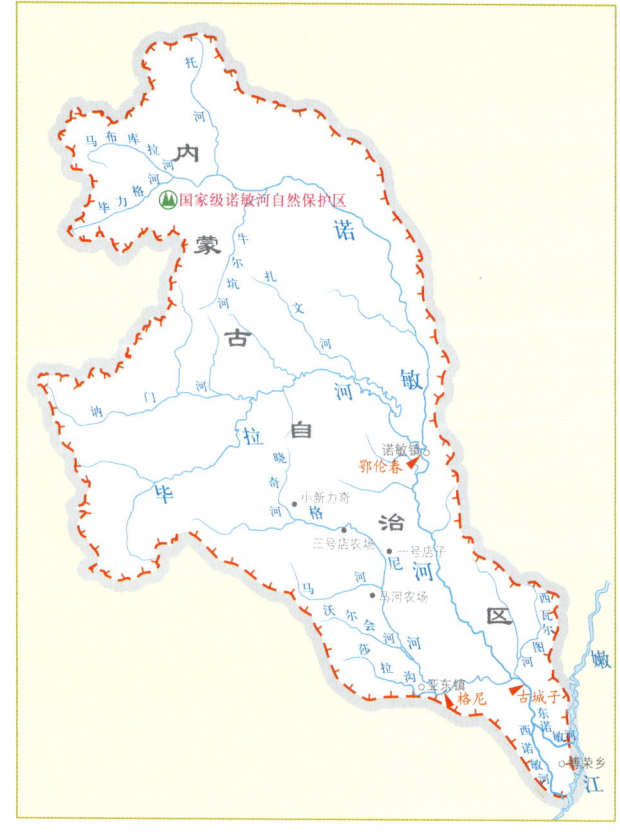
诺敏河水系示意图

水利工程、交通、厂矿企业等直接损失1 998万元。1988年大洪水，直接经济损失达6 430万元。

经济社会 流域包括内蒙古自治区鄂伦春自治旗、莫力达瓦达斡尔族自治旗、阿荣旗及黑龙江省甘南县共16个乡镇、4个林业局、5个农场的全部及部分。2000年全流域总人口32.62万，有汉、达斡尔、鄂温克、鄂伦春等12个民族。耕地面积23.3万公顷，粮豆播种面积10.2万公顷，农田有效灌溉面积0.833万公顷，实际灌溉面积0.553万公顷。有大小牲畜24.32万头（只），其中大牲畜8.85万头。

治理与开发 诺敏河支流西瓦图河建有小型水电站1座，装机容量0.5兆千瓦。鄂伦春自治旗诺敏镇以下诺敏河干流现有堤防178.04千米，可防御10年一遇至20年一遇洪水。水库工程共有9座，总库容2 713万立方米，兴利库容650万立方米。其中中型水库1座，总库容2 200万立方米，兴利库容382万立方米。

诺敏河畔农垦

目前开发利用甸子地约为1.73万公顷，分布在诺敏河下游干支流地区。截至2000年年末，流域共修建排涝工程7处，总面积1.543万公顷。

主要灌区有阿尔拉、团结汉古尔、得力其尔、六家子、兴安、查哈阳等。下游右岸引诺敏河水开辟的查哈阳农场是松花江流域内较早的灌区之一，灌溉面积2.33万公顷。

纪　实

诺敏河上游称马布库拉河由西向东流，右岸有毕力格河汇入，在斯木科村东北左岸有托河汇入，继续东行，右岸有牛尔坑河汇入，牛尔坑河一带为诺敏河国家级自然保护区，保护区面积14.8万公顷，保护对象为原始森林生态系统，保护区林地面积占83.1%，以兴安落叶松为主体。至陶力罕村折而东南流，过巴日嘎力村折而南流至诺敏河镇北15千米，右岸有毕拉河汇入。毕拉河口以上诺敏河干支流均处于山谷中，河谷深窄，河道比降为2.54‰，水流湍急。河流下行至诺敏镇，河道进入较宽的U形河谷，谷宽3~5千米，河道弯曲，两岸为农业种植区域。

诺敏镇位于毕拉河与诺敏河汇合口下游10千米处，曾为鄂伦春自治旗政府所在地，后迁至阿里河镇。过诺敏河镇，河流改向东南流，在马克拉村南由鄂伦春自治旗进入莫力达瓦达斡尔族自治旗，左岸有库如奇村，右岸有杜拉尔鄂温克民族乡。过阿尔拉镇，在宝山镇五家子村东，右岸有格尼河汇入。至格尼河入口以下，河道进入平原，地形平坦。古城子水文站处，中高水位时最大水面宽440~2 000米，最大水深1.7米。在古城子水文站以下，诺敏河一分为二，称东诺敏河、西诺敏河。以西诺敏河为主，继续东南流，于卧龙气村东汇入嫩江。该段为内蒙古自治区与黑龙江省的界河。右岸有查哈阳镇、平阳镇，左岸有汉古尔河村。东诺敏河于鄂尔根浅村汇入嫩江。

1.27.13.1　毕拉河
(Bila River)

诺敏河右岸支流，发源于内蒙古自治区鄂伦春自治旗诺敏镇莫那根林场西南大兴安岭东侧加尔敦山西北坡，高程1 150米，流经龙头乡、诺敏镇，于诺敏镇以北约15千米处汇入诺敏河。河长253千米，流域面积7 844平方千米，河道平均比降2.85‰。

毕拉河

流域地处大兴安岭东麓，西南高、东北低，全程流经低山、丘陵为主要地貌特征的区域。毕拉河河谷熔岩分布广泛。新生代第四纪更新世时期，本区火山仍不断喷发，并有大量玄武岩溢出，形成火山、熔岩地貌。由于熔岩在沟谷中的壅塞，常形成堰塞湖，达尔滨湖就是火山喷发造就的堰塞湖，大杨树"神泉"也是火山喷发的产物。

流域多年平均气温0.5摄氏度左右，多年平均年降水量500毫米、年水面蒸发量700毫米。全年无霜期95天，年结冰期5~6个月。多年平均年径流量12.6亿立方米。水质优良，基本上没有污染，矿化度较低，小于每升0.5克，水化学类型为HCO_3—Ca型水。

毕拉河主要支流均发源于左岸大兴安岭东麓，右岸支流短促，源于加尔敦山西北麓，河流流向沿加尔敦山由西南至东北，折而转东南汇入诺敏河，呈弯月形，河网发育。上游群山连绵，在峡谷中穿行，两岸山区森林资源丰富，中游河道宽浅，下游深窄。主要支流有**讷门河**、吐库吐河、阿木珠苏河、**扎文河**等。

兴安早春

流域植被繁茂，森林覆盖率达85.7%，为鄂伦春自治旗两大林区之一。毕拉河林区面积236万公顷，占鄂伦春自治旗森林面积的40.55%。树种有落叶松、白桦、柞树、山杨、柳树、榛柴等。林中栖息的野生动物有马鹿、驼鹿、紫貂、猞猁、榛鸡、熊、狍子、犴等。流域上游经济以林业为主，设有温郭林场、北大河林场等。中下游以农业为主，农作物主要有大豆、杂豆、油菜、马铃薯等。主要矿产资源有石灰岩、煤、金、铁等。

毕拉河自河源由西南向东北流，至谢克特奇折而由西北向东南流，呈弯月形。上游群山连绵，在峡谷中穿行，两岸山区森林资源丰富，中游河道宽浅，个别河段河谷狭窄，两岸岩石裸露，建坝建库条件较好。下游深窄，支流发育，主要支流均发源于左岸，右岸支流短促。

过卧斯门，左岸有讷门河汇入。又东北流，左岸有阿木珠苏河汇入，折而东流，左岸有马鞍山，海拔906米，受山体所阻折而东南流，左岸有扎文河汇入。扎文河下游有达赉毕诺湖，湖面高程437米，湖水面积0.55平方千米，集水面积26.3平方千米，流入毕拉河。以下河道展宽，进入平原区，右岸有大二沟林场。于诺敏镇东北注入诺敏河。

神指峡

流域下游右岸有达尔滨湖国家森林公园,左岸四方山为县级野生动植物保护区,面积12.13万公顷,主要保护野生动植物。

达尔滨湖位于毕拉河下游右岸支流达尔滨湖沟,湖面高程527米,湖水面面积3.63平方千米,集水面积77.06平方千米,坐落在海拔1500米左右的群山中间,呈椭圆形,方圆15千米,东西长5千米,南北宽2千米,湖水深10米,为火山喷发形成的堰塞湖。湖面四周环山,层峦叠嶂。黑石砬子、褐石砬子奇峰突兀,纹理斐然,还有红、黄、褐、绿五颜六色的火焰石。达尔滨湖是游人观光的好地方,被人们誉为林海中的"天然花园"。达尔滨湖保持着大自然原始生态的美貌,已列为自然保护区。

毕拉河左岸,距阿里河镇260千米,为一片开阔的玄武岩石群,其间零星分布有珍贵乔木黄檗,黑色的玄武岩与绿色的黄檗形成鲜明对比,赏心悦目。毕拉河右岸有四方天池山风景区,山高933米,东西长550米,南北宽360米,山势平坦,树林茂密。山上有一个泉水和雨水汇积的天然湖泊"天池",水色碧绿幽深,四周是蜂窝状的礁石,高耸的石壁像一堵城墙。

毕拉河继续下行,有神指峡大峡谷,地势陡峻,河床底部及阶地遍布火山熔岩,长约数10千米。河水清澈,水流湍急,水深1.0～1.5千米,水声传至数百米,两岸石峰对峙,河水由石间飞流而下。河流两岸植被多为针叶、阔叶混交林。

1.27.13.1.1 讷门河
(Nemen River)

毕拉河左岸支流,发源于鄂伦春自治旗西甘特旗林场西部大兴安岭山脉的哈达岭南麓,由西向东流,于北大河口防火站处注入毕拉河,全程在鄂伦春自治旗诺敏镇境内。河源高程1200米,河口高程700米,河长102千米,流域面积3364平方千米。

讷门河流域地势西高东低,群山连绵,为山溪性河流。

流域多年平均气温0.3摄氏度,全年无霜期95天。多年平均年降水量480毫米。

讷门河流经狭谷地带,河道深窄,支流发育,呈树枝状,水资源丰富。多年平均年径流量4.86亿立方米。结冰期4～5个月。水质优良,基本没有污染,矿化度较低,每升在0.1～0.2克,水化学类型为HCO_3—Ca型水。

讷门河流经的山林地区是鄂伦春自治旗的林木主产区之一,森林多分布在阴坡及半阴坡。树种有蒙古栎、黑桦、落叶松、白桦、柞树、山杨、柳树、灌木丛、榛柴等。在山麓平缓坡分布有榛丛,阳坡以兴安胡枝子、兔毛蒿、苔草、线叶菊、苍术、大油芒、山杏等为主。1998年,讷门河流域被划为诺敏河自然保护区,保护面积14.9万公顷,保护对象为原始森林生态系统。

流域内深山密林中栖息着众多的野生动物,有马鹿、驼鹿、紫貂、猞猁、榛鸡、熊、狍子、犴等,药材有熊胆、麝香、鹿胎、鹿鞭、鹿尾、鹿茸、黄芩、桔梗、赤勺、防风、龙胆草等。流域内主要矿产有煤、银、铝、金、萤石、石灰石、膨润土等。

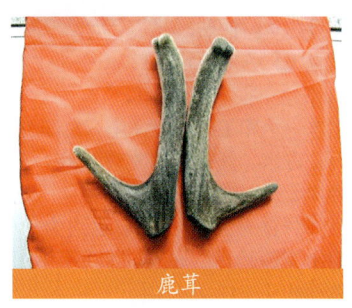
鹿茸

莽莽林海,群山连绵的讷门河流域也是旅游的好去处,讷门河水在群山间环绕,层峦叠嶂,石壁陡峭,奇峰突兀,幽静的林海是绝好的避暑旅游胜地。

1.27.13.1.2 扎文河
(Zhawen River)

毕拉河左岸支流,发源于内蒙古自治区鄂伦春自治旗诺敏镇北部大兴安岭山脉赛浪格吉达山东南麓,由西北向东南流,于诺敏镇西侧大四方山东麓注入毕拉河,全河均在诺敏镇境内。河源高程1279米,河口高程604米,河长92千米,流域面积1340平方千米。

流域地势西北高,东南低,山峰绵延,上中游林区支流发育,水量丰沛。下游左岸有马鞍山,四方山与毕拉河相隔,山体狭窄。

流域多年平均气温0.5摄氏度,多年平均年降水量505毫米,年结冰期4～5个月,多年平均年径流量2.44亿立方米。

流域均为山区,扎文河村以上山谷狭窄,以下展宽,沿岸分布有狭长的河谷平原。上中游山区植被繁茂,主要树种为兴安落叶松,森林覆盖率50%以上,设有扎文其汗林场。下游河谷宽平,多腐殖土,宜农宜牧。

流域内人烟稀少,自然村落零星分布,经济以林业为主,扎文其汗林场为流域主要经济体。扎文河村以下,沿河有种植业。河流开发程度低,仍保留自然面貌。流域上游属诺敏河自然保护区,保护对象为原始森林生态系统。

1.27.13.2 格尼河
(Geni River)

诺敏河右岸支流,又名特尼,发源于内蒙古自治区阿荣旗阿力格亚林场西北部加尔敦山东南麓，于莫力达瓦达斡尔族自治旗宝山镇注入诺敏河。河源高程1 128米，河口高程198米，河长206千米，流域面积4 975平方千米。

格尼河流域属大兴安岭新华夏构造带，地势西北高，东南低，呈阶梯式下降，由西北中低山地（高程1 149～800米）逐渐过渡到东南丘陵漫岗地区（高程400～198米）。西北以加尔敦山为分水岭与**毕拉河**相隔，西南有萨起山与**阿伦河**相邻。沿河两岸，岩石露头甚多，均为喷出的或侵入的火成岩。沿干流河谷多花岗岩，表层风化，甚至剥落松散，已成砂砾。谷坡常有块石堆积，沿支流河谷多玄武岩，节理发育，表层风化。大兴安岭东坡倾向于东南方向，为单斜构造，上中游植被良好，森林茂密，森林覆盖率43%。雨季降雨较多，故造成渗透性的无压地下水，坡腰地下水埋藏深度6～10米，坡脚2～4米，河滩平地1～2米。格尼河为地下水补给河道，河道输水损失较小，河滩平地经常承纳两侧地面渗水，所以常年湿润，形成湿地，地下水含碱量低，适于人、畜饮用。河谷坡地、河滩平地土壤的渗透性甚强，地下水流动较快，地下水位变幅在1～3米之间。

格尼河流域多年平均气温1.7℃，多年平均年降水量480毫米，年水面蒸发量800毫米，全年无霜期115天。多年平均年径流量8.14亿立方米，水流清澈，水质好，无污染。

格尼河河道迂回曲折，河流总体流向由西北流向东南。上游流经低山丘陵区，两岸林木茂密，支流发育，水量丰沛。下游为农牧区，河槽宽浅。大于100平方千米的支流有27条，主要有晓奇河、马河、沃尔会河、莎拉沟等。

格尼河

河谷坡地及上游林区属于生草灰化土，土层厚度5～50厘米，自然植物为落叶松、桦、柞树。坡腰、坡脚处多生长灌木（为榛柴）杂草，坡脚低凹的冰窖地形上常有原生的风化黄黏土，有的夹杂砂砾。坡脚下部及河滩平地，属于淋溶黑钙土，土层厚度50～100厘米。黑土之下为黄灰色黏土，厚度在0～150厘米，近河槽处为0，近坡脚处可达150厘米，黏土下为冰蚀砂砾。河滩地有乌拉草、三棱草，高达100～150厘米，覆被度60%～100%，地愈湿，草愈密，有机质积累速度快于分解速度，故形成较厚的草根层。

格尼河建有得力其尔灌区、六家子灌区、兴安灌区和四合永水库等水利工程。

格尼河流域位于阿荣旗境内面积占流域面积的99.74%，下游位于莫力达瓦达斡尔族自治旗。远在100年以前即有达斡尔、鄂温克等少数民族在此居住。

流域内得力奇尔以北为林区，占流域面积的37%，以落叶松、白桦、黑桦、柞树为优势林种。格尼河干流自小新尼奇至亚东镇之间120千米可以浮送木材，20世纪50—60年代每年约浮送100立方米左右。林区属于大兴安岭阿伦林管区所管，设得力奇尔、小新尼奇经营所，下设二号店、三号店、阿勒格雅营林区。

耕地绝大部分分布在河谷坡地上，种植旱田作物。河滩平地多未开垦，仅在亚东镇附近开垦一部分，种植水稻，河滩平地肥沃，便于水利化。农作物以小麦、玉米、大豆等作物为主。无灌溉的旱田占93.3%，水田占4.1%，有灌溉的旱田中的水浇地占2.6%。

格尼河自源头东南流，在小新力奇西晓奇河从左岸汇入，过一号店子改向南流，在马河农场有马河汇入。马河源出于阿荣旗北部海拔811米的萨起山东南麓，全长53千米，流域面积450平方千米。格尼河继续南流在兴南镇村西纳右岸支流沃尔会河，在亚东镇西有莎拉沟从右岸汇入。

格尼河继续东南流，过亚东镇折向东流，右岸有孤山镇。格尼河下游为农业区，位于左岸的六家子、兴安灌区，为中国水稻最北的种植区，年产水稻2.7万吨，是内蒙古自治区商品粮基地之一。过孤山镇，于莫力达瓦达斡尔族自治旗宝山镇五家子村从右岸注入诺敏河。

格尼河所处阿荣旗为北方少数民族成长繁衍地区之一。早在新石器时代，即有原始人类在此生存，秦、两汉、三国、两晋属夫余，南北朝属乌洛侯，元初属成吉思汗三弟铁木斡赤斤封地，明永乐设阿伦卫，清为索伦牧地。1954年后隶属于呼伦贝尔市管辖。

1.27.14　黄蒿沟

(Huanghaogou River)

松花江嫩江右岸支流，发源于内蒙古自治区阿荣旗孤山镇长安村大兴安岭东坡白桦山，由西向东流，越过金代长城东北路界壕进入黑龙江省甘南县，经过查哈阳农场**太平湖水库**后折向东南流，在甘南县东阳镇东北注入嫩江。河源高程592米，河口高程166米，河道长120千米，流域面积1 270平方千米。

黄蒿沟上游流经低山、丘陵区，河道弯曲，河宽4～28米，水深0.4～2.5米。河槽两岸生长多种杂草，全部是黑色腐殖土，冻土深度2.70米。内蒙古境内设有图布新水文站（原名周家屯），每年的11月至次年3月出现连底冻或部分连底冻，4—10月为畅流期。多年平均流量0.34立方米每秒，最大流量77.8立方米每秒。多年平均年径流量0.108亿立方米。

中游建有大型水库太平湖水库，位于甘南县东北，原名黄蒿沟水库。控制集水面积704平方千米，总库容1.53亿立方米，是查哈阳灌区的第二水源。太平湖水库在20年一遇洪水时，保障下游1 200公顷耕地免受洪涝灾害。

黄蒿沟在太平湖水库以下至河口，河道经过开挖已成排水干渠，有查哈阳（"查哈阳"为蒙语"好地方"的意思）农场排水干渠汇入，为查哈阳农场灌区的尾水。查哈阳灌区为

鸟瞰黄蒿沟

东北四大灌区之一，位于嫩江右岸，**诺敏河**与**阿伦河**之间的河间地带，占地面积 899 平方千米，耕地面积 5.37 万公顷，总人口 64 970 人，有汉、朝鲜、蒙古等 15 个民族。查哈阳灌区始建于 1939 年的日伪时期。

中华人民共和国成立后，先后进行了 4 次大规模的续建，水利渠系工程基本配套，灌溉工程至今已建成各种建筑物 2 051 座，各级渠道 3 913 条，总长度 3 430 多千米，有总干渠 1 条、干渠 4 条、分干渠 27 条、支渠 58 条，还修建了 2 座水库和 2 座水力发电站。排水工程中现有排水沟道 4 505 条，各类建筑物 2 562 座，有排水干沟（吴山、中央、黄蒿沟）3 条，排水分干沟 34 条，支沟 70 条。灌溉效益在保证率 75% 情况下，可补偿灌溉水田 7 000 公顷。防洪效益在 20 年一遇洪水时，保证下游十字桥以下 12 000 公顷可耕地免受洪水灾害。农业以水稻为龙头，以麦、豆、玉米、甜菜为主体。1997 年，水稻亩产超千斤，创造了国际上北纬 48 度高寒地区大面积水稻高产的奇迹，被国家批准为中国第一个绿色食品水稻基地，富硒大米走俏市场。农场的职工和居民有 90% 是从山东、河北、辽宁、吉林、江苏、河南等地迁徙而来。农场 1961—1971 年接收上海、天津、哈尔滨、北京、齐齐哈尔、鸡西等城市的 12 000 余名下乡知青。

黄蒿沟流出查哈阳农场以后，于甘南县东阳镇下行 6.5 千米后在良种场附近汇入嫩江。

查哈阳渠首

太平湖水库

1.27.14.1　太平湖水库
(Taipinghu Reservoir)

黄蒿沟中游的水库，位于黑龙江省甘南县查哈阳农场境内。始建于 1941—1943 年日伪时期。原名为黄蒿沟蓄水池，因水库大坝左侧有座山名为太平山，故于 1958 年更名为太平湖水库。太平湖水库是一座以防洪、灌溉为主，兼顾养鱼、旅游等综合利用的多年调节大型水库。按 100 年一遇洪水设计，2 000 年一遇洪水校核。设计洪水位 198.17 米，相应库容 1.15 亿立方米；校核洪水位 199.6 米，相应库容 1.53 亿立方米，正常蓄水位 196.33 米，相应库容 0.74 亿立方米，死水位 190.7 米，死库容 0.07 亿立方米，调节库容 0.7 亿立方米，防洪库容 0.947 亿立方米。水库集水面积 683 平方千米。

概　　述

水库枢纽工程主要由土坝、溢洪道、输水洞三部分组成。土坝为均质土坝，全长 750 米，最大坝高 16.15 米，坝顶高程为 200.45 米，坝顶宽度为 8 米，坝顶设防浪墙，防浪墙顶高程 201.65 米。溢洪道位于坝肩右侧，为侧槽式，基础为致密的玄武岩，设置 6 孔平板铸铁闸门，每孔净宽 7 米，最大泄流量 750 立方米每秒。输水洞位于左岸山体内，由进水塔、隧洞、出口消力池三部分组成，底槛高程 187.2 米，由单孔平板钢闸门控制，隧洞全长 255.3 米，为马蹄形无压隧洞，洞径 3.8 米，最大泄流量 50 立方米每秒。

太平湖地处中温带大陆性季风气候。春季风大、雨少，空气干燥，温度变化剧烈；夏季温热，雨量较多，降水集中；秋季凉爽，多晴朗天气，昼夜温差较大；冬季漫长，寒冷少雪。在西风环流控制下，常年盛行西北风。多年平均气温 1.6 摄氏度，最低气温 -39 摄氏度，最高气温 37.5 摄氏度，有效积温 2 470 摄氏度。全年无霜期 124 天，多年平均冻结期 5 个月，最大冻土深 2.8 米。多年平均年降水量 460 毫米，降水年内分配不均，6—8 月降水量占全年的 70%。多年平均年蒸发量 1 400 毫米，4—6 月的蒸发量占全年的 50%。

多年平均入库流量 0.735 立方米每秒。在 20 年一遇洪水时，可保障下游 1 200 公顷耕地免受洪涝灾害。

1998 年 7 月下旬至 8 月上旬，水库发生了超过 100 年一遇的特大洪水，8 月 10 日最大入库流量 1 490 立方米每秒，8 月 11 日最大出库流量 420 立方米每秒，水库水位 197.59 米，相应库容 1.10 亿立方米，溢洪道过流水深 3.09 米。

水库不仅是查哈阳灌区兴利防洪的控制性工程，更是灌区安全度过缺水期的保证水源。水库除险加固后，可为灌区枯水期补水灌溉水田 0.9 万公顷，保护下游耕地 4.32 万公顷，草原 2.29 万公顷，以及 3 个乡镇、77 个自然村屯、4.77 万人民生命财产的安全。

太平湖泄洪闸

纪　　实

水库库区呈狭长形，东西长约 8.5 千米，南北宽约 2.3 千米，由西北向东南倾斜，最大水面面积 32 平方千米，最大水深 10.5 米。水库水面宽阔，水质优良，上游两岸大量的松针及其他腐殖质流进水库，给各种鱼类生长带来天然营养饵料，因而形成了鱼个大、体肥、肉鲜、味美的太平湖特色。盛产的鱼类有鲤鱼、鲫鱼、鲢鱼、草鱼、鲇鱼、黑鱼、雅罗鱼、黄颡鱼、红尾鱼、重唇鱼、葛氏卢塘鳢、山鲇鱼，小型杂鱼有泥鳅、川丁鱼、麦穗鱼、青麦子鱼等，还有名优少见的鳌花、鳊花和甲鱼等。现库区武昌鱼养殖已初步形成规模。年产各类鲜鱼200吨。

由于水库为查哈阳灌区提供了水源保证，使查哈阳灌区水稻平均亩产达到760千克。1997年查哈阳农场被国家绿色食品发展中心批准为中国首家绿色食品大米生产基地。

水库的修建有一段鲜为人知的、悲惨的历史。1941年，日本侵略军为了长期霸占中国，加速对中国的殖民化，为百万日本"关东军"建立后方粮食基地，从日本山形、福井等8个县入殖10个开拓团到查哈阳垦荒，实施开垦粮田73.6万公顷的"大查哈阳计划"。为修建太平湖水库，日本人从河北、山东等地抓来15万劳工修渠叠坝，几年时间就有5万余劳工悲惨死去，按其施工时间，平均每天就有34名劳工被折磨而死。太平湖南侧的万人坑仍白骨粼粼，惨不忍睹。为了纪念这些无辜的死于非命的劳工，1963年在水库南山立了一块高达5米的太平湖水库纪念碑。

1.27.15 阿伦河
(Alun River)

松花江 嫩江右岸支流，《清一统志》称阿里玛，《龙沙纪略》称阿伦木，"阿伦"为鄂温克语，意为"清洁美丽"。发源于内蒙古自治区阿荣旗大兴安岭东坡吉勒肯奇山，由西北向东南流，经内蒙古自治区阿荣旗、黑龙江省甘南县、齐齐哈尔市梅里斯区，在梅里斯区额尔门沁附近汇入嫩江。流域面积6700平方千米，河长319千米，河源高程1202米，河口高程147米，河道比降4.29‰。

阿伦河

概　述

流域地处大兴安岭东麓，地势西北高、东南低，由西北中低山地过渡到东南丘陵漫岗地区，逐渐进入松嫩平原。西北以加尔敦山为分水岭与**毕拉河**相隔，东北有萨起山与**格尼河**相邻，西南有三道岭与**雅鲁河**相接。森林覆盖率达52.3%。阿荣旗那吉镇以上，河谷宽1~2千米，河道宽40~50米，河谷相对高差200米，水流湍急；那吉镇以下进入波状平原，河道迂回曲折，弯曲系数1.2~1.6，处于摆动之中。下游的平原地区洪水期经常泛滥成灾，泛滥宽度在5千米以上。

河流水系呈羽状，有流域面积大于100平方千米的支流9条，流域面积大于500平方千米的支流是库伦河、大索洛霍奇河、吕家沟3条。

流域属中温带半湿润大陆性季风气候。季节变化明显，冷热悬殊，冬季漫长寒冷，春季干燥多风，夏季湿润多雨，秋季降温迅速多早霜。南北部气候差异较大，北部林区雨水充沛，无霜期短，南部农业区雨量小。多年平均气温1.7摄氏度，冻土最大深度达到2.6米。多年平均年降水量451.7毫米，日最大降水量77.6毫米。多年平均年水面蒸发量830毫米。无霜期在90~130天。最早初雪日10月10日，最晚终雪日4月30日，积雪日数172天。多年平均年径流量为8.44亿立方米。

据统计，在1746—2005年的260年中，流域发生较大洪水12次，以1998年为最大，洪峰流量1840立方米每秒。降水导致河水陡涨，所有低洼田禾悉被淹没，并有房舍冲塌。还有干旱、早霜及冻害等自然灾害发生。

流域建成中型水库1座，小型水库4座，万亩以上自流引水灌区1处，万亩以下自流引水灌区1处，修建干流防洪工程2处，扬水站5座，开川排涝工程8处，有农业灌溉机电井185眼。

流域内，复兴水库位于阿荣旗复兴镇东兴村六间房生产队大索洛霍奇河的上游，位于旗政府那吉屯镇西北26千米处。集水面积210平方千米，总库容1970万立方米。水库是以防洪除涝灌溉为主、以养鱼为辅的综合利用水库。1976年开始修建，1984年10月竣工验收。

全流域有效灌溉面积0.172万公顷，其中水稻0.137万公顷。万亩以上灌区为那吉屯灌区，位于流域下游，建于1948年，设计灌溉面积0.167万公顷，有效灌溉面积0.10万公顷，实际种植水田面积0.06万公顷左右。东山根灌区为万亩以下灌区，位于阿伦河流域中部，干流左侧。建于1980年，设计灌溉面积270公顷，有效灌溉面积90公顷。

堤防工程有2处，一是那吉屯防洪堤，二是霍尔奇防洪堤。那吉屯堤长11.85千米，工程建于中华人民共和国成立前，经多年续建，现能达到防御20年一遇洪水标准。霍尔奇堤防长19.77千米，1971年开始兴建，达到防御10年一遇洪水标准。

流域内有开川排涝工程8处，已治理面积0.213万公顷，占本流域需治理面积的15%。

纪　实

阿伦河出源后东南流，在大时尼奇林场处有大时尼奇河从左岸汇入，而后有库伦河从左岸汇入，在腰站鹿场有大疙瘩奇河从右岸汇入，至查巴奇鄂温克民族乡南有大文布奇河从左岸汇入。下行至那克塔镇南有小索洛霍奇河从右岸汇入。那克塔镇资源丰富，有森林面积1.52万公顷，已发现矿藏有花岗岩、硅石，盛产蘑菇、木耳、榛子、黄花菜、中药材等特产，该镇以农牧业为主，农作物播种面积1439公顷。阿伦河继续

阿伦河源

南流经霍尔奇镇,"霍尔奇"为满语"山环水绕"之意。全镇耕地面积2.8万公顷,有珍珠岩、石灰岩、天然大理石等矿藏。阿伦河由霍尔奇镇下行18千米,有大索洛霍奇河从右岸汇入。大索洛霍奇河发源于老石场村和天台岭村境内,由复兴镇中部穿过,在镇境外汇入阿伦河。该河上游建有复兴水库。复兴镇境内土壤以黑色腐殖土为主,适于马铃薯、大豆、玉米、谷子等作物的种植,山林之中资源十分丰富,有蕨菜、四叶菜等山野菜,有猴头菇、木耳、白蘑、花脸蘑等食用真菌,有黄芪、苍术、芍药、防风、柴胡、桔梗、狼毒等药用植物,有飞龙、沙半鸡、猫头鹰、野猪、狍子等野生动物。境内乌司门度假地、查巴奇吊桥和仙人洞令游人乐此不疲,流连忘返。复兴水库湖光山色,纵横阡陌,使人尽赏塞北江南风光。自大索洛霍奇河河口继续下行,抵达内蒙古阿荣旗旗政府所在地那吉镇,"那吉"为鄂温克语,意为"鱼窝子"或"鱼非常多的地方"。在那吉镇南有吕家沟从左岸汇入。

河水流过金长城(金东北路界壕边堡)遗址后便进入黑龙江省甘南县境内,流经兴隆、音河、长吉岗乡,于卧牛吐达斡尔族镇额尔门沁村附近汇入嫩江。音河、长吉岗乡全境地处阿伦河与**音河**之间,位于阿伦河河谷冲积平原,土质较差,草原面积辽阔,芦苇资源丰富。沿河地区地势低洼,易受内涝。

在河口附近建有莽格吐风景旅游区,位于齐齐哈尔市梅里斯达斡尔族区卧牛吐达斡尔族镇额尔门沁村附近,地处嫩江边,自然灌木丛生长良好,秋季

阿伦河春色

野果飘香,草原生态保持良好,多为天然牛毛杠草。梅里斯达斡尔族区是全国城市中唯一的达斡尔族区,坐落在嫩江西岸的冲积平原上,总面积2 078平方千米。

1.27.16 音河
(Yinhe River)

松花江嫩江段右岸支流,又称阴河,《金史》谓之颜河,"音河"鄂温克语意为"水流缓慢的河"。地理位置位于东经122°40′～123°58′,北纬47°30′～48°18′。音河发源于内蒙古自治区扎兰屯市北部与阿荣旗西部交

音河

界处的大兴安岭多伦山南麓音河顶,自西北向东南流,经内蒙古自治区阿荣旗、黑龙江省甘南县、齐齐哈尔市梅里斯达斡尔族区。于梅里斯达斡尔族区卧牛吐乡音钦村汇入嫩江。河长215千米,流域面积2 617平方千米,河源高程988米,河口高程146.4米,平均比降1.45‰。

概　　述

音河流域地势西北高、东南低,北邻**阿伦河**,南接**雅鲁河**。流域为东西长、南北窄的狭长条状。上游为山区、半山区、丘陵区,下游为冲击沉积平原。

音河的支流较少,主要支流三道沟位于音河左侧,集水面积380平方千米,汇入**音河水库**库区。

音河水库以上干流河道长101千米,河道平均比降2.3‰。流域平均高程383米,300米高程以下坡地较为平缓。水库下游为平原区,河道比降1‰～0.4‰,河床弯曲,主槽窄浅,河底为卵石,透水性大,越往下游河床越小,主槽不明显,主要由滩地行洪,河谷滩地杂草丛生。下游河槽在三道屯附近河身消失断流,形成明显的湿地形态河道,在河口上游10千米复出后汇入嫩江。

流域冬季漫长寒冷,春季干燥多风,夏季湿润多雨,秋季降温迅速多早霜。多年平均气温4.9摄氏度,最冷为1月,多年平均1月气温-19.1摄氏度;最热为7月,多年平均7月气温21.8摄氏度。历年最大冻土深度为2.64米,出现在3—4月,多年平均冻土深度1.75米。初霜日期为9月中旬,终霜至次年5月下旬,全年无霜期约140天,全年日照时数为2 700～2 800小时。

流域多年平均年降水量460毫米,降水量自上游山区向中下游平原递减,最大年降水量为音河水库以上的牧点站,1998年实测974.8毫米。降水年内分配不均,主要集中在6—9月,占全年降水量的82%左右。多年平均年水面蒸发量916.8毫米,4—6月蒸发量占全年的74%。多年平均年径流量1.51亿立方米。

流域洪水主要是夏秋暴雨形成,洪水一般发生在7—8月,一次洪水历时在10天左右。

流域内建有音河大型水库,在支流三道沟上建有向阳峪中型水库。

纪　　实

音河出源后流向东南,经阿荣旗音河达斡尔鄂温克民族乡与扎兰屯市达斡尔民族乡继续东南行,经过金长城(东北路界壕边堡遗址)至黑龙江省甘南县音河水库。音河水库坝址坐落在音河中游,位于甘南县城西北4千米处,集水面积1 660平方千米,占音河流域面积的63.4%。水库旁另有金东北路界壕边堡遗址临界而卧。金东北路界壕边堡是金朝为抵御西部蒙古诸族于12—13世纪而修筑的军事防御工程,为国家重点文物保护单位。

音河经过水库调节以后,为下游灌区灌溉土地面积3.67万公顷,为国家大型灌区之一。甘南(旧名二站)县是国家商

音河的秋天

甘南县兴十四村现代化喷灌

品粮基地之一,素有"鱼米之乡""粮薯之地""大豆之家"的美誉,以柳编为代表的民间工艺品已打入国际市场,并拥有灰绿岩、玛瑙石、碧玉、瓷土、高岭土等矿产资源。水库下游黑龙江第一村——兴十四村,其生态旅游久负盛名。该村位于黑龙江省甘南县中部、松嫩平原西缘。兴十四村是1956年接收安置山东移民建立起来的"移民新村"。当地森林覆盖率达到34.2%,总价值3亿多元,成为村里的一座年增值千万元的"绿色银行"。近年来,兴十四村围绕发展现代生态农业游、工业游、拓荒文化游,开发了农家文化乡土人情旅游项目,吸引了国内外大量游客和客商。

音河流过甘南县以后,进入齐齐哈尔市郊梅里斯达斡尔族区东侧的达呼店镇。齐齐哈尔国家森林公园青松林场青松山对外开放的狩猎场是我国对外开放的第一座全封闭型山鸡狩猎场,位于齐齐哈尔市北郊,距城区50千米。狩猎区内既有河水潺潺流淌,又有灌木丛和浆果林,生态环境优美,一年四季均可狩猎。

河流过狩猎场进入卧牛吐达斡尔族镇,于音钦村处汇入嫩江。

1.27.16.1 音河水库
(Yinhe Reservoir)

位于**音河**中游,坝址距黑龙江省甘南县城西北4千米,距齐齐哈尔市70千米,是一座结合防洪、灌溉、养鱼、发电及旅游等综合利用的大型水库。于1958年动工兴建,1963年部分工程验收并投入使用,全部工程于1988年10月竣工。1998年遭受特大洪水后,水库再次除险加固。

概　　述

工程按100年一遇洪水设计,2 000年一遇洪水校核。校核水位208.1米,校核库容2.56亿立方米;正常蓄水位205.1米,兴利库容1.61亿立方米。

水库枢纽工程主要由主坝、副坝、溢洪道、放水闸、电站等建筑物组成。主坝为黏壤土均质坝,长1 750米,最大坝高20.65米,坝顶宽8米,坝顶高程210.35米,上游坝坡为混凝土护坡,下游坝坡为混凝土网格内填砾卵石护坡;副坝长350米,坝顶宽8米,最大坝高4.5米。溢洪道为正堰开敞式,设5孔弧形闸门,每孔净宽10米,最大泄流量1 917立方米每秒。放水闸为深孔式,设4孔,其中左侧两孔为2.5米×2.5米的方孔,设置弧形闸门,用于灌溉和辅助泄洪,最大泄流量为150立方米每秒;右侧两孔为直径1.4米的圆孔,用于发电、灌溉。电站采用坝后式厂房,平面尺寸34米×11.7米,分上、下两层,上层为控制室,下层为主机室,装有4台250千瓦卧式发电机组,设计多年平均年发电量323万千瓦时。

水库保护下游县城及三乡(镇)(甘南镇、长山乡、音河镇)、两场(北京市双河农场、哈拉海军马场)和一区(齐齐哈尔市梅里斯达斡尔族区)的5.3万公顷耕地及25万人生命财产的安全。先后抵御了1988、1991、1993年的大洪水,水库将洪水全部拦蓄至库内。1998年水库经受了有记载以来的特大洪水袭击,最大1小时平均入库流量达1 880立方米每秒,最大泄量达1 082立方米每秒,削减洪峰达60%～80%,最大限度地降低了洪水对下游的危害。

水库可供音河灌区3.2万公顷农田灌溉用水,其中水田面积1.36万公顷,旱田1.84万公顷。

纪　　实

音河水库集水面积1 660平方千米,占音河流域面积的63.4%,基本控制了山区面积。

水库养鱼水面0.23万公顷,有青、草、鲢、鳙四大淡水鱼,还有河蟹、河虾、鲫鱼、鲤鱼、鲶鱼、银鱼,以及各种杂鱼等经济鱼类,每年可提供商品鱼100吨。水库的各种鱼类已申请了绿色标识,是野生纯天然绿色食品。

水库旅游风景区依托宏伟壮观的水利枢纽工程为主体,结合自然风光为旅游主线。景区内动植物资源非常丰富,共有林地200多公顷,有红松、落叶松、樟子松、杨树、白桦、柳树、云杉、水曲柳,还有榆叶梅、丁香、玫瑰、蔷薇、连

音河水库

翘、忍冬、沙棘等乔、冠木几十种,可供游人享受森林浴,是天然的大氧吧。景区内还生长着防风、柴胡、黄芪、白芍、桔梗、知母、玉竹等野生中草药20多种,生长着百合、野菊花、马莲等20多种野生花卉。库区内还生活着野兔、山鸡、灰鹤、河鸥、野鸭子等国家一类、二类保护动物20多种。音河湖旅游风景区2002年被批准为国家AA级旅游风景区,2006年被列为国家级水利旅游风景区。

1.27.17 鸿雁泡
(Hongyanpao Lake)

松花江嫩江段右岸的洼地滞积湖,位于黑龙江省龙江县哈拉海乡与黑岗乡交界处,距龙江县城6千米,属内陆碱水湖泊。

鸿雁泡多年平均气温2.5摄氏度,多年平均年降水量458.5毫米、年水面蒸发量882.9毫米、年径流量2330万立方米,多年平均湿度50%。全年无霜期129天。多年平均风速3.3米每秒,全年大风天数25天。年平均封冻天数150天,冻土深2.2米,泡区平均最大冰厚0.98米。

鸿雁泡分布在低洼沟谷中,岸边碱草、芦苇丛生。丰水期间湖泡洪水四溢,枯水期间仅有3个泡子有水。泡周边有红旗干渠、北山水库、泉眼沟等汇流河,但补水主要靠降雨,泄水经由二道沟流入嫩江。

鸿雁泡位于嫩江断裂带与雅鲁断裂带交汇处,属新华夏构造体系,处于Ⅵ度地震区。水质呈碱性,属Ⅱ类水质。枯水期水面面积3.3平方千米,平均水深1.0米,蓄水量330万立方米;丰水期水面面积13.3平方千米,平均水深2.0米,蓄水量2660万立方米。1998年后鸿雁泡由于淤积严重和连年干旱等诸多因素影响,水面面积变小,现在水面面积仅有2.7平方千米,淤泥平均深度1.0米。

鸿雁泡内有鲇鱼、鲤鱼、鲩鱼、鳙鱼、白鲢鱼、鲫鱼、河蟹等。泡内栖息有国家一级保护鸟类丹顶鹤、大雁、狐狸、雉鸡、野鸭等国家保护动物多种。

1.27.18 库勒河
(Kule River)

松花江嫩江段右岸支流,又称库尔奇勒河。

库勒河上游称八岔河,发源于黑龙江省龙江县鲁河乡德源村,河源高程319米,流经鲁河乡、龙江镇、白山乡、黑岗乡,在齐齐哈尔市富拉尔基区杜尔门沁达斡尔族乡前罕伯岱村英武矶注入嫩江,河口高程141.8米。河长76千米,流域面积843平方千米。库勒村以下是龙江县与齐齐哈尔市富拉尔基区的边界河流。

流域冬季寒冷干燥,多西北风,夏季短暂,高温多雨,春季风大,干旱少雨,秋季降温快,多早霜。多年平均气温3.5摄氏度,全年无霜期129天,多年平均年降水量446.4毫米,降水年内分配不均,十年九春旱,降水多集中在6—8月,占全年降水量的71.6%。降水西部山丘区多,东部平原区少,由西北向东南逐渐减少。多年平均年水面蒸发量为882.9毫米,多年平均年径流量0.42亿立方米。多年平均风速3.3米每秒,全年大风天数25天,最大风速14.7米每秒。

河床平均宽25米,水深1.2米左右,为季节性河流。

1982年5月齐齐哈尔市文物管理站进行文物普查时,发现了位于富拉尔基区杜尔门沁达斡尔族乡罕伯岱村西北1.5千米处、嫩江与库勒河交汇处台地上的老龙头遗址,该遗址为青铜器时代文化遗址。

1.27.19 雅鲁河
(Yalu River)

松花江嫩江段右岸的支流,旧称雅尔河,满语中"雅鲁"为"边地"之意。发源于内蒙古自治区牙克石市博克图镇北岭南工区大兴安岭东麓,流经牙克石市、扎兰屯市,黑龙江省齐齐哈尔市碾子山区、龙江县,在龙江县头站乡新建村汇入嫩江。流域面积19 640平方千米,河长398千米,河道平均比降2.08‰。

概　　述

流域北部以大兴安岭山脊与呼伦贝尔高原相隔,东部与**音河**相邻,西部和南部与**绰尔河**相连,位于大兴安岭东南坡。

在扎兰屯以上为山区,群山叠翠,山势陡峭,河谷相对高差在400米以上,河道宽5～40米;扎兰屯—碾子山为山丘区,高程300米左右,河谷宽4～5千米,河道宽40～70米;碾子山以下进入平原区,高程在240米以下,在龙江县城附近河床由2～3米厚的砂砾石组成,水面宽300～800米,水深2～4米。龙江县城以下河道两岸多沼泽湿地,尤以左岸更甚。

雅鲁河水系呈树枝状,流域面积大于100平方千米支流有24条,大于1 000平方千米的支流4条,其中**卧牛河**位于左岸,其余均在右岸,它们是**阿木牛河**、**济沁河**和**罕达罕河**。雅鲁河下游设有碾子山水文站。

流域属中温带季风气候区,春季干燥多风,夏季湿热多雨,秋季凉爽,冬季严寒漫长。多年平均气温-3.3～-4摄氏度,最低气温-45.2摄氏度,最高气温41摄氏度,年平均气温自西南向东北递减。年平均水面蒸发量824.3～905.4毫米,4—6月蒸发量占年蒸发量的47%左右。全年无霜期77～165天。年平均风速2.4～3.5米每秒。日照由西北向东北递增,年平均日照时数为2 519～2 856小时。

流域降水量从下游到上游渐增,年平均降水量在404～511毫米,降水在年内的分配也不均匀,降水主要集中在6—9月,占全年降水量的84%左右;降水年际变化较大,最大年与最小年降水量之比在3倍左右,而且有连续数年多水和连续数年少水交替出现的情况。流域多年平均年径流量为26.4亿立方米,地下水资源资源量为5.39亿立方米。

流域植被条件良好,河流含沙量甚少,下游碾子山站多年平均年输沙量27万吨,多年平均含沙量0.16千克每立方米;最大年输沙量84万吨,最大含沙

雅鲁河

量4.11千克每立方米(1961年7月29日)。

雅鲁河流域多年平均最大冰厚2.13米,历年最大冰厚2.98米(巴林站,1969年)。开河日期在3月30日至4月25日,最晚5月6日。春季流冰期平均天数5～19天,最多可达54天(五公里站,1979年)。封河日期在11月19日至12月5日,最早为11月1日(萨马街站,1970年),平均封冻天数为123～152天。

流域洪水频繁,新中国成立前虽发生过几次大洪水,但人烟稀少,没有造成重大损失,也没有留下灾害记载。新中国

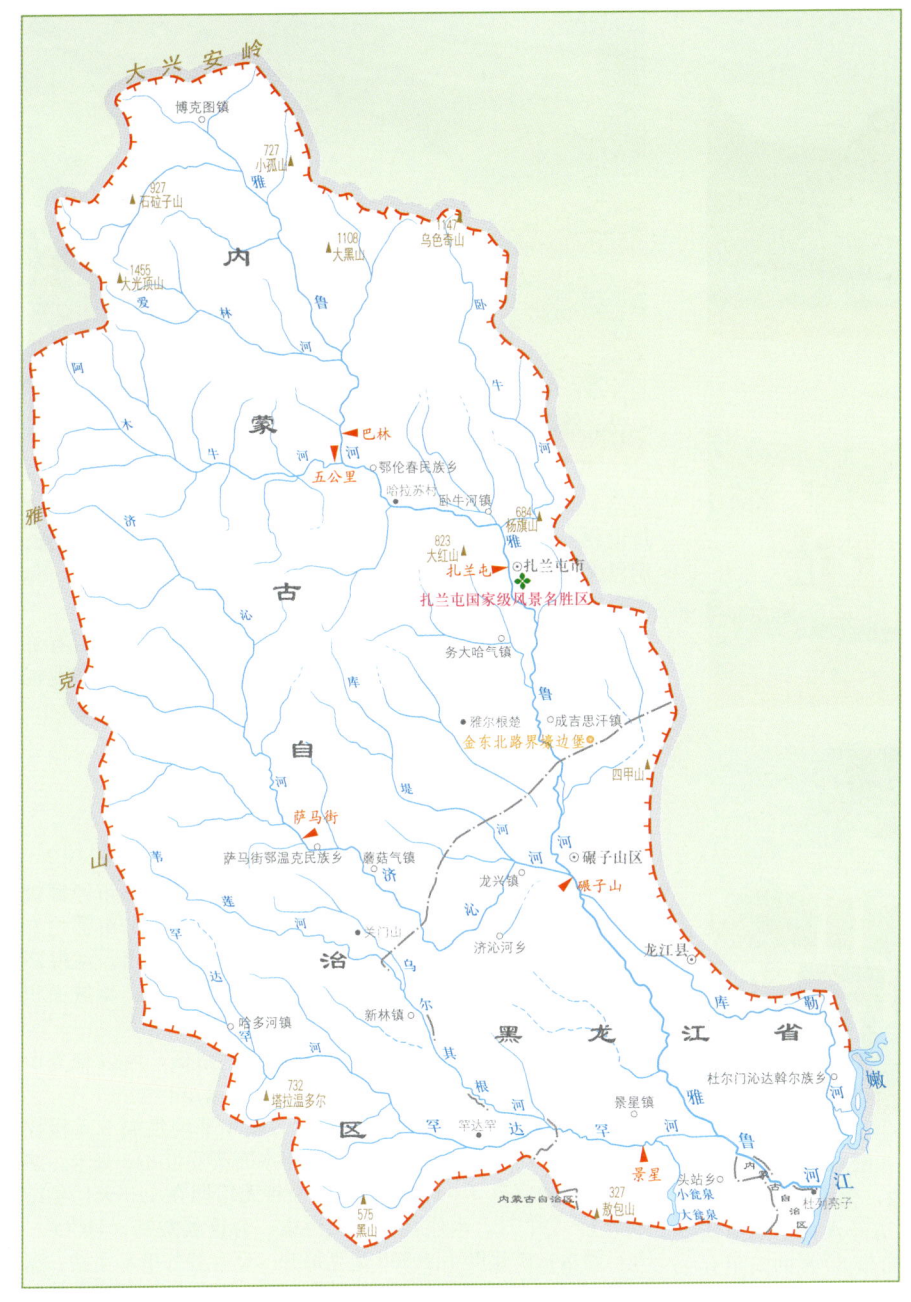

雅鲁河水系示意图

成立后，洪水灾害较重的有 1957、1960、1980、1989、1998 年。尤其是 1998 年特大洪水，扎兰屯段洪峰流量 3 310 立方米每秒，受灾人口 39.76 万，倒塌房屋 6.49 万间，农作物受灾 19.53 万公顷，洪水冲毁公路 17 段次、堤防 13 千米，造成了严重的经济损失。

流域内土地资源、森林资源、草地资源比较丰富，总土地面积 175.6 万公顷。根据第二次土壤普查资料划分为旱田、水田、自然林、人工林、草地五大类，其中自然林和人工林分别为 113.18 万公顷、0.94 万公顷，占总土地面积的 65%；草地 43.1 万公顷，占 24.5%；耕地 18.38 万公顷，占 10.5%。

雅鲁河流域是一个由蒙古、汉、回、满、达斡尔、鄂温克、朝鲜等 20 个民族组成的多民族地区，汉族占 90% 以上。流域共有扎兰屯市、牙克石市、阿荣旗、扎赉特旗、龙江县 5 县旗（市）的 29 个乡镇，8 个林业局及农牧场管理局。2000 年总人口 81.99 万，全流域总产值为 27.10 万元，工业总产值 18.187 万元。

干流堤防长 231.86 千米，防洪标准为 20 年一遇到 50 年一遇。这些堤防保护着沿江博克图、巴村、南木、哈拉苏、扎兰屯市、成吉思汗、碾子山区、龙江县，以及两岸的农田。雅鲁河流域内仅有靠山、红星两座小型水库。有红光、和平、蘑菇气 3 处万亩以上灌区，千亩以上灌区 16 处，运行较好的仅有红光灌区。

纪　实

上游　自河源至扎兰屯市喀拉苏村为上游。自河源东南流，左岸有博克图镇，又东南流经喇嘛山至巴林村，在巴林村南有阿木牛河从右岸汇入。又南流经扎兰屯市的鄂伦春民族乡至喀拉苏村，以上为河流上游。

牙克石市巴林村境内有喇嘛山国家森林公园，为独特的石林景观，极具特色，景区内奇山秀峰，以峻拔奇秀著称。公园总面积 2 903 公顷，由大小 28 座突兀挺拔、构造奇特的石峰组成。主峰远看似一诵经喇嘛面壁而坐，因而得名喇嘛山。

扎兰屯市鄂伦春民族乡是扎兰屯国家重点风景名胜区中的景区之一，距扎兰屯市区北部 32 千米处，为雅鲁河漂流的出发点，漂流水域 10 千米。这段河水清澈透底，流水缓急相间，两岸风光如画。这里最早的漂流起源于鄂伦春猎民的渔猎习俗，猎民们用自做的桦树筏子在河里捕鱼谋生。现在的漂流已经成为当地一个有特色的旅游项目。

中游　喀拉苏村至金东北路界壕边堡遗址为中游。雅鲁河在喀拉苏村转东流，经卧牛河镇，在镇下游左岸有**卧牛河**汇入。然后河流转向南流，经扎兰屯市和金东北路界壕边堡遗址等旅游名胜区。此段河流河道分叉较多，地貌多为山地及丘陵，高程 300 米左右，河谷宽一般在 3～5 千米，河道比降约为 6.2‰，河床由 2～3 米左右厚的砂砾石组成。

扎兰屯市 2002 年 5 月 17 日被批准为国家级风景名胜区，这里钟灵毓秀，人文荟萃，北方少数民族风情独具特色，更有跌宕生姿的自然景观，群山叠嶂，河流密布，山清水秀，五步一景。主要由吊桥公园、秀水风景区、柴河风景区和雅鲁河漂流区组成。

坐落在市区北部的吊桥公园为 AAAA 级景区，始建于 1905 年，是一处集自然景观、人文景观为一体的综合性娱乐场所。吊桥由两根巨大的铁索悬挂而成，上系 42 根细铁索，上铺木板，行人往来桥上，悠悠晃晃，心旷神怡。另建有望湖亭、三角亭、环形湖等。园内庄严矗立的苏联红军烈士碑和革命英雄纪念碑，使这里成为爱国主义教育基地。

出吊桥公园北行 2 千米便到秀水风景区。景区青山叠翠，碧水回环，林木葱茏，蝶恋蜂萦，一湾河水衬着青山，远远望去，恰似低眉垂首的含羞少女，平静的水面映衬着她那楚楚动人的风姿。黄昏，一片余晖洒入河水，像有人撒了一盒胭脂，飞光异彩，染红河水，人们便将这一带湖光山色称为秀水。

喇嘛山

雅鲁河过扎兰屯市后继续南流，于成吉思汗镇南流入黑龙江省齐齐哈尔市碾子山区。区内的金长城是公元12—13世纪以女真为主体，驱役各族人民共同修筑的，从东北的嫩江之滨到西南的**黄河**河套，在大兴安岭东南坡下，沿岭而卧，过草原，历沙漠，跨江河，是一段绵延4 000多千米的军事防御工事，是亚洲地区同期最大的土建

民族特色漂流

扎兰屯吊桥公园

工程。工程分东北、西北，西南三路。齐齐哈尔段金长城属于东北路之一段，也是金修长城最早的一段，全长10.5千米，烽燧、边堡、敌台（马面）等军事设施虽历经八百年沧桑依然保存完好。长城遗迹仍有3米多高，敌台依80米的间距有序排列。

金东北路界壕边堡遗址（丰荣古城）距齐齐哈尔市碾子山区10千米，始建于金朝初年。现丰荣古城保存完整，瓮门、角楼、敌台清晰可见，夯土城墙固若金汤，遥想当年金戈铁马，旌旗招展好一幅壮美的边关图画。

下游 金东北路界壕边堡遗址以下为下游。雅鲁河过了碾子山镇河流改为东南流，由山丘区进入平原。这里第四纪冲积平原广泛分布，河道弯曲且分叉多，特别在龙江县以下，河道两侧沼泽地广泛发育，尤其左岸一侧为甚。

碾子山区以碾子山得名，面积290平方千米，地处大兴安岭东坡余脉，大部分为丘陵地带。碾子山区依山傍水，风景秀丽，是齐齐哈尔市著名的山水旅游城，是黑龙江省风景名胜区和省级生态园林城。境内有被誉为鹤城奇山的国家AA级旅游景区蛇洞山。

蛇洞山位于齐齐哈尔市碾子山区西部4.5千米，蛇洞山景区内峰峦起伏，怪石嶙峋，各景点错落有致，浑然一体，龟、牛、蛙、龙、狮、虎、猿等奇石异景千姿百态，形象逼真。景区内诗词碑刻繁多，亭、台、楼、阁古朴典雅，文化底

碾子山风景区

蕴悠久而丰富。清朝著名文人魏毓兰曾在《龙城旧闻》中有过记载："碾子山有一长蛇洞，洞口有巨石覆盖。由石缝内窥，洞黑无底，相传光绪初，一蛇自洞中出，探首雅鲁河饮水，尾端尚在洞中，其长大可知。"

河流过碾子山区后进入黑龙江省龙江县境内，先后有济沁河在龙江县龙兴镇错海村东从右岸汇入，罕达罕河在龙江县景星镇大三门李村西从右岸汇入。

雅鲁河在龙江县头站乡新建村汇入嫩江。

1.27.19.1 阿木牛河
（Amuniu River）

雅鲁河右岸支流，发源于内蒙古自治区牙克石市绰源镇西大兴安岭山脉东麓，由西北向东南流，于扎兰屯市鄂伦春民族乡西北汇入雅鲁河，流经牙克石市、扎兰屯市。河源高程1 455米，河口高程1 060米，河长87.5千米，流域面积1 814平方千米，河道平均比降3.64‰。

流域地处大兴安岭东麓，西北高，东南低，西以雅克山与**绰尔河**相隔，流经低山丘陵地带，林木繁茂。

流域冬季寒冷，夏季湿润凉爽，多年平均气温2.4摄氏度，多年平均年降水量510毫米，年水面蒸发量840毫米，多年平均年径流量3.06亿立方米。全年无霜期在115天。年结冰期4～5个月。水质优良，无污染，为重碳酸钙（HCO_3—Ca）型水，矿化度小于500毫克每升。设有五公里水文站。据记载1960、1998年为大水年份。

阿木牛河主要支流有坤尼气河、大铁古鲁河、库库河、何发河、跃力嘎沟、转心洞沟等。

阿木牛河从源头向东南流，在坤尼气河口以下转向东流，是扎兰屯市与牙克石市的界河。干支流均穿行于山林之间，有坤尼气林场、三七林场、阿木牛林场等。上游坡陡流急，河槽深窄，河道束放相间，水量丰沛，有沼泽地。下游地势平坦，右岸为鄂伦春乡农场。

该流域属少数民族聚居区，有蒙古族等少数民族，仍保留独特的民族习惯。经济以农业、林业为主。

1.27.19.2 卧牛河
（Woniu River）

雅鲁河左岸支流，发源于内蒙古自治区扎兰屯市卧牛河镇北部与阿荣旗交界处的乌色奇山北部。

雅鲁河自河源由北向南流，至庙尔山林场处转向东南，至卧牛河村折向西南流，于卧牛河镇以南汇入雅鲁河。河长98.3千米，流域面积1 460平方千米，河源高程1 124米，河

口高程664米，河道平均比降为2.85‰。

流域地势东北高、西南低，处于大兴安岭隆起和松嫩平原下沉的过渡地带。河流呈L形，流经低山丘陵区，河槽深窄，支流短促。主要支流有乌色奇沟、四道沟、东牛角沟等。

流域冬季寒冷，夏季湿润凉爽，多年平均气温2.4摄氏度。多年平均年降水量为490毫米，年水面蒸发量为840毫米，年径流量为2.0亿立方米。结冰期4～5个月。

流域内建有靠山排涝工程，位于卧牛河镇靠山屯境内，有易涝面积533.3公顷。1965年对涝区进行治理，截至1990年，共挖排水干渠10千米，支渠30条，加宽河道长450米，修农桥2座。

卧牛河镇距扎兰屯市12千米，传说因有一块大石形似卧牛而得名。2002年，扎兰屯被批准为国家级风景名胜区，为中国优秀旅游城市。

卧牛河

市内的吊桥公园被国家旅游局评为AAAA级旅游风景区。其中秀水山庄景区位于卧牛河畔森林中，素有"塞上苏杭"之美誉。登上200米高的卧牛山，可观赏扎兰屯市区。

1.27.19.3 济沁河
(Jiqin River)

雅鲁河右岸支流，又名鸡秦河。发源于内蒙古自治区扎兰屯市鄂伦春民族乡济沁河林场以西大兴安岭东南麓呼里雅克山，海拔1 015米，流经鄂伦春民族乡、萨马街鄂温克族乡、蘑菇气镇、于关门山乡稻田村以东进入黑龙江省龙江县，在老龙山东折向东北，穿越龙兴、雅鲁河、济沁河

济沁河

等乡镇，在碾子山区南注入雅鲁河。河长143千米，面积2 738.34平方千米。

概　　述

流域地处大兴安岭山脉中段东麓，松嫩平原西侧，地形西北高、东南低。河流自西北向东南流，河道基本顺直。上、中游属山溪性河流，支流发育，地貌为山区、丘陵，沿岸为林区，有济沁河林场；下游属平原河流，沿岸为农耕区。流域呈扇形，北邻**阿木牛河**，西以雅克山岭为界，与**绰尔河**流域相邻。

流域年降水量485～540毫米，多年平均年径流量为4.29亿立方米，多年平均风速3.2米每秒，每年11月上旬至次年4月中旬为结冰期。

流域主要自然灾害有洪涝、低温冷害、冰雹、干旱、风灾等。1998年大水，济沁河洪峰流量达856立方米每秒。从蘑菇气镇到边壕段修有部分标准堤防，堤长17.35千米，保护蘑菇气镇及其以下两岸农田、村庄。

流域内树木有兴安落叶松、蒙古栎、杨树、桦树等，森林覆盖率为80%。野生动物有驯鹿、雪兔、貂、熊、马鹿、狍、猞猁等。流域内的萨马街鄂温克民族乡为鄂温克族聚居区，具有自己的语言、信仰，传统节日为瑟宾节，每逢节日，均聚会庆祝，围着篝火载歌载舞，祭祀，并举行盛大宴会。现鄂温克民族乡已开发成民俗旅游区。

纪　　实

河流出源后东南流，在济沁河林场西南有黄草沟从右岸汇入，在根多河林场东有根多河从右岸汇入，在萨马街鄂温克民族乡西北有哈拉河从右岸汇入。

继续下行为萨马街鄂温克民族乡，为鄂温克族聚居区。鄂温克族是跨中国、俄罗斯居住的跨界民族，具有自己的语言、信仰，传统节日为"瑟宾节"，每逢节日，均聚会庆祝，围着篝火载歌载舞、祭祀，并举行盛大宴会。现鄂温克民族乡已开发成民俗旅游区。

在扎兰屯市于关门山乡稻田村以东进入黑龙江省龙江县。

在龙江县济沁河乡老龙山东折向东北流，在龙兴镇新立屯西库堤河从左岸注入。在龙江县龙兴镇错海村东南汇入雅鲁河。

1.27.19.4 罕达罕河
(Handahan River)

雅鲁河右岸支流，又称哈岱坎河，发源于内蒙古自治区扎兰屯市南部的火龙山东南坡，流经扎兰屯市南部的哈多河镇、扎赉特旗新林镇、阿尔本格勒镇、罕达罕乡、巴彦扎拉嘎乡，以及黑龙江省龙江县景星镇等，于黑龙江省龙江县景星镇保安屯村附近注入雅鲁河。河长162千米，流域面积4 356平方千米，河道平均比降3.46‰。

概　　述

流域属丘陵地带，西北高，东南低。上游平均海拔350米左右，下游海拔200米左右。河道弯曲，支流发育，呈树枝状河形，有流域面积大于100平方千米的支流8条。较大的支流有乌兰毛都河、大尼莎气河、喇嘛河、乌尔其根河等。

上游流经山区，河槽深窄。阿尔本格勒镇以下地势平坦，河谷沿流向逐步加宽，最宽5千米，最窄1千米，比降1/500～1/300。中游段河槽弯曲度大，河床多滩地，中央较高，土质多是矿质黏土，下切到砂砾石后基本趋于稳定。下游河床改道较多。水能理论蕴藏量1.34万千瓦。

罕达罕河流域多年平均气温为4摄氏度，多年平均降水量403.9毫米，降水集中在6~9月，约占全年的85%左右。多年平均径流量3.21亿立方米。每年11月中旬至次年4月中旬为结冰期。无霜期为130天左右。

流域常出现春旱秋涝现象。河流下游地形平坦，比降小，两岸甸子地广阔，植物茂密，河水顶托，积水不能及时排除，易形成内涝。有记载的洪水分别发生在1931、1937、1939、1964、1998年。

沿河两岸历史上人烟稀少，开发较晚，到1944年以后人口逐渐增多，以牧为主，经营少量农田。中华人民共和国成立后，逐步开始兴修水利，修筑防洪堤和排涝工程，开展水土保持工作。沿岸先后开发6处小型灌区，修建堤防50.5千米。

流域内植被良好。上游沿岸为林区，下游为平原农业区。自然资源有铁、石灰岩矿等，野生动物有马鹿、黑熊、猞猁、水獭、野猪、狍子、獾、丹顶鹤、天鹅、锦鸡、野鸭等。

纪　　实

河流出源后东南流，在扎兰屯市哈多河镇东北有乌兰毛

都河从右岸汇入,大尼莎气河在哈多河镇东南从左岸汇入。

喇嘛河在扎赉特旗新林镇大坝村西从左岸汇入。

在阿尔本格勒镇太平山村东有乌尔其根河从左岸汇入,乌尔其根河汇入口以下进入黑龙江省龙江县。

于黑龙江省龙江县景星镇大三门李村东注入雅鲁河。

1.27.20 绰尔河
(Chaoer River)

松花江嫩江段右岸支流。古时即元魏沙罗国之水,《魏书》称为啜水,清代《水道提纲》称戳尔河,《盛京通志》称为绰尔河。"绰尔河"为蒙语"节"的意思。发源于内蒙古自治区牙克石市绰源镇大兴安岭英吉尔达

绰尔河

山东坡,自北向南流,过扎兰屯市柴河镇转向东南,过扎赉特旗文得根以后改向东,流经黑龙江省龙江县,在泰来县江桥镇上游9千米处汇入松花江嫩江段。流域面积为17 435平方千米,河长573千米。

概 述

流域位于东经120°30′~123°40′,北纬46°00′~48°40′,北临**雅鲁河**,南邻**洮儿河**,东临嫩江,西侧以大兴安岭山脉为分水岭与海拉尔河相邻。

整个流域位于大兴安岭东坡,为窄长形,地势北高南低。其中山地占流域面积的55%,丘陵地占37%,平原占8%。上游段属山区,河谷狭窄,天然林木甚多;中游段属低山丘陵区,河谷开阔,沿岸两侧有宽广的阶地和河谷平原,植被较好,牧草茂盛;下游段属平原区,地形平坦,多沼泽、洼地。

绰尔河水系呈羽状。较大的支流有塔尔气河、莫克河、柴河、固里河、**哈布气河**、**托欣河**、特默河等。该河设有塔尔气、文得根、两家子3个水文站。

流域属中温带大陆性季风气候区,春季干燥多风,夏季温热多雨,秋季晴冷温差大,冬季严寒而漫长。多年平均气温3.43摄氏度,最高气温39.9摄氏度,最低气温-37摄氏度。全年无霜期163天。多年平均年水面蒸发量为1 037.3毫米,5月蒸发量最大,占全年的20%左右。流域主要风向为西北风,多年平均风速为3.3米每秒,最大风速25.7米每秒。河流结冰期一般情况上游在9月下旬,下游在11月开始冻结,上游于次年5月下旬,下游于次年3月下旬开始解冻。冻土深度一般在1.5~2.5米,最上游大兴安岭岭脊有永久冻层,最大冻土深度2.34米。

流域多年平均年降水量为426.5毫米,降水主要集中在6—9月,占全年降水量的84.2%以上;降水量年际变化较大,最大年降水量为879.2毫米,最小年降水量为275.6毫米,最大值是最小值的3.2倍。降水量从上游向下游呈递减的趋势。流域多年平均年径流量为22.7亿立方米。文得根水文站多年平均年输沙量为10.7万吨,其中悬移质输沙量为9.75万吨,推移质输沙量为0.975万吨。文得根水文站冰情资料统计分析,春季流冰一般在4月,多年平均流冰天数为12天;秋季流冰一般在11月,多年平均流冰天数为19天;多年平均封冻期为122天,最大冰厚1.15米,最大冰块尺寸长25米,宽20米。

流域洪涝灾害主要由暴雨形成。暴雨多发生在7—8月,其中以7月最多。绰尔河暴雨中心多在中上游,暴雨过后,山洪暴发,致使流域洪水频繁。历史上有记载的最大洪水发生在1897、1933、1948、1951、1956、1957、1990、1998年,以1998年的洪水为最大,洪灾最重。两家子水文站洪峰流量5 500立方米每秒,仅扎赉特旗境内就有22个乡镇受灾,堤防受损长度130千米,受灾人口达16.9万,受淹耕地面积3.87万多公顷,农作物受损严重,大量的桥涵、机电井、公路、供电及通信设施遭到破坏,直接经济损失14.2亿元。

此外,流域内每年都会出现不同程度的春旱,每到春季播种季节,天不下雨,河水干枯,直接影响到适时春播。

绰尔河流域是一个由蒙古、汉、朝鲜、回、锡伯、鄂伦春、达斡尔、鄂温克、俄罗斯等民族组成的多民族地区,以蒙古族为主体,汉族占多数。行政区划包括内蒙古自治区4个旗(县)和黑龙江省2个县,共计人口33.19万,其中内蒙古自治区28.30万人,黑龙江省4.89万人。流域内有耕地面积18.32万公顷,占流域面积的10.57%;牧地26.53公顷,占

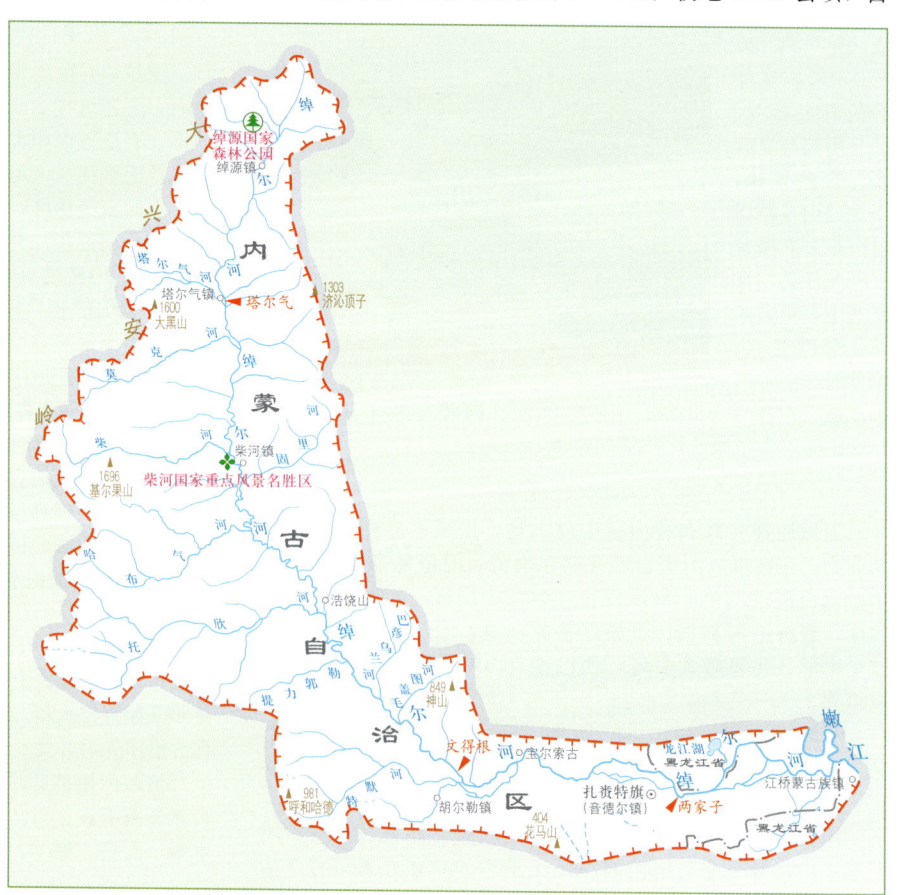

绰尔河水系示意图

绰尔河骆驼峰天池之夏

流域面积的 14.96%；林地 69.57 公顷，占流域面积的 39.23%。2000 年 GDP 为 106 847.63 万元，工业总产值 29 577.33 万元，农业总产值 72 577.30 万元，粮豆总产量 19.37 万吨。

2000 年年末已建成堤防 117.74 千米，防洪工程主要在文得根水库坝址至绰勒段，属中游地区。

截至 2005 年，流域内已建成绰勒、五道河子、好力保、保安沼、努文木仁、洪家、东华 7 个万亩以上灌区，设计灌溉面积 3.18 公顷；建成小（1）型神山水库，总库容 125 万立方米；有机电井 510 眼，牧区基本供水井 4 眼，控制草场面积 2.4 万公顷，可供 1.83 万头（只）牲畜饮水；建成机电排灌站 5 处，排水面积 0.87 万公顷左右。治理水土流失面积 0.18 万公顷，占水土流失面积的 1.75%。治理易涝面积 0.767 万公顷，占易涝面积的 50% 左右。历年累计造林面积 0.75 万公顷，育苗面积 0.12 万公顷，各种防护林面积 0.747 万公顷。由于这些水利工程的建设，使有效灌溉面积达到 0.81 万公顷，其中保灌面积 0.68 万公顷。

纪　实

河源至广门山峡之间为上游段，属山区，面积 10 962 平方千米，高程在 1 049～407 米。河流穿行于大兴安岭山区，呈 S 形蛇曲，河滩高出水面 1 米左右。因前期冰川流量较大，河谷扩展得很宽，达 1～4 千米，两岸存在明显的冰蚀现象，山坡陡峻，多断崖绝壁，经冰川及现代河流作用，下切了一条深 20～30 米、宽 200～500 米的新河谷，因而两岸形成了台地和悬谷。河床多由卵石、冰碛石组成，个别段为基岩，坡降陡。河道平均比降约为 2.5‰，水流湍急，河水清澈，含沙量低。该区域是一个以林业占优势的地区，有大面积森林，起着涵养水源、调节气候、保持生态平衡的重要作用。

绰尔河自北向南流，穿行于牙克石市境内，流经绰源国家森林公园。该公园因其是绰尔河发源地而得名，这里湿地景观独特，园内还有日军侵华遗址。1942 年 5 月，日本军队为防御苏联红军，在绰源修筑军事防线，主要由 18 座战斗机库群、10 万平方米的飞机场、指挥部和 20 余个掩体山洞组成。公园森林覆盖率 83.3%，野生动植物资源丰富。

河流继续向南流，过牙克石市塔尔气镇塔尔气河从右岸汇入，河流下行进入扎兰屯市境内，至柴河镇右岸有柴河汇入，过柴河镇又有固里河从左岸汇入。柴河上有国家级风景名胜区，区内风光气势博大、雄浑壮观，有野兽出没的原始森林，也有月亮湖、水帘洞等景点，是探险旅游者的好去处。据专家考证，早在新石器时代，绰尔河流域就有人类活动。一代天骄成吉思汗在此屯兵扎寨，女真、契丹、蒙古战场依稀可见，金长城绵延起伏。老舍、叶圣陶、翦伯赞等名人都曾赋诗称赞。

河流继续下行，至东卫村有哈布气河从右岸汇入后河流改向东南流，至广门山峡进入中游。

广门山峡至茂林格尔大桥为中游段，河谷开阔，河谷宽为 1.5～6.0 千米，河道比降 1.2‰～1.7‰，沿河两岸大多是丘陵漫岗，面积 4 160 平方千米。

绰尔河出广门山峡继续往东南方向流，在浩饶山镇有右岸支流托欣河汇入，从巴彦乌兰苏木进入扎赉特旗境内，至胡尔勒镇丰屯村东南有特默河从右岸汇入，河流转向东流。绰尔河中游属半农半牧区，沿河两侧有宽广的阶地和河谷平原，植被较好，土地肥沃，气候温和，牧草茂密，宜农宜牧。

在绰尔河中游，有一个神奇的去处——神山。神山元代至清初被称为"朵云温都尔"（古代蒙古语称山为"温都尔"），

柴河卧牛湖

清乾隆年间被尊称为"乌力吉朝格图傲拉"（藏语称其为"拉喜扎力布"，意指吉祥的神），而在扎赉特旗地图、地名志里，均称之为大神山。神山作为扎赉特旗的象征，以它的高大险峻而闻名遐迩。山上奇石怪岭，别具一格；山洞较多，神秘莫测；树木茂盛，禽兽出没。登上山顶，仰望高天，俯视流云，令人心胸开阔；极目远眺，四野风光尽收眼底。山上有仙人洞、将军椅等景点，让人流连忘返。神山一带山高林密，水源丰富。通过人工引流，大量的山坡径流水和数不尽的山泉水汇集一处，形成了明镜般的高山湖——神山水库。在这里，你可以领略到山中平湖水中山的景色。

神山以下，沿绰尔河从巴达尔胡镇西拉日达至绰勒水库，有可漂流河段30千米。这里有独特优美的15千米风光带，河流量急而大，漂流区上下间的落差20多米，既有惊涛激滩，又有碧波清潭，水质清澈无污染。两岸山地、丘陵、草原变化有序，植被保存完好，风光明丽，山清水秀，怪石嶙峋，气候宜人，是旅游休闲度假之胜地。

扎赉特旗历史较为久远。据史料记载，远在东汉时期，东胡族人以后，肃慎、契丹、匈奴、乌恒、鲜卑、蒙兀宝韦、蒙古等少数民族相继控制着这里。元朝时期为辽王的封地，后归入科尔沁部。明万历年间（1573—1620年）在这里设扎赉特部。清天聪五年（1631年），将扎赉特部改设为扎赉特旗。

茂林格尔大桥以下为下游段，河流进入嫩江平原区。该段河道纵坡变缓，河道分叉多，河床不稳定，河道蛇曲，游荡严重。在周保山附近地面高出河床15～30米，河坎较陡，成为断岸。在西山头及腰贡附近受河水侵蚀，土壤为砂壤土。下游区地形平坦，土地肥沃，是内蒙古自治区主要产稻区，驰名的保安昭大米即产于该地区。

在河左岸黑龙江省龙江县杏山乡有龙江湖水库。

绰尔河在黑龙江省泰来县江桥蒙古族镇上游从右岸汇入嫩江。

1.27.20.1　哈布气河
（Habuqi River）

绰尔河右岸支流，发源于内蒙古自治区扎兰屯市柴河镇兴安林场以西与阿尔山市交界处的大兴安岭东麓，由西向东流，于柴河镇赤卫村以东汇入绰尔河。河长85.2千米，流域面积1 097.50平方千米，河道平均比降5.90‰。

流域地处大兴安岭东麓支脉的中低山区，山势西高东低，两岸均为逶迤绵延的山峰。山上林木繁茂，森林覆盖率达62.6%，有"七林二草一分田"之称。流域内人烟稀少，自然村落零星分布。经济主要以森林加工业为主，属原生态纯自然河流。

哈布气河为不对称河型，主要支流均发源于左岸，右岸无大支流汇入。干流上游右侧有兴安林场，为流域主要经济体。中游左岸有合宁果河与红花尔基河平行汇入，其中红花尔基河长44.4千米，流域面积337.86平方千米，上游有"水帘洞"观光点，位于柴河镇以西35千米。

流域多年平均气温2.0摄氏度，多年平均年降水量450毫米，年水面蒸发量910毫米，年径流量1.5亿立方米。全年无霜期110天，年结冰期4～5个月。河水流经山地林区，水质良好，无污染。

流域内有兴安林场、哈布气林场等。树种以落叶松、山杨、蒙古栎、柞树等为主，灌木有榛子、山杏等，药用植物有黄芪、赤芍、柴胡、桔梗等，名珍野菜及食用菌类有蕨菜、黄花菜、蘑菇、木耳、猴头菇等，野生动物有马鹿、驼鹿、狍子、野猪、水獭、猞猁、黑熊、雪兔、紫貂、狐狸等。流域内矿藏有铜、铁、金、煤等。

1.27.20.2　托欣河
（Tuoxin River）

绰尔河右岸支流，发源于内蒙古自治区兴安盟阿尔山市好森沟村西南山顶，海拔1 360米，流经阿尔山市、扎兰屯市，于扎赉特旗巴彦乌兰苏木黑哈拉萨村附近汇入绰尔河。河长103.9米，流域面积1 919.02平方千米，河道平均比降4.02‰。

流域地处大兴安岭东麓中低山区，地势西高东低，河流两岸均为透迤绵延的山峰。

流域多年平均气温2.0摄氏度，全年无霜期110天左右。多年平均年降水量445毫米，年水面蒸发量940毫米。年结冰期4～5个月。多年平均年径流量2.62亿立方米。

托欣河水系呈树枝状，河道弯曲。主要支流有好森沟、火龙沟、门德沟。

流域森林茂密，上游段森林覆盖率达62%，自上至下呈递减趋势。树种有白桦、黑桦、油松等；矿产有铁、锌等；野生动物有金雕、黑鹳、梅花鹿、马鹿等，野生植物有山杏、榛子、文冠果等。冰雪、森林、火山及熔岩景观享有盛誉。

流域经济以林业为主，设有好森沟林场、蛤蟆沟林场等，中下游沿河有小片水浇地，从事种植业。

托欣河全程流经中低山区，两岸群山起伏，沿河两岸有狭长的河谷平原。好森沟以上人烟稀少，河道两侧多沼泽地。蛤蟆沟林场以下至钓鱼台为阿尔山市与扎兰屯市界河，进入扎赉特旗后汇入绰尔河。流域上游的好森沟为国家级森林公园，重点保护油松、白桦、黑桦等自然森林。

1.27.20.3　龙江湖
（Longjiang Lake）

位于黑龙江省龙江县杏山乡境内，距龙江县城60千米，地处**绰尔河**下游，系由河间洼地积水而成。湖形拟葫芦状，中间由一湖岗分割成南、北两湖，北部湖泊较大，面积为南部湖泊的5倍。

湖区冬季寒冷而干燥，夏季高温多雨，春季干旱少雨，秋季多早霜。多年平均气温3.5摄氏度，最高气温24.8摄氏度，多年平均年降水量458.5毫米、年径流量1 400万立方米、年水面蒸发量为882.9毫米。平均湿度50%，年平均无霜期129天，封冻天数150天，冻土深2.2米，湖区平均最大冰厚1.76米。湖水质为Ⅱ类，呈碱性。2004年引绰尔河水后，水质碱性逐渐减小，水环境大为改善。1998年后，由于淤积严重，湖底抬高，水面面积比以前稍有扩大，淤泥平均深度1米。

龙江湖湖底平缓，岸边杂草丛生，其间生长着芦苇。枯水期水面面积12平方千米，平均水深1.0米，蓄水量1 200万立方米；洪水期水面面积13平方千米，平均水深2.0米，蓄水量2 600万立方米。湖水养殖主要有鲇鱼、鲫鱼、白鲢鱼、大白鱼、黑鱼、黄章鱼、鲤鱼、鳤鱼、鳙鱼等9种鱼类，2005年产值50万元。龙江湖水源主要是周边坡水，泄水注入绰尔河。

龙江湖位于嫩江断裂带与雅鲁断裂带交汇处，属新华夏构造体系，处于Ⅵ度地震区。湖区处于人烟稀少的荒甸之间，环境依然保持其原有特色,未受任何破坏。湖中栖息着丹顶鹤、大雁等国家一级保护鸟类及山鹰、狐狸、獾、灰鹤、野兔、野鸭、雉鸡等多种国家保护动物。

1.27.20.4 岱古敖泡
(Daiguaopao Lake)

绰尔河支流呼尔达河河道受堵积水而成,为吞吐型湖泊,位于黑龙江省泰来县泰来镇东 8 千米。

岱古敖泡水面面积为 20 平方千米,平均水深 1 米,正常蓄水量 2 200 万立方米,为一自然沟泡,芦苇丛生,经开发现已变成泰来县中部涝区的一个主要承泄池。泡子下游与呼尔达河连接,洪水经呼尔达河排入绰尔河,主要是承泄涝区排水及雨积水。

泡中自然鱼类繁多,主要有鲤、鲢、鳙、草、黑、鲶等鱼类,鱼年产量最高达 200 吨,苇草产量达 500 吨以上。该水域自然植被丰茂,水草、芦苇生长旺盛,四周草原、湿地俱全,水禽众多。

1.27.21 二龙套河
(Erlongtao River)

松花江嫩江段右岸支流,又名二龙涛河,发源于内蒙古自治区扎赉特旗宝力根花苏木胡尔勒宝力高村西北的盖吉盖山脉,流经内蒙古自治区扎赉特旗巴彦高勒乡、小城子乡,进入黑龙江泰来县境内后,又折入内蒙古自治区扎赉特旗境内,注入图牧吉水库,经调蓄后流入吉林省镇赉县莫莫格湿地。河流全长 302 千米,流域总面积为 5 090 平方千米。

流域属大兴安岭向松嫩平原过渡地带,地势呈西北高、东南低,从上游低山区到中游丘陵过渡带至下游平原区,其中低山、丘陵、平原面积分别占 6%、43%、51%,河道比降为 1.76‰。平原区地形略有起伏,其间有固定沙丘、丘间洼地和泡沼,主要有洋沙泡、苇子沟泡、岱敖泡和高棉泡。

流域面积大于 100 平方千米的支流有 5 条,分别为查干木伦、努布企沟、兴隆镇沟、查干楚鲁沟和古恩宝力皋沟。

流域多年平均气温为 4.0 摄氏度,1 月平均气温为 -17.4 摄氏度,最低气温为 -37 摄氏度;7 月平均气温 22.7 摄氏度,最高气温为 41.0 摄氏度。全年无霜期为 130 天左右。多年平均年降水量为 403.9 毫米,年径流量为 1.69 亿立方米。

流域内主要自然灾害有水灾、旱灾、低温冻害等。历史上屡有山洪发生,洪水为患,殃及两岸,水深流急河床两岸冲刷严重。1957 年 7 月,最大洪峰流量曾达 500 立方米每秒。春季经常断流,洪枯流量变化大。

流域内矿产资源有铁、石灰石矿等,野生动物有马鹿、黑熊、猞猁、水獭、狐狸、灰鼠、野猪等,禽类有丹顶鹤、天鹅、榛鸡等。山产品主要有猴头菇、山杏、橡子等。

二龙套河建有堤防 38.9 千米,其中达到防御 1957 年洪水设计标准的 33.4 千米,占 86%。堤防保护泰来、街基 2 个镇(乡),323 个村屯,人口 16.5 万,耕地 3.01 万公顷,草原 2.1 万公顷,以及平齐铁路和扎赉特旗至泰来的公路。

流域内建有图木吉中型水库,该水库是在原尼日里泡的基础上,挖渠引**绰尔河**水后修建的水库,其水源来自二龙套河和绰尔河。总库容 8 856 万立方米,为均质土坝,坝长 2 680 米,坝高 3.2 米,有养鱼水面 4 000 公顷和苇田 0.2 万公顷。沿河修建小型灌区 3 处。

二龙套河上游称胡尔勒河,由西向东流,经扎赉特旗南部宝力根花苏木,至扎格斯台南部为上游山区,属牧业区。

河流继续向东北流,在双榆树村附近,左岸有支流查千木伦河汇入,河流继续向东北流,两岸多沼泽。经巴彦巨力和、旺利屯、曹家围子村,至小城子。在小城子之下,中小水时河流会逐渐消失在大面积低洼湿地中。大水时于小城子乡小黑山村附近流入黑龙江省泰来县境内。河流流至新建二队附近,又折回进入扎赉特旗,在图牧吉苏木注入图牧吉水库。

河流流经图牧吉国家级自然保护区,该保护区位于东经 122°44′13″～123°10′24″,北纬 46°04′12″～46°25′47″。保护区总面积 94 830 公顷,其中:水域面积 7 360 公顷、沼泽湿地面积 29 425 公顷、草原面积 36 890 公顷、林地面积 7 319.8 公顷。保护区内有 7 个村,28 个自然屯,人口 1.5 万。图牧吉国家级自然保护区是大兴安岭山地与干旱草原的过渡地带。草原和湿地生态系统支持着以大鸨、鹤类和鹳类为代表的众多珍稀濒危鸟类生存。是我国目前仅有的一个以保护野生大鸨(东方亚种)为主的国家级自然保护区,也是我国仅有的少数大鸨繁殖栖息地之一。大鸨种群数量夏季达到 300 多只,冬季越冬的种群数量达到 150 多只,占世界大鸨数量的十分之一,因此图牧吉保护区被誉为"大鸨的故乡"。

二龙套河在图牧吉水库下游约 3 千米处流入吉林省镇赉县保民乡腰富家围子屯。镇赉县境内多为平原、湿地、盐碱地、泡沼相连,形成大面积沼泽地带,是天然的草田和牧场。图牧吉水库拦蓄了二龙套河水,除汛期放流外,其余季节无水。河流流至白音套海屯分成两股,一股流入**洋沙泡**,另一股过平齐铁路桥,经哈土气蒙古族乡到乌兰昭,注入莫莫格湿地。

1.27.21.1 洋沙泡
(Yangshapao Lake)

二龙套河的冲积洼地滞积湖,位于吉林省镇赉县东屏镇北 1 千米、二龙套河右侧,周边由 7 个山冈环抱。

洋沙泡东西宽 5 千米,南北长 7.5 千米,面积 37.5 平方千米,最大水深 4 米,常年 1.5 米,是一个近似碟形的天然湖泊。干旱年二龙套河汛期来水时可蓄水 0.80 亿立方米。洋沙泡泡底为碱沙,水质为轻碱性。

洋沙泡多年平均气温 4.6 摄氏度,多年平均年降水量 400 毫米、年水面蒸发量 949 毫米。多风,多年平均 8 级以上大风天 13 天。结冰期为 11 月上旬至次年 4 月下旬,最大冰厚 1.30～1.40 米。

洋沙泡原称羊山泡。相传,早年泡两侧各有一土山,山间草深林茂,草原上羚羊遍野,每逢雨季,羚羊聚居土山,故名羊山泡。后因泡内干涸,一遇大风,沙碱土飞扬,群众称为洋沙泡。为解决洋沙泡的水源问题,1960—1964 年,镇赉县在东、西两侧山口筑堤,并开挖了引二龙套河水进洋沙泡的引水干渠长 2.1 千米,引水量 4 立方米每秒,增加了洋沙泡的蓄水量。

该泡曾是东北红尾大鲤鱼的产地之一。1945 年前后,每至冬捕期,百辆大马车云集此泡,南至沈阳,北到齐齐哈尔等地,都可品尝到洋沙泡盛产的鲤鱼。1961 年冬鱼产量高达 300 吨。1965 年,由于二龙套河断流,泡内蓄水减少,碱浓度加大,鱼类无法越冬,遂使鱼类绝迹。

洋沙泡曾经在 2005 年干涸。

1.27.21.2 苇子沟泡
(Weizigoupao Lake)

二龙套河的冲积洼地滞积湖，因盛产苇子而得名。北起吉林省镇赉县白音套海畜牧场，穿越东屏镇，南至莫莫格西山外。

苇子沟泡曲折迂回达 40 千米，泡宽 0.5 千米，总面积 20 平方千米，水面面积 10 平方千米，平均水深 1.5 米，蓄水量 0.15 亿立方米。水质为微碱性。

苇子沟泡多年平均气温 4.6 摄氏度，多年平均年降水量 400 毫米，年水面蒸发量 949 毫米；多风，多年平均 8 级以上大风天 13 天；冬季结冰期为 11 月上旬至翌年 4 月下旬，最大冰厚 1.30～1.40 米。

二龙套河来水时，苇子沟泡水四溢，鱼鲜虾肥。2000 年以后，由于连年干旱，水面缩为 4 平方千米。

1.27.21.3 高棉泡
(Gaomianpao Lake)

二龙套河冲积洼地滞积湖，位于吉林省镇赉县莫莫格蒙古族乡苏克马村西 1.5 千米处，东距西叵尔吐屯 2 千米，南距明斯太毫沁屯 1 千米，北距**鹅头泡** 1 千米。

泡泡呈长条状并有沟岔，湖面长 6.5 千米，宽 1 千米，平均水深 2.5 米。水面面积为 5 平方千米。正常年份蓄水量 0.16 亿立方米。水质为轻碱性。

高棉泡多年平均气温 4.6 摄氏度，多年平均年降水量 400 毫米，年水面蒸发量 949 毫米；多风，多年平均 8 级以上大风天气 13 天；冬季结冰期为 11 月上旬至次年 4 月下旬，最大冰厚 1.40 米。

高棉泡芦苇粗壮，盛产鲤鱼、鲫鱼、鲶鱼、鲢鱼、泥鳅、麦穗鱼等鱼类。

1.27.22 乌裕尔河
(Wuyuer River)

松花江嫩江段左岸一条无尾河。金代称蒲峪路河，元代称忽兰叶河；《清一统志》称呼雨哩、呼裕尔河，又称乌雨尔、瑚裕尔、乌羽尔河等，均为女真语；在《盛京通志》中又称呼裕尔，通称乌雨尔；在《黑龙江志稿》称瑚裕尔河、乌羽尔河、蒲与路河等，这些名称均为音译。"呼裕尔"满语是"涝洼地"之意。中华人民共和国成立以后，呼裕尔河、乌裕尔河在有关资料及图籍中曾并用。乌裕尔河位于东经 123°55′～126°55′，北纬 47°00′～48°25′。发源于黑龙江省北安市通北林业局前进林场南山工段附近小兴安岭西麓，流向西北，至黑龙江省北安市折向西南，经北安市、克东县、克山县、拜泉县、依安县、富裕县、齐齐哈尔市铁锋区、林甸县和杜尔伯特蒙古族自治县等地，最后消散于扎龙湿地之中，属无尾河。河流全长 576 千米，流域面积为 23 110 平方千米，河源高程 412 米，尾闾高程在 140 米左右，河道平均比降在 0.46‰。

概 述

乌裕尔河的地势东高西低。上游北安市以上属小兴安岭西麓，属低山区，高程为 300～422 米，森林覆盖面积达 90%，主要是针阔混交林；中游北安市至富裕县富路镇为丘陵区，呈脉状、馒头状分布，地势变化比较复杂，高程为 210～300 米；下游富裕县富路镇以下进入平原区，高程为 135～210 米，地势低平，起伏不大，两岸沼泽广布，曲流发育，富裕县龙安桥以下，河流的尾闾部分已无明显河道，逐渐消散在齐齐哈尔以东，林甸县西北的大片苇甸、湿地之中，形成广阔的沼泽地。

流域内土壤以黑土为主，其次为草甸土、黑钙土和棕壤土。坡地面积 8 968 平方千米，占 39%；平洼地面积 14 075 平方千米，占 61%。流域平均宽度 80 千米，流域宽度系数 0.25。

乌裕尔河水系呈树枝状，有流域面积大于 100 平方千米的支流 11 条，流域面积大于 500 平方千米的支流有 3 条，为双阳河（集水面积 4 772 平方千米）、**润津河**（集水面积 1 201 平方千米）、鳌龙河（集水面积 858 平方千米）和**泰西河**（集水面积 522 平方千米）。

流域属中温带大陆季风气候区，冬季寒冷干燥，夏季温热多雨，春季多风、干旱，秋季降温急剧，常有早霜。年平均气温 1.5～3.0 摄氏度，最低气温 −40 摄氏度，气温从 10 月下旬转入零下，至次年 4 月上旬回升到零上，封冻时间有 6 个月左右，最大冰厚 1.30 米，最大冻土深度 2.80 米。年平均风速 3～4 米每秒，最大风速 27 米/秒。

流域内降水量由东向西锐减。流域年平均降水量为 410～550 毫米，其中上游降水量 520～550 毫米，中游 450～510 毫米，下游只有 410～420 毫米。年际变化较大，年内分配不均，汛期和枯水期界限分明，降水多集中在 6—9 月。年平均水面蒸发量在 600～900 毫米。

多年平均年径流量为 8.13 亿立方米，年径流深 85.1 毫米，年际变幅为 0.5 亿～18.9 亿立方米。历年年最大流量变幅在 1 910 立方米每秒（1957 年）与 24.8 立方米每秒（1976 年）之间。

乌裕尔河水质北安以上 98 千米长的河段达到 Ⅲ 类水质以上标准，其余的为 Ⅳ 类、Ⅴ 类，以 Ⅴ 类水质居多，占总评价河段的 60%。

乌裕尔河自源头至北安段为山丘区，泥沙含量不大。20 世纪中期，北安站以下流域由于不断开荒，致使土壤裸露，水土流失。据依安水文站测得平均年输沙量为 10.8 万吨。

据 1915—2000 年资料统计，乌裕尔河流域发生旱灾有 29 年。以克山县为例，1965 年春旱，1982 年春旱连夏旱，灾情严重。流域内发生较大洪水灾害的年份有 15 次，其中有历史记录以来发生洪灾最大的年份为 1953 年，流域内 7—8 月降水达 240.2 毫米，河水泛滥，十数里内一片汪洋，两岸大量农田和草原被淹，部分村庄被淹，造成房屋倒塌。全流域受灾面积 46.67 万公顷。

该流域是我国商品粮基地之一，盛产小麦、玉米、水稻、大豆等农作物，主要工业有电力、机械、化肥、制糖、酿酒、乳品等。区内交通发达，公路成网，有齐北、齐加、滨洲铁路横穿本区。流域内有耕地 94.8 万公顷，草原及苇田 50.13 万公顷。总人口 120.99 万。

乌裕尔河流域有大型水库 1 座（**东升水库**），中型水库有工农、先锋、闹龙河、玉岗、宏伟、跃进、上游和阳春 8 座，小型水库 42 座，总库容 3.928 亿立方米。

流域内有中型以上灌区 10 处，其中灌溉面积在 5 000 公顷以上的灌区 2 处，即跃进灌区、上游灌区，有效灌溉面积总计为 4.97 万公顷。

纪 实

上游 河源至北安水文站为上游段。源头在森林覆盖的小兴安岭西坡的山前台地的沼泽湿地中，称为轱辘滚河。自河

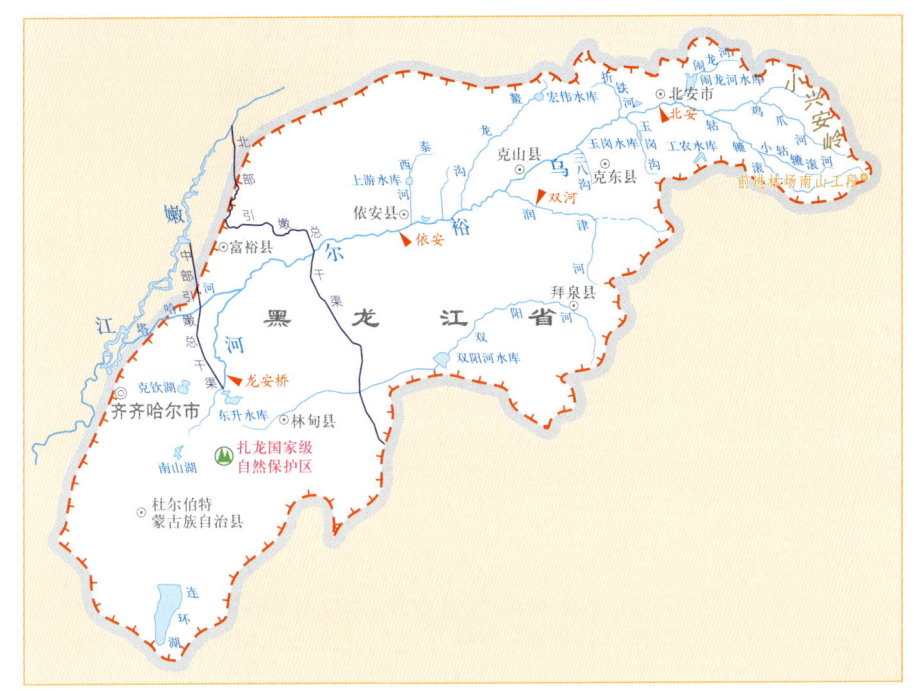

乌裕尔河水系示意图

源始西行 26 千米后，于建设农场 7 队折向西北，流经碧水林场、建设农场、红星农场至 S202 省道的赵光桥处，有右侧的鸡爪河汇入后始称乌裕尔河。在辘轳滚河与鸡爪河中间，有 S303 鹤嫩公路在两河的分水岭上穿行。流域内植被良好，除耕地外，大多数为森林和草地。河道弯曲，河槽切割不深，河道水深较小。在正常情况下，水深一般在 0.5～1.6 米；较大洪水时，河道漫滩严重，宽 40～3 000 米。

北安水文站是乌裕尔河上第一座水文站，建于 1951 年，控制流域面积 2 592 平方千米。此处河床宽度枯水期为 25 米。水位、流量、流速随着季节而变化，相差极悬殊。最高洪水位 243.95 米（1953 年 8 月 10 日），最低水位连底冻（1950 年 1 月 1 日）。多年平均流量为 11.4 立方米每秒，最大流量为 2 080 立方每秒（1953 年 8 月 10 日），最小流量为零。最大含沙量 300 克每立方米，最小为零。河水每年由 10 月中旬开始结冰，至次年 4 月中旬融化，封冻期约 150～170 天。每年 12 月至次年 4 月初因冻结而断流，断流时间约为 90～113 天。

中游 北安水文站至富裕县富路镇为中游段。乌裕尔河过北安水文站后，河流流经丘陵向平原过渡。沿着北安和克东的边界，一路向西南方向流淌。进入克东县后，经过 7.0 千米，左岸有玉岗沟汇入。距离玉岗沟河口 7 千米处，建有玉岗中型水库。继续下行 7 千米，折铁河由右岸汇入。距折铁河口 5.8 千米处，建有平兴中型水库。又西行 9.0 千米至克东县宝泉镇，沿着 G202 国道南行 13 千米达克东县城。县城东北 1.5 千米，有双峰屹立的二克山，呈马鞍形。主峰西北 1 千米处还有一座小山凸于地面，总属二克山之群体，风光秀丽，遐迩传闻。又下行 10.0 千米，左岸有三八沟汇入，有金代蒲峪路故城遗址。蒲峪路为金代上京路所辖之蒲峪、胡里改和恤品三路之一，管辖**黑龙江**和**乌苏里江**流域广大地区。蒲峪路治所在今黑龙江省克东县城西北 7.5 千米的金城乡金城村附近。城址北临乌裕尔河，呈椭圆形，周长 2 800 多米，城墙土夯，有瓮城、马面、南北两门。城内出土大量金代文物。蒲峪路是金代上京以北军事重镇之一，故城毁于金末元初的战火。1988 年被列为全国重点文物保护单位。

乌裕尔河出克东县后进入克山县境内，下行 24 千米，左岸有润津河汇入，距润津河河口 9.3 千米处，设有双河水文站。又下行 16.5 千米，右岸有鳌龙河汇入。入依安县境，西行 23.1 千米抵达依安县城。在依安镇东郊乌裕尔河右侧有泰西河汇入。在泰西河有上游水库，夏季既可在水库避暑游玩，又可到本区有名的宝安寺观光。乌裕尔河沿着碾北公路下行至依安县前乡，这里新合村的集体农庄是我国进入 20 世纪以后一种独具特色的农业生产方式。

在依安县乌裕尔河大桥建有第二座水文站——依安水文站，1990 年建站，控制流域面积 8 224 平方千米。依安水文站测验河处，中高水位时最大水面宽 680～4 000 米，最大水深 2.4～3.8 米，最大流速 1.5～1.7 米每秒；枯水期最大水面宽仅 11 米左右，最大水深不足 0.3 米，最大流速 0.4 米每秒以下。多年平均年径流量为 8.678 亿立方米，年际变化大，年径流量变幅在 0.56 亿～18.95 亿立方米。此段河槽河道弯曲，河槽切割有 4.0 米之深。

乌裕尔河中游段所流经过的克东、克山、依安县，均为我国重点商品粮基地、

蒲峪路遗址

绿色食品生产基地。每年平均向国家提供商品粮 35 000 万千克，是我国小麦、大豆、玉米、马铃薯的主产区之一。

乌裕尔河西行进入富裕县境内，河流滩地增大，河槽两岸生长着茂密的芦苇及各种杂草，基本上没有支流汇入。由富路镇向西北行 21.5 千米即抵达富裕县城，富裕依托本地资源为优势，以酿酒、食品加工为主，素有"酒城乳乡"之称。

下游 乌裕尔河过富路镇后为下游段。向西南流 16.5 千米之后，于雅洲附近一分为二，一支向西流称塔哈河，穿过齐（齐齐哈尔）加（加格达奇）铁路、G111 国道东线，高水时汇入嫩江；另一支乌裕尔河干流折向南流，由雅洲南行 10 千米后，至乌裕尔河干流上的第三座水文站——龙安桥站。该站多年平均年径流量为 4.18 亿立方米，最大年径流量 11.8 亿立方米，最小年径流量 0.74 亿立方米。径流量年内分配极不均匀，每年 11 月至次年 3 月属于一年中的枯水期，5 个月的径流量仅占年径流量的 6.3%。4—5 月冰雪融化，如遇降雨，往往发生较大的春汛。6—9 月 4 个月是常发生大雨及连续降水季节，也是区内形成洪水的主要时期，4 个月的径流量占年径流量的 66.1%。

乌裕尔河自龙安桥水文站以下为沼泽湿地，大小湖泡星罗棋布。下游河道游荡不定，河水散漫在平原上形成闭流区，区内盛产芦苇。乌裕尔河下游之尾闾（滨洲铁路以北）为浩瀚的九道沟苇塘，由于无明显的河道，大小湖泡

星罗棋布,地势低平,比降仅为0.04‰,肉眼基本观察不到有水流的状态,上游来水在当年之内基本流不出本区。滨洲铁路以南多为闭流的湖泡区。20世纪50年代后期至80年代初期,相继修建了黑龙江省中部引嫩、北部引嫩及连环湖补水工程,开挖了由富裕县富海至**连环湖**长达64.9千米的输水干渠,打通苇道60千米,使滨洲铁路以北的来水比自然情况下稍快地流入连环湖,高水位时可通过连环湖控制工程下泄入嫩江。

乌裕尔河自龙安桥继续下行21千米进入林甸县界,河道左侧建有东升水库,是一座大型的平原水库。继续下行19千米即到达扎龙国家级自然保护区扎龙湖畔。

扎龙自然保护区位于齐齐哈尔市东南30千米处,1979年经黑龙江省人民政府批准,在乌裕尔河下游建立扎龙水禽自然保护区,1987年晋升为国家级自然保护区,1992年被列入国际重要湿地名录,总面积21万公顷,是一个沼泽、湖泡星罗棋布、芦苇丛生的特殊生态区域,是各种水禽繁衍生息地。湿地中鱼虾繁多,为肉食性鸟类提供了丰富的饲料。据统计,这一保护区内有各类禽鸟380多种,世界上现有鹤类15种,中国有9种,而扎龙自然保护区内就可见到6种,即丹顶鹤、白枕鹤、蓑羽鹤、灰鹤、白鹤、白头鹤。其中,以丹顶鹤居多,有500多只,这一数

扎龙飞鹤

量已占全世界丹顶鹤总数的四分之一,故扎龙保护区被称为"丹顶鹤的故乡"。保护区内除鹤类外,还可见到白鹳、大天鹅、小天鹅、大鸨、大白鹭、白琵鹭、鸿雁、灰雁、鸳鸯及其他鹭类、鸭类、鹬类等珍稀濒危禽鸟。

连环湖位于大庆市杜尔伯特蒙古族自治县境内,乌裕尔河的下游地区,原为泰康野泡子,1958年经修建改称连环湖(连环湖与双阳河相通)。由于乌裕尔河属无尾河,下游及尾闾消失在沼泽之中,这里泡沼成群,连环湖是由大、小18个湖泡组成的天然湖泊。湖岸十分曲折。

1.27.22.1　润津河
(Runjin River)

乌裕尔河左岸支流,属于时令河,原称乌吉千河。

润津河发源于黑龙江省拜泉县上升乡中心村,由西南向东北流,在克东县昌盛乡山湾村转向西北流,在克山县双河乡梁万昌村西汇入乌裕尔河。河源高程306米,河口高程202米,流域面积1 201平方千米,河长105千米,平均比降1.15‰。

流域地势自东南向西北倾斜,所流经地区为丘陵和平原,河床不稳定,常变迁改道,曲折蜿蜒。两岸土质多为黑钙土,土地肥沃。最大的支流是胜利沟,集水面积54平方千米。

流域多年平均年降水量490.1毫米,降水年内分配不均,6—9月降水量占年降水量81%。径流受降水影响,夏季流量大,春秋流量少,冬季上游断流,下游仅有少许流量。多年平均年径流量0.644亿立方米。

润津河双河水文站最大洪水出现于2003年7月29日,相应最高洪水位为213.47米,最大流量为358立方米每秒。

1.27.22.2　泰西河
(Taixi River)

乌裕尔河右岸支流,又称宽沟子,属于时令河。

泰西河发源于黑龙江省克山县西河镇于连屯北约1千米小兴安岭西麓,河源高程334.8米。河流南行经依安县城东越过齐北铁路后,在依安县依安镇南屯以南汇入乌裕尔河。河长50千米,流域面积522平方千米,平均比降1.54‰。

流域地处高平原,小兴安岭余脉伸入流域之内,地势自北向南倾斜,河流两岸均为农田。

流域多年平均气温2.4摄氏度,月平均最低气温为-21.1摄氏度,月平均最高气温为22.3摄氏度。全年无霜期132天。多年平均年降水量471.5毫米,降水年内分配不均,6—9月降水量占全年降水量的82%。多年平均年径流量1 921万立方米。

泰西河流至依安县上游乡,建有上游水库。该水库是一座以防洪为主,兼顾灌溉、养殖等综合利用的中型水库,始建于1958年,1968年竣工。控制集水面积416平方千米,总库容3 900万立方米,兴利库容1 460万立方米。水库为上游、红星、依安、泰东4个乡镇、26个村、2.5万口人供水,灌溉面积1.467万公顷,养鱼水面0.66万公顷。

1.27.22.3　双阳河
(Shuangyang River)

乌裕尔河左岸一条无尾河,明代称苏温河、苏完河,发源于黑龙江省拜泉县新生乡新育村小兴安岭西侧丘陵区,河源高程278.4米,由南向北流至拜泉镇南的姜万礼屯,转而向西南流经依安县,进入林甸县境内,呈弧形。自然情况下在林甸县东兴乡李县长窝棚处分为西、南两支。南支在**双阳河水库**建成以后封闭,河水全部由西支经林甸县北部,于林甸县建国畜牧场漫散泄入扎龙湿地及杜尔伯特蒙古族自治县的**连环湖**。地理位置位于东经125°25′~126°20′,北纬47°20′~47°42′。流域面积4 772平方千米,其中双阳河水库以上为2 241平方千米,水库以下西支1 787平方千米,南支744平方千米;河道长度水库以上为85千米,水库以下西支76千米,南支26千米。河长以西支计算,全长161千米,河道平均比降0.4‰。

概　　述

流域内地势由东北向西南倾斜,平均高程218米,最低高程150米,最高高程311米。在依安县依明公路以上河槽较为完整,依明公路以下河槽紊乱,沟形不明显,河床逐渐消失,地面比降为0.4‰。每到汛期,河水纵横,漫无边际,使附近的村屯、农田、草原多受危害,特别是南支洪水,对大庆油田和石油化工基地威胁很大。

流域地处松嫩平原中北部,小兴安岭余脉伸入流域之内。其中东部属高平原,呈波状起伏,西部起伏较小。地势低平,河谷宽为1~14.5千米,沼泽湿地发育。大部分为剥蚀堆积地形,呈缓坡状高平原及一级阶地、漫滩地,土壤由碳酸盐草甸土、碳酸盐草甸黑钙土、盐化草甸土、苏达盐土组成,质地黏重,透水性差。河道宽3~15米,水深0.2~1.2米,为平原型河流。干旱时常断流。流域大部分为农耕区,部分为低洼草地。

双阳河的支流较多,流域面积在50平方千米以上支流有12条。

流域夏季温热，冬季寒冷。年平均气温 1.2 摄氏度，最高月平均气温为 21.5 摄氏度，最低月平均气温为 -22.8 摄氏度。多年平均年水面蒸发量为 850 毫米，5 月、6 月最大，1 月、2 月最小。多年平均风速 3.5 米每秒，最大风速 28 米每秒，多为西北风。年平均日照时数 2 640 小时。全年无霜期 128 天，最长 159 天，最短 103 天，每年 11 月中旬至次年 4 月中旬为结冰期。

流域内多年平均年降水量 460 毫米，降水年内分配不均，降水多集中在 6—8 月，占全年降水量的 75%。

流域内有双阳河大型水库 1 座，库容 2.98 亿立方米；小（1）型水库 11 座，总库容 2 770 万立方米；小（2）型水库 2 座，总库容 182 万立方米。可灌溉农田 638 公顷。

双阳河流域生活着汉、满、蒙古、达斡尔、鄂温克等 15 个民族，现有人口 112.47 万，耕地 24 万公顷。杜尔伯特蒙古族自治县地下储藏着丰富的石油和天然气资源，大庆石油管理局在县境内开发了龙虎泡、敖古拉、敖包塔和新店 4 个油田。

纪　实

双阳河呈弧形横亘拜泉县中西部，是拜泉的母亲河，境内是百里漫岗起伏的丘陵和平坦宽阔的油黑沃土，适合多种农作物生长，是国家重点商品粮基地之一，历史上有"拉不败的拜泉县"之说和"四大谷仓"之一的美称。拜泉以盛产大豆而闻名全国，故又有"大豆之乡"的美誉，农业

大豆丰收

总产值占工农业总产值的 78.8%。据黑龙江省《地理志》记载，境内的生态公园、水上公园、圣泉寺已成为附近居民旅游观光的理想去处。

河出拜泉县后，进入依安县的双阳镇，双阳镇以下基本是平原，西南行 18 千米后即达本流域内唯一一座大型水库双阳河水库。水库控制流域面积 2 241 平方千米，总库容 2.98 亿立方米，兴利库容 4 919 万立米，设计灌溉水田 1 330 公顷，实际达到 310 公顷，可养鱼水面 2 200 公顷。水库把双阳河南支与西支分流口以上的洪水全部拦蓄。南支修封闭堤，这样双阳河水不再经南支进入大庆地区。同时使位于西支下游的林甸县城可以防御 50 年一遇洪水。

在双阳河水库上游 13.2 千米处设有双阳河水文站，1957 年建立，1994 年因测验河段位于水库回水区范围之内而撤销。双阳河水文站多年平均流量 1.59 立方米每秒，多年平均年径流量 0.5 亿立方米。

双阳河在双阳河水库以下 12 千米处，开始形成南支与西支。在自然状态下，双阳河水量 30% 经西支（九道沟）汇入乌裕尔河，70% 的水量经南支漫散于大庆地区，威胁大庆地区的安全。水库建成以后，封闭南支。南支堤按 100 年一遇洪水设计，基本解决了双阳河南支洪水对大庆地区的威胁。双阳河水经水库调节以后一路西南行，抵达黑龙江省北部引嫩总干渠，与总干渠 54 千米处平交后继续西行，通过 G301 国道，于林甸县建国畜牧场进入扎龙湿地。双阳河在中小水

年份，大部分水量存储于浩瀚的九道沟苇塘湿地和大小湖泡星罗棋布的连环湖之内，消耗于自然蒸发和补给地下水，成为无尾河流。九道沟坡降很缓，约为 0.4‰，芦苇丛生，流速很慢。大水年洪水经九道沟入连环湖，经滞洪调蓄后流入安达、肇源一带，是黑龙江省重要的芦苇基地，适宜野生水禽栖息。本区内有世界闻名的扎龙国家级自然保护区——丹顶鹤故乡。滨（哈尔滨）洲（满洲里）铁路以南为闭流的湖泡区，内有辽阔的杜尔伯特大草原和黑龙江省面积最大的连环湖水产养殖场。本区内的林甸、齐齐哈尔市的扎龙乡有丰富地热资源，地热温度高，水质好，温泉中含有锶、溴等十余种对人体有益的微量元素，有较高的应用价值。

流域内地形平坦，土壤肥沃，草原广阔，是重要的农、牧、副业生产基地。耕地开垦较久且集中连片，以黑土、草甸黑土、草甸土为主，土壤有机质含量 4%～5%，氮、磷含量 0.25% 和 0.14% 左右。

草原主要为沼泽草甸类、沼泽类及草甸草原。沼泽及沼泽草甸主要植被有小叶樟修氏苔草群丛、苔草小叶章群丛、乌拉苔草群丛、漂筏苔草群丛、毛果苔草群丛。草原良好，尤其在春、夏季节，牧草营养丰富，牧草种类搭配较为合理，适口性好。牧草生物量较大，放牧场利用时限 5—10 月，秋季可做割草场，有较好的经济价值。个别开发较早的草场，由于超载放牧，出现不同程度的风蚀、沙化、盐渍化等退化现象。近年来，实施了草原生态环境保护工作，采取退耕还草及分类经营，使草场建设逐步走向可持续发展道路。

下游区是湿地发育区之一，成为众多迁徙水禽重要中途停留地和栖息繁殖地。近 50 年的农业开发，大面积湿地排涝成为农田，湿地面积减少，现有湿地由于周边农业生产活动，湿地水分减少，稳定性受到影响，正在向草甸方向演化。

1.27.22.3.1　双阳河水库
（Shuangyanghe Reservoir）

位于**双阳河**中游，在黑龙江省依安县依龙镇东南 5 千米处。水库控制流域面积 2 241 平方千米，总库容 2.98 亿立方米，是一座以防洪为主、结合灌溉、养鱼等综合利用的多年调节的大（2）型水库。水库自 1992 年 8 月 3 日开工，1996 年 6 月 20 日完工。

水库按 100 年一遇洪水设计，1 000 年一遇洪水校核。水库运用方式为：100 年一遇洪峰流量 1 008 立方米每秒时，经过水库调节可削减为 170 立方米每秒；当发生 1 000 年一遇洪峰流量 1 908 立方米每秒时，可削减为 919 立方米每秒。

水库主体工程由大坝、泄洪闸、灌溉洞和双阳河南支封闭堤组成。水库大坝为黏土均质坝，坝长 7 948 米，最大坝高 10.5 米；坝顶宽 6 米；泄洪闸位于主河槽左侧，大坝中间，为河床式泄洪闸，分 3 孔，每孔宽 10 米，闸门为弧形钢闸门；灌溉洞在泄洪闸南北两侧各一座，钢筋混凝土方涵，最大流量 2.12 立方米每秒；双阳河南支封闭堤全长 18.1 千米，顶宽 4 米，上下游边坡为 1：3；采用种草护坡。

水库是大庆地区防洪第三期工程，主要是控制双阳河洪水，提高大庆地区的防洪标准，保护大庆市和石油石化工业基地安全，同时使位于西支下游的林甸县城可以防御 50 年一遇洪水。水库保护下游面积 19.3 万公顷，保护人口 3.1 万，耕地面积 1.13 万公顷；可开垦荒地 3 万公顷，开发水田 0.2 万公顷，提供养鱼水面 0.33 万公顷，并可改良草场发展畜牧业。

1.27.22.4 东升水库
(Dongsheng Reservoir)

乌裕尔河下游的大型平原水库，坝址位于黑龙江省大庆市林甸县城西北三合乡境内，G301公路右侧，水库是一座以灌溉为主，兼顾防洪、育苇、养鱼、湿地供水等综合利用的年调节水库。

概 述

水库有两个水源：一是乌裕尔河来水，水库控制乌裕尔河流域面积13 500平方千米，多年平均年径流量为4.47亿立方米；二是黑龙江省中部引嫩工程，多年平均给水库补水2.0亿立方米。水库多年平均入库径流总量为6.47亿立方米。

水库设计标准为50年一遇洪水，校核标准为500年一遇洪水。设计水位149.8米，相应库容0.84亿立方米，校核洪水位150.56米，相应库容1.61亿立方米；正常蓄水位149.80米，相应库容0.84亿立方米；死水位148米，相应库容0.14亿立方米，调节库容0.7亿立方米，调洪库容1.365亿立方米。

挡水建筑物为黏性土均质坝，坝顶长9.2千米（其中主坝长7.5千米，副坝长1.7千米），主坝坝顶宽6米，最大坝高5米。

泄水建筑物由灌溉闸、泄洪闸和灌溉泄洪闸组成。灌溉闸5孔，净宽12.5米，设计流量为25.4立方米每秒；泄洪闸为带胸墙的开敞式，12孔，孔口净宽30米，设计泄流量为238立方米每秒；灌溉泄洪闸为带胸墙的开敞式，9孔，孔口净宽22.5米，设计泄流量为56立方米每秒。

流域多年平均年降水量430.3毫米，最大年降水量677.8毫米，最小年降水量235.3毫米，降水年内分配极不均匀，主要集中在6—9月，占全年降水量的80%以上。多年平均气温2.3摄氏度，平均日照2 807小时，平均风速4.1米每秒，冻土深2.3米。

纪 实

水库始建于1958年，当时只拦截了乌裕尔河左岔支流九道沟，未对修建水库做勘测设计，施工时没有清基、夯实也不好。1966年水库被纳入乌裕尔河和**双阳河**治理枢纽工程，同时根据对防洪、农田、苇田及养鱼用水的需要，重新提高设计标准，进行了续建加固，重新修建了苇田用水闸（西闸）及农田用水闸（东闸）。1968年乌（乌裕尔河）双（双阳河）下游地区四县一市统一治理，与中部引嫩工程渠道相接，截断了乌裕尔河，又一次扩大了工程规模，改变了水库条件，保证了水源，增大了库容。1969年在东闸与西闸之间修建了一座12孔、净宽30米钢筋混凝土的泄洪闸，增加了泄洪能力。到1985年时，水库由于年久失修和水土流失严重，坝坡大面积塌方，闸门倾斜，控制失灵，同时，由于水面过大，管理范围不明确，水库虽然具备了养鱼的条件，而水资源没有得到充分利用，未发挥其应有的作用。1986—2002年，先后对大闸门下游海漫段及泄洪闸海漫段护坡进行了修护，翻建了灌溉闸，2004—2005年进行除险加固。

东升水库位于扎龙国家级自然保护区范围内，水库自投入运行以来，下游洪涝灾害明显减轻，发挥了巨大的效益。保护下游面积2 113.8平方千米，耕地2.8万公顷，人口4.3万，乡镇5个，村屯81个，为扎龙湿地面积200平方千米供水，灌溉农田2.4万公顷，灌溉芦苇12.3万公顷。水库水面78平方千米，水质优良，适合多种鱼类、水禽及虾类生长，现在年产各种鲜鱼100吨。

近年来，随着环境保护意识的不断增强，水库及周边地区的生态环境得到明显改善，各类水禽的数目逐年增加，一望无际的芦苇荡中不时可见成群的丹顶鹤迈着优雅的舞步嬉戏在草丛中、碧水边，万绿丛中的一片红点昭示着勃勃的生机和旺盛的朝气。水库独有的湿地风光吸引了大批游客。

1.27.22.4.1 龙虎泡水库
(Longhupao Reservoir)

中部引嫩工程的反调节水库，位于黑龙江省大庆市杜尔伯特蒙古族自治县一心乡境内，属于乌（**乌裕尔河**）双（**双阳河**）流域下游无尾状漫流形成的低洼自然泡沼，蒙古语称纳赫尔湖，意为"凹形"，分为大龙虎泡和小龙虎泡两部分，以水面形状一似龙，另一似虎而得名，水域面积分别为1.18万公顷和0.14万公顷。

概 述

20世纪70年代初期，嫩江地区乌双治理委员会对乌双下游地区进行了治理规划。按**连环湖**与龙虎泡连通考虑，即联合运用，统一调度，调蓄洪水，龙虎泡和连环湖共同担负乌双下游地区的防洪和兴利任务。20世纪90年代，此项工程尚未完成，由于大庆市工业生产与居民生活用水需要，对中部引嫩工程进行扩建。用隔堤将大小龙虎泡分隔，将大龙虎泡作为大庆市工业和居民用水的蓄水水库，为了保证其水质，除嫩江水源外不允许其他区间水进入龙虎泡。

1994年9月大庆市石油管理局与杜尔伯特蒙古族自治县政府签订租赁合同，将大龙虎泡作为龙虎泡水源工程的供水水库。工程开工时间为1994年4月，竣工时间为1996年8月。水库从嫩江齐齐哈尔上游塔哈段引水，经144.6千米中部引嫩工程八支干渠引入水库，经水库调蓄后，通过大庆市龙虎泡净水厂取水泵站，经1条28千米压力管线输水至龙虎泡净水厂，处理后向大庆西城区供水。

水库由自然高地、防止水库水外溢而修建的四段坝堤、两段公路护堤及两段隔堤围合而成，属多年调节水库。水库大坝长4 100米，坝顶高程140米，坝顶宽6米，为均质土坝。该水库为大（2）型水库，是大庆市水源地之一。水库兴利水位138.6米，水面面积113平方千米，相应库容4.02亿立方米；死水位为135.8米，相应库容1.1亿立方米。设计日供水能力为77万立方米，现状日实际供水量20万立方米左右。

水库入口处、中部引嫩八支干工程末端渠道设计流量32立方米每秒，设有3孔节制闸1座。水库东侧及东南侧各建有泵站1座，其中东侧泵站为龙虎泡净水厂取水泵站，总装机容量9 700千瓦。该泵站土建一次施工，设大型立式轴流泵7台，设计日取水规模55万立方米，装机容量7 500千瓦。东南侧泵站为水库换水泵站，该泵站规模为86万立方米每日，内设28ZLB—70型轴流泵8台，总装机容量1 240千瓦。1993年建成后，该泵站实施水库换水，将龙虎泡原有污染较严重自然汇水，经2.2千米预应力混凝土管、32千米明渠排水入八百晌泡，保障了龙虎泡水库洁净水质。水库正式供水后仍可利用丰水年换水，改善水库水质。

近年来，随着大庆地区人口、经济的进一步发展，水资源供应与需求矛盾日益尖锐，水库作为大庆市最重要的地表水源地之一，承担了大庆油田生产用水及大庆市西城区城市用水的水源保障任务，其环境保护和生态建设十分迫切，关系到千万人民群众的身体健康和百年油城的可持续稳定发展。根据大庆市环境监测中心对大龙虎泡水质多年监测数据分析，水质类型属重碳酸钠型水，Ⅱ类水体标准，能满足集中式生活饮用水地表水源地一级保护区水质要求。

纪　实

水库地理位置优越，交通畅达，已经成为油城大庆的远郊公园。无论自然风光还是人文景观均极具个性，似一颗未经雕琢的美玉闪烁着纯朴自然的光泽，吸引着众多的游人到此休闲度假。早在11世纪末，土著杜尔伯特蒙古族人就在这里进行牧猎活动，至今还完好地保持着奇特的地域性民族文化。故蒙古族人称龙虎泡沿岸为"额勒斯锡博"，即"沙地栅栏"或"沙地部落"，带有典型的游牧民族地名色彩。清代乾隆初年至道光年间，杜尔伯特旗贝子府建于该湖南畔，旗敖包遗址至今犹存。龙虎泡湖水浩瀚无垠，水清沙洁，湖水无风时细波鳞鳞，若遇风雨天气，顷刻间惊涛拍岸，如同大海涨潮，极为壮观，在北国内陆草原地区极为罕见。库区岸上，沙丘峰峦起伏，绿荫叠翠，植物繁多，尤以古榆最为奇特，树龄300年以上，长势神奇，形似盆景，园林专家评论这里的古榆百树百形，喻为天然根雕园。

爱国名将袁寿山将军

寿公祠

其主景区——寿山将军公园，因一代抗日、抗俄爱国名将袁寿山将军安葬于此而获其名，现在此地已成为一处爱国主义教育基地。

1.27.22.4.2　克钦湖
（Keqin Lake）

位于黑龙江省齐齐哈尔市铁锋区境内，松嫩平原扎龙湿地腹地，属乌（**乌裕尔河**）双（**双阳河**）水系，是乌裕尔河漫滩地宜苇渔水禽区，齐齐哈尔市近郊大型自然湖泡。

克钦湖原为乌裕尔河流域内自然径流汇聚而成，湖面受天然来水影响变化较大，分克钦南湖和克钦北湖，两湖紧密相连，湖水相通。1957年前属富裕县勇敢乡，曾组织人力对自然进水沟道进行疏通整修。1957年随富裕县勇敢乡划归齐齐哈尔市铁锋区。1959年该湖又划归省国有宛屯种畜场，同年由种畜场续建3.5千米的引乌裕尔河水干渠。1970年修建乌双引嫩七支干，引嫩江水从湖北侧注入，从而使克钦湖有了可靠的水源保证。现克钦湖正常蓄水深2.5米时，总面积18.16平方千米，其中北湖6平方千米，南湖12.16平方千米，总蓄水量2 000万立方米。

受乌裕尔河影响，湖区四周地下水位甚高。土壤以草甸沼泽土为主，其次为盐碱土，淤泥层很厚，呈湖相沉积，芦苇长势旺盛，苇塘一望无边，形成了"第二森林"的地理景观，苇塘边缘湿地，多羊草。地形由西北向东南逐渐降低，高程在147.00～143.00米，地面坡降一般为0.125‰～0.1‰。流域内春季多风少雨，蒸发量大，夏季温热多雨，空气湿润，秋季降温急速，冬季漫长而寒冷，最大冻深达2.2米。年平均降水量400～420毫米。结冰期从11月上旬至次年4月中旬。克钦湖盛产鲤、鲢、鳙、草四大淡水鱼类，还有黄颡、乌鲤、长臂虾等近20个品种的经济鱼类。

1.27.22.4.3　南山湖
（Nanshan Lake）

位于黑龙江省泰来县大兴镇境内，系**乌裕尔河**尾闾的河迹洼地湖，是淡水湖泊，北面与扎龙国家级自然保护区相连，东面与杜尔伯特蒙古族自治县接壤。

南山湖水面面积40平方千米，平均水深2.5米，正常蓄水量为8 000万立方米，主要靠乌裕尔河水下泄、雨水为水源。

湖内自然鱼类繁多，主要有鲤、鲢、鳙、草、黑、鲶等鱼类，年产量最高达600吨。

该水域自然植被好，芦苇生长旺盛，草原、湿地俱全，水禽众多，四周水网密布，划归扎龙国家级自然保护区的下梢和外围。该水域除养殖业外，兼有灌溉附近农田、调节区域气候和生态平衡功能，有很高的环境保护价值，是调节自然平衡的重要场地。

1.27.22.4.4　连环湖
（Lianhuan Lake）

乌裕尔河和**双阳河**两条无尾河漫流所形成的自然湖泡，又名泰康野泡群，是黑龙江省最大的微咸水湖，位于黑龙江省杜尔伯特蒙古族自治县城西南约21千米处，是18个湖泡的总称，北部与克尔台乡接壤，南接胡吉吐莫镇，西部与泰来县相邻，东部以林肇路为界。1958年在此建立连环湖水产养殖场，因湖泡相连而定名连环湖。

连环湖的湖泡众多，包括火烧黑泡、西葫芦泡、二八股泡、敖包泡、羊草蒿泡、他拉红泡、铁哈拉泡、那什代泡、牙门气泡、北津泡、六河沟、九河沟、马圈泡、德龙泡、小尚泡、红源泡、四合后泡、小东湖，名称多为蒙古语汉译音。

历史上，杜尔伯特蒙古族自治县人多沿湖而居，如火烧黑泡，蒙古语是"和硕黑帝诺尔"的双语音译，意为"旗寺的泡子"，是清代乾隆初年至嘉庆、道光年间杜尔伯特旗旗寺即富余正洁寺管辖的庙产。还有北津泡，北津是蒙古语"贝子"，清代该水域归杜尔伯特旗札萨克贝子所有，故又称贝子泡。铁哈拉泡蒙古语意为"供物"，是蒙古族萨满祭祀之地。牙门气泡蒙古语意为"官署"，是旗札萨克分封地，又称衙门泡。他拉红泡蒙古语意为"丰腴"，因泡边土地肥沃而得名。

连环湖位于黑龙江省西部干旱地区，春季多风少雨，夏季炎热降雨集中，冬长雪少，秋凉早霜。多年平均气温3.6～4.4摄氏度，多年平均年降水量411.6毫米、年水面蒸发量1 000毫米。每年11月中旬水面开始封冻，至次年4月下旬开始解冻。

作为乌裕尔河与双阳河两条无尾河的承泄洪区，受地形地貌、水情、气象多种自然因素影响，区内干旱洪涝频繁。枯则湖底干涸暴露，风沙碱面飞扬；丰则湖沟水满四溢，淹没农田草原。湖泡沼泽化和盐渍化逐年加剧。为解决自然来水不平衡，发挥连环湖综合效益，1959年，连环湖兴建八一幸福运河引水工程，汛期引嫩江洪水为连环湖补水。

1970年，黑龙江省嫩江地区乌双治理委员会编制的《乌双下游地区治理规划》中，将连环湖作为以防洪、渔苇养殖为主的湖泊水库，规划水面面积为470平方千米，设计洪水位

连环湖水系示意图

连环湖景色

来水为人工调剂,同时结合雨洪资源充分利用,变害为利。

连环湖北部湖泡多为芦苇、蒲草所遮掩,为保护水禽栖息繁衍具有良好的自然环境。1985年,杜尔伯特蒙古族自治县政府建立连环湖水禽自然保护区,开发旅游资源,发展渔苇业。连环湖历史最高年产鱼量5 000吨,正常年份平均鱼产量达4 000吨以上,芦苇产量达3万吨,干旱年份渔业产量也能达到1 500吨。

为解决连环湖严重缺水的问题,2001年开始实施跨流域引嫩江补水工程,利用中部引嫩工程九支干渠引水,供水沿线的大部分干涸湿地得到改善。2004年连环湖引水枢纽工程建设完成,利用中部引嫩工程八支干渠,当年10月实现有偿供水6 000万立方米,有效保证了连环湖养鱼水面正常越冬。至2006年底,湖水位已上涨到138.50米,水域面积恢复到4.3万公顷,周边生态环境得到极大改善,湿地生物多样性得到恢复,渔业恢复到正常年份水平。

1.27.22.4.5 齐家泡
(Qijiapao Lake)

属乌(**乌裕尔河**)双(**双阳河**)流域水系,内陆淡水湖泊,又名七家子泡,位于黑龙江省杜尔伯特蒙古族自治县一心乡境内。

1970年完成了中部引嫩工程之一的杜蒙县境内的龙虎泡引水分洪工程,该工程是从乌双流域下游的九道沟、挡奈屯东、腰令泡处无坝引水,沿自然水线经滨洲铁路乌台南桥进入龙引输水干渠,全长5.9千米,渠底宽21米,设计水深1.5米。将嫩江水引入齐家泡后,转泄至小龙虎泡。

1975年齐家泡建渔场,该泡归属齐家泡水产养殖场管辖。泡水质呈碱性,pH值为8.2~9.2,水域溶氧量充足,营养盐类含量丰富,适宜发展淡水养鱼。设计洪水位139.00米,平均水深1.9米,水面1 500公顷,年产鱼500吨。

1999年修建了中部引嫩九支干渠,设计流量15立方米每秒,由总干渠进水闸引水入林甸县**东升水库**后,通过东升水库灌溉闸向**连环湖**引水的人工调水渠道,经滨洲铁路乌台南桥、由后伍代分水闸进入龙虎泡引水分洪工程,为齐家泡实施跨流域补水,可保证齐家泡渔业用水,提供良好嫩江水质和养分,养鱼效益较好。

1.27.22.4.6 月饼泡
(Yuebingpao Lake)

属乌(**乌裕尔河**)双(**双阳河**)流域水系,位于黑龙江杜尔伯特蒙古族自治县敖林西伯乡东北和绿色草原牧场交界处。月饼泡形似月牙,东西长约7千米,南北宽仅1.2千米。

正常蓄水位137.0米,水面面积2 287公顷。在1932、1963、1998年等大洪水年份,**连环湖**水曾从火烧黑泡东端的低洼自然水线流入月饼泡,再经**庄头泡**向乌尔塔泡等南部洼泡漫溢。

月饼泡地处黑龙江省西部干旱区,春季多风少雨干旱,夏季炎热降雨集中,冬季严寒少雪。多年平均年降水量390.3毫米、年水面蒸发量1 050毫米,多年平均风速4.1米每秒。区内土壤多为碳酸盐草甸土,岗地为砂壤土,易旱易涝。历史上,连环湖通过长发闸泄水基本没有保障,从1964—1983年长达20年中,长发闸没有泄水,造成湖区芦苇多年枯萎、水面干涸,盐碱上升,周边草原退化,植被覆盖率急剧下降,区内环境极其恶化。

1983年,为开发敖林西伯灌区,实现农、苇、草、渔综

139.2米,相应库容11.5亿立方米,兴利水位为138.50米,相应库容8.2亿立方米,最低养鱼水位137.90米,库容5.7亿立方米。库底最低高程135.10米,一般为136.00米左右。同年,乌双治理委员会组织甘南、依安等7个县共1.1万人参加东吐莫泄洪工程建设大会战,完成连环湖泄洪渠道土方工程。至1984年,建成连环湖泄洪渠道排水干线长25.14千米,从哈布塔泡开始,经东吐莫、两家子、马场大山脚下,于太和闸结束。建筑物有东吐莫泄洪闸、太和防洪闸和二座农道桥。连环湖作为水库,调节进入连环湖水系的年径流量,丰则蓄水兴利,适当控制下泄,保证防洪安全;枯则合理调剂、维系水土资源,保证生态平衡。以其为工程载体,可变自然

合发展，动工兴建敖林引水工程，从长发控制闸引连环湖水，通过12千米沟渠进入月饼泡，再流经庄头泡，最后泄入乌尔塔泡。月饼泡现有隔堤是敖林西伯乡和绿色草原分界处，长度1.6千米，上有节制闸和庄头泡引渠进水闸各1座。

1998年乌双流域为丰水期，连环湖有洪水泄入，一次满溢后，也只维持3年，其他年份无水量补给，仅依靠局地降雨自然汇聚。2006年，正常养鱼水面不足173公顷，平均水深1米，周围农牧业受到很大影响。

1.27.22.4.7 庄头泡
(Zhuangtoupao Lake)

属乌（**乌裕尔河**）双（**双阳河**）流域水系，位于黑龙江省杜尔伯特蒙古族自治县敖林西伯乡庄头屯偏西北1.8千米，在**月饼泡**下游，有天然河道同其相连。

1983年敖林引水工程修筑月饼泡至庄头泡引渠0.94千米，建节制闸和庄头泡进水闸各1座，设计流量4.5立方米每秒，下游流经大庆市瓦金诺尔泡和**马勒盖泡**，可与南部引嫩工程贯通，长度2.0千米，既能养鱼育苇，又是连环湖长发闸泄水的通道。

庄头泡原有可养鱼水面1 533公顷，因近年**连环湖**上游水源补给减少，水面干涸，草原退化，除1998、2006年有连环湖洪水泄入庄头泡外，其他年份无水量补给。截至2006年底，养鱼水面不足133公顷，渔业生产已经停产。

1.27.22.4.8 马勒盖泡
(Malegaipao Lake)

属乌（**乌裕尔河**）双（**双阳河**）水系，位于黑龙江省大庆市大同区和平牧场五棵树蒙古族风情村西，水域面积24平方千米，水深3米，蓄水量约7 200万立方米。

据史料记载，成吉思汗将此处富饶的草原封给杜尔伯特旗旗长色楞道尔吉，道尔吉打马扬鞭来到此地，站在该泡西北缘半拉山冈上向东南方望去，该泡的轮廓依稀可见，形状就犹如蒙古族牧民的帽子，蒙古族语中"马勒盖"意为"帽子"，因此而得名。

流域内冬季寒冷漫长，夏季炎热多雨，秋季短促，降温较快。多年平均气温4.6摄氏度，最低气温－38摄氏度，最高气温39摄氏度。多年平均年降水量442毫米，降水主要集中在6—8月3个月，占年降水量70%左右。年平均日照时数2 782.5小时，全年10摄氏度以上积温1 701小时。结冻期长达6个月，冻土深达1.8米，全年无霜期135天左右。多年平均风速3.5米每秒，最大风速14.4米每秒。

在20世纪初期，和平牧场这块土地是人迹罕见的原生态面貌，用"天苍苍野茫茫，风吹草低见牛羊"形容妩媚的草地风光一点不为过。而马勒盖泡就像一颗珍珠镶嵌在敖包吐（和平牧场原名）草原上。

春天湖水波光粼粼，水质清澈见底，鱼儿畅游其中，怡然自得，芦苇刚刚露出尖尖角，在清风的吹拂下，沙沙作响，白天鹅、丹顶鹤、黑颈鹤等珍贵鸟类成群结队来此繁衍生息。进入秋季，马勒盖泡迎来了成熟的季节，芦花竞放，岸边百合花姹紫嫣红。到了隆冬时节，这里便成了狐獾野兽的天堂，密麻麻的芦苇为它们遮风避寒。

20世纪60年代后期，马勒盖泡已多半干涸。其原因有二：其一人为堵截乌双水系的补给，过度开发破坏了草原植被；其二降水量减少。

2002年，马勒盖泡被列为黑龙江垦区自然水体保护区。

1.27.22.4.9 五棵树泡
(Wukeshupao Lake)

位于黑龙江省大庆市大同区和平牧场五棵树蒙古族风情村南500米。水面面积11.3平方千米，最大水深1.05米，平均水深0.66米，蓄水量约750万立方米。

相传在750多年前，成吉思汗将此处丰饶的草原封给杜尔伯特旗旗长色楞道尔吉。道尔吉策马扬鞭踏查封地时，在一碧万顷的草原上望见一个山冈，前后有小湖环绕，更为惊奇的是在山冈上长着五棵大榆树，道尔吉认为这是风水宝地，就在此建立了居民点，并给岗前的泡子起名为五棵树泡。

五棵树泡是**马勒盖泡**的姊妹泡，一个在五棵树前，一个在五棵树后。丰水年份，姊妹泡相依相连。进入20世纪60年代以后，由于乌（**乌裕尔河**）双（**双阳河**）水系的截断，使这对姊妹泡隔岗相望，并逐日在"憔悴变瘦"。

近年来，五棵树村已建成了蒙古族风情村。

1.27.22.4.10 喇嘛寺泡
(Lamasipao Lake)

松花江嫩江洪泛形成的自然泡沼，位于黑龙江省杜尔伯特蒙古族自治县巴彦查干乡境内，距离乡政府所在地王府村仅2.5千米。蒙古语称"苏木诺尔"，意为"寺庙的湖"。清代，杜尔伯特旗旗寺——富余正洁寺建于湖西岸，旗札萨克将这一湖的所有权和管理权交给寺庙掌管，故称喇嘛寺泡。

1957年成立石人沟水产养殖场后，将该泡划给石人沟水产养殖场作为分场至今，是重要产鱼区。最高蓄水水位134.70米，水面面积0.55万公顷，最低养鱼水位133.20米，年产鱼1 000吨。

1979年修筑石人沟渔场喇嘛寺分场防洪民堤，起点王府南岗，终点到六家子岗上，堤长17.6千米，保护1 300公顷耕地、600公顷草原。同时，为满足喇嘛寺泡养鱼用水，修筑引水渠道长6.2千米，在嫩江引水口处设浮船泵站，汛期可自流引水，尾端修有进水闸。引渠底宽50米，平均堤高2.0米，顶宽3.0～4.5米，渠底高程132.70米，设计引水流量20立方米每秒。进水闸6孔，总宽28.8米，净宽18米，因年久失修，损毁较严重。2000年，杜蒙县嫩江干流堤防应急度汛工程对石人沟渔场喇嘛寺分场防洪民堤进行消险加固，与原有绰尔堤连成绰六堤，总长18.42千米，共同保护喇嘛寺泡及区内耕地草原。

1.27.22.4.11 石人沟后堵泡
(Shirengouhoudupao Lake)

原为**松花江**嫩江支汊洪泛之地，1960年形成现在的石人沟后堵泡，位于黑龙江省杜尔伯特蒙古族自治县境内。从哈拉海村北1.5千米向北流，然后折向东南，再往西南，弯弯曲曲流经约16千米后入嫩江。1957年石人沟建渔场，该泡作为放养场归属石人沟水产养殖场管辖，由历史上这里曾有过石雕美女，故而得名。

1959年"大跃进"时期修筑石人沟民堤，围堤长7千米，堤顶高程137.10米，顶宽3米。石人沟后堵泡水面2 120公顷，地理条件优越，紧邻嫩江干流，引水条件好，交通便利，以养殖、捕捞和加工相结合，年产鱼1 500吨左右，加工鱼罐头30吨左右，渔业效益非常好。

1.27.22.4.12 大金泡
(Dajinpao Lake)

位于**松花江**嫩江段左岸漫滩区，在黑龙江省杜尔伯特蒙古族自治县巴彦查干乡大庙村境内，东以石人沟渔场**喇嘛寺泡**分场为界，西隔绰六堤防与嫩江主河道相距3.7千米，北与红旗种畜场船滩分场耕地接壤，南与六家子村大岗相连。

大金泡南北长7.0千米，东西宽4.5千米。流域内地势平坦，高程在132～133米，西侧有大面积洼地，形成大金泡，底部平均高程为129米，水面面积1 300公顷，水深可达3米左右，水里杂草众多，养鱼条件非常好。

从20世纪50年代开始，巴彦查干乡对该地区进行了围垦开发，沿绰六堤线修筑了长10千米的嫩江防洪堤，到70年代已经初具规模，达到防御嫩江10年一遇洪水的标准，并修建了蓄水养鱼和农田灌溉用的半永久进水闸1座，规模为1.5立方米每秒，还兴建了提水泵站1座，种植水田153公顷，形成了集防洪、蓄水灌溉与自流排水为一体的水利工程体系。

1998年，嫩江发生了特大洪水，8月12日绰六堤防漫堤决口，渔场进水闸闸体破裂，提水泵站也被冲毁，当年1 073公顷鱼池跑鱼32万千克，损失惨重。

2000年，杜蒙县修筑绰六堤，绰六防洪堤紧靠大金泡西侧，将大金泡进水口截断，不能从嫩江引水，渔场养鱼水位难以保证。2006年在喇嘛寺泡引嫩渠道南侧修建进水闸1座，设计引水流量2.0立方米每秒，为大金泡提供了新的补水途径，对繁荣地方经济、保护生态环境起到了积极的推动作用。

1.27.22.5 南引水库
(Nanyin Reservoir)

位于黑龙江省肇源县、杜尔伯特蒙古族自治县与大庆市交界处，是黑龙江省南部引嫩工程的蓄水水库，从杜尔伯特蒙古族自治县他拉哈镇红土山引嫩江洪水进入南引水库，再经泄水干渠、**安肇新河**、牛毛沟水库，泄入**松花江**，工程全长160千米。1977年8月1日动工，1987年10月竣工。

南引水库由乌尔塔南泡、大拉海泡、布尔根湖、哈沙羊营泡、大小五家泡、二龙山泡、玛玛诺泡、河北泡8个自然泡沼组成。围堤33座，长47.44千米，堤顶宽6.0米，堤型为均质土坝，上游护坡均采用混凝土板下铺无纺布护砌。正常蓄水位130.50米，总库容4.05亿立方米，水面面积约为270平方千米；死水位129米，死库容1.05亿立方米；兴利库容3亿立方米。

南部引嫩工程由渠首枢纽工程、输水总干渠、南引水库和泄水工程组成。总规划面积5 300平方千米，其中耕地17.2万公顷、草原28.6万公顷、泡沼33.7万公顷。全区总人口约40万，居民多为蒙古族。

渠首枢纽工程由江道整治、护岸、进水鱼嘴和3.7千米引水渠、渠首进水闸、渠首排灌站组成。渠首位于嫩江堤防上，其防洪标准与嫩江干流堤防相同，按50年一遇洪水设计，100年一遇洪水校核。堤防按2级堤防标准设计，其余渠系建筑物均按Ⅲ等3级建筑物设计。渠首进水闸闸孔尺寸10米×7米，3孔，正常引水流量50立方米每秒，最大引水流量为120立方米每秒。渠首排灌站设6台28ZLB—70型混流泵，最大引水流量9立方米每秒。输水总干渠自进水闸后开始到南引水库全长24千米，底宽38～42米，输水能力50～120立方米每秒，堤顶宽6.0米。泄水干渠从狼坨子泄水闸开始，经革新闸过安肇新河、八家河、牛毛沟水库到望海闸入松花江，全长110千米，流量20～39立方米每秒。

该地区冬季长且严寒干燥，夏季短暂温热多雨，春季风大干旱、多风沙，秋季清冷温差大，常出现冻害。多年平均气温2～4摄氏度，最高气温38.2摄氏度，最低气温－38摄氏度。多年平均年降水量426毫米，多年平均年水面蒸发量约为850毫米。年平均日照时数为2 800～2 900小时，年平均无霜期140天，初霜9月底10月初，终霜5月初，河流平均封冻约150天，最大河心冰厚约1.5米，最大冻土深度约1.8～1.9米。

工程地处黑龙江省西部干旱地区，未建嫩江堤防时，洪水泛滥串入诸自然泡沼并能洗碱压盐，洪水过后，使该区草苇茂盛，渔业发达，农牧并盛。自老龙口、立陡山、大排排等嫩江防洪堤修建后，虽然解决了防洪问题，开发了沿江耕地，但也引起了泡沼干枯、鱼虾绝迹、草苇退化。每年春季出现风沙飞扬、盐碱聚集，粮食产量降低，林牧渔苇的发展受到制约。为引洪蓄泡、压沙洗碱、养鱼育苇、改善草原、发展农田灌溉和恢复生态平衡，1977年8月1日动工兴建南部引嫩工程，1980年8月1日主体工程基本竣工，1987年10月竣工，由黑龙江省南部引嫩工程管理处管理，1996年改由大庆市松嫩工程管理处管理。

1998年嫩江发生有水文记载以来的最大洪水，南引水库引水口工程的江道整治、锁坝均被洪水淹没或冲毁，引水干渠左侧渠堤长约1.5千米被临时加固成堤防。由于嫩江堤防决口，洪水漫溢，将南引水库8、9、10、11号围堤冲垮，大量洪水涌入南引水库，使库水位急骤上升到131.0米左右，使周围所有围堤均出现不同程度的险情。大庆市动员了3万余名军民抢修子埝加高围堤，才使险情得以缓解，使南引水库转危为安。

1997—2007年，南引水库又经历3次建设过程：①维修配套加固工程；②水毁重建工程；③除险加固工程。工程总体完成后，有计划的引洪蓄泡可洗碱压沙、改善区域生态环境，每年可为大庆提供工业用水4 000万立方米，灌溉水田3.1万公顷，改善草原6万公顷，发展养鱼育苇5.6万公顷，在丰水年还可以向周围泡沼输水。

红土山防洪堤为天然土山，占地面积75 000平方米，是青铜时代遗址。

南部引嫩工程水系示意图

1.27.22.5.1　西大海
(Xidahai Lake)

位于黑龙江省大庆市大同区西部的双榆树乡境内，属于平原湖泊，是大庆市主要的农业供水水源。正常蓄水面积32平方千米，正常蓄水位130.30米，相应蓄水量5 100万立方米。

湖区冬季漫长寒冷而干燥，夏季短，湿热而多雨，春秋季风交替，气温变化急剧，多风沙。多年平均年降水量为400毫米，降水多集中在7、8月，约占全年降雨量的70%以上。多年平均年水面蒸发量为998毫米，以5—7月最大，占年平均蒸发量的43%左右。多年平均气温3.2摄氏度，年积温2 788摄氏度。无霜期135~150天。平均冻土深1.88米，最大冻土深2.08米。多年平均风速4.0~5.2米每秒。封冻于11月中旬，解冻于次年3月下旬。

西大海是大庆市大同区农业综合开发建设的配套工程。补水水源有两个：一是从**南引水库**布尔根湖引水，引水渠道由布尔根湖至西大海，全长5.42千米，引水闸位于南引水库21号围堤上，引水闸为单孔，孔净宽为7米，设计流量为14.5立方米每秒；二是从**连环湖**引水，进水闸位于连环湖的火烧黑泡末端长发闸，该闸3孔，单孔净宽2.5米，孔高2米，闸坎高程137.00米，设计流量15立方米每秒。

西大海还建有泄水闸，设计流量8立方米每秒，泄水渠道长37千米，在后土屯附近泄入**安肇新河**，再进入**松花江**。

西大海为农业灌溉和水产养殖的重要水源，灌溉农田面积1万公顷。灌溉小区有众家屯、西大海、八井子、庆阳山、葡萄花、老山头和双榆树等。水域内养殖鱼类十几种，以鲫鱼、鲤鱼、草鱼、鲢鱼、鳙鱼为主。

1.27.22.5.2　东大海
(Dongdahai Lake)

内陆淡水湖泡，位于黑龙江省大庆市大同区双榆树乡东北部，因与**西大海**相对而得名。

东大海由周边坡水径流汇集而成，为平原湖泊。区域地势平坦低洼，岸边没有堤坝工程，周边是自然湿地和草原，草原面积433公顷。湖泡西侧是人工林地，林地面积40公顷，栽植杨树近10万株。泡体呈西北东南走向，北低南高，泡底落差为3米。水面面积为18.50平方千米，最大深度为2.73米，正常水深为1.33米，正常蓄水量为2 460万立方米。东大海为天然纳污水体，无人工工程，靠自然蒸发排泄，当遇到洪水时溢流汇入大九井子西泡、西大海，然后通过松嫩运河、**安肇新河**排入**松花江**。

湖区春季干旱多风，夏季雨热同期，秋季晴朗气爽，冬季寒冷漫长。年平均气温为2.2~4.4摄氏度，最低气温为-39.2摄氏度，最高气温为39.8摄氏度。多年平均风速4.0~5.2米每秒。多年平均年降水量为427毫米，年水面蒸发量为1 000毫米。全年无霜期为150天。

泡岸为自然盐碱地，水质偏碱性。周边有村屯分布。湖泡岸边的浅水区域生长着大片芦苇，可用于造纸、编织和艺术创作。泡内自然生长了很多野生的鲫鱼、小白鱼、老头鱼、虾等，每到夏季周边的农民都会划着小船到水上捕鱼、捞虾。泡边可从事养鸭、养鹅，开拓副业，靠泡内的鱼虾喂养的鸭鹅产的蛋质量非常好。每年春秋两季，都有路过的野鸭、大雁、天鹅、鹤等在此短暂栖息。

1.27.22.6　茂兴湖
(Maoxing Lake)

内陆淡水湖，位于黑龙江省大庆市肇源县的茂兴镇与民意乡之间，距肇源县城65千米。原名他什海泡，满语"他什海"为"太子"之意，因此又叫太子湖，1968年后曾称西湖。

湖区冬季严寒漫长，夏季降雨集中，春季干燥多风，秋季降温急骤，常有冻害发生，多年平均气温3.4摄氏度，多年平均年降水量400毫米。

茂兴湖位于松嫩平原腹地，是第三纪以来松辽水系经历几次大规模湖交替变化形成的。水源以汛期蓄洪和大气降水汇集为主，正常水面面积18平方千米，最大水面面积23平方千米，最大蓄水高程129.10米，湖底高程125.30米，最大蓄水量约8 740万立方米。湖区处于Ⅵ度地震区，附近林木主要是杨树和柳树。

为发挥茂兴湖的综合效益，1966年在距原民意抽水站厂房50米处的嫩江堤防上修建了一座设计引水流量为21立方米每秒的三孔进水闸，开挖引水渠道9千米。1968年成立西湖水产养殖场，养殖鱼类10多种，主要有花白鲢、鲤鱼、草鱼、鲫鱼、大白鱼等，水产品丰富。茂兴湖因湖区靠嫩江引水和降雨积水，枯水年份无水可蓄，养鱼效益低下，于1996年进行农业开发，现开发稻田2 000公顷。

1.27.23　哈尔挠泡
(Haernaopao Lake)

松花江嫩江段的冲积洼地滞积湖，因周围土地呈黑褐色，蒙古族先民称其为"哈尔挠"，意为"黑色的泡子"。位于吉林省镇赉县大屯镇东部，东临嫩江，西邻江湾大堤，南与**老鸹窝泡**比邻，北至吉林省监狱管理局镇赉分局大堤。南北长20千米，东西宽15千米，蓄水面积4 000公顷，最大蓄水量1.35亿立方米。水质优良，用于镇赉县国营渔场渔业和大屯镇水田灌溉。

哈尔挠泡多年平均气温4.6摄氏度，多年平均年降水量400毫米，年水面蒸发量949毫米；多风，多年平均8级以上大风天气13天；冬季结冰期为11月上旬至次年4月下旬，最大冰厚1.40米。

镇赉县为发展灌溉和养鱼，1977—1978年修建了哈尔挠引蓄水工程。该工程包括进水闸和泄水闸各1座，围堤2条，总长16.2千米。由进水闸到嫩江引水口的引渠长3.5千米，引水流量50立方米每秒。泄洪闸位于太勒白沟子处，泄水流量20立方米每秒。在1998年嫩江大洪水中，哈尔挠引蓄水工程水毁严重。修复后团山子至哈尔挠5千米，堤宽6米；哈尔挠至新生大堤11.90千米，堤宽5米。

哈尔挠泡是镇赉县重要的渔业生产基地，年均产鲜鱼750吨。淡水鱼种类达40多种，其中主要品种有红尾鲤鱼、白鲢、草鱼、花鲢等。常年汛期可蓄水7 000多万立方米，供英台、茨勒灌区2 400公顷农田灌溉和抗旱坐水种用水，灌溉苇塘3 000多公顷。

1.27.24　老鸹窝泡
(Laoguawopao Lake)

松花江嫩江右岸的冲积洼地滞积湖，位于吉林省镇赉县沿江镇县国营渔场东北部13千米处，北、东、南三面靠江，恰在嫩江主河道拐湾处，西临拉拉岗子。南北长5千米，东西宽 3.9 千米。丰水期水面面积 18 平方千米，最大水深 2 米，平均水深 1.5 米，蓄水量 0.27 亿立方米。水质为微碱性，适合养殖鱼类。

老鸹窝泡多年平均气温 4.6 摄氏度，多年平均年降水量 400 毫米，年水面蒸发量 949 毫米；多风，多年平均 8 级以上大风天气 13 天；冬季结冰期为 11 月上旬至次年 4 月下旬，最大冰厚 1.40 米。

传说早年拉拉岗子上生长着榆树和山丁子树，树上有很多老鸹（乌鸦）窝，群鸦鸣噪，漫天飞翔，故得此名。新中国成立后，镇赉县国营渔场在此建立捕鱼队。1999 年以后，承包给个人经营，2006 年年产鲜鱼 100 吨，主要有鲶鱼、黄颡鱼等名优品种。

1.27.25 莫什海泡
（Moshihaipao Lake）

松花江嫩江段的洼地滞积湖，位于吉林省镇赉县沿江镇东南 12.5 千米、望月滩国营渔场东北 1.5 千米的嫩江岸边，隶属镇赉县国营渔场。泡塘环绕莫什海村的东、北、西三面，故称莫什海泡。

泡面呈长条状兼有沟岔，最宽处 2.4 千米，最长处 3.36 千米。丰水期泡面面积 9 平方千米。最大水深 4 米，平均水深 2 米，蓄水量 0.15 亿立方米。水质呈微碱性。

莫什海泡多年平均气温 4.6 摄氏度，多年平均年降水量 400 毫米，多年平均年水面蒸发量 949 毫米；多风，多年平均 8 级以上大风天气 13 天；冬季结冰期为 11 月上旬至次年 4 月下旬，最大冰厚 1.40 米。

莫什海泡原为嫩江一个河汊，1976 年嫩江大堤建成后，望月滩国营渔场在此修围堤养鱼，建立了捕捞队，并始建孵化池，2005 年孵化池已达 26.67 公顷，是望月滩国营渔场的鱼苗基地。

1.27.26 洮儿河
（Taoer River）

松花江嫩江段右岸支流，后魏书称太鲁水，唐书称㵽河，辽史称挞鲁河，金史称挞鲁古河，元史称托吾儿，蒙古语意为"有桃树的地方"。发源于内蒙古自治区阿尔山市白狼镇北大兴安岭东麓索岳尔洛山（海拔 1 580 米），流经内蒙古自治区兴安盟的阿尔山市、科尔沁右翼前旗、乌兰浩特市和吉林省白城市的洮南、镇赉、大安等县（市），于大安市注入**月亮湖水库**后汇入嫩江。河长 563 千米，流域面积 33 070 平方千米，河道平均比降 1.52‰。

概　　述

流域西部以大兴安岭为分水岭与**哈拉哈河**为邻，南部临**霍林河**，北部则靠**绰尔河**，东部与嫩江相接。地理坐标为东经 120°20′～124°04′，北纬 45°44′～47°15′。

洮儿河地势西北高，东南低，西北为山地，中部为丘陵，东南部为洪积平原。其中山区占 65%，丘陵和平原占 35%。在**察尔森水库**以上为山区，属上游区，山高谷狭，水流湍急，五岔沟以上为森林覆盖，植被较好。察尔森水库以下至镇西进入丘陵和由丘陵向平原过渡地区，此段河道弯曲，河谷逐渐开阔至 2～5 千米，河床由卵石和少量细砂组成，此段为中游。镇西以下为下游区，进入松辽平原，多沼泽湿地。

流域的地貌可分为上、下游两个区。上游区，即大兴安

洮儿河

岭东坡缓慢隆起剥蚀侵蚀地区，平顶状山体多呈北东向分布，山势自西北向东南逐渐降低，侵蚀剧烈的中低山渐变为侵蚀和缓的丘陵地。河谷多呈 U 形，谷底宽 1～2 千米，河流两岸漫滩及台地发育一般，Ⅰ阶台地高出河水面 5～10 米，Ⅱ阶台地高出河水面 20～30 米。在大兴安岭边缘与松辽平原交接地带，山体低缓，河谷宽阔，达 3～5 千米。地面多呈阶梯状向下游降低，且与北东向断裂基本相吻合。下游区，波状平原是本区的主要地貌形态，其中西南部地形起伏较大，砂丘、砂垅呈北北西向平行排列，长数千米至数十千米，地面坡度 5～10 度；东南部地势平坦，东部岗地与草原低地相间排列，岗地长十余千米，地面坡度 7～15 度，东北部大部分地区目前已有不同程度积水，形成沼泽化湿地。

水系呈树枝状，支流位于上中游，主要支流位于右岸。流域面积大于 100 平方千米的支流 50 条；流域面积大于 1 000 平方千米的支流 6 条；流域面积大于 5 000 平方千米的支流 2 条，为**归流河**和**蛟流河**。还有无尾河**额木特河**和**二龙套河**与其有水系关系。河流下游湖泊星罗棋布，水面面积超过 10 平方千米的湖泊 6 处，水面面积 1 平方千米以上、10 平方千米以下的湖泊 47 处。

流域属中温带大陆性季风气候，冬季严寒而漫长，夏季炎热而短暂。洮儿河的气温自上游向中下游递增，多年平均气温 −2～5 摄氏度，最低气温 −45.7 摄氏度，最高气温 40.2 摄氏度。年平均降水量为 388～413 毫米，降水年内分配不均，6—9 月降水量占年的 85.4%。多年平均年水面蒸发量 980 毫米，最大月蒸发量出现在 5—6 月，占年蒸发量的 30% 左右。初霜期一般在 10 月上旬，终霜在次年 4 月下旬，无霜期 90～167 天。多东北风及西北风，冬季多西北风，夏季多偏西风，平均风速为 3.8 米每秒，最大风速为 24 米每秒。每年 10 月下旬至 11 月初结冰，开河在次年 3 月末至 4 月初，终冰在 4 月中旬，结冰期长达半年之久。

洮儿河多年平均年径流量为 17.4 亿立方米，多年平均含沙量 0.579 千克每立方米，多年平均年输沙量 110 万吨，水质为Ⅲ类。

洮儿河属松辽平原西部半干旱风沙地区，由于 5—6 月降水很少，加上风大蒸发，几乎年年都发生春旱。旱灾是流域发展农业生产的主要自然灾害，流域内 1955、1962、1975 年均为大旱年，粮食减产。1975 年干旱面积达 10 多万公顷。

流域 7—8 月降雨集中，沿河一带地势低洼，微地形起伏，径流不畅，地下水位高，河水顶托，致使涝灾频繁。据有关资料记载，康熙五十七年（1718 年）索伦山发生大洪水，朝廷

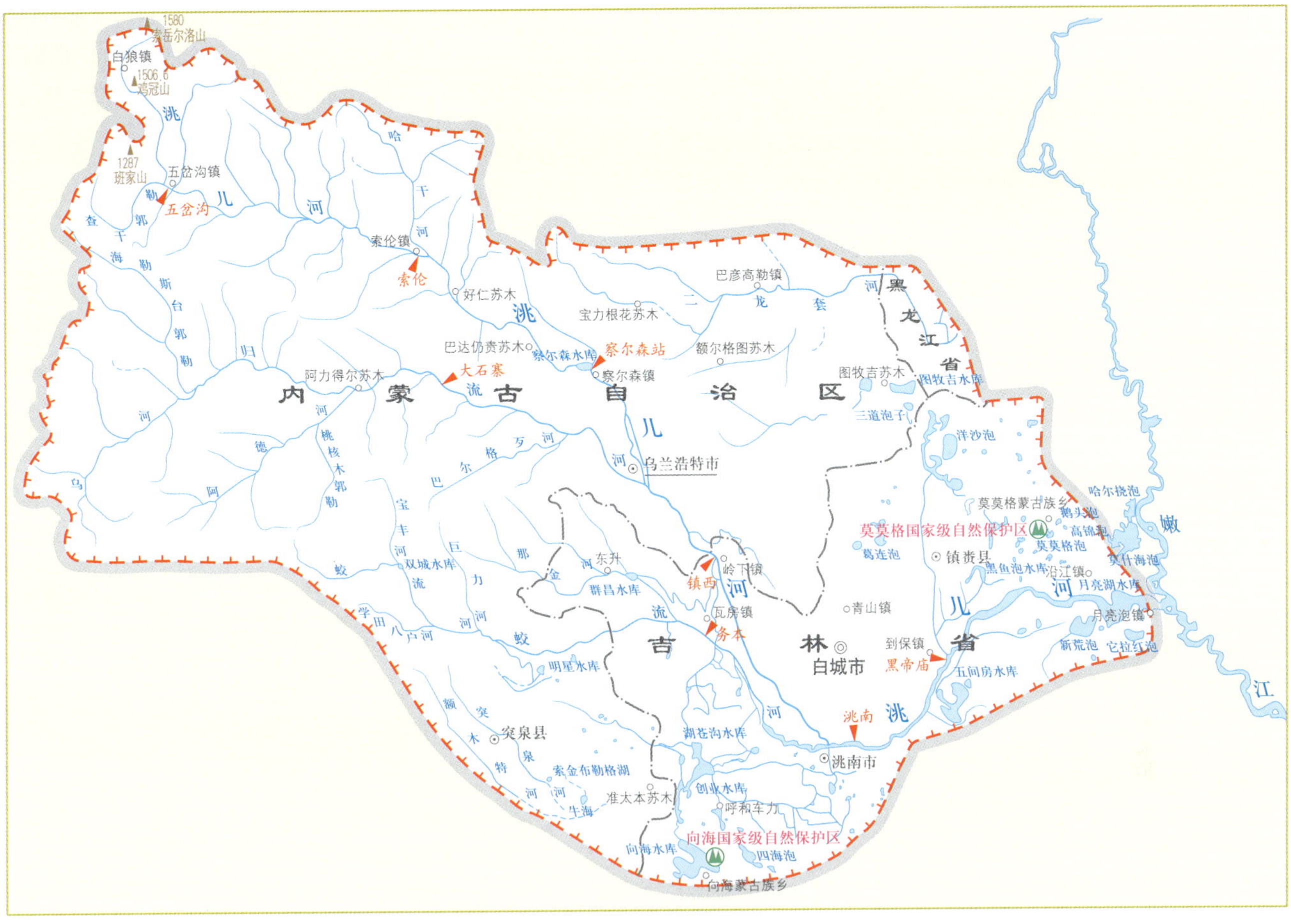

洮儿河水系示意图

拨赈济银一万两；1954年大水，洮儿河改道，白阿铁路中断40天；1957年7月下旬至8月上旬阴雨13天，流域发生大洪水，使123个自然屯、6.33万公顷农作物受灾；1987、1998年洪水，上中游河谷全部被淹。

流域上游内蒙古自治区兴安盟科尔沁右翼前旗索伦镇以上为林区，乌兰毛都和树木沟一带为牧区，其他地区为半农半牧区。下游吉林省辖区是以农为主、农牧结合的经济区。截至2000年，流域人口221.29万，耕地面积79.12万公顷，地区生产总值为71.4亿元。

洮儿河干流察尔森水库坝址至月亮湖水库两岸修筑了399.113千米的防洪堤。其中，乌兰浩特市城市堤防长21.17千米，堤高12米，顶宽8米，可防御100年一遇洪水；洮南市堤防长17.17千米，可防御50年一遇洪水；其余堤段可防御10年一遇至30年一遇洪水。

洮儿河上建有龙华吐引洪灌溉工程和三项召分洪工程。龙华吐引

乌兰浩特草原牛羊

洪灌溉工程设计引洪流量100立方米每秒，引洪口位于吉林省洮南市岭下镇龙华吐屯洮儿河右岸堤防的起点，引洪渠经原龙华河，跨过蛟流河，止于通榆县**向海水库**，目前引洪能力只有30立方米每秒。三项召分洪工程分洪口在洮南市下游2千米处，是历年大洪水时的自然分洪口，由此分洪入霍林河进入**查干湖**，最后泄入嫩江。

流域有大型水库2座，分别为察尔森水库和月亮湖水库；有中型水库10座，分别为双城、永丰、明星、九龙、大青山、图木吉、群昌、创业、团结、五间房水库，总库容为3.698亿立方米；有小型水库15座，总库容0.802亿立方米。有万亩以上灌区23处，它们是察尔森、斯力很、哈达那位、哈拉黑、归流河、小城子、大坝沟、哈套、索伦、巴达仍贵、乌兰哈达、义勒力特、学田、六平、和平、九龙、洮儿河、岭下、群昌、创业、幸福、新洮和月亮泡灌区，有效灌溉面积共36.47万公顷。治理水土流失面积1.33万公顷，营造水保林1万公顷。

乌兰浩特市抗洪胜利纪念塔

纪　　实

上游 从河源至察尔森水库为上游段，长 220 千米。该河段两岸多高山，森林植被良好，野生动植物品种繁多，河流穿行于高山狭谷之间，索伦镇以上坡陡流急，河道比降为 3.3‰~2‰，到察尔森水库附近河道比降则为 1.6‰，河床冲积层系砂卵石层构成，在察尔森水库坝址处覆盖层总厚平均为 12~13 米，河谷宽约为 1 100 米。该河段支流众多且短促，有流域面积大于 100 平方千米支流 18 条。

出源后东南流，在内蒙古自治区科尔沁右翼前旗索伦镇西有**哈干河**从左岸汇入。

中游 察尔森水库至洮南镇为中游，继续东南流，长 164 千米。现在习惯上又将中游分成三段，即中游上段、中游中段和中游下段。

由察尔森水库向下至吉林省洮南市岭下镇龙华吐为洮儿河中游上段，进入由丘陵向平原过渡地区。此段河道弯曲，河谷逐渐开阔，一般为 2~5 千米，河道仍奔流在山地间，河床比降为 1.5‰~1.1‰。主槽宽度一般为 30~50 米，平水期水深 0.3~1.0 米，河床均由卵石和粗砂组成，河道弯曲，水流下蚀作用强烈，旁蚀作用较轻。在岭下镇附近，山地多为秃岭，水土流失较严重。在岭下镇四家子一带，靠河右岸，多生长柳丛和矮小灌木林。河床由卵石和少量细砂组成。

洮儿河由察尔森水库下行约 30 千米，即到乌兰浩特市，归流河在乌兰浩特市从右岸汇入，该处河道比降为 1.2‰。乌兰浩特市，位于洮儿河右岸，是内蒙古自治区兴安盟盟署所在地，科尔沁右翼前旗政府也设在此。乌兰浩特市历史悠久，原名王爷庙，1940 年改为兴安街，1943 年改为王爷庙街，1947 年 5 月 1 日全国第一个少数民族自治政府——内蒙古自治区人民政府在这里成立，同年 11 月改称乌兰浩特（蒙古语，意为"红色的城市"）。洮儿河过乌兰浩特市后，向东南流经葛根庙。葛根庙遗址距乌兰浩特市 30 千米，建于清嘉庆元年（1796 年），是一座纯藏式庙宇，最盛时有喇嘛 1 200 人，后被毁，2003 年 4 月 1 日重修。

洮儿河继续向东南流，经岭下镇等地进入吉林省白城市后，河流从山丘开始进入平原地带。1942 年以前，洮儿河原在岭下镇龙华吐村南分出一支，由瓦房镇闸口村北注入支流蛟流河，每当水涨大时，蛟流河水漫出槽，使下游沿河两岸的居民及大片肥沃的田地常遭受水患。为了解除蛟流河下游的水患，1942—1948 年间，在龙华吐前筑起堤防、两岸修筑土、石丁坝 14 座，以堵塞该河水量下泄，保证下游洮儿河、蛟流河两河间 1.5 万公顷的土地不受洪水威胁。

龙华吐村至洮北区金祥乡白音套海为中游中段。该段两岸地势逐渐平坦，其西部为丘陵地带，东南部大部分是平原区。河道比降为 0.95‰，河床由卵石、细沙组成，多浅滩，河道弯曲，洪水退落时，水流向两岸冲刷，河岸坍塌现象较为严重，主槽宽 10~20 米，平水期水深 0.5~0.68 米。沿岸多生长矮棵树丛，植物覆盖良好。

乌兰浩特市公园

白音套海至洮南镇为洮儿河中游的下段。该段多为大片的平原，沿河两岸大部分是平坦的洼地，河槽平缓，比降为 0.77‰。河道弯曲，流向多变，塌岸现象显著，主槽一般宽约 30~60 米，河床为细沙组成。

河流在洮南镇有蛟流河从右岸汇入。洮南镇是洮南市政府所在地，是洮儿河流域发展较早的城镇，自 1903 年设治，至今已有百年的历史。

下游 洮南镇以下为下游，河长 179 千米，河道平均比降 0.083‰~0.077‰。在洮南市七官营子村改向东北流至镇赉县莫莫格乡棉西村界折向东流，经月亮湖水库汇入嫩江。洮南镇至二龙乡东河夹信子村间，两岸地形有很多高低不平的沙丘，土岗断续出现，沙丘起伏，使过流断面变小，抬高水位，阻碍洪水下泄。主槽宽为 45~60 米，河床多浅滩。河道弯曲，由东河夹信子村至白城市洮北区黑帝庙村是一片低洼湿地，生长着芦苇及蒿草植物。黑帝庙村的东北面 4 千米左右绝大部分是低洼湿地及局部的沼泽地，由于 1948 年洪水泛滥决口，造成黑帝庙村至镇赉县沿江乡西四方山村段冲成很多深坑，其深度达 9~12 米，干旱时坑水不干。下游两岸多柳丛及人工林带和矮小灌木林。西四方村以下洮儿河的尾闾进入月亮湖水库，再汇入嫩江。

1.27.26.1　哈干河
(Hagan River)

洮儿河左岸支流，发源于内蒙古自治区科尔沁右翼前旗索伦镇大兴安岭中段东坡架子山，海拔 1 369 米，由西北向东南流，于好仁苏木以西汇入洮儿河。河长 75.6 千米，流域面积 1 013.44 平方千米，河道平均比降 4.52‰。

流域地势北高南低，由上中游中低山区逐渐向下游河谷平原草原区过渡。哈干河索伦牧场三队以上为山地林区，森林资源丰富，河道比降大，水流湍急，两岸山高林密，水能资源丰富；以下为草原牧业区，河势变缓，水流减速，两岸为草原牧场，河道两岸多沼泽湿地。

流域多年平均气温 2.0 摄氏度，多年平均降水量 445 毫米，年水面蒸发量 950 毫米。全年无霜期 105 天。多年平均年径流量 1.08 亿立方米。

流域为科尔沁右翼前旗主要牧业区之一。2005 年流域所在的科尔沁右翼前旗，牲畜总数达 329.4 万头（只）。全旗天然牧草面积 122.7 万公顷，属草甸草原，牧草资源丰富。

河流下游索伦镇为该区主要城镇，有人口 1.97 万。交通方便，有白城—阿尔山铁路横贯南北。1917 年设立索伦山设置局。

流域为蒙古族聚居区，属乌兰毛都大草原，总土地面积 7.66 万公顷，其中草牧场 1.6 万公顷，次生林地 1.88 万公顷。以生产兴安细毛羊而闻名遐迩。哈干河两岸草原开阔，绿草如茵，牛羊广布，已开发为旗内的草原旅游区。

该流域有蘑菇、木耳、榛子、蕨菜和杏核等土特产，有苍术、桔梗、防风、甘草和黄芪等药材。

1.27.26.2　察尔森水库
(Chaersen Reservoir)

洮儿河上游的大型水库，位于内蒙古自治区科尔沁右翼前旗境内，坝址距乌兰浩特市 32 千米。总库容为 12.53 亿立方米。于 1973 年 9 月开工，1983 年底缓建，1987 年 5 月复工，1990 年底竣工，由水利部松辽水利委员会管理。

察尔森水库

概　述

　　洮儿河干流上的控制性骨干工程，位于松辽平原西部干旱风沙地区，该区域素有"八百里旱海"之称，干旱和洪涝灾害频繁交替发生，有"春旱、夏涝、秋吊""十年九旱"之说。据历史记载和调查分析，自1897年以来，平均每7~8年发生一次较大洪水，而旱灾则基本上年年出现。因此，根治洮儿河，兴建控制性工程，合理利用洮儿河水资源兴利除害，是中下游沿岸人民多年的夙愿。

　　库区位于大兴安岭东坡低山丘陵区，库周边由下二叠系及上侏罗系岩石组成，分水岭宽厚，一般为相对不透水岩石，无漏水、塌岸问题，是良好的蓄水盆地。河流穿行于山体之间，河谷宽浅，河床冲积层系较厚砂卵石构成，库区土壤以轻壤或沙壤为主，库区上游森林植被良好。河谷断面呈U形，地质为第四纪沉积层，结构从上到下依次为沙壤土层、砂卵石层、冰碛层，基岩为碎屑凝灰岩。本区地震基本烈度为Ⅵ度。

　　库区春季干燥风大，夏季多雨炎热，秋季短暂凉爽，冬季漫长寒冷。多年平均气温为1.4~2.9摄氏度，最高气温42摄氏度，最低气温-38摄氏度。多年平均年降水量485.6毫米，降水多以暴雨形式出现，且集中在6—9月，其中7—8两月占全年降水量的50%~69%。

　　察尔森水库坝址以上河长220千米，控制流域面积7780平方千米，多年平均流量26.3立方米每秒，多年平均年径流量8.3亿立方米，多年平均年输沙量14.8万吨。水库按500年一遇洪水设计，10 000年一遇洪水校核。校核洪水位367.61米，相应总库容为12.53亿立方米；正常蓄水位365.40米，相应库容10.67亿立方米；死水位342.00米，相应库容0.34亿立方米。察尔森水库是一座以防洪、灌溉为主，结合发电、养鱼等综合利用的大型水库。

　　水库的主体工程由大坝、溢洪道、输水洞和水电站组成。大坝为壤土心墙砂砾壳坝，坝顶高程为371.2米，坝顶宽6米，坝顶长1 712米，最大坝高39.7米。坝体上游坡为干砌石护坡，下游坡采用方格卵石护坡。溢洪道为岸边陡槽式，距左坝端61.5米，由引水渠、闸段、陡槽段和挑流段组成。堰型为驼峰堰，堰顶高程353米，溢流前缘净宽36米，分4孔，设9米×9米弧形闸门4扇，上接9米×4.8米活动胸墙。最大泄量3 530立方米每秒，挑流消能。输水洞位于右岸，进口在右坝端上游65米处，输水洞采用二洞合一的隧洞，主洞的作用是灌溉输水、辅助泄洪、放空水库和施工导流，支洞的作用是发电输水。主洞洞长430米，最大泄量326立方米每秒。电站位于右坝端200米处，厂内设4台3 200千瓦水轮发电机组。

　　水库建成后，通过3.11亿立方米防洪库容调节削减洪峰，使洮儿河干流堤防防洪能力提高到50年一遇洪水标准，直接保护着下游内蒙古自治区科尔沁右翼前旗、乌兰浩特和吉林省的白城、洮南、镇赉、大安等6个旗、县、市的14.2万公顷农田、32.4万公顷草原，4个城镇929个自然屯的200万人口的生命财产，以及4条铁路和3条公路的防洪安全。水库多年平均年供水5.09亿立方米，灌溉农田面积6.65万公顷（其中水田3.64万公顷），多年平均年发电量2 664万千瓦时，年产商品鱼70万千克。

纪　实

　　水库下游左岸1.7千米为察尔森镇，水库以此得名。清崇德元年（1636年）建置为科尔沁右翼后旗，亦称镇国公旗，民国21年（1932年）改称西科尔沁后旗，1952年为努图克，1984年9月10日设察尔森镇。

　　洮儿河发源于大兴安岭东麓索岳尔洛山下的森林地带，沿途汇集了牛汾台河、额木斯台河、哈拉根台河等20余条小溪和河流，流经山区森林地带进入察尔森水库库区。

　　水库正常蓄水位时水库面积79.54平方千米，库区呈鹿角形，水面宽一般为2~2.5千米，最大回水长度17.5千米，属湖泊型水库。库区左岸为人工种植的以桦树、杨树、松树为主的察尔森国家森林公园，左岸上游为草原。库区右岸则高山环绕。碧绿的湖水、秀丽的群山、丰美的草原和一望无际的人工林、工程景观浑然一体，形成了库区独特的景色。

　　库区两岸为半农半牧区，耕地多分布在河谷边沿和山峦交界处，主要农作物为玉米、大豆、马铃薯、水稻等。牧区则分布在库区两岸附近的草原上。察尔森水库上游有白狼、五岔沟两个林业局，森林植被较好。水库库水清澈，无污染，水质常年保持在国家地表水标准Ⅱ级以上，盛产鲢鱼、鳙鱼、武昌鱼、鲤鱼、鲫鱼、敖花鱼、固鱼等几十个品种，其肉味清鲜可口，享有盛誉，生产的池沼公鱼远销海外。

　　水库依山傍水，为野生动物和鸟类提供了较好的栖息条件。这里生长有榛鸡、狍子、獾猪、野鸭、山鹑、白天鹅、鸳鸯等国家二级保护动物；还盛产猴头菇、花脸蘑、松蘑、草蘑、黄花菜（金针菜）、柳蒿芽等土特产，尤其是黄蘑、肉厚、味美、气香，远近闻名。

　　水库地处科尔沁草原腹地，是蒙古族聚居地，另外还有汉族、朝鲜族、满族等。

水库渔业

察尔森地区东接松辽平原，西临蒙古高原，南通哲里木粮仓，北临呼伦贝尔草原，是一处战略要地。1931年6月26日，东北军关玉衡团长在察尔森后山坡处决了在当地收集军事情报的日本间谍中村震太郎，即所谓的"中村事件"。"中村事件"连同"柳条沟事件""万宝沟事件"一并成为日本帝国主义发动侵华战争的借口，爆发了震惊中外的"九一八"事变。日本帝国主义为了长期侵占中国，还在察尔森上游的五岔沟、阿尔山修建了军事基地，至今沿察尔森水库驱车上行至五岔沟，还可见日军留下的机窝、跑道、碉堡群等建筑。

水库自1989年下闸蓄水后，充分发挥了骨干工程的控制性作用，取得了显著的社会效益，同时经济效益也日渐显露。

1998年嫩江流域发生特大洪水，察尔

原日军飞机窝遗址

森水库最大洪峰流量1 800立方米每秒，达到50年一遇标准；8日洪量7.83亿立方米，超100年一遇标准；出现大于10年一遇洪峰5次；入库洪水总量25.5亿立方米，为有记录以来第一位洪水。察尔森水库动用全部防洪库容尽量错峰，调节下泄水量15.4亿立方米，极大地缓解了洮儿河的汛情，保护了下游人民的生命财产安全，同时也为嫩江流域的防洪作出了贡献。

水库下游原多为中低产田，粮食生产受制于自然。水库建成后，水源有了保证，中低产田通过开发改造成了水田，面积逐渐扩大，发挥了较大的生产潜能。1995年大旱，水库在灌溉期确保下游农田用水，使下游斯力很灌区水田每公顷平均产量高于往年。

位于洮儿河流域南部的向海国家级自然保护区，由于多年持续干旱，加之人为活动影响，特别是2004年春夏百年不遇的干旱，使向海湿地严重萎缩，湖泊泡沼多数干枯，

察尔森灌区

大部分生态草枯萎，大批候鸟无栖息之地，土地沙化、盐碱化日趋严重，湿地生态系统遭到严重破坏。为维护湿地正常功能，从距向海湿地192千米外的察尔森水库调水，启动引察济向应急补水工程。察尔森水库于2004年6月25日开闸放水，7月5日"生命之水"抵达向海中心区，至8月18日，察尔森水库为应急生态补水6 600万立方米。"引察济向"使湿地水面面积从基本干涸增加到9 000多公顷，沿途多个泡泽也得到了大量的来水补充，芦苇慢慢复活，水草渐渐变绿，鸟类数量明显增加，鹤类、白鹳、大鸨、黄榆4个核心区湿地干枯状况得到了很大的改善，并使向海国家级自然保护区地下水位有明显提升，周边生态环境得到改善。

1.27.26.3 归流河
(Guiliu River)

洮儿河右岸支流，古称归勒河、贵列河、屈裂儿河，《蒙古地志》作奎勒河，"归勒"与"奎勒"均系蒙语，意思是"有山杏的地方"。

归流河发源于内蒙古自治区兴安盟科尔沁右翼中旗巴仁哲里木镇吉木图音达巴东山顶，海拔1 150米。由西向东流，在乌兰浩特市南小靠山屯东汇入洮儿河。河流流经科尔沁右翼前旗乌兰毛都苏木、阿力得尔苏木、大石寨镇、归流河镇、科尔沁镇等，河长277.3千米，流域面积9 522.65平方千米，河道平均比降1.93‰。

流域地处大兴安岭中段东麓，地势西高东低，呈长条形，属低山丘陵区。河道两侧分布有河谷平原，河谷呈宽浅型，河滩发育。

流域四季分明，光照充足。多年平均气温3.0摄氏度，无霜期120天。多年平均年降水量450毫米，降水多集中在6—9月，约占全年降水量的86%。多年平均年水面蒸发量980毫米。

河流两侧分布有河谷平原，平均宽约2.0千米，春季河宽30~50米，水深1米，流量3~5立方米每秒，夏秋两季河宽可达1千米，水深2米。多年平均年径流量4.1亿立方米，年悬移质输沙量81.81万吨，含沙量2.14千克每立方米。归流河流域地处山区，工业污染较轻，水质优良。

流域表层土壤为淤泥质壤土和草炭土，厚0.5~1.5米，下部为砂砾石层。

有流域面积大于100平方千米的支流14条，流域面积大于1 000平方千米的支流1条，为**阿德河**。

1998年夏，归流河发生了特大洪水，大石寨站7月27日实测最大洪峰流量1 310立方米每秒。

流域内有永丰中型水库，总库容2 540万立方米；兴安小(1)型水库，总库容980万立方米。沿岸共有湖南、忠安、敖安店、忙罕、长春岭5处防洪堤，总长15.4千米。有哈拉黑、红光、小城子、哈套、大坝沟灌区。

流域中上游为草原牧区，天然草场面积46.09万公顷，牧草资源丰富。山区有森林面积15.65万公顷，森林覆盖率16.44%。流域中下游开发灌区多处，以种植业为主，主要矿藏资源有大理石、萤石、花岗岩、硅石、铬铁、铝、蛇纹岩、玄武岩等30余种。

归流河自河源经老头山折而东北流，至乌兰毛都苏木，该段河道顺直，两岸多沼泽地，草原牧民逐水而居，两岸分布牧民居住点多处。左岸有支流海勒斯台郭勒汇入。经乌兰毛都苏木至大石寨两岸多山，右岸有支流阿德河汇入，经大石寨镇永胜村东北有哈图莫河从右岸汇入，经归流河镇中胜村东北有巴尔格罗河从右岸汇入，河流基本呈自西向东流。该段有青山自然保护区、乌兰河自然保护区。青山自然保护区于2003年设立，为省级森林生态自然保护区，面积7.56万公顷，主要保护森林生态系统。大石寨以下由西北向东南流，左岸多山，右岸为浅山丘陵区，河谷展宽，两岸多为农业种植区。

流域自上而下涉及的主要城镇有乌兰毛都苏木、大石寨镇、归流河镇、科尔沁镇、乌兰浩特市。其中乌兰浩特市位于归流河、洮儿河汇合口三角地区，为兴安盟盟公署所在地。该市面积772平方千米，总人口29万，形成了以电力、化工、绿色农畜产品及制药、冶金建材、烟草为支柱的产业格局。乌兰浩特市在蒙古语中意为"红色的城市"，市内有成吉思汗庙、内蒙古自治区成立会址（五一会址），市郊有著名的乌兰

哈达镇三合村，该村至今尚保留着朝鲜民族风俗，吸引不少区内外游人前往观光。

科右前旗经济以农作物玉米、高粱、大豆等作物为主，2005年农业产值19.3亿元，牲畜存栏头数329.4万头（只）。位于流域中游的乌兰毛都大草原总面积8 000多平方千米，是世界上少有的无污染、无鼠害、无沙化的草原。其培育的"兴安细毛羊"远销十多个国家，每当召开那达慕盛会，牧民和游人云集在这里，尽情享受蒙古族风情。

乌兰浩特成吉思汗像

1.27.26.3.1 阿德河
(Ade River)

归流河右岸支流，也称阿力得尔河。发源于内蒙古自治区科尔沁右翼前旗桃合木苏木和勒木农点村西南山顶，海拔1 252米。流经桃合木苏木、树木沟乡、阿力得尔苏木，于阿力德尔苏木光明村注入归流河。河长102.5千米，流域面积2 170.18平方千米，河道平均比降2.83‰。

流域位于大兴安岭中段东坡，由中低山区逐步向丘陵平原区过渡。

流域多年平均气温2.5摄氏度，多年平均年降水量420毫米，年水面蒸发量980毫米。全年无霜期120天。多年平均年径流量为0.978亿立方米。

阿德河河道顺直，河槽宽浅，两岸多沼泽。设有阿力德尔水文站。主要支流有桃核木郭勒。

阿德河自河源东北流，左岸有桃合木苏木、大窝堡、复兴、双发、西永安屯等自然村落，两岸均有支流汇入。过永安屯，左岸为阿力德尔牧场。该段两岸为丘陵区，草场肥美，为牧业区域，主要牲畜有羊、牛等。过阿力得尔牧场左岸有树木沟乡，至东双合屯，右岸有支流桃核木郭勒汇入。该河发源于老头山，自南向北流入阿德河。过红光，经杨家屯至光明村，右岸有支流汇入，河口对岸为阿力得尔苏木所在地。树木沟乡以下两岸多沼泽。

阿德河流域为蒙古族聚居区，生活在河流两岸的蒙古民族以游牧生活为主，1949年后牧民逐步定居。当地主要土特产有蘑菇、木耳、榛子、蕨菜、杏核、羊草、稻草、苇子、谷草等。两岸自然景观迷人。河流中下游的平川地多开发成灌溉农业区，农作物主要有玉米、高粱、谷子、大豆、黍子、糜子、水稻等。

流域上游左岸有成吉思汗边墙遗址，从河源至八家子村止，由西南至东北，沿河而建。

1.27.26.4 蛟流河
(Jiaoliu River)

洮儿河右岸支流，因河道蜿蜒，水流湍急，汛时暴躁如龙而得名。发源于内蒙古自治区兴安盟突泉县西北部大兴安岭山脉的老头山，自河源先后流经突泉县的宝石镇、学田乡、六户镇、杜尔基镇、九龙乡，吉林省洮南市的野马乡，在洮南市东北注入洮儿河。河流全长245千米，流域面积10 719平方千米，河道平均比降2.63‰。

上游为半山区，两岸群山耸立，高程为600～900米，两岸溪流十分发育，沟沟有水，川川有流，环绕汇入蛟流河。蛟流河中下游河道较弯曲，中游多丘陵和山前台地，河床质为卵石，下游为平原，河床质为砂卵石、细沙、淤泥。中下游两岸有堤防保护，河谷较宽，多为耕地。蛟流河水面宽度30～50米。

流域春季干燥多风，夏季炎热短暂，秋季凉爽，冬季严寒漫长。多年平均温度4摄氏度，多年平均年降水量388毫米、年径流量4.42亿立方米。初霜始于9月末，终霜到次年5月。

有流域面积大于100平方千米支流8条，流域面积大于1 000平方千米支流2条，为**那金河**和无尾河**额木特河**。流域内建有双城、明星、九龙、群昌、创业、大青山和牤牛海7座中型水库和宝范、俄体、齐心、巨力、胜利、八家子、石灰窑7座小型水库，中下游有4处万亩以上自流灌区。

蛟流河自河源东南流，在突泉县宝石镇周家炉村南有一条小支流汇入，此支流上建有宝范水库。宝范水库总库容为625万立方米，设计灌溉面积466公顷。前行经宝石镇宝乐村后与右侧宝丰河汇合后入双城水库，此后始称蛟流河。双城中型水库控制流域面积910平方千米，总库容2 500万立方米，设计灌溉面积0.4万公顷。过双城水库后河流继续东南流，经上马家街、河东，于学田地附近纳右侧支流学田八户河（河长30.1千米，流域面积203平方千米）。河流改向东流，经六户镇，在姜家屯西南约1千米处纳左侧支流巨力河（河长42.2千米，流域面积219平方千米），其中游有巨力水库。在六户镇永合村与光明村之间右侧有团结渠与蛟流河相连。团结渠上有明星水库，水库总库容为2 500万立方米，设计灌溉面积0.27万公顷。河流下行至东杜尔基镇，在五四村东南转东北流，经长胜屯、九龙入吉林省洮南市，经野马乡野马图、宝泉、阎家围子等村后在永茂乡兴德村纳左侧支流那金河。河流东南流，在闸门村附近左侧纳龙华河，经洮安市林场后在洮南镇东北注入洮儿河。

1.27.26.4.1 那金河
(Najin River)

蛟流河左岸支流，发源于内蒙古自治区科尔沁右翼前旗白辛乡敖家屯西北山顶，自西北向东南流，在吉林省洮南市永茂乡兴德村汇入蛟流河。河流全长104.7千米，流域面积1 608平方千米，河道平均比降2.31‰。

流域地处大兴安岭中段东坡，由西向东呈阶梯状降低的地形，主要为低山丘陵及河谷平原地貌。

流域多年平均气温5.8摄氏度，年平均降水量436.8～461.2毫米，多年平均年径流量为1.23亿立方米。

那金河主要自然灾害有旱涝、低温、早霜、风灾、冰雹、雪灾等。那金河上游是大兴安岭南麓低山区，常有雷暴雨发生。1971年6月15日，2小时降雨335毫米，导致山洪暴发，给那金乡造成严重损失，有72人被夺走生命，冲毁公路12.5千米，倒塌房屋314间。

流域面积大于100平方千米的支流有双发河和乌努格沟。乌努格沟上游有一座小（1）型俄体水库，总库容172万立方米，设计灌溉面积133公顷。河流在东升乡后巴嘎山屯东侧有支流双发河从右岸汇入，然后进入群昌水库，群昌水库为中型水库，以防洪灌溉为主，结合养苇等，水库控制流域面积

1 360平方千米，总库容5 800万立方米，兴利库容3 650万立米，设计灌溉面积5 000公顷。

流域处于农业种植区域，经济以农业为主，主要作物有玉米、高粱、谷子、大豆、麻子、黍子、水稻、小麦和马铃薯等。

1.27.26.4.2　额木特河
（Emute River）

蛟流河右侧的无尾河（季节性河流），又称大额木特河、额木廷高勒，蒙古语意为"河大且岸生中草药"。

额木特河发源于内蒙古自治区突泉县太和乡和宝村六道沟以北山区，由西北向东南流经突泉县、科尔沁右翼中旗，一般年份消失在牤牛海以南的沼泽湿地中，大水时分两股进入吉林省境内。南股在距科尔沁右翼中旗新佳木苏木赛音温都热村东北3千米处分出，经巴彦芒哈以西的庄脱塔拉大甸子流入通榆县向海蒙古族乡，流程13千米，汇入**向海水库**，北股由科尔沁右翼中旗新佳木苏木哈日巴达经引洮工程的涵洞处进入吉林省通榆县，北流5千米汇入洮南市创业水库，出库后在洮南市大通乡勤俭屯汇入蛟流河。从北股算起额木特河河长141千米，流域面积4 396平方千米。

流域位于大兴安岭向松辽平原过渡地带。有"北山、中丘、南平原"之称，由西北向东南递降，逐步从低山向平原过渡。额木特河在突泉县溪柳乡大营子村以上流经低山丘陵区，以下进入平原区。上游山峦逶迤，群峰耸立，山上林木繁茂，野猪、狍子等野生动物出没其间，非常适合登山、狩猎等旅游活动；流域中部丘陵起伏，形态各异，变化万千；下游属科尔沁草原，地势平坦辽阔，水草丰美，至平新村以下河道不明显，断断续续，至科尔沁右翼中旗新佳木苏木赛音温都热村与突泉河汇合，河道顺直，无大的弯曲，两河汇流后，断续东流，消失在牤牛海以南的沼泽湿地中，成为无尾河。河床平均宽16米，洪水期河宽50~100米。随着历史的演变，下游已没有固定河道，雨季一片积水，旱季变作潜流，流经地域多为湿地和沼泽，芦苇、杂草丛生。

流域多年平均气温3.6摄氏度，多年平均年降水量418毫米。年日照时数2 905小时，无霜期126天。多年平均年径流量1.09亿立方米。

流域面积大于100平方千米支流有4条。主要支流为突泉河，也叫小额木特河，发源于突泉县太和乡太和村以北山区，与额木特河平行，均自西北往东南流，在科尔沁右翼中旗新佳木苏木赛音温都热村双眼泡子东汇入额木特河。突泉河中游修有大青山水库（总库容1 350万立方米），水库下游河道曲折，右岸多沼泽地，在新兴村以东注入索金布勒格湖。该湖呈三角形，北部宽，南部小，大水年份有水从湖南部流出。突泉河河长60千米，流域面积452.85平方千米，河道平均比降3.64‰。

额木特河与突泉河两河下游平原区坐落着突泉县县政府所在地突泉镇。突泉县为蒙古族、汉族、满族聚居区。清光绪三十三年（1907年）在此设置醴泉镇，宣统元年（1909年）置县，1914年更名为突泉县。突泉镇所辖82平方千米，镇内5万人，以畜产品加工为主。

额木特河故道上建有中型的创业水库，该水库位于吉林省洮南市大通、呼和车力蒙古族乡境内。水库来水除额木特河水外，主要靠引洮儿河水，水库总库容6 720万立方米，灌溉面积200公顷。

流域拥有耕地0.7万公顷，人口2.2万。建有灌区3处，灌溉面积0.4万公顷。

1.27.26.4.2.1　向海水库
（Xianghai Reservoir）

位于吉林省白城市通榆县向海蒙古族乡境内，距通榆县城67千米。水库于1971年始建，1973年建成，2002年进行除险加固，2006年基本完成除险加固。向海水库以滞洪为主，结合灌荪、养鱼，同时为向海国家级自然保护区提供水资源，并为下游的兴隆水库、胜利水库补充水量。

水库是**洮儿河**、**霍林河**的重要分洪工程。水库是用土坝围圈两个自然泡塘（一场泡和二场泡）建成，两泡间有人工渠道相通。

向海水库

洮儿河洪水经引洮工程从二场泡东北部进入水库。渠首是龙华吐分洪闸，由**蛟流河**节制闸把洮儿河水和蛟流河水引入向海水库，引水渠道全长105千米，最大过流能力为35立方米每秒。

霍林河洪水经引霍工程由一场泡西侧的东风口入库，该工程于2002年始建，2005年完成，渠首为同发闸，设计流量为52立方米每秒，霍林河水由同发闸经14.5千米长的渠道和8千米长的**额木特河**河道流入向海水库。

水库按百年一遇洪水设计，千年一遇洪水校核。总库容2.21亿立方米，兴利库容1.465亿立方米，调洪库容0.645亿立方米。水库最高水位曾达到167.60米，相应蓄水量2.10亿立方米，出现在1976年；水库最低水位为163.15米，相应蓄水量0.285亿立方米，出现在2004年。最大入库流量47.05立方米每秒，最大出库流量30.40立方米每秒。

库区地貌属松辽平原波状平原区，以沙化和盐渍化的平原为主，库区周围多为沙坨和坨间低洼湿地，下游为大面积的芦苇沼泽地。

水库多年平均气温5.19摄氏度，多年平均降水量386毫米，年水面蒸发量1 037毫米，年径流量8 338万立方米，年悬移质输沙量为8 280吨。11月上旬至次年4月上旬为结冰期。

水库位于国家AAAA级自然保护区——向海国家级自然

向海芦苇

保护区的中心,是保护区内唯一的大型蓄水工程,是向海湿地的水源储备库。向海水库已运行多年,没有发生任何险情。水库的建成大大降低了额木特河、霍林河洪水对下游的损害,使两河洪水得到了有效利用,改善了生态环境,保护了向海湿地。

水库主要建筑物有主坝、副坝、泄洪闸和输水闸。所有主坝、副坝均为黄土状砂壤土均质坝。主坝长408.2米,位于二场泡东侧,迎水面为简易模袋混凝土护坡,坝顶为5米宽混凝土坝面,设有1米高的防浪墙,最大坝高7.65米,坝下游坡为混凝土六棱块护坡,下游马道为6米宽的混凝土路(即向海蒙古乡—白城市路)。6座副坝总长6 079米,最大坝高5.2米。3座涵闸均为钢筋混凝土结构:一场输水闸位于一场泡南侧,由4孔矩形涵洞组成,设计输水量49.6立方米每秒,此闸为向海保护区著名景点仙鹤岛供水;小塔供水闸位于一场泡西侧,由3孔矩形涵洞组成,为湿地供水,最大输水量为34.2立方米每秒;二场泄洪闸位于2号副坝中部,是座开敞式泄洪闸,设计流量40.6立方米每秒,是向海水库唯一一座泄洪建筑物。

吉林省素有"东有长白,西有向海"的说法,向海水库近年来已成为重点旅游景区。水库里有大小岛屿18座,所有岛屿都是鸟的家,其中千鸟巢岛最为出名,数以万计的灰沙燕在岛的断壁上筑巢穴,最深可达1.3米。水库库水清澈,水草丛生,生长着约27种野生鱼类,尤以青鱼、草鱼、鲢鱼、鳙鱼四大家鱼著称。水库冬季拉网捕鱼,成为旅游观光的亮点。库区周围有大片芦苇和蒲草,夏季成群的野鸭、灰鹤等水鸟在此处栖息、繁衍。

向海自然保护区始建于1981年,全区总面积1 055平方千米,1986年晋升为国家级自然保护区,1992年被列入"世界重要湿地名录",2005年初被评为具有

翩翩起舞

国际意义的AAAA级自然保护区。主要保护对象为丹顶鹤、白鹳等珍禽及其栖息生态环境。保护区内有鸟类293种,其中鹤类6种。成群的国家一级保护动物丹顶鹤在保护区周围的芦苇沼泽安家落户,因此向海自然保护区有"鹤乡"之称。保护区植被覆盖率达70%以上,有成片的世界珍贵树种蒙古黄榆,黄榆成簇长在一起,外形呈伞状,其根系特别发达,在干旱的年份仍能茁壮成长。

向海水库南岸是向海蒙古族乡政府所在地,乡政府的西南部有座寺庙,名香海寺,寺内有7棵千年古榆,据传说,成吉思汗带兵打高丽时曾在此拴马小憩。向海水库建库时,水库周边村屯耕地稀少,多为蒙古族人。水库建成后人口不断增多,水库周边成为蒙古族、汉族、朝鲜族等民族的聚居地,以农牧业为生。

1.27.26.5 月亮湖水库
(Yuelianghu Reservoir)

洮儿河末端、嫩江旁侧的大型平原水库,位于吉林省白城市所属大安、镇赉两市(县)交界处,始建于1974年4月,

月亮湖水库

1976年8月投入运行。建库后至1999年称月亮泡水库,2000年改名为月亮湖水库,是一座防洪、灌溉、养鱼等综合利用的大型水利枢纽工程,总库容11.99亿立方米。

概 述

月亮湖水库工程按洮儿河50年一遇、嫩江20年一遇洪水组合设计;洮儿河50年一遇、嫩江50年一遇洪水组合校核。兴利水位131米,相应库容4.84亿立方米,水面面积204平方千米。月亮湖以上洮儿河集水面积33 070平方千米,多年平均年径流量15.5亿立方米。

水库主要由大坝、蓄泄水闸、灌溉渠首组成。大坝为均质土坝,总长42千米,由1条主坝(即一号坝)和6条副坝组成。最大坝高9.57米,坝顶宽8米。在二号坝3+300米设有6孔哈尔金蓄泄水闸,总长56.4米,设计最大泄流量910立方米每秒。水库设计灌溉面积2.5万公顷,年产商品鱼3700吨。

水库处于松辽沉降带北段,松嫩平原西部边缘,为嫩江及其支流冲积、洪积低平原,平均高程142米左右。

水库所在地区多年平均年降水量为400毫米,6—9月降水量占全年的80%以上。多年平均年水面蒸发量970.5毫米。结冰期由10月下旬至次年4月中旬,约165~170天。春秋季节多风,常出现5级以上大风。

1998年嫩江和洮儿河发生特大洪水,月亮湖水库的最高洪水位为134.17米,超过水库校核水位0.45米,相应蓄水量13.50亿立方米,最大入库流量2 122立方米每秒,最大出库流量1 290立方米每秒,超过哈尔金蓄泄水闸设计最大泄流量380立方米每秒。这次特大洪水给月亮湖水库枢纽工程造成了严重破坏,大坝在风浪的作用下土方大量流失,只能采取修建子堤的办法确保水库大坝安全。哈尔金蓄泄水闸由于超设计泄洪,使下游海漫段冲出一个长160米、宽200米、深26米的冲刷坑,同时也使水库通过三年"停捕休渔"养殖的鱼类资源付诸东流。

纪 实

水库前身为大安渔场,也是洮儿河的天然滞洪泡,又名月亮泡。辽王朝称月亮泡为鱼儿泺,又称日月池,是辽主率文武百官举行"春捺钵"、凿冰取鱼、设摆"头鱼宴"的地方。明洪武二十年(1387年)月亮泡又有运粮泡之称。

月亮泡水面广阔,水草繁茂,饵料丰富,是鱼类繁殖、回游的好场所,故月亮泡素有"鱼米之乡""渔业宝库""扎住月亮泡,银子没了腰"的美称。

清乾隆五年(1740年),月亮泡开始簗子渔业生产。1966年正式成立大安渔场。为解决月亮泡周边十年九旱,1974年开始修建月亮泡水库。

水库水域辽阔,水质较好,为Ⅲ类水质。水库正常蓄水面积达204平方千米,平均水深2.5米左右。库中饵料丰富,水草繁茂,适合各种鱼类繁殖生长。目前水库有各种鱼类36种,较为名贵的有鳜鱼、黄颡鱼、翘嘴红鲌、乌鳢等。库中

月亮湖晨光

还有一种水生草叫菹草，这种草不仅是鲤科鱼类理想的饵料，而且是家禽最喜爱的饲料。月亮湖一带的家鸭蛋已远销各地。

水库自然风景独特，方圆几十千米的水域有11个自然岛屿，其形状各异，是月亮湖水库一道亮丽的风景线。岛上植被茂盛，自然环境优越，是珍禽鸟类的栖息之地。2000年在水库小烧锅岛屿上建设了珍禽动物保护中心。11个自然岛屿中最为著名的是鸭雁岗岛屿，它的形状像大雁，是野鸭和大雁的栖息之地，岛上有一棵近千年的老榆树，被誉为"千年神树"。

修建后的月亮湖水库取得了明显的经济效益和社会效益。建库以前该片地区是一个天然的滞洪区，沟渠纵横，泡沼相连，汛期一片汪洋，如洮儿河和嫩江同时发生洪水，洮儿河沿岸和嫩江下游人民生命财产损失巨大。水库建成以后，既可拦蓄洮儿河洪水，又可引蓄嫩江洪水，使洮儿河和嫩江洪水顺利错峰，减轻嫩江下游防洪压力。以1998年特大洪水为例，水库拦蓄洮儿河洪水总量11亿立方米，引蓄嫩江洪水3.2亿立方米。大大缓解了嫩江下游防洪压力。水库周边建有月亮泡东灌区、大泡子灌区、永兴灌区和月亮泡南莫灌区，2005年已种植水田面积8 000公顷。水库养鱼面积1.72万公顷，年产鱼量近百万千克，1989年最高总产量曾达142万千克，创历史最高纪录。其中黄颡鱼的养殖在水库已形成规模，远销国内外，收到了可观的经济效益。对月亮湖水库中十几个岛屿进行旅游开发，进一步提高了水库的经济效益。月亮湖水库是莫莫格国家级自然保护区的一部分，同时为苇业基地提供水源，当水库水位达到兴利水位131米时，不仅使莫莫格保护区湿地生态得到改善，而且还可扩大水库上游芦苇、草原生态面积达1.50万公顷。

1.27.26.6　嘎海后泡
(Gahaihoupao Lake)

洮儿河的冲积洼地滞积湖，位于吉林省镇赉县黑鱼泡镇嘎海村后嘎海屯北0.5千米处，东与张伯川泡相连，北距黑鱼泡镇1.5千米，西距三家子屯2.5千米。嘎海后泡位于嘎海屯后，故又称嘎海后沟子。

经洮儿河洪水多年冲刷，泡内形成深沟，沟长4千米，宽达0.3千米。湖泡呈弓背形长条状。水面面积最大曾达到11.3平方千米，常年水面面积10平方千米，最大水深2米，常年水深1.5米，蓄水量0.15亿立方米。水质呈微碱性。

嘎海后泡多年平均气温4.6摄氏度，多年平均年降水量400毫米、年水面蒸发量949毫米；多风，多年平均8级以上大风天气13天；冬季结冰期为11月上旬至次年4月下旬，最大冰厚1.4米。

嘎海后泡曾是镇赉县重要的渔业捕捞点和芦苇产地。

1.27.26.7　西二龙泡
(Xi'erlongpao Lake)

洮儿河的洼地滞积湖，位于吉林省镇赉县沿江镇西二龙村西北部1千米处，因地处西二龙梭口屯西部而得名，系洮儿河分洪区。

西二龙泡泡面呈长条状，长6千米，宽3.5千米，总面积21平方千米，水面面积20平方千米。最大水深达2米，常年水深1.5米，蓄水量0.3亿立方米。水质呈微碱性。

西二龙泡多年平均气温4.6摄氏度，多年平均年降水量400毫米、年水面蒸发量949毫米；多风，多年平均8级以上大风天气13天；冬季结冰期为11月上旬至次年4月下旬，最大冰厚1.40米。

西二龙泡原为镇赉县重要的芦苇生产基地。

1.27.26.8　新荒泡
(Xinhuangpao Lake)

洮儿河的河成湖，位于吉林省大安市安广镇新荒村洮儿河主河道的末端，与**月亮湖水库**仅一坝之隔。在新荒泡围堤5号坝落成之前，新荒泡与月亮泡一水相连，洮儿河下游水位高时，通过新荒泡泄入月亮泡，再由月亮泡注入嫩江。新荒泡水面面积常年约40平方千米，最大水深达3.5米，常年水深1.5~2.5米，水质酸碱度为8。新荒泡盛产鱼虾、芦苇和蒲草。

新荒泡多年平均气温4.6摄氏度，多年平均年降水量413.4毫米、年水面蒸发量970.5毫米；干旱多风，多年平均8级以上大风天气26.5天；10月下旬至次年3月下旬为结冰期，最大冰厚1.3米。

1969年5月，兴建新荒泡围堤5条，自北向南称为1号、2号、3号、4号、5号坝，全长7 878米，形成一个水面面积70平方千米、总库容1.40亿立方米的大型水库（但未按水库管理），正常蓄水量6 000万立方米。1970年，大安县利用新荒泡现有工程设施和鱼类资源条件，创办了县管企业——新荒泡国营渔场。新荒泡冬季捕鱼占全年捕鱼量的80%，最好年景冬季捕鱼400吨。国营渔场建成后，从1980年起就能够自己繁殖鱼苗投放养殖。新荒泡内自生的黑鱼等鲜鱼品味极佳，是鱼宴的最好原料。

1998年流域发生的特大洪水造成2号坝、4号坝漫顶决口，洪水漫溢，新荒泡水面边缘向周围扩大了10千米以上，淹没自然屯4处。汛后，当地政府安排人力将1~4号坝全面进行了土方加固，并将4号坝的2处决口进行了混凝土板块护坡。

1.27.26.9　莫莫格泡
(Momogepao Lake)

洮儿河的冲积洼地滞积湖，位于吉林省镇赉县莫莫格蒙古族乡政府南部1.5千米处，在莫莫格国家级自然保护区之内。东与**鹅头泡**相连，南与乌兰昭泡相接，西距乌兰昭村1.5千米。

泡面呈长方形，洮儿河丰水时泡面东西长4.2千米，丰水时南北宽2.6千米，最大水面面积达11平方千米；正常年份东西长3千米，南北宽1.5千米，水面面积4.5平方千米。平均水深1.5米，蓄水量675万立方米。水质为轻碱性。

莫莫格泡多年平均气温4.6摄氏度，多年平均年降水量400毫米、年水面蒸发量949毫米；多风，多年平均8级以上大风天气13天；冬季结冰期为11月上旬至次年4月下旬，最大冰厚1.4米。

莫莫格泡

莫莫格国家级自然保护区东靠嫩江，南临洮儿河，总面积14.4万公顷，主要保护对象为丹顶鹤等珍禽及水禽湿地生态系统。

莫莫格国家级自然保护区地处松辽沉降带北段，松嫩平原西部边缘，为嫩江及其支流冲积、洪积低平原，平均高程142米左右。地势起伏不大，沙丘与低洼地相间分布。洪水季节或多雨年份，受嫩江倒灌、洮儿河河水四溢或地表径流积聚，形成水泡沼泽湿地。土壤为在冲积洪积母质上发育形成的草甸土，局部有轻盐碱土、洪积沙土。

莫莫格湿地

保护区生态景观分为江河湖泊水域湿地、苔草小叶樟湿地、芦苇沼泽湿地、碱蓬碱草湿地。在14.4万公顷保护面积中，水域2.67万公顷，芦苇苔草沼泽7.73万公顷，草原1.5万公顷，天然次生林和人工林1.16万公顷，其他用地1.34万公顷。湿地面积占全区总面积的80%以上。

保护区有白鹤、丹顶鹤、白头鹤、白枕鹤、灰鹤、蓑羽鹤等多种鸟类，其中丹顶鹤、蓑羽鹤、白枕鹤在本区繁殖。世界濒危物种大鸨在本区也有分布和繁殖。

由于莫莫格自然保护区具有物种珍稀濒危性、生物多样性、物种代表性、生境原始的重要性等多种显著特征，引起了国际、国内各类保护组织的极大关注。1997年12月，莫莫格自然保护区被国务院晋升为国家级自然保护区。

1.27.26.10 鹅头泡
(Etoupao Lake)

*洮儿河*的冲积洼地滞积湖，位于吉林省镇赉县莫莫格蒙古族乡才力村鹅头屯西南300米处。"鹅头"系屯名，因鹅头屯附近有一沙岗，形似鹅头而得名，泡以屯得名。

泡面弯曲呈长条状，西北—东南走向。丰水年份泡面面积为20平方千米。正常年份泡面长5千米，平均宽2千米，泡面面积10平方千米，平均水深2米，蓄水量0.2亿立方米。水质为轻碱性。

鹅头泡多年平均气温4.6摄氏度，多年平均年降水量400毫米、年水面蒸发量949毫米；多风，多年平均8级以上大风天气13天；冬季结冰期为11月上旬至次年4月下旬，最大冰厚1.4米。

1.27.26.11 弯垅泡
(Wanlongpao Lake)

*洮儿河*的冲积洼地滞积湖，因地处弯垅地（耕地名称）西侧而得名，位于吉林省镇赉县莫莫格蒙古族乡乌兰召村明嘎屯西北1.5千米处。北距盟根套拉搞屯1千米，东距明嘎泡1.5千米，西距黑鱼泡镇胡不台泡2千米。

泡面呈长条状，总面积13平方千米，水面面积10平方千米，平均水深1.3米，蓄水量0.13亿立方米。水质呈轻碱性。

弯垅泡多年平均气温4.6摄氏度，多年平均年降水量400毫米、年水面蒸发量949毫米；多风，多年平均8级以上大风天气13天；冬季结冰期为11月上旬至次年4月下旬，最大冰厚1.4米。

1.27.27 霍林河
(Huolin River)

*松花江*嫩江段下游右岸支流，是无尾河。霍林河唐代称燕支河，辽代称郝里河，金代称鹤午河，元代称哈老哥鲁。"哥鲁"为"郭勒"元音译，蒙语意为"河"，"哈老"是辽时的"郝里"、金代的"鹤午"、现代的"霍林""霍勒"的不同译音。发源于内蒙古自治区扎鲁特旗阿日昆都楞苏木福特勒罕山北麓，流经扎鲁特旗、霍林郭勒市、科尔沁右翼中旗和吉林省的通榆县、洮南市、大安市、长岭县、前郭

霍林河源水

县、乾安县等9个县（旗）市后，流入*查干湖*，然后汇入嫩江。地理位置在东经119°36′～124°43′，北纬44°02′～45°52′。流域面积36 623平方千米，河长590千米，河道平均比降为3.9‰。

概　　述

流域呈狭长条状，东西长约420千米，南北宽约200千米。东与*第二松花江*相邻，南与辽河流域相连，西隔大兴安岭与*乌拉盖河*相望，北与*洮儿河*流域相邻。

流域地处大兴安岭南段东麓的低山丘陵向松辽平原的过渡地带，地势自西向东逐渐降低。流域总面积中，山地面积占总面积的24.3%，丘陵面积占总面积的3.7%，平原面积占总面积的64.7%，河湖和沼泽面积占总面积的7.3%。

流域上游为山区和半山区，河床一般为500～1 500米，但主槽宽仅10～40米。平时水深1.0米左右，流速一般为1.2米每秒。河道平均比降为4.2‰。其中河源地段为侵蚀的中高山地貌，山势陡峭，地形切割强烈，高程为950～1 300米，二级剥蚀堆积阶地沿霍林河两岸呈带状断续分布，高程810～980米，一级堆积阶地广泛分布于霍林河及其支流两岸，分布宽度为1～3千米，高程790～920米。山区植被较好，冲刷侵蚀不十分严重。

流域中游为丘陵平原区，沿河两岸除一级阶地外，尚有河漫滩发育，漫滩宽约300米，高程785～890米，高出河床

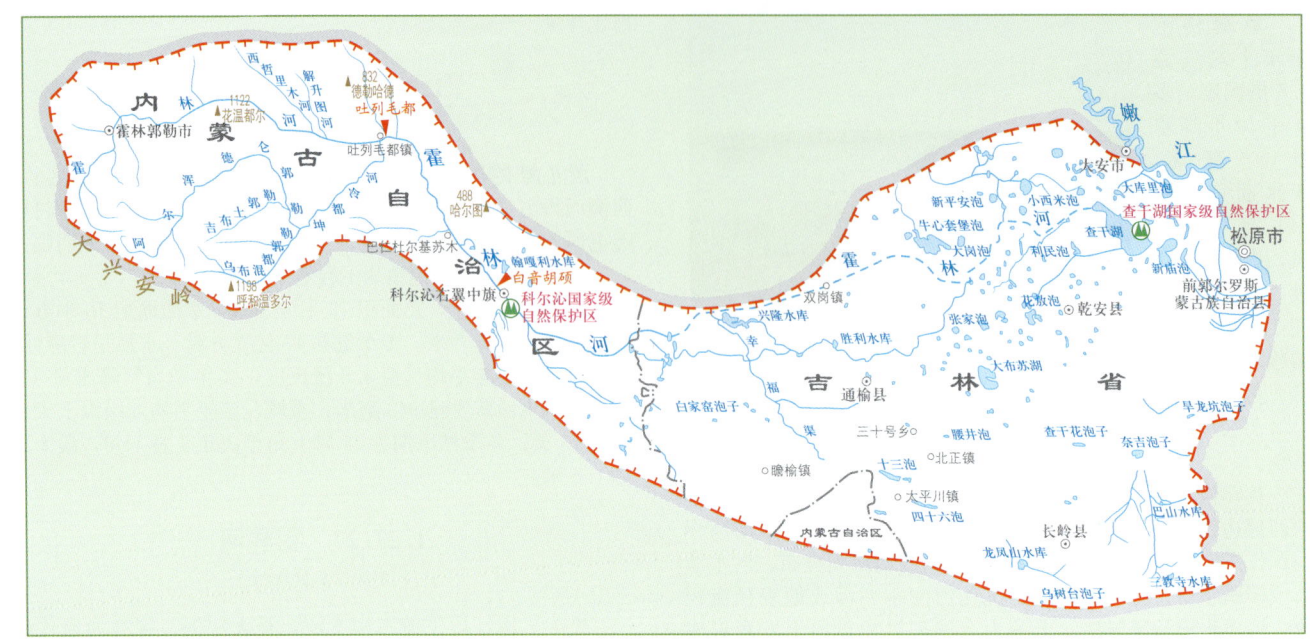

霍林河水系示意图

近1米。漫滩上有沼泽分布，植被生长有苔草、星星草、野大麦、碱地凤毛菊等。河床宽一般为500～1 500米不等。

流域下游为平原区，为科尔沁草原的一部分，地域广阔，地形低平，河流、沼泡密集，堆积物巨厚，属堆积地形。河道平均比降为1.6‰。基于霍林河径流很小，河流进入下游即漫散无水，河流几趋干枯。一般年份水不出槽，每当大洪水时，水流泛滥出槽漫散后入嫩江。沿河沼泽化现象比较严重，河漫滩宽达6～7千米。

霍林河水系呈羽状分布，有13条一级支流，20条二级支流，主要支流有**坤都冷河**、西哲里木河、解升图河等。

流域地处中温带大陆性气候区，春季干旱风大，夏季温热多雨，秋季凉爽温差大，冬季寒冷漫长。太阳辐射强烈，日照时间长，雨热同期。气候要素分布差异很大，北部接近半湿润草原气候，南部近似于干旱荒漠草原气候。上游山丘区年平均气温0摄氏度左右，历年平均无霜期87天；下游平原区年平均气温5.6摄氏度，历年平均无霜期140天。流域全年多西风与西北风，约占80%，其次为东南风。平均风速4.5～5米每秒，最大风速32米每秒。全流域日照时数为2 880～3 120小时。多年平均年降水量为421毫米；降水年内分配不均，6—8月降水量约占全年的75%左右；降水年际变化较大，最大年降水量与最小年降水量的2.53～4.31倍。多年平均年水面蒸发量为1 147.3毫米。流域多年平均年径流量为4亿立方米。

吐列毛都站实测多年平均年输沙量为60.2万吨，白音胡硕站实测多年平均年输沙量为19.8吨。沙量主要集中在4—8月，占全年沙量的89%。上游山丘区一般10月开始结冰，次年5月中下旬融化，结冰期7个月左右，最大冻土深度3.2米；下游平原区一般11月开始结冰，次年4月中下旬融化，结冰期6个月左右，最大冻土深度2.5米。

根据近30年来的资料统计，全流域平均每年受旱面积占总耕地面积20%以上，严重时可达80%。旱灾造成粮食大量减产，严重影响了当地农业经济的稳定发展。

近百年来，霍林河发生较大洪水10余次。1910、1939年出现了洪峰流量907立方米每秒和540立方米每秒的洪水，因人烟稀少，河槽较宽没有造成多大损失，也没有留下洪水灾害记载。新中国成立后，洪水灾害较重的是1957、1993、1998年。1998年霍林河发生了历史上罕见的特大洪水，给霍林河沿岸各族人民造成了的巨大经济损失和惨重的灾难。1998年白云胡硕水文站最大洪峰流量4 230立方米每秒，科尔沁右翼中旗白云胡硕镇上游义和哈达段堤防漫顶，水位超出堤顶1米，使白云胡硕镇被洪水浸泡4个多小时，仅白云胡硕镇地区倒塌房屋18 370间，受灾人口达4.34万，造成通霍铁路停运数十天。

霍林河流域是一个以种植业为主，畜牧业占有较大比重，地方工业生产比较薄弱的地区。霍林河上游扎鲁特旗为纯牧区，中游科尔沁右翼中旗为半农牧区，是内蒙古自治区的主要牧区之一，每年都交售大量皮、毛、肉、乳等畜产品。通榆县以下为农业区，主要作物是玉米、谷子、糜子、高粱等。流域内已探明的金属矿藏主要有铜、铁、铅、锌、银等，非金属矿产资料主要有煤炭、石油、云母、水晶、稀土等，其中煤炭和石油资源尤为丰富。煤炭为优质褐煤，霍林郭勒市霍林河煤矿为全国五大露天煤矿之一。石油主要分布在流域下游松原市境内，主要由抚余和新立两个储量超亿吨油田组成。

根据2000年资料统计，流域内总人口201.8万，其中农业人口152.3万，耕地面积91.2万公顷，粮食总产158.0万吨，国内生产总值（GDP）78.9亿元，农业总产值59.4亿元，工业增加值66.2亿元。

流域开发较晚，20世纪50年代末以前，在农业灌溉方面仅建设了一些简陋的河道自流引水工程。50年代末兴建了一座中型的兴隆水库；进入70～80年代建设了**向海水库**（大型）、翰嘎利、胜利等中型水库和乌兰中、双山等引水工程；90年代后，随着农村经济的迅速发展，全流域大力发展井灌工程，地下水灌溉井的数量急剧增加。2000年全流域有灌溉机井20 415眼，灌溉用水量5.54亿立方米，占农业灌溉总用水量的89.6%。流域中游内蒙古境内有杜尔基和翰嘎利水库2个中型灌区，总有效灌溉面积0.62万公顷。拟于2014—2018年新建规模为285万亩的吉林省哈达山松原灌区工程；规划建设的大安灌区于2008年开工，2012年已建成一期30万亩水田。流域下游吉林省境内建有引嫩江、二松水灌区3处，总有效灌溉面积0.46万公顷。

纪　实

上游　坤都冷河汇入口（吐列毛都水文站）以上为上游段，河道长 195 千米。自河源向北流，进入霍林郭勒市。该段处于上游山区，两岸多山，河道比降大，水流湍急，两岸多林区，河流右岸有五七镇居民区。霍林郭勒市以河得名，因煤而建，全国五大露天煤矿之一的霍林河露天煤矿坐落在市区，素有"塞北城"之称。霍林河露天煤矿已探明储量约为 129 亿吨，在国内五大露天煤矿中排名第二。河流过霍林郭勒市折而东流成为该市与扎鲁特旗的界河，左岸有霍林郭勒市城区，右岸为乌兰哈达牧场，过牧场后进入兴安盟科尔沁右翼中旗巴仁哲里木镇、吐列毛都镇。该段为草原牧区，两岸多山地丘陵，经济以畜牧业为主。

上游段河道蜿蜒曲折，砂砾石河床，平均比降为 3.3‰～4‰，河谷宽度 500～1 000 米，主河槽宽 10～30 米，河水深 0.5～1.0 米。此段为霍林河主要产流区，径流量约占全流域总径流量的 80% 以上。

霍林河煤城矿山

在巴仁哲里木镇西有西哲里木河从左岸汇入，东行，在吐列毛都镇东有解升图河从左岸汇入，继续东行，在吐列毛都镇巴扎拉嘎村南有坤都冷河从右岸汇入，境内有金界壕（金长城）、吐列毛都金城遗址。

中游　坤都冷河汇入口至巴彦胡舒镇为中游段。在吐列毛都纳坤都冷河后向东流，至巴扎拉嘎折而东南流，经海力斯台、双山至巴彦胡舒镇。中游段两岸主要为低山丘陵，植被良好，河道弯曲，摆幅较大，河谷逐渐开阔，河道平均比降为 2‰；河谷宽为 2 000～3 000 米，主河槽深 1～1.5 米，河床为沙壤土质。中游段无支流汇入。

中游流经的巴彦胡舒镇为科尔沁右翼中旗旗政府所在地。科尔沁右翼中旗面积 15 613.0 平方千米，人口 22.4 万，民族为汉族、蒙古族、回族、满族。土特产有芦苇、毛手套、山杏核，主要农作物有高粱、谷子、玉米、水稻，矿产主要有金、银、铜、铁、铅、锌等。境内有巴拉哈达洞壁题记和科尔沁国家级自然保护区等。

科尔沁国家级自然保护区位于内蒙古自治区科右中旗境内，跨霍林河和洮儿河两个流域，保护区总面积 1 270 平方千米，其中霍林河流域内面积 508 平方千米，占总面积的 40%。保护对象为湿地珍禽、灌丛及疏林草原。

下游　巴彦胡舒镇以下为下游段。自巴彦胡舒镇后基本东南流，河谷宽 5 000～10 000 米，边沿为低缓沙丘，右岸为广大的冲积平原。河道平均比降为 1.25‰，局部河道比降为 0.5‰～1‰，河流主槽宽 30～40 米，河槽深 0.5～1.0 米。经义伊和塔拉林场、高力板镇，河流两岸多沼泽，农牧业并存。在新道卜村北，河流折而东北流，从新发村西进入吉林省通榆县兴隆山镇同发畜牧场东风屯。此后，河道比降更小，河床已不明显，呈平浅漫流状态，属平原区，多沙丘和沙地。一般年份，水流进入吉林省通榆县境内后逐渐消散。通榆县西部多波状起伏沙丘，河流穿行于苇塘、沼泽之间，非沼泽区段常常干涸，而逢大汛则一片汪洋，水面宽达四五十千米，而且涨落缓慢。大水年份，水流进入兴隆山镇地碱泡子，从地碱泡子流出后分做北、中、南三股：北股漫过幸福渠，穿过大肚泡，在双岗越过平齐铁路，流入大段水库，在库内与洮儿河三项召分洪之水汇合后，向东北流入大安市的龙沼镇和海坨乡；中股注入兴隆水库，出库后汇入北股；南股流向东南，在宝龙带屯南甸子入胜利水库，从胜利水库溢洪道流出，穿过平齐铁路胡家店大桥，向东北流入大安市境内，与北股河水汇流，先后流经龙沼、大岗、海坨、新平安、两家子、四棵树等乡镇，注入前郭尔罗斯蒙古族自治县**查干湖**，出查干湖穿过长白铁路两家子铁路桥，经**大库里泡**注入嫩江。

1.27.27.1　坤都冷河
（Kunduleng River）

霍林河右岸支流，发源于内蒙古自治区扎鲁特旗阿拉坦大巴（金岭）南麓阿巴斯（海拔 1 133.8 米），流经巴雅尔胡硕乌兰哈达村，于科尔沁右翼中旗吐列毛都镇查巴扎拉嘎村南汇入霍林河。出源后称乌布混都郭勒，在科尔沁右翼中旗吐列毛都镇坤都冷村南格德日根宝力皋河汇入后以下始称坤都冷河。坤都冷河河长 154 千米，流域面积 4 025 平方千米，河道平均比降 2.53‰。

流域地处大兴安岭东南麓，植被良好。流域上游多低山、沙丘，河槽宽浅；下游多沼泽，河谷宽 1～2 千米，主槽宽 30～50 米，沙质河床，主槽游荡不定。

流域冬季寒冷、夏季炎热，春季风大日照丰富。多年平均气温 2.7 摄氏度，多年平均年降水量 420 毫米，多年平均年水面蒸发量 980 毫米，多集中在 6—8 月。全年无霜期为 110 天左右。冬季以西北风为主，春秋则为西南风，年均风速 3.5 米每秒，最大风速可达 21.7 米每秒，大风日数常达 30 天左右。年日照时数 2 900 小时，10 摄氏度以上积温 3 160 摄氏度。多年平均年径流量 1.13 亿立方米。

支流有阿尔浑德仑郭勒、乌兰哈达音郭勒、窝木那扎拉格沟、吉布吐郭勒、格德日根宝力皋河等。

阿尔浑德仑郭勒发源于内蒙古自治区扎鲁特旗阿日昆都楞苏木福特勒罕山西麓（海拔 1 426 米），由西南向东北流经阿日昆都楞种畜场，在萨如拉转向西南流，在赛布尔村东从左岸汇入乌布混都郭勒，河长 100 千米，流域面积 2 243.2 平方千米。

流域是以蒙古族为主体、汉族为多数的多民族聚居区。

上游为林区，有罕山林场；中游为畜牧区，有阿日昆都楞种畜场；中下游为农业区，建有巴雅吐胡硕、乌兰哈达和吐巴灌区等水利工程。

流域内土壤质地好，牧草种类多，发展畜牧业十分有利，经济以畜牧业为主，主要作物有玉米、大豆；沿河两岸有白桦、

科尔沁国家级自然保护区

草原

山榆、黄榆、山楂等20多种树种，有甘草、麻黄、黄芩等几十种中草药，有蘑菇、黑木耳、黄花等多种食用菌及山野菜；野生兽类有马鹿、狍子、狐狸、野猪、狼、兔子等，野生禽类有野鸡、沙鸡、鹌鹑等。

科尔沁草原坨、甸并存。坨子地是指相对高度2米以上的流动、半流动沙丘和半固定沙丘，土壤为白沙土和黄沙土，植被主要有沙米隐子草、芦苇、小黄柳、榆树等。甸子地则指分布在坨、甸地内部及其之间的低湿地，多由各类草甸土组成，植被主要由羊草、寸草苔、地榆、拂子茅、马蔺等组成。

1.27.27.2 四海泡
(Sihaipao Lake)

霍林河受堵成为无尾河后，河床左右摆动形成河曲洼地，经积水成河迹洼地湖，位于吉林省洮南市安定镇四海村境内，西南部与通榆县接壤。属于内陆淡水湖泊。

四海泡主要靠霍林河供水，最大容量4 600万立方米，平水容量3 700万立方米，最大水面面积11.0平方千米，常年水面面积10.0平方千米，最大水深6.0米，常年水深3.0米。水质呈微碱性。

四海泡多年平均气温5.2摄氏度，多年平均年降水量400毫米，年水面蒸发量970.8毫米；年平均8级以上大风天气27.6天；11月上旬至次年4月上旬为结冰期。多年平均无霜期166天，日照时数2 936小时。泡区风景优美，风光宜人，交通便利，依托向海国家级自然保护区，适合旅游开发、观光度假。

1968年，霍林河上游的拦海坝决口，使四海泡与其相邻的小香海泡蓄满了水。为了多蓄水，在小香海泡东南部修筑了一条470米长的拦水坝，在两泡之间开挖了一条引水渠，通过闸门控制水量，使两个泡子连成一片水域，合称洮安县四海泡渔场。

四海泡水面水质良好，无污染，天然饵料丰富，鱼类品种繁多，主要经济鱼类有草鱼、青鱼、鲢鱼、鳙鱼、鲂鱼、鲤鱼、鲫鱼、鳜鱼、黄颡鱼、鲶鱼、大银鱼9科38种，养鱼水面平均每公顷产鱼178.5千克。

1967年后，吉林省洮南市创业水库每年向四海泡渔场供水2 000万～3 000万立方米，充足的水源促进了渔业的发展。1968—1974年，平均每年捕捞成鱼65.50吨，1975—1997年，平均每年捕捞成鱼106吨，芦苇、蒲草也连年获得好收成。1998年，大银鱼移植获得成功，仅此一项年产值就近百万元。2000年后由于连年干旱，四海泡水面逐渐缩小，致使渔场经济效益逐年下降。2002年由于上游水源枯竭，以致水面干涸，现部分泡底已经种植庄稼。

1.27.27.3 十三泡
(Shisanpao Lake)

位于吉林省长岭县太平川、北正两镇交界处，泡面呈长条形，东北西南走向，枯水年缩成13个水泡，故名十三泡。

十三泡属**霍林河**下游低洼地汇集地表径流形成的洼地泡子，是十三泡涝区第三承泄区。平水年分为3个大水泡，泡面面积总计12.9平方千米，平均水深1米。丰水年（如1985、1998年）则连成一片，最大泡面面积达49平方千米，平均水深1.8米。1998年后因连年干旱，泡面面积逐渐缩小，至2006年水面不足13平方千米。

十三泡多年平均气温4.9摄氏度，多年平均年降水量在472毫米，年水面蒸发量1 019毫米。冬季冰层厚度在80厘米左右。由于十三泡水质重碱，故植物覆盖较少。水产品以鱼类为主，最高年产量100吨。

1.27.27.4 四十六泡
(Sishiliupao Lake)

位于吉林省长岭县太平川镇前四十六屯东南向，处于太平川、北正两镇交界处，因屯而得名。

四十六泡属**霍林河**下游低洼地汇集地表径流形成的洼地泡子，是**十三泡**涝区第一承泄区。泡面呈长条形，东南西北走向。平水年泡面面积12.7平方千米，平均水深1米；丰水年（如1985、1998年）最大泡面面积达26平方千米，平均水深2.1米。1998年后因连年干旱，泡面面积逐渐缩小，至2006年水面不足7平方千米，枯水年甚至干涸。

四十六泡多年平均气温4.9摄氏度，多年平均年降水量472毫米，年水面蒸发量1 019毫米。冬季冰层厚度在80厘米左右。水质呈轻碱性，泡底平坦，生长杂鱼，最高年产鱼量50吨。

1.27.27.5 腰井泡
(Yaojingpao Lake)

位于吉林省长岭县三十号乡和北正镇境内。是**霍林河**下游低洼地汇集地表径流形成的洼地泡子，泡名源于屯名，1881年建屯"长山堡"，后来屯中居民增多，屯民打井三眼，因两头的井水不好，只有中间这眼井水好，人们便改屯名为"腰井子"。腰井泡在该屯南2千米处，故得名。

腰井泡平水年分为两个泡子，一个在腰井子南，一个在屯北，泡面面积12平方千米左右，平均水深1米；丰水年（如1985、1998年）由于降水较多，水面相连，最大面积达60平方千米，平均水深2.5米。1998年后连年干旱，2006年泡面面积减少到13平方千米。

多年平均气温4.9摄氏度，多年平均年降水量472毫米，年水面蒸发量1 019毫米。无霜期142天，冬季冰层厚度在80厘米左右。腰井泡水质为轻碱性，泡底平坦，泡内沉水植物丰富，以水产养殖和灌溉为主，是长岭县第二个天然繁殖场，年产鱼10～50吨。

1.27.27.6 牛心套堡泡
(Niuxintaobaopao Lake)

霍林河受堵成为无尾河后，河床左右摆动形成河曲洼地，经积水成河迹洼地湖。位于吉林省大安市西南部，南部伸入通榆县境内，西北与洮南市郭家店泡子一坝之隔。

泡子南北长15千米，东西宽7千米，状似元宝形。水面面积常年36平方千米，蓄水量0.60亿立方米；最大水面面积60平方千米，蓄水量可达1亿立方米。水深常年0.8米，最大5.0米。

牛心套堡泡多年平均气温5.2摄氏度，多年平均年降水量400毫米、年水面蒸发量1 037毫米；干旱多风，年平均8级以上大风天气27.6天；10月下旬至次年3月下旬为结冰期，最大冰厚1.30米。

1960年6月沿牛心套堡泡修筑8条围堤，总长1 201米，堤顶宽5米，堤顶高程144.3米，称牛心套堡水库。1976年，原大安县从查干乡幸福干渠开挖引水渠，把**洮儿河**水引入牛心套堡泡，发展养鱼和灌苇，每年可灌苇4 000公顷，产苇

3 000 吨左右，年产鲜鱼 1 万千克左右。1998 年特大洪水以后，连年干旱，霍林河无水入泡，只能从大安市舍力镇的庆有水库引洮儿河水，维持鱼、苇生产。

1.27.27.7　大布苏湖
（Dabusu Lake）

霍林河出流受阻，河床摆动所残留的洼地积水湖。为盐碱湖，"大布苏"即蒙语"盐碱"之意。原称大布苏泡，1988 年改泡为湖。位于吉林省松原市乾安县城西南约 35 千米，大布苏、所字两镇交界处。

湖泡水面呈椭圆形，水面高程 122 米，水面面积约为 37 平方千米，湖底高程 120.5 米。湖边周长 41 千米，湖面南北长 10 千米，东西宽 6 千米。湖水为碱性，丰水期水深 1.5 米，蓄水量 6 032.7 万立方米，枯水期平均水深 0.5 米。

大布苏湖

泥林

湖区多年平均年降水量为 404 毫米、年水面蒸发量 1 050 毫米、无霜期 145 天，年日照时数 4 410 小时。

湖周围有水蚀面积 31 平方千米，百米以上侵蚀沟 18 条。湖东岸有明显的两级阶地，阶地前沿为黄土状土，因被雨水冲刷切割形成了奇特的"狼牙坝泥林"地貌景观。此种景观在湖东岸学字井一带发育最好，被称为"黄土喀斯特"地形。泥林南北长 7.50 千米，东西宽约 1 千米，有"土林"和"蘑菇状土柱"，有侵蚀陡崖、金字塔状的"土塔"还有"土桌""土堡""土坎"等。在泥林的最北端北泉沟，有一条长 1 000 多米、深 50 米，被称为"陷兽沟"的大峡谷。2000 年 6 月，在这里一次性出土了几百件 2 万年前的古生物化石，其中有披毛犀、猛犸象、虎、原始牛、野驴、骆驼等 18 种。1964 年，在大布苏泥林地下曾出土一具类似山顶洞人的古人类头骨化石。在泥林对面，是大布苏古墓葬群，这是青铜器时期的墓葬群，它的特点是"竖葬"，而中国目前还没有"竖葬"的记载。在湖的北、西、南三面陡崖与水面之间，有不太宽的斜坡，东面和东北面还有较宽的洪积平地和泥炭沼泽湿地。北岸冲沟发育，是典型的水土流失区。大布苏湖已被列入中国重要湿地名录和湿地自然保护区名录。1996 年被设立为省级自然保护区，保护区面积 11 000 公顷，保护对象为湿地生态系统及自然遗迹。

大布苏湖形成的年代可能在早更新世末或中更新世初。湖水水质由淡水转为碱水的时间大致为全新世晚期。盐碱成分主要是地表径流从四周汇入的钠离子。湖水呈强碱性，酸碱度为 10～11，水质为重碳酸氯化钠镁型水。湖内含有丰富的盐、芒硝和碱。据 20 世纪 60 年代考察记载，矿床储量为：盐 232 万吨，可开采量 153 万吨；碱 139 万吨，可开采量为 75 万吨；芒硝 202 万吨，可开采量 137 万吨。大布苏湖周边的近代文明与盐碱有关，至清末达到鼎盛时期，当时熬碱用的大铁锅周长 3.45 米，产品远销至河南、山东和俄罗斯远东地区。大布苏的"土盐"也很出名。盐碱业的兴旺带动了陶瓷业的发展，大布苏湖周边的烧陶窑遗址有 30 多座。随着现代文明的发展，盐碱业虽已衰退，但至今仍是乾安县商品经济生产基地之一。1976 年在湖北岸建立了大布苏化工厂，年产纯碱 3 000 吨。

1.27.27.8　张家泡
（Zhangjiapao Lake）

霍林河尾闾的河迹洼地积水湖，位于吉林省乾安县道字乡境内。

张家泡常年水位 1 321 米，水面面积 12 平方千米，水深 1.7 米，蓄水量 2 040 万立方米。多年平均气温 4.6 摄氏度，多年平均年降水量 404 毫米、年水面蒸发量 1 050 毫米。无霜期 145 天，年日照时数 4 410 小时。水质为碱性。

张家泡是与霍林河河道相连的低洼泡沼。霍林河汛期涨水时，张家泡内有水，霍林河多年无水时，张家泡也随之逐年干枯。如 1957 年霍林河汛期洪水下泄，张家泡蓄水量约 4 000 万立方米。张家泡泡底平坦，适合养鱼，1958、1959 两年产鱼较多，最高年产鲜鱼 100 吨以上，曾是"鱼米之乡"；1960 年以后由于霍林河上游节节拦蓄，遂使河道干枯，张家泡也随之逐渐无水。为了发展养鱼，当地人民打井提水进行蓄水养殖，但是由于成本高，效益不明显。1998 年大水后，水面有很大增加，泡内野生鱼类开始自然繁殖，同时又投放鱼苗，渔业得到发展。2006 年产鲜鱼 10 吨。

1.27.27.9　花敖泡
（Hua'aopao Lake）

霍林河尾闾的河迹洼地积水湖，位于吉林省乾安县城西约 12 千米的水字镇与道字乡交界处，为桶形泡子。

花敖泡多年平均气温 4.6 摄氏度，多年平均年降水量 404 毫米、年水面蒸发量 1 050 毫米；全年无霜期 145 天，年日照时数 4 410 小时；11 月上旬结冰，次年 4 月上旬融冰，冰厚 0.8～1 米。

花敖泡丰水期水面面积 13 平方千米，水深 1.4 米，蓄水量 1 699 万立方米。泡水为碱性，适合养鱼。1985 年之后，由于干旱少雨，花敖泡水面缩小，趋于干枯，附近植被减少，每到春季大风刮起，尘土飞扬，风沙蔽日。1998年大水期间，洪水涌入泡内，蓄水面积一度达到20平方千米。随洪水涌入泡内的野生鱼类开始自然繁殖，泡周围植被得到恢复。

1.27.27.10　小西米泡
（Xiaoximipao Lake）

霍林河尾闾河间洼地积水湖泊，位于吉林省大安市两家镇同安村小西米屯。水面面积常年约为14.4平方千米，最大水面面积约17平方千米，最大水深3米，常年水深1.5米。

小西米泡多年平均气温4.6摄氏度，多年平均年降水量413.4毫米、年水面蒸发量949毫米；干旱多风，年平均8级以上大风天气26.5天；10月下旬至次年3月下旬为结冰期，最大冰厚1.30米。

1974年7月，当地挖凿3条主干渠，将霍林河水分别引入小西米泡，并修围堤3千米，堤顶高程133.5米，建桥闸结合式进水闸1座，过水能力1.5立方米每秒，形成一座水面面积100公顷、容量980万立方米的水库，定名同安水库。同安水库是下游10多座小水库的"母库"。

小西米泡周围建电灌站6处，可灌溉农田167公顷、苇田80公顷，养鱼水面面积93公顷，具有养鱼、养苇、灌溉等综合效益。20世纪80年代年均可产苇300～500吨，产鱼110吨左右。

1.27.27.11　利民泡
（Liminpao Lake）

霍林河尾闾区河水受阻积水而成的河间洼地湖，位于吉林省大安市海坨乡前进村宋家围子屯西北。

利民泡水面面积最大13.30平方千米，常年面积10.6平方千米；最大水深1.50米，常年水深1米左右；最大蓄水量1 300万立方米，多年平均蓄水量900立方千米。水质呈碱性。

利民泡多年平均气温5.2摄氏度，多年平均年降水量400毫米、年水面蒸发量952毫米；10月下旬至次年3月下旬为结冰期，最大冰厚1.30米。

海坨乡农民利用利民泡灌溉农田150公顷，苇田和草原1 200公顷，并可养鱼。

1.27.27.12　新庙泡
（Xinmiaopao Lake）

位于吉林省松原市前郭尔罗斯蒙古族自治县北部，在**查干湖**的南岸，与查干湖有川头节制闸相通。

20世纪40年代初，日伪当局为了开发水田，挖了一条引水渠通到今新庙泡一带的高家村，提引**松花江**水灌溉水田，水田排水和地表径流在这里汇聚成了新庙泡。新庙泡具有泄洪、蓄水、养鱼和旅游等功能。新庙泡北岸紧靠前郭尔罗斯蒙古族自治县新庙镇的庙东、妙音寺2个村，东南岸是白家店和骆驼岗子2个村，南侧和西侧分别是蒙古屯乡的二家、蒙古艾里和西索恩图3个村，因泡子大部分在新庙镇境内，故称新庙泡。

新庙泡面积30.72平方千米，正常水位时水面高程为130.5米，正常蓄水量是6 200万立方米。pH值为7.8，属富营养型水质。多年平均气温4.5摄氏度，最高气温和最低气温在±36摄氏度左右。多年平均降水一般为400～500毫米，多年平均年水面蒸发量1 063毫米。结冰期为11月上旬至次年4月中旬，冰厚为0.7～1.1米。每年灌区约2亿立方米水经新庙泡泄入查干湖。1998年发生特大洪水时，查干湖通过川头节制闸将洪水倒灌入新庙泡，使新庙泡最高水位达到132.33米。

泡内生物种群丰富，沿岸浅水带生长着香蒲、芦苇、水葱、眼子菜、菱角、紫背浮萍、蓝草、莲花等水生植物。栖息的鸟类有鸬鹚、白鹳、白天鹅、野鸭、丹顶鹤等数十种。

泡内生长的鱼类有草鱼、鲤鱼、鲢鳙鱼、鲂鱼、鳜鱼、青鱼、鲶鱼、黄颡、乌鳢、麦穗、船丁、鳑鲏、棒花、泥鳅等二十几种，底栖生物有尖顶蚌、无齿蚌、褶纹冠蚌、田螺、椎实螺、河蚬等十几种。

1977年8月，为了提高新庙泡的蓄水能力，在新庙泡北侧修建一条长2千米的主坝，在庙东屯东修建一条长4.5千米的副坝。从此，新庙泡再无内水四溢之忧。1984年，查干湖引松工程竣工通水后，新庙泡的鱼类繁殖出现了新的生机，各种生物逐年繁茂。1995年开始发展旅游业以来，这里逐渐成为人们观赏自然景色的良好去处，尤以穿越摸不着东南西北的大面积蒲草塘、观赏竞相开放的荷花和漫天蔽日的野鸭最使人们心驰神往。新庙泡北岸是查干湖旅游区的核心区，妙音寺、鸿鹄楼、王爷府、蒙古大营等建筑群错落有致。

1.27.27.13　查干湖
（Chagan Lake）

霍林河出流被泥沙封淤成无尾河后，河水在查干洼地积水并不断扩大形成的河成湖，蒙古语为"查干淖尔"，意为"圣洁而纯白的湖"，是中国七大淡水湖之一。原称查干泡、旱河，1983年吉林省地名普查时，正式更名为查干湖。历史上，在宋、辽时期称大水泊、大渔泊，

查干湖

明代称拜布尔察罕大泊。位于吉林省松原市前郭尔罗斯蒙古族自治县（以下简称前郭县）西北部，湖的东、南、北三面被前郭县蒙古屯、八郎、长山3个乡镇围拢，西南边缘与乾安县接壤，西北与大安市毗邻。水面面积228.5平方千米，蓄水量5.89亿立方米。

概　述

查干湖形似猪肚，湖面呈狭长状，自东南向西北延伸。湖面纵长37千米，宽17千米，湖岸线蜿蜒曲折，长达128千米，平均水深2.5米，最深达6米。查干湖东部与北部周边有很多漫岗，高低差5～20米。沿湖农田、草原、树林围绕，处于嫩江与霍林河交汇的水网地区。

湖区年平均气温4.5摄氏度，最高气温和最低气温在±36摄氏度左右。多年平均降水一般为400～500毫米，多年平均年水面蒸发量1 063毫米。11月上旬结冰，融冰在次年4月中旬，冰厚为0.7～1.1米。多年平均风速为3.4米每秒，年平均日照2 879.8小时，无霜期135～140天。

湖水位在130米时，与新甸泡、马营泡构成一体，且与**新庙泡**和**大库里泡**连通。新庙泡位于查干湖南岸，水面面积

30.72平方千米，水位130.5米，与查干湖有川头节制闸相通，并由节制闸控制湖、泡之间的水位。大库里泡在查干湖东北向，当水位129米时，水面面积14平方千米，与查干湖相距7千米，由查干湖泄水闸和溢流堰将两者连通。查干湖与新庙泡和大库里泡首尾相连，高程不一，总面积达420平方千米。

纪　　实

古代查干湖很大，北宋时期《武经总要》记载："大水泊周围三百里"，查干湖是帝王渔猎之地，辽、金、元历代帝王都到查干湖"巡幸"和"渔猎"，举行"头鱼宴"和"头鹅宴"。元代至清初，这一带江流泡沼星罗棋布，银鱼穿梭，水草肥美，雁鸭栖集；沿岸林木葱郁，田野芳草葳蕤，风景如画。清代这里曾一度成为封建王公的"放生泡"，严禁捕鱼。到了清代末期，捕鱼业又发展起来。据东北沦陷时期编印的《满支水产事情》载：1936年王府屯封建王爷的近亲包彦荣，从郭前旗取得许可证，于湖心夹芯岛建起兴业渔坊，当年冬，出拉网24趟，每趟拉网捕鱼12万千克。1948年出版的《东北经济小丛书·水产》载：当时（嫩江）的主要渔场为大赉城南25千米的查干淖尔，东西约12千米，南北约40千米，水深4尺，野泡网达24统之多。

1959年和1960年是查干湖历史上产鱼最多的年份，最多冬网48趟。1960年鱼产量达6 142吨，芦苇产量高达3万吨。20世纪50—60年代，区内来水丰富，当时查干湖水面南至新庙泡，北至通让铁路以北约10余千米，仅查干湖就有湿地面积656平方千米，湖内主要鱼类有红鳍鲌、鲤鱼、鲫鱼、鲶鱼等，沿湖浅水域生长着繁茂的芦苇、菖蒲、菱角、芡实等。芦蒲等水生植物，高达2.5米左右，人在草地行走十分困难。沟汊等一些地方长有塔头等植物。野生动物狼、狐、獐、狍等种类繁多；野生禽类山鸡、鸭、雁成群结队，产卵季节草地上各种鸟蛋多不可数。

1962年以后的10余年中，由于查干湖主要水源区人类活动加剧，霍林河上游修建了罕嘎利、兴隆、胜利、大段等水库，层层蓄水，使湿地面积明显缩减，查干湖湿地面积缩小到231平方千米，其中水域面积184平方千米，芦苇面积47平方千米，面积虽然缩小但还能出船捕鱼。但至20世纪70年代末期，查干湖湿地大面积退化，趋于干涸。水面仅存50平方千米，湖水变色，水体的pH值由原来的8.5逐渐上升到12.8，鱼类及湿地动物、植物近乎灭绝，整个湿地生态系统遭受灭顶之灾，素有"天然宝库"美称的查干湖变成了鱼苇绝迹、盐碱泛起的"害湖"。由于自然生态遭到破坏，雨量逐渐减少，大风天气逐年增多，大风卷起沙碱漫天飞扬，遮天蔽日。湖区周边群众生活日趋贫困，一些渔民仅靠熬碱度日。

1984年修通了一条长53.85千米、底宽50米的人工运河——引松渠，使**松花江**水源源不断地流入查干湖。引松渠不仅给查干湖注入了新的水源，也明显地改变了前郭县区域性的自然状况与生态环境，使这里的渔业生产、

查干湖冬捕

芦苇生产和旅游事业得到了空前发展。1998年霍林河发生历史最大洪水，洪水涌入查干湖，水量一度达到10亿立方米。紧急关头，松原市抢筑了60千米长的堤防，才保证了沿岸人民生命财产安全。到21世纪初，查干湖水域面积已由工程开通前的50多平方千米扩大到420平方千米，湿地面积达到了514.2平方千米，年产鱼稳定在3 500吨左右。被誉为"世界奇观"的查干湖冬捕规模（每日出6趟冰下大拉网，每网60人，共计360人作业）和单网产量（149吨）于2005年入选上海大世界吉尼斯纪录。查干湖已被列入中国重要湿地名录和湿地自然保护区名录，并被批准为国家级自然保护区。保护区总面积506.84平方千米，主要保护对象是半干旱地区水生生态系统、湿地生态系统和野生珍禽、濒危鸟类。

查干湖边的青山头，早在13 000年前的旧石器时代晚期就有古人类居住，一直到距今四五千年左右的新石器时代，人类仍然在这里繁衍生息。查干湖东北

查干湖国家级自然保护区

10余千米的辽金古城塔虎城，既是国家重点文物保护单位，又是吉林省内规模较大、保存比较完好的辽金古城之一。塔虎，蒙古语为"胖头"之意，因查干湖和古城周围江河盛产胖头鱼而得此名。相传1211年，成吉思汗率领9万蒙古铁骑，在大水泊（查干湖）边焚香祭拜天神。他认为山水是天神赐予蒙古民族的恩惠，是他和他的民族兴旺发达的守护神，于是向大水泊中洒马奶，并宰杀了九九八十一只绵羊供奉在岸边，以示祭祀。从此，查干湖就有了"圣湖"的说法。查干湖畔还有清孝庄文皇后的家族墓，至今犹存满蒙文碑一座，孝庄文皇后是辅佐清初三个皇帝开创全盛时期的重要人物。

查干湖美丽的自然风光、浓郁的草原风情和淳朴的蒙古族风俗，为全面进行旅游经济开发奠定了基础。21世纪以来，本着开发与保护并重的原则，编制并实施了查干湖旅游度假区和查干湖自然保护区总体规划，使查干湖生态环境明显改善，鸟类由原来的116种增加到239种，其中有国家一级保护动物丹顶鹤、白头鹤、中华秋河鸭、黑脸琵鹭等9种，有国家二级保护动物天鹅、灰鹤、雀鹰等35种，有狐、狼、貉等野生动物22种；有野生植物200多种，其中药用植物149种。2005年查干湖旅游度假区已形成了集旅游、餐饮、休闲、娱乐为一体的旅游景区。

1.27.27.14　大库里泡

(Dakulipao Lake)

霍林河口与嫩江交汇而形成的沼泽湖泊。因位于吉林省松原市前郭尔罗斯蒙古族自治县长山镇库里村而得名。水面面积为14平方千米，平均水深2.5米以上，最深处为4米，蓄水量3 500万立方米，水源来自嫩江江水倒灌。

库里泡北侧有嫩江堤防保护，南侧有库里山环绕，东侧修有500米长的混凝土溢流坝（大箔口），溢流坝顶高程为129米。当水位达到132米时，大库里泡与**查干湖**、霍林河连通。1998年大洪水时最高水位达到132.24米。

大库里泡水质偏碱性，生物营养丰富，地处嫩江与**第二**

松花江汇合处，所以鱼类区系组成复杂，有鱼类8科46种。主要经济鱼类有鲤、鲫、鲢、鳙、草、青、鲶、乌鳢、翘嘴红鲌、红鳍鲌、六须鲶、鳜、黄颡、唇䱻、鳊、鲂、吉狗、白鱼等。

大库里泡原是老什王渔业篊子的一部分，整个篊子总面积为61.60平方千米，已有110多年的经营历史。大库里泡最早由蒙古达尔罕王所有，新中国成立后随老什王渔业篊子水域一道划归大赉渔场经营。1966年大赉渔场解体，又划归前郭尔罗斯蒙古族自治县经营管理，更名为国营库里渔场。1968年开始放养四大家鱼，修建了围堤和箔口，转向了养殖生产，最高年产鱼量428吨。大库里泡自1978年以来至今被长山热电厂作为机体冷却循环水源。1999年，大库里泡被划入查干湖国家级自然保护区。

1.27.28 第二松花江
(Diersonghua River)

松花江的最大支流，发源于长白山天池，于吉林省松原市三岔河镇自右岸汇入松花江，河长958千米，流域面积73 400平方千米。第二松花江最早在北魏时称速末水，隋唐时称粟末水，辽太宗时改称混同江，以后辽、金、元、明、清各代史书均把松花江北段称作混同江。此前依据传统习惯，称第二松花江为松花江的南源，

第二松花江源头天池水

本次列条按照河流一源说，根据河长、流域面积、径流量等参数比照，将第二松花江作为松花江的支流。

概 述

流域范围 第二松花江地理位置位于东经124°30′~128°45′、北纬40°45′~45°30′之间，流域在行政区划上除了有540.8平方千米的面积属辽宁省外，其余全部在吉林省境内，分属吉林省的延边、通化、吉林、四平、长春、白城等六个市（州）。

地形地貌 第二松花江流域地势东南高西北低，形成一个长条形倾斜面。东南部是高山区和半山区，平均高程600~1 000米，最高峰为白云峰，海拔2 691米，一般山峰海拔均高于1 000米。流域植被良好，森林覆盖面积较大，水源涵养也好，是我国著名的长白山区。桦甸市以下是山区与平原区之间的过渡带，平均高程在300~400米。进入京哈铁路以下即为平原区，平均高程100~200米。流域经历多次地质构造变动后，到第三纪末期，强烈的地壳运动加大了流域内的褶皱与断裂，并发生基性岩浆喷发，形成今天普遍覆盖于两岸顶的玄武岩，形成分布极广的玄武岩台地地貌。

河流水系 第二松花江流域水系发育，支流众多。从源头**天池**以下至吉林市为上游段，长292千米。该河段由于受长白山地的控制，河谷切割较深，多呈V形。河流呈树枝状穿行于高山峡谷间，谷宽为500~1 000米，河道曲折，滩哨相间，坡陡流急，河道比降较陡，平均在3‰。两江口以上河道平均比降为4‰，红石砬子以下河道比降变缓，为0.6‰左右。吉林市至长滨线铁路桥为中游段，属丘陵地区。此河段河谷宽阔，河谷宽400~800米，河道比降为0.14‰~0.45‰，支流汇入较少，河床多为砂石组成，河弯、江汊、浅滩时有出现，河流多呈线状结构。长滨线铁路桥至三岔河镇为下游段，属平原地区，河道宽浅多沙滩，河流坡度减缓，河谷内多沙丘、湿地，江汊发育，主流迁徙不定，河宽一般为400~800米，大部分河段河道比降均小于0.14‰。该河段两岸多细沙，易冲淤。

流域内大于1 000平方千米的支流有21条，分别为**五道白河、古洞河、富尔河、头道松花江、松江河、辉发河、莲河、大沙河、一统河、三统河、金沙河、蛟河、温德河、鳌龙河、沐石河、饮马河、双阳河、岔路河、雾开河、伊通河**及**新凯河**。其中辉发河及饮马河的流域面积均大于10 000平方千米。

水文 第二松花江流域的径流补给主要为大气降雨，水汽多来自太平洋和流域西南方向的暖湿气旋。春季有少量的融冰融雪径流，上游山区由于河道切割较深，有少量地下水补给和泉水补给。

按1956—2000年资料系列计算，第二松花江流域多年平均地表水资源量为164.16亿立方米，地下水资源量为50.74亿立方米，水资源总量为181.55亿立方米。

气候 第二松花江流域位于中温带大陆性季风气候区，特点是春季干燥多风，夏季温热多雨，秋季晴冷温差大，冬季严寒而漫长。主要受太平洋季风及西伯利亚高压影响。长白山区冬季气候严寒，每年11月初气温降为0摄氏度以下，到次年3月底气温转正，冬季长达5个月之久，稳定封冻期在130天左右。据吉林气象站资料统计：本地区多年平均气温为4.4摄氏度，极端最高气温为36.6摄氏度，极端最低气温为－40.2摄氏度；多年平均年降水量为674.2毫米，降水量在年内分配极不均匀，6—9月占全年降水量的74%；多年平均最大风速18.6米每秒；多年平均冻土深度1.64米，最大冻土深度1.90米。

泥沙 第二松花江为少沙河流。其上游为山区，森林密布，植被良好，水土流失程度较轻。下游进入丘陵平原区，随着各支流的汇入，含沙量有所增加。据扶余水文站资料，多年平均含沙量为0.151千克每立方米，汛期多年平均含沙量为0.205千克每立方米，枯水期多年平均含沙量为0.03千克每立方米。

水质 根据2009年松花江流域水质监测资料评价结论，第二松花江评价河长2 325.8千米，优于Ⅲ类水河长占评价河长的53.8%，Ⅳ~Ⅴ类水河长占13.7%，劣Ⅴ类水河长占32.5%。第二松花江干流马家段和吉林段为Ⅱ类水质，其他河段均为Ⅲ类水质；二道白河长白山口段为Ⅰ类水质，二道白

第二松花江扶余县段

第二松花江吉林市段

乌拉草

河段为Ⅱ类水质，汉阳屯段为Ⅲ类水质；支流饮马河德惠段、拉他泡段和靠山屯段为劣Ⅴ类水质；支流伊通河伊通段、长春段和农安段为劣Ⅴ类水质。

水旱灾害　第二松花江流域洪涝灾害频繁。新中国成立前平均每3年发生一次较大的洪水灾害。最早的史料记载见于辽大安八年（1092年）的《金史·腊醅传》："是岁白山混同江大溢，水与岸齐。"混同江即今第二松花江。1909年发生流域性大洪水，由吉林市江段推算，洪峰流量为12 900立方米每秒。根据《东北地区水旱灾害》统计，自1856年以来计有1856、1888、1896、1909、1923、1951、1953、1957、1960、1986、1995年等年份发生大洪水或特大洪水。1953年洪水据当时记载，吉林省受灾严重的县（市）有永吉、磐石、伊通、双阳、东丰等，受灾面积为34.86公顷，冲毁房屋达8 475间，受灾人口达267万。1995年第二松花江流域的洪涝灾害主要集中在**丰满水库**上游辉发河及二道松花江、头道松花江流域，为保水库安全，丰满水库被迫加大放流，超过下游堤防防洪能力，使第二松花江丰满水库以下地区受灾，直接经济损失12 874万元。

据1746—1950年资料统计，205年间第二松花江流域出现一般以上旱灾32次，平均每6年出现一次，严重旱灾16次，平均每12年出现一次。1951—1990年的40年间，吉林省累计受灾2 188万公顷，成灾924万公顷，粮食减产214亿千克，直接经济损失124亿元。

自然资源　第二松花江流域地理条件优越，自然资源丰富。

长白山林区是我国现存较大的原始森林之一，素有世界"生物资源宝库"之称，生长着红松、樟子松、美人松、红皮云松、白桦、榆、椴等许多珍贵树种，也栖息着东北虎、梅花鹿、紫貂、林蛙、飞龙等特有动物，有人参、黑木耳、蘑菇、松子、山野菜等山珍。

第二松花江流域矿产资源也非常丰富，如松原地区的石油、桦甸的油母页岩、三道沟的铜矿、夹皮沟和老金厂的金矿、蛟河与舒兰的煤矿等蕴藏量都非常丰富。第二松花江流域有着得天独厚的旅游资源，闻名遐迩的长白山天池、晶莹剔透的吉林雾凇等都会令游人流连忘返。

第二松花江水力资源丰富，理论蕴藏量为1 398.2兆瓦，其中干流为802.9兆瓦。

梅花鹿

社会经济　第二松花江流域2000年总人口为1 437万，其中城镇人口为609.8万，占总人口的42.4%，人口密度为196人每平方千米。第二松花江流域是我国重要的农业基地和重要商品粮基地，有耕地面积242万公顷，有效灌溉面积为53万公顷，主要农作物是玉米、小麦、水稻、大豆等，有大小牲畜836.2万头（只）。第二松花江流域也是我国重要的老工业基地，2000年地区生产总值为1235.5亿元。

治理与开发　截至2000年末流域内已建成堤防总长约685.26千米，通过河道整治和疏浚，基本理顺和控制了主河槽，保证了行洪通畅和河势稳定。长春和吉林等沿江的几个主要城市不但提高了防洪标准，也美化了城市环境。

截至2000年末，流域内共建成蓄水工程7 245座，其中，大型水库12座，有**太平池水库**、**石头口门水库**、**新立城水库**、**星星哨水库**、丰满水库、**白山水库**、**红石水库**、**海龙水库**、**两江水库**、**小山水库**、**松山水库**、双沟水库等；中型水库38座，小型水库1 102座，塘坝6 093处；建成引水工程441处，其中大型1处；建成提水工程3 500处，其中大型1处；建成调水工程3处和利用地下水的生产井1.94万眼。上述工程的总供水能力达83.53亿立方米。

纪　　实

上游段　第二松花江从源头天池以下至吉林市为上游段。天池从北面豁口流出后，称乘槎河（又称通天河），穿行在天豁峰与龙间峰之间，全长1 250米。乘槎河在2 190米的高程上从悬崖陡壁飞流直下，成为高达68米的长白瀑布，瀑布下衔接二道白河。二道白河长104.9千米，流域面积2 933平方千米，河谷狭窄，多高山悬崖陡壁，河道比降为22.2‰。由于坡度大，河流的侵蚀以下切为主，河床质多卵石及砾石，河宽仅10~20米，河道水量主要靠降雨及雪水补给。二道白河下行至安图县两江镇南建有两江水库，五道白河及其支流三道白河、四道白河均汇入两江水库。古洞河从右岸汇入后称二道松花江，之后于左岸接纳**头道白河**。

安图县位于吉林省东南部，素有长白山第一县之称。清宣统元年（1909年）析长白府之东境部门地置县，设治于娘娘库（今松江），以安定边陲，保护图们江界，故定县名"安图"。安图县现辖9个乡镇，有朝鲜、汉、满、回等8个民族，总面积7 444.19平方千米，总人口22万。

二道松花江流经吉林省安图、抚松、桦甸等县境内，该段河长292千米。在山区之内，山高谷深，地形多起伏，峰顶重叠连绵，河流切割强烈，河床多呈V形，河宽约为20米，谷宽500~1 000米，河道平均比降为3‰。本河段河床多石滩险哨，特别在古洞河

长白山瀑布

下游河道中多有巨大石块，尤以汉阳沟、大平川河段中更甚，大小滩哨林立，共达50余处，其中著名的险滩有13处，如蟒牛恶河、长脖子河、破车恶河等。二道松花江在两江口处建有一座以发电为主的两江水电站，装机容量70兆瓦，年发电量1.92亿千瓦时。

二道白河

流域内森林密布，以松树为主，杂有桦、榆、杨、柞等树。地表覆盖较厚，表土多长小草及藓苔植物，故水土流失甚微。

头道松花江在抚松县兴参镇从左岸汇入后始称第二松花江，自东南向西北流，约15千米，既进入白山水库。白山水库是一座以发电为主，兼有防洪等综合效益的大型水库。白山水库坝址以上河道险恶，曾名老恶河，并建有龙王庙。

由两江口至白山镇，沿江两岸多系花岗岩构成的高山峡谷。本河段河谷为切割较深的V形河谷，谷宽400～700米不等，河床为砂卵砾石组成。

第二松花江自白山水库顺流而下，向西北行39千米到红石水库，河流两岸高山平谷，河谷逐渐开阔，两岸阶地发育，河床多为沙卵石组成，现已成为红石水库库区。红石水库是一座以发电为主，兼顾养鱼等综合效益的大型水库。

该河段先后有左岸支流**露水河**、细鳞河、三道河、二道河及头道砬子河、大黄泥河、头道松花江、万两河；右岸支流浪柴河、金银别河、头道溜河、**山麻河**、色洛河等汇入。

第二松花江过红石水库后进入丰满水库库区，丰满水库亦称松花湖，全长160千米，水面平均宽3千米，最宽处可达10千米，湖区狭长，湖汊众多，是一个河流型的人工湖泊。湖区周边山岭起伏，植被种类繁多，森林覆盖率59%，森林大部分是天然次生林。该河段先后有左岸支流辉发河、密什哈河、石槽河、漂河河、温德河，右岸支流木箕河、**漂河**、青背河、刘家堡河、蛟河、石虎河汇入。

丰满水库下游为吉林市。吉林市原名吉林乌拉，是满语名称，后省去"乌拉"两字，称吉林。明、清时期曾在吉林造船，故又称船厂。1676年清政府将驻宁古塔将军衙门移驻吉林。清光绪三十三年（1907年）改吉林将军衙门为吉林省公署，直至清末。中华民国以来吉林市是吉林省省会。1948年3月9日吉林市解放，同时在此成立了省、市人民政府，1954年10月，吉林省人民政府迁往长春。如今的吉林市是吉林省的第二大城市，也是一座以石

吉林市第二松花江夜景

雾凇

化工业为龙头的工业城市。吉林市依山傍水，山清水秀，景色宜人，素有"北国江城"之称。每到冬季严寒时期，市区沿江两岸就会形成驰名中外的自然奇观——雾凇。雄伟的龙潭山和久负盛名的北山古庙群更增添了绮丽迷人的景色。

第二松花江从丰满水库到吉林市间，右岸山势较低，高程在300～88米，左岸山地较高，在300～500米间，两岸山地多已封山育林栽种了林木。河流围绕吉林市，由于河道外形受地质构造和岩性的控制弯曲成S形。

流域内盛产人参等中药材和黄金，有亚洲最大的人参种植园——抚松参园。野生黑熊也经常在这里出现。

人参

中游段　第二松花江自吉林市至长滨铁路松花江桥段为中游段。本段处于长白山区到松嫩平原的过渡地带，地势自东南向西北倾斜，多为丘陵地形，吉林市九站以下沿江两岸地势突然开阔，河谷展宽达8～15千米。河流右岸纳入**牤牛河**，左岸有支流通气河、土城子河、鳌龙河汇入。其下游为丘陵、平原，右岸距丘陵较远，形成东西宽约20千米的平原，土地肥沃，为吉林市主要农业区。此段河道水面宽400多米，河道比降突然变缓，由0.45‰变为0.14‰，河道出现大弯曲，多江岔、浅滩，形成江中小岛，这些小岛周围生长柳毛，中间已辟为耕地，较大的江心岛有弓道、大古通、曾通等。小岛面积一般为3～4平方千米，土质异常肥沃，每个小岛上都有较大的村落分布。第二松花江下行东转北流，接纳右岸支流**团山子河**后转向西北，先后接纳右岸支流嘎呀河、小江、卡路河、临江河及左岸支流张庄子河、三岔河、长太河，左岸附近分布丘陵山地，为土门岭的支脉，岭岗间有小块平原。此段河床仍为砂卵石组成，砂卵石的粒径逐渐变小，粗沙细沙逐渐增多，河宽一般在400～800米。江岸一带地势较高，靠近岭岗一带地势反较低洼，并有沼泽、草甸子出现。

河流沿江一带地势高处，有风积沙，主流河道弯曲，支岔发育，河床多系粗、细沙组成。自五棵树以下，第二松花江主流方向由南北向转为东南、西北向，在九台市沐石河镇有左岸支流沐石河汇入，两岸均有堤防，右岸堤防到大屯附近与高台地相接，左岸堤防自半拉山到宝泉山岗下，两岸台地一度收缩。长滨线双轨铁路桥于德惠市横跨第二松花江。

下游段　第二松花江自长滨铁路桥至三岔河镇松花江入口为下游段。自长滨线铁路桥到扶余县间，河谷没有中游宽阔，两岸台地宽约5～10千米，成为狭长形河谷，河道比降比中游稍大，台地靠江岸多陡坎。河床质为细沙组成，大小支岔较发育。距铁路桥下游15千米于红石砬子崖下有左岸较大支流饮马河，及右岸支流大山家子河、榆树沟汇入。此段河谷多沙丘及草甸子，由于主流摇摆不定，时而靠近左岸，时而在右岸坎下流过。河流自扶余县转向东北，左右岸台地高出河岸50～80米，台地上则为广阔的平原，边缘多为陡坎，并多深沟，河床全部为细沙组成，河谷平原内多沙丘湿草甸子，河流大小支岔发育，河宽不一，一般为700～1 000米不等。

其下游右岸扶余县是一个历史悠久的古城。早在西汉初期，这里便建立了我国东北地区第一个地方民族政权部落东家——夫余国，开创了北疆历史文化的先河。中华民国成立后，1913年3月改为新城县，隶属吉林省西北路道。1914年

2月，因与河北、山东等省新城县重名，奉令改称扶余县。后几经变迁，1995年7月20日经国务院批准恢复称扶余县，辖18个乡镇，农业发达，是全国闻名遐迩的粮仓。扶余县交通发达，不仅铁路、公路四通八达，水陆交通也十分方便。扶余县资源丰富，主要有石油、天然气、油母页岩、石英沙以及泥炭、黏土、河流石等。

下游段 此河段两岸多为广阔平原，是粮食主产区，并有丰富的石油天然气资源，区内有多处辽、金时代的文物古迹，保存完好的有辽代"塔虎城"行宫遗址和全国重点文物保护单位得胜陀颂碑。

第二松花江北流至松原市三岔河镇自右岸汇入松花江，结束全部流程。

1.27.28.1 长白山天池
(Changbaishan Tianchi Lake)

为火山口湖，又称龙潭、温凉泊、图们泊、闼门泡，是中国和朝鲜民主主义人民共和国（下称朝鲜）的界湖，也是**第二松花江**、**鸭绿江**和**图们江**的发源地。湖的北部位于吉林省安图县境内，西部位于吉林省抚松县境内，地理位置东经128°05′、北纬42°00′。

长白山远在周秦以前叫不咸山，汉朝时称单单大岭，魏朝时称盖马大山，这个名字沿用了两千多年，唐朝时期改称为太白山，辽金时期始称长白山。

距今大约2 500万年时，长白山在喜马拉雅山造山运动影响下，地壳发生一系列断裂和抬升，转变为以现在的主体为中心的爆发式火山，喷出的溶液和碎屑物堆积在火山口四周的岩熔高原和台地上，构成一座高大的火山锥体。据史料记载，长白山在16世纪末至18世纪初曾发生3次火山喷发，最近的一次喷发是1702年4月，距今已经有300多年了。火山喷发后火山口处形成盆状，由于大气降水和泉水的积聚形成了天池。在天池周围有巍峨的火山锥体形成的21座山峰，其中有16座是清代光绪三十四年（1908年）奉吉勘界副委员、奉天选用知县刘建封踏查长白山天池时命名，自天池出口东侧起依次为天豁、铁壁、华盖、紫霞、孤隼、三奇、白头、冠冕、卧虎、梯云、玉柱、白云、芝盘、锦屏、观日、龙门等峰。后来在华盖峰以北命名了荷笔峰、不老峰和砥柱峰，1983年全国地名普查时，又命名了天文峰和织女峰，使天池周围山峰增至21座。其中冠冕峰、卧虎峰、梯云峰为中朝两国界峰。白头峰（朝鲜称将军峰）、孤隼峰和三奇峰在朝鲜境内。中国境内最高峰为白云峰，海拔2 691米，为东北最高峰。

长白山天池高踞于长白山主峰火山锥

长白山主峰

体之巅，呈椭圆形，南北长4.85千米，东西宽3.35千米，湖面高程2 189米，面积9.82平方千米，平均水深204米，湖水最深处373米，周长13千米，是我国最高、最深的火山口湖泊，总蓄水量约20.40亿立方米。

天池区具有高寒山区气候特征，冬季长达10个月，无霜期60天左右，年平均温度－7.3摄氏度，7—8月最高平均温

壮美的长白山天池

度只有8.5摄氏度，冬季极端温度达－44摄氏度。天池区多年平均年降水量1 376.8毫米（1956—2000年），最大年降水量2 096毫米（2000年），最小年降水量881.8毫米（1969年）。年内降水量最大的月份是7月，多年平均7月降水量346.2毫米，最小月份是1月，多年平均1月降水量12.7毫米。天池中心冬季最大雪深1.04米，最大冰厚1.28米。

天池集水面积21.4平方千米，除大气降水外，地下水是天池的主要补给水源。长白山海拔2 000米以下泉眼很多，据天池卫星照片研究成果，天池底部有无数泉眼涌流，成为天池不尽的源泉，终年流水不断而池水不减。

天池湖水幽深清澈，像一块瑰丽的碧玉镶嵌在群山环抱之中，使人如临仙境。由于长白山气候瞬息万变，使得天池若隐若现，映绘出天池"邹岐经处远，云雾望中深"的绝妙景象。

天池中，自清代至今就有"天池怪兽"出没之说，至今未能确认怪兽为何物，给天池增添了神秘色彩。天池水是可以直接饮用的天然矿物质水，水中有鱼类生存。天池北侧有一U形缺口，古称"闼门"，天池水由此倾泻而下，由于山高坡陡，水流湍急，一眼望去像一架斜立的天梯，人们称之为通天河，也叫乘槎河，流到1 250米处，飞流直泻，形成高达68米的长白瀑布。长白瀑布成为第二松花江干流上段二道白河的源头，是东北最大的瀑布。瀑布口有一巨石名曰"牛郎渡"，将瀑布分为两股。两条玉龙似的水柱勇猛扑向突起的石滩，冲向深深的谷底，溅起几丈高的飞浪，犹如天女散花，水汽弥漫如雾，可谓"银河落下千堆雪，瀑布飞流万缕烟"，几十里外可闻咆哮声，势如万马奔腾，景象十分壮观。在长白瀑布以下900米左右的二道白河两岸分布着长白温泉群，分布面积达1 000平方米，共有13眼向外喷涌，也叫聚龙泉，水温最高可达82摄氏度，可直接用来煮食物。

沿北坡登山去天池，在不老峰东侧尾端和观景台中间的峭壁之上有一凹形缺口，就是著名的"黑风口"。这里常年多大风，当遇5级风时，行人只能匍匐着爬到"黑风口"。但在"黑风口"却可以饱览长白瀑布全貌，大有"无限风光在险峰"的意境。天池多云雾，往往难见其真面目。

长白山是典型的火山地貌，由于造山运动或火山活动，造成大面积地层下塌，形成巨大的山谷，使整片整片的森林沉入谷底，形成了地下森林（亦称谷底森林）。位于二道白河边的长白山地下森林谷壁高50～60米，谷底长2 500～3 000米，激流在谷底呼号咆哮，倒木横在乱石丛中，呈现一幅原始森林深处的图画。

在长白山天池西坡由火山堆积经1 000多年的断裂构造作用和流水侵蚀切割而形成了长14千米，平均深80多米，宽

100多米，呈V形的锦江大峡谷。峡谷两岸生长着茂密的大森林，树木笔直粗壮，由于谷上低温潮湿，使得树上挂满了苍老的白丝、苔藓、蘑菇；由于其地貌形成主要是嶂谷和隘谷，所以峡谷两侧特别是底河两岸的谷坡显得异常陡峭。加之多年的寒冻风化，峡谷中的冰缘岩柱已在岁月的风雨剥蚀中，形成了多姿多彩雄浑壮丽的自然景观，被誉为"火山天然熔岩盆景园"。

长白山地下森林

长白山天池由于山体形成历史悠久，生态系统比较完整，自然环境复杂多样，丰富多彩的植物种类有机地组合在一起，形成了有规律的带状分布。从长白山山麓到山顶，可以看到从温带到寒带的不同植物类型，形成四大垂直景观带。

长白山天池高程500～1 100米为针阔叶混交林带。该地带气候温和湿润，地势平坦，土壤肥沃，是长白山区植物生长最繁茂地带。植被类型为红松阔叶混交式，林木层次明显，生物群落复杂，灌木种类丰富，林下草本植物繁多，许多植物药用价值极高。树木以红松、落叶松及阔叶树种为主，在二道白河两岸的个别地段还生长着长白山的代表植物美人松，这是欧洲赤松在长白山区的变种，只有在含有各种营养物质的火山灰中才能生长得婀娜多姿，亭亭玉立。茂密的森林和丰富的植物为野生动物的栖息和繁衍提供了优越的条件，长白山中300多种动物栖息在这里，如东北虎、梅花鹿、野猪、黑熊、鸳鸯、雉鸡、蝮蛇、草蜥、中国林蛙等。

长白山天池高程1 100～1 800米为针叶林景观带。这里气温显著下降，空气湿度大，土层较薄，林木以耐寒的针叶树为主，树高林密，四季常青。针叶树的尖塔形树冠构成了针叶林固有的外貌景观。植物主要以云杉、冷杉为主。这里的野生动物不如针阔叶混交林带中的动物多，常见的有紫貂、松鼠、棕熊、啄木鸟、蝮蛇和林蛙等。

高程1 800～2 000米为岳桦林景观带，是森林分布上限。这里山势陡峻，气温低，降水量大，风力强。土层薄，植物群落简单，主要以岳桦为主，夹杂零星的长白落叶松和冷云杉等。此处恶劣的气候条

美人松

件使岳桦失去了一般桦树那种清秀挺拔的风姿，树干变得扭曲弯折。此地带生长着长白山特有的草本药用植物——苁蓉，俗称"不老草"。因该地带植物生长稀疏，不利于动物生存，因而只有花鼠、高山鼠兔、山雀和林蛙等。

长白山天池高程2 100米以上为高山苔原景观带。这里是高程最高、最寒冷的地带，夏季短促，全年无霜期不足60天，风力强度一般都在7级以上，土壤非常贫瘠。这种生态环境与极地极为相似，因而出现了欧亚大陆东部独有的高山苔原景

观带。这里植物群落简单，层次单调，形成了广阔的地毯式的苔原植被。这些植物大多是第四纪冰川南移传播到这里并遗留下来的极地植物，为了适应严峻的自然环境，这些植物无论是灌木还是草本都生

接近山顶的植物

长得十分低矮，根茎却很发达。由于地处高山海拔，紫外线强烈，因此这里的花朵大且色彩艳丽。每年7—8月花期来临时，各种花朵争芳斗艳，姹紫嫣红，构成一座天然的大花园。此带动物种类贫乏，兽类仅有高山鼠兔一种，没有两栖类动物和爬行动物。

长白山是世界上唯一没有被破坏的中国及欧亚大陆北半部最具代表性的自然综合体，是原始生态保护最完整的保护区。这里野生资源十分丰富，被誉为"绿色宝库""温带森林的瑰宝"。闻名世界的"东北三宝"人参、鹿茸、貂皮就盛产于此地。长白山共有野生动物1 500余种，植物2 277种，矿藏80余种，有红杉、云杉、冷杉等经济树种80多种，人参、灵芝、天麻等珍贵药用植物300多种，有"百药之乡"之誉。为了更好地保护和开发长白山，1960年建立长白山自然保护区，主要保护森林及野生动物；1980年长白山被联合国教科文组织归入"人与生物圈"保护网，成为世界生物圈保留地之一；1986年被国务院批准为国家级自然保护区；2002年被中国国土经济学研究会评为"中华十大名山"；2006年被国家旅游局评为国家首批AAAAA级旅游景区。

长白山天池以她的雄伟、壮丽、神奇、神秘吸引了众多国内外专家、学者和游客到此探险、科考、游览。

1.27.28.2 五道白河
（Wudaobai River）

第二松花江上源二道白河右岸支流，古称娘娘库河，因流经肃慎娘娘库古址而得名。

五道白河发源于长白山主峰东北侧朝鲜民主主义人民共和国境内，出源后北流，至吉林省安图县松江镇三道村转向西北，至松江镇向东注入二道白河上的**两江水库**。

五道白河河长和水量都大于二道白河，但由于二道白河发源于天池，按传统习惯仍以二道白河为第二松花江干流，而五道白河则为支流。五道白河河源与河口相对高差832米，河长125.5千米，河道平均比降4.2‰，流域面积2 596平方千米，其中中国境内2 523平方千米，朝鲜境内73平方千米。有流域面积100平方千米以上的支流6条，分别为：星火沟、荒沟、四道白河、三道白河、珠津河和小沙河。

五道白河在松江镇三道村花砬子屯以上穿行于深山密林之中，河谷狭窄，坡降大，水流湍急，多石滩；花砬子屯以下地形逐渐开阔，两岸始有耕地，河床多为卵石、砾石；至三道白河汇入以后，河流又进入峡谷。河道宽度在松江镇三道村以下为100米左右，多年平均径流量8.37亿立方米，最大洪峰流量556.2立方米每秒。水质为Ⅲ类。

1.27.28.3 两江水库
（Liangjiang Reservoir）

位于吉林省安图县两江镇**第二松花江**上段二道松花江上游，是二道松花江规划梯级开发的第一级水利工程，是以发电为主，兼顾灌溉、防洪、养鱼和旅游等综合利用的大型水利

枢纽工程。工程于1992年5月正式开工，1999年第一台机组投产，2001年3台机组全部投产发电。

两江电站

水库库区地处长白山脉北坡，高山峡谷，重峦叠嶂，草深林密，地质构造相对稳定。地势由东南向西北递减，沟谷发育，河谷多呈V形，下切较深。坝区处于峡谷地段，左岸悬崖峭壁，右岸有一段缓坡滩地，宽约百米。坝址附近约有500米顺直河段，水流平缓。坝址以上流域面积2 970平方千米，水库水面面积12平方千米。

库区和坝区属温带大陆性季风气候，多年平均气温2.2摄氏度，极端最低气温－42.6摄氏度，极端最高气温34.4摄氏度。水库封冻期自11月下旬至次年4月中旬左右。水资源丰沛，多年平均年降水量671毫米，其中6—9月占全年70%，多年平均年径流量12.08亿立方米。

水库按100年一遇洪水设计，2 000年一遇洪水校核，总库容2.11亿立方米，其中兴利库容1.28亿立方米，防洪库容0.27亿立方米。最高水位545.79米（2000年9月17日），最低水位537.35米（2000年7月14日）。

水库枢纽工程由大坝、溢洪道、泄洪洞、发电厂房、引水隧洞组成。大坝为混凝土面板堆石坝，坝高56.60米，坝长273米；溢洪道为岸边开敞式，位于左岸，最大泄流量1 197立方米每秒；泄洪洞为深水压力式，位于右岸，最大泄流量1 450立方米每秒；发电厂房为引水式，内装单机容量20兆瓦的水轮发电机组3台，总装机容量60兆瓦，设计年发电量1.93亿千瓦时；引水隧洞位于山体内，全长1 388.24米，最大引水流量115.2立方米每秒。

工程建成后缓解了该地区用电紧张状况，对发展少数民族地区经济具有重要意义。

1.27.28.4　古洞河

(Gudong River)

第二松花江上段二道松花江右岸支流，满语意为"浪花翻滚"的河。发源于和龙市西城镇境内甑峰岭山脉老岭峰东谷，至安图县两江镇西江村注入二道松花江。古洞河跨吉林省和龙、安图两个市县，流域面积4 303平方千米，河长156.6千米，河道天然落差1 037米，河道平均比降2.2‰。

古洞河流域多年平均气温4.9摄氏度，多年平均年降水量733.7毫米，多年平均年水面蒸发量602.1毫米，多年平均年径流量14.7亿立方米。水力资源理论蕴藏量29.2兆瓦，技术可开发量15.5兆瓦，水力资源经济可开发量15.5兆瓦，水质为Ⅲ类。结冰期为10月下旬至次年4月中旬。

古洞河有大小支流近20条。其中有流域面积100平方千米以上的支流8条。出源后自西北流向东南方向，至和龙市卧龙乡附近，有右岸支流银浪河汇入，后转向西北，于安图县新合乡附近先后于左岸纳入流域面积为229平方千米的和安河、流域面积122平方千米的拉拉岗沟，于右岸纳流域面积为174平方千米的大荒沟和流域面积为350平方千米的寒葱河。后转向西北，于安图县万宝镇附近先后纳入右岸支流卜柴沟、西北岔河和**富尔河**。富尔河为流域内最大支流，流域面积为1 501平方千米。最后于安图县两江镇注入二道松花江。

古洞河在安图县新合乡大坝村以上，两岸河槽为石质，河床狭窄，平均宽10米，河床底部为大块卵石，河道稳定。古洞河流域大部分是崇山峻岭的林区，人烟稀少，水流清澈湍急，适于鱼类生长。大坝村以下河谷逐渐开阔，耕地渐多，至新合乡青沟子村河两岸有大片草甸子。安图县万宝镇一带河流两岸为河谷平原，多水田，河槽狭窄，流速缓慢，万宝镇以下河流进入峡谷，水流湍急。

古洞河流域除安图县新合乡到万宝镇一段外，其余皆为山区，森林茂密，延边朝鲜族自治州八家子林业局所属的古洞河林场、庙岭林场、升平林场分布在流域内。发源于和龙市西部海拔1 280米的银浪河，自南向北流至古洞河林场西3千米处汇入古洞河。古洞河引水工程渠首建于此，该工程是把古洞河水引入海兰河的跨流域调水工程。古洞河水通过渠道和隧洞流入海兰河支流蜂蜜河，以补充海兰河中下游灌溉用水。古洞河引水工程建成后，大大缓解了海兰河中下游灌溉用水的紧张局面。1973年与1976年春旱，海兰河基本断流，由于古洞河水引入海兰河，保证了海兰河中下游的水田灌溉。

古洞河流域有2处较大灌区，万宝灌区（原名大甸子灌区）位于安图县万宝镇古洞河两岸，东西长13千米，南北宽1～2.5千米，为古洞河自流引水灌区。自20世纪30年代开发到新中国成立后，经配套续建和全面改造，灌溉面积由50公顷扩大到700多公顷。另一灌区是万宝镇下游的永庆灌区，南北长15千米，平均宽1千米，灌溉水田200多公顷。

古洞河流域的和龙市西城镇和安村原名车厂子，1935年1月，东北人民革命军第二军在此建立了抗日游击根据地。其军部也设在这里，1981年被列为吉林省文物保护单位。

1.27.28.4.1　富尔河

(Fuer River)

古洞河右岸支流，"富尔"为满语"杨树"之意，因过去河两岸生长着茂密的杨树而得名。富尔河发源于长白山北麓吉林省敦化市大蒲柴河镇富尔岭鸡爪顶子山东北，自西北向东南流经富尔岭（南）和牡丹岭（北）两山脉之间，穿过大蒲柴河镇，在安图县两江镇四岔子屯北入古洞河。流域面积1 501平方千米，河长123千米，天然落差764米，河道平均比降1.9‰。有流域面积大于100平方千米的支流3条。

概　　述

流域地处**第二松花江**上游，地势西北高，东南低，四周被山川、峻岭、林海环抱。河流发源地鸡爪顶子高1 182米，最高海拔1 414米，最低海拔420米，一般山高500～700米。域内有森林面积1 364平方千米，占总面积的93%；草原、沼泽面积70平方千米，占总面积的4.8%；耕地面积1 026公顷，占总面积的0.7%，其余为河流面积。域内地表覆盖层较厚，多黑色腐殖质土壤，排水性能良好，土壤肥沃，植被茂盛。

富尔河流域冬季气候寒冷，昼夜温差大，日照较足，一年四季分明。多年平均气温2.5摄氏度，7月最高为19.8摄氏度，1月最低为－17.4摄氏度；极端最高气温34.5摄氏度，极端最低气温－38.3摄氏度；多年平均年水面蒸发量913.8毫米，以7月为最大，1月最小；多年平均风速3.1米每秒，风向多西风；年平均日照时数2 341.9小时，无霜期110～115天；每年11月稳定封河，次年4月上旬开河，稳定封河期140天左右。

流域内降水充沛，多年平均年降水量762.5毫米，年内降水分配不均，多集中在6—9月，占全年降水量的71%，多年平均年径流量7.33亿立方米。河流水质良好，清澈见底，适于饮用。Ⅱ类水质占评价河段的44.6%，Ⅲ类水质占55.4%。

富尔河水力资源理论蕴藏量41.7兆瓦，技术可开发量13兆瓦。

纪　　实

富尔河出源后，沿富尔岭与牡丹岭之间自西北流向东南，在大蒲柴河镇小黄泥河村西北有浪彩河自右岸汇入，河流穿行于崇山峻岭之间，水流湍急，以上为上游区。富尔河流至大蒲柴河镇附近，有大蒲柴河自左岸汇入，此段为中游区，河谷变宽，两岸有农田分布。大蒲柴河镇至河口为下游区。在大蒲柴河镇以东10千米处，建有珍珠门水电站。该电站为坝后式，浆砌石重力坝，坝长145.5米，最大坝高17.20米，总库容620万立方米，4台单机容量0.8兆瓦的发电机组，总装机容量3.2兆瓦，年平均发电量1 340万千瓦时，是富尔河上唯一一座水电站工程。该电站是大蒲柴河公社于1978—1985年所建，电站名称因地名所取，距大坝100米处有一天然裂开的高15米、宽3.8米的大石壁，形如蚌壳状，故曰珍珠门。水电建设结束了大蒲柴河镇一带居民"点灯靠煤油，锄草总低头，磨米推碾转，脱谷用老牛"的历史，并使木材加工企业、农副土特产品加工业如雨后春笋般发展起来，使过去烂在山里的土特产品成为致富奔小康的"聚宝盆"，以生态游为特色的旅游业也得到快速发展，被誉为"长白山下一颗耀眼的明珠"。

富尔河流域早在2 000多年前就有人类生活，从出土的佛像、铜印等文物可以看出，辽金时代这里曾是繁华之地。沿河两岸出土的石斧、石刀、石凿、石短剑、石箭头、石制网坠等文物证明这里曾是肃慎族的祖居之地，至今仍存有尖山子古部落遗址、石人沟干饭盆遗址、马圈子古城遗址等古迹。

富尔河流域是动植物资源的天然宝库。森林资源极其丰富，以天然林为主，主要树种有红松、白松、柞树、杨树、椴树、桦树、水曲柳、花曲柳、暴马、丁香等，近年来在富尔岭上又发现大片濒危树种赤柏松（又名东北红豆杉，学名紫杉），9月是赤柏松最美的日子，种子到了成熟期，绿枝上的粒粒红豆，令人感到有如身入"红豆生南国"的诗境。赤柏松全身是宝，木材结构纹理细直，质地坚硬耐腐朽，是优良的装修和制造车船、家具等用材。种子含油率高达67%，可供工业榨油，枝叶可入药。赤柏松生长缓慢，寿命长，直径30多厘米的植株也要生长百年。富尔河流域是赤柏松生长的主要区域，大者须两人合抱。流域内还生长着另一名贵树种——黄檗，是东北林区三大珍贵阔叶树种之一，是制造家具、滑雪板、车、船和军械的优良用材。树的表皮具有发达的木栓层，是制作软木塞的绝好材料，内皮鲜黄可做染料，也是名贵中药——黄柏，现今已从其根、皮、果中提取小檗碱、黄柏碱、木兰花碱、蝙蝠葛碱、棕榈碱等，还含有黄柏酮、柠檬苦酸等有机化合物质。山林里盛产红松籽、核桃、圆枣子、野山参、五味子、贝母、薇菜、蕨菜、大叶芹、刺嫩芽、元蘑、木耳等，还有大片人工培育的园参、木耳和各种中药材。广袤的森林和丰富的水草资源，为野生动植物提供了繁衍生息的理想场所。野猪、狍子、黑熊、马鹿、野鸡、野兔、林蛙等遍布区域内，存量较大，几乎每年都要发生野猪、黑熊等野生动物进村伤人与祸害庄稼事件。富尔水系生活着细鳞鱼、鲤鱼、鲫鱼等40多种鱼类。蝲蛄，学名长白小龙虾，也是当地特产之一。

1.27.28.5　头道白河
(Toudaobai River)

第二松花江 上段二道松花江左岸支流，发源于吉林省延边朝鲜族自治州安图县西南部长白山自然保护区白山屯西。

头道白河源流由三岔河、西岔河、大羊岔河组成，以三岔河为正源。河流出源后北流，穿过长白山自然保护区，流经安图县二道白河镇的宝马、头道白河、白河村等村，至两江镇白河村小营子东北汇入二道松花江。河长80.50千米，流域面积523平方千米，河流天然落差637米，河道平均比降7.1‰，流域多年平均年降水量852.5毫米，多年平均年径流量2.6亿立方米。水能资源理论蕴藏量20.2兆瓦。水质为Ⅲ类。

河流出源后流向为自南向北流，于安图县保护区附近有左岸支流西岔河汇入，西岔河为流域内唯一一条流域面积大于100平方千米的支流；于老龙头附近有左岸支流大羊岔河汇入，继而转向东北；于头道白河保护站有右岸支流头岔沟汇入。

1979年6月至1982年末，在宝马村修建了头道白河引水工程，将头道白河水引入到流向平行于头道白河的二道白河，再经二道白河引水工程引入奶头河，经奶头电站流入三道白河，从而为奶头、三〇一、三〇二等梯级电站增加发电水量。头道白河引水工程包括渠首拦河坝、排砂闸、进水闸和487米长的引水隧洞，设计引水流量6立方米每秒。水从隧洞流出后经宝马沟流入二道白河。在头道白河引水工程末段，利用12米的落差，修建了宝马二级发电站，总装机容量0.65兆瓦，设计年发电量420万千瓦时。

1.27.28.6　露水河
(Lushui River)

第二松花江 上段二道松花江左岸支流，发源于吉林省白山市抚松县泉阳镇错草顶子峰南坡，于露水河镇新立屯北3千米处汇入二道松花江。

露水河流域地跨泉阳、露水河两个乡镇，河长63.4千米，河道天然落差550米，比降6.9‰，流域面积594平方千米。有流域面积100平方千米以上的支流2条。

河流出源后自东南向西北流，于抚松县露水河镇有左侧支流西北岔河汇入；于露水河镇的永清林场等地先后汇入了三岔河、二岔河及头岔河等三条右岸支流，于露水河镇新立屯北3千米处汇入二道松花江。

露水河流域地势由南向北倾斜，河流上下游均在连绵起伏的崇山峻岭中穿流，河道两岸多为悬崖峭壁，植被覆盖率达76%，河水清澈，可见河底卵石、砾石。流域多年平均年降水量800毫米，降水年内分配不均，6—9月的降水量占全年的70%左右。河流多年平均年径流量2.53亿立方米。汛期多局部地区性暴雨，历时短，强度大，洪

露水河冬季漂流

水峰高流急，洪涝灾害为流域内主要的自然灾害。Ⅲ类水质占 40.5%，其余为Ⅳ类水质。

露水河是水能资源可完整梯级开发的河流之一，理论蕴藏量 11.9 兆瓦，技术可开发量 16.5 兆瓦，规划可开发 3 座电站。1985 年位于中游的露水河电站开工建设，装机容量 1.92 兆瓦，多年平均年发电量 750 万千瓦时，1989 年电站投产发电。露水河沿岸风景优美，国家林业局批准成立露水河吉林森工国家森林公园，利用资源优势，开展森林狩猎、雾凇观赏和冬季漂流。域内至今尚存活树高 35.5 米、树径 1.24 米、树龄 500 年的红松王。

1.27.28.7 头道松花江

(Toudaosonghua River)

第二松花江左岸支流，发源于吉林省长白山脉抚松县漫江镇望天鹅峰东北坡，在抚松县兴参镇境内入第二松花江。《奉天通志》载："因自内地东行，先渡本流，次渡松花江干流，遂名此为头道松花江，彼为二道松花江。"流域地理位置为东经 127°13′~127°54′，北纬 41°38′~42°42′，流域面积 7 927 平方千米，河长 224.9 千米，天然落差 1 096 米，河道平均比降 2.3‰。流域跨吉林省抚松、靖宇两县。流域面积 100 平方千米以上的一级支流有 11 条，二级、三级支流 10 条，其中 1 000 平方千米以上的 1 条，为**松江河**。

概　述

头道松花江流域地势由南向北倾斜，可基本划分为高山区、山区两类地形。属温带大陆性季风气候区，地势差异较大，可分为沿江温和、山地温凉、山地冷凉、山地冷冻、高山水寒等五种局地气候。冷凉而湿润，夏短而冬长，无霜期短，光照适中，多年平均气温 3.9 摄氏度，年平均日照时数 2 400 小时，轻霜、无霜期平均 114 天。

流域多年平均年降水量 765.3 毫米，降水时空分布不均，年际变化大，年内 6—9 月的降水量约占全年的 70% 左右，高山区大于山区，个别地区曾出现 150 毫米以上日降雨量。多年平均年径流量 39.25 亿立方米。结冰期为 11 月上旬至次年 4 月上旬，冰厚可达 1.2 米。Ⅱ类、Ⅲ类、Ⅳ类水质各占评价河段的 19.3%、47.4% 和 33.3%。

头道松花江上游森林植被，覆盖率 80% 以上。土壤以白浆土和草甸土为主，多年平均年输沙量 45.1 万吨。

流域内暴雨洪水频繁，局部地区性暴雨历时短、强度大，洪水峰高流急，对生态环境破坏极大。据《抚松县志》记载，头道松花江流域截至 1985 年共发生较大洪水灾害 9 次，其中以 1960 年最为严重。1960 年 8 月，连续两次发生特大洪水，第一次 8 月 3—4 日降雨达 204 毫米；第二次是 8 月 22—24 日，三天连降大雨和暴雨，山洪暴发，河水出槽。头道松花江水上涨 5.3 米，沿江的 44 个村屯中有 36 个村屯进水，其中 13 个村屯基本被冲光。全县有 15 482 人、1 855 公顷农田受灾，冲走和冲毁房屋 6 458 间，冲毁耕地 745 公顷，冲毁公路 15 处、31 千米，冲毁大小桥涵 27 座，抚松县城一片汪洋。

头道松花江流域水能资源丰富，据 2003 年复查，干流理论蕴藏量 230.1 兆瓦，其技术可开发量为 40.4 兆瓦，为吉林省水能资源梯级开发条件十分优越的河流。在干流及支流**锦江**、松江河、槽子河、三道松江河、**珠子河**、石头河、头道花园河上有可开发梯级水电站 46 座。至 2005 年已建水电站 21 座，装机容量 570 兆瓦，主要有松江河上的北江、老松江、小山、双沟、石龙及珠子河上的海岛、小营子水电站等。此外，抚松、靖宇两县在头道松花江干、支流两岸建成防洪堤防、护岸 79.56 千米，保护 2 050 公顷耕地和 14 万人口；建有农用小型水库 8 座，塘坝 11 座，总库容 0.15 亿立方米，灌溉水田 1 000 公顷，旱田和菜田 120 公顷。

纪　实

上游段　从源头至锦江河口段为上游段，当地俗称漫江。漫江镇临江而建，江水由东南向西北流，四面山峰环围，两侧多条溪沟汇入。源区高山幽谷，清流潺潺，林木茂密。气温寒凉湿润，保存有大片的以东北红松、白桦为主的原始森林，是吉林省较大的林区之一。上游处于长白山区，优美的自然风光吸引了国内外成千上万的游客。长白山自然保护区内动植物资源不仅十分丰富，而且随着海拔由低到高的变化，呈垂直分布状态，使其赢得了"立体资源宝库"的美称。

河流出源后在漫江镇附近先后有右岸支流碱厂河、板石河及高山河、左岸支流南清河及老黑河汇入，在漫江镇东南有右岸支流高立河汇入，流域植被良好。在漫江镇下游 2 千米处，建有小型水库漫江电站，装机容量 7.5 兆瓦。漫江电站下游 1 千米处有右岸支流锦江汇入。锦江为头道松花江上游段最大支流，流域面积 492 平方千米。

中游段　从锦江河口至汤河河口为中游段，两侧多是陡峭的石壁，具有典型的山区特点。气候温和，四季分明。中游段不仅有浮石、硅藻土、硅石等丰富的矿产资源，而且有葡萄、苹果梨等鲜果以及人参、贝母、天麻、移山参等经济作物。

在锦江河口西北，分别有较大的左岸支流南黄泥河、南塔河，右岸支流北黑河汇入。在抚松县东岗镇附近，有右岸支流石板河、南天门河及马路河汇入，在抚松县仙人桥镇有左岸支流石头河汇入。石头河流域面积 466 平方千米。在北黑河河口，头道松花江从漫江镇进入东岗镇和仙人桥镇辖区，右岸为东岗镇，仙人桥镇与之隔江相望。松江河梯级电站小山电站的引水水库**松山水库**就修在头道松花江东岗镇松山村段附近。

在仙人桥镇东风村，头道松花江向北流至通白铁路进入兴隆乡辖区，在汤河村汤河自左岸汇入。汤河为中游段流域面积最大的支流，河长 72.2 千米，流域面积 603 平方千米。在汤河中游有装机容量 0.96 兆瓦的汤河电站。汤河电站下游 1 千米处为吉林省著名的温泉疗养风景区，有温泉群一处，泉口 10 个，最高水温 62℃，流量 9 600 吨每日。吉林省环境监测总站对温泉水质进行了全面检测，认定水化学类型为 SO_4—HCO_3—Na_2SO_4 型水，氡含量 25.41~64.53 埃曼，并含有硫化氢气体。每年有上万人到此休闲、疗养。

下游段　河流从汤河河口转向北流，于靖宇县榆树川乡附近，有左岸支流大夹皮沟河汇入，于抚松县松郊乡马鹿沟村有右岸支流里马鹿沟河汇入，在抚松县城抚松镇北有流域内最大支流松江河自右岸汇入，水势大增。头道松花江为抚松、靖宇两县界河。抚松镇城区总面积 4.95 平方千米，总人口 4.89 万，国道鹤大公路由西至东北穿越城区。抚松素有"人参之乡"的美誉，流域内有

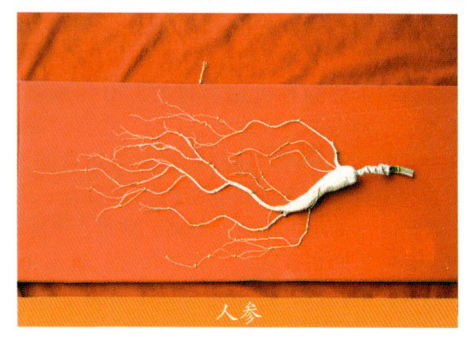

人参

亚洲最大的人参种植园——抚松参场,有中国最大的人参集散地——长白山万良人参市场。我国是最早发现和应用人参的国家,远在汉代的《神农本草经》中,就将人参列为上品,并记载了它的性质和功用。目前人参制品已大量出口。

河流在松江河口以下转向西南,分别纳入左岸支流小青沟、双河、大青沟河、三道花园河、草爬子河、珠宝沟及正身河。至靖宇县花园口镇进入第二松花江三湖(白山湖、红石湖、松花湖)保护区,自花园口镇转北流,在该镇巴里村有头道花园河自左岸汇入,该河上游有抗日联军白江河革命纪念地;再往北流先后纳入左岸支流清江河、右岸支流苇沙河,至三道湖镇四道沟村有珠子河自左岸汇入,珠子河流域面积953平方千米,河上建有装机容量3.2兆瓦的小营子水电站和装机容量6.25兆瓦的海岛水电站,珠子河河口以北清江村有抗日联军马当沟密营地,过珠子河河口下游头道松花江转东北流,于靖宇县赤松乡附近有左岸支流道水河汇入,至赤松乡贾家楼村以北有**那尔轰河**自左岸汇入。那尔轰河为流域内较大支流,河长69.9千米,流域面积820平方千米。河流继续往北有右岸支流榆树河及左岸支流梨树沟汇入,至那尔轰镇两江口头道松花江汇入**白山水库**库区。

1.27.28.7.1 松山水库
(Songshan Reservoir)

头道松花江中游的大型水库,位于吉林省抚松县东岗镇松山村附近,在**锦江**汇入口后30余千米处。

松山水库坝址以上控制流域面积1 330平方千米。松山水库以蓄水与供水为主,即将漫江水通过松山水库蓄水并经输水隧洞将水引至**松江河**的**小山水库**,用以增加小山等梯级水电站的发电效益,并兼顾下游防洪任务的跨流域引水工程,称为漫松引水工程或松江河水电梯级开发工程。

松山水库位于长白山脉的西北坡,自东南向西北倾斜,平均海拔980米。冬季河流结冰期长达140多天。夏季多西南和东南风,气候湿热多雨,多年平均年降水量864.8毫米,6—9月降水量约占全年降水量的66%。坝址处多年平均年径流量7.84亿立方米,多年平均流量24.9立方米每秒。暴雨多发生在7—9月,以8月出现的次数最多,量级最大,尤其是台风造成的暴雨洪水。加之河道比降大,洪水过程陡涨陡落,洪量集中,洪峰传播时间快。流域秋季十分短暂,以晴朗天气为主。春季干燥多风,最大风速20米每秒。多年平均气温3.3摄氏度,极端最高气温34.7摄氏度,极端最低气温－40.5摄氏度。多年平均水面蒸发量612毫米。

流域内群山重叠,河道狭窄且多弯曲,两岸阶地不发育,有耕地零星分布,可垦耕地不多。流域植被良好,多为原始森林和次生林,森林覆盖率约73%,水土流失甚微。由于长白山火山喷发物的大量堆积,致使本流域源头段覆盖层较厚,下渗能力较大,对雨洪有一定的滞蓄作用,形成较丰富的地下潜水或泉水。

松山水库总库容1.33亿立方米,水库正常蓄水位711米,死水位671米,调节库容1.07亿立方米。水库枢纽工程由大坝、左岸溢洪道和右岸引水系统组成。水库大坝为混凝土面板堆石坝,最大坝高80.8米,坝长256.26米。溢洪道为岸坡式,傍山开挖,设3孔闸门。松山水库大坝校核标准为2 000年一遇洪水,最大入库洪峰流量2 700立方米每秒,溢洪道相应泄量2 315立方米每秒;大坝设计标准为100年一遇洪水,最大入库洪峰流量1 640立方米每秒,溢洪道最大泄量1 640立方米每秒。松山水库至小山水库的引水隧洞全长约12.60千米,断面为城门洞型,内径5.2米×4.9米,设计过流能力60立方米每秒。

松山水库于1996年开工建设,2002年末竣工。自2002年3月蓄水,至2006年3月已向小山水库引水33.2亿立方米,使小山电站增加发电量7.5亿千瓦时。同时水库拦蓄洪水为下游河道削减了洪峰,并形成约420万平方米的水面。水库上游属于原始森林区,有机质丰富,这些有机质将大量滞留于库区,使水质变肥,为水库的渔业养殖提供了有利条件。

1.27.28.7.2 锦江
(Jinjiang River)

头道松花江右岸支流,发源于吉林省抚松县漫江镇东南,至漫江镇锦江村西南汇入头道松花江。

锦江河长56.4千米,河道比降10.8‰,总落差815米,流域面积492平方千米。流域头倚长白山脉,地势由东南向西北倾斜。锦江有流域面积100平方千米以上的支流1条。

锦江流域多年平均年降水量813毫米,多年平均年径流量2.98亿立方米,6—9月的降水量占全年的70%左右。水力资源理论蕴藏量23.7兆瓦,技术可开发量44兆瓦。水质为Ⅱ类。汛期常遇局部地区性暴雨,历时短,强度大,洪水峰高流急,洪涝灾害为流域内主要的自然灾害。

锦江由东南流向西北,在上游有南锦江、北锦江及梯子河汇入。北锦江有长白山旅游景区最著名的景点——长白山锦江大峡谷。大峡谷全长14千米,平均深80多米,最

长白山锦江大峡谷

大谷深约150米,呈V形。火山熔岩在河水和雨水的长期冲刷下形成各种形态,人们根据这些奇峰怪石的形象特点,赐予了五指峰、骆驼双峰、双象汲水、峡谷恐龙、观音遥拜、百兽聚会等雅称。峡谷两岸长满茂密的原始森林并被白丝、苔藓、蘑菇覆盖,古老而幽深。锦江大峡谷是全国规模最大的火山岩峡谷地貌区之一,其特殊的地理位置和神话般的地貌景观,集"幽、奇、秀、美"于一身,极为罕见。锦江在下游有较大的支流桦皮河汇入。

1.27.28.7.3 松江河
(Songjiang River)

头道松花江右岸支流,发源于吉林省抚松县东岗镇白云峰西麓,在抚松县城北部汇入头道松花江。

松江河流域位于长白山脉北部,地跨吉林省抚松县的东岗、松江河、泉阳、兴隆、北岗、抚松镇等六个乡镇。河长143千米,总落差1 637米,流域面积1 935平方千米。水力资源理论蕴藏量79.7兆瓦,技术可开发量563.6兆瓦。松江河有流域面积100平方千米以上的支流5条。

松江河流域地势自东南向西北倾斜,平均海拔980米。冬季结冰期自11月上旬至次年4月上旬,长达140多天。夏季多西南和东南风,气候湿热多雨,降水量800毫米左右,6—9月降水量约占全年的66%,多年平均年径流量11.04亿立

米。流域内多暴雨洪水,局部地区性暴雨历时短、强度大,洪水峰高而流急,对生态环境破坏极大。暴雨多发生在7—9月,以8月出现的次数最多,量级最大,尤其以台风造成的暴雨较为强烈。河道比降为4.6‰。洪水过程陡涨陡落,洪量集中,洪峰传播时间快。秋季十分短暂,以晴朗天气为主。春季干燥多风,最大风速20米每秒。多年平均气温3.3摄氏度,极端最高气温34.7摄氏度,极端最低气温-40.5摄氏度。多年平均年水面蒸发量612毫米。流域内多为原始森林和次生林,植被良好,森林覆盖率约73%,水土流失甚微。另外,由于长白山火山喷发物的大量堆积,致使本流域源头段覆盖层较厚,下渗能力较大,对雨洪有一定的滞蓄作用,并形成较丰富的地下潜水或泉水。

抚松县1999—2002年建成松江河堤防3 258米,穿堤涵洞4座,防洪标准达到50年一遇,遇100年一遇洪水不漫堤。

松江河出源后西流至鹿鸣河口为上游段,河水穿行于山谷之间,沿途于抚松县漫江镇有右岸支流松桦河汇入。河槽以砾石、卵石为主,河床稳定,植被较好,河水清澈,输沙量较少。

鹿鸣河河口以下为中下游段。该河段河流由东南向西北流,于老松江村上有流域面积为383平方千米的右岸支流槽子河汇入。至槽子河河口,河水改由南向北流。先后有右岸支流大牛沟河及左岸支流北黄泥河汇入,在松江河镇西北有流域面积为382平方千米的右岸支流三道松江河汇入,之后分别纳入右岸支流大板石河、二道松江河、**大蒲春河**、万良河,至抚松县城北郊汇入头道松花江。

松江河水力资源蕴藏量丰富,有水力资源开发规划站点7处,是水能资源开发条件较好的河流之一。

在河口上游3千米处,1977—1983年建成松江河上最早的电站——北江电站,装机容量20.8兆瓦。水利部门在七八十年代曾对该河作了开发规划,并推荐了漫江—松江河跨流域引水开发方案。规划了漫江、松山引水工程、小山、双沟、石龙以及北江电站等6个梯级,总装机容量474.8兆瓦。此方案是将漫江水由**松山水库**通过12千米长洞引入松江河上的**小山水库**,利用松江河梯级集中发电。

截至2011年,漫江—松江河跨流域引水开发方案中,已先后建成了北江电站、松山引水工程、小山电站及双沟电站,总装机容量达460.8兆瓦。

1.27.28.7.3.1 小山水库
(Xiaoshan Reservoir)

位于吉林省抚松县境内**松江河**上,坝址距抚松县松江河镇12.50千米,坝址以上控制流域面积905平方千米,是一座以发电为主,结合防洪、养殖等综合利用的大型水库工程,同时也是漫江、松山跨流域引水工程,亦是松江河水电梯级开发的一个组成部分。

水库库区位于长白山山脉的西北坡,地势自东南向西北倾斜,平均海拔980米。冬季结冰期自11月上旬至次年4月上旬,长达140多天。夏季多西南和东南风,气候湿热多雨,多年平均年降水量800毫米左右,6—9月降水量约占全年的66%。流域的暴雨多发生在7—9月,以8月出现的次数最多,量级最大,尤其以台风造成的暴雨较为强烈。多年平均年水面蒸发量612毫米。库区内多为原始森林和次生林,植被良好,水土流失甚微。

小山水库是松江河梯级电站的首级水利枢纽工程,水库坝址处多年平均年径流量5.95亿立方米,多年平均流量18.9立方米每秒,经漫江、松山引水工程跨流域将漫江水引入24.9立方米每秒后,多年平均流量将达到43.8立方米每秒。

小山水库属大型水库工程,总库容1.05亿立方米,兴利库容0.53亿立方米。水库枢纽工程由拦河坝、岸坡式溢洪道与电站组成。大坝为混凝土面板堆石坝,最大坝高86.3米,坝长302.26米,坝顶宽10米。岸坡式溢洪道设在右岸,傍山开挖,设3孔闸门。小山水库大坝校核标准为2 000年一遇洪水,最大入库洪峰流量2 830立方米每秒,溢洪道相应泄量2 445立方米每秒。大坝设计标准为100年一遇洪水,最大入库洪峰流量1 680立方米每秒,溢洪道最大泄量1 560立方米每秒。小山电站安装2台单机容量80兆瓦的水轮发电机组,总装机容量160兆瓦,漫松跨流域引水工程竣工后年平均发电量2.96亿千瓦时。

小山水库自1993年开工建设,1997年下闸蓄水,2001年竣工。电站自1997年运行以来,至2006年已累计发电10余亿千瓦时,有效地缓解了地方电网峰荷出力的不足。提高了其下游的北江电站大坝安全设计标准,并为下游北江电站增加了发电效益。水库与长白山自然风光相结合,增加了旅游资源。

小山水库流域内群山重叠,沿岸河谷狭窄,河道弯曲;冲积阶地只是零星小块分布于两岸,可开垦的耕地不多。沿江水路交通比较困难。库区森林资源丰富,以天然阔叶林为主,主要有椴树、柞树、色树、榆树等,其次为红松、柳树、白桦、杨树、楸树等。

1.27.28.7.3.2 大蒲春河
(Dapuchun River)

松江河右岸支流,发源于吉林省抚松县北岗镇西南3.5千米处,于抚松镇鸡冠砬子村海岛屯汇入松江河。

大蒲春河流域地跨抚松县北岗、万良、抚松镇三个乡镇。河流长19.7千米,流域面积99.4平方千米,河道比降1.46‰,总落差274米。

流域地处松江河下游,由东向西倾斜,为山区地形,植被较好。多年平均年降水量800毫米左右,年内降水分配不均,6—9月降水量占全年的70%左右。多年平均年径流量0.42亿立方米,汛期多局部地区性暴雨,历时短、强度大,洪水峰高流急,洪涝灾害为流域内主要的自然灾害。水质为Ⅲ类。

大蒲春河只有一条支流小蒲春河,于抚松县北岗乡小蒲春河村左岸汇入大蒲春河。

大蒲春河下游建有蒲春河电站,装机容量0.64兆瓦,年平均发电量261万千瓦时;在其下游1千米处建有万良电站,装机容量0.64兆瓦,年平均发电量215万千瓦时。2006年11月,以蒲春河电站水库为水源地的抚松县城供水工程(设计日供水能力为4.2万立方米,实际日供水量为1.7万立方米)建成投产,使抚松县城居民饮水安全得到了保障。

1.27.28.7.4 珠子河
(Zhuzi River)

头道松花江左岸支流,原名恰库河、蒙江,因该河盛产珍珠而得名。珠子河发源于吉林省靖宇县蒙江乡龙岗山脉大四方顶子峰东北谷,流向东北,经靖宇县后在三道湖镇四道沟村东北汇入头道松花江。河长80.3千米,流域面积953平方千米。有流域面积100平方千米以上的一级支流1条。

珠子河流域降水主要集中在7—8月，多年平均年降水量753.7毫米，最大年降水量为1995年的1 181毫米，最小年降水量为1976年的198.4毫米。珠子河平均水面宽60米，河道落差288米，河道平均比降5‰，最大流量538立方米每秒。多年平均年径流量4.1亿立方米。每年11月上旬至次年4月初为结冰期，冰层平均厚度达0.6米，河道四季不断流。水力资源理论蕴藏量18.3兆瓦，技术可开发量25.7兆瓦。Ⅲ类水质占评价河段的65.8%，其余为Ⅳ类水质。

河流于青龙河口流向东北，纳入的右岸支流有海龙河、龙湾河，左岸支流有小沙河、四道河，在三道湖镇汇入头道松花江。

珠子河上游沿河多分布火山锥体，有多处火山口湖，较大的有龙泉镇西南1.5千米处的龙泉龙湾，水面面积70万平方米，最大水深95米。另外靖宇镇西南18千米处有四海龙湾，水面面积48万平方米，最深处55米，湖中有鲫鱼、蝲蛄、林蛙等。

珠子河及其支流青龙河、八宝栏子河横穿靖宇县城，城区建有10座桥梁，达到50年一遇防洪标准的堤防10.02千米。中下游建有3.2兆瓦的小营子电站和6.25兆瓦的龙海（海岛）电站。

珠子河沿河两岸灌木、次生林交相辉映，并广泛分布有红松、油松、曲柳、柞树、落叶松等珍贵树种，森林覆盖率达80%以上，是森林资源丰富的地区。河内盛产马口、河蚌、鲶鱼、鲫鱼、鲤鱼、蝲蛄、林蛙等。

靖宇县是水资源富县，源于长白山水系的天然矿泉水资源尤其突出，该水矿水质好，储量丰富，可与阿尔卑斯、北高加索的世界优质矿相媲美。

泉水潺潺

珠子河源头西瓮圈山是东北抗联第一路军第一方面军指挥曹亚范将军壮烈牺牲的地方，老岭山脉是著名的老岭阻击战纪念地。县城西5千米三道崴子是抗联第一路军总指挥杨靖宇将军殉国地。杨靖宇同志1929年被党组织派到东北，并创建东北抗日联军第一路军，转战白山黑水，给日寇以沉重的打击。1940年2月23日执行任务时牺牲，时年35岁。1946年2月14日，东北抗联总司令部为了纪念为国殉职的抗日民族英雄杨靖宇将军，改蒙江县为靖宇县，并在蒙江县修建了杨靖宇将军烈士陵园。

1.27.28.7.5 那尔轰河
(Naerhong River)

头道松花江左岸支流，满语称托哈那珲河，寓意又细又长的河。

那尔轰河发源于吉林省靖宇县景山镇亮甸子村四方顶子山东南坡，流向东南，至景山镇转东北顺势而下，经景山、西南岔、赤松、那尔轰四乡镇，至赤松乡贾家楼村下游2千米处汇入头道松花江。河长69.9千米，流域面积820平方千米，流域面积100平方千米以上的支流2条。

那尔轰河出源后先自西北向东南流，后转向东北，先后纳入的左岸支流有杨岔河、西南岔河、东北岔河；右岸支流有赤松河。于赤松乡附近汇入头道松花江。

那尔轰河水力资源主要集中在中下游，中下游河道天然落差285.3米，河道平均比降4.3‰，多年平均年径流量3.0亿立方米。水力资源理论蕴藏量19.2兆瓦，技术可开发量1.4兆瓦。河床由卵石、砾石构成，至中游杨岔河村河道宽50~100米，右岸多傍山岩，左岸常出现阶地，平均水深0.6米，水质清澈，全部是Ⅲ类水。河流终年无断流，每年11月上旬至次年4月初为结冰期，冰层平均厚度0.6米。

那尔轰河中下游沿岸建有30年一遇标准堤防23千米，并建有装机容量0.5兆瓦的天合兴水电站和装机容量1.26兆瓦的平安水电站。

那尔轰河流域峰峦叠嶂，森林密布，资源丰富，有红松、曲柳、柞树、油松、落叶松等珍贵树木，盛产冷水鱼和林蛙。

那尔轰河两岸是东北抗联早期创建的抗日根据地之一。1934年1月，中共磐石县委建立江南特支委，特支机关设在那尔轰于家沟。同年11月5日，中共组建抗联第一军两个师和南满临时特委，特委机关设在江南特支驻地。江南特支以那尔轰的于家沟为抗日活动中心。1935年9月，东北人民革命军第一、第二军会师于那尔轰，成为抗联的重要根据地之一。

1.27.28.8 白山水库
(Baishan Reservoir)

第二松花江上以发电为主兼有防洪、航运、养鱼等综合效益的大型水利枢纽工程，为第二松花江干流已开发梯级水电站群的首座枢纽，下距**红石水库**、**丰满水库**坝址分别为39千米与250千米。水库地处吉林省东部山区桦甸与靖宇两县交界处，集水面积1.9万平方千米，占第二松花江流域面积的25.9%。工程于1958年10月开工，1962年6月停工缓建，1975年复工，1992年6月完工。

白山水电站枢纽全景

概　述

第二松花江流域属大陆性季风气候区。白山水库地区冬季漫长寒冷，夏季湿润多雨，四季分明。多年平均气温4.3摄氏度，一般在11月上旬江面开始流冰，中下旬封江，直到次年4月上中旬开江，年平均封冻期长达135天，1970年实测最低气温曾达-44.5摄氏度。流域多年平均年降水量800毫米左右，水库坝址处多年平均流量239立方米每秒，多年平均年径流量75.3亿立方米。7—8月降水量占全年降水量的47.1%。大洪水多发生在8月，洪峰过程具有峰高量大、历时短的特点。1960年实测最大洪峰流量11 800立方米每秒，相应7天洪量19.4亿立方米，实测最小流量9.25立方米每秒。库区植被良好，江水含沙量较小，年输沙量仅105万吨。

白山水电站大坝

坝址区呈不对称V形河谷，谷底宽90～120米，谷坡坡比1∶2～1∶1.6，左岸缓，右岸陡，两岸山体高度为200～220米。坝区基岩主要是前震旦纪混合岩，岩质坚硬，新鲜岩石饱和抗压强度可达1 250吨每平方米。白山水库地区地震基本烈度为Ⅵ度。

直接汇入库区的河流有**头道松花江**、二道松花江及三道花园河、珠宝沟、正身河、头道花园河、清江河、**珠子河**、道水河、**那尔轰河**、榆树河、梨树沟。

白山水库枢纽由拦河坝、泄洪建筑物、一期地下厂房、二期地面厂房、开关站等建筑物组成。大坝按500年一遇洪水设计，5 000年一遇洪水校核，并按可能最大洪水保坝复核。经水库调节后，下泄最大流量13 750立方米每秒，水库总库容59.1亿立方米。

白山水库拦河坝为三心圆混凝土重力拱坝，中部小半径320米，两侧大半径770米，坝顶弧长676.5米。一般坝段宽度16米，高孔坝段宽18米（扩机段宽24米），最大坝高149.5米，坝顶高程423.5米，最大坝底宽63.7米。白山水库泄洪建筑物分为高孔及深孔两种。高孔（溢流孔）堰顶高程404米，设4扇平板闸门，并在坝顶设有门式启闭机。深孔（深式泄水孔）共设3个，进口底坎高程350米。高孔和深孔在平面上采取相间布置，由于不同的挑射角，实现了泄洪时高孔、深孔水舌相互穿射，每股水舌横向扩散，纵向分层，水流交叉，具有明显的消能作用，减少对坝下游的冲刷。白山水电站一期工程地下厂房的主洞室位于右岸坝下90米山体中，主厂房安装3台300兆瓦水轮发电机组。白山水电站二期地面厂房位于大坝下游的大平沟沟中，装机两台，单机容量300兆瓦。

白山水库是以发电为主，兼顾防洪等综合利用的水利工程，建成后在各方面均发挥了很好的作用。

首先，水电站充分发挥了调峰、调频与事故备用的作用，为东北电网科学调度与安全运行期发挥了积极的作用。

1984—1992年，白山水电站累计发电量为137亿千瓦时，占东北电网水电发电量的22.58%，占全网的2.51%；白山水电站发电出力的92.6%都用在调峰上；承担全网调峰电力的18.5%，起到了主导调峰电站的作用。

其次，白山水电站是东北电网事故备用的理想电站，在用电高峰期，白山电站约要担负全网的1/2的备用容量，非高峰时也要有条件承担电网一台30兆瓦机组的事故备用，年均负载备用约150兆瓦。

为进一步发挥白山、红石与丰满等三座大型水电站的联合调度，特别是调峰作用，在白山电站现有工程的基础上，建设了以红石水库为下库的抽水蓄能电站，装机2台共300兆瓦，现已投入运行。

另外在防洪方面，为提高与丰满水库联合调度的防洪作用，白山水库还预留了4.5亿立方米错峰库容，小于100年一遇洪水时，可使丰满水库下泄流量减少500～1 000立方米每秒，提高了流域的防洪抗灾效用。1986年汛期大水，白山水库的洪峰削减率达78.4%，整个洪水期白山拦蓄洪水20.2亿立方米，极大地减轻了洪水对下游特别是对哈尔滨市的威胁。1991年松花江大水，8月上旬松花江出现了紧张的汛情，8月中旬哈尔滨最大流量达10 800立方米每秒，最高水位高达120.09米，距堤顶只差20厘米，丰满水库一直保持出库流量不超过3 000立方米每秒。为此白山水库进行了控泄，减少丰满水库压力，实现了与丰满水库的科学联调，在确保白、丰两库调度安全的情况下，大大缓解了下游两岸与哈尔滨市的防洪压力。

纪　实

1958年3月白山水电站被列入第二个五年计划，1958年10月开工建设。1962年6月，白山水电站缓建。至此，工程已经完成左岸导流洞的施工导洞，右岸修建了木笼围堰及临时建筑。1975年工程复工，同年5月1日，白山水电站主体工程开始施工，至1982年11月16日，导流底孔9米×21米闸门下闸，水库开始蓄水，1983年12月30日，第一台300兆瓦水轮发电机组正式并网发电，第二台和第三台各300兆水轮发电机组于1984年7月和12月正式并网发电。1986年年底白山水电站第一期工程完成。

1982年水电部批复白山水电站续建工程（二期工程）初

白山水电站库区

步设计,增加 300 兆瓦机组两台,使总装机容量达 1 500 兆瓦。二期工程于 1985 年开始建设,1991 年第一台机组并网发电,1992 年 6 月第二台机组并网发电。至此,白山水电站 1 500 兆瓦装机全部完工。

白山水库工程在设计和施工中选用的单曲三心圆混凝土重力拱坝,高、深孔相间布置,挑流水舌互相穿射、横向扩散、纵向分层的三维综合消能的泄洪设施、在 300 兆瓦水轮发电机组上采用静止式可控硅自并激励磁系统、220 千伏高压设备采用六氟化硫全封闭组合电器等技术,在当时的水电建设中是非常先进的,为中国水电建设史写下了光辉的一笔。

白山水电站位于第二松花江上游。坝址以上沟谷相间,山高陡峻,河谷狭窄,沿江滩峭相间,江水湍急,河道平均比降在 0.12‰ 以上。坝址在头道松花江和二道松花江汇合处的下游老恶河滩峭处,河道宽度约百余米,两岸山体肥厚坚固,是理想的筑坝坝址。白山水库建成后,在坝址以上江段形成沿河流型高山人工湖,正常蓄水位 413 米时,水面面积 127.8 平方千米,水库最大回水长度在二道松花江为 93 千米,头道松花江回水长度为 92 千米。库区主要分布在头道松花江、二道松花江、那尔轰河河道区域,跨吉林省抚松、靖宇、桦甸三县市,其中头道松花江左岸为靖宇县,头道松花江右岸、二道松花江左岸为抚松县,二道松花江右岸为桦甸市。水库湖面狭长、湖汊众多,库岸蜿蜒曲折,库岸线总长约 500 千米,在上、下仁义等处库岸悬崖峭壁耸立,千姿百态的石峰直插云霄,景象十分壮观。水库蓄水后形成多处岛屿,远看一座座青翠的山峰屹立湖中,水天一色,风光旖旎。

水库库区位于长白山腹地森林地带,周边林木茂盛,植被良好。由于植被类型多样,种类繁多。巍峨的红松、挺拔的冷杉、娇媚的桦树以及白杨等林木形成了大面积的原始森林,成为长白林海的组成部分。除木材外,还有许多珍贵的药材、食用纤维、油料、芳香染料和其他工业原料等植物资源,其中抚松的人参、松子、木耳,靖宇的西洋参、鹿茸,桦甸的貂皮等均享誉国内外。茫茫的林海、良好的植被为野生兽类和鸟类提供了栖身场所,密林深处、沿湖两岸,鹿奔虎啸、鹤鸣鸟唱,其中珍稀动物有东北虎、梅花鹿、紫貂、白鹤、鸳鸯等。

白山水库形成后,湖面宽阔,区内山、水、石交相辉映,构成了动感十足的自然山水画卷。游人泛舟湖上,心旷神怡,仿佛世外桃源,给人以无限遐想。进入头道松花江区,只见石峰裸露,色彩斑驳。仁意砬子巨石山上点缀着微型松柏,别具一格;美女峰、狼牙山、白龙湾、天龙潭、蛟龙洞、山神台、金猴石壁、狞狮石等扑朔迷离,美不胜收。二道松花江区更是一幅古香古色的山水画卷。此段古木苍翠,千姿百态,母子山、精巧的鹰嘴砬子、傲立的佛祖峰,令人浮想联翩。在尖山子湖湾外有一座奇特的熔岩,五柱擎着几块巨石,恰似"女娲补天",令人叹为观止。最使人流连忘返的是白山湖仁义风景区,区内物产丰富,气候宜人,风景秀丽。

白山的山水见证了中国人民同日本帝国主义斗争的历程,时任东北抗日联军第一路军总司令兼政委杨靖宇将军,率领抗日力量在白山松水间同日寇进行了艰苦卓绝的斗争,为纪念杨靖宇同志,1946 年 2 月 14 日,蒙江县易名为靖宇县。

1.27.28.9 山麻河
(Shanma River)

第二松花江上游右岸支流,原名苇沙河,满语苇沙别拉,苇沙意为"山麻",别拉意为"河"。因与另一河流重名,1988 年吉林省河流普查时,按满语河名原意改称为山麻河。

山麻河发源于吉林省桦甸市老金厂镇五道沟屯东黄泥岭山北麓,由东向西流至老金厂镇汇入第二松花江。河长 39.2 千米,流域面积 578 平方千米,河道平均比降 6.5‰。流经桦甸市的老金厂,先后有左岸支流三道沟、夹皮沟及流域面积 135 平方千米龚沙河和流域面积 195 平方千米的会全栈河汇入。

山麻河属山区河流,流域多年平均年降水量 817.5 毫米,多年平均年径流量 1.96 亿立方米。水力资源理论蕴藏量 0.91 兆瓦,20 世纪 90 年代在中游建成东火炬水电站,装机 2 台 0.15 兆瓦。山麻河每年 11 月初至次年 4 月中旬为结冰期。河流上中游植被较好,水土流失较轻;下游因金矿的开采,大量采矿尾沙流入河内,造成河床淤积,不仅洪水经常泛滥成灾,河水水质也受到汞的污染。20 世纪 90 年代开始对河道进行整治,对污染源进行了工程处理,近年洪水灾害减轻,水质较好,多为Ⅱ类。

夹皮沟公司标志性建筑"大金牛"

夹皮沟公司黄金浇铸

山麻河俗称夹皮沟,黄金矿产资源丰富。清道光初年便有山东流民来此开采金沙,仅以土法开采,每日即可得黄金"五百余两"。至清同治元年(1862 年)采金工已达 5 万人。绰号"韩边外"的韩宪忠父子在此建立了以采金为主业的拥有武装的流民自治团体,从清咸丰初年至清末经营 50 余年,采金范围扩展至靖宇、安图等地,并开垦耕地"三万五千余垧"。新中国成立后,该流域金矿继续开采,至今已有 180 余年采金历史。据统计,2006 年夹皮沟金矿年产黄金 1 376 千克,对发展地区经济有明显影响。

1.27.28.10 红石水库
(Hongshi Reservoir)

第二松花江上**白山水库**与**丰满水库**间的一座水库,位于白山水电站下游 39 千米处,坝址位于吉林省桦甸市红石镇上游 3 千米处。1982 年工程开工,1985 年 12 月第一台机组发电,1987 年 4 台机组全部投产运行。

概　述

红石水库是以发电为主、兼有养鱼等综合效益的大(2)型水库,坝址以上流域面积 2.03 万平方千米,白山、红石区间流域面积为 1 300 平方千米,占红石集水面积的 6.4%。

红石水库按 100 年一遇洪水设计,1 000 一遇洪水校核,水库正常蓄水位 290 米,水库总库容 2.84 亿立方米,为日调节水库。红石水库电站是河床式径流电站,安装 4 台水轮发电

红石水库

拯民烈士长眠于此。

枢纽周边优美的山岳、茂密的森林植被等环境，加上径流式枢纽工程布置，自然、人文浑然一体，别具特色，特别是夜里灯火在大自然中绽放，景色宜然，人们称之为"松花江上的夜明珠"。

1.27.28.11 辉发河
（Huifa River）

第二松花江左岸支流，在吉林省辉南县朝阳镇以上称大柳河，朝阳镇以下称辉发河。古时曾名卫乐江（韦泺江）、回跋江、回霸江、灰扒江。据《吉林通志》载："清时辉发河上游名柳河，经辉发城北又名辉发江。"

红石骆驼砬子

辉发河

辉发河发源于辽宁省清原县龙岗山脉中部，河源海拔570米，河道流向东北流经辽宁省清原县，吉林省梅河口市、辉南县、磐石市、桦甸市等5个县（市），于吉林省桦甸市头道沟许家店汇入第二松花江。地理位置东经125°16′~126°58′，北纬41°54′~43°10′。

机组，总容量200兆瓦，年平均发电量4.35亿千瓦时。该工程主要向东北电力系统供电。

红石水库以上流域属大陆性季风气候区。多年平均气温为3.5~4.0摄氏度，极端最高气温为36.6摄氏度，极端最低气温为－45摄氏度。冻土深度1.9~2.0米，积雪深度达600毫米，最大风速为25.3米每秒，风向西北。坝址处多年平均流量258立方米每秒，多年平均年径流量81.27亿立方米。

红石水库两岸山势雄伟，山顶高程均在400米以上，无低矮或单薄分水岭。构成库岸的岩石主要为前震旦系混合岩及后期穿插的少量岩脉，无永久性渗漏问题。水库枢纽设计地震基本烈度为Ⅶ度。

红石水库枢纽由大坝、厂房、溢流坝和开关站等4部分组成。

红石大坝为混凝土重力坝，坝顶长438米，坝顶宽8米，最大坝高46米，坝顶高程298米。大坝由挡水坝段、溢流坝段和厂房坝段组成，溢流坝长128米，设8个溢流孔；挡水坝段分左、右岸挡水坝段，左岸挡水坝段长96米，右岸挡水坝段长78米；河床式电站厂房坝段长136米。库尾建有白山抽水蓄能发电用的抽水钢管。红石电站厂房采用河床式靠左岸布置。主厂房由主机间和其左右端的主、副安装间构成，主机间内装设 ZDA190-LH-600 型水轮发电机组4台。单机容量为50兆瓦，总装机容量200兆瓦。

纪　　实

1982年9月1日，红石水电站正式开工。1985年11月下闸蓄水，12月第一台机组发电，1987年12月，4台机组200兆瓦全部投入运行。

红石水电站建成后，形成长约50千米的河道型水库。区间有色洛河和**山麻河**两个较大支流汇入。水库面积较小，正常蓄水位时，水库水面面积为15平方千米。

红石水库位于吉林省靖宇县和桦甸市境内，周边林木茂盛，植被良好。春天漫野碧绿，鸟语花香；夏日青山绿水，碧波荡漾；秋季满山红叶，风景优美；冬天巍峨的雪峰，银光闪闪。沿湖而上高山连绵，森林茂密，鸡冠砬子、骆驼砬子、影壁、龙女、棺材砬子、独蛇龙、荞麦女等诸峰连绵起伏，依次展现，时而陡峻，时而秀丽，时而巍峨，令人流连忘返。库区珍稀动物有猞猁、麝、白鹳等；古树名木主要有独秀松、盘龙松等；野生珍品丰富，天然绿色食品较多，其中猴头菇、榛蘑、林蛙、人参、灵芝等为佳品。这里曾是著名抗日民族英雄杨靖宇、魏拯民及朝鲜人民领袖金日成多次战斗过的地方，库区周边有东北抗日联军蒿子湖密营遗址，水曲柳沟密营地遗址、柳树河子战迹地、红石砬子战迹地、抗日英雄魏

（市），于吉林省桦甸市头道沟许家店汇入第二松花江。地理位置东经125°16′~126°58′，北纬41°54′~43°10′。

概　　述

河流水系　辉发河全长267.7千米，其中辽宁省境内长33.7千米，河道比降0.5‰，流域面积1.49万平方千米，其中辽宁省流域面积540.8平方千米。

辉发河水系发育，支流较多，河网密度较大，左岸和右岸支流比较均匀对称，流域面积大于1 000平方千米的支流有**莲河**、**大沙河**、**一统河**、**三统河**、**金沙河**等5条，均为辉发河的一级支流。流域面积大于100平方千米的河流有43条，其中一级支流有18条，二级、三级支流25条。

气候水文　流域气候属温带大陆性季风气候，四季分明。多年平均气温4.1摄氏度，1月最冷，平均气温－18.0摄氏度；最热为7月，平均气温22.4摄氏度。历史上绝对最低气温为－40.8摄氏度（1960年1月10日），最高气温为35.2摄氏度（1972年7月20日）。多年平均日照时数2 600小时，在作物生长期内（5—9月）日照时数为1 420小时以上。无霜期105~135天，每年四五月常受北部冷空气影响，造成骤冷和持续低温，并常有春旱发生，对农作物生长多为不利。

本流域多年平均年降水量600~780毫米，降水年内分配不均，6—9月降水占全年的70%。流域多年平均年径流深300~400毫米，多年平均年径流量35.94亿立方米。

水力资源　干流水力资源理论蕴藏量41兆瓦，技术可开发量的装机容量1.6兆瓦。

地质地貌　辉发河流域南部和东南部以龙岗山脉与**浑江**、第二松花江分界，西邻**辽河**，北部与**饮马河**接壤，地貌类型主要由低山、丘陵、谷地构成。

梅河口市梅河口镇以上为上游段，地形多低山、丘陵，河道窄浅，平均宽度10米左右。河床底部多为砂质，河流蛇曲发育，河岸陡陡，两岸护岸林较密。

梅河口镇至辉南县的蛟河口村为中游河段，河流两岸地势

辉发河水系示意图

深 3 米,最大水深达 9 米。辉南县朝阳镇进水,位于市中心的县水利局办公大楼水深 0.5 米""辉星屯被洪水冲成新的河道,原有商店、学校及部分居民房屋处在河中,该屯 38 户 75 间房屋被冲毁。"

1970 年辉发河流域辉南县全县遭受严重旱灾,有 867 公顷水田因缺水而没插上秧,还有 267 公顷插秧后被旱死,另有 3 300 多公顷水田因缺水而减产。1978 年灾情仍较严重,受灾面积达 35.9 平方千米,成灾面积达 10.3 平方千米。

纪 实

上游 河源至梅河口市以上为辉发河上游段。河流出源后向东北流,经辽宁省洼源县南山镇后,河流进入吉林省梅河口市,流入海龙水库。

海龙水库(大型) 1958 年动工兴建,1984 年建成,原名为磨盘山水库,1960 年改名为海龙水库。

河流下行至梅河口市小杨乡小杨村西,有流域面积 129 平方千米的右岸支流吉庆河汇入,于梅河口市山城镇南有流域面积 372 平方千米的白云河自左岸汇入,河流继续向东北流先后接纳卧牛沟、水道沟、莲山屯沟、张油房沟、白石沟、五人班沟、六八石沟等小支流,于梅河口市附近有流域面积为 443 平方千米的左岸支流梅河自西向东汇入,梅河口市因该河而得名。

梅河口市面积 2 175 平方千米,人口 61.5 万,民族以汉族为主,满族占 10%。该市是辽宁、吉林两省东部物资集散地之一,工业有采煤、造纸、中成药、化肥、化工、建材、机械、纺织等;也是东北重要的交通枢纽之一,沈吉、庆云镇长通、四梅铁路线在此交汇。

辉发河上游山峦连绵起伏,河流纵横交错,有着古老的文明。在梅河口市境内有全国重点文物保护单位石棚墓,为春秋战国时期的青铜文化遗迹。目前,已发现石棚墓 80 余座,这些墓葬大多在哈达岭山脉海拔 500~600 米的山冈顶部或山脊上。构筑石棚墓的石材多为砂砾岩和泥质页岩,加工成较规整的长方形石板。石棚墓的大小有一定的差异,一般砌石高于地面 1~1.3 米,最高可达 2 米,随葬物有陶罐、陶纺轮等陶器。

庆云女真摩崖石刻,位于梅河口市区西南 40 千米的小杨乡庆云村的半截山南坡,是我国少见的几块女真字碑之一,距今已有 800 年的历史,是辽金战争时的佐证。

摩崖石刻在距地表 22 米的半山腰一块凸出的碇石上,碇石从上到下有一道裂缝,将石壁劈成两部分。西侧碑高约 2 米,宽 1 米,面向东南、东部刻有女真字,每行 4~15 字不等,左上凸起部分还有 3 行 14 个女真字。

女真方碑现存的不多,而庆云摩崖上镌女真字 70 余个,是研究女真文字不可多得的珍贵资料,也是吉林省第一批文物保护单位。

中游 梅河口市至辉南县的蛟河口为辉发河中游段。河流流向由东北折向偏东,于梅河口市莲河村有流域面积为

相对平坦,有宽广的河漫滩发育,漫滩以上均为一级阶地和二级阶地。山城镇至朝阳镇大柳河段,河床不稳定,由于植被不好,水土流失较严重,含沙量大,河槽宽浅,流向不稳定。

蛟河口以下为辉发河的下游河段,两岸多为低山丘陵以及岗状的二级阶地和三级阶地,河谷开始收窄。从蛟河口至呼兰河口中间,两侧绝大部分为削壁直立的陡岩地形,河床稳定,河底组成多系大卵石和岩盘构成。呼兰河口以下河谷宽约 500~600 米。从呼兰河口下行约 16 千米为桦甸市。辉发河下游至桦甸附近,形成一宽广的冲积平原,地势低洼。

东北黑土地在本流域有广泛的分布,其土质主要为暗棕壤、黑土和黑钙土,以及少量的草甸土与沼泽土等,主要分布在漫川漫岗与丘陵沟壑区域。

水旱灾害 辉发河流域的洪水主要由暴雨产生。1888 年流域发生大洪水,据《海龙县志》记载:"光绪十四年秋大水,平地水深数尺";《柳河县志》记载:"连年霪雨为灾,光绪十四年尤甚""大水冲淹市街,溺倒房屋,一统河水泛滥淹没人畜甚多"。1953 年,辉发河五道沟站洪峰流量 7 120 立方米每秒,这次洪水是该河段自 1888 年以来的首位洪水。洪水使辉南县朝阳镇进水,仅辉南县过水面积就达 89.4 平方千米,倒塌房屋 539 间,粮食减产 1 400 万千克。1995 年 6 月下旬至 8 月上旬,辉发河流域频频发生暴雨,7 月 14—16 日,辉发河柳河站降水量达 100 毫米;7 月 24—26 日、28—30 日辉发河流域又分别降了大到暴雨,辉发城日雨量 225.9 毫米。这次长历时、多场次的大暴雨给辉发河流域各县、乡、镇造成了严重的洪涝灾害。据《东北区水旱灾害》记载:"灾情以第二松花江丰满水库以上地区为重,特别是辉发河两岸最为严重。在其下游的桦甸市 7 月 31 日 11 时 40 分大堤漫堤决口,至 8 月 1 日 8 时全城被洪水淹没,淹没面积 29 平方千米,平均水

1 066 平方千米的左岸支流莲河汇入后，河流折向东流；之后纳入大龙湾沟、双兴沟、鸭绿河等小支流，于梅河口市海龙镇纳入流域面积为 1 014 平方千米的左岸支流大沙河；继续东行于柳河县向阳乡附近纳入流域面积 1 547 的右岸支流一统河。河流继续东流进入辉南县。此河段两岸多平原和低山丘陵，是重点产粮区之一。

辉南县地理区位独特，资源丰富，处于沈阳、长春、抚顺、四平、吉林、通化、白山等大中城市的地理中心。背靠长白山区的资源宝库，面对松辽平原的富饶粮仓，集山区特点和平原优势于一身，特殊的区位为发展辉南经济提供了得天独厚的地缘优势。辉南县特产资源繁多，有经济价值的动、植物 600 多种；矿产资源多达 25 种，火山渣和泥炭储量均居全国前茅，原木储积量也较大。

龙湾

河流于辉南县高集岗乡有流域面积为 2 434 平方千米的右岸支流三统河汇入，三统河上游辉南县的东南部有著名的龙湾旅游区，1992 年被批准为国家级森林公园。龙湾国家森林公园属长白山系龙岗山脉，是古地质年代由火山喷发而形成的高山湖泊。占地面积 8 102 公顷，其中森林面积 6 780 公顷，水域面积 227 公顷，其他面积 1 095 公顷。龙湾国家森林公园由**三角龙湾**、**大龙湾**、二龙湾、小龙湾、东龙湾、南龙湾、旱龙湾、吊水壶瀑布、金龙顶子山、四方顶子山组成"七湾、一壶、两顶"十大景观区。

四方顶子景色

从三统河口河流转向东北，在纳入右岸小支流黄泥河后，于磐石市牛心村纳入流域面积为 999 平方千米的左岸支流**挡石河**。磐石市人民政府所在地位于挡石河东侧，磐石市原为磐石县，1945 年 11 月建立磐石县民主政府，先后隶属于中共永吉地委、吉林省地方工作委员会。1947 年 5 月磐石解放。1995 年 10 月，磐石县人民政府改称磐石市人民政府，由吉林省直辖，吉林市代管。

辉发河于辉南县辉发城镇纳入流域面积为 575 平方千米的右岸支流蛤蟆河。青顶子水库位于辉南县境内蛤蟆河水系，是一座以防洪灌溉为主，兼顾养鱼、发电等综合利用的中型水库，南距国家级旅游风景区三角龙湾 35 千米，北距全国百强镇之一的辉南镇 13 千米。交通便利、环境优美，被评为省级水利风景区。自 2003 年水库除险加固工程完工后，坝体和其他工程的完善设计与施工，加上水库独特的自然资源优势和人文环境，更为水库的旅游增添了一道亮丽的风景线。

此河段辉发河左岸有著名的辉发古城，辉发古城坐落在辉南县朝阳镇东北 17 千米的辉发山上，属国家一级保护文物。

古人在辉发山上筑辉发城，设立辉发部，因辉发河而得名。此古城是明代女真扈伦四部之一的辉发部所在地。辉发部始祖星古礼，传至旺吉努，征服邻近诸部，于辉发河畔呼尔奇山"筑城以居"，即辉发古城。古城南、北、西三面临辉发河，以山脉为天然屏障，无险可守地段则以土石夯筑城墙。分内、中、外三城，周长分别为 596 米、892 米、1 884 米，每道城均设二门。内城墙下的悬崖峭壁高达 30 多米，十分峻险，无法攀登。中城墙高 3 米，基宽 12 米，顶宽 2～3 米。内城有一平台，游人可近观其景，明万历四十二年（1614 年），皇太极在此举行新婚大典，康熙大帝在此狩猎时写下了《行围辉发诗》；乾隆帝在此打猎时写下了《辉发古城怀旧》和《登辉发故城再赋》等篇章。辉发古城遗留的历史文物非常丰富，已经发现的遗物有金顶帽、耳环、银饰、铜饰片、马蹬、铁刀、头盔、甲片以及五彩瓷罐、青花瓷、绿釉、黑釉、珐花三彩瓶等古代文物。

下游 自蛟河汇入口以下为辉发河下游河段，东北流向，穿越磐石市。

河流从蛟河口往东先后纳入细林河、东石河、碱厂沟、报马川河等小支流，于磐石市细林镇有流域面积为 455 平方千米的左岸支流**富太河**汇入，在纳入都力河、南朱奇河后，于磐石市黑石镇纳入流域面积为 206 平方千米的右岸支流大色力河及流域面积为 320 平方千米的左岸支流**呼兰河**。

磐石市的官马水库位于辉发河支流呼兰河上游，建在官马莲花山国家森林公园附近，是一座以灌溉防洪为主、兼顾发电和多种经营的综合性中型水库，始建于 1943 年，新中国成立后多次补建后，坝高 14 米，坝长 393 米，总库容 0.12 亿立方米。库区周围天然林生长繁茂，林间栖息着各种野生动物，已调查到的鸟类有 30 多种。水库群山环抱，上游植被没有遭到破坏，库水清澈，盛产多种鱼类。水库平均深度 7 米左右，最深处达 12 米。辉发河东北向穿越磐石市后进入桦甸市。在桦甸市附近纳入左岸支流柳树河、火龙河后，又纳入流域面积为 205 平方千米的右岸支流发别河、流域面积 146 平方千米的苏密河及流域面积为 210 平方千米的公别河；在纳入右岸的两条小支流大勃吉河和小勃吉河后，在距桦甸市城区向东北方向 13 千米后折向西北，10 千米后又转向东北流，于桦甸市金沙乡附近，流域面积为 1 209 平方千米的金沙河自左岸汇入，辉发河于头道沟许家店入第二松花江流完全程，河口下距丰满水库 50 千米。

桦甸市人口 44 万，有汉、朝鲜、回、满、苗、蒙古、土家、黎、傈僳、景颇、达斡尔等 20 个民族。桦甸的民风习俗带有北方人豪爽、热情、淳朴、淳厚的特点，当地至今还流传着民间秧歌、跑旱船、踩高跷、挂红灯等关东民俗。

桦甸市有著名的夹皮沟金矿，素有新中国黄金工业摇篮之称，采金业对地方经济发展起到了推进作用。

苏密河入口处北部的辉发河故道南岸的苏密甸子系冲积盆地，平坦开阔，近山傍水，境东有绵亘20千米的张广才岭为屏障，渤海国在此设长岭府治，领瑕、河二州，建有具备府治规模的苏密古城（即那丹佛勒城），是当时营州道上的重镇。桦甸即渤海王朝长岭府属地，苏密古城为省级文物保护单位。

1.27.28.11.1 海龙水库
(Hailong Reservoir)

辉发河上游大柳河上的大型水库。水库上游在辽宁省清原县与吉林省梅河口市小杨满族朝鲜族乡境内，坝址位于梅河口市山城镇西南13.5千米处，集水面积548平方千米。水库于1958年动工兴建，1959年蓄水，之后经过1963—1965年、1967—1984年两次扩建，于1984年竣工，2007年实施除险加固。水库总库容3.16亿立方米，其中防洪库容2.13亿立方米，是以防洪、灌溉为主，结合养殖、发电的大型综合利用水库。水库原名为磨盘山水库，1960年改名为海龙水库。

概 述

库区年平均气温4.8摄氏度，历年极端最高气温36.1摄氏度（1962年6月），极端最低气温-38.4摄氏度（1956年1月）。多年平均年降水量707.4毫米，降水量年内分布不均，主要集中在6—9月，占全年降水量的70%~80%。多年平均流量3.8立方米每秒。多年平均年悬移质输沙量8.22万吨，多年平均年输沙量9.45万吨。

水库主要建筑物由主坝、副坝、溢洪道、泄洪涵洞、输水洞及发电站组成。水库设计洪水标准为200年一遇，相应流量1 450立方米每秒；2007年除险加固确定校核洪水标准为2 000年一遇，相应流量2 704立方米每秒。

水库主坝为黏土斜墙铺盖坝，坝长552米，最大坝高31.3米，坝顶宽6米；副坝为均质土坝，位于库区右岸。溢洪道位于库区右岸，为宽顶堰，宽12米，堰顶高程390米，最大泄流量500立方米每秒；非常溢洪道位于库区右岸，采用人工爆破方式启用，最大泄流量1 170立方米每秒。泄洪洞位于坝左岸，为混凝土方涵，断面为两孔2.5米×3.0米，最大泄流量224立方米每秒。输水洞型式为涵洞，位于坝右岸。发电站位于右岸坝后，2台机组，总装机容量1.6兆瓦，年发电量146万千瓦时。

海龙水库防洪效益显著。建库前，大柳河流域每3~4年发生一次洪水。1953年发生了10年一遇洪水，淹没耕地0.53万公顷。水库建成后，1959—1985年，有6年（1960、1964、1971、1973、1979、1983年）最大入库洪峰流量均在100立方米每秒以上，经水库调蓄后，削减洪峰流量56.1%~100%，共保护耕地0.49万公顷。1975年大柳河发生相当于30年一遇的洪水，最大入库洪峰流量465立方米每秒，经水库调节，下泄流量仅为7.9立方米每秒，使下游沿岸耕地免受水灾。1995年，辉发河流域发生有实测资料以来的首位大洪水，海龙水库入库洪峰流量1 499立方米每秒，相当于100年一遇特大洪水。海龙水库最大泄洪流量仅180立方米每秒，确保了下游沿河两岸的防洪安全。

海龙水库灌区为蓄、引、提相结合的大型灌区，被吉林省评为绿色标识AA级生态环境，生产的优质水稻闻名遐迩，被誉为"皇粮御米"的无公害水稻。

1976—1984年，海龙水库拦河坝经过安全加固和扩建，提高了水库蓄水能力，1985年灌溉面积达到1.22万公顷，超过设计灌溉面积0.96万公顷的27%，占梅河口市总灌溉面积的37.8%。2006年水田灌溉面积已达1.6万公顷。

海龙水库1959年建立了渔场，1960年建立了林场，1979—1983年相继建立了鹿场、参场、汽水厂、发电厂、制药厂和旅游服务场所，本着"以水为主，以副养水"的方针，在搞好农田灌溉生产的同时，大力发展以渔、林为主的综合经营。

纪 实

水库上游大柳河两岸地形多丘陵，为花岗质砂壤土，河道窄浅，平均宽度10米左右，河床底部多为砂质构成，河流蛇曲发育，河岸较陡，两岸护岸林发育良好。

水库下游除有大面积的水稻灌区外，在10千米处的右岸小杨乡庆云村半截山南坡，有吉林省级文物保护单位——金女真摩崖石刻。金女真摩崖石刻是我国仅存的几块女真字碑之一，距今已有800年的历史，是辽金战争的历史佐证。

水库下游40千米处的百年老城海龙镇，现已发展为梅河口市。梅河口市城市供水工程为亚行贷款吉林省供排水设施建设项目之一，总投资3亿元，从海龙水库取水，管线全长40千米，设计日供水量10万立方米。该工程建成后，从根本上解决了城区水资源严重短缺问题，对实现建设吉林省东南部区域中心城市的目标具有十分重要的意义。

由于海龙水库不断加强生态环境建设，现已成为鸟类的理想栖息地。2006年有5 000多只苍鹭和白鹭以及灰鹤、猫头鹰、鸳鸯、野鸭等珍稀鸟类到水库繁衍栖息，当地群众称其为"百鸟园"。

1.27.28.11.2 大横道河
(Dahengdao River)

辉发河支流白云河左岸支流，原名横道河，1988年吉林省进行河流普查时定名为大横道河。

大横道河发源于吉林省辽源市东丰县西南横道河镇庆岭南山二道沟村西，流向东南，贯穿东丰县横道河镇，于东丰县横道河镇龙头水库附近汇入白云河。流域面积196平方千米，河长29.2千米，河道平均比降3.4‰。

流域多年平均年降水量663毫米，多年平均年径流量0.36亿立方米，多年平均年输沙量3.62万吨，水质为Ⅲ类。

流域呈狭长形，河谷两侧山势陡峻，河谷宽1~3千米，河床宽10~20米，河道弯曲，水流较急，仅有小支流小横道河汇入，流域水土保持较好。

流域内支流小横道河下游建有中型水库龙头水库，控制流域面积45平方千米，总库容1 050万立方米。下游配套有横道河万亩水田灌区，库区建筑多为仿古式，配合观景亭和长廊，加上餐饮娱乐场所，吸引周边游客，已成为辽源市重点旅游区。还建有小（2）型水库2座、塘坝3座。流域土壤肥沃，是发展农林牧副渔业的良好基地，堪称鱼米之乡；人工种植人参较多，是东丰县主要产参区。

1.27.28.11.3 莲河
(Lianhe River)

辉发河左岸支流，原名沙河，满语为吉尔撒河，《东丰县志》载："曾于河之上流得石镵曰泥沙河"。1988年吉林省河流普查时，因其与**牡丹江**水系较大河流重名而改名为莲河。

莲河发源于吉林省辽源市东丰县杨木林乡兴安村老爷岭山东麓，由西向东流经杨木林、猴石、拉拉河、东丰、南屯基、三合等乡镇，于梅河口市莲河村汇入辉发河。流域面积1 066平方千米，河长80.1千米，河道平均比降0.9‰，莲河有流域面积100平方千米以上的支流3条。

莲河流域多年平均年降水量660.7毫米，年径流量0.66亿立方米，最大洪峰流量997立方米每秒，多年平均年输沙量58.46万吨。

莲河河源至猴石镇为上游，猴石镇到南屯基为中游，南屯基至河口为下游。南屯基以上为低山丘陵区，河槽宽由上游20米增至30米。河流下游两侧为黄土台地或辉发河河谷一级阶地，河漫滩较宽，河道弯曲，河岸多柳丛。

莲河出源后自西向东流，纳入的左岸支流有双顶子沟、黑牛圈沟、拉拉河、绕盈河、小柳树河；纳入的右岸支流有双山子沟、秀水河、高榆树沟及杨木背沟，于梅河口市莲河村汇入辉发河。

东丰县建县初期（1903年建县），莲河上游尚未被开垦，两岸多为塔头甸子，河槽窄深，水流舒缓而澄清。后来流域内人口增多，两岸平川逐渐辟为农田，尤其是东北沦陷时期，上游树木被掠伐一空，水土流失逐年加剧，河床因冲刷和淤积而逐年拓宽和抬高，至20世纪80年代末，河床已扩宽至二三十米，局部河段河床已高出地面，汛期日降雨量达到50毫米时河水就泛滥成灾。

东丰县人民政府所在地东丰镇位于莲河流域中游，是东丰县政治、经济和文化中心。新中国成立后，东丰县为治理开发莲河，于1975—1979年把建在一级支流小柳树河上的小（1）型仁合水库扩建成总库容0.12亿立方米的中型水库。该库以农田灌溉和城镇供水为主，设计灌溉面积340公顷，向东丰镇每年供水50万立方米，防洪除涝面积450公顷。此外，还在莲河流域大小支流上修建了12座小（1）型水库、29座小（2）型水库和62座塘坝；还建了靠山灌区，该灌区分布在莲河下游的河谷平原上，由五道岗拦河闸自流引水，灌溉面积1 000公顷。整个莲河流域各类水利工程总的灌溉面积5 034公顷，防洪除涝面积2 296公顷。

1.27.28.11.4　大沙河
(Dasha River)

辉发河左岸支流，发源于吉林省磐石市朝阳山镇青石村境内的青顶子山南麓，流向东南，先后为磐石市与东丰县、东丰县与梅河口市的界河，在梅河口市海龙镇汇入辉发河。

大沙河长82千米，流域面积1 014平方千米，河道平均比降0.6‰，有流域面积大于100平方千米的支流3条，多年平均年径流量0.76亿立方米。

大沙河上游为低山丘陵，中下游较平坦，河道弯曲，河槽窄深，河岸陡立，一般高出河底2～4米。河底为沙和淤泥，岸边柳条丛生，两岸多农田。平水年水面宽200～300米，水深2米以上；特大洪水水面宽可达1 400～1 600米，水深6.50米。多年平均年输沙量9.97万吨。水质为Ⅳ类。

大沙河流域有耕地1.5万公顷，虽无中型以上水库工程，但众多的小型农田水利工程在农田灌溉中发挥了重要作用。早在清光绪三十一年（1905年）便有朝鲜族人在桦树河卧牛山引水种稻。据20世纪末统计，东丰、梅河口两县市在大沙河流域共建有小（1）型水库15座、小（2）型水库36座、塘坝88座、电灌站31座、拦河坝5座。上述工程共形成总库容0.55亿立方米，设计灌溉水田面积6 248公顷。

大沙河自源头向东南流经梅河口市赵家街西，左岸有支流朝阳山东河汇入，自东丰县黄泥河镇南至梅河口市牛心顶先后有流域面积为122平方千米的小沙河、流域面积为155平方千米的黄泥河、老虎沟、流域面积125平方千米的桦树河和小柳树河自右岸汇入，于梅河口市野猪河乡大沙河村南有野猪河从左岸汇入，最后，于梅河口市海龙镇正义村汇入辉发河。

1.27.28.11.5　一统河
(Yitong River)

辉发河右岸支流，史称伊统河、图门水，发源于吉林省柳河县向阳镇龙岗山脉金厂岭，由西南向东北流经柳河县、梅河口市和辉南县，在辉南县朝阳镇以南注入辉发河。

一统河长140.4千米，流域面积1 547平方千米，河道平均比降0.9‰。有流域面积100平方千米以上的一级支流3条。

一统河流域多年平均气温5摄氏度，多年平均年降水量755毫米，6—8月降水占全年的59%，多年平均年径流量1.42亿立方米。汛期常遇暴雨，易造成洪涝灾害。每年10月下旬结冰，次年3月下旬融冰，4月上旬开河，多为"武开河"，易形成冰坝。

流域地势自南向北倾斜，植被良好，柳河镇以上为低丘陵，两岸多次生林；柳河镇以下河道渐宽，两岸多水田及柳丛。河床为砂卵石，两岸为砂壤土。

一统河出源后自西南向东北流，分别纳左岸支流于沟子河、大沙滩河、烧锅河及右岸支流大兴屯河、野猪河、三道沟、柳树沟、后仙人河等一级支流，在梅河口市进化镇有流域面积为145平方千米的碱水河自左岸汇入；继续前行左岸有两条支流义民河和新合沟汇入，于梅河口市河洼乡附近，纳入右岸支流乌鸡河。乌鸡河为一统河最大支流，流域面积338平方千米，其右岸还有李大院沟及圣水河等支流汇入，其中圣水河流域面积为175平方千米。

一统河上距柳河县城东10千米处有三仙夹森林公园，总面积达880公顷，为国家级森林公园。公园森林资源丰富，景色秀丽，是夏季旅游避暑之胜地。该区景观特点是自然和人工相结合，历史和现代相结合，南方和北方观赏相结合，围绕东北三宝和风俗民情开展微缩景观建设。人文景观主要有八仙亭、菊花亭、怡心亭、赏月亭、揽月亭、威虎亭、山神店、财神阁、文史斋和山门坊等。其中福兴寺最为著名。福兴寺占地10 000平方米，分上下两院，有大雄宝殿、观音殿、钟鼓楼和耳房等。

一统河流域水利工程较多。在柳河县烧锅村烧锅河上，建有总库容0.11亿立方米的柳河水库，该水库以城镇供水为主，兼顾灌溉、防洪等综合利用，每年可为柳河县城镇供水800万立方米，可灌溉水田333.33公顷，保护耕地2 000公顷和2.5万人口的防洪安全。在梅河口市进化镇杏山村碱水河中游，建有总库容0.27亿立方米的碱水水库，该水库可灌溉水田1 880公顷。在梅河口市新合镇新合沟上游，建有总库容0.13亿立方米的新合水库，灌溉农田340公顷。此外，一统河沿岸共建有小型水库12座、塘坝26座、拦河闸坝5道、电灌站15座，上述水利设施共可灌溉水田3 333公顷，并为0.24万公顷耕地和11万人口提供防洪保护。流域所产大米也有"贡米"之称。

1.27.28.11.6　三统河
(Santong River)

辉发河右岸支流，历史上有三通河、三纵河、三屯河的称谓，发源于吉林省柳河县红石镇龙岗山脉瓮圈岭，向东北流，经柳河县红石、三源浦、五道沟、驼腰岭、孤山子、姜家店、罗通山和辉南县样子哨、楼街、高集岗等10个乡镇，至辉南县高集岗镇马家岭西注入辉发河。源头处的河段当地称红石河，与其左岸支流兰山河和右岸支流小通沟河在三源浦朝鲜族镇汇合后始称三统河，在三源浦以上河系呈扇形，以下呈带形，河床为砂卵石，两岸为砂壤土。河长137千米，流域面积2 434平方千米，平均比降1.1‰，有流域面积100平方千米以上的支流7条。

流域地势自南向北倾斜，植被良好，三统河上游为山地和丘陵，辉南县样子哨镇以下沿河两侧多为冲积平原，土地肥沃。流域水资源丰富，多年平均年降水量755毫米，6—8月降水量占全年的59%，多年平均年径流量5.52亿立方米。汛期常遇暴雨，护岸易被冲毁，造成洪灾。每年11月上旬结冰，次年3月下旬融冰，年平均最大冰厚80厘米左右。水力资源理论蕴藏量12.6兆瓦，技术可开发装机容量为9.6兆瓦。多年平均含沙量0.429千克每立方米。Ⅳ类水质占评价河段的92.5%，余为Ⅲ类水质。

三统河出源后流向东北，先后接纳碱厂沟、虎沟子河；于柳河县三源浦镇西纳入流域面积为140平方千米的右岸支流小通沟河；然后分别在附近纳入流域面积为112平方千米的左岸支流拦山河和流域面积为104平方千米的右岸支流德兴屯河。继续东行后，先后纳入贾家沟、福利沟、南甸心河、大荒沟、德胜河及全胜河后，于柳河县姜家店乡附近纳流域面积为223平方千米的右岸支流凉水河，在左岸纳入流域面积为120平方千米的时家店河和罗家沟，于大通沟乡附近纳入流域面积为230平方千米的右岸支流后河；此后有左岸支流福民河、大砬子沟及右岸支流哈拉河、大苇沙沟依次汇入，于辉南县样子哨乡附近纳入流域面积为197平方千米的右岸支流大坦平河后河流转向北流，先后纳入杉松岗河、小黄泥沟两条右岸支流后于辉南县高集岗镇注入辉发河。

流域是辉南县主要产粮区，早在1902年就开始种植水稻，米质纯正、优良，曾作为朝廷贡米，素有"贡米之乡"之称。上游红石河上建有总库容0.2亿立方米的和平水库，可灌溉水田2 290公顷，防洪保护8 667公顷耕地和5.3万人口。在柳河县时家店乡时家店河上游建有总库容0.17亿立方米的时家店水库，可灌溉水田1 000公顷。在辉南县大椅山镇支流哈拉河上建有总库容0.42亿立方米的小椅山水库，水库除拦蓄哈拉河水外，还从相邻的后河跨流域引水做补充水源，补偿灌溉水田面积7 620公顷，发电装机容量1.26兆瓦，为辉南县渔业生产的主要基地之一。

三统河流域是吉林省水田开发较早的地方之一，除上述的3座中型水库外，还有小型水库7座、电灌站16座，其中柳河县三统河支流全胜河上的全胜水库和支流凉水河上的大西岔水库建于1945年。2005年统计，全流域共开发水田18 258公顷，蓄水工程配合两岸堤防共可为9 663公顷耕地和5.45万人口提供防洪保护。除小椅山水库装有发电机组外，三统河自上而下还建有姜家店、红旗、大通沟、胜利4座小型水力发电站，5站共有装机容量4.42兆瓦，设计年发电量1 368万千瓦时。

1.27.28.11.7 大龙湾

（Dalongwan Lake）

火山口湖，地质学称玛珥湖，是吉林龙湾群之一，位于长白山系龙岗山脉中段吉林省辉南县金川镇境内，水面面积81公顷，水面海拔625米，多年平均年降水量790毫米，集水面积200平方千米，最大水深97米，蓄水量0.16亿立方米。湖底质为砂石，湖水可饮用。大龙湾每年11月下旬封冻，次年4月上旬开湖。

吉林省称为"龙湾"的火山口湖共8处，其中的6处在辉南县东南部，由东北到西南依次为东龙湾、南龙湾、**三角龙湾**、大龙湾、二龙湾和小龙湾，每湖相距约六七千米；另外两处在相邻的靖宇县西南部，为龙泉龙湾和四海龙湾。

大龙湾

8处龙湾被国家林业局批准为吉林龙湾国家级自然保护区，主要保护对象为湿地、森林、火山湖群，总面积15 061公顷。其中辉南县的6处龙湾已于1992年辟为吉林龙湾国家森林公园，总面积8 102公顷。2005年被评定为国家AAAA级旅游风景区、全国科普教育基地和中国人与自然生物圈保护区网络成员。

吉林龙湾"美在原始，贵在自然"。湖水幽深清澈，最深的东龙湾水深107米，最浅的小龙湾水深也有20米。

大龙湾在吉林龙湾群中面积最大，水面最宽，自然景观更有众多奇特之处。南岸水域中有一半岛，岛上芦苇丛生，故名芦花岛，半岛四周有一片"水上森林"，长约150米，宽约70米，树种多为白桦，其成因是芦花岛上芦苇密布，岁岁枯荣，盘根错节，经常年累月形成了一个漂浮在水面上的硕大草甸，厚达5～7米，上面沉积着大量的腐殖质，具备了乔木生长的条件，所以形成了"水上森林"。林下水深竟达二三十米，游人在游廊步道上穿行于白桦、芦苇之间，随着草甸上下波动，似泛舟水上，别有情趣。大龙湾四周有许多玄武岩溶洞，其北岸最大的溶洞深达15米，宽20米，高约2米，早年曾有道人修行于此，今倚山就洞建有道观龙潭宫和三清阁。在大龙湾东南不远处有响水河从熔岩地貌的陡坎跌落，形成5米落差的吊水壶瀑布，水流喷珠溅玉，声闻数百米，沿响水河修有2 800米的游廊步道，上建萨满图腾林、木桥、索道、石径、亭台，响水河从旁潺潺

吊水壶

流过。火山石俯拾皆是，青山翠谷，空气清新，被称为"天然氧吧"。瀑布附近的一个山沟里，集中分布着21眼火山井，井口浑圆，突出地表，直径最大不过1米，深度均在2～3米间，井下存有大量木炭，其成因尚待研考。

大龙湾有56种野生动物和500多种野生植物，其中有野山参、天麻、平贝母、灵芝、猴头菇等名贵药材和菌类，也有

梅花鹿、野狐狸、野兔、鸳鸯、苍鹭等珍禽野兽。

据地质专家考察，吉林龙湾群是早更新世晚期至中更新世早期火山喷发所形成，为已发现的中国最大的、世界典型的玛珥湖群，它的价值不仅在于旅游开发，更重要的是它保存了全世界最完好的原始地貌形态，这对地球科学的研究有特殊意义。龙湾一带的崇山密林曾是抗日英雄杨靖宇战斗过的地方，抗日名将金伯阳、曹亚范在这里壮烈殉国。

1.27.28.11.8　三角龙湾
(Sanjiaolongwan Lake)

位于长白山系龙岗山脉中段吉林省辉南县金川镇境内，是两个并列的火山口同时喷发所形成的罕见的孪生火山口湖，因水面略呈三角形而得名。湖面海拔 722 米，集水面积 120 平方千米，水面面积 48 公顷，最大水深 97 米，蓄水量 956 万立方米。湖底质为砂石，湖水可以饮用。每年 10 月下旬封冻，次年 4 月上旬开湖。

三角龙湾在吉林龙湾群中景色更有其特别之处。周边峰峦叠翠，古树参天，环湖皆山，山峰奇险。北岸奇峰挺拔，怪石嶙峋，有高 70 多米的"三剑峰"，像三把巨剑直刺蓝天；其南侧的

三角龙湾

"映霞壁"，高 90 余米，上筑"通天亭"；西岸高耸着刀劈斧砍般陡峭的石壁——佛手崖；东岸山麓宽阔平坦，春季杜鹃花盛开，艳丽夺目。南岸古树参天，幽深莫测。湖心位置偏北，有残留的火山口堆积形成的小岛——虎头岛，岛上建有灵心阁，登阁观湖，烟波浩渺。

1.27.28.11.9　挡石河
(Dangshi River)

辉发河左岸支流，河名为满语"达什"的音转，"达什"意为"鸳鸟"；另说，河里的石头可做磨刀石，故称挡石河。

挡石河发源于吉林省磐石市朝阳山镇红石砬子山东侧，由西北向东南流至磐石市牛心镇兰家村汇入辉发河。河长 51.6 千米，流域面积 999 平方千米，河道平均比降 1.2‰。流经磐石市的朝阳山、磐石、宝山、牛心等四乡镇。域内有流域面积在 100 平方千米以上的支流 2 条。

挡石河自源头向东南流，先纳入左侧支流永宁河，经磐郊乡附近于右侧纳入流域面积为 216 平方千米的拐子炕河；后陆续纳入磐石河、西孤顶河、东兴隆河、中富河等几条支流汇入后，经宝山乡于右侧纳入流域面积为 361 平方千米的支流亮子河。

挡石河流域多年平均年降水量 708.3 毫米，多年平均年径流量 0.76 亿立方米，最大洪峰流量 1 250 立方米每秒（1994年 8 月 16 日）。流域多年平均含沙量 0.42 千克每立方米，多年平均年输沙量 3.84 万吨。

挡石河地处低山丘陵区，上游呈扇形河网，水势较猛；中游河谷较宽、平坦、开阔，多为耕地，适宜发展水田；下游两岸多山丘，河谷收缩，河床窄深，易坍岸。大洪水年挡石

河河道宣泄不畅，河水经常泛滥，淹没耕地，再遇辉发河洪水顶托时，则淹没历时加长，灾情加重。

挡石河流域没有中型以上水库工程，但小型水库工程数量较多、效益较好。在其支流上共建有 11 座小（1）型水库、36 座小（2）型水库、250 多座塘坝和 15 道自流引水拦河坝。上述工程设计灌溉面积可达 5 000 公顷，可防洪除涝面积 2 320 公顷。流域现有耕地 2.26 万公顷，其中水田 7 096 公顷，为磐石市重要水稻产区。

1.27.28.11.10　富太河
(Futai River)

辉发河左岸支流，河名为满语"富塔"谐音，"富塔"意为"绳子"，也称条子河。

富太河发源于吉林省磐石市石嘴镇境内的哈达岭中部的大老爷岭山南麓，由西北向东南流至牛心镇茶尖村下陡沟屯汇入辉发河。河长 55 千米，流域面积 455 平方千米，河道平均比降 1.4‰，流经磐石市的石嘴、富太、牛心、红旗岭、黑石等 5 个乡镇。

富太河流域多年平均年降水量 678.5 毫米，年径流量 1.11 亿立方米，水质为Ⅲ类。该河上游区河谷狭窄；中游河谷开阔，一般宽在 2～3 千米，两岸低山，覆盖着茂密的林木；下游河谷变窄，河道弯曲，两岸林木茂密。

富太河支流比较多，但都比较小，出源后先后有北朱奇河、八家子河、司家街河、联河、新民河、新裕河等七条支流汇入，这七条支流的流域面积在 20～90 平方千米之间。

富太河每逢汛期洪水来势凶猛，且易受辉发河洪水顶托，河道宣泄不畅，时常造成洪涝灾害。1953 年 8 月 11—20 日，流域内连续降雨 283 毫米，河水泛滥成灾，上游石嘴铜矿遭受严重损失，下游河口处大桥整个被洪水冲走。为防御水害，发展灌溉，磐石市在富太乡柳杨屯附近富太河上游建成一座以灌溉为主，兼顾防洪、养鱼等综合利用的中型蓄水工程——柳杨水库。水库控制流域面积 92.5 平方千米，总库容 0.19 亿立方米，设计灌溉水田 1 800 公顷，防洪保护耕地 3 900 公顷，形成养鱼水面面积 189 公顷。

1.27.28.11.11　呼兰河
(Hulan River)

辉发河左岸支流，原名呼兰沟，1981 年定名为呼兰河。呼兰为满语，意为"烟囱"。

呼兰河源出吉林省磐石市境内哈达岭的棺材砬子山南侧，由西北向东南流至磐石市黑石镇呼兰河口屯汇入辉发河，流经磐石市的驿马、呼兰、黑石 3 个乡镇。河长 41.3 千米，流域面积 320 平方千米，河道平均比降 2.4‰。

呼兰河自河源至呼兰镇官马屯为上游区，河两侧山坡林木茂密，河谷较窄；官马屯至田家屯为中游区，河谷开阔平坦，两岸为水田，是磐石市水稻重点产区；田家屯至河口为下游区，河道渐窄，弯曲较多，河道比降大。

呼兰河流域多年平均年降水量 750 毫米，年径流量 0.99亿立方米，水质为Ⅱ类。

呼兰河从源头到汇入口只有三条支流自左岸汇入，它们分别是郭家店河、梁家河及东二道河，流域面积在 20～40 平方千米之间。

呼兰河流域由于降雨充沛且集中，下游河道狭窄，故每逢汛期洪水上涨，河水宣泄不畅，易造成洪涝灾害。1968 年 7 月 1 日，流域内突降 2 小时暴雨，降雨量达 117 毫米，河水出

槽成灾，淹地667公顷，绝收400公顷，部分民房进水，溺死2人，呼兰大桥（4孔石拱桥）被毁。为防御水害，发展灌溉，于1967—1970年在呼兰河上游官马屯镇段上建成一座以灌溉为主，兼顾防洪、发电、养鱼等综合利用的中型蓄水工程——官马水库。水库集水面积71.4平方千米，总库容0.12亿立方米，灌溉农田1 450公顷，防洪除涝面积1 000公顷，养鱼水面128公顷。

在呼兰河上游距磐石市东北烟筒山镇南7千米处有官马溶洞风景区。官马溶洞是大约1亿年前地壳运动时，火山喷发形成的地表熔岩洞，溶洞分布在古生代石炭系地层中，岩石多为石灰石和大理石，由于火山喷发出的大量酸性物质长期侵蚀以

官马溶洞

及地球内部的造山运动，形成了一个雄奇瑰丽迂回曲折的地下溶洞。溶洞具有鲜明的中国北方型溶洞特征。溶洞内景物奇特，巧夺天工，洞中有洞。洞体分为上、中、下三层，开发面积约3 800多平方米，总长度490米。洞内空气畅通，常年恒温10摄氏度，四季凉爽宜人。

2001年被国家旅游局评为AA级景区。

1.27.28.11.12　金沙河
（Jinsha River）

辉发河左岸支流，河名为满语"奇尔萨河"的音转，奇尔萨意为"沙狐狸"。

金沙河发源于吉林省桦甸市八道河子镇黑风顶子山西北侧，由西北向东南流至桦甸市金沙乡福兴村西南汇入辉发河。河长70.3千米，流域面积1 209平方千米，河源与河口相对高差247米，河道平均比降2‰。流经桦甸市八道河子、横道河子、榆木桥子、金沙等4个乡镇。有流域面积100平方千米以上的一级支流3条。

金沙河流域多年平均年降水量731.1毫米，年径流量3.11亿立方米，最大洪峰流量697立方米每秒（1973年），最小流量为0（1968年2月）。全河水质属Ⅲ类。

金沙河流域上游为低山区，坡度较陡，植被较好；中下游为丘陵区，植被较差，沿河有冲积平原，其中50%左右已垦为水田。

金沙河出源后，先于右岸纳入兴隆河，再于左岸纳入桦新河，于桦甸市八道河子镇东南纳入流域面积为212平方千米的右岸支流八道河后，于榆木桥镇附近纳入流域面积为120平方千米的右岸支流栗子河，于横道河子乡附近纳入流域面积为288平方千米的左岸支流横道河之后，又分别有寿山河、双胜河等两条支流从右侧汇入，有北柳树河、水新河等两条支流自左侧汇入后，于金沙乡福兴村西南汇入辉发河。

金沙河流域水田开发已有百余年历史，素有"桦甸粮仓"之称。据史载，清光绪六年（1880年）即有朝鲜族农民进入域内八道河子、榆木桥子、横道河子一带拦河筑坝，垦种水田；下游金沙乡一带，1936年日伪时期有日本"开拓团"在此种植水稻。新中国成立后，1982年在桦甸市八道河镇双杨树屯的金沙河上游河段修建了一座以灌溉为主，结合防洪、发电、养鱼等综合利用的中型蓄水工程——双杨树水库，总库容0.12亿立方米，灌溉水田1 400公顷。金沙河支流上建有4座小型水库及20余座塘坝和一座大型拦河坝。以上工程灌溉面积可达1.74万公顷。

1.27.28.12　漂河
（Piaohe River）

第二松花江右岸支流，曾名费岳和河，满语费岳和意为"瓢"，因过去在该河两岸采伐林木靠河水漂运，故称漂河。

漂河发源于吉林省蛟河市白石山镇威虎岭山脉新开岭北侧，由东北向西南流至蛟河市漂河镇蛇岭沟村汇入第二松花江。河长68.6千米，流域面积763平方千米，河道平均比降3.6‰。域内有流域面积100平方千米以上的支流1条。

漂河属山区河流，多年平均年降水量837.8毫米，年径流量2.02亿立方米。最大洪峰流量639立方米每秒（1960年8月24日），每年11月下旬至次年4月上旬为结冰期。漂河上中游为低山区，下游为丘陵区，两岸林密，植被良好。上游河床窄浅，中下游河床窄深，河道弯曲，河岸较陡，洪水不易出槽。水质为Ⅲ类。

漂河共有11条一级支流。左岸支流有琵河、三道漂河、二道漂河、头道漂河、寒葱河；右岸支流有场东河、场北河、新发河、二道半河、北京窑河和小头道沟。只有琵河的流域面积大于100平方千米，其他支流流域面积较小。

漂河流域盛产晒烟（俗称黄烟），已有

漂河烟

340余年栽培历史，所产"蛟河烟"（"关东烟"）。曾有"青筋暴绽虎皮色，锦皮细纹豹花点，灰白火亮串味足，小把玲珑算珠拐"之评说。清咸丰年间被册封为贡品。全市年烟叶种植面积800多公顷，每公顷年产量3 000千克以上。

1.27.28.13　蛟河
（Jiaohe River）

第二松花江右岸支流，为满语"蛟别拉"的转音，意为"狍子河"，明代称尧都河，清代称退搏河，后称嘎呀河。1988年吉林省河流普查时，因其与省内大河流重名，且流经蛟河市，故改名为蛟河，而将其原名蛟河的支流改为小蛟河。

蛟河发源于吉林省蛟河市前进乡境内张广才岭二秃顶子山西麓，由东北向西南流至蛟河市池水乡汇入第二松花江。河长84.7千米，流域面积2 470平方千米，河道平均比降1.9‰。流经蛟河市的前进、乌林、奶子山、蛟河镇、新站、拉法、黄松甸、白石山、池水等9个乡镇（街道）。

蛟河自源头向西南流，沿程支流较多，流域内有流域面积100平方千米以上的支流5条。先后纳入的一级支流有左岸的平地沟、二道河，右岸的静安河，左岸的二道沟，右岸的北沟，左岸的相木林子河，右岸的长岭子河，于左岸南岗子乡新立村纳入流域面积为297平方千米的义气河之后，先后接纳

左岸的小富太河和乌林河，右岸的柳树林子河，于蛟河镇西纳入其最大支流**拉法河**。在拉法河口以下有流域面积为 431 平方千米的左岸支流小蛟河汇入，下行至蛟河市池水乡汇入第二松花江。

蛟河属山区河流，流域多年平均年降水量 688.9 毫米，年径流量 7.25 亿立方米，最大洪峰流量 2 760 立方米每秒（1989 年 7 月 22 日），多年平均含沙量 0.22 千克每立方米，年输沙量 18.3 万吨。每年 11 月下旬至次年 4 月上旬为结冰期，多年平均日照时数 2 406.4 小时，多年平均气温 4.5 摄氏度。全河水质均属Ⅲ类。

蛟河流域上游位于张广才岭西坡，属中山林区，植被好；中游为低山丘陵地带，再生林茂密，植被较好，河水清澈；下游河谷开阔平坦，形成冲积盆地，河槽较深，有冲淤现象。流域主要土质为冲积土、水稻土和草甸土。蛟河市城区以下河槽加宽，洪水时水面宽可达 1 千米以上，河道多弯曲。由于上、中游支流汇入多，水量较大，雨季洪水急剧下泄，河槽很难容纳，多雨年份经常泛滥成灾。据史料载，清宣统元年（1909 年）夏，山洪暴发，"洪峰所到之处田产荡尽"；1951 年 8 月，洪水冲毁蛟河城内大部分房屋；1989 年汛期，蛟河流域发生 100 年一遇洪水，造成 3.90 亿元的经济损失，25 名群众在洪水中丧生，有 7 名解放军战士在抢险中光荣牺牲。

蛟河红叶

1989 年灾后加大了流域治理力度，从 1992 年开始，全面启动城区防洪工程建设及河道整治工程，到 2001 年完成了蛟河市城区第一期防洪工程建设，共建成可防御 50 年一遇洪水的城区内外河堤 31.55 千米和两座橡胶坝。

蛟河流域水田开发较早。据史载，自清光绪三十四年（1908 年）已有朝鲜族农民进入流域内拦河筑坝，垦种水田。新中国成立后，流域内修建了一大批蓄引提灌溉供水工程，其中中型水库 1 座（龙凤水库，总库容 0.148 亿立方米），小（1）型水库 11 座，灌溉面积在万亩以上的蓄水、引水灌区 3 处，成为吉林省水稻主要产区。蛟河流域煤炭资源丰富，煤矿开采已有 120 余年历史，现储煤量仍有 1 000 万吨左右。

蛟河流域林木资源丰富，现尚可见原始森林，野生林业经济发展潜力大，域内有五味子、红松籽、核桃、木耳等野生林果 500 余种，常见的野生动物有黑熊、梅花鹿、狍子、野猪等 20 余种，东北虎、金钱豹等珍贵动物也偶有所见。在上游支流二道河的三河村境内有辽金时代的高丽古城遗址。

1.27.28.13.1　拉法河

（Lafa River）

蛟河右岸支流，河名是满语"拉佛"的音转，拉佛意为"熊"，故曾有黑瞎子河的俗称，又因该河位于蛟河市城区以北，当地亦习称为北河。

拉法河发源于吉林省蛟河市新站镇北的老爷岭山脉东侧，由北向南流至蛟河市区汇入蛟河。河长 56.7 千米，流域面积 885 平方千米，河道平均比降 2.8‰。流经蛟河市的新站镇、拉法街和蛟河市城区汇入蛟河。域内有流域面积在 100 平方千米以上的支流 2 条。

拉法河属山区河流，流域多年平均年降水量 684.2 毫米，年径流量 2.7 亿立方米，最大洪峰流量 1 800 立方米每秒（1989 年 7 月），每年 11 月中下旬至次年 3 月下旬或 4 月初为结冰期。Ⅱ类水质占评价河段的 80%，余为Ⅲ类水质。

拉法河自源头开始，沿程先后有右岸支流朝阳河及大姑家河汇入，于新站镇西纳入流域面积为 243 平方千米的左岸支流龙凤河，之后在纳入右岸支流义马河后，于拉法镇附近纳入流域面积为 177 平方千米的右岸支流海青河，在纳入右岸支流东德河后于蛟河市城区汇入蛟河。

拉法河上游多山丘，水流较急；中游两岸为丘陵，山坡多为耕地，植被差；下游河槽宽广，水流平稳，洪水时水面宽可达 1 000 米以上，河岸冲刷和塌岸现象严重。

拉法河中下游的拉法街道办事处驻地东侧有拉法隘口，是由河西岸的拉法西山与河东岸的小砬子山对峙而形成，隘口谷底宽 1 000 米。拉法河及长图线、拉滨线铁路均从隘口通过。该隘口地势险要，是通往我国东部边疆的咽喉要道，自古为兵家必争之地。412 年，高句丽王国曾在此建立城池，清代在这里建有重要的交通驿站。1946 年 6 月，此处曾发生拉新战斗，东北民主联军一举歼灭国民党七十一军八十八师两个团和一个营的兵力，成为解放战争史上以优势兵力全歼敌人有生力量的一次典型战役。新中国成立后，蛟河人民为了纪念在此战役中牺牲的烈士，1961 年，在拉法河西岸山上建立了"拉新战斗纪念碑"。河流中下游左岸有拉法山，因其山峰嶙峋陡峭，故又称"拉法砬子"。此山属低山组合，水平范围约 9 平方千米，主峰海拔 886.2 米，自然形成中间高两边低的九顶奇峰。山中洞多，有"七十二洞"

拉法山

"九顶铁叉山""八宝云光洞"之说，神话轶闻流传遐迩，古有僧道在此修行，如今前来旅游观光者络绎不绝。1995 年，国家林业局将此山批准为拉法山国家森林公园后，峰奇洞优的拉法山景区更是远近闻名。

1.27.28.14　丰满水库

（Fengman Reservoir）

第二松花江中游河段上的一座以发电为主，兼有防洪、灌溉、工农业及城市供水、航运、养殖和旅游等综合利用的大型水利枢纽。位于吉林省吉林市城区东南 24 千米处，控制流域面积 4.25 万平方千米，占第二松花江流域面积的 57.9%，是白山、红石、丰满梯级水库开发的最下一级。水库于 1937 年开工建设，是东北地区最早修筑的大型水库。

丰满水库放流

概　述

丰满水库以上为高山区，山岭重叠，河谷狭窄，且水量丰富，是水力开发的理想河段。

水库区的气候特点是：冬季漫长寒冷，夏季湿润多雨，日照充足，四季分明。库区以上流域植被良好，水质总体良好，2005年环保部门鉴定为Ⅳ级水体（总氮超标），含沙量较小。

丰满水库多年平均入库流量441.3立方米每秒，多年平均年径流量139.0亿立方米，其中62.9%的径流集中在6—9月，11月至次年4月枯水期仅占20.5%，最枯的2月仅占0.93%。汛期的径流量中由几次集中洪水所形成。

丰满水库为多年调节水库。工程由混凝土重力坝、溢流坝、坝后厂房、左岸泄洪放空洞及三期发电厂房组成，大坝按500年一遇洪水设计，10 000年一遇洪水校核，坝顶高程267.7米，最大坝高91.7米，坝长1 080米，总库容109.88亿立方米。左侧为溢流坝段，共11孔，空口尺寸12米×6米，最大泄流量10 450立方米每秒。泄洪洞位于左岸，直径9.2米，最大泄流量1 234立方米每秒。厂房位于河床右侧，电站初期装机8台，总装机容量552.5兆瓦；二期工程装机2台，总装机容量170兆瓦；水电站的三期工程是利用左岸泄洪洞（泄洪时不发电）安装2台机组，总装机容量280兆瓦。丰满水电站三期合计总装机容量1 002.5兆瓦，多年平均年发电量19.68亿千瓦时。

丰满水库建库以来，效益显著。1953年丰满水库开始进行完全人工调节以后，对几场大洪水丰满水库削减洪峰实际数据进行了统计。洪峰超过7 000立方米每秒的1953、1957、1960、1964、1971、1975、1995、2010年等8场大洪水，丰满水库削减下游洪峰分别为56.1%、63.8%、79.2%、44.6%、56.9%、76.3%、72%、79%，削峰效果十分显著；1993、1957、1960年的大洪水削减松花江干流的哈尔滨站洪峰18.5%、14.7%、9.0%。充分说明丰满水库对水库以下的吉林、松原乃至哈尔滨等城市以及沿江广大农村的防洪作用是很大的。

其次是发电效益，据统计丰满发电厂截至2005年年底，累计发电量915.16亿千瓦时，其中1943年2月至1948年年底发电量28.40亿千瓦时，1949—1985年发电量576.21亿千瓦时，1986—2000年发电量241.93亿千瓦时，2001—2005年发电量68.61亿千瓦时。历史最大年发电量为1960年的27.5亿千瓦时，最小年发电量为1978年的5.48亿千瓦时。丰满发电厂是东北电网调峰、调相和事故备用的主力电厂，为东北电网安全经济运行作出了巨大贡献。

丰满电厂在按计划进行调节时，发电加供水放流在3 000立方米每秒以上，保证了下游吉林市的供水，促进了下游吉林省永吉、舒兰、榆树和前郭等旗县的大型灌区的发展，同时也为航运提供了条件。库区有3.14万公顷水面可发展渔业，并开辟了松花湖旅游区。丰满水库在为水库下游城乡防洪提高了防洪标准和为东北电网提供强大电力的同时，还保障了吉林、长春等城市用水需求。为充分利用丰满水库下泄水量，在丰满大坝下游10.3千米的永庆建设了一个反调节水库，改善了吉林、长春两市及下游广大地区的生产、生活用水条件。丰满水库区涉及吉林、桦甸、蛟河和永吉等四市县，对丰满以下的吉林、松原、哈尔滨城市以及两岸农田和农村防洪具有十分重要的保护作用。松花湖航运线里程270千米，是第二松花江的重要水道。湖区水运终点站桦树林子，是一座具有北国水乡特色的小镇，对面是一座突石峭立的牡丹砣子，背靠着层峦叠嶂的长白山脉，农、林、牧、副、渔五业兴旺。湖区可养鱼的水面面积3.14万公顷，是吉林省重要渔业基地，盛产鲢、鳙、鲤、鲫、鳌花、鳊花、麻鲢、青鳞等。

纪　实

丰满水库工程建设的历史，可以追溯至20世纪的30年代，日（本）伪（满洲国）统治时期，日伪政府于1936年提出本间计划书（即丰满水电站设计书）；同年11月，将水丰、镜泊湖、丰满三电站列入产业开发五年计划；1937年1月成立水力电气建设局，负责伪满水电开发，决定在丰满工地成立工程事务所并负责具体工作。丰满水电站工程于1937年4月开工建设，1938年9月大坝开始浇筑混凝土，1942年11月7日丰满水库下闸蓄水，年末库水位达216.73米。1943年2月15日及20日电站两台厂用机先后发电，3月25日及5月13日1号及4号机组开始发电，用154千伏电压向长春和哈尔滨送电，工程并未完全建成。1944年前后，随着日本侵略战争的节节失利，工程施工进度受到严重影响。

1945年8月15日日本投降，8月18日苏联军队进驻丰满，当时工程全部停止，电厂由职工维持，照常发电。1945年11月7日苏联军队撤出丰满，东北民主联军进驻并接管了电站，是丰满的第一次解放。1945年末至1946年春电站着手恢复施工，1946年4月8日开始浇筑大坝混凝土。1946年春成立丰满水电局，并由吉林省政府接管。

1946年5月28日，由于整个解放战争政治形势与战局的需要，东北民主联军主动撤离丰满。5月29日国民党军队进入丰满，丰满水电局被国民党东北电力局接管，改名丰满发电区管理处。

1948年3月9日人民解放军进驻丰满，接管了电站。3月18日开始向吉林送电，3月29日向哈尔滨送电。同年5月正式恢复丰满水电局工作，丰满电站的续建、改建、扩建正式全面展开。1950年10月末续建工作基本完成，各补强工程于1952年7月底汛前全部完工；1953年年底丰满大坝的恢复与改建工程基本结束，并安装了溢流闸门，水库开始进行完全人工调节；1959年最后一台机组投入发电，一期工程共8台机组全部投入并网发电，装机容量552.5兆瓦。

1988年4月进行了丰满水库二期工程建设，对9号、10号机组进行扩机，装机容量170兆瓦，两台机组先后于1991年12月和1992年6月投入运行。1994年开始进行三期扩机工程，利用左岸泄洪洞安装两台水轮发电机，在不影响大坝安全的前提下，成功进行了水下岩塞爆破。扩建电站装机容量280兆瓦，1997年完工。目前丰满发电厂总装机容量达

1 002.5兆瓦，进一步提高了丰满电厂作为东北电力系统主力电厂的作用，担负全网供电、调峰、调相、事故备用的任务。

水库经过多年的建设，已成为旅游名胜地松花湖。

松花湖位于吉林市东南。从吉林市出发，汽车穿行10里沿江路，便踏上了吉林—丰满公路，大约行驶24千米，即可见到横卧于第二松花江上的丰满大坝。每当汛期水库泄洪时，开启溢流坝闸门，湖水从90多米的高处凌空跌落，飞泻而下形成蔚为壮观的飞瀑，气势磅礴，雄伟壮观；当水流经过"跃下槛"时腾起几十米高，形成片片水花，在阳光照射下呈现出条条彩虹，缤纷夺目。

松花湖

松花湖是个十分理想的旅游和疗养胜地。沿岸山岭起伏，森林茂密，空气清新，水面广阔，湖水清澈，景色宜人，再配上湖滨的白沙、青松，湖中的岛屿，碧水蓝天，峰峦青翠，宛如一幅美丽的山水画卷，是人们理想的娱乐、休闲、游览场所。游人在此可以登山、垂钓、划船、溜冰、滑雪、狩猎等，尽情地欣赏大自然的美趣。这里春有鲜花，夏有绿阴，秋有红枫，冬有银雪和雾凇，四季景色绚丽多彩。尤其是在百鸟齐鸣、万紫千红的夏季里，常有渔帆三五成群行驶湖中，忙碌捕鱼的鱼鹰旋浮水面，更增加了碧水湖光的美丽。

雾凇

登上游艇，沿湖上溯，可望龟头岛、迎宾岛、松树坡、丰太座、钓鱼湾一直到五虎岛。

五虎岛距丰满大坝有55千米水路，岛的外形恰似五虎戏水。虎头伸向东南西北的水域之中，形成一条条幽静的湖湾。湖湾上，沙洲片片，湖湾水平如镜，清澈见底。岛上林木葱葱，鸟语花香，湖光山色，树海云林，置身其中令人神清气爽。

行走在松花湖岸边，人们可以看到许许多多漂木沉浮在水中，这是松花湖的特产之一、用作根雕艺术的一种原材料——浪木。松花江岸边树木倒入水中，经过江水成千上万次的冲刷激荡挤压，无数个春夏秋冬的风吹日晒，淘汰掉软组织部分，变得无比坚硬和千奇百怪，人们将其打捞上来，根据其原始形状，经过艺术加工，形成了一件件栩栩如生的艺术品。

位于丰满水库坝址上游160千米的桦甸县城处在丰满水库的回水淹没区和影响区内。日伪时期，根据当时的认识水平在修建丰满大坝的同时曾考虑过水库的回水，但水库对桦甸镇的影响范围只是凭估计得出，并以此修筑了防水堤保护工程。1995年7月，**辉发河**发生自1888年以来的最大洪水，洪峰流量达9 350立方米每秒，由于防水堤布局不合理标

浪木

准偏低，堤防质量差，造成两处堤段决口，三分之二堤段漫水，桦甸市区全部被洪水淹没，损失严重。大水过后，人们对丰满回水影响和桦甸大堤防汛情况进行了进一步的研究，并作了改建设计与施工。大堤采用1995年洪水标准，设计洪峰流量9 804立方米每秒，达到100年一遇洪水标准。同时，对12.67千米大堤进行了加宽、培厚、边坡防护、基础防渗、穿堤建筑物改造等处理，保障了桦甸市人民生命和财产的安全。

1.27.28.15 温德河
(Wende River)

第二松花江左岸支流，其上中游河段原称五里河，下游河段因河口临近温德亨山，故称温德河。据《吉林通志》和《永吉县志》载，温德河古时称为温德亨河或温德赫思河，"温德亨"为满语，意为"祭祀"之意。1988年吉林省河流普查时，上下游统称温德河。

温德河发源于吉林省永吉县北大湖镇境内哈达岭山脉肇大鸡山西北侧，由南向北流至吉林市丰满区小白山乡汇入第二松花江。河长64.5千米，流域面积1 179平方千米，河道平均比降2.9‰，流经永吉县的北大湖、西阳、口前镇和丰满区的前二道、小白山及船营区欢喜乡等7个乡镇。有流域面积100平方千米以上的支流3条。

温德河自源头开始先于左侧纳入草庙子河、幌子河，在右侧纳入玉道沟，于五里河镇纳入流域面积为135平方千米的右岸支流白马夫河，后接纳左岸的两条支流鸦鹊河和牛场河，于口前镇西纳入流域面积为308平方千米的西阳河，后陆续接纳右岸支流四间河、巴虎河，左岸支流兴家甸河、前二道河、铜匠河后汇入第二松花江。

温德河流域多年平均年降水量685.4毫米，多年平均年径流量1.79亿立方米，最大洪峰流量2 800立方米每秒（1953年8月）。年均含沙量0.61千克每立方米，多年平均年输沙量9.7万吨。每年11月上旬至次年4月上旬为结冰期。河流Ⅲ类水质占评价河段的86.4%，余为Ⅱ类水质。

温德河上游（永吉县北大湖镇以上）为山区，山高，坡降大，水流湍急，河谷宽达1 000余米，河床宽浅；中游（永吉县北大湖镇至口前镇）为丘陵区，河谷宽1 000～3 000米，河宽50～100米，多浅滩，洪水易出槽，河道冲刷严重，摆动频繁，有明显的改道遗迹，沿岸开阔平原为永吉县口前镇水稻产区；下游（永吉县口前镇至河口）河谷宽2 000～3 000米，右岸为小白山山地，左岸逐渐开阔为平原，地势平坦，耕地多为水田和菜田，河道宽浅，一般河宽200～300米。

温德河流域水资源较丰富。新中国成立后,在其干流及主要支流上先后修建了2座中型水库(朝阳水库、二道水库)和4座小(1)型水库,以上6座蓄水工程总集水面积148.1平方千米,设计蓄水量0.34亿立方米,可灌溉水田3 714公顷,防洪保护耕地面积630公顷。

永吉县城口前镇位于温德河中下游,常受洪水威胁。1999—2001年,永吉县按50年一遇防洪标准在县城口前镇温德河段建成混凝土护岸工程4.51千米。该河对吉林市城区防洪也颇有影响,1953年8月,丰满水库放流5 000立方米每秒,该河最大洪峰2 800立方米每秒,两河洪水遭遇使吉林市城区遭受100年一遇洪水灾害。因此,1982年吉林市修建城市防洪工程时,即按8 300立方米每秒(丰满水库放流5 000立方米每秒、温德河最大洪峰流量2 800立方米每秒、区间洪水500立方米每秒)设防。

温德河流域中游段有古代石棺墓群、烽燧遗址,据鉴定,均属西团山文化和青铜器文化遗存。在温德河下游临近汇入第二松花江处的丰满区小白山乡有一座高程313.3米的小山,满语名为温德赫恩山或温德亨山。据史载,清朝视长白山为祖宗发祥之地,曾派高官至长白山祭祀,后因路远难行,于清雍正十一年(1733年)在此山上建成望祭殿,每年由吉林将军率文武官员登此山望祭长白山神。清乾隆十九年(1754年)秋,乾隆皇帝东巡吉林时,曾到此山祭祀。从此,后人便把温德亨山看做是长白山的象征,故称"小白山"。

1.27.28.16 牤牛河
(Mangniu River)

第二松花江右岸支流,牤牛是满语"毛令"的音转,毛令意为"马",形容河水湍急,似马奔腾。

牤牛河发源于吉林省蛟河市天岗镇老爷岭山脉生菜顶子山西侧,由东向西流经蛟河市的天岗镇和吉林市龙潭区的江密峰镇、江北乡,至江北乡唐王村西汇入第二松花江。河长78.4千米,河道平均比降2.7‰,流域面积874平方千米。有流域面积100平方千米以上的支流1条,为右岸支流红星河。其他较小的支流9条,分别是左岸支窝集河、大伙棚河、蛤蟆河、南沙河、小川河和唐坊河;右岸支流七道河、永丰河和夹信子沟。

牤牛河属山区河流,流域多年平均年降水量733.2毫米,多年平均年径流量1.59亿立方米,最大洪峰流量380立方米每秒(1989年7月24日),多年平均年输沙量1.49万吨。每年11月上旬至次年4月上旬为结冰期。水质自天岗镇以上河段为Ⅱ类,以下河段为Ⅲ类。

牤牛河自河源至蛟河市天岗镇以上为上游,河两岸山岭连绵,河槽窄浅,一般水面宽10米左右,水深在0.5米以下,河道顺直,坡降大,水流湍急。上游区盛产花岗岩,天岗镇素有"石材第一乡"之称,是蛟河市最大的石材生产和加工基地。天岗镇至吉林市龙潭区江密峰镇为中游,属丘陵地带,河谷宽自上而下由500米扩至2 000米,河槽由30米扩至50米,河底由粗沙、卵石组成。在河右岸龙潭区江密峰镇北山和韩家屯西山均有古遗址,并出土石器、陶器等文物,经考古认定属西团山文化遗存。龙潭区江密峰镇以下为下游,河谷开阔,两岸为平原,流速变缓,但河岸陡立,河道弯曲,河床宽50米左右。中游至河口段,在清朝初年曾盛产河蚌珠。清雍正三十五年(1757年),被打牲乌拉总管衙门选为采珠基地,定期采蚌选珠,进贡皇室。清宣统元年(1909年)牤牛河流域发生大洪水,河床淤塞、改道,河蚌生产条件被破坏,

后经吉林巡抚奏请朝廷免除贡令,撤销了采蚌基地。

牤牛河流域上游宽,中游窄,下游宽。暴雨季节沿河两岸的坡面径流与上游洪水很快汇集干流,造成下游较大洪峰,一般称之为"牤牛水"。汛期河水经常出槽淹没农田。清宣统元年(1909年)流域暴发山洪,淹死数百人,毁房数百间。新中国成立后,为根治水害,开发资源,在支流上建成1座中型水库(红星水库)和5座小(1)型水库,总蓄水量可达0.18亿立方米,既可保证3 000公顷农田灌溉供水,又可防御洪水灾害。

1.27.28.17 鳌龙河
(Aolong River)

第二松花江左岸支流,满语"鳌龙"意为"线麻",含义指古时沿河两岸盛产线麻,百姓多用线麻织网捕鱼,故得名。

鳌龙河发源于吉林省永吉县一拉溪镇黑大顶子山西侧,由西南向东北流至吉林市昌邑区土城子乡汇入第二松花江。河长89.9千米,河道平均比降0.5‰,流域面积1 528平方千米。

流域多年平均年降水量605.3毫米,多年平均年径流量1.08亿立方米,最大洪峰流量640立方米每秒(1969年7月),每年11月上旬至次年4月上旬为结冰期。

上游山地

鳌龙河流域跨永吉县的一拉溪、桦皮厂及土城子等乡镇。流域面积在100平方千米以上的支流有6条。

鳌龙河有一级支流15条。左岸支流有梁家河、加工河、三官地沟、大官地沟、鸭通河、兴隆沟、白庙子河、黑背河、条子沟;右岸支流有孙家沟、一拉溪、长桥子河、刘屯河、搜登河、**大绥河**。

鳌龙河源头至杨家大桥为上游,多为丘陵台地,河谷宽由不足1千米增至2~4千米,河床宽由不足10米增至15~20米,河道不稳定,常因改道而遗留一些泡沼和牛轭湖,形成较宽的沼泽;杨家大桥至桦皮厂铁路桥为中游,河流进入平原,河道弯曲多支汊,该河段直线距离仅15千米,河道却迂回曲折100余次,流程30余千米,并留下20余处牛轭湖和条形泡沼,杨家大桥至平原水库一带遇特大洪水时,河泡连通,水面宽达1~3千米,汪洋一片;桦皮厂铁路桥以下为下游,河道弯曲,水流缓慢,多汊流及牛轭湖,有"九曲十八弯"之说。鳌龙河洪水期常受第二松花江水顶托,流速甚缓,易泛滥成灾。1965年流域发生大洪水,共淹农田1.3万公顷,成灾0.95万公顷。

鳌龙河流域是吉林市境内四大涝区之一。因该流域平坦开阔,土质肥沃,开发较早,土地垦殖率已近50%,植被破坏严重,森林覆盖率只有10%左右。自20世纪60年代起,为防洪治涝、发展灌溉,曾对该流域进行多次勘测规划,制定了"五库一堤"治理方案。至20世纪80年代中叶,两岸筑堤83.33千米,建成3座中型水库,设计蓄水总量0.53亿立方米,可灌溉农田4 280公顷,可保护耕地4 000公顷。此外

还建有9座小（1）型水库、25座小（2）型水库及打井、筑坝等蓄引提水配套工程，不仅发展了水田面积，也治理了内涝，使鳌龙河涝区成为吉林省重点水稻产区。改革开放以后，沿河农民利用流域内的泡沼发展水产养殖，更使往昔的洪涝区变成了鱼米之乡。

鳌龙河流域的一拉溪镇、搜登站镇、大绥河镇清代时均曾设有交通驿站，今吉林至长春公路（南线）即按原清代交通驿道路线而建。位于河流中游的桦皮厂镇有辽金时代村落遗址。

1.27.28.17.1　大绥河
（Dasui River）

鳌龙河右岸支流，原名为大水河，为得水利而不受水害，故取"水"字谐音，改名为大绥河。

大绥河发源于吉林省吉林市船营区大绥河镇南的磨盘山西北麓，由南向北流至吉林市昌邑区桦皮厂镇新胜村汇入鳌龙河。河长40.4千米，河道比降1.9‰，流域面积183平方千米，流经吉林市船营区大绥河镇及昌邑区桦皮厂镇的36个村屯。

大绥河流域多年平均年降水量690毫米，多年平均年径流量0.26亿立方米，每年11月下旬至4月上旬为结冰期，水质属Ⅳ类。

河流由源头至大绥河水库为上游，属低山丘陵地带，河谷宽0.5~1千米，河床宽5~10米，植被较好；大绥河水库至桦皮厂镇柳屯村何家堡屯为中游，中游区河谷宽2~5千米，河床宽10~15米，域内多为农田，植被欠佳；其以下至河口为下游区，属鳌龙河冲积平原，河床宽15~20米，多为耕地，植被差。河流入桦皮厂镇境后，地势开阔，坡降减小，河道蛇曲，摆动频繁，河床冲刷严重，洪水经常出槽。

大绥河流域汛期多暴雨。1955年洪水，流域内淹地800公顷，成灾620公顷；1973年大水，淹地1 553.3公顷，成灾840公顷。1979年大旱，流域内270公顷水田无水，占水田面积47.5%。为治水患，1962年在其支流小绥河上修建小（1）型小绥河水库；1978年在干流上修建一座以灌溉为主，结合防洪、养鱼等综合利用的中型大绥河水库，控制流域面积67.2平方千米，总库容0.17亿立方米，设计可灌溉面积1 380公顷，防洪保护耕地面积666.67公顷。

1.27.28.18　团山子河
（Tuanshanzi River）

第二松花江右岸支流，原名篡子河，后因河口处有前团山和后团山而改名为团山子河。

团山子河发源于吉林省蛟河市天北镇南庆岭山南侧，由东向西流至吉林市龙潭区大口钦满族镇前团村注入第二松花江，河长73.7千米，河道平均比降2.6‰，流域面积853平方千米，流经蛟河市天北镇和龙潭区的杨木、缸窑、大口钦、舒兰市二道乡等5个乡镇。域内有流域面积100平方千米以上的支流2条。

团山子河出源后由东南流向西北，后转向西南。在接纳流域面积为146平方千米的左岸支流东沙河后又转向西北，先后接纳左岸支流富岗河，右岸支流贯荒沟及老少沟，左岸支流小荒沟、老跃沟后，于永吉县附近纳入流域面积为196平方千米的于屯河；然后在接纳右岸支流前窑河后，于吉林市龙潭区大口钦满族镇前团村注入第二松花江。

团山子河流域多年平均年降水量700毫米，多年平均年径流量1.94亿立方米。每年11月上旬至次年4月上旬为结冰期。全河水质均属Ⅲ类。

团山子河在天北镇东沙河入口以上为上游，属低山区，河谷宽约800米，河槽宽10米左右。天北镇至龙潭区缸窑镇杨木村为中游，属丘陵区。由于东沙河的汇入，水量增大，河谷宽达1千米以上，坡降加大，流速较急，河槽宽40米左右，遇大洪水易出槽成灾。杨木村以下为下游，逐渐进入乌拉街平原，河谷宽2~3千米，河道坡降变缓，水流平稳，河槽不断加宽，大口钦处河槽宽达60~70米，洪水常泛滥成灾。流域中下游河谷平原适宜发展水田，但春季干旱时用水不足，为根治水害，发展灌溉，蛟河市在该河上游修建了以灌溉为主，结合防洪、发电、养鱼等综合利用的庆丰水库，总库容0.106亿立方米，集水面积68.8平方千米，灌溉面积1 653公顷，防洪保护耕地1 500公顷。并在支流上修建了6座小（1）型水库及一大批小（2）型水库和塘坝。

团山子河流域内出产褐煤、陶缸和美术陶。据史志记载，在杨木村杨木屯有古代辽金的军事城堡遗址。

1.27.28.19　沐石河
（Mushi River）

第二松花江中游左岸支流，为满语"穆苏"之音转，意为"鹌鹑"，清代称穆书河、莫什河、木石河。

沐石河发源于吉林省九台市沐石河镇桦树背山东南，河源为六股泉水及地下水汇集而成。该河出源后北流，经九台市沐石河、城子街，德惠市大青嘴、五台、杨树、大房身、岔路口、松花江等8个乡（镇），于德惠市松花江镇张述口子屯东注入第二松花江。河长112.5千米，河道比降0.6‰，流域面积1 464平方千米。流域内有流域面积100平方千米以上的支流2条。

沐石河出源后先后接纳左岸支流康家河，右岸支流八家子河，左岸支流城子街河，右岸支流烧锅河，左岸支流铜匠沟、葡萄沟、长春岭沟后，于德惠市杨树乡附近纳入流域面积为195平方千米的右岸支流旱河和流域面积167平方千米的左岸支流大房身河。从大房身河口以下，河流转向西北流，在左岸接纳高城子河和亮子河后，于德惠市松花江镇张述口子屯东注入第二松花江。

流域属大陆性季风气候区，春季少雨干旱，夏季湿热多雨，尤其以7月、8月为多，在此期间台风、气旋活动频繁，常造成流域性大暴雨。流域多年平均年降水量559.2毫米，6—9月降水量471.7毫米，多年平均年径流量1.15亿立方米，多年平均年日照时数2 580.8小时，结冻期为每年11月中旬至次年4月上旬计141天，最大冻土深1.82米。

流域内水土流失严重，河水浑浊，根据多年实测，平均含沙量达9.03千克每立方米。

九台市城子街镇以上为上游，属低山丘陵区，两岸多次生阔叶林；城子街镇至对龙山屯为中游，两岸为低山丘陵，坡降变小，河道弯曲，河底为泥沙，冲淤较为严重；对龙山至河口为下游段，沿河两岸为宽阔的平原，河底为泥砂或淤泥，多沼泽地。沐石河下游两岸分布着沐东、沐西涝区，总集水面积744平方千米，低洼易涝面积552平方千米，有易涝耕地3.63万公顷。

沐石河流域水土丰美，清朝中叶，大量关内移民来此定居，人数远远超过原住居民。为防洪治涝和发展水田灌溉，原九台县于1957—1960年在沐石河右岸支流八家子河上修建了总库容0.13亿立方米的柴福林子水库，原德惠县于1958—

1966年先后在沐石河支流高城子河和长太河上修建了总库容0.10亿立方米的高城子水库（原名共青团水库）和0.13亿立方米的跃进水库。此外，20世纪80年代流域内还修建了成排涝站12座、桥涵209座，使全部易涝耕地得到治理。涝区内采取"以稻治涝"措施，开发水田1.07万公顷，使昔日的洪涝区变成了商品粮基地。

1.27.28.20 饮马河
（Yinma River）

第二松花江左岸支流，金代称移里闵河，元代称亦迷河，明代称一迷河、伊迷河、额勒敏河，清代称伊勒门河、驿马河。"额勒敏"满语含义为"未搭鞍之马"，"伊勒门"满语含义为"阎王"，皆指该河洪水涨势迅猛，危害严重。河长386.8千米，河道平均比降0.3‰，流域面积18 247平方千米（含西侧**波罗湖**闭流区）。有流域面积大于100平方千米的支流40条，其中流域面积大于1 000平方千米的有5条，为**双阳河**、**雾开河**、**伊通河**、**新凯河**和**岔路河**。

饮马河

概　述

流域范围　饮马河发源于吉林省伊通满族自治县河源镇哈达岭山脉老爷岭的东南侧，下游在农安县靠山镇东南注入第二松花江。该河地理位置东经124°46′～126°20′，北纬43°14′～44°53′，流域跨东丰、磐石、永吉、双阳、伊通、九台、德惠、公主岭、农安和长春10县（区）、市，是吉林省重要的工业区和农业区。

气候水文　饮马河位于吉林省中部，处于温带大陆性季风气候区，春季干旱多风，夏季温暖湿润，秋季晴朗、气温日差大，冬季严寒干燥，一年中寒暑相差悬殊，春秋两季短促。流域多年平均气温5摄氏度，无霜期平均135天。多年平均年降水量642毫米，降水集中在7—8月，占全年降水量一半以上。多年平均年径流量9.27亿立方米，最大洪峰流量1 880立方米每秒（1956年）。干流水力资源理论蕴藏量14.3兆瓦，技术可开发量1.6兆瓦。多年平均含沙量0.86千克每立方米、多年平均年输沙量62.5万吨。1960年**石头口门水库**运行后，其下游冬季常发生连底冻，封冻多在12月上旬，解冻多在4月中旬，封冻期130天左右。

地质地貌　饮马河上游区为低山丘陵区，中游为低山丘陵和台地区，下游区广布台地和平原。低山丘陵面积6 376平方千米，占流域面积的34.9%，平原洼地面积11 871平方千米，占流域面积的65.1%。有耕地86.07万公顷、林地3 691平方千米、草地1 155平方千米。水域1 351平方千米，分别占总土地面积的47.2%、20.2%、6.3%、7.4%，其余为城镇、道路等。林地覆盖率以磐石市64.5%为最大，耕地垦殖率以公主岭、德惠为多，分别为77.8%和75.1%。其余为荒地和水域面积等。

黑土地在本流域有广泛分布，其土质主要为暗棕土壤、黑土和黑钙土，以及少量的草甸土与沼泽土等。流域黑土地是粮食主要产区，但由于气候等自然因素和人类长期不合理

饮马河水系示意图

的土地利用活动与缺乏相应保护措施等影响，本区水土流失日益加重。

水旱灾害　饮马河是一条水资源相对较少且洪涝灾害又比较严重的河流。据调查，1856、1896、1923、1934、1945、1953、1956、1985年均发生过大洪水，以1896年为最大，洪峰流量3 000立方米每秒，1953年为2 740立方米每秒。据统计，1956年的受灾面积24.70万公顷，成灾面积达15.78万公顷。流域一般是"5年一大涝，3年一小涝"。流域内共有易涝耕地27.86万公顷，占耕地面积的26.6%，其中大片涝区21处，易涝耕地21.46万公顷。

饮马河流域1949年以来旱灾成灾面积超过24万公顷的重灾年为1979年和1984年，约18年发生一次；成灾面积在12万～24万公顷的旱灾约7年发生一次。流域内干旱面积呈逐年增加趋势，旱灾造成的损失越来越大。因此，洪涝、干旱一直是制约流域农村经济发展的重要因素。

开发与治理　为了防御洪水，饮马河干流两岸在20世纪50年代开始修筑防洪堤，1965年按统一规划大规模筑堤防洪，1973—1977年又进行了整修加固，到1983年饮马河干流两岸共建成堤防301.75千米，保护14万人和2.44万公顷耕地。流域内建有大型水库4座（**新立城水库**、石头口门水库、**星星哨水库**、**太平池水库**），中型水库5座（亚吉水库、黄河水库、双阳水库、庙岭水库、五一水库），小型水库和塘坝185座。

纪 实

上游 饮马河在磐石市烟筒山镇以上为上游，该段属低山丘陵区，灌木丛生。河谷宽 1 千多米，两岸多水田，河道弯曲，河槽窄深，河底为沙、卵石，河岸较陡，多为沙土，易坍塌。该段共有 8 条一级支流汇入，其中流域面积大于 100 平方千米的有流域面积为 138 平方千米的左岸支流汶水河、流域面积为 188 平方千米的右岸支流玻璃河和流域面积为 324 平方千米的右岸支流驿马河。

为防洪除涝、灌溉水田，1958 年磐石县在饮马河上游修建小（1）型亚吉水库，1964—1973 年扩建成中型水库，除险加固后总库容 0.22 亿立方米，设计防洪除涝面积 1 130 公顷，灌溉水田 1 600 公顷。1958 年 8 月，磐石县在饮马河上游修建小（1）型的大猪圈水库（后改名黄河水库），1973 年为解决磐石、双阳、永吉沿河灌溉用水不足，扩建成中型水库，总库容 0.38 亿立方米，设计灌溉水田 2 053 公顷，防洪除涝 1 000 公顷，每年为明城钢铁厂供水 100 万立方米。

中游 磐石市烟筒山镇至石头口门水库为中游，沿河为平缓的低丘陵和台地，多呈微波状，河谷有洼地及沼泽。河道较弯曲，河槽呈 U 形，河底为沙或细沙。本段共接纳一级支流 19 条，流域面积大于 100 平方千米一级支流有 4 条，分别是：从长春市双阳区山河镇汇入的左岸支流肚带河，流域面积 170 平方千米；在双阳区四家乡新光村东汇入的左岸支流双阳河，流域面积 1 290 平方千米；在永吉县万昌镇吴家村西汇入的右岸支流岔路河，流域面积为 1 076 平方千米；在九台市波泥河子乡汇入的右岸支流波泥河，流域面积为 145 平方千米。

民国 16 年（1927 年），永吉县在官厅修堤；1936 年，德惠县在腰亮子修堤。1941 年，日伪政权利用三年时间在石头口门建一座 60 米长堆石坝，灌溉水稻 200 公顷。1958 年 5 月，双阳县在饮马河支流双阳河上修建甩弯子水库（后改名为双阳水库），总库容 0.78 亿立方米，设计防洪除涝面积 6 533 公顷，灌溉水田 2 460 公顷。1958—1965 年，九台县在饮马河干流兴修和扩建了石头口门水库。1958—1974 年，永吉县在岔路河中游建设星星哨水库。

下游 石头口门水库大坝至河口为饮马河下游，沿岸为波状台地和平原，冲沟发育。本河段共有 21 条一级支流，其中流域面积大于 100 平方千米的一级支流有 4 条，在九台市九郊乡小莲花村西，有流域面积为 311 平方千米的右岸支流小南河汇入，在德惠市松柏乡西王家窝堡屯北，左岸有流域面积为 1 198 平方千米的雾开河汇入。在德惠市边岗乡，左岸有流域面积为 436 平方千米的三道沟汇入，至农安县靠山镇，左岸有流域面积为 8 440 平方千米的伊通河汇入。转向东北，为德惠市、农安县界河。在农安县靠山镇红石砬子屯东南注入第二松花江。河口附近有沼泽及风成沙丘，河道弯曲，特别在哈尔滨至大连铁路桥以下，曲流宛转，多复式河槽。河底为细沙和淤泥，河漫滩较宽，常受松花江干流洪水顶托，回水到伊通河口以上，洪涝灾害较多。

为兴利除害，1958—1969 年，九台县在饮马河支流雾开河上修建五一水库（即卡伦湖），总库容 0.42 亿立方米，设计灌溉水田 967 公顷，防洪除涝面积 933 公顷。

饮马河下游有饮东、饮西、河东、河西 4 片涝区的 5.12 万公顷易涝耕地全部得到治理，其中 10 年一遇标准的有 3.61 万公顷；饮东、饮西灌区在九台县境内，由石头口门水库直接自流引水。下游德惠县饮马河两岸则结合治涝排水建灌排站，规划共灌溉水田 2.60 万公顷，灌溉岗地旱田 1.20 万公顷；到 2000 年下游各灌区共灌溉水田 1.41 万公顷。1998 年，为保证长春市城市用水，市政府决定取消河道供水，打小井 3 600 眼解决水田用水问题。1963—1964 年，干流两岸 93.93 千米堤防按规划要求建成。

1.27.28.20.1 双阳河
（Shuangyang River）

饮马河左岸支流，满语称苏瓦延，意为"黄色（浑浊）的河流"。历史上曾称酸河、刷烟河、苏完河、出万河等，均为满语演化，在清代中期演变为双阳河。

双阳河发源于长春市双阳区太平镇将军岭西南罗泉背，出源后北流，经太平镇、双阳城区、齐家镇，于长春市二道区四家乡新光村东**石头口门水库**库尾附近注入饮马河，流域面积 1 290 平方千米，河长 94.8 千米，河道平均比降 0.6‰。有流域面积 100 平方千米以上的支流 5 条。

流域多年平均年降水量 626.6 毫米，主要集中在 6 月、7 月、8 月三个月，占全年降水量的 66%，多年平均年径流量 1.12 亿立方米。结冰期为 11 月中旬至次年 4 月上旬，最大冰厚约 0.9～1.1 米。

双阳河在双阳城区以上为上游，约占流域面积的 30%，共有四条一级支流汇入，其中流域面积大于 100 平方千米的有 1 条，既从吉林市双阳区汇入的流域面积为 136 平方千米的黑顶子河。该段多低山丘陵，约占流域面积的 30%，多次生林；双阳区以下为中下游，多为丘陵台地和河谷平原，分别占流域面积的 40% 和 30%。共有一级支流 11 条，其中流域面积大于 100 平方千米的有 4 条，分别为流域面积为 106 平方千米的左岸支流杏树村、流域面积 129 平方千米的左岸支流小营子河、流域面积为 101 平方千米的左岸支流奢岭河及流域面积 126 平方千米的左岸支流东风河。双阳河河道弯曲，河槽宽浅，河底为淤泥。上游呈扇形河网，从东、南、西三个方向向双阳区附近汇集，洪水汇流快、洪峰模数较大；中下游河谷开阔平坦，河道坡度较小，宣泄不畅，常发生洪涝灾害。1951—1964 年双阳河流域有 12 年遭受洪涝灾害，平均成灾面积 3 540 公顷。1953 年 8 月 18 日，在长白山余脉的龙岗山、吉林哈达岭和大黑山西侧，发生了一场特大暴雨，致使第二松花江遭受大洪水。饮马河烟筒山洪峰流量达 2 740 立方米每秒，为 50 年一遇。这场洪水使双阳成为泽国。为根治双阳河水患，1956—1957 年在双阳河主要支流黑顶子河上建成黑顶子水库；1969—1971 年扩建成总库容 0.15 亿立方米的中型水库；原双阳县于 1958—1964 年在双阳河上游建成双阳水库（原名甩弯子水库），除险加固后总库容 0.78 亿立方米；此外在双阳河的干流和支流上修建了 15 座小型水库。上述工程设计防洪除涝面积 1.6 万公顷，灌溉水田 8 000 公顷，有效地控制了双阳河洪水。1960 年双阳河流域发生大洪水，受灾面积 3 210 公顷，成灾面积 2 665 公顷，1981 年又发生了与 1960 年同等的洪水，但双阳河流域没有成灾。

1.27.28.20.2 岔路河
（Chalu River）

饮马河右岸支流。"岔路"为满语，含义为"满"，意为"水量大的河"。在吉林省磐石市取柴河镇以上河段原称取柴河，取柴河镇以下河段称岔路河，1988 年吉林省河流普查时，将上下河段统称岔路河。

岔路河发源于吉林省磐石市取柴河镇哈达岭山脉太平岭北侧，由东南向西北流经磐石市取柴河镇和永吉县双河、西阳、岔路河、黄榆、一拉溪、万昌等7个乡镇，至永吉县万昌镇吴家屯汇入饮马河。河长102.6千米，河道平均比降1.6‰，流域面积1 076平方千米，域内有流域面积100平方千米以上的支流2条。

岔路河流域多年平均年降水量734.9毫米，多年平均年径流量2.6亿立方米，最大洪峰流量1 340立方米每秒（1973年8月2日），每年11月上旬至次年4月上旬为结冰期。Ⅱ类水质占评价河段的37.9%，Ⅲ类水质占44.8%，余为Ⅳ类水质。

岔路河发源地至永吉县双河镇为上游，共接纳5条一级支流，按汇入的先后顺序分别为左侧的西大地河、小荒沟和右侧的小苾柴河、北二道河和北头道河，流域面积均不到50平方千米。该河段两侧低山连绵起伏，次生林繁茂，河谷宽约0.5～2千米，河道较顺直，河槽窄深，宽约10～20米。双河镇至**星星哨水库**坝址为中游，共接纳5条一级支流，分别为右侧的倒木河、桦皮河，左侧的石门子河，右侧的东响水河和小苇子沟，其中倒木河流域面积为120平方千米，东响水河流域面积为117平方千米。该河段两侧为低山丘陵，植被较好，河谷宽约0.5～2千米，河槽宽约40～60米，河道较顺直，水流较急，岸边冲刷激烈。星星哨水库坝下至河口为下游，共接纳4条一级支流，分别为右侧的后马场沟、左侧的南窑堡沟、油房沟和施家沟。这些支流流域面积均在50平方千米以下。该河段右岸靠近台地，左岸逐渐开阔，岔路河镇以下与饮马河一、二阶台地连成一片，东西宽约11千米，南北长约14千米，地势平坦开阔，形成较大面积平原，河道弯曲，河槽增宽变浅。

岔路河流域上游山高坡陡，河道坡降大，是永吉县局部暴雨集中区，洪水具有峰高量大的特点，下游万昌、官厅一带地势低洼，俗称"九河下梢，十年九涝"，极易泛滥成灾。中下游4个乡镇共有易涝耕地近7 200公顷，是吉林市境内最大涝区。新中国成立后，为根治水害，促进农村经济发展，先后修建了1座大型水库星星哨水库、1座中型水库庙岭水库、9座小（1）型水库和13座塘坝，建电灌站126座（176台，装机容量2.79兆瓦），筑河堤10千米。上述工程按设计可灌溉农田1.3万公顷。其中庙岭水库位于岔路河支流倒木河上游，总库容0.12亿立方米，设计灌溉水田1 500公顷，防洪保护耕地面积2 000公顷。1973年星星哨水库建成后，仅两年时间就把万昌涝区变成了水田灌区，使昔日贫穷的"西北甸子"变成了富庶的鱼米之乡，灌区生产的"万昌大米"闻名全国，该灌区已成为吉林省重点水稻产区。

岔路河流域在上游双河镇鹰嘴子和下游岔路河镇东山、星星哨水库东岸张家沟山头都发现有古代肃慎族（满族祖先）人居住遗址和大批古石棺墓葬群，其中星星哨古遗址已被吉林市列为文物保护单位。

1.27.28.20.2.1 星星哨水库
（Xingxingshao Reservoir）

岔路河上的大型水库，坝址位于吉林省永吉县岔路河镇境内。"星星"为满语"榛子"之意；另说，从前这里曾有陨石降落，又是岔路河渡河的哨口，故名星星哨。水库集水面积845平方千米，总库容2.65亿立方米，是一座以灌溉为主，兼顾防洪、发电、养鱼、旅游等综合利用的大型水利工程。

概　　述

星星哨水库库区地貌为剥蚀低山及高丘陵，其下部岩石由花岗斑岩、安山岩和石英岩组成。库区多年平均气温4.8摄氏度，多年平均年降水量691.7毫米，其中6—9月降水量占全年72.5%。坝址处多年平均流量6.79立方米每秒，多年平均年径流量2.14亿立方米，多年平均年蒸发量744毫米。每年11月下旬至次年4月中旬为结冰期，最大冰厚0.86米。水库水质较好，为Ⅲ类。

星星哨水库

水库枢纽由大坝、泄洪洞、输水洞、电站组成。大坝为黏土心墙多种土质坝，坝顶长510米、高33.2米、宽5米；泄洪洞位于左岸，设计最大泄流量526立方米每秒；输水隧洞位于右岸，设计最大过水流量53立方米每秒；水电站在坝后，总装机容量2.5兆瓦。

水库按200年一遇洪水设计，可能最大洪水保坝；防洪库容2.03亿立方米，兴利库容0.94亿立方米；设计灌溉面积1.10万公顷，防洪与除涝保护耕地面积2 500公顷；多年平均年发电量531.1万千瓦时；水库形成养鱼水面面积1 000公顷，平均年产鲜鱼16万千克。运行以来，水库最大年来水量4.72亿立方米，最小年来水量0.49亿立方米；出现的最高水位246.70米（1994年8月17日），最低水位233.32米（2001年5月27日）；最大入库流量1 340立方米每秒（1973年8月2日）。

岔路河上游河道坡降大，多局部暴雨区，洪水汇流快、洪水峰与量较集中，经常泛滥成灾。据调查，岔路河流域1945、1953、1964年都发生过严重的洪灾。其中1953年岔路河、万昌两镇有2 450公顷农田被淹没，财产损失较大。岔路河流域下游是岔路河与**饮马河**之间广阔的三角地带，土地平坦肥沃，有耕地2.4万多公顷，其中低洼内涝面积7 200公顷，建库前因无水源保证，只有水田面积1 700公顷，有3 000多公顷耕地受到洪涝灾害的威胁。为开发水田、防洪除涝，1971—1973年建设了南北长16千米，东西最大宽度4千米的狭长水库即星星哨水库，后于1976—1979年进行了除险加固。

纪　　实

星星哨水库大坝横卧于哨口东西两山最狭处，东岸的输水隧洞事故闸门操作室是一座名为降龙阁的仿古亭台。东山山麓建有800余级的登山梯道，中间筑有湖山叠翠牌楼和通霄台仿古建筑，登上海拔435米的顶峰眺望，远山近岭尽收眼底。大坝西山山顶有亭名为落霞阁，实为水库防汛电台值班室。坝西端库区山湾是多家旅游餐馆和游艇码头。坝后左侧泄洪洞尾渠直通岔路河河道。右侧输水洞与星星哨灌区输水总干渠相接，总干渠长11.95千米。干渠终点以下分3条分干渠和24条支渠，分别向岔路河、万昌、一拉溪三镇和金家满族乡送水。水库实灌面积最多时可达1.20万公顷（1996—2000年），超设计效益8.8%。下游万昌镇一带土质肥沃，所产万昌大米香醇可口。

自大坝乘船靠右岸溯流而上，至输水洞南侧50米左右，据指认是陨石降落之地，《吉林省乡土志》载："缘哨口所在，有巨石焉，高约七尺，长丈许。土人相传该石乃一流星所化，年月已不可考。"水库蓄水后，该石已被淹没水下。靠东岸上行约4千米左右，有一相对高度50米左右的龟背状小山，向阳面水而立。水库蓄水后，1973年在这里发现了石棺墓葬，考古部门于1974—1978年间共发掘出86座石棺，出土石器、陶器、青铜器等随葬品1 077件。最重要的文物有长40.50厘米、宽8厘米的石刀、青铜曲刃短剑，皆为东北少数民族采用中原冶炼技术的自制品，还有为死者蒙面的麻巾布和麻绳，这些均为西团山文化出土文物的首次发现。据考证，星星哨石棺墓群为距今3 000年左右肃慎族或秽貊族原始氏族的公共墓地。

水库西岸当年多有大型野兽出没，由于人类活动的影响，大野兽已消踪匿迹，但常见蛇、刺猬、野兔、山鸡等小禽兽现于林草之间。

库区两岸山岭植被良好，遍生松、柳、榆、槐、柞、桦等树木，亦有黄檗、水曲柳等珍贵树种，绝大部分为天然林。林间夹杂生长着榛秸、扫帚、羊草以及食用菌和山野菜等植物。

星星哨水库美丽的湖光山色和盛产的鱼虾，吸引众多的游人来此观光，旅游业方兴未艾。

1.27.28.20.3 石头口门水库

(Shitoukoumen Reservoir)

饮马河中游的大型水库，坝址位于吉林省九台市西营城镇石头口门村石头口门屯西北500米处，北距九台市30千米，西距长春市35千米。坝址处河西岸为挂画山，东岸为杏花山，两山形如被饮马河水切割，石壁如削，从北向此眺望，其势危峻若门，故名石头口门。水库坝址最狭窄处宽仅360米左右，宛如一瓶口，向南逐渐开阔，最宽处达6千米。两岸环山，中间深谷。石头口门水库是一座以防洪除涝、城市供水为主，结合灌溉、发电、养鱼等综合利用的大型水利工程。

石头口门水库溢洪道

概　述

库区多年平均年降水量608.2毫米，6—9月降水量约占全年的76.5%，多年平均年蒸发量712.6毫米，年日照时数2 578.4小时，平均气温4.8摄氏度，极端最高气温36.2摄氏度（1958年6月24日），极端最低气温−36.7摄氏度（1970年1月4日），无霜期140天左右，结冰期为11月中旬至次年4月中旬，最大冰厚1.01米。水库多年平均年入库径流量7.37亿立方米，建库以来，最小年径流量1.16亿立方米（1982年），最大年径流量19.78亿立方米（1973年），其中6—9月径流量占全年的74.2%。水库水体属于Ⅲ类水。

石头口门水库集水面积为4 944平方千米，总库容12.77亿立方米，其中兴利库容3.78亿立方米。防洪标准为500年一遇洪水设计，10 000年一遇洪水校核。水库枢纽工程由大坝、溢洪道、输水洞、电站等四部分组成。大坝为粉质黏土均质坝，坝长445米，最大坝高21.5米；溢洪道为岸边式，位于坝右端，设3孔闸，最大泄量1 839立方米每秒；输水洞在土坝左端山脚处，为4孔钢筋混凝土方形涵洞，最大过流能力92.0立方米每秒，1号洞供饮东灌区灌溉，2号洞用于泄洪灌溉，3号、4号洞用于发电、灌溉和辅助泄洪；电站装有2台各0.8兆瓦的水轮发电机组，利用灌溉水和弃水季节性发电，设计年均发电量420万千瓦时。

纪　实

石头口门水库建成前，下游九台、德惠、农安三县水灾频繁不断，大雨大灾，无雨旱灾，农民饱尝洪涝灾害之苦，据统计每隔10年左右便有一次大洪水发生。清宣统元年（1909年）农历六月，阴雨连绵，饮马河水泛滥，沿河两岸村庄沦为泽国，居民露宿山冈，饥寒交迫，流离失所。民国7年（1918年）饮马河于7月27—30日涨水，两岸大水浩瀚，几无涯际，东西宽增至10千米，南北长约200千米，其间田苗均被水淹没。新中国成立后，在1953—1957年的5年中，沿河两岸受涝土地面积折成实灾（颗粒无收）达6.1万多公顷。

为解除饮马河洪涝灾害，1958年4月，吉林省决定修建石头口门水库。同年7月工程破土动工，1965年10月，枢纽工程全部竣工。1987—1991年进行了除险加固工程，总库容达12.64亿立方米。2000—2003年水库实施兴利增容工程建设，总库容增至12.77亿立方米。

石头口门水库建成后，与饮马河两岸堤防相配合，使下游两岸2.8万公顷耕地达到50年一遇至100年一遇防洪标准，平均每年少淹耕地5 860公顷，可增产粮食1万多吨，防洪除涝面积2.81万公顷，保护下游九台、德惠、农安三个县21个乡镇、126个村屯、22万人口、2.8万公顷农田以及长吉高速公路、长吉北线、京哈铁路的安全。水库也是德惠、九台、农安等县（市）的重要防洪屏障，灌溉下游饮东、饮西、太平桥等灌区水田与旱田。

长春市是一座严重缺水的大城市，随着社会经济的发展，长春市水资源供需矛盾日益突出。水库原设计没有充分考虑城市长远发展的供水需求，为此国家先后批准建设"引松入长"工程及石头口门水库兴利增容工程。"引松入长"工程在**丰满水库**下游取水，经输水工程送水到石头口门水库，再提水送到净水厂处理后输至长春市区。"引松入长"的两条输水管道分两期建设，一期工程于1993—2000年完工，同年5月开始启用；二期工程于2000年10月开工，当年完工，工程设计年引水量为1.5亿立方米，工程建成后至2005年已累计引水6.5亿立方米，对缓解长春市供水紧张状况起到了重要作用。石头口门水库于2003年完成兴利增容工程后，平均每年向长春市供水达2.5亿立方米，向九台市供水达1 000万立方米，向龙嘉国际机场供水达300万立方米。灌溉下游水田1.99万公顷，设计灌溉旱田2.64万公顷。

水库水体污染较轻，属于Ⅲ类水。

石头口门水库养鱼水面面积3 880公顷，库底较平坦，水草生长茂盛，天然饵料较丰富。共有野生淡水鱼40余种，自然鱼类以鲤鱼、鲫鱼居多，有青、草、鲢、鳡、鳙、武昌和大银鱼等，其中大银鱼还远销海外。2001年鲜鱼产量212吨。

石头口门水库于2003年被评为第三批国家级水利风景区。水库位于长春、吉林两市之间，交通便利，山清水秀，空气清新，景色宜人。沿库分布着著名的清代柳条边、乾隆上马台、沙子山战役遗址等名胜古迹，库区内建有仿长城、沙滩浴场、世纪源、音乐喷泉、揽胜亭、彩虹桥、垂钓渠、九曲荷塘、春华园、百花园等人工景点,是人们旅游度假的好去处。

石头口门水库一角

1964年库区原有山林面积1 035公顷,宜林荒地面积600公顷,至1989年,宜林荒地、荒山都栽上了树木。自1981年起,对成材林木开始间伐,截至1992年,共伐木材1 149.28立方米。

石头口门水库库岸及工程枢纽区附近有新石器时代、青铜器时代、辽金时代、清朝时代等十几处古代遗址。新石器时代遗址有腰岭子遗址和东山头遗址,其中腰岭子遗址是吉林省目前发现最早的新石器时代村落遗址,距今有6 500年。青铜器时代遗址有沙子山遗址、迎风顶遗址、吴家沟古墓、望天楼遗址、石厂遗址、房城子古城遗址、团山子遗址和南窑遗址。辽金时代的遗址有东郑家遗址、下窑遗址和南大排遗址。清代著名的柳条边遗址有一部分位于石头口门水库坝下游4千米的饮马河台地上。

1.27.28.20.4 雾开河
(Wukai River)

饮马河左岸支流,满语河名乌海河,意为"有鲫鱼的河流",发源于吉林省长春市二道区泉眼镇,出源后北流,经长春市二道区泉眼、三道、宽城区米沙子、德惠市布海、朱城子、建设及九台市纪家等镇(街道),在德惠市建设街道西王家窝堡屯北注入饮马河。河流全长132千米,河道平均比降0.5‰,流域面积1 198平方千米。有流域面积100平方千米以上的支流1条。

流域多年平均年降水量570.7毫米,多年平均年径流量0.55亿立方米,每年11月中旬至次年4月上旬为结冰期,1960年最大洪峰流量403立方米每秒,枯水期时常断流。多年平均气温4.7摄氏度。

雾开河出源后先后接纳右岸支流大顶子沟、杨树沟,左岸支流十里堡河,右岸支流鸡鸣山河、姜家河、盛水河、双榆沟后,于德惠市布海镇接纳流域面积为436平方千米的左岸支流干雾海河,干雾海河口以下河流转流向东北,在接纳左岸支流杨八郎沟后,于德惠市建设街道西注入饮马河。

雾开河流域在卡伦镇以上为丘陵区,以下为微波状洪积台地和平原,两岸土地已大部分垦殖。该河河道弯曲,河槽宽约30米左右,河底为淤泥,洪水期常漫溢成灾。

雾开河流域早在1910年就已开垦水田,至1923年达281公顷。1958—1969年雾开河上游建成了总库容0.42亿立方米的卡伦湖水库(原名为五一水库),配合下游堤防,使雾开河下游近1 000公顷耕地在发生10年一遇洪水时免除涝灾,发生20年一遇洪水时免除洪灾。1977年长春市从**石头口门水库**引水解困时期,卡伦湖水库成为引水中转站。

雾开河下游德惠市分布着大片涝区(雾开河涝区),总集水面积662.8平方千米,易涝面积124.2平方千米,其中易涝耕地9 320公顷。1964年开始,经20多年治理,使全部易涝耕地治涝标准达到5年一遇以上。

1.27.28.20.5 伊通河
(Yitong River)

饮马河左岸最大支流,古称依秃河、易屯河、伊敦河,皆为满语的音译,意为"洪大、汹涌、粗犷的河"。发源于吉林省伊通满族自治县河源镇大酱缸村青顶子山北麓,流经伊通满族自治县、东丰县、长春市城区、德惠市、农安县,在农安县靠山镇汇入饮马河。河长342.5千米,河道平均比降0.3‰,流域面积8 440平方千米,有流域面积100平方千米以上的支流12条,其中1 000平方千米以上的1条,为**新凯河**。

概　述

气候水文　伊通河流域地处温带大陆性季风气候区,春季风大干燥,夏季温热多雨,秋季温和凉爽,冬季寒冷漫长,多年平均气温4.6摄氏度,最高气温36.0摄氏度,最低气温-40.2摄氏度,多东南风,多年平均风速3.3米每秒。

流域多年平均年降水量608.6毫米,6—9月降水量占全年降水量的75%以上,7月、8月降水量占全年降水量的50%以上,局部暴雨较多,河源镇、寿山水库一带常为降雨中心,多年平均年蒸发量598.6毫米。河流封冻期为每年11月中旬至次年4月上旬,140天以上。流域多年平均年径流量4.97亿立方米,最大年径流量16.20亿立方米(1957年),最小年径流量0.1亿立方米(1970年),多年平均年输沙量31.7万吨。**新立城水库**以下河段Ⅲ类水质占7.1%,Ⅳ类水质占6.7%,劣于Ⅴ类水质占86.2%。新立城水库水质全年保持Ⅲ类标准。

地质地貌　新立城水库坝址以上为上游,两岸多低山丘陵,产汇流较快,有水土流失现象,河谷宽约1~2千米,河道弯曲,河底为泥沙夹卵砾石,水大时易冲刷。新立城水库坝址至农安县华家乡新凯河口为中游,多为丘陵和台地,河谷宽约5~10千米,河道多弯曲,且深浅不一,河底多细沙和淤泥。新凯河口以下为下游,地势开阔平坦,河道弯曲,多牛轭湖,河槽较深,一般多呈U形,河底质为泥沙。

水旱灾害　据统计,1914—1948年,伊通河流域有7年发生过水灾,平均约5年发生1次;1949—2000年有21年发生过水灾,平均约2.5年发生1次;平均约2年发生1次旱灾。发生特大洪水的年份主要有1856、1888、1896、1923、1953、1985年等。其中1985年8月降雨,比历年同期多242.7毫米,上游伊通满族自治县堤防决口11处,受灾面积2.5万公顷,倒塌房屋3 110间,新立城水库最大入库流量达505立方米每秒,虽然水库控制放流250立方米每秒,但下游南关区、二道区、宽城区的11条道路水深已达0.90~1.10米,市郊90%的菜田遭受水灾。据统计,全市受灾居民17 960人,993户民房倒塌,4 652户搬迁,45个工厂部分停工停产,直接经济损失1 049万元。

1982年流域发生大旱,从4月2日至6月30日,连续90天未下透雨,上游伊通满族自治县约有800眼人畜饮水井枯竭,造成10余万人口、万余头大牲畜饮水困难,耕地成灾面积4 200公顷。2001年流域内发生了严重的春夏连旱,4—6

月连续 58 天无有效降雨，德惠、农安两市县减收粮食 65 万吨。

治理与开发 1949—2005 年，伊通河干流共筑有防洪堤 259.60 千米，其中长春市城区堤防已达 300 年一遇防洪标准，农安镇和德惠市堤防可防御 50 年一遇洪水。伊通河流域已建成太平池和新立城 2 座大型水库；伊通满族自治县的寿山、石门、三联水库，长春市城区的净月潭水库，农安县的共青团、两家子水库 6 座中型水库；小（1）型水库 16 座、小（2）型水库 44 座。水库设计灌溉面积 666.67 公顷以上灌区 7 处，为洼中高（太平池）、寿山、石门、三联、共青团 5 处水库灌区，以及旱田灌区、范家灌区，现共有有效灌溉面积 5 000 公顷。治理重点涝区 13 片，治理面积 13.82 万公顷，其中有 10.18 万公顷达到 10 年一遇以上治理标准。

纪　　实

上游 伊通河由哈达岭山脉出源后西北流，接纳王家炉河、那丹伯河后，经河源镇的大酱缸村、板石庙村、大湾沟村后注入寿山水库。寿山水库建于 1958 年，2002 年进行除险加固，总库容 0.25 亿立方米，是以防洪、灌溉为主，结合养鱼等多年调节的中型水库。在河源镇致富村河东屯现有辽金时期古遗址 1 处，地表发现大量磁铁矿石和炉渣。

伊通河至营城子镇进入河谷平原，河道弯曲，河槽宽浅，筑有堤防，两岸为寿山灌区。寿山灌区始建于 1959 年，南北长 31.6 千米，东西宽 1 千米，有效灌溉水田 800 公顷，受益乡（镇）有营城子、伊通两镇 15 个村。

在营城子镇寿山屯南约 100 米处，存有寿山屯古墓，为清代墓葬，内有坟 6 座，占地 260 平方米。在营城子镇有太圣宫寺庙（关帝庙），建于清光绪三十一年（1905 年）四月。

伊通河出寿山灌区，进入新家乡村河段，两岸主要作物是玉米、水稻和大豆。在新家乡至前马家屯两侧建有清代盛京将军依克唐阿家庙，今仅存鼓状柱脚石、石香炉、旗杆石、石蜡台和一些青砖、灰瓦等。

伊通河出新家乡西北流，在接纳向阳河和西苇河两条左侧支流后，进入伊通镇河段。伊通镇位于县境中部，地势低洼，伊通河从镇区流过，俗称伊通盆地。清代雍正以来，为二旗公署分防巡检和州、县治所在地。清康熙二十年（1681 年）建成京师至吉林驿路后，此地成为吉林盛京间交通要冲，人口剧增。清雍正六年（1728 年）设二旗公署后，兴办工商钱当，建碑碣、庙宇，开辟街路，逐渐形成市镇。新中国成立后，伊通工农业生产、文化教育、卫生事业、市政建设都得到了突飞猛进的发展，古城换新貌，成为全县政治、经济、文化的中心。伊通县城西门外，竖有七通石质九孔透龙碑，建于清道光二十二年（1842 年），各碑均建有青砖碑楼、硬山或瓦门，鸱吻皆备，碑座雕成龟状。此外，在清雍正六年至光绪十九年（1728—1893 年）间，还建有保雍寺、庆凝寺、灵山寺、城隍庙、关帝庙和文庙各一座。

伊通河穿过伊通镇继续向西北流，经范家拦河坝进入马鞍山镇河段。七星山当中的西尖山、东尖山、马鞍山坐落在沿河两岸。马鞍山镇境内有大小河流 9 条，有"九河下稍"之称。大黑山蕴藏着丰富的花岗岩资源，伊范公路、伊长公路经过此镇。在东尖山村前大屯有辽金时期古城遗址 1 处。伊通河出马鞍山镇进入长春市乐山镇和新湖镇。此河段接纳了池家屯河和干沟子河。干沟子河是伊通河左侧支流，该河中游建有总库容 1 620 万立方米的三联水库，水库最初于 1956—1958 年建成小（1）型水库，1972—1975 年扩建为中型水库，以防洪和灌溉为主，设计灌溉面积 800 公顷。

伊通河在流经长春市南关区新湖镇前接纳了岗阳河、双庙河、黑鱼沟、三家子沟等支流，在新湖镇西南有伊丹河自右岸汇入，伊丹河流域面积 483 平方千米，该河上游建有总库容 0.28 亿立方米的石门水库，水库建于 1958 年，1969—1970 年加以扩建，以防洪除涝和灌溉为主，设计灌溉水田面积 1 500 公顷。

中游 伊通河北流至长春市朝阳区乐山镇黄家哨屯进入新立城水库，水库至农安县华家乡新凯河口以上为伊通河中游。流经长春市区，在农安县合隆镇与开安镇间为农安、德惠两县市界河。新立城水库是吉林省省会长春市区的重要水源地。伊通河出新立城水库北流至南关区先后有碱草沟、靠边王河、小河沿河、鲇鱼河等支流自右岸汇入，小河沿河上游建有总库容 0.28 亿立方米的净月潭水库，该库于 1934—1936 年建成，是吉林省第一座中型水库，是长春市最早的水源工程，现已成为净月潭国家森林公园。

净月潭位于长春市净月旅游经济开发区境内，距市区中心 12 千米，有国家一级公路直通湖畔。景区面积达 96.38 平方千米，森林面积逾

净月潭

100 平方千米，潭水面积 430 公顷，四周生长着 8 000 公顷距现在已有 50 多年历史的人工林海，是我国目前较大的人工林场。树种以樟子松、落叶松、红松、油松、赤松、云杉、冷杉及天然次生林山杨、桦、蒙古栎、糠椴和少量的杨、榆、胡桃楸树等，形成多树种、多层次、多结构的独具特色的森林景观，是旅游、度假、野营、登山、观花、赏月的理想环境。1988 年被国务院批准为国家重点风景名胜区，1989 年被林业部批准为国家级森林公园。2011 年被国家旅游局评定为 AAAA 级旅游景区。

清嘉庆五年（1800 年）在伊通河畔设置统治机构"厅"，因附近有长春堡村（今永春镇），故名长春厅，并在长春堡东伊通河修土城，设治所名为新立城。长春厅设立后，人口由最初的 7 000 人增至 1822 年的 6.4 万人。因新立城地势低洼，交通不便，故于清道光五年（1825 年），清政府将长春厅治所北移至宽城子（时为小村落）之后，迅速成为区行政中心。清同治四年（1865 年），商民捐资修筑城墙，位于今南关区一带，占地 528 公顷，形状不规则，南北长约 1.9 千米、东西宽约 3.2 千米，周长约 10 千米。城内建有 12 条街路，城外有护城河绕城而过，注入伊通河。长春人民利用河水航运之便，运送粮食和木材，发展贸易，促进了城市发展，故长春人民称伊通河为母亲河。

伊通河是流经长春市城区的唯一河流，流经长度 15.08 千米。长春市是吉林省省会，是全省的政治、经济、文化中心，系全国重点防洪城市之一。长春市总面积 2.06 万平方千米，2005 年城区常住人口已超过

丰收的玉米山

310万，有汉、满、回、蒙古、锡伯、朝鲜等民族。盛产玉米、大豆、水稻等，是全国重要的商品粮基地和汽车工业基地，也是新中国电影的摇篮。人民大街纵贯长春市南北，建有苏联红军烈士纪念塔的人民广场是市内最大的街心花园，市区南部建有水域面积96公顷的南湖公园和占地面积92公顷的长春世界雕塑公园。在市区东北角，建有占地面积12公顷的伪满皇宫博物院。伪满皇宫是中国清朝末代皇帝爱新觉罗·溥仪充当伪满洲国皇帝时居住的宫殿，他从1932—1945年间曾在这里居住。伪满皇宫是日本帝国主义武力侵占中国东北，推行法西斯殖民统治的历史见证。伪满皇宫博物院2007年5月8日被评为国家AAAAA级旅游景区和全国优秀爱国主义教育基地。

长影世纪城

长春南湖公园

1985年洪灾后，长春市加快了城市防洪工程建设步伐。城区段的防洪堤防工程分上、中、下三段，上段从黑嘴子桥至自由大桥，中段为自由大桥至东荣桥，下段为东荣桥至四化桥。伊通河两岸堤防建设标准为100年一遇，至1986年建成中段堤防8千米，形成宽约200米的带状滨河公园，但上下两段尚未设防。随着城市规模的不断扩大，上、下两段的防洪任务逐渐增大，1997—1999年按防洪工程与城市风光带相结合的原则建设完成了上段堤防，设计标准300年一遇。中段堤防13千米的加固任务于2006年完成，防洪标准达200年一遇。长春城区堤防总长达31.5千米，并建成排涝站8座，穿堤涵洞15处，构成了长春市可靠的防洪保障，又形成了一道带状公园，点缀着美丽的春城。整个堤

长春雕塑公园

伪满皇宫

防顶部全部为渣油路面，挡土墙外侧铺设6米宽人行步道，拦河闸顶部设过河桥梁，为市民游览伊通河提供了交通便利。堤内为50米宽绿化带，堤外为草坪，伊通河畔已形成了一条绿色长廊。在赛德大桥南侧伊通河畔修建了一处休闲广场，占地约7万平方米。河水绕广场而过，绿树环抱，曲径通幽，不失为市民休闲娱乐的好去处。

伊通河出长春市后，分别有南湖河、李家河、四间河、小南沟、开源沟、库金沟、鲍家河等支流汇入。中游分布着新凯河、华家、洼中高、开安、万宝5片重点涝区，共有易涝耕地面积5.01万公顷，至2005年已全部得到治理，其中有4.31万公顷治理标准达到10年一遇。

下游 伊通河流过长春市城区，至兰家镇谢家店为德惠市与农安县界河，在农安县开安镇新开河村入农安县境内，在华家镇新河村附近有新凯河自左岸汇入，以下为伊通河下游河段。下游地势平坦，河道弯曲，多牛轭湖，河槽较深，呈U形，河底为泥沙，本河段内各类水利工程较多。在新凯河支流翁克河上建有总库容2.01亿立方米的**太平池水库**。河流至华家镇双河村以北有洼中高排水总干渠自左岸汇入，这是一条长59.5千米的人工河道，其上游**宝泉河**上建有总库容0.11亿立方米的共青团水库，该库是洼中高防病改水工程的水源。伊通河北流至农安县城农安镇转东北流。农安镇是座古城，即辽国之黄龙府，镇内现仍存有高44米的辽塔。

伊通河堤防

伊通河至农安镇西好来宝村，有赵家沟河自左岸汇入，该河中游建有总库容0.11亿立方米的两家子水库。水库于1973年始建，1980年建成，承担着向农安镇的供水任务。此后，先后有钟家沟、太平沟、小苇子沟、大苇子沟、新农沟、新立沟等支流汇入，流至农安镇西拉拉屯后，为德惠市与农安县界河段，至农安县靠山镇以东汇入饮马河。

伊通河下游地势低洼，分布着鲍家、万金塔、顺海、天台等4片重点涝区，共有易涝耕地面积4.12万公顷，至2005年已全部得到治理，其中3.42万公顷达到10年一遇治理标准。

在距今7 000年左右

农安古塔

的新石器时代,伊通河流域就有人类活动。南北朝时期,夫余族曾在伊通河岸台地修建夫余后期王城。辽金时期,契丹族和女真族在伊通河下游建有万金塔古城、丹城子古城、卧虎古城、小城子古城。这些遗址具有很高的考古价值。

1.27.28.20.5.1 新立城水库
(Xinlicheng Reservoir)

伊通河上游的大型水库,枢纽工程位于长春市南关区新立城镇,距长春市市区16千米,是以防洪、工业和城市生活供水为主,兼顾除涝、环保、旅游与养鱼的大型水库,集水面积1970平方千米。

概 述

水库枢纽工程兴建于1958—1962年,1983—1989年完成除险加固,1998年进行了兴利增容扩建,设计平均日供水量24.3万立方米,水质达到国家饮用水源Ⅲ类标准。

水库枢纽工程包括大坝、溢洪道、输水洞。大坝为均质土坝,全长2 680米,坝顶宽8米,最大坝高18.15米;溢洪道位于大坝西侧(分设第一、第二两条溢洪道),进口闸室设有3孔弧形钢闸门,最大宣泄能力分别为1 100立方米每秒和1 940立方米每秒;输水洞位于大坝西端(分设第一、第二两条),为双孔钢筋混凝土压力涵洞,洞长183米,最大泄量为29.8立方米每秒,源水经输水管道到加压泵站送达长春市第三净水厂。

流域多年平均年降水量589.5毫米,6—9月降水量占全年降水量的75%,多年平均蒸发量598.6毫米,多年平均年径流量2.34亿立方米。水库洪水主要由夏汛降水所形成,其主要来源为伊通河本流及其支流伊丹河。

水库为100年一遇洪水设计,可能最大洪水复核,总库容5.92亿立方米,其中兴利库容3.43亿立方米,库区最大淹没面积97.5平方千米。2001年3月13日库水位208.76米,相应库容138万立方米,为历史最低;2006年8月14日库水位219.89米,相应库容3.61亿立方米,为历史最高。

水库运行以来发挥了较显著的防洪兴利综合效益。截至2006年末,累计供给城市用水39.5亿立方米,保证长春市居民的生活用水和厂矿企业的生产用水,提供农田灌溉用水6.14亿立方米。多年来水库共拦蓄100立方米每秒以上洪峰64次,400立方米每秒以上洪峰10次,460立方米每秒以上洪峰8次。在1964、1973、1985、1986、1989、1991、1994、2006、2010年,水库都遭遇了下游堤防安全泄量以上的洪水,经水库调节,削减洪峰50%以上,使下泄流量控制在下游堤防安全泄量以内,避免了河堤决口,使长春、德惠、农安三个市县过百万人口和6.27万公顷耕地及京哈、吉长、长白三条铁路免遭洪水侵害。

纪 实

新立城水库坝址以上河长90.2千米,流域形状略呈长方形,平均宽度约20.7千米。流域内山地占2/3,其余为河谷低平地。坝址处两岸山冈向河谷收缩,坝址河谷平地系较厚的冲积层所形成,表层为壤土,厚3~4米,渗透性较小,底部多砂砾石层,透水性较大。流域内河谷平地全部开垦,山体也大部分绿化,水土流失现象基本得到控制。

新立城水库地处长春市近郊,水质清澈,天然饵料丰富,鱼类养殖从以前的鲤、草、鲢、鳙等几个品种发展至目前鲂鱼、青鱼、黄颡鱼、框鳞镜鲤等名优鱼种近10个品种。2005年5月水库获得无公害水产品产地证书。同时,水库还大力发展以垂钓为主的休闲渔业,养殖面积已达10公顷。

新立城水库库区周边森林面积30平方千米(林间空地231公顷,活立木蓄积量近24万立方米),有樟子松、红松、落叶松、核桃楸、水曲柳等树种,森林美化了环境,对净化空气、涵养水源、防治水土流失、保护水源起到重要作用。库区林间常见动物有蛇、刺猬、松鼠、野鸡、野鸭、猫头鹰、喜鹊等。

新立城水库景区有"春城明珠"之美誉。葱郁的林海重峦叠翠,清澈的湖水鹤舞鸥翔,环湖曲径回廊依山临水;"风光亭"晓月镜影沉碧,深秋红叶层林尽染;还有冰雪严冬的玉树琼花和林海雪原中的滑雪基地,自然美景与宏伟壮观的水利工程设施相得益彰,构成了一幅如诗如画的锦绣长卷,是旅游度假的好去处。新立城风景区在2002年被水利部命名为国家级水利风景区。

新立湖水利风景区

1958年9月在水库施工中,水库东、西两山曾出土石犁、石刀、石斧、石箭头、石剑、陶片、陶纺轮等文物,经吉林省文物管理委员会鉴定为新石器晚期人类生产、生活的用具。此外,在水库工地还拣到铁箭头和瓦片,为辽金时期遗物。

1.27.28.20.5.2 新凯河
(Xinkai River)

伊通河左岸支流,原名新开河。发源于吉林省四平市伊通满族自治县景台镇大黑山庙岭,向北流经景台、公主岭市的响水、范家屯、大岭,长春市绿园区西新、合心及农安县烧锅、龙王、华家等乡(镇),在华家镇郑大壕屯东注入伊通河。河流全长113.7千米,流域面积2 289平方千米,河道平均比降0.5‰,面积100平方千米以上的支流有8条。

新凯河出源后先后接纳右岸支流响水河、左岸支流平洋河后,分别于右侧接纳流域面积为130平方千米的杨柳河和流域面积为182平方千米的永春河之后,先后有西新河、西合堡河、三间河、三八河四条支流由右侧汇入,于农安县龙王乡附近纳入左侧支流翁克河。翁克河流域面积929平方千米,下有两条流域面积大于100平方千米的支流,**太平池水库**修建在这条河流上。经翁克河口后河流转向东北流,于农安县华家镇附近自左岸纳入洼中高排水总干渠。洼中高排水总干渠流域面积807平方千米,下有流域面积为144平方千米的支流**宝泉河**。然后河流自西向东,在华家镇郑大壕附近注入伊通河。

流域多年平均年降水量552毫米,多年平均年径流量0.68亿立方米。每年11月中旬至次年4月上旬为结冰期。

范家屯以上为上游,以大黑山为主的山丘区冲沟发育,中下游为台地和平原。河槽窄浅,多为U形,一般洪水时水深2~4米,1986年特大洪水时水深曾达7米。新凯河水量常年不大，但当夏汛或春季桃花水来时，中下游常漫溢成灾。中游右岸分布着总面积 234.75 平方千米的新凯河涝区，其中易涝耕地 5 520 公顷。1956 年开始在新凯河涝区安开和大岭进行治涝试点，到 20 世纪 80 年代全部易涝耕地达到 5 年一遇以上排涝标准。1968 年农安县在顺山堡开挖 8 860 米的导水路，把新凯河水经烧锅镇导入太平池水库，增加了太平池水库的兴利效益。

1.27.28.20.5.2.1　太平池水库
（Taipingchi Reservoir）

新凯河支流翁克河中下游的一座大型平原水库，坝址位于吉林省农安县龙王乡太平池村附近，北距农安县城 50 千米，西距长春市区 37 千米，是一座以防洪为主，兼顾灌溉、养鱼等综合利用的大型水利枢纽工程。

概　　述

太平池水库为跨流域引蓄水工程，水库集水面积 1 706 平方千米，其中翁克河流域 913 平方千米，新凯河流域 793 平方千米。

水库库区年平均气温 4.9 摄氏度，其中 1 月平均气温 -16.4 摄氏度，7 月平均气温 23 摄氏度，最低温度为 -39.5 摄氏度，多年平均年日照时数 2 550 小时，无霜期 145～155 天。多年平均年降水量 515.7 毫米，7—9 月降水量约占全年降水量的 70% 左右。水库多年平均年径流量为 0.74 亿立方米。多年平均年蒸发量 947 毫米。

水库为 100 年一遇洪水设计，1 000 年一遇洪水校核，总库容 2.01 亿立方米，调洪库容 1.47 亿立方米，兴利库容 0.52 亿立方米。

水库枢纽工程由大坝、输水洞、排洪节制闸、导水路等部分组成。大坝为均质土坝，全长 5 900 米，其中主坝长 3 200 米，副坝长 2 700 米，最大坝高 8 米；输水洞位于主坝上，为 3 孔钢筋混凝土方形涵洞，最大泄流量 95 立方米每秒；副坝设有非常溢洪道，设计最大泄量 78 立方米每秒；输水洞下游设有排洪节制闸 1 座，其中排洪闸最大泄量 83.3 立方米每秒，节制闸设计引水流量为 11.9 立方米每秒。为减轻新凯河顺山堡河段以下区域内的洪水灾害及补充水库水源，1991 年在顺山堡屯附近建了一座拦洪分水闸，经过导水路，引新凯河水入库，导水路由顺山堡起，经烧锅镇入太平池水库，长 8 860 米，把新凯河水导入水库，设计流量 246 立方米每秒。

太平池水库建库以来，坝址以上流域内曾于 1985、1986、1994 年发生三次暴雨洪水，洪水频率均接近 100 年一遇。

太平池水库建成后，保护了下游烧锅、龙王等 10 个乡 47 个村 340 个屯的居民及 4 万公顷耕地，长白公路、长白铁路、输电线路等设施。建库前，水库下游**伊通河**、新凯河沿岸的开安、鲍家、华家等涝区，平均每年遭受涝灾的耕地面积达 7 800 多公顷，建库以后减为 700 多公顷。

水库经过除险加固后，设计灌溉下游水田 1 293 公顷，1989—2000 年实际灌溉水田 1 567 公顷，超出原设计的 21%。太平池水库养鱼水面 21 平方千米，养殖鲤、鲢、鲫等鱼类，2003 年产鱼 150 吨。

纪　　实

太平池水库于 1940 年 5 月开始修建，1943 年 12 月完成水库土坝、引水涵洞和导水路三项工程建设。1945 年开始蓄水，1945 年抗日战争胜利后工程停工，当年大汛时，大坝决口，下游河道沿岸低洼耕地和房屋被洪水淹没，水库弃置。1958 年水库复建工程开工，同年 7 月竣工交付使用。

复建后的水库工程尚未配套齐全，防洪标准偏低，1985 年至 1986 年水库连续 2 年遭受特大洪水侵袭，水毁严重。从 1986 年汛后至 2001 年，水库进行了两期除险加固工程建设，先后完成了护坡翻修、坝后排水体和防浪墙、修建顺山堡闸枢纽、加高培厚副坝等工程。

太平池水库流域地貌复杂，有低山、丘陵、平原三种主要地貌类型，水库下游地势平坦开阔，分布有广阔的黑土资源。城镇风光与乡野景物在不断交映，水库两侧岸线曲折多变，到处可见自然风光与人文景观。

太平池水库是长春市西部近郊面积最大的一片水域。水库水面宽阔，鸟雁成群，环境优美，风光怡人，是野餐、郊游、避暑、垂钓的优良场所。

太平池水库下游的农安县城是我国东北地区一座历史悠久的古城，距今有 2 000 余年历史。农安古称黄龙府，城内最具代表性的古建筑是辽代古塔，建于辽圣宗太平三年至十年（1023—1030 年），为八角十三层实心密檐式砖塔，通高 44 米。此塔造型优美，建筑构件或塑以兽类，或饰以花草，或刻以文字，凸凹起伏，富于变化。在十三层塔身每层的 8 个角上，共挂有 104 个风铎，每遇风吹，风铎摇动，金铁齐鸣，铮铮作响，悦耳动听。此塔为吉林省文物保护单位。

1.27.28.20.5.2.2　宝泉河
（Baoquan River）

新凯河支流洼中高排水总干渠的右岸支流，发源于吉林省公主岭市双城堡镇东北，流经公主岭市和农安县，在农安县三岗乡注入洼中高灌区排水系统后，经中央排水路汇入新凯河。流域面积 144 平方千米，河长 28.9 千米，河道平均比降 1.4‰。

宝泉河流域多年平均年降水量 510.8 毫米，多年平均年径流量 0.11 亿立方米，其中泉水占 58%。泉水主要来自上游的宝泉涌、草炭、玛瑙等泉群，水质优良。特别是宝泉涌的泉水，清澈透明，甘甜爽口，据吉林省环境水文地质总站 1985 年调查，水中硅酸盐和锶等微量元素的含量达到了饮料矿泉水的标准，含氟量小于 1 毫克每升，符合国家饮用水标准。

1958 年农安县组织共青团员和青年建成了共青团水库，该水库位于宝泉河下游农安县三岗乡境内，初为小（1）型水库，1969—1970 年扩建成总库容 0.11 亿立方米的中型水库（除险加固后为 0.13 亿立方米），为下游 3 500 公顷耕地提供了防洪保护，并开发水田 500 公顷。20 世纪 80 年代，农安县为解决洼中高地区（黄金、龙王、三岗、巴吉垒四乡的九个村和洼中高国营农场）防病改水问题，以共青团水库为水源，于 1983—1986 年兴建了防病改水工程——洼中高防病引水工程，使受益区的 4 400 户、2.19 万人及数千头大牲畜结束了饮用高氟水的历史。当地在宝泉河上游，公主岭市双城堡镇利用宝泉河的泉水，在玛瑙村建成一处防病改水工程，使双城堡镇玛瑙、黄花城子两村群众饮用上了优质自来水。

1.27.28.20.6　波罗湖
（Boluo Lake）

内陆闭流碱性淡水湖泊，也称波罗泡，为蒙语音译湖名，为"笸箩"的谐音，因湖面大而湖水浅，状似"笸箩"，位于吉林省农安县西部，跨伏龙泉、永安、三盛玉、巴吉垒等四乡镇的交界地带，南距长春市 60 千米，属内陆淡水湖泊。

波罗湖与其周边的元宝洼泡、广兴店泡、敖宝图泡、莫波泡等水域形成波罗湖湿地，全部集水面积 1 378 平方千米。

五湖泡互不连接，中间有岗地相隔，岗地与湖泡间陡降十几米，形成岗峦环抱的闭流湖泊。波罗湖四周有房身沟、成文沟、殷家沟、老虎沟、八岔沟、娘娘庙沟及边家沟等河流直接注入湖内，其中老虎沟、八岔沟、娘娘庙沟和边家沟的流域面积均大于 100 平方千米。

波罗湖略呈长方形，平水年湖面南北长约 14 千米，东西宽约 5 千米，水面面积 67 平方千米，水深 1.3 米，蓄水量 0.67 亿立方米；丰水年水面面积可达 82.7 平方千米，水深 3 米，蓄水量 1.60 亿立方米。湖区多年平均气温 4.7 摄氏度，多年平均年降水量 496.3 毫米，多年平均年水面蒸发量 940 毫米，多年平均蓄水量 8 710 方米。全年水温 14 摄氏度以上有 134 天，11 摄氏度以上有 200 天左右。封冰期一般为 11 月 10 日，解冰期为 4 月 20 日，冰层厚度 0.6～0.8 米。

波罗湖水浅面宽，水温相对较高，水质清澈，浮游生物丰富，有机碎屑多，水生植物繁茂，盛产银鲫、船钉子等野杂鱼，又是大雁、天鹅等水鸟繁衍生息之所。湖区

波罗湖风光

周围有 50 平方千米的草原和 30 平方千米的苇田，是长春市附近集水、草、苇、鱼、禽于一体的最大淡水湖泊。波罗湖平均年产鲜鱼约 1 000 吨，芦苇 3 000～4 000 吨。2004 年，吉林省人民政府批准波罗湖为省级自然保护区。

波罗湖曾于 1908 年和 1964 年两度干涸，均于次年恢复蓄水。1980—1982 年，连续 3 年干涸。1983 年，农安县利用松城电灌站提引松花江水济湖，同时将白漂子、黄姑子、嘎牙子等江河鱼种引入湖中。1998 年之后连年干旱，湖水再度干涸，浅水地带湖底龟裂，盐碱风沙骤起，蝗灾肆虐，周边受灾农田 8 000 公顷。2002 年 5 月，沿湖乡镇群众在地方政府领导下兴建了"引松入波"工程，次年引入松花江水 0.3 亿立方米。同时，沿湖植树 420 万株，建成环湖绿化带，有效地保护了波罗湖湿地，使风沙干旱面貌得以改善。

1.27.29　安肇新河

(Anzhaoxinhe River)

松花江左岸支流，北起黑龙江省安达市王花泡，南至肇源县古恰乡，长 108 千米，流域面积 14 000 平方千米，属典型人工河道。地理位置东经 124°47′～125°56′，北纬 45°32′～47°26′。流经嫩江左岸低平原腹地，涉及黑龙江省明水、青冈、林甸、安达、大庆、肇东、肇州、肇源 8 个市县，由肇源县古恰乡入松花江。

概　　述

安肇新河所在地区地势低平，微地形变化较复杂，天然水系极不发育，排水不畅，原为"闭流区"。历史上经常受"客洪"影响，洪水主要来自双阳河、明（水）青（冈）坡地径流。发生洪水时，由东北向西南方向漫溢，渍涝草原，汇流入洼，形成众多泡泽，当地俗称"泡子"，多呈季节性变化，汛前干涸，汛后成泡。

20 世纪 60 年代以前，基本为亘古荒原，草芦茂密，泡沼随天然降水丰枯而自生自灭。人烟稀少，居民多以农耕渔牧为生。60 年代中期，为保证大庆油田的开发和建设，繁荣当地工农业经济，国家和黑龙江省对当地恶劣的自然水环境进行了多次的规划和治理，低标准兴建开挖了安肇新河，从而打破了这个地区的"闭流区"状态。80 年代末，又在安肇新河的基础上进行了全面的改扩建，对新河串连的四大滞洪区进行了整修扩建，提高了滞蓄洪水的能力。河道上利用自然洼地建有王花泡滞洪区、北二十里泡滞洪区、中内泡滞洪区和库里泡滞洪区 4 座大、中型滞洪区，呈"长藤结瓜"之势，可调蓄洪水约 10 亿立方米，使该地区防洪标准达到 50 年一遇至 100 年一遇。

该地区为高中纬度，属于寒温带大陆性季风气候。春季风大易旱，最大风力达 8 级以上。夏季炎热历时短，最高气温达 37℃。秋季多雨，降温急剧，常有早霜灾害，无霜期年均 136 天。冬季严寒漫长，最低气温达 −37 摄氏度，冻期年均 148 天，最大冻深 2.14 米。本区多年平均年降水量 400～500 毫米，降水分布不均，丰水年与枯水年相比，降水量相差约 2～3 倍，年内降水变化幅度大，70% 降水集中在 7—9 月，4—6 月降水仅占 20%。水面蒸发量 800～900 毫米，年径流深 15～20 毫米，年均日照时数 2 849 小时。

区域内虽无常年性河流，但因控制面积大，地处平原低洼中心地带，所以理论洪水总量较大。100 年一遇洪水总量为 9.5 亿立方米；50 年一遇洪水总量为 7.7 亿立方米；10 年一遇洪水总量为 3.8 亿立方米；5 年一遇洪水总量为 2.5 亿立方米。洪水经滞洪区调蓄后，成为该地区重要的水资源。

纪　　实

安肇新河的洪水主要来源于双阳河和明（水）青（冈）坡地径流。其中双阳河在 20 世纪 80 年代末修建了双阳河水库，进行了彻底的封闭，双阳河 100 年一遇以下洪水不进入大庆地区。

明青坡地是**呼兰河**、**嫩江**流域的分水岭，安肇新河上游通过 63 千米长的明青截流沟，控制汇流面积 2 161 平方千米的明青坡地。控制面积内为低平草原，平坦开阔，一望无际，颇具原始草原风貌，草类和中草药种类多，活动着少量的灰狼、狐狸、黄鼬、獐、狍、獾貉、野兔等。在草类中碱草（俗称羊草）质量最佳，草味清香，营养丰富，是极好的奶牛饲料。该地区平时人烟稀少，每年夏秋"打羊草"之际，始见苍茫草原人来车往，草垛林立，一般年份少雨，水分下渗滋润草原，几乎不产生径流；遇丰水年份，则漫野积水，填洼后南侵，先缓后急，水量较为丰沛。坡水经明青截流沟阻截，通过明青交叉枢纽工程调控后，进入安肇新河上的王花泡滞洪区。

王花泡通过长 8.1 千米的河道，与位于西南部的**北二十里泡**相连，此段河道称为上游河道。上游河道已渐入人烟稠密区，河道较顺直，两岸以草原为主，间有村落、小块农田，树木稀少，属安达市。安达由蒙古语音译而来，意为"朋友、近友"。清光绪三十二年（1906 年）设安达厅，1913 年改安达县，1960 年肇州县部分地区并入后改设安达市。安达市区距王花泡大约 15 千米，与石油名城大庆市毗邻接壤。安达市农业资源丰富，是全国 500 个商品粮大县之一。奶牛业发达，奶牛存栏位居全国县（市）级之首，以"奶牛文化"著称。市区人行路用奶牛图案路面砖铺设，正阳街两侧设置奶牛塑像 299 尊，所生产的"红星牌"奶粉历经 40 多年而不衰，享誉中外。该市自然资源有盐、碱、硝、石油、天然气等，经济作物有油料、甜菜、烤烟。

安肇新河穿过北二十里泡后，到**库里泡**止，河道长 68 千米，为中游河道。河道流经地域均在大庆市境内，处于松嫩

安肇新河水系示意图

白金宝遗址

日，经国务院批准改称肇源县。肇源是一个多民族县份，19个民族在此辛勤劳作，共同创造了悠久的历史和灿烂的文化。这里曾为辽金腹地、元清王公世袭之所，既是辽国齐天皇后的故乡，也是完颜阿骨打肇基王业之地。早在6 500年前肇源大地就有人类活动，文化遗址和旅游景点众多，旅游资源丰富，其中有全国重点文物保护单位白金宝遗址，有集蒙、藏、汉民族风格于一体的衍福寺双塔雕塑，形象生动，造型完美逼真，蕴含着丰富的文化特质。还有莲花湖、黑山狩猎场、榆林公园等众多景点，风光旖旎。

下游两岸地形地貌为冰水冲积平原，以堆积为主，漫岗地较多，盐沼草甸纷杂，并分布有少量的半固定沙丘。这里野生动植物繁多，矿产资源丰富。有水貂、貉子、黄鼬、狐狸等名贵动物；羊草、芦苇年产量达1亿千克；蒲公英、地丁、车前子、防风、玉竹等野生药材达百余种；地下矿藏有石油、天然气等，已探明石油储量达到4亿吨；地表有盐碱、黄黏土、火硝及建筑工程砂等。流域下游地处黑龙江省第一积温带。土地肥沃，有机质含量丰富，多种植水稻、谷子、果蔬、油料等农作物。该地所产"古龙贡米"，清康熙四年（1665年）即成为皇家餐桌上长年不离的膳食，其米色泽金黄、营养丰富，蛋白质和微量元素含量高，成饭后色、香、味、形俱佳，几百年来盛名不衰。

河流下游河道末端进入松花江、嫩江两江冲积河漫滩，地势平坦。遇丰水年，江水暴涨，冲破松嫩江堤，浸袭肇源县城。安肇新河下游河道右堤按100年一遇标准筑堤，成为屏护肇源县城的"最后防线"，在抵御1998年特大洪水中起到了关键作用。

安肇新河在肇源县古恰乡附近进入松花江，在松花江大堤上建有一座控制性工程古恰闸，防止高水位下松花江水倒灌，并控制安肇新河洪水排放量。

安肇新河——古恰泄洪闸

1.27.29.1 王花泡
(Wanghuapao Lake)

位于松嫩平原腹地的黑龙江省安达市境内，距安达市区约15千米。王花泡原为自然洼地，枯水年草苇茂密，丰水年

平原腹地。由于河道走向多为自然水线，弯道较多，两岸盐碱地（俗称碱疤癞）、自然湖泡发育，土壤较瘠薄，农田以旱作为主，草场实行围牧，牧业发达。

中游河道两岸为大庆油田主产区之一。作为中国最大的石油、天然气基地，截至2005年，大庆油田累计探明石油地质储量58.8亿吨，天然气储量1 627.5亿立方米，累计生产原油18.46亿吨，占全国同期陆上油田原油总产量的40%以上。这里同时建成了大型石化生产基地，油田主力油层采收率达到51%，开发水平居世界领先地位。以大庆精神、铁人精神为核心的大庆优良传统作风，已成为中华民族的宝贵精神财富，打造了以铁人王进喜、新时期铁人王启民为代表的几代英模群体，创出了享誉国内外的大庆品牌。

河流中游两岸抽油机星罗棋布，油田公路四通八达。市区楼群林立，绿带相连，道路宽敞，基础设施齐全。这里自然景观项目有连环湖国际水禽狩猎场、扎龙自然保护区、林甸温泉等。石油文化项目有被列为国际旅游景点的石油科技博物馆、铁人王进喜纪念馆、大庆油田的发现井——松基三井等。历史遗迹项目有新石器时代遗址、辽金古城遗址、寿山将军墓遗址等。大庆2006年被评为全国十佳"魅力城市"。

库里泡以下称下游河道。河道长31千米，流经地域属大庆市的肇源县境。肇源县原称郭尔罗斯后旗，1956年4月11

蓄水为泽。因地处荒原，人烟稀少，传说早年有一平民叫王花，居住于泡子北岸，以捕鱼、挖草药为生，后死于该地，故称"王花泡"。为滞蓄双阳河洪水和明（水）青（冈）坡水，保证大庆市和下游广大地区防洪安全，1967年6—9月由明水、青冈、安达3县对王花泡进行了低标准修建。1990年4月至1991年10月，对王花泡又进行了大规模改扩建，提高了标准，对主副坝全面进行加固，按100年一遇洪水设计，设计水位147.63米，总库容2.77亿立方米，控制面积4 215平方千米，相应库水面积207平方千米。

改扩建后的王花泡由主坝、东副坝和七段西副坝以及泄洪闸组成。主坝全长6 964米，坝体为均质土坝，坝顶高程为149.6米，坝面为泥结石路面。东副坝与主坝相连，全长5 504米。主副坝下游坝坡147.6米高程处设有宽4米的马道，可以通行车辆。西副坝是利用自然岗包之间洼地围堵而成，共有7段，总长11 528米，坝顶高程均为149.6米，坝顶宽均为6米。主坝设泄洪闸1座，4孔闸门，每孔净宽4米。闸门型式为平板钢闸门，底坎高程145米，最大泄量90立方米每秒。

王花泡属中温带半湿润大陆性气候，四季分明，降水量集中，光能资源丰富，周边草原地势平坦，土质肥沃，与澳大利亚的墨尔本、美国的得克萨斯州同属世界三大优质草场。草原70％是优质羊草，是亚洲东部特有的建群植物种，羊草所含营养物质丰富，在夏秋季节是家畜抓膘的牧草，亦为秋季收割储藏的重要饲草，富含奶牛生长所需的20多种微量元素，其粗蛋白含量比国内外同类型牧草高出2~3个百分点，除当地自用外，还大量出口日本、韩国等国。

当地建有多处奶牛饲养场，是著名的奶牛之乡和肉牛基地。所引进的荷斯坦良种奶牛经改良成为"中国黑白花奶牛"，闻名遐迩。引进饲养的西门塔尔、利木赞等肉牛品种优良，肉质鲜嫩可口，可转化率高。

1.27.29.2　北二十里泡
(Beiershilipao Lake)

位于黑龙江省大庆市龙凤区卧里屯附近。原为一自然洼地，因地处安达市城区以北，积水面积最大时可达方圆近二十华里而得名。1966—1968年，兴建**安肇新河**时对北二十里泡洼地进行了疏通，没有修建控制性建筑物。为适应大庆油田和石油化工业迅速发展的需要，1990年4月至1991年10月，当地对北二十里泡进行了改扩建，扩建后成为安肇新河水系的组成部分，承蓄**王花泡**及该泡至北二十里泡的区间来水以及大庆部分油田、龙卧地区工业废水和城镇生活排水，控制面积4 786平方千米。工程按100年一遇洪水设计，设计水位为143.11米，相应库容0.92亿立方米，相应库水面积74.50平方千米。同时，在北二十里泡南端出口处新建一处泄洪闸，5孔闸门，每孔5米，净宽25米，最大泄流量93.0立方米每秒。

2001年，北二十里泡核心区域被黑龙江省定为龙凤湿地自然保护区，保护面积5 050.39公顷。龙凤湿地自然保护区地处中纬度地带，属温带大陆性季风气候区，四季分明，温差较大，年平均气温4.5摄氏度，极端最高气温39.8摄氏度，极端最低气温－39.2摄氏度；11月上旬结冰，次年4月中下旬解冻开泡，无霜期149天，结冰期176天；多年平均年降水量为435毫米。保护区内地势低洼平坦，泡沼相间，自然坡降小于1‰。保护区土壤由草甸土和沼泽土组成，其中沼泽土是其主要的土壤类型，分布面积约占自然保护区总面积的80%左右。

龙凤湿地

区域内的鸟类共有76种，隶属7目16科。由于保护区内以芦苇沼泽为主，所以鸟的种类中游禽和涉禽占绝大部分，其中国家一级保护鸟类5种，国家二级保护鸟类19种，省重点保护鸟类19种；有代表性的鸟类有丹顶鹤、白鹤、白枕鹤、白鹳、大天

湿地飞鸟

鹅、小天鹅、灰鹤、罗纹鸭、青头潜鸭、雁鸭、黑翅高脚鹬、红嘴鸥、银鸥等。每年都有十几万只鸟类来这里繁衍生息，湿地上空数万只水鸟翱翔于水天之间，自由自在地鸣叫着、嬉戏着，景色壮观美丽。

保护区中有鱼类45种，隶属5目10科。主要有鲤鱼、银鲫、鲶鱼、草鱼、泥鳅等。现已查明有植物314种，隶属于64科，可划分为草甸、沼泽和水生植被3个植被型，兼有药用植物、纤维植物、饲用植物等植物类群，主要有芦苇、狭叶香蒲、狭叶黑三棱、蒲公英、小叶樟、羊草、星星草、野古草等。

湿地素有"地球之肾"之称，龙凤湿地自然保护区处于城区之中，对调节区域气候、减洪防涝、调节雨水径流、降解污染物、美化城区环境起到了不可替代的作用，已经成为大庆市的"城市名片"。

1.27.29.3　中内泡
(Zhongneipao Lake)

原名中耐碱泡，位于黑龙江省大庆市红岗区东南部与安达市交界处，是由自然洼地积水成泡，后筑坝封堵形成的人工湖。

中内泡虽在20世纪60年代进行了修建，但工程标准低，主副坝没有护坡。1986年以前由于石化总厂工业废水排入，水质污染严重，成为滞污水域，鱼、草不生，曾多年封闭。1990—1991年，当地在对**安肇新河**扩建时亦对中内泡进行了改建。改建后的中内泡控制面积5 896平方千米，按50年一遇洪水设计，100年一遇洪水校核。滞洪区设计水位140.89米，相应库容0.55亿立方米，相应库水面积32.30平方千米；校核水位141.12米，相应库容0.63亿立方米，相应库水面积34.10平方千米。主坝全长2 852米，坝顶高程142.70米，坝顶宽度6米，副坝长2 184米。主副坝采用混凝土板护坡。为确保工程安全，在原泄洪闸右侧40米处增建了1座新闸，最大泄量87.4立方米每秒。

中内泡承担**北二十里泡**泄水，以及大庆市中央排干、东部排干和安达市兴隆排干的来水，对安肇新河的错峰、削峰任务，起着十分重要的承上启下作用。

近年来，由于科学调度洪水，水体交换频繁，使中内泡的水质有了极大的改善，水生生物逐步恢复。每年春季，库区大量繁殖剑水蚤，当地居民驾船捕捞，饲养家禽，经济效益可观。

1.27.29.4　库里泡
（Kulipao Lake）

位于黑龙江省大庆市大同区、肇源县、肇州县交界处，是由自然洼地筑坝封堵形成的人工湖，原名库伦泡子，当地百姓称其为哭泪泡。据说是由一位思念儿子的老妈妈流出的泪水变成的。

库里泡一角

库里泡是在 20 世纪 60 年代开挖**安肇新河**时进行了修建，当时工程标准较低。1987 年、1988 年大庆地区发生洪水灾害，上游洪水都聚集于库里泡，使泡内水位上涨，由于高水位持续时间长，加上风浪破坏，且主、副坝没有护坡，使坝坡受到严重破坏，主坝迎水面被风浪淘空四分之一，副坝出现多处塌方及滑坡。经大庆石油管理局、肇源县组织力量进行积极抢护，才保证了大坝的安全。80 年代末，当地对库里泡进行了大规模改扩建，扩建后控制面积为 9 800 平方千米，按 50 年一遇洪水设计，100 年一遇洪水校核。滞洪区设计水位 131.23 米，相应库容 2.12 亿立方米，相应库水面积 131 平方千米；校核水位 131.64 米，相应库容 2.70 亿立方米，相应库水面积 142 平方千米。工程由主坝、西副坝、老山头副坝和新、老两个泄洪闸组成。主坝长 1 159 米，最大坝高 5.20 米；西副坝长 3 641 米，最大坝高 4.40 米；老山头副坝长 2 375 米。各坝段的坝顶高程均为 133.00 米，坝顶宽度均为 6 米，坝顶路面为泥结碎石铺筑。库里泡泄洪闸最大泄量为 140 立方米每秒。

库里泡主要承蓄**中内泡**、老江身排干、升平排干和西排干来水，调控安肇新河洪水泄入**松花江**，保证下游耕地、草原和肇源县城及其他城镇、村屯的防洪安全。

近年来，由于控制洪水调度，水体交换频繁，使库里泡的水质有了极大的改善，水生生物逐步恢复，每年春季，泡子内大量繁殖的剑水蚤，俗称"水虫子"，具有极高的经济价值。当地居民驾船，冬夏捕捞，而不见少，以之养肉鸭，不足两月，鸭重 3.5～4 千克；蛋鸭食之，产蛋量倍增，个大几近鹅蛋。区内水质的改善，促进了周边养鱼业的发展。

历史上以出产"土盐"而著名，民国 17 年（1928 年）是土盐生产的极盛期，驰名省内外，销路甚广。但至 20 世纪 60 年代，由于草原严重退化，本地熬盐所需的柴草不足，加之海盐供应有余，土盐的销路越来越窄，现已无人生产。

1.27.29.5　培利滨泡
（Peilibinpao Lake）

位于黑龙江省大庆市让胡路区喇嘛甸镇东北部与林甸县交界处，因人"裴律滨"谐音而得名，属内陆淡水池沼。培利滨泡原来面积较小，由于该地区地形低洼，随着油田生产的发展及地面工程设施增加，在此处建设的油田西排水干渠和进军渠包围了培利滨泡，从而形成现在面积较大的培利滨泡。

培利滨泡为平原湖泡，水源由采油六厂生活污水和周边自然坡水径流汇集而成，也可通过西排干渠引水注入，集水面积 19.55 平方千米，最大深度 1.63 米，最大蓄水量 1 590 万立方米；正常水面面积 15.20 平方千米，正常水深 1.07 米，正常蓄水量 770 万立方米。设有一座进水闸、两座排水泵站。

属中温带半湿润大陆性季风气候，春季干旱多风，夏季雨热同期，秋季晴朗干爽，冬季寒冷漫长，多年平均气温 2.2～4.4 摄氏度，极端最低气温－39.2 摄氏度，极端最高气温 39.8 摄氏度。年平均风速 4.0～5.2 米每秒。多年平均年降水量 442.2 毫米，多年平均年水面蒸发量 1 521.6 毫米，多年平均无霜期 150 天。

培利滨泡湖岸曲折，四周有坝，坝高 1.4 米、宽 2.3 米，坝长 12 千米。该泡与天然草场相连，人烟稀少。泡内有蒲草和芦苇，芦苇面积 2.4 平方千米，年产量 350 吨，可用于造纸、编织和艺术品制作。泡内野生鱼类有鲫鱼、老头鱼等，人工养殖鱼类有草根、花莲、鲤鱼等，其他水产也比较丰富，蛤蟆、螃蟹等的产量也很可观。在此栖息的水鸟有大雁、丹顶鹤、长脖老、水鹰、野鸭子等十几种。

1.27.29.6　兴隆泡
（Xinglongpao Lake）

位于黑龙江省安达市西北 5 千米，是河流泛滥平原上的沼泽洼地积水成湖，属富营养类型微咸水湖。数十年前，在兴隆泡东南岸，建有一庙，历年都有很热闹的兴隆庙会，"兴隆泡"也因此得名。

兴隆泡原有面积很小，开挖**安肇新河**后，修筑湖堤，湖面开始扩大。水位 145.0 米，长 5.0 千米，最大宽 2.5 千米，面积 11.0 平方千米。最大水深 5.0 米，平均水深 3.0 米，蓄水量 0.33 亿立方米。

1970 年建成滞洪区。主体工程有：土坝和泄洪闸。土坝长 3.7 千米，为均质土坝。泄洪闸一座，为两孔钢筋混凝土结构。每孔宽 1.5 米，净宽 3.0 米，闸门型式为平板木闸门，高 2.0 米。最大泄量为 20 立方米每秒。

闸下设有兴隆泡排干与安肇新河相通，承泄南羊、富来、胜利三条排水来水，控制流域面积 267.5 平方千米。

兴隆泡属中温带湿润气候，年均气温 3.2 摄氏度，1 月平均气温－10.9 摄氏度，极端最低气温－37.3 摄氏度，7 月平均气温 22.9 摄氏度，极端最高气温 38.2 摄氏度。湖水依赖湖面降水和周边泡沼来水补给。多年平均年降雨量 413 毫米，多年平均年蒸发量 850 毫米，多年平均年径流量 380 万立方米，蓄洪区总库容 2 700 万立方米，水面面积为 9 平方千米。库区周围由草甸黑钙土和沼泽土组成，地势平坦。

兴隆泡多年来对城镇防洪除涝、调节洪水、降解污染、调节区域气候、美化城区环境等发挥了作用。但近年来由于市镇工业污水的排入，库水不能利用，目前成为安达市的污水承泄区。

153

1.27.29.7 六十六号泡
(Liushiliuhaopao Lake)

位于黑龙江省大庆市红岗区杏树岗镇兴隆村西北 2 千米,属内陆淡水泡沼,泡名是由 1988 年大庆市水利规划办公室进行全市泡沼规划时确定的。

六十六号泡水源由红岗区生活污水、工业废水及周边坡水径流汇集而成,为平原封闭式泡沼。1988 年前湖泡的集水面积为 21 平方千米,最大深度 1.16 米,最大蓄水量 900 万立方米。由于多年干旱少雨,水面面积只有 7.99 平方千米,正常水位 135 米,蓄水量 850 万立方米。六十六号泡设有一座排水泵站,当遇到较大降水或者泡内水位较高时,启动强排站将水排入西排水干渠、再通过*安肇新河*排入*松花江*。

泡区属中温带半湿润大陆性季风气候,多年平均气温 2.2~4.4 摄氏度,极端最低气温 -39.2 摄氏度,极端最高气温 39.8 摄氏度。多年平均风速 4.0~5.2 米每秒。多年平均年降水量 427 毫米,多年平均年水面蒸发量 1 521.6 毫米,多年平均无霜期 150 天。

六十六号泡湖岸为自然盐碱地,水质较差,为 V 类水体,主要污染指标为化学耗氧量、生化需氧量、氨氮、石油类等。

泡沼的周边没有人烟,唯有大片的草原,是牛、羊等畜牧生产的主要饲料基地,以前每到夏季都会看到"风吹草低见牛羊"的景象,现在为了加大畜牧业的发展,对草场实行禁牧,草原的面积在逐年扩大。泡内芦苇浩荡,平均每年可产芦苇 67.50 万千克,给当地农民带来了较多的经济收入。

1.27.30 夹津沟
(Jiajingou River)

*松花江*右岸支流,由天然河道和人工排水渠道组成,位于吉林省松原市扶余县境内。发源于该县增盛镇福民屯,流经增盛镇、社里乡、三井子镇,至石桥乡戴家屯北汇入松花江。夹津沟属于雨、泉水源类型,由于地势低洼和受松花江洪水顶托,使夹津沟流域形成了一个大型涝区。

夹津沟全长 62.97 千米,流域面积 1 953 平方千米,最宽处 120 米,最窄处 50 米。夹津沟多年平均年降水量 427.8 毫米,多年平均年水面蒸发量 952 毫米;多年平均年径流量 0.2 亿立方米,沟内四季有水,最小流量为 0.008 立方米每秒。最大洪峰流量达 317 立方米每秒(1931 年)。流域内有易涝耕地 2.43 万公顷。涝区范围包括 14 个乡镇的 131 个村,治理前每遇暴雨即内涝成灾,对农业生产影响很大。

夹津沟的治理始于 1912—1921 年,由当地僧侣化缘募资,在下游建成万善桥。日伪时期开挖了夹津沟总沟、万众主沟和 5 条干沟,开垦了少量水田。新中国成立后,扶余县开挖了太和主沟和部分干、支沟,修建了一些蓄水工程。1961 年夹津沟涝区的治理纳入国家计划,至 1965 年先后扩建了万众主沟和太和主沟,新修了万发干沟和四马架干沟,开挖了万善石桥分洪渠和夹津沟裁弯工程,完成了夹津沟治理规划,建成总沟 1 条,主沟 3 条,干沟 13 条,支沟 63 条,支沟以下沟系 41 条,总长 423.5 千米,建有钢筋混凝土桥 8 座,石拱桥 1 座。1966—1982 年,当地又进一步完善了夹津沟治涝工程,其中建设桥梁 40 余座,较大的有万善石桥东桥、万定一号桥、欢迎桥等。至此夹津沟涝区 2.43 万公顷易涝耕地全部得到治理,其中达到 5 年一遇治涝标准的 0.5 万公顷,10 年一遇治涝标准的 1.93 万公顷。治理后涝区耕地面积由 7.36 万公顷增至 16.83 万公顷,粮食总产量由 4.2 万吨增至 40 万吨,大牲畜由 2 万头发展到 4.5 万头,羊由 7 000 多只发展到 7.7 万只。

1.27.31 拉林河
(Lalin River)

*松花江*右岸支流,又名兰陵河,拉林系满语,意为"欢喜",发源于黑龙江省五常市东南张广才岭西麓老爷岭,由东南向西北流,经黑龙江省五常、尚志、双城和吉林省舒兰、榆树、扶余等 6 市,在扶余县东北部的蚂蚁哈注入松花江。河长 450 千米,流域面积 19 215 平方千米。

概　　述

流域范围　流域处于吉林省西北部、黑龙江省南部,东经 125°34′~128°34′,北纬 43°55′~45°30′。

地貌　流域上游为黑龙江省和吉林省东部山区,属长白山系张广才岭支脉,地势由东南向西北倾斜,经过低山漫岗过渡到平原。中、下游丘陵状台地一般高程在 290~230 米,地形起伏较大,切割强烈,沟谷发育,地势平坦低洼,出现高漫滩地和低漫滩地,沼泽湿地断续明显。

水系　拉林河水系呈树枝状分布,其中流域面积大于 1 000 平方千米的河流有 4 条,分别为左岸的*溪浪河*、*卡岔河*、*大荒沟*;右岸的*牤牛河*。流域平均宽度为 57 千米左右,河网密集系数为 0.31,河道弯曲系数为 2.0,河道平均比降 1.1‰。上游河宽 50~120 米,深度 3 米左右,中、下游河谷变得开阔,一般宽在 2 千米以上,最宽处 3~5 千米。

气候水文　流域属中温带大陆性季风气候。气温四季分明,春季干燥少雨,夏季炎热、雨量增多,秋季凉爽,冬季漫长而寒冷。多年平均气温 3.5~4.1 摄氏度,最高气温 36.6 摄氏度,最低气温 -42.6 摄氏度。无霜期 110~140 天。年封冻期在 160 天左右,最大冰厚 1.30 米。

流域多年平均年降水量 671.2 毫米,6—8 月降水量占全年降水量的 60% 以上。一般全年有两个汛期,一个为 4 月的春汛,也称"桃花水",另一个为 6—8 月的夏汛。流域降水有区域性差异,从上游向下游递减,上游区域降水量一般在 700 毫米左右,下游区域多年平均年降水量 424.3 毫米(扶余),多年平均年蒸发量 800~1 000 毫米。

丰水年年径流量达 63.3 亿立方米,枯水年最小年径流量 20.2 亿立方米,多年平均年径流量 35.03 亿立方米。

据蔡家沟水文站(集水面积 18 339 平方千米)1954—1980 年实测资料,拉林河多年平均流量 103 立方米每秒,最大洪峰流量 4 030 立方米每秒(1956 年);多年平均含沙量 0.19 千克每立方米,多年平均年输沙量 62 万吨。

水旱灾害　拉林河流域洪水频繁,经常形成灾害。自清咸丰六年(1856 年)至 1985 年的 130 年中,有 38 年发生了不同程度的洪涝灾害,水灾 3 年左右出现 1 次,并且洪涝灾害常在七八月出现。旱灾平均 3 年 1 次,有春旱、夏旱、春夏连旱,秋旱很少。据《吉林通志》、黑龙江省有关史料记载,自清光绪三十年(1904 年)至 1985 年的 81 年中,旱灾有 27 次,其中大旱 15 年次。

治理与开发　流域内水利开发较早,实行农田灌溉历史悠久。清咸丰十一年(1861 年),清政府就允许开垦吉林省舒兰以北禁荒。1931 年日本侵占东北后,朝鲜移民大量涌入,日本也先后多次派遣移民至此开发水田。到 1945 年,此地水

拉林河水系示意图

上游　河源至五常市向阳镇为上游段，河长126.1千米。拉林河出源头，由东南向西北流经永胜林场后，河流转向东北，于八十八农场处右纳大石头河后流向西北，沿途右纳大沙河，入磨盘山水库，库区右有寒葱河、左有三岔河汇入，河流出磨盘山水库后，转向西流，于石头村左纳石头河后向北流，至北沙河子屯右纳沙河，河流逐渐转向西北，沿途左纳大柳树河及小柳树河，抵达向阳镇。

拉林河上游主要在黑龙江省五常市境内，支流汇入较多。地处中低山丘陵区，崇山峻岭，地势较高，主河槽平均宽70米，河道坡降为1.7‰～5‰，谷窄流急，属山区河流。河床多为卵砾石，一般高程为400～1 600米。上游段中有19千米为五常市与吉林省舒兰市的界河，界河段河谷狭窄，坡陡流急，河槽宽45～60米，河底为大块石和卵石。上游段河谷宽不足400米，蕴藏着比较丰富的水利和水力资源。五常市总面积7 474平方千米，96%在拉林河流域，全境由东南向西北呈狭长形，地势东南高，西北低。东南部为山区，最高山秃顶子主峰高程1 663米，多年平均年降水量在750～900毫米。西北部最低平原高程仅为150米，多年平均年降水量为546.5毫米。五常市河流较多，河网密布，盛产水稻，素有"大米之乡"之称，为黑龙江省主要水稻产地之一。沈家营水文站为拉林河上游的区域代表站，控制流域面积1 151平方千米，多年平均流量17.5

凤凰山

立方米每秒，历年实测最大洪峰流量1 420立方米每秒（1989年）。此处有国家AAAA级景区凤凰山国家森林公园，该公园位于长白山脉张广才岭之首与吉林省分界处，景区总面积5万公顷。凤凰山主峰高程1 690米，周围群山连绵，森林繁茂，峰峦叠嶂。高程超过千米的山峰有89座，以其东北大森林、大湿地、大峡谷、大冰雪的资源特色，形成集旅游观光、探险及娱乐为一体的生态环保型森林公园。公园内古树名木，记载着历史沧桑；古刹祠寺，闪烁着民族的智慧。森林、山石、溪水、人文融为一体，构成了一幅幅迷人神奇的画面，享有"一山一水一幅画，一步一景一重天"之盛誉。

在舒兰市境内拉林河左岸河谷地带，有金马乡九个村，常受洪水危害，当地于1965年修建了9千米堤防，为提高防护标准1986年又修建了11.83千米堤防。

中游　向阳镇至牤牛河口为中游段，河长121.4千米。拉林河过向阳镇进入中游段，河流向北流至万宝山脚下右纳哈蚂河，转向西北，沿途左纳石头河、七道河、六道河等支流，在

田面积已达8 560公顷。1949—1985年，流域内易涝耕地达到5年一遇以上治理标准的9.86万公顷，灌溉水田3.738万公顷。

截至2000年年底，黑龙江省五常市建有自流灌区52处，其中万亩以上灌区12处；大型水库1座、小型水库31座、塘坝约2 200多座，设计灌溉面积5.9万公顷，其中水田面积5.7万公顷。双城市境内1967年建成的友谊灌区，灌溉面积达2.27万公顷。在支流牤牛河上建有**龙凤山水库**，控制流域面积1 740平方千米，总库容2.77亿立方米，以灌溉、防洪为主，兼顾发电和养鱼。2006年在拉林河干流上游建成**磨盘山水库**，该水库是以哈尔滨市城市供水为主，兼顾下游防洪、农田灌溉等综合利用的大型水利枢纽工程。总库容为5.23亿立方米。在卡岔河上游吉林省境内建有**亮甲山水库**，控制流域面积618平方千米，总库容1.925亿立方米，是一座以防洪除涝为主，兼顾灌溉、发电、养鱼、旅游等综合利用的大型水利工程。拉林河下游主要靠堤防防御洪水。拉林河干流中、下游因两岸多沙丘岗地，或是大片沼泽荒地，故堤防多呈断续状态在高地间连续，堤线较短，到1985年两岸共建成堤防总长350千米。堤防顶宽一般为4米，有堤防的河道泄量3 500～4 000立方米每秒，相当于20年一遇至50年一遇防洪标准。拉林河堤防上建有穿堤建筑物86座，其中排水涵闸66座，进水涵闸10座，电力排灌站10座。截至2000年年底，拉林河干、支流上建有龙凤山、亮甲山、向阳、小里河水电站，总装机容量4 550千瓦。

纪　　实

拉林河是黑龙江省五常市、尚志市、双城市与吉林省舒兰市、榆树市、扶余市接壤之界河，界长235千米。拉林河按地貌和河谷特征分为上游、中游、下游三段。

杜家镇西北左纳较大支流溪浪河,过五常市区在榆树市延河朝鲜族乡东北右纳另一较大支流牤牛河。此段为丘陵高平原及河谷平原区,地势变缓,高程在180～250米之间,河道比降在1‰～4‰,河谷变宽,一般在2 000米以上,五常西部宽达5 000米,河道多弯曲,水流缓慢,汛期常泛滥成灾。

五常西至牤牛河口为五常市和榆树市的界河。此段河道宽浅弯曲,河床多为沙质。在弯曲河道上,凸岸有沙洲发展,凹岸冲刷坍陷。洪水频繁,经常造成灾害;水源比较丰富,河谷平原土质肥沃,有良好的开发灌溉条件。河上建有青山头道街拦河坝、延河电灌站壅水坝和怀家友谊拦河坝。河水适宜种植水稻,米质好。在河流左岸有800公顷的灌溉农田。

拉林河榆树市青山段建有堤防,该堤防初建于1944年,堤防断面瘦小堤线弯曲,不能抗御较大洪水。1948年水灾后进行了重建,共建堤防长度44.2千米。

下游 河流经牤牛河口进入下游段,蜿蜒西北流,在202国道东孙家亮子屯左纳卡岔河,经育民乡郝家窝棚左纳大荒沟,过哈大线铁路桥,穿越余、伊家店乡、双城万隆乡,于蚂蚁哈注入松花江。拉林河下游段河长202.5千米,其右岸为黑龙江省五常市、双城市,左岸为吉林省榆树市、扶余市。该段地势平坦,幅员广阔,土质肥沃,为平原区,高程在150～160米。此处是吉、黑两省主要粮豆产区之一,特别是大米,享誉省内外。沿河泡泽星罗棋布,汛期河泡串通,水量丰富,十分适宜养鱼。沿河河岸沙丘起伏,绵延数里,是天然的防洪屏障。下游河道弯曲迂回,宽窄不一且不稳定,主流常有变迁。背河处沟汊纵横,与主流蜿蜒相通,丰水季节水面相连,枯水期则沟干断流。1949年以后下游两岸构筑了防洪大堤。

稻田

黑龙江省的京旗文化旅游区,以北部拉林满族镇为中心,辐射4个满族乡及部分乡(镇)的满族村屯,分布在24个旗屯和41个八旗窝棚(屯)中,满族人口有12万之多。拉林满族镇至今有900多年的历史,在漫长的历史进程中积淀了深厚的历史文化。清乾隆时期的京都移民不仅促进了民族团结,更促进了京旗文化的融合与发展,使拉林成为京旗文化的发源地。京旗文化作为京都文化的一个分支,在东北边疆的开发建设过程中起到了积极的推动作用。至今,该地区仍保留着大量的京旗文化遗存和京旗遗风习俗,以及较特殊的宗教信仰。经调查发现,京旗文化遗存文物资料1 100多件,其中有史料价值的270件,包括满汉两种文字的谱书19册,谱件41件,清末旗人照片2张,器皿47件,家具33件,宗教祭祀用品57件,满汉家书遗录4册,满汉功德牌2件,满汉两种文字的皇帝诏书2件,还有大量的生产生活用具及雕碣、木雕、砖雕、兵器等文物。

拉林地区因距金上京会宁府很近,金源文化遗存也非常多,其中有营城子、北土城子、东城子、西城子、南土城子、古城店、半里城子等7座金代石城遗址。有石人、石羊等5处金代墓葬。有看花楼、望海楼、御花园等金代建筑遗址多处,还有金代运浪河、点将台、上马台等遗址。在清代有很多寺庙,佛教文化层次较高,有华藏寺、关帝庙等。

1.27.31.1　磨盘山水库

（Mopanshan Reservoir）

拉林河上游以城镇供水为主,并有防洪、农田灌溉、环境用水等综合利用的多年调节大型水库。水库坝址位于黑龙江省五常市沙河子镇沈家营村,下游距哈尔滨市城区约180千米。2003年4月开工,2006年年底竣工。

磨盘山水库

概　　述

水库集水面积1 151平方千米,总库容为5.23亿立方米,调节库容3.23亿立方米,防洪库容0.33亿立方米,调洪库容1.62亿立方米。

库区多年平均气温3摄氏度左右,最低气温－40.9摄氏度,最高气温35.6摄氏度。无霜期110～140天,土壤最大冻深达2米。库区多年平均年降水量650毫米。多年平均年水面蒸发量704毫米。水库一般3月末至4月中

雾凇仙境

旬解冻,10月末至12月初封冻。库面最大冰厚1.3米,多年平均悬移质输沙量3.5万吨。库内水体符合《生活饮用水水源水质标准》中Ⅰ类水质标准。

枢纽工程由大坝、溢洪道、供水取水建筑物、导流灌溉洞等组成。按100年一遇洪水设计,5 000年一遇洪水校核。设计地震烈度为Ⅵ度。

大坝为黏土心墙土石坝,坝顶长406米,最大坝高49.9米。开敞式河岸溢洪道紧邻右坝肩,闸孔净宽12米,上设弧形闸门,最大泄流量1 043立方米每秒。导流灌溉洞位于右坝肩与溢洪道之间,洞长211米,洞径4.0米,进口设取水塔分层取水,出口设弧形工作闸门,挑流消能,近期灌溉引水流量84立方米每秒。城镇供水引水建筑物位于溢洪道右侧,由取水塔和引水隧洞组成。引水隧洞洞径3.2米,洞长1 383.88米。水库设计引水流量11.76立方米每秒。

水库每年为哈尔滨市供水3.168亿立方米,为山河镇供水

600万立方米,为五常市供水1 440万立方米。在满足拉林河干流现有水田灌溉面积2万公顷的同时,还能采取补偿灌溉等方式,扩大水田灌溉面积7 940公顷,远期达到水田灌溉面积2.8万公顷。

水库建成后,*溪浪河*口以上拉林河干流堤防由现状10年一遇防洪标准提高到80年一遇。磨盘山水库与*龙凤山水库*、*亮甲山水库*联合调度,对拉林河下游地区洪水起到一定的削峰、错峰作用。

纪　　实

磨盘山水库是拉林河流域水资源综合开发利用的关键性工程,不仅可为哈尔滨、五常等市提供优质的居民生活用水,促进城市基础设施建设,保证该地区的社会经济可持续发展。还可以区间径流补偿调节方式发展水库以下拉林河干流两岸水田灌溉面积,提高现有灌区的灌溉保证率;并可提高*忙牛河*口以上拉林河干流堤防的防洪标准;满足水库下游环境用水要求,改善沿河两岸周围环境。对哈尔滨市、五常市及该地区的社会和经济发展发挥了重要作用。

坝址至回水末端正常库水面积28.62平方千米,地涉五常市沙河子镇及山河屯林业局林场。库区除干流外,右侧有寒葱沟、左侧有三岔河汇入。其中,寒葱沟河长10千米,积水面积95平方千米,三岔河河长28千米,积水面积212平方千米。水库集水范围属于黑龙江省年径流高值区,水量丰富,水质好,无污染。

坝址区河谷呈不对称V形,河床宽50～60米,河床两侧发育有10～20米宽的狭长形河漫滩,地面高程为280～282米。右岸山坡坡度45～60度,左岸为山前倾斜台地,地面坡度约为10～15度,台地宽度大于200米。

水库与国家AAAA级景区凤凰山国家森林公园相邻。四周群山环绕,蕴含着丰富的自然资源,红松、云杉、冷杉、樟子松等名贵树种及多种珍贵药用植物、灌木遍布山林;鸟类、小型兽类在山间穿梭;静谧的湖水里生长着20多种鱼类,是天然的野生动物园和植物园。库区山峦叠翠,碧波万顷,湖光山色,相映成辉,其瑰丽的景色可谓人间仙境。在这片土地上,现存有3处抗联活动遗址、2座抗联烈士墓。不屈不挠的抗联战士,用他们的鲜血与身躯,捍卫了中华民族的自由与尊严。

1.27.31.2　溪浪河
(Xilang River)

*拉林河*左岸支流,吉林省境内称细鳞河,因昔日盛产细鳞鱼而得名,右纳*霍伦河*后称溪浪河,发源于吉林省舒兰市上营乡老爷岭山脉秃老婆顶子山东侧,属山区性河流。

概　　述

自河源由南向北呈弓背形,流经吉林省舒兰市的上营、小城、舒兰、水曲柳、平安等乡镇,于平安镇双河村西2千米肖家船口屯北处右纳霍伦河。霍伦河汇入口以下4千米河段为吉林、黑龙江两省界河,尔后进入黑龙江省境内。继续北流17千米至五常市山河镇以北于左岸汇入拉林河。河长147千米,流域面积2 904平方千米,河道平均比降1.2‰。

水系呈树枝状分布,流域面积大于100平方千米的支流有霍伦河、黄梁河、干棒河、沙河子河。

溪浪河在小城镇以上为山区,坡陡流急,河床由大、中卵石组成。小城镇至舒兰市区为丘陵区,河道稍有弯曲,河岸有局部冲刷,河底为中、小卵石夹砂。舒兰市区以下河道弯曲,河底为中砂,有冲淤。

流域多年平均气温3.5摄氏度,最高气温36.6摄氏度,最低气温－42.6摄氏度。无霜期在110～140天,初霜在9月中旬,终霜在次年5月上旬。最大冻土深2.10米,最大冰厚1.2米,年封冰日数在150天左右,河流冬季常发生连底冻。

流域多年平均年降水量754.0毫米,多年平均年径流量2.32亿立方米。据中游舒兰水文站实测,1989年7月24日发生历史最大洪峰流量1 000立方米每秒。流域全年有两个汛期,4月为春汛(也称"桃花水"),6—8月为夏汛。溪浪河水质在舒兰市城区以上为国家Ⅱ类标准,市区以下为劣Ⅴ类水。

据资料统计,溪浪河1909—1985年的76年间,共发生了水旱灾害35次,其中水灾16次,平均4.7年发生一次,旱灾19次,平均4年发生一次。

流域开发较早,水土资源丰富,水田面积较多。1931年日本帝国主义入侵后,流域内成为日本开拓团主要入殖地带。新中国成立以来,流域共建成中型水库2座、小(1)型水库3座、小(2)型水库31座、塘坝120座。位于支流沙河子河中游的沙河子水库,总库容2 555万立方米,设计灌溉水田面积1 900公顷,防洪保护耕地面积1 000公顷,是吉林省水产养殖基地。位于黄梁河中游的小城子水库,总库容1 800万立方米,设计灌溉水田面积3 340公顷,防洪保护耕地面积4 333公顷。建有拦河坝10座,灌溉干渠12条,总长125.9千米,另有40余处进水闸、节制闸、渡槽、排水闸、倒虹吸等工程,承担着吉林省7 500余公顷水田灌溉任务,成为舒兰市重点水稻产区。

流域内砂石资源较丰富,盛产含泥量极少、质坚、粒白的建筑用粗细砂。

为确保舒兰市城区防洪安全,1995—1998年,当地按可防御50年一遇洪水标准,修筑了总长425米的溪浪河护城堤防。

纪　　实

河源至小城镇为上游。河流出源头向西北流经上营镇采石场,左纳太康河,右纳东安河,经上营镇、齐家屯抵小城镇,上游段高程在300～1 000米之间,河谷宽约0.2～0.5千米,河道坡陡,水势湍急,河床由大、中卵石组成,区间山高林密,树木葱郁,植被良好,耕地较少。

小城镇至舒兰市城区为中游。溪浪河继续向西北流,右纳黄梁河,在小城农场北左纳黄泥河子,双兴屯东左纳干棒河。河流继续前行抵达舒兰市城区。中游段高程在200～500米之间,河谷宽0.5～1千米。小城镇八道岭以下河道稍见弯曲,河岸有局部冲刷,河槽呈U形,河底质为砂卵石,耕地渐增,河道两岸有少许护岸林。未垦平地多为塔头甸子,水土流失轻。

舒兰市城区以下为下游。河流过舒兰城区后折向东北,于金家街右纳沙河子河,经平安镇西北右纳霍伦河,前行进入黑龙江省五常市至山河镇注入拉林河。下游段高程在200～220米,地形开阔,河谷宽达2.5～3.5千米,河道弯曲,河底质为中砂,低水位时有沙滩露出,该区域地平土沃,水田占耕地面积的60%,区间植被遭严重破坏,河两岸已无植被保护,多为耕地,少见树木,河床不断升高,河道遭人为破坏。

进入五常市后,河道平均宽约80米,一般水深1.5～2.5米,两岸多为平原洼地,地势平坦,河道比降较小,水流缓慢,每当汛期河水常出槽淹地。

据《舒兰县地名志》记载,在流域中游的舒兰市小城镇东村境内,有一家族墓群,为金代开国元勋尚书左丞相兼侍中

——完颜希尹家族墓群,为省级文物保护单位;另据吉林省《永吉县乡土志》记载,清代该流域被列为封禁区,该河被列为贡河,专为皇室提供松子、蛤蟆、细鳞鱼等土特产。

完颜希尹家族墓群

1.27.31.2.1 霍伦河
(Huolun River)

溪浪河右岸支流,满语霍伦为"巍峨、雄伟"之意。因霍伦河上游段河道坡陡,水流轰鸣声响,又称响水河。

发源于吉林省舒兰市新安乡境内张广才岭山脉大秃顶子山东北侧,由东南向西北流经舒兰市的新安、开原、青松、七里4个乡镇,至平安镇双河屯西汇入溪浪河。河长128千米,流域面积1 502平方千米,河道平均比降1.7‰。有流域面积100平方千米以上的支流3条,左岸有**桃源河**,右岸有上柳树河、珠琦河。

流域多年平均年降水量742.6毫米,多年平均年径流量4.35亿立方米,多年平均流量13.80立方米每秒,最大洪峰流量1 430立方米每秒(1989年7月24日),最小流量为0.025立方米每秒(1985年2月)。多年平均年输沙量5.99万吨。历年11月上旬至次年4月下旬为结冰期。河流水质属Ⅱ类标准。

新安乡南太平屯以上为上游,属山区,森林茂密,尚有部分原始林木,植被基本未遭破坏,河谷宽0.6~1.2千米,河道坡陡,河槽宽15~30米;南太平屯至开原镇为中游,属丘陵区,植被尚好,河谷宽1.5~2.5千米,河道弯曲,河槽宽30米左右,河底质为粗细沙夹有砾石;开原镇以下为下游,属平原区,河谷开阔平坦,大部分被垦为耕地,河道两岸树木净光,河床滚动、冲刷、坍岸严重,河槽宽达50~70米,洪水易漫滩。河底质为粗细砂。

日伪时期,日本移民开拓团在霍伦河流域修筑拦河引水工程,大面积开垦水田。新中国成立后,流域内修建了1座中型水库(新安水库)和众多的小型水库及塘坝,总蓄水能力达2 656.6万立方米,并建成霍伦河灌区,灌溉水田5 394公顷。灌溉水质无污染,盛产优质水稻,所产大米国内驰名。该河两岸年产20万立方米左右建筑用粗细砂,质地良好。

霍伦河在清代被列为贡河,专为清室提供松子、蛤蟆、细鳞鱼等产品。1935年4月,在该河河源区的影背山南麓老黑沟,曾发生日寇惨绝人寰的集体屠杀中国无辜百姓1 017人的惨案。为了永远不忘日本侵略者对中国人民犯下的滔天罪行,1995年8月中共舒兰市委、市政府在该地修建了老黑沟惨案遗址,并列为吉林省爱国主义教育基地。

1.27.31.2.1.1 桃源河
(Taoyuan River)

霍伦河左岸支流,原名半截沟,因与吉林省内较大河流重名,后改名为桃源河。

桃源河发源于舒兰市新安乡南大顶子山北麓,由南向东北流至新安乡新安屯东汇入霍伦河。河长20.8千米,流域面积123平方千米,河道平均比降6.4‰,流经新安乡的围山、桃源、高家、新鲜等4个村。

桃源河流域森林茂密,植被良好,属山区河流,上游河床宽18~20米,水深0.3米;下游河床宽20~25米,水深0.4米。流域多年平均年降水量740毫米,多年平均年径流量0.2亿立方米。

1968—1971年,桃源河下游建成了新安水库,是一座以灌溉为主,兼顾防洪、养鱼等综合利用的水利工程,集水面积104.7平方千米,总库容2 210万立方米,可保证霍伦河灌区4 333公顷水田的灌溉补水,防洪保护面积5 000公顷。

1.27.31.3 牤牛河
(Mangniu River)

拉林河右岸支流,流经黑龙江省五常市11个乡镇和尚志市3个乡,金代称穆棱河,清代称莫勒恩河,伪满时称牤牛河。

概 述

牤牛河发源于五常市冲河镇秃顶子山西坡。在五常市马青山屯附近汇入拉林河。流域面积5 280平方千米,河长225千米,河道平均比降0.444‰。主要支流有19条,其中流域面积大于1 000平方千米的支流有**大泥河**,大于100平方千米的支流8条,其中左岸为小黑河、七寸河、腾泥河、拐把河;右岸为小石头河、大石头河、冲河、大泥河。

流域属中温带大陆性季风气候。多年平均气温3.3摄氏度,年积温2 600摄氏度,无霜期140天左右,土壤最大冻深1.8~2.0米。多年平均年降水量600~700毫米,其中7—8月降水量约占全年的70%。该流域是黑龙江省暴雨中心之一,实测最大日降水量为198.5毫米(大碾子沟站1966年7月29日),在二河乡同期最大一次暴雨为480毫米。流域多年平均年径流量14.47亿立方米,多年平均输沙量为12.2万吨。

地势东南高西北低,河流两侧有低漫滩、高漫滩、阶地等各类地貌呈带状分布。河谷平原区地势平坦,土壤肥沃,水源丰足,盛产水稻。牤牛河水力资源理论蕴藏量为4.61万千瓦,已建有**龙凤山水库**电站装机容量3 200千瓦。

深山区以胡桃、水曲柳、黄檗、枫树、榆树为主,局部地区有红松、云冷杉、柞树、杨树和桦树;中部丘陵浅山区以杨树、桦树、椴树为主,山顶有柞林。矿产资源有铁、铜、铅、锌、稀有金属,以及煤、黄铁、石英、石灰石等。

流域内有龙凤山、鹰盘山庄等风景区,还有响水河瀑布、红石砬子、七峰山、石刀山等名胜古迹。

自然灾害发生较频繁,春旱更为突出,可谓"十年九春旱"。据《五常县志》记载:清光绪十二年(1886年),五常夏季大旱,秋季早霜,农业歉收。新中国成立后,1955—1985

石刀山

年间发生了6次不同程度的旱情，其中1982年大旱，4—7月有75天未下透雨，旱田枯干，水田晒干，大河断流，部分水井干涸，使五常市受旱面积达11.3公顷，占全市耕地面积的70%。

1856年和1932年流域发生两次较大水灾。1856年拉林河全流域暴发洪水，据史料记载：当时"甲鱼满浮水面，田禾损失殆尽"。民国21年（1932年），7月、8月连续降雨，大小河流水位暴涨，沿河一带顿成泽国，平地水深数尺，沿河村屯内行船，有屯水淹房檐。这次洪水仅次于1856年，属历史上第二位洪水，洪峰流量2 450立方米每秒。新中国成立后，牤牛河共发生6次较大洪水，其中1956年洪水最大，据《黑龙江省五常县水利志》记载："1956年牤牛河流域6—8月降雨量632毫米，等于正常年降水量的总和。8月7日山洪暴发，大小河流横溢，水灾严重。"沿河一带房屋倒塌，农田被淹，水利工程冲毁，公路交通中断。

干流堤防长106.85千米，保护面积2万公顷，保护人口9.21万人，保护耕地10 773公顷。1958年当地修建了以防洪、灌溉为主，兼顾发电、养鱼等综合利用的龙凤山大型水库，集水面积1 740平方千米，总库容2.77亿立方米。1998年五常市境内建成的龙凤山灌区，灌溉面积2.65万公顷。目前已建成小型水库20座，总库容3 735万立方米，水田灌溉面积6 573公顷。

牤牛河流域盛产优质水稻，五常大米畅销全国。

纪　　实

上游　龙凤山水库坝址以上为上游。河流自源头向西南流经东开林场折向西北，经长青林场、三股流、岳家店，先后右纳小石头河、大石头河至冲河镇，右纳冲河后入**龙凤山水库**库区。该段河道平均比降为4.0‰，河床呈U形或V形，河底多为砾石及卵石，平均河宽40米，两侧均为低山丘陵，森林茂密。

七峰山位于冲河镇旭日村东南，海拔700米，因山上有7个突起的山峰远近错落而得名。每当夕阳西下，7个山峰的巨石显得格外壮观，故有"七峰夕照"之胜景。其中大青顶子山金史称之冷山，海拔945米，高出众山之上。山上积雪在7—8月才融化，当地称为白山。南宋礼部尚书洪皓于建炎三年（1129年）奉命出使金王朝，被流放到冷山15年之久。距山西15千米的牤牛河东岸有金代古城两座，俗称南、北城子，即当年陈王左丞相完颜希尹的故地。响水河瀑布位于七峰山东侧的深山幽谷中，大青顶子山上的清泉汇合流至此处被巨石分为两半，倾泻而下，形成瀑布，发出轰鸣，故称"响水双瀑"。

1958年修建龙凤山水库时，这一带曾出土猛犸象牙，同年还发现猛犸象门齿1颗。

中游　龙凤山水库坝址至大泥河口为中游。牤牛河过龙凤山水库后北流，左纳七寸河，右纳秀水河过小山镇，在小河套右纳最大支流大泥河，该段河道比降2.0‰～0.5‰，平均河宽85米，河床为双U形，水深3米左右，平槽流量为250立方米每秒，洪水时两岸漫滩宽达5千米左右。主槽由砂卵石组成，滩地为沙和亚黏土，植被以灌木丛为主。

保龙殿位于小山子镇东苇沙河左岸，山岭起伏，林海莽莽，风光秀丽。据说是金太祖完颜阿骨打的降生地。

下游　大泥河口至牤牛河口为下游段。牤牛河过小河套村后转向西北，经卫国、安家镇在马青山屯南汇入拉林河，沿程左纳年截河、腾泥河、柳泡河、拐把河、条子河等5条支流，右纳六道河、五道河、四道河、三道河、二道河、背荫河

等7条小支流。该段河道比降为0.5‰～0.25‰，平均河宽120米，河床为双U形，水深3米左右，平槽流量为350立方米每秒，洪水时两岸漫滩宽达7～8千米。河床主槽由沙卵石组成，滩地为亚黏土，部分滩地垦为农田，天然植被以杂草和灌木丛为主。此段在大碾子沟设有水文站，控制面积5 241平方千米，占全流域面积的99%。

在安家镇北4千米处牤牛河西岸有一座山，因山腰有一石刀屹立，故称为石刀山。石刀高丈余，极似古代的腰刀，刀上刻有"石刀山"三字。河对面的石峰有一深沟，称"刀劈砬子"，传说为对岸石刀所劈，是五常市旅游胜地。

1.27.31.3.1　龙凤山水库
（Longfengshan Reservoir）

又名龙凤湖，位于**牤牛河**上游的黑龙江省五常市龙凤山乡蔡家街村，是以防洪、灌溉为主，兼顾养鱼、发电、旅游等综合利用的大型水库。水库坝址距五常市50千米，总库容2.77亿立方米，防洪库容1.45亿立方米，兴利库容1.44亿立方米，死库容0.46亿立方米。水库回水长15千米，水面面积36.4平方千米。

龙凤山水库库区

概　　述

水库坝址以上集水面积1 740平方千米，占牤牛河流域总面积的33%。水库以上河长95千米，河道比降为0.25‰～4‰，弯曲系数1.0～1.5。流域内土壤透水性较大，森林覆盖率达90%以上。

工程主要由大坝、溢洪道、输水隧洞、灌溉涵洞和电站厂房组成。大坝为碾压式黏土斜墙砂砾石坝，坝长916米，最大坝高21.7米，顶宽6米。溢洪道位于大坝西侧，为河岸开敞式钢筋混凝土结构，非真空实用堰，宽57米，设有4孔弧形钢闸门，闸门宽12米，高8.3米，最大泄洪量2 920立方米每秒。输水隧洞长158米，直径3.5米，过流量36.5立方米每秒。灌溉涵洞长56米，直径2米，过流量15立方米每秒。电站为坝后式厂房，装有2台单机容量1 600千瓦贯流式水轮发电机组，保证出力870千瓦。

水库担负着保障吉林省扶余县、榆树市及黑龙江省五常市、双城市等4县市18个乡镇的84万人、5.5万公顷农田的防洪安全，以及灌溉下游4万公顷水田的任务；年产鱼10万千克，特别是"龙凤鲫"较为名贵。

纪　　实

龙凤山水库回水至冲河镇，形成了东北西南走向的狭长的河道型水库，水面最宽1 000多米。库区主要位于龙凤山风景名胜区内。成库后，库区河道急流险滩尽没水底，冲河镇可通航入内。冲河镇位于水库库尾，也是冲河入口。水库右有冲河，左有牤牛河两条入库河流。

龙凤山水源除来自冲河和牤牛河外，还有来自大秃顶子山的山泉，水质清澈，上游无任何工业污染，空气清新。库区山峦叠翠，碧波万顷，湖光山色，相映成辉，"山青、水秀、鱼鲜、稻香"体现了库区美丽、繁荣、富庶的特点。水库上游的古城冲河镇是金代重镇，女真文字的发祥地。库区内有龙凤古道，是古城通往京城的唯一通道，途中设有驿站。南宋使臣洪皓被流放经此古城，经此写下了"都驿荒凉尚邃深，息有

藉庇有余荫",以及"万里远来逢一饱,粗胜夫子厄于陈"的诗句,成为龙江最早的汉文诗词。水库库区内出土了大量的金代文物和古钱币。水库下游为学田文化遗址,出土了大量的古生物和古人类化石,把哈尔滨地区的文明史提前了近万年。

水库三面环山,山形奇特,湖水清澈,自然资源得天独厚,自然风光妩媚动人。两岸天然林和人工林面积达1 620平方千米,森林茂密,郁郁葱葱,针阔混生,色调鲜明,有红松、水曲柳等珍贵树木和各种灌木。山林中有山野菜、蘑菇等野生植物几十种,以及人参和灵芝等上百种中药材,有飞禽和兽类130多种,昆虫资源十分丰富,是天然的野生动物园和植物园。

1.27.31.3.2　大泥河
(Dani River)

牤牛河右岸支流,因河中多泥而得名。发源于黑龙江省尚志市珍珠山乡境内,流域面积1 976平方千米,河长94千米。

流域属浅山丘陵区,地势东南高西北低,植被为灌木丛与次生林,覆盖良好。流域多年平均年降水量697毫米,6~9月的降水量占全年的69.2%,汛期极易形成暴雨洪水,造成洪灾。多年平均年径流量为2.002亿立方米。年结冰120~155天,最大河心冰厚1米,冬季枯水季节易出现连底冻。每逢旱季灌溉用水量增加,经常出现断流现象。

大泥河自源头由东南向西北流,经长林镇、老街基乡于南金甲屯左纳元宝河,河流向西,于龙王庙左纳小泥河,在青山屯西右纳大石头河,于五常市志广乡汇入牤牛河。河道平均比降2.13‰,属山区性河流。大泥河流域面积100~1 000平方千米的支流有8条。流域内建有三股流、龙头、姜家沟、南金和新发5座中小型水库及大泥河万亩以上自流灌区。在大石头河上有1945年建成的三股流水库,是一座以灌溉为主,兼顾防洪、养殖等综合利用的水利工程,库容1 690万立方米,灌溉农田310公顷。

1934年秋抗联名将赵尚志率领的哈东抗日支队,在哈绥路两侧的珠河、延寿、宾县、五常、双城等县相当活跃,建立起了以三股流为中心的道南游击区和以秋皮囤为中心的道北游击区。

1.27.31.4　卡岔河
(Kacha River)

拉林河左岸支流,为满语卡姆气的音转,意为"合并、汇流"的河。发源于吉林省老爷岭山脉庆岭山西侧吉林省舒兰市境内,由南向北流经舒兰市的吉舒、亮甲山、莲花和榆树市的黑林、保寿、环城、城发、新庄、大岭等乡镇,在榆树市青山乡曹家村西汇入拉林河。卡岔河长213千米,流域面积3 136平方千米。

流域多年平均年降水量578.4毫米,多年平均年径流量2.19亿立方米。历年11月上旬至次年4月上旬为结冰期。卡岔河河道平均比降0.3‰,流域面积在100平方千米以上的一级支流有6条,右岸为天德河、黑林河、**二道河**、三道河,左岸为上二道河、芦家沟。

流域内林木稀少,仅在其支流二道河源头尚存少许林木;在**亮甲山水库**以上为低山丘陵区,荒山秃岭,水土流失严重,亮甲山水库坝址以下大部分为台地、平原,河谷开阔,地势低平,河道坡度变缓,干流河道迂回曲折,河槽陡,河床淤积严重,两岸为黑壤土,河底为淤泥。

卡岔河上游支流二道河左岸的小石顶山,山虽不高,但孤立成丘,过去山上树木层次生长,似罗伞扣于山顶,故称桥顶山,堪称风景奇观,如今已成光秃秃的山包。亮甲山水库右岸的亮甲山,昔日山高林密,郁郁葱葱,今已地表裸露,峭石陡立。新中国成立后至今,在沿河两岸修建了总长207.82千米的堤防,建成亮甲山及响水、太平、玉皇庙、李合、向阳、于家等大、中型水库和150余座小型水库、塘坝。这些蓄水工程设计蓄水总量可达2.4亿立方米,灌溉农田4 000余公顷,防洪保护耕地3万余公顷,除涝面积1.33万公顷,养鱼水面1 400公顷。

中、下游分布着黑保、卡中、新庄3片重点涝区,共有易涝面积3.23万公顷,其中耕地1.97万公顷。从20世纪60年代开始,地方政府组织群众采取蓄泄兼施、截排并举的方法大规模治涝,至80年代,易涝耕地全部得到治理,其中1.64万公顷达到10年一遇除涝标准。

1.27.31.4.1　亮甲山水库
(Liangjiashan Reservoir)

亮甲山水库位于**卡岔河**上游,坝址在吉林省舒兰市亮甲山乡下洼子屯南1千米处。集水面积618平方千米,是一座以防洪为主,兼顾灌溉、发电、养鱼、旅游等综合利用的大型水利工程。

亮甲山水库

概　　述

库区在舒兰市境内。地貌绝大部分为冲洪堆积的二级阶地,台面平坦开阔,局部有残丘或低山孤立于二级阶地之中。多年平均气温3.5摄氏度,多年平均年降水量700毫米,其中6~9月汛期降水量约占全年降水量的75%,多年平均入库径流量为1.22亿立方米,历年11月至次年4月上旬为结冰期。水库水质为Ⅳ类。

枢纽工程由土坝、溢洪道、输水洞、电站组成。土坝为土石混合坝,坝顶长541米、高17.3米、宽6米。正常溢洪道位于坝左端,最大泄量517立方米每秒。非常溢洪道为除险加固时增设的岸边自溃式溢洪道,位于右坝肩山鞍处,进口有子堤,最大泄量690立方米每秒。当水库遇超1 000年一遇洪水时,破堤泄洪保坝。输水洞位于坝左端。电站位于输水洞左侧,为除险加固时增设,有2台机组,装机容量250千瓦。

水库按100年一遇洪水设计,10 000年一遇洪水加三成校核,设计总库容19 250万立方米,兴利库容4 050万立方米,调洪库容15 500万立方米，防洪保护面积1.67万公顷，除涝面积1.33万公顷，灌溉农田面积3 953公顷，形成养鱼水面1 400公顷，电站设计年发电量28万千瓦时。库区淹没舒兰市耕地1 540公顷，动迁66个村屯的836户4 310人。水库运行以来，最大入库洪峰流量922立方米每秒（1970年7月15日），最大出库流量为131立方米每秒（1985年8月5日）。

纪　　实

卡岔河流域呈扇形，降水量大，暴雨集中，汛期洪水汇流快，经常泛滥成灾。建库前1949—1965年的17年间，有13年遭受不同程度的洪涝灾害，导致农田绝收、粮食减产。因此，根治卡岔河、修建亮甲山水库是沿河两市群众的迫切愿望。水库于1966—1968年投资建成，1976—1980年完成除险加固。

水库库区有3个入库口。中间为卡岔河干流，河长37千米，流域面积240平方千米；右为天德河，河长37千米，流域面积188平方千米；左为上二道河，河长36.16千米，流域面积190平方千米。三河汇流后，由于亮甲、关马二山间的干流上筑起了541米长的拦河大坝，形成水面面积20平方千米的人工湖，故有"一坝截三流"之谓。又因水库东依亮甲山，西靠关马山，置于两山环抱之中，山下坝前的库水面碧波千顷，恰如镶嵌在两山之间的一颗璀璨明珠，故又有"二龙戏珠"的美誉。在距坝右端输水洞出口以下65米处，修建了三联渠分水闸，此即水库灌区的3条供水干渠起点。东西干渠为舒兰市亮甲山、莲花乡、法特镇灌溉供水；中间的老河道为榆树市卡中灌区的6个乡镇灌溉供水。水库运行30年来，基本保证了9个乡镇近4 000公顷的水田灌溉用水。

大坝东依的亮甲山，民间传说岳飞曾率军追击金兵时路过此山，并在此山顶一块巨石上歇过马，晾过盔甲，留下了马蹄和盔甲印迹，故名亮甲山。如今巨石犹存，远近游人慕名而来，攀上山顶，驻足观赏。20世纪80年代，当地政府与水库管理单位在此共建"仰岳亭"。大坝西靠的关马山上建有观山寺，与东山上的"仰岳亭"遥相呼应。两山之上还先后建有大雄宝殿等3座庙宇，两山周围是连绵不断的十几座山峰，悬崖峭壁，怪石巍峨，巍然耸立。两山峰下的哈达石、神仙洞、狐仙洞等，流传着许多动人的传说。2004年，亮甲山水库被列为国家级水利风景区。

1.27.31.4.2　二道河
(Erdao River)

卡岔河右岸支流。位于卡岔河以东，因卡岔河俗称头道河，故此河名为二道河。

二道河发源于吉林省舒兰市天德乡大房屯北，流经榆树市黑林、土桥、新立、城发4个乡镇，在城发乡后四合屯汇入卡岔河。二道河河长79.8千米，流域面积735平方千米，河道平均比降0.4‰，流域平均宽7.6千米，流域面积100平方千米以上的一级支流有2条，为小三道河和半截河。

流域多年平均年降水量580毫米，多年平均年径流量0.687亿立方米，历年11月中旬至次年4月上旬为结冰期，最大冰厚为0.8~1.1米。

河流沿岸有局部沼泽和湿草地，植被较差。河道弯曲，河槽窄小，坡降大。洪水历时短，经常发生坡水入川现象，夹有大量泥沙下泄，不仅造成河谷川地受淹，而且破坏土地，造成水土流失。当地群众说："三年不清排水沟，就会大沟变小沟，小沟变垄背，坡水下山到处流，庄稼受淹无有收。"

1958年当地在二道河支流小三道河上游建起了玉皇庙中型水库（现名十四户水库），除险加固后总库容5 890万立方米；在二道河支流半截河上建成石塘水库（现名李合水库），除险加固后总库容3 050万立方米。两库保护下游农田7 500公顷，灌溉水田3 140公顷，并有养殖效益。

1.27.31.5　大荒沟
(Dahuanggou River)

拉林河左岸支流，发源于吉林省榆树市刘家镇吉顺村朝阳堡，流经刘家、先锋、恩育、弓棚、太安、八号、育民、红星8个乡镇，在育民乡丰泉村汇入拉林河。

大荒沟河长69.5千米，流域面积643平方千米，河道平均比降0.7‰，流域平均宽9.28千米。无较大支流汇入，多年平均年径流量0.51亿立方米。

该流域属冲击河谷平原，地势南高北低。地层表面为松散的沉积亚黏土，土壤为黑钙土，腐殖层厚20~40厘米。大荒沟河谷狭长，洪水陡涨陡落，河道泄水能力差，每当暴雨易造成洪涝灾害。当地有"大荒沟，大荒沟，十年九不收""大荒沟水向北流，春愁种来秋愁收"之说。

为了减轻大荒沟的洪涝灾害，1958年原榆树县恩育公社在大荒沟上游建成了总库容2 400万立方米，以防洪除涝为主的苏家岗水库及小型水库7座。1985年，大荒沟发生30年一遇洪水，由于苏家岗水库的调洪错峰作用，使洪水得到了有效控制。

1.27.32　阿什河
(Ashi River)

松花江右岸支流，是流经黑龙江省哈尔滨市区内最长的河流。位于东经126°42′~127°42′，北纬45°08′~45°48′。辽金时称安出虎，清代称阿勒楚喀毕拉，阿勒楚喀意为"支儿"，毕拉意为"水"，是指满族儿童玩具"嘎拉哈"（狍子腿关节骨）的正面，因阿什河迂回环绕状如"支儿"的正面，所以得此名。"阿什"为满语"金子"之意，即为金色河流。

概　　述

发源于黑龙江省尚志市的帽儿山镇大青山东坡尖石砬子沟。流经尚志、五常、阿城、哈尔滨主城区等市（区），于哈尔滨市东郊注入松花江。该河流域面积3 532平方千米，河长181千米，河道平均比降为2.44‰。

流域地处松花江中游，南与**牤牛河**相邻，东为**蚂蚁河**，西是马家沟河。流域内地形东南高、西北低。上游为山区，坡陡流急，生长着大片的次生林；中下游为丘陵平原，土壤肥沃，植被茂盛，河道弯曲异常。流域内山地面积占51.8%，丘陵面积占33.2%，森林覆盖率为31%。

阿什河支流较多，其主要支流左岸有大泥黑河、樊家沟、怀家沟、庙台沟、信义沟；右岸有阿城河、石头河、玉泉河、海沟河、小黄河、东风沟。

区域属半湿润大陆性季风气候区，四季气温变化明显。多年平均气温4摄氏度，无霜期140天。流域内多年平均年降水量554.7毫米，多年平均年蒸发量768.0毫米，多年平均年径流量为4.58亿立方米。由于流域中下游工厂企业较多，大量含有碱、酚、汞等化学物质的工业废水未经处理直接注入河中，造成水质污染较为严重，水质为Ⅳ类。

阿什河洪水频繁发生，1982—2000年共发生洪涝灾害6次，其中1994年大洪水造成8人死亡，农田受灾6.2万公顷，绝产1.4万公顷，冲毁道路135.3千米、涵洞53处、桥梁437

座，倒塌房屋 26 442 间，直接经济损失达 6.22 亿元。

流域内现有水利工程 20 处，其中排洪闸 7 座、强排站 2 座、排水涵 6 座、其他水工建筑 5 座。现有大型水库 1 座、中型水库 1 座、小型水库 7 座。

西泉眼水库 于 1996 年 10 月建成，是阿什河上游一座多年调节的大型水库。水库坝址距阿城市 84 千米，集水面积 1 151 平方千米，总库容 4.78 亿立方米。水库为哈尔滨市的备用水源地。2002 年建成西泉眼灌区，灌溉面积 2.02 万公顷。

红星水库位于红星乡的王家店屯，总库容 2 665 万立方米，设计灌溉面积 0.22 万公顷，其中水田面积 0.15 万公顷。

砬子沟水库总库容 273.4 万立方米，灌溉面积 347 公顷。杨林水库总库容 215.8 万立方米。民丰水库总库容 430 万立方米。八一水库总库容 176.5 万立方米，实灌面积 170 公顷。东兴水库总库容 32.9 万立方米，灌溉面积 30.8 公顷。岭西水库总库容 96.8 万立方米。石山水库总库容 53 万立方米。

1949 年前阿什河流域仅有堤防 2.4 千米，日伪时期"勤劳奉仕队"修筑过巨源江堤，工程质量低劣。新中国成立当年修筑堤防 33 千米。至 1981 年，已修筑河堤 121 千米。哈尔滨市境内堤防达 20 年一遇防洪标准，阿城境内达 10 年一遇防洪标准（城区达 20 年一遇标准）。

阿城区有易涝面积 1.868 万公顷。1958—1975 年，当地挖排水干线 3 条，总长达 25 千米，建桥涵 53 座，修海沟河拦河坝 1 处。全区 1985 年除涝面积已达 1.67 万公顷，占易涝面积的 90%，但部分地块除涝标准还低。

纪 实

阿什河出河源向西南流，至三号屯右纳黄泥河，经帽儿山镇转向西流，至北川右纳二道河、头道河后折向南流，入西泉眼水库，库区左侧纳大泥黑河，河流出库后，转向西北，经交界镇、阿城镇、成高子及团结镇，先后右纳石头河、玉泉河、海沟河、小黄河、东风沟；左纳樊家沟、怀家沟、庙台沟、信义沟等支流，于哈尔滨水泥厂附近注入松花江。

从尚志市帽儿山镇开始，河道千回百转，将 80% 的经历镌刻在阿城大地上。中下游属平原性河流，两岸很少有陡峭的高山和峡谷。而唯独在上游松峰山上，耸立起十几座山峰，为金代道教名山。两岸山体岩石多为石灰石和花岗岩。在小岭一带为变质岩，有存留的古代"冶铁遗址"和当代的有色金属基地。

11 世纪下半叶，女真族完颜部落首领完颜绥可率部从仆干水（牡丹江）西迁至阿什河畔，开始了中国一个少数民族由氏族社会向奴隶社会转变的振兴之路。流域土地肥沃，适于农耕，因此易于结束女真人"夏逐水草冬处地穴"的氏族生活。从完颜绥可至劾里钵，历经几代人的努力，也将女真部落建设成足以与辽国一决雌雄的强大政治集团。女真人灭辽建国的愿望，终于由金太祖完颜阿骨打变成现实。阿骨打建国立都金上京，开始了大金国 120 年统一北部中国的历史进程。

两岸矿产资源丰富，已发现各类矿产 63 种，已探明可供工业利用的有 25 种。其中煤炭、天然气、铜、锌、钨、钼、硫铁矿、熔炼水晶、蛇纹岩、砷、建筑用石、矿泉水等 20 种矿产在黑龙江省占有重要地位；林业资源主要有红松、落叶松、樟子松、水曲柳、黄檗、胡桃楸，以及柞、椴、榆、杨、桦树等。其中红松以材质优良享誉国内外，水曲柳以花纹美丽而驰名；植物种类繁多，包括藻类植物和苔藓植物，具有分布集中、经济价值高的特点。药用植物中，名贵药材有山参、黄柏、地龙、黄芪、五味子、刺五加等；草原植物以小叶樟和饲用碱草为主；野生食用植物有蕨菜、薇菜、猴腿菜、刺嫩芽等 10 余种，还有大量的猴头菇、榛蘑、元蘑、木耳等食用菌；野生油料有松子、榛子等；野生花卉有 130 余种。

沿岸有两个全国重点文物保护单位——金上京会宁府遗址和亚沟石刻，有 4 个省级文物保护单位——

金上京遗址

金太祖陵、城子村遗址、松峰山金代道教遗址和小岭东川冶铁遗址及市级文物保护单位 5 个，有全省唯一的竞技高尔夫球场，亚洲最大的玉泉狩猎场，颇具欧洲神韵的平山鹿苑，还有闻名世界的哈尔滨森林动物园。

1.27.32.1 西泉眼水库
(Xiquanyan Reservoir)

阿什河 上游的大型水库，坝址位于黑龙江省哈尔滨市阿城区平山镇原西泉眼屯西北约 1 千米处，距哈尔滨市中心 93 千米。工程于 1992 年 9 月开工建设，1996 年 10 月主体工程竣工。

西泉眼水库

概 述

西泉眼水库是具有防洪、除涝、灌溉、养鱼、发电、城市供水等综合利用功能的大（2）型水利枢纽工程。集水面积 1 151 平方千米，占阿什河流域面积的 32%，正常库水面积 40.86 平方千米，平均库水深 12 米。

库区地处四面环山的阿什河谷地，坝址河曲发育，滩地狭窄，两岸极不对称，呈 U 形，右岸陡、左岸缓。

年平均气温 3.4 摄氏度，极端最高气温 36.5 摄氏度，极端最低气温 −40 摄氏度，最大冻深 1.99 米；多年平均年降水量 692 毫米，多年平均年径流量 2.65 亿立方米，多年平均入库流量为 8.5 立方米每秒；多年平均年输沙量为 4.6 万吨。水库水质大多达到 Ⅰ 类、Ⅱ 类水质标准。

工程按 100 年一遇洪水设计，10 000 年一遇洪水校核，总库容 4.78 亿立方米，调节库容 2.45 亿立方米，死库容 0.44

亿立方米，防洪库容0.99亿立方米，为多年调节型水库。

枢纽工程由大坝、溢洪道、输水洞和电站组成。大坝为砾质黏土心墙土石坝，坝顶长400.56米，最大坝高29.10米，坝顶宽8米。溢洪道为右岸河床式，坐落在岩石基础上，右侧为陡峻山崖，左侧与土坝相连。堰顶高程200.00米，上设2孔11.3米（高）×8米（宽）弧形钢闸门，采用河床式底流消能，最大下泄量为1539立方米每秒。输水洞布置在溢洪道的右侧，结合右边墙布设矩形灌溉、发电输水洞，洞径4米（高）×3米（宽），灌溉洞全长47.42米，发电引水洞全长127.72米，输水洞最大过流量为189立方米每秒。电站为坝后引水式，总装机容量为2 200千瓦，多年平均发电量548万千瓦时。

西泉眼水库大坝

水库建成运行以来，阿什河沿岸的洪涝灾害得到了有效控制，使下游农田的防洪标准由10年一遇提高到20年一遇；阿城区堤防的防洪标准由20年一遇提高到50年一遇；农田除涝标准由2年一遇提高到5年一遇。保护下游重要城市哈尔滨市和村屯22个、人口15万、农田4 400公顷；保护滨绥铁路、301国道和221国道等重要交通干线的防洪安全。水库设计灌溉面积1.647万公顷，实灌水田面积4 313公顷。养鱼水面2 933公顷，设计年生产能力为660吨，2005年12月，水库的鲢鱼、鳙鱼、鲤鱼、鲫鱼4种鱼首获黑龙江省国家绿色食品品牌认证。2006年10月，哈尔滨市政府决定将西泉眼水库由备用水源调整为正式水源。在保证现有水田灌溉的条件下，城市日供水能力达32万立方米，还可保证每年1 000万立方米的河道环境用水。

纪　实

库区位于黑龙江省尚志、五常、阿城3市（区）交界处，纵贯阿城区平山、小岭两镇，两条贯穿的进库公路，将水库大坝紧紧环绕，301国道、滨绥铁路横穿库尾，距水库大坝仅16千米，交通十分便捷。

水库位于哈尔滨—金上京遗址—西泉眼水库—亚布力滑雪中心—东北虎林园—牡丹江镜泊湖黄金旅游热线的中段，背靠着大青顶子山和小青顶子山，又有阿什河水相伴，具有得天独厚的水资源和森林资源，地理位置优越，各种动植物资源丰富，乔木高大，灌木浓密。库区周边植被良好，水土流失较少，森林植被覆盖率达80%以上。

水库三面环山，地处阿什河、二道河子、黄泥河三河交汇处。周边山峰连绵起伏，沿库区公路蜿蜒而行至14千米处，可以观赏到龙泉山，这是伸向库内的半岛，山上生长着茂密的次生林，依山傍水，环境幽雅。至库区7千米处为望佛山，

水库风光

山的顶峰有一组岩石，像仰卧的一尊巨佛，形象十分逼真。

库区的春天，大地复苏，林木吐翠，山上生长着野生刺嫩芽、猴腿、刺五加叶等十余种山野菜。夏天，百花盛开，百鸟争鸣，野鸭成群，群山环抱中一泓湖水，波光粼粼，风光旖旎。秋天，山色五彩缤纷，红叶连片，满山的山里红、核桃等野果使您流连忘返。水库里生长着13科43种鱼类，其中西泉湖大胖头鱼驰名省内外，马口鱼、雅罗鱼、花泥鳅等更独具地方特色。

水库运行十几年来，充分发挥了工程的防洪、除涝、灌溉、养鱼等综合效益。但由于历史条件限制，工程存在严重的安全隐患。2007年水库维修加固工程、饮用水水源地污染防治工程相继开工建设。

1.27.33　呼兰河
（Hulan River）

松花江左岸支流，《金史》称活刺浑河、胡刺温河，《明一统志》称忽刺温江，清雍正十年（1732年）设立呼兰城守卫，而定呼兰河之名。呼兰满语为语洞，系"烟囱"之意。河流发源于小兴安岭山脉西麓黑龙江省铁力市东北的三个大山和太平岭之间的太平沟，在哈尔滨市呼兰区张家店村汇入松花江，河长506千米，流域面积31 424平方千米。

概　述

流域地处黑龙江省中部，位于东经125°55′～128°43′，北纬45°52′～48°03′，地跨北安市、克东县、拜泉县、明水县、海伦市、绥棱县、铁力市、庆安县、绥化市北林区、望奎县、青冈县、兰西县、哈尔滨市呼兰区等13个区县（市）。

水系呈扇形，左岸纳小呼兰河、**安邦河**、拉林青河、格木克河、**津河**、**泥河**6条支流，右岸纳**依吉密河**、**欧根河**、泥尔根河、**努敏河**、**通肯河**5条支流。

呼兰河

流域按河谷地貌及河道特征分为上游、中游、下游三段。河源至小呼兰河口为上游段，河长85.5千米，河宽一般在40～60米，河道平均比降2‰；小呼兰河口至通肯河口为中游段，河长268千米，河宽一般在30～350米；通肯河口至呼兰河口为下游段，河长151.5千米，河宽一般在40～370米。呼兰河属少沙河流。

流域属温带大陆性季风气候，多年平均气温1.6～3.3摄氏度，极端最低气温-44.9摄氏度，极端最高气温38.3摄氏度。平均无霜期118～142天。平均结冰期162天，平均最大冰厚1.05米。日照时数2 560～2 720小时。

多年平均年降水量574.7毫米，其中6—9月约占全年降

水量的75%～80%。降水量地区差异明显，从东向西递减，西南部平原400～430毫米，东部山区570～780毫米，降水量较大的地区在流域的东北部、小兴安岭西麓，多年平均年降水量700毫米。下游兰西水文站控制流域面积27 736平方千米，多年平均年径流量40.3亿立方米，最大年径流量76亿立方米（1985年），最小年径流量10.4亿立方米（1989年）。

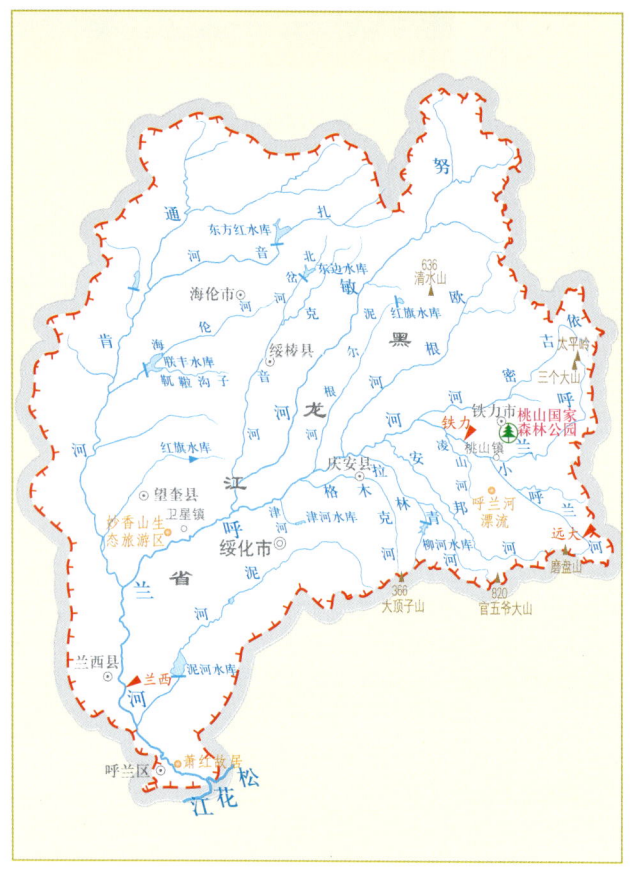

呼兰河水系示意图

流域地处新华夏系新构造运动的松嫩断陷东缘与小兴安岭隆起西南缘的接壤部位，形成了东北高、西南低，东陡西缓的地形特征。东部为小兴安岭山地的西南端，地表出露有砂岩、泥岩夹大理岩、玄武岩、安山玄武岩、流纹岩及大面积的海西期花岗岩岩体等，其余均为平原区。平原区从地貌成因形态上可分为剥蚀堆积台地、堆积低平原及河漫滩。

上游区为小兴安岭中部西坡丘陵台地，高程200～300米，地面坡降约在5.0‰～50‰，有茂密的森林；中下游为低平地，高程在120～200米，地面坡降0.33‰～5‰。整个流域地形自东北向西南倾斜。土壤肥沃，属黑土地的一部分。

多年平均年径流量为44.4亿立方米。水力资源理论蕴藏量约16.1万千瓦，水力资源可开发量1.4万千瓦。

流域内森林主要分布在上游，系针阔混交林，主要树种有落叶松、云杉和冷杉。有东北虎、马鹿、黑熊、飞龙、山鸡、紫貂、林蛙等珍稀动物。

流域沿河两岸的建筑用河砂，可开采量达3 100万立方米以上，上游的铁力市境内分布有中等规模的铁矿和铅锌矿。

流域水旱灾害频繁。自乾隆十一年（1746年）至2000年的255年中，发生水旱灾害35次，平均约7年1次，其中特大干旱3次，大旱3次；特大洪水7次，大洪水7次。有时连年受灾，或在同一年内水灾、旱灾均有发生。

呼兰河流域包括13个县市，60个乡镇。2002年，流域人口658.4万人，耕地164.6万公顷，粮食总产量超过140亿吨，工农业生产总值192.95亿元。上游是以采伐、加工综合利用为主的林产工业基地，中下游是国家重要的商品粮、商品鱼、优质烤烟和生猪、肉牛生产基地。域内主要粮食作物有水稻、玉米、大豆、小麦、谷子、高粱，经济作物有亚麻、甜菜、葵花、黄芩等。工业门类齐全，依托丰富的资源和地缘优势，初步形成了以食品、粮食、医药和亚麻纺织为主导产业的发展格局。

1911年春，朝鲜族人吴长海率人在宋德先屯西北1.2千米处的泥尔根河上，修建了一座柳条拦河坝，并在河左岸坝的上游开了一条4千米长的引水渠引水，在宫王屯一带种水稻。此渠即为如今的庆安县同乐干渠。20世纪20年代以后，当地居民续修了一些拦河坝、引水渠灌溉水田。中华人民共和国成立后，流域内又兴建了大量的水利工程，现有大中型水库19座，小型水库65座，塘坝136座，小水电站13座，装机容量3 730千瓦，年发电量700万千瓦时，中小型引水工程39处，提水工程4 128处，灌溉面积达11.1万公顷。

2000年呼兰河流域总开发利用水量19.75亿立方米，其中地表水10.02亿立方米，地下水9.73亿立方米。

纪　实

呼兰河源头至铁力市桃山镇（小呼兰河汇入口）为上游，是小兴安岭山地与松嫩平原接壤处，雨量充沛，河网发育，源头山体岩石为砂岩、板岩和花岗岩。

呼兰河自源头由北向南流，至鸡岭转向西流抵桃山镇。该河段河宽40～60米，河流平均比降2‰，植被为针阔叶混交林，从上往下河流两岸分四个层次，上部深山区有红松、臭松、白松、兴安落叶松、云杉、水曲柳、黄檗、椴树、色树，伴有山葡萄、五味子等植物；中部浅山区被蒙古柞、白桦、黑桦、风桦、山杨、香杨、黄檗、楸子树覆盖，伴有兴安杜鹃、刺五加、平贝、党参、野玫瑰、蕨菜等植物；下部低山区被山杨、白桦、山槐、山丁子、野梨、榛子树覆盖，伴有刺五加、野玫瑰等植物；山地向平原过渡的丘陵区，高程为300～500米，多生灌木、榛柴、杂草植物群落，主要有山槐、二色胡枝子、白丁香、山里红。大叶小檗、大叶蔷薇、山樱花、毛榛、舞蹈草等。河流两岸漫岗坡地多开垦为耕地，种植玉米、谷子、大豆等作物。沿途有铁矿、铜矿、砂金矿、石墨矿床。

在桃山镇上游9.5千米，有"呼兰河第一漂流圣地"之称的呼兰河漂流河段。河段长15千米，顺流而下，河水时而舒缓，时而湍急，每年的6—9月为最佳漂流季节。

呼兰河漂流

桃山灌区渠首位于桃山镇南，始建于1938年，为有坝引水的自流灌区，是呼兰河上游的第一个灌区。灌区设计灌溉面积为1 400公顷，截至2005年年底，灌区实际灌溉面积已经达到1 353公顷。

呼兰河流过桃山镇，左岸纳小呼兰河后进入中游。小呼兰河发源于磨盘山东麓，西北流向，全长 67.5 千米，流域面积 500 平方千米。上游奋斗林场设有远大水电站，该电站为河床式电站，安装 1 台 100 千瓦和 2 台 75 千瓦的发电机组，总装机容量为 250 千瓦，年平均发电量 110 万千瓦时。桃山国家森林公园位于其中，园内有原始森林、狩猎场、滑雪场，栖息着黑熊、野猪、马鹿、狍子等野生动物。

河流进入铁力市区前途经王杨灌区，王杨灌区原名韩家灌区，始建于 1938 年，渠首位于凌山河口下游 50 米，当时只在呼兰河上压一柳条拦河坝，干支渠总长约 10 千米，灌溉面积仅 200 公顷。经过 60 多年的改造，灌区干支渠长度已经达到 77.73 千米。截至 2005 年年底，灌区实际灌溉面积已经达到 3 047 公顷。

铁力市原名铁骊县（1933 年），因有山貌似黑马而得名，1998 年改为铁力市。呼兰河穿过铁力市区后，继续西北流，依吉密河从右岸汇入，其河宽 30～100 米，枯水期水深 0.8～2.6 米，河床质多为砂砾，河滩或堤距在 0.45～3.9 千米。呼兰河设铁力水文站，控制流域面积 1 838 平方千米，多年平均年径流量 7.33 亿立方米，最大年径流量 11.89 亿立方米，最小年径流量 1.31 亿立方米。

此段河流两岸地貌为冲积平原，地势平坦，绝大部分已被开垦成农田，仅在边缘地区有小部分大小叶樟、三棱草、黄蒿、火碱草、鸡眼草等草本植物；农作物有水稻、玉米、小麦、谷子及蔬菜。中草药有人参、川贝、党参、黄芪等。

河流过依吉密河口后转向西南流入庆安县境内，先后纳左岸的安邦河、拉林清河，右岸的欧根河。此河段河宽 70～200 米，河滩或堤距在 2.5～6.0 千米。

拉林清河又称拉列罕河。拉林清系满语"烂泥湖"之意，发源于庆安县南部官五爷大山北麓，河长 89 千米，流域面积 759 平方千米，多年平均年径流量 1.44 亿立方米，支流柳河上建有库容为 4 000 万立方米的中型水库——柳河水库。

河流经过依吉密河口后，左岸有和平灌区，位于河谷的一、二级阶地上。首起铁力市双丰镇李山屯北至庆安县久胜乡全胜村。东西长 45 千米，南北平均宽 4 千米。和平灌区始建于 1935 年，1956 年开始不断投资扩建。设计灌溉面积 5 733 公顷，实际灌溉面积 6 933 公顷。

呼兰河继续西南流，分别纳右岸的泥尔根河，左岸的格木克河、津河，至第二大支流努敏河口。此河段河宽 30～300 米，河滩地或堤距在 0.2～4.8 千米。

泥尔根河发源于庆安县北部清水山西南麓，河长 88 千米，流域面积 522 平方千米，多年平均年径流量 0.92 亿立方米。其上游建有库容 1 300 万立方米的中型水库——红旗水库。

格木克河满语为"箭得准"的意思，发源于庆安县南部大顶子山，河长 110 千米，流域面积 803 平方千米，多年平均年径流量 0.89 亿立方米。冬季常发生连底冻，枯水期河水断流。

格木克河流经庆安县城。庆安县是中国绿色食品之乡、国家级生态示范区、中国商品粮基地县和国家 A 级绿色食品水稻生产基地。所产绿洲精洁米、七河源大米、庆牌大高粱酒等产品闻名遐迩。

在呼兰河与努敏河下游的河间地上建有幸福灌区。设计灌溉面积 4 600 公顷，实际灌溉面积 3 533 公顷。

绥化市人民政府驻地北林区位于呼兰河南 15 千米。北林区于清同治元年（1862 年）正式开发设镇，原名北团林子。清光绪十一年（1885 年）设理事通判厅，定名绥化，为"吉祥安顺"之意。1999 年 12 月撤市建区，隶属于新建的地级市绥化市管辖。

清嘉庆元年（1796 年），几经朝臣奏请，批准呼兰河为中心地，对旗人开放，允许垦荒，但不准汉人移入。同年，清廷户部派往北团林子垦荒务农的京期 10 户，28 人，他们抵北团林子后，因感气候寒冷、生活不惯而逃回。清道光五年（1825 年），此地设期屯，拨期丁，实行"京期领地""京期代垦""京期民佃"等方式开荒。清咸丰十年（1860 年），黑龙江将军特普钦命令开发呼兰河下游 300 万公顷荒原。清同治元年（1862 年），由于山东、山西、河北、辽宁等地大批汉人移入此地，突破了京期垦荒的方式，由地方实行"签子荒"（插签占地）、"领荒"（到荒官那里去领荒）、"跑马占荒"（跑马圈占地）等新的方式，使当地的垦荒面积逐年扩大。新中国成立后，土地开发逐年增多，农业发展很快，已成为是国家重要的商品粮、商品鱼、优质烤烟和生猪、肉牛生产基地。

努敏河口至通肯河口河长 81.6 千米，河槽宽度 50～350 米，河滩地或堤距 2.8～5.5 千米。左岸滩地为开阔的低河漫滩区，滩地以上为一级阶地；右岸滩地狭窄，滩地以上为二级阶地。

永安灌区位于呼兰河左岸，开发于 1943 年，1957 年开始扩建。灌区内地势平坦，由东北向西南逐渐倾斜，地面坡降 0.3‰左右，境内有局部岗地。灌区设计灌溉面积 5 000 公顷，实际灌溉面积 3 333 公顷。

妙香山生态旅游区位于呼兰河的右岸望奎县卫星镇南部。横亘东西的妙香山层峦叠翠，连绵起伏。山上鲜花吐艳，百鸟争鸣；山间古树参天，泉水潺潺；山下河水似长虹卧波，丽日之下，碧波荡漾。

通肯河口以下为下游。通肯河汇入后，河流转向南流，至哈尔滨市呼兰区张家店村汇入松花江。此段河长 151.5 千米，河槽宽度 40～370 米，河滩地或堤距宽 0.9～7.5 千米，有小兴安岭余脉拉哈岗（旧称沙里勒硕岗）傍呼兰河右岸，蜿蜒起伏，为西北高、东南低的倾斜平原地貌。

萧红故居

河流沿途河砂资源丰富。进入采砂旺季，水面上采砂船川流不息，两岸河砂传送带比比皆是，运砂车接连不断，一派繁忙景象。其中兰西县每年开采河砂 8.5 万立方米以上，其中粗砂 4 万立方米，细砂 4.5 万立方米。

呼兰河右岸有哈尔滨市呼兰区，该区 1913 年设县，2004 年 2 月 4 日，国务院正式批准呼兰撤县建区。呼兰区是黑龙江省重点产粮县之一，所产的元皮、玉石雕刻等远销海内外。

呼兰区是我国 20 世纪 30 年代著名左翼女作家萧红的故乡，她在短短的 31 年人生中，留下了《生死场》《呼兰河传》《马伯乐》等一批优秀作品。呼兰现存萧红故居，由五间青砖瓦房和后花园组成。故居内陈列着萧红的遗物和著作，还有学者研究论著及中外名人题词、诗作、信函等。

1.27.33.1 依吉密河

(Yijimi River)

呼兰河右岸支流，发源于黑龙江省伊春市太平岭西北 938 高地，流经鹿鸣、二股、建设林场和北关、三屯农场，于柴德福屯东南 1 千米处汇入呼兰河，河长 71 千米，流域面积 1 777 平方千米。

流域略呈狭长形，上游以高山丘陵为主，植被有针阔混

依吉密河

河边美景

交林、次生林、针叶人工林；下游为低山丘陵和河谷平原，有大量农田和湿地。流域内有大小支流13条，水质清澈，属山溪性河流。

依吉密河是铁力市与庆安县的界河，河道比降1.34‰，左岸狭窄，大部为铁力市工农乡辖区，右岸面积较大，为绥化市庆安县境。

流域内多年平均气温1.5摄氏度，最低气温－40.0摄氏度，最高气温32.0摄氏度。10摄氏度以上积温2 100摄氏度左右，无霜期115天。多年平均年降水量707.4毫米，多年平均年蒸发量570毫米，多年平均年径流量5.76亿立方米。

流域内资源丰富，动植物有鹿、熊、狍子、榛鸡、野鸡、鸳鸯、林蛙和红松、云杉、桦树、柞树、黄瓜香、山露、人参、党参、刺五加、五味子等，矿藏资源主要有大理石。

河流上游流经兴安、鹿鸣、二股、马永顺林场、透龙山风景区、日月峡国家森林公园、建设经营所、北关农场，河宽25米左右，水深1.0～2.0米，河床以大块卵石、砾石为主，水流湍急，两岸森林茂密，低平处分布着大片森林湿地。

马永顺林场在哈伊公路旁，是林业英雄马永顺生前与家人几十年如一日，生命不息，造林不止的地方。

在透龙山风景区的山涧瀑布右侧山腰处有一山洞，令人称奇的是山洞的另一头也有一个小洞，两个洞口遥相对应，故此得名"透龙山"。景区内有卧龙峰、鹰叼洞等九峰十八景。日月峡国家森林公园主要有灵龟朝圣、鹿野苑等景点。依吉密河漂流在马永顺林场至建设经营所这一河段。北关农场以北的哈伊公路为著名的森林观光道。北关水文站建于1952年，设在建设经营所西南2千米处的依吉密河上。

下游纳入小依吉密河、小黑河等5条河流。河宽40米左右，水深1.5～2.5米，河床以粗砂、卵石为主，水流渐缓，有大量农田和少量湿地。

在北关水文站下游1 900米处，有2007年建成的北关灌区渠首枢纽工程，由拦河工程、引水工程、防洪固滩工程等组成。拦河工程全长43.80米，其中冲砂闸净宽12米，拦河坝长31米。北关灌区位于左岸，东起北关农场，西至铁力市工农乡新民村止。灌区总面积5 333公顷，设计灌溉面积2 000公顷，现有干支渠长19.35千米。

1.27.33.2　安邦河
（Anbang River）

呼兰河左岸支流，为黑龙江省铁力市和庆安县界河，发源于平顶山西南麓，流经双鸭山、集贤、桦川3个市县，在铁力市双丰镇幸福屯偏西约5千米处汇入呼兰河，河长81千米，流域面积1 679平方千米。

流域呈东南至西北狭长形，左岸宽阔，右岸狭窄，地势南高北低，东高西低。上游地貌为高山峻岭，多林地；下游为浅山丘陵和平原，多坡耕地和平原水田。

流域多年平均气温1摄氏度。最低气温－39摄氏度，最高气温39摄氏度。无霜期113天。多年平均年降水量640毫米。多年平均年蒸发量580毫米。多年平均流量4.71立方米每秒，多年平均年径流量3.77亿立方米。水质达国家Ⅲ类标准。

森林总蓄积量596.7万立方米，以红松为主体，另有落叶松、云杉、杨树、桦树、柞树、椴树、水曲柳等针阔混交林和山槐、白丁香等灌木。有猕猴桃、山茄子等野生浆果植物和蕨菜、黄瓜香等山野菜。有人参、党参、刺五加、五味子等药用野生植物；有猴头菇、榛蘑、木耳等食用菌类。有马鹿、紫貂、水獭、青羊、狍子、野猪、黑熊、狐狸等野生动物，还有冷水鱼类和两栖动物。土壤以暗棕壤为主，占土壤总面积的54.3%，其余为白浆土、草甸土和沼泽土。域内总人口3.5万，上游以营林和多种经营为主，下游以农业和畜牧业为主。

河流上游分别汇集了爱林沟、青林沟、四道河子等6条沟溪。两岸山高林密，分布有林间湿地和沼泽草地，河谷狭窄，河道弯曲，河道比降1.75‰，河宽约20米左右，水深1.0～2.0米。河床由粗砂、卵石和砾石组成，河流湍急，水流清澈。

安邦河穿过横太渠首后，进入河谷开阔的下游。此段河宽约35米左右，水深1.0～2.5米。

安邦河灌区位于安邦河东侧，南自横太山车站、北至绥佳铁路，长25千米，平均宽约2.5千米。横太渠首柳条坝建于1938年，1972年改建为木笼堆石坝。安邦河灌区设计灌溉面积1 060公顷。截至2005年年底，实际灌溉面积已经达到850公顷。

安邦河右岸自横太渠首至套子里建有防洪堤，长约29千米，防洪标准为20年一遇。

1.27.33.3　欧根河
（Ougen River）

呼兰河右岸支流，曾称颔伊浑河，发源于黑龙江省庆安县高岚山南麓，由东北向西南流经东方红、茂林、九连、卫东等林场，铁力农场，发展、同乐、勤劳、致富等乡镇，在庆安至绥棱公路的呼兰河大桥东汇入呼兰河，河长90千米，流域面积2 040平方千米。

概　述

流域地处新华夏系松嫩沉降带东部和小兴安岭隆起带西南缘的接壤带，地貌类型有山地、台地、高低漫川漫岗、泡沼等。

河道平均比降 0.42‰～1‰，河道弯曲系数 1.68，水系比较发育，支流很多。主要支流有依通河、小泥河、石门河、十三道沟、西北河、二道欧根河、江畔小河等。

流域具有明显的季节性气候特征，多年平均气温 1.7 摄氏度，极端最高气温 36.7 摄氏度，极端最低气温 －44.9 摄氏度。因受丘陵山地和林区的影响，流域上游气温要比下游同期气温低 2 摄氏度。年平均日照时数 2 599 小时，无霜期 114～128 天，最大冻土深 2.2 米。流域多年平均年降水量 641.4 毫米，大致变化范围为 560～800 毫米，上游大于下游，6—9 月降水量约占全年降水量的 79.3%，多年平均年径流量 5.025 亿立方米。

欧根河自 1911 年以来，共发生大洪水 6 次。第一位洪水发生在 1911 年，河流两岸和**依吉密河**以西、呼兰河以北部分地区遭受较大洪灾，被淹耕地 11 701 公顷，冲倒房屋 490 间，受灾 570 多户，受灾人数 3 897 人，死亡 8 人、淹死牲畜 32 头。

纪　　实

上游区为山地，海拔 400～700 米，地势起伏，林深草茂，河溪纵横，土壤以暗棕壤为主。河流奔腾于山谷之间，河水清澈，流速湍急，水量充足。两岸有伟岸挺拔的红松，质地坚实的水曲柳，亭亭玉立的白桦树，也有不枝不蔓的钻天杨。茫茫丛丛的大森林里，盛产人参、党参、黄柏、刺五加、五味子、黄芪等多种中药材。林间有猴头菇、木耳、榛蘑、元蘑等多种菌生植物。树上有榛子、山丁子、核桃、山葡萄等山野果。树下有黄花菜、蕨菜、刺嫩芽等几十种山野菜。在林间深处，还生活着国家珍稀的马鹿、黑熊、野猪、狍子等几十种野生动物。阳春三月，迎春花竞相怒放，如霞似锦；盛夏时节，松涛阵阵，郁郁葱葱；金秋十月，一日一景的多彩山色令人目不暇接；寒冬来临，银装素裹，呈现迷人的冰雪世界。

中游区多高低起伏的漫川漫岗，海拔在 200～400 米，土地较连片，土质肥沃，土壤以白浆土为主。纳入右岸较大的支流二道欧根河、江畔小河后，水面展宽，坡降渐缓，流速减慢。东北部为林区，西南部为农业区，林场与农场遍布其中。林区的林木主要为次生林，有杨树、柞树、椴树、桦树等木本植物及小叶樟等草本植物。农业区主产豆、麦、杂粮等作物，安庆县的特色粮食批发市场中仅大豆年交易额就在 10 亿元以上，是黑龙江省大豆的重要集散地。位于发展乡发富村的北盖拦河坝，兴建于 20 世纪 70 年代末，是一座大型引水排灌工程，距庆安县城 30 千米。大坝四周青山环绕、绿树成荫、碧波粼粼、景色秀丽，是盛夏避暑旅游的好去处。

河流下游为呼兰河及其支流冲积而成的河谷平原，高程为 170～200 米，地势平缓，土质肥沃，水资源丰富，土壤以黑土为主。在致富乡

水稻示范田

福成村处设有欧根河水文站，是欧根河下游控制站，控制流域面积 1 927 平方千米。河流两岸为庆安县豆、稻、麦主产区，是庆安县绿色食品生产基地。庆安县素有"七山一水二分田"之称，九河汇流，空气清新，土地开发较晚，具有良好的生态环境和自然条件，绿色食品生产条件优越，是国家级生态示范区、国家 A 级绿色食品水稻生产基地，被评为"中国绿色食品之乡"。绿色食品开发较早，被国家认证的品种已达到 22 个，其中"七河源""庆鑫""绿洲""双洁"大米，"绿地"豆油，"庆泉"牌大高粱酒畅销黑龙江省内外，成为知名品牌。

1. 27. 33. 4　津河
(Jinhe River)

呼兰河左岸支流，发源于黑龙江省庆安县民乐乡彭家岗屯西，流经绥化市庆安县的民乐镇、北林区的东津镇和津河镇，于津河镇于坨子村北入呼兰河，河长 44 千米，流域面积 192 平方千米。

流域多年平均气温 2.9 摄氏度。多年平均年降水量 555 毫米，6—9 月降水量占全年的 79.9%。多年平均年径流量 0.14 亿立方米，多年平均年蒸发量 877.5 毫米，年日照时数 2 805 小时，无霜期 128 天，最大冻土深 2.1 米。

津河河槽窄小，河道平均比降 4.55‰。

流域由东南向西北缓缓倾斜，其东南部为岗阜状台地，最高处高程为 223 米，向西北过渡到平原。河流两岸均为耕地，主要农作物有玉米、大豆、水稻等。

上游建有津河水库，是以灌溉为主，兼顾防洪、养殖等综合利用的中型水库，库容 1 400 万立方米，灌溉面积 320 公顷。现有堤防 9 千米，保护耕地 600 公顷。

1. 27. 33. 5　努敏河
(Numin River)

呼兰河右岸支流，又称诺敏河，"诺敏，青石山也"，发源于小兴安岭南麓黑龙江省绥棱县境内的北股流林场以上山区，流经绥棱县、绥化市北林区、望奎县，于北林区秦家镇西口子村西南汇入呼兰河，河长 285 千米，流域面积 5 759 平方千米。

概　　述

流域由东北向西南缓缓倾斜，东北部为山丘区，最高处高程为 676 米，向西南逐渐过渡到岗阜状台地、平原。具有山溪性河流特点。河道窄深流急河道，河道平均比降 1.14‰。主要支流有八道沟、义气松河、大鸡爪河、**克音河**。多年平均气温为 1.6 摄氏度，极端最低气温 －41.5 摄氏度，极端最高气温达 35 摄氏度。流域多年平均年降水量 636 毫米，6—8 月降水充沛，约占全年降水量的 66.9%，多年平均年径流量 9.23 亿立方米。多年平均年蒸发量为 760.9 毫米，平均日照时数 2 777 小时，无霜期 123 天，最大冻土深 2.3 米。

上中游地区森林茂密，植被良好，森林覆盖率达 82%，森林蓄积量约 1 300 万立方米，基本无水土流失。下游区以耕地为主，表层为黄土状亚黏土，植被较差，水土流失较严重。努敏河水能资源理论蕴藏约 1.67 万千瓦，可开发量 0.37 万千瓦。

水旱灾害严重，1928—1985 年的 58 年中，有水旱灾害 22 次，平均 2.6 年 1 次。甚至连年受灾，或在同一年内水灾旱灾均有发生。较大的水灾有 1933 年和 1960 年，较大的旱灾有 1934 年和 1954 年。

流域内包括 32 个乡镇，总人口 14.35 万，耕地面积 10.68 万公顷，是全国商品粮基地，主要农作物有水稻、大豆、小麦、玉米、谷子等，是黑龙江省大豆主产区之一。

有中型水库 1 座、小型水库 2 座，供水能力 700 万立方米；中型引水工程 2 处，供水能力 8 026 万立方米；小型提水工程 74 处，供水能力 2 307 万立方米。

纪　　实

河源至大鸡爪河汇入口为上游段，河长 72.0 千米。河谷地形呈 V 形，六棵松处河宽 44 米，水深 0.5 米。源头溪水清澈见底，游鳞可数。两岸层峦耸翠，林木葱郁。深山区生长着红松、水曲柳、胡桃楸、黄檗等针阔叶林；中部山区生长着椴、桦、榆、色树等，也有红松、冷杉与之混交；浅山区多长有杨、柞、榆树。其中，柞树和杨树多是连片生长，满山遍野。六棵松村西北山上有大青观原始森林。丰富的林业资源是上游地区经济的重要支柱。

大鸡爪河口至绥棱、庆安公路努敏河大桥为中游段，河长 114.4 千米，地势渐缓，河谷地形呈 U 形，河道多折，九曲弯转，阁山以上河道比降 1.23‰，河宽 40～70 米，水深 2 米。阁山以下河道比降 0.63‰，河宽 70～90 米，水深 1.7 米。沿河凸岸，积砂成滩。至西北河林场，右岸有西北河汇入，此处设有水位观测站。

阁山旅游区在河的右岸，占地面积约 7 平方千米，阁山潭位于东侧山脚下，西北角是向阳山水库。阁山山峰高 316 米，原名绥楞额山，是进入山区的入口，阁山山体东侧，褐色玄武岩裸露于外，是良好的采石场地，自 1958 年至今，境内建筑用石均产于此处。

长阁大型灌区沿河流两岸布置，设计灌溉面积 2.0 万公顷，始建于 1937 年，当时在阁山脚下压坝（现阁山一号坝）种水稻，发展水田。灌区经过 60 多年的运行建设，灌溉面积逐年增加，与之相应的水利基础设施也随之逐年完善。灌区内为努敏河冲积平原，土质肥沃，是绥棱县的主要产粮区。

在绥棱至庆安公路努敏河大桥上游左岸，建有日供水量约 2.8 万立方米的绥棱镇傍河水源地。

努敏河大桥至努敏河口为下游段，河长 98.6 千米。河流平均宽 90 米，平均河槽深 2.5 米。河流两岸均为耕地，主要粮食作物有水稻、玉米、大豆等。域内所产双河绿色水稻在国内享有盛誉。

河流右岸民吉乡三福村境内为五泉山旅游区，此处共有 5 个泉，故名"五泉山"。泉的西侧和北侧被山环抱，努敏河水从山脚下流过。五泉山的泉水自涌，含有多种益于人体健康的微量元素。

努敏河下行进入左岸绥化市双河自然保护区。保护区面积 18 平方千米。有天然野生林区、人工用材林区、草场保护区、药材保护区、自然水域及野生动物保护区 5 个区。左前方即为省级文物保护单位四方台遗址。四方台遗址是一座金代遗址，占地面积 5 万平方米，相传为金兀术"点将台"。此台为半天然半人工堆积而成的土台，南北长 125 米，东西长 155 米，其形方正，故得此名。经考古专家考证，四方台为金代储粮窖遗址。

1.27.33.5.1　克音河
（Keyin River）

努敏河右岸支流，发源于小兴安岭西麓，黑龙江省绥棱县半截河林场北部山区。流经海伦、绥棱、望奎、绥化市北林区 4 县区的双岔河、克音河、绥棱、后头、三井、张维、四方台、东生等乡镇，于望奎县海丰镇前八方屯东汇入努敏河，河长 124 千米，流域面积 2 200 平方千米。

右岸为丘陵漫岗地形，河漫滩以上为二级阶地；左岸

河谷堆积平原，河漫滩以上为一级阶地，多沟泡。

流域多年平均气温 2.0 摄氏度，极端最低气温 −39.0 摄氏度，极端最高气温 36.2 摄氏度。历年最大风速 25 米每秒，多年平均日照时数 2 775 小时，无霜期 125.6 天，相对湿度为 68%，最大冻土深 2.3 米。流域多年平均年降水量 552 毫米，6—8 月降水量占全年的 67.5%，多年平均年径流量 2.04 亿立方米。

克音河流域包括 24 个乡镇，人口 27.31 万，土地总面积为 20.28 万公顷，耕地面积为 11.34 万公顷。流域内主要以农业生产为主，24 个乡镇 1999 年工农业总产值为 14.55 亿元。

克音河源头至北岔河汇入口为上游，河道比降 3.18‰。流域内地形呈东北高西南低，为半山区。两岸树木葱郁，蔚然茂盛，生长着大片次生林。

北岔河河长 42 千米，流域面积 376 平方千米。建有东边中型水库，总库容 6 220 万立方米，灌溉面积 1 360 公顷。

北岔河口至三井为中游，平均河宽 15 米，滩岸差 2 米，河道比降 1‰，河床为泥质。河流流经绥棱镇，该镇是绥棱县人民政府所在地。绥棱县因境内的绥楞额山而得名。绥楞满语为"马蜂"之意，后因"棱"与"楞"谐音，改为"绥棱"。绥棱县的林业资源丰富，森林蓄积量为 1 300 万立方米，是黑龙江省重点天然林区之一。有红松、樟子松、云杉、白桦、黄檗、水曲柳等，素有"红松故乡"之美称。绥棱县是以粮豆生产为主的农业县，有耕地 10.97 万公顷。主要农作物有水稻、大豆、小麦、玉米、谷子等，是全国商品粮基地县。石材产业为绥棱县优势产业，生产的各种筑路碎石、建筑石销往全国各地。

三井至克音河口为下游，河床平均宽 25 米，滩床平均深 3 米，河道比降 0.56‰～0.68‰。该段两岸多为黑土农业生产区，主要农作物有水稻、大豆、玉米等。

1.27.33.6　通肯河
（Tongken River）

呼兰河右岸支流，发源于黑龙江省海伦市东北部布伦山的五岳山，由东北向西南流经海伦、北安、拜泉、明水、青冈、望奎 6 个县（市），在青冈、望奎和兰西 3 县交界处汇入呼兰河，河长 378 千米，流域面积 10 583 平方千米。

概　　述

地质地貌　流域地处小兴安岭西南麓的山前冲积、洪积台地区，东北部是低山丘陵区，向西逐渐过渡为平原区。地貌可分为岗阜状台地、缓倾斜台地、一级阶地和河漫滩。

气候水文　流域多年平均气温 0.8～2.6 摄氏度，极端最高温度 37.9 摄氏度，极端最低温度 −40.3 摄氏度，全年无霜期 118～140 天，最大冻土深为 2.2 米。流域多年平均年降水量 400～550 毫米，夏季降水量约占全年的 67.2%～70.6%，多年平均年蒸发量 720～830 毫米，多年平均年径流量 7.8 亿立方米。下游控制站黑嘴子水文站最大年径流量 24.91 亿立方米，最小年径流量 0.53 亿立方米。

河流水系　通肯河槽狭窄，河道平均比降 0.5‰。河源至右岸九道沟汇入处为上游，九道沟至左岸海伦河汇入处为中游，海伦河至通肯河口为下游。

主要支流有颜喜河、**扎音河**、**海伦河**、三道乌龙沟、二道乌龙沟、头道乌龙沟、十一道沟、十道沟、九道沟、八道沟、七道沟、三道沟、撇拉河、泉眼沟等。

自然资源　流域内有胡桃木、黄檗、鱼鳞松、红松、兴安落叶松等天然林木，有山鸡、野猪、貉子、狍子、熊、鹿等野

生动物；有黄芪、五味子、刺五加、穿地龙、防风、党参、龙胆草、益母草、甘草等珍贵药材，蕨菜、黄花菜、蘑菇、木耳、榛子等山菜野果。

水旱灾害 流域水旱灾害比较严重。据记载，自1905—1949年，发生较大水灾8次，旱灾3次。1949—2005年，发生较大水灾15次，旱灾7次。灾害有时连年发生，有时在同一年内水旱灾害交替并存。

流域自清乾隆十一年（1746年）以来，首位洪水发生在清宣统三年（1911年），夏暑间连绵大雨，山洪暴发，通肯河水骤涨，泛滥横溢，沿河房屋悉数冲倒，被淹之田禾颗粒无存。1949年，夏旱严重，连续38天未降雨，大豆叶子脱落，玉米、高粱枯干。

经济社会 据2000年统计资料，流域包括20个城镇，总人口145.64万人，土地总面积694.1万公顷，其中耕地总面积52.5万公顷。

流域内交通便捷，农业发达，是全国重要商品粮生产基地。农业发展带动了工业的发展，形成了门类齐全、布局较为合理的工业体系。

治理开发 流域的河道治理始见于民国4年（1915年），至今河道已进行了三次裁弯取直。

1985年通肯河两岸共有堤防334.27千米，保护村屯155个、人口23.37万、耕地4.7万公顷。

流域内共有水库46座，其中大型水库1座，中型水库11座，小型水库34座，水库总集水面积4 137平方千米。

纪　实

上游段处于小兴安岭西麓，为起伏平缓的低山丘陵区，右岸为丘陵台地，左岸为平原漫岗。高程300～400米，最高达451米，山脊大多为南西、北东向，丘顶多圆状，丘坡长缓坡度10～15度不等。此间树木葱茏，草丛茂盛，植被状况良好。鱼鳞松、红松、兴安落叶松、白桦、山杨、枫桦、糖椴、色木、春榆等乔木混杂林中，榛子、柳灌等灌丛满山遍野，小叶樟、修氏苔草、小白花地榆、轮时婆婆纳、梅叶陵菜、黄莲花等草本植物时有分布，一派层林尽染、草长莺飞的生态世界。此段河道蜿蜒曲折、河床狭窄，河道比降1‰，流速湍急，水体清澈，为北安市和海伦市的界河，右岸属建设农场，左岸为海伦农场。在海北公路大桥上游设有海北水文站，为通肯河上游控制站，流域面积1 420平方千米。

上游林木

中游段为海伦与北安、拜泉、明水的界河。河流两岸由岗丘状高平原逐渐过渡到岗阜状高平原、微倾斜高平原。此段河槽宽度渐展。扎音河口至海伦河口段，河槽宽度20～65米，河道比降0.4‰，水流速度减慢。在通肯河联合公路大桥上游设有联合水文站，为中游控制站，流域面积4 396平方千米，两岸均有堤防。河流流经海伦市、北安市、拜泉县、明水县境内。

海伦市交通便利，境内海望公路横贯东西，滨北铁路、哈黑公路纵穿南北，市乡村三级公路遍布其中，四通八达，是哈（尔滨）、黑（河）黄金经济带上的一个重要城市，也是全国闻名的"大豆之乡"及全国商品粮、林、畜产品的主要生产基地。该市有肥沃的黑土地，盛产优质大豆、玉米、甜菜、马铃薯等作物，特别是共和镇的甜菇娘、扎音河的芥末籽、乐业产的马铃薯和共荣产的大辣椒。这里林业资源富足，以红松、落叶松、樟子松、杨木为主，林木蓄积量253万立方米，素有"红松盖顶"之美誉。雷炎公园、三圣宫、海伦天主教堂、南兴龙海寺、海北圣约瑟屯天主教堂等多姿多彩的人文景观和驰名中外的"海伦剪纸"等民间艺术都为海伦市的文化底蕴增添了厚重的一笔。

下游段地势由东北向西南倾斜，东部高，多漫川漫岗，西部低，多洼地。河槽逐渐宽阔，河道比降0.29‰，水流舒缓，多数河段没有连续明显河身，为沼泽湿地滩槽，河槽宽度50～100米。在通肯河青望公路大桥下游设有青冈水文站（前身为黑嘴子水文站），为下游控制站，流域面积9 001平方千米。河流两岸分别为以农业生产为主的望奎县与青冈县，通肯河为其界河。

青冈县地处松嫩平原腹地，黑土特色地域优势明显，是全国商品粮大县、"中国玉米之乡"和"中国万寿菊之乡"。围绕林业产业，突出小黑杨、云杉、樟子松、杞柳等品种的种植，重点开发细木工板和三层实木复合地板、杞柳编织工艺品为代表的林木系列产品深加工。

望奎县系国家生态农业建设先进县、中国瘦肉型生猪之乡和中华诗词之县。著名的黑龙江西洼荒湿地自然保护区位于望奎县的西北部，共有保护动物49种，维管束植物412种。

1.27.33.6.1　扎音河
（Zhayin River）

通肯河左岸支流，原名扎喀河，扎喀为满语"小缝隙"之意。扎音河发源于黑龙江省海伦市东北部井家店林场，流经井家店、双河、双禄、护林林场，红光农场，东林、长发、海北、向荣、爱民、永和等乡镇，在永和乡供销村西北汇入通肯河，河长145千米，流域面积1 326平方千米。

扎音河

多年平均气温1.6摄氏度，极端最低气温－40.3摄氏度，极端最高气温37.7摄氏度。无霜期118天左右，年平均日照时数2 680小时，多年平均大于10摄氏度以上积温2 300摄氏度，最大冻土深2.2米。多年平均年降水量480～650毫米，夏季降水量约占全年的68%左右，多年平均年蒸发量720毫米，多年平均年径流量 1.55 亿立方米。

地处小兴安岭山地向松嫩平原的过渡地带，东部地势较高，属低山丘陵区，向西逐渐过渡为平原区。流域狭长。主河槽宽 10～20 米，河谷宽 1～3 千米，河道平均比降 1.38‰。流域植被覆盖较好，多为天然次生林和人工林，主要土壤为草甸黑土和暗色草甸土。流域上游小兴安岭余脉生长有红松、落叶松、冷杉、春榆、糖椴、白桦、山杨等树木，小白花地榆、黄莲花等植物，猴头菇、木耳、榛子、荠菜、蕨菜等山果和野菜。下游河道两岸分布着碧绿的天然草场，植被主要有小叶樟、杂类草、苔草塔头群落，这一望无际的草原更像一幅"春来草色一万里，芍药牡丹相间红"的动人风景画。

流域水系不发育。在其中游建有**东方红水库**。

1.27.33.6.1.1　东方红水库
（Dongfanghong Reservoir）

位于**扎音河**上游，距黑龙江省海伦市区 28 千米，是一座以防洪、灌溉为主，兼顾城镇供水、养鱼、发电等综合利用的大型水库。1958 年动工兴建，1961 年续建，1965 年竣工运行。

概　　述

坝址以上集水面积 522 平方千米，占扎音河流域面积的 36.6%。按 100 年一遇洪水设计，2 000 年一遇洪水校核，总库容 2.13 亿立方米，正常蓄水位相应库容 0.90 亿立方米，死库容 0.18 亿立方米。

库区多年平均年降水量 570 毫米，6—9 月降水量占全年的 80% 左右，且常出现集中暴雨。多年平均年蒸发量 823 毫米左右，多年平均年径流深为 174 毫米。多年平均气温 1 摄氏度，最高气温 35 摄氏度，最低温度 −41 摄氏度。

主体工程包括土坝、溢洪道、输水隧洞和电站等建筑物。土坝为均质坝，长 520 米，坝顶宽 6 米，最大坝高 19.54 米，坝顶设 1.2 米防浪墙。溢洪道为开敞式，设 5 孔平板钢闸门，每孔净宽 4 米，堰顶高程 236.40 米，最大下泄流量 350 立方米每秒。输水洞为钢筋混凝土结构，洞身全长 201 米，进出口设有平板钢闸门控制，最大过流量 30 立方米每秒，用于发电和灌溉。电站采用坝后式厂房，装有 250 千瓦卧式发电机组两台，设计多年平均发电量 183 万千瓦时，发电流量 5 立方米每秒。

纪　　实

扎音河在海伦农场注入水库。上游植被较好，多为原始森林，盛产人参、刺五加、五味子等名贵中草药，以及蕨菜、猴头菇、黑木耳等山野菜和真菌类等天然绿色食品。

水库东岸多原始森林，西岸多为人工林和次生林，北部为农场耕地。流域内无工业污染，森林覆盖率为 32%。库区内山环水绕，相互辉映。山中林木繁茂，乔灌相连，野生动物常出没林间，库区内栖息繁衍着多种水禽和鱼类，构成了独有的山区风貌和水乡特色。

1994 年，海伦市将东方红水库定为市级风景名胜区。

2002—2003 年东方红水库主体工程进行了除险加固，工程于 2002 年 5 月 1 日开工，2003 年 9 月 30 日完工。除险加固工程完工后，水库设计防洪标准由 50 年一遇提高到 100 年一遇，校核标准由 1 000 年一遇提高到 2 000 年一遇，水库防洪库容由加固前的 8 700 万立方米增加到 13 800 万立方米。水库改善了地方的经济状况，对社会发展发挥了巨大效益。

以东方红水库为水源的东方红灌区是海伦市最大的水田灌区，有效灌溉面积 0.75 万公顷。水库养鱼水面达 0.24 万公顷，年产商品鱼 7.5 万千克。

海伦市城区属贫水区，城市居民用水依靠机井抽取地下水。地下水源远远满足不了城市生产、生活用水要求，需要东方红水库供水。1992 年二水源工程（城镇给水工程，又称二水源工程）开工建设，1993 年 12 月 19 日正式向城区供水。至 2000 年后，年供水量稳定在 300 万吨。

1.27.33.6.2　海伦河
（Hailun River）

通肯河左岸支流，海伦为满语"开棱"的谐音，意即"水獭"，因河中有水獭而得名。海伦河发源于黑龙江省海伦市东风镇五行村，流经东风、前进、乐业、祥富、共和、海兴、丰山、百祥、伦河等乡镇，在伦河镇沿伦村西北汇入通肯河，河长 74 千米，流域面积 1 141 平方千米。

流域地处松嫩平原，自东向西由岗阜状台地逐渐过渡为缓倾斜台地、低平原、河漫滩。河流右岸多丘陵台地，左岸较开阔。台地一般分布着白浆土，河流的河床及低漫滩、河谷一级阶地上分布着草甸土，农田区分布着黑土，腐殖质层较厚。

多年平均气温 1.2 摄氏度，多年平均年日照时数 2 750 小时，多年平均大于 10 摄氏度以上积温 2 530 摄氏度，无霜期 130 天左右，最大冻土深 2.2 米，多年平均年降水量 510 毫米，6—9 月降水量约占全年的 82%。多年平均年径流量 3 930 万立方米。

海伦河自西北流向东南，主河槽宽 10～20 米，河谷宽 1～2 千米，淤泥质河床，蜿蜒曲折，河道弯曲系数 1.2～1.7，河道平均比降 0.5‰。河流左岸较大支流为軏鞍沟子，发源于海伦市共荣乡进步村，自东向西流经海兴镇、丰山乡后汇入联丰水库。

联丰水库始建于 1958 年，设计洪水标准为 50 年一遇，校核洪水标准为 200 年一遇。水库坝址距海伦县城 50 千米，总库容 6 800 万立方米，是以防洪除涝、灌溉为主，结合养鱼、营林等综合利用的中型水库。水库保护着下游 19 个村屯、2.5 万人口、0.67 万公顷农田，灌溉下游联丰灌区 0.40 万公顷水田，年产商品鱼 10 万千克，营林 6.67 公顷。

河流两岸农业较为发达，主要粮食作物有大豆、玉米、小麦、水稻、谷子、高粱等，主要经济作物有共和菇娘、乐业马铃薯等。

1.27.33.7　泥河
（Nihe River）

呼兰河左岸支流，旧称濛河，发源于黑龙江省巴彦县东北部宫家坟，流经哈尔滨市巴彦、呼兰，绥化市庆安、北林、兰西 5 县区，在兰西县兰河乡律家店屯西南汇入呼兰河。该河是哈尔滨市与绥化市界河，河长 240 千米，流域面积 2 100 平方千米。

流域地势东北高，西南低。东北部是小兴安岭支脉的一部分，为低山丘陵区，高程 200～450 米；中部为高平原，高程 140～200 米；西南部为河谷平原，高程 120～140 米。泥河自东北流向西南，河道平均比降 0.83‰。

多年平均气温 2.6～3.2 摄氏度，降水时空分布不均，多年平均年降水量 450～551 毫米。多年平均年径流量 1.1 亿立方米。无霜期 114～137 天，年平均日照时数 2 714 小时，多年平均大于 10 摄氏度以上积温 2 630 摄氏度，最大冻土深 2.2

米。

上游河道狭窄，平均比降较大。两岸森林茂密，植被覆盖较好，主要有山杨、白桦、柞、椴等天然林，落叶松、樟子松、红松等人工林，以及忍冬、胡桃子、榛子等灌木。另外还有地区级自然保护区老黑山林海的自然景观及生态、民俗风光游等旅游资源。

泥河

泥河中、下游从高平原逐渐过渡到河谷平原，河道渐渐宽阔，坡降趋缓。两岸是以农业生产为主的平原区，主要农作物有水稻、玉米、大豆、小麦、谷子，主要经济作物有亚麻、甜菜、向日葵。兰西县素有"中国亚麻之乡"美誉，生产的亚麻产品远销美国、日本、意大利、香港等地。流域内较大的水库有泥河、丰农、东风水库等。*泥河水库*位于流域下游的兰西县长江乡。较大的灌区有泥河灌区，位于兰西县河东地区东南部，东南靠泥河，横跨长江、兰河两乡。灌区水源由泥河水库供给，设计灌溉面积0.47万公顷，其中水田0.20万公顷。

1.27.33.7.1　泥河水库

（Nihe Reservoir）

位于黑龙江省兰西县、绥化市、呼兰区的交界处，*泥河*的下游，是以防洪除涝为主，兼顾灌溉、养鱼等综合利用的大型平原水库。

概　　述

水库坝址以上集水面积1 515平方千米，占流域总面积的72%，总库容1.13亿立方米，兴利库容0.62亿立方米，死库容0.11亿立方米，库区最大面积44平方千米。水库按50年一遇洪水设计，500年一遇洪水校核。

水库主体工程包括土坝、泄洪闸、输水洞。土坝为亚黏土均质坝，全长6 160米，其中主坝长4 310米，平均坝高6.8米，副坝长1 850米，平均坝高2.7米，主副坝坝宽均为7.0米。泄洪闸为开敞式泄洪闸，8孔，每孔净宽7米，总净宽56米，堰型为宽顶堰，设计流量350立方米每秒，最大泄量782立方米每秒。两个箱式灌溉输水涵洞，洞长均为21米，其中兰西洞2孔，单孔断面尺寸为1.5米×1.8米，设计流量4.4立方米每秒，最大流量为5.5立方米每秒。呼兰洞3孔，单孔断面尺寸为2米×2米，设计流量为8.20立方米每秒，最大流量10.10立方米每秒。

水库上游无大的污染源，入库水流的水质较好。

纪　　实

水库于1958年开始施工，后停建。1975年8月复工，1977年10月竣工。2000—2003年，当地水利部门对水库主体工程进行了除险加固，并完成了水文自动测报系统、大坝自动监测系统、远程无线监控系统、无线扩频通信系统、网络图像监控系统等的安装调试，是黑龙江省第一座无人值守的水库。

水库周边分布着14个村屯，大量的生活污水直接排入水库对水质造成一定的影响。另外，水库周边全部为耕地，没有其他植被，岸坡较陡，有土壤被水冲刷入库淤积现象。

泥河水库建库前，库区及下游两岸495平方千米的土地非旱即涝，有"六年涝，三年旱，一年平"的说法，枯水年流域内的水白白流失，庄稼得不到灌溉，形成旱灾。丰水年形成内涝，地内积水无法排出，造成涝灾，农业种植收入因自然灾害影响每年只有四到五成，两岸农民生活相当贫困，苦不堪言。水库建成投入使用后，充分发挥了自身的调蓄功能，通过合理调度，减免了大洪水对下游造成的严重旱涝灾害。保护下游6个乡镇、139个村屯、9.5万人口、2万公顷耕地及哈黑、哈绥两条公路的防洪安全；为1.47万公顷的低洼易涝耕地和0.37万公顷水田的丰收创造了有利条件，人民群众的生产生活安全得到了保证。

在库区的西北端，有一金兀术古城遗址，面积约100万平方米，传说金兀术在此练兵点过将。但多年的风雨剥蚀，古城已面目全非，只剩下一个模糊的轮廓依稀可见。

1.27.34　蜚克图河

（Feiketu River）

*松花江*右岸支流，金代称匹古敦水，清史称费杂图河。蜚克图河发源于黑龙江省宾县吊水湖岭之东北，河流出源后西北流至二龙山水库缓折西流，宾西以下再折向西北流，于老山头汇入松花江，流经宾县的平坊、宾州、居仁、宾西、永和、糖坊及哈尔滨市区的蜚克图、巨源等乡镇，河长85千米，流域面积1 101平方千米。

蜚克图河玲珑山以上为上游山区，河道为V形，宽度10米左右，比降10.1‰，河床为卵石和粗砂；玲珑山至宾县宾西镇为中游丘陵区，河道为U形，宽度10～50米，比降1.37‰，河床为粗砂；宾西以下为下游平原区，河道宽50～80米，呈U形，比降为0.16‰。蜚克图河左岸较大支流有2条：分别为大猞猁河和小猞猁河。右岸较大支流有4条：分别为德源桓河、地局子沟、糖坊沟和水泉沟。流域河网密度每平方千米0.51千米。

流域多年平均年降水量约600毫米，多年平均流量2.50立方米每秒，多年平均年径流量0.79亿立方米，多年平均气温3.05摄氏度，无霜期在130～135天。

流域内涝区面积9.9万公顷，占总面积的16.6%。易涝农田面积4.4公顷，占耕地面积的18.2%。洪涝灾害平均3年发生1次。经过治理整修，涝区形成较规范的干支沟配套排水系统，解除了历史上积水内涝的祸患，遇特大暴雨、山洪，涝灾程度也相对减轻。1980—1985年，全县开展了以小流域为单元的山、水、林、田、路、屯综合治理。重点开展了吉兴河、宾州河、房家沟、三岔沟4个小流域治理，各乡（镇）都有3～5平方千米的小流域治理区。

流域上游建有二龙山水库，距宾县县城西南6千米，是集旅游、养鱼、城市供水、防洪、灌溉等综合利用的中型水库。水库于1958年始建，1971年竣工。水库坝长800米，总库容9 400万立方米，灌溉水田0.3万公顷。

二龙山风景区是国家首批AAAA级旅游区之一，位于哈尔滨东50千米，坐落在古城宾州城郊，同三高速公路和221

远眺二龙山

国道在库区北经过。二龙山风景区一湖碧水、二龙戏珠、三面环山、四季旅游，既有二龙戏珠、长龙卧波等十大丽景，又有宝岛飞虹、湖面飞鱼等四大奇观，有"黑龙江省后花园"之美誉。

1.27.35 少陵河
(Shaoling River)

松花江左岸支流，《金史》称帅水，亦称率水，《呼兰府志》称绰勒河。以前上游称少陵河，下游称硕罗河，今通称少陵河，属于平原型河流。

概　述

发源于小兴安岭余脉黑龙江省木兰县大青顶子山南麓。河流出源后自北向西南贯穿木兰县满天乡，流经镇东、龙泉、华山等乡镇，在巴彦县松花江乡乔家崴子屯汇入松花江。流域面积2 469平方千米，河长107千米。上游为小兴安岭余脉，中游为丘陵、漫岗区，下游为平原。河流新街基段河道比降在1‰左右，河道宽10米左右；新街基至宋家油坊段河道比降在3.7‰；宋家油坊以下，河道弯曲，比降在2.9‰，河道宽40米左右。少陵河丰水期最大水面宽340米，水深6.2米，流速1.8米每秒；枯水期水面宽9米，水深0.5米，流速0.25米每秒。

少陵河流域支流较多，主要支流右岸有小柳河、泉眼河、猪蹄河、漂河；左岸有龙泉河。漂河为最大的支流，河长96千米，流域面积770.0平方千米。其次为猪蹄河，河长49.4千米，流域面积299.9平方千米；泉眼河长34.9千米，流域面积264.0平方千米；小柳河长18千米，流域面积123.0平方千米。

流域属中温带大陆性季风气候区，冬季严寒漫长，春季干燥多风，夏季炎热多雨，秋季降温急剧，常有冻害发生，多年平均气温变化为－3～5摄氏度，全年平均日照2 640小时，无霜期129天，结冰期145天左右，冻土深1.8～2.5米。多年平均年降水量为550～565毫米，多年平均年蒸发量为700～800毫米，径流深约150毫米，多年平均年径流量2.36亿立方米。水质为Ⅲ类。

据史料记载，该河原来水量很大，可以行船。中游原产东珠（珍珠），为贡品，经少陵河向外部运输。自民国以来，随着两岸取水量的增大，水量渐少，船只难以通行。

木兰县境内右岸支流五一沟上建有五一水库，坝长550米，总库容为1 225万立方米，在五一沟入河口下游少陵河上还建有五一灌区渠首，灌溉面积5.67万公顷。巴彦境内支流小柳河上建有江湾水库，坝长1 640米，总库容2 760万立方米，灌溉面积为1 000公顷。在支流漂河上建有少陵河水库，土坝长920米，总库容988万立方米，灌溉面积300公顷。支流猪蹄河上建有华山水库，支流泉眼河上有山口水库及双山水库，合计灌溉面积135公顷。在干流上建有4座拦水坝，灌溉面积2 050公顷。

纪　实

流域地势北高南低，河源有左右两支，以左支为正源，两源在前头屯汇合后称少陵河，流向西南，从河源至蔚菜园子南，穿行在木兰县境内低山丘陵区，此段河谷两侧有山丘对峙，水流急，险滩多，沿途汇聚多条小溪、山涧，河流千回百转，河水澄清碧绿，清澈见底。河流两岸，山高林密，滩地平坦多沼泽，芦苇杂草，高能没人。一连片的小叶樟，茁壮茂盛，过去人们盖草房，就用其来苫房顶，二三十年不腐烂，现在用来喂牛羊。

中、下游巴彦段为平原、沼泽地，水流平缓，河槽变浅。两岸多为村落，居住着多个民族，除汉族外，还有满族、朝鲜族、回族、蒙古族等少数民族。两岸土质肥沃，均为淋溶黑钙土和草甸土，素以黑土层厚闻名。盛产大豆、高粱、玉米。河流两岸蕴藏着丰富的资源，为养殖、采集、加工等行业提供了有利条件。巴彦县为黑龙江省的主要产粮县和商品猪、商品鱼基地县，又是全国50个商品粮基地之一，故有"呼海巴拜"之誉。"城头春望""众星拱北""黑山云海""驿马仙奕""驼峰夕照""石猿效技"等构成巴彦十大天然奇景，"东骆驼西驿马两山对峙，南松江北少陵二水交融"为自然奇景的天然写照。少陵河由驿马山大桥到河口段，由于长期泥沙淤积，又不断被河水切割，河道变得非常迂回曲折，形成了独具特色的少陵风光，巍巍驿马山层峦叠翠，弯弯少陵河碧波荡漾，山水相依，鸥鸟成群。是巴彦县著名的风景旅游区。

冰雪驿马山

河流下行至巴彦县境内向西流，至洼兴东南，右纳较大支流小柳河，前行约1千米，又右纳泉眼河，河道渐宽转向南行，至李百顺左纳成志沟，流向西南，左纳龙泉河，右纳猪蹄河，至松花江乡拉拉屯右纳最大支流漂河后，流向东西，于松花江乡乔家崴子屯注入松花江。

1.27.36 木兰达河
(Mulanda River)

松花江左岸支流，《金史》称幕棱水，《皇朝一统志图》称穆伦河，《黑龙江外记》称木楞河和大穆伦河。木兰满语意为"围场"或"哨鹿"。

发源于黑龙江省哈尔滨市木兰县东兴镇境内小兴安岭余脉官五爷大山南麓，由东北向西南流经长发屯左纳姑子庵河，进入香磨山水库区右纳石门河，过东兴镇后，河流折向南流经新民、大贵、利东、吉兴等乡镇，于木兰县木兰镇西约17千米处注入松花江。木兰达河流域面积1 619平方千米，河长96千米。

流域多年平均年降水量600毫米，多年平均年径流深170毫米，多年平均年径流量3.17亿立方米，多年平均气温2.3

摄氏度，无霜期132天。

水库坝址以上为上游段，河槽呈V形，宽约5～10米。水库至尖山子为中游段，河槽宽增加到30米左右，河床由卵石、砾石沉积物和粗砂组成。尖山子以下为下游段，河槽宽30～50米。

流域属于小兴安岭植物区系，主要乔木有红松、樟子松、落叶松、水曲柳等，草本植物有1 000多种，其中，中草药有党参、刺五加等，山野菜有蕨类，菌类有松蘑、榛蘑等。木兰达河纵贯木兰县全境。木兰县因境内有木兰达河得名，清光绪三十一年（1905年）置县。经济以农业为主，主要作物有高粱、大豆、谷子、水稻、大麻等。木兰达河流域面积占木兰县面积的54%，流域内人口占全县26.3万人的51%，耕地占全县的60%，其中水田占全县的67%，是木兰县粮食的主产区。

流域植被覆盖较好，水土流失不严重。河滩植被良好，河水清澈透明，达Ⅲ类水质标准。

流域内水利工程主要有香磨山中型水库及尚家店、龙江等小型水库。香磨山水库距东兴镇6千米，建成于1961年，集水面积388平方千米，总库容9 700万立方米，电站装机容量500千瓦，灌溉面积1万公顷，是一座以灌溉为主、兼有防洪、发电、养鱼等综合利用的水库。库内盛产鲤鱼、鲢鱼等鱼类，年捕鱼量达15万千克。近年来水库区开辟了多种旅游项目。1982年建成的香磨山灌区灌溉面积2.05万公顷。水库下游尖山子灌区，设计灌溉面积2 000公顷，由于灌区面积的不断增加，20世纪80年代重新修建了混凝土进水闸，1998年将拦河坝改为3孔拦河闸，进一步提高了灌溉能力。

1.27.37 岔林河
(Chalin River)

松花江左岸支流，发源于黑龙江省通河县青山岭，因上源岔多林茂称岔林河，《盛京通志》称之为萨嶙河，萨嶙汉语意为"马股皮"。岔林河自源头流经通河县的凤山镇、蚂螂河林场，于通河镇西侧汇入松花江，流域面积1 929平方千米，河长105千米，平均比降1.2‰，河道弯曲系数1.458，多年平均年降水量703毫米，多年平均流量为19.01立方米每秒，多年平均年径流量为6.00亿立方米，平均封冻天数为153天，平均冰厚1.00米。

流域形若仙人掌，有10条较大支流纵横交错，100平方千米以上的支流有大东北岔河、小东北岔河、保林河、蚂螂河等4条，河网密度系数为0.33，不对称系数为0.8。在凤山屯以上穿流于高程300～1 000米的山地密林之中，河谷为梯形，谷宽在0.9千米左右，河道为槽形和V形，河道比降5‰。凤山屯到蚂螂河村之间，河谷逐渐开阔，平地增多，局部有沼泽，河床为沉积砂砾和卵石，河槽宽在20～70米。蚂螂河村以下为老年期河谷，地势平缓，为冲积平原，植被减少，耕地集中，河道比降为0.25‰。全年水质为Ⅳ类，主要超标污染物为高锰酸盐指数、化学需氧量。

岔林河由北向南贯穿通河县全境。清末置大通县，1914年改为通河县。流域内有凤山镇、富林乡、通河镇3个乡镇，人口11.4万人。有3道溢流坝拥高水位引水灌溉，受益面积3 333公顷。流域内山峦起伏，海拔700米以上山峰55座，上游松柏参天，下游沃野良田，森林小铁路横贯其中。岔林河漂流是黑龙江省十大漂流旅游景区之一，三处漂流段全程42千米。1987年经国家林业局批准的全国八大狩猎场之一的乌龙狩猎场，总面积3万公顷，常有黑熊、野猪、猞猁、獐子出

没，已建成500公顷围网，形成封闭式狩猎区。2004年岔林河小流域治理项目通过退耕还林、水土保持治理，扩大了森林覆盖率，农业生产开发了绿色产品，全面优化了生态环境。

岔林河冬景

1.27.38 蚂蚁河
(Mayi River)

松花江右岸支流，又称蚂蜒河，"蚂蜒"满语意为"肘"，即河流形状如肘。习惯上称蚂蚁河。流域位于东经127°30′～129°10′，北纬44°40′～45°57′。

概　述

发源于黑龙江省尚志市鱼池朝鲜族自治乡境内虎峰岭西南坡的蚂秃岭，河源高程700米，流经哈尔滨市尚志、延寿、方正等市县，于方正县的松南乡老龙岗西注入松花江，河长285千米，流域面积10 547平方千米，河道平均比降0.70‰。

河流水系　蚂蚁河出源后由东向西流，至尚志市苇河镇折向西北，到尚志市区附近又转向东北流，到延寿县境，又转向北及东北方向，河形呈L形。蚂蚁河有大小支流300余条，其中，100平方千米以上的支流14条，左岸有石头河、黄泥河、苇沙河、大连河、沙河子、乌珠河、大亮子河、西柳树河、东柳树河、金沙河、大凌河、柳树河、桶子河等，右岸有金沙河、**黄泥河**、石头河、乌吉密河、**亮珠河**、石头河和黄泥河等，以亮珠河为最大。流域河网密集系数0.34，河道弯曲系数为3.2。

气候水文　流域春季风大干旱，夏季温暖多雨，秋季冷凉霜早，冬季漫长寒冷。多年平均气温为2.3～3.4摄氏度，最高气温为33～37摄氏度，最低气温为-42摄氏度。全年无霜期在120～135天。历年平均结冰期为209.6天，历年最大河心冰厚1.3米，最大冻土深度1.6米。风向以南风和东南风为主，春季风力最大，多年平均日照时数2 600小时，山区较平原少。多年平均年降水量在650～800毫米之间，6～9月降水量占全年的70%以上，暴雨中心多发生在一面坡、东亮珠河和大亮子河黑龙宫水库以上。年径流分布总的趋势随地形的增高而增加。

多年平均年径流量为21.1亿立方米，平均流量66.9立方米每秒。年径流量主要集中在夏、秋汛期，占全年的60%～70%。最大年径流量与最小年径流量相差8倍左右。

据尚志断面实测数据显示，水质在枯水期已超Ⅴ类水体，主要污染物为氨氮和化学耗氧量。

地貌地质　流域地处完达山脉，地形三面环山，自东向西北倾斜。一面坡以上干、支流均为山岳地带，多为林区。一面坡到延寿镇为丘陵地带，延寿镇以下为冲积平原。流域内山地面积8 249平方千米，占流域面积的76.9%；丘陵面积365平方千米，占流域面积的3.4%；平洼地面积2 113平方千米，占流域面积的19.7%。流域植被覆盖良好，林区为棕色森林土，成土母质主要是花岗岩及花岗岩类岩石残积风化物。平原地区为河漫滩和一级阶地。

自然资源　流域水资源总量为28.78亿立方米，其中地下

蚂蚁河水系示意图

水总量7.68亿立方米,可开采量2.51亿立方米。水能资源蕴藏量9.9万千瓦。

流域森林资源主要分布在上游的山岳地带。乔木主要有水曲柳、黄檗、胡桃楸等,混生林有红松、落叶林、云杉、冷杉、樟子松等;矿产资源主要有煤、铁、石灰石、大理石、硅石、矿泉水等,其中非金属矿产的比重较大。

流域旅游资源丰富,有亚布力滑雪旅游度假区、一面坡国家森林公园、方正原始森林公园、帽儿山风景区等。其中,怪石嶙峋、巍峨壮观的石成山公园,鬼斧神

帽儿山

工、绿荫蔽日的七华里风景区,响水河漂流,蚂蚁河漂流,莲花湖公园,中日友好园林等景点特色鲜明,景色宜人。

水旱灾害 流域洪水灾害较为频繁。1949年前,以1932年洪水为最大,下游莲花水文站调查洪峰流量为5 310立方米每秒。1949年后,流域洪水以1960年和1994年较大。尚志一面坡站、延寿站和方正莲花(二)站1960年洪峰流量分别为998立方米每秒、2 780立方米每秒和3 890立方米每秒。1994年三县(市)流域洪水直接经济损失达2.2亿元。

流域的旱情多出现在春季和夏初。1949年5月中旬至7月中旬,流域内的尚志县全县普遍未降雨,水田作物受灾2 560公顷,旱田受灾面积8 221公顷;1975年出现过严重的干旱,蚂蚁河最小流量只有0.30立方米每秒。

社会经济 滨绥铁路沿蚂蚁河上游直通牡丹江市和边陲城市绥芬河。哈绥、同三高速公路、尚方公路等贯通流域上、中、下游。流域内农作物主要有玉米、水稻、大豆等,是黑龙江省重点水稻产区,粮豆多年平均总产量为11.55亿千克。流域内盛产各种山野菜、山野果、名贵中药材、优质的石材、木材等。

2005年流域内包括尚志、延寿、方正3个市(县)的34个乡镇、947个自然村屯的人口为84.87万。耕地总面积27.83万公顷,地区生产总值67.6亿元。

治理开发 蚂蚁河水利建设主要为堤防、引水灌溉及水库工程等。其中,堤防始建于民国19年(1930年),苇河县政府(旧县名,1948年并入尚志县)在城东北蚂蚁河岸修筑乱石挡水坝,即是初始的堤防护岸工程。1938年,延寿县在城南修筑6千米堤防;1942年在苇河县新胜村(今虎山村)蚂蚁河右岸修筑3段长17千米的堤防。这些堤防标准低,又因战事和自然因素破坏严重。

中华人民共和国成立后,党和政府组织三县(市)人民群众建堤筑库,现已初具规模。目前蚂蚁河干流堤防总长达235.27千米,防洪标准为10年一遇至20年一遇洪水;有中型水库6座,小型水库27座,总库容为2.174亿立方米,灌溉面积18 133公顷。

纪 实

蚂蚁河源头至一面坡镇为上游段,河长104.2千米。源头汇集多股山涧沟汊,由东北向西南又转向西北流,沿途右纳臭松沟、锅子沟、石门沟等小支流后转向西南流,于鱼池朝鲜族乡西南右纳金沙河,左纳池东沟后转向西偏北方向流,沿途经亚布力、苇河镇先后左纳石头河、黄泥河、苇沙河、大连河、沙子河等支流至一面坡镇。

蚂蚁河上游,四周环山,丘陵起伏,河网密布,是一个"八山半水半分田"的山区,干流一面坡镇以上河道陡峻,其中鱼池乡至亚布力镇河道比降为2‰,亚布力镇至一面坡镇比降为1.43‰。河床狭窄弯曲,一遇暴雨,峰高流急,水灾频繁。

一面坡水文站最大水面宽140米左右,水深2.6~4.6米,枯水时水面宽60米,水深0.7米。

蚂蚁河左岸有亚布力滑雪场,位于亚布力镇西南23千米,距哈尔滨市198千米,是我国目前最大的滑雪运动训练、比赛综合性雪场,曾是第三届亚冬会赛场,也是冰雪运

亚布力滑雪场

动爱好者和游客的天堂,每到冬季,大批游人纷至沓来,领略大自然的风光和冰雪的拥抱。一面坡国家森林公园位于一面坡镇东,距尚志市20千米,面积约232平方千米,园内山高林密,天空碧蓝、树木葱茏,鸟语花香,湖光山色、景色宜人,生长着水曲柳、黄檗、胡桃楸等多种珍稀植物,栖息着东北虎、熊、貂、猫头鹰等珍贵动物,是别具一格的自然景观游览区和天然植物博物馆。

一面坡至延寿镇为河流中游段,河长73.7千米。河流出一面坡后进入丘陵地带,河谷渐宽,水流渐缓,两岸土地、村庄渐多,河流向西北抵达尚志市。

尚志市境内因有乌珠河,故原名称珠河县。清光绪之前这里曾是河荒洼甸地带,光绪初年开始开发。1946年以著名抗日民族英雄赵尚志的名字命名。全市森林茂密,是黑龙江省重点林区和木制品

一面坡国家森林公园

集散地。林区栖息着东北虎、黑熊、飞龙、林蛙等58种野生动物。生长着蕨菜、猴头菇、元蘑等174种可食用野生植物和人参、平贝、刺五加等47种名贵野生中药材。蕴藏着大理石、花岗岩、煤、铜、铁、银等62种矿藏。

尚志是英雄辈出的地方,20世纪30年代,民族英雄赵尚志在这里点燃抗日烽火,巾帼志士赵一曼在这里血洒大地,他们的英雄事迹教育了一代又一代的后人。这里还有依托历史文化兴建的东北抗日纪念林、中国土改文化第一村、文化碑林、天极宫遗址等。

蚂蚁河在尚志市区东北左纳乌珠河作肘弯状流向东北,沿途左纳大亮子河、西柳树河,右纳黄泥河、石头河抵延寿县城。

延寿县在原始社会(距今4 000年前)就有人类活动。清光绪五年(1879年),朝廷开放蚂蚁河荒地,设长寿县,因县城南临蚂蚁河,面向寿山,寓"延年益寿"之意,1929年改为延寿县。县内共有汉、朝鲜、满、蒙古、回、壮、锡伯、侗、苗、达斡尔、赫哲、黎等12个民族,民俗景观丰富。蚂蚁河沿"依舒地堑"从西南流向东北,把境内的张广才岭西坡分成南北两列山区,各山系呈西南、东北走向,共有大小山峰116个。此段山脉纵横,岗岭起伏,山地占全县总面积的70%以上。县内林地95 433公顷,森林覆盖率达46.5%。区内河流纵横,水草丰盛。构成了延寿县"七分半水二分半田"的独特地貌景观,被列为国家生态示范县。延寿县境内有28科65属119种树木,珍贵树种有红松、水曲柳、黄檗、胡桃楸和樟子松等;有珍稀动物东北虎、马鹿、紫貂、猞狲等。山野菜有50多种;从山川到平原,分布着200多种蜜源植物,每年可供放养3万群蜜蜂;有中药材200余种,年蕴藏量在7 500吨以上;有矿藏资源29种,石灰石储量8 000万吨。

河段两岸土地肥沃,水资源比较丰富。拥有耕地面积79 333公顷,水域面积3 327公顷。农业、渔业是当地主要经济产业。水稻、大豆、玉米是当地主产农作物,品质优良,是黑龙江省商品粮基地之一。延寿县的亚麻种植、加工已有60年历史。亚麻的出麻率高,纤维质强,用延寿亚麻原料织就的"101亚麻布"获国家金质奖。

区域内建有新城中型水库,新城水库电站装机容量200千瓦。

延寿县城以下河段为蚂蚁河下游段。河流进入冲积平原,河道弯曲,滩地较宽,河床宽200~300米。由于河道的多年变迁,形成了许多弓形湖、泡泽。蚂蚁河继续东北流,沿途左纳东柳树河、大凌河,右纳乌吉密河。在距河口49.3千米处左纳柳树河进入方正县,沿延寿方正县界向东北方向流至距河口32千米处右纳亮珠河,向北偏东流至距河口约25千米处左纳桶子河,右纳石头河,前行至距河口20千米处右纳黄泥河,穿过哈同公路,在松南乡老龙岗西汇入松花江。

方正县宝兴乡设有莲花(二)水文站,控制流域面积10 425平方千米,最大水面宽360~1 900米,水深2.6~6.0米,多年平均年径流量20.4亿立方米,多年平均年输沙率为10.7千克每立方米。

方正设治始于清宣统元年(1909年),因县城北有一方正泡而得名。县内有大小山峰60余座,均为张广才岭余脉。有大小河流20余条,有方正泡、莲花泡等湖泡30余个。在方正镇东南9千米黄泥河中游建有双凤水库,总库容2 070万立方米;在方正镇北1千米处建有方正泡水库,总库容280万立方米。

方正县有耕地面积51 285.3公顷,占全县面积的17.27%,水域面积8 230.1公顷,占全县面积的2.77%。中华人民共和国成立后,修建灌溉蓄水、防旱排涝工程1 076处、中型水库1座、小型水库13座,600公顷以上灌区4处,自流引水灌区39处。这一带土质肥沃、水源充足、雨量充沛,是主要产粮区。

方正县还是黑龙江省重要林区县之一,珍贵毛皮和名贵动物药材的重要产区之一,矿产资源主要有煤、铁、铝、铜、铅、锌、沙金、水晶、石英、大理石等。

方正人民有着光荣的革命传统,早在抗日战争初期,方正县人民就同吉林自卫军一起,与进犯的日军进行过殊死搏斗。此后,赵尚志、李延禄领导的抗日部队,相继在这里建立群众组织和地方武装,开展过气壮山河的抗日武装斗争。在东北地区广为流传的抗日小英雄何畏用一只大公鸡设巧计俘获一班日本侵略者的传奇故事,就发生在此地校三家子屯。

历史上蚂蚁河曾是一条通航河道,两岸居民利用天然河道运输货物,后由于河道变迁,水量递减,河床淤积,航运受阻而停航。

1.27.38.1 黄泥河
(Huangni River)

蚂蚁河右岸支流,发源于黑龙江省尚志市境内三合顶子北坡,河长63千米,流域面积677平方千米。尚志市境内称黄玉河,延寿县境内称黄泥河。

流域地势自西南向东北倾斜,上游植被较好,灌木较多。下游植被遭到破坏,水土流失严重。流域多年平均年降水量628毫米,多年平均年径流量1.38亿立方米,平均流量4.38立方米每秒。汛期常遇暴雨,较大洪水时,河流经常出现改道造成灾害。

黄泥河出源后,自西南向东北流,又转向西北于元宝镇左纳小黄玉河,转向北流,沿途左纳小金沙河,在延寿县山河拦河坝下汇入蚂蚁河,此段所经多为山区和丘陵。尚志市在上游元宝镇建有拦河坝7处,灌溉农田1 235公顷。流域内的元宝红旗水库库容487.8万立方米,灌溉水田330公顷,保护2.33万人的防洪安全。北流经过大片丘陵,至延寿县玉河乡建有拦河坝4处,灌溉水田1 000公顷,并在支流小金沙河上建有金沙河水库,是以灌溉为主,兼顾防洪、养殖等综合利用的水利工程,库容815万立方米,灌溉水田48公顷,补水水田307公顷,保护1万人的防洪安全。黄泥河为尚志、延寿两市县边远山区农业提供灌溉水源,每逢旱季随着稻田用水量增加,黄泥河下游经常出现断流现象。

著名作家周立波的代表作《暴风骤雨》就是以黄泥河流经的元宝镇的人和事为背景,描绘了中国土地改革的画卷。

1.27.38.2 亮珠河
(Liangzhu River)

蚂蚁河右岸支流,跨黑龙江省尚志市、延寿县、方正县,属山区性河流。

发源于尚志市亮河镇境内的大秃顶子山。出源后,由东北向西南流,在山河屯西亮珠河汇入后称亮珠河。流经庆阳镇右纳倒木header河,在延寿县中和镇界右纳驿马河后由南向北贯穿中和镇中部,右纳二河沟,左纳寒葱河,沿着加信镇与方正县宝兴乡边界向北,于延寿县加信镇利民村注入蚂蚁河。河流全长 130 千米,流域面积 2 614 平方千米,河道比降为 1.33‰。

流域多年平均气温为 2.3~3.3 摄氏度,多年平均风速 3.5 米每秒,多年平均年降水量 650~800 毫米,6~9 月降水量占全年的 70%以上,流域多年平均年径流量 7.98 亿立方米,全年无霜期在 120~135 天左右。

上游地貌为起伏和缓的丘陵,山坡较缓,山顶浑圆,河谷宽广,谷底较平;中游属平原区,阶面略有起伏,微向河谷倾斜,前缘有一明显陡坎,高约 2~3 米,区内表层多由亚黏土、砂石组成,高程 116~150 米,低漫滩、牛轭湖、沼泽地发育,地势平坦开阔,"塔头"等喜水植物丛生,形成独特的地貌类型;下游上段(庆阳以上)多为山区和半山区,下段为河谷地带及冲积平原。

上游区三面环山,群山连绵,森林茂密,河流纵横,山清水秀。域内山丘地带盛产乔木,有水曲柳、黄檗、胡桃楸、柞树、桦树等,混生林有红松、落叶松、樟子松等;盛产刺五加、满山红、人参、黄柏、五味子、山豆根等 20 多种中药材。下游河谷冲积平原区种植水稻、黄豆、玉米等粮食作物,该段河水质优,水温适中,非常适宜水稻生长,特别是宝兴富硒大米,永建、加信沙土种植的优质大米远近闻名。

已开发的水电站有中和一电站,亮珠河引水渠上的中和二电站、亮珠河引水渠上的加信一电站和亮珠河下游的加信三电站。蓄水工程有支流二河沟下游的先锋水库,总库容 124 万立方米,养鱼水面面积 13.34 公顷,设计灌溉和补水水田 300 公顷;寒葱河下游建有致富水库,灌溉面积 20.0 公顷,养鱼水面 13.34 公顷,防洪保护 2 个屯。

流域内有中和引水灌区,东西宽 4 千米,南北长 14.5 千米,设计灌溉面积 1 000 公顷;加信灌区长约 25 千米,设计灌溉面积 4 002 公顷,该灌区 1931—1938 年仅限于朝鲜族人种水稻,面积只有 66.7~200 公顷,到 1985 年,实际灌溉面积已达到 4 069 公顷;建有万江提水站,设计灌溉面积 167 公顷,到 1985 年灌溉面积达 1 334 公顷。

另外,流域内加信镇下游平原低洼段,建有长约 10 千米的堤防,可防控 20 年一遇的洪水,保护耕地 3 335 公顷。

1.27.39 跃进泡
(Yuejinpao Lake)

原称妖精泡,1949 年后更名为跃进泡。位于黑龙江省哈尔滨市通河县祥顺镇兴隆村,地处**松花江**左岸冲积平原上,系松花江干流河曲摆动,在侵蚀堆积过程中发育形成的河迹洼地湖。距松花江岸边 3.5 千米,其南北长 4 千米,东西宽 3 千米,状似歪脖梨。

跃进泡泡中心地理坐标为东经 129°00′45″,北纬 45°58′50″,湖面正常水位高程 101.40 米,正常水面面积 12 平方千米,最大水深 4 米,平均水深 2.5 米,最大蓄水量约 4 800 万立方米,汇水面积 150 平方千米,主要来水河流为大通河,属内陆淡水湖。

流域多年平均气温 2.4 摄氏度,多年平均年降水量 606.2 毫米,每年 10 月下旬开始结冰,次年 3 月末 4 月初融化。

泡周围土地肥沃,适宜耕种,用跃进泡水灌溉的水稻产量高,米质好,深受消费者喜爱。泡中盛产鲤、鲢、鲫等鱼类,1949 年前就有渔民在这里打鱼谋生,新中国成立后人民政府在这里建设了渔场,现由通河县水产总站经营,年产商品鱼几十万千克。

跃进泡风景秀丽,夏季成群飞鸟在湖面上嬉戏觅食,较珍贵的有天鹅和丹顶鹤。在跃进泡东 1.2 千米处有一相对应的哈什哈泡,两湖并称二龙潭,已开发为通河县二龙潭旅游区。

为防御外水侵袭,跃进泡周围修建了围堤,并于 1979 年修建跃进泡排洪闸,1991 年重建,湖水经排洪闸泻入松花江。

1.27.40 牡丹江
(Mudan River)

松花江下游右岸支流,系满语牡丹乌拉的转译音,意为"弯曲的江"。其名最早见于唐代,称忽汗河,《辽史》称斡朗改,《金史》作呼里改江,元代称忽尔哈河,《明一统志》称胡里改江,又称呼拉哈河、虎尔哈河、胡尔哈河,清代称虎尔哈河或瑚尔哈河,后遂以牡丹江取代。

牡丹江发源于吉林省敦化市马号乡马家店村西南长白山牡丹岭,由南向北流经吉林省延边朝鲜族自治州的敦化市、黑龙江省牡丹江市的宁安市、城区、海林市和林口县,于哈尔滨市的依兰县城西北 5 千米处注入松花江。牡丹江流域面积 38 909 平方千米,全长 725 千米,河道平均比降 1.39‰。流域地理坐标为东经 127°00′~130°45′,北纬 43°00′~46°19′。

牡丹江市河段

概　述

地貌　牡丹江处于长白山东部山区,地势比较陡峻,切割比较剧烈,山谷相间分布,属中、低山地貌。整个流域由南向北倾斜,山间有中、新生代断陷形成的敦化、宁安、依兰等较大的山间盆地分布。河流穿行在张广才岭与老爷岭之间条形谷地中,上游河道狭小,下游河道宽度一般在 400~500 米,断面呈 U 形。河源处高程 1 100 米,下游长江屯高程 400 米左右,流域周边分水岭高程 1 000 米左右。山地占全流域面积的 89%。

水系　牡丹江属树枝状水系,支流多短而湍急,分别由左右两岸汇入,自牡丹江市以下,左岸支流与主流多呈直角相交,尚保留有格子状水系面貌。有流域面积大于 100 平方千米的支流 38 条,大于 1 000 平方千米的支流 7 条,大于 4 000 平方千米的支流 2 条,为**海浪河**和**乌斯浑河**。

牡丹江水系示意图

气候水文 流域地处中温带大陆性季风气候区，夏季受太平洋季风影响，炎热多雨，冬季受西伯利亚高气压影响，严寒漫长；流域多年平均气温 3.5 摄氏度，1 月最冷，极端最低气温 -43.1 摄氏度，8 月最热，极端最高气温达 37.5 摄氏度；多年平均年蒸发量 622.3 毫米。流域冬季多西风，夏季多西南和东南风，多年平均风速 2.6 米每秒，最大风速 24 米每秒；霜期最早曾发生于 9 月 5 日，最晚终止于 5 月 26 日，多年平均年无霜期 126 天；最大冻土深 1.91 米。

流域多年平均年降水量在 540～621 毫米之间，分布趋势自西南向东北递减。年内分配极不均匀，主要集中在 6—9 月，占全年降水量的 70% 以上；降水量年际变化较大，最大年降水量为 791.1 毫米，最小年降水量为 339.3 毫米；多年平均年径流量为 89.5 亿立方米。

牡丹江雪乡

流域植被较好，森林覆盖率 46%，河流含沙量很少，多年平均含沙量为 0.12 千克每立方米，多年平均年输沙量为 63.9 万吨，侵蚀模数 28.5 吨每平方千米每年；沙量主要分布在 6—9 月，占全年的 85% 以上。

牡丹江流域的封冻期较长，11 月上旬开始封冻，次年 3 月下旬开江，稳定封冻天数为 130～150 天。由于河流是由南向北流，所以下游较上游封冻时间长，最大冰厚一般发生在 2 月、3 月，厚度在 1.5 米左右。春季开江形式一般比较平稳。

洪涝灾害 牡丹江流域洪涝灾害频繁，平均每 10 年左右就发生一次较大洪水。1960 年洪水最大，灾情最重，牡丹江水文站的洪峰流量为 6 230 立方米每秒，铁路桥下游堤防溃决，牡丹江市区受淹面积约为当时市区面积的 50%；多数工厂浸水受淹，物资财产等损失严重；仅牡丹江干流受淹耕地就达 1.5 万公顷。

经济社会 流域 2000 年有人口 285 万，有耕地 63.5 万公顷；主要农作物为玉米、小麦、水稻等。

治理与开发 至 2000 年年末，流域内已建成干流堤防 210.18 千米，其中吉林省为 91.72 千米、黑龙江省 118.46 千米。流域内主要防洪城市牡丹江市有堤防 31.1 千米。经过多年整治，在提高河道行洪标准的同时，基本理顺和控制了主河槽，保证了行洪通畅和河势稳定。

流域开发 流域内 2000 年年末，已建成大中型蓄水工程 17 座，其中大型水库 3 座，在干流河道上的大型水库为**镜泊湖水库**和**莲花水库**，总库容为 60.04 亿立方米，基本可满足社会各业对水资源的需求。

牡丹江流域水力资源丰富，理论蕴藏量 457.53 兆瓦，规划电站 25 座，其中大型电站 1 座，中型电站 3 座，其余为小型电站，总装机容量 1 062.7 兆瓦，总发电量 21.96 亿千瓦时；截至 2010 年，已开发和正在开发电站 16 座，其中大型电站 1 座，中型电站 1 座，其余为小型电站，总装机容量 711.6 兆瓦，总发电量 14.05 亿千瓦时。

纪　　实

牡丹江流域历史比较悠久，从商到隋朝的 2 300 多年间，这里是满族祖先肃慎、挹娄、勿吉等部族的居住地，均与中原保持密切的联系。唐代（671—926 年），粟末靺鞨（原靺鞨的一部）在牡丹江流域兴起，建立了渤海国，首府上京龙泉府设在现宁安市渤海镇境内，国王被唐王朝封为渤海郡王。宋代女真族（黑水靺鞨后裔）在阿城县建立了金国，这里是金的一个路——努尔哈路，元代设置了军民万户府，明永乐年间在黑龙江下游设立了努尔干都指挥使司，辖 179 卫，牡丹江流域大部分是其下辖的毛怜卫所属地。清代这里先后是宁古塔将军和吉林将军的管辖地，当时，牡丹江沿岸"汉旗杂，已无旷土"，但由于清王朝因"祖宗发祥之圣地"实行禁垦政策，沿岸以外的大部分地方还没有开发。

杨子荣烈士像

1931 年"九一八"事变后，牡丹江流域各族人民英勇抗击日本侵略者。东北抗日联军在镜泊湖畔、牡丹江沿岸以及深山老林中，同日寇进行了艰苦卓绝的斗争，涌现出许多可歌可泣的英雄事迹，如乌斯浑河的关门嘴子即为八女英勇殉国之地。另外，解放战争时期杨子荣在威虎山剿匪斗争中的英雄事迹，至今广泛流传。

上游 河源至镜泊湖库尾为上游段，长 234 千米。牡丹江出源后汇诸多小支流后向东北流经江源镇，右纳大石河、左纳**小石河**，过敦化市后左纳**黄泥河**，右纳**沙河**，至额穆镇，左纳**珠尔多河**后弯曲东行进入雁鸣湖湿地，雁鸣湖湿地位于敦化市雁鸣湖镇，它是由以塔拉湖为主的82个湖泊和贯穿东西的牡丹江水系组成，拥有丰富的水产资源，淡水鱼类达50余种，尤以鲫花、鳌花、红尾、岛子鱼最为有名。雁鸣湖湿地保护区始建于1991年，保护类型为生态系统，主要保护对象为丹顶鹤、黑鹤、白鹤以及中华秋沙鸭、大雁、鸳鸯等珍贵鸟类，2007年被列为国家级自然保护区，为国家AAA级旅游景区，区内草地与牛羊，湖泊与田园，村落与古迹交织在一起，在远山映衬下，一派"鱼米之乡"的景色。

牡丹江雁鸣湖

河流过雁鸣湖湿地流向东北，于黑龙江省宁安境内入镜泊湖。

上游段重镇敦化市，现为吉林省延边朝鲜族自治州所属的一个县级市，历史悠久。早在原始社会，敦化就有人类在此定居，繁衍生息，在大山嘴子、官地、大石头都有新石器时期的文化遗存。上虞三代至周秦，是肃慎族主要居住地。市区东南部敖东城是唐朝渤海王国早期的都城。清初，为额穆赫索佐罗领管辖。1678年吉林将军派知县到阿克敦办理荒务。从清康熙二十年（1681年）开始，敦化一带封禁200年，成为向清皇庭进贡的捕猎场所，大片土地荒芜，人烟稀少。1882年清朝在敖东城西二里处兴建新城，命名敦化县，其名出自《诗经·中庸》"大德敦化"一词。1946年中共吉林省委、吉林省政府暂驻敦化。

敦化县有丰富的森林资源和水利资源，全县林地面积93.2万公顷；水能资源丰富，理论蕴藏量320兆瓦。据2000年统计，敦化市有人口48万，面积11 936平方千米。市区西部翰章乡是东北抗日联军第一路军第三方面军指挥陈翰章将军的故乡，现为爱国主义教育基地。

上游段流量较小，两岸多为玄武岩，河谷狭窄，河面宽约50～60米，水深1～2.5米，平均比降2.28‰。

上游河段规划有7座小型水电站，装机容量48.6兆瓦，年发电量1.73亿千瓦时；已开发4座水电站，从上至下为上沟、红石、西崴子和黑石电站。装机容量34.2兆瓦，年发电量1.18亿千瓦时。

中游 镜泊湖至牡丹江市为中游段，河段长194千米。该河段流量较大而且稳定，河面宽100～200米，水深3～4米，河道平均比降为0.15‰。侏罗、白垩纪及第三纪地层分布较广，经长期风化及水流侵蚀，河谷较开阔且不对称，地势平坦，为丘陵地带；右岸并有宽阔的玄武岩台地与侵蚀阶地，高出河面20～30米，河床多由砂卵石构成。

牡丹江进入镜泊湖后，形成南北长45千米，东西最宽为6千米的高山堰塞湖。它是由第四纪火山喷发玄武熔岩流堰塞牡丹江而形成，是我国最大的堰塞湖。湖水南浅北深，最深处64.5米，平均水深13.9米，湖盆狭长弯曲，山青水碧，清幽多姿，以其绮丽景色闻名于世。在湖的北部出口处，滔滔的流水深切玄武岩层中，形成落差20米的吊水楼瀑布，气势磅礴，距数里之外就可听到浪涛倾泻之声。地下森林更是壮丽奇观，是几万年前火山喷发后，火山质塌落而成，素有天然公园之称。镜泊湖是国家级重点风景名胜区，国家AAAAA级风景区。

牡丹江出境泊湖后，转西折北，此河段由于火山喷发后凝结的玄武熔岩流，左岸形成了波浪起伏的熔岩地貌。熔岩流遇水后形成的孔穴及气浪造成的孔洞比比皆是，形成了一幅大自然奇观美景。牡丹江北行至原"渤海国"上京龙泉府遗址，即今黑龙江省宁安市渤海镇境内。渤海国建于698年，亡于926年，历经229年，更迭15世王，其第1、第2代王被唐朝封为"渤海郡王"，从第3代起晋封为"渤海国王"。渤海政权正式国名为"渤海国"，为我国唐朝的一个地方政权。

宁安古城遗址

"渤海国"的疆域辽阔，包括我国东北大部和现在的俄罗斯滨海边疆区及朝鲜北部的一部分，当时的上京龙泉府是东北与东北亚著名的大都市之一，"渤海国"统治期间，这里的农牧业、手工业，对外贸易发展很快，经济繁荣，留下了大量的文化遗产。"渤海国"时留下的古城墙、古建筑、古墓群等到处可见。

渤海国上京龙泉府遗址

河流出渤海镇境内下行右纳**蛤蟆河**后至宁安市区。宁安市是一座古城，又是我国满族祖居地之一，历史悠久。唐时为渤海上京龙泉府，辽时为辽阳行省开元路古州千户所，明属努儿干都司阿辽江卫，清时宁古塔将军曾几次从这里出兵抗击沙俄侵略者，是边外七重镇之一。清光绪二十九年（1903年）绥芬厅移驻这里，清宣统二年（1910年）改为宁安府，1913年改为县。

宁安土质肥沃，农业生产条件优越且比较发达，主要粮食作物有玉米、小麦、大豆、水稻等，其中，渤海、响水、江西等地出产的响水大米质地优良，曾为贡米，驰名中外；当地工业发展迅速，形成了以电力、建材、食品、森林工业为主体的门类齐全的工业体系，其中森林工业实力雄厚，机械化程度高。据2000年统计，有人口44.5万。

河流过宁安市继续北行，左纳海浪河，抵牡丹江市市区。

牡丹江市位于牡丹江左岸，是黑龙江省东南部的政治、经济、文化中心和交通枢纽，为我国新兴的工业城市之一，百年以前，这里还是一片人烟稀少的荒草甸子。1886年，沙俄同清政府签订了不平等的《俄法同盟》条约，获得了在东北铺设中东铁路的特权。1903年铁路修至牡丹江，在这里设置了牡丹江站。1931年"九一八"事变后，日本帝国主义把这里作为军事要地，于1937年建立牡丹江市，一度成为典型的殖民地性质的消费城市。1945年8月12日，牡丹江市获得解放。经过多年的建设，牡丹江市已成为黑龙江省东南部的一个综合性工业城市。纺织、炼油、橡胶、化工是牡丹江市的骨干工业。据2000年统计，牡丹江市有人口77.45万，地区生产总值96.5亿元。

在该段河道上除镜泊湖水电站外，还规划有11座小型水电站，装机容量41.69兆瓦，年发电量2.143亿千瓦时；截至2010年，已开发8座水电站，从上至下为红卫、红农、阿仆、青年、供销、渤海、石头和威虎山电站,装机容量 15.94 兆瓦,年发电量 0.873 亿千瓦时。

下游　牡丹江市至长江屯为下游段,长 235 千米。过牡丹江市后,河流再次流入高山峡谷地带,过桦林镇右纳亮子河,过柴河镇右纳**五虎林河**后进入莲花水库库区。**莲花水库**是莲花水电站建成后形成的大型人工湖泊,被列为黑龙江省级风景名胜区和省级自然保护区。库水面积 133 平方千米,全长 99.9 千米,平均水深 40 米,景区面积 1 900 平方千米。在莲花水库库区左侧先后有头道河、二道河子、**三道河子**汇入。在莲花水电站设有莲花水文站。

河流出莲花水库后继续北行,过林口县莲花镇、三道通镇后,左纳四道河,右纳乌斯浑河,在依兰县土城子乡王家汀入依兰县境,下行至长江屯。该河段河谷深切狭窄,谷宽约 600～2 000 米,两岸山体较高,流量较大,水面宽一般 200～300 米,河道平均比降 0.47‰,水流较平稳,河床由深厚的沙、卵、砾石组成。水能资源丰富,开发条件较好,适于修建大中型水电站。规划莲花、二道沟和长江屯三级开发方案,总装机容量 872 兆瓦,年发电量 14.69 亿千瓦时。其中莲花为大型电站,装机容量 550 兆瓦,年发电量 7.97 亿千瓦时,现已建成发电;二道沟电站装机容量 100 兆瓦,年发电量 2.1 亿千瓦时;长江屯电站,位于依兰县江湾镇长江屯村,电站装机容量 210 兆瓦,年发电量 3.95 亿千瓦时。

河口段　长江屯以下为河口段,长 62 千米,该河段地形开阔,河道平均比降 0.35‰。河谷两岸有宽阔的沿江低地及冲积平原,并有江心岛出现,其中,距红星乡南 4 千米的开发通岛面积达 12.5 平方千米。该河段建有晨光水电站,装机容量 1.2 兆瓦,年发电量 0.67 亿千瓦时。

牡丹江河口段流经依兰县境内。依兰县总面积 4 672 平方千米,人口 40 万,境内有松花江、牡丹江、**倭肯河**和**巴兰河**等,四面环山,形成四周高中间低的地形,耕地面积 16.7 万公顷,林地面积 18.7 万公顷;经济以农业为主,主要作物有小麦、玉米、大豆、稻谷等;经济作物主要有甜菜等;矿藏有褐煤、油页岩、铁、砂金、石英石等;建有大型煤气厂;林木有黄檗、核桃楸、水曲柳、红松等;产猴头菇、木耳、蜂蜜及野生植物达 100 多种。

依兰县还是历史文化古城,境内有金代五国头城遗址、清朝巴彦要塞遗址、冰川峡谷原始森林、丹清河风景区等风景名胜。在牡丹江右岸依兰县土城子乡东侧,有一金代古城土城子遗址。该遗址三面环山,一面濒水,距江岸 1.5 千米,城平面呈不规则形状,周长为 3 345 米,城墙为内外两重,修筑坚固,防御设施完备,是金代屯戍重兵的城镇。古城内地表及城垣断层中有各种碎瓦和陶片,并出土过六板耳铁锅和铜钱等文物。

牡丹江在依兰县城郊注入松花江。

1.27.40.1　小石河
(Xiaoshi River)

牡丹江左岸支流,发源于吉林省敦化市翰章乡张广才岭新开岭西,由西向东流经敦化市翰章乡、江南镇,在市区东北部汇入牡丹江。

小石河河长 54.7 千米,河道平均比降 3.8‰,流域面积 259 平方千米。流域多年平均年降水量 625 毫米,6—9 月降水量占全年的 70%;多年平均年径流量 0.7 亿立方米,多年平均气温 2.8 摄氏度,10 月下旬至次年 4 月中旬为结冰期。

小石河上游植被良好,保存有大量的原始森林,水量充沛,水质良好,河床稳定,上游无工业、农业及生活污染;景色尤以冬季最美,每年 9 月底即飞雪满天,至次年 5 月山下放雾,山中仍雪雾迷茫,在这 8 个月里,山岭是一片银装素裹、晶莹剔透的冰雪世界,"雪松树挂"令人心旷神怡,林伯渠曾在此留下"西来峻岭连天白"的诗句。

中游于 1975 年建成总库容 1 398 万立方米的小石河水库,是敦化市城市防洪、供水的重点工程。日供城市水源 4 万立方米;电站装机容量 365 千瓦,年平均发电量 100 万千瓦时;设计灌溉水田面积 1 500 公顷。

河流下游段环绕敦化市区北端,敦化素有"千年古城百年县"之称,唐圣历元年(698 年)粟末靺鞨部首领大祚荣在此建立渤海国,被唐玄宗皇帝封为渤海郡王。现留有二十四块石、贞惠公主墓等全国重点文物保护单位。正觉寺,是北方佛教朝觐地,世界最大尼众道场。敦化也有龙兴之地之说,清代初年敦化被封禁 200 余年,直至 1881 年才设立县,寓《中庸》"小德川流、大德敦化"的敦风化俗之意,定名敦化。

1.27.40.2　黄泥河
(Huangni River)

牡丹江左岸支流,因河水中含泥量比较大,故名黄泥河。发源于吉林省敦化市黄泥河镇张广才岭山脉东大碇子山,自西向东流经敦化市黄泥河镇和秋梨沟镇,在秋梨沟镇横道河子屯东汇入牡丹江。黄泥河长 82.4 千米,河道平均比降 2.9‰,流域面积 670 平方千米。

流域多年平均年降水量 650.6 毫米,6—9 月降水量占全年的 70%;多年平均年径流量 1.99 亿立方米;10 月下旬至次年 4 月中旬为结冰期,多年平均气温 2.6 摄氏度,多年平均风速 3.1 米每秒。

流域内已建成小(1)型水库(团山水库)1 座,库容 487 万立方米,设计灌溉面积 1 000 公顷,养鱼水面面积 73 公顷。

流域内上游植被较好,生长有红松、落叶松、白桦、柞木等天然林木,森林覆盖率 75%。沿河两岸大部分是开阔平坦的草甸子和沼泽地,秋梨沟以下河段为玄武岩 U 形深谷,河床稳定,水能资源可开发量 1 500 千瓦。

历史上黄泥河流域古木参天,山清水秀,野生动物种类繁多,盛产狗鱼、细鳞、鲶鱼、鲫鱼等 30 多种鱼类,还有狍子、野猪、野兔、山鸡等。20 世纪五六十年代以来,由于中下游沿河两岸林地、草甸子被开成耕地及木材采伐量加大,使原始生态环境遭到破坏,河水由清变浊,泥沙量加大。近年来,当地通过实施天然林保护和退耕还林等措施,使生态环境逐步恢复,野生动物又出没于山涧溪水之间,但河流鱼类仍然稀少,仅有少量鲫鱼和野杂鱼。

1.27.40.3　沙河
(Shahe River)

牡丹江右岸支流,发源于吉林省敦化市大石头镇烟筒碇子屯北,从东南向西北流经敦化市的大石头、大桥、沙河沿、官地等 4 个乡镇,在西崴子水电站下游 600 米处汇入牡丹江。沙河长 186.5 千米,河道平均比降 1.6‰,流域面积 1 849 平方千米,有支流 19 条;流域面积 100 平方千米以上的支流 2 条,为左岸的头道河(流域面积 131 平方千米)和二道河(流域面积 341 平方千米)。

流域多年平均年降水量 610.9 毫米,6—9 月降水量占全年的 70%;多年平均年径流量 5.14 亿立方米,水能资源可开发量 9 850 千瓦;多年平均气温 3.0 摄氏度,无霜期为 120

天；10月下旬至次年4月中旬为结冰期。

流域内有中型水库2座，小（1）型水库1座，中型灌区1处，有电站2座、装机容量1500千瓦；引水工程1处，引水流量18立方米每秒。

沙河上游群山葱翠，重峦叠嶂，植被茂盛。两岸大部分为平坦开阔的草甸子或沼泽地。在上游大石头镇境内，支流哈尔巴岭沟下游建有总库容2610万立方米的哈尔巴岭水库，在支流二道河上建有总库容2200万立方米的大林水库，目前水库的主要效益是养鱼。1970年，在大石头镇沙河沿岸曾出土一具7000万年前更新世晚期的完整猛犸象化石，全长11米，头长1.3米，牙齿如茶杯大小，现存吉林省博物馆。

中下游大部分为玄武岩U形深谷，河床稳定，下游切割深达20～50米，长约5千米，两岸巨石林立，悬崖峭壁，并有多处岩瀑。河道落差很大，河水湍急，轰然作响，甚为壮观。

中游沙河沿镇内在沙河岸边有孙船口古城遗址，为渤海国时期所建，辽金时沿用。河流两岸有大面积耕地，1940年，朝鲜族农民在中游修建一条简易拦河坝和引水渠，种植水稻2.7公顷，已发展为实灌水田面积1500公顷的沙河灌区。1955年在灌区渠首大桥乡大桥屯，当地群众自力更生，土法上马试建了大桥水电站，装机容量50千瓦。该电站全景模型在1957年全国农业展览会上展出，是东北农村最早建成的小水电站之一，当时被誉为东北第一颗"夜明珠"。后来水电站扩建，装机容量达到250千瓦。在大桥水电站下游沙河沿镇三合村境内，于1980年建成了装机容量1250千瓦的沿山水电站。2002年，在该水电站下游沙河沿镇上沟村，修建了牡丹江上沟水利枢纽沙河引水工程，为浆砌石重力坝，坝长132米、高22米，通过1500米长的隧洞，把沙河水引入牡丹江，引水流量18立方米每秒，以增加牡丹江上沟水电站的发电量。

1.27.40.4 珠尔多河
（Zhuerduo River）

牡丹江左岸支流，珠尔多系满语"渡口"的意思，发源于吉林省敦化市额穆镇张广才岭老白山西南，流经额穆镇，在敦化市黑石乡丹南村西北汇入牡丹江。

珠尔多河河长80.1千米，河道平均比降3‰，流域面积1750平方千米；有流域面积大于100平方千米的支流3条，分别为左岸的东北岔河、额穆索河以及右岸的大威虎河。

流域多年平均年降水量720.5毫米，6—9月降水量占全年的70%；多年平均年径流量8.08亿立方米，水能资源可开发量1.38万千瓦。流域多年平均气温2.7摄氏度，结冰期为10月下旬至次年4月中旬。

珠尔多河源头地处长白山北麓张广才岭山脉老白山（原名老爷岭），海拔1696.2米。老白山山高路险，人迹罕至，保存着较完整的天然原生植被和多种生物群落，是吉林省珍稀濒危植物和珍禽异兽繁衍生息的物种资源基因库。山上有3处瀑布，最大的落差40余米，在树木映衬下形成绿色飞瀑。高山偃松、牛皮杜鹃、狭叶棉花莎草、泥炭藓沼泽湿化植被等在中国首次大规模发现；山上奇峰异石，悬崖陡立，有数百公顷的石瀑，自然造化，形态各异，至今仍保留着原始风貌。

从源头下行70余千米到额穆镇，两岸山、水、松、石、花等各具特色。额穆是千年古城，明永乐五年（1407年）在此设立了驿站。"额穆"是满语，含义是"枣形的湖"或"水边"之意。清顺治年间，江南名士吴兆骞因科举案发配宁古塔，路经额穆宿驿站，曾留下"树梢月犹见，城头角已残。荒途归五国，

归骑发三韩"的诗句。清光绪二十六年（1900年），沙皇俄国军队占领了额穆，放火烧毁了半个城；1932年5月17日，侵华日军又把额穆烧毁。两次大火使额穆古城遭遇到毁灭性破坏。额穆物产丰富，民风淳朴。据《清稗类抄》记载，吉林每年贡品达百余种，数次往皇宫进贡土特产品，其中大部分由额穆索罗打牲乌拉采集（"打牲乌拉"系满语，是专门给清皇室采集贡品的部门）。如今山野菜、林蛙、人参、高山红景天、黄豆等仍是出口创汇的拳头产品。因特殊的地理条件和推行无公害化种植使烟叶、水稻等作物成为市场上的抢手货。额穆人民在抗俄、抗日战争中，团结一致，共御外寇入侵；抗美援朝战争中，额穆的青壮年踊跃参加中国人民志愿军，有许多人成为了英烈，现额穆镇村村建有革命烈士纪念碑。

额穆镇以下至河口10余千米处，两岸谷地多辟为农田。

1.27.40.5 镜泊湖水库
（Jingbohu Reservoir）

牡丹江中上游的大型水库，位于黑龙江省宁安市西南70千米处，地理坐标为东经128°30′～129°30′，北纬43°46′～44°18′。镜泊湖古称湄沱湖，《汉书地理志》称湄沱河。唐高宗永徽二年（651年）称阿卜河（又名阿卜隆湖），后称为呼尔海全，唐玄宗开元元年（713年）称呼汗海，明志始称镜泊湖，清称毕尔腾湖，现称镜泊湖。

镜泊湖水库

概　述

镜泊湖是由第四纪火山喷发熔岩流堵塞牡丹江形成的高山堰塞湖。1939年日伪时期，在河湖出口处的玄武岩堰塞台地上加筑了2～3米高、总长2753米的挡水堤坝，并利用湖口与四季通屯之间50余米的落差，开凿长约3千米的隧洞，形成了以发电为主，兼有灌溉、城市供水、旅游等综合效益的大型水利枢纽工程。水库集水面积11820平方千米，占牡丹江流域面积的31%，多年平均年径流量31.38亿立方米，多年平均入库流量100立方米每秒。水库总库容18.24亿立方米，其中天然湖泊库容11.24亿立方米，岩台以上修建堤坝增加库容7亿立方米，为不完全多年调节水库。工程设计洪水标准为100年一遇，校核洪水标准为1000年一遇。两座水电站最大发电水头60米左右，总装机容量96兆瓦，多年平均年发电量3.2亿千瓦时。

库区春季多风少雨，夏季湿热多雨，冬季寒冷干燥。多年平均年降水量600毫米，降水量年内分配不均，夏季6—9月水量占全年的70%以上；多年平均年水面蒸发量622.3

毫米；多年平均气温2.6摄氏度，极端最高气温34.5摄氏度，极端最低气温-38.3摄氏度；多年平均风速3.2米每秒，最大风速25.7米每秒；初霜期在9月中旬，终霜期在5月中下旬；每年10月至次年4月为冰冻期，历年最大冻土深1.77米，取水口处最大冰厚1.04米。

水库枢纽建筑主要由大坝、引水系统及发电厂房等组成。大坝由重力式混凝土挡水坝、溢流坝以及钢筋混凝土盖板土石混合溢流坝组成，总长2 753.00米。挡水坝坝顶高程355.30米，最大坝高8.30米；溢流坝坝顶高程353.50米，最大坝高2.50米。溢流坝最大泄流量6 100立方米每秒。老的水电站引水系统由进水口、隧洞、调压井、高压管道组成；地面厂房内装有2×18兆瓦水轮发电机组。新的水电站为首部开发地下式电站，由进水口、压力管道、厂房、变电站、尾水洞、调压室等组成，装有4×15兆瓦水轮发电机组。

水库电站平均每年为黑龙江省电网提供3.2亿千瓦时的电量，在系统中发挥调峰、调相、事故备用作用；水库还为下游城市、农田供水，著名的"响水"大米就产自水库下游地区农田。水库的旅游资源丰富，景点众多，旅游效益显著。

纪 实

镜泊湖是我国第一大火山熔岩高山堰塞湖，由火山熔岩喷发堆积堵塞牡丹江古河道形成，后在湖口堰塞台地上加筑堤坝，形成以发电为主的大型水库。库区四周群山环绕，森林密布，库盆狭长，库岸多弯曲，南浅北深，水域辽阔。水库正常回水面积90平方千米，南北长45千米，东西最宽处6千米，最窄处0.3千米，平均水深40米，最深处70米。除干流外，汇入库区的主要支流左岸有尔站河、哲罗河子，右岸有加吉河、柳树河、松乙河，石头河子等。库底沉积物中水库上端为泥沙和淤泥，中部多为淤泥，靠近坝址则为基岩。坝址附近库底由玄武岩构成。水库出口处水流从玄武岩底板上飞流下泄入下游峡谷，形成20多米落差的吊水楼瀑布。

百里长湖景区

镜泊湖水库西北部地貌复杂，分布着大小7个火山口。区

镜泊湖地下深林

内最高海拔1 260.7米，最低海拔为339.17米（最低水位），有大面积的熔岩台地，台地下分布有国内罕见的大型熔岩隧道。区内植被覆盖率达90%以上，属温带针阔叶混交林，典型植被是红松林、红松阔叶混交林和落叶阔叶林；区内还有野生动物50余种，鸟类40余种，鱼类40余种。

水库景区于1982年被国务院首批审定为国家级重点风景名胜区，2001年被中央文明办、建设部和国家旅游局评为全国文

明旅游示范点，2002年被国家旅游局评为AAAA级旅游区，2005年评定为国家级地质公园，2006年被联合国教科文组织评为世界地质公园，2008年获得"中国十大避暑名湖"称号。

库区有百里长湖景区、火山口原始森林景区、渤海国上京龙泉府遗址景区等旅游资源。百里长湖观赏区内大小岛屿星罗棋布，从北向南分布着吊水楼瀑布、鹿苑

镜泊湖瀑布

岛、白石砬子、大孤山、小孤山、珍珠门、城墙砬子、八面井、悬虎峰、道士山、老鸹砬子、阎王鼻子、莺歌岭等13处景观。吊水楼瀑布位于镜泊湖北端出口处，是全湖第一美景。瀑布平时幅宽约70米，丰水年瀑布三面环水，最宽可达300多米，落差20米形成瀑布，它下面的水潭深60米，称黑龙潭。每逢雨季或汛期，水声如雷，激流呼啸飞泻，水石相击，白流滔滔，水雾蒸腾出缤纷的彩虹，是中国最大的玄武岩瀑布。

另外，冰上大规模捕鱼、东北抗联根据地、神奇的冰雪风光和雾凇奇观、丰富的野生动植物和水产，都是库区重要的旅游及物产资源。

库区主要的72处自然人文景观中，特级景源4处，一级景源16处，二级景源18处。

叶剑英赞誉镜泊湖"山上平湖水上山，北国风光胜江南"。1983年邓小平亲临镜泊湖，题写了"镜泊胜景"4个大字。

1.27.40.6 蛤蟆河
(Hama River)

牡丹江右岸支流，发源于黑龙江省穆棱市蛤蟆岭，流经宁安东京城林业局的奋斗、桦树林场和宁安市的卧龙、兰岗、江南、宁安等4个乡镇，于宁安镇大桥东侧汇入牡丹江。蛤蟆河长130千米，流域面积1 860平方千米，河道平均比降5.93‰，河流沿程纳八道河、卧龙河、三道河、嘎斯河等支流。

流域地势东南高西北低，**桦树川水库**以上为峡谷地带，海拔在330～800米之间，以下为丘陵、岗坡，海拔250～330米之间，大部分岗坡已开垦为耕地。

蛤蟆河上游山区为次生林覆盖，植被良好，多为暗棕壤土；下游丘陵岗坡地则多为草甸土、白浆化草甸土和沼泽土。流域夏季多雨炎热，冬季干燥严寒；多年平均气温3.5摄氏度，多年平均年降水量512.5毫米，多年平均流量10.01立方米每秒；多年平均年径流量3.16亿立方米，年平均风速2.9米每秒；无霜期135天，结冰期160～165天。

1971年于上游建成桦树川水库，水库集水面积505平方千米，总库容1.32亿立方米，是以灌溉为主兼顾防洪、发电、养鱼等综合利用的大型水库。1994—1996年，水库库区开发了桦树川风景旅游区和水库自然保护区等景点。

1.27.40.6.1 桦树川水库
(Huashuchuan Reservoir)

蛤蟆河上游的大型水库，原名红卫兵水库。工程于1966年初建，1971年7月主体工程竣工，1981年更名为桦树川水

库。水库坝址西北距黑龙江省宁安市 55 千米。

概　述

桦树川水库是以灌溉为主，兼顾防洪、发电、养鱼、旅游等综合利用的大型水利枢纽工程；集水面积 505 平方千米，占蛤蟆河流域面积的 27.15%。工程按 100 年一遇洪水设计，2 000 年一遇洪水校核，自 1992 年被国家确定为病险水库并在 2002 年对主体工程除险加固后，总库容已由消险前的 1.19 亿立方米增加到 1.32 亿立方米，校核水位由 370.84 米提高到 372.04 米；兴利水位 365.00 米，兴利库容 0.847 亿立方米；水库水面总面积约 10 平方千米。

库区多年平均气温 3.5 摄氏度，夏季最高气温 36.2 摄氏度，冬季最低气温达 -40.1 摄氏度，平均无霜期 135 天；降水主要集中在 6—8 月，多年平均年降水量 512.5 毫米；每年 11 月中、下旬结冰，次年 4 月中、下旬解冻，库区水质达 I 类水质标准。

枢纽建筑主要由拦河坝、溢洪道、输水洞、水电站组成。大坝为黏土斜墙土石混合坝，坝长 320 米，坝顶宽 8 米，最大坝高 33.8 米，防浪墙高 1.2 米。坝基为强风化硅质板岩，除险加固时已做灌浆处理。溢洪道位于左岸山坡下，侧槽开敞式结构，未设闸门。堰顶宽 60 米，最大过流量 929 立方米每秒。钢筋混凝土输水圆形隧洞，位于土坝右侧山体内，内径 2.7 米，长 464 米，最大过流量 59 立方米每秒。坝后式发电站，安装有 2 300 千瓦发电机组 1 台，设计年发电量 364 万千瓦时。

水库建成后，1973 年放水灌溉，1981 年并网发电，下游的 6 个乡镇，63 个行政村屯，近 10 万人口及牡图铁路、鹤大公路的防洪安全得到了有效的保护。水田面积已由 20 世纪 80 年代的 700 公顷发展到 1 万公顷。水库平均每年向下游灌区供水 8 000 万立方米，可满足下游近 7 000 公顷水田灌溉用水需求，供水保证率近 100%。水库调蓄了 1974、1991、2002 年几次较大洪水，最大限度地降低了洪水对下游的危害，保障了下游地区人民生命财产安全。

纪　实

水库群山环抱，碧水蓝天，空气清新，自然景色宜人。库区周围动植物资源丰富，森林植被覆盖率高，地表植被保护完好，苍松翠柏举目可见，珍禽异兽不期而遇。红松、落叶松、樟子松、云杉、白桦等天然林、人工林、针叶树、阔叶树相间分布，原始森林遗迹依稀可见。达子香、沙棘、山葡萄、猕猴桃、五味子等灌木类，爬藤类树木"穿插"期间；有熊、野猪、狍子、野兔、飞龙、野鸡、野鸭等珍贵野生动物和鸟类近百种，湖中盛产鲢鱼、鳙鱼、鲫鱼、鲤鱼等鱼类 20 余种，大银鱼试放已获成功。山林中黄芪、桔梗、赤芍、蕨菜、薇菜等中草药、山野菜和蘑菇、松茸、木耳等真菌类植物种类繁多。

水库肚大口小，为不规则的葫芦形。右岸山体较陡，边坡坡比约 1∶0.7；左岸较缓，边坡坡比约 1∶3，水库正常回水面长约 20 千米，宽约 2 千米，平均水深 18 米，最深处近 30 米。区域内仅有东京城林业局所属的两个林场，人口较少，水土保持达到国家标准。水库上游河底多为砂和卵石，河槽宽在 10~20 米之间，两岸植被茂密，对水库淤积无太大影响。下游地势相对平坦，有广阔的丘陵平原和河谷平原，耕地较为密集。由于水库周边岸坡较陡，有砂石被水冲刷而成的少量淤积现象。库区水质较好，为宁安市的备用水源地。

水库一带是清朝抗俄名将萨布素将军的故里，也是李荆璞等抗日名将打击日寇的战场。至今，山中战壕清晰

桦树川水库

可辨。

1994—1996 年相继开发桦树川风景旅游区和市级桦树川水库自然保护区。景区位于哈尔滨—亚布力—镜泊湖—长白山天池旅游线上，毗邻镜泊湖国家级风景名胜区，交通方便，有牡图铁路、鹤大公路（201 国道）在区内通过。库区内有十八镇山龟、卧虎亭、望湖亭、钓鱼滩、仙人石、仙人洞等景点。

1.27.40.7　海浪河
（Hailang River）

牡丹江左岸支流，发源于吉林省敦化市海源林场琵琶顶子，自源头由西向东北流经黑龙江省海林市的长汀、新安、海林、海南等乡镇，在牡丹江市城区注入牡丹江。

概　述

流域地势西高东低，平均海拔 500 米。河流全长 222.3 千米，流域面积 6 193 平方千米。海浪河水系发育，支流较多，自上而下主要支流有二道海浪河、密江河、山市河、红旬子河、斗银河等。流域上游为山区，下游为丘陵区，河口附近为冲积平原。

流域春季风大少雨易干旱，夏季短促炎热降水集中，秋季早霜降温迅速，冬季漫长寒冷干燥；多年平均气温 3.7 摄氏度，多年平均年降水量 656.6 毫米，多年平均年径流量 21.0 亿立方米；多年平均风速 2.5 米每秒。无霜期 136 天，日照时数 2 540 小时，结冰天数 150~160 天，冻土深 1.80 米。

流域西部为张广才岭主脉，东部为牡丹江河谷盆地，河流两岸广泛分布侵蚀低山丘陵，海拔在 600~1 000 米之间，生长多种树木。下游地势平坦，土地肥沃，是海林市主要产粮区。

海浪河属山区性河流，洪水具有涨落快、流速大、洪峰停留时间短的特点。1932、1956、1960、1964 年和 1991 年曾发生洪水或大洪水。1991 年 7 月，海浪河发生洪水，长汀水文站实测洪峰流量 1 845 立方米每秒，沿河两岸受灾耕地 3.56 万公顷，倒塌房屋 2 188 间，受灾人口 6.5 万，洪水造成的直接经济损失 1.28 亿元。

纪　实

海浪河流域地处牡丹江市西部山区，横跨海林市全境。海林市素有"林海雪原"之称，是著名侦察英雄杨子荣战斗过的地方，该市也因小说《林海雪原》而闻名全国。

海浪河雪乡

海林市历史悠久，远在新石器时代，人类就在这里繁衍生息。在清朝初期是宁古塔昂邦章京驻地。1947年设新海县，1948年与五林县合并改为海林县。面积8 814平方千米，有汉、满、回、朝鲜、蒙古等18个民族。境内地貌为"九山半水半分田"，森林覆盖率71.3%，活立木蓄积量6 000万立方米。盛产野生食用菌、山野菜100余种，中草药200多种。矿产资源丰富，已探明金属、非金属矿产36种。交通方便，牡丹江—北京、图们—佳木斯铁路和301国道贯穿全境。境内有中国雪乡风景区、威虎山国家森林公园、横道河子旅游景观和杨子荣烈士陵园等旅游景点。

海浪河自源头由西南向东北流经双峰林场，抵达海林"中国雪乡"风景区。这里有高耸的山峰、茂密的林海、皑皑的积雪、洁净的阳光。流域年积雪期长达7个月，积雪深达2米，最大的一场雪曾达1.2米厚。这里是红、白松树的故乡。原始红松树林面积445公顷，平均树龄400年，平均树高30米以上。林内栖息着40多种野生动物和近百种飞禽。

惊险、刺激的"龙江第一漂"源头就在此处，漂流路程120千米，落差340米，水面宽20～86米，平均水深2米。

海浪河经过双峰林场，流至杨丰沟林场、柳河林场、兴农林场先后左纳杨树沟、太平沟、二道海浪河后抵长汀镇，过长汀镇进入新安镇抵密江村，左纳密江河，至石河乡纳山市河，沿程至海林镇；于牡丹江市城区南侧汇入牡丹江。

东北虎

海林镇西北山市河上游为百年老镇——横道河子镇。为拍摄电视连续剧《林海雪原》修建了威虎山影视城，占地面积30平方千米，是集观赏、度假、回归大自然、爱国主义教育为一体的旅游胜地。

在横道河子镇南山谷中，1986年修建了横道河东北虎繁育基地，目前是世界上最大的东北虎人工饲养繁育基地，有虎1 000余只。

1947年，侦察英雄杨子荣在追剿残匪战斗中牺牲于海林市夹皮沟。海林镇杨子荣烈士陵园，是开展爱国主义教育的重要基地。

杨子荣烈士陵园

1.27.40.8 五虎林河
(Wuhulin River)

牡丹江右岸支流，发源于黑龙江省林口县宝林乡南麓大楚山，流经林口县宝林、柳树、朱家镇及牡丹江市阳明区五林等镇，于海林市柴河镇附近注入牡丹江。河流全长63千米，流域面积1 840平方千米。主要支流左岸有柳树河、嘎库河，右岸有宝林河、牛心河等。1958年设立西桥水文站，集水面积1 368平方千米。

五虎林河属山溪性河流，坡陡流急。20世纪60年代以前，河宽不足10米，两岸长有5～10米宽的柳树带，水质清澈，水量充沛，水深2～3米，有多种鱼类；60年代以后，这里的柳树带被砍伐，两岸开垦为耕地，水土流失严重。现在河宽已达20～30米，水深不足1米，游鱼很少。

流域多年平均气温3.6摄氏度，多年平均年降水量498毫米，多年平均年径流量1.22亿立方米，无霜期140天，结冰期150～160天，最大冰厚1.28米。

流域内自然资源丰富，主要矿藏有原煤、黄金、石灰石等。在茂密的山林中，有人参、黄芪等药用植物及蕨菜、蘑菇等山珍产品。林木资源丰富，有红松、水曲柳、黄檗等几十种珍稀树木及野猪、狍子等野生动物。

1.27.40.9 三道河子
(Sandaohezi River)

牡丹江左岸支流，发源于张广才岭黑龙江省海林市北部，于黑龙江省苍鹭自然保护区注入牡丹江，河长88千米，流域面积1 455平方千米，河道比降4.55‰。主要支流有芭藁砬子河、腰营河、千明益河、新房子河等。

流域地处山区，张广才岭主脉绵亘于西部，山顶多为半浑圆状，群山起伏，坡陡流急；流域内冬季寒冷干燥，夏季气候湿热，春季多大风、降水少，秋季降温快、易早霜；多年平均年降水量566.7毫米，6—9月降水量占全年的70%左右，多年平均年径流量6.29亿立方米，多年平均气温3.8摄氏度，无霜期140天左右，结冰期160～165天，最大冰厚1.38米。

三道河子源头平均海拔900米以上，上游支流较多，均为两山夹一沟形态，水质清澈，水量充沛。域内林产品以云杉、冷杉、红松等针叶林为主，伴有杨、椴、桦等树木。山珍产品资源丰富，盛产蕨菜、刺嫩芽、猴头菇等绿色食品和人参、黄芪、刺五加等中草药材。位于三道河子入口处的黑龙江省苍鹭自然保护区，是我国珍稀候鸟的乐园，每到春季，都有无数苍鹭来此栖息、繁衍。

1.27.40.10 莲花水库
(Lianhua Reservoir)

牡丹江下游以发电为主，兼有防洪、灌溉、航运以及养鱼等综合效益的大型水库。水库坝址位于黑龙江省海林市三道河乡木兰集村，南距牡丹江市城区约 130 千米。工程于 1992 年 11 月开工，1998 年 12 月建成。

莲花电站

概　述

库区属中温带大陆性湿润季风气候区，夏季炎热多雨，冬季严寒漫长，最高气温 37.5 摄氏度，最低气温为－45.2 摄氏度，多年平均气温 3.20 摄氏度；多年平均年降水量 600 毫米，6—9 月降水量占全年的 70%以上；年平均风速 2.6 米每秒，最大风速可达 24 米每秒；最大冻土深 1.89 米，最大冰厚 1.28 米。

枢纽建筑主要由拦河坝（包括大坝和二坝）、溢洪道和引水发电系统等组成。大坝为钢筋混凝土面板堆石坝，最大坝高 71.8 米，坝顶高程 225.8 米，坝顶长度为 902 米，坝顶宽度 8 米，上、下游坝坡坡比均为 1∶1.4。二坝为黏土心墙砂砾石坝，布置在左岸低矮垭口处，最大坝高 64 米，坝顶高程 226 米，坝顶长 270 米，坝顶宽 8 米，上下游坝坡坡比为 1∶2 和 1∶2.25。溢洪道位于右岸低分水岭处，为开敞式岸坡溢洪道，由引水渠、溢流堰体、泄槽、挑流鼻坎及出水渠组成，总长 650.5 米。溢流堰顶高程 205.6 米，设 7 孔宽 16 米、高 13.4 米的弧形闸门，设计洪水位 220.58 米时下泄流量 12 210 立方米每秒，校核洪水位 225.41 米时下泄流量为 18 570 立方米每秒。

引水发电系统布置在右岸，包括进水口、引水隧洞、调压井、压力管道、厂房及开关站等。

水库校核洪水位 225.41 米，设计洪水位 220.58 米，正常蓄水位 218 米，死水位 203 米，水库总库容 41.8 亿立方米，有效库容 27.2 亿立方米，防洪库容 11.64 亿立方米，为不完全多年调节河道型水库。拦河坝及泄洪建物筑按 500 年洪水重现期设计。水电站为无人值班、少人值守、遥控发电的自动化水电厂。

电站装机容量 550 兆瓦，保证出力 55.8 兆瓦，多年平均年发电量 7.97 亿千瓦时。承担黑龙江省东部电网以及主网的部分峰荷，对缓解系统内部缺乏水电站担任峰荷及电力紧缺和调峰矛盾发挥重要作用。在发生 1960 年型洪水时，水库可将佳木斯市的防洪标准由 28 年一遇提高到 50 年一遇。不需要引水，靠发电流量就可以满足坝址下游两岸林口县、依兰县灌溉 22 678 公顷农田的需要。航运方面，已在枢纽布置时预留过船建筑物的位置。水库为当地旅游事业发展创造了条件。库区内有鹰嘴砬子、影壁山等天然景观，加上水库对库区周围小气候的调节，使水库成为一个风景优美、气候宜人的人工湖泊。

莲花水库

水库电站作为牡丹江下游龙头电站，将促进二道沟、长江屯等梯级电站的开发，还可以为荒沟抽水蓄能电站节省一个下池水库。

纪　实

水库库区 95%位于海林市境内，小部分位于牡丹江市辖区和林口县。库区呈南北狹长形，两岸汇入支流较多，主要有头道河、二道河子、**三道河子**等。库区两岸高山林立，山石陡峻，地形起伏较大；无相邻河谷及单薄分水岭。坝址区河谷为不对称的 U 形谷，右岸为凹岸，基岩裸露，陡壁高达 90～180 米，左岸为凸岸，分布有漫滩和一、二级阶地。

水库集水面积 3.02 万平方千米，占牡丹江流域面积的 82%。回水长度 99.9 千米，正常蓄水位水库面积约 133 平方千米，平均水深 40 米。

库区处于牡丹江下游高山峡谷地区，河谷深切狭窄，两岸山势高峻，河床由深厚的沙、卵、砾石组成，出露的地层主要有下元古界的混合花岗岩、混合岩及角闪斜长片麻岩等。构成库区的岩石主要为弱透水的花岗岩和混合花岗岩，且地下水位较高，水库蓄水后无永久性渗漏问题。

库区内构造以南北向断裂为主，规模较大，延伸较长。区域性的牡丹江断裂通过坝址左岸垭口，向南伸入库内，向北延至下游，但无现代活动迹象，区域相对稳定，基本地震烈度为Ⅵ度。

多年平均入库流量 228 立方米每秒，实测最大流量 7 920 立方米每秒，多年平均年入库径流量 71.9 亿立方米，多年平均年输沙量 102 万吨，含沙量 0.14 千克每立方米。库区从 10 月下旬开始流凌，11 月下旬封冻，次年 4 月解冻。库尾平水期水质为Ⅴ类，二道河子入库口为Ⅳ类，三道河乡以下入库口可达Ⅱ类或Ⅲ类。

水电站属于牡丹江三级开发的第一级水电站，二道沟水电站和长江屯水电站将陆续开发。库区被列为黑龙江省级风景名胜区和省级自然保护区。区内有三大峡谷、四大湖湾、五大景区、七大岛屿和 30 多个主要景点。百里长湖犹如一条蜿蜒的巨龙横卧在崇山峻岭之间。再配以荒沟蓄能电站的"天池"美景，成为牡丹江的第二大风景区。盛产蘑菇、木耳、松子、山野菜、人参、鹿茸、黄芪、刺五加、蜂蜜、山里红、榛子、元皮等土特产品。

库区地带性土壤为暗棕壤，由于地势特征，发育有不同的土壤类型，有棕色森林土、暗棕壤、白浆土、草甸土、沼泽土、泥炭土和水稻土 7 个类型、17 个亚类；植被类型有针阔混交林、落叶阔叶林、灌木与杂木、草地、沼泽、荒山荒坡以及人工林，森林覆盖率83.5％。在茂密的群山丛林中繁衍生息着大量的走兽飞禽，共有鸟类18目45科252种，兽类6目14科38种，有虎、豹、貂、獭、狍、鹿、獐等珍贵的野生动物和鹭、雉、斑鸠等野生鸟类。

库区内共检出浮游植物79种，浮游动物16种，鱼类40余种。建库前，受水质污染以及过量捕捞等影响，鱼产量较低，经济鱼类已很少见到，天然河道时，柴河镇

莲花湖苍鹭

至莲花镇河段每年捕鱼量约4.2万千克。水库建成后浮游动植物的种群数量明显增加，鱼产量达60万千克。

库区经济收入以工业、农业和建筑业为主，副业较发达，交通方便。库区内无重要设施，有文物古迹36处，多为县级文物保护单位。

1.27.40.11　乌斯浑河
（Wusihun River）

牡丹江右岸支流，乌斯浑系满语，意思是汹涌湍急的河。

概　述

乌斯浑河发源于黑龙江省林口县龙爪镇和朱家镇交界处锅盔山东坡，经过林口、古城、建堂、刁翎等乡镇，于东岗子村注入牡丹江。河长156千米，河道平均比降1.92‰，流域面积4 042平方千米；西隔锅盔山脉与牡丹江相临，东隔肯特阿岭与**穆棱河**相近，东北隔完达山余脉与**倭肯河**接壤；河流蜿蜒曲折，主要支流有9条。

流域春季干旱少雨，夏季湿热多雨，秋季低温早霜，冬季漫长干燥；多年平均气温2.5摄氏度，多年平均年降水量563毫米，多年平均年径流量6.49亿立方米；无霜期120～130天，结冰期150～160天，最大冻土深1.8米。

乌斯浑河属山区性河流，洪水具有涨落快、流速大、洪峰停留时间短的特征，洪峰大多发生在7—8月。

流域内群山起伏，地势呈东南高，西北低。地貌大体分为丘陵山地、漫岗坡地、河谷平原和沟谷洼地4种类型。其中丘陵山地主要分布在河流上游楚山、向阳、龙爪等乡镇；漫岗坡地主要分布在中游古城、林口等乡镇；河谷平原主要分布在下游建堂和刁翎等乡镇。沟谷洼地呈零星分布。

流域内自然资源丰富，矿产资源有原煤、黄金、大理石、花岗岩等；森林覆盖率高，主要林木有红松、樟子松、落叶

乌斯浑河

松及大量的柞、桦、椴、杨等阔叶林；有人参、黄芪等药用植物及蕨菜、刺嫩等山产品，栖息着野猪、狍子等野生动物十几种；主要农作物有玉米、水稻、大豆、小麦等；主要经济作物有烤烟、瓜果、蔬菜等。

纪　实

出源头流过富民转向东北流经楚山林场、向阳林场至龙爪镇附近，右纳小龙爪河。该河段主要为林区，森林覆盖率高，牡佳铁路、鹤大公路、201国道从境内穿过，村镇公路形成网络。

河流经龙爪镇东北行约13千米，进入林口镇，该镇是林口县政府所在地。在林口镇右纳大杨木背河后，转向西北行至古城镇，古城镇坐落在乌斯浑河右岸，有牡佳铁路和林口—刁翎公路经过；过古城镇后右纳亚河、河北屯河，左纳寒葱河；至西北楞村右纳西北楞河、大荒沟河及红旗沟；下行至小盘道村附近，设有大盘道水文站，控制流域面积2 280平方千米。

河流经过小盘道村、大盘道村到达建堂乡。建堂乡原名前刁翎，1947年5月时任刁翎区委书记的张建堂在营救战友的战斗中光荣牺牲，为纪念烈士，于1947年更名为建堂乡。建堂乡在新石器时代就有人类居住，境内大盘道遗址曾出土新石器时代文物。此外，还有早期铁器时代的三合遗址和三合西遗址。有唐代渤海时期的大盘道古墓群遗址和金代的土城子古城遗址。建堂乡是东北抗日联军的游击区，抗联四军、五军等部队曾在这一地带多次打击日伪军。1937年抗联五军一部在柴世荣副军长的率领下在大盘道伏歼日军300余人，缴获大量物资。

乌斯浑河流过建堂乡进入刁翎镇。该镇大部分处于低山区，小部分处于河谷平原区。刁翎镇金代以前就有人在此居住生活，这里水陆交通方便，是

八女投江

古代民族生息的理想环境。抗日战争时期，东北抗联第二路军在刁翎地区建立抗日根据地，与敌人进行大小激战百余次，"八女投江"的英雄事迹就发生在该镇三家子村东北的乌斯浑河畔。

1938年10月20日，东北抗联妇女团冷云等8名女战士，为掩护大部队安全转移，主动放弃渡河，吸引日伪军火力，在弹尽援绝的情况下，她们挽臂涉入乌斯浑河，高唱《国际歌》，壮烈殉国。8位女英雄中年龄最大的冷云25岁，最小的王惠民才13岁；其中胡秀芝、郭桂琴、黄桂清和王惠民都是刁翎镇人，另外3位女英雄是杨贵珍、安顺福、李凤善。1982年，林口县在"八女投江殉难地"建立了"八女英魂光照千秋"的八女英雄纪念碑。

乌斯浑河经过刁翎镇至徐家村、三家村，在东岗子村注入牡丹江。

1.27.41　倭肯河
（Woken River）

松花江右岸支流，辽代称仆汗水、布尔噶水，明代称呕

1.27.41 倭肯河

倭肯河水系示意图

罕河，清初称翁锦河，伪满时称倭坑河、倭和河。"倭肯"系满语，意为"柳条"之意。

概　　述

流域范围　倭肯河发源于黑龙江省七台河市勃利县境内完达山脉北麓冷寒宫西南侧，流经黑龙江省七台河城区及勃利县、桦南县和哈尔滨市依兰县，于依兰县城区东侧汇入松花江，地理坐标为东经 129°30′～131°30′，北纬 46°40′～47°37′。

流域地处黑龙江省东部、三江平原西南部边缘，东邻**挠力河**，东北邻**七星河**、**安邦河**，西南与**牡丹江**接壤，南为**穆棱河**，西北为松花江；倭肯河全长 292 千米，河道平均比降 0.7‰，河道蜿蜒曲折，呈 S 形，弯曲系数为 1.30～3.80。流域面积 11 123 平方千米，形状呈阔叶型，流域最大宽度 110 千米，平均宽度 71 千米。

河流水系　倭肯河水系呈羽毛状分布，河网密集系数 0.21。上游山区河谷狭窄，呈 V 形，进入丘陵区后河谷稍开阔，呈 U 形，河滩宽在 2 千米以上。上游属山区性河流，汇流快，流速大；中下游属平原弯曲性河流，滩宽河窄，洪水易出槽，调蓄能力大，流速小。倭肯河主槽两岸为沙壤土，抗冲能力弱，弯道冲刷严重，洪水涨落对河床冲淤变化影响较大，凹岸顶冲点冲刷崩退，凸岸淤积发展。主槽呈 U 形，宽度在 20～180 米，河槽深 2～5 米，河床上游窄，下游宽，由卵石、细砂、亚砂土组成。流域面积大于 1 000 平方千米的支流 2 条，为右岸的**七虎力河**和**八虎力河**。流域面积 200～500 平方千米的支流共 11 条，左岸有茄子河、七台河、小五站河、碾子河、连珠河、吉兴河、双河，右岸有窝棚河、金沙河、挖金别河、松木河，流域面积 50～200 平方千米的支流有 12 条，还有较多的小溪、泡沼、坑塘等。

气候水文　属中温带大陆性季风气候区。春季多大风，少雨干旱；夏季短促，高温多雨；秋季降温急剧，有霜冻发生；冬季漫长，严寒干燥。多年平均气温 2.5～4.0 摄氏度，最大冻土深度 2.0 米，平均无霜期 120～140 天，多年平均风速约 3.6 米每秒，多年平均年蒸发量 630 毫米，年日照时段

倭肯河

2 464 小时。多年平均年降水量 532 毫米。上游山区年径流深达 150～175 毫米，平原区为 75～100 毫米；多年平均年径流量 13.95 亿立方米，多年平均年输沙量为 10.7 万吨。11 月中旬至次年 4 月上旬为冰期，4 月中旬至 11 月上旬为畅流期。封冻天数 145 天左右，多年平均年降雪量 33 毫米，最大冰厚 1.28 米。上游山区河水为 Ⅱ～Ⅲ 类水质，中下游为 Ⅳ～Ⅴ 类或劣Ⅴ类水质，主要污染物为氨氮、化学耗氧量和高锰酸盐。

地貌地质　倭肯河流域处于完达山和老爷岭交汇处，地貌为低山丘陵、丘陵漫岗、河谷平原、沼泽洼地，东、南、西三面群山环绕，为低山丘陵，山峦起伏，地形起伏较大。最高山峰位于勃利县通鲜雨量站西南部的李牧营沟界山，海拔 1 008 米。中部为丘陵漫岗，绵延起伏；西北部为倭肯河冲积平原，地势低平。沼泽洼地多在倭肯河河口处。

流域内山地面积占流域面积的 42.5%，丘陵面积占 17.9%，平原洼地面积占 18.2%，河谷平原面积占 21.4%。地势东部和东南部较高，逐渐向西和西北部倾斜，桃山水库以上为山地丘陵区，河谷狭窄，金沙河汇入以后稍开阔，长兴乡以下河谷逐渐开阔，河滩地宽 3～4 千米，倭肯镇以下为开阔的平原地区。

山区和半山区为棕色森林土和灰化棕色森林土。台地区

主要以白浆土为主,地形起伏较大,水土流失较严重。平原和河谷平原为黑土、草甸土和少量草甸沼泽土,是耕地主要分布地带。倭肯河及其支流两岸为沼泽土和草甸土,主要由第四系冲积亚黏土及砂砾石组成,土层较厚,地下水丰富。

流域有下元古界地层、中生界地层(侏罗系和白垩系地层)、新生界地层(第三系地层、第四系地层)。下元古界地层分布在山区,中、新生界地层分布在北部平原,侏罗系主要分布在青龙山以上地带。

自然资源 流域水资源总量16.43亿立方米。森林分布在流域的东北部和西南部的干、支流山区,面积3 200平方千米。主要生长着天然次生林和人工林,有十分珍贵的红松、黄檗、胡桃楸、水曲柳等,珍稀濒危保护植物有槲树、平内母。

流域内有煤炭、石墨、大理岩、石灰石、硅石、膨润土、沸石、砂金、铁等,已探明煤炭储量约26亿吨,石墨、石灰石储量在1.9亿吨以上,膨润土储量50万吨。

域内野生动物有东北虎、熊、狼、狐狸、鹿、貂、猞猁、水獭、马鹿、狍子、雉鸡、黄鼬等,野生食用植物有黑木耳、蕨菜、猴头菇、榛蘑、元蘑、红松籽、蓝靛果、山葡萄、榛子、山托盘、四叶菜等。中药材、山野菜极为丰富,有党参、桔梗、刺五加等野生中药300余种。

流域内有青松岭省级森林公园、向阳湖风景区、吉兴河水库风景区,有西大圈自然保护区、七星砬子原始森林和孟家岗人工森林等景点。有大顶子山古城遗址、平安原始社会遗址、新发古城遗址、马鞍山古城遗址等历史遗迹。还有依兰古城文化区、五国头城遗址、东山怪坡。

水旱灾害 倭肯河流域水旱灾害比较严重。据记载,1932—2006年的75年中,发生严重水旱灾害17次,平均4年半1次。根据《黑龙江省240年旱涝史》记载,1937年7—8月倭肯河降水量偏多,发生较大洪水。1981年春涝、夏涝严重,发生的洪水相当于50年一遇,造成房屋进水、倒塌,通信、交通中断,道路、桥梁冲毁,两座小型水库决口,倭肯河3次出槽,各支流也相继出槽,堤防多处决口,堤内外一片汪洋,80%以上农田绝产。1994年大洪水,中下游农田淹没,受灾人口37.8万,受灾面积45 133公顷,冲毁桥梁64座。

1921年为特大干旱年,春夏之间,久旱少雨,受灾严重。1978年春旱尤为严重,流域受灾面积80%以上,小麦亩产普遍不到百斤。

经济社会 流域内除汉族外,还有满、回、壮、蒙古、朝鲜等少数民族,总人口131.85万,城镇46个,村屯711个,耕地面积262 240公顷。区内以农业为主,主要作物有水稻、大豆、玉米和小麦等,是黑龙江省重要商品粮产区之一。两岸水稻种植历史悠久,桃山以下干流及支流中下游沿河两岸是水稻主产区。交通网络发达,有牡佳铁路、勃七铁路,010国道哈同公路、201国道鹤大高等级公路、308省道依宝高等级公路和307省道依饶公路。煤炭、电力工业发达,是上游地区经济的重要支柱;中下游区域有机械、建材、化肥、水泥、亚麻加工、陶瓷、黄金、铁等工业。

治理开发 1926年,有朝鲜族人在倭肯河上压坝截流引水,种植水稻。1931—1943年当地兴建了中鲜、富兴、大鲜、长兴4处灌区,工程规模不大。1949年后又兴建了许多水利工程。至2005年流域内有大中小型水库29座,其中大型水库2座,中型水库4座,总库容5.056亿立方米,灌溉面积24 250公顷。现有堤防长308.13千米,防洪标准由5年一遇提高到10年一遇,保护耕地37 960公顷,人口13.32万,村屯46个;灌溉面积84 667公顷,其中依兰县境内的倭肯河灌区灌溉面积2.15万公顷。

纪 实

上游 河源至七台河市红鲜村为上游段河长约92千米,主槽河宽10～40米,河道平均比降约3‰。倭肯河发源地冷寒宫海拔837.0米,由于天然形成的冰体千姿百态,仿佛用水晶装饰而成的寒冷宫殿,故称冷寒宫。源头区域丛林密布,人烟稀少,植被较好,清乾隆年间,此地称为"窝集",即树海。清初,此地作为清皇室的发祥地,而实行"四禁"(禁采伐、采矿、渔猎、农牧),并严禁汉人进入。直到清光绪元年(1875年)对东北小兴安岭区域实行开禁政策后,人口才不断迁移至此地。据史料记载,清光绪二十八年(1902年),桃山以上森林茂密,有红松、鱼鳞松、黄檗、柞、桦、柳树等树种。日本侵占东北后,在此建立开拓团,砍伐大量木材,致使天然林面积日趋减少。

倭肯河自源头向西南流,右岸先后纳正心河、窝棚河和金沙河,此段设有北兴水文站,控制流域面积1 197平方千米;向下行至北兴大东林场注入**桃山水库**,左纳龙湖河、中心河和茄子河。

倭肯河过桃山水库坝址进入七台河市辖区。七台河市煤炭总储量约17亿吨,煤质优良,是我国重点煤炭工业城市之一。七台河市桃山区北侧为桃山水库坝址所在地,桃山水库是七台河市的主要水源地。

倭肯河过桃山水库坝址东流约4千米右纳挖金别河,至七台河火车站下游左纳七台河。七台河上游右岸有大顶子山古城遗址,属市级文物保护单位。遗址总面积3 000平方米,旧城墙高10米,周长100余米,是满族祖先肃慎延至金代时期居住的场所,距今2 000年左右。

中游 七台河市红鲜村至依兰县安兴水库为中游段,河长110千米,主槽河宽30～80米,河道平均比降约6‰。倭肯河流至勃利县长兴乡以下进入中游,中游段田野平沃,水稻种植历史悠久,堪称"鱼米之乡"。20世纪90年代后期,水量逐渐减少,水体污染逐渐加重,鱼类也大量减少。倭肯河中游段建有长兴、中鲜、大鲜、东明4处拦河坝及其沿河两岸的4处灌区,设计灌溉面积约6 267公顷;支流上建有互助水库和吉兴河水库,设计灌溉面积2 187公顷。

倭肯河流至七台河市新兴区红卫村下游2千米,左岸为中鲜灌区,右岸为长兴灌区;至长兴乡右纳柳毛河,建有柳毛河水库。柳毛河下游左岸为马鞍山古城址,是辽代古城寨遗址,距今约1 100年,出土铁箭头、北宋铜钱、皇宋通宝等文物。长兴乡至金刚村右纳罗泉河,左纳小五站河、碾子河。罗泉河上建有长发水库。1976年在小五站河中游建成互助水库,设计库容2 340万立方米。碾子河南北贯穿勃利县城,设有勃利水文站,控制流域面积142平方千米。

勃利县城附近有勃利密塞和勃利硅化木群。勃利密塞是继东宁和虎头要塞后,发现的又一处侵华日军在我国东北的军事要塞。勃利硅化木群形成于6 000万~300万年以前,目前残留的一处硅化木长40米,直径1米多,化石保存完好,树的年轮纹路清晰。青松岭森林公园在碾子河上游,在县城南4千米处,林区内生长着红松、云杉、冷杉等树种。勃利县杏树朝鲜族乡东明村至倭肯镇左纳连珠河,右岸为大鲜灌区。左岸倭肯镇平安村为平安原始社会遗址,出土夹沙粗红陶片、陶罐、福兴号陶瓷花缸、单孔石刀、石斧等古文物,距今约2 900年左右。倭肯河沿岸有肃慎人及其后裔挹娄人、勿吉(靺鞨)人、女真人活动的遗迹。

倭肯镇设有倭肯水文站,控制面积4 185平方千米。倭肯铁路桥下游左岸为倭肯灌区引水渠,1976年为灌区建成钢筋混凝土溢流堰冲沙闸和进水闸。

倭肯河由金刚村至安兴水库是勃利县与桦南县的界河,1945年前倭肯河曾为重要水上交通航道,大型船只可自依兰县直通勃利县境内;河流至倭肯镇德福村左纳吉兴河,其上游1965年建成吉兴河水库,设计库容1320万立方米;河流下行在富兴村至安兴水库间左纳双河、二道河、头道河。双河上游右岸为新发古城遗址,始建于秦汉时期,原为土石建筑,因年代久远,表面已辟为耕地,总面积4000平方米,表面砂土中含有大量的陶器残片。

下游 安兴水库以下为下游段,河长90千米,主槽河宽80~180米,河道平均比降0.5‰。倭肯河经永恒乡,向西北流至勃利、桦南和依兰三县交界处,建有安兴水库,设计库容1230万立方米,灌溉面积800公顷。水库以下进入下游,至桦南县桦兴村、清河村之间,右纳七虎力河、八虎力河;至孙家亮子下游小团山右纳松木河。松木河支流来财河中游1980年建成共和水库,设计库容3590万立方米。松木河下游右岸为愚公乡,中游左岸为土龙山镇。愚公乡系抗联革命根据地之一,有宝泉抗联遗址,1975年在此修建愚公抗联战迹纪念碑。1934年土龙山镇农民200余人起义,打死日伪军20多人,缴获步枪40多支,次日又伏击了日伪军一部45人,击毙日本关东军大佐等18人。这是中国抗战史上首次由农民组织的反侵略斗争,队伍很快发展到3000多人,后改编为东北抗日联军第八军。

倭肯河北岸团山子乡至幸福村,有西安屯金代遗址、小团山古城遗址、大东安屯北山古城遗址。1950年在幸福村设立马鞍山水文站。

倭肯河由幸福村经依兰县城东侧1千米处汇入松花江。

河口上游左岸为依兰县城,右岸为倭肯哈达山。倭肯古人洞穴位于倭肯哈达山的陡坡岩壁,成方筒形横穴,1950年4月发现并发掘清理出古人类遗骨、石器、陶器、玉器等大量珍贵文物,据鉴定,五六千年前的新石器时期已有肃慎人在此繁衍生息。

清光绪二十六年七月二十八日(1900年7月28日),沙俄侵略军5艘轮船沿松花江窜入倭肯河攻占三姓城。清军统领全亮率军民300多人,在倭肯河两岸奋勇抗击,打死俄军百余人,击伤、击沉俄船各1艘。

依兰是历史文化名城,满族的故乡,清朝宗室发祥地。古城建于1080年(辽代),清康熙三年(1664年)初设三姓城,清光绪三十二年(1906年)设依兰府,1913年改为依兰县。辽代为五国部越里古城,因其居以东四国(部)之首,史称五国头城,即今依兰五国城遗址。依兰县城北,有一白石碑,书"五国城遗址"5字。遗址占地面积3.8万平方米,为黑龙江省文物保护单位。

1.27.41.1 桃山水库
(Taoshan Reservoir)

倭肯河中上游的大型水库,坝址位于黑龙江省七台河市中心区北侧,是国内少有的几座城市内水库之一。水库一期工程于1986年8月开工,1990年8月竣工。

概 述

水库集水面积2043平方千米,占倭肯河流域面积的18.5%,多年平均入库径流量2.86亿立方米。工程按100年一遇洪水设计,2000年一遇洪水校核,总库容为2.64亿立方米,兴利库容为0.98亿立方米,死库容为0.18亿立方米,净

桃山水库

调节水量为0.83亿立方米。

二期(扩建)工程于2006年10月30日开工建设,主体工程按照远景规划建设,淹没蓄水分期实施。远景总库容为6.82亿立方米,兴利库容为4.17亿立方米,死库容为0.21亿立方米,调节库容为3.96亿立方米。按100年一遇洪水设计,5000年一遇洪水校核。

枢纽工程由主坝、副坝、溢洪道和输水洞组成。主坝、副坝为黏土心墙土石坝。河床式溢流坝,净宽36米,由3孔弧形闸门控制,最大泄量2694立方米每秒。输水隧洞洞径4米,设计流量15立方米每秒。

库区多年平均气温3.4摄氏度,极端最高气温35摄氏度,极端最低气温-35摄氏度;无霜期120天,最大冻土深2.0米,多年平均水面蒸发量674毫米,年平均日照时数2493小时,风向多为东风和西北风,实测最大风速24米每秒。

桃山水库是以城市供水、防洪为主,兼顾灌溉、养鱼等综合利用的大型水利枢纽。水库每年可提供工业及居民用水量,远期为8504万立方米,近期为4906万立方米;灌溉水田7666.67公顷,菜田800公顷;保护七台河市及下游18个村屯、1.414万公顷农田、18.42万人口,及牡佳铁路、鹤大公路、哈同公路等重要设施。

自1990年投入运行至2008年,累计为工矿、居民供水4.95亿立方米,为农业供水13.76亿立方米。水库经历了两次较大洪水,1991年洪水为50年一遇,洪峰流量1783立方米每秒(7月31日),洪水总量2.81亿立方米,水库最大泄量603立方米每秒,削减洪峰66.2%。1994年洪水为20年一遇,洪峰流量924立方米每秒(7月15日),洪水总量1.78亿立方米,水库最大泄量300立方米每秒,削减洪峰67.5%。

纪 实

库区位于勃利煤盆地北部一弧形不对称的地堑式盆地内,构造较为复杂,断层较多,周边山体完整宽厚,岸坡及谷底植被良好。水库南岸岸坡平缓,地表黏性土层分布连续;北岸边坡较陡,主要以岩质岸坡为主,局部非岩质边坡处黏土层厚度1.0~7.1米。主要由侵蚀地形和堆积地形构成,地层包括第四系和前第四系,地下水主要有第四系孔隙潜水和基岩裂隙水两种类型。

地势自东和东南向西和西北倾斜,高程89~854米。桃山水库以上地势为山地丘陵区,山地面积占总面积的42.5%,丘陵面积占17.9%,其余大部分为平原地区。

库区汇入的主要支流有正心河、窝棚河、金沙河、龙湖河、中心河、茄子河等。水库远期正常水位水面面积约59.35平方千米,总回水长度约21千米,坝址距七台河市中心约1.5千米。七台河市为国家重要的煤炭生产基地,已探明储量1.7万亿千克,远景储量4.1万亿千克,以煤种齐全、储量

大、煤质优良而闻名全国。煤和黄金等矿产资源,主要分布在支流龙湖河、茄子河、中心河一带。

库区属三江平原,周围林、地资源富足,盛产大豆、玉米、水稻、小麦、红小豆、烟、亚麻、白瓜子等。南北两岸林木茂盛,落叶松、樟子松、杨树、柳树等落叶混交林枝繁叶茂,郁郁葱葱。果园内梨树、李子树、苹果树春天满园芬芳,秋天硕果累累。满山遍野都生长着蕨菜、党参、黄芪等山野菜和药用植物。

水库水面碧波万顷,似明珠镶嵌在七台河市中心的蓝天、绿树、高楼之间,形成了"城在山水中,山水嵌城中"的独特山水园林风光,七台河市被授予省级园林城市称号。

1.27.41.2 七虎力河
(Qihuli River)

倭肯河右岸支流,位于黑龙江省桦南县境内,发源于该县东部完达山脉阿尔哈山,由东向西横贯桦南县。河长84千米,流域面积1 750平方千米,河道比降5.0‰。

流域多年平均年降水量545毫米,年径流量1.81亿立方米,较大支流有双鸭河。

七虎力河流域东高西低,由东向西逐渐倾斜,地形复杂,山、丘、平、洼并存。河道弯曲,河床狭窄,水流不畅,稍遇丰水,即生洪泛。

自源头向西流至石头河子镇,所经多为崇山峻岭,河谷狭窄,水流湍急,水能资源蕴藏丰富。流域森林茂盛,蓄积量大,主要有红松、樟子松、水曲柳等,是国家重要木材生产基地;林中生长着人参、狼毒、龙胆草等珍贵药材,栖息着狍子、野猪、马鹿等近百种野生动物。矿产资源主要有黄金、原煤、白石等。石头河子金矿坐落其中,河谷中藏有大量砂金,有百年开采历史。右岸的小营盘煤矿,煤炭蕴藏量480余万吨,品质优良。林区群山蜿蜒起伏,山峰雄伟巍峨,山脊线高低起伏,交错有致,绵延不绝,森林小火车往来于其中,为当地独特一景。

七虎力河从石头河子镇向西流,沿途左纳双鸭河、右纳向阳河,经桦南种畜场、桦南镇、阎家镇境内,水流逐渐变缓,于阎家镇桦兴村西北汇入倭肯河。沿岸土质肥沃,气候温和,适宜种植大豆、玉米、水稻、红小豆、白瓜等,是黑龙江省商品粮基地和农副产品出口基地,同时也是孙斌"系选一号"绿色水稻生产基地,以及大豆种子繁育基地。桦南县作为"无权南瓜"的发祥地,1999年被国家命名为"中国南瓜之乡""中国白瓜子之乡",白瓜子产品远销海外。

流域内建有西太平、永久、桦兴、桦木岗等引水工程,灌溉农田2 500公顷。

1.27.41.3 八虎力河
(Bahuli River)

倭肯河右岸支流,位于黑龙江省桦南县境内,河长110千米,流域面积1 800平方千米,河道比降4.1‰,支流有小八虎力河和大沙河。

八虎力河发源于黑龙江省桦南县东部完达山脉阿尔哈山,流域由东向西逐渐倾斜,东部山脉纵横,地势颇高;中部丘陵漫岗,绵亘起伏;西部低缓,平原洼地交错。流域多年平均年降水量545毫米,多年平均年径流量2.41亿立方米。

八虎力河自源头向西流至驼腰子镇六马驾,所经多为崇山峻岭,河谷狭窄,水流湍急。此段森林覆盖率较大,主要有松树、杨树、桦树等天然次生林,林中生长着人参、五味

子、刺五加等珍贵药材,东北虎、狍子、野猪等近百种动物在此出没,山野菜种类繁多,矿产资源丰富,主要有原煤、黄金、铁矿石等,驼腰子金矿驰名全国。

八虎力河西行至**向阳山水库**左纳小八虎力河。小八虎力河源头处的七星峰主峰高程853米,是三江平原的第一高峰,由七星峰、七女峰、虎头峰、利剑峰、金鱼峰、佛手峰和骆驼峰等组成,7座山峰峰岭跌宕,怪石嶙峋,奇峻险要,古木参天,目前是国家东北虎自然保护区。这里曾是抗联的根据地和抗联第十一军兵工厂所在地。小八虎力河下游建有向阳山水库,是以防洪灌溉为主的综合利用大型水库,库容1.57亿立方米,灌溉农田6 667公顷。水库北面有柳树河汇入。柳树河流域有孟家岗人工林,主要树种以落叶松、红松、红皮云杉、樟子松为主,是全国第二大人工林基地,有"森林公园"之美誉。

八虎力河向西流经县府所在地桦南镇和曙光、历家、梨树乡境内,水流逐渐变缓,于梨树乡清河村西汇入倭肯河。河流两岸土质肥沃,气候温和,适宜种植大豆、玉米、水稻、白瓜等,是黑龙江省商品粮基地和农副产品基地。

1.27.41.3.1 向阳山水库
(Xiangyangshan Reservoir)

八虎力河支流小八虎力河下游的大型水库,坝址距黑龙江省桦南县城9千米。于1958年6月始建,1966年续建,1970年10月竣工。

向阳山水库

概 述

水库东邻省级七星峰自然保护区,西以牡佳铁路为邻,北有全国著名的针叶林人工林基地——孟家岗林场,南靠八虎力河中游。

集水面积899平方千米,占小八虎力河流域面积902平方千米的99.7%。小八虎力河发源于桦南县孟家岗镇境内完达山麓余脉七星砬子西南脚下,河长46千米,河床宽5米,平均比降6.33%,多年平均年径流量1.72亿立方米,流经七星林场、先锋林场、大肚川营林所、孟家岗镇、八虎力乡和柳毛河乡,于柳毛河屯附近注入八虎力河。水库坝址距汇入口1.3千米。

入库主要支流为柳树河,河长36千米,流域面积360平方千米,多年平均年径流量0.63亿立方米。

库区多年平均气温2.0摄氏度,极端最高气温35.4摄氏度(1958年),极端最低气温-36.7摄氏度(1958年);多年平均年降水量550毫米,年最大降水量830毫米(1994年),

年最小降水量 374 毫米（1975 年）；多年平均年输沙量 5.4 万吨；降雪期为 197 天左右，实际降雪日平均为 36 天左右；年平均风速为 4.3 米每秒，无霜期 130～140 天，全年封冻期平均为 145 天。最大冰厚 1.8 米，最大冻土深 2 米。

水库按 100 年一遇洪水设计，2 000 年一遇洪水校核。设计总库容 1.57 亿立方米，调洪库容 0.992 亿立方米，兴利库容 0.73 亿立方米，死库容 0.055 亿立方米，为多年调节水库，调节系数为 0.65。

设计洪水位淹没面积 19.2 平方千米，其中耕地 200 公顷、房屋 700 间，迁移 260 户 1 070 人。

枢纽建筑主要由土坝、溢洪道、输水洞、电站组成。大坝为黏土心墙坝，总长 1 244 米，其中主坝长 1 110 米，副坝长 134 米，最大坝高 19 米；开敞式溢洪道最大泄量 990 立方米每秒，闸门为平板钢闸门。电站 2 台机组装机容量 500 千瓦。

1994 年 8 月水库上游发生洪水，入库流量 1 370 立方米每秒，下泄流量 498 立方米每秒，削减洪峰 63.7%，降低了下游损失。

水库下游建有向阳山灌区，灌溉水田面积 1.686 万公顷，有进水闸、泄水闸、节制闸 12 座，农道桥 67 座，涵洞 14 座，分水闸 41 座，渡槽 6 座，跌水 18 处。

纪　　实

水库水面面积 22.1 平方千米，西依西屏山，北靠向阳山，地势东北高、西北低，河谷呈 U 形。库区的岩层主要有变质岩系的片岩、片麻岩、黑云母岩、花岗岩、大理岩和小部分第三纪玄武岩，以及广泛发育的第四纪堆积物构成，地震烈度为Ⅵ度。

因坐落在向阳山脚下，又称向阳湖，素有"三江第一湖"的美誉，水库依山傍水，肃穆幽静，湖光山色，景色宜人。库区自牡佳铁路右侧以下为平原台地，土地肥沃，岗坡多为耕地。水库两岸植被良好，森林覆盖率 27%，主要树种有落叶松、樟子松、红松和红皮云杉等。

近年来，库区注重生态环境建设，在库区铺设了草皮 1.8 万平方米，种植树木 3 000 多棵。自 2004 年，水库被定为义务植树基地。每年大量的鸟类不远万里来到水库"做客"，是水库构建人与自然和谐的结果。库区及周边有迂回起伏的二道湾与三道湾，现代湖滨公园，森林浴、天然氧吧，有占地 100 公顷的佛教圣地——圆觉寺；有生态湿地、人工鱼塘、荷花池、芦苇塘等，向阳湖具有观光、休闲、娱乐、生态教育、自然保护、城市减灾等多种功能，成为面向市内外的度假休闲胜地。2004 年水库被评定为国家 AA 级旅游风景区。

库区水土保持情况较好，运行 37 年来，淤积库容仅 150 万立方米。

1.27.42　巴兰河

（Balan River）

松花江左岸支流，"巴兰河"系满语，意为"凉水河"；地理位置东经 128°35′～129°30′，北纬 46°20′～46°52′，属于山溪性河流。

概　　述

巴兰河发源于黑龙江省伊春市铁力县境内小兴安岭山脉青山岭南麓，流经该县长远、红旗、巴兰河农场、二道沟林场、由二号桥农场进入依兰县境内，经丹清河林场、劈山岭、烟筒山林场、满天星、永乐屯、北新屯等处，至迎兰朝鲜族乡东 2 千米处汇入松花江。巴兰河长 122 千米，落差约 510 米，流域面积 2 083 平方千米，流域平均宽度为 20 千米，河道比降 4.18‰，巴兰河大多数支流分布在上中游，主要支流是柳棱河、三岔河。

巴兰河

流域地势起伏，西北高，东南低，流域内 81% 为山区。河道弯曲，河谷成梯形分布。中上游多为腐殖土，土壤以草炭土和黑土为主，灌木丛生，覆盖较厚；中、下游长有杂草、塔头，局部有洪水冲淤所形成的沙洲。河道比较稳定，岩层多为斑状花岗岩及云母片麻岩，河床主要由卵石、砾石组成，底质为沉积砂砾。水味甘凉，清澈见底。

两岸多高山丘陵，连绵起伏。岸壁土石交结，冲泻峡谷深山，变化无常。因床窄流急，底多积石，素无航运。枯水期，除卧牛石、红星二地之外，均可徒涉。河床比降上游为 5.0‰～2.0‰，下游为 1‰；河床宽度上游 10 米，中游 40 米，下游 70 米。

流域多年平均气温 2.6～3.1 摄氏度，年平均积温 2 300～2 600 摄氏度，无霜期 110～140 天，年日照时数 2 452 小时；多年平均年降水量 550～600 毫米，6—9 月降水量占全年的 62%，多年平均年径流量 6.316 亿立方米。

流域以旱涝为主的自然灾害较多，严重危害农业生产。为抗御自然灾害，共修筑了中型水库 3 座，小型水库和塘坝 40 多处。1954 年 2 月建立巴兰河灌区管理站，灌区包括迎兰、德裕镇 32 个村屯和依兰农场 6 个连队，总面积 134.67 万公顷，灌溉水田 0.65 万公顷。灌区枢纽工程有宏兴拦河坝、进水闸，迎兰堆石坝、进水闸，自兴堆石坝、进水闸。

流域内主要木本植物有红松、云杉、冷杉、樟子松、落叶松、赤松、水曲柳、核桃楸等 20 多种乔木树种，灌木树种有胡枝子、榛子、忍冬、珍珠梅、山梅花、杜鹃、山玫瑰、刺五加、龙牙葱木等 110 多种，此外已有草本植物 1 000 多种。兽类有灰鼠、黄鼬、狐狸、麝鼠、貉、獾、蜥蜴等；鱼类有 13 科，60 余种，其中主要有鲤鱼、鲶鱼、狗鱼、太白鱼、草根鱼、大马哈鱼、牛尾巴鱼、鲫鱼、哲罗鱼等。

纪　　实

巴兰河自源头由西向东流至长远林场，右纳六道沟河、三道沟；经巴兰河农场，左纳柳棱河（折棱河），于二号桥农场左纳三岔河（正岔河）；折向东南流，经依兰县清水河林场，左纳丹青河。这里有丹青河省级自然风景名胜区，冰川峡谷，原始森林。由山间泉水汇聚而成的巴兰河，沿途溪涧清流，百转千回，河水澄清碧绿见底；1 米多深的河水下，"游鱼细石，直视无碍"。即使在酷暑盛夏，水温也不会超过 14 摄氏度，巴兰河因此而得名"凉水河"。

巴兰河继续向东南流，经劈山岭、烟筒山林场过小营盘、满天星、永乐屯、北新屯，沿程先后左纳 3 条支流，右纳 2 条

巴兰河畔风光

汤旺河水系示意图

支流，至迎兰朝鲜族乡东2千米汇入松花江。

巴兰河在依兰境内河长49.4千米。河流沿途时而跌宕倾瀑，时而波平如镜，河内卵石星布，珍贵的细鳞鱼和蚌贝历历在目，更兼空气爽然、花香袭人、鸟鸣不绝于耳。

巴兰河以漂流著称，有三奇。一是沿途风光美，漂流时可欣赏到冰川峡谷"布达拉宫"、烽火岩、神蟾进谏、铁岭劲松、九女神峰、九女浴湾、情侣湾、星石听涛等景观。二是水质清澈，巴兰河是中国北方内陆河流中未受到污染的河流之一，为Ⅰ类水质，山溪性冷水河流，无污染，入口甘甜。三是水流适中，河水时而平缓如镜，时而湍急荡漾，能体验"到中流击水，浪遏飞舟"的刺激。巴兰河以丹青河、小兴安岭原始森林的溪水为源，水质清澈湛凉，放舟巴兰河，享受亲近大自然的野趣。

滚兔岭风景区占地6公顷，由巴兰河漂流、玉兔仙潭天然浴场、绿色植物花卉园等景点组成。滚兔岭山峰十分陡峭，常有野兔跌落山崖，山岭故此得名，数十丈深的

巴兰河漂流

山崖下面便是"玉兔仙潭"，潭中碧波荡漾，清澈见底。从"滚兔岭"顶峰到"玉兔仙潭"谷底，鹅卵石和落叶松木杆构筑的108级台阶式通道，为游人增添了无穷乐趣。

丹青河流域、在火烧岗的原始森林纵深处，可见一条玉带似的冰川，在盛暑下赫然入目，其冰体浑厚晶莹、冷气浸肤，川上却林木青翠，大丛的野丁香盛开怒放，仿佛冬春两季相依苦恋，成为流域内一大奇观。

巴兰河口原始社会遗址位于迎兰乡东1千米的松花江左岸，从所采集的文物鉴定，该遗址距今约3 000年左右。

巴兰河进入依兰县迎兰朝鲜族乡后，在迎兰乡以东2千米处汇入滚滚东去的松花江。

1.27.43　汤旺河

(Tangwang River)

松花江左岸支流，古称屯河，汤旺是女真族语言"桃温"的音转，为"多岛多石"之意，属山区性河流。

概　述

汤旺河发源于小兴安岭主脉的乌伊岭区桔源林场563高地南麓。由北向南贯穿小兴安岭腹地，流经黑龙江省伊春市的乌伊岭、汤旺河、新青、红星、五营、上甘岭、友好、美溪、西林、金山屯、南岔等区和城区12个区。在南岔区浩民河镇出山，向东南折入汤原县境内，于新发村附近汇入松花江。

河流大部穿行于峡谷间，水流湍急，河床多浅石滩和卧牛石；汤旺河长492千米，河道比降0.71‰，河流弯曲系数0.55。地理位置位于东经128°52′~129°50′、北纬47°26′~48°43′之间，流域面积20 557平方千米。

水系　汤旺河水系呈树枝状，共有大小支流、沟溪611条。其中集水面积在100平方千米以上支流62条，集水面积在1 000平方千米以上的支流有6条，分别为右岸的**友好河**、**双子河**、**伊春河**、**西南岔河**以及左岸的**五道库河**、**大丰河**。

地质地貌　流域内主要岩层为花岗岩和花岗闪长岩，部分为砂砾岩、酸性火山岩、碎屑岩、石英砂岩和中基性火山岩。土壤有棕色针叶林土、暗棕壤、黑土、白浆土、草甸土、沼泽土、泥炭土和水稻土8类，暗棕壤为主要土壤，成土母质为各种残积物和坡积物。

流域属低山丘陵、缓坡漫岗和少量河谷冲积平原。植被以森林为主，整个地势东高西低，北高南低。小兴安岭主脉在中部偏北地区，平均海拔400米左右。流域内最高山峰为小城墙砬子，海拔1 223米，地貌特征为"八山半水半草一分田"。

气候水文　流域地处中温带大陆性季风气候区，春秋两季冷暖多变，升温缓、降温快，大风天多，夏季湿热多雨，冬

季严寒而漫长。流域多年平均气温-1.0～1.0摄氏度，全年大于等于10摄氏度积温1995～2335摄氏度，日照时数2270～2540小时；多年平均风速2.0～3.1米每秒，年蒸发量464～562毫米，年无霜期110～125天。流域多年平均年降水量583.7毫米，历年最大年降水量888.4毫米，年内降水集中在6—9月，占全年降水量的75.3%。流域多年平均年径流量56.1亿立方米。汤旺河水质污染较重，干流水质为Ⅳ类，各支流水质为Ⅲ类。水流含沙量较小，多年平均年输沙量31.5万吨。

流域处于中高纬度地区，河流冬季出现明显的冰情现象，支流常冻到河底；春季解冻开河经常出现凌汛，严重时出现冰坝或冰塞现象；历年封冻天数为155～167天，流冰期15天左右；历年平均最大冰厚上游为1.21米，下游为1.11米；最大冻土深2.5～3.2米。

水旱灾害 据《黑龙江近200年旱涝史》记载，1949年以来由于洪水累计受灾人口35.4万，死亡67人，冲毁房屋8467间，受灾农田23933公顷，损失粮食2.05万吨，经济损失累计5.85亿元。

1961年8月上旬发生的100年一遇特大洪水，导致汤旺河沿岸6.8万人受灾，死亡47人，失踪14人，房屋被淹面积23.5万平方米，水灾总损失达1亿多元。

1949年后，春旱出现5次，较大伏旱3次，大旱2次，即1954年和1982年，这两年干旱程度为历史所罕见，导致粮食和蔬菜减产有半，有的粮食亩产40千克或颗粒无收。

治理开发 流域防洪工程以堤防工程为主，现有堤防总长106.1千米，其中城堤53.0千米，防洪标准为20年一遇至50年一遇洪水；农堤53.1千米，防洪标准为10年一遇至20年一遇洪水。

20世纪三四十年代，在翠峦、伊春、美溪、西林及浩良河建有木造拦河坝、石笼三机子等流送木材工程。1949年以后，汤旺河区境内兴建的石林水库，总库容1337万立方米，电站装机容量740千瓦，年发电量205万千瓦时，每年向汤旺河区供水240万立方米。汤旺河东升水源地地下水井群，每年向伊春市供水230万立方米，水质达国家Ⅱ类标准。西林区的小西林河龙泉湖水库，总库容855万立方米，供西林城区用水。南岔区柳树河水库，总库容480.4万立方米，每年可供南岔饮用水1095.1万立方米。浩良河镇灌渠年引水0.4亿立方米，供汤原、香兰灌区用水。流域水能已开发1.2万千瓦。

自然资源 汤旺河水资源总量为66.6亿立方米，其中地表水资源总量为52.2亿立方米，地下水资源总量为14.4亿立方米。水能蕴藏量42万千瓦，其中干流24万千瓦，可开发量为16.9万千瓦。

流域林业区划面积为363万公顷，森林活立木总蓄积量为2.5亿立方米，森林覆盖率为80.6%，主要有红松、落叶松、云杉、冷杉、水曲柳、胡桃楸、杨、桦、柞、椴等针阔叶树110多种，素有"红松故乡"之称。此外有丰富的野生动物与植物资源，有黑鹳、榛鸡、云雀等鸟类共230个种和亚种；野猪、马鹿、黑熊等兽类共66种；有经济价值的野生植物380种。其中，党参、黄芪、刺五加等药用植物319种，年储量500多万吨；蕨菜、刺嫩芽、猴腿等山野菜30余种，年储量8000吨；都柿、蓝靛果、松子等山野果35种，年储量16万吨。

湿地主要分布在流域中部和北部地区，集中在汤旺河及支流沿岸的缓坡和山麓带，湿地面积30.6万公顷，占黑龙江省湿地总面积的7.9%，主要有河流湿地、沼泽湿地和森林湿地等。其中重沼泽21.3万公顷，占湿地总面积的69.5%；宜林沼泽4.69万公顷，占湿地总面积的15.3%；江河湖泊4.64万公顷，占湿地总面积的15.2%。域内国家级湿地自然保护区有乌伊岭湿地自然保护区，面积43824公顷，森林湿地面积33419公顷；红星湿地自然保护区，面积111995公顷，森林湿地面积63520公顷。域内省级湿地自然保护区有翠北湿地自然保护区，面积27730公顷，森林湿地面积4367公顷；库尔滨湿地自然保护区，面积66964公顷，湿地面积29860公顷；友好湿地自然保护区，面积60687公顷，森林湿地面积53263公顷。

流域矿产资源丰富，金属矿产有金、银、铜、铁、锡、铅、锌、钨、钼等20多种，特别是黄金储量丰富，目前已发现和开采的山金和砂金矿点90多处；非金属矿产有大理石、石灰石、玛瑙石、水晶石和油页岩等27种。

社会经济 流域内居住着汉、满、蒙古、回、朝鲜等十几个民族，现有人口86.5万人，村屯172个，城镇18个，耕地面积3.18万公顷。其中汤原县人口1.5万，伊春市人口85万。流域经济以林业为主，其他还有水泥、化工、家具建材等。

纪　　实

上游 河源至五营水文站为上游段，河道河长131千米，河道平均比降0.8‰，一般河宽约150米，集水面积4160平方千米。

源流自西北向东南经桔源林场穿乌伊岭区，在通江农场下游1千米处左纳通江河，在其交汇口以下4千米处右纳西汤旺河；流经汤旺河区址，在青山村下游1千米处左纳清河（二青河）；由北向南流淌12千米左纳头青河，折向西南流9千米左纳援朝河。汤林线铁路从乌伊岭始由北向南沿汤旺河河谷穿行至南岔。西汤旺河流经的石林林场附近有兴安奇石风景区，为国家地质公园及国家森林公园，总面积190平方千米。一簇簇平地拔起的花岗岩石峰，高大雄伟，其形似柱，亦称石林。

汤旺河纳援朝河后，沿新青城西流淌约4千米，左纳抗美河后流经红星区，在城西南2千米处右纳红旗河，再左纳共青河、向阳河；继续向西南流经五星镇，右纳丽林河、丰林河后进入五营城区。

汤旺河上游上部较宽阔，河流弯曲，两岸多漂伐甸子、牛轭湖，水泡连片，乌伊岭附近沿河5.5千米之内就有大小水泡子11个。两岸森林湿地面积达33419公顷。上游段河谷狭窄，河道下切较深，河床多为卵石、砾石，间有大块卧牛石。流域内分布着大面积的永冻层。两岸山高林密，广布针阔混交林和针叶林，林下腐殖落叶层厚达0.3～0.8米。河流上游穿越乌伊岭区、汤旺河区、新青区、红星区和五营区。其中红星区面积3042平方千米，总人口3万；林地面积17.9万公顷，总蓄积量1206万立方米。区内红星火山地质公园面积2万公顷，园内有火山地貌、杜鹃花海、库尔滨雾凇三大奇特景观。国家级红星森林湿地，主要保护对象为森林湿地生态系统及生物多样性。国家一级保护动物有中华秋沙鸭、东方白鹳、丹顶鹤、驼鹿等，国家二级保护动物有37种之多。红星区堤防总长10.7千米，防洪标准为20年一遇，保护人口2.7万，农田167公顷。

五营区面积1040平方千米，人口4万；林地面积12.1万公顷，森林总蓄积量621万立方米；有国家级红松原始森林自然保护区、五营国家森林公园。丰林自然保护区是我国仅存的以红松为主体的原始森林自然保护区，面积184平方千米，1997年被联合国教科文组织纳入世界人与生物圈保护区网络。五营国家森林公园中的红松"树王"高30米，胸径1.5米，树龄长达600多年。

五营水文站建于1955年，控制流域面积4 160平方千米，河宽175米，多年平均流量32.8立方米每秒。五营区堤防总长4.3千米，防洪标准为20年一遇，保护人口2.8万。

中游 五营水文站至伊春市区的伊新水文站为中游段，河长98千米，河道平均比降0.71‰，一般河宽185米，集水面积6 112平方千米。汤旺河出五营镇向西南流经上甘岭区，右纳美林河，在西南8千米处右纳长青河；流入友好区后右纳友好河，在汇合口下游1千米处右纳双子河；经对山农场流入伊春市区，左纳梅花河、右纳伊春河后，至伊新水文站。伊新水文站以后，河流进入下游段。

河流中游段的上甘岭区面积1 461平方千米，总人口2万；森林面积9.2公顷，活立木总蓄积量546万立方米。溪水国家森林公园的原始乔木观赏园占地476公顷，共有原始植物614种，其中有20余种高大乔木，有630年树龄的高大红松"万寿松"，还有320年树龄的冷杉树。上甘岭区堤防总长7.4千米，防洪标准为20年一遇，保护居民150户、耕地113公顷、鱼塘20公顷。

友好区面积2 366平方千米，总人口7万；原始林为以红松为优势的针叶林及针阔混交林，总蓄积量为2 297万立方米。友好区堤防全长7.45千米，防洪标准为20年一遇，保护4 000人、农田487公顷、苗圃地30公顷。

汤旺河中游段拥有小兴安岭植物园和梅花山国家森林公园。小兴安岭植物园，占地面积5.3平方千米，是目前我国纬度最高、面积最大的植物园，有10个园区、14处景点；有针叶树33种、阔叶树77种，有乡土树种30科54个属，并引进欧洲、北美大陆树种110种。支流梅花河流域内的原始森林和人工林有200多公顷，著名景区有24处。梅花山国家森林公园占地7 815公顷，最高山峰海拔1 047米。梅花湖面积315公顷，出产珍稀冷水鱼。

坐落于中游段的伊新水文站建于1958年，控制流域面积10 272平方千米，河宽195米，多年平均流量80.0立方米每秒。

下游 伊新水文站至河口为下游段，河长263千米，河道平均坡降0.55‰，一般河宽230米，集水面积10 285平方千米。汤旺河下游流经伊春市美溪区、西林区、金山屯区、南岔区、汤原县，于汤原县新发村汇入松花江。

出伊春市区向东南25千米穿过美溪区，在美溪西北3千米处左纳五道库河，右纳大西林河；在金山屯城南左纳大丰河后进入南岔区，在南岔东15千米处右纳西南岔河；继续向东南流经晨明镇、浩良河镇，在其下游4千米的木曾村流出伊春市境，进入汤原县。

美溪区面积2 259平方千米，总人口5万；林地面积15万公顷，林木总蓄积量1 380万立方米；区内的野生药材年采集量可达1 000吨，有野生动物50余种以及山林特产百余种，年采集量可达500吨。区内回龙湾是汤旺河变迁形成的天然湖泊，面积6万平方米，平均水深8.5米，最深处可达14米，鱼类达30多种。美溪区在汤旺河右岸防洪堤长6.3千米，防洪标准为20年一遇，保护人口2万。

西林区因支流小西林河出细鳞鱼而得名，面积457平方千米，总人口5万；区内林地面积2.3万公顷，林木蓄积量263万立方米；天然野生植物百余种，年蕴藏量达千吨以上；平原上散布众多水泡子，地下有暗河和大量溶洞、泉群，有大量优质的碳酸钙和含锌矿泉水可开发。西林区堤防长10.5千米，防洪标准为20年一遇，保护人口4.9万、农田324公顷。

伊春回龙湾

金山屯区面积1 850平方千米，总人口5万，林地面积1 707平方千米。据考古发现2 000年前就有古代民族在此生息繁衍。横山古墓群有56穴古墓，曾出土石幢、石桌和金质符牌等文物，为金代女真人墓葬。抗战时期，东北抗日联军第三、第六军在老白山创建密营，坚持抗战多年。全区活立木总蓄积量1 200万立方米。金山屯区汤旺河两岸堤防总长4.6千米，防洪标准为20年一遇，保护人口1.13万、农田94公顷。

南岔区面积3 088平方千米，总人口14万，林地面积30万公顷。境内多丘陵山地，有沼泽地1.7万公顷，大小河流15条。南岔区堤防总长6.4千米，防洪标准为20年一遇，保护人口4.6万、农田120公顷。晨明镇1953年设有晨明水文站，控制流域面积19 186平方千米，河宽263米，多年平均流量155立方米每秒。2004年建成的佳木斯云峰水电站，总库容1 283万立方米，总装机容量1万千瓦，设计年发电量3 462万千瓦时。

在汤原境内，1941年建成的香兰灌区渠长32千米，引水流量10立方米每秒，灌溉面积6 667公顷；1958年建成引汤灌区，经多次扩建改造，灌溉面积已达2.68万公顷。

1.27.43.1 友好河
(Youhao River)

汤旺河右岸支流，清代称拉民河，发源于黑龙江省伊春市友好区565高地南麓，由北向南流经友谊林场，在广川林场北右纳西友好河，于友好区东南部汇入汤旺河。流域呈狭长形，河长125千米，平均河宽50米，河道平均比降2.16‰，流域面积1 650平方千米。友好河属山溪性河流，水流清澈，水质为Ⅲ类标准。

流域多年平均年降水量629.6毫米，多年平均年蒸发量560毫米，多年平均流量13.09立方米每秒，多年平均年径流量4.13亿立方米，最大冻土深2.8米。

流域地势西北高东南低，属丘陵地形，有青山、莲子山、古山等海拔500米以上的山环抱源头。两岸森林茂密，林地面积11万公顷。域内物产丰饶，资源丰富，生态环境得天独厚。域内现有保存良好的红松原始林，还有落叶松、云杉、冷杉、白桦、水曲柳、核桃楸、黄檗等珍贵树种；栖息的野生动物有熊、鹿、狍、獐、水獭等200余种，黄芪、党参、五味子、刺五加、三棵针等野生药材具有相当的蕴藏规模，有蕨菜、猴腿、猴头菇、松子、木耳等山特产品。有铁、铜、石灰石、石榴石、硅藻土、石墨等矿产资源。

在河口处地势宽平，土壤肥沃，以暗棕壤、森林土为主，农作物以种植玉米、大豆、马铃薯、蔬菜为主。

流域内人口3.5万，经济结构以天然林保护工程为主，多种经营和旅游产业为辅。

河流上游段穿行于群山峡谷之中,水流急,河床陡。河床由卵石、砾石组成。河流沿岸分布大片湿地,面积达 3.1 万公顷。河流下游段水流渐缓,河面渐宽,河谷宽阔,沼泽、湿地保存完好,植被发育,山前台地土壤肥沃,沿岸遍布大片农耕地。

友好区址处于友好河、**双子河**与汤旺河交汇口附近,常受到洪水威胁。当地于 1962 年修建了友好堤防,全长 3.57 千米,防洪标准为 20 年一遇,保护居民 2 926 户、人口 1.7 万、耕地 50 公顷。

1.27.43.2 双子河
(Shuangzi River)

汤旺河右岸支流。清代称鲁新河,发源于黑龙江省伊春市友好区 517 高地南麓,由东卡尔河与鸡爪河等河于三合林场处汇合后称双子河。由西北向东南流经东卡、三合和密林林场,于友好区双子河镇东南部汇入汤旺河。流域形状呈伞状,河长 99 千米,平均河宽 40 米,河道平均比降 2.02‰,流域面积 1 866 平方千米。双子河属山溪性河流,河床由粗砂、卵石组成,水流清澈,水质为Ⅲ类标准。

流域多年平均气温 0.8 摄氏度,无霜期 110 天左右;多年平均年降水量 630 毫米,年蒸发量 562 毫米;多年平均流量 14.8 立方米每秒,多年平均年径流量 4.67 亿立方米;最大冻土深 2.8 米。

流域地势西北高东南低,属山地地貌特征,山势陡峻,植被茂盛,林地面积 13 万公顷,活立木总蓄积量 1 200 万立方米。森林以红松、白桦等针阔叶林为主,森林覆盖率达 82.5%。土壤以森林土为主,动植物资源十分丰富,特别是木耳、猴头菇等山特产品具有相当的蕴藏规模,流域内还广泛分布有东西伯利亚铃兰、欧洲鹿蹄草等适合于畜牧业发展的牧草资源。域内野生动物种类繁多,有鹿、野猪、狍子、野鸡、松鼠等。地下矿藏丰富,主要有铁、铜、石墨、硅酸盐、白灰矿等。

流域内人口 3.6 万,经济结构以天然林保护工程为主,多种经营和旅游产业为辅。

在三合林场附近左纳支流鸡爪河,汇合口以上河段称洛新河。

上游段山高林密,郁郁葱葱的红松原始林,遮天蔽日,现有 1 处国家一级红松原始林保护区和 1 处包括白桦、水曲柳、黑桦、柞树等树种的森林资源保护区。上游段还有穿越山谷的开山河瀑布,还有碧水环绕的独秀峰,这里曾是清代皇家狩猎场。

下游段河谷渐宽,水流平缓,沿岸分布大片湿地,面积约 3 万公顷。三合林场是"双子河情侣漂流"的起点,该河段宽 45 米,总落差 114 米,漂流全程 20 千米。河口区土质肥沃,耕地面积达 3 300 公顷,主要种植作物有玉米、大豆等。

双子河建有 3 处堤防,总长 10.79 千米,保护居民 5 383 户、人口 29 156 人、农田 506 公顷。

1.27.43.3 伊春河
(Yichun River)

汤旺河右岸支流,流域形状呈扇形,属典型的山溪性河流。

概　　述

发源于黑龙江省伊春市翠峦区境内的 601 高地东麓,河长 89 千米,河道平均比降 2.90‰,平均河宽 100 米,水深 1.0~3.0 米,流域面积 2 472 平方千米;由西向东流经伊春市翠峦区、乌马河区,于伊春市东北部汇入汤旺河;河水清澈,水质达Ⅲ类标准。

伊春河

流域具有明显的山地气候特征,多年平均气温 1.0 摄氏度,10 摄氏度以上积温 2 176 摄氏度,年无霜期 115 天左右。多年平均年降水量 610.2 毫米,多年平均年水面蒸发量 562 毫米,多年平均年径流量 6.07 亿立方米;最大冰厚 1.50 米,全年封冻天数 158 天,流冰期天数 24 天;最大冻土深 2.7 米。

有 4 条主要支流,其中左岸支流有翠峦河、挡石河,右岸支流有抚育河、乌马河。

流域地处汤旺河中游,呈西东走向,属小兴安岭西脉,海拔 200~600 米,为中低山侵蚀构造地貌;地势西高东低,山峦起伏,沟谷纵横。河水冲刷侵蚀作用较强,上游河谷两侧的中低山多形成峭壁悬崖,多"鸡爪"岗,河谷多呈 V 形,山顶多呈浑圆状。

流域上、中游段境内山高林密,沿岸树种主要有柞、桦、水曲柳、黄檗等硬杂木,地带性植被以针阔叶混交林为主,主要有红松、白松、冷杉等 10 余种;野生动物有鹿、黑熊、野猪、啄木鸟、松鸦、榛鸡等上百种珍稀种类;野生药材有人参、沙参、刺五加、五味子等 120 多种。

下游地区多见低山丘陵,山势和缓,河谷漫滩上多分布沼泽湿地、牛轭湖、水泡等。局部河谷中分布山前台地,台地表层土壤中含丰富有机质,土壤肥沃,大部分已开垦为耕地。

流域内经济结构以天然林保护工程为主,并发展多种经营和旅游业,总人口 24 万。

纪　　实

伊春河自源头向东流,水流湍急,河宽 50 米左右,河床以卵石为主。沿岸山高林密。至翠峦区政府所在地,左岸有支流翠峦河、挡石河,右岸有抚育河汇入,翠峦区林地面积 14.0 万公顷,活立木总蓄积量 656 万立方米,主要树种有红松等,森林覆盖率 78%,铅锌矿储量约 63 万吨。

伊春河出翠峦区向东流入乌马河区,进入下游,此段流速渐缓,水面渐宽,沿岸遍布沼泽湿地和耕地。乌马河区林地面积 8.9 万公顷,活立木蓄积量 748 万立方米,森林覆盖率 75%,以红松为主的针叶乔木达 10 余种,阔叶乔木 20 余种。矿产资源主要有黑色花岗岩、沸石、煤炭等。

抗联洞是指乌马河区西林林场境内的两个天然岩洞,中共北满省委曾在此领导抗日联军进行英勇卓绝的抗日斗争,李兆麟、冯仲云等曾在此召开过省委第十次特别会议,李兆麟将军的抗日战歌《露营之歌》的第四段歌词就写于此洞。

伊春河出乌马河区右纳乌马河后,经红光闸门段进入伊春市区，两岸建有混凝土护坡堤防；在市区流经2千米长的人工取直河道，原5千米长老河道已修建成水上公园风景区。在老河道入河口处建有1座双孔闸门和1座强排泵站。在市区的伊春河上建有5座大桥。市区内有多条流经北山公园、植物园、兴安森林公园的山泉小溪利用截流沟汇入伊春河。在距伊春河入汤旺河河口3千米处，建有一道高4米、长100米的橡胶坝，形成2.5平方千米水面的人工湖。位于市区内的天华大桥建于1974年，该桥是连接市区南北交通的重要枢纽，在河流左岸桥头附近有东北抗日联军政治军事学校遗址。

伊春市市区面积88.8平方千米，林地面积6 093公顷，人口15万，地区生产总值5.6亿元。

1.27.43.4　五道库河
(Wudaoku River)

汤旺河左岸支流，清末称毕罕河，发源于黑龙江省伊春市小白山东南麓，流经金沙河林场、五道库经营所，于美溪区南部汇入汤旺河，河长80千米，河道比降2.08‰，流域面积1 773平方千米，属典型的山溪性河流。

流域多年平均气温－1.0~1.0摄氏度，多年平均年降水量630.0毫米，多年平均流量16.13立方米每秒，多年平均年径流量5.09亿立方米。河水深1.0~2.0米，河宽25米左右，河床由粗砂、卵石、砾石组成，水流清澈，水质达Ⅲ类标准。

两岸森林茂密，经营面积22.5万公顷，森林覆盖率76%，活立木蓄积量1 378万立方米，总人口4.7万。流域内以营林、木材生产为主业，发展林产工业、多种经营和旅游产业。

流域内山脉蜿蜒起伏，峰峦纵横交错，构成较复杂的山岳地带，局部为丘陵；地质结构以岩浆岩、变质岩为主，局部地带亦有石灰岩和大理岩；土壤主要类型为地带性暗棕壤和非地带性棕色针叶林土、草甸土、沼泽土、泥炭土、白浆土等，森林植被主要有针阔混交林、过渡性稀疏林地和草地、湿地。

河流由东向西流，在金沙河林场左纳解放河后折向西南。在金沙河林场上游于1987年建成金沙河水电站，装机容量75千瓦，年平均发电量26万千瓦时。林场附近有占地面积约12公顷的兴安杜鹃园，是小兴安岭较大的野生杜鹃花生长地。

五道库河出金沙河林场，下行约6千米右纳青山口河，在汇合口下3千米处左纳顺利河。在顺利河林场境内，1992年建成顺利河水电站，装机容量360千瓦，年平均发电量165万千瓦时。

河流在七号前农点折向西北左纳桦皮羌子河，又折向东南左纳卧龙河后，绕林源村汇入汤旺河。在卧龙河下游于1981年建成美溪水电站。该电站为径流引水式季节性电站，安装有单机容量200千瓦的发电机组3台，年平均发电量160万千瓦时。

1.27.43.5　大丰河
(Dafeng River)

汤旺河左岸支流，清末称木孙河，为典型的山溪性河流。发源于黑龙江省伊春市老白山西北麓921高地，河长80千米，平均河宽30米，河水深1.0~1.5米，河道平均比降1.98‰，流域面积1 094平方千米。流域多年平均年降水量601.8毫米，多年平均流量11.28立方米每秒，多年平均年径流量3.54亿立方米。大丰河有100平方千米以上的支流4条。

源流自西北向东南流至老白山脚下、大秃山东麓，与无名河汇合后折向西南；经白山林场，于下游右岸纳安全河；继续西南流经丰岭林场，在其下游约5千米处左纳由东南沟、东北沟汇合而成的支流后，在金山屯区南侧汇入汤旺河。金山屯林业局所属的白山、丰岭、丰林、丰沟、丰茂、红旗等7个林场（所），均分布在大丰河及其支流沿岸。

大丰河地势东北高、西南低，河谷宽阔，沟系深长，水质清澈，达国家Ⅲ类水质标准。河流两岸山势起伏，森林茂密，属于低山丘陵地区；土壤以暗棕壤、草甸土、沼泽土和棕色针叶林土为主。该流域林业施业区面积18.5万公顷，林地面积13.1万公顷，活立木总蓄积量1 310万立方米，森林覆盖率72%。

大丰河激流

流域内总人口4.8万，经济结构以天然林保护为主，发展多种经营和旅游业为辅。大丰河生态旅游区，面积36平方千米；区内的大丰河漂流河段长38千米，被誉称"小兴安岭第一漂"，集河流、山川、原始森林、石林等小兴安岭自然景观于一体，还有人工湖、金山鹿苑、白山狩猎场等休闲活动场地。

大丰河秋色

源头附近的老白山海拔1 039米，山高林密，地势险峻。1934年8月，东北民众反日联合义勇军（后改名为汤原游击总队），在此建有200平方米的木刻楞房子，是抗日联军在小兴安岭建立的较早的密营之一。

金山屯区大丰河堤防全长1 979米，防洪标准为20年一遇，保护人口3 300人、农田40公顷。

1.27.43.6　西南岔河
(Xinancha River)

汤旺河下游右岸支流，清末称札琳河，满语"札琳"意为"麝香"；属典型的山溪性河流。

概　述

西南岔河发源于黑龙江省铁力市小城墙砬子西北 1 149 高地，流经伊春市铁力市朗乡镇朗乡林业局和带岭、南岔两个区，于绿潭车站东部汇入汤旺河。流域面积 2 735 平方千米，河长 121 千米，河宽 80～180 米，河道比降 0.448％。

流域东临汤旺河，南与**巴兰河**接壤，西与**呼兰河**上游流域毗连，北与**伊春河**流域搭界。流域呈西南东北走向，地势西高东低，地貌属小兴安岭山地，多丘陵和高山，平均海拔 300～500 米。流域内山峦起伏，沟谷纵横，河网发育，森林茂密，植被良好，多分布针阔混交林，地下水丰富，河床由粗砂、卵石组成，河床稳定。

流域多年平均气温 1.1 摄氏度，全年大于等于 10 摄氏度积温 2 300 摄氏度左右，年日照时数 2 540 小时；年蒸发量 464.1 毫米，全年无霜期 120 天；流域多年平均年降水量 618.3 毫米，多年平均流量 28.14 立方米每秒，多年平均年径流量 8.88 亿立方米。

西南岔河水质清澈，达到Ⅲ类水质标准。该流域是山洪易发区，水灾发生频繁，以 1996 年 7 月特大山洪灾害为甚，造成经济损失近亿元。

流域内总人口 27 万，经济结构以天然林保护工程为主，林产工业、旅游和多种经营为辅。

纪　实

西南岔河源流自西北向东南绕海拔 1 223 米的小城墙砬子南麓，经海拔 981 米的钻天锤山西麓流向东北，至小白林场（绥佳铁路车站）以北 2 千米处左纳沙房子河后，折向东南在达里村东 10 千米处右纳半圆河，继续东流至朗乡镇，再转向东北经胜利林场，在带岭城南左纳永翠河。

朗乡林业局地处铁力市境内，属低山丘陵地域，总人口 9.1 万，总面积 26.7 万公顷，林业用地面积 25.4 万公顷，活立木总蓄积量 2 623 万立方米。新东林场曾是中共北满省委抗日指挥所和抗联被服厂所在地。

河流横穿带岭区境内，流程约 15 千米。带岭林业实验局是集森林经营、木材生产、科学实验于一体的国家大型森工企业，是中国林业现代化综合科研基地，天然林保护工程科技支撑示范局。

带岭区（局）面积 1 042 平方千米，林业施业区面积 9.77 万公顷，森林蓄积量 1 300 万立方米，总人口 4 万，年更新造林 1 000 公顷，抚育面积 8 666 公顷。区内森林资源有红松、云杉等 100 余种乔木和灌木，野生动物有黑熊、马鹿、水獭、飞龙、中华秋沙鸭等 250 余种。境内有大青山、石帽顶子山、芦锤山、老荒山、四平山 5 座海拔超过千米的高峰。

永翠河是西南岔河较大支流，河长 66.7 千米，集水面积 757 平方千米，多年平均年径流量 2.36 亿立方米。在永翠河上中游两岸，有国家级凉水自然保护区和省级碧水中华秋沙鸭自然保护区。凉水自然保护区总面积 63.94 平方千米，是我国现存红松原始林基地之一，保护区森林覆盖率 95％以上；这里的红松树龄为 200～400 年，树高达 30～40 米，素有"红松故乡"之称。碧水中华秋沙鸭保护区位于永翠河中段两岸，与凉水国家自然保护区相邻，面积 14.62 平方千米。中华秋沙鸭又名胁麟秋沙鸭，生长于无污染的林区溪流中，是检测环境的重要标志物，属国家一级保护动物。保护区内共有鸟类 17 目 47 科 254 种，素有"百鸟之乡"之称。

带岭城区位于永翠河与西南岔河交汇口附近，设有带岭水文站。区内堤防总长 7.27 千米，防洪标准为 20 年一遇。

1937—1945 年，日伪当局在带岭林区共盗伐木材 140 万立方米，加工木材 12 万立方米，野蛮掠夺式的采伐使森林资源遭到严重破坏。东北抗联在密林中建有密营地、办事处和被服厂，在伐木工人中成立"抗日救国会"，并以带岭林区为根据地，袭击日军，击毙守备部队部队长。

西南岔河在大青川村以北右纳木曾河后，出带岭区境北流至松青经营所，在其东北 5 千米处左纳石头河，然后向东流经梧桐村、国庆村，穿过南岔城区，城区南设有南岔水文站；河流出南岔城区向东流 15 千米，于绿潭车站东部汇入汤旺河。

河流下游两岸河谷开阔平坦，分布有少量农田。在绿潭以南的西南岔河右岸有仙翁山风景区、月牙湖公园、四块石风景区、人工林游览区等。南岔城区建有七段堤防，总长 3.45 千米，防洪标准为 20 年一遇，保护人口 3.33 万、农田 83 公顷。

1.27.44　梧桐河

（Wutong River）

松花江左岸支流，梧桐系女真语"乌屯"的音转，意为"木槽子"。流域地理位置为东经 129°37′～130°50′，北纬 47°05′～48°00′。跨黑龙江省鹤岗市、汤原县和国营农场宝泉岭农管局，流域大部分为山区和半山区。

彩色梧桐河

概　述

梧桐河发源于黑龙江省鹤岗市小兴安岭山脉邵家店北沟，河长 160 千米，河道比降 1‰，流域面积 4 565 平方千米。河流纵贯新青、鹤北、鹤岗市林业局、鹤岗市区东部及宝泉岭农管局，在汤原县振兴乡汇入松花江。上游河床下切运动强烈，近似 V 形，两岸森林茂密，是黑龙江省木材和国家黄金主要产地之一。下游河床变缓，水平运动强烈，属平原河床地貌，呈 U 形，河道多为牛轭弯曲，漫滩面积大，易发生洪涝灾害。

梧桐河水系为羽毛状，上窄下宽，流域平均宽 35 千米，最大宽度为 50 千米。流域面积大于 50 平方千米的支流有 9 条，其中鹤立河为最大支流，流域面积 879 平方千米；细鳞河次之，流域面积 638 平方千米。流域面积大于 100 平方千米、小于 500 平方千米的支流依次为西梧桐河、嘎拉基河、老梧桐河。

梧桐河流域地处中高纬度地区，冬季严寒干燥，夏季炎热多雨，干湿、冷暖差异较大；多年平均气温 3 摄氏度，多年平均年蒸发量 727.5 毫米，年日照时数 2 300～2 600 小时，北部无霜期 120 天，南部无霜期 135 天；多年平均年降水量 600 毫米，多年平均年径流量 11.35 亿立方米。河流上游水质为国家Ⅲ类水质，中下游为Ⅳ～Ⅴ类水质。

梧桐河畔暖阳

流域内现有水利工程15处，其中引水工程3处，提水工程3处，蓄水工程9处。域内梧桐河灌区灌溉面积2.41万公顷。有中型水库3座总库容0.7亿立方米；小型水库6座，塘坝1座。

纪　　实

梧桐河从小兴安岭山脉邵家店北沟沿山势折向东南，右纳老梧桐河；流经龙首山右纳西梧桐河；沿嘎拉基山弯曲向南流，右纳西来的嘎拉基河；向东南流，右纳细鳞河；再向东折而转南流，逶迤穿越右岸的梧桐山、左岸的尚志村，梧桐河自此出山。河流所经之处林木幽深，浓荫蔽日，农田甚

湿地之春

少。民国20年（1931年）版《黑龙江》记载："汤原县，本县领域，除草原地带外，均以优良之乔木蔽之，愈至北方愈多密林。"由于此地是满旗人的发祥地，禁止森林采伐，直到清朝末期，还保持着原始森林状态。伪满洲国时期，日本侵略者进行了掠夺式的采伐，原始森林已不复存在。东北抗日联军在这片山区进行了艰苦卓绝的游击斗争。

流域内蕴藏着丰富的铁、沙金等多种矿产资源，有马鹿、狍子、獐子、罕达犴、黑熊、野猪、狼、狐狸等多种野生动物，盛产蕨菜、黄瓜香、刺嫩芽、黄花等山野菜，还有120多种中草药。桶子沟林场天然红松母树林保护区是红松种子基地；细鳞河特产细鳞鱼在世界上只此1属1种；现存有金雕、东方白鹳2种国家一级保护鸟类，24种二级保护鸟类，留鸟、夏候鸟、旅鸟、冬候鸟达100多种。

梧桐河经梧桐山流向东南，经平顶山至梧桐河大桥，进入鹤岗市及宝泉岭农场境内。鹤岗市位于梧桐河左岸是我国主要煤炭产地之一，已探明储量30亿吨。日伪时期当地煤炭资源遭到疯狂的掠夺，在劳动条件极其恶劣的环境下，许多矿工丧失性命，留下的东山万人坑就是历史见证。梧桐河右岸的宝泉岭农场建有国家级生态示范区，是国家大型商品粮基地，黑龙江省无公害产品生产基地、饲料玉米基地和大豆主产区，示范区内951公顷大麦、小麦、玉米、大豆产品已通过欧盟、日本、美国有机认证，7 498公顷水稻、大麦、小麦、玉米、大豆、红小豆、芸豆、花生通过欧盟有机转换认证。

梧桐河自梧桐河大桥向下相继纳伏尔基河、鹤立河。鹤立河上游水质优良，已建的五号水库和小鹤立水库总库容3 800万立方米，设计日供水能力6万立方米，是鹤岗市区的主要供水水源。

梧桐河向下进入梧桐河农场境内，这里原来是一片荒原、泡沼，常年积水0.3～1.5米，当地有"一年秋雨，两年成灾"之说。中下游经过防洪除涝工程建设治理，现已成为我国粮食战略生产和储备的重要基地。"梧桐河"牌大米已获准使用国家绿色食品A级认证标志，被黑龙江省政府授予"黑龙江特产"证书。

1.27.45　都鲁河
（Dulu River）

松花江左岸支流，"都鲁"蒙古语意为栋梁。发源于黑龙江省萝北县四方山林场的葡萄沟，自北向南，至梧桐河农场九队分为东、西两支，分别于新房以南和梧桐河农场九队正南2千米处注入松花江。流域地处东经130°20′～131°10′，北纬47°13′～48°00′之间，跨萝北、汤原两县。流域面积1 848.8平方千米，河长245千米，河道比降0.2‰～0.4‰。沿途接纳西都鲁河、奇拉河等11条支流。

流域地势西北高，东南低。上游为低山丘陵，中游为岗坡地，下游为平原，地势平坦多湿地沼泽。

流域多年平均气温1～3摄氏度，结冰期5～6个月，冻层深达2.0米；多年平均年降水量560毫米，多年平均年径流量3.89亿立方米。

都鲁河水清澈，无污染，河中盛产细鳞、雅罗、鲫、鲤、狗鱼等。源头小兴安岭南麓崇山峻岭，古木参天，林木中有红松、冷杉等珍贵树种和柞树、桦树、杨树、椴树等阔叶林；名贵中药材有刺五加、党参及人参等；飞龙、黑熊、驼鹿等众多野生动物在林间栖息繁衍。

都鲁河下行，经烟筒山后进入平原区，成为没有明显河身的沼泽性河流。烟筒山海拔259.5米，曾为军事要冲，第二次世界大战末期，苏军曾与日军在此发生过激战，如今山上还存有当年的战争遗迹。山脚下为烟筒山排涝泄洪工程渠首，是凤翔灌区的取水枢纽，可灌溉水田4 820公顷。

都鲁河向东南流入苇场保护区。保护区面积946.2平方千米，有6种珍稀濒危保护植物及46种国家级、省级保护动物，是我国北方三大水禽栖息地之一和候鸟迁徙坐标区，是丹顶

飞机喷肥

都鲁河湿地王

鹤、白鹤、黑天鹅、白天鹅的故乡。梧桐河农场境内有一孤山，名曰老等山，三面环水，水草茂盛，1938年5月李兆麟将军曾在此率部西征。为保护珍稀水禽及其赖依栖息、生存的芦苇沼泽湿地，1989年在此建立了面积为57.45平方千米的省级二类自然保护区。都鲁河流经的萝北县，是国家重要的商品粮基地，许多农产品远销日本、欧盟等市场；县境内有国家一类客货口岸——名山口岸。

由于河槽泄量小，河水经常泛滥。为防洪除涝，2000年4月开工，到2005年末共完成堤防40.475千米，完成云山河桥1座，涵闸3座，护岸0.411千米。

1.27.45.1　老等泡
（Laodengpao Lake）

地处老等山自然保护区内，位于黑龙江省东部、梧桐河农场境内，占地面积5 745公顷。

原是**都鲁河**下游的一片洼地，因泡内每年都有许多"老等"（当地人对一种鸟的称谓）在此捕鱼而得名。老等泡与都鲁河有着天然的水系关联，补给水源充沛，每年都有许多珍禽在此栖息。20世纪，老等泡面积最大时东西长可达5千米，南北长约2.5千米。

为防止都鲁河水在汛期淹没农田，梧桐河农场从1965年开始修建都鲁河堤，由于当时机械力量有限，沿高地把老等泡甩在了堤外。1987年开始大规模地修建都鲁河堤防，为扩大耕地面积，堤防从老等泡中间穿过，约1/3的面积被留在了坝内，这部分泡泽因失去了水源的补给已慢慢干涸，现已被开发为水田。进入20世纪90年代随着使用挖掘机、挖泥船等大型机械对都鲁河进行清淤疏浚，加快了水流下泄，都鲁河水直接流入**松花江**。坝外的老等泡在90年代中后期面积开始逐年减小，仅靠降水和汛期河水出槽来补充水源。现遇到干旱年份就看不到泡泽了。

1989年被黑龙江农垦总局列为湿地自然保护区，定名为老等山自然保护区。老等山自然保护区地处中纬度地带，属中温带大陆性季风气候区，四季明显，温差较大；多年平均气温2.1摄氏度，最高气温38.1摄氏度，最低气温－41.2摄氏度；多年平均年降水量540.5毫米，多年平均年水面蒸发量652.4毫米；每年11月上旬结冻封冰，次年4月中旬泡泽开始解冻，结冻期150天左右；无霜期年均131天。

保护区内土壤主要由草甸土和沼泽土组成，其中沼泽土是其主要土壤类型，分布面积约占保护区总面积的70%。区域内主要野生植被是芦苇、蒲苇、小叶樟、大叶樟等，其中栖息着丹顶鹤、中华秋沙鸭、天鹅、灰鹤、鸳鸯、水獭等珍禽动物；鱼类主要有鲤鱼、银鲫、鲶鱼、草鱼、泥鳅等。

老等山湿地自然保护区对调节地方小气候、减洪防滞、降解污染、美化环境起到了不可替代的作用，同时又是各种野生动植物赖以生存的家园。

1.27.46　安邦河
（Anbang River）

松花江下游右岸支流。安邦系满语，意为"差贡"，即指进贡的唯一水路。安邦河发源于黑龙江省双鸭山市境内安邦河农场，由南向北流经双鸭山市岭东、关山、集贤和佳木斯市桦川等区县，于桦川县新河宫汇入松花江。安邦河属于季节性河流。河长167千米，流域面积1 678.9平方千米。

流域属中温带大陆性季风气候区，多年平均气温2.8摄氏度，最低气温－35.6摄氏度，最高气温38.1摄氏度，流域多年平均年降水量527.6毫米，5—10月降水量占全年的89%；多年平均年蒸发量687.5毫米，多年平均年径流量0.98亿立方米。年封冻天数为140天，年无霜期134天。集贤县城福利镇以南为山丘区，地势陡，河道平均比降2‰，流速急，河道弯曲，海拔70～600米。福利镇以北为涝区平原，地势缓，河道平均比降0.1‰～0.33‰，海拔50～70米。源头区的七星砬子最高峰海拔853米，山势险峻，树木参天，人迹罕至，植被自然状态完好，河水潺潺。

安邦河上游，距双鸭山市区正南12千米处建有寒葱沟水库，水库坝址以上集水面积182.3平方千米，总库容7 667万立方米，为双鸭山市区饮用水水库。寒葱沟水库下游5千米处岭东矿区，建有定国山水库，坝址以上集水面积254平方千米，总库容520万立方米，是岭东矿区饮用水水源。岭东矿区下游7千米处，是素有"煤城"之誉的双鸭山市，因市区东北部有两座形似卧鸭的山峰而得名。双鸭山市煤炭、铁矿、石灰石等矿产和森林资源丰富。

安邦河在流出双鸭山市区后，向北7千米进入集贤县的福利屯镇，该镇交通便利，贸易繁荣发展；出福利镇，进入集贤、桦川

安邦河湿地

两县的涝区平原，沿程左纳集水面积250平方千米的哈达密河和集水面积398平方千米的柳树河。

未治理前，平原涝区的平均水深小于1米，流速慢，自然河道衰老，以致形成无尾河，汛期洪水经常泛滥成灾，当地经过40多年的治理，疏浚了河道，安邦河于桦川县境内顺畅汇入松花江。昔日草甸茂密的片泡变为现有耕地面积21.87万公顷的耕地，水稻、大豆、玉米等成为整治后沿河两岸肥沃黑土地的主要粮食作物，以松花江水为主要水源的安邦河灌区位于松花江右岸的桦川县、二九一、江川农场境内，2000年实灌面积9.72万公顷。

在安邦河下游集贤县东北45千米处的永安乡北部，经过近10年的退耕还湿工程建设和管理，建立了总面积10 295公顷的省级安邦河湿地自然保护区。

1.27.47　蜿蜒河
（Wanyan River）

松花江左岸支流，发源于黑龙江省鹤岗市绥滨县新富乡东

部的大片沼泽地。蜿蜒河原为东西横贯绥滨县中部的时令河，1975年开凿成人工河。

蜿蜒河流向自西向东，经东方乡西后转向东北，于二九〇农场5分场注入松花江。河长92.4千米，弯曲系数1.9～2.1，河宽50～150米，水深1～1.5米，河道比降0.1‰～0.125‰，流域面积1 230平方千米。

流域地势西高东低，由西南略向东北倾斜，全流域为低平原区，地势平坦；多年平均年降水量500毫米，多年平均年径流量0.92亿立方米；无霜期132～140天，日照时数2 450～2 700小时；多年平均年蒸发量756.6毫米，多年平均气温1.8～2.4摄氏度，冻层深达2.0米。

上、中游河身弯曲时断时续，下游虽有明显河槽但泄水能力很小，且常受松花江水顶托，如遇降水集中，则溃涝成灾。河道治理前有"旱年断流行车，涝年河水横溢"的特点。蜿蜒河涝区是三江平原治理的重点涝区。从1982年起陆续完成了流域治理续建配套工程：为抵御**黑龙江**、松花江洪水，续建了20年一遇设计标准的黑松三角洲防洪堤；为加快泄水速度，建成了34条干渠；为解决松花江水位高于蜿蜒河水位时的排水问题，在松花江堤修建了按3年一遇排涝标准设计的强排站，设计流量16立方米每秒。同时，在蜿蜒河上游绥滨农场境内修建蜿蜒河北山排水站，设计流量8立方米每秒，建设了设计标准20年一遇的总干桥及设计标准10年一遇的排干桥等。

流域地下水埋深一般2～6米，水质为高铁质、低碘的软水。野生植被多属喜湿性的草甸和沼泽植物，有大叶樟、小叶樟、芦苇、牡蒿、柳条毛、三棱草等120多种，丹顶鹤、天鹅、水獭、野鸭等珍贵水禽栖息其中。夏季，柳絮纷飞、纵情阡陌。冬季，千里冰封、银装素裹，北国风光一览无余。

流域内现有耕地11万公顷，土质肥沃，无化工企业和大型重工业，长年天蓝水碧，空气新鲜，土净田洁，生态资源优势明显，是国家重要的商品粮基地和生态示范区，盛产水稻、大豆、玉米、小麦、红小豆等产品。

蜿蜒河宛如一条苍龙横卧在绥滨县境内。这里有辽金时代五国城之一的"奥里米"古城遗址、庞大的明清墓群、旷世稀物"金列蝶"等文物古迹。蜿蜒河左与黑龙江为邻，右与松花江为伴，负有盛名的金三角地带已被建成"南腾松花稻麦浪，北跃黑龙鱼满江"的鱼米之乡。

美丽的蜿蜒河

三、干流　松花江口—乌苏里江口
Main Stream（Songhua River Mouth to Wusuli River Mouth）

1.28　浓江
（Nongjiang River）

黑龙江右岸支流，流域面积 4 051 平方千米，流经同江、抚远两县，属平原沼泽性河流。

概　述

浓江发源于黑龙江省同江市青龙山农场南部重湿沼泽地，向东北流经三江自然保护区，于抚远镇西注入黑龙江，河长 145 千米。浓江上游无明显河槽，河道弯曲，并有茂密的沼泽植被阻滞，流速极缓；下游河槽明显，河道比降稍大。流域地处三江平原东部，东与**别拉洪河**干流相邻，南临富锦、饶河两县，西与**鸭绿河**相邻，北以黑龙江为界。地势低洼，由西南向东北倾斜，沼泽湿地星罗棋布，河流纵横，漫滩广阔，自然植被以沼泽化草甸为主，发育良好，并间有岛状森林分布，珍稀动植物丰富。

湿地风光

流域多年平均气温 2.2 摄氏度，最高气温 36 摄氏度，最低气温 －37.4 摄氏度，多年平均风速 3.6 米每秒，年无霜期 125 天，结冻期 210 天。流域多年平均年降水

湿地河流

量 603.8 毫米，降水年内分布不均，7、8 月降水量占全年的 72%，多年平均年径流量 3 亿立方米，易发生春旱秋涝。

流域内水利工程有大力加湖闸坝枢纽工程、浓鸭泄洪道。有灌溉干渠 113 条、支渠 730 条。

纪　实

浓江自源头经洪河自然保护区后向东北流至寒葱沟镇。洪河自然保护区为国家级自然保护区，有"东亚之肾"美誉，总面积 21 836 公顷。区内有沼泽、草甸、岛状林和水域四个生态系统类型，天然植被完好，动植物资源丰富，有 1 012 种高、低等植物和 214 种鸟类，其中有野大豆、水曲柳、胡桃楸、黄檗 4 种国家重点保护的濒危植物和白鹤、黑鹤、白尾海雕、虎头海雕、天鹅、鸳鸯等 33 种国家级珍稀鸟类，是天然动植物科学研究的"实验室"。

浓江经寒葱沟镇进入三江自然保护区，此处河床宽浅，滩地多为漂筏、杂草，糙率大，水流平缓。三江自然保护区为国家级自然保护区，总面积 20 万公顷，是三江平原东端人为干扰最小的湿地生态系统的典型代表，地势低洼，沼泽连片，河流纵横，湖泡星罗棋布，小叶樟草甸、岛状林、芦苇沼泽、岛屿、水域错落分布。保护区地处候鸟季节性迁徙的通道上，每年在此停栖的鸟类近百万只。区内我国最大湿地三江平原湿地 2002 年被列入《国际重要湿地名录》，植物种类繁多，有乔灌木 100 余种，草本植物 1 000 多种，其中国家级保护野生植物 15 种；野生动物资源也极为丰富，有脊椎动物 455 种，其中鱼类 87 种，

湿地兰花

两栖类 11 种、爬行类 15 种、鸟类 276 种、兽类 66 种。每年 7、8 月间，沼泽地河泡中片片荷花竞相开放，阵阵馨香，沁人心脾；金秋时节，芦花纷飞，日夕黄昏，栖息在芦苇、沼泽地的丹顶鹤，时而翱翔于天，时而引颈高歌，翩翩起舞。

河流经浓桥镇进入大力加湖，沿河两岸自然资源丰富，宜农宜牧荒地较多，泡沼成串，浓江

湿地水鸟

的鲫鱼最为鲜美，有"鲫瓜窝子"之称。大力加湖为天然大型平原湖，东西最大宽约13千米，南北最大长约21千米，平均水深6米，容积3 000万立方米。近年来抚远县在此建起了大力加湖养殖示范区，区内碧波万顷，水肥、草美，湖上的养殖网箱排列有序，极为壮观，已成为一道靓丽的旅游风景线。

大力加湖

浓江流经浓江乡及大力加湖后在抚远县抚远镇西汇入黑龙江。有"东方第一县"之称的抚远县，北濒黑龙江，东临**乌苏里江**，与俄罗斯

冬季捕鱼

隔江相望，两江汇合的抚远三角洲（黑瞎子岛）东北角为中国的最东端。抚远县是黑龙江省唯一的"一个口岸，两个通道"的著名边贸口岸城市，距俄罗斯远东第一大城市哈巴罗夫斯克市航道距离仅65千米，是我国与俄罗斯及远东地区开展边境贸易与经济合作的重要口岸，全年开关，江海联运，是最快捷、最方便的中俄旅游购物口岸，口岸经济已成为抚远县经济的重要组成部分。抚远镇依山临江，形势险要，为我国边关重镇，城东城子山有辽金"莽吉塔"古城遗址，为省级文物保护单位。莽吉塔城是明代永乐年间设置水陆城站的第十城23站，居高临下，三面环水，是一处易守难攻的军事要塞。抚远境内蕴藏着花岗岩、金矿、玛瑙石、草炭等矿产资源，盛产山产品及各种药材。渔业生产历史悠久，水产资源丰富，是我国名、优、特鱼类主产区和鲟鱼、大马哈鱼及其鱼子的主要产地，著名的"三花五罗"应有尽有，鲑鱼子和鲟鳇鱼子是名贵佳肴，在国际市场上享有盛誉。

东方第一哨

抚远县内的乌苏镇是我国最东部非行政建制的著名小镇，建有"英雄东方第一哨"纪念碑。

1.28.1 鸭绿河
（Yalu River）

浓江左岸支流，发源于黑龙江省同江市额图山南侧湿地，河长95千米，集水面积894平方千米，流经黑龙江省同江市、抚远县。河流大部分是同江市和抚远县的界河。

流域地处三江平原，地势由西南向东北倾斜，植被良好。流域多年平均气温1.4摄氏度，最高气温37.7摄氏度，最低气温－40.8摄氏度。多年平均年降水量570.3毫米，降水量年内分布不均，7—9月降水占全年降水量的60%，多年平均年径流量6 705万立方米。域内洪、涝、低温灾害频频出现。

鸭绿河为平原沼泽性河流，河道弯曲平缓，泡沼成串。大水年份洪水漫溢两岸，形成季节性积水。鸭绿河上建有鸭绿河水库，库容479万立方米。

鸭绿河上源南行至勤得利农场，右岸有街津山国家森林公园。森林公园西侧有街津口赫哲族乡的赫哲族民俗文化村，民俗风情浓郁，每隔三年6月28日的"乌日贡"大会，是赫哲人传统节日，"乌日贡"赫哲语为"欢乐喜庆"，节日里说伊玛堪（说唱艺术），跳萨满舞，围在篝火旁杀生鱼吃、烤塔拉哈（烤鱼块），尽情歌舞、欢聚。

鸭绿河东行穿过大片沼泽，经鸭绿河农场转向东北至银川乡，在大力加湖出口附近汇入浓江，该段为同江市与抚远县的界河。两岸为冲积平原，苍茫辽阔。左岸有八岔岛国家级自然保护区，总面积32 000公顷，有国家珍稀濒危植物12种，保护动物86种。

赫哲族渔民

赫哲族冬季捕鱼

鸭绿河流域所处的同江市是我国新兴的口岸城市，地处三江平原腹地，土地肥沃，是国家主要商品粮基地之一，主要粮食作物有小麦、大豆、玉米，经济作物有亚麻、甜菜等。盛产鲟鳇鱼、鲑鱼和大白鱼等。境内拥有三江口古城遗址和街津口风景区等旅游观光地。

1.29 乌苏里江
（Wusuli River）

黑龙江右岸支流，是继**松花江**之后又一条黑龙江的大支流，为中国和俄罗斯的界河。乌苏里江满语为"天王的江"，又称"东方日出之江"。

乌苏里江上源为俄罗斯境内的乌拉河，发源于锡霍特阿林山脉西麓，刀毕河汇入后，由南向北流至黑龙江省虎林市八五八农场南，**松阿察河**汇入后始称乌苏里江。河流流经黑龙江省虎林、饶河、抚远等市县，在俄罗斯境内哈巴罗夫斯克（伯力）附近注入黑龙江。乌拉河长398千米，乌苏里江界河段长492千米，全河长890千米，流域面积18.7万平方千米。

乌苏里江流域地理坐标为东经129°51′～138°10′、北纬

1.29 乌苏里江

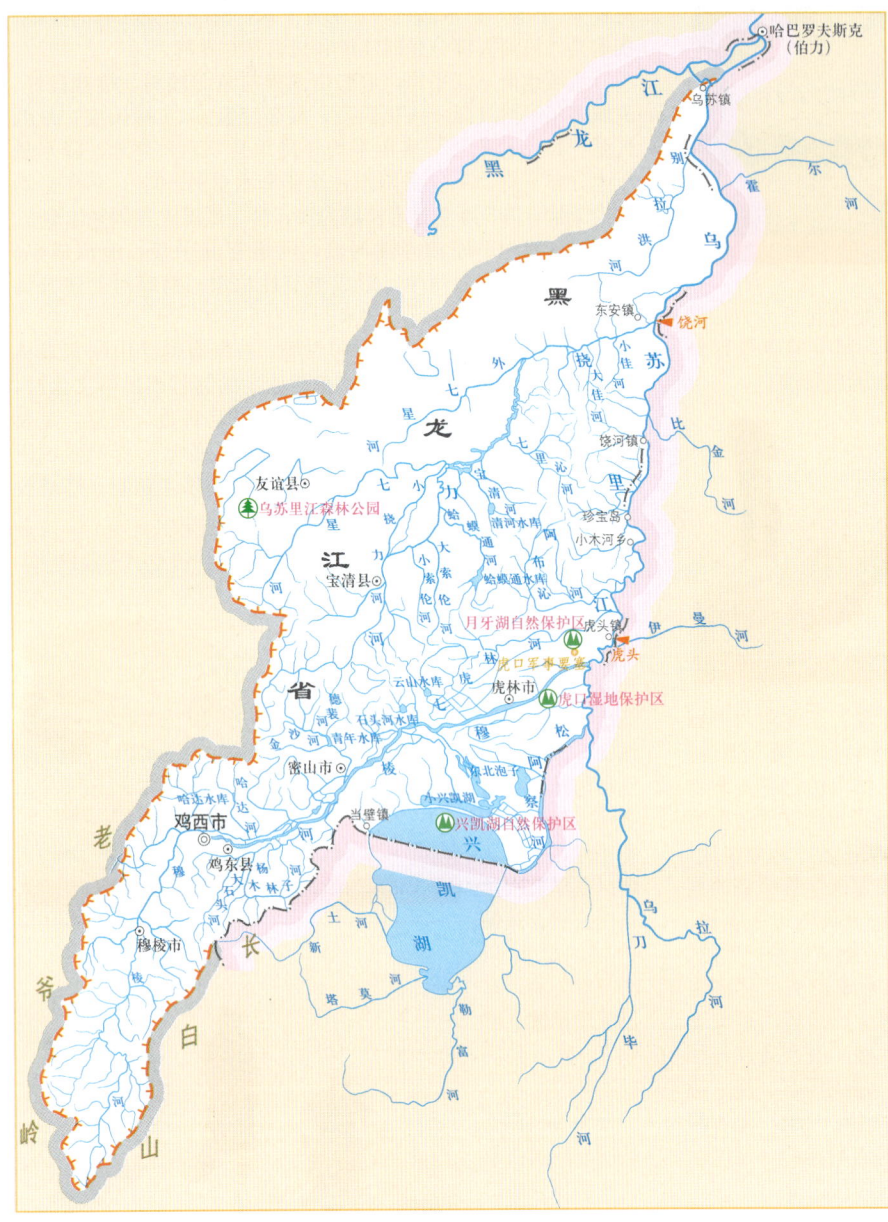

乌苏里江水系示意图

43°24′～48°47′之间。流域包括我国穆棱、鸡西、鸡东、宝清、友谊、富锦、密山、虎林、饶河、抚远等市县及俄罗斯部分国土面积。

乌苏里江

概　述

地质地貌　乌苏里江上游俄罗斯境内沿岸大部分为锡霍特山脉，山岳时而迫近河谷，时而远离江岸，平地十分狭窄。我国境内沿岸，除虎头、饶河、东安等镇附近为完达山脉靠近江岸外，其余沿岸地区皆为低洼沼泽湿地和宽阔平原。在乌苏里江中下游兴凯湖低平原区，除几个小面积岗坡和大小青山外，其余均属河湖滩地，地势低平。

境内的流域大部分山地由原生代花岗岩、片麻岩、片岩及石英粗面岩所组成，平原部分为第四系冲积层及湖沼冲积层所构成，沿河谷为低滩地，河曲和沼泽湿地发育。高于低滩地1～3米的高漫滩上分布有大片的沼泽和沼泽化湿地。

水系　乌苏里江两侧水道网发育不平衡，俄罗斯境内有较密的水道网，自源头向下主要支流有阿库里河、伊曼河、比金河、霍尔河。上述河流具有洪水涨落快、流速大、洪峰停留时间短的山区河流特征。我国境内水道网发育较弱，河流在平坦且常常沼泽化的河谷中缓慢流淌。乌苏里江自上而下较大的支流有中俄界河松阿察河和我国境内的**穆棱河**、**七虎林河**、**阿布沁河**、**挠力河**、**别拉洪河**。

气候水文　流域属中温带大陆性季风气候，多年平均气温3.9摄氏度，极端最高气温34.7摄氏度，最低气温－36.1摄氏度，多年平均年降水量546.6毫米，降水量年内分布不均，6—9月降水量占全年降水量的70%左右。河口多年平均年径流量623.5亿立方米，多年平均日照时数2 427小时，无霜期140天左右，结冰期150～160天，最大冰厚1.30米。

自然资源　我国境内宽阔的河谷平原中，不但有云杉、冷杉等珍稀树木，还有黄金、煤炭等矿产资源；既有丹顶鹤、白尾海雕、东北虎、黑熊等国家一级保护鸟类和野生动物，还有大马哈鱼、鳌花、胖头鱼、鲤鱼等丰富的水产资源。流域内旅游景点星罗棋布，沿程可观赏到**兴凯湖**自然保护区、当壁镇、王震将军纪念碑、虎口湿地自然保护区、月牙湖草地类自然保护区、虎头关帝庙、虎眺崖、乌苏里江森林公园、虎头地下军事要塞、宝丰湿地自然保护区、珍宝岛、东方第一哨以及具有特色的赫哲民族风情等几十处旅游名胜。

水旱灾害　乌苏里江1915—2004年间共发生11次较大的水旱灾害。

1971年7月，乌苏里江流域普降大到暴雨，各支流相继发生洪水。虎头水位站8月5日洪峰水位达到54.63米，为建站以来第2位大洪水。下游俄罗斯境内舍列梅季耶沃站8月24日洪峰流量9 000立方米每秒，为近百年来第1位大洪水。这次洪水给我国虎林、饶河等市县造成重大损失，沿江低洼处耕地均被洪水淹没，受灾人口1.3万。

1981年洪水主要发生在饶河县以下江段,8月14日饶河站洪峰水位98.26米,俄罗斯境内舍列梅季耶沃站8月18日洪峰流量7 100立方米每秒。饶河、抚远等县受灾耕地面积11.5万公顷,倒塌房屋6 708间,受灾人口6.5万人,水毁公路315.2千米。

乌苏里江文开江

1982年乌苏里江流域发生春旱,5—6月连续两个月降水量均比历年同期偏少50%,而且气温比历年同期高1.2摄氏度。由于高温少雨,各市县农作物普遍受灾,秋收时大豆、玉米、小麦等主要粮食产量均比常年减少35%左右。

1989年7月,乌苏里江上游的刀毕河、乌拉河、伊曼河相继发生洪水和特大洪水,左侧穆棱河也出现较大洪水。受其影响,乌苏里江发生特大洪水。虎头水位站8月5

乌苏里江雾凇

日洪峰水位达到54.85米,为建站以来第1位大洪水。这次洪水给沿江各市县造成重大损失,受灾耕地面积7.84万公顷,倒塌房屋991间,受灾人口52.3万,水毁公路123.9千米。

经济社会 流域内土地肥沃,日照充足,雨量充沛,适合多种农作物生长,是国家重要商品粮基地;以电力、冶金、煤炭、木材加工为主的工业企业快速发展,工业增加值逐年提高;对俄贸易极其活跃,已开通密山、虎林、饶河、抚远等多处陆路口岸和水运码头,年贸易额数十亿元;现已形成铁路、公路、水路四通八达的交通网络。

纪　实

上游 乌苏里江由源头到虎林市境内松阿察河河口为上游。上游段属山溪性河流,全部在俄罗斯境内。

早在5 000年前,乌苏里江流域是肃慎人居住的地方。到了公元2世纪,肃慎称挹娄,3世纪80年代挹娄改称勿吉,6—9世纪勿吉又改称靺鞨,唐朝及五代时期,乌苏里江流域分别为粟末靺鞨和顽水靺鞨所统领,一度是渤海国属地。辽金时,女真族在今虎林镇一带建有失里绵卫,在今饶河县以北建有朱儿兀赤卫,在今抚远县江东岸现俄罗斯境内建有柟阿万卫、伏里其卫和喜申卫等。清朝初期这一带归宁古塔尧都统领,雍正以后改归三姓副都统领。19世纪中期,沙俄通过强硬手段逼迫清政府签订不平等的中俄《瑷珲条约》和《北京条约》,强占了我国黑龙江以北、乌苏里江以东150多万平方千米领土,并以乌苏里江划江为界,除松阿察河河口以下492千米为中俄边界河流外,其余均在俄罗斯境内。

乌苏里江上游山高林密,人烟稀少,江水自源头在布列英山脉外侧(东侧)和锡霍特山脉内侧(西侧)的山谷中穿行,至虎林市八五八农场7队附近有松阿察河注入,以下始称乌苏里江。松阿察河发源于密山市兴凯湖,是中俄界河。兴凯湖位于密山镇东南35千米处,由大、小兴凯湖组成。大兴凯湖为中俄界湖,小兴凯湖在我国境内。松阿察河是兴凯湖水唯一出口。历史上被称为"北琴海"的兴凯湖,在广阔的水域中生长着48种淡水鱼类,尤其以大白鱼最为有名,不但味道鲜美,而且有药用价值。

在兴凯湖北岸,距密山镇42千米处的当壁镇旅游风景区,是以避暑、疗养、度假为主的综合性娱乐场所,区内有瞭望塔、望湖亭、水上游艇等旅游设施,登塔瞭望,可观赏到俄罗斯风光。

中游 从松阿察河汇入口至饶河县东安镇区间为中游。中游特点是两岸植被非草即木,水清流缓,幽雅宁静。

乌苏里江接纳松阿察河后进入黑龙江省虎林市境内。虎林市是一座新兴的边境城市,新中国成立前这里人烟稀少,一片荒原,人称"北大荒"。新中国成立后,特别是1958年十万转业官兵和支边青年来此开发建设,将北大荒建成北大仓。虎林市现辖7镇5乡,总面积9 334平方千米,人口31万。虎林市土地平坦肥沃,是国家重要商品粮基地和重点木材生产基地,已成为全国农村经济综合实力百强县和中国明星县之一。在松阿察河河口处有虎林市吉祥口岸,年过货能力150万吨,年出入境游客100万人次,是黑龙江省东南部主要的陆路通商口岸。

乌苏里江在虎林市境内于八五八农场15队附近有穆棱河汇入,在穆棱河入口处,右岸有虎口湿地自然保护区,左岸有月牙湖草地类自然保护区,两处均列入中国主要湿地名录。虎口湿地自然保护区总面积150平方千米,保护区内不但有各种珍稀植物,还有国家一级保护鸟类及多种鱼类。月牙湖草地类自然保护区是沼泽草地类湿地,总面积51平方千米。区内以草甸土为主,地势低洼,泡沼星罗棋布。由乌苏里江冲积而成的月牙湖湖面面积333万平方米。湖中生长荷花面积67万平方米,每逢荷花盛开,湖面美丽壮观。

乌苏里江流经月牙泡到虎头镇,俄罗斯境内先后有阿库里河和伊曼河汇入,中国境内有穆棱河汇入。

在虎头镇正南,依山傍水,有一座建于清朝雍正年间的关帝庙,是中国东部边界唯一的一座庙宇,故称"东方第一庙"。庙内立有关羽、关平和周仓的塑像,墙面上绘有古城会、三顾茅庐、单刀赴会、刮骨疗毒等三国故事图。虎头镇北侧有虎头风景名胜区。

乌苏里江国家森林公园坐落在虎林市虎头林场。园内除零星分布的几座低山丘陵外,其余均为冲积平原和沼泽地,总面积250平方千米。园内有珍稀乔木乌苏里杏、乌苏里皂角、乌苏里

虎头要塞二战终结地纪念碑

樟树;有白鹤、大雁、金雕等鸟类和黑熊、狍子、野猪等野生动物。

在虎头镇周边完达山余脉丘陵中,西起火石山,东至乌苏里江,南起边连子山,北至虎头山,是闻名世界的第二次世界大战遗址虎头地下军事要塞。要塞是由猛虎山、虎北山、虎东山、虎西山和虎啸山五个阵地组成,是日本侵略者于1934—1939年动用数万中国劳工秘密修建的规模庞大、结构复杂、设备齐全的军事要塞。日本关东军曾夸耀其为"东方

马其诺防线"。1991年虎头地下军事要塞被黑龙江省政府定为省级文物保护单位。

河流过虎头镇至大王家附近，左岸有七虎林河汇入，后流入宝丰湿地自然保护区。宝丰湿地自然保护区属于沼泽类湿地，总面积415平方千米。区内有蝶形洼地、线形洼地及各类泡沼，有几十种野生动植物。

珍宝岛

河流前行，有中国境内的阿布沁河汇入，继续北流到珍宝岛。珍宝岛坐落在虎林市小木河林场和小木河渔点附近，蜿蜒的江水环绕着这座状如元宝形的岛屿。珍宝岛是伸入乌苏里江的半岛，后经水流长期冲刷，形成今天的江中小岛。每逢枯水季节，珍宝岛仍能与我国陆地相连，恢复原来半岛面目。在乌苏里江上作业的老一辈中国渔民称珍宝岛为"翁岛"。1969年3月，中苏曾在此发生流血冲突。登上石头筑成的码头和江岸护坡，可见彩色门楣上"珍宝岛"三个大字。到此岛旅游可参观火石山、侵华日军列车、火炮阵地、军营军训、珍宝岛战役展览馆等景点。

乌苏里江流过珍宝岛后至江口村进入饶河县境内。饶河县位于东北边陲，与俄罗斯隔江相望。人口15万。有汉、满、回、壮、鄂伦春、赫哲等19个民族。饶河县自然资源得天独厚，开发潜力巨大。林、田、草、水、矿样样俱备，是一座天然的"绿色宝库"。森林覆盖率达到51%，人均占有林地面积3.5公顷，农村人均占地面积2.75公顷。饶河县素有"鱼米之乡""蜜蜂之乡"和"黑熊之乡"的美誉。

饶河口岸是我国通往俄罗斯远东地区的重要口岸，也是对俄哈巴罗夫斯克唯一的陆运和冬季过货的国家一类客货口岸。两国口岸国门相距760米，饶河口岸年过货量25万吨，日过客400人。双方开通了"二日游"和"四日游"旅游线路。

乌苏里江在饶河县北流至饶河镇，右岸俄境内有比金河注入。过饶河镇至东安镇南，左岸有中国境内的挠力河汇入。

下游 挠力河汇入口至入黑龙江口为下游。下游江段由于经常受到洪水泛滥和浸水，地面强烈沼泽化，许多地段形成曲流或网状水道，洪水冲下来的沉积物在河道中生成许多沙洲和浅水区域。在入江口有巨大的东西向沙洲——抚远三角洲，即黑瞎子岛。三角洲东侧是乌苏里江，西侧是通江，北侧是黑龙江。

乌苏里江流至瓦盆窑亮子进入抚远县境内。抚远县土地肥沃，农村人均占地3公顷，是全国人均占有耕地面积最多的地方，也是全国有名的北大仓。

乌苏里江在抚远县境内海青镇附近右岸有霍尔河汇入。流至别拉洪亮子附近左岸有别拉洪河汇入。经乌苏镇进入抚远三角洲，并在此注入黑龙江。乌苏镇是我国最东部的著名小镇，是最早将太阳迎进祖国的地方。

1.29.1 兴凯湖

(Xingkai Lake)

乌苏里江左岸水系，为**松阿察河**的源头。

兴凯湖是由地壳断裂，又出现玄武岩浆喷溢凹陷之后而形成的有源湖泊，是我国与俄罗斯的界湖。地理坐标在东经131°59′～132°51′，北纬44°44′～45°24′，是我国边境地区最大的淡水湖。

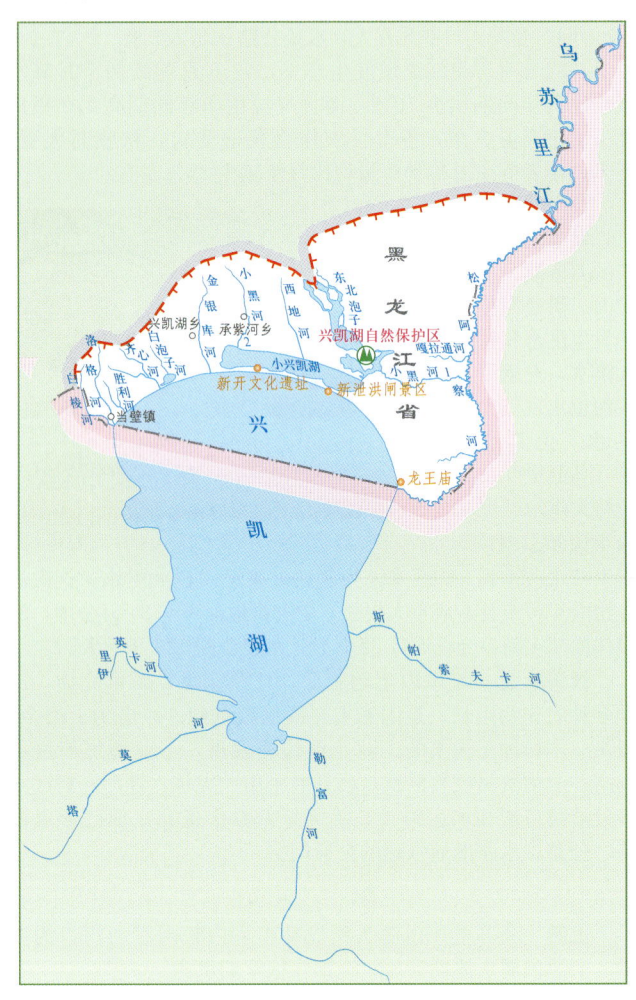

兴凯湖水系示意图

兴凯湖原为我国内陆湖泊，唐代称"湄沱湖"，金元时期称"北琴海"，清朝嘉庆年间改称兴凯湖。

唐开元元年（713年）唐玄宗下诏封渤海国。761年，在湖西北岸设东平府湄洲地方（今当壁镇一带），其州县多环湖而设，在湖的东北是安远府的沱州，故当时称该湖为"湄沱湖"。12世纪（1115年之后），金代大将斡带征服兴凯湖一带，见该湖犹如北国草原上的一把优美的月琴，故称该湖为北琴海。15世纪中叶，明朝为了加强边境地区的管理，在兴凯湖周围设"恨克卫""恨克"其发音近于"兴喀"，当时湖泊称为"淀"，于是该湖又称为"兴喀淀"。19世纪，清嘉庆年间，人们感到"兴喀"二字非属满语，故又将"兴喀"二字转音为满语的"兴凯"，意为"水从高处向低处流"的意思。

概 述

兴凯湖由大、小兴凯湖两部分组成，中间相隔一条10余

兴凯湖

米高的砂岗，两湖以湖岗上的第一、二泄洪闸和新开流相通。大兴凯湖现为中俄界湖，东西宽60千米，南北长130千米，周长400余千米，总面积4 380平方千米，平均水深3.5米，最深处10米，蓄水量153亿立方米。湖面上以松阿察河口与白棱河口两点连线为界，北部1 080平方千米属我国所有，南部属俄罗斯，湖界长70千米。小兴凯湖为我国内陆湖，又名达布库湖，东西长35千米，南北宽5千米，面积170平方千米。平均水深1.8米，最深3.5米，蓄水量3亿立方米。穆棱河在湖北闸前入穆兴分洪道经东北泡子注入小兴凯湖，再经兴凯湖第一、二泄洪闸调节后泄入兴凯湖。

东北泡子位于小兴凯湖的东北侧，与小兴凯湖紧密相连，总面积80平方千米，是因修建了兴凯湖东导流堤和穆兴东堤而形成的人工湖泊型水库，储水量1.2亿立方米，既是穆棱河穆兴分洪道的直接承泄区，也是兴凯湖灌区的蓄水工程。在汛期发生洪水时，大部分洪水经百米闸和600米泄洪道入小兴凯湖。小部分洪水由芦苇闸进行调控，泄入嘎拉通河。

流入小兴凯湖的河流有小黑河、承紫河、金银库河、西地河及东地河。流入大兴凯湖的河流有9条，我国境内有白泡子河、齐心河、胜利河、洛格河、白棱河，俄罗斯境内有新土河、伊里英卡河、塔莫河、勒富河、伊利斯塔亚河、斯帕索夫卡河。

松阿察河是兴凯湖唯一的出水口，位于兴凯湖的东侧，按1860年《中俄续增条约》规定为中俄两国的界河，向北流入乌苏里江。

兴凯湖流域属三江平原大地貌中的一个单元，其总地势为西北高，东南低。地貌类型以河漫滩、湖滩为主，地势低平，微地形复杂，多古河道、牛轭湖以及大面积的湖积低平原。从大湖边缘起，向东北依次形成大湖岗、太阳岗、二道岗、荒岗与南岗，各岗围绕大湖呈东南至西北走向的弧形沙丘，海拔70~80米，各岗之间又形成沼泽湿地，海拔60~70米。在沙岗上形成了以兴凯湖松、蒙古栎等乔木为主的森林植被，而在低地上形成了以小叶樟、芦苇、膨囊苔草、毛果苔草、漂筏苔草、乌拉苔草等草本为主的湿地植被。

兴凯湖地区属中温带大陆性季风气候区。多年平均气温3摄氏度，极端最低气温－39摄氏度，极端最高气温36摄氏度。由于受兴凯湖巨大水体的作用，本地区形成了特有的小气候，春季湖水吸收大量热能，使气温比同纬度地区低1~3摄氏度；秋季湖水结冰放出热量，使湖周地区的无霜期比内陆同纬度地区向后推迟15天左右。

兴凯湖多年平均年降水量559毫米，降水多集中在6—9月，占全年总量的70%。春季盛行西南风，秋冬季多西北风，年平均风速4.0米每秒，多年平均大风天数38天，最大风力可达八九级。多年平均年水面蒸发量1 000~1 250毫米。年平均日照时数2 574小时，积温2 250摄氏度，无霜期147天，湖水封冻期160天，冻层厚度1.5~2.0米。

兴凯湖地区洪涝灾害频发。1911—1949年的38年中，发生较大洪水9次，旱灾1次（1935年）。新中国成立后，穆棱河兴凯湖地区共发生13次洪涝灾害。1991年洪水最险、最大，8月2日穆兴分洪道流量达4 870立方米每秒，是百年不遇的特大洪水，超过了当时工程的防御能力，为此，被迫于当日在大、小兴凯湖之间丁家亮子湖岗炸开150米缺口，在八五六农场25队东同三公路炸开缺口155米。在第一泄洪闸和丁家亮子缺口，洪水各以570立方米每秒的流量向大湖泄洪。

1955年以前，每到丰水期，小兴凯湖、东北泡子和兴凯湖农场场区（除几条高岗外）与松阿察河水连成一片。枯水期东北泡子水源常常枯竭，小湖水源得不到补充。1955年，修建了兴凯湖导流堤，才形成了现在的东北泡子，小湖湖水向东泛滥得以控制。此后农垦陆续修建了湖西路、五条泄洪道、穆兴东堤、湖岗泄洪闸、荒岗闸、芦苇放水闸、兴凯湖第二泄洪闸等一大批防洪除涝工程，对小湖和东北泡子水位进行人为控制，小兴凯湖和东北泡子的水资源综合利用得以实现。

兴凯湖地区的水资源利用始于清朝光绪十五年（1889年），当时的朝鲜族农民利用支流洛格河水种水稻。1955年随着兴凯湖农场的建场开发开始扩大水稻种植面积，到1998年，水稻种植面积达到2.4万公顷。

兴凯湖第一泄洪闸（湖岗闸），共8孔，每孔净宽10米，泄洪流量900立方米每秒。1993年，国家批准建设穆棱河下游地区防洪治涝骨干工程建设，1996年兴建荒岗闸，历经15年，兴凯湖东西导流堤的防洪标准提高到30年一遇洪水标准。1998年，兴凯湖百万亩灌区工程开工建设，兴凯湖灌区主要水源取自大兴凯湖（提水）、小兴凯湖、东北泡子和穆棱河下游来水，经小兴凯湖和东北泡子调节后向九个分灌区供水。结合第二泄洪闸建泵站工程，提水补充灌区用水。2001年在湖岗双山头东侧建成的兴凯湖灌区渠首——兴凯湖第二泄洪闸，是集防洪、灌溉和生态环境建设为一体的重要枢纽工程。第二泄洪闸在汛期工程将穆棱河汇入小兴凯湖的洪水泄向大兴凯湖，确保该地区16万人民的防洪安全。泵站从大兴凯湖提水入小兴凯湖，再由小兴凯湖经过百米闸和600米泄洪道进入东北泡子，然后通过荒岗闸及导流堤上5座分水闸向各渠道供水，近期可为兴凯湖灌区7.67万公顷水田提供补充水源，远期可将兴凯湖灌区发展到12.47万公顷水田。另外，通过调控小兴凯湖和东北泡子水位，向湿地补水。

纪　　实

兴凯湖是距今6 500万年前（中生代晚期）由于断裂能量释放形成深源地震及火山活动，导致大量基性岩浆喷发，形成火山碎屑和陆相碎屑沉积凹陷而成。更新世后期，湖面缩小，出现蝶形洼地和带状沙岗等地貌，形成大、小兴凯湖。

兴凯湖流域是国家级自然保护区和风景名胜区，保护区内湿地面积22.25万公

兴凯湖湿地风光

顷。1996年4月，江泽民主席和俄罗斯叶利钦总统在北京签署了《中俄共同保护兴凯湖协定》。2001年，黑龙江省决定把兴凯湖建设成国际生态旅游基地。2002年，兴凯湖湿地被拉姆萨尔国际公约组织列为《国际重要湿地名录》。同年，加入东北亚鹤类保护网。保护区内动植物资源极为丰富，有鸟类近200种，其中有丹顶鹤、东方白鹳等国家一级保护鸟类5种，二级保护鸟类30种；有植物450多种，其中国家二级保护植物9种，如兴凯赤松、兴安桧等珍稀树种；有鱼类57种，其中大白鱼是我国四大淡水名鱼之一。大白鱼学名"翘嘴孔鲅"，它以其肉质洁白、细嫩、鲜美可口闻名于世，是历代皇家的指定贡品。

兴凯湖飞鸟

位于兴凯湖中国一侧，西起当壁镇，东至龙王庙，有一条长98千米的湖滨沙滩贯穿兴凯湖五大区域。位于大兴凯湖最西端的当壁镇，不仅有国家一类陆路口岸，还有世界上最小的界桥——白棱河桥。这里还有将军石、将军林、沙滩浴场和千头梅花鹿养殖基地。

当壁镇旅游度假区风光

与当壁镇相距6千米，方圆10公顷的莲花池内生长着

当壁镇北大荒开发建设纪念馆

30多万株野生莲花。每年夏季，莲花竞相开放，分外妖娆。

大、小兴凯湖被一条长约30千米的湖岗隔开。湖岗最宽处约200多米，窄处几十米，岗高十多米，是自然形成的沙坝。湖岗一直保持着原始植被，被称为"绿色长城"，是一道优美的自然风景线。那里不仅林木繁茂，野花烂漫，山果累累，而且还有鹿、貂、麝、鼠、山鸡和各种鸟类。每当春季到来，十里杏花争相开放，姹紫嫣红，争奇斗艳，大批候鸟从南方飞来，栖息于此，白天鹅、丹顶鹤、鸳鸯等珍稀禽鸟也是这里的常客。

新开流文化遗址位于兴凯湖流域中心部位，遗址记载着6 080年前，满族人的祖先——肃慎人创造的渔猎文明。1972年此处出土了石器、骨器、陶器等各类历史文物2 000多件。

兴凯湖第一泄洪闸位于大、小兴凯湖之间湖岗新开流遗址东部30千米处。兴凯湖第二泄洪闸位于湖岗双山头东侧，距兴凯湖农场场部6.5千米，汛期到来时，两座泄洪闸开启，洪水如万马奔腾，涛声震耳，被称为听涛区。特别是第二泄洪闸，它是集防洪、灌溉、湿地保护、旅游为一体的重要枢纽工程，以其雄伟壮观的工程规模，古朴庄重的仿古建筑风格，为百里湖岗增添了一道靓丽的风景，使游人流连忘返。

龙王庙与泄洪闸相距约24千米，地处兴凯湖农场境内，距兴凯湖农场场部20千米，是中俄边界兴凯湖东侧的分界点，兴凯湖水通过唯一的湖口泄入松阿察河。据《密山市志》记载，清朝咸丰年间，当地渔民为了下湖捕鱼时的人身安全，在松阿察河河源北岸的界碑处，用木板钉制了一座小庙，用来祭祀兴凯湖传说中的"小白龙"，故称龙王庙。后因松阿察河河水冲刷，河道向我国一侧滚动，在民国6年（1916年）夏，界碑石已堕入湖中。

兴凯湖自然景色优美，历史积淀厚重，文化底蕴博大，旅游资源丰富，是闪耀在祖国北方大地上的一颗璀璨的明珠，被誉为"北国绿宝石""东方夏威夷"。大界湖、大湿地、大冰雪、大生态构成了兴凯湖独特的自然景观。

20世纪50年代王震将军率师开发北大荒，奏响了人类征服自然的凯歌。20世纪60年代，百万热血知青屯垦戍边，几代北大荒的开发建设者们凝聚成的北大荒精神在这里升腾。

兴凯湖畔还留下了著名女作家丁玲、诗人艾青、剧作家吴祖光等一代文学艺术家的足迹。

1.29.2 松阿察河

(Songacha River)

乌苏里江左岸支流，中俄界河。松阿察河满语意为"戴盔缨的河"。河流自源头兴凯湖经黑龙江省密山市友好村、焦家亮子、胡家亮子至虎林市八五八农场7队附近注入乌苏里江，河长172千米，境内流域面积2 200平方千米。

松阿察河水源来自**兴凯湖**，是兴凯湖水的唯一出口，属平原区河流，平均河宽40～50米，河道平均比降0.05‰。该

第二泄洪闸（兴凯湖灌区）

河由上而下有小青河、翟麻子河、焦家亮子河、嘎拉通河等支流汇入，俄罗斯一侧有别拉亚河、洪尔都河汇入。

流域地处中温带大陆性季风气候区，多年平均气温 3.5 摄氏度，最高气温 38.0 摄氏度，最低气温 -39.1 摄氏度。多年平均年降水量 550 毫米，降水量年内分布不均，6—9 月降水量占全年降水量 70% 左右。多年平均年径流量 1.65 亿立方米。无霜期 140 天左右。结冰期 150～160 天，最大冰厚 1.20 米。

松阿察河流域为**穆棱河**冲积和兴凯湖堆积组成的湖积平原。地势平坦，湖积层上部为亚黏土，厚约 1.5 米，其下为粗砂、砂砾石夹薄层黏土。由于地壳运动和洪水携带泥沙的沉积，使部分河岸演变为沼泽湿地。

松阿察河由兴凯湖流出后主要流经黑龙江省密山市东部兴凯湖农场、八六五农场和兴凯湖自然保护区。当冬季兴凯湖全部封冻后，受冰面的压力，湖水从松阿察河出口破冰而出，每当日出时水面雾气蒙蒙，使兴凯湖和松阿察河两岸树上挂满雾凇，晶莹剔透，宛若仙境。

松阿察河北流至胡家亮子附近进入虎林市，区域内有红松、黄檗、水曲柳等名贵木材几十种，有人参、黄芪、五味子等中草药材几百种，有黄金、石墨、铜、铁等 40 多种矿产资源和极其丰富的水产资源。流域内土地肥沃，适宜各种农作物生长，注册绿色商标的"珍宝岛"牌大米和"虎林"牌大豆远销国内外。

松阿察河岸边植被状况较好，鸟儿常聚居于此。尤其在松阿察河源头，是鸟类从南方向北方迁徙时停歇、栖息的必经之地，最多时每天可达到几万只，其中有国家重点保护鸟类丹顶鹤、东方白鹳、金雕、白尾海雕、虎头海雕等。

松阿察河口处虎林市吉祥口岸，是黑龙江省东南部主要的陆路通商口岸，年过货能力 150 万吨，出入境游客 100 万人次。由中俄双方共同修建的松阿察河大桥，保证了口岸全年过货。

1.29.3 穆棱河
（Muling River）

乌苏里江左岸支流，发源于完达山脉老爷岭东坡黑龙江省穆棱市窝集岭，流经穆棱、鸡西、鸡东、密山、虎林等市（县），于虎头镇南 18 千米处注入乌苏里江，河长 834 千米，流域面积 18 136 平方千米。

概　述

地质地貌　流域地势由西向东倾斜，西部以老爷岭与**牡丹江**分界，北部以完达山脉与**倭肯河**、**七虎林河**分界，东部以穆兴东堤与**松阿察河**分界，南部以太平岭与**绥芬河**、**兴凯湖**分界。流域内山地面积占 51.0%，丘陵面积占 26.3%，平原面积占 22.0%，湖泊面积占 0.7%。

山区多为花岗岩、片麻岩和玄武岩。丘陵区上层为 2～15 米灰黄色黏土层，下伏 10 米左右砂砾石。平原区上层为黑色

穆棱河水系示意图

有机土，下部为灰黄色砂黏土，其下为砂砾石。

河流水系　穆棱河由西南向东北流至鸡西市附近的青龙山处折向东流，于虎林市湖北闸处分两路下泄：一路沿穆兴分洪道注入小兴凯湖，一路沿原河道注入乌苏里江。河流自上而下较大支流左岸有大石头河、滴道河、**哈达河**、**裴德河**，右岸有马桥河、**亮子河**、**黄泥河**。

气候水文　流域地处中温带大陆性季风气候区。多年平均气温 3.2 摄氏度，最高气温 37.6 摄氏度，最低气温 -44.1 摄氏度。多年平均年降水量 552.9 毫米，降水量年内分布不均，6—9 月降水量占全年降水量 70% 左右，多年平均年径流量 22.67 亿立方米。无霜期 140 天，结冰期 150～160 天，最大冰厚 1.37 米。

自然资源　流域内自然资源丰富，森林覆盖率 27.5%，树种以松、柞、桦木为主，木材蓄积量 6 000 多万立方米。森林中有东北虎、黑熊等国家保护动物几十种，有人参、黄芪等名贵药材和木耳、蘑菇山产品几百种。已探明的矿产资源有 56 种，其中煤炭总储量 85 亿吨，石墨总储量 7.8 亿吨。此外，硅线石、大理石、泥炭、钾长石都具有很大开发潜力，黄金、铁、铜、铂等贵金属已有部分开采。旅游资源有六峰湖自然保护区、粮台山古城遗址、四平山古城遗址、虎口湿地自然保护区和月牙湖草地类自然保护区。

水旱灾害　穆棱河流域处于三江平原暴雨中心地带，洪涝灾害频繁。从 1886—2005 年间共发生水灾 16 次，平均 7.5 年一次。

1965 年 8 月，穆棱河发生洪水，梨树镇水文站实测洪峰流量 4 380 立方米每秒。受灾耕地面积 7 万公顷，毁坏房屋 1.2 万间，受灾人口 13.8 万。

1991 年 8 月，穆棱河发生洪水，湖北闸水文站实测洪峰

流量 4 790 立方米每秒，为建站以来第一位大洪水，受灾耕地面积 26.8 万公顷，粮食减产 33.2 万吨，倒塌房屋 4.28 万间，受灾人口 85.1 万。洪水冲毁铁路、公路、桥涵通信线路和堤防等公共设施。

经济社会 流域内交通方便，铁路、公路四通八达，通往全国各地。以煤炭为主的工业和以大豆、水稻为主的农业发展较快。对俄贸易活跃，现已开通密山和吉祥两个国家一级陆路口岸，年过货量 200 万吨，出入境游客 85 万人次。

治理开发 穆棱河干流已建黑台、穆兴、穆棱镇和鸡西城区等堤防，修建了湖北闸穆兴分洪道，防洪标准 20 年一遇。修建大型水库 1 座、中型水库 9 座、小型水库 28 座，兴利总库容 5.84 亿立方米，实际灌溉水田面积 2.6 万公顷。

纪　　实

上游 源头至鸡西城区与鸡东县交界的鸡冠山处，山高坡陡，海拔在 500～1 000 米之间，河道平均比降 2.33‰，谷深河窄，水流湍急。20 世纪初，穆棱河水量充沛，水深丈余，有民船通行。20 世纪 50 年代，水深在 2～5 米之间，水清见底。1960 年以后沿河两岸柳树大部分被砍伐，引起河岸塌陷，水土流失严重，河道淤积。20 世纪末，河宽增至 60～80 米，水深只有 1～2 米。

穆棱河自源头由西南向东北流经和平林场进入**团结水库**，六峰湖自然风景区就坐落在团结水库区域内。六峰湖自然风景区是由六座山峰围成的水体而得名。六个山头自北向南排列着，山体形态浑圆，为密林所覆盖。由六峰湖前行 2 千米，就到了天然名泉"六峰泉"。此泉清澈透明，入口甘甜。在六峰湖西侧的高山峻岭之间，有当年东北抗日联军留下的宿营遗址及著名抗日将领周保中、陈翰章在此留下的足迹。

河流由团结水库向北到达穆棱镇，设有穆棱水位站，集水面积 2 613 平方千米，是穆棱河上游控制站。河流穿过穆棱镇东北流至兴源镇。粮台山古城遗址就在兴源镇附近的一座山上。粮台山因清朝光绪年间兵部尚书吴大澂在其上建粮仓屯粮而得名。

河流过兴源镇至下城子镇，右岸有马桥河汇入。流经八面通镇，八面通镇是穆棱市政府所在地，穆棱市因穆棱河而得名。穆棱境域在远古时期为肃慎居地，东汉以后为挹娄，唐朝时期为渤海国牧马场。《鸡林旧闻录》关于穆棱地名释义是"马"或"牧马"，即马生息之处或牧马场。穆棱市近代开发始于清同治二年（1863 年），1909 年设穆棱县。

穆棱市地理位置优越，东与俄罗斯接壤，南连绥芬河、东宁等国家一级口岸，西接牡丹江市，北靠煤城鸡西市，既处在东北亚"金三角"之中，又位于对俄出口的黄金通道上。301 国道和绥滨铁路贯穿全境，形成了纵横交错、四通八达的交通网络。境内自然资源丰富，蕴藏黄金、红蓝宝石、煤炭、石墨、花岗岩、珍珠岩、大理石等诸多矿产资源；有丰富的水利资源和森林资源；有人参、黄芪、刺五加、桔梗等上百种药材和木耳、元蘑、猴头菇、松茸、蕨菜等山产品。过八面通镇东北之后河流进入鸡西市境内。并经过鸡西市城区，贯穿鸡西市区。鸡西市因地处鸡冠山之西而得名。

鸡西市矿产资源丰富，主要有煤、石墨、磷等 40 余种，石墨储量居亚洲之首，鸡西煤田是我国较大煤田之一。

鸡西市的四平山古城遗址，是唐朝渤海国时期人类活动的实物记录。古城建于公元 618—907 年，有四面城墙和水池，有四个城门，东面 300 米的悬崖绝壁是天然的东墙。现在城北面还残留着高 1.4 米，厚度 1.0 米人工砌的石墙。

鸡西市设有梨树镇水文站，集水面积 6 443 平方千米，是穆棱河中游控制站。左岸有滴道河注入，1975 年在滴道河修建团山子水库，1980 年竣工，控制面积 550 平方千米，库容 0.59 亿立方米。卧龙湖风景区就坐落在滴道河团山子水库。

河流过鸡冠区到鸡冠山处进入鸡东县境内。鸡冠山位于鸡西市鸡冠区与鸡东县交界处，山体呈东西走向，总面积 70 万平方米，主峰海拔 434 米。山体陡峭险峻，山顶为鸡冠状，故此得名。

中游 鸡冠山至虎林市湖北闸区间为河流中游。其地形地貌多为丘陵和阶地，河道平均比降 0.71‰。河流进入密山市后，丘陵分散，河道逐渐扩展，河宽在 40～80 米之间。

穆棱河到哈达镇新华乡附近有哈达河从左岸汇入。哈达河上建有哈达水库，控制面积 282 平方千米，库容 0.89 亿立方米。至东海镇明德朝鲜族乡附近，右岸有黄泥河汇入。在黄泥河中游建有八楞山水库，控制面积 615 平方千米，库容 0.99 亿立方米。河流经过永安镇后进入密山市境内。

密山市因境内蜂蜜山而得名。日伪期间密山为东安省会。密山市资源丰富，煤炭储量约 5 亿吨，石墨储量约 2.5 亿吨，钾长石储量约 1 亿吨，大理石储量约 5.4 亿立方米。密山市又是国家重要商品粮基地。1989 年 4 月设立的密山口岸，是黑龙江省东南部主要的陆路通商口岸，年过货能力 50 万吨，出入境旅客 30 万人以上。

密山口岸国门位于兴凯湖西北端的中俄界河白棱河上，距密山市区 38 千米。雄伟的口岸国门与收入《吉尼斯世界纪录大全》的世界上最小的国际界桥——白棱河桥，构成了一道独特的旅游景观。

密山口岸国门

穆棱河在密山市境经集贤镇、三棱通镇，至八五七农场进入虎林市境内，于杨岗镇杨树河子村附近有裴德河从左岸注入。裴德河中游建有**青年水库**，是黑龙江省大型水库之一。

密山口岸中俄界桥——白棱河桥

下游 湖北闸至河口为穆棱河下游。下游沿岸为平原，偶有丘陵起伏。河道平均比降 0.33‰，河宽 80～100 米，洪水时河口处河宽可达 200 米。

穆棱河流经虎林市杨岗镇到达湖北闸水利队。湖北闸设计洪峰流量 2 600 立方米每秒，其中湖北闸泄量 150 立方米每秒，穆兴分洪道泄量 2 450 立方米每秒。穆兴分洪道长约 20 千米，底宽 30 米，分洪口在闸的上游 34 米处。湖北闸水文站，集水面积 16 218 平方千米，有两个监测断面，一个设在穆兴分洪道上，控制穆棱河流入小兴凯湖的水量；一个设在闸下，控制穆棱河流入乌苏里江的水量。

穆棱河流经湖北闸后经宝东镇至虎林市城区。虎林市位于完达山南麓，是一座新兴的边境城市。虎林市新中国成立前人烟稀少，荒原成片，俗称北大荒。目前虎林市为"全国农村经济综合实力百强县"和"中国明星县"之一，是国家重要商品粮基地。在松阿察河与乌苏里江入口处的虎林市吉祥口岸，是黑龙江省东南部主要的陆路通商口岸。

穆棱河于虎头镇南18千米处汇入乌苏里江。入口处右岸有虎口湿地自然保护区，左岸有月牙湖草地类自然保护区。

黑龙江省虎口湿地自然保护区，总面积150平方千米。保护区内有黄檗、水曲柳、核桃楸、野大豆等珍稀植物，有丹顶鹤、白头雕、白尾海雕等一级保护鸟类和驼鹿、棕熊、猞猁等野生动物及多种鱼类。

穆棱河月牙湖风光

黑龙江省月牙湖草地类自然保护区是沼泽草地类湿地，总面积51平方千米。区内以草甸土为主，地势低洼，泡泽星罗棋布。月牙湖由乌苏里江冲积而成，湖面面积333万平方米，其中荷花面积67万平方米，每逢荷花盛开，湖面美丽壮观，游人如临仙境。

1.29.3.1 团结水库
（Tuanjie Reservoir）

穆棱河上游的中型多年调节水库，位于黑龙江省穆棱市共河乡境内，具有防洪、灌溉、养鱼、发电等综合效益。1981年竣工，1985年通过验收并投入运行，2002—2004年又对水库的主体工程进行了除险加固。

团结水库库区地处中温带大陆性季风气候区，半潮湿地区，冬季长而冷，10月至次年4月为结冻期，冻层厚1.5～2米，夏季湿热而短。水库多年平均年蒸发量950毫米，多年平均年降水量534毫米，6—9月占全年降水量70%，多年平均年入库径流量8320万立方米，无霜期126天，年日照时数2613小时，多年平均气温1摄氏度，最高气温37.6摄氏度，最低气温-44.1摄氏度。

团结水库坝址以上集水面积445平方千米，总库容8630万立方米，相应水面面积6.9平方千米。主体工程由大坝、输水洞、溢洪道、电站组成。大坝为黏土心墙土石混合坝，坝长280米，最大坝高35.5米。输水洞总长220米，最大泄量146立方米每秒，溢洪道为无闸控制开敞式，水库电站为坝后式厂房，装机容量750千瓦。

水库设计灌溉面积1.2万公顷，其中直灌0.3万公顷，补灌0.9万公顷。

水库自运行以来发挥了工程效益，在防洪方面，水库于1986、1991年将入库洪峰90立方米每秒和76立方米每秒分别削减至30立方米每秒，减轻了下游洪水灾害。水库电站为共和乡和周边地区的经济发展和繁荣提供了电能并累计为下游供水10亿多立方米，为农业发展提供了保证。以库区自然风光和人文景观形成的旅游核心区（六峰湖生态旅游区）促进了该区的经济社会发展。

水库位于穆棱河干流上游森林腹地，水库形成的水面南北长约6.5千米，东西宽约1～3千米，俯瞰水面呈一"Y"字形，是典型的山区型水库。这里群山环抱，峰峦叠嶂，水清石秀，树木成荫，薄雾缭绕，风景十分秀丽，在穆棱市享有小镜泊湖之美誉。

团结水库

水库独特的地理环境为众多的野生动物创造了良好的栖息环境，这里有天鹅、水獭、鸳鸯等国家二级保护禽类、动物5种。水库周围的高山峻岭之间，有当年抗联战士的宿营遗址，著名抗日将领周保中、陈翰章、金日成等都在此战斗过。

为了保护库区内的湿地、水域及林地，1996年11月黑龙江省在水库控制流域及下游管理区内划出总面积65.91平方千米地域作为省级自然保护区，即六峰湖自然保护区。

1.29.3.2 亮子河
（Liangzi River）

穆棱河右岸支流，发源于黑龙江省东宁县太平岭白石砬子山北侧，由南向北流经杨木村、福禄乡，于穆棱市亮子河村附近注入穆棱河，河长77.6千米，流域面积583平方千米，河道平均比降1.28‰。

亮子河流域多年平均气温3.3摄氏度，极端最高气温37.6摄氏度，最低气温-44.1摄氏度。多年平均年降水量550毫米，降水年内分布不均，6—9月降水占全年降水量70%左右。多年平均年径流量7287.5万立方米，无霜期145天，结冰期150～160天，最大冰厚1.32米。

亮子河为山溪性河流，洪水具有涨落快、流速大、洪峰停留时间短的特征。

亮子河位于穆棱河上游，山高林密，沿河两岸有红松、白桦等几十种高大树木和茂密的灌木林，有梅花鹿、黑熊、野猪等野生动物和人参、黄芪、刺五加等名贵药材及黑木耳、元蘑、猴头菇等山菌类产品。

位于穆棱市、鸡西市、东宁县交汇处的十文字国家森林公园是穆棱市风力发电厂人文景观和十文字区域的沟涧曲幽、岩峦形象奇特的自然景观相结合的旅游胜地。公园内地势起伏，时而悬崖陡峭，时而平缓辽阔，有茂密的原始森林和几百种动、植物。

1.29.3.3 哈达河
(Hada River)

穆棱河左岸支流,发源于黑龙江省鸡东县哈达碰子东沟,由哈达碰子沟和柳毛河汇合在哈达水库后始称哈达河。哈达河由北向南流经双山乡、青山乡,于哈达镇附近注入穆棱河。河长63千米,流域面积548平方千米,河道平均比降4.76‰。

哈达河流域地处完达山脉低山丘陵区,地势北高南低,植被良好。流域多年平均气温3.3摄氏度,极端最高气温37.0摄氏度,最低气温-44.1摄氏度。多年平均年降水量528.6毫米,降水在年内分布不均,6~9月降水占全年降水量70%左右。多年平均年径流量7 069万立方米。无霜期146天,结冰期150~160天,最大冰厚1.28米。多年平均日照2 407小时。

哈达河下游建有哈达水库,集水面积282平方千米,库容0.89亿立方米,是一座以灌溉为主,结合防洪、养鱼等综合利用的中型水库。

哈达河自然风景区由卧驼峰、石崖湾、群峰山、平台山等自然景观和钓鱼台、阴阳靶场等人文景观组成,占地面积29平方千米,其中景观占地面积2平方千米,水面面积10平方千米,绿地面积17平方千米,是一处以水库为主体,以群山为衬托,集蓝天、白云、青山、绿水于一体的旅游胜地。景区周围群山环抱,葱茏的森林中生长着几十种野生动物和几百种野生植物。

1.29.3.4 黄泥河
(Huangni River)

穆棱河右岸支流,发源于黑龙江省鸡东县红叶山杨木林沟,由东向西流经八楞山水库后折向东北,在东海镇东升村附近注入穆棱河。河流长84千米,流域面积1 873平方千米。

黄泥河流域西南高东北低,西南部是山区,东北部为冲积平原。流域多年平均气温4.9摄氏度,极端最高气温37.0摄氏度,最低气温-44.1摄氏度。多年平均年降水量517.6毫米,降水年内分配不均,6~9月的降水占全年降水量70%左右,多年平均年径流量2.34亿立方米。无霜期140天,结冰期150~160天,最大冰厚1.20米。

黄泥河上游崇山峻岭,风景秀丽。中游的八楞山水库,距县城35千米,集水面积615平方千米,总库容0.99亿立方米,是一座以灌溉为主,兼顾防洪、养鱼等综合利用多年调节的中型水库。

黄泥河流域地处鸡东县境内。鸡东县位于黑龙江省东南部,境内自然资源丰富,素有"聚宝盆"的美誉。其中煤炭总储量达34亿吨,是黑龙江省煤炭储量最大、产量最高的县。此外还有金、铜、铁、铂、萤石、水晶等矿藏20多种,其中萤石、水晶的储量均占全省第一位。全县林地面积25.3万公顷,森林覆盖率达42.6%。山林中有多种动物、中药材和山珍品。域内现已开发哈达河风景区、八楞山水库风景区、鸡林朝鲜族风俗区、西大坡农业生态观光区等旅游景观。

1.29.3.5 裴德河
(Peide River)

穆棱河左岸支流,发源于黑龙江省密山市西北部大砬子山,支流有右岸金沙河、裴德里河。裴德河流经裴德镇、兴凯镇,于虎林市杨岗镇附近注入穆棱河,河长78千米,流域面积1 730平方千米。

裴德河流域地势由西北向东南倾斜,属完达山脉低山丘陵地带。西北部为山地丘陵,东南部为平原区。

流域多年平均气温3.5摄氏度,最高气温38.0摄氏度,最低气温-39.1摄氏度,无霜期在130~140天之间,多年平均日照2 400小时。多年平均降水量531毫米,降水量年内分布不均,6~9月降水占全年降水量70%左右,多年平均径流量2.16亿立方米,结冰期160天左右,最大冰厚1.20米。

自源头至裴德镇,河流在山区穿行,两岸树木高大,植被较好。在裴德镇以下进入平原区,两岸除耕地外均为沼泽湿地,生长柞树等低矮植被。

位于密山市以北13千米处,裴德河与支流金沙河、裴德里河交汇处的**青年水库**是一座以灌溉为主,兼顾防洪、发电、养殖的综合性水利枢纽工程,是黑龙江省大型水库之一。

裴德镇是裴德河流经的较大城镇之一,这里有青年水库风景区和北大荒书法艺术长廊,土地肥沃,雨量充沛,适合多种农作物生长。青年水库云水山庄的北大荒书法艺术长廊,是由碑墙、碑廊和散立于草坪上形态各异的碑碣所组成。目前,碑刻总数已达300多块,是黑龙江省著名碑林。

1.29.3.5.1 青年水库
(Qingnian Reservoir)

穆棱河支流裴德里河上的水库,位于黑龙江省密山市以北13千米处,是由转业官兵和支边青年兴建,故名青年水库。是一座以防洪灌溉为主,兼有发电、养鱼等综合利用的大(2)型水库,是开发治理三江平原的骨干工程之一。

概 述

青年水库位于黑龙江省东部,库区周围属低山丘陵地带,海拔116~450米。裴德河支流金沙河、裴德里河和二部沟注入水库中,库区范围长37千米,平均宽31千米,库区平均海拔208米,60%为低山丘陵区,40%的河谷平原已开垦。

库区年平均气温3.3摄氏度。最低气温-35摄氏度,最高气温37摄氏度。日平均气温大于10摄氏度的天数为139天,无霜期147天,结冰期208天。多年平均年降水量525毫米,多年平均年蒸发量1 230毫米,多年平均日照2 495小时。最大冻土深2.42米,最大积雪深26毫米。全年盛行西北风,多年平均风速4米每秒,最大风速21米每秒。

水库所在流域内矿产资源丰富,尤其煤的储量巨大,是鸡西地区主要的原煤生产区。生物资源丰富,有松树、桦树等多个树种,各种山产品、野生动物种类繁多。土质优良,盛产大豆、水稻、玉米、小麦等粮食作物和烤烟、甜菜、白瓜等经济作物,是密山的粮食主产区。

青年水库于1978年竣工。淹没耕地1 475公顷,移民2 500人。水库集水流域面积1 138平方千米,总库容4.01亿立方米。水库枢纽由大坝、溢洪道、输水洞、电站组成,大坝为黏土均质坝,坝长1 750米,最大坝高15.2米。溢洪道在左坝肩上,最大泄流量850立方米每秒。输水洞为地下埋管。电站装机容量720千瓦,年发电量40万~50万千瓦时。

纪 实

水库上游地区包括富源乡、裴德镇和农垦八五五、农垦八五一一两个农场。上游矿产资源丰富,有煤炭、石墨、钾长石、大理石、石灰石、花岗岩、钛铁、金、铝等10多种。其

青年水库全景图

中珠山煤矿和鹿山煤矿是重要的煤炭生产区。森林资源也非常丰富，有松、椴、柞、桦等多种树种，山产品达300多种，野生动物有熊、鹿、野猪、狍子、山鸡、猞猁等。位于富源乡境内的大珠山，海拔581米，大珠山南麓陡峭险绝，由磨盘大小的圆石叠加而成，翘首望去好似串串佛珠从天而挂，山峰顶端有金代古城遗址，残垣断壁，古城门依稀可见。据考证，大珠山古城是金兵为躲避围剿而修建的军用城池，山势险要，森林茂密，易守难攻，可谓一夫当关万夫莫开。

青年水库三面环山，著名的狼山和蛇山对峙东西，大坝横亘于蛇、狼二山之间。青年水库设计灌溉面积1.3万公顷，水库盛产青、草、鲢、鳙等淡水鱼，最高年捕鱼量25万千克。1981年密山遭遇了20年一遇的洪水，最大洪峰流量720立方米每秒，经水库调蓄，削减洪峰80%。

北大荒书法长廊风景

青年水库狼山有云水山庄，是一座欧式园林的疗养胜地，北大荒书法长廊坐落在云水山庄之内，是全国最大的现代书法艺术碑林之一，汇集了多位现代著名书法家书法精品400多件。还有在密山工作过的文化名人及在密山战斗过的老同志书法精品石刻。大型石刻"丁玲日记"碑，碑的正面是丁玲女士珍藏大半生的日记手稿，背面是毛泽东的手书《临江仙·给丁玲同志》，"纤笔一枝谁与似？三千毛瑟精兵"和"昨日文小姐，今日武将军"。还有列入世界吉尼斯纪录的长8.56米，直径0.38米，重2.61吨的"石门巨笔"和"圣船石鼓""天下第一扇"等稀有艺术品。

水库下游的密山市有着光

青年水库风光

荣的革命传统。解放战争时期，密山创办了我军第一座军火药厂、第一座电器修造厂、第一所航空学校。新中国成立后，王震将军率领10万转业官兵开赴北大荒，第一站就来到了密山，吹响了开发建设北大荒的号角。"解放战争革命烈士纪念碑""苏联红军远东第一线军解放东安纪念碑""东北民主联军航校旧址""三五九旅革命烈士纪念碑"及"王震将军纪念陵园"等都是密山历史的见证。

穆棱河河谷平原上的青年灌区，由平坦的河谷低平原和波状的高平原组成，灌区面积2.5万公顷，大部分为水田。

1.29.4 七虎林河
(Qihulin River)

乌苏里江左岸支流，七虎林系满语，意为"沙鸥云集之所"。七虎林河发源于黑龙江省完达山脉老爷岭南麓虎林市西北的七虎林山，因山而得名。沿途流经虎林市云山农场、八五零农场、云山畜牧场、八五四农场、迎春镇、庆丰农场、新平乡、新乐乡、虎头镇等，于虎头镇北15千米处大王家附近汇入乌苏里江。河长358千米，河道平均比降0.44‰，流域面积2 689.6平方千米。

概　述

流域西北部为山区，东南部为平原，地势由西北向东南倾斜，自上而下左岸主要支流有头道河、二道河、半截河及小青河，右岸主要支流有大莲泡河。流域内河网密布，水源丰富。河流贯穿虎林市北部平原，河宽在60~70米之间，水流平缓，河道弯曲，多沙洲和浅滩。

流域地处中温带大陆性季风气候区，多年平均气温2.7摄氏度，极端最高气温35.3摄氏度，最低气温-41.4摄氏度。多年平均年降水量596毫米，年内分布不均，6—9月降水占全年降水量70%左右。多年平均年径流量7.39亿立方米。无霜期130天。年均日照时数为2 402小时。多年平均风速3.8米每秒，最大风速35米每秒。

七虎林河流域地处三江平原，土地肥沃，灌渠纵横，农场较多，是国家重要商品粮基地。流域内自然资源丰富，有各类树木、中草药、食用菌等，有七虎林野生动物自然保护区、虎头旅游开发区、乌苏里江国家森林公园、宝丰湿地自然保护区等景观。

七虎林河开发利用较晚，20世纪50年代才进行大规模的开发建设。1958年在七虎林河上游修建了云山水库，在迎春镇修建了西大岗滞洪区，开垦了大片耕地。

纪　实

七虎林河源头至云山畜牧场为上游，河流在山谷中穿行，河道弯曲，水流湍急，河道比降在1.25‰~1‰之间。沿程经云山农场。云山农场现有耕地面积2.7万公顷，其中水田面积占一半以上，主要生产大豆、玉米、小麦、水稻等农作物，已成为黑龙江垦区农、林、牧、副、渔全面发展的大型农场之一。云山农场境内建有云山水库，集水面积267平方千米，库容6 447万立方米，是一座以灌溉为主，兼顾防洪、养鱼等综合利用的中型水库。

七虎林河云山畜牧场至新平乡为中游，大部分为平原，河道比降为0.66‰～0.33‰。河流在八道亮子附近有半截河汇入，半截河上的西大岗滞洪区，西大岗滞洪区位于虎林市八五四农场和云山农场之间，距离迎春镇9千米，是七虎林河上的重要防洪控制工程。该工程由一条主坝、两条副坝和一座泄洪闸组成。主坝长3 340米，最大坝高6.7米。泄洪闸共三孔，单孔净宽5米，三孔最大泄流量为142立方米每秒。汇水面积845平方千米，保护耕地7.38万公顷，可垦荒地6.28万公顷。工程按20年一遇洪水设计，100年一遇洪水校核，总滞洪量9 040万立方米，滞洪区面积1.012万公顷，常年水面面积0.35万公顷。该工程1984年兴建，1986年竣工。

西大岗滞洪区投入运用后，结束了七虎林河洪水肆意泛滥的历史，特别是1991、1994年等几次较大洪水，经工程调节明显减轻了下游农田的洪水灾情，保证了下游农场12个生产队、虎林市10个乡村和1个城镇3万人的生命财产安全，以及铁路、公路交通的正常运行。

滞洪区内地势平坦，气候温和，水量丰沛，适宜鱼类繁衍生息，现已建成养殖水面16.8公顷，是虎林市种鱼生产基地。2003年，在黑龙江省东部率先引进河蟹养殖获得成功，年产河蟹7.5万千克。

七虎林河新平乡以下至河口为下游。地势平坦，比降为0.33‰～0.125‰。域内土地块大连片，平坦肥沃，有机质含量丰富，表层土壤结构良好，便于机械化耕作，被列为三江平原重点开发区。流域内还蕴藏着煤、铁、石灰石等矿产资源。

乌苏里江国家森林公园位于七虎林河右岸虎头林场，园内除零星分布几座海拔50～150米低矮山丘外，其余均为海拔50～60米的冲积平原和沼泽地，总面积250平方千米。园内主要植物有400余种，珍稀树种有高大的乔木乌苏里杏、乌苏里皂角、乌苏里梓树；野生动物有黑熊、马鹿、水獭、猞猁等23种；园内有3个鸟岛，主要鸟类有52种，其中国家一级保护的珍禽有白鹳、白尾海鵰、白头鹤等。

乌苏里江国家森林公园

七虎林河左岸的宝丰湿地自然保护区，属于沼泽类湿地，总面积415平方千米。区内有蝶形洼地、线形洼地及各类泡沼，野生动植物众多，每年都吸引大批中外游客来此参观考察。右岸有著名的虎头风景名胜区。

1.29.5　阿布沁河
（Abuqin River）

乌苏里江左岸支流，发源于黑龙江省虎林市东北部的完达山脉神顶山南麓，由北向南流经青山林场、海因山林场，穿至东方红镇、阿北乡后转向东流，经珍宝岛乡于虎头镇北24千米处李家店附近注入乌苏里江，河长145千米，流域面积1 667平方千米。

阿布沁河流域多年平均气温2.3摄氏度，最高气温34.6摄氏度，最低气温－36.1摄氏度。多年平均年降水量643毫米，降水量年内分配不均，6—9月降水量占全年降水量的70%左右。多年平均年径流量5.42亿立方米。

流域内的东方红镇位于阿布沁河上游，是东方红林业局所在地。东方红林业局是中国100家最大木材采运企业之一，现有人口4.5万。1958年在此设伐木场水文站，集水面积672平方千米，是阿布沁河唯一控制站。阿布沁河支流西南岔上建有西南岔水库，库容2 700万立方米。

阿布沁河在马鞍山以上为上游，属山区，平均比降为1‰，坡陡流急，河宽10～20米。马鞍山以下为下游，属兴凯湖低平原，河道弯曲，平均比降为0.4‰，河宽为20～40米。

河流上游山区多为原始森林，有红松、云杉、冷杉、水曲柳等20多种树木。密林中栖息着东北虎、马鹿、黑熊等100多种野生动物和珍禽，生长着山参、刺五加、黄柏等150余种名贵药材和近百种山产品。下游珍宝岛乡河谷平原有宝丰湿地自然保护区，总面积415平方千米。保护区内有蝶形洼地、线形洼地及形态各异的泡沼；有白鹤、大雁等几十种珍稀鸟类和大马哈、胖头等几十种鱼类。

1.29.6　挠力河
（Naoli River）

乌苏里江左岸支流，挠力河满语称诺罗河，"诺罗"在《吉林通志》中译为"鸟栖之地"，满语专家译为"流荡不定"之意。挠力河发源于那丹哈达岭七台河市境内的黑山，自西南流向东北，经宝清县、富锦县，在饶河县东安镇汇入乌苏里江。流域地处黑龙江省东部三江平原腹地，位于东经131°21′～134°10′、北纬45°43′～47°35′之间，水系流经七台河市宝清县、富锦市、饶河县。

鸟瞰三江大地

概　　述

河流水系　挠力河长609千米，流域面积22 495平方千米，其中平原13 109平方千米，山丘区9 386平方千米。流域形状为长条形，按河谷地貌及河道特征分为上游、中游、下游三段：河源至宝清镇为上游，河长170千米；宝清镇至与**外七星河**交汇处为中游，河长280千米；外七星河交汇处至河口为下游，河长159千米。挠力河上游属山区性河流，在宝清镇以下进入平原地区，为典型的沼泽性河流。河道呈微复式断面，上游河宽30～50米左右，最大水深2.5米，下游河宽50～100米左右，最大水深3～5米。上游山区河道比降一般在5.0‰～1.25‰；中游刘福亮子为坡降变缓的转折点，河道主槽严重弯曲，水力坡降很小，一般在0.66‰～0.027‰。河

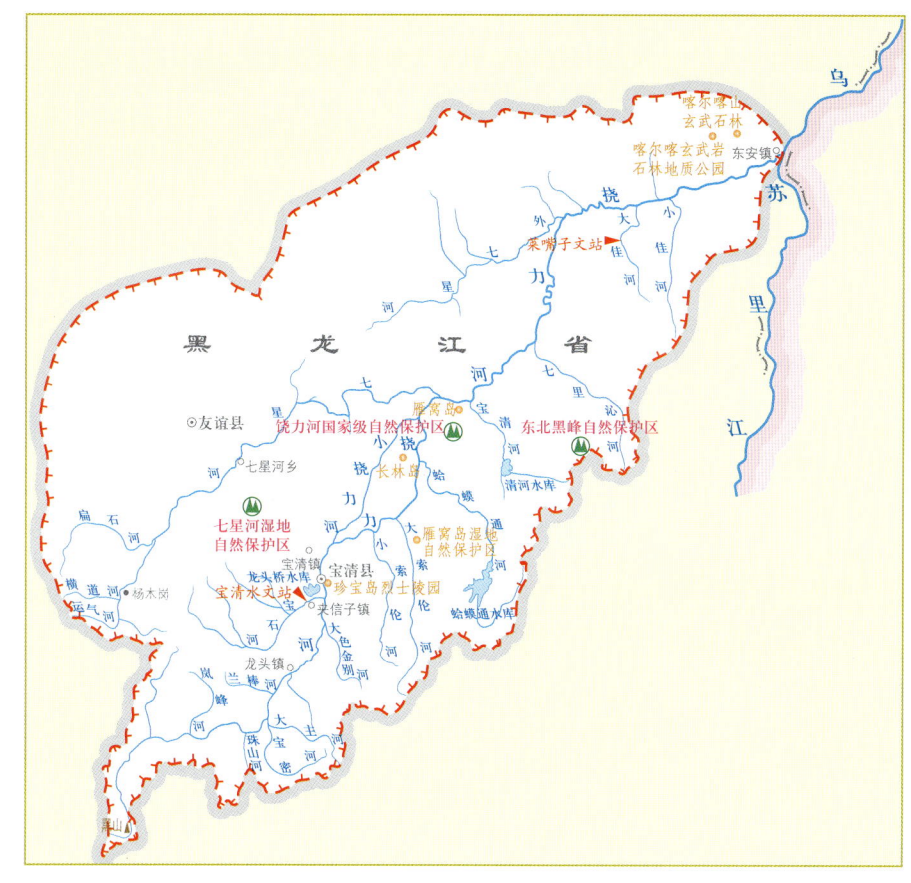

挠力河水系示意图

道弯曲系数上游为1.7，中下游为2～3，局部河段为3.5。

挠力河沿途接纳大小支流30余条。流域面积大于300平方千米的支流有10条，分别为左岸的宝石河、**七星河**、外七星河；右岸的宝密河、大色金别河、小索伦河、大索伦河、**蛤蟆通河**、宝清河、**七里沁河**。流域面积100～300平方千米的支流共5条，分别为左岸的泥鳅河、兰棒河；右岸的珠山河、大佳河、小佳河。

气候水文 挠力河流域的年平均气温2.3～3.4摄氏度，最高气温38.5摄氏度，最低气温-42摄氏度，多年平均日照时数2 509小时，全年无霜期122～158天，结冰期150～180天，平均最大冻土深1.79米，最大冻深可达2.53米，最大冰厚为1.34米。

挠力河流域多年平均年降水量534.5毫米，年内分布不均匀，6—9月降水量占全年的72%。流域多年平均年水面蒸发量486～703毫米。

挠力河为雨雪混合补给的河流，多年平均年径流量26.1亿立方米。多年平均水资源量为34.59亿立方米。径流量年际变化大，丰水的1960年为枯水的1979年径流量的18倍，丰水年和枯水年交替出现。

挠力河中游宝清水文站多年平均年输沙量10.35万吨，最大年输沙量69.2万吨。

地质地貌 挠力河流域平原宽广，丘陵起伏，群山绵延，地势西南高，东北低。干流的左岸中部为平原。沼泽地貌是本区地形的显著特点，主要有河漫滩沼泽和阶地沼泽两大类；河漫滩沼泽多沿河流两岸滩地和古河道发育，一般宽度2～10千米。

流域地质构造同江内陆断陷的一部分。第四纪新构造运动的特点是始终处于以下沉为主的间歇性运动之中。全新世以来，沉降运动仍在继续进行，区内东北部大面积沼泽的形成与沉降运动有关。主要岩层为上更新统及全新统的砂、砂砾石等组成，表层普遍分布腐殖土，局部地段分布草炭土。

自然资源 全流域林地面积81万公顷，森林主要分布在流域的南部山区，是黑龙江省东部较大的次生林区。域内盛产柞、桦、榆、椴、水曲柳、核桃楸、黄柏等阔叶林木。野生动物主要有马鹿、黑熊、野猪等几十种；野生植物有人参、五味子、刺五加、龙胆草等百余种。

矿产资源主要有煤、铁、铜、金、石墨、石英、大青石、花岗岩、石灰石等。其中宝清县原煤远景储量为70亿吨，已精测储量2.2亿吨，可以建设大、中型煤矿和坑口电站，已被列为国家14个开发新矿区之一。

旅游资源有国家级自然保护区挠力河湿地和七星河湿地，此外还有长林岛、雁窝岛、蛤蟆通水库、珍宝岛烈士陵园等著名的旅游胜地。有新近考古发现的距今约2 000年的凤林古城，距今2亿年前的"塞外石林"喀尔喀山玄武岩石林。

水旱灾害 流域内河流均属典型的沼泽性河流，地势低洼，洪涝、干旱灾害十分严重，中游地区1949—1994年的46年间，水灾年份13年，旱灾年份12年。

挠力河流域的洪涝灾害大部分发生在干流中下游及支流七星河两岸地区，有"十年九涝"之说。据《宝清县志》记载："民国18年（1929年），宝石河洪水泛滥，洪水由宝清城西进城，由东部出城，城墙被冲垮，部分房屋倒塌，水深60～70厘米，街上可行船，3日后方消。"1981年挠力河下游洪水泛滥，大量洪水不能下泄，滞蓄于菜嘴子以上广大平原洼地中，洪水淹没面积占全流域平原面积的41.1%，全流域被洪水淹没和顶托内涝的农田面积54.7万公顷，其中绝产面积28.4万公顷，分别占同年播种面积的77.6%和40.3%。

1949—2005年流域内共发生严重旱灾12次。1982年6月1日至7月25日无雨，为特大干旱。山顶柞榭成片枯死，路旁人工栽植的落叶松，一半因缺水而枯死。2003年入春以后宝清县120多天无有效降雨，1—5月全县降雨量仅为28.7毫米，是近50年来降雨量最少的年份，河道基本断流，地下水位下降2～3米，大部分组合井失效。农作物因旱受灾面积达9.17万公顷，其中严重干旱5.07万公顷。

经济社会 挠力河流域以农业生产为主，全流域耕地面积88.5万公顷，耕地中国有农场所属的面积占53.4%。粮食作物主要为水稻、大豆、玉米、小麦等，经济作物主要有烤烟、甜菜、亚麻等，还盛产蕨菜、黑木耳、红松子、榛蘑等山珍产品，是黑龙江省重要的麦豆、白瓜、烤烟生产基地。在农产品中，宝清地产的大豆、红小豆、白瓜子品质好，产量稳定，已形成优势，享有盛誉。特别是"宝青红"牌红小豆，作为国内名牌产品，已取得商标注册和申请专利保护。龙头乡的有机大豆、白瓜、红小豆获得欧盟组织认证。饶河县被欧盟有机食品组织认定为"有机食品基地"；饶河县东北黑蜂自然保护区内生产的东北黑蜂产品在《33届世界蜂产品博览会》上获得金奖,花粉宝、蜂胶软胶囊远销海内外。

治理开发 过去挠力河流域洪涝灾害十分严重,挠力河及其支流进入平原后,均变为沼泽性河流,尤其是干流宝清以下及支流七星河两岸地区,河谷开阔,地势平缓,水草密集,滞流严重,河道弯曲泄流不畅,每逢汛期造成大量洪水漫溢,形成天然滞洪区。1976年后,国家加大治理力度,到2001年,挠力河干流宝清以下河道防洪工程全线完成,堤防长度478千米,并开挖了许多排水沟,纵横交错。以宝清镇至大、小挠力河交汇处为例,在面积近1 215平方千米的区域,有22条排水渠,总长达186千米。挠力河上建有大型龙头桥水库,主要支流蛤蟆通河上建有中型蛤蟆通水库,清河上建有中型清河水库及30余座小型水库,大大减轻了中下游的洪涝灾害。

纪　实

上游 挠力河自源头向东,经红山林场后,进入七里嘎山区,在环山的西侧和北侧逐渐转向东,在英山附近进入宝清县境,在七台河市境内河流长度76千米。挠力河盘山绕岭而行,沿途有泥鳅河、珠山河、兰棒河、宝密河、主爪河、大色金别河等支流先后汇入,东进绕过迎面山,到达宝清县境内的龙头桥水库。

龙头桥水库是黑龙江省水利建设史上第一个利用部分外资(日本国政府贷款)建设起来的,是以灌溉、防洪为主,兼顾发电、养鱼、旅游等综合利用的大型水利枢纽工程。

挠力河下行,经龙头镇、夹信子镇到达宝清县政府所在地宝清镇。宝清县距双鸭山市东南100千米,总面积10 001.27平方千米。此段地势由西南向东北逐渐倾斜,东西南三面环山,峰峦叠嶂,万木葱茏。北部为平原区,地势平坦,土质肥沃,构成"四山一水四分田,半分芦苇半分草原"的地貌特征。河流在夹信子镇合作村东1.5千米处有宝石河汇入。宝石河发源于西北完达山脉的锅盔山,在其上游的河谷平原上,有一座小山,山势陡峭,林木葱郁,当地人早年称为"小孤山",是东北抗日联军12名勇士与日寇浴血奋战并以身殉国的地方,为了纪念在小孤山战斗中牺牲的12位烈士,抗联第二路军总部决定将小孤山改名为"十二烈士山"。河流中游小城子镇北梨树沟一带曾为宝清八景之一"梨山飞雪",1938年抗联五军痛击日伪军的花碰战斗发生在此,北满省委宝清特支机关曾建在这里。

宝清镇早在旧石器时代晚期就有人类繁衍生息,自然资源极为丰富,誉有"天府之国"的美称。河流经县城东过依兰—饶河公路大桥到宝清水文站,该站控制流域面积3 689平方千米。河流两岸为宝清八景之一"鞍山远眺、金山晚钟"所指的马鞍山与万金山,两山夹水比肩而立,犹如姊妹山。万金山南山头西北坡挠力河畔为国家级重点烈士纪念建筑物保护单位——珍宝岛革命烈士陵园,园内安葬着在珍宝岛自卫反击战中牺牲的被中央军委授予战斗英雄称号的杨林、王庆容、孙征民、陈绍光、于向阳五位战斗英雄和63位烈士以及抗日战争、解放战争时期在宝清牺牲的部分烈士,是重要的爱国主义教育基地。

中游 挠力河过宝清县城向北进入平原地区,在宝清镇以下15千米处,分出小挠力河。小挠力河向东偏北,经东升乡后折向北,分流约50千米后,在八五二农场板庙亮子处又汇入挠力河,两河东西最远相距约13千米,河水分流比为7∶3。两河流经东升省级自然保护区,该保护区总面积为16 169公顷,主要保护对象为自然生态系统、内陆湿地和水域生态系统。区内有植物400余种、兽类20种、鸟类约143种、鱼类50种,其中国家重点保护植物3种、国家级保护鸟类23种。挠力河段右岸有小索伦河、大索伦河、蛤蟆通河汇入。续北行,左岸纳入第一大支流七星河,再东去9千米过雁窝岛,右岸有宝清河汇入,河的上游建有清河水库,又折向东北30千米,有七里沁河汇入,北去58千米,左岸纳入外七星河,此河段为饶河县与富锦县的界河,交汇之处,生长莲花,景观奇盛,入夏水位中等以下莲花即出,春水大时则隐迹不发。

雁窝岛是1958年王震将军率领10万官兵开垦北大荒时开发的垦区之一,它的东、西、北三面均被无固定河床的挠力河与宝清河所包围,南面则是被称为"大酱缸"的数千里的漂垡甸子,分别形成了天鹅湖、雁窝湖、落马湖三处水域,将黑土地割裂开来,由此而成"岛"。岛上地面平坦,土质肥沃,面积约200多平方千米,有"渔汛来到,人可履鱼背过河"之说。每年春季解冻后,小岛就被三面河水和一面沼泽包围,与外界断绝联系,变成孤岛。小说《雁飞塞北》、电影《北大荒人》等众多文艺作品都反映了当年开发建设雁窝岛的事迹。"棒打狍子瓢舀鱼,野鸡飞到饭锅里""这里的土地肥到了家,插上根筷子会发芽"等赞誉,便是对雁窝岛的真实写照。1997年建立面积11 916公顷的省级雁窝岛湿地自然保护区,是内陆水域生态系统的自然保护区,区内珍稀、濒危动物种群数量繁多,仅国家级保护鸟类丹顶鹤、白枕鹤、白尾海雕、灰鹤、大天鹅、鸳鸯、白额雁等就有89种。兽类有国家二级保护动物水獭、麝鼠、赤狐、貉、野猪等,还有白鲢、红肚鲫鱼、鲤鱼、鲶鱼等丰富的鱼类资源以及种类繁多的植被。有关专家评价雁窝岛是"国际上保存最原始、最具典型意义的生物多样性基地之一,是原始的三江平原的缩影"。1999年该保护区被列入《亚洲湿地名录》,2002年合并到挠力河国家级自然保护区。

下游 挠力河与外七星河交汇后向东进入饶河县境,河流两岸遍布沼泽草原,俗称青甸,每年8月以后,沿河生长的毛水苏花盛开,远远望去,有如海曙飘霞,翠甸流火一般。可惜毛水苏生灭不定,犹如海市蜃楼一样,此景并非常见。

仲夏之挠力河

饶河县多样的地貌形成了"五山一水二草二分田"的格局。2001年,经中国科学院地质专家认定,饶河县是我国大陆唯一的"蛇绿岩套"地质构造。1989年,饶河县被批准为国家对俄一类口岸,每年来饶河旅游观光购物的俄罗斯游客达两万多人。饶河县是中国东北黑蜂的发源地,黑蜂是由俄罗斯远东引进的并经长期培育,形成的独特优良蜂种。1997

年国务院正式批准饶河县为东北黑蜂国家级自然保护区。区内生态环境良好，蜜源胶源植物丰富，大部分地貌仍然保持原始状态。饶河县是国家级珍贵毛皮动物良种繁

挠力河之秋

育基地和毛皮生产加工的主要原料基地之一。漫长寒冷的冬季，使狐貂等野生毛皮动物毛色纯正，品质优良。这里饲养的乌苏里貂在全国种貂比赛中多次荣获第一名。

挠力河下行有菜嘴子水文站，控制流域面积 20 556 平方千米。河流蜿蜒向东，右岸接纳大佳河、小佳河。挠力河右岸小佳河镇至山里乡为省级现代化农业示范基地"东方第一田"。站在骨干农田路上信步环视远眺，南边是连绵起伏的群山丘陵和挺拔葱郁的茂密森林，北边是沿挠力河

绿色米都建三江水田一角

南岸1千米外弯弯曲曲的防洪大堤，中间是田成方、树成行、渠相连、路相通、旱能灌、涝能排、色浓绿的大片稻田，如同一幅山水相依、林田相连、生机盎然的油画。

小佳河上游关门嘴与小佳河最高分水岭摘星岭位于西大顶山山肋，劈山凿石，曲途盘叠，直上岭顶。山路有一"S"形大弯，坡陡弯急，道下为上百米深峡大谷。仰望之，岌岌可危，俯视之，幽深莫测，是饶河县内首屈一指的险要之地。饶河县西凤嘴子村南侧为悬崖峭壁，北为一片大湿地，是一条古河道，扼挠力河之要塞，为"一夫当关，万夫莫敌"之地，固守高地，神船莫过。伪满时期，日本关东军阀边少将日野武雄乘汽船过此，为我抗日联军击毙，船艇沉没。

河北岸胜利农场大孤山西麓山脚下有一距今1亿4千万年至1亿9千5百万年侏罗纪时期形成的地下岩洞，洞口为不规则圆形，洞内状如水井，阔如平壶，四壁凸凹不平，宽 2.5 米，长 5~6 米，顶部遍垂乳石，很有观赏研究价值。

河流继续东行至西勒喜山，先后有阿加拉河（又名大孤河）、东半截河汇入。位于建三江农垦管理局胜利农场和八五九农场所属场区的喀尔喀玄武岩石林地质公园，2005 年被省政府批准为省级地质公园，具有科研、美学价值和旅游观赏价值，保存有接近原始状态的山川景色，其状层峦叠嶂，怪石兀立，峻崇迭起，秀峰涌奇，更有珍稀植物——"石花"顽强攀附在石壁上。玄武岩石林是距今2亿年前第三纪火山喷发形成的熔岩台地，由于岩浆冷凝过程中形成的柱状节理发育，再加上长期的风化剥蚀等地质作用，才得以雕琢成这样千姿百态的石林，是国内罕见的玄武岩石林景观。

从河口往上至内七星河交汇处及内七星河长林岛处，为

建三江湿地

挠力河国家级自然保护区，它是将长林岛、雁窝岛省级自然保护区和七里沁河县级自然保护区与挠力河省级自然保护区合并而成，2002 年 7 月被国务院批准为国家级自然保护区。地处三江平原腹地的农垦总局红兴隆分局和建三江分局所管辖 11 个农场，总面积 160 595.4 公顷，是三江平原现存面积最大的、保存最完整、最具代表性和原始性的湿地保护区。

1.29.6.1 龙头桥水库

(Longtouqiao Reservoir)

龙头桥水库是*挠力河*上游的大（2）型控制性工程，位于黑龙江省宝清县和七台河市结合部，在宝清县城西南约 52 千米处。水库总库容 6.15 亿立方米，回水长度约 19.40 千米，水面面积 46.78 平方千米。工程于 1998 年 4 月动工，2002 年投入使用，2006 年 10 月竣工。

概　述

水库坝址位于宝清县龙头镇，回水涉及黑龙江省七台河市宏伟镇、八五一农场、宝清县龙头镇及桦南林业局部分林场。水库地处三江平原腹地、宝清县与七台河市交界处的完达山，两岸为潜山区，针阔叶混交林茂密。流域地势由西南向东北倾斜，水系呈羽状分布。库中有 2 座天然小岛，一座位于水库中心称之为龙心岛，面积 1.0 平方千米；一座位于水库上游称之为龙宝岛，面积 0.05 平方千米。

水库区多年平均年降水量 518 毫米，多年平均年蒸发量 702.9 毫米，多年平均气温 3.5 摄氏度，极端最高气温 36.6 摄氏度，极端最低气温 -37.2 摄氏度，最大冻深 2.53 米。

水库坝址以上集水面积 1 730 平方千米，多年平均年来水量 2.71 亿立方米，多年平均年悬移质输沙量 2.48 万吨、推移质输沙量 0.744 万吨。水质达到 II 类水标准。

工程主要由大坝、开敞式溢洪道、输水洞和水电站组成。大坝为黏土斜墙土石混合坝，坝长 760 米，最大坝高 25.7 米。右岸开敞式溢洪道，最大泄洪量 1 011 立方米每秒，采用挑流式消能。坝后式电站装机容量 2 500 千瓦，年设计发电量 406 万千瓦时。

龙头桥水库淹没土地 5 163.27 公顷，其中耕地 3 255.27 公顷，林地 1 350.80 公顷，另有草地和河流 557.20 公顷，动迁人口 2 037 人。

龙头桥水库是三江平原防洪除涝工程的重要组成部分，是宝清县工农业生产及龙头桥灌区的重要水源地。主要功能以防洪、灌溉为主，兼顾发电、养鱼和旅游等综合利用。水库的建成，可使挠力河中下游的防洪标准由原来的 10 年一遇提高到 20 年一遇；保护村屯 29 个、耕地 10 万公顷；新增和改

龙头桥水库

善水田灌溉面积2.87万公顷；为国家级七星河湿地保护区供水，改善生态环境；为正在建设中的宝清煤电化项目提供生产和生活用水。

纪　　实

水库库区周边的八五一农场，辖区总面积546平方千米，总人口1.6万。农场工业以乳制品加工为主，培育出全国驰名商标"完达山"奶粉，曾荣获国家四枚银质奖章。

水库回水末端至水库坝址间形成了一条狭长的水面，水库大坝位于两座山峰之间，左岸为迎面山，右岸为龙头山。登上龙头山顶，鸟瞰龙头桥水库，在峰峦叠嶂的群山映衬下，回水19.40千米的水面宛如一条巨龙，挠力河及其三条支流形似巨龙的龙爪，龙头山为龙头，龙头山后的发电站即为龙口，因此，龙头桥水库又称"龙湖"。库区周围树木主要有柞、桦、杨等树种，珍贵树种有黄檗、水曲柳、胡桃楸。野生动物有狍子、山兔、野鸡等，野生经济植物有蕨菜、黄花菜等食用野菜及刺五加、暴马丁香等药用植物。库内主要鱼类有鲢鱼、草鱼、鲤鱼和鲫鱼等品种。在水库的右岸，依山傍水建起了高低错落、别具一格的"龙湖山庄"，是集会议、旅游、度假、休闲为一体的好去处。

水库下游的宝清县位于黑龙江省东北部，三江平原腹地。县域三面环山，东、南、西部为山区和半山区，北部为平原区，地貌特征可以概括为"四山一水四分田，半分芦苇半草原"。宝清县自然资源丰富，有大煤田、大粮仓、大森林和大湿地，素有"天府之县"的美誉。龙头镇距宝清县城西南30.5千米，是发展绿色食品的"天然宝地"，是国际欧盟组织认证的有机食品基地之一。

龙头桥水库是"九五"期间黑龙江省水利建设中第一个部分利用日元贷款修建的水利工程。

1.29.6.2　蛤蟆通河
（Hamatong River）

挠力河右岸支流，别名喀穆图河，因盛产蛤蟆而得名。河长150.3千米，流域面积1 400平方千米。

蛤蟆通河河道弯曲，河床狭窄，上游山区坡降陡，水流湍急，自四合屯以下流出谷地后滩地开阔，坡降变缓，河道弯曲系数1.9，河宽10～20米，河深1.5～2.5米。

流域多年平均年降水量566.5毫米，降水年内分布不均，6—9月份降水量占全年降水量的70%，多年平均年径流量3.69亿立方米，多年平均年气温2.2摄氏度，最高气温38.5摄氏度，最低气温-42.0摄氏度，多年平均年蒸发量597.4毫米，无霜期128天。

蛤蟆通河发源于黑龙江省宝清县完达山北麓蛤蟆顶，由南向北流，在**蛤蟆通水库**坝址下游约8千米的四合屯折向西北，在河口前折向正北，流经黑龙江省宝清县八五二农场养鸡场、种畜场、二分场、六分场，于宝清县河口亮子东北注入挠力河。

蛤蟆通河两岸的峡谷中有众多自然水泡，盛产蛤蟆。抗战时期抗联战士因弹尽粮绝靠捕食河里的蛤蟆充饥。蛤蟆通河从河源由南向北流，上游山峦起伏，森林茂密，动植物资源丰富，有水曲柳、白桦树等多种树种；有黑熊、狍子、貉等野兽；有枸杞子、五味子等数十种中草药及猴头、木耳等各种山珍。东北三宝——人参、鹿茸、貂皮更是闻名遐迩。蛤蟆通河上中游左岸距蛤蟆通水库坝址5～6千米处建有"白桦女神狩猎场"和"白桦女神旅游山庄"。

在蛤蟆通河入挠力河河口处附近，曾出土大量古币、石斧、陶器、骨箭头等文物，其中陶制的古代炊器"三足鬲"在黑龙江东部地区出土文物中尚属罕见。经考证，早在新石器时代，这里曾是达斡尔、赫哲、鄂伦春、鞑靼等少数民族先人聚居的地方。

1.29.6.2.1　蛤蟆通水库
（Hamatong Reservoir）

挠力河支流**蛤蟆通河**上游的大型水库，地处黑龙江省宝清县八五二农场一分场境内，宝饶公路南0.6千米，以防洪灌溉为主，兼顾养鱼、旅游等综合利用功能。

蛤蟆通水库所在地区地处寒温带大陆性湿润季风气候区。多年平均年降水量590毫米，多年平均年蒸发量597.4毫米。水库集水面积473平方千米，总库容1.51亿立方米。

枢纽工程由大坝、溢洪道、输水洞三部分组成。大坝为黏土斜墙土石坝，坝长800米，最大坝高13.1米；大坝右侧为开敞侧槽式溢洪道；输水洞为混凝土方涵，安装平板铸铁闸门，最大流量21立方米每秒。

蛤蟆通水库

水库防洪保护下游1.8万人口，3万公顷耕地及宝饶公路的安全。水库设计灌溉面积1.9万公顷，年产粮食4.5万吨，年产鱼757吨。

水库三面环山，一面傍水，像一个硕大的葫芦悠然地躺在群山怀抱里。高出坝体38米的石山崖陡山峭，拾级蜿蜒而上，共100级台阶，取名"曲级百登"。石崖顶端有面积约半亩的花岗岩平台，登台俯视水库风光尽收眼底。库区中有一座小岛，名曰"月亮岛"，岛上山林隽秀，宛如世外桃源。蛤蟆通水库已被列为黑龙江省自然保护区。库中盛产河蚌、草虾和多种鱼类,其中红肚鲫鱼曾为清朝时期的贡品,是蛤蟆通河独有特产。

1.29.6.3 七星河
(Qixing River)

挠力河 左岸支流,《吉林通志》称济勒钦河,发源于黑龙江省双鸭山市宝清县兰棒山北侧,在宝清县炮台亮子汇入挠力河,河长214千米,流域面积4 001平方千米,河道弯曲系数1.75,中下游河道平均比降0.6‰。

概　　述

七星河支流主要分布在上游,左岸有运气河、横道河、扁石河;右岸有小青河、大马蹄河。

七星河流域地处黑龙江省三江平原腹地。流域地势西南高,东北低,西南部为完达山余脉构成的低山丘陵漫岗,沟谷明显;东北部为广阔的平原沼泽地,地势低洼,水草丰盛,微地形发育形成了芦苇沼泽地貌。沼泽地貌是七星河流域地形的主要特点,是三江平原三处沉降中心之一。土壤以黑土、白浆土、草甸土、沼泽土为主。

七星河流域多年平均气温2.7摄氏度,极端最低气温－39.4摄氏度,极端最高气温38.3摄氏度,多年平均年蒸发量743毫米,多年平均日照时数2 480小时,无霜期120～140天,封冻天数140天左右,最大冰厚1.32米,平均冻土深度1.8米,最大冻土深度2.5米,多年平均年降水量554毫米,年内分布不均,7~8月降水量占全年降水量44%,多年平均年径流量4.517亿立方米。河流水质为Ⅲ类。

七星河上游为山区,河水由山区进入平原后宣泄不畅,出槽漫流,两岸滩地为杂草丛生的沼泽,退水缓慢,造成本区域大面积滞洪状态,排水不畅,沿河俗称:"七星河冒漾,水淹三道岗,跨过北新发,大片喝了汤"。洪水在中游地区出槽泛滥,老道林子下游平槽泄流量15立方米每秒。新中国成立后50多年来,较严重的水灾发生过8次,严重旱灾发生过6次。1991、1994年水灾时下游一片汪洋,农田几乎绝产。20世纪70年代以来加大治理力度,两岸均建有堤防,堤长229.42千米,防洪标准达到10年一遇,保护耕地面积132 600公顷,人口17.74万。七星河上建有小型水库4座。

麦田

七星河流域上游有煤炭、石墨、大理石、黄金、红绿宝石等矿藏,原煤储量约8亿吨,煤炭、电力工业是上游地区经济的重要支柱。中下游土壤肥沃,盛产大豆、玉米、小麦、水稻、甜菜、西瓜等作物,享有"鱼米之乡"之美誉,是黑龙江省重要垦区,主要商品粮基地之一。自然植被以芦苇和小叶樟、苔草为主。国家一级重点保护的野生鸟类有丹顶鹤、中华秋沙鸭、白头鹤、白鹤4种。山区盛产优质木材、山野菜、是人参、貂皮和鹿茸角的产地。绿色食品"龙谊"牌面粉、精制大豆油久负盛名,友谊西瓜个大、皮薄、含糖量高,远销黑龙江省内外及俄罗斯等地。当地特产红小豆、白瓜子、黑木耳、榛子深受国内外客商的青睐。

纪　　实

七星河从源头至杨木岗,左岸纳入运气、横道河。河流沿程为丘陵山区,植被较好,耕地少,河谷狭窄,河滩地杂草丛生。锅盔山位于七星河右岸,宝清县西部,因山顶浑圆,极似倒扣的大锅而得名。锅盔山山势挺拔,峰峦叠嶂,绵延起伏。七星河在山谷中绕行东流。1938年9月,抗日联军李兆麟将军率军六军教导队来到锅盔山区,与抗日将领徐光海等会师,在庞老道庙召开重要会议。1938年11月,六军一师政治部主任徐光海率领锅盔山后方医院人员向山外转移,途中与日伪军相遇,激战中,徐光海壮烈牺牲。东北抗日联军庞老道庙会址纪念碑建在双鸭山市北秀公园革命烈士纪念碑后侧,与庞老道庙会址纪念碑并立的是徐光海、汤升昌烈士墓碑。

七星河下行至保安村左岸纳入其最大支流扁石河,右岸纳入大马蹄河。设有保安水文站。1946年冬,汤升昌率合江省独立团清剿土匪,在扁石河支流大叶沟战斗中不幸牺牲,为纪念英烈,1956年将集贤县原太平镇改为升昌镇。

七星河向东北流至宝清县七星河乡,左岸有友谊县凤林村西南1.4千米处有全国重点文物保护单位凤林古城遗址,凤林古城址西南约1.7千米处有隔七星河相望的全国重点文物保护单位炮台山古城。凤林古城是黑龙江省三江平原最大的汉魏时期古城遗址,占地面积约120万平方米,该城建造布局严谨,气势宏伟。从古城出土的陶罐、铠甲、兵器、骨针、文化娱乐用品等1 000余件珍贵文物可推断此处是满族人的先祖挹娄人居住的地方,距今已有1 700余年的历史。炮台山山顶四周有一古城垣遗址,有四门,城中偏西南山顶峰有一高城堡,形似炮台,故称炮台山,又称七星祭坛,山顶平阔,中心处有圆形土坑,其中七个土坑的排列形状与天上的北斗七星一般无二。炮台山古城的山顶城中的"北斗七星祭坛"是目前我国发现的以天文星座为形象的城市核心建筑布局的首例。北斗七星的星位标示反映的是距今约4 500年前的星象,是挹娄人祭祀天地神灵的地方。炮台山古城左岸有一古城遗址,因与河右岸炮台山古城相对,历史上称其为对面城,是黑龙江省文物保护单位。

七星河湿地

七星河向东北流至友谊县新镇乡,左岸有全国最大的国有农场——友谊农场,右岸为国家级七星河湿地自然保护区,面积2万公顷,其中芦苇面积1.4万公顷,小叶樟草面积0.2万公顷,构成"七分芦苇一分草原"的地貌特征,属内陆湿地和水域生态系统类型保护区。该保护区以沼泽湿地生态系统及珍禽为主要保护对象,是三江平原保留最完整具有原始生态的湿地自然保护区之一。夏季,这里河流纵横,在碧绿的芦苇荡中时有很多鸿鹚白鹭、苍鹭、草鹭在水中漫游,呈现一派"苇场连天碧,水鸟漫云空"的景象。

七星河由老道林子经长林岛、三环泡、狼豁子至河口段为富锦市与宝清县的界河,长73千米,在三环泡下游的五九七农场四分场设有狼豁子水文站。三环泡位于富锦市东南部,在老道林子与鹿林之间。七星河三环泡湿地处于七星河中下游左岸,面积为2.5万公顷,是水禽类的栖息和繁殖地。

七星河中下游河段属于沼泽性河流,平槽泄量很小,形成天然滞洪区,七星河湿地自然保护区周边被堤防包围,以前经常向东北方泛滥与外七星河连通,有30%左右的洪水流量由老道林子漫入外七星河,1988年兴建三环泡滞洪区北堤后,封闭了七星河的分流。

1.29.6.4 七里沁河
(Qiliqin River)

挠力河右岸支流,又称七里星河,满语为"星貔"之意,貔是一种发骚气的动物,能吃老鼠,此河中由于盛产貔而得名。发源于完达山脉那丹哈达岭之神顶山与皮克山之间,位于黑龙江省饶河、宝清两县境内。流域面积1 204平方千米,河长75千米,河道比降2.0‰~0.1‰。

七里沁河流域东南高,西北低。流域内峰峦起伏,河谷密布,山地形态多为浑圆状及半浑圆状。全流域山区丘陵面积占总面积的93.1%。

流域多年平均气温1.7摄氏度,多年平均日照2 430小时,无霜期126~138天。多年平均年降水量578.2毫米,年内降水分布不均,6—9月的降水占全年降水量的60%~70%。年径流量2.38亿立方米。

七里沁河河源处,峡谷幽深,松杉摩云,形势险峻。七里沁河自西南向东北流,沿绵崇山峻岭,河谷狭窄,水流湍急,森林覆被率较大,主要有柞、杨、桦等天然次生林,是国家重要木材生产基地。林中有国家珍稀树种云杉、冷杉;野生动物有紫貂、东北虎等,是驰名中外的东北人参主要产地之一,也是野鹿的故乡,有"鹿茸王国"之称。山野菜种类繁多,资源丰富,其中蕨菜、薇菜远销海外。蜂蜜远销闻名,有"东北黑蜂"之乡的称谓,1980年被划为国家级东北黑蜂保护区。东北抗日联军第七军曾经在此生活和战斗过。河流在河口林场东转向西北流经红旗岭农场境内,水流逐渐变缓,在红旗岭农场十二队汇入挠力河。红旗岭农场地处平原湿地区,沼泽浅泡密布,水质状况良好,河水清澈,无污染。每年夏季,大雁、丹顶鹤等都在此栖息繁殖。沿岸土质肥沃,气候温和,适宜种植大豆、小麦、水稻等农作物。区内设有灌区一处,灌溉面积2 133公顷,其中旱田1 333公顷,水田800公顷。当年广大转业官兵按照王震将军的指示,在此开荒种地,使一望无际的荒原变成了万亩良田,如今它已成为国家重要商品粮生产基地。

1.29.6.5 外七星河
(Waiqixing River)

挠力河左岸支流,发源于黑龙江省富锦市南端与宝清县交界处,位于挠力河流域北部平原,于富锦市、饶河县交界处汇入挠力河。外七星河河长183千米,流域面积6 703平方千米,流经富锦市兴隆岗镇木桥屯、七星农场三分场。

概 述

外七星河河源由上游山区小黄河、二道河等5条小河汇集而成漂筏河,漂筏河东流在富锦三环泡以下始称外七星河,中游无河身,下游河道弯曲窄浅,是富锦市和建三江等国营农场的排水承泄区。

流域多年平均年降水量540毫米,多年平均年蒸发量700毫米。多年平均年径流量5.671亿立方米,多年平均气温2.7摄氏度,最高气温37.1摄氏度,最低气温-37.8摄氏度。多年平均年日照时数2 480小时,无霜期120~140天,冻土层一般为1.5~2米。

流域地形西南高东北低,西南部为低山丘陵区,谷坡多残积坡积物,沟谷明显。其余部分除在北部零星分布小面积丘陵、残丘和残留阶地外,均为广阔的平原,地势低平且多碟形洼地。

流域地势低洼,杂草丛生,河道平缓,中游无河身或河身不明显,退水缓慢,山区坡水下泄进入平原后漫流,造成本区大面积长期滞洪状态,排水不畅,加之受松花江泛滥、七星河入侵、挠力河干流顶托的影响,易出现洪涝灾害。在1949—1986年的37年中,有16年出现涝情,1957年洪水淹没全流域面积的40%。1991年和1994年的特大洪水更是造成下游地区农田几乎绝产。仅次于涝灾的自然灾害是旱灾,有19年出现旱情。

新中国成立后修建了大量的排水干、支沟、桥梁和涵闸机排站等设施。进入20世纪80年代以来,国家加大了对外七星河流域的治理力度,相继实施了涝区治理工程、河道整治工程、防洪工程及滞洪区建设工程,特别是1983年,通过挖河筑堤、疏浚河道,解决排水出路,对外七星河流域河道进行了彻底整治,开挖治理的人工河主河道长143.5千米,故改名为新七星河。

纪 实

外七星河上游无河槽,为碟形洼地,有很多漂筏,成为漂筏河,然后漫入东部沼泽地三环泡自然保护区。三环泡自然保护区地处三江平原腹地,总面积25 075公顷,是典型的湿地类型的自然保护区,为三江平原的代表和原始状态的缩影。湿地面积21 393公顷,占保护区总面积85.32%。外七星河中游20千米河段在保护区内。三环泡自然保护区是我国目前保存完整的面积较大的湿地,也是黑龙江省保留比较完整的淡水沼泽生态系统。保护区内河流泡沼遍布,成为丹顶鹤、白枕鹤、白琵鹭、东方白鹳

三环泡

等国家级重点保护水鸟的主要繁殖地和迁徙停栖地,是三江平原最主要的鹤类繁殖区之一。由于保护区处于挠力河流域的重沼泽区,人类难以进入,人为干扰较小,至今原始状态保持较好,是我国保持最原始的湿地地区之一。保护区内还有国家级保护植物野大豆、莲、貉藻和乌苏里虎尾藻,国家重点保护兽类雪兔和28种国家级重点保护鸟类。

外七星河下行至富锦市东部,进入建三江农场管理局及所属国营农场辖区,左岸为七星农场,右岸为大兴农场。大

兴农场地处挠力河、七星河与外七星河之间的低平原地区，三面环水，俗称"大兴岛"，是黑龙江垦区三个著名岛屿之一，为国家级挠力河湿地自然保护区的核心区，土地肥沃，素有建三江垦区"小江南"之美称。外七星河穿过七星农场、大兴农场交界处、创业农场，在菜嘴子以上4千米处汇入挠力河。

1.29.7 别拉洪河

(Bielahong River)

乌苏里江左岸支流，原名别拉音，又名别拉雅河，满语意为"大水漫地之河"，又称圈河，即泡沼相连之河。发源于富锦市创业农场西北部重湿地，流经建三江管理局，沿同江市、饶河县边界进入抚远县，于抚远县抓鸡镇别拉洪亮子林附近注入乌苏里江。

概　　述

别拉洪河河长267.8千米，流域面积4 503平方千米，上、中游为人工河道，下游为自然河道。流域内，除局部残丘外，绝大部分为平原低地。微地形变化复杂，漫岗阶地、碟形洼地、鱼眼泡星罗棋布。

流域地处中温带半湿润季风气候区，多年平均气温1.6摄氏度，最低气温-43.3摄氏度，最高气温37.7摄氏度，结冻期长达7个月。全年日照时间为2 304小时，无霜期120天左右。流域多年平均年降水量532毫米，6—9月降水占全年降水量的74%，多年平均年径流量3.377亿立方米，多年平均年蒸发量754.2毫米。夏季多西南风，冬季多西北风，年平均风速4级左右。

流域内洪涝灾害，有"三年一小涝、十年一大涝"之说，旱灾也时有发生。1981年流域出现百年不遇的特大涝灾，从5月30日至8月末共降雨58天，雨量达563.2毫米，19万公顷小麦大多数泡在水里，损失十分惨重。2000年，流域内发生大旱，连续46天无降雨，导致20万公顷的农作物受灾。

新中国成立前，流域内人迹罕至，沼泽连片，一片荒凉，"漂垡"与"大酱缸"遍布其间。流域上游无明显河槽，主要依靠滩地行洪，水流缓慢，积水长期不能排除。1977年，国家对别拉洪河流域进行治理，主河道上游修排水干沟18条，总长213.2千米，中游修排水干沟27条，总长326.8千米，基本解决了沿河上、中游各农场支渠以上的水利配套，1979年12月别拉洪河主河道工程全线竣工。

纪　　实

别拉洪河自西向东贯穿建三江农场管理局全境，区域系我国著名的低平原沼泽区，素有"小三江"之称，以农业生产为主，所产"别拉洪河""洪河"牌大米畅销国内及俄罗斯市场。

建三江粳稻米

别拉洪河蜿蜒流淌在广阔的河漫滩上，每逢阴雨连绵的夏天，河水就铺天盖地地漫过荒原，这片沼泽地一度被称作万顷"魔沼"。为整治"魔沼"，从别拉洪河红旗桥以上14.7千米处开挖，于石砬山东南处向南分流后截入**挠力河**，此段河长49千米，控制面积940平方千米；别拉洪河中游段从连环泡处开河，流经同江、饶河两县（市）的交界处，在迟德亮子以上7千米处折向东南，至抚远县境内瓦盆窑处截流进入乌苏里江，河长61千米，控制面积1 567平方千米。

在同江市、抚远县交界处有洪河国家级自然保护区，总面积21 836公顷，保护区内共有低、高等植物1 012种，鸟类214种，国家级珍稀鸟类33种。

别拉洪河下游段迟德村以下为天然河道，河长为157.8千米，控制面积1 996平方千米，河宽17～30米，深为1.5～2.0米，河道弯曲系数达3.0～3.5。曲折蜿蜒下行至抚远县，在前锋农场有二道河汇入，转而北行又有沼泽性河流二道子河由左岸汇入。河的右岸海青乡有著名的莲花泡，曾有诗赞"八月轻风过荷塘，乌苏江畔飘郁香，簇簇翠叶托娇女，疏疏莲蓬早承尤。隆冬奇寒不改志，临野寂寞未彷徨。不恋江南风光美，甘为北苑添锦装"。别拉洪河下行至别拉洪乡，有常年沼泽性河流头二道河在左岸汇入。在别拉洪乡建有别拉洪水文站，水文站北15千米处有国家级三江自然保护区。保护区面积20万公顷，有脊椎动物291种，国家级保护野生动物白鹤、丹顶鹤、白尾雕、飞龙等9种，以及高等植物近500余种。别拉洪河下游自西南向东北贯穿祖国的最

建三江排水大动脉别拉洪河人工河道

东端抚远县境内。抚远县土地肥沃，地广人稀，是中国"鲟鳇鱼之乡"、中国"大马哈鱼之乡"。

辽 河 水 系
Liaohe River Basin

2 辽河
(Liaohe River)

中国七大江河之一。古称大辽水、辽水,《辽史·地理志》始称辽河。

辽河发源于河北省七老图山脉的光头山,河源海拔1 490米,流经河北、内蒙古、吉林和辽宁4省(自治区),在辽宁省盘锦市注入渤海。河长1 345千米,流域面积21.96万平方千米。

辽河之春

辽河入海口

概 述

流域范围 辽河位于中国东北地区的西南部,流域地理坐标东经116°54′~125°32′,北纬40°30′~45°17′。辽河流域东以长白山脉与**第二松花江**(简称二松,下同)、**鸭绿江**流域分界;西接大兴安岭南端,与内蒙古高原的大、小鸡林河及公吉尔河流域相邻;南部及西南部以七老图山、努鲁儿虎山、医巫闾山与**滦河**、**大凌河**、**小凌河**流域毗邻;南侧濒临渤海,北以松辽流域分水岭和**松花江**流域接壤。辽河流域东西宽约770千米,南北长约539千米。

地形地貌 辽河流域东、西两侧及南部西端为低山、中山所环绕,地势较高,一般海拔500米以上;北部为松辽流域分水岭,是由第四系堆积物组成的宽缓岗丘,近东西向走势,地面高程200~300米;西、北、东三面群山岗丘呈马蹄形环抱辽河平原。辽河平原为东北大平原的一部分,地域广阔,地形低平,堆积物巨厚。辽河流域地貌的基本轮廓与地壳表层的构造形态有关,尤以山地的脉络最为明显。流域东西两侧山地以构造剥蚀地貌为主。

流域东部,辽东、吉东山地相对高程150~700米,山势较缓,河流发育,林木茂盛,属剥蚀侵蚀中低山丘陵区,仅有少数峰岭属中山地形。

流域西部,南端属燕山山脉或东延部分,相对高程150~1 000米,属侵蚀剥蚀和侵蚀褶皱断块中低山丘陵地貌,河流切割较强烈,山势较陡峻,地形较零散,并发育有3~4级夷平面,山坡下部风化作用较强,有较厚的沉积和残积物堆积,有黄土台地分布;北端为大兴安岭山脉南端,山岭起伏连绵、雄伟、壮观,其最高峰黄岗山高程2 034米,是东北地区第二高峰。

流域北部,松辽流域分水岭由于燕山运动造成分水岭北移,形成现分水岭,原分水岭遗留为丘陵地貌。

辽河平原地带以堆积地貌为主,高程由西、北、东向中间倾斜降低,南侧以高程50~3米与渤海相接。辽河平原又分为冲积平原和砂坨、砂质平原。

盘锦红海滩

冲积平原是沿辽河及其支流形成的冲洪积阶地所构成的平原,土地肥沃,地势较低,有很多溺谷和沼泽湿地。在山前一带分布有波状倾斜平原,冲沟发育,地形切割剧烈,形成冈垅状土梁和坳沟。在西辽河南岸则广泛分布流动型、半固定型和固定型的沙垅,沙丘与坨甸湿地相间构成沙坨、沙质平原地貌。

水系 辽河干流呈弓形,可分为上、中、下游三段。

上游段称老哈河,即源头至**西拉木伦河**汇入口。该段河流秦汉至魏晋称为"乌候秦水",《魏书》有"乌候秦水、广袤数百里,淳不流"的记载,隋唐称"托乾臣水""土护真河",辽代称"土河""徒河",清朝以后称老哈河。"老哈"为契丹语,原意是"铁",蒙古语称老哈木伦。老哈河河长426千米,流域面积2.74万平方千米,河道总落差1 215米,平均比降2.5‰,多年平均年径流量12.7亿立方米。老哈河是一条多沙河流,多年平均含沙量27.4千克每立方米,年输沙量2 090

万吨。老哈河较大支流有**黑里河**、**坤兑河**、**英金河**、**蚌河**、**羊肠子河**等。

中游段称西辽河，即西拉木伦河汇入口至**东辽河**汇入口，河长403千米，流域面积10.88

老哈河科尔沁沙地

万平方千米，河道平均比降0.4‰。西辽河通辽以上河段长188千米，河床宽浅，平均宽1千米左右，河岸高仅0.5～1.0米，河道曲折多弯，弯曲系数1.69。河水含沙量大，河床淤高，中泓迁徙，河道左右摆动幅度大，最大可达6～8千米，断面呈宽浅型，宽深比较大，改道频繁，属游荡型河流。通辽以下西辽河长215千米，河宽约500～1 000米，河宽向下游逐渐减小，水深增加。西辽河主要支流有西拉木伦河、**教来河**、**新开河**、**乌力吉木伦河**等。

下游段始称辽河，即福德店东辽河汇入口至盘锦入海口，流域面积8.34万平方千米。辽河福德店至铁岭段河长120.76千米，河道平面形态蜿蜒曲折，边滩犬牙交错，河道中浅滩丛生，河宽125～280米，河道比降0.2‰～0.31‰，河道弯曲系数1.54～1.60，宽深比2.5～14.1，河道冲淤基本平衡。铁岭以下河段筑有连续堤防，堤距最宽处6 000米，最窄处约1 000米。一般河宽250～450米。河道平面上的变化较大，该河段比降小，河道弯曲系数1.38～1.68，河道分流亦多。辽河主要支流有东辽河、**公河**、**招苏台河**、**王河**、**清河**、**沙河**、**柴河**、**凡河**、**拉马河**、**秀水河**、**养息牧河**、**柳河**、**绕阳河**、**浑河**、**太子河**、**大辽河**等。

辽河流域水系发育，支流众多。根据统计，流域面积大于1 000平方千米的一级支流有19条，流域面积大于10 000平方千米的大支流有英金河、西拉木伦河及其支流**查干木伦河**、教来河、乌力吉木伦河、东辽河、浑河、太子河和绕阳河等9条。

气候 辽河流域地处温带大陆性季风气候区，各地气候差异较大，雨热同季，日照时间长，冬季寒冷期长，春秋季短，东湿西干，平原风大。

流域内多年平均气温自下游平原向上游山区逐渐递减。其中河口附近气温9摄氏度左右，其他地区气温均在4摄氏度以上。年内温差较大，最高气温在7月，为22～24摄氏度，绝对最高气温曾达42.5摄氏度（1955年赤峰站），1月平均气温最低，为-9～-17摄氏度，极端最低气温-41.1摄氏度（1966年西丰站）。流域多年平均相对湿度49%～70%，自东向西减少，相对湿度以春季最小，夏季最大，秋季居中。4月为相对湿度最小月，各地都低到60%以下，其中西拉木伦河与老哈河地区更甚，低到40%左右，7月、8月湿度高达70%～80%。

流域多年平均年蒸发量560～1 320毫米，其分布与相对湿度相反，由东向西递增，5月最大，全流域各地都为79～215毫米；1月最小，各地为6～26毫米。流域的日照时数以西部地区较多，全年达2 700～3 000小时以上；东部山区日照时数较少，为2 400～2 600小时，中部地区在2 500～2 700小时之间。年内日照时数以5月最长，12月最短。辽河流域冬季大部分地区西北风或北风，夏季多偏南风。流域内多年平均风速2～4米每秒，西部地区风力较大，最大风速在春

季3—5月，如赤峰站4月曾出现40米每秒的特大风速。

辽河流域无霜期一般为150～180天。辽河冬季各月全有降雪，初雪在10月中下旬或11月上旬，终雪在次年3月下旬至4月中旬，积雪以东部和西部山区最厚，最大厚度在30厘米以上。辽河流域的冻土深度由下游向上游递增，下游地区平均冻深在0.9米左右，上游山区可达2米以上。辽河流域东西部山丘区一般在10月中旬开始结冰，11月下旬至12月上旬开始封冻，河流开河日期一般在3月中下旬，河流封冻85～130天。最大河心冰厚一般0.5～1.0米，上游山区最大可达1.5米以上。

水文水资源

1. 降水。辽河流域多年平均年降水量300～950毫米。降水量自东南向西北递减，地区分布很不均匀。浑河、太子河、柴河及凡河山丘区降水量达800～950毫米，西辽河地区降水量最少，仅300～350毫米。

辽河流域降水年际变化大，年降水量的最大值是最小值的3倍以上，同时存在连续数年多水或少水丰枯交替出现的现象，丰水期和枯水期呈现一定的周期性。较大的丰、枯水期持续的时间为8～14年，平均为11年左右，还经常出现3～5年连丰或连枯时段。

辽河流域降水年内分配亦不均匀。冬季经常处于大陆干冷气团控制之下，降水量少；春季气旋入侵频繁，多大风天气；夏季受东南季风影响，并有台风入侵，水气充沛，汛期6—9月降水量占全年的70%以上，降水集中并经常出现暴雨。

2. 水资源。根据1956—2000年统计，辽河流域多年平均年径流量137.2亿立方米，其中福德店以上29.6亿立方米，占21.6%；福德店至入海口段48.6亿立方米，占35.4%；浑河、太子河58.9亿立方米，占43%。径流的时空变化基本与降水的变化一致。

辽河流域多年平均地下水资源量123.87亿立方米，其中福德店以上46.12亿立方米，占37.2%；福德店至入海口段44.81亿立方米，占36.2%；浑河、太子河32.94亿立方米，占26.6%。

辽河流域水资源总量221.9亿立方米，其中福德店以上区段70.2亿立方米，占31.6%；福德店至入海口82.70亿立方米，占37.3%；浑河、太子河69亿立方米，占31.1%。

3. 泥沙。辽河是我国著名的多沙河流，流域内的水沙分布，因各地自然地理情况的不同，存在着明显的地区差别。

老哈河边沙岸

辽河上游段老哈河及其支流的上游区产沙比较均匀，一般侵蚀模数约2 000吨每平方千米，是辽河泥沙的主要来源。教来河上游广布黄土丘陵，侵蚀模数达4 000～5 000吨每平方千米，为西辽河流域侵蚀模数最高的地区，水土流失尤为严重。

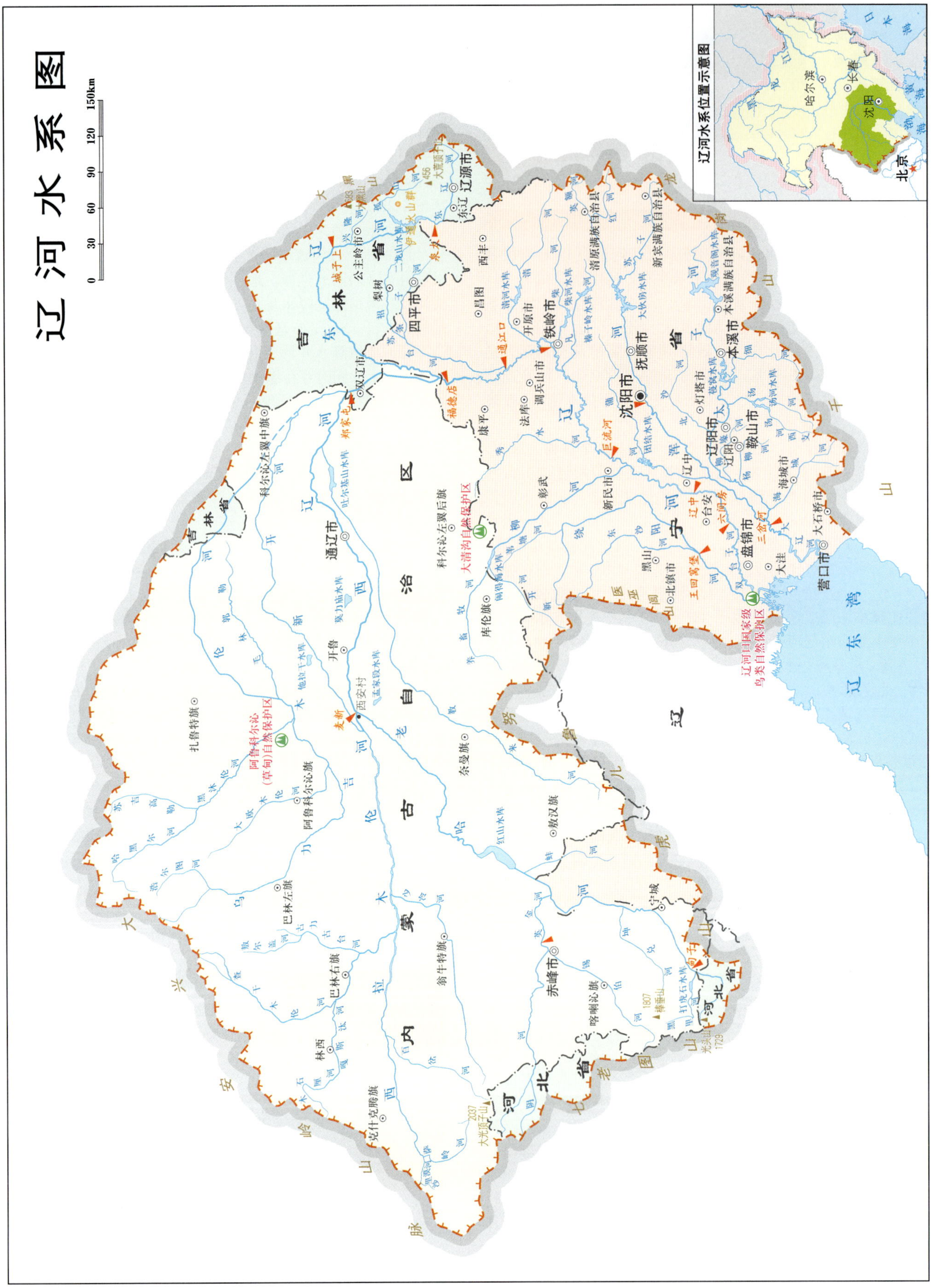
辽河水系图
0 30 60 90 120 150km
辽河水系位置示意图
哈尔滨
长春
沈阳
北京
渤海
吉林省
辽宁省
内蒙古自治区
河北省
辽东湾
沈阳市
抚顺市
铁岭市
本溪市
辽阳市
鞍山市
盘锦市
营口市
四平市
辽源市
双辽市
通辽市
赤峰市
海城市
新民市
开原市
灯塔市
大石桥市
北镇市
调兵山市
公主岭市
梨树
昌图
西丰
法库
康平
彰武
台安
辽中
黑山
大洼
开鲁
库伦旗
奈曼旗
敖汉旗
宁城
翁牛特旗
喀喇沁旗
林西
巴林右旗
巴林左旗
阿鲁科尔沁旗
扎鲁特旗
克什克腾旗
科尔沁左翼中旗
科尔沁左翼后旗
西安村
大清沟自然保护区
辽河口国家级鸟类自然保护区
阿鲁科尔沁(草甸)自然保护区
辽河
西辽河
东辽河
浑河
太子河
绕阳河
柳河
老哈河
西拉木伦河
教来河
新开河
乌力吉木仁河
大辽河
大兴安岭山脉
七老图山
努鲁儿虎山
医巫闾山
龙岗山
千山
福德店
郑家屯
通江口
巨流河
六间房
三岔河
麦新
辽中
王回窝堡
大光顶子山
2037
光头山
1729
1807
456

辽河中游段西辽河的泥沙除来自上游外，还来自西拉木伦河的胡日哈至龙口、万合永、大板区间及支流**少冷河**。少冷河侵蚀模数达 2 000 吨每平方千米左右。

西辽河、新开河地区及教来河、老哈河、西拉木伦河、乌力吉木伦河等河流的下游地区属西辽河平原及沙丘坨甸区。这一地区基本不产流，水土流失甚少，但存在风蚀问题。

辽河左侧支流招苏台河、清河、柴河、凡河、浑河、太子河等地处辽东地区，年降水量在 700 毫米以上，但植被良好，为多水少沙地区。仅东辽河上游侵蚀模数就超过 500 吨每平方千米。

辽河右侧支流水土流失严重。特别是柳河闹德海以上是辽河流域产沙最高的地区，其支流**荞畜牧河**和扣河子河多年平均侵蚀模数达 6 600 吨每平方千米，每遇暴雨，总有大量泥沙下泄，实测扣河子站河水最大含沙量达 1 580 千克每立方米，闹德海以上地区被列为全国水土保持 8 个重点治理区之一。

辽河干流各控制站多年平均年输沙量分别为：西安村 966 万吨，郑家屯 489 万吨，铁岭 831 万吨，六间房 895 万吨。

辽河悬移质泥沙的年内分配与水量基本相应，只是更为集中。流域内主要控制站一般汛期（6—9 月）的输沙量占年输沙量的 90%以上，而 7、8 月占 80%左右。悬移质泥沙的含沙量年际变化很大，丰水大，枯水小，两者之比可达数十倍。

4. 水质。根据辽河流域地表水和地下水水质现状调查评价。地表水，以干流水质为例，全年综合评价 8 812 千米河长的 223 个测点中，水质为Ⅰ类的河长占总评价河长的 2.9%，Ⅱ类占 10.5%，Ⅲ类占 14.3%，Ⅳ类占 21.85%，Ⅴ类占 12%，劣于Ⅴ类的占 25.8%。辽河地表水水质污染严重，Ⅲ类以上水质仅占 27.7%，汛期污染轻于非汛期，点源污染大于面源污染。辽河地下水水质Ⅲ类以下占地下水资源量的 86.5%，地下水资源污染也十分严重。

自然灾害 辽河流域的自然灾害有水灾、旱灾、风灾、雹灾和地震等，其中以水、旱灾害发生最为频繁、范围最广，对社会经济发展、人民的生命财产与正常的生产、生活造成的威胁最大。据统计，辽河流域自然灾害造成的受灾农田面积中 80%以上由水、旱灾害引起。

据考证，1735 年以前，辽河流域对水旱灾害的记载较少且不连续，1735 年以后虽稍好，但不完整不详细。中华人民共和国成立后，水旱灾害的记载较完整，资料较全。从已有的资料看，水灾频繁，平均两年一次。水灾主要发生在西辽河干流两岸及大支流教来河和新开河两岸；东辽河**二龙山水库**以下的干支流地区以及辽河下游干流和浑河、太子河的中下游地区。20 世纪 50 年代是辽河流域的丰水期，辽河下游干流两岸和浑河、太子河地区洪灾严重，受灾面积占该地区面积的 78%；到 80 年代则下降到 36.5%。1951—1990 年，辽河流域受水灾面积 771.6 万公顷，其中上中游老哈河、西辽河地区 257.2 万公顷，占 33.3%；辽河下游和浑河、太子河、大辽河地区 514.4 万公顷，占 66.7%。

辽河流域的旱灾发生频率也较高。据最近 250 年水旱灾害统计，有 71 年发生旱灾，发生率为 28%；而在 20 世纪的头 85 年中，有 40 年发生旱灾，发生率为 47%，旱灾的发生率有上升趋势，旱灾程度也有加剧。辽河流域的干旱尤以春旱严重，辽河上中游地区一般十年九春旱；秋旱发生率也很高，约为 31%。辽河流域 1951—1990 年累计农田受旱面积 2 406 万公顷，成灾 1 153 万公顷，绝收 151 万公顷。

经济社会 辽河流域 2000 年统计人口 3 421.94 万，其中城镇人口 1 748.53 万，占总人口的 51.1%。在人口的分布上，辽河上中游地区人口密度相对较低，为 57 人每平方千米；浑河、太子河的人口密度较高，为 574 人每平方千米。辽河流域不仅是我国的工业基地，而且也是农业基地，2000 年辽河流域的地区生产总值 3 236.87 亿元，占整个东北地区的 31.5%；工业总产值 5 161.82 亿元，占东北地区的 35.3%；农业总产值 791.88 亿元，占东北地区的 32%。辽河流域耕地面积 476 万公顷，当年播种面积 439.67 万公顷，主要农作物是玉米、小麦、水稻等，粮食总产量 1 427.8 万吨。辽河流域有大、小牲畜共 3 680 万头，其中大牲畜 816 万头。

治理与开发 中华人民共和国成立前，辽河流域仅有二龙山水库、三台子水库这两座大中型水库和闹德海大型拦沙堰及少量的民堤。

总办窝堡水利枢纽

1. 河道整治。辽河的河道整治，主要是堤防建设，河道险工治理和拦河分洪枢纽建设。根据调查统计，辽河流域重点防洪河段已建成堤防总长为 2 505 千米，其中西辽河两岸堤长 618.1 千米，东辽河上二龙山水库以下两岸堤长 439.9 千米，辽河下游福德店以下两岸堤长 653.7 千米，浑河长大铁路桥以下两岸堤长 259.1 千米，太子河辽阳铁路桥以下两岸堤长 195.4 千米，大辽河两岸堤长 119 千米，绕阳河沈山铁路桥以下两岸堤长 219.8 千米。辽河流域重点拦河分洪枢纽有台河口、苏家堡、总办窝堡和他拉干等；河道险工治理 316 处，长 75.1 千米，其中辽河下游干流 32.36 千米，浑河、太子河及大辽河 37 千米，绕阳河 5.7 千米。在提高河道行洪标准的同时进行河道整治，基本理顺和控制了主河槽，保证行洪通畅和河势稳定，为确保沿河城市、村镇、广大农田和人民生命财产安全发挥了很大作用。

2. 流域开发。辽河流域 2000 年末共建成蓄水工程 1 449 座，其中大型水库 18 座（总库容 134.65 亿立方米），中型水库 70 座（总库容 22.18 亿立方米）；建成引水工程 300 处，其中大型 10 处；建成提水工程 372 处、地下水生产井 22.31 万眼。上述工程的总供水能力达 145.81 亿立方米。

辽河流域 2000 年耕地有效灌溉面积 196.9 万公顷，实灌面积 172.65 万公顷。其中大中型灌区有老哈河及西辽河地区的莫力庙、辽河、英金河、舍力虎、余粮堡、大德泉、黑坨子、凤凰岭、西保、先锋、乌力吉吐、孟家段、乌力吉木伦、山湾子、跃进、甸子共计 16 处，有效灌溉面积共 18.63 万公顷，占全辽河有效灌溉面积的 39.5%；辽河下游及浑河、太子河地区的梨树、东辽、双山、秦家屯、大洼、浑沙、灯塔、新民浑浦、辽中浑浦、于洪浑浦、浑北、浑南、八一、石佛寺、沈抚、高坎、旗口、花英台、水源、清河、开西、辽河、西绕、双绕、凡河共计25处，有效灌溉面积共计28.53万公顷，占全辽河有效灌溉面积的60.5%。

纪　实

上游　辽河上游段即老哈河，河长426千米，流域面积2.74万平方千米。发源于河北、辽西山地的七老图山的光头山北麓，属阴山山系。据《奉天通志》记载："松岭山脉为辽西山脉之总称，为阴山山系，东南干脉汉代统称阴山。其脉自喀喇沁王府西北之松树岭，迤逦东南走，为老哈河上源与滦河流域之分水岭。复东北折为大凌河发源诸山。沿老哈河沿岸经敖汉、奈曼、喀尔沁左翼诸旗界，东抵彰武法库界止，又为老哈河与大凌河之分水岭，因山多松故称松岭，即明之万松岭也"。

辽河自河源至黑里河口干流长57千米，两岸山高谷深，为辽河上游各支流的发源地，河网比较发育。河道水流湍急，平均比降7.4‰，泉水丰富，长年补给河水，河床多为砂砾石。

黑里河口至**红山水库**河段河长217千米。河流由山区开始进入黄土丘陵区。河槽宽200～600米，河流两岸比较开阔，地势南高北低；左岸多起伏的黄土低山丘陵地带，广泛覆盖着厚度不等的黄土层，植被覆盖率较低，山坡上冲沟发育，水土流失严重；右岸则为沙质丘陵地貌，地势低平，沿河两岸有3～5千米宽河漫滩，呈河谷平川展布。老哈河在这段区间内水系发育，从上至下有八里罕河、北小河、牤牛河、坤兑河、海棠河、英金河、蚌河、羊肠子河等支流汇入，水量增加，河床左右摆动，摆幅在200米左右，河道比降2.5‰～2‰。本河段因受黄土丘陵地形和植被覆盖稀疏的影响，水土流失较为严重，多年平均土壤侵蚀模数2 565吨每平方千米；河流水量增加，河水含沙量加大，一般多年平均含沙量44千克每立方米，是辽河泥沙主要来源区之一。在支流黑里河上建有大型的**打虎石水库**。

黑里河口以下5千米有宁城县最大的甸子灌区，灌溉9个乡镇的1.1万公顷耕地。

老哈河过甸子灌区，两岸为冲积平原，到达宁城县。宁城县为辽代五京之一的中京大定府，坐落在现宁城县铁匠营子乡和大明镇之间，位于老哈河北岸，辽以后，又经过金、元等朝代沿用后，明初被燕王焚毁。宁城县现为赤峰市主要的农业大县，也是内蒙古自治区东部地区著名的酿酒、食品加工和轻工毛纺等工业城市。

老哈河流过宁城县后，右岸有支流东小河、海棠河相继汇入。从蚌河口以上11.5千米到天义东小河以下长约110千米的河段为内蒙古赤峰市与辽宁省朝阳市的界河。河流下行进入广阔的冲积平原区，水面宽180～300米，河道比降2.5‰。

老哈河蜿蜒而下，即进入赤峰市，左岸有较大支流英金河汇入。赤峰市是内蒙古东部的重要城市，曾是内蒙古昭乌达盟政府所在地，现为地级市。赤峰市是辽河流域重要的煤炭和电力生产基地，也是举世闻名的"红山"文化的发祥地，

宁城大明塔

境内有燕长城，附近灌溉地和水浇地较多。清乾隆二十九年（1764年）赤峰地区喀喇沁旗牛营子下水地，在**锡伯河**上建无坝自流引水设施灌地100公顷，是辽河流域最早的灌溉工程。

过了界河段老哈河进入红山水库库区。此段河道左岸是低山区；右岸多沙丘，地势较低平，水面宽约400～500米。由于老哈河为多沙河流，红山水库经过几十年的运行后，已淤积了大量泥沙，水库末端河床抬高，两岸地下水位上升约2～3米，又形成了新的淹没和浸没区。在浸没区末端的小河沿村附近的老哈河右岸，修建了长22千米的防护堤。

老哈河红山水库坝址至海流吐西拉木伦河汇入口河长151千米，河道比降0.9‰，该河段没有支流汇入。

老哈河出红山水库，东北流约35千米进入石门子峡谷区，河谷宽仅70米，两岸为高200余米的岩石陡壁，形同一道石门，水流湍急。从石门子到乌丹营子，河道在200米长度内连续出现3次跌水，河水飞流直下，响声如雷，

老哈河石门子段

这便是老哈河闻名的响水。据载，清乾隆皇帝曾到老哈河观赏响水，并在响水北岸题诗；此诗文石刻距地面高20米，全长26米，用蒙、满、汉三种文字镌刻，诗名为"观敖汉瀑布水"。

老哈河在石门子至高日罕段均为峡谷河段，两岸多为沙质丘陵台地，河道特点是由其上的宽阔平川进入宽窄不一的峡谷且落差比较集中，建设成为水电站的良好条件，目前已建成小山、李家营子、黑鱼泡子、高日罕等4座小型水电站。

高日罕以下，老哈河河谷逐渐展宽，两岸地形也由沙丘台地逐渐过渡为沙丘平原，大部分为流动沙丘和半流动沙丘，近年来由于采取了有效的固沙措施，生态环境有所好转并与西辽河平原连为一体。此段河宽达1 000～2 000米，河身宽浅，较顺直，河床主流摆动剧烈，大水漫滩，水流含沙量大，具有游荡性河道的特点。老哈河流至海流吐，左岸有大支流西拉木伦河汇入。

苏家堡水利枢纽

中游　辽河中游通常称西辽河，长403千米。西辽河自海流吐向东流约12千米，建有苏家堡水利枢纽。该枢纽建于1961年，由开敞式泄水闸、南北岸进水闸和孟公隧洞组成，为西辽河上第一个以分洪为主的水利枢纽工程，并有输水渠道连接南岸进水闸和孟家段旁侧水库。**孟家段水库**分上、下两库，总库容1.08亿立方米。

西辽河继续东流，在开鲁县与通辽市界附近建有总办窝堡枢纽，向左岸**莫力庙水库**和右岸小塔子水库分水。向莫力庙水库的最大分水流量300立方米每秒。从苏家堡到总办窝

堡，河流两岸均有堤防，其中左岸堤长73千米，右岸堤长58千米。本段河道河床的横比降很大，尤以苏家堡最为明显，左右岸高程相差可达1米以上。因为河道流向多变，加重了水流对堤防的冲击，故易形成险工。

西辽河总办窝堡至通辽市河段，河宽1 000米左右，沿途多为冲积平原地貌，河道曲折多弯，河床淤积较严重，床面高出通辽市区约2米左右。据通辽水文站资料统计，1955—1960年多年平均年输沙量7 530万吨（红山水库建前），1961—1998年由于上游地区加强了水土保持工作，特别是红山水库投入运行，多年平均年输沙量减至647万吨。该段河段建有堤防，左岸堤防长47千米，右岸长66.5千米。

通辽地区原为清外藩蒙古贵族达尔罕王领地，清光绪二十九年（1903年）被招垦开荒的农民渐多，形成"巴林太来"村落，这就是通辽的前身；1914年改称通辽镇，属辽源县管辖；1918年改县制，因地处西辽河沿岸，故名通辽县，属奉天省；日伪时期，成立县公署，属伪兴安南省；1947年3月通辽及哲盟全境解放。通辽市是内蒙古自治区的商品粮基地，也是重要的能源基地。

通辽以下，西辽河继续东流，由于水流含沙量减少，河床下蚀力较强，河床收缩，逐渐由宽浅变为狭窄，有明显河床，河道曲折多弯，浅滩多。每遇洪水河道中泓迁徙，左右摆动，极易造成水患，是典型的游荡型河流。西辽河先后在科尔沁左翼中旗武家窝堡附近右纳支流教来河，在吉林省双辽县的小瓦房附近左纳支流新开河、乌力吉木伦河。

西辽河由东流转向南流直至双辽市人民政府所在地郑家屯。郑家屯即现在的双辽市所在地，由原双山县和辽源县合并而成，辽时为凤州地，金为韩州，元为开元路，明为福余地，清初为科尔沁左翼中旗达尔罕王的旗地。辽源县原名辽源州，土名郑家屯，清初为游牧荒地，自清末开禁以来变成交易场地而逐渐繁华起来；原系辽河航行的要冲，因此得名。双辽市是国家粮食生产基地和重要的玉米出口基地，是吉林省重要的牧业基地。

过郑家屯，西辽河继续南流，至东辽河汇入口的福德店，河长约100余千米。本段河流的下切侵蚀力较强，河床收缩，由宽浅变为窄深，河宽约500米，河床明显，河岸高约1～1.5米，河床比降0.4‰～0.5‰。

西辽河过郑家屯后流经"辽泽"（古称"辽海"），地势低洼潮湿，河流错综复杂。西辽河曾两次西迁，使东辽河的汇入口下移，在徐曦所著《东三省纪略》（1915年出版）卷三中记述：辽河由辽源县北，又东南与赫尔苏河（即东辽河）汇，汇处土名三江口。二水即合南六十余里至三江口镇，舟楫之利自此可通（注：上面提到的六十里，据查可能有误）。1924年前东西辽河汇合口是在今三江口镇平齐铁路以北。1924年大水，汛后正式形成新的汇入点，南移约20余千米。东辽河汇入口第二次南迁，是在1947—1949年逐步形成的。1949年西辽河汛期发生较大洪水，连续出现6次洪峰，冲决堤防11处，西辽河河道西移，致使东辽河的汇入口南移到福德店，南迁距离约40千米。汇入口附近东辽河的河道总的流向趋势基本稳定，仍循原河道通过四洮铁路东辽河大桥孔，向南依原辽河河道下流，经古榆树后到福德店。西辽河河道变动较大，逐渐偏西，形成新的西辽河河道，最后于福德店与东辽河汇合。

下游 西辽河在福德店纳东辽河后，称为辽河。

辽河南流至康平县老山头村，右岸有公河汇入；至昌图县通江口乡，左岸有招苏台河汇入。通江口在清朝时是辽河重要的水陆交通枢纽，当时开原以北的货物均由此上船经由营口出海，外来的货物亦由来自营口的船只至通江口转运，航运业十分发达。

按《清史稿·地理志》所记，辽河的通江口河段，"曾东徙，曲如是弧。"为了保护商埠，光绪三十四年（1908年）曾着手疏浚取直，并添筑顺水坝，逼河西行。因当地河岸土质多为中细砂，不耐冲刷，塌岸较严重，造成河道自然裁弯，沙滩地上多"牛轭湖"遗迹。1959年大水时河道变动很大，通江口上游约10千米处的大公主屯附近发生自然裁弯，冲毁耕地约80公顷，如今旧河道已被淤死，水流全部涌入新河。历史上也曾发生过类似的裁弯。通江口上游的三合屯河段的人工裁弯，对通江口段的河势影响很大，迫使通江口段的主流从右向左摆动，直冲左滩，滩地迅速塌落，中水以上时，由于旧河过水，而通江口处主流又有右摆的趋势，通江口以下河道渐呈窄深、弯曲，河道稍有冲刷。

辽河东南流进入开原县境内。开原在历史上是北方一个重镇，明朝时的三万卫、辽海卫、安乐所均设于开原老城内。《水经注》记载的辽水自塞外东流，直辽东之望平县西，望平即指开原。开原附近辽河右岸的丈沟子村古称老米湾，是明朝洪武、永乐年间由海运船只经营口溯辽河储运粮食的地点。

辽河再南流，相继有清河、沙河、柴河、凡河等支流由左岸汇入，右岸有王河、拉马河汇入，使辽河的水量大增，而河流含沙量则沿程递减。河道冲刷下切，河道中出现了稳定的江心洲，各支流汇入口均为锐角相交，并有移动的渚门浅滩，随干支流洪峰出现的先后而变化，汇入口的位置则渐次下移。

按清乾隆《盛京通志》记载，铁岭境内有内、外辽河分流于下塔子。可是按照明代著作，唯下塔子山东有辽河。《开元图说》卷上也只说曾迟堡（今曾盛堡）以北有辽河，不见内、外两辽河分流的记载，而今日铁岭附近也只有一条辽河，河道却已在曾盛堡以南，堡北仅有几处月牙湖，由此可证明，清初这里发生过分流，后来堡北旧河道堙废才使辽河改道堡南。历史上本段河道变迁也很频繁，最明显的是三面船这个地方，据《奉天通志》卷76载："三面船，（法库）县南80里（合40千米），山势三面似船，故名。一云山临辽河，三面皆可泊船。"今考证三面船山东、西、南三面都有古河遗迹，而今辽河距三面船山却已有几千米的距离，足见河道演变，使三面船和辽河的相对位置发生了很大的变化。

辽河的东岸为铁岭市市区。铁岭市南距沈阳75千米，素有沈阳北大门之称，是历史上兵家必争之地。铁岭晋时属挹娄地；唐代为富州；辽代改为银州；金代改称新兴县，隶属咸平府；明洪武二十一年（1388年）设置铁岭卫，归属于辽东都指挥司管辖；清康熙三年（1664年）六月设置铁岭县，隶属于奉天府。铁岭地名的由来，据《满州地名志》记载：传说原此地北门内有一条旧路，其形似岭，路地坚硬，加之附近盛产铁，故而命名为铁岭。铁岭自明代时就取为地名，一直沿用至今。新中国成立后，铁岭于1979年8月设市，1984年与铁法市（县级市）合并升为省辖市，现辖2个城区5个县（市），总土地面积12 968平方千米，其中城区面积313平方千米。铁岭是辽宁省的主要粮食产区和煤炭生产区。铁岭产的榛子久负盛名。

辽河在铁岭以下，筑有连续且正规堤防。辽河流向基本上是东西向，有小支流西小河汇入。在沈阳市黄家乡和法库县依牛堡乡之间的辽河上建有石佛寺水利枢纽工程，**石佛寺水库**坝址距沈阳市区约40千米，按滞洪方案修建，可使其下游辽河防洪标准由现状30年一遇提高到100年一遇，盘锦市达到200年一遇。据清顺治八年（1651年）乌礼部大臣所立石佛寺山顶石碑记，百年前，辽河曾于石佛寺七星山脚下流，现

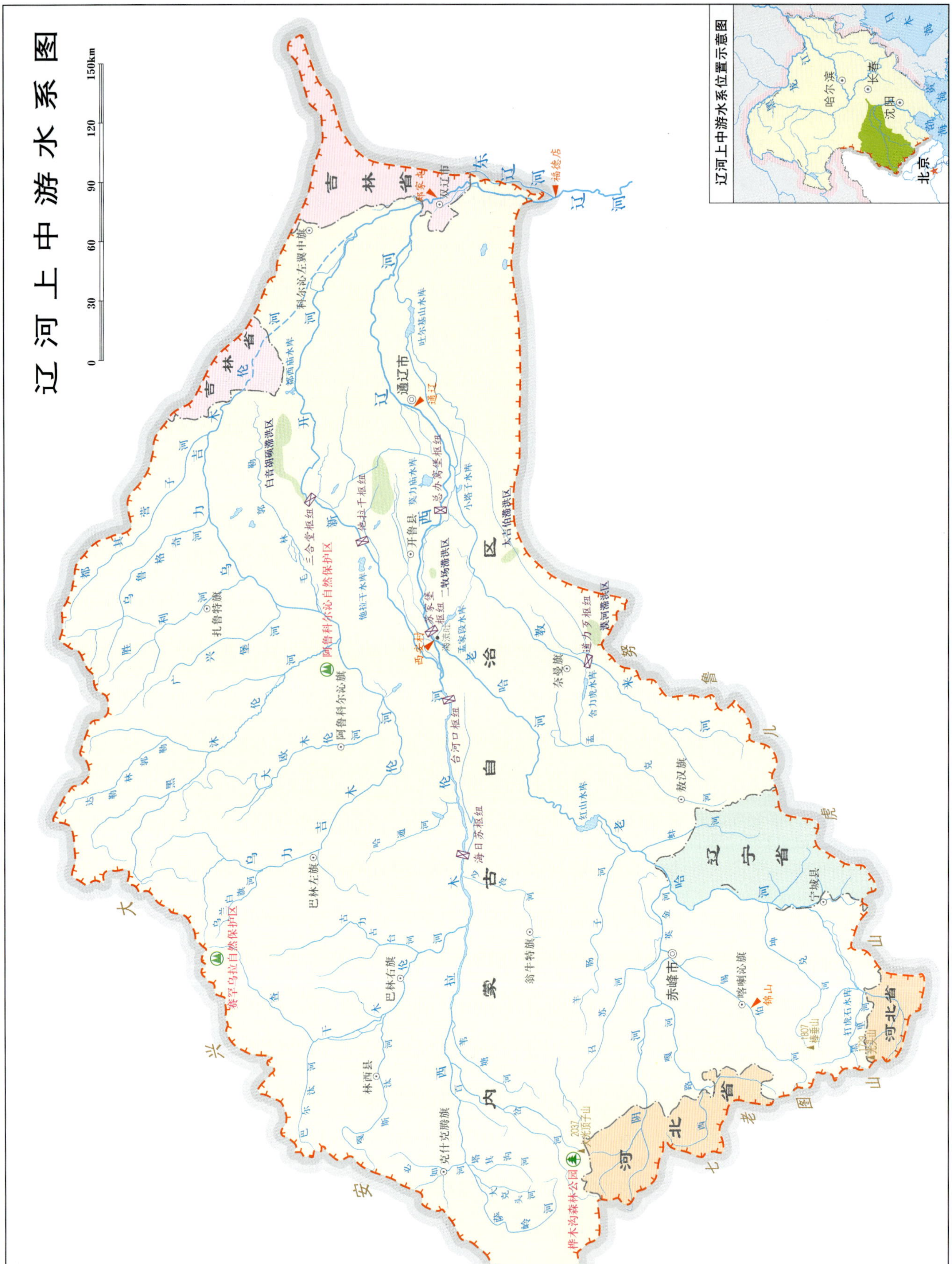

在则由山北流过，拉塔湖村一带旧河道、牛轭湖和湿洼地很多。为防止辽河洪水漫溢淹及沈阳市区，由石佛寺起沿左小河到得胜台修建了著名的沈北大堤10.7千米。

位于辽河左岸的沈阳市为辽宁省省会城市，是全省政治、经济、文化中心和重要交通枢纽。沈阳市是一座历史悠久的古城，周代隶属营州，西汉时称侯成，金时为东京路，元时为沈阳路并创建城廓。1625年清太祖努尔哈赤从辽阳迁都沈阳，清太宗皇太极称之为盛京。清朝迁都北京后，盛京为陪都，光绪三十三年（1907年）改称奉天。1947年东北新省区方案，划东北为9省，奉天与锦州两省合并为辽宁省，改奉天市为沈阳市，并为辽宁省省会所在地。沈阳是我国著名的重工业城市，已形成以机械工业为主体的门类齐全的工业体系。

辽河在石佛寺以下至巨流河水文站，该段右岸先后纳秀水河、养息牧河等。巨流河站是右岸支流柳河河口以上的主要水文站，20世纪60年代以后多年平均含沙量为2.5千克每立方米，多年平均年输沙量达816万吨。辽河从铁岭到巨流河段河道稍有淤积，马虎山附近在平面上的变化较大，弯道发展，河道凸岸发生切滩的现象也较多。

辽河过巨流河水文站即进入新民市境内，转向南流约24千米，于新民市南毓宝台村西南约1500米处纳右岸支流柳河。柳河是我国著名的多沙河流。在柳河口门附近，因受柳河来沙淤积的影响，辽河床比降逐渐变缓至0.14‰。有的年份辽河上游左岸支流来水少时，会在其柳河口下游辽河形成泥沙汗坝，堵塞辽河。这段河道弯曲系数1.50～1.66，宽深比3.86～12.06，河道有多处自然裁弯，裁弯后河道比较稳定。

新民名称源于清初新民屯。明末清初，从山东、河北迁来大批灾民来此进行垦荒，当时汉族被称为"民人"，他们的聚居地称为"民屯"，因聚落有先后，将后落户的民屯称为"新民屯"。新民市就是沿用驻地的专称而得名。新民市土地平坦，土质肥沃，盛产水稻、玉米、大豆等，是国家商品粮生产基地。

辽河自柳河口至卡力马河段长47千米，受柳河泥沙的影响，河道淤积严重，河床逐年抬高已使辽河成为悬河。这段河道在平面上摆动幅度大，河道宽浅，河宽160～455米，河道弯曲系数1.40，河道宽深比7.54～37.42，具有游荡型河道的特点。

辽河在柳河口以下约30千米处进入辽中县，境内的老大房河段，是辽河典型冲淤变化剧烈的河段，主流来回摆动，冲刷河岸，并逼近大堤，影响防洪安全，成为辽河有名的险工河段。20世纪60年代以来，国家每年对老大房长约2000米的险工河段进行垛埽、石笼丁坝、堆石丁坝和沉排等多种型式的护岸工程建设，以稳定河岸，保护大堤。

据文献记载，辽河有一次向西的大改道。现在由辽中县西侧南流的辽河，汉唐至明朝年间是由辽中县东侧南流的，现在注入浑河的**蒲河**，曾是辽河的支流。蒲河在汇入辽河前没有正式河床，水流呈漫散状，名曰烂蒲河。汉唐年间，该段设有渡河要津，目前仍有多处渡口。按照《大金国志》卷40许亢宗《奉使行程录》的记述："离梁鱼务东行60里（合30千米），即过辽河。……过河东亦行50里（合25千米），（到）旧广州。"据考，辽代广州遗址在今沈阳西南旧章义站，即今章义西北大高花堡，距辽河60里，而去蒲河下游名为烂蒲河则正符合50里。梁鱼务遗址为今黑山县绕阳河站西南姜家屯东北的古城子，即王志修《奉天全省地方图》所标注莲花泡西岸"土城址"；自此至今辽河40里，至烂蒲河又正符合60里之数。可见，今烂蒲河是古辽河旧道，而现在辽中县城西边的辽河是改道冲出来的。

辽中县地处辽河平原中部，是辽宁省商品粮基地县之一，并蕴藏丰富的石油、天然气等资源。

卡力马至盘山段河长124千米。辽河在辽中县境河宽90～320米，比降变缓，宽深比1.82～10.01，河道弯曲系数1.38～1.68。辽河进入鞍山市的台安县境内，河道两岸堤防险工险段增多，河道分流多，在台安县下段临近外辽河前，辽河另有两股分流，为台安县的东背河、西背河。东背河由辽中县的青麻坎从辽河分出，经台安县的八棵树、下薄、小黄沙坨、朴卧子、红旗养子，由后杨家入蒲河，1904年前后被堵死，目前依稀可辨旧河道。西背河在柳条岗子附近由辽河分出，经小高力房、鲶鱼泡、黑坨子、乔坨子，到后壕流入外辽河，1931年在上口处被堵截，目前成为排内水的河道。

辽河原先从六间房处进入外辽河，在三岔河处纳浑河、太子河后称大辽河，从营口入渤海。在清咸丰年间双台子潮沟曾分洪入海，光绪年间又对双台子潮沟进行疏通，使其成为辽河的又一入海口。1958年外辽河施工堵截后，辽河下游段河水全部由双台子河从盘锦入海。1968年在盘锦市郊的辽河上建成了盘山闸，也叫双台子河闸。该闸由拦河闸、船闸、进水闸、溢洪导流堤和小柳河交叉工程等组成。主要功能是拦潮蓄水，为工农业供水。拦河闸由14孔宽10米、高8.9米的平板钢闸门组成；船闸可通行100吨位的船只。进水闸由双绕、西绕和吴家3个自流闸及两条人工引水渠组成，总取水量154立方米每秒，为盘锦市4.7万公顷水田和4.3万公顷苇田提供灌溉用水，改善了当地农业生产条件，增加了粮食产量和芦苇产量，并成为工业和人民生活用水的重要水源地。运行至

辽河盘山闸

辽河入海口盘山闸

80 年代，由于经常关闸蓄水，在河水和潮流的双重作用下，盘山闸上、下游河道严重淤积，经过 1985、1986、1994、1995 年四次大洪水的冲刷，河道淤积状况有所改善。经多次研究决定，于 1995 年对该闸进行了改建，改建后闸墩增高 2.5 米，将平板钢闸门改成了双扉闸门。

辽河三角洲

辽河油田采油作业

辽河自盘山闸下至河口段河长 61 千米，河宽 96~488 米，宽深比 1.8~9.4，河道弯曲系数 1.07~1.56。河床质多为重粉质壤土，不耐冲刷。此段河道为感潮河段，受上游来沙及河口潮流携带泥沙沉积的影响，河床淤积严重，河道比降甚缓，达 0.04‰ 左右，河槽宽浅，河道蜿蜒曲折。入海口段处于发育阶段，河道两岸为开阔的冲积平原，地势平坦，极适合水稻的生长。辽河三角洲的芦苇面积仅次于欧洲多瑙河三角洲地区，居世界第二位。

盘锦市处于九河下梢，地势低洼，平均海拔仅 4 米，河流密布，沟渠纵横，属滨海涝洼湿地，有东北"南大荒"之称。新

辽河三角洲湿地

中国成立后，国家进行了重点建设，现已成为辽宁省大米生产基地以及文蛤、河蟹的重要产地。盘锦境内石油、天然气储量丰富，是辽河油田的主要产油区，石油化工、制药、食品和建材等工业发达。

盘锦红海滩

辽河右岸最下游支流绕阳河于河口以上约 20 千米处注入辽河。辽河（双台子河）河口自然保护区是国家级鸟类自然保护区，这里栖息着丹顶鹤、白天鹅、黑嘴鸥等 236 种鸟类。保护区内有一宽 1 500 米，长数百米的红海滩——红色植物带，每年 7—8 月呈桃红色，9—10 月呈棕红色，在蓝天白云映衬下鲜艳夺目。

辽河流域有肥沃的土地和适于作物生长的气候，大米、大豆、杂粮闻名国内外，有石油、天然气、

黑嘴鸥

煤、铁等矿产资源，海陆空交通运输网络配套发达。

2.1 黑里河
(Heili River)

辽河上游段老哈河左岸支流，发源于内蒙古自治区宁城县黑里河镇北七老图山脉榛垂山南麓，流经黑里河镇、西泉乡、头道营子镇，于甸子镇黑城村汇入老哈河。河长 58.9 千米，流域面积 653.16 平方千米。

流域处于燕山山脉七老图支脉东麓，地势西北高，东南低，海拔 1 807~920 米；由中山向低山丘陵地区过渡。流域内山峦起伏，山岭陡峻。河流穿行于重山叠嶂之中，河谷深窄，呈 V 形，相对高差 100~300 米，谷宽 500~1 000 米，河宽 30~50 米。

流域属温带大陆性季风气候，多年平均气温 7.0 摄氏度，年无霜期 145 天。流域多年平均年降水量 635 毫米，年内降水

多集中在6—9月,占全年降水量的70%～80%;多年平均年蒸发量850毫米。

黑里河由西北向东南折而东流,呈半月形弯曲,河道平均比降5.5‰。**打虎石水库**以上支流发育,水量丰富;多年平均年径流量1.005亿立方米,多年平均含沙量2.71千克每立方米。

流域土壤主要有棕壤土、褐土、草甸土三大类型,土壤肥沃。上中游植被良好,是京津唐地区重要的天然屏障,保存了种类繁多的生物资源,有大面积的天然油松林,有珍稀濒危苔藓植物种群;重峦叠嶂,奇峰林立,构成千姿百态的地貌景观。2003年6月,国务院批准建立黑里河国家级自然保护区,总面积27 638公顷,主要保护以大面积天然油松林为代表的暖温型针阔混交林生态系统及生物多样性资源,以及区内莲花山第四纪冰川遗迹、莲花山脊探险、大坝沟景区、杜鹃花观赏区、八沟道天然油松种子基地、道须沟奇石景观等重要旅游景观,有"塞外西双版纳"之美誉。下游较为平缓,河谷渐宽,为农业区。

黑里河国家自然保护区

流域内矿产资源丰富,已发现金属和非金属矿产资源30余种,其中铁的储量和开采量,大理石的储量、产量和质地,在内蒙古自治区赤峰市经济社会发展中均起到相当重要的作用。

湍急的黑里河水,流淌着几千年的文明历史。流域内有红山文化的遗迹,黑里河大营子村、南毛村的山脊上有两千多年前的西汉长城遗迹。

2.1.1 打虎石水库
(Dahushi Reservoir)

黑里河中游的大型水库,是一座以灌溉、防洪为主,兼有发电、养鱼等综合效益的大型水利枢纽工程,位于内蒙古自治区宁城县西泉乡境内。

水库坝址以上集水面积540平方千米,总库容1.56亿立方米,属多年调节水库。工程于1976年1月开工,1981年10月主体工程建成,1983年1月竣工。

枢纽主体工程由大坝、泄洪洞、非常泄洪洞、电站4部分组成。大坝为黏土心墙砂壳碾压土坝,坝长529米,最大坝高42.1米,坝顶宽5米,大坝迎水坡为条石铺砌。泄洪洞为直径6.5米的圆形有压隧洞,洞长307米,最大泄洪流量507立方米每秒。非常泄洪洞为直径6.5米的圆形有压隧洞,洞长404米,最大泄流量540立方米每秒。在正常泄洪洞尾部设一岔洞作为发电支洞,下接电站厂房,装卧式水轮机3台。水库防洪库容0.58亿立方米,兴利库容0.62亿立方米。

水库上游流经林区,植被茂密,库区来水含沙量较低,库区先后营造黑桦、北京杨、银杉、垂柳等10余万株,林木覆盖率达95%以上,水源涵养作用显著,水体蔚蓝清澈。库区近400公顷的水面平坦开阔,碧波万顷,水天一色。每逢盛夏时节,群山倒影,波澜不惊,鸟飞鱼跃,渔船点点,仿佛人间仙境。

水库平均水深7.5米,水量充沛。打虎石水库有"天旺线"公路直接通过,交通便利。拦河大坝建于两山之间,大坝两端用白色条石铺砌的172级台阶可供游人攀登。库区设有游泳场和钓鱼台。

库区两岸是高耸入云的山峰,库区右岸山下有一巨石,相传是上唐名将李存孝打死猛虎之处,至今石头上的四个虎爪印清晰可见。水库与村镇以此石为名。水库是打虎石度假旅游区的中心,水库周围环境优美,景色宜人,大自然鬼斧神工,造就了众多的奇峰怪石,有"海豹出水""玉兔望月""金龟揽蛋""罗汉石人""乾隆宝座""李存孝打虎"等景观。

水库蓄洪削峰作用显著,可将10 000年一遇入库洪峰调蓄为20年一遇。水电站装机容量1 500千瓦,灌溉甸子灌区等1.49万公顷土地,养鱼水面400公顷。

2.2 坤兑河
(Kundui River)

辽河上游段老哈河左岸支流,又名坤头河。发源于内蒙古自治区宁城县存金沟乡韭菜沟村附近,七老图山脉榛垂山东麓,海拔1 618米,流经存金沟、三座店、小城子、西桥、汐子等乡镇,于汐子镇黑牛湾村北汇入老哈河。河长101.5千米,流域面积1 748.64平方千米。

流域由中低山向丘陵地区过渡,地势西高东低。上游山峦起伏,为土石山区,中下游进入黄土丘陵地区,河谷逐渐宽平。

流域属温带大陆性季风气候,多年平均气温6.5摄氏度,多年平均年降水量435毫米,年蒸发量1 100毫米,年无霜期145天。

河道呈S形弯曲,总体流向由西南至东北,河道平均比降1.9‰,多年平均年径流量1.02亿立方米,含沙量17.2千克每立方米,设有小城子水文站。

坤兑河1962、1986、1998年为大水年。

流域境内为农业区,有耕地3.82万公顷,草场2.9万公顷,林地3.9万公顷,有11个乡(镇),人口18.74万,为自治区商品粮和甜菜生产基地之一。域内著名的"宁城老窖"白酒被誉为"塞外茅台",远销国内外,"宁城"牌杏仁鲜榨饮料"宁露"是我国第一个AA级绿色蛋白饮料。

坤兑河自源头至喇嘛沟门为上游,沟壑纵横,植被覆盖度低,水土流失严重;喇嘛沟门至西桥为中游,进入丘陵地区,河谷逐渐宽平;西桥以下为下游,折向东流,地势平缓,河槽宽浅,河宽70～200米。

2.3 英金河
(Yingjin River)

辽河上游段老哈河左岸支流,发源于河北省围场满族蒙古族自治县七老图山脉水台子山东南麓,流经河北省围场县、内蒙古自治区喀喇沁旗、宁城县、赤峰市区,于赤峰市风水沟镇兴隆坡附近注入老哈河。河长120.3千米,流域面积11 008平方千米。

流域位于东经117°26′～119°23′,北纬41°42′～42°41′,西北接内蒙古高原,西南接冀北山地,东由中低山地向丘陵地区过渡,地势西高东低,海拔1 820～486米。上游山峦起伏,河流穿行于山谷之中,山岭陡峻,河谷深窄,相对高差100～300米;中游进入低山丘陵地区,河谷逐渐开阔,相对高差50～100米;下游为波状黄土丘陵地貌,相对高差20～50米。

流域属温带大陆性季风气候,多年平均气温6.9摄氏度,多年平均年降水量405毫米，年无霜期145天；多年平均年蒸发量1 100毫米。

英金河风光

英金河水系发育，呈扇形，主要支流有**锡伯河**、**西路嘎河**、**召苏河**等，多年平均年径流量5.30亿立方米，含沙量35.0千克每立方米，水能理论蕴藏量26.5兆瓦。干流上设有初头朗、新店、赤峰水文站。

流域多为农业区，是赤峰市商品粮生产基地之一。英金河灌区渠首在新店村西，灌溉面积1.76万公顷。

流域矿产资源丰富，有金、钼、铁等多种金属、非金属矿产，柴胡栏子金矿、孤山子钼矿已成为支柱产业。

英金河上源阴河，自中源向东流，在张家湾东进入内蒙古自治区境内至大庙为上游区，山岭陡峻，河谷深窄，植被较好，河流穿行于山谷之中，谷宽500～1 000米，河槽宽20～50米。

英金河大庙至红山区锡伯河汇入口为中游区，属低山丘陵区，河谷逐渐开阔，谷宽1 000～3 000米，河槽宽50～150米。三座店水库（大型）坝址在初头朗镇北三座店村，2009年竣工。三座店村旁的小山上，有新石器中晚期岩画和古先民山寨遗址。阴河在初头朗镇右纳西路嘎河。

英金河自锡伯河汇入口以下始称英金河，至风水沟镇兴隆坡附近注入老哈河，为下游段。

赤峰市红山区为赤峰市经济文化中心，锡伯河自西南而来，于红山区中心北大桥上游汇入阴河。下游区波状黄土丘陵地貌，相对高差20～50米，河槽宽150～300米。红山国家森林公园坐落于红山区东北部的英金河畔，占地4 300公顷，怪石嶙峋，赤壁似火，绿树绕红山，巍伟壮观。公园开发了木兰辞、玉龙山庄、民俗风、碑廊亭榭、森林等景区。

红山文化发祥地——红山

赤峰市是举世闻名的"红山文化"发祥地，是国家和内蒙古自治区的重要商品粮、糖业基地，并有著名的能源基地元宝山发电厂、平庄煤矿。赤峰市制药厂是我国较大的麻黄素生产厂，"长城艺术挂毯"是我国生产最早的艺术挂毯。红山森林公园、兴隆庄森林公园、大乌梁苏自然保护区为流域内重要的旅游资源。

2.3.1 西路嘎河
(Xiluga River)

英金河右岸支流，发源于河北省围场满族蒙古族自治县七老图山脉小美林沟，流经围场县、内蒙古自治区赤峰市喀喇沁旗、赤峰市郊区，于赤峰市郊区小河东村汇入英金河。河长116千米，流域面积2 309平方千米。

流域地势西南高，东北低，海拔1 682～960米。河流穿行于山谷之中，上游山岭陡峻，河谷深窄，相对高差100～200米；中下游进入中低山地区，河谷逐渐开阔，相对高差50～100米。

流域多年平均气温6.2摄氏度，冬季寒冷而漫长，夏季炎热而多雨，年无霜期140天；全年日照时数2 700～3 000小时；多年平均年降水量415毫米，降水多在6—8月，夏季多暴雨洪水；多年平均年蒸发量980毫米。

河流由南向北折而东北流，呈半月形弯曲，河道平均比降6.4‰，多年平均年径流量1.57亿立方米，含沙量50.0千克每立方米，主要支流有乌力代河、姜家营沟等。干流上设有杨树湾子水文站，支流乌力代河上设有兴巨德水文站。

流域处于地质成矿的重要地区，矿产资源丰富，有金、钼、铜、锌等多种金属、非金属矿产，红花沟金矿等已成为地区支柱产业，玄武岩、大理石等建材生产加工业发达，还出产野生蘑菇、蕨菜、山杏等山野珍品。

西路嘎河自源头至老府镇为上游，建有二道河子水库，库容8 430万立方米，河流穿行于山谷之中，谷宽500～1 000米，河槽宽50～70米。老府镇至河口为中下游，河流流经中低山区，河谷渐宽，谷宽1 000～2 000米，河槽宽100米，两岸为农业区。

2.3.2 锡伯河
(Xibo River)

英金河右岸支流，辽代称阴凉河，清代称石碑沟河，晚清时改称锡伯河，发源于内蒙古自治区喀喇沁旗南台子乡七老图山脉东侧，流经喀喇沁旗、红山区，于红山区北大桥上游汇入英金河。河长117千米，流域面积2 968.34平方千米。

流域地势西南高，东北低，海拔1 682～960米。上游山峦起伏，山岭陡峻，河谷深窄，相对高差100～300米；中下游进入中低山地区，河谷逐渐开阔，相对高差50～100米。流域多年平均气温6.5摄氏度，多年平均年降水量435毫米，年无霜期145天，多年平均年蒸发量958毫米。

河流由西南流向东北，河道平均比降8.9‰，多年平均年径流量1.03亿立方米，含沙量13.55千克每立方米，主要支流有美林河、大西沟、小牛群河、半支箭河、南台子河等。锡伯河上设有锦山水文站。

该区经济以农业为主，农业生产发达；域内矿产资源丰富，主要有金、铜、铅、锰、煤、萤石、沸石、石灰石等；野生动植物资源丰富，其中蘑菇、蕨菜、金针被称为"赤峰三宝"；喀喇沁旗生产的蟋龙液酒和中华沙棘酒被评为省部级优质产品。

锡伯河源至旺业甸为上游段，山岭陡峻，河谷深窄，河流穿行于山谷之中，河槽宽30～50米，植被较好，森林资源丰富。旺业甸原名王爷店，乃清代王公贵族到北京拜谒或办事时往来驿站，后更名为旺业甸。旺业甸国家森林公园面积2万公顷，其境内沟谷纵横，峰峦秀丽，古道险隘景色壮观，主要景点有茅荆坝、玉女峰、韭菜楼、滴水壶、龙爪子沟等。

锡伯河自旺业甸至牛头沟门为中游段，进入中低山地区，河谷逐渐开阔，河槽宽50～80米。河流由西南向东北流至王爷府镇，喀喇沁王爷府始建于清康熙十八年（1679年），先后共有12代喀喇沁王在这里居住。王爷府镇西南有福会寺。锡伯河再向东北流至喀喇沁旗政府所在地锦山镇，原称公爷府；镇东南有马鞍山国家森林公园。

马鞍山国家森林公园环境幽雅，森林茂密，有奇峰、云海、冰瀑、清泉四绝，被誉为塞外小黄山。

锡伯河牛头沟门至河口为下游段，大部分为低山地区，河槽宽 80～100 米。在红山区贾营子有半支箭河汇入（河长 74.9 千米，流域面积 797.94 平方千米）。干流穿过红山区城区，于北大桥上游汇入英金河。

2.3.3 召苏河
（Zhaosu River）

英金河左岸支流，发源于内蒙古自治区赤峰市大六份乡西北部七老图山脉灯笼河东南侧，海拔 1 724 米，流经赤峰市郊区大六份、岗子、上官地、木头沟和红山区当铺地、王家店等乡镇，于红山区桥北镇附近汇入英金河。河长 105.39 千米，流域面积 1 059.37 平方千米。

流域地势西北高，东南低，为中低山区，植被较差，水土流失比较严重。

流域多年平均气温 6.5 摄氏度，年日照时数 2 866 小时，多年平均年降水量 375 毫米，年无霜期 140 天。

河道弯曲，平均比降 6.4‰；多年平均年径流量 0.383 亿立方米，含沙量 59.7 千克每立方米；设有新井水文站。

源头至上官地乡为上游段，山峦起伏，河槽宽 50～80 米；上官地以下为中下游段，河谷逐渐开阔，河槽宽 80～100 米。

流域经济以农业生产为主，建有山嘴、新井和召苏河灌区。域内建有东山皇家漫甸旅游度假村、香山风景旅游区、灯笼河草原旅游区等。

2.4 蚌河
（Banghe River）

辽河上游段老哈河右岸支流，也称崩河，发源于辽宁省建平县西天门山，海拔 960 米；流经八家、马厂、二十家子及内蒙古自治区敖汉旗的四德堂乡、四道湾子镇，于小河沿村以北汇入老哈河；河长 97 千米，流域面积 1 297.59 平方千米。

流域地处努鲁尔虎山北麓，科尔沁沙地南缘，为燕山山脉向西辽河平原过渡地带，属低山丘陵区，多年平均气温 5～7 摄氏度，年降水量 450 毫米。

蚌河是典型的山区游荡型河流，河道平均比降 3.5‰，河谷平均宽约 1 千米，河槽宽 90～150 米；多年平均年径流量 0.511 亿立方米，多年平均含沙量 99.7 千克每立方米。流域主要自然灾害为旱灾、洪水等。

流域多黄土质秃山，水土流失严重，河流含沙量大，以塌岸迅速著称，故名为崩河，是老哈河泥沙主要来源之一。

流域是杂粮产区，主要作物有谷子、高粱、玉米、荞麦、黍子等。蚌河下游水网河湖密布，形成沼泽、湿地，吸引大量候鸟水禽栖息繁衍。右岸的小河沿周边被划为小河沿自然保护区。

2.5 羊肠子河
（Yangchangzi River）

辽河上游段老哈河左岸支流，发源于内蒙古自治区翁牛特旗西部七老图山脉灯笼河东南麓，流经翁牛特旗南部杜家地、桥头、解放营子和赤峰市哈拉道口等乡镇，于赤峰市哈拉道口乡波罗和硕汇入老哈河。河长 175.4 千米，流域面积 2 320.1 平方千米。

流域地理位置东经 118°04′～119°40′，北纬 42°29′～42°48′，地势西北高，东南低，海拔 1 724～466 米，处于中低山区，多漫岗；植被较差，水土流失比较严重。

流域地处温带大陆性季风气候区，多年平均气温 6.5 摄氏度，年无霜期 145 天，多年平均年降水量 350 毫米，年日照时数 2 800～3 100 小时。

河流由西北向东南流，河道比降 4.5‰，较大支流有房身河、梧桐花河、杖房河；多年平均年径流量 0.894 亿立方米，含沙量 51.6 千克每立方米；设有干沟子水文站。

流域内有龙头山等灌区，天然矿泉水、风能、太阳能资源有较大开发价值。流域内草场多，牧业较发达。

河源至桥头乡为上游段，山峦起伏，河道比降 8.8‰，河槽宽 30～50 米。桥头乡以下至汇入口为下游段，多漫岗，河道比降 2.4‰，河槽宽 40～80 米，切割较深。

2.6 红山水库
（Hongshan Reservoir）

辽河上游段老哈河上的大型水库，位于内蒙古自治区赤峰市翁牛特旗红山镇境内。水库是以防洪为主，兼顾灌溉、发电、养鱼等综合利用的大型水利枢纽工程，集水面积 24 468 平方千米。水库总库容 25.6 亿立方米，防洪库容 17.46 亿立方米，兴利库容 3.14 亿立方米。工程始建于 1958 年，1960 年主体工程完工，1965 年竣工投入使用。

红山水库

水库库区位于敖汉旗和翁牛特旗的边界地带。周边为沙坨地区，属温带干旱、半干旱大陆性季风气候，多年平均气温 5.8 摄氏度，年无霜期 125 天。库区多年平均年降水量 370 毫米，多年平均年水面蒸发量 1 300 毫米，年日照时数 3 000 小时。

水库枢纽工程由主坝、副坝、溢洪道、泄洪洞、输水洞和水电站等组成。主、副坝均为均质土坝，主坝长 1 174 米，最大坝高 31 米；副坝长 694 米，最大坝高 6.4 米。溢洪道为 3 孔（单孔宽 12 米）混凝土宽顶堰，最大泄洪流量 2 820 立方米每秒。泄洪洞为宽 8 米、高 9 米的马蹄形无压隧洞，泄洪流量 825 立方米每秒。输水洞为洞径 4 米的圆形有压隧洞，过流量 170 立方米每秒。水电站装机 5 台，其中 4 台单机容量 1 600 千瓦，1 台单机容量 320 千瓦，总容量 6 720 千瓦。

红山水库最大下泄流量 3 711 立方米每秒，防洪保护下游流域内 300 多万人口、53 万公顷耕地，并可减轻辽河中下游干流的洪水灾害。水库有效拦截了老哈河上游河道泥沙，减小了对下游河床的危害，避免了辽河中下游干流环境的恶化。

红山水库与下游平原水库联合调度可灌溉 15 万公顷农田，库区扬水灌溉农田 2 330 公顷。水库自 1965 年投入运用至 1990 年，平均每年供水约 4 亿立方米，平均年发电量 900 万千瓦时。

1962年7月下旬，上游老哈河发生特大洪水，入库洪峰流量12 600立方米每秒，经水库调节，水库下泄流量995立方米每秒，确保了通辽地区的防洪安全。

水库一角霞光万道

水库流域有土地面积1 000公顷，建库初期设立园林站，进行水土保持和植树造林、防风固沙工作。目前，防风固沙、绿化美化已见成效。红山水库因坐落在红山上而得名。红山海拔665米，方圆一万余亩，全部由红色花岗岩构成。正北望去，红山五峰似五朵并蒂莲花，在阳光映照下，山山彤红；五峰之间呈四个马鞍形交错相连。从第一峰向上登攀，有一灰色花岗岩石匾嵌在赤壁之上，十分醒目，传为"木兰碑"。附近有两个岩洞，被称作"鸽子堂"，洞前有一方巨石，平滑如镜，凌空垂悬，似有坠地之状。攀登峰顶，会看到一段石砌"长龙"，这就是春秋时代的燕长城遗址。

红山水库库区水面烟波浩渺，空中鸥鹭翔集、雁飞鹤舞，湖中老鱼吹浪、锦鳞游泳，岸边银沙如雪、翠柳弄风。

红山水库通过1989年一期除险加固和2005年二期除险加固后，其综合效益日渐显现。2004年7月，红山水库风景区被水利部批准为国家水利风景区。水库以下邻接八百里瀚海的科尔沁沙地，分布着流动和半流动沙丘。

2.7 西拉木伦河
(Xilamulun River)

辽河中游段西辽河左岸支流，蒙古语意为"黄色的河"，历史上曾叫饶乐水、潢水、吐护真水等名称。《吕氏春秋》《淮南子》把它列为"中国六大川"之一。西拉木伦河发源于内蒙古自治区克什克腾旗大兴安岭大红山北麓白槽沟，流经克什克腾、林西、巴林右、阿鲁科尔沁和翁牛特等旗（县），于翁牛特旗大兴乡海流吐村汇入老哈河，其下辽河干流称西辽河。西拉木伦河河长397千米，流域面积32 539平方千米。

概 述

流域地理位置东经116°50′~120°47′，北纬42°31′~44°29′，为翁牛特旗与林西县、巴林右旗、阿鲁科尔沁旗界河。流域地势西北高，东南低，海拔高程1 420~286米；处于内蒙古高原与大兴安岭南端余脉和七老图山的交汇地带，浑善达克和科尔沁两大沙地的结合

西拉木伦河冬景

处，兼有西部草原、南部台地和北部丘陵山冈等多种地貌。

流域内山地、丘陵面积占84.1%，沙丘、平原占15.9%。上游流经中低山区，下游地势平坦，两岸为草场牧区。

流域属温带大陆性季风气候区，冬季寒冷，雨雪少；春季干旱，多大风；夏季炎热，雨量集中；秋季气温下降快，霜冻早。流域多年平均气温自西向东在2.5~6.1摄氏度之间，年无霜期110~145天，结冰期长达5个月，最大冻土深2.88米；多年平均年降水量363毫米，降水年内分配不均，主要集中在汛期（6—8月），占75%左右。流域多西北风、北风，多年平均风速2.9~3.9米每秒；多年平均年蒸发量自西向东为970~1 140毫米。

响水水库

河流自西向东贯穿赤峰市中部，支流发育，巴林桥以下河道宽阔，水量较丰沛，河道平均比降2.4‰。多年平均年径流量10.61亿立方米，多年平均含沙量16.49千克每立方米，河流水系呈扇形，主要支流有**萨岭河**、**必如河**、**大克头河**、**百岔河**、**苇塘河**、**查干木伦河**、**少冷河**等。干流上设有河南营子、巴林桥、海日苏、台河口水文站，另在支流上设有4处水文站。

流域水能资源较丰富，克什克腾旗境内水能资源蕴藏量14万千瓦，已建1 000千瓦电站4处。干流上建有海日苏、台河口灌溉分洪水利枢纽，下游右岸建有大兴防洪堤，堤长54千米。

流域上游区土壤以棕色森林土、暗栗钙土、沙土、草甸土为主，森林覆盖率在15%~40%之间，以灌木、草原为主；中游区以棕色森林土分布最为广泛，森林覆盖率10%；

西拉木伦河

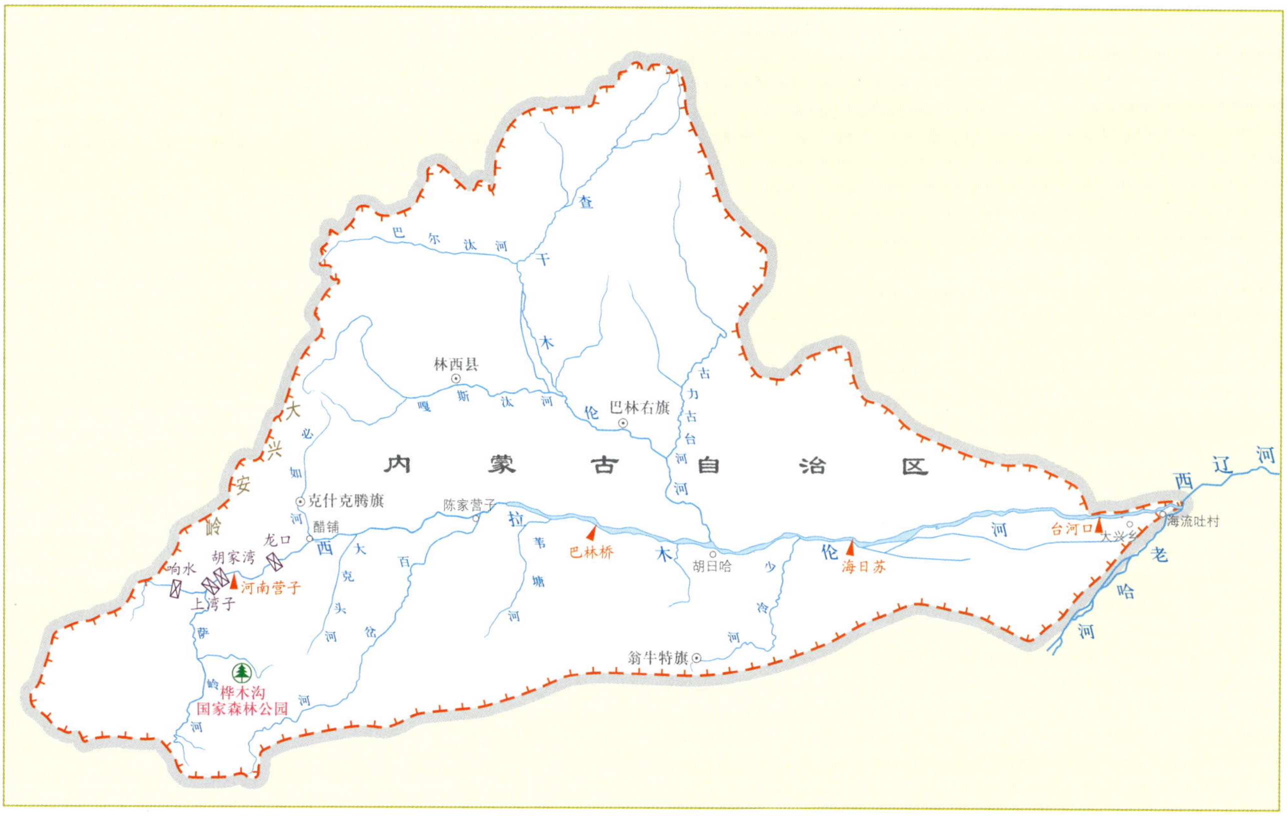

黑龙江、辽河卷　　2.7.1　萨岭河

西拉木伦河水系示意图

下游冲积平原区土壤以沙土、草甸土、沼泽土为主，植被稀疏。

流域大多为半农半牧地区，共有耕地 10.33 万公顷，草场 67.32 万公顷，林地 15.74 万公顷。

纪　实

上游　西拉木伦河自河源至百岔河汇入口为上游段。河源位于克什克腾旗西部高原沙地上，从切沟槽下泉眼流出，逐渐汇集成河。河流在低山沙丘中穿行，河谷狭窄，水流湍急，河道弯曲，至沟门右岸有萨岭河汇入，顺河而下沿河建有响水、上湾子、胡家湾、龙口电站。在龙口电站以下有右岸支流**大克头河**、塔七沟，左岸支流必如河汇入。河水东流，至陈家营子有支流百岔河自右岸汇入。

西拉木伦河拦河闸

上游段两岸牧草繁茂，有零星森林分布，植被良好，水流清澈，沿河河滩内杂草丛生，河床稳定，河宽 100 米左右，水量稳定，该区域为半农半牧区。

中游　陈家营子百岔河汇入口至海日苏为中游段。陈家营子以下两岸有不固定沙丘，陈家营子至巴林桥河宽 100～200 米，巴林桥以下，河宽突扩至 500 多米，先后汇入的支流有右岸的苇塘河、左岸的查干木伦河和右岸的少冷河。两岸多为沙坨台地和不固定沙

海日苏水利枢纽拦河闸

丘，台地高 10～20 米。巴林桥至海日苏为牧区，河宽 500～1 000 米，水深 0.5～1.0 米，水流分散，主流摆动不定，细砂河床，多河心沙洲。1979 年建成海日苏水利枢纽工程。中游段右岸为流动性沙丘，左岸为草甸。

下游　海日苏至海流吐村为下游段，两岸为草甸，地势平坦，无支流汇入，土地肥沃，为半农半牧区。

西拉木伦河哺育了流域内各族人民，契丹族发祥于这一流域，大辽国的国都临潢府就在西拉木伦河河畔，因河流时称"潢河"而得名。

2.7.1　萨岭河
（Saling River）

西拉木伦河右岸支流，又名萨仁河、萨里克河。发源于内蒙古自治区克什克腾旗乌兰布统乡南部面子山，海拔 1 850 米，于沟门村附近汇入西拉木伦河。河长 76 千米，流域面积 1 230.4 平方千米，全流域位于乌兰布统乡境内。

流域地势东南高，西北低，山峦起伏，相对高差 100～300 米。流域东南接冀北山地，西接内蒙古高原浑善达克沙地，为荒漠草原地貌，多沙丘、草甸、湖沼等。

流域多年平均气温 3.0 摄氏度，年无霜期 120 天，多年平均年降水量 293 毫米。

河流由东南向西北再折向北流，呈半月形弯曲，河道平均比降 8.9‰，总落差 680 米；年径流量 0.846 亿立方米，多年平均含沙量 0.58 千克每立方米。

流域内植被良好，拥有林地 7.3 万公顷，草场 2.08 万公顷，耕地 900 公顷，有 1 个乡镇，3 个自然村，人口 0.89 万。

萨岭河源头至天太永，两岸为高山，多成片森林，森林覆盖率 21.52%，河长 44 千米，落差 540 米，河道平均比降 12.3‰，河宽 5～10 米，矩形河床，水流清澈。区域内有桦木

233

峡谷秋韵

沟林场，森林面积 4 万多公顷，主要树种有白桦、沙地云杉、榛子等。

桦木沟国家森林公园有独特的地貌景观，不同树种构成独特的森林景观和草原景观。公园内辟有蒙古族民俗风情、乌兰布统古战场等景点；有三拐子沟影视区，电视剧《射雕英雄传》《天上草原》《康熙大帝》等在此拍摄。

萨岭河公主湖

萨岭河天太永以下，右岸为山地，左岸多沙丘，河宽 10～25 米。河流两侧有河岸沼泽构成的湿地，著名的将军泡子、公主湖等均位于此地。

2.7.2 大克头河
（Daketou River）

西拉木伦河 右岸支流，又名大浩来图河、伊里库窝图河。发源于内蒙古自治区克什克腾旗乌苏图杜尔宾山北麓，流经大浩来图、小浩来图、福盛号，于红山子乡葫芦头村附近汇入西拉木伦河。河长 41.5 千米，流域面积 219.1 平方千米。

流域多年平均气温 2.0～4.0 摄氏度，多年平均年降水量 400 毫米，年际降水量变化较大，极端最大年降水量 566.7 毫米（1959 年），最小 219.6 毫米（1968 年）；年日照时数 2 825 小时，年无霜期 60～150 天。

大克头河源头至河口，落差 966 米，河槽宽 5～20 米，为矩形河床，河道平均比降 13.3‰，沿岸山高坡陡，森林茂密，植被完好，地下水补给量大，多年平均年径流量 0.186 亿立方米。

流域内耕地 0.11 万公顷，草场 0.21 万公顷，林地 1.71 万公顷，有 1 个乡镇，3 个行政村，人口 0.43 万，经济以畜牧业为主。

2.7.3 必如河
（Biru River）

西拉木伦河 左岸支流，发源于内蒙古自治区克什克腾旗黄岗梁南麓，海拔 1 977.9 米，流经新庙、经棚、河南店等乡镇，于黑水桥东汇入西拉木伦河。河长 49 千米，流域面积 1 038.5 平方千米。

流域位于大兴安岭南麓，地势西北高，东南低，山峦起伏，相对高差 100～300 米。

流域多年平均气温 2.6 摄氏度，年无霜期 115 天，多年平均年降水量 395 毫米，年蒸发量 975 毫米。

河流由西北流向东南，河道弯曲，平均比降 13.5‰，河宽 5～20 米。必如河支流发育，水系呈扇形，多年平均年径流量 0.5 亿立方米，多年平均含沙量 5.5 千克每立方米，设有经棚水文站。

必如河三星泉以上为上游，石质山区，河谷较窄，谷坡以上是平坦台地，为森林草原区，植被较好；三星泉至经棚镇为中游，亦属石质山区，河谷渐宽，两岸为台地；经棚以下至河口为下游，左岸为山地，右岸多沙丘，河谷开阔，谷宽 500～1 000 米。

双塔村附近有渠道，西与七道房水库相沟通，灌溉便利。

流域以牧业经济为主，有耕地 1.02 万公顷，草场 3.3 万公顷，林地 2.1 万公顷；有 4 个乡镇，人口 4.43 万。经棚镇为克什克腾旗政府所在地，位于必如河中游左岸。克什克腾旗以畜牧业经济为主，旅游资源丰富，有 9 处国家级景区。

2.7.4 百岔河
（Baicha River）

西拉木伦河 右岸支流，发源于内蒙古自治区克什克腾旗境内七老图山脉大冰朗沟山顶，流经克什克腾旗东南部南店、芝瑞、万合永等镇，于上陈家营子村附近汇入西拉木伦河。河长 136.20 千米，流域面积 1 786 平方千米。

流域地处内蒙古高原与七老图山的交汇地带，地势西南高，东北低，海拔 1 864～876 米，有草原、台地和丘陵山冈多种地貌，山顶多平坦台地。

流域多年平均气温 3.5 摄氏度，年日照时数 2 600～2 900 小时，年无霜期 130 天，年均降水量 370 毫米。多年平均年流量 0.57 亿立方米，多年平均含沙量 8.14 千克每立方米。

流域内耕地 0.7 万公顷，草场 8.42 万公顷，林地 1.8 万公顷，有 4 个乡镇，人口 2.62 万。

河流由西南流向东北，河道比较顺直，平均比降 6.75‰。上中游支流比较发育，水量丰沛，双合以下无大支流汇入，水系呈树枝状。

百岔河源头至洞子村，两岸为高山，河宽 10～25 米，矩形河床，河道蜿蜒曲折。洞子村以下两岸峭壁连天，山底部多垂直壁立的玄武岩，岩石上刻有 9 处 48 组 200 余幅岩画。岩画全长 60 余千米，栩栩如生，因此，百岔河

百岔河岩画

两岸又有"百里画廊"之称。

百岔河流域蕴育了悠远的历史和古老灿烂的文化。史料及岩画表明百岔河流域是商先民的摇篮，商族南迁黄河流域后，东胡族居住于此，并以西拉木伦河为中心，创造了以东胡文化为主体的"夏家店上层文化"。在百岔河岩画密集区域的山山上，发现两处新石器时代的遗址，发掘出大量的石刀、石斧、石锄、石镰、石针等，还有旧石器时代较粗糙的砍砸器、刮削器等。这些发现证明百岔岩画起源于 6 000 多年以前的新石器时代，止于 1 000 多年前的辽代。

2.7.5 苇塘河
(Weitang River)

西拉木伦河右岸支流，发源于内蒙古自治区克什克腾旗达拉罕敖包山，海拔 1 502 米，流经克什克腾旗与翁牛特旗的交界带，为克什克腾旗与翁牛特旗的界河，于清水口村附近汇入西拉木伦。河长 81 千米，流域面积 1 420 平方千米。

流域地势西南高，东北低，上游为山地，中下游为低山草甸。

苇塘河由西南流向东北，河道平均比降 9.5‰，多年平均年径流量 0.41 亿立方米，多年平均含沙量 54 千克每立方米，多年平均气温 4.5 摄氏度，年降水量 340 毫米，年无霜期 130 天。

苇塘河源头至广茂永，河长 42 千米，河道比降 16.6‰，河宽 10～20 米，两岸为山地；广茂永以下向中低山过渡，多草甸台地，河宽 20～50 米，河床宽浅。

苇塘河较大支流有乌兰苏河（河长 31.3 千米，流域面积 123 平方千米）、怀都坤兑河（河长 58.0 千米，流域面积 756 平方千米），主、支流成"川"字形并流，至河口附近相汇。

流域以畜牧业为主，有耕地 1.8 万公顷，草场 5.6 万公顷，林地 2.2 万公顷，涉及 5 个乡镇，40 个行政村，人口 5.94 万。

2.7.6 查干木伦河
(Chaganmulun River)

西拉木伦河左岸支流，发源于内蒙古自治区巴林右旗北部罕山灰通河，流经林西县、巴林左旗，于翁牛特旗胡日哈村对岸汇入西拉木伦河。河长 213.7 千米，流域面积 11 450 平方千米。

流域位于大兴安岭山脉西南麓，北部高，南部低，海拔 1 450～668 米；上游山峦起伏，河流穿行于山谷之中，山岭陡峻，河谷深窄，相对高差 100～300 米；中游中低山地区，河谷逐渐开阔，相对高差 50～100 米；下游多沙丘坨甸，相对高差 20～50 米，坨甸间多草原湿地。

流域多年平均气温 4.9 摄氏度，多年平均年降水量 360 毫米，年无霜期 130 天，年蒸发量 1 190 毫米，多年平均年径流量 3.98 亿立方米，多年平均含沙量 12.3 千克每立方米。

查干木伦河由东北向西南再折向东南流，河道平均比降 2.55‰，呈半月形弯曲；支流发育，较大支流有**巴尔汰河**、**嘎斯汰河**、**古力古台河**等，设有龙头山、大板水文站。

流域水能理论蕴藏量 2.08 万千瓦，已开发装机容量 0.15 万千瓦；有耕地 8.9 万公顷，草场 67.6 万公顷，林地 23.3 万公顷，12 个乡镇，197 个行政村，牧业嘎查 54 个，人口 35.73 万。

查干木伦河自河源至龙头山为上游段，河道流经高山峡谷区，河谷深窄，河宽 30～80 米。河床由砂砾石组成，沿河两岸牧草生长良好，是赤峰市主要牧业区之一。

龙头山至大板镇为中游，河谷平原开阔，河宽 80～120 米，河岸两侧植被稀疏。干流流经的林西县是传统的农牧业结合区，也是自治区主要小麦产区之一，粮食作物有小麦、谷子、大豆、玉米、高粱、荞麦等。

大板镇至河口为下游，多沙丘坨甸，坨甸间多草原湿地，河谷开阔，河宽 100～150 米。大板镇为巴林右旗旗政府所在地，该旗以农牧业为主体经济，是国家良种畜——草原红

巴林石

牛培育基地和全国重点发展绒山羊基地。闻名遐迩的巴林石矿是我国三大彩石基地之一，巴林石素有"物华天宝"之称，其中以鸡血石最为名贵。

巴林右旗历史悠久，远在六七千年以前就有人类在此繁衍生息，旗内有新石器时代和青铜器时代文化遗存。后金天聪八年（1634 年），朝廷划分蒙古诸

巴林右旗慧福寺

部牧地，巴林部始定居于此。清顺治五年（1648 年），建巴林右翼旗。巴林，意为"阵地""要塞""哨所""军寨"，蒙古语称西为右。巴林右旗辽代庆州白塔为八角七级、通高 70 多米的砖木结构楼阁式塔，造型玲珑秀美，浮雕精湛细腻，宏伟壮观。

赛罕乌拉"世界生物圈保护区"位于查干木伦河上游，是一个以保护森林、草原、湿地等多样生态系统和珍稀濒危野生动植物及西辽河上游水源涵养林为主的山地综合性自然保护区，总面积为 10.04 万公顷。该保护区 2000 年 4 月被国务院批准为国家级自然保护区，1999 年被国际鸟类联盟确定为世界重要鸟区，2001 年 9 月被联合国教科文组织批准为世界生物圈保护

庆州白塔

区。由于保护区位于草原向森林、东亚阔叶林向岭北泰加林的双重过渡地带，生物多样性比较丰富，具有很强的典型性、代表性和特有性，为大兴安岭南部山地的最典型地带。

查干木伦河流域还是契丹族的故土和发祥地，至今尚留有辽代庆州城遗址、怀城遗址、辽庆陵、辽怀陵、金代边堡、罕山辽代祭祀遗址等文物古迹。

2.7.6.1 巴尔汰河
(Baertai River)

查干木伦河右岸支流,又名沙巴汰河。发源于内蒙古克什克腾旗园蛋山,流经克什克腾旗同兴镇、林西县板石房子,于林西县九连庄汇入查干木伦河。河长 69.2 千米,流域面积 1 324 平方千米。

流域地处大兴安岭,为中低山区,地势西高东低,海拔 1 816~670 米,群山起伏绵延,河源处的北大山高峻雄伟,林木葱郁。

流域多年平均气温 4.2 摄氏度,年无霜期 120 天,多年平均年降水量 370 毫米,多年平均年径流量 0.298 亿立方米。

克什克腾世界地质公园

河流由西向东流,河道平均比降 8.5‰,河床宽 50~150 米。

流域有耕地 4.62 万公顷,草场 5.01 万公顷,林地 0.6 万公顷,有 4 个乡镇,32 个行政村,人口 5.75 万。

巴尔汰河河源至林西县界为山区,山高谷深林密,河流自峡谷中穿行,坡陡流急。两岸分布天然次生林、经济林,主要有山杏和少量云杉;经济以林业、牧业为主。

巴尔汰河在林西县境内流程 50 千米,两岸为林西县农业区。林西县自清末放垦至今,农业发展近百年历史,经综合开发,已成为内蒙古自治区小麦主产区之一。粮食作物有小麦、谷子、大豆、玉米、高粱、荞麦等。随着农业的开发,巴尔汰河成为主要地表水源,先后开发建设小型灌区多处。

巴尔汰河下游北岸有新林镇,1984 年设镇,1989 年被列为"农牧业综合开发"重点镇。

2.7.6.2 嘎斯汰河
(Gasitai River)

查干木伦河右岸支流,又名哈达苏台河。发源于内蒙古自治区克什克腾旗黄岗梁阎清奎沟,流经克什克腾旗的热水镇、宇宙地镇和林西县林西、大川、隆平等乡镇,于巴林右旗哈布其勒村汇入查干木伦河。河长 127 千米,流域面积 2 616.33 平方千米。

流域位于大兴安岭西南坡,西高东低,由山区过渡到低山丘陵地区,河道平均比降 6.2‰,河流自山谷中穿行,坡陡流急,两岸绝大多数为天然次生林。

流域季节更替明显,风沙干旱严重,降水少而集中,多年平均年降水量 375 毫米,年无霜期 130 天,多年平均年径流量 0.986 亿立方米。

上游河道弯曲,中下游河谷逐渐开阔,两岸多农田。

嘎斯汰河流经林西县中部,为农业经济区,拥有耕地 3.1 万公顷,草场 7.7 万公顷,林地 7.04 万公顷,有 8 个乡镇,66 个行政村,人口 11.94 万。

自河源由西北向东南流至热水镇。热水塘温泉驰名远近,地下热水资源丰富,自然水温达 80 摄氏度以上,水中含有多种稀有元素,为度假疗养的好去处。继续东北流至陆家店有木石匣河(河长 77 千米,流域面积 875.2 平方千米)汇入。陆家店以上为山区河流,河宽 10~30 米,植被较好。河流过木石匣河口后折向东南,河谷渐宽,过宇宙地镇进入林西县。

嘎斯汰河进入林西县境,流经区域土地肥沃,宜农、宜林、宜牧,是小麦的主要产区之一。林西镇在 5 000 年前新石器时期就有人类活动,林西镇城南锅撑子山是我国著名的新石器文化遗址,春秋以后为东胡、鲜卑、契丹、女真、蒙古等少数民族游牧地。

2.7.6.3 古力古台河
(Guligutai River)

查干木伦河左岸支流,发源于内蒙古自治区巴林右旗东北部罕山西南麓洪浩尔沟,流经岗根、幸福之路、巴彦塔拉等苏木,于巴林右旗新立村汇入查干木伦河。河长 105.5 千米,流域面积 2 465.17 平方千米。

流域地势北高南低,海拔 1 928~988 米,由西北部中山山地逐步过渡到南部低山丘陵,河谷逐渐开阔,下游多沙丘坨甸。

流域多年平均年降水量 355 毫米,年无霜期 130 天,多年平均年径流量 0.59 亿立方米。

河流由北向南流,河道平均比降 5.2‰。干支流水系呈树枝状,支流有床金河、塔拉宝拉格河、巴彦塔拉河等。

流域主要为牧区,有耕地 0.49 万公顷,草场 17.17 万公顷,林地 3.51 万公顷;有 4 个苏木、11 个行政村、21 个嘎查,人口 2.52 万。

古力古台河上游段地处大兴安岭南端,中山连绵,森林广布,1983 年被列为森林自然保护区,树种有落叶松、云杉等,河槽宽 10~30 米。查干勿苏右河口为中下游河段,河槽宽 30~50 米,为宽浅河床,两岸为低山丘陵,山体浑圆,坡缓谷宽,有狭长沙带分布,为草原牧区。

1975 年 5 月至 1976 年 8 月,在古力古台河中游查干勿苏建成草原水库。水库大坝坝长 950 米,高 8 米,集水面积 998 平方千米,总库容 1 219 万立方米。

2.7.7 少冷河
(Shaoleng River)

西拉木伦河右岸支流,又名少郎河。发源于内蒙古自治区赤峰市翁牛特旗西部七老图山脉大梁头山,海拔 2 025 米,流经广德公、山嘴子、乌丹、巴嘎塔拉、布力彦等乡(镇、苏木),于翁牛特旗新河林场汇入西拉木伦河。少冷河河长 204.2 千米,流域面积 2 793.75 平方千米。

流域西南高,东北低,上游由中山溶岩台地向低山过渡,下游为流动性沙丘地貌,丘间零星分布着草甸和沼泽地,风蚀较重。

流域多年

少冷河

平均气温 5.8 摄氏度,多年平均年降水量 360 毫米,夏季降水占全年的 75%,多年平均年蒸发量 1 183 毫米,年无霜期 140 天。

河流由西南向东北流,河道平均比降 4.2‰,多年平均年径流量0.703亿立方米,多年平均含沙量68.3千克每立方米,设有乌丹水文站。

少冷河汉中泉

流域为农牧业结合区,农业开发历史悠久,拥有耕地3万公顷,草场11.05万公顷,林地8.7万公顷,5个乡镇,3个苏木,68个行政村,人口12.68万,主要农作物有小麦、土豆、莜麦、荞麦、谷子、玉米等。天然草牧场包括上游的山地草甸草场、山地干草原草地和下游丘间平地滩地草场等。流域所在翁牛特旗2006年度牲畜存栏250.1万头(只),牲畜有牛、马、驴、骡等,尤以草原红牛著称。

翁牛特旗沙湖

河源至亿合公乡为上游段,中山台地,河流穿行于山谷之中,河谷深窄,河槽宽20~40米;亿合公乡至巴嘎塔拉为中游段,两岸属中低山地,河谷逐渐开阔,河槽矩形,宽30~50米;巴嘎塔拉至河口为下游段,进入沙漠地区,大部为流动性起伏沙丘,丘间零星分布着草甸和沼泽地,河槽宽40~80米。

少冷河建有白音汉水电站,总装机容量1.45万千瓦,年发电量3 975万千瓦时。

流域所处翁牛特旗为少数民族聚居区、游牧地,草原红牛的重要繁殖基地。这里是红山文化"中华第一龙"的发现地,享有"玉龙之乡""龙凤之乡"的美誉。翁牛特旗政府所在地乌丹镇北4千米,有

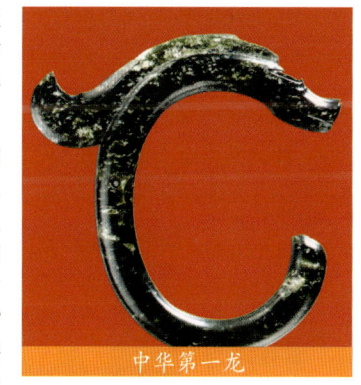
中华第一龙

建于清乾隆八年的梵宗寺,规模宏伟。少冷河河源处的灯笼子牧场被列为市级保护区,面积1.43万公顷,主要保护草原湿地珍禽。

2.8 孟家段水库
(Mengjiaduan Reservoir)

辽河中游段西辽河右岸的大型旁侧水库,位于通辽市奈曼旗,以灌溉为主,兼顾分洪、养殖等综合效益,上、下两库总库容1.08亿立方米。水库于1958年4月开工,1958年12月竣工,属年调节水库。

孟家段水库地处科尔沁沙地南缘,松辽平原西端。库区多年平均气温6.2摄氏度,年日照时数2 925小时,年无霜期150天,多年平均年降水量340毫米,年蒸发量1 200毫米,多年平均风速3.5米每秒,最大风速21.7米每秒,多年平均年结冻时间119天,多年平均冰厚0.68米。

孟家段水库

水库为均质土坝,100年一遇洪水设计,遇大于100年一遇洪水,由苏家堡枢纽控制引水流量,下游建有孟家段灌区。

上库:库容0.587亿立方米,调洪库容0.363亿立方米,兴利库容0.497亿立方米,死库容0.090亿立方米。主坝长1 700米,副坝长6 200米,泄洪涵洞泄洪流量70立方米每秒,跃进灌溉涵洞灌溉流量8立方米每秒,水电站装机容量26千瓦。上库是通过西辽河苏家堡枢纽南岸6孔闸引西辽河河水,引水渠长8千米,最大引水流量315立方米每秒。

下库:库容0.493亿立方米,调洪库容0.227亿立方米,兴利库容0.449亿立方米。主坝长5 350米,副坝长750米,下库泄洪洞及下游分水闸设计流量62立方米每秒。

西辽河在苏家堡枢纽处出现50年一遇洪水时向孟家段水库分洪315立方米每秒,除减轻西辽河防洪负担外,还保护着水库下游5个乡、镇、场的5万人和1.1万公顷耕地,以及京通铁路和赤峰至通辽公路的防洪安全。1959年8月5日辽河上游段老哈河发生洪水,乌墩套海站洪峰2 770立方米每秒,到达中游西辽河时流量达2 800立方米每秒,超过西辽河堤防安全过流能力,经孟家段水库分洪后,西辽河西安村站8月5日洪峰降至2 530立方米每秒。

孟家段水库有效灌溉面积0.73万公顷,养鱼水面0.22万公顷,平均年产鱼12.5万千克。

水库造林面积1 000公顷,东西长800米,宽200米的水库防风固沙林带已经形成。

2.9 莫力庙水库
(Molimiao Reservoir)

由辽河中游段西辽河引水的大型旁侧平原水库,又名敖伦诺尔水库,位于内蒙古自治区通辽市科尔沁区胜利乡境内,距通辽市43千米,由西辽河总办窝堡水利枢纽引水,以防洪、城市供水、农田灌溉为主,兼顾水产养殖及旅游等综合效益。水库总库容1.52亿立方米,调洪库容8 039万立方米,兴利库容8 926万立方米,死库容1 670万立方米。工程于1958年4月18日动工,1959年4月20日建成蓄水,2003年底完成除险加固。

水库地处风积、冲积平原,自西向东倾斜,地表起伏不平,区内分布沙坨、坨间洼地及半固定沙丘。库区多年平均气温6.2摄氏度,年无霜期150天,多年平均年降水量340毫米,多年平均年水面蒸发量1 200毫米,多年平均风速4.0米每秒,最大风速达29米每秒,多年平均冰厚0.7米,冻土深1.5米。水库水质属中等矿化度,为弱碱性水。

工程由主副坝、引水渠和泄洪涵洞3部分组成。大坝为透水坝基上均质粉细砂坝,主坝长6 420米,最大坝高11.21米,坝顶宽7~30米,迎水坡1:7~1:20,背水坡1:3~1:4,齿墙深3米。副坝6座,总长4 800米。坝体和坝基土质均为疏松而均匀的细砂和中砂,抗风浪冲刷能力很差。

引水渠长12.2千米,穿越沙坨进入库区,最大引水量150立方米每秒。引水闸为开敞式宽顶堰,共9孔,单孔净宽

2米,堰顶总宽30.4米,最大分洪流量200立方米每秒,正常引水能力150立方米每秒。

泄水涵洞为竖井双孔涵洞,建在大坝中间,洞长44米,洞身2.3米×2.3米(高×宽),最大泄流量82立方米每秒。泄水渠即莫力庙灌区引水渠,为渐变断面,首端宽40米,末端宽30米。

引莫入通工程

莫力庙水库原设计总库容1.56亿立方米,调洪库容为0.894亿立方米,兴利库容0.835亿立方米。水库经过40多年的运行,存在着许多安全隐患,水库除险加固工程于2001年开工,工程主体于2003年底全部完工。

莫力庙水库承担西辽河总办窝堡水利枢纽的分洪任务,防洪保护通辽城区28万人、农村43万人生命财产及近6.67万公顷农田、通辽电厂等主要工厂,以及通让、通霍、通大、通郑、通京、通集6条铁路干线和303、111公路干线。

通辽市城市、工业和生活用水均以开采地下水为供水水源,由于经济发展,需水量不断增加,造成地下水严重超采,地下水位持续下降,形成了以通辽市东郊为中心的地下水区域下降漏斗。因此在城市供水水资源规划中将莫力庙水库作为通辽市城市重要供水水源地,保证率95%时每年可向城市供水4 000万立方米。

水库还向下游莫力庙灌区供水,有效灌溉面积2.8万公顷。灌区内土地平坦肥沃,作物以玉米为主,其次是高粱、小麦、谷子、大豆等,经济作物有甜菜和蓖麻等。

库区有万亩人工森林、千亩成材林、百亩果园,不仅起到了防风、固沙、调节气候的作用,而且每年可产出各类水果2.5万千克。库区及周边地区有獐狍野鹿、狐貉野狼、山禽野兔等出没,生态环境亦得到改善。

距水库12千米处有建于清代顺治年间的莫力庙遗址,莫力庙水库即由此得名。库区内建有莫力殿1座,有碧莲池、八柳坪、响水桥、龟池岛、燕窝岛、北冰洋等沙湖八景。

2.10 教来河
(Jiaolai River)

辽河中游段西辽河右岸支流,发源于内蒙古自治区敖汉旗金厂沟梁北大洼,流经敖汉旗、奈曼旗、开鲁县、科尔沁区、科尔沁左翼中旗,于科左中旗的姜家窝堡村附近汇入西辽河。河长482.2千米,流域面积18 300平方千米。

概　　述

流域地处燕山山地向西辽河平原过渡地带,地理位置东经119°58′～121°46′,北纬41°57′～43°24′。流域地势西南高,东北低,海拔1 076.9～172米;上游为山区和黄土丘陵区,中下游为黄土丘陵及沙丘区。道力歹拦洪坝以下无稳定河道,在坨甸区漫流而下。流域内植被不良,水土流失严重。

流域属温带大陆性季风气候区,四季鲜明,冬季漫长干冷,夏季雨水集中,春季少雨雪、多大风。全年日照时数2 900～3 100小时,多年平均气温6.5摄氏度,多年平均年降水量381.4毫米,降水多集中在6—8月,多年平均年蒸发量1 158.5毫米。

多年平均年径流量2.36亿立方米,多年平均年输沙量751万立方米,属多泥沙河流。河流由西南向东北流,支流较少,呈断续的羽状水系,主要支流有白塔子河、千沟子河、腾克力河、*孟克河*等,设有下洼水文站。

流域水能理论蕴藏量1.82万千瓦,矿产资源有黄金、铜、铁、钼等。经济以农业为主,农、牧结合。至1985年,教来河有堤防257千米,大部分位于开鲁县、科尔沁区境内。新中国成立以来,教来河上修建了滞洪淤地工程5处。

莫合滞洪区:滞洪量5 000万立方米。位于奈曼旗太山木头苏木,工程建于1967年1月,属道力歹枢纽工程的一部分。进水口即道力歹枢纽的过水路面,过水能力1 000立方米每秒,除过水路面还有两处临时过水路面分别长300米和130米,导流防洪堤长10.8千米,围堤长8千米。1984年8月10日,下洼水文站洪峰流量3 090立方米每秒时,滞洪区顺利分洪,淤地2万亩,现已开垦耕种。

唐土甸子滞洪区:位于奈曼旗东北部教来河左岸,1949年前为芦苇丛生的大面积湿地,1950年教来河修建了堤防,河道泥沙随洪水漫进唐土甸子,逐渐淤成耕地,1954年奈曼旗创办示范农场(1959年改建为国营六号农场)。1966年小吉尔仁达冷滞洪区建成,教来河改流唐土甸子滞洪区以北,使唐土甸子农牧林用地稳定下来。1981年调查此地,已建成农田0.46万公顷,林地0.13万公顷,草牧场0.13万公顷。

嘎土好来滞洪区:位于奈曼旗中部教来河右岸,1955年5月奈曼旗动工修建,因好力硕分洪口位置欠妥、引水困难,又于1956年5月把分洪口改建于爱吉白,口宽81米,长1 700米,分洪流量200立方米每秒,同时完成了堵截堤工程。洪水由爱吉白引入,经东嘎土好来、道兰他拉、三胡井、太吉白、聂里土甸子、明嘎斯台、包尔胡硕(胜利庙)至百家街重归教来河。当年滞蓄洪水2 500万立方米,淤地333公顷。1958年又把爱吉白分洪口扩宽,设计引流量400立方米每秒。1962年7月26日特大洪水中,爱吉白分洪口最高引进水1 300立方米每秒,分洪口被泥沙堵塞,滞洪区上部淤积土厚达3米,完成了分洪滞洪的历史使命。1963年后滞洪区开辟农、牧、林用地0.50万公顷,其中农田0.20万公顷,林地0.2万公顷,牧草场0.1万公顷。

中乃甸子滞洪区和小吉尔仁达冷滞洪区:位于奈曼旗中部教来河右岸。中乃甸子滞洪区是在东明大堤南端大青包处筑坝拦河,使河

牧区

流向由正北折向西北,由中乃甸子西北侧横穿兴隆沼,进入二牧场草甸子后折向东流,再经土布里格屯、辣椒堡屯、唐土甸子东端流入教来河。小吉尔仁达冷滞洪区是在小吉尔仁达冷屯西筑坝拦河,使流向由正东折向东北,横穿兴隆沼后,于土布里格屯西与中乃甸子滞洪区下泄水流汇合。此两处滞洪区,1964—1966年由奈曼、开鲁、通辽受益旗县在1964—1966年共同修建,投产后滞洪区淤出好地0.14万公顷(其中林地0.03万公顷)。1966年中乃甸子滞洪区与小吉尔仁达冷滞洪区因道力歹拦河工程的兴建相继停止分洪。

纪　实

上游　河源至下洼为上游，流经山区和黄土丘陵区，土质疏松、地面坡度较大，沟谷发育，植被较差，是教来河泥沙的主要来源区。上游段河谷宽1.5~2.5千米，河宽50~300米，河岸高10~15米。河道比降1/400，流速可达4~5米每秒，洪水集流快，且支流大多集中在此段，沟蚀和面蚀均较严重。汛期暴雨，水流携带大量泥沙，形成高含沙洪水，含沙量常常高达每立方米数百千克，1965年8月1日，河水含沙量高达930千克每立方米。

敖汉旗东南部大黑山，2001年6月被批准为大黑山国家级自然保护区，是一个以保护草原、森林多种生态系统及野生动物栖息地和西辽河水源涵养地为主要保护对象的丘陵山地综合性自然保护区，总面积57 096公顷，核心区面积4 238.4公顷。

大黑山自然保护区

中游　下洼至衙门营子为中游，河流穿过黄土丘陵区和沙质平原区，河床逐渐由深槽型变为浅宽型，河宽30~200米，局部达到1 000米以上，河岸高10~30米，河道比降1/900~1/2 000，流速2~3米每秒。泥沙沉积，水流变清，河流沿程两侧分布有大面积的沙丘草甸区，土质瘠薄，人口稀少，河槽逐年淤高，洪水期河水经常泛滥。

下游　衙门营子至科左中旗门达镇姜家窝堡村汇入西辽河河口处为下游段，属平原地面河道。此段有连中甸子、中乃甸子、唐土甸子等沼泽洼地，具有较好的滞洪蓄沙条件。下游河道极不稳定，河流携带泥沙，大部分淤积在低洼沼泽区，历史上洪水频发，多年来一直为重点防洪地区。

2.10.1　孟克河
(Mengke River)

教来河左岸支流，曾称参柳河，发源于内蒙古自治区敖汉旗新地乡努鲁儿虎山北麓，海拔1 001.1米，流经赤峰市敖汉旗、通辽市奈曼旗，于奈曼旗汇入**舍力虎水库**。河长157.5千米，流域面积2 655.05平方千米。

流域为黄土低山丘陵区，西南高，东北低，植被稀疏，水土流失严重。多年平均气温6.5摄氏度，年无霜期135天，多年平均降水量385毫米，多年平均年蒸发量1 158mm，最大风速32米每秒，8级以上大风天数年均40天，主要集中在3—5月。

奈曼王府

河流由南向北再折向东北流，呈半月形弯曲，河道平均比降4.8‰，总落差622.4米，多年平均年径流量0.474亿立方米，多年平均含沙量114.09千克每立方米。

流域经济以农业为主，农、牧结合，矿产资源有黄金、铜、铁等。

河源至新惠镇为上游，流经平缓山丘区，支流较发育，河槽矩形，宽50~80米。新惠镇至新立屯为中游，属沙漠区，河道宽窄相交，其中新惠镇至白家湾子附近河宽100~800米，以下河道又逐渐变窄，至新立屯河宽仅10米，河床较深；青山以下建有青山水库。新立屯以下为下游，大部分为平原和洼地，原流入奈曼西湖，舍力虎水库修建后，流经舍力虎水库再流向奈曼西湖。

1955、1962、1965年河流经过3次改造。1966年人工疏导河流于敖汉旗万发永进入奈曼旗舍力虎泡子，1968年舍力虎泡子建成水库，孟克河通过水库进入奈曼旗工程泡子（奈曼西湖），流出再归教来河。青山水库以下地势平缓，有灌溉渠道与乌兰乌苏水库及其渠道相沟通。

孟克河于1957年建新立屯水文站（流域面积1 626平方千米），1965年水文站上迁39千米建白家湾子站（流域面积1 028平方千米），1985年撤销。

2.10.2　舍力虎水库
(Shelihu Reservoir)

教来河左岸大型旁侧平原水库，位于内蒙古自治区通辽市奈曼旗太和乡境内，以灌溉防洪为主，兼顾养鱼等效益，总库容1.18亿立方米。库区周围为沙丘，中间为舍力虎甸子，水库因此而得名。

库区地处**孟克河**与教来河之间。库区周边为风成沙地，属科尔沁沙地腹部，为农牧业经济区。库区多年平均气温6.3摄氏度，多年平均年降水量370毫米，年水面蒸发量1 150毫米。

水库水面呈棒槌形，大头朝东，东西长，南北窄。水库主要补给水源为孟克河。水库水pH值7.78~8.10，为弱碱性水，总硬度2.8~4.11克每升。

水库枢纽工程由主副坝、泄水涵洞、引水闸、引水渠及坝后分水闸组成。主坝为均质土坝，长60米，最大坝高7.5米，坝顶宽5米，迎水坡为混凝土坡护；副坝两座，总长520米，最大坝高5.46米；泄水涵洞为3孔钢筋混凝土箱型涵洞，高2.4米，宽1.8米，平板闸门，最大泄流量53.6立方米每秒；引水闸为6孔钢筋混凝土平板闸，单孔净宽4米、净高3米；引水渠长12千米，渠底宽40米，引水流量300立方米每秒。该渠上接道力歹枢纽，下入库区，为水库供水渠道。坝后分水闸9孔，为舍力虎灌区分水18立方米每秒，为奈曼西湖分水35.6立方米每秒。

水库有效灌溉面积2.13万公顷；当教来河出现2 300立方米每秒的洪峰流量时，水库可分洪300立方米每秒。水库保护大沁他拉镇420个村庄13万人口、3.6万公顷耕地及交通铁路的防洪安全。水库利用水土资源自身优势，开发种植及进行畜禽养殖等项目，年产值200万元。水库养鱼水面2 380公顷，自建鱼苗孵化点，有鱼种池8.6公顷，鱼种有花鲢、白鲢、草鱼、鲫鱼、武昌鱼等。

库区地处沙漠区，为防风固沙，库区内大力植树造林，1986年已绿化233.3公顷，初步改善了生态环境。1997年，舍力虎水库被确定为县级内陆湿地保护区，面积6 800公顷，保护对象为湿地和水域生态系统。

舍力虎水库、大沁他拉镇的王爷府（1863年兴建）与奈曼西湖构成了一道风景线，具有较好的旅游效益，每年6—9月为旅游高峰期，年接待游客3万~4万人次。

库区周边分布有沙坨子和流动沙丘，自水库运行以来，调洪蓄水、灌溉农田，补给地下水，增加湿地面积，有效改善了该地区的生态环境，对防止草原退化、沙化起到了积极的作用。特别是由于水面面积和湿地面积的增加，为野生禽类及动物提供了广阔的生存空间，国家一级保护野生动物白天鹅、黑天鹅、野鸭、大雁等多种禽类在水库栖息。

2.10.3 吐尔基山水库
(Tuerjishan Reservoir)

教来河下游平原水库，位于内蒙古自治区通辽市科尔沁区与科尔沁左翼后旗交界处吐尔基山（蒙古语意为牛犊子山）脚下。水库以灌溉为主，兼顾防洪、养殖等综合效用。

库区多年平均气温 5.8 摄氏度，多年平均年降水量 385 毫米，年无霜期 150 天，年日照时数 2 900 小时，平均风速 4.4 米每秒，多年平均年水面蒸发量 1 050 毫米。

水库坝址以上流域面积 6 851 平方千米，为年调节水库。水库借助长条地形及周围沙丘修筑而成，完成了当地用沙筑坝的创举。库区呈长条形，水库库容 1.20 亿立方米，防洪库容 0.587 亿立方米，兴利库容 0.89 亿立方米。当西辽河出现 100 年一遇洪水时，可向该水库分洪流量 600 立方米每秒。

水库工程由主坝、副坝、输水洞、泄洪洞等组成。主坝为均质砂坝，长 1 500 米，最大坝高 11.85 米，坝顶宽 8 米；副坝共 6 座，总长 600 米。输水洞为双孔 1.4 米×1.4 米方形洞，最大过流量 28.4 立方米每秒。泄洪洞为双孔直径 1.4 米圆形洞，最大泄洪流量 24 立方米每秒。

水库水源补给主要来自清河及洪河。两河均引自上游的小塔子水库，刚出水库称清洪河，在科尔沁左翼后旗巴彦毛都苏木查金台牧场以北一分为二，其北支称清河，自西向东流，在通辽市科尔沁区哈日干吐村以东注入吐尔基山水库；其南支称洪河，一路东流，注入水库以西的乌兰敖道渔场。该渔场由 3 处较大的天然沙间洼地湖泊组成，在大水年份，湖泊多余水量可汇入库区，湖区与库区连通。

水库建成后下游开辟了通辽市黄家窝堡、科尔沁左翼中旗安乐和科尔沁左翼后旗茂道吐 3 处灌区，有效灌溉面积 0.46 万公顷。灌区主要粮食作物有高粱、玉米、水稻、谷子、小麦、大豆、甜薯等。水库有养鱼水面 0.11 万公顷。

库区周边沙丘连绵起伏，中间一汪碧水，形成特殊的水沙奇观。库区距离通辽市科尔沁区 65 千米，是人们休闲旅游的好去处，库区开展钓鱼、划艇、游泳、沙浴、观光等旅游项目。库区所处地区为蒙古族聚居区，居民 95% 使用本民族语言，诚实、好客、豪爽。赛马、射箭、摔跤是蒙古族男儿三技，唱歌、跳舞、说好来宝是蒙古族的娱乐形式，"那达慕"为文化、体育与物资交流的草原盛会，牛奶、炒米、手把肉为传统蒙古族食品。

库区周边开展水土保持、植树造林活动，有效地防止了水土流失，森林覆盖率达 26% 以上。库区利用水面养殖，主要品种有鲤鱼、草鱼、河蚌等，平均年捕鱼 10 万千克以上；并建有鱼苗孵化站，有鱼种池 10 公顷，成为科尔沁草原沙地中的"鱼米之乡"。1981 年开始利用河蚌栽培珍珠试验，培殖室 670 平方米，1985 年首批珍珠收获 107 千克。

2.11 新开河
(Xinkai River)

辽河中游段西辽河左岸支流，由台河口水利枢纽从**西拉木伦河**分水进入新开河，流经内蒙古自治区阿鲁科尔沁旗、开鲁县、科尔沁左翼中旗和吉林省双辽县，于小瓦房村东南注入西辽河，属人工河。河长 384 千米，流域面积 8 942.8 平方千米。

流域位于西辽河平原，东经 120°40′～123°32′，北纬 43°22′～44°20′，地势西北高，东南低，海拔 325～122 米。流域内地形平坦，两岸多沙丘、草地，广泛分布以沙粒成分为主的沉积物和沙性土壤，泡沼湖泊众多。

流域属温带大陆性季风气候，四季分明，多年平均气温 6.0 摄氏度，年无霜期 140 天，多年平均年降水量 340 毫米。

河流呈半月形弯曲，水量不丰。本区为半干旱气候条件下的草原植被，低湿洼地主要以芦苇、苔草、碱蓬、碱蒿等草甸植被群落为主，属基本不产流地区。

新开河属于一条人工渠型河流，上、中、下游差异较大。

台河口至他拉干水利枢纽为上游，右岸较平坦，为土质肥沃的农业区，左岸多沙丘。河床宽浅，主流左右摆动，为砂质河床，易下陷，岸高 1 米左右。台河口站多年平均年径流量 5.6 亿立方米，多年平均含沙量 18.9 千克每立方米。

新开河拦河闸

他拉干至三合堂水利枢纽为中游，河宽 100 米左右，岸高 1～2 米，河床冲淤变化较上游小。右岸为土质肥沃的农业区，左岸为沙丘、草地和零星农田，岸边丛生灌柳，河床冲淤程度变小。

台河口水利枢纽

三合堂以下为下游，河道深窄弯曲，河床稳定。

1949 年在西拉木伦河台河口处修建了分洪工程，将四伦河与清河连接，初步形成新开河，在东方红村敖吉屯汇入西辽河。20 世纪 50 年代在新开河上相继建成他拉干枢纽及**他拉干水库**（旁侧水库，总库容 1.35 亿立方米）、三合堂枢纽及都西庙、三八水库等。50 年代后，原清河河底泉眼消失、河道时常干涸，成为季节性河流。

新中国成立后，新开河曾发生两次较大洪水：一次是 1993 年大洪水，最大洪峰流量 502 立方米每秒；一次是 1998 年特大洪水，最大洪峰流量 1 140 立方米每秒。

1950 年台河口分流工程兴建的同时，修建了小泡子至茂发屯左岸堤防 28.3 千米，右岸堤防 26.2 千米；科尔沁左翼中旗从三合堂起至小瓦房，修建了右岸大堤。经历了历年堤防岁修加固和部分堤段新建，至 1985 年已建堤防 457.68 千米，其中左岸堤长 177.92 千米，右岸堤长 279.76 千米。

白音胡硕滞洪区位于科尔沁左翼中旗希伯花苏木新开河左岸，1953 年设一处宽 200 米分洪口，1955 年 6 月建成，滞洪区面积约 30 平方千米，可滞蓄洪水 3.2 亿立方米。当三合堂站流量超过 80 立方米每秒时，扒开分洪口土坝（后建分洪闸）可分洪入滞洪区。1955 年前洪水进入滞洪区后，经珠日

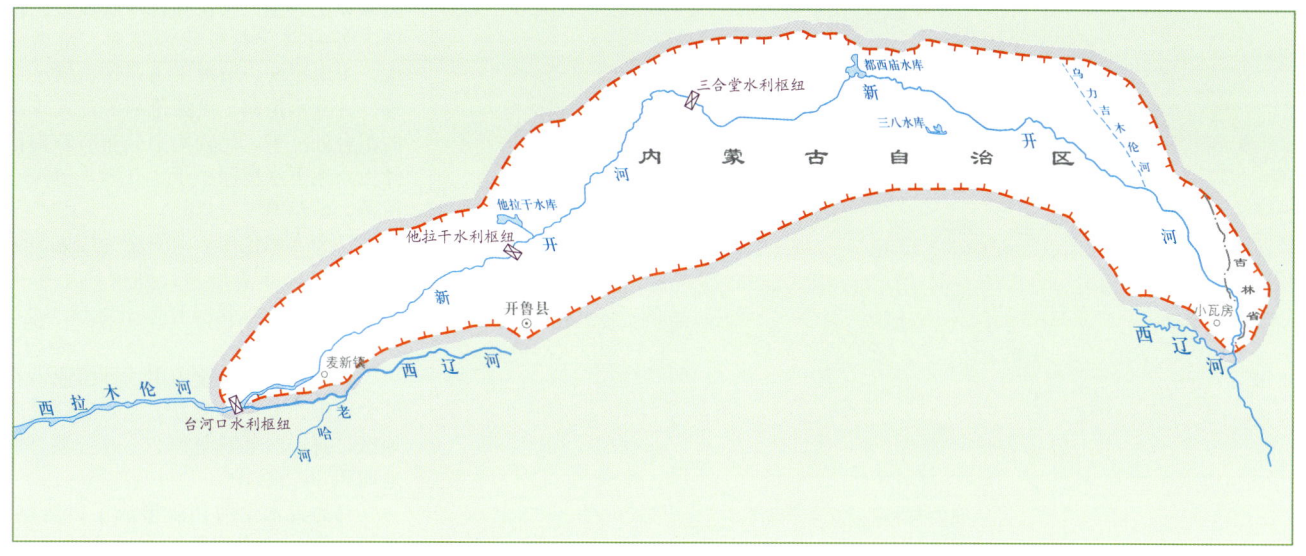

新开河水系示意图

河牧场达来胡硕屯北至白音胡硕东南流入乃门他拉水库库区，后由花胡硕苏木乌力吉台村南泄入新开河。1955年在乃门他拉水库上游修建了一条挡水坝，每年进入滞洪区洪水约1.5亿立方米。当西拉木伦河台河口、新开河承担分洪任务时，在超过一定洪峰流量的情况下，洪水将自然进入北岸温都包甸子，流经40千米后进入黑吐甸子，滞洪面积6平方千米，最大可分洪流量250立方米每秒。

新开河上有13座铁路和公路桥，20世纪70年代两岸有穿堤无坝引水口22处，至1985年底，已被洪水冲毁和废弃9处，另有10处已不能正常使用，引水口能正常引水的还有坤都冷乡西保屯、小街基镇广发、茂发引水口3处。

新开河流域土地肥沃，是内蒙古自治区重要的产粮地区；域内科尔沁左翼中旗有蓖麻之乡的美誉，开鲁县是著名的中国红干椒生产基地，产品畅销国内外。

2.11.1 他拉干水库
(Talagan Reservoir)

新开河流域内以引洪、灌溉为主，兼顾水产养殖和旅游等效益的大型旁侧平原水库，在内蒙古自治区通辽市开鲁县北部的坤都岭乡境内。水库总库容1.35亿立方米，兴利库容0.932亿立方米，死库容0.132亿立方米。

水库位于西辽河冲积平原，平均海拔242米，地势西高东低，境内无山。水库水面呈长方形，东西长，南北窄。库区东北及西南为沙漠地带，西北及东南为农业种植区，水库东北

他拉干枢纽

有公敖泡子、建新水库，西南有小泡子等平原湖泊。

由他拉干枢纽分水，通过坤都岭乡小泡子村东的引水渠道，进入他拉干水库。水库余水由东南角排水渠经俊昌乡以南退入新开河。新开河是他拉干水库主要补给水源，又是水库泄水通道。

库区多年平均气温5.9摄氏度，多年平均年降水量342.7毫米，年无霜期150天，多年平均风速4.1米每秒。

他拉干水库工程设计标准为50年一遇，校核标准100年一遇。工程由引水渠、主坝、副坝及泄水渠、涵洞组成。引水渠长1.7千米，宽200米，设计引水流量250立方米每秒；水库进水闸40孔，设计流量190立方米每秒。主坝为均质土坝，坝长3 375米，坝高5米；副坝5座，总长4 500米。泄水渠最大泄流量76.1立方米每秒。水库灌溉面积2万公顷；养鱼水面2 590公顷，年产鲜鱼15万千克；营造水库防护林200公顷。

水库1960年建成，2003年11月开始对水库大坝土方填筑及砌石护坡工程、坝后贴坡排水工程、泄水建筑物维护加固，更换了闸门及启闭机，增设工程设备及管理设施等。

水库是在原他拉泡子的基础上建成的，故名他拉干水库，库区周边沙漠、草地、沼泽相间。水库自建库以来，对改善周边生态环境起到重要作用，水生植物芦苇等生长茂盛，成为水禽、水鸟繁衍栖息之地。库区周边森林面积9.56万公顷，猞猁、马鹿、黄羊、丹顶鹤、白鹳、鸮等国家保护动物生活在库边和库区内。1999年，水库被开鲁县划定为县级自然保护区，保护面积3 999公顷，主要保护对象为湿地生态系统。

库区周边是以农牧林为主，多种经营的农业经济，是国家和自治区商品粮和商品畜生产基地，培养了一批适合当地特点的优良家畜品种。现开鲁县为"中国红干椒之都"，为中国最大的红干椒生产基地，产品畅销国内外。

水库所在地开鲁县1908年清朝廷批准设县，取其开发阿鲁科尔沁旗之意定名为开鲁县。库区东北的俊昌乡是因纪念中国共产党开鲁县三区区委书记刘俊昌而命名，1946年8月刘俊昌在白沙坨村（现改为俊昌村）遭遇土匪伏击，英勇牺牲。

2.12 乌力吉木伦河
(Wulijimulun River)

辽河中游段西辽河左岸支流，辽代称狼河，金代称栗河，元朝称火儿赤纳河（青狼河），清朝称乌尔图绰农河，后改称为乌力吉木伦河，意为"吉祥之河"。发源于内蒙古自治区巴

2.12 乌力吉木伦河

乌力吉木伦河水系示意图

林左旗大兴安岭南麓大罕山老秃顶山，流经巴林左旗、阿鲁科尔沁旗、扎鲁特旗、科尔沁左翼中旗、科尔沁右翼中旗和吉林省通榆县等，于科尔沁左翼中旗小房村附近汇入西辽河。乌力吉木伦河属无尾河，河长457.5千米，流域面积35 300平方千米。

乌力吉木伦河

流域位于大兴安岭南段大罕山的东南麓及西辽河平原，海拔1 425～110米，由山地向平原过渡，其中山地面积4 500平方千米，占流域面积的13.5%，主要分布于干流上游、支流**黑沐伦河**罕庙以上及北四河（广兴堡河、胜利河、乌鲁格奇河、都其营子河）等地，是主要产流区；丘陵区面积18 910平方千米，占流域面积的56.7%，广泛分布于干流中游及支流的下游，大部分为农业区；平原区面积9 950平方千米，占流域面积的29.8%，主要分布于巴奇楼子以下至河口广大的沙地、坨甸区，属于不产流区，大部分为牧区草地。

流域属温带大陆性季风气候，冬季寒冷干燥，降水稀少，夏季酷热，降水集中，流域内上下游各地气温不同，上游山地气温低，多年平均气温4～6摄氏度，年无霜期130～150天，多年平均年降水量350～400毫米，多年平均年蒸发量1 100～1 250毫米。

流域形状呈梳子形，主要支流有**乌兰白旗河**、**沙力河**、**大欧木伦河**、黑沐伦河、**广兴堡河**、**胜利河**、**乌鲁格奇河**、都其营子河等，多年平均年径流量5.912亿立方米。

乌力吉木伦河上中游、大欧木伦河及北四河等沿岸以暗栗钙土为主，大部已垦为耕地，并有部分碱化草甸盐土。巴奇楼子以下至巨流河牧场沿河一带，大部分为河流泛滥区，以冲积土为主，通常存在一层或数层厚度不等的富含有机质的黏质、壤质土壤，土壤肥沃，植被多为芦苇、拂子茅等。大欧木伦河、黑沐伦河等汇入干流的汇合处一带，比较集中分布有草甸沼泽土，地下水埋深小于1.0米。植被有芦苇、砂草等。

乌力吉木伦河干流下游为广大坨甸区，广泛分布着砂质、砂壤质暗栗钙土，母质为砂，表层有机质仅在1.8%左右。

流域是以畜牧业为主、种植业占有较大比重、有一定地方工业基础的民族地区，有天然草场面积265万公顷，耕地面积26万公顷。

乌力吉木伦河初步形成了以防洪、灌溉、蓄水、水保为主的水利工程系统，域内有灌溉面积0.5万亩以上灌区26处，实灌面积3.40万公顷；有机电井2 923眼、堤防79.39千米、拦河枢纽工程25处以及中小型水库6座。

乌力吉木伦河风水山以上，河道绕行于山峡内，河水含沙少，河宽10～40米，河道比降1/150～1/500，泉水丰富，林草覆盖率高，水土流失程度较轻。浩尔图沟汇入口以下建有沙那水库。

干流向南流经巴林左旗。巴林左旗历史悠久，是富河文化、契丹文化、辽文化的发祥地，公元916年契丹族迭刺部首领耶律阿宝机在此建国称帝，国号

乌力吉木伦枢纽近景

为契丹，后改国号为辽。古城南有辽塔1座，现建有塔山公园。林东镇以南25千米处有辽祖州、祖陵遗址，祖陵地势险要，称"龙门""黎谷"，周围群山秀丽，林木葱郁，为内蒙古自治区文物保护单位。巴林左旗林东镇南15公里处建有召庙。该召庙始建于辽王朝，占地面积1 023.35亩，由石窟和外殿两部分组成，石窟开凿于辽代，史称真寂之寺，是全国现存唯一一座辽代石窟古迹。外殿建于清代，名为善福寺（前殿）

沙那水库

及千佛殿,是内蒙古自治区文物保护单位。

召庙

干流转东南流至白音布统以下,河道逐渐开阔,宽约 50～60 米,比降 1/500～1/700,河段水量剧增,汛期夹带大量泥沙。河流在巴奇楼子以下,河槽不稳定,左右摆动,变幅在 50～100 米之间,河床比降渐缓,有支流大欧木伦河、黑沐伦河汇入。流域内阿鲁科尔沁旗是全国最大的天然麻黄种植基地,也是全国三大绿豆生产区之一。扎鲁特旗山杏仁为主要出口创汇产品。

干流梅林庙以下,河道分成两股。右侧一股为原河道,东流,经白音胡硕滞洪区于都西庙与**新开河**相汇,平水期不流水,洪水期起分洪作用。左侧一股原为人工渠道,

巴林左旗辽代石房子

1985、1986 年大水后冲成河道,成为乌力吉木伦河的主流,向东北流,接倒北四河后,在吉林省通榆县境内称文牛格尺河。此段河流无明显河道,漫散在芦苇、蒲草丛生的沼泽中,属无尾河。在其南侧有包拉温都天然杏花林自然保护区,在近 7 万公顷的山冈上,杏树密布成林,蔚为壮观。

2.12.1 乌兰白旗河
(Wulanbaiqi River)

乌力吉木伦河右岸支流,发源于内蒙古自治区巴林左旗白音乌拉苏木海力根台庙东南山顶,海拔 1 540 米,于巴林左旗七家村汇入乌力吉木伦河。全流域位于巴林左旗境内,河长 49.0 千米,流域面积 1 144.4 平方千米。

流域位于大兴安岭西侧,多低山丘陵,地势西高东低;多年平均气温 4.5 摄氏度,年无霜期 120 天,多年平均年降水量 370 毫米,多年平均年蒸发量 990 毫米。

河道弯曲,河床宽 20～120 米,为宽浅式河床,河道平均比降 19.6‰,多年平均年径流量 0.621 亿立方米。

流域有耕地 0.94 万公顷,草场 6.8 万公顷,林地 3.2 万公顷;有乡镇、苏木 3 个,人口 3.87 万。

流域上游白音诺尔镇南为白音诺尔铅锌矿区,已探明铅锌储量为 248.8 万吨,银储量为 1 026.3 吨。乌兰坝至石棚沟 1997 年被列为省级水源林保护区。

乌兰白旗河自源头东南流,横穿白音乌拉苏木,为草原牧区,牧草丰美,是蒙古族聚居区,牧业经济发达;过碧流台乡,折而东北流,至该乡的上段村有查干白旗河汇入;东南流至河口段,为农业经济区域,当地农民利用河水发展水浇地,开发有依斯拉格、四方城、海苏沟、乌苏吐等小型灌区,主要农作物有高粱、玉米、小麦、向日葵、胡麻、烟草、黑瓜子等,是当地的商品粮基地之一。

2.12.2 大欧木伦河
(Daoumulun River)

乌力吉木伦河左岸支流,发源于内蒙古自治区阿鲁科尔沁旗坤都镇查干村以北拜钦达巴山顶,流经巴彦花、新民、天山、天山口等乡镇,于道德苏木额尔墩花村以南注入乌力吉木伦河。河长 120 千米,流域面积 2 304.11 平方千米。

流域地处大兴安岭南麓,北高南低,海拔 884.5～261 米;上游为中低山区,中下游为科尔沁沙地,浅山起伏,沙丘广布。

流域多年平均气温 5.5 摄氏度,多年平均年降水量 325 毫米,年无霜期 145 天。河流由西北向东南流,河道平均比降 4.7‰,多年平均年径流量 0.24 亿立方米。

中下游为农业种植区域,工业以水泥、煤、石油、有色金属、制药等为主;阿鲁科尔沁旗为全国最大的天然麻黄草基地,也是全国三大绿豆产区之一。流域拥有耕地 3.7 万公顷,草场 8.8 万公顷,林地 3.7 万公顷,有乡镇、苏木 11 个,行政村 132 个,共 13.45 万人。

大欧木伦河自河源东南流至巴彦花水库为上游区。上游山区林木茂密,树种有柞木、山杏等,尤其是山杏经济林遍布其中。巴彦花水库为防洪、灌溉、养殖等综合利用中型水库,总库容 3 412 万立方米,有效灌溉面积 0.3 万公顷,为该旗农牧业经济主要水源。

巴彦花水库下游至天山镇为中游区,有巴彦花镇,为农业人口聚居区;又东南行,右岸为阿鲁科尔沁旗政府所在地天山镇,该镇是一个以农业为主的小城镇,人口 4.8 万。

大欧木伦河在天山镇以下为下游区,该段地势低平,多沙丘。

该河在巴彦花水库下游季节性有水,河道在枯水季节干涸,汛期河道洪水多被两岸农田灌溉所引用。巴彦花水库至河口段长 84.5 千米,河道平均比降 1.8‰,河槽宽 10～100 米,河床宽浅。

宝山壁画

流域内有古遗址 400 余处,其中位于巴彦花水库下游、巴彦花镇西南 13 千米的辽代宝山壁画墓为全国重点文物保护单位。在宝山阳坡有辽代夯筑茔墙,茔墙内分布大、中型辽墓 10 余座。1993 年冬,墓地中一座大型壁画墓出土,内部结构独特,装饰华丽,绘满壁画,并有"天赞二年"(公元 923 年)题记,是迄今为止发现的纪年辽墓中最早的契丹贵族墓。2001

年6月25日，辽代宝山壁画墓被国务院定为全国第五批重点文物保护单位。

2.12.3 黑沐伦河
(Heimulun River)

乌力吉木伦河左岸支流，发源于内蒙古自治区巴林左旗哈达那拉，海拔1 600米，流经巴林左旗及阿鲁科尔沁旗，于阿鲁科尔沁旗天合隆村汇入乌力吉木伦河。河长212千米，面积6 044.8平方千米。

流域位于阿鲁科尔沁旗东北部，地势西北高，东南低，上游地处大兴安岭南麓，属罕山山脉，山峦起伏；中下游为科尔沁沙地，沙丘广布，湖泊众多。

流域多年平均气温5.5摄氏度，年无霜期145天，多年平均年降水量325毫米，多年平均年径流量1.321亿立方米。干流河道平均比降3.5‰，设有白音他拉水文站。

流域内耕地面积0.52万公顷，草场32.8万公顷，林地面积3.8万公顷，辖1个乡镇，6个苏木，人口3.48万。流域已建引水灌区7处，有效灌溉面积0.24万公顷。

河流由西北向东南流纵贯阿鲁科尔沁旗。黑沐伦河上源称哈黑尔河，至浑德仓敖苏木有**苏吉高勒**汇入（河长70.9千米，流域面积1 175.6平方千米），至敖勒吉尔有达勒林高勒（河长109千米，流域面积994.2平方千米）汇入。

黑沐伦河在苏吉高勒汇入口以上为上游段，地处大兴安岭南端山地，两岸多中低山地貌，森林广布，树种有山杨、白桦、落叶松、柏松、山杏等，河宽20～100米，河槽宽浅。苏吉高勒汇入口至敖勒吉尔为中游段，属低山丘陵区。敖勒吉尔以下为下游段，下游为沙丘地貌，湖泊众多，有扎格斯台诺尔、哈尔楚鲁诺尔、达拉哈诺尔等。中下游河宽50～200米，为矩形河槽。

流域所在的阿鲁科尔沁旗为少数民族聚居区，有蒙古、满、达斡尔等民族。

流域内的罕苏木白城子古城遗址为赤峰市文物保护单位，罕庙建于清康熙十三年（1674年），为清朝黄教八大皇帝庙之一，巴彦温都苏木北部有赛罕乌拉自然保护区。流域中下游阿鲁科尔沁湿地自然保护区建于1998年，总面积13.6万公顷，其中核心区面积4.9万公顷，是以河流、湖泊和沼泽性湿地生态系统及珍稀鸟类和野生动物及其栖息繁衍地为主要保护对象，以抢救性恢复沙地植被为内容的综合性自然保护区，2003年保护区植被覆盖率达80%以上，森林覆盖率19.8%，2005年7月升级为国家级自然保护区。

2.12.3.1 苏吉高勒
(Sujigaole River)

黑沐伦河左岸支流，发源于内蒙古自治区阿鲁科尔沁旗北部罕山，海拔1 466米，于浑德仓敖苏木汇入黑沐伦河。河长70.9米，流域面积1 175.6平方千米。

流域地处大兴安岭南端山地，属罕山山脉，西北高，东南低，多中低山地貌。

春季昼夜温差大，夏季温热，降雨集中，秋凉雨少，霜期早，冬季漫长而寒冷，多年平均气温5.0摄氏度，年无霜期130天，多年平均年降水量335毫米。

河道弯曲，由西北向东南流，河道平均比降12.5‰，多年平均年径流量0.51亿立方米；河宽20～100米，河槽宽浅，长年有水。

流域经济以牧业为主，域内有耕地0.04万公顷，草场

赛罕乌拉国家级自然保护区

7.0万公顷，林地0.4万公顷，有1个苏木，1个嘎查，人口3 256人。

流域内有赛罕乌拉国家级自然保护区，是以保护珍稀濒危野生动植物及其赖以生存的森林、草原、河流、湿地等多样性生态系统为主的国家级综合性自然保护区，也是联合国人与生物圈成员网保护区，保护区总面积10.04万公顷。

高格斯台罕山海拔1 531米，它与东南方的巴岱山和西南方的乌兰山，构成了绿树如屏、繁花如云的"美三角"。山上云雾缭绕，泉水叮咚，山下百花争艳，四周群峰叠翠，更因盛产"罕山四宝"——鹿群、蕨菜、黄花、木耳而闻名遐迩。当地牧民们把罕山比喻成"品德高尚的皇帝"，叫成赛罕汗乌拉。赛罕为美丽漂亮之意，汗为皇帝之意，乌拉是大山，连起来叫就是美丽漂亮的帝皇之山，俗称罕山。罕山山顶平坦，有近万

帝皇山

亩高山草地。有两湖清水，湖水不枯不溢。山顶有巴林王爷祭祀的敖包和佛教喇嘛祭祀的敖包，每年农历五月十三日，来自锡林郭勒盟、赤峰市各旗县的牧民们云集在这里，举行盛大的祭祀敖包活动和敖包那达慕。

2.12.4 广兴堡河
(Guangxingpu River)

乌力吉木伦河左岸支流，亦称白音巨流河，发源于内蒙古自治区扎鲁特旗巴彦宝力皋苏木石砬子山东南坡，海拔573米，流经小河西、广兴堡、爱护村等地，于爱护村以下进入低洼湿地后，河流逐渐消失，只有大水年份，才有洪水至查布嘎图苏木保安村东汇入乌力吉木伦河。河长102千米，流域面积1 648.7平方千米，属无尾河。

流域地处大兴安岭南麓，西北高，东南低，北部多高山，中部为低山丘陵，南部为平原沼泽。

流域多年平均气温6.0摄氏度，年无霜期145天，多年平均年降水量340毫米，年内降水的70%集中在6—8月，多年平均年蒸发量1 150毫米，多年平均年径流量0.21亿立方米。

广兴堡河由西北流向东南，小河西水库以上河谷宽1千米左右，河槽宽3～5米，河道平均比降6‰。小河西水库至爱护村流经丘陵区，爱护村以下进入低洼湿地，河槽逐渐不明显，河流消失。

广兴堡河自源头至小河西水库为山区，属森林草原地区，有丰富的自然资源。两岸森林茂密，树木有松、桦、山杨、椴、榆、柞树、山杏等，森林中野生动物有马鹿、黄羊、猞猁、狍子、狐狸、野猪等，野生植物有金菜、木耳、蘑菇、蕨菜等山野菜。广阔无垠的优质草牧场适宜发展畜牧业。小河西水库1968年开工，1974年竣工。水库库容1 000万立方米，坝长1 200米，坝高12米，最大泄流量54.15立方米每秒，设计灌溉面积3 000多公顷。水库有养鱼水面100公顷，年产鱼1.5万千克。水库下游两岸为农牧业区，多利用水库之水浇地。

广兴堡河流经的扎鲁特旗是蒙古族聚居区，也是红山文化和富河文化的发祥地。明朝嘉靖三十九年（1560年）成吉思汗十七世孙和尔朔其哈萨尔进驻此地，成吉思汗十八世孙乌巴什自称伟威诺颜，始号扎鲁特部。

2.12.5　胜利河
（Shengli River）

乌力吉木伦河左岸支流，又名鲁北河、登岭河，蒙古语称腾格里郭勒，意为天河。发源于内蒙古自治区扎鲁特旗海日罕林场北罕乌拉山，海拔1 217米，流经毛都苏木、鲁北镇、道老吐苏木，以下河床不明显，成无尾河，大水年份流入乌力吉木伦河。河长114千米，流域面积2 045.2平方千米。

流域地处大兴安岭南麓，科尔沁沙地西北部，为低山丘陵向平原过渡地带，地势西北高，东南低，上游多高山，中游为低山丘陵，下游为平原沼泽。流域大部为丘陵平原，坡度和缓，多为沙质土，植被覆盖较差，水土流失比较严重。

流域多年平均气温6.0摄氏度，多年平均年降水量387.6毫米，年蒸发量1 156毫米，年无霜期145天，年日照时数3 000小时，多年平均年径流量0.26亿立方米。

域内建有毛都水库（总库容9 522万立方米，主要向热电厂供水，兼顾防洪、水产养殖、旅游等），出产稀土、煤、石墨、云母等矿石。

胜利河河道顺直，支流较少，主要支流有升平河。河源至荷业哈达为山区，河谷宽1.5～2千米，河槽宽7～8米，河道平均比降5.9‰，河道长年有水，洪水时河岸局部坍塌；鲁北镇以下河槽逐渐不明显，至荷叶花村以南水流漫散，河床由砂卵石组成，水面宽约15米，水深0.5米。

流域上中游山区多山杏，山杏仁是扎鲁特旗主要出口创汇产品。下游右岸鲁北镇为旗政府所在地。扎鲁特旗是内蒙古自治区和国家重要商品粮基地，为全国产粮大县，主要农作物有玉米、绿豆、大豆，是全国"杂豆之乡"。

荷叶花湿地

位于扎鲁特旗东南部的荷叶花湿地国家级自然保护区，距鲁北镇40千米，地处科尔沁沙地西北边缘的平原地带，地形起伏小，平均海拔280米。保护区内有湖泊1 000公顷，沼泽地16 500公顷，苇塘1 000公顷，林地3 060公顷，草甸草原31 330公顷。辽阔的水域、草原、灌木、沙地为鸟类生息繁衍创造了优良的自然环境。流域划定县级自然保护区有唐十将军山自然保护区、塔拉宝力皋蒙古栎自然保护区、公爷仓自然保护区、炮台山自然保护区、平顶山自然保护区等。

2.12.6　乌鲁格奇河
（Wulugeqi River）

乌力吉木伦河左岸支流，又名乌额格其郭勒，发源于内蒙古自治区扎鲁特旗乌兰哈达苏木巴彦扎拉嘎以北山顶，海拔992米，至吉伦花一带成漫散状，只有大水年份才汇入乌力吉木伦河。

乌鲁格奇河流经扎鲁特旗嘎亥图镇、乌额格其苏木、前德门苏木等，后进入兴安盟科尔沁右翼中旗巴彦茫哈苏木境内，属无尾河，河长120.8千米，流域面积1 898.8平方千米。

流域地势西北高，东南低，上游地处大兴安岭南麓中低山区，山体表面覆盖林木；吉布图村以下，为低山丘陵地带，河谷展宽；乌努格奇以下与松辽平原相接，海拔100～200米，多湖沼湿地，为农业种植区域。

流域多年平均气温5.8摄氏度，多年平均年降水量387.6毫米，多年平均年径流量0.24亿立方米，年无霜期140天。

河流由西北流向东南，流域呈狭长条状。

河源至吉布图为上游，河谷两岸为陡峻的石山，河槽宽5～6米，河道平均比降10‰；吉布图至乌努格奇为中游，河谷开阔，河道比降1‰。流域上中游有县级金门山自然保护区、山杏第一林自然保护区、吴刚山自然保护区等，主要保护野生山杏等植物以及野生动物马鹿、黄羊、狍子、沙半鸡等。

乌努格奇以下为下游，河水逐渐漫流，河槽不明显，向东流至吉仁花、白音芒平一带成无尾河，大水年才汇入乌力吉木伦河。两岸湖沼遍布，较大的湖泊有扎格斯台村附近的查干诺尔、其和尔台哈嘎湖及阿尼哈嘎湖、超浩尔哈嘎湖等，域内湿地和沼泽成为灰鹤、天鹅等水鸟的天然栖息地，流域所在的扎鲁特旗被列为全国生态示范县。

乌鲁格奇河全程多数地段流经山地干旱草原区，为扎鲁特旗主要畜牧业产区。河流两岸居民以蒙古族为主，为典型的科尔沁草原景象，以山地草原、民族风情为特色，草原观光等旅游业发展迅速。

2.13　东辽河
（Dongliao River）

辽河左岸较大支流，古名南苏水，明代名艾河，清代名赫尔苏河。发源于吉林省东辽县宴平乡安乐村小葱顶山东南，流经吉林省的东辽、龙山、西安、梨树、伊通（满族自治县）、公主岭、双辽，辽宁省的西丰、昌图、康平等县市（区）和内蒙古自治区的科尔沁左翼后旗，于昌图县福德店汇入辽河。河长359.6千米，流域面积11 450平方千米。

概　况

东辽河流域位于东经123°35′～125°32′，北纬42°36′～44°08′，地跨吉林、辽宁、内蒙古三省（自治区）的辽原、四平、松原、通辽、铁岭、沈阳等市。流域形似长弓，平均宽度31.84千米。流域地势东南高，西北低，海拔从400米降到200米以下，由低山丘陵逐渐过渡到平原，上游为低山丘陵、台地宽谷和丘陵盆地，中游为丘陵状冲积阶地，下游为垄状沙丘覆盖的冲积平原、沙化沙丘冲积平原。

流域属温带大陆性季风气候，多年平均气温4～6摄氏度，极端最高气温36.4摄氏度，最低-37.8摄氏度；多年平均年日照时数2 500小时。多年平均年降水量470～690毫米，降水量年际和年内分配不均，大水年和小水年之比达3倍以上，年内6—9月降水量占全年降水量的70%以上；多年平均年蒸发量747~881毫米；最大风速25.7米每秒；多年平均最大冻土深1.25米，河流的封冻时间为117~125天，河心最大平均冰厚0.67米；年无霜期136~146天。

东辽河河槽宽30~120米，河道比降1.24‰~0.26‰，多年平均年径流量8.249亿立方米，主要支流有**灯杆河**、**渭津河**、**大梨树河**、**半截河**、**乌龙半截河**、兴隆河、**卡伦河**、**小辽河**、**兴开河**和温德河。

流域内主要自然灾害是洪灾和旱灾。1915—1998年发生较大洪水灾害10次。1917年三江口处洪峰流量达3 480立方米每秒，受灾面积2 113公顷，受灾人口9.4万人。1986年太平水文站实测洪峰流量1 800立方米每秒，淹没区波及19个乡镇，人口16.7万，淹没农田6.933万公顷，铁路、公路交通中断。1949—1990年全流域累计洪涝灾害面积69.8万公顷，成灾面积52.5万公顷。1951年后的35年中发生重旱以上灾情14次，其中春旱6次，夏旱4次，秋旱4次。1958年春夏连旱，流域内受灾农田21.88万公顷，成灾14.69万公顷。

流域内多年平均水资源总量为12.82亿立方米，矿产资源有煤炭、硼石、瓷石等，主要土特产有柞蚕、蜂蜜、山野菜和梅花鹿产品。

域内已建大型水库1座，总库容17.92亿立方米；中型水库12座，总库容4.106亿立方米；小型水库78座；灌区有效灌溉面积3.58万公顷，治理易涝面积14.81万公顷，修筑堤防517千米。

据2000年统计，全流域有耕地56.2万公顷，播种面积42.5万公顷，有效灌溉面积11.8万公顷，总人口252万（其中城镇人口100万），大、小牲畜214万头，地区生产总值103亿元。

纪　　实

上游　东辽河自河源至泉太水文站为上游段。河长83.4千米，河宽31~70米，河道平均比降1.14‰；河谷成V形，河床由砂卵石组成。河流弯曲不分岔，水流湍急，河槽侵蚀、切割强烈，河岸较陡，高出河底2~3米，穿行于深谷之中。

河流两岸由花岗岩组成，海拔350~400米。岩体风化强烈，低山、丘陵顶部浑圆，表面覆盖着白浆土、棕壤和石质土，土层较薄，养分低，植被较差，水土流失较严重，土壤侵蚀模数达500吨每平方千米每年。

河源至杨木水库库尾，河水由东北向西南流。杨木水库是一座主要为辽源市城市供水的中型水库，总库容9 412万立方米。东辽河过杨木水库坝址，河水改向西流，右岸有灯杆河汇入；再行17千米，即进入辽源市区，左岸先后纳渭津河、大梨树河，右岸纳半截河。辽源市旧名西安县、北丰县，原来以生产煤炭为主，因煤炭资源逐渐减少，正处于经济结构改型换代阶段，市内有龙山公园和福寿宫等旅游景点。魁星楼位于辽源市中心龙首山上，气势雄伟宏大，风格独特壮观，为我国玄门塔楼之最。

东辽河过辽源市向西偏北流，左岸多山丘，有乌龙半截河汇入；右岸多平地，岸滩多柳丛，两岸开阔，已开垦成耕地。此河段建有堤防，长90.8千米，堤距200~300米，堤高1~3米，主要分布在辽源市区及其下游。

辽源东辽河

辽源魁星楼

上游段所在的东辽县是吉林省商品粮基地之一，主要生产玉米、水稻、大豆等，土特产有柞蚕、山野菜、梅花鹿产品。

中游　东辽河泉太水文站至城子上水文站为中游段。河长99.4千米，河宽30~50米，河道比降1‰~0.56‰，河床下切较深，河谷呈U形。河流迂回曲折，属弯曲分叉型，弯曲系数为1.26。东辽河北流进入**二龙山水库**，泉太至二龙山水库库尾23千米河段为吉林省和辽宁省的界河，二龙山水库属于伊通火山群国家级自然保护区的一部分。

东辽河出二龙山水库继续北行，河右岸建有南崴子灌区，渠首由拦河坝、冲砂闸和进水闸组成，灌区设计灌溉面积0.35万公顷。

东辽河过南崴子灌区后先后与长平高速公路、102国道和中长铁路等重要交通干线相交，相邻的3座跨江桥横卧在东辽河上，蔚为壮观；在其右岸有公主岭市，因市北4千米处的岭上有一座清朝和敬公主之墓而得名。公主岭市是国家重点商品粮基地之一。

玉米丰收

河水行至黑山嘴子前右纳兴隆河。

二龙山水库坝址以下河流穿行在丘陵地带，海拔110~240米，地势东南高、西北低，由东南向西北倾斜，沿河岸林木茂盛。河右岸是起伏较大的丘陵岗地，属松辽分水岭的

东辽河大桥

一部分；左岸是微有起伏的平原，大部分为耕地，有少部分林地。丘陵岗地向平原过渡时突变的界限明显。本段植被较差，土壤侵蚀模数为250吨每平方千米每年。这一河段汇入的支流较多，但多数支流的流程较短，河道比降大，河水冲刷力强，河床不稳定。河面逐渐展宽，水流变缓，河床中的卵石、砾石含量急剧减少，岸坎高度逐渐降低，河道弯曲系数逐渐加大。自然裁弯和人工裁弯改变了河势，也带来了新的冲淤变化，在河谷平原中形成一些湿洼地。

下游　东辽河城子上水文站至福德店水文站为下游段。河长176.8千米，河宽60~70米，河道比降0.26‰。河水西北流，左岸有二道河汇入，右岸有卡伦河汇入。卡伦水库位于卡伦河中游，控制流域面积330.3平方千米，总库容0.729

2.13 东辽河

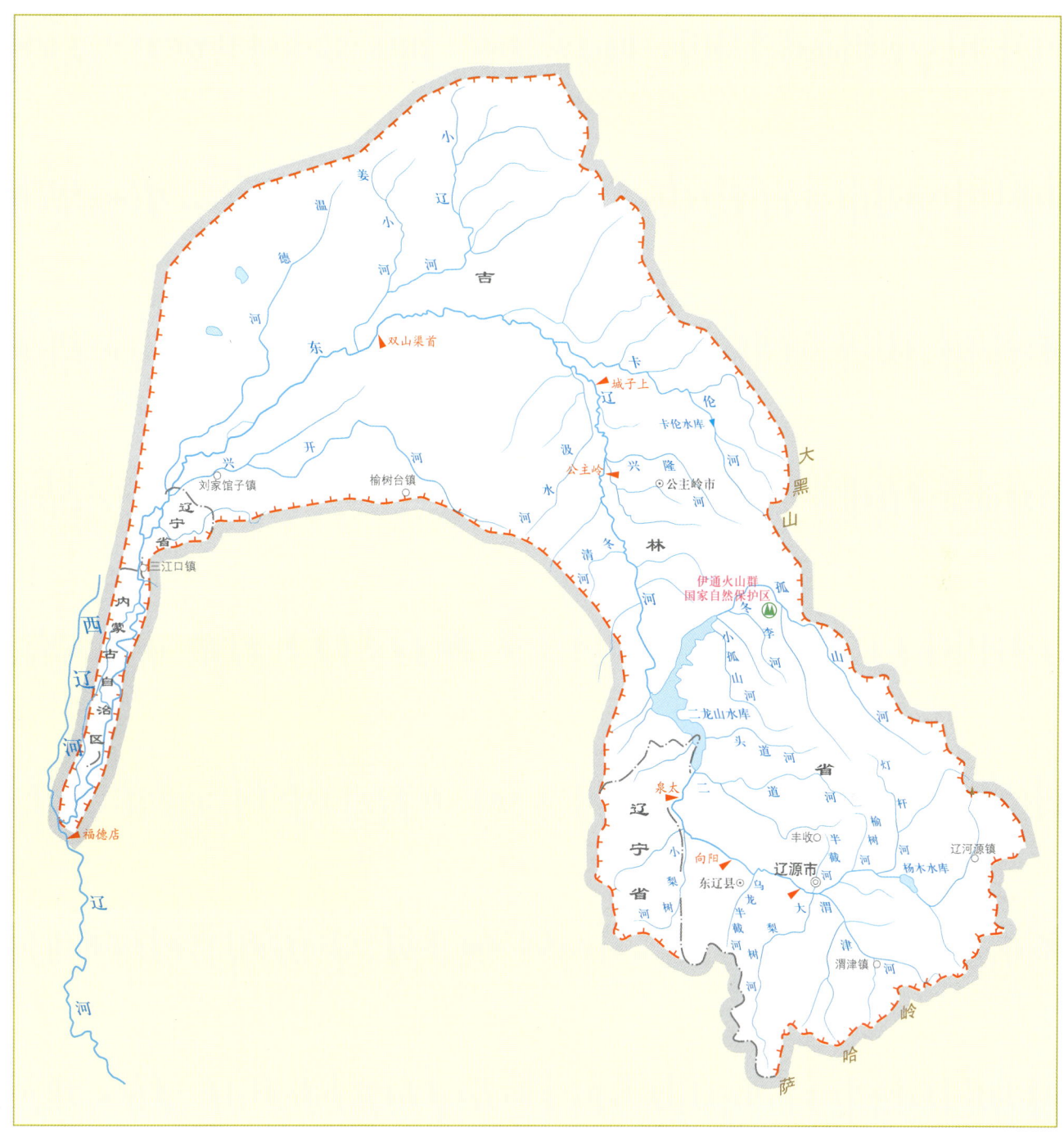

东辽河水系示意图

亿立方米。

东辽河过卡伦河口河水转向西流，两岸有大面积的黑土地，是吉林省的粮食主产区：左岸是东北地区著名的四大灌区之一的梨树灌区，由二龙山水库供水，始建于1943年，1958年建成，设计灌区面积3.6万公顷；右岸分布有卡伦、秦家屯、杨大城子和双山等灌区。

东辽河在公主岭市十屋乡附近，右纳小辽河。小辽河是东辽河右岸的最大支流，流域面积1 140平方千米，在其上游建有杨大城子水库，总库容0.7591亿立方米。

东辽河过小辽河河口改向西南流，直至汇入辽河。在此段汇入的主要支流，右岸为温德河，左岸为兴开河。兴开河原河道断断续续，中游实为沼泽行洪，后经人工疏浚名为新开河，1988年更名为兴开河。

东辽河兴开河河口至三江口镇河段为辽宁省和吉林省的界河。在三江口镇附近河流先后穿过303国道和平齐铁路。三江口镇在历史上曾是辽河名噪一时的水路码头，木帆船可直通渤海，后因河道淤塞，东、西辽河经1915、1924和1949年3次洪水出槽后汇合口不断南移，由三江口移到现在的福德店，东辽河已不能通航。

东辽河三江口镇至福德店河段是内蒙古自治区和辽宁省的界河，右岸多为平原、低洼湿地，左岸是沙丘漫岗间以农田湿地。

东辽河过了二龙山水库坝址后至三江口镇形成一个大的弓形弯曲，在弓形弯曲的河道中一些河弯多发育成急弯或环形弯道，弯曲系数可达2.3，河道直线长度一般为30~300米，弯道则长达2~3千米。因水流顶冲，塌岸严重，河弯发展迅速,河道中沙滩与深槽交错分布,沙洲林立,两岸滩地宽广。

东辽河进入平原后,曾多次发生洪水泛滥,各级政府为了防止洪水灾害,除大量采用丁坝、沉排等措施处理河道险工、稳定河势外,还修筑了堤防。据统计,二龙山水库坝址至福德店共筑堤439.9千米,其中左堤215.5千米,右堤224.4千米,堤防标准可达10年一遇至20年一遇洪水标准。

2.13.1 灯杆河
(Denggan River)

东辽河右岸支流,相传清朝光绪年间朝廷大臣行围到河边,过河无桥,随从人员取一木杆横于河上登之过河,得名"登杆河",后人据此谐音称为灯杆河。发源于吉林省东辽县安石镇石峰村,流经安石镇,于寿山镇卫国村南汇入东辽河。河长30.5千米,流域面积283平方千米。

流域地貌为低山丘陵,上中游两岸多水田,山上灌木丛生,下游河谷开阔,河槽较窄,河道平均比降2.0‰。流域多年平均年降水量661.6毫米,多年平均年径流量0.361亿立方米,Ⅴ类水质占70.5%,余为Ⅲ类水质。在灯杆河上游安石镇境内建有椅山水库,集水面积49.6平方千米,总库容1 369万立方米,设计灌溉面积400公顷。在支流鹩鹭河上建有金满水库,集水面积74平方千米,总库容2 220万立方米,设计灌溉面积300公顷。流域内各支流上修建塘坝20余座,形成灯杆河灌区,设计灌溉面积750公顷。

2.13.2 渭津河
(Weijin River)

东辽河左岸支流,发源于吉林省东辽县渭津镇年丰村偏脸背山西麓,西北流经渭津镇、龙山区工农乡,于辽源市城区福镇街汇入东辽河。河长33.0千米,流域面积383平方千米。

流域多年平均年降水量661.6毫米,多年平均年径流量0.560亿立方米,水质为Ⅳ类。渭津河上游地势低洼积水,河道弯曲,河床较浅,河道比降2.4‰;下游河滩较多,含沙量大,每到汛期洪水冲刷,兑掉河岸,耕地损失严重。

流域面积大于100平方千米的支流为西渭河。西渭河上游建有三良水库,水库坝址以上集水面积54.5平方千米,总库容1 442万立方米,设计灌溉面积640公顷,防洪保护耕地2 000公顷。

流域内另有大良、年丰2座小(1)型水库(控制流域面积共计44.8平方千米)和王家提水站。

2.13.3 大梨树河
(Dalishu River)

东辽河左岸支流,据《西安县志略》记载:"初放荒时,河两岸多梨树,种类不一,味皆甘美。当地赫尔苏居民争啖之,凡水岸处皆然,故名大梨树河。"

大梨树河发源于吉林省东辽县安恕镇长青屯三县顶子山北麓,自南向北流经东辽县安恕镇和龙山区工农乡,于辽源市城区汇入东辽河。河长41.0千米,流域面积242.0平方千米。

流域内多年平均年降水量661.6毫米,多年平均年径流量0.388亿立方米,水质为Ⅳ类。大梨树河河道弯曲,河道比降2.4‰,上游植被较好,中下游较差,含沙量大。河床为梯形断面,两岸滩地较多。河流下游有断续低矮堤防,只在汇入东辽河河口以上1.0千米河段堤防较完整。1998年在该河下游龙山区工农乡建新村,建成建新拦河闸1座,自流灌溉下游水田。

由于该河流程较短,坡降陡,弯度大,降雨后汇流时间短,形成洪峰流量大,造成两岸冲刷,一遇洪水,兑地现象十分严重。

2.13.4 半截河
(Banjie River)

东辽河右岸支流,发源于吉林省辽源市灯塔乡丰收村北岭,流经灯塔乡和辽源市城区,于龙山区政府西侧汇入东辽河。河长12.7千米,流域面积35.5平方千米。

半截河上游植被较差,水土流失严重,中下游流经市中心区,是城区防洪的主要河流,也是城市排水的主要干沟。河道平均比降2.35‰,平均河宽20米左右。流域多年平均年降水量661.6毫米,年径流量400万立方米。

由于矿区开采造成地面沉降,使居民区地势低洼,排水不畅,更受河水顶托,内涝严重,每次较大降雨都造成不同程度灾害。自2000年开始,连续5年7次清淤,共清淤土方16万立方米,筑堤2.6千米,完成浆砌石挡土墙砌筑2.2千米,使半截河水患得到初步治理。

河流流经的辽源市位于吉林省东南部,其历史源远流长,清代这里被辟为皇家"盛京围场",康熙皇帝曾钦敕"皇家鹿苑",1902年驰禁后设立县制,1983年升为地

鹿茸

级市。2010年辽源市有人口117万,有汉、满、朝鲜、回、蒙古等21个民族,面积5 139平方千米。辽源市矿产以煤炭为主,石灰石储量丰富,市辖东丰、东辽两县是全国商品粮基地县,盛产大豆、玉米和水稻;东丰县鹿茸产量居全国之首。

2.13.5 乌龙半截河
(Wulongbanjie River)

东辽河左岸支流,发源于吉林省东辽县小乌龙岭,由南向北流,于白泉水文站下游汇入东辽河。全长17.2千米,流域面积71.7平方千米。

流域多年平均年降水量661.6毫米,年内降水集中在6—9月,占全年总降水量的74.1%,多年平均年径流量900万立方米。河流水质为Ⅲ类。

流域属低山丘陵区,地势南高北低,植被较好,一般为落叶松和柞树,地表层有0.3米左右的黑土,水土保持状况良好,水土流失较轻。

乌龙半截河河道比降6.7‰,上游右岸有楸树河汇入,流域近似三角形。

河流流经东辽县政府所在地白泉镇,该镇现有人口3.0万,是正在开发的城市,有四平至梅河口铁路、四平至辽源公路通过。东辽县政府自迁至白泉镇以来,该地的工农业生产得到迅速发展,但城区地表水供用矛盾日益突出,而现有

的地下水资源量不足，并且水质恶劣，不能作为生活用水和城区工业用水。1991—2001年在河上建有中型的白泉水库，坝址在白泉镇东南2千米处，集水面积67.9平方千米，总库容2414万立方米。水库主要任务是防洪、向东辽县新县址的白泉镇供水，多年平均年供水量470.87万立方米，兼有养鱼和局部灌溉等效益。白泉水库的建成，既解决了白泉镇的供水问题，同时又使乌龙半截河的防洪标准显著提高，对东辽县经济发展和城市防洪起到重要保障作用。

2.13.6 二龙山水库
(Erlongshan Reservoir)

又名二龙湖，是**东辽河**上以防洪、城市供水、灌溉为主结合发电、养鱼等综合利用的大型水库。坝址在吉林省梨树县石岭镇二龙山村境内，西距四平城区45千米，库区跨四平市石岭镇、公主岭市龙山乡和伊通满族自治县小孤山镇。

水库地处东辽河中游，坝址以上为低山丘陵区，水系发育，主要支流有**灯杆河**、**渭津河**、**大梨树河**等。水库所在区域属大陆性季风气候区，夏季湿热多雨，冬季严寒少雪，多年平均气温6摄氏度左右，多年平均年降水量677.9毫米。水库坝址以上集水面积3799平方千米，多年平均流量15.2立方米每秒。

水库始建于1943年日伪时期，中华人民共和国成立后续建完工，于1950年投入运行。当时水库主要功能为东辽河灌区水源工程，其防洪标准仅相当于50年一遇洪水设计、200年一遇洪水校核。经过10年的运用，发现水库的功能满足不了防灾减灾以及经济和社会发展的需求，因此，1960年水库进行了工程扩建，将原土坝、混凝土溢流坝加高培厚，并增设了输水隧洞，于1966年竣工。1972—1976年，水库续建了电站，1998年又进行了增容改造，2001—2004年完成了水库除险加固工程。

扩建工程完工后水库工程按1000年一遇洪水标准设计，10000年一遇洪水标准校核，总库容17.92亿立方米，兴利库容7.04亿立方米，调洪库容10.08亿立方米，养鱼水面0.94万公顷。

水库工程主要建筑物有挡水土坝、混凝土溢流坝、引水隧洞和电站。主坝为复式断面黏土心墙坝，坝长419米，坝顶宽6米，最大坝高32.16米；副坝为均质坝，坝长99米，坝顶宽6米，最大坝高11.06米。溢洪道是混凝土重力式滚水坝，全长100米，坝高28米，最大泄洪流量1243立方米每秒。引水隧洞全长333米，直径5.5米，最大过流量293立方米每秒。电站为坝后式厂房，设4台水轮发电机，结合灌溉用水季节性发电，总装机容量8360千瓦。

水库已成为东辽河防洪骨干工程，保护下游梨树、公主岭、双辽3个县（市）23个乡镇43万人、12万公顷耕地及京哈铁路、平齐铁路和长平高速公路防洪安全。

水库周围山脉早年树木茂盛繁密，曾是清朝皇室的围场，后来水库上游流域内的树木遭到破坏，毁林开荒现象严重，形成荒山秃岭，荒山荒地约17.1万公顷。20世纪80年代，当地人们对库区及上游进行了治理，植树造林，恢复植被，昔日的荒山荒地已变成绿洲。

水库建成后，其功能得到了较好的发挥。1953年入库洪峰6898立方米每秒，水库仅泄流420立方米每秒，削减洪峰94%；1994年入库洪峰2600立方米每秒，水库只泄流14.1立方米每秒，削减洪峰99.4%。水库多年来平均每年向下游梨树、秦家屯、双山、南崴子四大灌区供水3.6亿立方米，灌溉水田面积3.55万公顷。1998年初，四平市区正式由二龙山水库引水，缓解了四平城市缺水问题，年供水约900万立方米。

水库是吉林省库容最大的水库，库区辟有号称"千亩鱼池"的七一鱼种场。

2.13.7 卡伦河
(Kalun River)

东辽河右岸支流，发源于吉林省伊通满族自治县黄岭子镇柳杨村，于公主岭市大榆树镇邢家老院屯穿越秦家屯灌区总干渠入东辽河。河长60.8千米，流域面积523平方千米。

流域涉及伊通县黄岭子、公主岭刘房子、黑林子、大榆树、秦家屯5镇；地势东南高，西北低，卡伦水库上游为丘陵，下游为平原。河道堤防两侧有少量乔木。

卡伦河宽9～21米，河道平均比降1.3‰。流域多年平均年降水量603.7毫米，多年平均年径流量0.486亿立方米，多年平均气温5.6摄氏度，年无霜期150天，最大风速28.5米每秒，11月中旬封河，次年3月中旬开河，最大冰厚1.30米。河流水质为Ⅲ类。

卡伦河入东辽河河口段于1966年春进行了人工改道，由原大榆树镇两半屯村西入东辽河，改为由围子村邢家老院屯北穿越秦家屯灌区引水总干渠入东辽河，缩短了流程，水流通畅。

流域在20世纪50年代洪涝灾害严重，年均成灾面积5360公顷。1958年建成了卡伦水库，其下游建设了卡伦灌区，有效地减轻了洪涝灾害，灌溉水田1100公顷。1999年完成了卡伦水库的除险加固，总库容8069万立方米，防洪除涝面积1.31万公顷，设计灌溉水田面积1275公顷，养鱼水面630公顷。

1985年对卡伦河19千米堤防进行了加高培厚，堤防抗洪能力达到20年一遇标准，防洪保护耕地5370公顷。

2.13.8 小辽河
(Xiaoliao River)

东辽河右岸支流，发源于吉林省公主岭市双城堡镇五道泉子村罗圈沟，流经公主岭市双城堡、杨大城子、长岭县的三县堡、公主岭市的毛城子、十屋、桑树台等乡镇，于双山灌区渠首上游汇入东辽河。河长88.4千米，流域面积1140平方千米。

流域地势东北高，西南低，上中游为低山丘陵或波状平原，海拔208～130米，从丘陵向下游平原急剧过渡，河槽窄深、宽浅不一，沿河两岸生长柳丛；有流域面积100平方千米以上的支流3条。

流域多年平均气温5.5摄氏度，年无霜期152天，多年平均年日照时数2687.9小时，多年平均风速3.9米每秒。多年平均年降水量500毫米，6—9月降水量占全年的67%，多年平均年径流量0.57亿立方米，多年平均含沙量5.93千克每立方米，水质为Ⅳ类。

小辽河原在公主岭市桑树台镇西南的周家窝堡汇入东辽河，1966年秋，依据《小辽河涝区防洪治涝规划》，小辽河从前十屋屯西北人工改道，使之向南流，改成由双山灌区渠首拦河坝上游150米处汇入东辽河。

流域植被稀疏，沙漠盐碱化比较严重。大约3～5年就发生一次较大洪涝灾害。1983年，小辽河上游建成杨大城子水库，总库容7350万立方米，有效地调蓄了上游洪水，修筑堤

2.13.9 兴开河

辽河下游水系图

防50.1千米，保护耕地1 253公顷，减轻了下游洪涝灾害。

2.13.9 兴开河
(Xingkai River)

东辽河左岸支流，发源于吉林省梨树县万发镇西万发村，流经梨树县的万发、泉眼岭、榆树台、沈洋、农场、林海、刘家馆7个乡（镇、场），在刘家馆镇大力虎村陈家坨子屯西汇入东辽河。河长89.7千米，流域面积808平方千米。

流域地势由东南丘陵向西北漫岗平原倾斜。流域多年平均气温5摄氏度，多年平均年降水量550毫米，多年平均年蒸发量746.6毫米，多年平均年径流量0.36亿立方米。流域内多西南风，平均风速4米每秒。

兴开河原河道断断续续，1943年开发梨树灌区时，人工疏浚了中下游河道，作为灌区的排水沟，命名为"新开河"，因与西辽河大支流重名，故于1988年吉林省进行河流普查时更名为兴开河。河床呈窄深式，河宽25～40米，下游河宽50～60米，河道平均比降0.92‰。

兴开河无支流，建有堤防30千米，上游建有小（1）型玻璃城子水库，总库容680万立方米，保护耕地3 800公顷。

兴开河流经梨树灌区，承泄灌区排水和部分洪水。下游地势低洼，汛期常受东辽河洪水顶托而泛滥。

兴开河周边无森林覆盖，只有零星稀疏人工林，沿河两岸多是农田，只有少量草原。流域内种植农作物以玉米为主，其次是高粱、谷子、大豆、杂粮，还有部分水稻。

2.14 公河
(Gonghe River)

辽河下游右岸支流，发源于辽宁省沈阳市康平县三门郭家村北马家铺屯，自北向南流经山东屯、北四家子、两家子、郝官屯等乡镇，在老山头入辽河。河长37.1千米，流域面积1 459.8平方千米。

流域地势平坦，属平原性河流，大陆性季风气候，冬冷夏热，四季分明，全年多西南风，春季干旱少雨，多年平均气温6.9摄氏度，最高气温36.5摄氏度，最低－29.9摄氏度，最大风速25米每秒。多年平均年降水量600毫米，7—9月降水量占全年的62%，多年平均年径流量0.582亿立方米。公河主要支流为**李家河**。

据《奉天通志》记载，历史上公河发源于科尔沁左翼后旗，在大柳树村西新开河右岸分支南流，在大壕子村坨子南洼地汇合母河、小黄河及洼地多处泉眼水后形成公河南流；右岸又有汤子河汇入；到辽阳窝堡村东入康平县境内，行境45.5千米。此段河两岸地势低湿，河流错综，水盛时弥漫无际，昔时称为辽海沼泽地。这一段公河之古道于1949年被西辽河变迁吞没。1949年后，公河经过几次人工整修、筑堤，修筑成为公河涝区1.05万公顷耕地的主排水河。

公河流域是康平县的主要产粮基地，现有耕地面积1.77万公顷，主要作物有玉米、大豆、水稻。

2.14.1 李家河
(Lijia River)

公河右岸支流，发源于辽宁省康平县西关屯乡姜家沟，流经西关屯乡、方家屯镇、东关屯镇、郝官屯镇，于老山头汇入公河。河长39.5千米，流域面积1 155.9平方千米。

流域地势平坦，属平原性河流，多年平均年径流量0.461亿立方米。

李家河流经的区域是康平县的南部，河上建有中型的三台子水库。

流域地势西高东低，西及西南部为低山丘陵，中部和东部为平原，河流沿岸土质肥沃，温度适宜，适合种植玉米、小麦、大豆、高粱等，是粮谷的主要产地。

流域内采煤、轻纺、水泥、造纸、制糖和食品等行业发达，矿产已探明并开采的有煤、石灰石、硼石、硅石、玛瑙石等，其中以玛瑙石为原料加工成的工艺品远销国内外。

2.14.1.1 卧龙湖水库
(Wolonghu Reservoir)

辽河支流东、西马莲河上的具有灌溉、养殖、旅游功能的中型平原水库，位于辽宁省沈阳市康平县境内，原名西泡子水库。

水库于1957年10月开始兴建，1958年5月竣工，最大库容9 620万立方米，水深1.5～3.5米，水面面积6 670公顷。

水库属于内陆型天然湿地，主要水源有东马莲河、西马莲河、二道河、五四一排水等，多年平均年入库水量6 370万立方米。

水库受益范围内有康平县的方家屯、二牛、胜利、小城子、张强、东关屯、东升等7个乡镇、11个村屯，历史最大灌溉面积曾达2 200公顷，目前只灌溉水田17公顷，苇田467公顷，商品鱼年产量最高达42吨。

水库库区原为一天然水泡子，1956年在五官营子建一座木闸，1958年开发朝阳灌区，将东、西马莲河引入卧龙湖，同年修建马莲屯北闸，将水控制起来，形成水库，与三台子水库之间有一条日伪时期开挖的人工渠道相连，通过该渠道给三台子水库补水，后于1963年将五官营子木闸改为双孔钢筋混凝土闸，完成了水库主体工程。

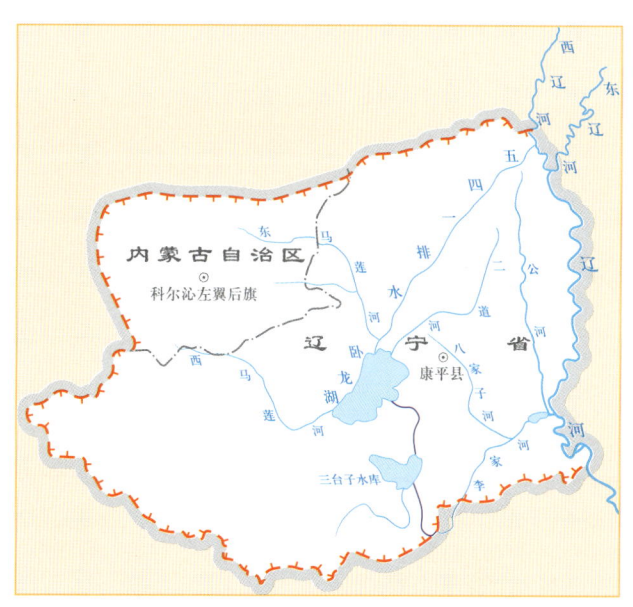

卧龙湖水系示意图

水库素有"沈阳北海"的美誉，是辽宁省具有完整生态系统的天然湿地，是沈阳市水生生物主要繁殖地，生物多样性保持最多的地方。水库每年都有大量的迁徙鸟类在此间停留捕食，夏候鸟在此繁衍，其中有白鹤、黑鹳、白头鹤、丹顶鹤、白鹤5种国家一级保护野生动物，19种国家二级保护野生动物。库区生长着大量的蒲草、芦苇等植物，湖水中有青、草、鲢等鱼类。

由于卧龙湖湿地气候特点突出，因此对于改善沙化地区的小气候、补充地下水、调节水生态环境等均起到很大的作用。2001年5月，辽宁省政府将卧龙湖确定为省级自然保护区，并界定保护区区域面积为112平方千米，其中水域面积

卧龙湖

64平方千米，滩涂48平方千米。

2.14.1.2　八家子河
(Bajiazi River)

李家河左岸支流，发源于辽宁省康平县小城子镇三家窝堡，流经小城子镇、康平镇、两家子乡，在郝官屯镇西入李家河。河长45.6千米，流域面积511.22平方千米。

流域内河槽比较顺直，上游多沙丘，比降大，淤积严重，属平原性河流，多年平均年径流量0.329亿立方米。

八家子河属康北涝区的排水河和新生农场水田区的主要排水干沟，为1943年（康德十年）日伪政府从关内招劳工进行修治的人工河道，1974年春进行了一次全面清淤，1986年对回水堤进行了补修加高。

八家子河两岸是康平县的主要产粮区。

2.15　招苏台河
(Zhaosutai River)

辽河下游左岸支流，明代称大创忽儿河，清代名招斯太河，流域清初属蒙古王科尔沁分藩地域。据《梨树县地名普查》记载：蒙古王太子昭苏故于此地，故祭名昭苏太子河，历史久远发生音变，现称招苏台河。

招苏台河发源于吉林省梨树县哈达岭大黑山之西赫里峰南，流经梨树县和辽宁省昌图县，在昌图县通江口乡北汇入辽河。河长212.5千米，流域面积3 018平方千米。

流域地势西北高，东南低，支流**二道河**汇流口以上，右侧与**东辽河**之间有一沙梁相隔，左侧与二道河之间是大片冲积平原；二道河汇入口以下，右侧与辽河之间是狭长平原，左侧4～5千米以外，是昌图县中部的黄土漫岗。上游为吉林褶皱带，中生代白垩系沉积岩；下游属松辽右坳，第四系冲积物地带，为砂土和草甸土。

流域属温带大陆性季风气候，四季分明，雨热同期，多年平均气温6.7摄氏度，多年平均年降水量645.9毫米，年无霜期145.5天，平均日照时数2 934.2小时，最大冻土深度1.46米。

招苏台河上游为山地丘陵区，河道比降9‰，穿过长大铁路后进入漫岗、平原区，河道弯曲，主槽宽20～50米，二道河汇流口以上河道比降为0.3‰，以下为0.2‰。主要支流有**条子河**、小南河、新开河、二道河和小河子，多年平均年径流量0.552亿立方米。

据记载，招苏台河1890—1999年间发生超过1 000立方米每秒的洪水有4次，其中1890年为最大，洪峰流量2 300立方米每秒。新中国成立后，1951年洪水为最大，洪峰流量1 020立方米每秒。洪水汇流快、来势猛，给下游平原区带来洪涝灾害。

新中国成立至今，流域共建成各类水库34座，其中较大的有上三台、下三台、红山等水库；灌溉排水工程31处；修筑堤防153.3千米，其中左岸83.3千米，右岸70千米。

招苏台河由源头至两县界（吉林省梨树县、辽宁省昌图县）为上游河段，河长103千米。哈大铁路以东为丘陵区，哈大铁路至梨树镇段为低丘陵，主要为农田，林地较少；梨树镇以下进入平原，两岸多为耕地，是梨树县商品粮基地的一部分。上三台、下三台两座水库库容分别为1 429万立方米和3 973万立方米，为四平市供水。

招苏台河两县界至昌图县金家镇的黄酒馆村为中游段，两岸村屯密集，土质肥沃，有14个乡（镇、场），752个村屯，人口30万，耕地7.5万公顷，是昌图县优质玉米、绿色水稻及经济作物花生的主产区。昌图县傅家镇出产的花生品质优良、远销欧美、东南亚等许多国家，宝力镇是全国著名的商品粮基地镇、生态农业建设试点镇、中国豁鹅之乡。

招苏台河黄酒馆村至河口为下游段，流经金家镇、大四乡、两家子农场和通江口乡。河流两岸为招苏台河冲积平原，地势平坦，土壤深厚，肥力较高，适于农耕，盛产玉米、高粱、大豆和水稻，特产黄烟。

2.15.1　条子河
(Tiaozi River)

招苏台河左岸支流，原名红嘴河，当地习惯称四平北河。条子河发源于吉林省梨树县石岭镇郭家村兰家沟，流经吉林省四平市区、辽吉两省边界至辽宁省昌图县曲家店西汇入招苏台河。河长89.5千米，流域面积861平方千米。

流域地势东南高，西北低，由东南低山丘陵区向西北漫岗平原地带倾斜，上游植被较好，下游以耕地为主，流域面积100平方千米以上的支流1条。

条子河多年平均年降水量612毫米，多年平均年径流量0.158亿立方米，水质Ⅲ类。1957年8月16日，条子河发生洪水，洪峰流量704立方米每秒。

在条子河上游建成了下三台水库，总库容3 973万立方米，主要向四平市供水，年供水750万立方米。支流塔子沟河上建有向下三台水库自流引水工程，设计引水流量8立方米每秒。支流南条子河上建有小（1）型的塔山水库，总库容222万立方米。

条子河及其支流南条子河（当地习称小南河）从北南两侧夹抱四平市区，过去河流排水不畅，雨季时常泛滥，旱季垃圾污水臭气熏天，尤其是南条子河被称为四平市的"龙须沟"。2001—2003年，南条子河沿城区的5 000米河道筑起了花岗岩料石护岸，使河道防洪能力显著提高，在河下铺设干管排污，河两侧建成48处开放型绿色生态园，开发了10个花园小区，使昔日的"龙须沟"今成景观园。

四平市在解放战争中发挥了重要作用，市内建有烈士纪念塔。

2.15.2　二道河
(Erdao River)

招苏台河左岸支流，明代称小创忽儿河，又称糜子河。

二道河发源于吉林省四平市山门镇大黑山西北麓，流经吉林省四平市和辽宁省铁岭市昌图县的山门、毛家店、四合、

二道河

东嘎、宝力等镇，在宝力镇南汇入招苏台河。河长118.9千米，流域面积1589平方千米，多年平均年径流量0.292亿立方米。

二道河上游为低山区，树木茂密，植被覆盖率达85%，河槽为U形，滩槽高差1～1.5米，比降较陡；下游为平原区，土壤肥沃，地势低平，河宽10～30米，遇招苏台河大水顶托，常泛滥成灾。据史料记载，清光绪七年（1881年）昌图大雨水，糜子河溢，收成减半。

流域是重要产粮区，现有堤长28千米，防洪能力达10年一遇标准。

二道河上游流经的半拉山门水库是四平市的重要水源地之一，总库容2560万立方米，年供水量582万立方米。库区及周边自然山水风景秀丽，加上独特的人文景观，是四平近郊闻名的旅游胜地，已成为省级旅游线路"二郎山庄—山门—叶赫古城"的中心。

二道河在毛家店镇白山村进入昌图县。昌图的名字来自蒙古语"常突额尔克"，意为"绿色草原"。昌图在秦、汉、晋时属辽东郡，唐、五代属渤海国，元属开元路，清属蒙古科尔沁王旗游牧区域，嘉庆年间汉族移居较多，设昌图厅，1913年改为县。

在昌图县二道河支流红山河上建有红山水库，集水面积105平方千米，总库容2459万立方米。

2.16 王河
(Wanghe River)

辽河下游右岸支流，发源于辽宁省沈阳市法库县慈恩寺白石砬子山区，流经法库县、铁岭的调兵山市和铁岭县，在铁岭县镇西堡乡大台山下汇入辽河。河长50.8千米，流域面积442平方千米。

王河沿岸为山丘区及冲洪积形成的山前平原，其中山丘区面积238平方千米，平原区面积204平方千米，地形开阔平坦，地势较低，地下水位高；河道平均比降0.73‰，平均主槽宽度20米左右。

流域属温带大陆性季风区，四季分明，雨热同期，寒冷期长，多年平均气温6.85摄氏度，最高气温35.9摄氏度，最低温度-34.3摄氏度，平均年日照时数2718.8小时，多年平均风速3.29米每秒。多年平均年降水量650毫米，6～9月降水量占全年的73%，多年平均年径流量0.278亿立方米，年无霜期135～152天，多年平均冰层厚度1.23米。

新中国成立后，王河沿岸出现的较大洪水有8次，其中以1951年和1953年两次洪水最大。1951、1953、1989年和1994年的洪水造成王河堤防决口。

王河出源后穿行于法库县境内的山丘区，距河源23.4千米建有中型的**泡子沿水库**。法库县为贫水区，泡子沿水库在很大程度上缓解了周边农田灌溉用水紧张状况，同时将下游河道的安全泄洪流量提高到253立方米每秒。

泡子沿水库以下至汇入辽河口，左右两岸筑有堤防，堤防总长56.65千米，其中左岸堤长29.1千米，右岸堤长27.55千米，保护耕地面积0.72万公顷。在此河段上共有排水站16座，抽水站3座，排水站总控制面积133.7平方千米，按10年一遇标准设计，总装机容量3712千瓦，排流量44.12立方米每秒。

王河在入辽河口处于1976年建成大台山水闸，水闸共两孔，每孔净宽8米，闸门为平板钢闸门，水闸左侧为土坝。

王河出泡子沿水库，进入铁岭境内调兵山市。调兵山市原称铁法市，这里有储量极为丰富的煤矿。相传北宋时期，金国兀术曾在此调兵遣将，调兵山因而得名；宋徽宗、宋钦宗曾被囚禁在调兵山市锁龙沟村的一眼枯井里"坐井观天"。

王河中下游处于铁岭县的辽河冲积平原上，地势低洼，堤防之间大部分是易涝低洼耕地，行进几千米就能看见一座排灌站。

兀术城

王河于铁岭县镇西堡乡大台山下汇入辽河。镇西堡乡西北的大台山是铁岭市风景旅游区，距离铁岭城区14千米，顶峰海拔225.4米，明代以前山上设大墩台，故名大台山。大台山风姿秀美，景色宜人，山间草木繁茂，常有蝮蛇出没，山上有石人、石马等历史遗迹。

2.16.1 泡子沿水库
(Paoziyan Reservoir)

王河上游的以防洪、工业供水为主，兼顾养鱼、旅游功能的中型水库，位于辽宁省沈阳市法库县柏家沟镇，距法库县城10千米。

工程于1956年开工兴建，当年竣工蓄水。水库按100年一遇洪水设计，1000年一遇洪水校核；总库容4760万立方米，其中防洪库容2980万立方米，兴利库容1490万立方米。水库坝址以上集水面积156平方千米。

水库枢纽工程由大坝、溢洪道、输水洞3部分组成。大坝有主坝和副坝，皆为均质土坝，主坝长600米，坝顶宽4米，坝高11.7米；副坝长860米，坝顶宽4米，坝高10米。溢洪道位于主坝右端，属河岸开敞式，最大泄流量118立方米每秒。输水洞位于副坝右端，坝下方形涵洞，最大流量24立方米每秒。

泡子沿水库保护下游调兵山市的大明一矿、二矿、小青矿和调兵山市专用铁路以及0.8万公顷耕地、10万人口的防洪安全，年均提供工业用水360万立方米，年均产商品鱼15吨。

王河源头至水库坝址河长23.2千米，平均比降1.3‰。水库库区处于低山丘陵区，库区西部山势较陡，植被较差，岩石裸露；其余地势较缓，多为耕地。

流域内大部分土地为低洼易涝区，形成大面积沼泽，洪水季节漫溢成灾。水库建成后，在下游发现储量丰富的煤田，沿河两岸相继修建了许多矿井，并修建了调兵山铁路，现已成为辽宁省煤炭生产的重要地区之一。沿河两岸的低洼易涝荒地均已开发，面积达4133公顷，是重要的商品粮产区。

2.17 清河
(Qinghe River)

辽河下游左岸支流，古称少贝河，因河水水质清澈，清代初期命名为清河。发源于辽宁省抚顺市清原满族自治县北英额门镇三道沟庙岭，流经清原、开原、清河等市（县、区），于开原市业民乡清辽村西1.3千米处汇入辽河。河长171.1千米，流域面积4846平方千米。

清河铁岭段

清河上游

概　述

清河流域位于东经 123°52′～125°10′，北纬 42°18′～43°02′，地处龙岗山低山丘陵区与辽河冲积平原的缓接地带，地势东高西低，海拔一般在 400 米以上，最高峰 868.7 米。域内山地占流域面积的 85%，山坡陡峭，岩石裸露，山谷冲刷较严重。

清河从源头到**清河水库**库区以上，主河道在 1～2.5 千米宽的谷地间穿行，河道宽 100～300 米，河道弯曲系数 2.91，滩槽由砾石、粗砂组成，河道主槽明显且比降大于 8‰。清河水库坝址至河口，河道宽约 1 千米，主河槽宽 300～500 米，河道比降为 1.4‰～3‰，河床以细砂、粗砂为主，岸滩土质肥沃。清河主要支流有**碾盘河**、**寇河**、马仲河。

流域属温带大陆性季风气候，夏季炎热多雨，冬季严寒干燥，多年平均年降水量 658.4 毫米，年内 7—8 月降水量占全年的 50.4%，年最大降水量 1 076.4 毫米，最小 452.5 毫米；多年平均年径流量 11.728 亿立方米，多年平均年蒸发量 857 毫米；多年平均气温 6.9 摄氏度，多年平均风速 3.4 米每秒，全年日照时数 2 550～2 700 小时，年无霜期 140～160 天。

新中国成立后，清河出现过 6 次较大洪峰，分别为 1951、1953、1964、1985、1994 和 1995 年。1951 年 8 月 14 日开原站最大洪峰流量 12 300 立方米每秒，1953 年 8 月 20 日最大洪峰流量达 9 500 立方米每秒，1995 年 7 月 30 日最大洪峰流量 3 430 立方米每秒。清河是辽河下游洪水的主要来源之一。

清河现有堤防长 19.5 千米，防洪能力达到 20 年一遇，安全泄洪流量 3 687 立方米每秒；在干流上修建了具有防洪、发电、灌溉、旅游、水产养殖等综合效益的**清河水库**，在支流叶赫河上修建了以防洪、灌溉为主，兼顾发电、养鱼、城市供水等效益的南城子水库。

清河流域内林木以落叶松、油松为主，有山楂、山野菜等土特产，主要农作物有水稻、玉米、大豆等。开原大蒜是开原市的传统名牌，种植历史已达 300 年以上，因独特的气候和种植方式造就了独一无二的优良品质。

纪　实

上游　由源头至开原市八棵树镇为上游河段，森林覆盖率 72.2%，是辽宁省重要的用材林和水源涵养林基地。上游河段两岸山地海拔 400～800 米，岩石多露头，山坡较陡，坡度一般 30～45 度，河道平均比降较大，两岸岩性为花岗岩、变质岩，土壤为水稻土和草甸土。沿河山峦起伏，河谷阶地是李家台、八棵树等乡镇农民赖以生存的耕地。

中游　由八棵树镇至清河镇为中游河段，两岸岩性为变质岩，中游建有清河水库，此河段大部分属清河水库库区，碾盘河在库尾前由右岸汇入。清河旅游度假区即位于清河水库库区内，度假区以清河水库为依托，依山傍水，风光旖旎，山、水、城相映生辉，已成为辽宁省省级旅游度假区。

清河区城区面积 6.15 平方千米，是重要的能源和农副产品加工基地，我国第一座超百万千瓦装机容量的火力发电厂坐落于此。

下游　清河镇至河口为下游河段，右岸支流寇河在开原老城东汇入，两岸为第四系地层，滩槽为较为分明的复式河槽，主槽平均宽 200～300 米，河床以细砂为主，河岸极不稳定，河岸破坏以崩塌为主。

下游地区常受洪涝灾害。从 1490 年至今的文字记载中，经常看到"清河洪水泛滥、是年大饥"的字样。明弘治三年（1490 年），辽东水灾，开原尤重。清道光十二年（1832 年），开原夏大水，城西南墙坏数丈；1951 年，清河泛滥成灾，下游开原县受灾人口达 119 331 人，死亡 2 831 人。

1985、1986 年连续两年的大洪水过后，当地将清河与辽河连接段按照回水堤标准修筑 4 千米，并延长清河堤防 17.3 千米。清河现修筑了八宝乡马圈子大桥至清河拦河闸、清河拦河闸至 102 国道防洪堤共计 38 千米。

开原老城镇位于清河北岸，老城镇金代为咸平府，元代改咸平为开元，明代为避明太祖讳而改"元"为"原"，这便是开原城市名称的由来。旧时在开原老城南大桥附近拦河成湖，咸丰七年《开原县志》中记载，清河"环抱县城，色清味美，月印川中，上下一色，故曰清河月夜。每当望日，明月当空，万籁俱寂，月明星稀，泛舟城下，夜色迷人。河水波光，悠然可见，渔火点点，如诗如画。"如今修缮一新的仿古清河大桥和开原老城城门再现了昔日"清河月夜"的美景。

清河于开原市业民乡清辽村西汇入辽河。业民乡人民政府驻地原名四寨子村，1958 年秋，为缅怀和纪念革命烈士安业民，将他的家乡四寨子村改名为业民村，乡亦称为业民乡。

2.17.1　清河水库

(Qinghe Reservoir)

清河上的以防洪、灌溉、工业供水为主，兼顾养鱼、旅游等综合利用的大型水利枢纽工程。位于辽宁省铁岭市清河区境内，坝址距开原市 11 千米。

概　述

工程于 1958 年 5 月动工兴建，1966 年 9 月竣工。水库总库容 9.71 亿立方米，其中防洪库容 3.54 亿立方米，兴利库容 5.74 亿立方米。水库按 1 000 年一遇洪水设计，10 000 年一遇洪水校核。

主体工程由大坝、输水洞、溢洪道 3 部分组成。大坝为碾压式黏土斜墙砂壳坝，最大坝高 39.6 米，坝长 1 622 米，坝顶宽 6 米，浆砌块石防浪墙高 1.15 米。输水洞为圆形压力隧洞，洞径 5.5 米，洞长 223 米，设计最大过流量 389 立方米每秒。溢洪道为河岸开敞式，堰顶净宽 60 米，最大泄流量 4 210 立方米每秒。

清河水库

水库防洪保护下游铁岭市清河区、开原市近百万人口、耕地 500 万亩，以及长大铁路、哈大公路、京哈高速公路、"八三"石油输油管道等。

纪　实

清河水库坝址以上至清河源头，河长 129.1 千米，水库集水面积 2 376 平方千米，占全流域面积的 45.2%。

水库上游为山丘区，森林覆盖较好，水土流失较少，多年平均年入库水量 6.74 亿立方米。1998 年进行了一次库区淤积测量，总淤积量 3 350 万立方米，淤积分布较均匀，淤积后河道比降有所加大，基本上呈带状淤积形态。

清河流域为辽河流域多水地区之一，多年平均年降水量 722.4 毫米，最大冰厚 0.86 米。库水清澈，水面开阔，湖岸蜿蜒曲折，自然流畅，库区东西长约 30 千米，南北宽约 2.5 千米，最大水面 60.8 平方千米。水库四周群山环抱，林木葱茏，植被茂密，动植物资源丰富，拥有大片保护良好的天然林，自然景观十分优美。库区内建有清河旅游度假区。

水库运行以来，共拦蓄 1 000 立方米每秒较大洪水 10 次，为辽河干流削减了洪峰流量。1964 年汛期的两场较大洪水，水库分别削减洪峰流量 1 050 立方米每秒和 1 380 立方米每秒，为其下游防洪起到了重要作用。1995 年清河水库遭遇了 100 年一遇的特大洪水，水库削减洪峰流量 58%，水库最大泄洪流量 2 220 立方米每秒，为辽河错峰近 10 个小时，为保障下游清河、辽河两岸经济社会稳定发展和人民生命财产安全作出了贡献。

清河水库为清河发电厂年均供水 4.89 亿立方米，为农业年均供水 2.96 亿立方米，实际灌溉面积 3.73 万公顷。水库有养鱼水面 3 210 公顷，年均产商品鱼 700 吨。水库的水质为国家地表水Ⅱ类饮用水标准。

2.17.2　碾盘河
(Nianpan River)

清河右岸支流，古称西巴尔河（满语）。相传县境初辟时，在该河上游发现了 7 具碾盘，不知何人何年所遗留，故得名碾盘河。

碾盘河发源于辽宁省西丰县和隆乡九如村城墙背岭西，流经西丰县的和隆、凉泉、房木和开原市八棵树等乡镇，于开原市耿王庄南汇入清河。河长 49.2 千米，流域面积 542.72 平方千米。

流域处于吉林哈达岭南端，峰谷相间，有著名的城子山（主峰海拔 760 米）等 20 余座山峦，碾盘河穿行于群山之中，各支流短，比降大，汇流快而集中，流域内的山南部是清河流域的暴雨中心之一。流域多年平均年径流量 1.313 亿立方米。

流域是洪水多发地区，较为严重的是 1953 年 8 月历时 3 天的降水过程，位于流域中部的凉水泉子站降雨量为 354 毫米，大于 200 毫米的强降水笼罩面积 1.2 万平方千米，引发了 1949 年以来**辽河**第二位大洪水，给辽河中下游造成巨大损失。

1995 年 7 月 29 日，碾盘河流域及附近山区普降大雨，最大两日点雨量达 290 毫米，碾盘河耿王庄水文站洪峰流量 1 960 立方米每秒，将碾盘河两岸夷为平地。为治理水患，对碾盘河进行了工程措施与生物措施相结合的综合治理，现有堤防 74 千米，防洪能力达到 10 年一遇标准。

碾盘河上游流经的城子山山城遗址是辽宁省首批文物保护单位，据推断，该城为高句丽时代的扶余城，规模宏大，沿山谷周边山脊而建的城墙为不规则椭圆形，南北宽 900 米，东西长 1 400 米，城围长 3 000 余米。

城子山属长白山哈达岭余脉，有"巍峨山峰边晓雾，古木苍松欲接天"的气势。百年前，城子山地区森林茂密，有成片的原始松林、柞林、白桦林，林中豺狼虎豹、獐

城子山山城

狍野鹿齐全，珍禽异鸟大量生存。后来由于森林面积减少，人类活动增多，目前这些动物已很稀少。20 世纪 70 年代，经辽宁省林业厅批准成立了西丰县和隆林场，经过植树造林，城子山地区又绿了起来，20 世纪 80 年代中期，豺狼、土豹子、飞龙、榛鸡、秃鹫等又在这一地区出现了。

2.17.3　寇河
(Kouhe River)

清河右岸支流，古称瞻河、沽源河。寇河名系开原人所起，因该河陡涨陡落，势如猛兽，洪水过后如贼寇洗劫而得名。

寇河发源于辽宁省铁岭市西丰县振兴镇河源屯的老爷岭西北，由东向西流经西丰县的振兴、金星、安民、更刻、西

寇河

丰、乐善、明德、郜家店、松树等 9 个乡镇和开原市的威远堡、城东、老城等 3 个乡镇（街道），于开原市老城街道东南汇入清河。河长 118 千米，流域面积 1 551.6 平方千米。

概　述

寇河源头与河口相对高差 376.2 米，流域多山丘，其中老爷岭、冰砬山、妈呼岭、高丽盘道岭等海拔 310～870 米。沟谷由洪积扇与冲积平原组成，谷地宽 600～2 000 米，海拔约 120～200 米。

流域内植被覆盖良好。河源至西丰县的更刻乡为上游河段，岩性多为石灰岩，土壤多为棕壤土、草甸土；更刻至郜家店镇的松树村为中游河段，两岸为冲积平原，岩性为花岗岩，土壤为棕壤土、草甸土；松树村至开原市的老城街道为下游河段，两岸为冲积平原，岩性为花岗岩，土壤为棕壤土、草甸土。

流域属温带大陆性季风气候区，多年平均年降水量748毫米，年内降水集中在6—9月，多年平均年蒸发量800毫米，多年平均气温5.2摄氏度，无霜期最长148天、最短91天。

寇河主河槽宽30～100米，河道比降3.9‰，主要支流有小寇河、乌鲁河、艾青河和叶赫河。

寇河流域是辽宁北部的暴雨中心之一，为辽河下游洪水的主要来源之一，多年平均径流量3.755亿立方米。

据统计，寇河上游已建成堤防40.2千米，西丰镇建成防洪墙1.0千米，在西丰县明德、郜家店建有挑流工程两处，其防洪标准都不足10年一遇。寇河支流叶赫河上建有一座以防洪、灌溉为主，兼顾养鱼、城市供水、发电的大型的**南城子水库**。

流域内主要农作物有玉米、高粱、水稻、谷子和大豆，特产有大蒜、山楂、榛子、烟草；林业资源丰富，主要树种有油松、落叶松、山杨、柞树等。振兴镇驯养梅花鹿历史悠久，初步建成了县鹿茸出口基地，其产品远销日本、韩国等30多个国家和地区。

纪　　实

上游　源头至西丰县的更刻乡为上游。寇河从源头振兴镇流出，在金星乡纳入小寇河，在更刻乡杨家店纳入乌鲁河之水后，继续向西流淌。上游段河床平均宽约90米，两岸植被覆盖较好，崇山峻岭，风光绮丽。流域内著名的冰砬山风景旅游区占地面积2 259公顷，主峰海拔870.2米，属长白山系哈达岭余脉，因每年6、7月山顶峰有积雪不化，故而得名"冰砬山"。景区森林覆盖率达96%，植被成垂向分布，多为天然林，树种以落叶松、黑松、水曲柳、杨树为主。1956年设立了冰砬山林场，林场内生存有狍子、貂、狐、狼、野猪、野猫、野兔等野生动物。冰砬山植物资源丰富，产有人参、榛子、蘑菇、元枣、细辛、五味子、五加皮、地龙骨等。在冰砬山峰顶建有三层六角翘檐式瞭望塔，环山建有曲折迂回的登山道，登塔远眺，千顷林海、百余山峰尽收眼底。

西丰县曾是"盛京围场"的一部分。清代康熙、乾隆两朝将上述地区辟为围场，于1644年统归盛京管辖，始称"盛京围场"。"盛京围场"全境包括今海龙、辉南、东丰、东辽（西安县）、西丰等5县，共划105围，西丰围数占整个盛京围场的三分之一强。西丰围场在清朝曾封禁，清光绪二十二年（1896年）解除封禁，封禁历时277年。西丰县县名的来历与清朝盛京围场颇有渊源。盛京围场就地势而论，分为东流水围和西流水围。从地势上说，西丰的"西"字来源于从地势上处于西流水围的"西"字。从1896年解除封禁到1902年建县，期间风调雨顺，五谷丰登，西丰的"丰"字从此得来。

清光绪二十一年（1895年），西丰猎户们派代表进京禀报了准备人工饲养梅花鹿的想法，立即得到恩准，并对其进行重赏。同年，盛京将军依克唐阿大兴土木，在今西丰冰砬山至小四平一带建成皇家鹿苑。这是我国人工饲养梅花鹿的开端，据国际野生动物保护组织有关专家认定，梅花鹿的人工饲养最早也始于此地。

中游　西丰县更刻乡至郜家店镇松树村为中游。寇河中游谷地表层是由山地崩塌、沟槽洪积和主河道推移质堆积形成的，多以角砾、卵石、粗砂与壤土的混合形式出现，河道主槽宽30～100米。

寇河流过西丰镇，从西丰镇顺城路进入青山翠拥、碧水环抱的美丽山城，登上城北的猴石山俯视全镇，只见一派城在山中、水在城中、楼在景中、人在画中的怡人景象。

下游　郜家店镇松树村以下为下游。寇河在德临屯村西纳入艾青河后，继续向西流，下游段河床平均宽约90米，两岸为冲积平原地带，土壤为棕壤土、草甸土。叶赫河为寇河一条重要支流，出南城子水库后3千米汇入寇河。

寇河纳入叶赫河之水后，向西南流经威远堡境内的龙潭山，山中建有七鼎龙潭寺省级森林公园和龙潭山城。龙潭山城建于1 500年前的高句丽时期，山城周围自然环境十分神奇，有七峰拱抱如环，内有天然水池两处，虽大旱而不涸，故名"龙潭"。山城依山砌石垒墙，城墙随山势蜿蜒起伏，转角处有望台，周长约1 000米，现存城墙高约2～3米，宽1.5米。城门向东，门外侧面有排水涵洞口，洞口宽1米，高1.2米，涵洞通城内，过去曾有人进洞欲探其详，但皆中路而返，至今无人得知洞至何处。山城内依山逐级修五座平台，即今龙潭寺大殿后的五台，站在平台上，城内各角落可尽收眼底，龙潭寺又名七鼎五台龙潭寺即源于此。1982年经文物普查，确认此为高句丽时期山城，1984年被列为辽宁省文物保护单位。

威远堡镇寇河南岸有一条边壕，即清代有名的柳条边。柳条边是满清皇朝为保护其"龙兴之地"所设定的封禁界线，这条界线禁止边外人员进入盛京地区，也禁止边内人员进入边外围场。据康熙年间杨宾所著《柳条纪略》载："今辽东皆插柳条为边，高者三四尺，低者一二尺。若中之竹篱，而掘壕于外，人呼柳条边。"柳条边分为老边和新边，呈"人"字形。老边是顺治时期所筑，交汇点为威远堡，西南到山海关，东南到鸭绿江，开原市威远堡以南地区称边里，开原以北、以西、以东称边外；新边是康熙时期所筑，由威远堡北上直至吉林省境内。

寇河与**清河**交汇处坐落着开原老城，开原老城内的崇寿寺有一座始建于金正隆元年（1156年）的宝塔，为宣徽洪理大师藏骨之所。崇寿寺塔为八角十三级实心密檐式砖塔，塔高45.82米，塔尖呈锥形，上穿五个铜珠，塔身八面佛龛，龛上宝盖各有一组飞天浮雕，线条流畅，形态逼真。塔身各层原来挂有数百铜镜，西面悬有铜鼓一面。宝塔虽经过历史沧桑变迁，基本保存完好。崇寿寺塔整体气势恢宏，造型厚重，是反映女真族民族文化的重要建筑，前清时期"古塔朝霞"被列为开原八景之一，1963年被辽宁省政府列为第一批省级文物保护单位，现已成为辽北地区著名寺院。

2.17.3.1　南城子水库
（Nanchengzi Reservoir）

寇河支流叶赫河上的以防洪为主，兼顾城市供水、灌溉、养鱼、发电等综合利用的大型水利枢纽工程，位于辽宁省开原市境内，坝址距开原市36千米。

水库按100年一遇洪水设计，5 000年一遇洪水校核。总库容2.35亿立方米，其中防洪库容1.17亿立方米，兴利库容1.05亿立方米，多年平均调节水量0.7亿立方米，水库集水面积625平方千米，水面面积1 390公顷。

南城子水库

枢纽工程由大坝、输水洞、溢洪道、水电站等部分组成。大坝主坝为黏土心墙砾石坝，坝长550米，坝顶宽6米，最大坝高31.9米，坝顶筑有高1.2米的钢筋混凝土防浪墙；副坝为均质土坝，坝长626米，最大坝高16.9米。输水洞在主坝右端，为压力隧洞，洞径2.5米，洞长226米，末端有发电、引水支洞，最大过流量 71.3 立方米每秒。溢洪道在主坝右侧 250 米处。堰净宽 24 米，最大泄洪流量 1 312 立方米每秒。水电站为坝后式，利用农业用水与弃水进行发电。电站装机 3 台，容量 1 200 千瓦。

水库的调峰蓄洪作用极大地缓解和减轻了寇河流域的水害。1994 年 8 月的大洪水，南城子水库错峰近 40 小时，大大减轻了下游河道的行洪压力；防洪保护下游开原市区及威远堡镇、城东乡、老城镇 20 万人、1.3 万公顷耕地以及长大铁路、京哈公路、沈哈高速公路、开辽公路和部分重要的军事、通信设施等。

水库多年平均每年为农业供水 0.3 亿立方米，为昌图县提供工业、城市生活用水 650 万立方米，养鱼水面 733 公顷。水库已经确权划界的土地资源 20.8 平方千米。

叶赫河在开原市莲花镇欢喜岭进入南城子水库，库区位于吉林省哈达岭西坡山丘区，坝址处多年平均年径流量 1.12 亿立方米。坝址以上全系山区，海拔 260～410 米，河道平均比降 2.62‰，平均宽度 50～100 米。水库呈长条形，长约 10 千米。河道两岸山高林密，植被茂盛，水体清澈见底。

库区不仅有着优美的自然风光，而且还有着浓厚的文化积淀，库区周边及上游地区有着众多的名胜古迹和历史典故。

叶赫古城位于水库上游叶赫河边上，在吉林省四平市东南约 30 千米的叶赫满族自治乡境内，因清朝慈禧太后的叶赫那拉氏家族曾居住此地而得名，古城址至今仍依稀可见，距今已有 400 年的历史，为明代海西女真人所建叶赫国首府。

历史上南城子库区一带曾是繁华的贸易通道，也曾是烽火连绵的战场。明朝时，从威远堡至开原到抚顺一线，是朝廷的北部边界，开原界外居住着海西女真四部中的哈达、叶赫两个部族，哈达部族就在今南城子水库区域内。

七鼎龙潭寺位于库区右侧的威远堡镇境内，距水库 1 千米处，山有七峰拥抱如环，唯独东面有一出口建门以通出入，又因寺内有两个相距几米的莲花池，

七鼎龙潭寺

颇似龙形，故名七鼎龙潭寺。龙潭寺始建于清乾隆元年（1736 年），依山傍水，松柏苍翠，风景秀丽，乾隆十九年（1754 年）乾隆皇帝第二次东巡，曾登上七鼎最高之峰——拂云峰，为龙潭寺御书楹联数幅。潭东南岸有株桦树，树干笔直，枝叶苍郁，圆如巨伞，与众不同。乾隆皇帝入寺时正值盛夏，在此树下休息，则后传有"三伏炎热死，到此清凉顿疑仙"之佳句及"神树"之说。

水库因防洪标准低，副坝渗水严重，多年来一直带病运行，不仅影响着水库效益的充分发挥，也给防汛工作带来压力。从 2000 年 4 月开始，对水库进行了历时 3 年的除险加固，完成了大坝加高培厚、副坝帷幕灌浆、溢洪道下游拓宽、自动化观测系统等工程。与此同时，还进行了"引南济昌"工程的建设，使南城子水库成为昌图县城用水的主要水源。

2.18 沙河
(Shahe River)

辽河下游左岸支流，发源于辽宁省铁岭市开原松山堡乡二道沟，越过 203 国道和沈哈铁路，纳南沙河，在铁岭县平顶堡乡山头堡汇入辽河。河长 62 千米，流域面积 570.2 平方千米。

沙河

流域属温带大陆性季风气候，雨热同期，日照充足，多年平均气温 6.5 摄氏度，最高温度 35.7 摄氏度，最低温度 -35 摄氏度。多年平均年降水量 675 毫米，多年平均年径流量 1.380 亿立方米。

沙河发源于山区，上游河谷狭窄，多砾石，河道比降较大；中游谷地稍开阔，河谷宽约 600～1 000 米，河槽宽约 50 米。

1988 年后沙河两岸逐渐建起堤防，以保护两侧农田和村庄，部分堤段系路堤结合，左堤从山槐屯至石山村长约 38 千米，右堤从妈货郎屯至孟寨子长约 30 千米，堤顶宽 2～4 米，高约 1.5～2.0 米，可防御 5 年一遇至 10 年一遇洪水。

新中国成立后，流域共发生 7 次较大洪水，其中以 1995 年大洪水最为严重，几乎所有堤防都被冲毁。1997 年开始在河流上游坡地实施水土保持措施，并以生物措施固滩护堤，以林木束水攻沙。其后在中固镇及马家寨乡用枫杨树护堤，用杞柳树固滩，用草皮坡坝，取得了很好的效果，提高了山区河道堤防抗御洪水灾害的能力。在沙河支流邱屯河上修建了小（1）型的关门山水库，集水面积 45.4 平方千米，最大泄洪流量 614 立方米每秒。

流域山川秀美，山势变化多姿，四季风景如画，著名的开原八景之一的象牙山就坐落于此。象牙山曾名向阳山，因山形似象牙状，清咸丰年间改称象牙山，现为省级森林公园，山上有藏经洞、卧佛、仙棚、古烽火台等景观，山下有壶泉，泉水不断。

2.19 柴河
(Chaihe River)

辽河下游左岸支流，原名麒麟河，发源于辽宁省抚顺市清原满族自治县南八家乡朱家沟东北，流经清原、开原、铁岭、银州等县（市、区），在双安桥北双岔河汇入辽河。河长 142.8 千米，流域面积 1 501 平方千米。

概　述

流域位于东经 124°51′～123°51′，北纬 42°12′～42°19′，绝大部分属山区及丘陵区，仅在接近汇入辽河口处有少量平原。柴河谷地宽约 600～1 600 米，河道平均比降为 1.2‰，其中**柴河水库**库尾以上河道平均比降 3.05‰。河床以砾石、粗砂、细砂为主，河道宽度（堤距）约 50～200 米，两岸冲积、洪积

平原以草甸土、水稻土为主。

柴河

支流有南柴河及一些流域面积在 100 平方千米以下的小沟道。

流域属温带大陆性季风气候，冬季寒冷漫长，夏季炎热多雨，春季多风干燥，秋季湿润凉爽，多年平均年降水量 650～750 毫米，由东南向西北递减，降水集中在 6～9 月，约占全年降水量的 74.1%。多年平均年径流量 3.48 亿立方米，多年平均气温 7.6 摄氏度，极端最低气温 −34.3 摄氏度，极端最高气温 37.6 摄氏度。冰冻期 176 天左右，最大冻土深度 166 厘米，年平均日照时数 2 627.9 小时，多年平均年蒸发量 707 毫米，年平均风速 3.2 米每秒，最大风速 24 米每秒，年无霜期 153 天。

柴河水库以上植被较好，河水清澈，属少沙河流。

柴河是发生洪水比较频繁的河流，1917 年柴河大水，泛滥溃决，水高及丈；1953 年暴雨后又连日阴雨，河流水位上涨，致使山洪暴发；1995 年洪水造成房倒屋塌、农田毁坏及工程设施受损等。

柴河防洪堤现 34.5 千米长，其中左堤 15 千米，右堤 19.5 千米。1972—1974 年柴河干流上修建了大型的柴河水库，2002 年起对柴河城区段进行整治，使柴河的防洪、排涝、供水、灌溉能力大幅度提高。

纪　　实

自发源地至清原北崴子南为柴河上游段，地势东南高，西北低，在柴河南侧吉林哈达岭山脉呈东北西南走向，最高峰莫日红山海拔 1 013 米，河流在山谷中穿行。

柴河在铁岭县大甸子镇太平寨进入柴河水库前流经开原市的上肥地、下肥地、靠山屯、柴河堡等南部山区乡镇，即为中游段。柴河水库坝址以上是暴雨多发区，该区出产大蒜、山楂等农特产品。

柴河出水库后至汇入辽河口为下游段，流经铁岭县和银州区。银州是铁岭市政府所在地，历史悠久，早在新石器时代就有人类生息，周朝是肃慎地，战国时属燕国辽东郡管辖。公元 917 年，辽太祖在此地冶炼白银，银州因此而得名。周恩来

龙首山冬景

总理少年时曾在这里的银冈书院读过书。新中国成立后，周恩来、李先念等党和国家领导人来此视察。银州山清水秀，风光怡人，著名的龙首山自然风景区就坐落在城区内。

相传柴河原名麒麟河。一位叫柴义的勇士与河中一条兴风作浪的恶龙搏斗，用剑将龙斩为两段，但柴义也不见了，只剩下一顶帽子。人们将龙头、龙尾和柴义的帽子都埋了，即为现在的龙首山、龙尾山和帽峰山。为了纪念勇士柴义，就把麒麟河改称柴河。

2.19.1　柴河水库
(Chaihe Reservoir)

柴河上以防洪、供水为主，兼有发电、养鱼、旅游等综合利用的大型水利枢纽工程，位于辽宁省铁岭县境内，坝址距铁岭市区 12 千米。水库按 100 年一遇洪水设计，可能最大洪水校核。水库总库容 6.14 亿立方米，其中防洪库容 2.04 亿立方米，兴利库容 3.35 亿立方米，调节水量 2.88 亿立方米。坝址以上集水面积 1 355 平方千米。

概　　述

工程兴建于 1972 年，1974 年主体工程完工并投入运用。主体工程由大坝、溢洪道、泄洪洞、水电站、工业引水口 5 部分组成。大坝为黏土心墙砂壳坝，最大坝高 42.3 米，坝长 982 米。溢洪道为开敞直泄式，最大泄洪流量 2 950 立方米每秒。泄洪洞为河岸有压圆形隧洞，最大泄洪流量 304 立方米每秒。水电站为坝后式电站，3 台机组容量合计 7 030 千瓦。引水建筑物包括城市与工业供水引水口，日供水能力 20 万立方米。

水库防洪任务是为柴河汇入口以下**辽河** 100 年一遇洪水错峰，防洪保护铁岭市城区、沿岸的熊官、平顶、龙山 3 个乡镇，以及长大铁路、沈山铁路、哈大高速公路和"八三"输油管道，并在全流域遭遇大洪水时，对沈阳市、新民县、辽中县、台安县和盘锦市等辽河下游沿岸地区起明显的减灾作用。

水库多年平均每年为铁岭市提供工业、城市生活用水 0.342 亿立方米，与**清河水库**和**闹德海水库**联合调度，为柴河水库至辽河口区间的熊官、平顶堡、柴河、大青、蔡牛、朱耳山、石佛寺、祝家等 14 个灌区的 2.67 万公顷农田供水。水库总养鱼水面 1 666 公顷，年产商品鱼 350 吨。

纪　　实

水库位于吉林哈达岭和龙岗山的西坡、由低山丘陵向辽河平原的过渡地带，水库集水面积占流域总面积的 90% 以上。水库库尾在铁岭县大甸子镇太平寨。水库上游河流两岸植被较好，山清水秀，入库水质较好。库区内原柴河河道蜿蜒曲折，库面狭长，约 38.9 平方千米，最大水深 41.8 米。

新中国成立初期，辽河干流曾于 1951、1953 年发生两次特大洪水，洪水主要来源为辽河左岸支流**清河**和柴河。当时清河、柴河均无控制性工程，使铁岭水文站的洪峰流量分别达到 14 200 立方米每秒和 11 800 立方米每秒。据统计，1951 年洪水中，受灾人口达 70 万，死亡 3 100 人，冲毁房屋 14 万间，淹没农田面积 46.7 万公顷，粮食减产 2.5 亿千克；1953 年洪水中，受灾人口 67 万，死亡 120 人，冲毁房屋 13 万间，淹没农田面积 42.7 万公顷，粮食减产 2.3 亿千克。

1962 年 6 月，曾经在铁岭生活和学习过的周恩来总理来铁岭市视察工作时曾指示："要变水害为水利。待经济条件允许时修个水库，既防洪又灌溉，那就更好了。"柴河水库于 1972 年动工，于 1974 年底建成。

水库于 1976—1977 年对大坝进行了保坝及土坝补强施工。和 1989—1993 年进行了两次加固。

柴河水库

1994年汛期,水库最大入库洪峰流量1 570立方米每秒,经调节,出库流量仅为77.5立方米每秒,削减洪峰95%,调蓄洪水0.98亿立方米。1995年,柴河流域发生有资料记载以来的最大一次洪水,水库最大入库洪峰流量3 500立方米每秒,水库首次启用了溢洪道,通过水库的拦蓄调控,削减洪峰流量79%,与清河水库联合调度,确保了铁岭地区及下游辽河干流地区的安全。在抗御这次大洪水中,由于清、柴两库成功调蓄和滞洪错峰,为辽河流域直接减少灾害损失6.8亿元。

柴河水库修建时,主要为农业供水,平均每年供水1.98亿立方米。20世纪90年代以后,水库除继续供水灌溉农田外,还向铁岭市供应城市生活用水和工业用水。1993年起,柴河水库开始向铁岭发电厂供水,1994年开始向铁岭市自来水公司供水,1996年开始向铁法矿务局供水。

柴河水库周围群山环抱,风景秀美,水库南岸矗立于蛇山峰顶的望湖亭、水库北侧的兴龙岛等为铁岭市重要景区,库区还出产多种药材以及榛子、蘑菇、野菜和野果等。

2.20 凡河
(Fanhe River)

辽河下游左岸支流,金代称范河,明代称汎河。发源于辽宁省铁岭县白旗寨乡东滚马岭,由东向西流经白旗寨、鸡冠山、大甸子、催阵堡、铁岭市种畜场、凡河等乡镇,在凡河镇药王庙村北纳贺家排干后汇入辽河。河长118.2千米,流域面积1 001.72平方千米。

概 述

凡河基本呈东西走向,支流虽较多,但流域面积大于100平方千米的支流仅有恶龙河一条。流域狭长,河道平均比降2.6‰,河床质由卵石和细砂组成。大甸子镇以上为山区,两岸山峦起伏,山势陡峭,林木葱郁,植被较好;大甸子镇至市种畜场为低山丘陵区,河谷开阔;凡

凡河铁岭段

河镇范围内为平原区。流域内山区面积占40%,丘陵区占19%,平原区占41%。

流域属温带大陆性季风气候,冬季严寒漫长,夏季炎热多雨,春季干旱多风沙。流域多年平均年降水量650~750毫米,7—8月降水量占全年的52%左右;多年平均年径流量2.424亿立方米,多年平均年蒸发量751毫米,多年平均气温7.6摄氏度,多年平均相对湿度62%。最大冻土深166厘米,多年平均年日照时数2 627.9小时,多年平均风速3.3米每秒,最大风速24米每秒,年无霜期153天。

流域内有耕地3.6万公顷,人口15.8万。

新中国成立后凡河流域发生过1953、1994和1995年大洪水,造成洪灾损失。

流域内建有水库7座,其中**榛子岭水库**是一座大型综合利用水库,总库容2.1亿立方米;防洪堤20.6千米,其中左堤10.2千米,右堤10.4千米,防洪标准达到10年一遇,河口回水堤防洪标准达到20年一遇;另有拦河坝6座,灌溉面积2.32万公顷。

纪 实

上游 由源头至榛子岭坝址为上游段,河道长42千米,两岸山峦起伏,山势陡峻,溪谷密布,河谷平均宽度约150米,河床宽约30米。两岸山林葱郁,植被为人工林、天然灌木林,林地占总面积的90%,盛产山菜、野果和野生药材,榛子岭产的榛子品质优良,曾被封为清宫贡品。1999年当地对凡河苏家屯险段实施了裁弯取直除

凡河风光

险工程,开挖新河980米,两侧筑堤,使苏家屯险段脱险,河水畅通。

中游 榛子岭到哈大公路为中游河段,河长56.6千米。此河段两岸为丘陵地带,沿河文物古迹较多,有黄带纹辅国公墓碑、青龙山城、观音阁山城、朝阳洞石刻及小屯李氏家族墓石像生等。

黄带纹辅国公墓位于大甸子镇北2千米处,立于清康熙二十二年,由碑座、碑身、碑额三部分构成。碑座系一长3.1米、高1米的龟趺;碑额为相互盘绕的双螭,上凿九眼,俗称"九眼透龙碑",额正中刻"敕建"二字;碑身文字为康熙皇帝撰文。

青龙山城位于催阵堡乡张楼子村西南2千米的青龙山上,系高句丽山城遗址,沿山脊以土修筑,有南北二门,北门有瓮城结构。南北二壁中部修马道一条,由下至上,盘旋入城。城内分东西两部分,东部平坦,遗物较多,主要有菱格纹、方格纹板瓦,瓦头均削一刀,形体厚重,火候甚高,瓦质坚硬。

观音阁山城位于催阵堡乡西北3千米处的凹字形山谷中,南临凡河,系高句丽山城遗址,山城沿山脊修筑,周长约5千米,石筑,残高2~3米。城墙内侧为马道,宽约5米,南北

各一门，城内东部山坡上存清代观音庙一座。

朝阳洞石刻及三清宝殿寺位于催阵堡乡东约3.5千米的青云山中，约建于康熙年间。朝阳洞洞口宽约8米，高2米，深约5米，洞前曾修大雄宝殿3间，现已不存，仅存石碑两甬，洞周四壁刻有"松风月下""一步登天""洞中天"等题记。

小屯李氏家族墓石像生位于催阵堡乡小屯村西南1千米处，系明代石刻。墓早年破坏，现仅存墓前石像生，有石人、石马、石羊等，石人为文武二臣，文臣宽衣博带，怀抱玉板；武臣身着铠甲，右手持剑；马、羊皆为卧姿，通体造型比例适当，线条简洁粗犷，不乏古拙之美。

下游 凡河公路桥至河口为下游段，属平原和过渡地带，河道有明显的平原河道特征，河谷较宽，断面较大，河道比降和水流流速都比较小，河道淤积明显，河曲发育，主河道两侧有宽阔的上迭式阶地，阶地面较平整。两岸土质肥沃，主要农作物为水稻、玉米、大豆，是铁岭县重要的商品粮基地。

凡河生态建设工程

凡河之北为今铁岭县凡河乡大凡河村，有古城遗址。凡河城历史悠久，从遗址推断为前汉襄平县公孙废城，辽、金时期称为贵德州，明朝时称为金州，亦称凡河千户所。凡河城历来为军事重镇，史书中记载，明朝万历八年（1580年）"凡河城钦依备御都指挥高子衢"。备御都指挥为正三品武职，从守城军官职位之高可见该城的重要地位。明朝万历四十六年（1618年），凡河城与其他许多城堡被后金攻陷，城池被毁，人畜财物被掠，凡河城从此骤然衰落。

2.20.1　榛子岭水库
(Zhenziling Reservoir)

凡河上的以防洪为主，兼顾灌溉、养鱼、发电、旅游等综合利用的大型水利枢纽工程，位于辽宁省铁岭县鸡冠山乡境内，坝址距铁岭市区47千米。

水库库区

水库于1975年3月开工，1979年9月建成。工程按100年一遇洪水设计，可能最大洪水校核；总库容2.1亿立方米，其中防洪库容0.93亿立方米，兴利库容1.24亿立方米，多年调节水量0.866亿立方米。

枢纽工程由大坝、溢洪道、输水洞、水电站4部分组成。大坝为黏土心墙坝，坝高35.8米，坝长365米，坝顶宽5米。溢洪道分主溢洪道和非常溢洪道，主溢洪道为开敞式，最大泄洪流量2130立方米每秒；非常溢洪道在主溢洪道右侧，设黏土斜墙防渗的土坝挡水，库水位达千年水位时自溃式破坝。输水洞为有压圆形隧洞，最大过流量129立方米每秒。一级电站安装3台机组，总装机容量2400千瓦；二级电站安装3台机组，总装机容量600千瓦。

水库坝址距河源40.7千米，水库集水面积369平方千米，约占全流域面积的37%。

库区以上为低山区地带，山峰高程一般在415～669米，多处岩石裸露，两岸陡峭，属侏罗系、白垩系地层。主河道为V形河槽，上中游河床以砾石、粗砂为主，主河槽宽约50～100米。2005年在河流源头和水库淹没区周围划定水源涵养林面积2.4万公顷，占凡河流域现有森林面积的48%。其中，水库库区周围有森林面积1万公顷，森林覆盖率达20%以上。

凡河干流较短，丰枯流量相差很大。近30年的统计，洪峰流量大时可达2390立方米每秒，而枯水时则经常断流。因此，榛子岭水库对调节凡河下游的河道流量发挥着很大的作用。

榛子岭水库坝址以上左侧有业尔兴河、哈尔边河两条支流入库，右侧有下峪河、路沟河、温池河3条支流入库。入库河流径流多年平均含沙量0.4千克每立方米，属少沙河流。

水库下游防洪标准为5年一遇至10年一遇，新中国成立后5次较大洪水，通过水库调节，削减洪峰均在50%左右。

水库灌溉面积0.42万公顷，养鱼水面867公顷，年产商品鱼39万千克。

2.21　拉马河
(Lama River)

辽河下游右岸支流，发源于辽宁省沈阳市法库县慈恩寺乡门家沟，流经五台子、依牛卜、十间房、大孤家子、冯贝卜等乡镇，在铁岭市铁岭县阿吉乡陈平村汇入辽河。河长59千米，流域面积为786.85平方千米，为季节性河流。

流域处于低山丘陵区，海拔200～300米，河道流程短、坡陡，沿岸植被少。

流域属于温带大陆性季风气候，多年平均年降水量620毫米，6—8月降水量占全年的60%以上，年蒸发量810毫米。

洪水泛滥给两岸造成灾害，1985年洪水淹地800公顷，1986年7月14日暴雨造成堤防决口，淹地1000公顷。

在拉马河上游有尚屯水库，集水面积238平方千米，总库容0.856亿立方米，最大泄洪流量197.8立方米每秒；支流小岭河上游有牛其堡水库，控制流域面积65.8平方千米，总库容0.198亿立方米，最大泄洪流量163.6立方米每秒。

1974年，法库县对拉马河进行了全面整治，使大孤家子镇、冯贝卜乡境内河段达到了20年一遇防洪标准。拉马河防洪工程保护耕地4万公顷、人口2.3万。

拉马河以尚屯水库坝址为界，分为上、下游两段。上游段由慈恩寺乡于家沟村至尚屯水库，为低山丘陵地区，属季节性河流；下游段尚屯水库坝址至河口，地势较为平坦，河水主要来源于尚屯水库泄洪和灌区排水以及牛其堡水库泄洪。

尚屯水库已成为沈阳市的风景旅游区。尚屯灌区始建于1958年，位于十间房乡尚屯村，灌溉面积6000公顷。

2.22 石佛寺水库
(Shifosi Reservoir)

辽河下游干流上的大型平原滞洪水利枢纽工程,位于辽宁省沈阳市新城子区、法库县和铁岭市铁岭县境内。水库按100年一遇洪水设计,300年一遇洪水校核;总库容1.85亿立方米,滞洪库容1.6亿立方米;坝址以上集水面积16.48万平方千米,坝址距沈阳市区约40千米。

概 述

水库是辽河下游干流防洪体系的组成部分,2003年5月底开工,2006年10月竣工。

主体工程由主坝、副坝及防护堤、泄洪闸、穿堤建筑物、支流改造整治5部分组成。主坝总长12.44千米,其中新筑坝段长10.94千米,与辽河大堤结合段1.51千米;坝型为均质土坝,最大坝高12.10米,坝顶宽6米。副坝在原堤防除高度外按副坝标准施工基础上加高培厚,分为左岸副坝和右岸副坝。左岸副坝长9 307米,坝型为均质土坝,最大坝高8.2米,坝顶宽6米。右岸副坝长3 530米,坝型为均质土坝,最大坝高8.1米,坝顶宽6米。防护堤长17 116米,为均质土堤,最大堤高7米,堤顶宽6米。泄洪闸布置在主坝右端的主河槽左侧上,闸轴线与主河道基本垂直,闸两端与主坝连接。闸净宽200米,总宽248.5米,设有16孔平顶堰,每孔净宽12.5米,最大泄流量7 932立方米每秒。

石佛寺水库枢纽一期工程泄洪闸全景图

由于水库的建设,有多座提水站、排水站、穿堤涵闸进行了搬迁或改建,辽河干流上的**拉马河**、胜利河、西小河、万泉河等支流也受到了影响,因此分别进行了改建和整治。

水库使其下游防洪标准由30年一遇提高到100年一遇,沈山铁路、巨流河铁路桥的防洪标准亦可提高到300年一遇。对超过100年一遇标准的大洪水,可削减洪峰,减轻下游洪水灾害,从而保护下游辽河两岸28.7万公顷耕地和235.4万人的生命财产安全,保护辽河油田、沈山铁路、沈山公路、输油管线、国际国内通信干线等国家重要工矿企业和大型基础设施。

水库坝址以上流域面积16.48万平方千米,其中福德店东辽河汇入口以上流域面积为13.52万平方千米,福德店至石佛寺坝址区间面积为2.96万平方千米。福德店以上辽河的洪水与以下区间洪水不遭遇,水库入库洪水主要来自区间左侧支流洪水。

水库的主要任务是完善水库以下辽河干流的防洪体系,在现有堤防的情况下,通过与区间左岸支流上的**南城子水库**、**清河水库**、**柴河水库**和**榛子岭水库**的联合调度,控制石佛寺水库的下泄洪水流量。当水库坝址处洪峰流量超过5 500立方米每秒时,控制泄流量使下游不超过5 500立方米每秒;当水库遭遇100年一遇设计洪水时,水库控制泄流量不大于入库洪峰流量。石佛寺水库以下辽河干流的防洪标准由30年一遇提高到100年一遇,可防御历史最大洪水,并使盘锦市主城区达到200年一遇防洪标准。

水库曾比较了三个坝址,在满足主要任务的前提下,考虑尽量减少淹没损失和为增大库容留有较大余地(考虑北水南调)又不影响铁岭市区的安全选定了现坝址。避开了724厂的实验弹靶场和锡伯族乡少数民族动迁难题,同时避免了珠尔山坝址库区回水及库尾泥沙淤积对铁岭市区的威胁。

水库是由堤坝围起的河道式狭长水库。设计洪水位时,水库水面长度21.17千米,水面面积50.14平方千米。水库的左岸有供沈阳市沈北新区的地下水水源地,可利用地表水和地下水联合调度,向沈北新区供水20万吨每日。

石佛寺库区生态工程

库周都是平原,库岸土地肥沃,人口密集,库尾左岸是铁岭市,市区有人口45万,地区生产总值72亿元;库尾右岸是调兵山市,是重要的煤炭生产基地。沈北新区紧靠坝下左岸,是沈阳市的工业开发区。工农业较发达,交通方便,是粮食和蔬菜的主要产区。

2.23 秀水河
(Xiushui River)

辽河下游右岸支流,发源于内蒙古自治区科尔沁左翼后旗白音花乡大官营子村的沙丘坨甸中,海拔250米,流经科尔沁左翼后旗、沈阳市康平县、法库县、新民市,在新民市辽滨塔汇入辽河。河长184千米,流域面积3 002平方千米。

流域地势由西北向东南倾斜,上游多山丘,中下游地势平坦,局部有沙丘,山丘区占总面积的33%。秀水河河道断面宽浅,平均比降1.1‰,坡陡流急,洪水期间河道冲淤变化大,洪水涨落快。

流域地处温带大陆性季风气候区,雨热同期,冬季寒冷漫长,春秋季短,平原风大;多年平均年降水量650毫米,年蒸发量900毫米左右,多年平均年径流量1.89亿立方米。据资料统计,1949—2000年间秀水河发生洪峰流量大于300立方米每秒的洪水5次,其中1951年和1954年分别达924立方米每秒和731立方米每秒。

流域已建穿堤工程9处,跨河桥3座;建有花古窝堡、獾子洞、尖山子、三合成、拉马章等5座中型水库和3座小型水库;堤防长136.056千米,其中左岸75.386千米,右岸60.67千米。

秀水河上游穿行在沙丘坨甸中,有五家子河、地河和永安河等小河汇入，属风蚀地区，以牧业为主；东行进入沈阳市康平县，在其支流上建有花古水库（总库容0.24亿立方米）；继续南行进入法库县，在其支流上建有尖山子水库（总库容0.23亿立方米）、三合成水库（总库容0.1184亿立方米）、獾子洞水库（总库容0.4亿立方米），法库县是全国商品粮基地县。法库县五龙山风景区在河的左侧。

秀水河南行进入新民市，原穿行于新民市公主屯镇，1948年春，由公主屯桥南至关家窝堡挖新河7千米，改道由公主屯东南偏行。公主屯的名字源于五代末年，赵匡胤陈桥兵变，与周太祖郭威展开了争夺天下的战争，在一次战役中郭威的官兵冲散了赵匡胤的一家，赵匡胤的母亲领着十六岁的女儿逃到了八家子村，赵匡胤坐天下后，寻找母亲和妹妹，此时，母亲已故，只找到了妹妹，后封八家子为公主屯。

秀水河下游河畔有辽滨古城和辽滨塔。辽滨古城为方形，占地约11万平方米，城墙用土夯成，有南北两座城门。辽滨塔建成在古城址西南的平岗上，用砖砌成，八角十三层，实心密檐式，塔高约44米，塔身每面有佛龛，雕有坐佛，佛像的上方有两名飞天翩翩起舞。辽滨塔古城是古代著名的渡口和交通要道，为兵家必争之地，东晋时期，这里已经成为军事重镇，辽代在这里设立了辽州治所，还从蓟州（今天津市蓟县）大批移民，后来长期的战乱使这座繁华古城遭到严重破坏。

辽滨塔

2.24 养息牧河
(Yangximu River)

辽河下游右岸支流，古时名五道河，又名杨柽木河。发源于辽宁省阜新市彰武县章古台镇西大一间房，流经彰武县、新民市，于新民市高台子乡汇入辽河。河长106.7千米，流域面积1 861平方千米。

养息牧河上游为二道河，在二道河子乡附近先后纳三道河、地河，始称养息牧河。该河大部分河段流经丘陵区，左侧为**秀水河**，右侧为**柳河**；河宽70～150米，河道比降0.78‰，多年平均年径流量0.863亿立方米，河床多为细砂。

流域属温带大陆性季风气候，雨热同期，日照多，冬季寒冷期长，春秋季短，平原风大；多年平均年降水量650毫米，7、8月降水量占全年的50%左右，多年平均年蒸发量965毫米。

养息牧河下游流经新民市河段建有堤防，保护耕地0.93万公顷、人口6.3万的防洪安全。

养息牧河源头章古台附近，历史上曾是水草丰茂的森林草原地带，由于长期的不合理开发利用，使这一地区自然环境遭到严重破坏，形成了大面积沙质荒漠化土地，每当季风频吹之际，流沙随风滚动，埋没村庄、农田，阻塞交通，严重影响当地人民群众的生产生活。新中国成立后，对此地进行荒漠化治理，在章古台建立了辽宁省固沙造林研究所，引进了樟子松、油松、赤松、日本落叶松、云杉等针叶树种，营造固沙林、农防林、牧防林、种子林、混交林等2 300公顷。流沙固定和沙地樟子松造林等科技研究成果在国内进行了推广。"章古台固沙造林技术"已作为经典模式载入中国林业史册，其固沙造林的成果，极大地改善了当地生态环境，昔日黄沙滚滚，如今林茂粮丰。目前，一个以松、杨为主体的综合防护体系已经形成，纵横交错的绿色屏障有效地保护着农田、牧场，森林覆被率得到了极大的提高。轮耕地变成了固耕田，人民的生产生活条件得到了根本性改变，"黄龙"肆虐的日子一去不复返，郁郁葱葱的林海松涛，已成为中外游人考察观光的佳地。

养息牧河下游两岸土地肥沃，已建成重要产粮区和经济作物生产区，同时也是重要商品粮基地。

2.25 柳河
(Liuhe River)

辽河下游右岸支流，辽、金、元代称羊肠河，清初始称柳河。发源于内蒙古自治区奈曼旗新镇双山子东坡，流经自治区的奈曼、库伦旗和辽宁省的阜新、彰武、新民等市县，于新民市关家窝堡南入辽河。河长253千米，流域面积5 791平方千米。

概　　述

流域以其支流**养畜牧河**为界，南部为黄土丘陵沟壑区，属燕山余脉；北部为沙丘坨甸区，属科尔沁沙地，地势由西南向东北倾斜。主要土壤为黄土和粉砂质壤土。

流域气候属温带大陆性季风气候，多年平均气温7.1摄氏度，年无霜期152天，多年平均日照时数2 814小时，平均冻土层深1.11米。多年平均年降水量506.7毫米，降水多集中在6—9月，降水量约占全年的75%～80%，且多以暴雨形式出现，多年平均年径流量3.57亿立方米，多年平均年蒸发量979.6毫米。

流域降水量由南至北呈递减趋势，年际变化较大，年内降水时空分配不均。上游流域内山荒岭秃、沟壑纵横，植被率只有27%左右，沟壑密度为2～3千米每平方千米，沙丘流动，面蚀沟蚀强烈，水蚀、风蚀并存，水土流失严重。柳河是一条多沙河流，河道多年平均年输沙量闹德海站为1 085.7万吨，新民站为517.3万吨，导致河床不断淤高展宽。

柳河主要支流有铁牛河、养畜牧河、大清沟、小清沟等，现已治理柳河险工险段36处，修丁坝183座、堤防15.8千米。1983年柳河流域上游被列为全国八大水土流失重点治理区之一，经过水土保持措施的实施，上游区水土流失和下游区洪水灾害明显减少。

流域有**闹德海水库**（大型）、**大清沟水库**、漠河沟水库、小清沟水库等16座水库。

纪　　实

上游　源头至闹德海水库大坝为上游段，河长122千米，源头海拔546.6米。

柳河的上游段叫扣河子河，也叫厚很河。柳河源流先后在石门子拦沙坝以东纳铁牛河，在张家洼子北纳养畜牧河。干流蜿蜒曲折，河槽为宽浅型，支流比降陡，流速较大，下泄水流泥沙含量大，是柳河洪水泥沙的主要来源。河流两岸多黄土低山丘陵，相对高程50～200米，土壤多为轻壤土、亚沙土和风砂土，平均土壤侵蚀模数为2 380吨每平方千米，水土流失严重。支流养畜牧河左岸为科尔沁沙地，沙丘坨甸相间，右岸为沙化漫岗丘陵，以风力侵蚀为主。

为了减轻柳河下游泥沙的危害在上游各河上均建有拦沙坝，扣河子河上的石门子、铁牛河上的白庙子、养畜牧河上的三家子等拦沙堰对调沙都起到了一定作用。闹德海水库原系日伪时期建成的大型拦沙堰，新中国成立后经过扩建，使其成为一座滞沙、滞洪和供水的大型水库。

中游 闹德海水库坝址至新民市界为柳河中游段，河宽500~1 200米，河道比降1.2‰~1.9‰。区间有大清沟、小清沟、蛤蟆屯、盘山楼等支流汇入。两岸为平原和洼地，土质为粉砂土，沿河谷地有风积沙丘覆盖，河槽为宽浅型，河水清澈，流经彰武县9个乡镇。两岸村庄稠密，是重要产粮区，也是防汛重点区。柳河出闹德海水库下游50千米，即通过彰武县县城西侧，泥沙淤积使河床高于县城街道1米多，并有多处险工。

柳河彰武县段

下游 柳河于新民市于家窝堡乡北边屯流入新民市境后为下游段，流经于家窝堡、大柳屯、高台子、新柳、西城、周坨子、梁山、柳河沟8个乡（镇、街道），在西城街道办事处王家窝堡汇入辽河。这是1964年改道后才形成的河道。新民市地处柳河下游和河口地段，受水沙之害严重。1840—1964年，此段河流以沈山铁路为界，以上改道8次，以下改道9次。

柳河上游水土流失较重，风沙弥漫，生态环境较差，同时造成下游河道淤积严重。柳河河底高于新民市城区干道8米，并出现过柳河下游泥沙堵塞辽河现象。通过采用工程措施与生物措施相结合的治理模式，固定中下游段的河道，增加了农田水利建设，提高了治涝标准和灌溉能力，使新民市成为国家商品粮基地，国家优质大米和商品鱼开发基地。

2.25.1 养畜牧河

(Yangxumu River)

柳河左岸支流，辽代称羊肠河，清代称养息牧河。发源于内蒙古自治区库伦旗平安乡五星村东南山顶，流经平安乡、六家子镇、哈尔稿苏木、养畜牧苏木、三家子镇，于剌林子村东北注入柳河。河长103千米，流域面积828平方千米。

流域地处燕山北部山地向科尔沁沙地过渡地段，上游浅山连绵，中下游丘陵起伏；地势西南高，东北低，海拔190~626.5米。

流域多年平均气温6.6摄氏度，多年平均年降水量400~450毫米，年无霜期140~150天，年日照时数3 100小时，平均风速4.2米每秒。

河道基本顺直，无大的弯曲，河道平均比降2.7‰。支流均发源于右岸低山丘陵区，左岸坨甸沙地无支流汇入。多年平均年径流量1.39亿立方米，多年平均年输沙量678千克每秒。莫河沟水库以上为上游，河道两岸多山，植被多为松树，水库以下平原区，两岸多为牧草地。

流域自然灾害为风沙、干旱等。

流域内主要矿藏有铁、铜、锌、金等，建有漠河沟水库、道老都水库及三家子拦沙堰等水利工程。库伦旗粮食作物主要有玉米、高粱、水稻、谷子、荞麦，特别是库伦荞麦以种植面积大、产量高、色白、味香闻名国内外，被誉为"荞麦之乡"，荞麦系列产品远销日本、韩国等国家和地区。

兴源寺

库伦镇为库伦旗政府所在地。该旗元代属中书省管辖，明初属大宁卫，明崇祯六年（1633年）属阿升希日巴喇嘛领地，称曼殊希礼库伦，至清中叶成小镇规模；1947年成立库伦镇政府，属通辽市管辖。库伦镇的兴源寺建于1649年，寺额为顺治皇帝所赐。该寺占地面积2 400平方米，由正殿、天王殿、山门、配殿和钟鼓楼等组成，规模宏大，气势雄伟，香火曾盛极一时，正殿内有六十四根松木盘龙明柱，一柱一龙，龙龙异势，地中心石刻"四龙戏火炉"，据考证为元朝之物。

2002年流域中下游左岸建有县级库伦天然林保护区，面积7 000公顷，主要保护对象为天然疏林地。

2.25.2 闹德海水库

(Naodehai Reservoir)

柳河中游一座具有科研、防洪滞沙、工农业和城市供水等综合利用的大型水利枢纽工程，位于辽宁省阜新市彰武县与内蒙古自治区通辽市库伦旗交界处；坝址距彰武县城60千米。

概　述

水库按100年一遇洪水设计，1 000年一遇洪水校核；总库容2.17亿立方米，兴利库容0.47亿立方米；坝址以上集水面积4 051平方千米。

枢纽工程由挡水坝、溢流坝及排砂泄洪孔等组成。挡水坝为混凝土重力式，总长98米，其中溢流坝长75米，坝高41.5米，设2个1.7米×1.85米的排砂泄洪中孔和5个1.7米×2.35米的排砂泄洪底孔。

水库承担着彰武、新民两座城市，沈山、大郑、高新三条铁路及沈山、沈承两条公路，"八三"输油管路和10万公顷农田的防洪保安任务；每年和**清河水库**、**柴河水库**联合调度，向**辽河**下游的盘锦、台安等地的水田提供农业用水5 000万~7 000万立方米；2003年以后，水库每天向阜新市提供工业及城市生活用水10万立方米。

纪　实

"闹德海"为蒙古语"敖套壕"的译音，意为"白沙湾子"。水库上游干支流上设有石门子水文站、白庙子水文站及三家子水文站，总控制流域面积3 571平方千米，3站至大坝区间尚有480平方千米的流域面积未控制。

水库坝址以上流域内地势起伏不平、沟壑纵横、沙丘连绵、植被稀疏（植被覆盖率仅在23%左右），其中山地面积占42%，丘陵占32%，沙丘占14%，平原占12%。

水库为河道型水库，水库库区呈西北东南走向，为一狭长的水域，从库尾到坝址长达30千米，坝址附近是峡谷地段，河道呈S形弯曲，两岸山岩陡立，河谷宽60～100米，人称"塞北小三峡"。逆流而上，峰回路转，便到了开阔段，河宽200～300米，滩高1米，河道较顺直。再向上河道呈S形弯，滩高1～3米，两岸滩间距可达1 200～1 500米，是"大肚子"河段。枯水期，嶙峋的河床裸露，盈水期则一湾碧水荡漾眼前。

库区北岸是一望无际的科尔沁沙漠边缘地带，遍野黄沙，时倔时柔；南岸是国营胜利机械化林场，各种树木遥相呼应，郁郁葱葱，两岸相对，风格迥异，令人叫绝。大坝泄洪时，水声如雷鸣轰轰，水势如蛟龙升腾，蔚为壮观。

水库原名闹德海堰堤，是一座无闸门控制的滞洪拦沙混凝土堰堤。1938—1942年由伪满洲国交通部直属的彰武治水工程处修建，按50年一遇洪水设计，100年一遇洪水进行校核。新中国成立后，水库分别于1965、1970、1991—1994、2007—2009年进行了加固、改建和除险加固，使设计防洪标准提高到100年一遇，并开始向盘锦、营口等地区提供农业灌溉用水。

水库运行方式分为两个阶段：1942—1970年为第一阶段，是滞洪排沙，全年敞泄；1971年以后为第二阶段，冬蓄春放、汛期敞排。每年春季5月开闸向辽河下游供水5 000万～7 000万立方米，汛期敞泄，10月初落闸蓄水，此运行方式荣获国家重大科技进步奖。1995年以后为了充分利用水资源，又在实验基础上不断延长蓄水期，并取得可喜成果。

水库是全国29所泥沙试验的大型水库之一。水库入库站多年平均输沙量1 047万吨，多年平均含沙量43.1千克每立方米，最大瞬时含沙量达1 440千克每立方米。**养畜牧河**三家子站多年平均年输沙量298.3万吨，最大瞬时含沙量1 580千克每立方米。铁牛河白庙子站多年平均年输沙量160.8万吨，最大瞬时含沙量1 030千克每立方米。水库多年泥沙实验积累的珍贵资料，不仅为闹德海水库提高汛限水位、延长蓄水期、提高工程效益提供了科学依据，同时也为相关水库提供了宝贵的经验。

水库虽然每年要接纳大量泥沙，但水库水质较好，一直符合国家地面水Ⅱ类水质标准，每年源源不断地为阜新人民提供优质水源。

2.25.3 大清沟水库
(Daqinggou Reservoir)

柳河左岸支流大清沟上的以农业灌溉为主，兼顾防洪、水产养殖、旅游开发等综合利用的中型水库，位于辽宁省彰武县大冷乡境内，坝址距彰武县城45千米。

水库按100年一遇洪水设计，1 000年一遇洪水校核；总库容1 120万立方米，防洪库容216万立方米，兴利库容625万立方米；坝址以上集水面积287平方千米。

工程由大坝、溢洪道、输水洞3部分组成。大坝为粉细砂均质坝，最大坝高23.5米，坝长320米，坝顶宽7米。输水洞为矩形断面，单孔，洞高1.6米，宽1.5米，全长2 167米，最大过流量9立方米每秒。溢洪道位于输水洞右侧，最大泄流量9立方米每秒。

水库于1958年4月开工，当年11月竣工，按小（1）型水库规模建设。1972年3月，水库按中型规模扩建，1974年6月竣工。2004年鉴定，水库经多年运行，各部存在不同程度的损坏，为病险库，需进行全面除险加固。

水库防洪保护下游沿岸乡镇13万人、0.73万公顷耕地以及大郑铁路和101国道公路桥的安全。

因大清沟水库输水洞与小清沟水库（柳河支流小清沟上的小型水库）相连，所以两库在灌溉上联合运用，灌溉面积1 333公顷，农业灌溉年供水2 000万立方米。大清沟水库养鱼水面93公顷，多年年均产商品鱼60吨。

水库位于大清沟下游，坝址以上河长26千米，位于内蒙古科尔沁沙地延伸地带，然而大清沟是一条景色独特的河流：沟顶宽200～300米，沟深竟达50～100米，沟内林涛起伏，苍郁青翠，鸟语花香，沟水碧绿，长年不断，宛如镶嵌在千里皓沙中的一块宝石。

大清沟水库及其上游是原始林区，为国家级自然保护区，面积0.85万公顷，其中林地面积0.72万公顷，森林覆盖率达85%。沟内已查明的动植物有700多种，其中树木有水曲柳、黄波罗、紫椴、椿树、五角枫、蒙古栎等，中药材有贯众、天麻、防风等，动物有狐狸，鸟类有金雕鸟、黑枕黄鹂、棕头鸦鸟等。

大清沟有三奇：大清沟沟底水流不大，却长年流水，从不结冰，冬暖夏凉，气温-30摄氏度时，沟里仍生长山芹菜，数九寒冬时节，仍然跃动着绿色的生命；盛夏时节，沟外烈日炎炎，沟内却时而下起牛毛细雨。茫茫八百里沙海中一条绿色的沟，既有山水之灵秀，且动植物种类繁多，堪称天下神奇！

大清沟风光

大清沟还有三怪：沟内有 96 种鸟类，唯独没有乌鸦；沟内虽有碗口大小的蛤蟆，但从来没有人听到过它的叫声，而在小清沟里却时常叫个不停；有一种鸟叫羊山登，它在大清沟内是在树上筑巢，在小清沟却是在沟坡上筑巢。

2.26 太平河
(Taiping River)

辽河 下游右岸支流，现已成为辽河及**绕阳河**中间地区的一条灌溉排水渠道。

太平河

太平河发源于辽宁省盘锦市盘山县高升镇文奎屯南，流经 6 个场（乡、镇），在新生街道南汇入辽河。全长 41.6 千米，流域面积 177.5 平方千米。该河是一条潮汐性河流，枯水期受潮水控制。

太平河位于辽宁省盘锦市中部，流域范围东经 121°54′～122°11′，北纬 41°08′～41°21′。流域属辽河冲积平原，地势东北高，西南低，地面低洼平坦，土质盐碱，属"九河下梢，十年九涝"之地。

流域属温带大陆性季风气候，四季分明，多年平均气温 8.4 摄氏度，年无霜期 172 天，多年平均年降水量 624 毫米，7、8 月降水量占全年降水量的 52%，多年平均年径流量 0.018 亿立方米，结冻期约 110 天。

太平河河道平均宽 50～80 米，现有堤防长 28.5 千米，堤防防洪标准 10 年一遇，流量 128 立方米每秒。

太平河具有排水和灌溉双重功能，沿河较大的排灌站有 6 座，排灌面积近 27 平方千米，对于农业发展起到了重要作用。太平乡是著名的盘锦大米和盘锦中华绒毛蟹产地之一。

为了防止潮水倒灌，改善水质，1987 年在太平河口建起一座节制闸，称太平河闸，最大泄流量 61.46 立方米每秒，建闸后，其下游 2 千米长的河道及周边地区建成了太平河风光带，春夏之际，树木成荫，鸟语花香，成了盘锦市一大旅游景点，是人们休闲娱乐的好去处。

1995 年辽河大水，由于外洪顶托，内水下泄不畅，太平河堤多处遭遇险情，经人民群众奋力抢险，太平河终保太平。

2.27 绕阳河
(Raoyang River)

辽河右岸最下游的支流，辽代称锥子河，明代称珠子河，清初名乐洋河。发源于辽宁省阜新蒙古族自治县扎兰营子乡查哈尔山，流经阜新、彰武、新民、黑山、辽中、台安、北镇、盘山 8 个县（市），在盘山县万金滩南交界处汇入辽河（辽河入海段也称双台子河）。河长 290.4 千米，流域面积 10 483 平方千米。

概　述

流域范围　绕阳河流域位于辽宁省中部平原区的西侧，医巫闾山以东，地理位置为东经 121°54′～121°49′，北纬 42°32′～41°05′。

地貌　流域西北高东南低，呈扇形坡面。地形上可分为低山区、丘陵漫岗区和冲积平原区。

低山区分布在干流及右侧支流的上游地区，面积约为 1 490 平方千米，占流域面积的 14.2%；地面高程 300～800 米，地面坡度 30～45 度，土质多黄土、砂壤土，植被覆盖率约 40%，水土流失严重，是洪水、泥沙的主要来源地区。

丘陵漫岗区分布在干流兴隆山以上、支流**东沙河**新立屯以上、西沙河中安堡以上及间阳石山等地区，面积 3 020 平方千米，占流域面积的 29%；地面高程在 100～300 米，植被覆盖率 30%～40%；沟壑发育，密度为 0.5～2.0 千米每平方千米，沟深 10～30 米，沟壁陡立，水土流失较重，亦是洪水泥沙的主要来源地区。

冲积平原区分布在沈山铁路线以南干支流的中下游地区，面积 5 973 平方千米，占流域面积的 56.7%。沈山铁路至龙家堡段地面高程多在 50 米以下，地势低洼，易遭受洪涝灾害。龙家堡至河口段地势平坦，高程多在 2～3 米，分布有大片的苇田和湿地。

河流水系　绕阳河东白城子以上，河长 96.6 千米，流域面积 2 081 平方千米，东白城子以下河长 193.8 千米，流域面积 8 402 平方千米。主要支流有押京河、鸡鹉河、苇塘河、二道河、沙河子、东沙河、庞家河、**羊肠河**、西沙河、黑鱼沟河、**锦盘河**、丰屯河，在左岸有较大排水干渠邵绕、马连杆、袁海亮、贺家和辽绕排干等。

绕阳河水系示意图

气候水文　流域属大陆性季风气候，春季干旱多风，夏季炎热多雨，冬季寒冷少雪，多年平均气温 7.8 摄氏度，最高气温 38.5 摄氏度，最低气温 −31.5 摄氏度，年无霜期 160 天左右，年日照时数 2 800 小时，平均冻土深 1.2 米。流域多年平均年降水量 450～550 毫米，降水年际分配极不均匀，最大年降水量 928 毫米，最小年降水量 269 毫米，年内降水主要集中在汛期，占全年的 70% 左右。多年平均年径流量 2.586 亿立方米，多年平均年蒸发量870～1 200毫米。流域内春夏季多西南风，冬季多西北风，最大风速达24.0米每秒。绕阳河流域先后设立水文站24处，水位站16处，雨量站73处。

经济社会 据2000年统计资料，绕阳河流域总人口218.25万，其中城镇人口44.97万；工业总产值143.53亿元，农业总产值93.29亿元。

水旱灾害 绕阳河中下游地区极易遭受洪水灾害，近70年来，有10年发生较大洪水。

在大郑铁路至沈山铁路之间绕阳河河道经常因洪水而改道。1930年以前，东白城子以下河段就有5次改道。1930年绕阳河洪水淹没耕地19.13万公顷，损失粮食1.87亿千克。1949年洪水淹没耕地11.41公顷，冲坏铁路桥梁18座，冲毁铁路线长共计23.4千米，中断行车151小时。1950年洪水淹没耕地13.2万公顷，冲坏铁路桥梁4座，冲毁铁路线20.4千米，中断行车162小时。

治理与开发 绕阳河在清乾隆四十二年（1777年）已建有防洪堤；东白城子至绕阳河河口现有堤防总长312千米，其中左岸堤防长165千米，右岸堤防长147千米。

绕阳河及其支流回水段共建有排涝站169座，其中干流上62座，支流回水堤上107座；在中下游建有郑家闸、红旗闸和万金滩闸等拦河枢纽工程。

纪　　实

绕阳河出源头，流向东南，过韩家杖子水文站后，为阜新县和彰武县的界河。在武峰镇西北左岸纳入苇塘河，右岸纳入二道河后穿过大郑线铁路。上游段土质多为黄土和砂壤土，很少岩石显露，水土流失严重，东白城子站多年平均含沙量达12.5千克每立方米。1951—1953年曾进行大规模治理，修建谷坊，堵截山沟，改缓沟道坡降，植树造林，增加覆被率，以减少水土流失。

在上游区域的阜新市是规模较大的煤矿区，其中有著名的阜新露天矿。

查海遗址是中国北方目前发现时代最早、保存较完整的一处史前新石器时代早期阶段聚落遗址。查海遗址作为中国北方辽河流域农业重要发源地，既是红山文化的发祥地之一，也是中华民族龙形象作为原始宗教图腾的诞生地。著名考古学家苏秉琦为查海遗址题词："玉龙故乡，文明发端。"

绕阳河过大郑线铁路，南流，为新民市和黑山县的界河，在新民市境内拦截4条横向排水干沟（大龙湾、二龙湾、三龙湾和四龙湾）之水入绕阳河。绕阳河续流，先后穿过高新线、沈山线铁路和京沈高速公路。这一段河宽100～400米，水深1.0～2.4米，河道比降1‰～0.5‰。在沈山线铁路以北3千米处，当地曾进行过河道裁弯工程。据记载1882—1930年间，绕阳河在黑山县境内曾发生过6次大的河道改道。在沈山线铁路以南18千米处，河道上建有郑家闸，回水距铁路桥下8千米。1954—1967年间，由于泥沙淤积，曾两次抬高沈山线铁路桥桥面。1967年和1974年两次对郑家闸至沈山线路桥间的河道进行疏浚。

明清时期，绕阳河过大红旗南流至海城牛庄西北入辽河，当时三岔河原名指的辽河、**太子河**和珠子河（即绕阳河）三河汇合处。后来双台子河形成后，绕阳河下游西移，经高升镇东莲花泡入双台子河。1940年日伪时期开挖15千米水道将绕阳河改道进入东沙河。新中国成立后，1950—1953年在台安县甄家窝堡将绕阳河旧道堵死，河道西移，纳东沙河后西南流，纳羊肠河、西沙河，穿越沟海铁路再纳黑鱼沟河，于万金滩东南汇入辽河。

沿河两岸有辽河油田、辽河化肥厂及东郭苇场等。绕阳河流域平原区是辽宁省重要的产粮区之一，其河口地区是辽河三角洲和大凌河三角洲的组成部分。

辽河油田地跨盘锦、锦州、沈阳、辽阳、鞍山、营口等6市13县，为全国第三大油田，年产原油1 550万吨，是全国最大的稠油和高凝油生产基地，位居全国工业500强之列。

东郭苇场在绕阳河下游的渤海之滨，苇场占地624平方千米，目前为世界最大的芦苇生产基地，有"芦苇之乡"的美称。

2.27.1　东沙河
（Dongsha River）

绕阳河右岸支流，发源于辽宁省阜新蒙古族自治县阜新镇东四家子村少等皋南山（高程497.9米），流经沙拉、大巴、苍土和黑山县新立屯、无梁殿、胡家、镇安、大虎山、四家子等乡镇，于北镇市柳家乡大兴庄附近注入绕阳河。河长141.9千米，流域面积2 099平方千米。

流域由上游低山丘陵区逐渐过渡到下游低洼平原区，北有察哈尔山，西有医巫闾山，东邻绕阳河，地势由西北向东南阶梯式降低。

流域多年平均气温7.2～8摄氏度，极端最高气温40.6摄氏度，极端最低气温－28.4摄氏度；年无霜期155～161天，最大风速24米每秒，最大冻土深1.78米，干旱指数1.8，多年平均年日照时数2 868小时。多年平均年降水量540毫米，7—8月降水量占全年的53.16%，降水量年际相差较大；多年平均年蒸发量约960.3毫米，多年平均年径流量1.36亿立方米。

东沙河上游地区"十年九旱"，下游部分低洼涝区则是"十年九不收"，一遇暴雨，上游来水急、峰高，下游平原低洼地区排水不畅，易形成洪涝灾害。

为防治东沙河洪水，当地在上游建水库，下游修河堤，使河道防洪能力明显提高，初步形成防洪体系。东沙河上游修建友邻水库，坝址以上河长41.8千米，集水面积405平方千米，总库容3 906万立方米。支流上的龙湾水库集水面积318平方千米，总库容5 846万立方米。支流**八宝海河**上的八宝海水库集水面积101平方千米，总库容2 340万立方米。

上游 东沙河从源头至友邻水库河段为上游段，河水呈北西—南东流向，河道蜿蜒曲折，为季节性河流，河槽宽浅，河床质以砾石、卵石为主，临近水库河段粗砂、细砂土落淤河床，河床基本稳定，水流畅通，河水清澈；但遇山洪暴发，泥石俱下，河水变浑，河面宽度150～300米。上游段两岸地貌为丘陵区，植被覆盖率22%左右，水土流失严重。

上游河道西侧有医巫闾山山脉的海棠山风景区，俗称"喇嘛洞"，距阜新市区35千米。景区山势险峻，怪石嶙峋，古木参天。在陡峭的巨石之上，有摩崖石刻造

海棠山风景区

像266尊，形态各异，雕工细腻，多为明末清初所造，距今已有近400年历史，被称为藏传佛教黄教摩崖造像的现存代表、

"中国一绝"和"中国民间艺术杰作",具有极高的观赏性和文化价值。山下谷地有始建于清代康熙二十二年(1683年)的普安寺,寺名为道光皇帝钦定。历经6世活佛200多年的扩建,鼎盛时以措钦大殿为中心的寺庙建筑群占地4万多平方米,楼台殿阁1 000多间,僧舍400多户,素有"小布达拉宫"之称,被称为藏传佛教的东方中心。

包括三塔沟自然生态风景区在内的海棠山自然保护区属国家级森林公园,奇松、怪石、山花、泉水构成绝妙的天然山水画,在此春赏山花,夏观云海,秋看红枫,冬踏琼雪,让人流连忘返。海棠山后山"人、寿、佛"的发现,又为海棠山的自然景观增添了新作。

中游 东沙河友邻水库以下至朝阳寺河汇入口为中游段。东沙河出友邻水库向东南流约10千米,在阜新县富荣镇的广富营子村东进入黑山县;河水从黑山县新立屯镇的西侧绕镇潺潺流过,至胡家流程约48千米。此区间,有八宝海河、金沙河、羊乃河、朝阳寺河等河汇入。朝阳寺河发源于阜新县大板新华村,河长60.4千米,流域面积405.76平方千米,上游建有龙弯水库。

新立屯镇是辽西地区著名的"边里第一镇",明朝中叶修筑的"柳条边"西起**大凌河**,经由义县(义州)、北镇(广宁)进入黑山县境内的白图厂门关。"柳条边"从新立屯(柳旁台)起,经法库、昌图县至丹东(安东)**鸭绿江**旁,今距新立屯镇北门外一华里处尚存古柳条边旧址。著名的医巫闾山由西南向东北延伸,成为新立屯镇在西南面的天然屏障。

新立屯宋辽时期为古战场,明末清初为兵家必争之地。解放战争时期,中国人民解放军第四野战军高级将领研究"黑山阻击战"的军事会议,就在新立屯立德堂的客厅里召开。

下游 东沙河胡家以下至汇入绕阳河河口为下游段。东沙河从黑山县城东5千米处由北向南流过。黑山县隶属锦州市,是辽宁省重点的商品粮基地,也是棉、油、猪的生产基地,境内有著名的辽沈战役遗址,是黑山阻击战的主战场,现建有纪念碑一座,为省级文物保护单位。

2.27.1.1 八宝海河
(Babaohai River)

东沙河左岸支流,发源于辽宁省阜新蒙古族自治县老河土乡梅力板村于家沟,流经阜新县、黑山县,在黑山县的赖坨子附近汇入东沙河。河长35千米,流域面积233.12平方千米,属季节性高含沙河流。

河流域位于辽西低山丘陵向柳绕平原的过渡带,流域内多年平均年降水量522.9毫米,其中7～8月的降雨量占全年降水量的52.17%,多年平均年蒸发量

八宝海河

960.3毫米,多年平均年径流量0.140亿立方米。流域多年平均气温7.2摄氏度,极端最高气温40.6摄氏度,极端最低气温-28.4摄氏度,平均日照时数2 865小时,年无霜期155天,最大风速24米每秒,最大冻土深1.78米。

河流域基本是十年九旱,但下游6 000余公顷平原洼地却常因洪涝而"十年九不收"。上游建八宝海水库后,上游洪水得到有效拦蓄,加上堤防工程建设,外洪得到有效控制,大片低洼耕地经过治涝配套和修建排水站,降低了地下水位,内涝基本得到控制。低产田变成了高产田,从根本上改善了当地的群众生活。

八宝海水库坝址以上河长12.3千米,集水面积101平方千米,水库控制全河43%的来水,总库容2 340万立方米,为防洪、灌溉、养鱼等综合利用的中型水库。上游山地、丘陵,植被覆盖率不到11%,水土流失较重,下游为平原洼地。

八宝海河从源头至八宝海水库河段为上游段,河宽50～100米,河流由西向东,河道蜿蜒迂回,河流为季节性河流,汛期有水不断流,河槽为宽浅型,上段河床质以砾石、卵石为主,下段临近水库区,粗砂、细砂土落淤河床,河床基本稳定,水流畅通。两岸地貌为山丘区,植被覆盖率不到11%,水土流失较重。发源于泡子乡南六家子的支流双龙堡河(流域面积约20平方千米)由北向南流入八宝海水库。

八宝海河从水库大坝至八宝海河入东沙河口为下游段。八宝海河出水库后南流,进入平原区。此段由于有水库控制,河床稳定,自建水库以来没有形成洪灾。水库下游平原区11个村屯0.9万人口及2 000公顷易涝耕地不再受洪水威胁,同时5 000亩水浇地有了水源保证,大郑、高新两座铁路桥防洪标准亦提高至100年一遇以上。

2.27.2 羊肠河
(Yangchang River)

绕阳河右岸支流,发源于辽宁省阜新蒙古族自治县国华乡二道沟西侧的大岭,经黑山县白厂门、八道壕、太和、镇安、段家等乡镇在北镇市的新立乡汇入绕阳河;河长98千米,流域面积624平方千米。

羊肠河在司屯以上为山丘区,河道弯曲,宽窄不一;司屯以下属于平原区,河道较弯曲,河道宽50～100米。

流域多年平均气温7.9摄氏度,多年平均年降水量561毫米,多年平均年径流量0.375亿立方米,最大风速28米每秒,年无霜期161天,最大冻土深1.44米,多年平均年蒸发量1 114毫米。

洪水来自流域暴雨,暴雨历时短,一般为几小时,最多1～3天。降水年际不均,流域内旱灾和洪涝灾害频繁,并时有霜冻。

流域内有人口20万,工业以煤炭生产为主,农业除粮食作物外还出产花生和生姜;林地大部分为人工林,另有少许次生林。

羊肠河现有堤防1.8千米,丁坝两处,河道防洪能力低,仅5年一遇洪水标准。

流域上游处于山丘区,地表植被差,当地农民承包荒山,进行绿化,形成多处果园;中下游处于平原区,是黑山县重要产粮区,并适宜种植花生、生姜等经济作物,拉拉屯生姜远近闻名。

河流经白厂门后,四处环山,中间一处平地,山上果树葱葱,山下炊烟袅袅,仿佛世外桃源。白厂门以外古时称"边外",岁月悠悠,"边外"早已不在,蒙古族、汉族、满族早已融为一家人,柳条边遗址在白厂门镇依然可见。城内的煤城八道壕镇,自1919年开采以来已成为矿区,煤质优良,销往东北各地,成为黑山县的支柱产业,是资源型城镇。段家乡哈山盛产建筑用石,材质优良。

2.27.3 锦盘河
(Jinpan River)

绕阳河右岸支流，发源于辽宁省凌海市白台子乡英明山鹰窝砬子，流经凌海市石山镇、谢屯乡进入盘锦市盘山县境内，于盘锦市淤河盖北汇入绕阳河。河长44.9千米，流域面积645.27平方千米。

流域地势由西北向东南倾斜，河源高程230.5米，上游为丘陵区，下游属于冲积平原区。锦盘河为季节性河流。

流域多年平均年降水量551.6毫米，年内降水主要集中在7—8月，年蒸发量1 080毫米，年径流量0.116亿立方米。多年平均气温8.7摄氏度，最大风速17米每秒，年无霜期177天，年日照时数2 804小时。

流域上游处于丘陵区，遇暴雨易形成山洪。锦盘河发源地鹰窝砬子位于医巫闾山最西端，地质构造以花岗岩为主，山形奇特，自然环境优美，当地花岗岩深加工产业发展较好。

东郭苇场

中下游段为平原区，通过疏浚河道、增大过流断面和对堤防进行加高培厚，提高了河道防洪标准；在堤脚外栽植景观树，修建节制闸，以调蓄洪水，取水灌溉，河道周边环境也很优美。

东郭苇场是亚洲最大的苇场，也是全国面积最大的天然湿地之一，河畔一望无际的苇田为国家一级保护动物丹顶鹤的繁育提供了良好的生存环境。芦苇是优质的造纸原料，凌海市造纸业发达，产品畅销国内外。

2.28 浑河
(Hunhe River)

辽河左岸支流，辽宁省主要河流之一，《汉书·地理志》与《水经》称辽水，《水经注》郦注改称小辽水，辽代以后始称浑河，因水色浑浊而得名。浑河发源于辽宁省清原满族自治县龙岗山的滚马岭，流经抚顺市和沈阳市城区及清原、新宾、抚顺、辽中、灯塔、辽阳、海城、台安等县（市），在三岔河处与**太子河**汇合后称**大辽河**。河长415千米，流域面积11 481平方千米。

概　述

流域范围　流域地处辽河中下游，辽宁省中东部地区，地理位置东经112°20′～125°15′，北纬41°00′～42°15′。流域南与太子河毗邻，北邻**清河**、**柴河**，东部以龙岗山脉与**鸭绿江**及**松花江**流域分界。

地貌　流域上游为山区，海拔一般400～800米，地势东南高，西北低，山势险峻，峰峦叠嶂，岩石裸露，土壤为棕色森林土，侵蚀小，森林茂密，植被较好。中游地形较缓，为丘陵地带，地势仍为东南高西北低，东南部山峦起伏，北部山势低平，西部连接平原。下游为辽河平原，两岸地势平坦，土地肥沃，适于农作物生长。全流域山区面积约占61%，丘陵区仅占2%，平原约占37%。

浑河

水系　浑河河道平均比降1.04‰，流域面积大于100平方千米的支流有31条，主要支流右岸有英额河、**章党河**、万泉河、细河和**蒲河**等，左岸有**苏子河**、萨尔浒河、**社河**、**东洲河**、古城子河、拉古河、白塔堡河，其中苏子河、蒲河的流域面积均在2 000平方千米以上。

气候水文　流域属温带大陆性季风气候，冬季严寒干燥，夏季湿热多雨；多年平均气温8.1摄氏度，极端最高气温35.7摄氏度，极端最低气温-30.5摄氏度。多年平均年降水量680.3毫米，降水年内分配很不均匀，7—8月降水量占年降水量的47%左右。根据沈阳水文站1961—1990年资料统计，流域多年平均相对湿度63%，多年平均风速3.0米每秒，最大风速25.2米每秒，多年平均年日照时数2 672.5小时，最大冻土深度148厘米，多年平均年蒸发量677～822毫米。

资源　浑河流域水位、流量观测资料年限较长的水文站有11处，其中浑河干流6处，支流5处。浑河多年平均年径流量24.04亿立方米；沈阳站实测多年平均年径流量21.40亿立方米，年最大径流量55.22亿立方米（1995年），年最小径流量5.31亿立方米（2000年）。

浑河流域森林面积65.13万公顷，森林蓄积量5 024万立方米，野生经济植物有人参、细辛、陆地香菇等，珍稀动物有林蛙、马鹿；矿

抚顺亚洲第一露天煤矿

产资源丰富，特别是金矿、煤矿和磷镁矿储量和可开采量较高。

经济社会　浑河流经沈阳、抚顺、辽阳、鞍山等重要城市，流域经济社会发达，人口密度达1 054人每平方千米，是我国城镇人口密度较大地区，也是辽宁省重工业基地和粮食生产基地；公路、铁路、航空运输四通八达。2000年流域内人口约1 454.75万，其中城镇人口1 077.35万；工业产值3 898.4亿元，农业总产值248.9亿元，地区生产总值2 119亿元。

水旱灾害　浑河流域受东南季风影响，暴雨多发生在7、8月，一次暴雨过程3天左右，洪水由暴雨产生。浑河是洪水频发的河流，近百年来发生较大洪水有10次，其中1888年和1995年为大洪水。浑河洪水主要来源于沈阳以上山丘区的暴雨，干、支流洪水不遭遇。

据历史文献记载，1888年，浑河上游"兴京（今新宾）

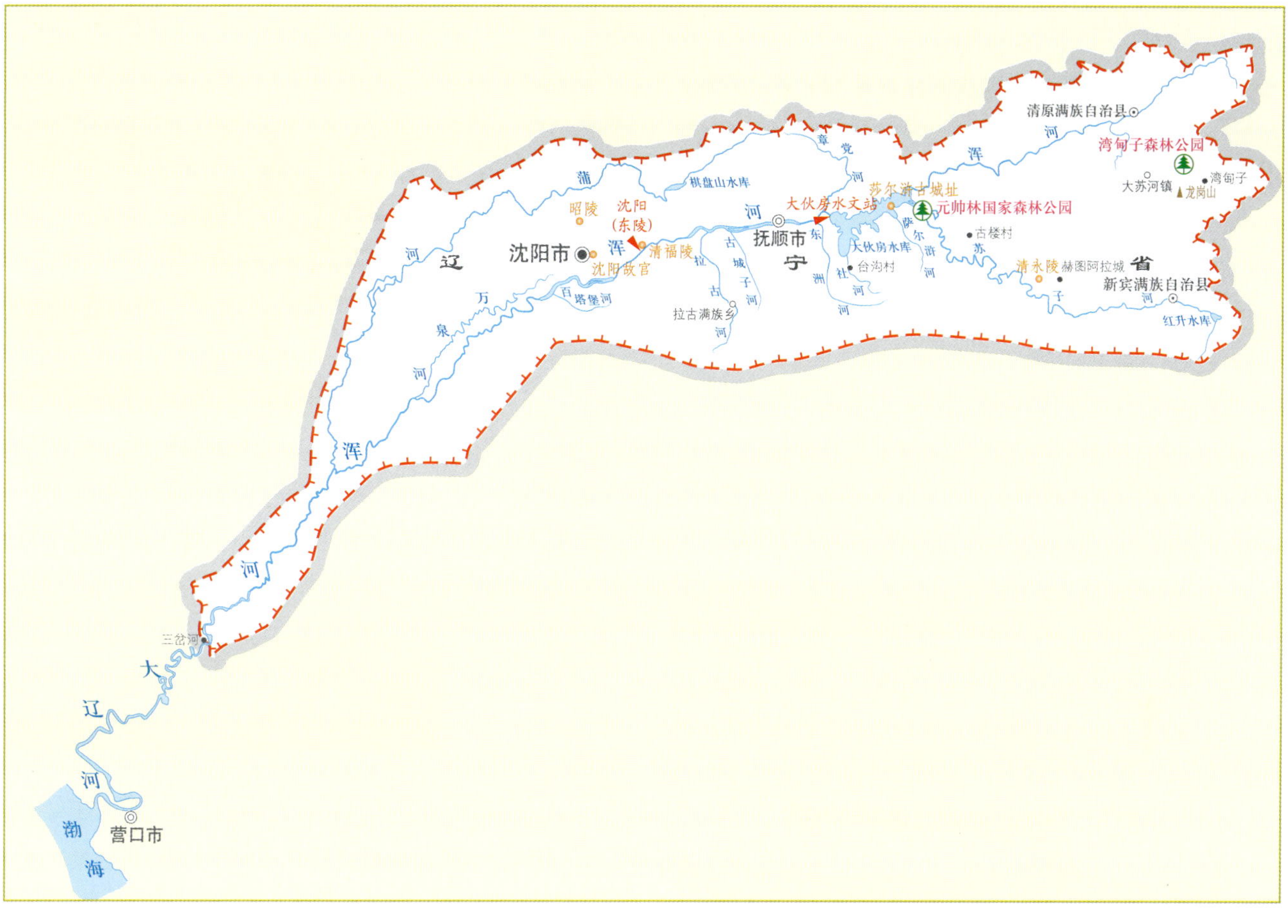

浑河水系示意图

天昏地暗，山水骤注，大水冲进民房，财物一扫而光，永陵街尤甚。"浑河中游的"承德（今沈阳）城堤被冲毁，城东南一带水深数丈，火药局、库全部淹没；城外漫堤决口甚多，众多村屯被吞噬。李官堡附近沿河地区水深约四五尺多。"

1995年浑河流域发生有史料记载以来最大洪水，7月下旬，浑河上中游雨区范围近8 000平方千米内有两个暴雨中心，一个为社河流域的佟庄子，降雨量556毫米，另一个为东洲河流域的救兵，降雨量575毫米；**大伙房水库**以上流域平均降雨量285.3毫米，东洲河流域平均降雨量354.6毫米。大伙房水库下游的东洲河首先出现历史最大洪峰4 190立方米每秒，大伙房水库最大入库洪峰流量达10 700立方米每秒，经水库调蓄，其下游抚顺站洪峰流量6 050立方米每秒，沈阳站洪峰流量5 010立方米每秒，虽保住了沈阳、抚顺两大城市安全，但是农村段漫堤决口46处，造成大面积农田被淹，部分农村遭受严重水灾。浑河、太子河平原洪泛区（浑河及太子河右岸支流北沙河溃堤洪水造成了连成一片的洪泛区）淹没耕地8.87万公顷，受灾人口43.3万。众多企业停产，交通中断，设施损坏，总经济损失55.61亿元。

治理与开发 浑河流域治理始于明代，弘治十七年（1504年）和嘉靖四十四年（1565年）先后在支流蒲河上修建一座拦河坝和新建一座水闸，清雍正八年（1730年）于浑河沿岸福陵（今沈阳东陵）前修建360丈石堤，又于乾隆元年（1736年）于石堤两端修建土堤。民国时期在沈阳市城市河段修建过部分防洪堤。

新中国成立后，1953年兴建大伙房水库，1958年竣工，水库运行以来，有效地调控了浑河洪水，在防洪、灌溉、城市供水、水产养殖等多方面发挥了显著的效益。

河道整治 在修建大型枢纽工程的同时，整修浑河两岸堤防长达272千米，至1985年浑河两岸堤防已达到20年一遇的防洪标准，对沈阳市长大铁路桥至三岔河段实施了14处人工裁弯工程。

1995年大洪水后，根据《辽河下游防洪工程规划与初步设计》，对浑河中下游的防洪工程进行全面整治，整修干、支流堤防297.26千米，改扩建穿堤工程88处，修建

抚顺市城东防洪堤

治河工程39处，使浑河中下游堤防达到50年一遇防洪标准，支流堤防达到10年一遇至20年一遇防洪标准。

流域开发 浑河流域已建大中型水库8座，总库容24.67亿立方米；干、支流上建有排灌闸、站等建筑物88座，总装机容量37 593千瓦，排灌流量776.01立方米每秒；建有浑蒲、浑沙灌区，总灌溉面积7.33万公顷。

纪 实

浑河上游为山区，有历史记载以来河道变迁不大，进入中下游平原地区后则变化剧烈。清初时浑河与太子河汇合于辽阳西北四十里的王大人屯，清朝后期浑河变迁剧烈，浑河、太子河汇合口向西南移至小北河屯。此后浑河再度西摆，并

向南贯通辽河古道蛤生利河，与太子河逐渐分流，汇合口移到牛庄西北注入辽河，后又逐渐移至三岔河。

上游 浑河自源头至大伙房水库坝址为上游段，河长77.39千米，河道平均比降4.36‰，河床由砂卵石组成，卵石、卧牛石显露。流域内峰峦叠嶂，多峡谷，河道依谷而行，蜿蜒迂回；森林覆盖率达74.6%。源头"滚马岭"，相传因唐朝大将薛仁贵路过这里，因贪恋景色而不慎滚马，滚马岭因而得名，这里积水成塘，林蛙邀聚，鱼儿戏游，美景天成。

浑河源头原名为红河，河水流经湾甸子、大苏河镇，这里部分林区仍保持原始状态。辽宁省湾甸子森林公园位于此处，盛产人参、细辛、林蛙、马鹿等。该段河道上修建水库5座、堤防100千米，整治河道15千米。其支流英额河汇入后始称浑河。

浑河西流经北三家子、南口前、红透山等乡镇由清原县进入抚顺县，经南杂木镇后入大伙房库区，另有主要支流苏子河、社河分别于古楼村和台沟村汇入库区。2006年通过除险加固，使总库容增至22.68亿立方米。

该地区历史悠久，至今仍留有大量历史遗迹。西汉末年，浑河上游地区兴起了中国古代史上占有重要地位的少数民族——高句丽。高句丽本是汉武帝时期在辽水源头所设立的一个县的名称，属玄菟郡治下，这个新兴的少数民族遂以地名作为族名，并逐步发展成为势力很大的少数民族自治性质的地方政权，在中国古代史上前后存在了700余年。

努尔哈赤故居

位于支流苏子河畔的清永陵，2004年被列为世界文化遗产。

赫图阿拉城西距清永陵5千米。"赫图阿拉"为满语，汉意为"横岗"，即平顶小山岗。赫图阿拉城是一座拥有400余年历史的古城，不仅因清太祖努尔哈赤出生于此享誉神州，更因这里曾是满族第一国都而蜚声海内外。赫图阿拉城是后金开国的第一都城，也是中国历史上最后一座山城式都城，更是迄今保存最完善的女真族山城。

中游 大伙房水库坝址至沈阳浑河长大铁路桥为中游段，属低山丘陵区。浑河过大伙房坝址后，河谷逐渐开阔，河谷宽约4~8千米，多江心洲，属分岔型河道，平均比降0.85‰，两岸汇入支流较多。

抚顺古城子河

浑河流经抚顺市，河道经过整治防护，防洪标准达到300年一遇。抚顺市曾有煤都之称，现以石油化工工业为主，煤精雕刻、琥珀工艺品闻名国内外。抚顺市内的雷锋纪念塔、西露天矿等为爱国主义教育基地。

浑河出抚顺市、进入沈阳市。沈阳是一座有着悠久历史的文化名城，也是我国重要工业基地，清王朝和奉系军阀的发迹之地，文化遗产丰富，1986年被国务院列为国家历史文化名城。

沈阳故宫

沈阳故宫是中国现存完整的两座宫殿建筑群之一，1960年6月被定为全国第一批重点文物保护单位。

位于皇姑区黄河北大街的新乐遗址是距今7200多年前新石器时期早期的一处母系氏族社会部落遗址，出土石器、骨器、

浑河远景

陶器、木器、煤制精品等重要文物千余件和古房址遗迹，其中的"木雕鸟"是沈阳地区出土文物中年代最久远的也是世界上唯一保存最久远的木雕工艺品，由于在新乐遗址发现的遗物具有独特的风格、特征，构成一个新的文化类型，所以被命名为"新乐文化"。新乐遗址是沈阳历史文化宝库中的一颗耀眼明珠，新乐遗址的发现将沈阳地区有人类活动的历史上溯到七千年前，同时也为东北地区史前文化研究提供了重要的科学依据。

清福陵和昭陵是清代第一、二代皇帝的陵园，2004年同新宾县清永陵一起被列为世界文化遗产。现福陵成为东陵，昭陵成为北陵。东陵为清太祖努尔哈赤和皇后叶赫那拉氏

东陵

的陵墓，将我国传统建筑形式与满族建筑形式融为一体，形成了异于关内各陵墓的独特风格；东陵一带已辟为疗养胜地。北陵是埋葬清朝第二代开国君主太宗皇太极以及孝端文皇后的陵墓，陵区古松参天，湖水荡漾，金瓦红墙，斑斓耀目。

下游 沈阳长大铁路桥至三岔河与太子河汇合口为浑河下游段，河长153.8千米。河道蜿蜒曲折，边滩沙丘耸立，河床比降0.41‰~0.11‰，平水时河宽110~270米，洪水时河宽650~3000米，平滩流量600~1000立方米每秒，河床由中细砂和粉砂组成。河岸多为砂壤土，滩槽高差3.5~7.0米，塌岸速度快，弯道和边滩变化较快，易于形成河道险工。两岸地势平坦，土地肥沃适于作物生长。为灌溉供水的浑河谟家堡闸坐落于沈阳于洪区，工程由22孔拦河闸

和浑沙、浑浦灌渠进水闸组成。下游地区有浑沙、浑浦等大型灌区。

2.28.1 小孤家水库
（Xiaogujia Reservoir）

*浑河*上游支流上的以城镇生活用水为主的中型水库。水库总库容 2 002 万立方米，其中兴利库容 969 万立方米，年调节水量 1 510 万立方米，多年平均来水量 3 666 万立方米。水库坝址以上集水面积 121 平方千米，坝址距清原满族自治县县城 10 千米。

水库工程由大坝、溢洪洞、输水洞、水电站 4 部分组成。大坝为黏土心墙坝，坝顶设防浪墙，最大坝高 30.5 米，坝顶长 347 米。溢洪洞位于大坝左端，最大泄洪流量 937 立方米每秒。输水洞在大坝左端，全长 173 米，最大过流量 9.9 立方米每秒。坝后式水电站位于大坝右侧，总装机容量 305 千瓦；电站出口建一座供水引水井，直径为 60 厘米，混凝土管路直通清原县供水厂。

水库 1970 年开工建设时为小（1）型水库，1976 年按中型水库规模扩建，1978 年因无资金来源而被迫停工，1985 年进行续建，1997 年竣工。

小孤家水库水质为Ⅲ类，多年平均每年为清原县城供水 1 033 万立方米，农业供水 466 万立方米，灌溉水田面积 233 公顷。

2.28.2 苏子河
（Suzi River）

*浑河*左岸支流，古称苏克素河（满语，鱼鹰河）。相传该河鱼鹰甚多，每值黄昏，众多鱼鹰于河面捕食游鱼，故称鱼鹰河。

苏子河发源于辽宁省抚顺市新宾满族自治县红升乡关家村上游五凤楼岭，由东向西流经红升、新宾、永陵、榆树、木奇、上夹河等 6 个乡镇，在古楼村汇入大伙房水库。河长 119 千米，流域面积 2 230 平方千米。

概　　述

苏子河由东向西穿越辽东山地，形成"群山环拱、一水中横"之势。流域地势由东北向西南倾斜，东西宽 110 千米，南北长 83 千米，地面高程由东部最高海拔 1 300 米降至西部最低 128 米，为高峭陡峻的低山丘陵区，以侵蚀构造为主，山多呈尖顶雨峰状，地势陡峻，坡降大，境内森林植被较好，覆盖率达 56.5%。

苏子河水系呈阔羽状河网分布。多蛇形河谷，深切而窄，平均比降 1.69‰，支流小洛河、新宾二道河、永陵二道河及其支流哈山河、金岗河流域面积都在 100 平方千米以上。

苏子河流域春季昼夜温差大，夏季炎热多雨，秋季晴朗霜重，冬季严寒漫长，四季分明，温差变化较大；多年平均年径流量 6.141 亿立方米；多年平均气温 4.7 摄氏度，最低气温－41.5 摄氏度，最高气温 36.5 摄氏度；年无霜期 130 天，结冰期 150 天，平均冻土深 1.2~1.5 米，平均日照时数 2 254 小时。

苏子河流域有 6 个乡镇，103 个行政村，总人口 18 万，耕地面积 36.89 公顷。

新中国成立后，苏子河流域水旱灾害频发，其中较大洪水 3 次，特大旱灾 4 次。1960 年苏子河流域发生大洪水，最大洪峰流量 3 600 立方米每秒，泛滥成灾，新宾镇平均水深在 0.5 米以上。1995 年特大暴雨形成洪灾，仅苏子河沿线就有 6

苏子河

个乡镇 16.38 万人口受灾，经济损失 15 亿元。

新中国成立后，党和政府十分重视对苏子河的治理，使流域水利开发呈现了"长藤结瓜、串式灌溉、合理布局、全面开发"的新格局。流域内有堤防 22 千米，其中新宾镇 5.5 千米，永陵镇 8 千米；农田有效灌溉面积 0.65 万公顷；水库 16 座，另有拦河闸坝、提水站等；水土保持面积 1.31 万公顷。

纪　　实

苏子河是一条美丽的河，其上游位于长白山的西坡，群峰挺拔，山峦起伏，海拔 1 000 米左右，河道弯曲，平均比降 1.69‰，此段建有*红升水库*。

苏子河畔山林茂密，物产丰富，其中包括著名的东北三宝"人参、貂皮、鹿茸角"。

苏子河出红升水库后，进入中游；西流，从新宾县城穿城而过；过县城继续西流至永陵镇，在这段河流中有支流嘉禾河、二道河汇入；镇内赫图阿拉城是清太祖努尔哈赤 1616 年登基称"可汗"的地方，1634 年称兴京；全城围山而筑，三面临水，一面靠山，山水如画。关外著名的三陵之首永陵也称兴京陵，始建于 1598 年，这里埋葬着努尔哈赤六世祖、曾祖、祖父、父亲及伯父、叔父，前临苏子河，后倚启运山。永陵承袭了我国古代传统建筑风格，又具有满族特点，为全国重点文物保护单位，并列入《世界遗产名录》。

清永陵

苏子河过永陵后向西北流进入下游，经木奇镇，有猴石国家级森林公园；河流继续前行，过古楼村后入大伙房水库。苏子河两岸出产的稻米洁白油亮，历史上曾为皇粮供奉内庭专用。利用苏子河水摆渡航运，将木材、山货野果等源源不断地运出，清太祖努尔哈赤定都盛京（沈阳）的七大理由之一就有"上有苏克素河（苏子河）的航运供给"，足见当年该河在满族兴起中的作用。

2.28.2.1 红升水库

(Hongsheng Reservoir)

苏子河上游以防洪灌溉为主,兼有养鱼、发电、供水、旅游等综合效益的中型水库,位于辽宁省新宾满族自治县红升乡境内,坝址距新宾县城10千米。

水库位于辽东山区长白山脉和龙岗山之间,海拔1 000米左右,山峦起伏,植被较好,水库按50年一遇洪水设计,500年一遇洪水校核;总库容0.31亿立方米,其中防洪库容0.15亿立方米,兴利库容0.29亿立方米;坝址以上集水面积78.5平方千米。

主体工程由拦河坝、泄洪洞、输水洞、水电站4部分组成,并建有旧门引水工程。拦河坝为黏土心墙坝,坝高27.7米,防浪墙高1.5米,坝顶长280米,宽6米。泄洪洞在大坝右侧山体内,为5.5米×6.5米无压圆拱直墙洞,洞长160米,安装10.4米×4.4米弧形钢闸门一扇,泄洪洞最大泄流量302立方米每秒。输水洞为有压圆洞,直径1.8米,洞长192.3米,最大过流量27立方米每秒。水电站是输水洞出口电站,装机4台共1 400千瓦,其中3台单机容量200千瓦,1台800千瓦。旧门引水工程是跨流域引水工程。由**富尔江**支流旺清河引水4.5立方米每秒,通过3 500米的环山渠道,越过旧门分水岭和一处高21米、长235米的大型肋拱式V形渡槽,经旧门引水电站,进入水库,经水库调节后进入苏子河,年引水总量3 040万立方米。

红升水库始建于1958年,完成大坝基础回填后停工下马。1974年复工兴建,1975年全部竣工。水库使下游河道防洪标准由原来的不足10年一遇提高到20年一遇,新宾镇、永陵镇堤防达到50年一遇。在抗御1995年大洪水中,红升水库关闭输水洞闸门进行错峰,为紧急疏散新宾镇人口、保证抗洪胜利赢得了时间。水库配套灌溉面积3 246公顷,实际灌溉面积2 333公顷。旧门引水电站和红升电站总装机容量2 360千瓦,年发电量达6 400万千瓦时。水库现有养鱼水面173公顷,年产商品鱼1万千克。

1991—1994年再次修建调水工程,由富尔江调水经红升水库入苏子河进入**大伙房水库**,以解决辽宁中部城市群的用水紧张状况。

红升水库水质清澈,无任何污染,是新宾和永陵两镇城镇居民生活用水的水源,每年向新宾镇直接供水360万立方米,保证了新宾镇内3万居民用水,为永陵镇及沿途2万多人口补充了生活用水。

近年来,水库依托绚丽的自然景观和优美的库容库貌,吸引八方游客到水库观光旅游。在三面环水葱茏苍翠的虎爪山顶,建有一座六角飞檐、雕梁画栋的"望春亭"。站在亭内极目水库全貌,水库源头恰似两条玉带紧系一潭碧水,湖光山色尽收眼底。

2.28.3 社河

(Shehe River)

浑河左岸支流,清代称"赫图河"。

社河发源于辽宁省抚顺县后安镇馒首村新开岭西侧,河源海拔733米,向西北流经后安镇、上马乡,在得力俄哈村(**大伙房水库**淹没区)北汇入浑河。河长59.27千米,流域面积468.42平方千米。大伙房水库建成后,社河改由台沟村北入库,河长缩短为45.27千米。在郑家村至后安村之间有四处漏河,干旱季节水流时隐时现,故有"干河子"之称。

社河

流域地势南高北低,南部山峦起伏,森林茂密,北部为丘陵地带。流域多年平均气温6.9摄氏度,年无霜期153天左右,年日照时数2 525小时,10摄氏度以上积温3 144摄氏度,冻土层深1.2~1.3米;多年平均年降水量800毫米,7、8月雨量最多,约占全年降水量的51.1%左右;多年平均年径流量1.29亿立方米,最大洪峰流量3 130立方米每秒,最小枯水流量0.024立方米每秒。

在上游支流上建有腰堡水库,最大库容0.1628亿立方米,干流上建有小型的前安水库。

2000年统计,社河流域内总人口3.8万,其中农业人口3.4万;总耕地面积4 103公顷,农业总产值2.81亿元,工业总产值8.76亿元。

后安镇馒首村至郑家村为上游,区域内山高林密,植被很好,森林覆盖率为95%,逐渐发展成为木材产地。山野菜、中草药资源丰富,食用菌为抚顺县拳头产品。

郑家村至台沟村为中游,流域地势开阔,盛产水稻、玉米。后安村为后安镇政府所在地。中游地段多年来水患频繁,经开发治理,提高了河道的防洪标准。

台沟村以下为下游,现已成为大伙房水库库区。

2.28.4 大伙房水库

(Dahuofang Reservoir)

浑河中游以防洪、工业及城市供水、灌溉为主,兼顾发电、养鱼、旅游等综合利用的大型水利枢纽工程。库区在抚顺县境内,为多年调节的大(1)型水库,坝址距抚顺市区18千米。

概 述

浑河在抚顺县营盘附近进入大伙房库区,支流**苏子河**在新宾满族自治县上夹河乡、**社河**在抚顺县温道台沟汇入库区,在水库蓄水之后,形成了浑河、苏子河、社河三个主要水流入库口。

坝址以上山丘区占集水面积90%以上,地势东高西低,以中、低山地为主。地质构造复杂而岩性单一,多处岩石裸露,属古生代寒武系地层,分布最广的是辽河系花岗片麻岩。

水库所在地区冬季漫长寒冷,夏季炎热多雨,7、8月降雨量占全年降水量的50%左右。

水库按1 000年一遇洪水设计,可能最大洪水校核。水库总库容22.68亿立方米,其中防洪库容8.14亿立方米,兴利库容12.96亿立方米,多年调节水量10.56亿立方米。坝址以上河长169千米，集水面积5 437平方千米。

枢纽工程由大坝、溢洪道、输水洞、取水建筑物4部分组成。大坝有主坝1座、副坝3座、贴坡坝1座。主坝坝型为碾压式黏土心墙坝，最大坝高49.8米，坝长1 367米。一副坝为碾压式黏土心墙坝，最大坝高31.5米，坝长328米；二副坝为均质土坝，最大坝高10.1米，坝长85米；三副坝为混凝土斜墙坝，最大坝高9.8米，坝长210米。溢洪道和非常溢洪道均为直泄陡槽式，溢洪道最大泄流量5 120立方米每秒，非常溢洪道最大泄洪流量9 280立方米每秒。

输水洞为圆形有压隧洞，直径6.5米，长243米；发电支洞末端建有水电厂，2台机组总装机容量4万千瓦，输水洞最大过流量400立方米每秒。

取水建筑物包括沈阳、抚顺自来水公司引水口及辽宁发电厂引水口。在沈阳引水管道上还建有坝后式电站，3台机组总装机容量1 200千瓦。

水库提高了沈阳、抚顺两大城市以及铁路、公路和军事、通信设施的防洪标准。多年平均每年为沈阳、抚顺提供工业、城市生活用水4.4亿立方米，为辽宁中部地区提供农业用水6.6亿立方米。水库养鱼水面6 670公顷，多年平均产商品鱼84万千克。水库已经确权划界的土地604公顷（含库区淹没面积）。

纪　　实

大伙房水库始建于1954年，1958年竣工。1975年，为了增大兴利库容，提高错峰能力，提高下游农田及城市防洪标准，水库进行了改建工程。将溢洪道5孔10.4米×4.4米弧形闸门换成10.4米×7米弧形闸门，使水库的正常高水位由原来的129米抬高到131.5米，增加蓄水量2.56亿立方米。

1977—1978年，水库进行了第一次加固。将大坝坝顶高程由138.66米加高至139.2米，增设了第二非常溢洪道。水库的洪水校核标准从万年一遇提高到可能最大洪水。

为了缓解水库下游工业、城市生活和农田灌溉用水紧张的矛盾，1994年又兴建了**富尔江**跨流域引水工程，将富尔江的水调往浑河支流苏子河，而后进入大伙房水库，年平均调水7 000万立方米。

1995年浑河大洪水，大伙房水库的防洪标准达不到设计要求，除险加固工程于2002年开工，建设项目为：主、副坝全面加高0.6米，溢洪道改造，输水洞进出口闸门和启闭设备的改造更新，新建大坝自动观测设施并更新水雨情自动化系统。工程于2006年竣工。通过除险加固，使水库恢复了千年一遇洪水设计、可能最大洪水校核的标准，新增防洪库容0.81亿立方米。

库区不仅有优美的自然风光，而且还有着深厚的文化积淀，有着众多的名胜古迹和历史故事。库区曾是著名的以少胜多战役——萨尔浒大战的古战场。萨尔浒是山的象形名字，满语萨尔浒，意为"木橱"，即形容山上森林十分繁茂。1583年前，建州浑河部的女真人在山上筑起山寨，名为萨尔浒城，后金天命五年（1620年）努尔哈赤开始增筑该城。努尔哈赤在著名的萨尔浒大战中采用"任你几路来，我只一路去"的战术，以少胜多，最终粉碎明军的进攻。

清太祖努尔哈赤在新宾兴起，后在沈阳建立都城。当时大批建筑用材由新宾运出，不少物资又由沈阳运回新宾老家。大伙房水库所在地是骡马大车运输往来必经之地，于是在此设置伙房，供过往车辆人马打尖歇脚，后来逐渐形成村落，修建水库时，大伙房村正处在溢洪道上，水库便以此命名。

位于库区右岸的元帅林是张学良为其父张作霖修建的陵园，陵墓坐落于巍峨的铁背山对面的浑河岸边，四周古木环绕。元帅林由方城、园城、墓室组成，面积12.54万平方米，建筑风格既沿袭了历代帝王陵园的习俗，又吸纳了西方建筑的新意，1978年元帅林被抚顺市政府列为市级文物保护单位。1992年建立元帅林国家森林公园。

元帅林景区

大伙房水库是新中国成立后修建的大型水利枢纽工程，老一辈无产阶级革命家、党的第一代中央领导集体成员朱德、董必武于1959年6月前来视察，并欣然命笔。朱德委员长的题词是："大伙房建成水库／源自长白山流出／抚顺工矿区人民／子孙万代享幸福"。董必武副主席题词是："抑洪无害／缵禹之绩／综合利用／禹难为力／既开其端／须究其极／尽物之性／大勋克集"。

大伙房水库运行以来，尤其是改革开放20多年来，发挥了巨大的兴利除害效益。在抗御建库以来遭遇的7次大洪水和9个干旱年中发挥了显著的减灾作用。1995年辽宁遭遇特大洪水，入库洪峰流量达10 700立方米每秒，水库削减洪峰50％，减少下游直接经济损失74.8亿元。水库水情、雨情测报系统在抗御这场特大洪水中发挥了巨大作用，准确预报出第一非常溢洪道过流时间，提前10个小时转移下游群众，保证了人民群众的生命财产安全。

2005年8月13日发生1949年后第三位大洪水，大伙房水库既保证了工程安全度汛，又为下游持续错峰38.5个小时，成功地拦蓄了3.69亿立方米洪水，做到了上游暴雨洪水肆虐，下游江河一片安澜。

加固后的大伙房水库鸟瞰

水库运行50年来，累计为沈阳、抚顺两大城市提供工业、生活用水165亿立方米，为农业提供灌溉用水310亿立方米。

水库作为沈阳、抚顺两大城市的饮用水水源地，为保证水库供水的水质安全，辽宁省于20世纪90年代初制定颁布了《辽宁省大伙房水库水源保护暂行条例》，对水库库区和上游地区的各级地方政府和人民群众涵养水库水源、保护水库水质的行为做了明确规范，划定水源涵养林的面积22.84万公顷，占现有森林面积的81％。库水至今保持国家地面水Ⅱ类标准。水库淹没区周围森林面积1.2万公顷，森林覆盖率达

70%以上。

库区以上区域属林农混合区。径流多年平均含沙量为0.5千克每立方米，属少沙河流。

进入21世纪以来，为了从根本上解决辽宁中部地区水资源紧张状况，2003年又启动了大伙房水库输水工程（浑江调水工程）。通过大伙房水库的反调节，将浑江的水源源不断地输入辽宁中部地区7个城市。

2.28.5 章党河
(Zhangdang River)

浑河右岸支流，《抚顺县志略》中称"章舟"河。

章党河源于辽宁省铁岭县横道乡鲢鱼沟村王疙瘩岭，分水岭海拔523.5米，流经抚顺县哈达、章党等乡镇，在下章党大桥汇入浑河。河长36.6千米，流域面积326平方千米。

流域气候温和湿润，雨热同步，多年平均气温6.9摄氏度，年无霜期153天左右，年日照时数2 525小时，10摄氏度以上积温3 144摄氏度，土壤平均冻深1.2～1.3米。降水量年内及年际间变化较大，多年平均年降水量800毫米，7、8月的降雨量约占全年降水量的51.1%，多年平均年径流量0.79亿立方米。章党河河道平均比降4.45‰，河床由卵石、砂砾组成。

章党河流域2000年人口4.88万，其中农业人口4.15万，总耕地面积7 158公顷，粮食总产量4.40万吨，农业总产值2.99亿元，工业总产值16.85亿元。

源头至抚顺县哈达乡上年村为上游段，山高谷深，河流比降较大，流速快，矿产资源比较丰富，主要有磷镁矿、石灰石矿。

哈达村至章党为章党河下游段，河流流速平稳，地势开阔，土壤肥沃，是抚顺县的水稻产区。流经的哈达村为清朝前期的哈达（满语"山峰"之意）部落所在地。

2.28.6 东洲河
(Dongzhou River)

浑河左岸支流，清代称"玛哈舟"（满语，指马郡村）。

东洲河发源于辽宁省抚顺县救兵乡高家店村东柜子石，海拔960.5米，流经抚顺县救兵乡和东洲区的张甸、碾盘和东洲等乡（街道），在大伙房水库下游5.3千米处汇入浑河。河长58.5千米，流域面积537.6平方千米。

流域多年平均气温6.9摄氏度，年无霜期153天左右，年日照时数2 525小时，10摄氏度以上积温3 144摄氏度，冻土深1.2～1.3米；多年平均年降水量800毫米，7、8月降水约占全年总量的51.1%。

东洲河河床由卵石、砂砾组成，平均比降5.72‰，有4条主要支流，左岸峡河，右岸为通什河、塔二丈河、兰山河，多年平均年径流量0.806亿立方米。

流域是辽宁省暴雨中心之一，历史上洪灾频发。1995年7月流域发生大洪水，沿岸石化工业园区损失惨重，24家企业经济损失达13亿元。

东洲河流域总耕地面积6 702公顷，农业作物有水稻、玉米和大豆，经济作物有果、蚕和少量食用菌。

东洲河河源至救兵乡为上游段，属山丘区，林木茂盛，植被较好。救兵村是历代兵家必争之地，明代救兵村山上曾设烽火台，为辽东边墙途经地。

救兵村至马和村为中游段，流经的马郡村、大东洲村曾为明代的马郡丹城和孟州城。区域内以地板生产为龙头产业。

东洲河在中游有峡河汇入，该河上修建了中型**关山水库**。

马和村至河口为下游段，属东洲区管辖，区内有抚顺石化工业区。下游地区发现战国时期古墓。

2.28.6.1 关山水库
(Guanshan Reservoir)

东洲河支流峡河上的以城市防洪和供水为主，兼顾灌溉、养殖、旅游等综合效益的中型水库，位于辽宁省抚顺县救兵乡境内；坝址距抚顺市区25千米。

工程于2002年4月开工，2004年9月主体工程竣工。水库为50年一遇洪水设计，2 000年一遇洪水校核；总库容0.444亿立方米，其中防洪库容0.1675亿立方米，兴利库容0.2685亿立方米；坝址以上集水面积135.6平方千米。

主体工程由大坝、溢洪道、输水洞及供水管线等部分组成。大坝为黏土心墙坝，最大坝高44.66米，坝顶宽9米，坝顶长426米。溢洪道为开敞式、钢筋混凝土结构，最大过流量

关山水库

1 316立方米每秒。输水洞位于大坝与溢洪道之间，洞长124.52米，直径2米，最大过流量26.89立方米每秒。供水管线全长17.8千米。

关山水库运行以来发挥了巨大作用。在抗御2005年大洪水中，关山水库为下游错峰13个小时，削减东洲河洪峰流量26%。水库每年为抚顺市东部的石化工业园区供水达1 000万立方米左右，同时为下游133公顷的水田提供灌溉用水。水库养殖水面200公顷，年产鱼量50吨。

关山库区地域历史悠久，流传着薛仁贵征东、樊梨花点将、伊尔根觉罗后裔跑马占荒、救兵台鏖战等故事。水库区域内森林覆盖率高达95%，一年四季景色秀美，气候宜人，库区水质一直保持着国家地表水Ⅱ类水质标准。整个水库宛如一颗璀璨的明珠镶嵌在苍翠起伏的群山之中。

随着库区生态环境的不断改善，游人逐年增多。渔场对外开放是关山水库旅游的一个特色项目，游客可换乘游船到水库养殖区参与捕捞和喂食活动，亲身感受"鲤鱼跃龙门"的喜人场面。关山水库为国家水利风景区。

2.28.7 蒲河
(Puhe River)

浑河右岸支流，发源于辽宁省铁岭县横道河子乡想儿山，流经沈阳市的棋盘山开发区、东陵区、沈北新区、于洪区、新民市和辽中县的26个乡镇，在辽中县老官坨乡黑鱼沟村汇入浑河。河长205千米，流域面积2 540平方千米。

概 述

流域地势东北高，西南低。可分为三个区域：以棋盘山水库为界，其上游为低山区，面积133平方千米，占流域面积的5.24%，山地高程150～530米，地面坡度为0.2%～0.1%；植被良好；水库至平罗为中游丘陵区，高程40～150米，面积303平方千米，占流域面积的11.93%；平罗以下为

平原区，面积2 104平方千米，占流域面积的82.83%，高程在50米以下。

流域多年平均气温7.4摄氏度，年无霜期158天，冻土深1.2～1.5米；多年平均年降水量690毫米，7、8月降水量约占全年降水量的50%左右；平均风速4.1米每秒，最大风速28米每秒；多年平均年蒸发量834毫米；多年平均年径流量3.9亿立方米。

蒲河

蒲河流域面积100平方千米以上的支流有两条，为九龙河和小浑河，另外还有沈新辽、于家台、乌伯牛3条大排水干沟汇入。

新中国成立后，蒲河共发生洪峰流量300立方米每秒以上的洪水4次，其中以1975年的514立方米每秒最大，造成于洪区、新民市、辽中县多个乡镇被淹。1995年大洪水，流域受灾面积1.95万公顷，直接经济损失3.68亿元。

蒲河流经沈阳市中部地区，流域内共有39个乡、5个国有农场，2000年人口85.12万，其中农业人口37.3万，现有耕地面积16.58万公顷，渔业养殖面积4.78万公顷，为沈阳市商品粮基地，地区生产总值40.64亿元。

蒲河共整修堤防149.5千米，改扩建穿堤建筑物122处，整治河道险工22处，蒲河防洪能力从原来不足10年一遇提高到20年一遇标准，已建**棋盘山水库**和辽中县团结大闸两座控制性工程。

纪　　实

蒲河上游山高谷深，河床狭窄，河道比降3.3‰，水流湍急。1975—1977年于棋盘山山谷建成棋盘山水库，水库总库容0.802亿立方米。棋盘山风景区位于沈阳市东北部，距沈阳市区17千米，总面积116平方千米，其中森林为76平方千米，水面面积5平方千米。

蒲河辉山段

蒲河中游段属丘陵地带，沟壑遍布，岗峦起伏，植被较差，水土流失严重，是蒲河泥沙的主要来源。蒲河沿着沈北新区西行，河床窄深，河道比降0.5‰，河床质为卵石和细砂。蒲河流经平罗堡后进入平原区，平罗堡南有一座明朝建的水利闸，后改建成石桥。

蒲河下游段地势平坦，河道弯曲，比降0.25‰，河床宽浅，河道摆幅较大，常受辽、浑河洪水影响，漫溢成灾，泡沼散布，大水时河水漫溢，呈一片汪洋。

蒲河进入新民和辽中县境后，处于**辽河**和浑河河间地带，地势低洼，多水泡沼泽地，新中国成立后，对蒲河进行了治理，两岸均有提防，堤距100～1 500米，防洪标准10年一遇，并在辽中县蒲河下游

蒲河沈北新区段

修建了团结大闸，大闸围堤总长19.02千米。

在团结大闸以上，自然形成水面面积400公顷，即是沈阳西湖，平均水深2米，灌溉水田面积467公顷。从2000年开始，开发水面面积16.9平方千米（包括原水面面积），以水产养殖、休闲旅游、度假功能为主，为沈阳市AAA级旅游景点。西湖现有荷花面积267公顷，湖边及湖心岛苇塘丛丛，青纱似帐，芦花如雪，湖区水面一望无际，荷花朵朵，芦苇苍茫，风光秀丽，景色宜人。

历史上蒲河曾是辽河一级支流，经多次改道后形成现状，汇入浑河。

2.28.7.1　棋盘山水库
（Qipanshan Reservoir）

蒲河上游以防洪为主，兼顾旅游、灌溉、养鱼等综合利用的中型水库。位于辽宁省沈阳市棋盘山开发区境内，距沈阳市城区19千米。

概　　述

工程于1975年动工兴建，1977年竣工蓄水。水库按百年一遇洪水设计，可能最大洪水校核；总库容为0.802亿立方米，其中防洪库容0.498亿立方米，兴利库容0.1746亿立方米。坝址以上集水面积133平方千米，占蒲河全流域总面积的5.1%。

枢纽工程由大坝、输水洞及非常溢洪道3部分组成。大坝为均质土坝，最大坝高23米，坝顶长272米，坝顶宽8.9米，坝顶兼作公路；大坝迎水坡设有1.2米高的防浪墙。输水洞位于蒲河右岸，最大过流量101.9立方米每秒。

非常溢洪道位于库区右岸，开敞式宽顶堰，堰顶净宽33米，最大泄水流量471立方米每秒。

水库周边群山环抱，植被葱郁，为水库的水源涵养提供了条件，水库水质一直符合国家规定的标准。

纪　　实

水库库区在蒲河上游的低山丘陵区，海拔80～265米，是沈阳市棋盘山风景区的主要景点。由于库区呈"秀"字状，并有山清水秀的寓意，在规划建设时改成"秀湖"。湖水清澄，水质好。在湖的北侧有一天然小岛，精巧别致，称"玲珑屿"，屿上有亭，与对面的观湖阁相对应。登上观湖阁，一览湖光山色、松涛林海，令人心旷神怡。

棋盘山风景区的历史可以追溯到五六百年前明代初期，《明一统志》已将棋盘山作为辽东地区名川大山载入史册。到了清代，这里形成以辉山、棋盘山、莲花池、向阳寺、望云寺、仙人洞、娘娘庙等为中心的风景名胜区。库区坝址上、下游均为大片白云岩出露，右岸分水岭鞍部虽相对隔水层被断层错开较远而不连续，但在其上游冲沟内库缘被石英岩、板岩及火成岩所包围，库区植被较好，山势平缓。

棋盘山水库修建时，动迁移民620户31 550人，淹没房屋

1 200 间、耕地 478 公顷、集体林木 72.9 公顷、果园 21.5 公顷。通过修建环湖公路、娱乐设施，加强水土保持，大力发展第三产业，库区移民的生产和生活得到了保障和改善，带动了开发区的经济发展。

棋盘山库区风光

水库的防洪效益显著。1979—2001 年共发生 4 次较大洪水，入库流量分别为 550、122、314 和 650 立方米每秒，水库分别削减洪峰 96%、81%、81% 和 100%，极大缓解了下游河道的行洪压力，保证了沈阳市区北部、新城子区、于洪区，以及新民和辽中县的 19 个乡镇 100 多万人、7.3 万公顷耕地，及长大铁路、沈哈高速公路、沈阳绕城公路、101、102 国道、辽河油田和沈北煤矿的安全。

2.29 太子河
(Taizi River)

辽河左岸支流，辽宁省主要河流之一，战国时称**衍水**。汉代以来称**大梁水**或**梁水**，辽代称**太子河**。

太子河

据说战国时期，"秦伐燕，燕王僖走保辽东"，秦兵围追甚迫。有人向燕王进言：秦伐燕缘于太子丹，如杀之，将其头献于秦王，秦可罢兵。僖信之，派人追杀，太子丹匿于衍水。后人为纪念太子丹不畏强权、热爱国家的高尚品德，遂改衍水为太子河。

概　述

流域范围　太子河流域地处辽宁省中东部，基本为东西向，地理位置为东经 122°26′～124°53′，北纬 40°29′～41°39′。太子河源头为北太子河，发源于龙岗山与千山间的新宾满族自治县南部老秃顶红石碇子山，流向基本为东西向，流经本溪、辽阳两市市区，以及本溪、鞍山、辽阳三市所辖的新宾县、桓仁满族自治县、本溪满族自治县、灯塔市、辽阳县、辽中县、海城市，至三岔河与**浑河**汇合后称**大辽河**，于营口市注入渤海。太子河东邻**爱江**及**浑江**，南接**大洋河**，西北邻**浑河**。河长 413 千米，流域面积 13 883 平方千米，流域平均宽 33.62 千米。

地貌　太子河在辽阳市区以上属石质山丘区。山丘区面积占流域面积的 70%，植被较好，植被率 70% 左右，林地覆盖率约 50%；河道处于山谷之间，河床比较陡，河道比降为 0.87‰～1.22‰，河床质多为砂卵石组成。辽阳市区以下进入辽河平原，河道蜿蜒曲折，河床质多为中细砂，河道比降 0.29‰～0.1‰。

水系　太子河流域面积大于 100 平方千米的支流有 38 条，左岸主要有南太子河、**小汤河**、**细河**、**兰河**、**汤河**、**柳壕河**、**南沙河**、**运粮河**、杨柳河、**五道河**、**海城河**等，右岸主要有**小夹河**、**北沙河**等，其中北沙河、汤河、细河、海城河的流域面积大于 1 000 平方千米。

气候水文　流域处于温带半湿润季风气候区，四季冷暖干湿分明，多年平均气温 7.8 摄氏度，历年最高气温达 38.0 摄氏度，最低气温为 -33.7 摄氏度。

太子河流域多年平均年降水量 780～740 毫米，降水自上游向下游递减，年内分配不均匀，6—9 月占年降水量的 70% 左右，且集中于几场大暴雨之中；多年平均年径流量 39.00 亿立方米；多年平均年蒸发量 560～940 毫米，年日照时数 2 380～2 920 小时；最大冻土深 1.18～1.49 米；多年平均相对湿度 64%，多年平均风速 2.8～3.7 米每秒。

太子河流域的洪水由暴雨产生，暴雨具有明显的季节性特征，多集中在 7、8 月。

社会经济　太子河沿岸有本溪、辽阳两座较大的城市，属于辽宁省中部城市群。2000 年流域总人口 560.51 万，其中城镇人口 394.45 万。本溪市人口 157 万，是多民族聚居区，矿产资源丰富，被誉为"天然地质博物馆"。辽阳市人口 175 万，是国家商品粮基地，生产水稻、玉米、高粱、大豆等粮油作物和大山楂、香水梨、猕猴桃等特产，已建成为辽宁省的粮、渔、水果、蔬菜、瘦肉型猪、肉牛、肉食鸡、用材林、柞蚕生产基地，又是一座新兴的石化、轻纺工业城市。

太子河本溪段

水旱灾害　1810—1996 年的 187 年中，共发生较大洪水 9 次，其中 1960 年洪水最大，其次是 1810 年和 1888 年。1960 年 8 月 2—4 日，太子河辽阳站洪峰流量 18 100 立方米每秒，辽阳、海城、辽中、台安等沿河地区一片汪洋，水深平均 2 米多，140 万人受灾，其中重灾 55.5 万人，受灾耕地 28.67 万公顷。

治理与开发　太子河防洪堤始建于清康熙七年（1668 年），1915—1916 年堤防初具规模。

新中国成立后，1949—1952 年进行了整修和复堤堵口，1953—1958 年又进行了全面整修和治理，干、支流堤防整修

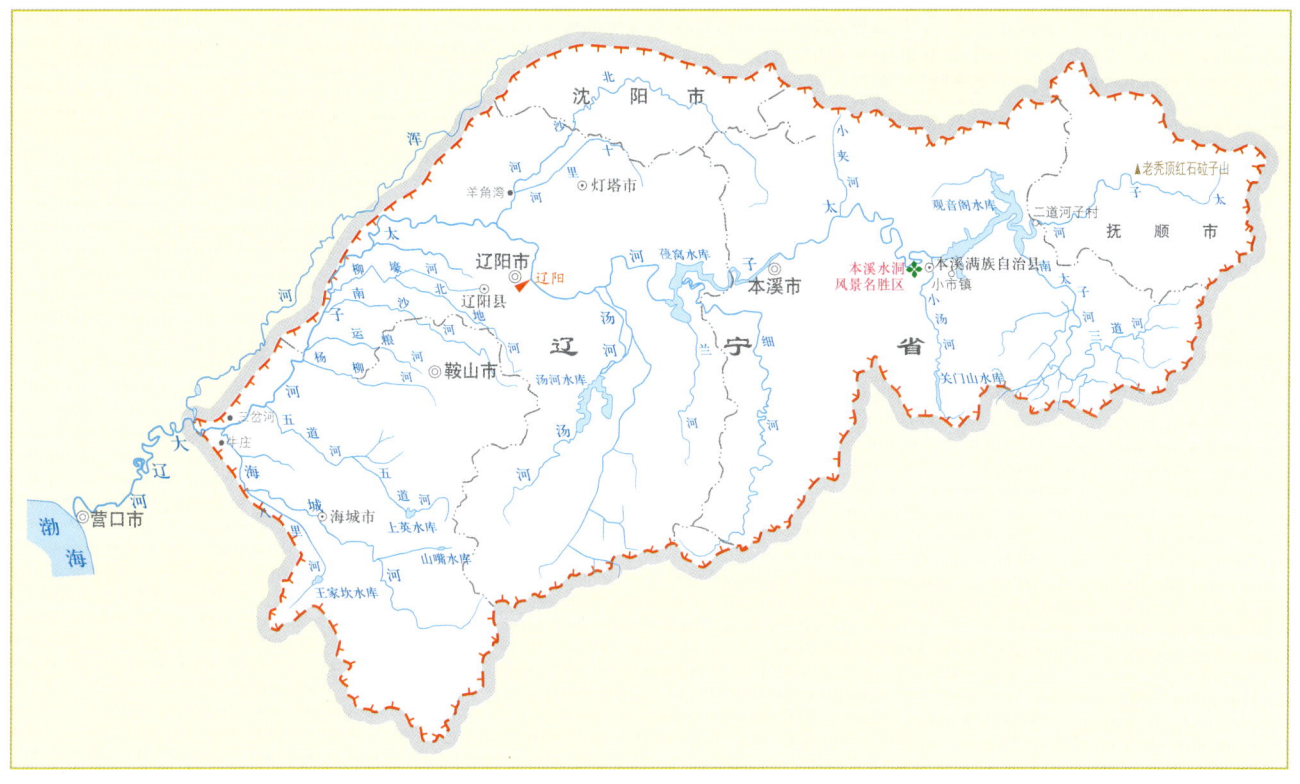

太子河水系示意图

太子河本溪段

太子河：城市段翻板闸

长度总计315.35千米。

流域内已修建了*葠窝水库*、*汤河水库*、*观音阁水库*、*关门山水库*等大中型水利枢纽工程，总库容达38.38亿立方米。

在干、支流上建有排水站、排灌站及自排闸共79座，其中干流25座（左岸17座，右岸8座），支流回水堤内54座，总装机容量2.66万千瓦，排水流量303立方米每秒。流域已初步形成了蓄泄兼施，防用结合，工程措施与非工程措施结合的防洪工程体系。

纪　　实

据《吕氏春秋》记载，汉唐间辽河水系情况比较单一，以后随着海退陆地延伸，河道分合变迁，逐渐分出*大凌河*、*绕阳河*、浑河、太子河等几个水系。清初，太子河在辽阳西北四十里的王大人屯汇入浑河，到清朝后期，浑河、太子河汇合口不断西移至小北河屯。此后浑河、太子河逐渐分流，直到牛庄西北注入辽河，形成辽河下游在营口入海的局面。

1958年为了使辽河干流和浑河、太子河洪水能分别畅排入海，也为了满足三岔河地区的排涝要求，在台安县与盘山县交界的六间房堵截外辽河，将辽河干流来水全部引向双台子河后从盘山入海，至此，太子河与浑河汇入大辽河，由营口市注入渤海。

太子河源头至南太子河汇入口，俗称北太子河，流经辽东山区新宾县的南部平顶山、苇子峪、下夹河等乡镇。该段河道窄深，比降较大，区域山高林密，盛产林蛙、人参等土特产。现二道河子村以下进入观音阁水库库区。

观音阁水库位于本溪满族自治县县城以东，最大库容21.68亿立方米，控制流域面积为2 795平方千米。

太子河出观音阁水库西行即到了本溪县政府所在地小市镇。本溪县大部分区域属太子河流域，境内山峦起伏，沟壑交错，有煤、铁等矿产和松、柞、榆、椴等树木，其中刺楸和天女木兰是稀有珍贵树

本溪水洞

种。本溪县的山城子庙后山古人类文化遗址表明，早在四五十万年前的旧石器时代，人类祖先就繁衍生息在这里。本溪在我国夏、商时代就有建制，分别属于青州、营州管辖，战国时代属燕国辽东郡，唐代属安东都护府辽城州，清朝末期设本溪县，隶属奉天府，民国28年（1939年）设本溪湖市，新中国成立后改称本溪市。

太子河过了本溪县城下行，即到了一处风景名胜区——本溪水洞。水洞位于太子河左岸，面积3.6万平方米，全长2 300米，融山、水、洞、泉、湖、古人类文化遗址于一体。水洞是数百万年前形成的大型石灰岩充水溶洞，洞内深邃宽阔，是世界上已发现的最长的充水溶洞，现开发地下暗河，水流终年不竭，清澈见底；洞口呈半月形，进入洞口是个大厅，可容千人。大厅右侧有个300米长的旱洞，洞府高低错落，洞中有洞，各有洞天，洞顶和岩壁钟乳石多沿裂隙成群发育，呈现各式物象，不加修凿，自然成趣，宛若龙宫仙境；旱洞现已建成一座大型古生物馆。大厅左侧为一处"港湾"，灯光所及，洞中物象倒悬水中，琼宫晶阁，栩栩如生。大厅正面有1 000多平方米的水面，有码头可同时停泊游船40艘，泛舟则可畅游水洞，欣赏水洞之大、水洞之长、水洞之深、飞瀑之美，使人惊叹："钟乳奇峰景万千，轻舟碧水诗画间，钟秀只应仙界有，人间独此一洞天。"

太子河进入本溪市区，自东北流向西南，流经市区长达13千米。本溪市区山中有城，城中有山，构成了"山城本溪"的独特景观。本溪是我国重要的钢铁基地之一，本溪湖位于溪湖区溪湖公园中，在山口岩洞中，水面不到15平方米，状如壶口，湖水清澈见底，亦称"燕东胜境"。

太子河出本溪市，进入**葠窝水库**。葠窝水库位于本溪、辽阳两市之间，坝址距辽阳市区39千米。河道比降0.87‰~1.22‰，河床质多为砂卵石构成。

辽阳白塔

太子河出葠窝水库，流经古燕州城、东京陵，进入辽阳市区内。辽阳是一座有2 400多年历史的文化名城。春秋战国时期，辽阳属燕国辖地，名襄平，秦设辽东郡，汉时郡辖襄平、辽阳，辽、金设东京辽阳府，明设辽东都指挥司，统辖东北全境，清初曾在新城建都，后改辽阳县，民国置辽阳县。1948年10月解放，先后设县、市，1968年设辽阳市。辽阳汉壁画墓群位于市北部，是东汉末年和汉魏的石室壁画墓，辽阳白塔是一座八角13层实心密檐式砖塔，是金世宗完颜雍为其母贞懿皇后所建造的垂庆寿塔。紧邻白塔的广佑寺始建于汉代，明复建后称白塔寺，清康熙皇帝东巡，亲临广佑寺，并赋诗《广佑寺》一首。

辽阳市属辽东低山丘陵与辽河平原过渡地带，呈东南高、西北低的地貌特征，东部是低山丘陵区，耕地多为坡地，森林、矿产资源丰富，盛产山楂、香水梨等水果，西部辽河平原，是水稻、玉米、淡水鱼、棉花、油料作物的重点产区。

太子河出辽阳城区后进入平原区，河道蜿蜒曲折，弯曲系数1.43，河床质为中细砂，比降逐渐变缓，为0.29‰~0.10‰，河宽94~425米，水深2.2~6.8米，平均流量800~1 200立方米每秒；河岸为壤土和砂壤土，河道两岸均筑有防洪堤，土地平坦、肥沃，开发的灌区较多，灌溉农业较发达。

太子河出辽阳市，至三岔河与浑河汇合后称大辽河，至营口市注入渤海。

2.29.1 三道河
(Sandao River)

太子河左岸支流南太子河的右岸支流，发源于辽宁省本溪满族自治县东营坊乡车道沟，由东南向西北流经本溪县东营坊乡、碱厂镇，在右岸三家子汇入南太子河。三道河长16.9千米，流域面积103.5平方千米。

三道河为山区河道，蜿蜒曲折，河宽在平水期为70米。河道比降37.41‰，水量充沛。

流域内重峦叠嶂，植被良好，森林覆盖率为78.6%，河道下游山体部分受人为活动影响，植被受到一定程度的破坏，易受山洪侵蚀。

流域四季冷暖分明；多年平均年降水量约800毫米，7~9月降水量约占全年降水量的70%，多年平均年径流量0.293亿立方米；多年平均气温6.3摄氏度，多年平均有效积温为3 241摄氏度；最大冻土深度1.62米，最大风速16米每秒，年均日照时数2 411.1小时，年无霜期130~140天。

流域内已建成堤防6.85千米，其中护砌长度3.5千米；森林、矿产、水力、旅游业等资源较丰富，可供开采的矿产资源有几十种，有开发利用价值的野生动物、植物资源达600余种。

2.29.2 观音阁水库
(Guanyinge Reservoir)

太子河上游以供水和防洪为主，兼有灌溉、发电、养鱼等综合效益的大型水利枢纽工程，位于辽宁省本溪市本溪满族自治县境内，坝址距本溪市约40千米。

观音阁水库

概　述

主体工程于1990年5月正式开工，1994年9月下闸蓄水，1995年9月主体工程建成。工程按千年一遇洪水设计，万年一遇洪水校核。水库总库容21.68亿立方米，其中防洪库容5.81亿立方米，兴利库容13.852亿立方米；坝址以上集水面积2 795平方千米，占太子河流域面积的20.1%。

主体工程为碾压混凝土重力坝，由挡水坝段、溢流坝段、电站坝段和底孔坝段4部分组成。坝顶长1 040米，宽10米，最大坝高 82 米，最大底宽 61.3 米。溢流堰顶净宽 144 米，最大泄流量 9 492 立方米每秒。两个放水底孔最大流量 1 094 立方米每秒。

电站装有 3 台 6 500 千瓦和 1 台 1 250 千瓦的水轮发电机组，总装机容量 2.075 万千瓦，年均发电量 8 015 万千瓦时。

观音阁水库建成后使本溪市城市防洪标准达 200 年一遇，使其下游的**葠窝水库**在最高库水位 102 米不变的情况下，水库工程校核标准由千年一遇提高到万年一遇；与葠窝、**汤河水库**联合运用，使辽阳市城市防洪标准达 200 年一遇，辽阳以下农田防洪标准达 50 年一遇。

纪　　实

水库库区上游山清水秀，水质良好，主要有太子河及支流南太子河和清河在下夹河、南甸和清河镇三个汇入口。库区水面面积 61 平方千米，坝址附近多年平均年降水量 778.1 毫米，多年平均年水面蒸发量 669.5 毫米。

水库位于长白山山脉西侧，库区河谷及两岸广泛出露有灰岩等可溶性岩层，在水库周边及外围为大面积、连续分布非可溶性的页岩、石英岩、变质岩。流域内森林茂密，植被良好，主要生长柞树、油松，其次为落叶松、杨树等次生林。土壤为棕壤及灰化生草棕壤，水土流失较为轻微，生态环境良好。两岸青山峻拔，舟泛库区，水绕青山，风景秀丽怡人，尤其春、秋初雨，雾气蒸腾，甚似蓬莱仙境。

水库坝址以上峰险岭峻，清人曾有诗赞曰："辽东半壁万峰连，长白高欲插青天，奔赴南下四百里，山脉如龙走蜿蜒。"东北道教发祥地——九顶铁刹山就在库区附近，最高峰海拔 912.9 米，山势险峻，因为从东、南、北三个方向仰望皆见三座山峰，形似铁叉，又因属道教名山，故称九顶铁刹山。

位于太子河上游的本溪县南甸镇马城子村发掘出多座洞穴墓葬，这些墓葬不仅内涵丰富，而且具有鲜明的地区特点，体现出我国夏商时期北方早期青铜文化特征。

九顶铁刹山

水库多年平均年调节水量可达 9.47 亿立方米，与下游葠窝、汤河水库联合运用，配合区间来水进行补偿调节，可使本溪、辽阳、鞍山、营口供水紧张状态大为缓解。

水库先后调蓄了 1995、2005 年两次较大洪水。

1995 年 7 月下旬至 8 月上旬，受华北气旋、静止锋及低压冷锋的影响，水库坝址以上流域降了 4 次暴雨和大暴雨，形成了两次超过 3 000 立方米每秒的洪峰，当最大入库洪峰流量在 3 600 立方米每秒时，削减洪峰 85%，为下游减少经济损失 8.64 亿元。

2005 年 8 月 13 日，受副热带高压后部冷空气的影响，水库流域普降了大暴雨和特大暴雨，平均降雨达 122.3 毫米。降雨量最大达 221 毫米。本次洪水洪峰流量为 6 130 立方米每秒，是太子河流域自 1958 年有实测资料以来洪峰值仅低于 1960 年的第二位洪峰，由于水库及时拦蓄，下泄流量仅为 1 130 立方米每秒，削减洪峰达 81.5%。如果没有水库的拦蓄，太子河本溪市断面的洪峰流量将超过本溪市的城市防洪标准，本溪市将遭受巨大的洪水灾害。

1995—2005 年，水库提供农业用水 42.18 亿立方米，生活及工业用水 13.8 亿立方米。截至 2005 年末，水库电站发电 7.5 亿千瓦时。

2.29.3　小汤河
(Xiaotang River)

太子河左岸支流，发源于辽宁省本溪满族自治县草河掌乡高老堡子岭白碴子山，流经草河掌、山城子乡、小市镇，在观音阁村汇入太子河。河长 57 千米，流域面积 466 平方千米。

小汤河为山区河流，蜿蜒曲折，河宽在平水期为 60～150 米，洪水期可达 300～600 米，河道天然比降 6‰。流域内重峦叠嶂，植被良好。

流域四季冷暖干湿分明，多年平均气温 6.3 摄氏度，最高气温 35.2 摄氏度，最低气温 -37.9 摄氏度，年均日照时数 2 411 小时，年无霜期 130～140 天，最大冻土深度 1.62 米；多年平均风速 2.7 米每秒，最大风速 16 米每秒。流域多年平均年降水量 800～1 000 毫米，7～9 月占全年降水的 70% 以上，多年平均年径流量 1.319 亿立方米，多年平均年蒸发量 669.5 毫米。

小汤河地处辽东山区，洪水灾害频繁，其中 1888 年和 1960 年发生特大洪水灾害。

近 50 年共发生旱灾 6 次，1954、1955 和 1957 年旱灾，受灾面积 0.22 万、0.34 万和 0.22 万公顷；1972 年干旱，采用人工降雨，秋后粮食产量比上年仍减产 4 成；1983 年降水量是有记载以来最少的一年，流域内农田全部受灾。

新中国成立初期，小汤河上建成小水电站、水动力站和抽水站等 10 余座，被誉为"一龙十八站"。1958 年兴建了**关门山水库**，坝址位于小汤河中游，坝址以上集水面积 168 平方千米。截至 2004 年底，沿小汤河已修建堤防 20.9 千米。

小汤河上游区处于千山山脉，山峦起伏，沟壑交错，山间多盆地和河流谷地，森林覆盖率较高；汤沟温泉风景区即位于小汤河上游，古称汤池。风景优美的汤沟是国家级森林公园，森林覆盖率达 95%，汤沟有珍贵的观赏花卉——天

小汤河溪水

女木兰和东北山人参及熊、野猪、松鼠等野生动植物，还有三峰并立的"笔架山"及和尚帽子大山的原始森林。

上游地区地热资源闻名遐迩，是辽东著名的旅游、疗养和避暑胜地。汤沟温泉水量充沛，压力大，面积广。热泉出地表水温最高达 76 摄氏度，居辽宁省首位；水中含有多种化学元素和矿物质。汤沟存有抗日联军第一次西征会议遗址，抗日英雄杨靖宇将军休憩过的"靖宇石"。

小汤河过了万家堡即进入关门山水库库区，库区水面狭长，山清水秀，关门山森林公园在水库的右岸；出水库北流到山城子乡前，在河的右岸有庙后山遗址；继续北流经本溪县政府所在地小市镇后，在观音阁村汇入太子河。

2.29.3.1　关门山水库
(Guanmenshan Reservoir)

小汤河上具有防洪、供水、灌溉、发电、水产养殖、旅游等综合效益的中型水库,位于本溪满族自治县境内,坝址距本溪县城20千米。

水库于1986年开工建设,1991年竣工投入运用。水库按100年一遇洪水设计,10 000年一遇洪水校核;总库容0.7661亿立方米,其中防洪库容0.27亿立方米,兴利库容0.548亿立方米,年调节水量2 100万立方米;水库水面200公顷,坝址以上集水面积168平方千米。

主体工程由大坝、溢洪道、输水洞、水电站4部分组成。大坝是我国第一座建成并投入使用的混凝土面板堆石坝,坝高58.5米,长183.6米。溢洪道位于左岸,净

关门山水库

宽24米,最大泄流量1 277立方米每秒。输水洞为压力隧洞,最大过流量131立方米每秒。水电站装机容量1 520千瓦,年设计发电量450万千瓦时。

关门山水库坝址处有两座山峰相向对峙,形状如门,故此称为关门山。关门山地区属喀斯特地貌,素以峰奇、水秀、雾巧、树茂、花美而闻名,自古以来就有"东北黄山""东北桂林"之美誉。关门山自然景色美丽壮观,鬼斧神工。登高远眺,群山逶迤,起伏跌宕,苍松翠柏,郁郁葱葱。水库的建成又为景区增添了一处"高峡出平湖"的胜景,有效地保护了周围的自然资源,改善了生态环境,许多珍禽异兽纷纷来此栖息。

水库已规划建设"红叶湖""竞秀峰""自然公园""观春园""关山漂流""碧泉谷"六大景区。目前旅游业已成为关门山水库的一大支柱产业,被国家旅游局评定为AAAA级国家风景旅游区。沿"遇仙门"拾级而上,路随山转,一步一景,一山一奇。泛舟湖上,湖光山色,碧波轻舟,更是令人心旷神怡。

2.29.4　小夹河
(Xiaojia River)

太子河右岸支流,发源于辽宁省本溪满族自治县高官乡高头岭,流经高官乡偏岭镇,于小夹河村汇入太子河。河长29千米,流域面积198平方千米。

小夹河位于千山山脉西北坡,流域内山峦叠嶂,植被良好,河道比降9‰,平均河宽50米。

流域多年平均气温6.3摄氏度,最高气温35.2摄氏度,最低气温-37.9摄氏度,多年平均积温3 241摄氏度,年均日照时数2 411.1小时,年无霜期130~140天,最大冻土深度1.62米。多年平均风速2.7米每秒,最大风速16米每秒,多年平均年蒸发量699.5毫米,多年平均年径流量0.561亿立方米。

新中国成立后,小夹河发生24次较大洪水灾害,严重旱灾有5次,1960年为特大洪水灾害,本溪县经济损失巨大。

1983年降水量是1958年以来有纪录的降水量最少的一年,近8万公顷农田受灾。

小夹河上游有三道河水库,水库集水面积77平方千米,总库容2 956万立方米,除农田灌溉和养鱼外,每年为城市供水1 000万~1 200万立方米。小夹河已建成堤防24.05千米,其中护砌长度10.45千米。

流域森林、矿产、水力资源丰富,森林覆盖率较高。流域内主要种植玉米、大豆等作物。

2.29.5　细河
(Xihe River)

太子河左岸支流,发源于辽宁省凤城市青城子镇白云山,流经本溪满族自治县连山关镇、下马塘镇、南芬区、平山区桥头镇后折向西,经北台镇在辽阳县汇入**葠窝水库**。细河河长118千米,流域面积1 126平方千米。

流域属低山丘陵区,地势南高北低,海拔110~1 138米,山体主要为灰色石灰岩、紫色云母质页岩及泥灰质黄色页岩、奥陶系、前震

细河

旦系侵入岩块状、片状构造,质地疏松,强度不高;地表为第四系松散堆积物,河滩地由砂卵石层砂壤土层组成,地下水埋深1.5~3.0米。

细河为山区性河流,蜿蜒曲折,多急流险滩,河道平均比降6.9‰,河床由砂卵石组成,河宽100~150米。细河流域面积在100平方千米以上的支流有三道河、大石河等。

流域温度变化较大,四季冷暖干湿分明;多年平均气温7.8摄氏度,历年最高气温达37.3摄氏度,最低为-37.9摄氏度。多年平均年降水量808毫米,降水年内分配不均匀,其中7、8月占48%,且集中于几场大暴雨之中;多年平均年蒸发量669毫米;10月末至次年3月末或4月初为冰冻期;最大冻土深1.49米。多年平均相对湿度64%,多年平均风速2.8米每秒,最大风速21米每秒。

细河多年平均流量6.1立方米每秒,汛期(6—9月)平均流量680立方米每秒,实测最大流量3 330立方米每秒;多年平均年径流量3.62亿立方米,最大年径流量7.42亿立方米,最小年径流量1.22亿立方米。

细河流域2 000年人口约为14万,耕地0.1万公顷,土地肥沃,是本溪重要的副食品生产基地和花卉生产基地;钢铁业发达,是流域中重要用水行业。

细河流域洪水频发。1935年和1960年洪水较大,相应的洪峰流量分别为4 530立方米每秒和3 330立方米每秒,对沿岸的房屋、耕地、交通、通信等设施造成了严重的损坏。1963年,细河流域出现春旱,细河流量是多年同期平均值的36.2%,有470公顷水田无水插秧。

细河流域有堤防61.39千米,防洪标准大多为10年一遇,在北台厂区段,防洪标准达到或超过百年一遇。在细河上修建了"引细入汤"工程和金家电站。

细河在连山关中河村以上称为万两河,因流域内盛产著名沙金,有"黄金万两河"之称,从而得名。细河在本溪县祁

家崴子村接纳祁堡河进入本溪市南芬区，在下马塘镇纳大石河，在桥头镇纳三道河。南芬区境内群山环抱，洞、石、泉、湖、瀑布、森林、古城等景象万千，有神奇的石龙、秀丽的滴水壶、古老的白马寺、壮观的露天矿、迷离峻奇的云龙洞、仙人洞、滴水洞以及钓鱼台等9个风景区。电影《英雄儿女》等曾在南芬拍摄外景。

细河在桥头镇前纳三道河后河水流量增大，为下游的北台钢铁集团公司提供较为充足的生产生活用水。思山岭山河天然浴场、农家乐—虹鳟鱼场—仙人洞已成为一条旅游热线，辽砚、板扇、木雕、石凉亭、天女木兰酒、羊绒制品等特产广受好评。

细河流经的平山区桥头镇位于本溪东南约15千米处，唐宋时称"细河沿"，辽改"白云寨"，明末清初设有马市（农贸市场），各地商贾云集，因常受细河之水阻袭，于是在河上搭一浮桥，始称"桥头"，地形十分复杂，历史上为军事要塞。

细河流经东分水岭后，注入觅窝水库库区。该段河道两岸重山叠嶂，峻岭茫茫，四季分明，气候宜人，景色十分壮观；硅石、云石、石灰石等矿产丰富。

细河流域内的大石河、长山河及三道河等，水清流长，适合发展淡水养鱼；以杨木沟、太平山、黄柏峪为中心的冷泉水十分丰富，适合养殖虹鳟鱼，为辽宁省有名的虹鳟鱼生产基地，年产量达500多吨。

2.29.6 兰河
(Lanhe River)

太子河左岸支流，发源于辽宁省辽阳县东部鸡爪山麓，流经甜水、寒岭等乡镇，在后蒿甸子村注入**覓窝水库**。河长55千米，流域面积417平方千米。

兰河流域地势南高北低，地面高程106~570米，东西窄，南北长，两岸有狭长的河滩地。

兰河流域多年平均气温8.6摄氏度，最高气温38摄氏度，最低气温-34.3摄氏度，多年平均年无霜期160天，多年平均冻土深1.1~1.4米。兰河11月中旬开始封冻，次年4月中上旬解冻。兰河流域降水量年际之间差别很大，年内也分布不均，7—8月降水量占全年的48%，多年平均年径流量0.971亿立方米，多年平均含沙量0.195千克每立方米。

兰河为山区河流，河床忽宽忽窄，落差较大，河道比降5.7‰，水流较急，共有13条支流。

流域内有人口3.1万，农田26.4万公顷，经济林1.54万公顷。兰河除"引兰入汤"首部工程外，还建有多处拦河引水工程，灌溉水田约有600公顷。

兰河从发源地鸡爪山北行到达塔湾村，山冈上耸立一座高大的古塔，即著名的辽代塔湾塔，村因此塔而得名；沿河两岸树木葱郁，植被保持完好，森林覆盖率达67%。

塔湾塔

兰河由塔湾村北流进入甜水乡，峰峦重叠，丘陵起伏，境内摩天岭海拔968.5米，1984年林地面积达1.16万公顷。

境内水资源丰富，于1998年在古家子兴建了引兰入汤（**汤河**）工程，该工程设计年平均引水量1830万立方米，近几年实际年平均引水量为3665万立方米。

兰河由甜水乡北流进入寒岭镇，这段兰河上建有庙沟、古家子、东黄泥岗、唐家、九口峪等引水灌溉工程，并开发水电，兴建选矿业。兰河在寒岭镇后蒿甸子村注入覓窝水库。

2.29.7 覓窝水库
(Shenwo Reservoir)

太子河中游以防洪、灌溉为主的大型水利枢纽工程，位于辽宁省辽阳县境内丘陵地区，属不完全年调节水库，坝址距辽阳市33千米。

覓窝水库

概　述

水库于1970年动工修建，1972年11月开始蓄水，水库按百年一遇洪水设计，千年一遇洪水校核；总库容7.91亿立方米，其中防洪库容5.77亿立方米，兴利库容5.33亿立方米。上游**观音阁水库**建成后，覓窝水库达到万年一遇洪水校核标准。

主体工程由混凝土重力坝和坝后式水电站两部分组成。混凝土重力坝分为挡水坝段、溢流坝段、电站坝段三部分，全长532米，最大坝高50.3米；溢流坝段位于主河床上，设有14个溢流表孔和6个泄水底孔，最大泄流能力23 150立方米每秒。坝后式水电站位于大坝左侧，设5台发电机组，总装机容量44 640千瓦。

水库多年平均年入库水量22亿立方米，最大年入库水量是1985年的44亿立方米，最小年入库水量是1978年的9.6亿立方米。库区冰冻期从12月中旬至次年3月下旬，封库期100天左右，最大冰厚0.7米。

水库运行以来，在防洪抗旱方面发挥了重要作用。1975年大洪水，入库洪峰4 350立方米每秒，水库泄流量1 660立方米每秒；1985年大洪水，入库洪峰4 130立方米每秒，泄流量1 260立方米每秒；1995年和2005年的大洪水，通过和观音阁水库的联合调度，有效地减轻了下游的洪水灾害损失，保护了下游140万人和17.4万公顷农田及交通干线的防洪安全。

覓窝水库与观音阁水库联合运用，"十五"以来年均提供农业用水10亿立方米，可灌溉农田10.9万公顷，供给鞍钢、北台、庆阳等企业的工业水量0.75亿立方米，年均发电量7 500万千瓦时。

覓窝水库的修建，不但促进了下游水田面积的成倍增加，遇干旱年份也保证了农业生产的丰收。

纪　实

库区位于辽阳市和本溪市之间，除太子河在灯塔市下瓦子峪进入库区外，另外还有发源于凤城市白云岭的**细河**和发源于辽阳县鸡爪山的**兰河**分别于本溪满族自治县桥头镇和辽阳县后蒿甸子汇入库区，使库区水面为"山"字形。葠窝水库坝址以上区域属千山山脉，海拔500～1 300米。观、葠区间最高山峰为辽阳与凤城交界处的白云岭，海拔1 176.6米。

库区为石灰岩山区，一般年份河道输沙量不大，多年平均含沙量0.66千克每立方米，但在大水年份，水库周边工矿企业弃渣及尾矿堆积物进入库区，多沉积在库尾及细河入库口处，加大了水库淤积。

葠窝水库因其坝址坐落的葠窝屯以前盛产一种名贵中药——沙葠而得名。

20世纪七八十年代，水库上游的本溪市每年2亿多吨工业废水、生活污水通过太子河、细河排入水库，给水库的水体造成了严重的污染。20世纪90年代本溪市加大环境治理力度，加强了对工业污水的治理与控制，2002年水库水质综合评价结果为Ⅳ类。

葠窝水库修建于"文化大革命"后期，工程设计和施工质量都存在一定问题。从1974年建成开始，水库一直降低标准运行，使下游城市防洪标准由100年降为20年，农田由20年降为10年。1985—1992年和2000—2005年进行了两次除险加固并增加了现代化管理设施的建设。通过两次除险加固，葠窝水库安全状况有了根本性改观，兴利除害功能得到了充分发挥，库容库貌也出现了历史性的转变。

葠窝水库

水库自然景观优美，四季风景各异。在太子河、兰河、细河三条河流的水底及两岸林间，有着极其丰富的历史文化，文物古迹、历史名胜众多，翰林府、将军墓、侍郎坟、荆山碑隐于其间，诸多的古刹禅林至今遗迹可寻，玉清宫、卧龙宫宫墙尚存，望海双泉、铁瓦断碑依稀可见。

2.29.8　汤河
(Tanghe River)

太子河左岸支流，据《汉书·地理志》载，汉代称汤河为室伪水，上游段曾名为麻屯河。汤河发源于辽宁省辽阳县吉洞乡的韩家岭，流经吉洞、隆昌、八会、下达河以及辽阳市的汤河、弓长岭、安平、小屯等乡镇，于西双庙村汇入太子河。河长90.7千米，流域面积1 466平方千米。

流域为低山丘陵区，处于辽东山区西侧，山峦起伏，河谷切割较深，地势由南向北倾斜，坡降较大，海拔600～800米。

汤河

汤河流域冬季严寒干燥，夏季炎热多雨，多年平均气温7.9～8.3摄氏度，最高气温38摄氏度，最低气温－34.3摄氏度，年无霜期160天，平均冻土深1.1～1.4米。河流每年11月中旬开始封冻，次年4月上中旬解冻。流域降水量年内年际差异较大，多年平均年降水量800～850毫米，6—9月占全年降水量的70%以上，多年平均年蒸发量900毫米左右，多年平均年径流量3.414亿立方米。

汤河河道较陡，水流湍急，河床不稳，易泛滥，主要支流有汤河东支（妈妈街河）。

据1998年统计，汤河全流域人口10.66万，耕地1.18万公顷。流域内水土保持较好，森林覆盖率较高，矿藏资源丰富，有著名的弓长岭铁矿。

汤河上建有**汤河水库**、引兰入汤工程和7座拦河坝，为鞍山、辽阳两座城市及两岸人民提供优质水源和农田灌溉用水。

汤河河源至郝家店河长43.3千米，河道比降4.9‰，洪水陡涨陡落，区间集水面积431平方千米，两岸植被较好，河床为砂卵石。

龙峰寺

流域内下达河乡西北的龙峰寺，始建于唐贞观年间，两次受过皇封，香火兴旺，是辽阳县旅游胜地。

汤河在白玉寨村西进入汤河水库，在水库坝址前有发源于样子岭和发源于熊洞沟的两股水流，在河栏镇汇合后进入汤河水库，两股水控制流域面积628平方千米。汤河矿泉在汤河水库库岸边上，矿泉长年流淌，开发利用有着悠久的历史，为辽阳一宝。据史料记载，唐王李世民曾到汤河沐浴。汤河温泉至今还保留着唐朝修建的比较完整的"八宝琉璃井"。明《辽东志》"城东六十里汤河温泉"之记载。

汤河在小屯镇西双庙汇入太子河。

2.29.8.1　汤河水库
(Tanghe Reservoir)

汤河上以防洪和供水为主，兼顾灌溉、发电、养鱼等综合利用的大型水利枢纽工程，坝址位于辽宁省辽阳市汤河镇，距辽阳市区39千米。

概　述

水库在千山山脉西坡，属辽东低山丘陵与辽河平原的过渡地带。流域处于温带大陆性季风气候区，夏季炎热多雨，7、8月降雨量占全年降水量的46.6%。

汤河水库按100年一遇洪水设计，可能最大洪水校核；总库容7.23亿立方米，其中防洪库容3.58亿立方米，兴利库容3.7亿立方米。水库多年调节水量2.46亿立方米，坝址以上集水面积1 228平方千米。

枢纽工程由大坝、溢洪道、输水洞、水电站、引水建筑物5部分组成。大坝为黏土斜墙砂壳坝，最大坝高48.5米，坝长455米，坝顶宽6米。溢洪道为开敞式，堰顶净宽22米；最大泄洪流量2 713立方米每秒。输水洞为圆形有压隧洞，洞径4.5米，长211.1米，最大过流量282立方米每秒。水电站装两台发电机组，一台容量3 200千瓦，一台250千瓦。引水建筑物包括辽阳、鞍山城市引水口，辽阳石油化纤总公司及弓长岭矿山公司引水口。

库区及上游林木丛生，森林面积达8.8万公顷，森林覆盖率71.7%；已划为水源涵养林的面积2.1万公顷，占现有森林面积的23.9%。山麓沟壑多以各种灌木草丛为主，入库水质好、含砂量小，水库水质优良。

汤河水库为国家水利风景区，优越的生态环境吸引了诸多野生动物，鸟类聚集此繁衍生息，鸟飞鱼跃，鹿鸣翠谷，呈现出一派"山高水深鱼鸟乐，车马绝迹看远帆"的人与自然和谐相处的生存空间。汤河水碧绿扬波，清澈见底，鱼种繁多，不胜枚举，"汤河鱼"列辽阳民间"四大特色名吃"之首。

汤河水库库区的温泉和冷泉，利用温泉开发建成多座大型游泳馆、疗养院（所）、浴池，利用冷泉开发建成多家矿泉水厂。

坝址以下汤河镇柳河村矿泉水资源丰富，冷、热两种矿泉水源并存且相距不足300米，堪称奇观。冷泉总面积0.56平方千米，常年水温11～12摄氏度，富含锂、钼、锶、硒、氢等微量元素。该泉水系源自岩层深部溶隙中，运移途径深长，远源补给，储量丰富，动态稳定，属偏硅酸和重碳酸钙型

汤河水库

汤河水库作为太子河防洪体系的重要组成部分，成功地抗御了6次较大的区域性洪水，为下游人民群众生命财产的安全和为地方经济社会稳步发展提供了有力的保障。

"十五"以来，汤河水库多年平均每年提供工业、生活用水1.4亿立方米，农业灌溉用水0.3亿立方米。水库总养鱼水面1 793公顷，平均年产商品鱼35.42吨。

纪　实

汤河水库1958年6月兴建，于1959年10月停工，1968年10月动工续建，1969年12月基本建成并投入运用。1978年3月到1983年底进行了土坝加高培厚和溢洪道、输水洞改建，并新建了发电站。

汤河水库是在"文化大革命"时期续建而成的，当时水库的主要功能是农业灌溉。进入20世纪90年代以后，随着水库下游鞍山、辽阳两城市的经济社会发展，城市工业和生活供水的需求增加，汤河水库的功能发生了重大改变，由农业灌溉为主变成城市工业和生活供水为主。发挥**观音阁水库**、**葠窝水库**、汤河水库3座水库联合调度的优势条件，实行三库工农业用水的水量置换，即由汤河水库供辽阳、鞍山城市工业、生活用水，而由葠窝水库提供**太子河**中下游的农业灌溉用水。为满足鞍山市用水要求，增加汤河水库的调节水量，于1995年和2004年先后兴建了"引兰入汤"和"引细入汤"工程，使鞍山市的日供水量增加25万立方米。

水库坝址以上集水面积占汤河流域面积的84%。库岸多为中低山地，平均高程400～500米，坝址以上河流穿行在山区峡谷中，其中坝址至龙山河谷较宽阔。龙山上游的汤河分为主流和汤河东支，故库区形状成"人"字形。库岸主要由前震旦系鞍山统变质岩和酸性火成岩构成。

低矿化矿泉水，其中有一处外溢自流型饮用天然矿泉水水源——漱石泉，俗称大泉眼。相传，漱石泉一名始于唐贞观年间，薛礼东征途经此泉，见泉水喷涌，水流湍急，拍打泉石，激浪生花，遂名之为漱石泉。此泉水储量非常丰富，日涌量2 600立方米。汤河温泉是全国唯一的富含氡温泉，含氡量高达1 820埃曼，水温最高达72摄氏度，属远补给、深循环型矿泉水，泉水无色透明，具有良好的防治疾病和医疗保健功能，为高氡、高温、弱碱性优质医疗温泉。其中中心泉井——八宝琉璃井又称唐王井。相传唐太宗李世民征东班师，将士多负伤病，途经此地，在沐浴及为伤员清洗伤口时，发现此水有祛病、生肌之神效，李世民遂下令在此筑井，并将八件珠宝镇于井下，故有八宝琉璃井之名，也称唐王井。八宝琉璃井已有1 300多年的历史，相传清太祖努尔哈赤、圣祖康熙帝多次到汤河沐浴温泉。

2.29.9　北沙河

（Beisha River）

太子河右岸支流，因其流域内上游多风化严重的山体，河道内泥沙淤积严重而得名；发源于辽宁省抚顺市西南大顶子山班猫岭，流经抚顺、本溪、沈阳、辽阳等市县，在灯塔市前河洪堡村汇入太子河。河长117千米，流域面积1 618平方千米。

概　述

流域上游属低山丘陵区，海拔一般在400米以下，河流切割冲刷，地形破碎，土层较薄，河道宽浅，砂质河床，冲淤变化大，很不稳定。北沙河中下游地区属辽河平原，河势较为平稳，河曲发育，河道为宽浅型，主槽宽40～80米，槽底低

于两侧漫滩2～4米。沈大高速公路桥以下至河口，筑有高3～6米的防洪堤防，堤外地形开阔平坦，东高西低。

北沙河

北沙河平均河宽50米，平均比降5.1‰，沈大高速公路以下左岸有**十里河**、柳沟河、戈西河、马峰河等4条支流相继汇入。

北沙河流域多年平均气温6～8摄氏度，极端最高气温37.3摄氏度，极端最低气温-37.9摄氏度，多年平均相对湿度65%，多年平均风速2.87米每秒，最大冻土深150厘米，多年平均年降水量800毫米，多年平均年径流量2.76亿立方米。

北沙河洪水主要来源于本溪境内，洪水历时较短，水流湍急，干、支流洪水多数情况下遭遇。

根据历史文献和洪水调查，北沙河洪水灾害记录比较详细的有5次，即1967、1971、1981、1995和2005年。1995年大洪水，北沙河上游连降暴雨，7月28—30日3日降雨量为490毫米，产生历史罕见洪水，流域受灾严重，经济损失巨大。

流域是重要的副食品生产和花卉生产基地，交通四通八达，总人口23.58万，土地面积3.24万公顷。

北沙河在重点河段修建了堤防，在干、支流上建有排水站、排灌站及自排闸共27座。

纪　实

北沙河出源头，在张其寨乡由抚顺市流入本溪市，由东向西流经张其寨、歪头山两个乡镇以及石桥子技术经济开发区。

张其寨乡以农业经济为主，自然结构为"七山一水二分田"，北沙河流经全乡，河两岸小山围绕、土地肥沃，青山绿水，秀美如画，具有独特的区位优势，盛产水稻、花生、大豆，水果种类齐全，南果梨、尖把梨已成为张其寨乡的特色产品，曾被誉为本溪市的"乌克兰"。

歪头山镇处于北沙河与支流汇合口以下区域，除农业以外还有位于河道左岸的歪头山铁矿，该地区是本溪钢铁业重要原料供应厂矿之一。歪头山镇具有良好的地理优势，南临沈阳浑南开发区，地势开阔。石桥子经济技术开发区即本溪经济技术开发区，位于西高堡沟以下石桥子支流两岸，拥有国家级的中成药研发中心及生产企业。

北沙河过歪头山后即进入沈阳市，经姚千户屯、陈相屯、沙河堡、林盛堡、红菱堡等镇，这一区域地势平坦、土壤肥沃，是以水稻为主的重要粮食产地；红菱堡盛产煤炭。

北沙河南流，在羊角湾进入灯塔市。灯塔市自然资源丰富，矿种多，分布广，其中铁矿储量达4.6亿吨，且矿石品位高，易于开采；优质煤炭、石膏储量丰富；优质大米、名优特鲜鱼、蔬菜、林果及皮装、童装闻名全国。

北沙河于灯塔市王家镇前河洪堡村汇入太子河。

2.29.9.1　十里河
(Shili River)

北沙河左岸支流，古称板桥河，发源于辽宁省灯塔市铧子镇东小堡，于羊角湾东入北沙河。河长41.19千米，流域面积202平方千米。

主要流经地域多为山丘区，主河槽宽约20米，多年平均年径流量0.345亿立方米。由于主河槽较窄，汛期水大流急，岸边不稳定，输沙量大，涨水时经常改道，河流左右摆动，部分耕地也被侵吞，安全泄量较小，造成洪水灾害频繁。

流域多年平均气温7.9摄氏度，年无霜期160天，平均冻土深1.1～1.5米。

流域位于灯塔市及沈阳市的苏家屯区，有适合农作物生长的气候和土壤，主要农作物有水稻、玉米、高粱、大豆等，其中水稻栽种面积占粮食作物面积的57%，是辽宁省商品粮重点产区之一。灯塔市已形成了以水稻为主的商品粮基地，以"辽红"山楂为主的林果基地，以瘦肉型猪和庭院大棚蔬菜为主的肉菜基地，以及以清养鲤鱼为主的淡水鱼基地。

十里河上建有小（2）型的古树子水库，坝址以上河长8.5千米，集水面积12平方千米，总库容65万立方米。十里河堤防长4.61千米，有两处水闸。沈大高速公路，沈营公路，哈大铁路等交通设施跨越十里河两岸。

十里河流域蕴藏着丰富的矿产资源，包括优质焦煤、石油、天然气等。

2.29.10　柳壕河
(Liuhao River)

太子河左岸支流，自古有"铜帮铁底柳壕沟"之称。发源于辽宁省辽阳县兰家乡石桥子南山，流经沙岭台、韩家台、付五道等地，于杨家河滩入太子河。河长33.9千米，流域面积508.8平方千米。

柳壕河

柳壕河河道平缓，水流缓慢，主要有兵马河、千沟河、北地河3条支流。流域地势东高西低，河流自东向西流，黑牛庄以西为平原地带，地势平坦，无大的起伏。

流域多年平均气温8.3摄氏度，年无霜期169天，平均冻深1.1～1.2米；多年平均年径流量6660万立方米，多年平均年降水量604.8毫米，7—8月降水量占全年降水量的48%，年蒸发量868毫米。

柳壕河流域包括辽阳市、鞍山市、辽阳县10个乡镇，人口69.6万，其中城镇人口42.76万，耕地4.3万公顷，农作物有水稻、玉米、大豆等。

柳壕河近百年来发生大洪水5次，以1960年大洪水灾害为重，冲毁长大铁路首山段百余米，铁路运输中断，下游蛤蜊坑段堤防决口，平地积水深1.6～3米。

柳壕河承泄辽阳市城市排水、辽阳灌区退水和两岸排水站排水，并为柳壕灌区及两岸多处灌溉站提供水田灌溉用水，两岸堤防长72.66千米，回水堤长26.99千米，堤距25～300米，堤高2～5米；太子河回水堤段防洪标准达到20年一遇，上游段达10年一遇。

清风寺

柳壕河两岸建有排灌闸、站等穿堤建筑物27座，总装机容量5 275千瓦，排水流量150立方米每秒，改变了流域内的农业生产条件，受涝面积得到治理，基本达到10年一遇标准，并利用地下水开发水田；险工段修筑护岸33处，总长6 000米。

柳壕河支流兵马河流经首山，首山曾是历代兵家战略要地，现已从一个蒙古族村发展成辽阳县政府所在地。首山脚下有首山烈士纪念碑和清风寺。

另一条支流北地河为灵山工企业区内涝水排水河，1995年当地在首山乡建一座引水闸，经过刘二堡镇东义和、西义和、朱家桥、东龙湾、西龙湾排水站排内涝积水入河道，在柳壕村五组北汇入柳壕河。

2.29.11 南沙河
(Nansha River)

太子河左岸支流，原名白水滩、沙河，因其位于辽阳南，故称南沙河。

南沙河发源于辽宁省鞍山市千山风景区仙人台，河源高程708.3米。源流流经千山镇、沙河镇、辽阳县的刘二堡镇，于唐马寨镇下口子汇入太子河。河长58.06千米，流域面积458平方千米。

南沙河立山水文站以上河长28.06千米，为山溪性河流，河道比降7‰；立山站以下进入平原区，河道比降0.67‰，河宽一般80～100米。

南沙河多年平均年降水量725.1毫米，多年平均年径流量0.69亿立方米，多年平均年蒸发量900毫米，相对湿度60%，最大冻土深度118厘米，全年日照时数2 540小时。

流域降水多集中在汛期，暴雨汇流时间短，洪水来得急，易于发生洪水灾害。1960年发生洪峰流量1 260立方米每秒的大洪水，两岸4处决裂，直接经济损失6 000多万元。

南沙河工程建设始于20世纪五六十年代，市区段堤防标准达到20年一遇，农村段堤防为10年一遇；上游建有金家岭、上石桥和下石桥子3座小型水库。

南沙河上游为千山风景区，以其碧峦如海的山峰、古老宏伟的庙宇、嵯峨奇绝的怪石、苍翠多姿的古松、蜿蜒缠绵的溪流和云烟浩渺的洞天而成为国家重点风景名胜区。上游山区含丰富的铁矿资源，现已开发建设有大孤山、樱桃园、眼前山和齐大山等矿区。

南沙河顺流而下，右岸的庙尔台村有地热水资源，发现于明正德年间，当时曾有"万亩温泉水，百千几度游，炎流从地下，暖气欲天浮"赞诗。新中国成立初期，这里建成全国总工会千山职工疗养院，以后又先后兴建20多家理疗院、游泳馆，以疗养度假为主的餐饮休闲基地成为千山景区的又一个亮点。

温泉

南沙河中游穿越鞍山城区和鞍钢主厂区，曾有"钢都"之称。冶金化工是鞍山的支柱产业，为全国重点钢铁基地。南沙河出城区，进入宋三水田灌区，灌溉面积1 400公顷，年用水量2 000万立方米。南沙河下游有辽阳县古镇刘二堡，下游地区亦是太子河左岸重点产粮区。

2.29.12 运粮河
(Yunliang River)

太子河左岸支流，发源于辽宁省鞍山市玉佛山风景区，流经鞍山市中心区和达道湾、六间房、唐马寨等乡镇，于唐马寨小河口村入太子河。河源高程180米，河长36.4千米，流域面积268.12平方千米。

运粮河古称运粮沟。唐贞观十七年（643年）秋，唐太宗李世民亲统46万大军，东征高句丽，进驻辽东郡（今辽宁省）。当时军队所需粮草由海运至辽河三岔河，再上溯梁水（今太子河）水运至襄平（今辽阳市）。由于河道迂回弯曲，运距远，船队易受攻击，于是唐太宗命大将尉迟敬德率1万精兵，5天内挖成一条运粮沟道，以通水运。运粮沟成为夏可水运、冬可冰运的军事要道，唐代之运粮沟逐渐发展演变为今之运粮河。

运粮河上游为玉佛山风景区，山林植被茂盛，自然风景秀丽，近年建有玉佛苑、罗汉洞和玉石城等新景点，构成鞍山市城市骨架的主体之一，玉佛山也成为城市一道重要的自然生态屏障。运粮河中游达道湾地区现为鞍山西部工业园，沈大高速铁路通过运粮河，已建成现代化的鞍山新站。运粮河下游为辽阳县重点产粮区。

运粮河河道比降较大（1‰），其中中游西湖至永宁吐口段为暗渠。

多年平均年降水量725.1毫米，主要集中在夏季7—8月，多年平均年径流量0.654亿立方米。新中国成立以来，运粮河6次漫堤决口，洪涝灾害损失严重。

玉佛苑

运粮河接纳鞍钢、印染厂、炼油厂等多家企业排放工业废水和市区生活污水，河水严重污染，全年水质均为劣Ⅴ类。

2.29.13 杨柳河
(Yangliu River)

太子河左岸支流，因两岸多杨柳树而得名；发源于辽宁省鞍山市唐家房镇摩云山村东南双塔岭偏岭，流经千山区宁远屯、海城市腾鳌镇、辽阳县穆家镇，于海城市新台子镇小河口北入太子河。河长57.95千米，流域面积209.2平方千米。

流域多年平均年降水量725.1毫米，多年平均年径流量0.51亿立方米。上游建有4座小型水库，中游以下建有防洪堤，防洪标准仅10年一遇，下游地区有水田面积约360公顷。

杨柳河历史上洪涝灾害较重，1985年和1994年都因堤防决口造成灾害。

上游山丘区山林植被较好，为鞍山市特产南果梨生产基地。东、西鞍山铁矿资源丰富，东鞍山铁矿曾为钢都发展作出重大贡献。

杨柳河中游的汤岗子地热水资源开发利用最早，曾为历代皇族、达官避暑、疗养胜地。唐太宗李世民东征时曾在此沐浴，现建有"唐王浴址"；辽、金年代，这里曾因地热水而设"汤池县"；清代乾隆帝曾三次在此沐浴。新中国成立之初，建起国内闻名的汤岗子理疗医院，以其亚洲唯一的天然热矿泥蜚声中外，现在有6家用水单位，形成了以疗养、康复为主，兼有娱乐、餐饮、会议接待等综合开发模式。

杨柳河下游为辽阳、海城的界河。海城市一侧的腾鳌镇，是鞍山市粮食、蔬菜生产基地，镇区工业发展迅速，镇财政年收入超亿元，已成为鞍山市经济开发区。辽阳县一侧的穆家镇，素有辽阳"南大洋"之称，该镇不断加大农村产业结构调整力度，合理布局，全镇涌现出一村一品、一村多品的新格局，还有多家大中型钢材企业在镇内安家落户，2003年全镇生产总值突破2.1亿元。

唐王浴址

现在的杨柳河已经成为鞍山市城市主控排水通道之一，承担鞍山市南部城区大部分的生活污水和工业废水排放任务，受铁矿等排放洗矿废水影响，河床淤积较严重。

2.29.14　五道河
(Wudao River)

太子河左岸支流，发源于辽宁省海城市什司县镇三通沟，由东向西流经王石、南台、验军、耿庄等镇，于望台镇刘家台与三通河汇合入太子河。河长69千米，流域面积326.79平方千米。

流域上游区为丘陵地带，中下游区为平原，东高西低。流域多年平均年降水量713毫米，降水多集中在7—9月，多年平均年径流量0.486亿立方米。

五道河上游水质较好，全年均可达到或优于Ⅲ类水质；由于工业废水排入，中游和下游水质均为Ⅴ类或劣Ⅴ类。

流域多发生洪涝灾害，上游丘陵区和部分平原区有些年份也常常出现旱灾。

五道河

五道河上游河宽10~70米，过长大铁路以后河宽30~100米。五道河有堤防25千米，堤防标准回水堤为10年一遇至20年一遇，其他堤段防洪标准仅为5年一遇至10年一遇；上游有中型的**上英水库**和5座小型水库，总库容0.3405亿立方米，有效灌溉面积780公顷，近年来向工业供水。

五道河上游地区主要生产苹果和著名的南果梨，中下游地区主要生产高粱、玉米、大豆等作物。南台镇的地方经济发展很快，建成了国内著名的箱包市场，为全国百名小城镇建设试点单位，财政年收入超亿元。王石镇的水果市场和乡镇企业发展迅速。

2.29.14.1　上英水库
(Shangying Reservoir)

五道河上游具有防洪、供水、灌溉效益的中型水库，位于辽宁省海城市王石镇境内，坝址距海城市25千米。

水库于1976年11月开工，1983年11月竣工。水库按百年一遇洪水设计，万年一遇洪水校核。水库总库容为2919万立方米，其中防洪库容882万立方米，兴利库容为1817万立方米；坝址以上集水面积54平方千米。

主体工程由拦河坝、输水洞和溢洪道3部分组成。拦河坝为黏土心墙砂壳坝，最大坝高29.5米，坝长575米，坝顶宽5米。输水洞为压力隧洞，主洞长398米，直径2米，最大过流量16.6立方米每秒。溢洪道为明渠式，堰顶高程96.8米，堰顶净宽30米，最大泄流量525立方米每秒。

上英水库的防洪效益十分显著。建库前五道河中下游洪水灾害频发，建库后，再没有出现洪水决堤的情况；原设计灌溉旱田面积为780公顷，现除灌溉水田面积最高时达到67公顷，另外提供工业用水1000万~200万立方米。

水库上游山丘区自然生态较好，植被覆盖率较高。区域内以小流域为单元进行综合治理，林果栽植、封山育林效果显著，现已成为海城市南果梨基地之一。由于水库的修建和兴利除害效益的发挥，为五道河中下游的经济发展创造了有利条件，乡镇企业得到迅速发展。

2.29.15　海城河
(Haicheng River)

太子河左岸支流，发源于辽宁省海城市孤山镇松坨子弟兄山，河源高程813米，流经海城市岔沟、接文、析木、牌楼、毛祁、东四、望台等镇，横穿长大铁路线，于牛庄镇西小姐庙汇入太子河。河长90.8千米，流域面积1293.17平方千米。

海城河

流域属于辽东地块与下辽河断陷的过渡地带。在东部长期隆起区沉积着极薄的残坡积、冲积层，其构造为深浅不同的正、副片麻岩、片岩石系，西部为沉降区的下辽河平原。

海城河上中游共有13条支流，其中集水面积大于100平方千米的支流有房身河、黑峪河、石安、钞铁河和八里河等。海城河上中游属山区河流，河槽调蓄作用小，比降大，一遇暴雨，诸支流奔腾下泄，形成陡涨陡落的洪水；下游河道宽120～250米，多为复式河床。河道平均比降1.74‰。

流域多年平均气温8.7摄氏度，极端最高气温36.6摄氏度，极端最低气温-34.9摄氏度，平均相对湿度53%～81%；多年平均年蒸发量约940毫米，多年平均风速3.4米每秒，最大风速20米每秒。多年平均年降水量712毫米，6—9月降水量占全年的71.4%，多年平均年径流量2.251亿立方米。

海城河海城站实测最大洪峰流量2740立方米每秒，枯水期河道常断流，多年平均含沙量1.34千克每立方米。

流域有19个镇（区），人口55.55万，其中农业人口35.49万；耕地3.1479万公顷。上游山丘区以林果为主，中下游平原区以粮食、经济作物为主，全面发展农业经济，粮食产量达16.5亿吨。

新中国成立以来，共发生20多次洪水，海城水文站出现超2000立方米每秒的洪峰6次。海城河流域历史上旱灾也比较重，1986—1989年曾连年干旱，1988年受旱面积达14240公顷，1989年春有219公顷耕地不能播种，山区有20%村民发生饮用水困难。

海城河已修建了**王家坎水库**、**山嘴水库**等9座中小型水库，截潜流7处，筑塘坝31座，建自流引水灌溉工程114处；以小流域为单元进行山丘区建设，治理水土流失面积32686公顷，占山区总面积的26.36%。

海城河在小王屯村以下有堤防56千米，农村段堤防防洪标准为10年一遇至20年一遇，海城市城防堤及河口上游5千米回水堤防洪标准50年一遇。

海城河历史久远，源头处的孤山镇古洞遗址证明，在一万年以前的旧石器时代，这里就有人类繁衍生息。在孤山镇海城河右岸，有一座古人类洞穴遗址，古称"仙人洞"。据清咸丰年间的《岫岩县志》记载："洞口较宽敞，横亘石墙，洞外有岳王庙，洞内黑暗无光……约行数里抵一河，水流汹涌，人莫敢渡，惟见对岸石门有光射入，洞内时有恶风鼓荡，如挟雷霆……"经有关部门组织国内著名考古专家于1981年和1996年两次发掘验证，认为这里是一处结构完整、堆积物保持良好、层位清楚的古人类洞穴遗址。洞内堆积物质顶部与河床相对，高4.5米，堆积厚度达60米。洞前即海城河的开阔河滩。堆积物中出土了大量动物化石和内容丰富的旧石器时代遗物，同时出土了四枚骨针和鱼叉等少有的万年前珍贵遗物。"仙人洞"文化为研究我国东北地区的古地理、古气候、古人类活动和演化提供了宝贵资料，也为探讨东北与华北之间、中国与东北亚、北美之间远古文化联系提供了有意义的证据。

在上游的析木镇古墓葬中，发现七千年前新石器时代海城河流域的人文变化，安市、临溟、析木、澄州、海州等古州县的治所均在海城河流域上、中游，海城河畔的古海州（现在的海城市），被誉称"关东第一镇"，下游古镇牛庄是近代史上著名的河运名城。

海城河上游流域内矿产资源丰富，现已开发利用的主要有菱镁、滑石、苦土、玉石等非金属矿。流域经济以矿山工业为主，以建材、轻纺等工业为辅，带动乡镇工业发展，年工业总产值达140亿元。

海城河中游为城区段，河畔先后建成海城城区供水、鞍山城市供水和海城市二台子市区供水等三处水源地，近年来又集中进行了海城河市区河道和堤防工程建设，兴建了两处橡胶坝工程，浆砌石堤防防洪能力达到50年一遇。

海城河下游为平原区，两岸土地肥沃，为重要商品粮基地。

2.29.15.1 山嘴水库
(Shanzui Reservoir)

海城河支流黑峪河上游具有防洪、灌溉功能的中型水库，位于辽宁省海城市接文镇境内，坝址距海城市区40千米。工程于1969年2月动工，1970年8月竣工。当时取名八一水库，1980年以后改名为山嘴水库。

工程按50年一遇洪水设计，1000年一遇洪水校核。水库总库容为1118万立方米，其中防洪库容428万立方米，兴利库容为640万立方米；坝址以上集水面积38平方千米。

主体工程由拦河坝、输水洞和溢洪道3部分组成。拦河坝为黏土心墙坝，最大坝高32.6米，坝顶长414米，坝顶宽5米。输水洞为坝下方形涵洞，过水断面1.2米×1.2米，最大过流量16.07立方米每秒。溢洪道在大坝左侧，为开敞正堰式，堰顶宽30米，最大泄洪流量580立方米每秒。

水库的主体工程曾先后两次进行除险加固，1976年完成输水洞和启闭塔的维修改建。2004年在大坝左侧新开一非常溢洪道，堰顶宽30米，最大泄洪流量273立方米每秒。

山嘴水库上游为省级九龙川自然保护区，总面积35平方千米，是辽宁省内少有的自然动植物基因库，其中包括世界珍贵花卉"天女木兰"。库区的自然环境和生态环境也有了很大的改善，增加养鱼水面50公顷。

水库灌溉面积400公顷，对保障黑峪河中下游防洪安全起到显著的作用。当地人把水库视为一颗明珠，加之水库放流流经花红峪、黑峪、夺獐峪和对子峪4个村，故此当地人又称之为"四峪"藏明珠。

2.29.15.2 王家坎水库
(Wangjiakan Reservoir)

海城河支流八里河上游具有防洪、灌溉功能的中型水库，位于辽宁省海城市境内，坝址距海城市10千米。

水库按100年一遇洪水设计，1000年一遇洪水校核；总库容为1706万立方米，其中防洪库容1064万立方米，兴利库容625万立方米；坝址以上集水面积62平方千米。

主体工程由拦河坝、输水洞和溢洪道3部分组成。拦河坝为黏土斜墙坝，最大坝高18米，坝长535米，坝顶宽5米。输水洞为坝下无压钢筋混凝土方形洞，断面为1.2米×1.2米，最大过流量6立方米每秒。溢洪道为宽顶堰式，堰顶宽16米，最大泄洪流量344立方米每秒。

由于大坝坝基未挖至岩层，坝体建于透水基础上，1975年2月遭受7.3级强烈地震，输水洞发生断裂，坝坡多处裂缝，坝基渗水严重。震后进行了输水洞和坝体维修，部分坝段背水坡放缓，加修滤水坝址，并对大坝基础进行压力灌浆等工程措施。近年来陆续进行了对透水基础进行悬喷灌浆、迎水坝坡护砌、溢洪道底板和边墙衬砌的除险加固。

王家坎水库灌溉面积713.3公顷，水库实有水面280公顷，其中养鱼水面140公顷。水库运用以来经历过多次大洪水的检验，王家坎水库的防洪效益显著，不仅保障了八里河下游的防洪安全，而且对海城河的防洪也起到了一定作用。

水库控制流域范围内地方经济发展主要以矿产资源开发和矿产品出口为支柱产业。八里河上游英落镇的水泉山和大青山以盛产滑石、菱镁等矿石闻名。水库所在的八里镇（八里河中游）主要矿藏有滑石、白云石、萤石、铅和苦土等，农业除出产水稻、水果外，药材、芦笋、滑子蘑等经济作物发展也很快。八里河下游的西柳镇，现已成为全国三大服装市场之一，企业网点多达2 271个，产品销往俄罗斯、蒙古、韩国等国家。王家坎水库兴利除害的作用有力支撑了地方经济迅猛发展。

2.30 大辽河
（Daliao River）

浑河、**太子河**汇合后的辽河入海河段，位于辽宁省中南部，起于三岔河，流经辽宁省的海城、盘山、大洼、大石桥、老边等县（市、区），于营口市区注入渤海。河长96千米，流域面积1 963平方千米。

概　　述

大辽河地处辽河下游冲积平原区，河道蜿蜒曲折，属弯曲型河道，易于改道，两岸由壤土和亚黏土组成，地势平坦，基岩埋藏深达1~2千米，沼泽发育，盛产芦苇。

大辽河河宽210~1 202米，水深2.97~9.98米。主要支流有外辽河、新开河，外辽河为盘山、台安内水排水沟，沟宽100米；新开河是人工河，河长25.9千米，河宽40米。

大辽河入海口

大辽河流域多年平均年径流量1.65亿立方米，结冻期约100天；河流最深水位6.74米，河水含沙量0.55千克每立方米。

大辽河洪水是浑河、太子河在三岔河汇合后的组合洪水，主要来自沈阳（浑河）、辽阳（太子河）以上地区。浑河、太子河洪水由暴雨产生，暴雨一般可持续1~3天，暴雨可同时覆盖浑河、太子河流域，故经常同时发生洪水，暴雨多出现在7、8月。大辽河的洪水也多出现在7、8月，历史上最大洪峰流量7 000立方米每秒。

大辽河洪涝灾害频繁，1951年洪水淹没耕地1.33万公顷，1953年洪水淹没耕地1.27万公顷。1960年太子河洪水，淹没沿河8个村屯和新生农场一、三大队，受淹耕地0.293万公顷，倒塌房屋468间，稻谷颗粒无收。

大辽河现有堤防长度112.8千米，其中左岸67.6千米，右岸45.2千米，防洪标准达到了50年一遇。

大辽河流域属辽河冲积的滨海平原，两岸村镇集中，人口稠密，土地肥沃。流域内有5个县（市、区）18个乡镇，人口65万，耕地8.33万公顷，是辽宁省主要稻谷产区和商品粮基地，也是石油和天然气开采基地。沿河两岸城市工业、贸易发达，辽河油田、海城镁矿、大石桥滑石矿闻名全国。

纪　　实

大辽河原为辽河入海口河段。清光绪二十年（1894年）之前，辽河在今海城三岔河与浑河、太子河汇合后称大辽河，于营口市注入渤海。清光绪二十年在今盘山县境内疏浚开挖双台子潮沟分泄辽河洪水后，辽河就分别由双台子河和大辽河两处注入渤海。新中国成立后，为了使辽河和浑河、太子河洪水能分别畅泄入海，并满足外辽河地区的排涝要求，于1958年对外辽河上口进行了堵截，外辽河变成内水排水河道。此后，辽河只从双台子河注入渤海，大辽河成为浑河、太子河的入海水道。

大辽河堤防始建于清光绪年间；民国时期，两岸日益开垦，百姓筑堤挡水。新中国成立后，当地于1964、1971年曾两次在原有的民堤基础上，对全河段进行了规划整修。1975年海城大地震后，当年又对震损堤段进行了整修加固。为了使浑河、大辽河与太子河构成统一标准的防洪体系，1996—2000年对大辽河道防洪工程进行全面整治，使防洪标准达到50年一遇。

三岔河至田庄台河长55千米，浑河和太子河水流汇入，水量增大，水面增宽，主槽宽200~770米，水深3~7米，河床比降0.05‰，弯曲系数1.82。该段水流受潮水顶托，流速缓慢，河道摆动幅度大，河床质为细砂和淤泥。

大辽河先后穿过沟海铁路、盘海营高速公路，河右岸建有东北地区最大的南河沿灌站。该地区是辽宁省水稻主产区，商品粮基地，也是石油、天然气的重要开采区。

南河沿排灌站建于1966—1968年，装机7台，容量共5 600千瓦，抽水能力56立方米每秒，灌溉盘锦市东南部的2.23万公顷水田和抗旱补水面积2万公顷，使100万平方千米的低洼易涝面积达到10年一遇排涝标准。

田庄台至入海口段河长41千米，河道蜿蜒曲折，弯道更多，弯曲系数达2.58，主槽宽480~1 460米，河心多滩，多分叉，水流分散，水深5~6米。

305国道在大辽河上的田庄台大桥，是改革开放前盘锦到营口的重要通道。两岸除生产优质大米外，还有大片苇田。与大辽河平行的近海则盛产螃蟹、文蛤、毛虾等水产品。

营口市位于大辽河两岸，为重点防洪城市之一，中国东北第二大港口城市，总人口220万，历史悠久，依山濒海，一市两港。新港位于国家级的营口经济技术开发区，年吞吐能力达到1 800万吨；老港年吞吐能力250万吨。营口物产资源丰富，菱镁石、滑石、硼石储量居全国首位；有近海滩涂1.07万公顷，出产80多种水产品；百里盐田年产海盐80多万吨，农作物主要是水稻，还出产水果。

西炮台

营口市的楞严禅寺为辽南地区最大的寺院，是东北地区四大禅林之一，与哈尔滨的极乐寺、长春的般若寺、沈阳的慈恩寺齐名。在大辽河入海口左岸的营口西炮台始建于光绪八年（1882年），是东北地区最早的海防工程之一。

早在清道光年间，营口便成为商埠，老爷阁子一带的辽河码头曾经"舳舻云集""帆墙林立"，构成一幅"桃渡停舟"的美景。

营口也是辽东半岛旅游度假、休闲观光的好去处。著名的金牛山猿人洞穴遗址位于大石桥市永安乡西田屯村西侧，是全国重点文物保护单位。从已发掘出的剑齿虎、肿骨鹿、大河狸等中更新古动物群化石分析，这个洞穴主要堆积的时代为距今20万~60万年前，洞内已发现烧灰、烧骨、打制石器等古人类活动遗迹。尤其是在1984年10月，在第六层发现一个个体的猿人化石共55块，包括完整的头骨、脊椎骨、肋、手脚趾骨、尺骨、髋骨等，其完整程度为世界人类学发现史上所罕见，对研究人类起源史具有重大科学价值，考古研究表明其头骨化石进化程度更高，是中国猿人从直立人向智人过渡的种群之一，这一发现被列为1984年世界十大科技进展项目之一，2001年被评为中国20世纪百项考古发现之一。

营口大辽河河口

大辽河出营口市区注入渤海。

独流入海水系

Rivers Flowing Directly into the Sea

7.1 入日本海水系
(Rivers Flowing into the Japan Sea)

指以日本海为汇集中心的辐聚水系，中国侧是由境内的**图们江**和**绥芬河**等组成的部分区域。

概 述

区域范围 日本海水系区域地处东北地区东部，北与**乌苏里江**为邻，西以太平岭、哈尔巴岭与乌苏里江支流**穆棱河**、**松花江**支流**牡丹江**为邻，西南以甑峰岭与二道松花江为邻。地理位置为东经128°25′~131°20′，北纬42°01′~44°48′。区域控制流域面积50 487平方千米，我国境内32 701平方千米，占东北地区水系控制面积的2.64%。其中在吉林省境内25 091平方千米，黑龙江省境内7 610平方千米。

河湖水系 我国境内属日本海水系的河流密集，流域面积100平方千米以上河流有77条，流域面积1 000平方千米以上河流有8条，流域面积10 000平方千米以上河流有3条，为图们江及其支流**嘎呀河**和**绥芬河**。

地质地貌 日本海水系区域位于中朝准台地西北缘，地质构造复杂，多数河流受燕山运动影响，以断裂形式出现为主，褶皱形式为辅。出露地层主要为侏罗系安山岩，有大量浮石之类的火山抛出物。长白山一带熔岩覆盖的原始地形完成于第三纪中期。中新统末期，地盘逐渐隆起，河流分割在玄武岩脉内，在河流的深切处，露出中生代以前的地层。在这里可以看出准平原的隆起量大概为900米。长白山熔岩的西北是山岭和丘陵区，为太平岭、哈尔巴岭、牡丹岭、甑峰岭，山岭主要以太古代片麻岩和寒武纪前期的花岗岩为基底，上面覆盖着石英岩和安山岩；东北是俄罗斯的锡霍特山；东南是朝鲜的咸镜山脉。总的地势为西、北、南部均高，东部邻海低。

气候水文 区域属中温带湿润季风气候。四季分明，夏季温暖潮湿，冬季寒冷干燥，图们江口由于靠近日本海，受海洋性气候影响又具有冬暖夏凉的特点。多年平均气温在2.9~5.7摄氏度，气温年内变化较大，极端最高气温在34.5~37.6摄氏度，极端最低气温为-29.2~-39.0摄氏度，全年无霜期120~156天，结冰期为11月上旬至次年4月上旬，约160天，最大冰厚1.0~1.1米。复杂的地形结构使各地风向不一，但季风明显，一般冬季多偏西风，夏季多偏东风，春季风最大。多年平均风速2~4米每秒，最大风速25.7米每秒。区域多年平均年降水量517~666毫米，降水年内分配很不均匀，6—9月降水量占全年的70%以上，7—8月降水量占全年的50%左右。区域多年平均年水面蒸发量700~750毫米。区域多年平均年水资源量64.7亿立方米，多年平均径流深为200毫米。

自然资源 区域内山多林密，林业资源十分丰富，森林覆盖率80%以上，树种有红松、赤松、落叶松、白桦、水曲柳、樟子松、云杉、冷杉、紫椴等70余种。活立木的储蓄量高达3.87亿立方米。区域内可利用的野生经济植物有300余种，中药材200余种，较名贵的有山参、黄芪、平贝、细辛、刺五加、桔梗等；山野菜有蕨菜、薇菜、黄花菜等；野生食用菌有黑木耳、松茸、元蘑、蕨菜、薇菜等名贵山珍；还有山梨、山葡萄、草莓、蓝莓、树莓、蓝靛果、忍冬等野果，优质苹果梨享誉国内外。野生动物资源主要有虎、熊、野猪、马鹿、狼、狐、貉、獾、狍、獐、黄鼬、水獭、雉鸡、飞龙、沙半鸡、蛇、蛙等。区域内矿产资源也很丰富，有煤、金、铜、铁、油页岩、石灰石等20多种矿藏。探明煤炭储量为12.6亿吨，其远景储量为26亿吨；石灰石储量80亿吨；石英石储量3 000万吨；叶蜡石储量1 000万吨，黏土储量600万吨。年产煤炭300万吨、黄金万两以上。

经济社会 区域是我国东北的边境地区，总人口约259余万，其中图们江流域是朝鲜族聚居区，朝鲜族占该地区总人口的40%左右。区域耕地面积66.58万公顷。2010年区域生产总值545.0亿元。区域内工业主要有木材加工、造纸、煤炭、火力发电和食品加工等。

本地区边境贸易发达。图们市、珲春市、绥芬河市是边境开放地区，三市与朝鲜、俄罗斯为邻，隔海与日本相望。图们市处于联合国开发计划署确定的东北亚经济合作开发区"大、小金三角"的结合部，图们口岸是吉林省唯一既有铁路又有公路与朝鲜直接相通的国家一级口岸；珲春市地处中、朝、俄三国交界地带，是东北亚的几何中心，是我国从水路到达韩国东海岸、日本西海岸乃至北美、北欧的最近点，是长春市、吉林市和图们市开发开放先导区的窗口；绥芬河市与俄罗斯远东最发达的滨海边疆区接壤，通过绥芬河口岸经由俄罗斯符拉迪沃斯托克（海参崴）市、纳霍德卡等海港，陆海联运货物可直达韩国、美国和东南亚等国家和地区。

1992年，国务院批准珲春市为进一步对外开放的边境城市，并批准设立珲春边境经济合作区。2009年，国务院批复《中国图们江区域合作开发规划纲要——长吉图为开发开放先导区》，这对边境地区的经济发展，对促进振兴东北老工业基地的发展都发挥着重要作用。

区域内有10个边境口岸，其中绥芬河、东宁、珲春（长岭子）为中俄边境口岸，其余的都是中朝边境口岸，即南坪、三合、开山屯、图们、沙坨子、古城里和圈河。

7.1.1 绥芬河
(Suifen River)

独流入海的河流，从我国流经俄罗斯国入海。唐代渤海国时期称"率宾水"，《金史》称"率宾水""苏滨水"，明代称"速平水""恤品水"，清代始称绥芬河。"绥芬"满语意思为"锥子"，因该河蜿蜒穿行于崇山峻岭之间，颇似锥子，故得名。

7.1.1 绥芬河

入日本海诸河水系图

概 述

河流水系 绥芬河发源于吉林省延边朝鲜族自治州汪清县东南部盘岭山脉北麓，出源后由南向北流经汪清县的复兴、罗子沟两镇后转东流，进入黑龙江省东宁县境内，过罗家店转东北经道河镇进入洞庭峡谷，过通沟后入东宁镇，于新立村东侧流入俄罗斯境内后转向东南流，在乌苏里斯克（双城子）又转向南流，在符拉迪沃斯托克（海参崴）市附近注入日本海的阿穆尔湾。河流全长443千米，流域面积17 321平方千米。其中，中国境内河长258千米，流域面积10 069平方千米。绥芬河在我国境内自上而下左岸的主要支流有石门子河、罗子沟、黄泥河、大寒葱河、**小绥芬**河等，右岸的主要支流有新华沟、道芬河、老黑山河、**珊布图河**等。

气候水文 流域地处中温带大陆性季风气候区，距日本海较近，受海洋气候调节，形成冬温夏凉的气候特征。流域内多年平均气温4.9摄氏度，最高气温37.3摄氏度，最低气温－39.0摄氏度；多年平均年降水量523毫米，降水量年内分布不均，6—9月降水量占全年降水量70%以上；多年平均年径流量13.1亿立方米；全年无霜期133天左右，结冰期150～160天，最大冰厚1.10米；多年平均风速3.6米每秒。

地貌地质 流域地势呈东面低，南、北、西三面高的趋

7.1.1 绥芬河

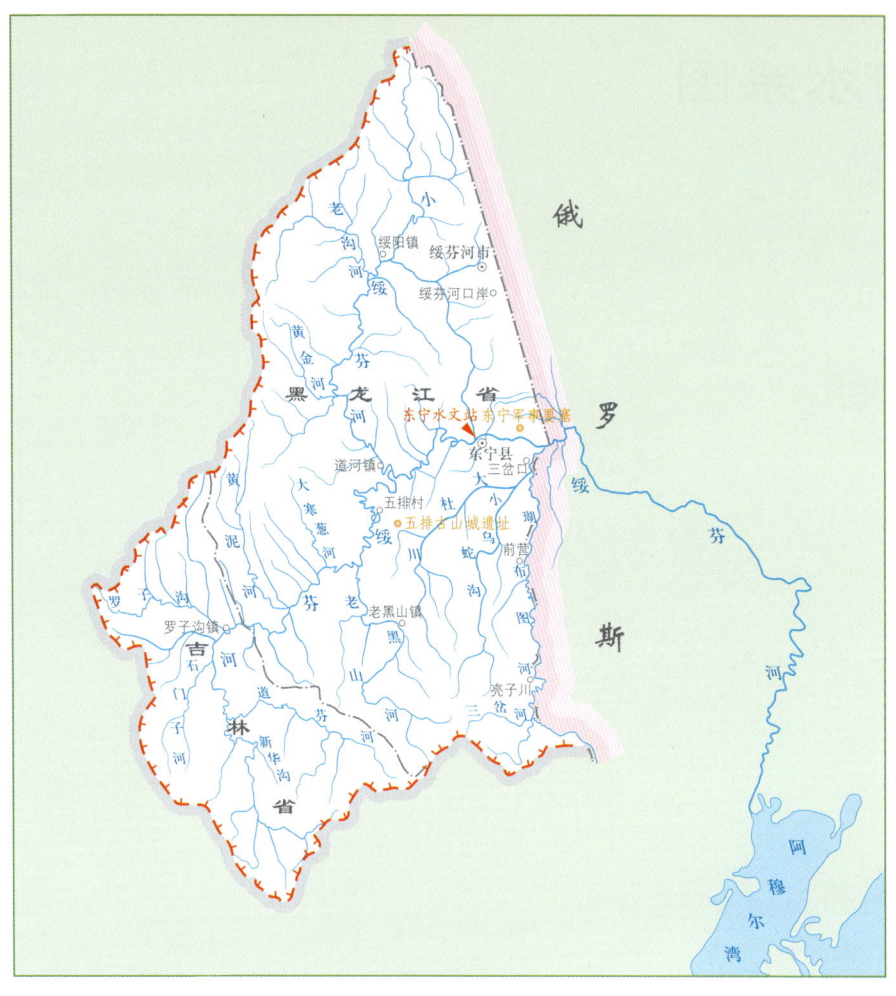

绥芬河水系示意图

水旱灾害 绥芬河洪水主要由降水形成，1890—2004年间，共发生水旱灾害16起，平均每7.2年一次。

1920年，绥芬河流域发生特大干旱，5月降水量仅为29毫米，农作物大部分被旱死。秋收时粮食产量比正常年减少60%以上。

1965年绥芬河大水，东宁水文站8月8日实测洪峰流量5 100立方米每秒，为建站以来第1位大洪水。东宁县沿河两岸受灾耕地面积0.33万公顷，倒塌房屋60余间，受灾人口2.1万，水毁堤防20.5千米、公路5.4千米。

经济社会 流域内交通便利，铁路、公路四通八达，哈尔滨—绥芬河铁路贯穿全境，301国道直通绥芬河和东宁市。对俄贸易活跃，已经建成东宁、绥芬河市两个对俄贸易口岸。其中东宁口岸是我国距俄罗斯符拉迪沃斯托克（海参崴）市最近的一级陆路口岸。绥芬河口岸与俄通商已有近百年历史，为国家一类口岸，年过货量600万吨，过客能力150万人次。

治理开发 绥芬河上游已建成罗子沟、古城2座小型水电站，总装机容量2 000千瓦，设计年发电量890万千瓦时。中下游建有九佛沟水库，东方红、三岔口等灌区，实际灌溉面积0.38万公顷。

势。南、北、西三面高山环抱，其分水岭高度均在1 000米左右，东部东宁县最低处海拔仅100米左右。流域内地质构造较发育，其中以华夏构造体系最为发育，由一系列北东向褶皱及断层构成。侵入岩分布广泛，主要岩石有花岗岩、砾岩、砂岩及泥岩。

自然资源 流域内自然资源丰富，森林覆盖率达50%以上。主要树种有红松、白桦、柞树等；有黑熊、野猪等国家重点保护野生动物几十种；有人参、黄芪、木耳、蘑菇等名贵药材和山珍产品几百种；已探明的矿产资源有煤炭、石灰石、石英、黄金、叶蜡石等20多种，其中煤炭储量约2.8亿吨，石灰石储量约80亿吨，石英储量约3 000万吨，叶蜡石储量约1 000万吨。流域内有东北抗日联军密营点、五排山城址、洞庭峡谷风景区和东宁军事要塞等。

纪　实

绥芬河由源头北流，穿行于崇山峻岭之间。汪清县罗子沟镇太平村以上山高林密，河道弯曲，河槽狭窄。太平村以下，两岸山势起伏不大，河谷逐渐开阔。

"汪清"一词源于女真族，本音"旺钦"，有"堡垒"之意，以境内汪清河得名。县城位于吉林省延边朝鲜族自治州的东北部，与珲春市、绥芬河市相邻，面向绥芬河、东宁、长岭子、沙坨子、图们、三合、南坪、双目峰等8个口岸，距俄罗斯45千米，距朝鲜20千米。汪清县总面积9 016平方千米，人口27万，有汉、满、朝鲜、蒙古等8个民族。

汪清县罗子沟镇，曾是中共东满特委抗日根据地，在西大顶子山设有抗日密营点，东北抗日联军周保中、柴世荣将军在此指挥过战斗。朝鲜民主主义人民共和国主席金日成曾在此地开辟抗日根据地。著名小说《林海雪原》中所描述的绥芬大甸子就是罗子沟镇。

绥芬河过罗子沟镇之后，折向东北进入黑龙江省东宁县境内。东宁因位于宁古塔之东而得名。渤海国时期属率宾府。金、元时期由于战争滋扰，居民全部迁走，到清朝时期才有人居住。

东宁县地理位置独特，

东宁军事要塞

吊水湖冬景

与俄罗斯滨海边疆毗邻，边境线长145千米。东宁口岸距俄罗斯符拉迪沃斯托克（海参崴）口岸153千米，两国公路相连，公路与铁路、港口相接，是中俄水陆联运的最佳路线。东宁县处在东北亚区域中、俄、朝三角地带的中心，陆路可通朝鲜、俄罗斯和中东欧其他国家，跨海可向韩国、日本延伸，是东北亚国际贸易通道上的重要一站。这种独特优越的地理位置和便捷的通关条件，使东宁成为东北亚区域经济圈中人员流动、物资集散、信息传递的中心。仅2005年口岸过货量达到750万吨，出入境人员51.2万人次，贸易额30亿美元。

绥芬河进入东宁县境内之后，从左岸接纳黄泥河、大寒葱河，从右岸接纳老黑山河，流过奔楼头到达五排村。此处山高林密，谷深水急，地势十分险峻。五排山城址就在此处群山之中。据史料记载，五排山城址是汉代时期沃沮人为防御挹娄人进攻而修筑的，后来又为勿吉、靺鞨人南进征战时所沿用。五排山城址是研究东北地区人文历史和古代民族迁徙史、战争史的重要遗址，具有重要的历史价值。2006年被国务院批准为全国重点文物保护单位。

鸡冠砬子

绥芬河过五排村至道河镇小地营村附近有小绥芬河注入，流经洞庭峡谷后几经转折进入东宁镇，至新立村附近接纳瑚布图河后流入俄罗斯境内注入日本海。

洞庭峡谷风景区位于小地营村下游，这里有万象山、卧龙岗、剑排山、女乳山等奇山异峰，绥芬河被锯齿峰、嗡水砬子所圈围，形成了悬崖陡立、山光水色之美景，被誉为"北方小阳朔"。

位于绥芬河出境处的东宁军事要塞，是1934年侵华日军在中苏边境上修筑的重要军事设施，正面宽110千米，纵深长50千米，由十几处地下军事要塞相连，形成庞大的军事堡垒，是二战时期最后被摧毁的日本侵略者的军事防线。1991年被黑龙江省政府定为省级文物保护单位。

金光寺晚霞

7.1.1.1 小绥芬河
(Xiaosuifen River)

绥芬河左岸支流，古称鄂勒欢绥芬河。

概　述

小绥芬河发源于黑龙江省穆棱市黑松山，由北向南沿途经东宁县绥阳镇、道河镇，于小地营村附近注入绥芬河。河长137千米，河道平均比降3.4‰，流域面积3 435平方千米。主要支流分布在右岸，由上至下有老沟河、三道河子河、黄金河和沙河子河。

流域地处中温带大陆性季风气候区，多年平均气温2.3摄氏度，极端最高气温37.3摄氏度，极端最低气温-39.0摄氏度；多年平均年降水量515.7毫米，降水年内分布不均，6—9月降水量占全年降水量70%左右；多年平均年径流量6.01亿立方米。年无霜期130天左右，结冰期150～160天，最大冻土深1.80米。流域多年平均日照时数2 621小时，多年平均风速3.4米每秒，风向多为西北风。

小绥芬河为山溪性河流，洪水主要由降水形成，具有涨落快、流速大、洪峰停留时间短的特征。1965年小绥芬河发生洪水，8月7日道河水文站实测洪峰流量1 860立方米每秒，为建站以来第1位大洪水，使道河镇遭受重大损失，农作物收成比正常年份减少30%左右。

流域内平地较少，多为山区。山体陡峻，森林繁茂，植被覆盖良好。在茂密的山林中有东北虎、黑熊、野猪等几十种野生动物繁衍生息；有人参、黄芪、木耳、蘑菇等几百种名贵中草药和山珍产品。

纪　实

小绥芬河自源头由北向南流经穆棱市新十文字风力发电厂，在十文字旅游区附近进入东宁县境内绥阳镇。绥阳镇是绥阳林业局所在地。林业局施业区南北长150千米，东西宽50千米，总面积77.4万公顷。此区域内气候温暖湿润，素有塞北"小江南"之称。哈尔滨——绥芬河铁路、301国道从绥阳镇通过，交通便利。林区内活立木蓄积量3.15万立方米，森林覆盖率86.7%，年人工更新造林0.23万公顷。至2002年末，累计为国家生产木材1 185万立方米，人工造林面积13.42万公顷。河流过绥阳镇后，左岸为绥芬河市。

绥芬河市1975年被国务院批准为省辖计划单列市，1992年被国务院批准为中国首批沿边扩大开放城市，是我国对俄罗斯及东欧、日本开展贸易的重要陆路口岸城

绥芬河市

市，素有"国境商都"之名。全市面积460平方千米，人口5.4万。早在120年前，绥芬河地区是一片原始森林，人烟稀少。1899年随着中东铁路的修建，人口逐渐增加，形成了绥芬河镇。市区坐落在山间谷地中的丘陵坡地上，四周环山，平均海拔500米。老松岭支脉盘亘境内，主要山峰有鹿窖岭、五花山、大黑山、天长山等，有九山半水半分田的地貌特征。境内森林覆盖率58%。

绥芬河口岸是中国通往日本海的重要陆路贸易口岸，有一条铁路、两条公路与俄罗斯相通。绥芬河口岸作为国际通商口岸已有百年历史。新中国成立后，

绥芬河口岸

绥芬河口岸作为国家一类口岸，长期承担着中国与前苏联贸易进出口商品的中转运输和分拨业务。1983年以后，绥芬河口岸贸易规模逐年扩大，已成为我国对外贸易的重要口岸。由于绥芬河口岸与俄罗斯对应口岸波格拉尼奇内相距仅21千米，距俄滨海边疆首府符拉迪沃斯托克（海参崴）市210千米，距俄远东最大的经济区纳霍德卡270千米。通过绥芬河——海参崴、纳霍德卡的陆海联运，货物可直达日本、韩国、美国及东南亚等国家和地区，被称为连接东北亚的"黄金通道"。铁路口岸年过货能力达500万吨，过客能力100万人次，公路口岸年过货能力100万吨，过客能力50万人次。

小绥芬河过原金厂乡后折向东南进入道河镇，过龙头山转向东流，在小地营村附近注入绥芬河。

7.1.1.2 瑚布图河
(Hubutu River)

绥芬河右岸支流，原称大乌蛇沟河，发源于俄罗斯境内的桑杜加山西侧，流经黑龙江省东宁县三岔河村上游"帕"字碑处成为中俄两国界河，河长114千米，流域面积1732平方千米，其中国际界河长度为99千米。

瑚布图河为山溪性河流，河道平均比降5.55‰。沿中俄边界自上而下经我国亮子川、前营、五星等村镇至高安村附近有小乌蛇沟注入，下行至三岔口镇，于泡子沿村附近注入绥芬河。

流域地处中温带大陆性季风气候区，多年平均气温4.5摄氏度，极端最高气温35.7摄氏度，极端最低气温-37.5摄氏度；多年平均年降水量523毫米，降水年内分布不均，6～9月降水量占全年降水量70%左右；多年平均年径流量1.85亿立方米；年无霜期135天左右，封冻期最大冰厚1.10米。

瑚布图河两岸无论从地形、植被或土地利用情况都极为不同，右岸俄罗斯境内人烟稀少，山峦重叠，沿岸被茂密的森林所覆盖。左岸我国境内地势低平，土质肥沃，大部分已经开垦为耕地。

瑚布图河入绥芬河河口处的三岔口是一个有着悠久历史与传统文化的朝鲜民族村，与俄罗斯仅一河之隔。国家重要商贸、旅游口岸——东宁口岸位于此镇辖区。随着东宁口岸的开通，对俄贸易日渐繁荣，每年经三岔口镇到境内外旅游、商贸的国内外游客达12万人次之多。2001年口岸过货量30.1万吨。三岔口镇以独有的边塞风光，浓郁的朝鲜民族风情吸引着大批中外游客。

瑚布图河西岸有一片土地，直到清代中期一直在中国境内，后因俄方将界碑偷移向中方境内2000余米，将这一片土地划到俄罗斯。1991年按照中苏两国勘界协定，国界线定为瑚布图河，这片领土又回到中国境内。因这片回归的领土上生长着茂密的原始森林，又临居松山，故称"松山划归林"。松山划归林范围呈等边三角形，总面积10.44平方千米，全部为原始森林。

7.1.2 图们江
(Tumen River)

图们江上游源流较多，均来自长白山东部。如以河长为源说，应以来自朝鲜民主主义人民共和国（以下简称"朝鲜"）一侧始于咸镜山脉万塔山的西头水为主源。但据中朝划界协议，确定图们江干流中朝界河江段的起点在红土水与弱水河汇合处，相应在中国一方属吉林省和龙市广坪村。河流出源后流向东北，至吉林省图们市转向东南流，经朝俄边界注入日本海。图们江为满语"图们色禽"的音译，直译为"万水之源"。据《中国历史地图集》记载，图们江在宋、辽、金时期称"爱也窟河"，明朝称"啊也苦河""徒门河"，清朝时期上游叫"大浪河"，下游流经珲春部分叫"土门江"，朝鲜语称"豆满江"。河长525千米，其中507千米为中国和朝鲜界河，在吉林省珲春市防川"土"字界碑以下15千米为朝鲜和俄罗斯界河。总流域面积33168平方千米，其中在中国一侧流域面积22632平方千米，占流域总面积的68%；河道总落差1290米，河道平均比降1.2‰。

概 述

流域范围 流域在中国境内地处吉林省延边朝鲜族自治州境内，地理位置为东经128°25′～130°40′，北纬42°01′～42°17′，流经和龙市、龙井市、图们市、珲春市，入日本海。

地貌 流域地势西南高、东北低。图们江自河源至龙井市三合镇一带，河流穿行于长白山脉和朝鲜的咸镜山脉之间的崇山峻岭中，山高林密，人烟稀少。两岸山势陡峻，多峭壁，河谷狭窄，水流湍急，形成束放相间的河谷盆地，常见到河流一侧靠山，另一侧为阶地，两岸河谷呈不对称的典型地貌。龙井市三合镇以下，河谷逐渐开阔，两岸森林减少，

图们江

草甸、农田增多，沿江村落密集，交通方便。河床多为砂卵石，局部弯曲河段冲刷剧烈，形成许多岛屿或沙洲。进入图们市江段，河床由砂卵石过渡到细砂，河道形态异常弯曲。珲春市英安镇甩湾子村以下河段，两岸地势平坦开阔，河道比降减缓。

水系 图们江中一侧左岸有流域面积大于100平方千米以上的支流59条，其中流域面积大于1000平方千米以上的支流6条，为**嘎呀河**、**布尔哈通河**、**海兰河**、**汪清河**、**珲春河**、**红旗河**。朝鲜侧右岸汇入的较大支流有西头水、延面水、城川水、会宁川、五龙川等。

气候 流域中上游地处中温带半湿润季风气候区，冬季比较寒冷，夏季热而潮湿。下游珲春市属于中温带近海洋性季风气候区，由于靠近日本海，所以冬夏气候受海洋影响十分明显，

7.1.2 图们江

图们江水系示意图

气候特点是冬暖夏凉，温和湿润，多阴寡照，雨量充沛。流域内多年平均气温 5.7 摄氏度，极端最高气温 36.3 摄氏度（1978 年 6 月），极端最低气温-32.5 摄氏度（1980 年 1 月），全年无霜期 120～156 天；多年平均风速 2.5 米每秒，最大风速 15 米每秒；结冰期为 11 月上旬至次年 4 月上旬，最大冰厚 1 米；多年平均年降水量 550.7～666.2 毫米，年内分配不均，6-9 月降水量集中，占年降水量的 70.5%；多年平均年水面蒸发量 747-688 毫米。

水文水资源 流域多年平均年径流量 51.6 亿立方米，各季节分布不均，其中 6-9 月占全年的 72%，12 月至次年 3 月占 10.4%。上游南坪水文站（控制流域面积 6 747 平方千米），1954 年建站以来，观测到大的洪峰有 3 次，1960 年洪峰流量为 698 立方米每秒，1965 年洪峰流量为 2 290 立方米每秒，1979 年洪峰流量为 2 380 立方米每秒；下游圈河水文站（控制流域面积 31 800 平方千米）1954 年建站以来，观测到大的洪峰有 3 次，1960 年洪峰流量为 9 300 立方米每秒，1965 年洪峰流量为 11 300 立方米每秒，1986 年洪峰流量为 10 300 立方米每秒。

洪涝灾害 流域 1910—1949 年分别于 1914、1928 和 1938 年发生 3 次大洪水。1949 年后，图们江流域先后于 1960、1965、1979、1986 和 1995 年发生过较大规模的水灾。1979 年洪水为新中国成立后图们江上游最为严重的水灾，1979 年 8 月 16—18 日连续降雨 45 小时，图们江右岸朝鲜西头水洪水暴涨，洪水将龙渊堤防上端的 2 座过堤进水闸整体冲出 10 多米远，洪水从决口处冲入稻田，又将下游堤防从背面冲开，重泄入江。此次洪水使图们江堤防决口 6 处，长 560 米，冲毁进水闸、拦河坝、过堤涵洞各 3 座，电灌站 4 处，电井 1 眼，公路桥 5 座，邮电线路 2.5 千米。边境 4 个公社 18 个大队 55 个生产队受灾，成灾面积 174 公顷。1986 年以珲春为中心下了一场大暴雨，洪水淹没农田 3 490 公顷，倒塌房屋 869 间，珲春市敬信镇图们江堤防决口 10 多处。

经济社会 2005 年流域内有人口 166.68 万，其中朝鲜族占总人口的 58%。流域内有耕地 21.9 万公顷。流域上游大部分为原始森林区，中下游地区河谷平原面积虽少，但土地肥沃，气候温和，雨量充沛，特别是水源丰富，有良好的自然灌溉条件，适合发展水稻。为此，流域内仍以农业生产为主，农民收入主要靠种植粮食、蔬菜和养殖业。农作物以水稻为主，山坡地种植大豆、玉米、土豆等，经济作物以烟叶为主，养殖业以延边黄牛为主，延边黄牛是我国五大地方良种牛之一。延边苹果梨享誉中外。此外，山野菜采集是农民收入的又一来源。工业主要以木材加工业、造纸业、塑料工业、煤炭工业、火力发电、针织业、石油化工业、食品和机械加工业为主。近年来，出境旅游和边境贸易等第三产业发展较快。流域内的龙井市、图们市已列入以州府延吉市为中心的"延龙图"一体化发展战略。珲春市既沿边又通海，在图们江地区开放开发中具有中心地位，建有数处通商口岸，它的独特区位优势日益显现出来。整个图们江流域经济和社会发展日渐繁荣兴旺。

治理与开发 1964 年开始，延边朝鲜族自治州水利处对图们江和龙市段防护工程进行整体规划。1968 年国家把图们江江界防护工程列入基本建设计划。1988—2000 年，当地对图们江进行了新一轮的高标准治理。经历次治理，图们江干流已建成堤防、护岸 126.31 千米，图们江防洪标准农村段堤防可达 10 年一遇至 20 年一遇，县（市）城市堤防可达 50 年一遇，图们市堤防可达 100 年一遇。

图们江流域水力资源丰富，是吉林省水力资源重点开发河流之一。图们江属中朝两国界河，需两国共同研究开发利用。1988 年中朝鸭绿江、图们江干流规划小组共同完成了图们江下游河段规划报告，1991 年共同完成了图们江中游河段规划报告，拟定了日新、间坪、江口洞、深浦、庆荣、荒山坡、回龙峰等 7 座梯级电站，总装机容量 133.5 兆瓦，年发电量 4.09 亿千瓦时。

纪　实

上游段 河源至石乙水汇入西头水处为上游段。图们江河源由多股溪水汇合而成，均来自长白山东部。如以河长为源说，应以来自朝鲜一侧始于咸镜山脉万塔山的西头水为主源。《中国古今地名大辞典》记载正源为红丹水。在清朝康熙五十一年（1712 年），中国和朝鲜两国即勘界，立穆克登分水岭碑，以红丹水与石乙水汇流后以下称图们江。1962 年中国和朝鲜签订边界条约，将国界北移到石乙水支流红土水。"从红土水和弱流河汇合处起到中朝界东端终点止，以图们江为界"。根据这个条约规定，中国人民解放军边防部队神武连撤出原中国安图县境的神武城（划归朝鲜民主主义人民共和国），中国人民武装警察部队设立双目峰（安图）边境工作站。为解决双目峰边境工作站运送给养问题，驻军和当地群众坚持不懈地进行了道路建设，从开辟马道，拓宽土路，到目前已建成和龙市崇善镇至双目峰图们江旅游公路。沿途可游览"**天女浴躬池**"（即圆池），大、小胭脂峰及长白诸峰等两岸秀丽风光，领略异国风情。

红土水东流至和龙市崇善镇广坪村西有广坪沟汇入，再东北流在崇善镇西纳**红旗河**。红旗河两岸石峰林立，古树参天，河水清澈见底，瀑布飞流直下。红旗河旅游区因原生态保存完好而远近驰名。图们江弯弯曲曲下流，穿行于幽深狭窄的玄武岩深谷中，两岸高山起伏，森林茂密，岸坡多为险峻的悬崖峭壁，平均高 30～40 米。河槽窄，平水期水面宽10～20 米，洪水期水面宽 50～100 米。河道平均比降 4.37‰，沿江村屯疏落。图们江流入南坪镇境内后，江水变平缓，江面开阔，江对岸是朝鲜咸镜北道茂山郡。从虎岩北流 10 千米，进入南坪镇所在地南坪村。南坪陆路口岸（国家口岸）设在这里。口岸距和龙市 50 千米，距延吉市 125 千米，隔江与朝鲜茂山郡七星里相望，距茂山郡 12 千米。茂山郡有亚洲第二大露天铁矿，每年向中国出口大量铁粉。江上有临时过境桥。在南坪镇境内有仙景台国家风景名胜区，坐落在图们江支流柳洞河流域内，距和龙市 30 千米，总面积 32 平方千米。景区内群峰环绕、层峦叠嶂，有天然形成的奇秀景观 300 多处，置身其中顿感奇峰突起，鬼斧神工、千姿百态、蔚为壮观。在悬崖峭壁上，盘卧着奇松异柏，整个景区在朝雾祥云笼罩下，形成茫茫云海，在云海深处峰尖微露，就像大海中的点点风帆，故被称为天下第一仙景。2000 年和龙市被批准为全国首批 33 个"国家级生态示范区"之一。

中游段 朝鲜侧西头水汇入口至嘎呀河汇入口为中游段。西头水汇入后汇流流域面积约增两倍，水量猛增，河面展宽，水流变缓，河性和水文特征同上游比较有了明显的差别。河流多单股无汊，江中形成岛屿和沙洲。江面平均宽度 60～240 米，水深 1.2～3.0 米，大洪水时江面可达 200～1 000 米宽，水

仙景台风景

深 4～13 米。水位猛涨猛落，变化剧烈，常造成洪水灾害。中游段河长 241 千米，河道蜿蜒于群山之间，两岸形成束放相间的河谷盆地，土质肥沃，适于耕种。2002 年 9 月 26 日，龙井市至三合镇口岸公路建成通车。该公路是延边地区通往朝鲜的主要公路，是吉林省利用朝鲜清津港出海的交通要道，又是一条旅游公路，更是改善少数民族地区人民群众生产和生活条件的致富路。三合镇境内有亚洲最大的松茸自然保护区，所产松茸具有抗癌等多种保健功能，是出口日本、韩国的拳头产品。河流出三合镇即进入龙井市开山屯镇，开山屯镇建有大型化学纤维浆厂。图们江出开山屯镇，到达沿江最大城市图们市。1965 年 5 月 1 日，经全国人民代表大会常务委员会批准，图们成立县级市。图们市造纸、塑料加工、石化等工业较为发达。图们占据"地理之要冲，交通之咽喉"的特

殊地理位置，图们口岸是国家的一类口岸，有横跨图们江的公路和铁路桥与朝鲜相连。图们市是长图铁路、牡图铁路、图珲铁路的终点；图乌（图们—乌兰浩特）、图鸡（图们—鸡西）、图龙（图们—龙井）、图珲（图们—珲春）4 条公路在图们交汇。

图们江流经的和龙、龙井、图们三市，是中国朝鲜族聚居区，尤以龙井市朝鲜族人口所占比例最高，为 69%。延边素有"歌舞之乡"的美誉，"手柳足鹤"的朝鲜族舞蹈，极具民族风韵，具有极强的感染力。中国的朝鲜族是一个崇尚美食的民族，尤以独具特色的辣白菜（泡菜）、冷面、打糕、大酱汤、狗肉汤等民族风味饮食名扬天下。朝鲜族人民因依水而居，取用水方便，形成了注重衣着打扮，讲究仪表，酷爱整洁的习俗，历史上喜欢穿素色衣裳，故有"白衣民族"之称，每逢节日，朝鲜族男女老少均身着民族服饰，载歌载

朝鲜族风情

舞，一片欢乐祥和的景象。劳动之余，喜欢就地取材的锻炼活动，如用山藤制作的荡秋千、用木板制作的跷跷板等民俗体育活动。

延边素有"金达莱"故乡的雅称。金达莱是一种生命力顽强的植物，它不畏风雪严寒，当北国冰雪还未完全消融的时候，它就临寒绽放，竞相吐妍，盛开在延边的山山岭岭，成为延边人民的报春花。金达莱朴实无华、坚韧不拔、宽厚随和的特性，正是延边民族精神的真实写照。

在图们市东有图们江我国侧最大支流嘎呀河汇入。

下游段 嘎呀河汇入口以下为下游段。河流两岸地势平坦开阔，河道比降变缓，平均比降 0.25‰。江面宽阔，水流平缓，河体最宽处可达 1 000 米以上，大洪水时达 2 000 米。河床多为细砂，不稳定，主流摆动，多汊流、岛屿、沙洲。沿江盆地土质肥沃，农业发达，盛产玉米、大豆、水稻等粮食作物。

在图们市凉水镇南有石头河汇入。

以下进入珲春市，在密江乡南有密江河从左岸汇入。在板石镇盘岭沟村南纳珲春河。板石镇孟岭村为沿江小气候区，非常适宜苹果树生长，目前苹果园已形成一定规模。图们江下游河道自古就有航运史，珲春早在 1 200 年前的渤海国时期，便携"海东盛国"之盛名成为亚洲地区的繁华商埠，有着"海上丝绸之路"的美誉，是通往日本航线上的重要枢纽，这条海上通道，使中国与亚洲许多国家增强了经济文化交流。直到 1938 年，中国船只出海捕鱼始终兴旺发达。1938 年日本和前苏联"张鼓峰"战役后，日方单方面关闭苏朝江段，禁止中方船只出海，从此图们江下游航运开始衰落、停止。1992 年国务院批准珲春为进一步对外开放边境城市。

图们江下游敬信湿地是世界上为数不多的重要湿地之一，是重要的自然生态系统和自然资源，有野生动物 31 目 62 科 190 种，湿地上空常出现万鸟齐飞的壮观场面。沿图们江支流圈河两岸形成 600 万平方米的明水域。圈河形如 81 个圆圈串联在一起，宛如一条银链点缀于苍茫大地之中。图们江下游珲春市敬信镇防川村被称为中国东方第一村。地处中、朝、俄三国交界地带，距珲春市区 60 千米，海拔仅 5 米，是吉林省海拔最低的地方，也是闻名世界的东北亚"金三角"辐轴中心，自古有"鸡鸣闻三国，犬吠惊三疆"之称。防川东临俄罗斯边城包德哥尔那亚，西南与朝鲜豆满江市隔图们江相望。俄朝的这两座城市由图们江上的一座铁路大桥相连接，是联

结俄、朝陆路贸易通道的唯一纽带。在防川中俄边界上有清代立界（1886年）的"土"字牌，记述了当年清朝督办边务大臣吴大澂向俄国勘界官员据理力争，争回被俄国非法强占的黑顶子（今敬信镇）及图们江航行权的历史史实。在敬信湿地这片绿洲中，有一片面积为1.19平方千米，平均海拔30多米的沙漠，在沙漠不远处，有一长800米、宽700米、深17米的湖泊。该湖水清可见游鱼，被中外游客盛赞为"塞外仙人湖"，置身绿洲沙丘，人们不能不感叹大自然的神奇造化。距绿洲沙漠北约1千米处，建有吴大澂雕像，雕像石刻正面用篆书镌刻的"龙虎"二字，是吴大澂留下的手迹，是"龙盘虎踞"的缩写，寓意誓死保卫边疆。1993年这里建成著名景观"望海阁"，胡锦涛、江泽民等50多位党和国家领导人多次亲临视察并题词。登临"望海阁"鸟瞰中、朝、俄三国，防川村村民驾车运输、朝鲜渔民撒网打鱼、俄罗斯农民挥锄劳作等近景尽收眼底；极目远眺，滔滔不息的图们江水正汇入烟波浩渺、水天一色的日本海。

7.1.2.1 天女浴躬池
(Tiannuyugongchi Lake)

属**图们江**水系，原名圆池，为长白山东侧第一名池，故也称元池。该池于1981年长白山地名普查时，以"天女浴躬池"定为标准称谓。

天女浴躬池位于吉林省安图县二道白河镇白河林业局园池林场长白山天文峰东30.4千米、海拔1 321.2米的赤峰西北侧。《天女浴池石影记》载（1908年）："池深而圆，形如荷盖"，故得名圆池。史称"布尔湖里"，满语"龙驹"之意。系火山口积水成湖，水面面积0.04平方千米，水面高程1 270米。池直径180米，周长2 000米，池水洁碧，不注不溢。中央深处，冬无冰，

天女浴躬池

夏无萍。四面清浅，多水草。多年平均年降水量1 000毫米左右，靠泉补给。水中有花尾鱼，四周多松，参天蔽日。"相传有天女降池畔，吞朱果，生圣子，后为三姓贝勒，实我朝发祥之始"（原载《八旗通志》）。清光绪三十四年（1908年），奉天选用知县刘建封调查安图全境，筹设县治时，寻圆池于老岭之脊后，为使人人得睹，于清宣统元年八月（1909年9月），在圆池西侧立"天女浴躬处"石碑一座。现此碑已湮没，延边旅游局又仿原碑重立汉白玉碑于此。

7.1.2.2 红旗河
(Hongqi River)

图们江左岸支流，又名红溪河、小图们。红旗河为满语河名，意为"山核桃河"。发源于吉林省延边朝鲜族自治州和龙市龙城镇西部海拔1 676米的甑峰山西麓，自西北向东南流经和龙林业局许家洞林场、东树沟林场、红旗河林场、石人沟林场、古城林场，在崇善镇上天村东南注入图们江。流域面积1 199平方千米，河长65.8千米，河道平均比降5‰。

有流域面积大于100平方千米以上的支流2条，为**大马鹿河**和大马鹿沟支流。大马鹿河在杨树沟农场西北汇入。

流域气候寒冷而湿润，多年平均气温4.9摄氏度，多年平均年降水量629.6毫米，多年平均年水面蒸发量791.6毫米，多年平均年径流量2.28亿立方米。结冰期为11月上旬至次年4月上旬。

流域内山高坡陡，海拔多在1 000~1 600米。在群山之间，白溪奔流，发育为深切河曲。山高林密，俗称"林海"。植被以针叶林为主，覆盖率在80%以上。红旗河口以北1.5千米处有瀑布，是和龙市旅游胜地之一。

城内有红旗河战迹遗址，位于距和龙林业局长仁林场8千米的西北沟里，在北山一石砬子下。1940年3月25日，东北抗日联军第二方面军在此歼灭前田指挥官等130名日本侵略军官兵。

7.1.2.2.1 大马鹿河
(Damalu River)

红旗河右岸支流，俗称大马鹿沟，发源于吉林省和龙市龙城镇百里村西南海拔1 398米的长山岭东麓，流经和龙林业局马鹿沟林场、长红林场、长山岭林场，在长红公路55千米处（三养屯北）自右岸汇入红旗河。大马鹿河流域面积599平方千米，河长52.2千米，河道平均比降5.9‰。

流域多年平均年降水量629.6毫米，每年平均年径流量1.78亿立方米。最大支流大马鹿支沟，自西向东北流，流经长山岭林场后汇入大马鹿河，河长36.1千米，流域面积200平方千米。大马鹿河支流双岔河流域建有大马鹿沟鹿场。

7.1.2.3 嘎呀河
(Gaya River)

图们江左岸支流，是图们江在我国境内的最大支流，金代称屖蠢水，清代称噶哈哩河、十三道嘎呀河。嘎呀河是满语，意义为"采珠河"。嘎呀河发源于吉林省汪清县北部老松岭山脉三长山西侧，流向由北向南，流经汪清县天桥岭、大兴沟、百草沟、东光四镇，在东光镇三道沟村流向转正南，在图们市石岘镇下嘎村**布尔哈通河**汇入后，流向转东南，在图们市东北入图们江。河流长205.20千米，流域面积13 565平方千米，河道平均比降1.6‰。

概　　述

嘎呀河水系呈树枝状，有流域面积100平方千米以上的支流38条。流域面积1 000平方千米以上的支流3条，为**汪清河**、布尔哈通河和**海兰河**。

流域多年平均气温上游为3.9摄氏度，下游为5.5摄氏度；多年平均年降水量564.8毫米，降水量年际变化较大，有记录降水量最大为823.5毫米（1971年），最小为308.9毫米（1967年）；多年平均年水面蒸发量740毫米。

据三道沟水文站实测，多年平均流量31.7立方米每秒，多年平均年径流量10.48亿立方米；历年最大洪峰流量为1960年8月24日的5 670立方米每秒，历年最小流量为1978年的0.11立方米每秒。结冰期为10月下旬至次年4月中旬，河心最大冰厚1米。

流域主要自然灾害为洪灾，其次为旱灾。流域从19世纪末开发以来，发生过多次洪水，其中有记录的70年中，发生过22场较大的洪水。其中1960年洪灾就死亡401人，经济损失无法估计。自1961年有记录起，共发生较大旱灾23次。仅1986—2004年19年间就发生旱灾14次，累计重旱面积达2.66万多公顷。

7.1.2.3 嘎呀河

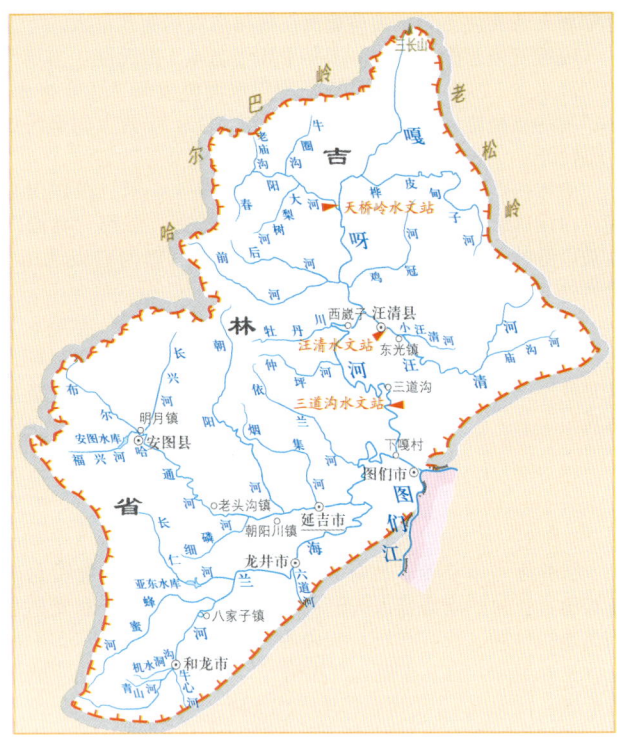

嘎呀河水系示意图

至 2005 年，嘎呀河流域共建成中型水库 9 座，即干流的满台城水库和明月沟水库，布尔哈通河上的安图水库和五道水库，海兰河上的松月、石国、亚东、大新和河龙等水库，总库容为 35 102 万立方米；小型水库 31 座，总库容为 6 545 万立方米。小型电站 10 座，年均发电量 1 433.1 万千瓦时。灌区 18 处，有效灌溉面积 15 791 公顷；共建堤防 225.35 千米。

嘎呀河流域（不包括布尔哈通河）担负着汪清县工农业生产、生活供水的主要任务。流域 2000 年有耕地面积 2.34 万公顷，人口 22.98 万。主要集中在嘎呀河中下游地区，自天桥岭以下到河口之间流域集中了 81.4% 的人口和 91% 的经济容量。

纪　实

上游段　从源头至汪清镇西崴子村为上游，其中天桥岭镇以上多高山峡谷，森林密布，有多处林场。天桥岭镇以下至西崴子，河谷宽 500～1 000 米，河道弯曲，河槽窄深，河道平均比降 3.06‰，两岸榆、柳、杂草丛生，河床由砂、卵石组成。

嘎呀河上游有多条支流汇入，在天桥岭镇东新村南有**桦皮甸子河**从左岸汇入。在天桥岭水文站附近有**春阳河**从右岸汇入。在大兴沟镇河南村北有**前河**从右岸汇入。在大兴沟镇河东村西左岸纳**鸡冠河**。左岸还有汪清河汇入。

汪清县天桥岭镇位于源头下游 67 千米处，该镇历史悠久，1963 年在该镇发掘的一座古代墓葬，存有原始社会晚期的石刀、石斧和石棺等文物。镇驻地还存有渤海国时期的建筑遗迹。近代开发始于清光绪年间，以伐木、狩猎、采珠、垦殖为产业，光绪七年（1881 年）编为珲春招垦局春阳社。全镇拥有林地面积 27 018 公顷，山区资源品种繁多，分布广。该镇木耳产业突出，2005 年被国家食用菌协会命名为"国家级食用菌优秀基地镇"，也是延边朝鲜族自治州最大的木耳生产基地镇。

在源头下游 91 千米处有汪清县大兴沟镇。大兴沟镇北部山区蕴藏着丰富的石灰石矿，现已探明庙岭石灰石矿储量约 1 亿吨，可连续开采 50 年以上。庙岭石灰石品质极高，是优良的化工和水泥原料。依山而建的庙岭德全水泥股份有限公司生产的优质庙岭牌水泥畅销全国各地。镇内的大兴沟林业局所产木材曾作为毛主席纪念堂的建筑用材。除木材外，林区还盛产各种名贵中草药材、珍禽动物以及各种山珍，国内外驰名的山参和松茸是其主要代表。

在大兴沟镇庙岭村建有小（1）型的庙岭水库；在东光镇建有总库容 2 017 万立方米的明月沟水库。该库主要开发目标是为汪清镇供水，年可供水量 2 369 万立方米。在嘎呀河干流和汪清镇以上建有多座小型水力发电站。嘎呀河上游流域开发有东新灌区、河东灌区、天山灌区、双河灌区、蛤蟆塘灌区和春阳灌区共 6 处灌区，有效灌溉面积 2 879 公顷。

中游段　从汪清镇西崴子村到东光镇三道沟村为中游段。两岸地形开阔，河谷增宽到 1 500～2 000 米，两岸山坡及平地为耕地，河道弯曲，水流湍急，河道平均比降 1.21‰，岸边柳、榆、杂草茂密，河床为砂、卵石组成。

嘎呀河在距源头 132 千米处，流经百草沟镇。远在原始社会新石器晚期，就有先民劳动生息在这一带，曾在该镇的闹枝和水北村发掘出磨制石器和陶器等文物。清康熙十六年（1677 年），清朝政府将此地封禁后，这里便成了飞禽走兽出没之地。近代开发始于清同治四年（1865 年），山东贫民移居此地。该镇地表以黑土和冲积土为主，土质松软肥沃，是汪清县生产粮食的重点基地，是有名的优质"绿色大米"之乡，又是独具特色的朝鲜民族娱乐及饮食文化之乡，2002 年"中国朝鲜族美味风俗食品一条街暨象帽舞欢乐节"开街仪式在百草沟镇举行。这里民风质朴，勤劳节俭，多数村民仍保留着传统民居、民俗、水田耕作以及饮食习惯等。汪清的朝鲜族歌舞极具代表性，其中"象帽舞"多次参加国家、省、州举办的大型比赛活动，荣获我国舞蹈界最高荣誉的"荷花奖"、全国"文华大奖"等奖项，被列入"国家级非物质文化遗产"名录。

在百草沟镇至三道沟村的嘎呀河干流上，于 1998 年建了总库容 9 998 万立方米的满台城水电站，装机容量 2.49 万千瓦。满天星国家森林公园坐落在水库两侧山岭。森林公园总面积 56.7 平方千米，其中林地面积 13 980 公顷，水域面积 2 000 公顷，森林覆盖率达到 90%。森林公园有天女峰、龙龟岛、小三峡等自然景观。远眺幽深，近观灵秀，湖光山影形成了北国独特的秀丽景色。2001 年被国家旅游局批准为 AA 级旅游区。

在嘎呀河中游建有西崴子有坝引水灌区，灌溉水田 300 公顷；百草沟灌区，灌溉水田 910 公顷。

满天星景区

中游段先后接纳了右岸支流牡丹川和仲坪河。

下游段　满台城水电站坝下至嘎呀河河口为下游段，河谷变宽至 2 000 米左右，河道比降放缓至 0.6‰，水量较丰沛，水流急，河床为砂及卵石。两岸山坡及川地多辟为农田。嘎呀河流经图们市石岘镇，是石岘造纸厂及两岸农田灌溉的主要水源。在嘎呀河支流小南沟下游，建成了向图们市供水的凤梧水库，总库容 588 万立方米。

在图们市区下嘎村东右岸纳布尔哈通河,该河下游有延边朝鲜族自治州首府延吉市。

在图们市建有城市防洪堤 2 770 米,图们市防洪标准达到 50 年一遇。嘎呀河下游共建防洪堤 17.75 千米。

7.1.2.3.1 桦皮甸子河
(Huapidianzi River)

嘎呀河 左岸支流,位于吉林省延边朝鲜族自治州汪清县境内,发源于汪清县鸡冠乡高岭山脉北麓,在天桥岭镇东新村南汇入嘎呀河。桦皮甸子河流域面积 633 平方千米,河长 81.4 千米,河道平均比降 5.1‰,沿程汇集 12 条山沟小河流。

流域多年平均气温 2.5 摄氏度,多年平均年降水量 575 毫米,多年平均年径流量 1.08 亿立方米,年无霜期 120 天。

流域属中生代火山岩低山地貌,海拔 350~400 米,切割较深,地形较陡,多尖山脊、尖顶山,河谷多石,山峦重叠,峰石多呈红色,山峰巍峨,景色以青沟子猴子石最为壮观,该峰海拔 525 米,因山形似猴子而得名。流域内森林植被良好。

该流域有汪清县重要的木耳生产基地。区域内有许多矿点,已查明的北城子铜矿点位于汪清县天桥岭镇北城子村西 3 千米处,南城子钛铁矿点位于汪清县天桥镇南城子 1 000 米处。

7.1.2.3.2 春阳河
(Chunyang River)

嘎呀河 右岸支流,发源于吉林省汪清县春阳镇哈尔巴岭山脉东麓,过春阳镇流至天桥岭镇东汇入嘎呀河。春阳河流域面积 940 平方千米,河长 60 千米,河道坡降 5.6‰。

河流属于山区峡谷型河流,两岸山体多由华力西晚期花岗岩组成,岩性均一,整体性好。流域森林茂密,植被较好。河流沿程汇集 100 平方千米以上的支流 4 条。

流域多年平均气温 3.9 摄氏度,极端最高气温 37.5 摄氏度,极端最低气温－37.5 摄氏度。多年平均年降水量 547.2 毫米,多年平均年水面蒸发量 700 毫米。年日照时数 2 358 小时,结冰期为 10 月下旬至次年 4 月中旬,多年平均年径流量 0.662 亿立方米,调查历史最大流量 3 530 立方米每秒(1960 年 8 月 23 日)。

在春阳河上游建有中型的春阳水库,总库容 1 033 万立方米,以防洪除涝为主,兼顾灌溉、发电、养鱼等综合效益。由于水库存在严重渗漏等安全隐患,1986 年 3 月扒开坝体空库运行。1960 年流域内曾发生大洪水,淹没春阳、天桥岭两镇耕地 1 100 公顷,房屋 6 万平方米,冲垮铁路路基 11 千米、铁路桥 3 座,一个月不通火车,受灾人口 3.75 万,天桥岭镇死亡 12 人。

1977—1984 年,在春阳河支流牛圈沟、大石头沟、大梨树沟下游建成 4 座拦河坝,形成自流引水的春阳灌区,灌溉水田 200 公顷。

春阳河流域被确认为野生东北虎活动的区域之一。春阳河下游距河源约 9 千米处是汪清县春阳镇。春阳镇山区面积大,拥有林地面积 8 万公顷,是全县木材的重点产区,草地 6 342 公顷,可用林下草地 1.1 万多公顷,由于山多林密,水草丰茂,依附与生存的野生经济动植物资源丰富。现已查明野生植物 148 科、1 800 余种,其中野生参、黄芪等药材类 770 余种,蕨菜类等山野菜 160 余种,红松果等野果类 40 余种,以椴树为主的蜜源植物 70 余种,以林蛙、野鸡等为主的经济动物 100 余种。该镇地下资源丰富,已探明的地下矿产资源有煤、金、铜、锌、陶土、青石、大理石、硅石、钾长石等 10 多种。

7.1.2.3.3 前河
(Qianhe River)

嘎呀河 右岸支流,位于吉林省汪清县境内,发源于汪清县春阳镇岭东林场西哈尔巴岭山脉东麓,出源后东南流在大兴沟镇西阳村折向东北流,在大兴沟镇河南村东汇入嘎呀河。前河流域面积 729 平方千米,河长 56.4 千米,河道平均比降 6.0‰。前河沿程汇集 15 条山沟河流,其中流域面积大于 100 平方千米的支流 1 条,为后河,在大兴沟镇仲兴村南从左岸汇入。

流域森林植被相对较好,属山区峡谷型河流,河流中下游地势相对平坦。流域多年平均年降水量 535 毫米,多年平均年径流量 1 999 万立方米。前河下游建有双河灌区,有效灌溉面积 670 公顷。

流域是一个比较古老的地域,在广兴、东阳等地存有原始社会及辽金时代的遗址。广兴山城位于大兴沟镇蛤蟆塘村广兴屯西北,修筑在一个近似马蹄形的山峦上,城墙为土筑,周长 2 288 米。地面散布较多陶片,曾采集到北宋"崇宁重宝""天圣通宝"铜钱各一枚,金代铜印一方及辽金时期陶罐残片。据考证,该城为辽金时期的山城。东四方台山城为汪清县境内最大的山城,位于大兴沟镇蛤蟆塘村中部东四方台山上。城墙依山顶陡峭地带和边缘悬崖,以土或石修筑而成,周长约 5 千米,曾在城内掘出金代六耳铁锅,宋代"大定通宝""开元通宝""天显通宝"等铜钱。据考证,此山城为辽金时期所建,至元代与附近东阳屯辽金建筑遗址并称东洋州,为一重要驿站。

7.1.2.3.4 汪清河
(Wangqing River)

嘎呀河 左岸支流,发源于吉林省汪清县东光镇盘岭北麓,在汪清镇柳树河子村西南汇入嘎呀河,河长 85.9 千米,流域面积 1 250 平方千米,河道平均比降 5‰。

汪清河流域面积 100 平方千米以上支流 2 条,为小汪清河和庙沟河。小汪清河在汪清县东光镇东从右岸汇入;庙沟河在汪清镇东从左岸汇入。

流域春季风大干燥,夏季雨多,秋季凉爽,冬季漫长寒冷。域内多年平均气温 3.9 摄氏度,极端最高气温 37.5 摄氏度(1973 年 7 月 25 日),极端最低气温－37.5 摄氏度。多年平均无霜期 130 天,全年日照时数 2 358 小时。多年平均年降水量 579 毫米,多年平均年水面蒸发量 740 毫米,多年平均年径流量 2.92 亿立方米。结冰期为 10 月下旬至次年 4 月中旬。

流域内植被良好,区内地层是二叠系板岩、砂岩,侏罗系火山岩组成的安山岩和安山凝灰角砾岩,岩性均一,无较弱岩性分布,相对稳定,地震烈度为Ⅵ度,河道两岸山体雄厚。

流域内曾于 1938、1950 年发生过较大洪水。

汪清河上游处于老松岭山脉西侧和盘岭山脉北侧的中山区,森林繁茂,林地总面积 23 613 公顷。河谷狭窄,河槽窄深,水流湍急。森林中有红松、落叶松、白松、黄菠萝、鱼鳞松、白桦、椴树、水曲柳、柞木等树种,盛产红松籽、林蛙、五味子等。沟系有林、有水、有草,非常适合林蛙、冷水鱼生长及养殖和发展黄牛产业。林中野生植物有野山参、贝母、川地龙、刺五加、细辛等药材和薇菜、猴腿、广东菜、刺嫩芽等山野菜及黑木耳、元蘑、榛蘑等食用菌。流域土壤气候非常适宜烟叶生长,有多年种植黄烟的历史。

汪清河上游有一座中型水库和2座小型水力发电站,即明月沟水库和十里坪电站、东光电站。明月沟水利枢纽工程是汪清县城区供水的水源工程,坐落在东光镇东林村塔子沟河下游,距汪清县城9.8千米。水库集水面积338平方千米,总库容2 017万立方米,水库水面面积15.5平方千米,日供水能力5.5万立方米。十里坪电站始建于1970年12月,装机容量250千瓦。东光电站建于1971年,装机容量350千瓦,年设计发电量80万千瓦时。

东光镇东林村有一座小学叫伊田小学,是为纪念日本兵伊田助男而命名。伊田助男在抗日战争中为东北抗日联军运送了10万发子弹,成为中日人民共爱和平的历史见证。

流域下游土地相对开阔,汪清县城汪清镇坐落在汪清河下游河谷平原上,城市防洪工程建设趋于封闭,防洪标准达到50年一遇,干流堤防总长21.1千米。在汪清河城区段建设了两处橡胶坝,引污出渠,拦蓄清水。

7.1.2.3.5 布尔哈通河
(Buerhatong River)

嘎呀河右岸支流,金史称星显水,清代称布尔哈通河、布尔哈图河。发源于吉林省安图县北界哈尔巴岭东麓,由西北向东南,经安图市的亮兵、明月、石门,龙井市的老头沟、铜佛寺、朝阳川等乡镇和延边朝鲜族自治州首府延吉市,于图们市石岘镇下嘎村附近汇入嘎呀河。布尔哈通河流域面积7 065平方千米,河长172千米,河道

布尔哈通河

平均比降1.9‰。该河有流域面积大于100平方千米的支流19条,其中**海兰河**流域面积2 934平方千米。

流域多年平均气温由上游的3.7摄氏度渐次升至下游的5.5摄氏度,多年平均年降水量584.1毫米,年水面蒸发量763.9~610毫米,多年平均年径流量13.48亿立方米。结冰期为10月下旬至次年4月上旬。

流域现有人口101.37万,耕地11.6万公顷。

龙井市老头沟镇以上为上游,属低山区,河道狭窄,两岸林木丛生,只有小块平地可以耕种。布尔哈通河自源头流向东南,经亮兵镇至安图县明月镇,左岸有长兴河汇入,右岸纳**福兴河**。在福兴河下游建有中型的安图水库,总库容5 162万立方米,设计灌溉面积4 850公顷,安装发电机组2台计1 000千瓦,设计年发电量241万千瓦时,并向榆树川发电厂冬季供水。河流继续东南流,经石门镇、榆树川发电厂后入龙井市境内,在老头沟镇以西建有白石、葆园、老东3座小型水电站,总装机容量1 400千瓦。上游共建有小型水库7座、塘坝5座;兴建防洪堤85.48千米,其中干流35.88千米,支流49.60千米。

老头沟镇至海兰河入口处为中游,属丘陵区,河谷较开阔,形成山间盆地地形,河谷平底宽2 000~3 000米,是延吉盆地的主要组成部分,水量丰沛,土地肥沃,气候适宜,光照充足,是龙井市重要水稻产区之一,素有"延边粮仓"之称。在龙井市老头沟镇廉明村至朝阳川镇龙浦村之间的布尔哈通河右岸,建有有坝引水的廉明灌区,有效灌溉面积1 200公顷,水源以布尔哈通河为主,以安图水库补水为辅。

沿程接纳右岸支流细鳞河后,于龙井市朝阳川镇东接纳左岸支流**朝阳河**,在朝阳河下游和朝阳川镇布尔哈通河沿岸建有朝阳灌区,这是一个多渠首有坝引水灌区,设计引布尔哈通河和朝阳河水灌溉面积1 220公顷,安图水库为其补水。中游共建有小型水库16座,合计总库容1 228万立方米,兴利库容823万立方米,灌溉面积1 037公顷。在朝阳河中游,建有总库容6 300万立方米的五道水库,该水库除为延吉市供水外,还可以为下游灌区补水灌溉4 200公顷。布尔哈通河过龙井市朝阳川镇东丰村流入延吉市境内。在延吉市布尔哈通河沿岸的仁坪、新丰、东光、小营、河龙等村境内,建有有坝引水的自流灌区——长白灌区,设计灌溉面积1 080公顷,有效灌溉面积850公顷。

延吉市城防

烟集河在延吉市西汇入,在烟集河中下游两岸,建有兴安、烟集、民主、公新等小型灌区和明新、新农、大成等小(2)型水库。

海兰河在延吉市小营镇河龙屯北从右岸注入布尔哈通河。

海兰河汇入口以下为下游,属低山丘陵区,河谷变得狭窄幽深。河谷两岸主要为花岗岩组成的500米以下的丘陵,少部分为高程600~700米的低山。凝灰质砂、砾岩及结晶灰岩也有分布,多形成丘陵或低山。由于下游河道平均坡降较大(1.4‰),七八月暴雨集中季节易发生水灾,最大洪峰流量2 630立方米每秒(1960年),沿岸两岸遭受严重灾害,最小流量0.17立方米每秒。稳定封河期11月下旬至次年4月上旬,平均封冻120天左右。在曲水村有1处渗渠,是图们铁路局的主要水源。

左岸支流依兰河于图们市长安镇西南4千米处汇入。

7.1.2.3.5.1 福兴河
(Fuxing River)

布尔哈通河右岸支流,发源于吉林省安图县明月镇(原福兴乡)西部的哈尔巴岭东麓,出源后流向东北,转东南,经福利、福林、光兴等村,至福满村转东北流,又经福兴、永安、永新、咸成等村,至明月镇南汇入布尔哈通河。福兴河长34.4千米,流域面积383平方千米,河道平均比降5.3‰,多年平均年径流量0.559亿立方米。

1959—1968年,安图县在福兴河下游距明月镇5千米的原福兴乡咸成村境内建成总库容4 746万立方米的安图水库(除险加固后,总库容为5 162万立方米),该库以灌溉为主,结合防洪、发电、养鱼、城市生活及工业供水。水库集水面积370平方千米,兴利库容3 700万立方米,设计灌溉面积4 850公顷(包括补水灌溉),防洪除涝耕地面积8 313公顷,安装发电机组2台,装机容量1 000千瓦,设计年发电量241万千瓦时,并担负向下游榆树川发电厂冬季供水任务。

7.1.2.3.5.2 朝阳河
(Chaoyang River)

布尔哈通河左岸支流，曾用名九水河，发源于吉林省延吉市三道湾镇支边村哈尔巴岭南麓，由西北流向东南，于龙井市朝阳川镇光石村江城屯南汇入布尔哈通河。朝阳河流域为面积775平方千米，河长75.1千米，河道平均降降4.8‰。

流域冬夏分明，冬季寒冷，夏季炎热湿润。多年平均气温5.2摄氏度，最高气温为36.5摄氏度，最低气温为-34.8摄氏度，多年平均年降水量621.3毫米，多年平均年水面蒸发量736~795毫米。河流11月初结冰，次年3月中旬解冻，无霜期110~145天，多年平均年径流量1.75亿立方米。

朝阳河上游由原沟、王家趟子沟、屯田北沟、刺芽沟等数股细流组成，至屯田林场附近，汇合成较大水流，由北向南流淌。在三道湾镇右岸有梨树沟、罗圈河汇入，三道湾镇亦由此得名。朝阳河流经八道、太阳、朝阳川三镇，于龙井市朝阳川镇光石村江城屯南注入布尔哈通河。

流域地貌属侵蚀剥蚀的中低山区，山脉平缓，多呈北西向展布，与河流方向一致。朝阳河上游是延吉盆地西北边缘，主要岩石为花岗岩，玄武岩也分布较广。地形主要有两类：一类是平顶分水岭，一般为高1 000米左右的玄武岩高原；另一类是玄武岩组成的平顶的海拔800米以下的高台地。安山集块岩系组成800米左右的低山。河谷两岸阶地多为第四系疏松沉积物所组成，海拔400~500米。下游主要为白垩系砂岩、砾岩组成，经抬升切割后，形成台地和河谷平地，台地顶面海拔一般300~400米，土壤多为白浆土、暗棕壤，多为旱田。冲沟发育，水土流失严重。河谷平地海拔200米左右，宽度超过1 000米，多数种植水稻。

1989—1992年在朝阳河中游延吉市三道湾镇五道村境内，建成了总库容6 300万立方米的五道水库，该库以向延吉市供水为主，结合灌溉、发电、养鱼等综合效益，设计每年向延吉市供水3 700万立方米，为下游灌区补水灌溉4 200公顷，装机容量2 000千瓦，设计年发电量775万千瓦时。在朝阳河下游建有自朝阳河多渠首引水的太阳灌区，该灌区最早的渠道建于1916年，新中国成立后经过多次改建、扩建，旧貌换新颜，修成水田方条田980公顷，田间工程已基本配套，至2005年，设计灌溉面积和有效灌溉面积均为1 453公顷，实际效益面积达70%。

7.1.2.3.5.3 海兰河
(Hailan River)

布尔哈通河右岸支流，辽、金史籍称为曷懒水，明代称合兰河，清代称海兰河、骇浪河。"海兰"为满语，意为"榆树之河"，当地群众习惯称之为海兰江。海兰河发源于吉林省和龙市长白山支脉甑峰山脉老岭峰东南的老里克沼泽地，从西南向东北贯穿和龙、龙井两市，流至延吉市小营镇河龙屯北注入布尔哈通河。海兰河干流长145千米，流域面积2 934平方千米，河道平均坡降3‰。海兰河有流域面积100平方千米以上的支流9条。

概　述

流域西高东低，西部甑峰山海拔1 677米，中部河谷平原海拔300米，东部琵岩村海拔250米。流域按形态可分为山地、丘陵、台地、河谷平地。

流域地处中温带半湿润大陆性季风气候区，春季干燥多风，冷暖无常；夏季短暂，温热多雨；秋季昼暖夜凉，多晴

海兰河

天；冬季寒冷漫长，多偏西北风。流域多年平均气温5.3摄氏度，因受山地冷气影响，无霜期较短，一般120~140天，西部山区不足100天。流域降水自东北向西南递增，多年平均年降水量559.9毫米，6—9月降水量占全年降水量的72%；蒸发量的空间分布与降水量相反，多年平均年水面蒸发量736.0毫米，4—8月最大，占全年蒸发量的62%；多年平均年径流量5.40亿立方米。

1914年以前，枯水时河宽仅10米，水深2米，上游河道榆树遮天，中游河道柳树掩日，流域内青山绿水，河里可以捕到10千克左右的大鱼。20世纪50年代，河道两旁尚且绿树成行。后由于干流河道两侧及两岸附近的山峦林木被砍伐殆尽，植被遭到严重破坏，水土流失严重，泥沙淤积，形成许多河心洲，致使河床抬高，河面展宽，水量逐年减少，现在连小鱼也难以捕到。遇干旱季节，砂石皆裸露于河道之中。

流域1949—2000年共发生旱灾33次，水灾25次。除1956、1965、1972、1982年全流域普遍遭受水灾外，其余都是暴雨造成的局部地方灾害。

为防洪减灾，东北沦陷时期，当地在河岸较低的地带修建了8段总长度为2 660米的堤防。1949—1953年，在河两岸随弯就势修筑堤防13处，长2 155米；护岸2处，长1 820米；1954—1975年，按照统一规划、分段实施的原则，有计划地随弯就势修筑防洪工程，共修筑堤防49.97千米，保护农田3 333公顷；1976—1980年，人们对海兰河进行彻底治理，裁弯取直，加固旧堤，修筑新堤，形成80.4千米的堤防；1981—1987年，主要是加高培厚堤防，搞好配套，提高防洪标准；1988—2000年，国家增加了海兰河干流治理的投资，修筑堤防总长10 405米。

流域共建成中型水库5座，即松月水库、石国水库、亚东水库、大新水库、河龙水库；另有5座小型水库。流域内有6个"万亩"以上灌区，其中5个在海兰河干流两岸，1个在海兰河支流**长仁河**两岸，从上游至中游，依次为和龙灌区、西城灌区、头道灌区、龙水灌区、龙门灌区、东城灌区。

纪　实

上游　从河源到蜂蜜河口为上游。水从塔头草缝隙中缓缓流出，汇集成流，穿过卵石群，东流20千米，有青山沟从左岸汇入，又向东偏北流18千米，牛心沟从右岸汇入，再向东北流17千米形成U形河道，水绕山头转将近一周，又折向东流6千米，左岸有**蜂蜜河**汇入。历史上平时水面宽10~30米，水深0.3~0.5米，洪水期水面宽100~150米，水深1~2米。从河源到青山村，两岸山高林密，河道窄深，水流湍急，植被较好。青山村以下河势变缓，河谷忽宽忽窄，牛心河汇入后水量增大，河道明显展宽，两岸有和龙盆地、土山盆地。海兰河北流至支流机水洞沟河口后，从和龙煤矿矿区流

过。和龙煤矿南有一处东北沦陷时期死难矿工的墓地，人们称"松下坪万人坑"。牛心河到团结沟口为和龙市区，四周群山环抱，海拔1千米以上的山峰有2座，属温凉（半山区）气候。

和龙市区的饮用水和工业用水来源于松月水库。水库位于市区上游10千米的海兰河上，总库容1 239万立方米，日供水量1.5万吨。库区四周环山，松林吐翠，百鸟争鸣，具有山幽、水清、林秀、鱼肥等特色，成为和龙市著名的游览区。

海兰河北流至土山村，有于1915—1942年初步建成多渠首的有坝自流引水灌区，即今天的和龙灌区，水源为海兰河干流和支流牛心河。继续北流至蜂蜜河口，有于1910—1949年建成了自蜂蜜河引水的西城灌区。至2004年和龙灌区设计灌

龙王山庄

溉面积由1949年的990公顷增至1 167公顷，西城灌区设计灌溉面积1 270公顷。

和龙市市区东部有龙王山庄游览区。山庄内围绕龙王山峰（海拔1 002米）分布着大龙山、小龙山、龙头峰等山峰，有龙顶、龙腰、龙尾等山岭，有龙王左须路、龙王右须路、龙王南北沟等沟谷，还有名为"龙乳"的山包和龙王神泉。

中游 蜂蜜河口到龙井市为中游，河段长25千米。平时河宽20～35米，水深0.5～0.7米，洪水时水面宽150～200米，水深2.5～4.5米。河道两岸为"六十里平岗"平原。

河流过蜂蜜河口后东北流6千米到东兴村。东兴村北2千米有西城镇北古城。北古城又名西古城，为唐代渤海国王都五京之一的中京显德府故址，兴建于渤海国第三代王大钦茂统治时期（唐代天宝年间，742—756年），曾一度是渤海王都。此城分外城和内城，外城周长2 700余米，内城周长1 000米，内筑有宫殿。西古城出土的文物主要是建筑构件，有花纹瓦、绿釉柱座、文字瓦等。在西古城周边的海兰河流域有大量的渤海墓葬和遗址。1996年西古城被国务院列为全国重点文物保护单位。

海兰河继续向东北流，有福洞河从右岸汇入。福洞河下游头道镇石国村境内建有总库容1 493万立方米的石国水库，该库以灌溉为主，结合防洪和养鱼，设计灌溉面积1 800公顷，有效灌溉面积1 300公顷。河流由福洞河口再东北流4千米，*长仁河*从左岸汇入。长仁河中下游建有总库容4 186万立方米的亚东水库。

继续向东北流进入头道镇。头道镇原名三河镇，因位于福洞河、长仁河与海兰河汇合之处而得名。清宣统元年（1910年）前后，因从河谷盆地下游往上游数，此地处于第一道沟口，故又称头道沟。1909年，日本政府诱迫清政府签订《图们江中韩界务条款》开头道沟为商埠地，设立日本总领事馆头道分馆。头道镇辖区属河谷平原，气候温和，是和龙市水稻主要产区之一。2001年，头道镇进入吉林省"经济十强镇"行列，有人口32 175人，占和龙市总人口的14.5%。现头道镇已成为延边地区农副产品的主要集散地之一。距头道镇11千米，在福洞河左岸的龙头山上，有龙头山古墓群，为唐代渤海国王室贵族的墓地。古墓群南北长5千米，分为龙湖、龙

海、石果墓区。1988年被国务院列为全国重点文物保护单位。在龙头山山冈上，有渤海国第三代王大钦茂四女儿贞孝公主的墓葬。1988年出土的珍贵文物有墓碑、壁画等，为国内外所瞩目。

海兰河出头道镇再东流10千米进入东城镇。距海兰河1.5千米，今兴城村城北屯300米处，有东古城。东古城约建于1115—1234年间，古城保护完好。东古城曾出土铜印三方：一是大定三年（金世宗年号）"知审计院事印"；二是贞佑二年（金宣宗年号）的"上京路万户钮字号印"；三是"副统所印"（年号不详）。据《金史》记载，金灭辽后，在全国设六京十九路。延边属上京路管辖的曷懒路（海兰路）总管府。据考证东古城为金代曷懒路总管府开府之故地。明代，和龙全境为奴儿干都司（省级政府）哈兰城卫（县级政权）管辖，卫所在东古城。

河流从和龙市西城镇至东城镇共建有4处灌区，是延边水稻主要产区之一。一是头道灌区，位于头道镇海兰河中游左岸，设计灌溉面积1 533公顷，有效灌溉面积967

东古城

公顷；二是龙水灌区，位于头道镇海兰河中游右岸，设计灌溉面积1 140公顷，有效灌溉面积827公顷；三是龙门灌区，位于头道镇长仁河下游，以亚东水库为水源，设计灌溉面积680公顷，有效灌溉面积440公顷；四是东城灌区，位于东城镇和头道镇以东的海兰河两岸，该灌区开发于20世纪20年代，拦河坝过多，布局不合理，20世纪80年代进行了以合并拦河坝为主要内容的渠系整顿工作，使灌区设计灌溉面积达到1 320公顷，有效灌溉面积达到1 100公顷。

下游 龙井市至入布尔哈通河河口为下游。下游在龙井市境内。下游河道贴近北部分水岭的山脚，主要支流均由右岸汇入。在龙井市文化广场铁路桥下，有支流六道河从右岸汇入。六道河中游建有大新水库，距龙井市20千米，地处龙井市原勇新乡大新村。大新水库是以防洪、城市供水为主，结合灌溉、养鱼等综合利用的中型水库。2002年除险加固后总库容为1 637万立方米。集水面积144平方千米，防洪保护人口7万，保护耕地1 000公顷，每年向龙井市城市供水量1 278万立方米，灌溉面积为500公顷。

龙井市原名六道沟，1883年在今龙井街和六道河路交汇处发现一眼古井，遂起名为"龙井村"。龙井市历史悠久，据考古发现，远在旧石器时代，就有人类在这一带繁衍生息。在东盛涌镇龙新村和石井村之间，有八道河自右岸汇入。八道河上游的金谷遗址、东盛涌镇的石井村天泉洞遗址曾出土过石器、骨器和陶器。龙井市市区人口26万，其中朝鲜族占69%，是中国境内朝鲜族聚居最集中的城市。市区内有龙井日本总领事馆旧址、大成中学旧址等历史遗迹。过龙井市区转东北流，过东盛涌镇后，进入延吉市小营镇。在小营镇龙村海兰河上，建有总库容3 070万立方米的以发电为主的河龙水库，装机容量4 500千瓦，设计年发电量1 445万千瓦时。海兰河在河龙水库下游汇入布尔哈通河。

海兰河下游段两岸开阔，光照充足，气候温和，在龙井

市区至东盛涌镇一带形成较大的河谷平地，俗称"瑞甸沃野"，是延吉盆地的南部边缘。此段河谷宽度可达4 000米，海拔多在200～300米。土壤为冲积型水稻土和沼泽土，多种植水稻，是延边朝鲜族自治州的重要水稻产区之一。这一带分布着海兰、光新两处"万亩"以上灌区，这两处灌区都是以海兰河为主要水源，以古洞河引水工程和亚东水库为补充水源。海兰灌区设计灌溉面积2 250公顷，有效灌溉面积2 240公顷；光新灌区设计灌溉面积1 170公顷，有效灌溉面积910公顷。

在东盛涌镇有一个朝鲜族民俗村——龙山村，党和国家领导人都曾到过该村视察。

7.1.2.3.5.3.1 蜂蜜河
(Fengmi River)

海兰河左岸最大支流，俗称二道沟、蜂蜜沟。流域清代为著名的沙金产地。据《经济资料》记载："光绪二十三年（1898年）开始采掘。其后呈盛况，沿沟内河道采掘之旧坑，宛如蜂巢，故名"。蜂蜜河发源于和龙市西城镇甲山村西南17.5千米的甑峰岭山脉老岭峰东麓，海拔1 458米，流域面积610平方千米。河长55.4千米，河道平均比降7.9‰。

流域多年平均年降水量578.3毫米，多年平均年水面蒸发量791.6毫米，随着地势的差异，由东向西递减。流域内山峦起伏，河谷纵横，谷深川窄。河溪两旁形成了各种类型的冲积扇、河滩地、二阶台地及小面积的碟形洼地。

蜂蜜河出源头，自西南向东北流，过八家子林业局先锋林场、官地林场，至西城镇鸡南村有泉水洞河汇入，流至卧龙村有华集沟汇入，再流经西城镇平原，到前进村南流入海兰河。沿程接纳流域面积100平方千米以上的一级支流两条。蜂蜜河多年平均年径流量为1.58亿立方米。20世纪40年代，蜂蜜河水量较大，曾放流过木排至西城镇卧龙村。

蜂蜜河下游建有西城灌区，水量充足，地势平坦，土质肥沃。20世纪一二十年代，灌区渠系紊乱，建筑物破烂不堪，效益低下。新中国成立后，当地对灌区进行了大规模的改造，使灌溉面积达到1 247公顷。

在蜂蜜河左岸西城镇渔浪村有渔浪村抗日游击根据地遗址。1961年，渔浪村抗日游击根据地被延边朝鲜族自治州列为首批文物保护单位。

7.1.2.3.5.3.2 长仁河
(Changren River)

海兰河左岸支流，发源于吉林省和龙市与安图县交界的黄（荒）沟岭东麓。出河源，向东南流经长仁林区，流入亚东水库后，再流经头道平原，在和龙市头道镇长仁桥附近汇入海兰河。长仁河流域面积344平方千米，河长50.5千米，河道平均比降7‰。

流域多年平均气温4.9摄氏度，多年平均年降水量578.3毫米，多年平均年径流量0.792亿立方米。

长仁河下游亚东水库，始建于1958年，1978年竣工。是以灌溉为主，结合防洪、养鱼、发电等综合效益的中型水库，总库容4 186万立方米，兴利库容3 445万立方米，集水面积304万平方千米。2005年养鱼水面面积199公顷。设计灌溉面积1.11万公顷，其中直接灌溉面积667公顷，其余为补水灌溉。发电装机容量1 040千瓦，设计年发电量290万千瓦时。水库区现已成为和龙市著名风景游览区。

长仁河流域药水洞村有革命遗址，1930年，东北地区第一个苏维埃政权在这里宣告成立。

7.1.2.4 密江
(Mijiang River)

图们江下游左岸支流，发源于吉林省珲春市密江乡大荒沟林场盘岭山脉南坡，河口位于珲春市密江乡密江村南河东水文站以下8 000米图们江大转弯处。河长56千米，流域面积771平方千米，河道平均比降6.9‰。

流域植被良好，河流大部分处在山脚下，河道稳定，河水清澈见底，无污染，属Ⅰ类水质。沿程汇集流域面积大于100平方千米的河流有3条。流域多年平均气温5.7摄氏度，多年平均年降水量634.3毫米，多年平均年径流量2.18亿立方米。

密江水利开发较晚，从20世纪60年代开始修建水轮泵抽水站，70年代修建拦河坝、引水闸、灌溉渠，抽、引水灌溉水田面积100多公顷。沿村屯建有零星防洪堤和木石笼护岸等较小的水利工程。近年密江建有较小规模的冷水鱼繁育养殖场，养殖细鳞鱼、鳟鱼、花丽羔子等冷水鱼。

密江上游大荒沟是珲春抗日游击根据地，也是中共珲春市委的诞生地。2004年，珲春市委在大荒沟村建立了中共党史教育基地和中共珲春市委诞生纪念地。

7.1.2.5 珲春河
(Hunchun River)

图们江下游左岸支流，金史作珲春水、浑蠢水，皆满语音译，意为"边远之河"。20世纪初，在珲春河采金的人以插红旗的方式划定河段，作为自己的采金范围，珲春河边到处飘扬着红旗，所以人们把珲春河又叫红旗河。

珲春河发源于吉林省珲春市与汪清县交界的盘岭山脉秃头岭北侧，流经汪清县杜荒子村，珲春市的春化镇、杨泡满族乡、哈达门乡、珲春市区、三家子满族乡、板石镇，在板石镇南河口屯汇入图们江。河流长198千米，流域面积3 963平方千米，河道平均比降2.1‰。

珲春河

珲春河沿程汇集流域面积100平方千米以上的一级支流8条。

流域春季较长，气温回升缓慢；夏季多雨，高温天气不多；秋季较长，易受台风影响；冬季较短，寒冷天数不多。流域多年平均气温5.7摄氏度。流域是吉林省暴雨中心，每年8月中下旬受太平洋热带风暴影响极易产生暴雨。最大洪水多数发生在8月下旬。流域多年平均年降水量627.0毫米，多年平均年水面蒸发量786毫米，多年平均年径流量14.53亿立方米。结冰期为11月上旬至次年4月上旬。

珲春河上中游处在山区，河道坡降大，汇入支流多。珲春河上游是目前濒临灭绝的东北虎和远东豹的栖息地，国家已在此设立春化东北虎自然保护区。

兰家趟子河 在珲春市春化镇南从左岸汇入；三道沟在哈达门乡杨树沟村南从右岸汇入，头道沟在哈达门乡南从右岸汇入。珲春河上游春化镇西土门子堤防和珲春老城区堤防（现存 3 千米）是 20 世纪 30 年代修建的，至 21 世纪初仍在使用。

河流在哈达门乡以下进入珲春盆地，此段地势平坦开阔，河床增宽，河道多分汊并形成沙洲、滩地和泡沼。

珲春河大约从 20 世纪 20 年代开始，由当地朝鲜族农民引珲春河水种植水稻，30 年代中期由日本开拓团在珲春河左岸修建杨泡进水闸和河南干渠，开始在珲春河南岸大面积开发水田。中华人民共和国成立后，这里大兴水利，从 20 世纪 40 年代末开始修建珲春灌区河北水利枢纽，珲春灌区从珲春河南扩展到珲春河北，水田面积不断扩大。珲春河堤防从 20 世纪 60 年代初开始建设，到 70 年代末，已建成左右岸堤防 100 多千米。城市供水主要是取浅层地下水，从 20 世纪 30 年代开始至 70 年代城市已普及自来水。农村自来水从 20 世纪 80 年代开始建设至 21 世纪初已基本普及。老龙口水库坝址位于珲春河干流中下游二道沟村与一松亭村之间，水库是一座以防洪、供水为主，兼顾灌溉、发电、养鱼等综合利用的大型水库，坝型为土石坝，坝高 45 米，总库容 3.20 亿立方米，水库水面面积约 30 平方千米。

珲春河流域自然环境保护良好，上中游尚存有原始森林植被。但河道变迁较大。由于珲春河富存沙金，珲春金矿采金船已把珲春河二道沟河口以上基本翻遍，使原始河床和滩地都发生较大改变，河道内形成大面积采金筛选的尾矿，堆积呈条带状顺水流方向的卵石堆，严重阻碍行洪，同时也增加了河流的泥沙含量。金矿资源已于 20 世纪 90 年代末枯竭，停止生产。

珲春河下游有通航历史，20 世纪 20 年代为鼎盛时期，到 30 年代后期，随着图们江出海权被日方限制，通航逐步衰败，直至停航。

7.1.2.5.1　兰家趟子河

(Lanjiatangzi River)

珲春河左岸支流，发源于吉林省珲春市春化镇兰家趟子村西北吉林、黑龙江两省省界大龙岭南坡，于春化镇西土门子村南汇入珲春河。当地人认为此河为珲春河的第二源头。河长 54 千米，流域面积 624 平方千米，河道比降 6.7‰。兰家趟子河有流域面积超过 100 平方千米的支流 1 条。

流域内植被良好，水量充沛，水质优良，属 I 类水质。该流域自然环境仍保持原始状态，春化镇是中国唯一的东北虎自然保护区所在地。域内多年平均气温 5.7 摄氏度，多年平均年降水量 637.2 毫米，多年平均年径流量 1.34 亿立方米。

流域于 20 世纪 70 年代建有引水闸和干渠，灌溉下游桦树村和草坪村 100 多公顷水田。沿河修建有零星防洪堤和木石笼固岸等小型水利工程。

7.2　入黄海水系

(Rivers Flowing into the Yellow Sea)

指以**黄海**为汇集中心的辐聚水系，由**鸭绿江**、**大洋河**、**湖里河**、**英那河**、**庄河**、**小寺河**、**碧流河**、**赞子河**、**大沙河**和**登沙河**等组成。

区域范围　黄海水系区域地处东北地区东南部，北以长白山与**松花江**为邻，西以长白山支脉龙岗山与**辽河**分界，东南以千山与流入**渤海**东岸的**大清河**、**熊岳河**、**复州河**为邻。地理位置位于东经 121°00′～128°05′，北纬 38°43′～41°57′。控制流域面积约 7.85 万平方千米，占东北地区水系控制面积的 6.5%。其中在吉林省境内 1.5585 万平方千米，辽宁省境内 6.4415 万平方千米。

河湖水系　黄海水系河流密集，流域面积 100 平方千米以上河流近 90 条，流域面积 1 000 平方千米以上河流 6 条，流域面积 10 000 平方千米以上河流有 2 条，为鸭绿江、**浑江**。

地质地貌　黄海水系区域位于中朝准台地东北缘，地质构造复杂，多数河流受燕山运动影响，以断裂形式出现为主，褶皱形式为辅。出露地层主要为侏罗系安山岩，白云峰大部分是这种基性粗面岩类所构成，有大量浮石之类的火山抛出物。长白山一带熔岩覆盖的原始地形，完成于第三纪中期。中心统末期，地盘逐渐隆起，河流分割在玄武岩流内，在鸭绿江的深切处，露出中生代以前的地层。在这里可以看出准平原的隆起量大概为 900 米。长白山熔岩的东南，丹东至沈阳铁路以北，是山岭和丘陵，地势东高西低。东部是东北至西南走向的丹东覆背斜构成的山岭，位于中朝台地内。山岭主要以太古代片麻岩和寒武纪前期的花岗岩为基底，上面覆盖着石英岩和安山岩。介于鸭绿江及其支流之间的山脉称为老松岭，海拔高程 900～1 000 米。靠西而平行于老松岭山脉的是龙岗山，龙岗山南是千山山脉。

汇入黄海的河流均发源于长白山及支脉龙岗山、千山麓。地势西、北、东均高，东南邻海低。长白山峰峦起伏山势陡峻，海拔一般都在 1 000 米以上，我国境内最高山峰白云峰海拔 2 691 米，望天鹅峰高程 2 061 米。在长白山西侧分布着一系列低山丘陵，主要山脉有龙岗山、吉林哈达岭、大黑山等。龙岗山北起吉林省靖宇县的五斤顶子，南至辽宁省本溪满族自治县韭菜顶子山，海拔一般都在 900 米以上；千山山脉位于长白山脉的南端，北起连山关，南至辽东半岛老铁山，北宽南窄，北高南低，除少数山峰绵羊顶子山、步云山等海拔在 1 000 米以上外，大部分均在海拔 500 米以下，坡降平缓，山势浑圆。东南沿海为沉降性海岸，岸线曲折，多岩岛和天然良港，大连港是我国的重要港口之一。

气候水文　区域鸭绿江口以北地区属中温带湿润季风气候，鸭绿江口以南地区属暖温带湿润季风气候。四季分明，夏季温暖潮湿，冬季寒冷干燥，鸭绿江口以南地区由于靠近黄海，受海洋性气候影响又具有冬暖夏凉的特点。区域内多年平均气温 2～10 摄氏度，由西北向东南递增，气温年内变化较大，极端最高气温为 38.8 摄氏度，极端最低气温为 -36.3 摄氏度；多年平均日照时数上下游差异大约 2 400～2 500 小时，全年无霜期 130～199 天，结冰期约 120～160 天，11 月上旬至中旬由上游至下游河水开始结冰封冻，至次年 3 月中旬至 4 月上旬由下游至上游依次开化，最大河心冰厚 1.45 米。

区域多年平均年降水量 600～1 200 毫米，其中黄海沿岸 600～800 毫米。鸭绿江上游 600～800 毫米，中游 800～1 000 毫米，下游 1 000～1 200 毫米。鸭绿江下游丹东地区，地形呈喇叭形谷地，有利于太平洋暖湿空气随季风沿江而上，形成降水高值区，为东北降水量最大的地区。降水年内分配很不均匀，6—9 月降水量占全年的 70% 以上，而 7—8 月降水量占全年的 50% 左右。

区域多年平均年水面蒸发量 600～900 毫米，从北向南递增；多年平均年水资源量 220 亿立方米，多年平均年径流深为 150～600 毫米，从北向南递减。

水力资源 据2003年水力资源复查结果，黄海水系区域内水力资源的理论蕴藏量2 286.79兆瓦，可开发的水力资源装机容量约2 213.96兆瓦，现已开发水电站74座，总装机容量1 704.08兆瓦，总发电量61.84亿千瓦时。主要集中在鸭绿江流域，鸭绿江的水力资源理论蕴藏量2 129.68兆瓦，可开发的水力资源装机容量约2 183.4兆瓦，现已开发水电站64座，总装机容量1 692.41兆瓦，总发电量61.52亿千瓦时。

经济社会 区域工业主要以森工、水电、航运、造船、医药、采矿、汽车、造纸、纺织等为主。其中鸭绿江流域森工、水电、医药比较发达，鸭绿江流域已建水电站64座，装机容量1 692.41兆瓦，年发电量61.52亿千瓦时。黄海沿岸造船、港口工业、汽车、造纸、纺织等占工业比重较大。大连市工业基础雄厚，工业门类齐全，综合配套能力较强，具有较强的承载世界制造业转移的能力。目前已形成以石化、电子、机械、轻纺服装、冶金建材、食品医药等行业为主的工业体系，有许多工业企业是中国同行业的骨干企业。

区域农作物有水稻、水果、花生等8大类别，其中水果生产在全国占有重要的地位。苹果有120多个品种，素有"苹果之乡"的美称；同时还繁育和栽培了樱桃、桃、梨、葡萄等大量优良品种。北部山区柞林较多，为放蚕提供了有利条件，柞蚕产量居辽宁省第二位。大连地区的畜牧业良种较多，其中驰名中外的有金州马、复州牛、新金猪、庄河鸡以及庄河绒山羊、大连奶山羊和大连标准水貂等。大连地区的水产品资源比较丰富，盛产多种鱼、虾、蟹、贝、藻，是全国重点水产基地之一。大连市沿海海水氯化钠含量较高，有丰富的盐资源，加上适宜晒盐的滩涂较多，使大连市成为全国主要的海盐产区之一。

2000年，区域耕地面积66.58万公顷。鸭绿江沿江长白、集安、丹东等地建有数处通商口岸，黄海海岸有庄河、大连等海港。近年来，随着改革开放的深入，本地区与朝、韩、日等国的国际贸易发展较快，贸易额逐年增加，另外，区域自然和历史人文资源也使当地旅游业逐年发展。地区生产总值1 148亿元。

7.2.1 鸭绿江
(Yalu River)

鸭绿江为满语音转河名，含意是"边界之江"。秦、汉、魏、晋时期称为马訾水（《后汉书·地理志》），隋、唐时期称鸭绿水（唐杜佑《通典》），辽、金时期称鸭渌江（《全辽志》），自元代起始称鸭绿江，又因沿江曾为古渤海国益州所治，曾称益州江。

鸭绿江发源于长白山主峰南麓，是位于长白山脉西南部的一条国际界河，左岸为朝鲜民主主义人民共和国，右岸为中华人民共和国。河流自东向西北流至临江市转流向西南，中国境内流经吉林省长白、临江、集安等市县和白山市区，辽宁省宽甸、东港等市县和丹东市区，于辽宁省东港市大东镇注入黄海。河长816千米，流域面积6.45万平方千米，其中中国侧为3.2万平方千米。

概 述

地理位置 鸭绿江流域位于东经120°30′～129°00′、北纬40°00′～42°30′之间，东北以长白山为界与**图们江**流域相邻，北、西以龙岗山和千山山脉与**第二松花江**、**浑河**、**太子河**相隔。流域形状近似椭圆形，长轴呈东北—西南方向。河源至临江市为上游段，长343千米，水面宽一般为50～100米，河道平均比降4.3‰；临江市至水丰水电站库区浑江河口为中游

段，长232千米，水面宽一般为200米左右，河道平均比降为1‰；浑江河口至入海口为下游段，长241千米，水面宽一般为800～2 000米，河道平均比降为0.13‰。

鸭绿江水系支流众多，在中国境内沿途接纳流域面积大于10 000平方千米的支流1条，即**浑江**；流域面积1 000～10 000平方千米的支流2条，即**蒲石河**、**爱河**；流域面积500～1 000平方千米的支流3条，即**八道沟河**、**五道沟河**、**三道沟河**；其他较小河流60余条，其中自临江市向上游至长白朝鲜族自治县马鹿沟镇的支流，近于平行地排列着头道沟河、二道沟河、三道沟河……直到二十五道沟河的特殊河网，颇具特点。

鸭绿江朝鲜侧主要支流有虚川江、长津江、慈城江、秃鲁江（将子江）、渭原江和忠满江等。

大江口

鸭绿江流域河流的特点是河道坡度极大，其中河源至长白朝鲜族自治县段河道平均比降为9.05‰，上游段的河道平均比降为4.3‰，而其主要支流八道沟河、五道沟河河道平均比降为7.7‰以上，三道沟河以及浑江、蒲石河的大部分河段河道平均比降在5‰以上。因此，鸭绿江水能资源极其丰富，成为东北地区少有的能源基地。

气候水文 鸭绿江流域属中温带湿润气候区，冬夏分明，夏季炎热多雨，冬季寒冷干燥，下游丹东地区由于靠近黄海，受海洋性气候影响又具有冬暖夏凉的特点。流域多年平均气温5.7摄氏度，其中下游为8.5摄氏度，至上游递减为2摄氏度，气温年内变化较大，变幅达60摄氏度以上，极端最高气温为38.8摄氏度，极端最低气温为－36.3摄氏度；多年平均日照时数上下游差异不大，在2 400～2 500小时，全年无霜期130～199天，结冰期约120～160天，在11月上旬至中旬由上游至下游河水开始结冰封冻，至次年3月中旬至4月上旬由下游至上游依次开化，最大河心冰厚1.45米。

鸭绿江流域多年平均年降水量921毫米，其中上游为600～800毫米，至中游递增为800～1 000毫米，到下游为1 000～1 200毫米。与东北地区其他流域相比，其显著特点是降水量较大。尤其是下

鸭绿江雪

游丹东地区，地形呈喇叭形谷地，有利于太平洋暖湿空气随季风沿江而上，形成降水高值区，为东北降水量最大的地区。降水年内分配很不均匀，6—9月降水量占全年的70%以上，而7—8月降水量占全年的50%左右。流域多年平均年水面蒸发量为610毫米。

7.2.1 鸭绿江

鸭绿江风光

鸭绿江来水主要为雨雪补给，流域多年平均流量1 007立方米每秒，多年平均年径流量约320亿立方米，径流各季变化较大，与降雨相应，6—9月径流量占全年的70%左右。流域内洪水由暴雨造成，也发生在6—9月，尤以7—8月最多。据荒沟水文站调查，1888年8月发生最大洪水，洪峰流量44 800立方米每秒；1995年8月发生洪峰流量28 500立方米每秒的大洪水，为实测最大洪水。

鸭绿江上游森林茂盛，植被覆盖率高，水土环境破坏较小，干流水质良好，除距入海口17.5千米为Ⅴ类外，其余江段均为Ⅲ类以上水质。

鸭绿江中游临江水位站多年平均年输沙量132万吨，最大年输沙量721万吨。

地质地貌 鸭绿江流域西北为长白山及其余脉千山山脉，东南为朝鲜的咸镜山及狼牙山。流域内高山林立，地形起伏较大，河流受地形和地质构造影响发育，水流多沿隘谷、峰谷和峡谷流动，上游河谷呈V形，下游河谷呈U形。鸭绿江平均比降1.7‰，有由东北向西南递减之势。河谷两岸不对称分布有狭长的一级谷地，一级谷地以上的谷地不明显，且分布零散，河床冲积一般较薄。河床多为大卵石、大石块组成，并有基岩裸露。河谷凹岸多为陡峻山体，凸岸则为漫滩、阶地。流域内主要有河谷冲积堆积地形、侵蚀剥蚀堆积地形、构造剥蚀地形。

上游段中，源头至十三道沟河口属高山区。沿江两岸高山耸立，裸岩陡壁甚多，地形起伏较大，河谷切割甚巨，

鸭绿江大湾

河流弯曲，水流湍急，险哨较多，两岸有大面积森林。十三道沟河口至临江市为中山区，山体渐低，两岸多为海拔1 000～1 500米的中山，相对高度200～300米，河道比降渐缓，石梁险哨减少，河床大部分为砾石和卵石。

中游段属低山区。中游段两岸山势变缓，海拔高程多在1 000米以下，建有云峰、渭源、水丰3座大型水库水电站，基本为水库区淹没江段，自然江段只有72千米，主要在临江市至大栗子镇和云峰坝下至集安市两段，江两岸不对称地分布着狭长的一级谷地，上层为砂壤土，下部为砂砾石。

下游段浑江河口至虎山主要为丘陵区，建有**太平湾水库**，中国侧为丘陵台地，朝鲜一侧则为山崖峭壁；虎山以下至江海分界线为河口段，长62.5千米，属平原区，江中岛屿沙洲较多，两岸均为起伏的台地，洪水易受潮水顶托影响。

鸭绿江属中朝准地台的地质构造，其二级大地构造单元为辽东台隆，三级构造为太子河—浑江褶皱段及营口—宽甸台拱，区域性构造体系主要有东西向、北西向、北东向等，地震基本烈度为Ⅵ～Ⅷ度。流域地层属华北地区辽东分区浑江小区，基底岩层由太古界、元古界变质岩系构成，多出露在中下游地区，主要岩性为花岗闪长岩、千枚岩、片岩、石英岩、大理石及结晶灰岩等；沉积岩层为古生界沉积岩和中生界沉积岩与喷出岩，主要分布于中上游地区，主要岩性为灰岩、砂岩、砾岩、粉砂岩等；中生代侵入的花岗岩和花岗闪长岩出露较少，第三系至第四系玄武岩主要分布在上游地区的高山顶部，形成宽广的熔岩台地；第四系松散堆积物在沿江两岸广泛分布。

自然资源 鸭绿江流域水资源总量为155.1亿立方米；水力资源理论蕴藏量186.55亿千瓦时，其中干流90.91亿千瓦时。

全流域林地面积占总面积的70%以上，木材蓄积量约1 532万立方米。主要树种有：红松、云杉、冷杉、落叶松、春榆、蒙古栎、岳桦、白桦、水曲柳、胡桃楸、山杨等。

流域内野生植物达数千种，其中可供食用的有蕨菜、薇菜、龙牙木（刺嫩芽）、山葡萄、榛子、松子、板栗等150余种；林木有长白侧柏、臭松、落叶松、鱼鳞松、红松、白桦、水曲柳、樟子松等150余种；药用植物有山参、黄芪、五味子、党参、灵芝、桔梗、细辛、天麻、柱参等800余种；观赏类植物有牡丹草、东北梅花、百合、崩松、垂柳等百余种；蜜源植物类有大黄柳、千金榆、暴马丁香、猕猴桃、稠李（臭李子）等百余种；食用菌类有关杜菌（关杜蘑）、侧耳（元蘑）、松花菇、猴头菇、金顶蘑（榆黄蘑）、黏蘑、木耳、金耳、银耳等70余种。其中药用植物中的长白山人参、柱参、灵芝等，食用菌类中的木耳、松花菇、猴头菇等，以及松子、板栗等驰名海内外。

流域内野生动物物种繁多，兽类有东北虎、野猪、黑熊、马鹿、梅花鹿、狍子、紫貂、东北兔、香獐子、狼、狐狸等40余种；飞禽类有丹顶鹤、白鹤、白鹳、白鹭、苍鹰、云雀（百灵）、黑琴鸡（乌鸡）、中华秋沙鸭、松鸦、白天鹅、鸳鸯等160余种；两栖类有东

中华秋沙鸭

北小鲵、花背蟾蜍、林蛙等10余种；爬行类有丽斑麻蜥（马蛇子）、北草蜥、赤链蛇、虎斑游蛇（野鸡脖子）等10余种；鱼类有七鳃鳗、细鳞鱼、鳌花鱼、重唇鱼、大银鱼、罗非鱼等40余种。

流域内矿藏丰富，已探明的有50多种，金属中储藏量较大的有金、银、铅、锌、铁等，

五女峰风光

非金属有硼、石墨、云母、硅石、石棉、硅藻土、石灰石、高岭土、煤炭、大理石等；汽水资源有温泉、矿泉等。其中，临江的硅藻土储量及品位居全国第一位；宽甸的硼储量占全国储量的40%以上，年开采量占全国的60%，被称为"中国硼之乡"；而东港市高岭土矿储量居全国首位，探明储量达2 000万吨。

鸭绿江流域旅游资源丰富，景点众多，既有优美的自然风光，亦有丰富的人文景观和历史遗迹。其中主要景观景点有鸭绿江大峡谷、长白山望天鹅风景

鸭绿江大桥

区、四保临江纪念馆、伪满皇帝行宫、集安高句丽王城文化遗址、五女峰国家森林公园、水丰水电站、万里长城东端起点虎山长城、鸭绿江断桥、抗美援朝纪念馆、鸭绿江口国家级滨海湿地自然保护区等。

水旱灾害　鸭绿江流域因降水量较多，水量充沛，旱灾并不多见，而洪水灾害比较频繁。造成洪水灾害的原因是由于鸭绿江流域的台风、气旋和副热带高压边缘的辐合扰动及高空槽影响形成的暴雨，暴雨多集中在7～9月。由于一次天气过程造成的暴雨历时较短，仅1～3天，且鸭绿江属山区河流，河槽调蓄作用小，集中降雨快速汇集涌入江中形成洪峰，流量骤增，江水出槽，泛滥成灾。根据近百年来历史资料，按历次发生的洪水状况和受灾程度不同，可分为全区性大洪水、局部性洪水和一般性洪水3个类型。

从光绪五年（1879年）至宣统三年（1911年）的清朝后期，33年间共发生洪水10次，平均每3.3年发生一次，其中全区性大洪水一次，为1888年，局部性洪水4次，一般性洪水5次。

民国时期1912—1948年，37年间发生大小洪水17次，平均每2.2年一次，其中全区性大洪水一次，即1937年，局部性洪水7次，一般性洪水9次。另外发生海啸3次。

新中国成立后，1949—2004年的56年间，发生洪水灾害24次，平均每2.3年发生一次，其中全区性大洪水3次（1960、1985、1995年），局部性洪水9次，一般性洪水12次。另外发生海啸一次。

洪水灾害对本地区的社会和经济影响很大，同时给人民生命财产造成重大损失。据安东县志记载：清光绪十四年（1888年）七月初即大雨连绵，初四（8月14日）鸭绿江江水猛涨，街内平地水深二三丈，房屋倒塌十分之六七，官民均避水于元宝山上。民国3年（1914年）《临江县志》记载："鸭绿江水暴涨，冲入新华街内直行二道沟，河水被江水抵溢，横流至中富街，头道沟河水涨至坎上，全城几成泽国。四日始退，市民损失至巨，诚空前之水灾也"。另据《长白县公署档案》记载：同年9月12日鸭绿江水暴涨，八道江口冲走民房65间，13家商户货物冲走大半。

1960年大洪水造成集安市受灾21 780户，冲毁房屋27 398平方米，堤防16千米，主要桥梁3座；临江市倒塌房屋13 608间，冲毁桥梁54座，死亡11人。

1995年大洪水鸭绿江下游丹东地区受灾面积广，灾情严重，经济损失惨重，总计直接经济损失9.25亿元。

经济社会　鸭绿江流域在中国境内涉及吉林省的长白、临江、八道江、集安、白山、柳河、通化和辽宁省的新宾、桓仁、宽甸、本溪、凤城、丹东、东港等14个县（市），是多民族共居的地区，在此生活居住的有汉、朝鲜、满、回、蒙古、锡伯、彝、苗、壮、侗、土家等20多个民族，其中吉林省长白县为朝鲜族自治县，辽宁省宽甸县、桓仁县和新宾县为满族自治县。截至2005年底，流域内中国境内总人口386.82万，其中城镇人口232.5万，农村人口154.27万。

流域内已形成公路、铁路、水运和航空立体交通体系。主要公路有长临、通集、丹霍、鹤大及沈丹、丹大高速公路等干线。铁路有鸭大线、通集线、沈丹线、凤上线。此外在集安市、宽甸县长甸镇、丹东市与朝鲜满浦郡、朔州郡、新义州市有跨江铁路连接。水运在鸭绿江上游主要是流放木排，下游有丹东、大东港两个港口。其中大东港年吞吐能力为220万吨，与海运连接，沟通国内沿海港口。航运有丹东民航机场连接国内航空交通运输。

鸭绿江流域工业主要以森工、水电、医药、采矿、汽车、造纸、纺织等为主，其中上、中游地区森工、医药比较发达，而下游地区汽车、造纸、纺织等占工业比重较大。水力发电是流域内的优势产业，鸭绿江干流已建水电站4座，装机容量1 745兆瓦，年发电量79.39亿千瓦时。流域内农业以种植业为主，主要农作物为水稻、大豆、玉米等，经济类作物有蔬菜、水果等，另外，当地的土特产如山野菜、草莓、人参、柞蚕等也很有名；养殖业如渔业、畜牧业、家禽业等也在农业中占有一定的份额。2005年，鸭绿江流域中国境内耕地面积22.25万公顷。鸭绿江沿江长白、集安、丹东等地建有数处通商口岸，21世纪初，本地区与朝、韩、日等国的国际贸易发展较快，贸易额逐年增加。另外，鸭绿江流域自然和历史人文资源也使当地旅游业逐年发展。

据统计，2005年鸭绿江流域中国境内工业产值249.41亿元，农业产值62.01亿元，地区生产总值488.88亿元。

治理与开发　鸭绿江的防护始于1906年，最早的防洪堤是在丹东市（时称安东）修建了江桥东侧至五道桥的防水土堤，全长2 455米。截至2000年底，鸭绿江干流已建成防护工程51处，长61千米；农村段防洪堤防25处，长89千米；丹东市城市防洪堤防59.9千米，其中，农村段堤防防洪标准可达10年一遇至20年一遇；城市堤防防洪标准可达50年一

7.2.1 鸭绿江

鸭绿江木排

遇；重点城市丹东市部分堤段防洪标准已达百年一遇。另外，鸭绿江干流的4座水电站具有调节洪水作用，这些工程的建设加之与之配套的水情测报和防汛指挥系统，基本形成了鸭绿江干流的防洪系统，对稳定河床、限制江汉发展、防止切滩改道、减少城乡洪水灾害，起到了重要作用，也发挥了较好的社会和经济效益。

鸭绿江流域植被很好，降雨量较多，水量充沛，并且河道坡度大，水力资源丰富。根据调查统计，鸭绿江干流中国一侧水力资源理论蕴藏量90.91亿千瓦时，技术和经济可开发装机容量均为1 259.8兆瓦，年发电量51.75亿千瓦时。截至2005年鸭绿江干流中国一侧已开发装机容量940兆瓦，年发电量40.14亿千瓦时，各电站概况见下表。

鸭绿江干流中国一侧已建电站概况表

电站名称	控制流域面积（km²）	多年平均流量（m³/s）	开发方式	正常蓄水位（m）	总库容（亿m³）	装机容量（MW）	调节方式	年发电量亿（kW·h）	发电时间（年）	管理方
云峰	23 963	231	混合式	318.8	37.08	400/2	多年	17.5/2	1965	中国
渭原	31 602	412	坝后式	164	6.3	390/2	日	12.0/2	1987	朝鲜
水丰	52 912	789	坝后式	123.3	147.3	930	多年	44.8/2	1941	朝鲜
太平湾	53 576	800	坝后式	29.5	1.7	190/2	日	7.7/2	1985	中国

鸭绿江干流水电资源的开发为当地提供了丰富的电能，对促进工农业和社会各业的发展起到了积极的作用，收到了较好的经济和社会效益，同时，也成为东北地区的水电基地。

纪　　实

上游段　鸭绿江发源于长白山主峰南麓海拔1 770米的一个小山谷里，源头位于朝鲜境内，河流至一号界桩后向南行，蜿蜒穿行于深山峡谷之中，右岸有谷头河汇入。谷头河口以上，为著名的鸭绿江大峡谷，它是由火山喷发时形成的巨大断裂地沟，经过历史年代的雨水冲刷、切割、侵蚀和表面风化而演变生成的自然景观。鸭绿江大峡谷南北长10千米，东西宽200多米，深170米。两侧悬崖绝壁如削，中间奇峰异石林立，湍流轰鸣，草木繁茂。两边谷壁的巨大石峰、石柱、石笋、石墙，如虎牙欺天，似剑林刺日，像古堡耸立，疑石笋破土。两壁火山岩和火山碎屑，经数百年的风雨剥蚀，形成千姿百态的图案，像一条远古的大画廊，向人间展示自盘古开天地以来天地间的万千变化。鸭绿江大峡谷与长白山西坡的长白山大峡谷，一南一西，遥相呼应，争奇斗艳，形成了我国独一无二的熔岩峡谷奇观。

谷头河与鸭绿江交汇处，岸壁受风雨侵蚀，形成奇特的凹凸锯齿形状，凹凸高差少则几米，多则几十米，远远望去形似驼峰。其下，鸭绿江水潺潺流淌，碧绿清澈，声如弹琴。河谷两岸，矮曲岳桦林挺立悬崖。奇花似锦，瑞草争秀，山鸟鸣啭，韵同天籁。

谷头河口下行至白山林场河流转向东南，在长白县马鹿沟镇二部落屯又转向西南。至此，河谷渐宽，出现台地，在江的两岸，开始有了村庄和人家，并且越来越密集。在这里，鸭绿江沿途先后汇集了中国境内的谷头河，二十五道沟河、二十四道沟河一

鸭绿江大峡谷

直到**十九道沟河**等10余条河流后，来到了中国境内的第一座县城——长白朝鲜族自治县。

长白朝鲜族自治县坐落在长白山主峰的西南坡，前拥鸭绿江，背倚长白山，与朝鲜惠山郡隔江相望。境内绿水环绕，群峰拱护，流云飞瀑，鹿鸣虎啸，集长白山风姿神韵于一身，因而长白朝鲜族自治县素有"白山绿水"之称。长白朝鲜族自治县历史悠久，早在新石器时代晚期，就有人类在这里繁衍生息。长白镇塔山上的灵光塔是唐朝渤海国时期的古建筑遗存，历经1 200多年的风雨剥蚀仍然矗立。清光绪三十四年（1908年）设长白府治，1913年改长白府为长白县公署，1958年9月15日，中国的第一个朝鲜族自治县在这里成立。至2005年末，全县总人口83 390人，其中，朝鲜族人口14 136人，占总人口的16.95%。长白朝鲜族自治县总面积为2 497.6平方千米。地势东北高西南低，处于河流山谷之间，形成九山、半水、半分田的地貌特征。域内森林覆盖率为79.13%，共有野生经济植物和药材资源1 200余种，动物130

余种,其中长白侧柏、红松、山参、对开蕨、东北虎、梅花鹿等均为珍贵的生物物种。1960年4月28日,经国务院批准建立了长白山自然保护区,其中一部分属于长白朝鲜族自治县(以下简称长白县)。长白县水资源十分丰富,年水资源总量为11.48亿立方米。

长白县城以上,沿鸭绿江畔眺望长白山南坡,可见随着海拔高度的变化,长白山的气候由高至低呈现冬、春、秋、夏特征,植被在1 100米以下,生长着以红松为主的茂密针阔叶混交林带,从海拔1 100~1 700米的范围生长着冷杉属和云杉属为主的针叶混交林带,从海拔1 700~2 100米就只有岳桦林在寒风中展示着它风姿绰约的秀美,2 100米以上为高山苔原带,四个梯次鲜明的垂直景观带加之山顶长年不化的白雪,似五条绚丽的飘带镶嵌在山峰之上,让人感受"一日观四季,十里不同天"的神奇与壮美,领略大自然的博大与深邃。

鸭绿江过长白县城后继续流向西南,在沿江屯附近左岸朝鲜侧有虚川江汇入,河流至十六道沟河来到飞机岭天险,这里是长白县通往临江市的唯一通道。据载,日寇在此开凿警备道时,因石壁陡峭,山体险峻,只能动用飞机进行航空测绘,飞机岭因此得名。沿江公路两侧都是悬崖陡壁,乘车从这里经过,上看不到山顶,下看不到河流,只听到山上的风啸和脚下的江涛,山路陡坡相接,胳膊肘弯相连,尤其是冬天的冰雪路面更使众多司机望岭却步,人称冬过飞机岭如过鬼门关。为此1997年5月由国家边防委员会投资将公路下移到鸭绿江边,至2002年秋扩建为二级公路,从此结束了公路穿越飞机岭天险的历史。

河流过了飞机岭向西至十五道沟河河口,沿河口向十五道沟河上游是又一个著名的大峡谷——十五道沟大峡谷。

这里生态原始,奇石林立,飞瀑竞泻,古树参天,鸟鸣蛙跳。代表性的岩石景观千柱峰是具有柱状节理的玄武岩经风化作用、流水侵蚀和崩塌而形成的地貌景观。这里裸露在表面的石柱为108根,横跨距离为118米,最高的石柱为26米。万古岩高21米,长73米,底部是1.3亿年以前形成的侏罗系凝灰岩,中下部由因地壳上升而使底部的凝灰岩被风化侵蚀所形成的风化壳组成;中上部是因顶部熔浆对底部风化壳烘烤而形成的烘烤面;顶部为200万~300万年前喷发的玄武岩。此景观对长白地壳的研究有着极为重要的意义。

十五道沟峡谷,从上游40千米处的双岔头到十五道沟河河口,落差700余米,流泉瀑布甚多,形态各异。飞瀑或像泼洒珍珠,或如天壶泻水,或似通天银河,特别是冬季的冰瀑群极为壮观。该景区2003年被列为鸭绿江上游国家级自然保护区。

河流过十五道沟河河口下行转向西流,到达鸭绿江上险滩哨口之一的门坎哨。门坎哨地处十四道沟河"满天星"上游2.5千米水面处,

十五道沟

是历代流筏必经水路。门坎哨的哨口处,右岸礁石错落,左岸高峰陡峭,地势险要。江面上横卧一道虎牙交错的礁石,江水从礁石上飞流而下,形成一道门坎式银帘,故名"门坎哨"。

鸭绿江在十八道沟河至**十三道沟河**之间,两岸多悬崖,江水直冲峭壁,形成急弯,使河道辗转曲折,在仅30千米左右的流程中,形成19道河湾。

鸡冠峰

河流下行过十道沟河河口流向西北,至三道沟河河口后到达临江市区。

临江市边境线长146千米,是鸭绿江畔的边境重镇。临江古称"猫儿山"(帽儿山)。唐代为渤海国西京鸭绿江府所在地;清光绪二十八年(1902年)设立临江县,1985年4月设为临江区,1992年9月1日,临江撤区设为县;1993年11月28日,撤县设为临江市。全市辖7个乡(镇)、6个街道,总面积为3 008.5平方千米,2005年有人口21.6万。

在中国革命斗争中,临江见证了诸多历史事件。1945年,伪满洲国皇帝爱新觉罗·溥仪在临江市大栗子沟宣读了退位诏书,宣布了日伪傀儡政府的崩溃垮台。1947年,老一辈革命家陈云、肖劲光、肖华等曾在这里指挥了著名的"四保临江"战役,拉开了东北解放战争的序幕。当时临江市为辽东省委、省政府、省军区所在地。1950年,中国人民志愿军的一部分部队从临江鸭绿江大桥上雄赳赳、气昂昂,跨过鸭绿江,投身抗美援朝战火。

临江市素称"长白山立体资源宝库",自然资源极为丰富。其中水能资源理论蕴藏量51万千瓦,并有矿泉、温泉多处,现已建成水电站16座;硅藻土、白云石、煤、金、锑矿石等矿产资源达46种,其中,硅藻土和白云石储量及品位居全国第一;森林资源和野生动物资源得天独厚,全市有林地23.8万公顷,森林覆盖率达83%以上;野生动物有250余种,野生植物有100余种,被誉为"中国高山红景天之乡"和"国家北药基地"。

鸭绿江上游河流特点为两岸山高、林密、植被良好、河道坡陡、水清、流急、曲折。长白县城以上,多高山峡谷,森林较密,河道比降

五味子

大,水流湍急,河底为大块石和砾石,多有基岩裸露,形成跌水。河源处为海拔2 000米以上的高山苔原带,没有树木,为地毯式的苔原植被,气温低,沟谷背阴处在6月下旬仍有积雪覆盖。长白县城至临江市,两岸多高山,河谷切割较深,沿岸悬崖峭壁及开阔地交替出现,河道弯曲,滩哨较多,有暗礁,亦有裸露基岩,河底为块石、砾石及卵石。

中游段 鸭绿江过临江市后流向西南,进入中游段。河流在临江市大栗子镇入**云峰水库**库区。

云峰水库是目前鸭绿江梯级电站中的第一级,是一座以发电为主,兼有防洪、养殖、旅游等综合利用的大型水利枢纽,水库控制流域面积17 572平方千米,总库容37.20亿立

7.2.1 鸭绿江

方米,装机容量40万千瓦。

由于云峰水库长年放水发电,在云峰坝下至麻线之间的鸭绿江面冬季不结冰,这一带冬季形成多雾天气,每年12月至次年1月平均雾天为52天,常有雾凇出现,沿江柳树结银花,松树绽银菊,把人们带进如诗如画的仙境。

鸭绿江下行流经集安市区。集安市位于吉林省东南部,边境线长203.5千米。全市面积为3 217平方千米,总人口23万,是中国的边陲重镇和长白山地

雾凇迷起

区重要的商品集散地,也是我国对朝三大口岸之一。集安市历史悠久,境内已发现9处原始社会遗址。新石器前期,集安一带就是古代人类重要居住地之一,公元前37年,我国北方少数民族高句丽在鸭绿江中游和浑江流域建立政权;公元3年,高句丽迁都国内城(今集安市区),集安作为高句丽都城长达425年。668年高句丽灭亡后,又经历了渤海、辽、金、元、明各朝,至清光绪二十八年(1902年)建立辑安县,1965年改为集安县,1988年5月改为集安市,1988年7月被确立为吉林省级经济开发区。

集安市文化底蕴厚重。境内的好太王碑、五盔坟、国内城、丸都山城以及被誉为"东方金字塔"的将军坟等高句丽古迹早已蜚声海内外。1994年集安市被国务院批准为国家历史文化名城。2004年7月,世界遗产大会将集安高句丽王城、王陵及贵族墓葬列入世界遗产名录。

集安市整体属中温带大陆性气候,境内老岭山脉自东北向西南形成一道巨大的天然屏障,横贯全市,抵御北来寒风,使温暖湿润的海洋气流,沿鸭

贵族墓群

绿江溯源而来,造就了集安市岭南、岭北两个小气候区。岭南、岭北冷暖转换时差为10~15天。岭南具有明显的半大陆海洋性季风气候,其空气湿润、降雨充沛、风力弱小的特点极为突出,春风早度,秋霜晚至,四季分明,气候宜人,素有"东北小江南"之称。

鸭绿江过集安市下行进入**渭原水库**。渭原水库是目前鸭绿江梯级电站中的第二级,总库容6.26亿立方米。共6台机组,总装机容量39万千瓦,由朝方负责建设和管理。

渭原水库坝下接**水丰水库**库区。水丰水库是鸭绿江上修建的第一座大型水电工程,总库容达147亿立方米,是以发电为主,兼有防洪、旅游和养殖等综合效益的多年调节的大型水利枢纽。

在水丰水库库区集安市凉水乡杨木林子村西南,鸭绿江接纳了右岸最大的支流浑江。浑江发源于长白山系龙岗山脉之老岭,流经吉林、辽宁两省,流域面积15 381平方千米,

约占鸭绿江全流域面积的1/4。

由于浑江的汇入,鸭绿江水量骤增,水面加宽,水势平缓,河流进入下游段,同时也流入了辽宁省境内。

下游段 浑江河口以下为下游段,河流穿行于长白山余脉之中,随着江水下行,水量继续增加,河道更加宽阔,两岸地势逐渐平坦,森林渐少,植被以阔叶和灌丛为主,耕地渐多,土质肥沃。下游段气候变得温暖湿润,降水增加,农业和养殖业发达。

浑江口至虎山段为丘陵地带,188.5千米流程中绝大部分为水丰水库和太平湾水库库区,两岸山体低矮,顶部圆缓,沟谷宽而浅,河流下切较弱,地形时而起伏,时而平坦,由东北向西南逐渐降低,山虽不高却也常有悬崖峭壁和异峰突起,更有几分峻峭和美丽。

水丰水库和太平湾水库库区是鸭绿江国家AAAA级风景名胜区的组成部分。水丰水库面浩瀚,博大开阔,素有东北地区第一大水库和辽宁淡水湖之称,水库两岸青山叠翠,古树参天,其中,蟠龙峪九岛十八弯,岛岛有奇景,弯弯见幽深,山环水绕,令人叹为观止。而南大门、小青沟、石柱子村、辽代瓦窑遗址以及水丰大坝网箱养鱼等景观,各具特色,古朴自然。**太平湾水库**则平静舒缓,含情脉脉。库区中有另一条较大支流蒲石河汇入。河口汇入处,河口村像一枚绿叶,漂浮在水中,岛长3 400米,宽400米,有长300米的路坝结合的水上走廊,与陆地相连,人称玉堤伴翠,岛上杨柳垂绿,瓜果飘香,库中水鸟啾啾,渔帆点点,如入仙境。

河口下游,是太平湾水电站,拦江大坝横跨中朝两国边界,坝长1 185米,是我国同类电站中的长坝之一,控制流域面积53 576平方千米,总装机容量19万千瓦。

河流下行过古楼子,流经牤牛哨岛。此岛如一艘绿色舰船停泊在江中,岛上浓荫蔽日,古木参天,岛的北面苍岸陡峭,江水湍急,南面则江面宽阔,水清沙净,岛的下游是牤牛哨口。

江水过哨口流向丘陵尽头,陡然,一座巍巍青山峙立于鸭绿江边,这就是举世闻名的明长城东端起点——虎山。

虎山一带曾经是古代丹东地区的政治经济中心和军事要塞,留有汉代城池西安平县遗址,明代九连城遗址,中日、日俄古战场遗址,具有较高的历史文化价值。

虎山长城

始建于1469年的虎山长城,是中国万里长城中颇具特色的段落。它依山就势,蜿蜒北去,像一条巨龙横卧在山上。沿长城拾级而上至峰顶,到达万里长城的第一个烽火台,站在烽火台可一览中朝两国风光,举目看去,朝鲜的自然风光和江城丹东的高楼大厦以及鸭绿江大桥映入眼中,而放眼远眺、烟波浩渺的黄海依稀可见。

爱河于丹东市振安区九连城镇庙岭村炮台顶处分为东西两支,东支于宽甸县虎山镇汇入鸭绿江,西支于九连城镇套外村汇入鸭绿江。

虎山脚下是中朝边境的"一步跨"。朝鲜的赤岛在这里将鸭绿江分成两条水流,在作为国界的这一条江上,只需一步便可跨出国门。

鸭绿江流域境内水系图

虎山以下鸭绿江流入平原区，两岸地势开阔平坦，江面宽阔，坡度变小，水流缓慢，江中多见岛屿、沙洲。河流下行到达中朝边境最大的口岸城市——丹东市。

丹东是中国万里海疆的最北端起点，有着绵延126千米的黄金海岸线。城市背靠翠绿的青山，头枕蔚蓝的黄海，隔鸭绿江与朝鲜国新义州相望。

丹东地处祖国边陲，历朝都是军事要塞。燕国、西汉、唐、辽、金、元、明等各代均设府隶治。1876年，清政府设置安东县；1934年10月，伪满洲国增设安东省，治所设于安东县城；1937年12月，伪满洲国设置安东市。1949年5月，辽东省成立，安东市是省会。1954年9月，辽东、辽西两省合并，设置辽宁省，安东市隶属于辽宁省。1965年1月，经国务院批准，安东市改名丹东市。

丹东市城市防洪

丹东依山、临江、面海，风景优美，气候宜人，夏无酷暑，冬无严寒，年平均气温9摄氏度，是东北地区最温暖湿润的地方，素有"北国江南"之美誉。丹东淡水资源丰富，人均占有淡水量是全国人均水平的1.5倍。森林覆盖率达66%，是支撑辽东半岛的一把天然绿伞。丹东拥有省级以上旅游风景区、自然保护区和森林公园24处，生态环境条件在国内名列前茅，是宜居城市之一。

丹东自然资源丰富，有开采价值的矿藏达56种，其中菱镁矿远景储量6亿吨，有较好的开采前景；高岭土远景储量2 000多万吨，居辽宁省之首；丹东大理石储量约200万立方米，品种较多，最著名的"丹东绿大理石"被国外客商誉为"理石之冠"和"稀世之品"；丹东是全国固体硼储量最多的地区，硼储量占全国的95%，开发量占全国的30%，有"中国硼海"和"硼都"之誉。

丹东交通运输设备制造业、能源工业、金属矿开采及冶炼压延加工业、纺织服装业以及外向型的特色农副业在国内外有较高声誉。丹东发电能力位居辽宁省第二位，是全国最大的草莓、板栗和贝类养殖生产与出口基地。丹东港是中国北方天然不冻良港，与韩国、日本多个港口直接通航。

1950年，中国人民志愿军从丹东奔赴朝鲜战场，丹东作为抗美援朝中最前沿的城市，饱受了战火的洗礼，在丹东市至今存留

断桥

着与抗美援朝有关的印迹，如鸭绿江断桥、河口断桥、抗美援朝纪念馆等。

鸭绿江下行到达鸭绿江口，为东港滨海湿地国家级自然保护区，它是为保护生态环境和珍稀物种而设立的。这里是中国海岸线的最北端，为华北和东北植物区系的交汇处。区内陆地、滩涂、海洋三大生态系统交汇过渡，形成了包括芦苇湿地、沼泽、湖沼、潮沼及河口湾等复杂多样的生态系统类型。本区的物种资源比较丰富，高等植物有64科289种，其中野大豆为国家重点保护野生植物。野生动物中，有鱼类88种，两栖类3种，鸟类44科240种，底栖动物74种，浮游动物54种。国家一级保护野生动物有丹顶鹤、白鹳等8种，国家二级保护野生动物有大天鹅、白琵鹭等30种。滨海湿地具有蓄水调洪、调节气候、降解污染和保护珍稀物种等多种功能，同时是水鸟迁徙的重要停歇地。每年的4月中旬至5月中旬，会有超过100万只水鸟飞抵湿地补充食物，恢复体力，

其中最大鸟群可达12万只候鸟。鸟群来临时，鸟鸣播远，遮天蔽日，场面蔚为壮观。

河口湿地候鸟

河流到达江口，鸭绿江完成了它的流程，带着神奇的风光、独特的景观、悠久的历史、浓厚的文化、丰富的内涵，投进了黄海的怀抱。

鸭绿江湿地

十三道沟河

7.2.1.1 十九道沟河
(Shijiudaogou River)

鸭绿江右岸支流，发源于吉林省长白朝鲜族自治县（以下简称长白县）马鹿沟镇红头山附近，于该镇横山林场附近汇入鸭绿江。河长51.10千米，流域面积363平方千米，河道平均比降11.2‰，有流域面积100平方千米以上的一级支流1条。

流域内东西两侧分水岭地势险峻，山峦重叠，丘陵起伏，沟壑纵横。河道弯曲，坡陡流急，河底为砂卵石。河谷两岸为天然次生林，生长繁茂，植被较好，森林覆盖率为86%。长白县与外界的交通要道长白至松江河公路位于河右岸。

流域属中温带大陆性季风气候，冬冷夏暖，四季分明。全年平均气温2摄氏度，多年平均年降水量766毫米。11月中旬至次年4月上旬为结冰期，冰厚0.7～1.5米，多年平均年径流量2.19亿立方米。十九道沟河河水清澈，水质甘甜，无污染，可谓天然的矿泉河，是长白镇饮用水的水源地。

十九道沟河河道落差大，水能资源丰富，现已梯级开发了6座水电站，总装机容量21 210千瓦，设计年发电量9 700万千瓦时。其中双山一级站装机容量4 000千瓦，是通过输水洞引二十三道沟河水来发电的跨流域引水电站。双山二级站、双山三级站装机容量各4 000千瓦，双山四级站装机容量890千瓦，双山五级站装机容量3 320千瓦，双山六级站装机容量5 000千瓦，形成了全流域的合理开发利用格局。

7.2.1.2 十三道沟河
(Shisandaogou River)

鸭绿江右岸支流，发源于长白山脉望天鹅峰南麓，流经吉林省长白朝鲜族自治县（简称长白县）十四道沟、十二道沟两个乡镇，于十二道沟镇十三道沟村注入鸭绿江。十三道沟河全长26.6千米，流域面积150平方千米，河道平均比降29.7‰。

流域范围内东西两侧分水岭地势险峻，山峦重叠，丘陵起伏，沟壑纵横。河两侧高山连绵起伏，生长有天然次生林，生长繁茂，植被较好，森林覆盖率为84%。河谷宽50～500米不等，河道弯曲，河槽窄深，宽5～20米，河底为砂卵石。每遇降雨，坡陡流急，洪水暴涨暴落。

流域冬冷夏暖，四季分明，多年平均气温2摄氏度，多年平均年降水量726毫米。11月中旬至次年4月上旬为结冰期，冰厚0.7～1.5米，多年平均年径流量0.675亿立方米。

十三道沟河是水能开发利用较好的河流，建有十三道沟三级水电站和森泉电站（四级站），装机容量共5 780千瓦，设计年发电量1 395万千瓦时。十三道沟电站原名长白水电站，位于十二道沟镇中和村，最先建成的是二级站，装机容量1 280千瓦，于1969年建成供电。此前长白朝鲜族自治县一直由朝鲜供电，此电站的建成改变了该县依靠国外供电的历史。

7.2.1.3 八道沟河
(Badaogou River)

鸭绿江右岸支流，为鸭绿江自吉林省临江市向东数第八条支流。发源于长白朝鲜族自治县长白山脉望天鹅峰南麓，流经长白朝鲜族自治县十四道沟、十二道沟、宝泉山、新房子、八道沟等5个乡镇，于八道沟镇汇入鸭绿江。河长84.9千米，流域面积718平方千米，河道平均比降7.7‰。

流域内山峦重叠，丘陵起伏，沟壑纵横。水系呈羽形，有流域面积100平方千米以上的一级支流2条。河道弯曲，坡陡流急，洪水暴涨暴落，两侧高山陡峭。地形起伏较大，次生林生长繁茂，森林覆盖率84%。河宽5～90米不等，河底为砂卵石，河槽调蓄能力小，急剧而强烈的暴雨形成陡涨陡落的洪峰，对河道的冲刷强烈。

流域多年平均气温2摄氏度，多年平均年降水量800毫米，6—9月占全年降水量的70%以上，而7—8月的降水量占全年的50%。流域多年平均年蒸发量318.7毫米，结冰期为11月上旬至次年4月下旬，冰厚0.7～1.5米。流域多年平均年径流量3.23亿立方米。

八道沟河落差1 187米，水能资源丰富，兴建水电站条件较好。现已开发电站5座，其中：宝泉二级站位于上游新部落村，装机容量2 520千瓦，为跨流域引水式电站；宝泉三级电站坐落在十二道沟河河口鸭绿江边，装机容量12 000千瓦；中游有新房子一级站和二级站，两站装机容量共1 480千瓦；佳在水电站装机容量75千瓦。5座电站总装机容量共16 075千瓦，设计年发电量共5 485万千瓦时。

7.2.1.4 五道沟河
(Wudaogou River)

鸭绿江右岸支流,位于吉林省临江市境内,发源于临江市东缘草平山南坡,流经东北岔、宝山、六道沟、四道沟等乡镇,至四道沟镇河南村西北汇入鸭绿江。河长103千米,流域面积512平方千米,河道平均比降8‰。

五道沟河河谷呈V形,河床由卵石、块石组成。流域内峰峦叠翠,林海茫茫,河道两岸群峰相峙,一水中流。河道落差大,水流急,河水暴涨暴落,有多处跌水,中游有大湖、二湖两处瀑布,素湍清波,风光无限。

流域多年平均年降水量800毫米左右,多年平均年径流量2.06亿立方米。

流域自然资源丰富,森林覆盖率达83%以上,有野生动物250余种,其中国家保护动物有黑熊、貂、鹿、林蛙等;有野生鸟类50余种;有野生鱼类多种,有名贵的细鳞鱼、东北小龙虾;野生药材有山参、天麻、细辛、贝母、高山红景天、五味子等;山野菜、食用菌类种类繁多。

五道沟河水能资源丰富,到2006年末已梯级开发中小型水电站10座,总装机容量达3.4万千瓦,其中较大电站自上而下依次为:聚宝电站位于四道沟镇五人把村

山果

聚宝沟,装机容量2万千瓦;大松树电站位于四道沟镇大松树屯,装机容量4 950千瓦;元宝电站位于四道沟镇元宝顶子屯,装机容量7 000千瓦;东北岔电站,位于四道沟镇东北岔屯,装机容量1 200千瓦。

7.2.1.5 三道沟河
(Sandaogou River)

鸭绿江右岸支流,发源于吉林省临江市桦树镇花盖山东南,由东北至西南蜿蜒流经临江市的东北岔、贾家营、蚂蚁河三乡,在临江市临城村汇入鸭绿江。河流长83.6千米,流域面积747平方千米,河道比降5.6‰。三道沟河有流域面积100平方千米以上的一级支流2条。

三道沟河流域属中温带湿润型大陆性季风气候,四季分明。多年平均气温5摄氏度,多年平均年降水量800毫米,多年平均年径流量3亿立方米,无霜期130余天。

三道沟河是山溪河流,河水涨消急剧。贾家营以上河道在深山密林中穿行,东北岔乡柳树河屯以上为原始森林区;贾家营以下河谷平原有少量耕地,河道两岸多岩石峭壁,河床由块石和卵石组成。

三道沟河水能资源、矿产资源、野生山菜和药材资源丰富。三道沟河是水电梯级开发的河流,现已建成3座水电站:贾家营水电站,位于蚂蚁河乡贾家营村,装机容量500千瓦;蚂蚁河电站,位于蚂蚁河乡,装机容量1 800千瓦;小湖电站,位于蚂蚁河乡小湖村,装机容量3 000千瓦,3座电站设计年发电量1 703万千瓦时。

该流域分布有金矿、煤矿、白云石矿等。临江市的工业区和经济开发区在三道沟河流域内。

7.2.1.6 云峰水库
(Yunfeng Reservoir)

鸭绿江干流上的大型水库,水库坝址位于鸭绿江干流中游,中国侧在吉林省集安市青石镇青石村,朝鲜侧在慈江道满浦市云峰里。该库是一座以发电为主,兼有防洪、旅游、养殖等综合效益的水利枢纽工程。它是中朝两国共同建设而由中方管理的水电站。电站装机容量40万千瓦,设计年发电量17.50亿千瓦时,总库容37.20亿立方米。

概 述

云峰水库回水长度90千米,中国侧可上溯至临江市大栗子镇,库区水面面积102平方千米,控制流域面积17 572平方千米。坝址以上多年平均年径流量87.6亿立方米。两岸为山区,植被良好,有大面积原始森林,森林覆盖率在95%以上。水库水质为地表水Ⅱ类标准。

库区地处中温带湿润季风气候区,四季分明,春风早度,秋霜晚至。多年平均气温5.8摄氏度,最高气温37.7摄氏度,最低气温-36.2摄氏度。多年平均年降水量813.6毫米,

云峰水库

5—9月降水量占年降水量的79%。受台风影响,7—8月降水强度很大,易引起山洪暴发、河水猛涨,形成洪涝灾害。由于老岭山脉阻隔,造成岭南、岭北降水分布差异很大。一般情况下,春季处于岭北的云峰水库库区降水多于岭南,而夏季降水则相对较少。多年平均年无霜期149天,多年平均年蒸发量645毫米,多年平均日照时数2 254.8小时,一般1月中旬封库,4月上旬解冻,封冻期仅90天,最大冰厚0.8米。

水库防洪标准按千年一遇洪水设计、万年一遇洪水校核。设计总库容37.2亿立方米,兴利库容26.62亿立方米。

根据地形特点,电厂采用混合式开发方案,大坝位于河套之首,厂房建在河套之尾,从而多得水头14米。云峰水库工程由挡水坝段、溢流坝段、底孔、引水隧洞以及电站等建筑物组成。大坝为混凝土宽缝重力坝。坝顶长828米,最大坝高113.75米。溢流坝段长315米,设有21个溢流孔,最大泄流能力为21 900立方米每秒。排沙底孔4孔,孔身为圆形,直径5.3米,最大泄流能力为2 304立方米每秒。电站为岸边引水式,在河流右岸中国一侧,由2条隧洞自水库引水。发电厂房安装4台单机容量10万千瓦的水轮发电机组和2台1 250千伏安的变频机,以便中朝双方交换电力。变电站有主变压器4台,每台容量120兆伏安。

纪 实

1959年10月,云峰水库(云峰电站)枢纽工程开始施工,其中大坝部由朝方设计施工,厂房部分由中方设计施工。由于厂房设在中国境内,因此由中方管理,隶属于中国东北电力集团公司。1965年9月9日,在朝鲜庆祝建国17周年之日,第一台机组发电,1967年4月,40万千瓦机组全部

投产,双方各有容量20万千瓦。截至2000年,35年累计向中朝双方供电4亿千瓦时。

云峰放流

渭原水库

云峰水库经过多年开发建设,如今已是一座"春有花、夏有荫、秋有果、冬有青"的花园式工厂。大坝、厂房、库区等人工景点和天然风光结合在一起,风光秀丽,景色宜人,极尽"高峡出平湖"的韵味,是旅游、度假、避暑的好去处。云峰水库库区两岸高山耸立,树木繁多,峡谷深邃,云雾缭绕。逆流而上,山势雄伟险峻,峰峦秀丽多姿,怪石嶙峋,古木参天,悬泉飞流叹为观止;水库中鱼类较多,有鲫鱼、鲤鱼、草鱼、鲇鱼、白鲢等近20个品种,重者可达50余千克。

库区内森林资源和矿产资源都极为丰富。森林以红松、柞、杨等针叶、阔叶林为主,亦有鱼鳞松、云杉、冷杉、水曲柳、黄檗、天女木兰、红豆松、银杏等珍稀树种,种类共250多个。山林中出产人参、西洋参、五味子等药材和葡萄、板栗等果品。矿产资源有铜、铁、铅、锌等金属矿藏和各种石料,还有多处矿泉水资源。

云峰水库长年放水发电,下游青石到麻线之间的鸭绿江冬季不结冰,使这一带冬季形成多雾天气,沿江常有雾凇出现。2002年,云峰湖被评为国家AA级旅游风景区。

7.2.1.7 渭原水库

(Weiyuan Reservoir)

位于**鸭绿江**干流中游**云峰水库**下游108千米处,是鸭绿江已建梯级电站的第二级。水库坝址中国侧在吉林省集安市榆林镇老虎哨村境内,朝鲜侧在慈江道渭原郡渭原邑境内。中朝鸭绿江水力发电公司理事会第二十八次会议决定中朝两国共同开发渭原水力发电站,由中朝双方合资兴办、等半受益,电站由朝方建设和管理。工程于1978年完成设计并开始施工,1987年蓄水并安装完第一台机组,1991年竣工。

渭原水库总库容6.26亿立方米,集水面积26 276平方千米,水库水面面积39平方千米,库区回水可上溯至集安市太王镇。水库开发以发电为主,满足中朝双方日益增长的电力需求,同时结合发展航运、灌溉、供水、养鱼等综合利用。工程地质条件较好,库区地质主要由坚硬的花岗岩类和变质岩类组成,透水性微弱,水库沿岸地下水水位较高,不致产生永久性渗漏。坝址区岩石由坚硬且完整的花岗岩组成,抗风化能力强,渗透性很微弱。坝肩内没有影响岸坡稳定的裂隙。

库区地处中温带湿润季风气候区,气候温和、空气湿润、降雨充沛;多年平均气温6.7摄氏度,最高气温37.7摄氏度,最低气温-34.7摄氏度;多年平均年降水量955毫米,年内分配不均,6—9月降水量占年降水量的71.9%;坝址以上多年平均年径流量129.93亿立方米。

枢纽工程由拦河坝、发电站、变电站等组成。拦河坝为混凝土重力曲线坝,曲率半径400米,坝高55米,坝顶长627米。由溢流段、取水段、非溢流段组成。溢流坝为开敞式,布置在河床上,设18孔弧形钢闸门。最大泄量为36 650立方米每秒。取水坝段靠近朝方侧,设有进水口和压力管,连接发电厂房;非溢流坝段在拦河坝与两岸接头部位,左岸坝段长116.50米,右岸坝段长34.00米。发电站为坝后式,单机容量为6.50万千瓦,共6台机组,总装机容量39万千瓦,多年平均年发电量12亿千瓦时。变电站为地下式,共安装变压器6台45万千伏安。

在大坝左端朝鲜一侧设有中朝双方共同使用的过船设备,能通过60吨级的船舶。为了充分供坝下游地区的工业、灌溉及生活用水,在坝下的左右两端各设有取水管路,左端朝鲜侧取水流量为1.5立方米每秒,右端中国侧取水流量为2.0立方米每秒。为了充分利用库区水面发展水产养殖业,中朝两国在水库蓄水之前,各在本国境内库区清理了捕鱼网场。

库区中国侧有太平河汇入,朝鲜侧有秃鲁江汇入。

中国侧库区沿岸有高句丽时期历史文化遗存。

7.2.1.8 浑江

(Hunjiang River)

鸭绿江右岸中国一侧最大支流,汉代称盐难水、沸流水,元代称大虫江,明代称婆猪江,清代称佟佳江,别名混江,于民国时期形成今名。浑江发源于吉林省白山市江源区西北部三岔子镇的龙岗山脉羊岔上掌峰东北侧,河源高程975米,流经吉林省白山市八道江区、吉林省通化市二道江区、东昌区、通化县、集安市,辽宁省桓仁满族自治县、宽甸满族自治县后,至集安市大路镇古马岭村复为吉林、辽宁两省界河,东流至辽宁省宽甸县振江镇浑江口村东南,于吉林省集安市凉水朝鲜族乡杨木林村西南汇入鸭绿江。河长446.5千米,流域面积15 381平方千米,河道平均比降1.01‰。

概 述

河流水系 流域呈椭圆形,南北宽,东西窄,其相邻流域北为**松花江**,东南为鸭绿江,西为**辽河**流域支流**浑河**、**太子河**。地理位置在东经124°25′~126°36′,北纬40°40′~42°10′。

水系属树枝状河系,支流发达如网。浑江有流域面积大于100平方千米的支流32条,有流域面积大于500平方千米、小于1 000平方千米的支流7条,为**红土崖河**、**大罗圈河**、蝲

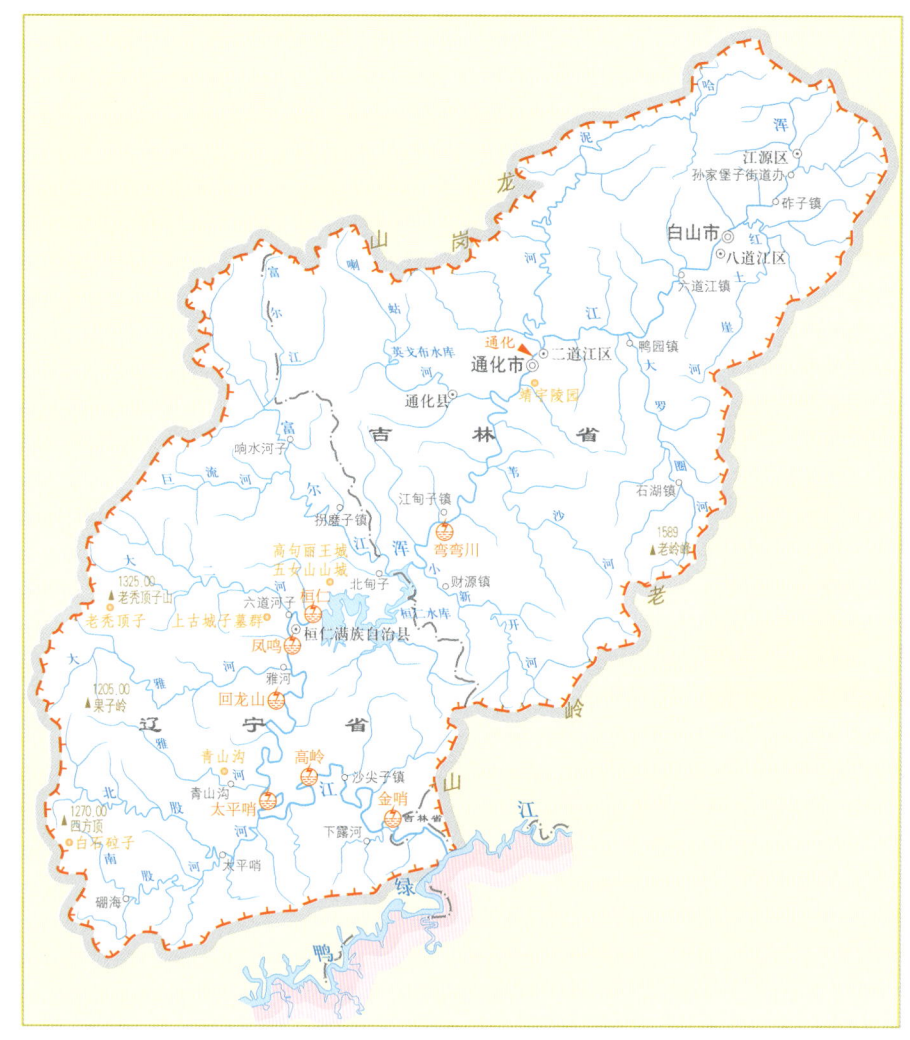

浑江水系示意图

200毫米。最大月雨量与最小月雨量之差达30倍。降雪一般开始于10月中下旬，到次年4月下旬终止。积雪厚度最大可达30厘米。浑江流域多年平均年径流量77.3亿立方米。

浑江一般于11月初开始流冰，到11月末全河封冻，次年3月初积雪开始融化，于4月间达到春季洪水水位最高峰。河心最大冰厚0.79～1.10米。流域多年平均含沙量0.377千克每立方米，多年平均年输沙量100万吨，多年平均年输沙模数211吨每平方千米每年。

地质地貌 流域地处长白山余脉龙岗山与老岭山山谷之间，两岸山势陡峭，山岳连绵，仅于支流汇入处地势较为开阔。分水岭山脉海拔1 000～1 500米。山坡上多生树丛和杂草，植被较好。河道中多急滩，河床由卵石构成。上游河谷局部宽而直，下游窄而多谷曲。河谷宽度变化很大，干流河段多在500～1 000米，个别地段可至2 000米。谷坡较陡，在河曲凸岸多冲蚀陡壁，凹岸坡缓多冲积阶地。桓仁水文站到浑江口段多急流、滩峭。浑江河谷内冲积阶地零星分布，多为居民点和民田所在。支流如蝲蛄河、小新开河、富尔江等，两岸均有冲积平原，尤以支流入干流处具有宽广的冲积扇，河道弯转于广大冲积平原之间，形成大片肥沃良田，为主要产稻区。河流两岸均为基岩，谷坡风化较浅，大部为基岩露头，凸岸多有岩块因重力沿节理崩下成岩锥，两岸谷线以上风化深度在1米左右。

流域地处长白山地的南端，由震旦纪前的结晶变质岩系所组成，部分为震旦系、寒武系、奥陶系、石炭二叠系所覆盖，在中生代时又有火山岩系的喷出及许多不大的花岗岩与闪长岩体侵入，在许多山间盆地又堆积了火山岩质的碎屑岩系，从第三纪有玄武岩喷出，第四系则主要分布在浑江水系的河谷内，以冲积为主。分布的岩石有变质的片麻岩系、大理岩、千枚岩、石英岩、灰岩、砂砾岩等。由于长期风化侵蚀，片麻岩系区山形浑圆，喷出岩系、凝灰岩系区山形陡峻，两岸高出河谷200～400米。

蝲蛄河、苇沙河、小新开河、大二河和大雅河；有流域面积大于1 000平方千米的支流3条，为**哈泥河**、**富尔江**和**半拉江**。

浑江

浑江冬景

气候水文 浑江流域属于中温带湿润型大陆性季风气候。冬季寒冷而漫长，夏季炎热多雨。流域多年平均气温5.2摄氏度，历年极端最低气温发生在1月，达－42.2摄氏度（三岔子站），极端最高气温发生在7月，为42摄氏度（桓仁站）。多年平均年蒸发量685毫米。流域多年平均年降水量858毫米，降水分布自北向南递增，降水多集中在夏、秋季节，6—9月的降水总量占年降水量的70%以上。一日最大降水量可达

洪涝灾害 浑江的洪水主要由急剧而强烈的暴雨形成，流域的地理位置和地形条件，使浑江流域成为东北地区暴雨集中的地区之一。暴雨多集中在3天之内，其中强度最大的暴雨又多集中在1天之内。多年平均3天暴雨在120毫米以上。

由于暴雨集中，流域汛期洪水涨势凶猛。据历年资料统计，年最大洪水多出现在7—8月，洪峰流量的年际变化亦很大，如1954年最大流量为7850立方米每秒，而1952年仅为540立方米每秒，相差15倍之多。一次洪水历时7天左右，而3天洪量又占一次洪水总量的80%左右。洪水过程线一般呈单峰形，历时约10天。多峰形的洪水亦曾出现，历时约30天。

风雪长白山

浑江流域新中国成立前较大洪水有1888、1923、1935年，新中国成立后至1995年有6次，平均每5年一次。

清光绪十四年七月（1888年8月），浑江

寒武奥陶

发生了罕见的大洪水："光绪十四年七月初旬，连日霪雨，河水涨发，漂没民房，冲倒衙署房屋墙壁，河水涨至初七晨，陡然暴涨冲及街市，数里汪洋一望无际，平地水深五六尺不等，漂没民房、粮货、牲畜无算。衙署地基较高，围墙冲塌数丈，房舍墙壁亦有倒塌之处，院内水深三尺。幸于初八日水势渐落。"据洪水调查推算，浑江通化市江段洪峰流量约8040立方米每秒，桓仁站洪峰流量19000立方米每秒，为近百年来的首位洪水。

1960年8月1—5日，浑江处于暴雨中心的东北侧，中游部分右岸支流接近暴雨中心，3天雨量在200毫米左右，通化以上为100～150毫米。上游通化站平均涨率为0.21米每小时，最大0.3米每小时；桓仁站洪峰流量13400立方米每秒，沙尖子站平均涨率约0.9米每小时，最大达1.5米每小时，洪峰流量16600立方米每秒，均为有记录以来所罕见。本次洪水重现期约50年一遇。全流域受灾面积达2436公顷，辽宁和吉林两省部分地区遭受不同程度灾害。

1995年6月29日至7月28日，浑江流域东北东南部地区普降大暴雨，累计降雨量167毫米，通化站洪峰流量5380立方米每秒。本次洪水重现期约20年一遇。浑江流域局部地区出现洪涝灾害。

经济社会　浑江流域是工业发达、人口稠密的地区。流域内有汉族、满族、朝鲜族等11个民族；有通化钢铁厂、东宝集团、林海药厂、白山药厂等企业；有我国名贵的石砚——松花石砚；有世界知名的通化红葡萄酒，有"林下参""长白山红参""皇封参"等名牌参产品，有种类繁多的山野菜，有优质的"京租米""福满家大米""兴桓牌大米""西江贡米"等。

据2000年统计，浑江流域有人口177.4万，国内生产总值103亿元。

治理与开发　据2000年统计，浑江有堤防92.42千米，保护耕地6480.1公顷，人口13.26万。

浑江流域现有大型水库4座，中型水库6座，总库容40.57亿立方米。

境内植被较疏散的荒地及水土流失较严重的荒地已进行了大规模的群众造林，总水土流失面积为614.6平方千米，已治理321.99平方千米。

截至2004年末，已建成湾湾川、龙岗、东江、桓仁、西江、凤鸣、东方红、回龙山、太平哨、双岭、金哨电站，总装机容量591.2兆瓦，占总可开发装机容量644.59兆瓦的91.8%。年发电量16.74亿千瓦时。

浑江流域地处长白山腹地，联合国"人与生物圈"长白山自然保护区有60%的面积在流域内的白山市。连绵山峰和莽莽林海中栖息着东北虎、棕熊、野猪、梅花鹿、紫貂等上百种野生动物。

流域内野生植物种类繁多。生长着人参、灵芝、高山红景天、月见草、天麻、细辛等药用植物。有山葡萄、榛子、松子、板栗等大量土特产品，香菇、黑木耳、滑菇为主的食用菌和刺嫩芽、大叶芹、蕨菜、猴腿为主的山野菜等几百种。

浑江沿岸森林多为天然林，最多的树种为柞树，最稀少的树种为东北红豆杉（亦称紫杉），最珍贵的要属天女木兰。浑江流域森林覆盖率为71.5%。

纪　实

白山市江源区三岔子镇以上为河源区，西南、西北、东北三岔分别发源于龙岗山脉南麓的大板石岭、三长旗岭、枫叶岭，汇于三岔子镇后称浑江。河源至三岔子间河狭坡急，田少林多，山高林密。

三岔子镇以下，森林渐少，河谷逐渐开阔，河道弯曲，河槽宽浅窄深多变，主河槽宽在60～200米，洪水期水面宽不超过600米；河床由卵石、粗砂组成，两岸有小块冲积平原。浑江在砟子镇南左岸纳**红土崖河**。

江源区森林覆盖率达76%，是东北林产品重点加工基地；煤炭储量3.75亿吨，居吉林省第一位；页岩土探明储量4600万吨，享有"东北瓦都"之誉；石膏储量

浑江大湾

114万吨。有大阳岔寒武—奥陶系界限地层剖面省级自然保护区。

浑江在白山市区河道长68千米，河道平均降5.7‰。白山市是一座以林业、煤炭、电力、造纸等为主的新兴工业城市。名特产品有山参、元参、鹿茸、哈什蚂油等。

浑江过白山市六道江镇进入通化市，在通化市鸭园镇附近转西流，左岸有**大罗圈河**汇入。

通化市全境皆属浑江流域，浑江横贯市区，河段长10.50千米，平水期水面宽150米，水深1米，东昌区一带受浑江水流作用形成河谷平原。区域内有我国少有的东北高山湿地——哈泥湿地。湿地为我国东北地区泥炭层厚度和储量最大的泥炭矿床，也是世界上不可多得的高分辨率的泥炭层标。哈泥河在东昌区从右岸汇入。

通化市境内多山，河流交错，土地肥沃，矿产丰富，是吉林省主要钢铁基地，已形成门类较齐全的工业体系，冶金、酿酒、制药、造纸、食品等工业具有地方特色。通化红葡萄酒驰名中外。有抗日民族英雄杨靖宇将军的靖宇陵园和桃园湖国家级水利风景区。

浑江通化市段

河流出通化市后进入通化县，沿江多峡谷，河道弯曲，右岸纳**蝲蛄河**。通化县特产哈什蟆油；山葡萄产量大，是通化葡萄酒的主要产地之一。境内的英额布水库和湾湾川水电站已开辟为旅游风景区，两地之间联结着一条神奇的"人参之路"，吸引着大批游客游湖观景，采参旅游。

通化县一带所生产的稻米味香可口，清朝末被定为贡米，1958年被国务院评定为优质大米。境内均属浑江流域，共有大小河流626条，其中流程在10千米以上的34条。全县建有水库19座，塘坝13座，总蓄水量3 185.6万立方米，灌溉面积2 114公顷，林地面积23.8万公顷，森林覆盖率73.4%。

英额布水库

在通化县下龙头以下为通化、集安两县（市）界河，左岸在集安市头道镇东村有**苇沙河**，集安市财源镇西有**小新开河**汇入。集安市盛产山楂、椴树蜜，小新开河人马驰名中外。河流左岸在集安市财源镇甲乙村，右岸在通化县大泉源满族朝鲜族乡江口村流入辽宁省桓仁满族自治县，这段河长57千米。该河段支流较多，河谷逐渐开阔，在民主屯一带洪水水面宽1 000~2 000米，河床为砂、卵石，大多河谷平地被辟为水田。

浑江由左岸**富尔江**入口处的北甸子乡入辽宁省桓仁满族自治县境，该地是三县交界处，属**桓仁水库**库区。桓仁水库是一座以发电为主，兼顾防洪、灌溉、养鱼等综合利用的大型水电枢纽工程。

桓仁以下河段两岸山体雄伟陡峭，河道迂回曲折，落差246米，有较好的筑坝和凿洞引水条件宜于修建水电站。现已修建了回龙山、太平哨、双岭、金哨4座中型水电站。

湾湾川水电站

桓仁境内呈现着"水在山上流，山在水中走"之势。山涧泉水甘甜，江河沿岸土质肥沃。境内蕴藏着极为丰富的水电资源，曾于20世纪60年代和2004年两次被国家授予"电气化县"称号；林地面积占总面积的近80%，森林覆盖率73.6%；水体资源十分丰富，拥有温水、地热水、冷水和亚冷性水，为养殖热带鱼类、冷水鱼类和亚冷性鱼类提供了便利条件。

距桓仁水库下游4千米为桓仁县城。被称为东方第一卫城的五女山，位于桓仁县城北8.5千米浑江西岸，相传五女屯兵于此故而得名。主峰海拔824米，南北长1 500米，东西宽300米，峭壁垂直高度200余米。山势险峻、江河环绕、风景怡人。五女山上有一座山城，是高句丽第一代王城"纥升骨城"的部分遗址，被列为全国重点文物保护单位。公元前37年，北夫余王子朱蒙因战败流亡至此，在山上建立高句丽第一代王城，史称纥升骨城。1424年建州女真族第三代首领李满柱率军挺进辽宁，便驻扎于此山。因此，这里是高句丽民族文明和满族文明的发祥地和启运之地。2007年7月1日，高句丽王城、王陵及贵族墓葬被列入《世界遗产名录》。

桓仁满族自治县有世界地质一绝——奇异的地温异常带。地温异常带又称冷热洞，始于浑江左岸沙尖子镇政府驻地南1.5千米处的船营沟，终于浑江右岸宽甸县境内的牛蹄山麓，长约15千米，面积约10.6万平方米。盛夏冷点温度为-17~

浑河口

-15摄氏度，寒冬热点地表温度为15~17摄氏度，形成强烈的地温反差。以船营沟附近一条长1 000米，宽20米的山冈最为明显。异常带发现者夏季于自垒的小洞中置入鸡蛋，第二天早上鸡蛋已被冻裂。隆冬时节异常带中落雪即融，植物生长依然如春，周围的小草也绿色未减。这一罕见的地质奇观和未解之谜，备受世人瞩目。

桓仁水库像一颗镶嵌在青山、碧水、蓝天之间的明珠，成为浑江流域梯级开发的龙头水库，具有优越的发展水产养殖业的气候条件。1968年在大川乡胜利村浑江和富尔江交汇处建了胜利渔场，利用江水养鱼。

浑江于桓仁镇泡子沿桓仁发电厂出库，流向镇西北部魏家网子转弯向南，右岸有**大二河、大雅河**汇入，至镇东南部流入凤鸣水库，过凤鸣水库后蜿蜒曲折向南，流经雅河乡米仓沟东方红水电站、回龙山水电站，至向阳乡蚊子沟出境，流入宽甸满族自治县境内，过太平哨电站，右岸有**雅河、半拉江**汇入，又于沙尖子镇地缸子再次流入桓仁满族自治县边缘，成为桓仁、宽甸两县界河。在宽甸满族自治县下露河朝鲜族乡下露河汇口（吉林省集安市大路乡古马岭村）至浑江口段河长18千米，是吉林省集安县与辽宁省宽甸满族自治县的界河。

7.2.1.8.1 红土崖河
(Hongtuya River)

浑江上游左岸支流，发源于吉林省白山市八道江区红土崖镇六道岔村老岭山脉西麓，流经白山市八道江区和江源区，至八道江区河口街道境内入浑江。流域面积587平方千米,河长56.9千米,河道平均比降4.8‰。

红土崖河有流域面积大于100平方千米的支流1条。流域地势西南高东北低,分水岭高程1 141.9～871米,流域范围内东西两侧分水岭地势险峻,山峦重叠,沟壑纵横。河道弯曲,坡陡流急,洪水暴涨暴落。

流域季节明显,降水丰富。多年平均气温4.7摄氏度。多年平均年降水量847毫米,主要集中在6—9月,占全年降水量的60%。最大冻土层深度1.5米。结冰期为11月上旬至次年4月上旬。Ⅱ类水质占评价河段的43.9%,余为Ⅳ类水质。流域多年平均年径流量2.73亿立方米。

红土崖流域素有"天然宝库"之称,多天然次生林,主要有柞树、桦树、杨树、水曲柳、黄檗、椴树、榆树等阔叶树和红松、落叶松、樟子松等针叶树;野生动物有东北虎、梅花鹿、马鹿、野猪等;真菌类有木耳、银耳、元蘑、猴头菌等;经济价值高或稀少植物有红豆杉、人参、天麻、党参等。

曲家营水库

1978—1983年,在红土崖河河口附近建成装机容量800千瓦的小水电站。为解决白山市城区供水问题,1991—2000年,当地在红土崖河中游建成曲家营水库,集水面积263.4平方千米,占全流域面积的45%。总库容为2 960万立方米,设计年供水量1 642.5万立方米,发电装机容量3 700千瓦。

7.2.1.8.2 大罗圈河
（Daluoquan River）

浑江上游左岸支流,发源于吉林省通化县石湖镇棒槌园子前山东侧,由南向北流经通化县石湖、果松,通化市二道江区铁厂、鸭园等镇,在鸭园村汇入浑江。河流长65.9千米,流域面积733平方千米,河道平均比降5.5‰。

大罗圈河属山区性河流,地势起伏较大,河道蜿蜒曲折。沿河两岸为山区、半山区,石湖镇以上植被较差,易产生水土流失。

流域多年平均年降水量839.3毫米,其中6—9月占年降水量的73.4%。多年平均流量10.78立方米每秒,多年平均年径流量3.43亿立方米,冬季11月上旬封河,至次年4月上旬开河。河流水质属于Ⅱ类。

流域内已建成塘坝3处,灌溉面积533公顷,其中水田200公顷。

7.2.1.8.3 哈泥河
（Hani River）

浑江右岸支流,发源于吉林省柳河、靖宇、辉南三县接壤的龙岗山脉大四方顶子峰东南,流经柳河县、通化县、通化市区,在通化市东昌区江东乡自安村汇入浑江。流域面积1 489平方千米,河长137千米,河道平均比降2.6‰。流域面积超过100平方千米的一级支流有2条。

哈尼河

流域多年平均年降水量616.8毫米,年内分配不均,主要集中在6—9月,占全年降水量的68.5%,多年平均年径流量7.7亿立方米。历年11月上旬结冰,次年4月上旬解冻,平均河心最大冰厚0.77～0.93米。哈泥河Ⅱ类水质占67.6%,余为Ⅲ类水质。

哈泥河源头湿地为省级自然保护区,湿地类型多样,泥炭沼泽湿地具有我国东北地区泥炭最厚、发展历史几乎贯穿整个全新世等特点。21世纪初,当地政府开展了退耕还林、还湿地工作和落实野生动植物资源综合保护措施,使湿地自然环境和水质得到明显改善,已绝迹多年的水鸟又回到这里栖息,其中有黑鹳、白鹳、中华秋沙鸭、鸳鸯、大天鹅、灰鹤等国家一、二级保护野生动物,数量已达两三千只。

桃园湖

哈泥河出源后流向西南至柳河县孤山子镇大甸子村八里哨为上游,河段长60.1千米,河流两岸山峦起伏,多陡壁悬崖。哈泥河是吉林省水能资源梯级开发的主要河流之一,已开发水电站15处,装机容量5.37万千瓦,年发电量1.62亿千瓦时。孤山子镇建有库容136万立方米的八里哨水库,安装发电机组1 000千瓦,八里哨以下河谷稍宽,耕地较多。河流继续南流23.6千米在光华镇建有库容10万立方米的兴华水库,保护耕地53公顷;又前流33千米,至通化市二道江区桃源村,建有库容5 244万立方米的桃园水库,该库以防洪和为通化市供水为主,结合发电、灌溉、养鱼等综合利用,年供水量1.39亿立方米,发电站装机容量5 600千瓦,平均年发电量2 500万千瓦时;又前流13.5千米至通化市东昌区长流村,此处建有水源水库,该库为小（1）型水库,于20世纪70年代建成,时为通化市的主要供水水源,日供水能力10万吨,并安装发电机组容量1 500千瓦。

哈泥河流域已开发水电站装机容量8 100千瓦,建成供水水源2处。保护耕地730公顷,灌溉农田800公顷。

沿河属山区地带,植被良好。矿产资源、野生植物资源较丰富。盛产山葡萄、山野菜、中药材等。有中药及生物药产业、冶金产业和农产品、长白山特产品产业。

7.2.1.8.4 蝲蛄河
（Lagu River）

浑江右岸支流,因河中盛产蝲蛄而得名,历史上满语称蝲哈多布库河、加尔图库河,发源于吉林省通化县四棚乡头棚村东南龙岗山脉南麓,自西北向东南流经通化县四棚乡、英额布镇、金斗朝鲜族满族乡、快大茂镇,于快大茂镇河口村汇入浑江。河流长73.9千米,流域面积787平方千米,河道平均比降3.1‰。有流域面积100平方千米以上的一级支流1条。

蝲蛄河是典型的山区河流,河流蜿蜒于山谷中,两岸山峦叠嶂,植被良好,森林茂盛,遍布阔叶林和人工针叶林,河谷时而宽阔平坦,时而狭窄险峻,宽阔处可达2千米,狭窄处只有200余米。流域内地貌以构造侵蚀碎屑岩和火山岩低山为主。

流域冬季严寒干燥,夏季炎热多雨,多年平均年降水量840毫米,多年平均年径流量2.55亿立方米。河流Ⅱ类水质占35.2%,余为Ⅲ类水质。

蝲蛄河中游英额布镇境内,建有以灌溉和发电为主的英额布中型水库,总库容2 597万立方米,集水面积284.9平方千米,设计灌溉水田面积930公顷,安装发电机组3台1 160千瓦,防洪保护区面积34平方千米,兼有养殖、城镇供水等功能。支流上建有4座小型水库,总库容230万立方米;建有永久性灌溉拦河坝24座;标准防洪堤39千米。

英额布水库库区狭长呈S形蜿蜒于山谷中,过去称这里为"转水湖",坝下的"棒棰山"是传说中采参始祖孙良"采参之路"的起点。蝲蛄河流域内有几十处满族风情的农家休闲旅游度假村,使湾湾川旅游度假区至英额布水库旅游度假区连接成为一条长40余千米的度假休闲旅游线。

蝲蛄河下游流经通化县城快大茂镇,流域内地区生产总值约占全县的30%。流域沿岸是优质稻米产区,流域中上游区域盛产药材、葡萄、山野菜、林蛙等土特产品,中下游区域内分布着20余户医药、葡萄酒、稻米加工、人参加工等企业。蝲蛄河流域内有10处距今2 500年左右的原始社会遗址,曾经出土大量文物;快大茂镇城西有汉代古城,金斗朝鲜族满乡有高句丽古城,这些都彰显出当地满族、朝鲜族悠久的历史文化。

7.2.1.8.5 苇沙河
(Weisha River)

*浑江*左岸支流,因早年水土流失造成河边多淤沙和生长芦苇而得名。该河发源于吉林省集安市清河镇文字村南,从东南向西北流经集安市清河和头道两镇,于头道镇东村汇入浑江。河长49.3千米,流域面积683平方千米,河道平均比降5.8‰。流域面积100平方千米以上的一级支流2条。

流域多年平均年降水量934毫米,汛期约占全年降水量的70%以上,多年平均年径流量3.63亿立方米。流域内春秋两季受西北季风及西南季风影响,常出现5级以上大风,结冰期为11月下旬至次年4月上旬。

流域上游植被较好,森林茂密,河道坡度较大,中下游河谷渐渐开阔,河道坡度相对较小,两岸多为农田。苇沙河水能资源理论蕴藏量12 230千瓦,可开发量7 580千瓦,尚待开发。至2005年,苇沙河从清河镇到头道镇两岸建有堤防28.84千米,混凝土拦河坝5座,可灌溉水田1 000余公顷。

苇沙河支流蚂蚁河上游清河镇一带120多平方千米范围内,是吉林省文物保护单位东岔抗日根据地遗址,这里有东北抗日联军第一路军总司令部遗址,杨靖宇和魏拯民将军当年率领抗日联军第一路军在这一地区数次重创日本侵略军。

苇沙河流域主要树种有松树、柞树、桦树等,动物有蛇、狍子、野兔、黑熊等。特产有木耳、猴头菇、银耳、榛蘑等。

苇沙河流域是集安市的主要产粮区之一,主要经济作物有人参、西洋参等,人参种植面积达184 503帘(约合492公顷),西洋参种植面积33 495帘(约合90公顷)。

7.2.1.8.6 小新开河
(Xiaoxinkai River)

*浑江*左岸支流,原名新开河,因与西辽河支流新开河重名,1988年改名为小新开河。发源于吉林省集安市台上镇老岭村以南,从东南向西北流经集安市台上、花甸、财源三个镇,在财源镇的霸王村注入浑江的*桓仁水库*。河长70.4千米,流域面积727平方千米,河道平均比降4.4‰。小新开河有流域面积大于100平方千米的一级支流1条。

小新开河流域多年平均年降水量986毫米,多年平均年径流量3.91亿立方米。流域内春秋两季受西北季风及西南季风影响,常出现5级以上大风,冬季结冰期为11月下旬至次年4月初。河流Ⅲ类水质占54.5%,余为Ⅳ类水质。

细鳞鱼

流域内上游植被较好,森林茂密,两岸山峦叠嶂、河谷狭长,河流蜿蜒曲折,河道坡度极大,平均比降5.5‰,河水汇流快,暴涨暴落,水能资源理论蕴藏量19 500千瓦,可开发量7 250千瓦,已开发5 150千瓦。中下游河谷渐渐开阔,河道坡度相对较小,两岸多为农田。

流域内现已建成中型水库1座,水电站3座,均在中上游台上镇境内,自上而下分别为:三家子水库,总库容2 158万立方米;长白山电站,装机容量2 750千瓦;玉丰源电站,装机容量900千瓦;湖里电站,装机容量1 500千瓦。沿河两岸现有堤防长度36.71千米。

流域内特产丰富,菌类有木耳、猴头等。山野菜有蕨菜、刺嫩芽等。闻名的新开河人参、蛤什蚂油颇受游客们的喜爱。这里还有濒临灭绝的东北细鳞鱼。

小新开河谷地自上游至下游分布着荒崴子原始遗址、望波岭关隘、霸王朝山城等古迹,历史上曾是高句丽进入内地的"南道"。

7.2.1.8.7 富尔江
(Fuer River)

*浑江*右岸支流,因晚霞、夕阳映照,水面红波粼粼,故称芙蓉江。据《兴京县志》载,富尔江一名吴儿江,一名芙蓉江。

富尔江发源于辽宁省新宾满族自治县与吉林省通化县交界的龙岗山金厂岭,自北向南流,自源头至小黄沟(旺清门村拦河坝上游600米

富尔江

为辽宁省与吉林省界河,右岸为辽宁省新宾县北四平乡、旺清门镇,左岸为吉林省通化县富江乡、三棵榆树乡。河流过界河段流经新宾县响水河、红庙子、桓仁满族自治县古城、北甸子等乡镇,在桓仁北甸子村盛家街汇入浑江。河长108.44千米,流域面积2 316平方千米。流域北邻辉发河,西为浑河,东靠蜊蛄河。

富尔江流域属长白山山系龙岗山脉,北部有十花顶,海拔1 091米,东南部为岗山山脉,海拔最高1 330米,西部有老秃顶,海拔1 260米。富尔江流域山林茂密,水草丰厚,河流多呈散羽状分布于长白山沿脉的崇山峻岭之中。富尔江有大小17条支流汇入,右岸15条,左岸2条,其中流域面积大于100平方千米的有依木树河、巨流河和旺清河。

流域四季分明,温差较大,多年平均气温5.1摄氏度,全年以1月最为寒冷,最低气温达-41.5摄氏度,结冰期为10月中旬至次年4月中旬,年无霜期110~135天,冬季多西风与西北风,夏季多东风与东南风,最大风速16米每秒。年日照时数2 257.9小时。

流域多年平均年降水量780~840毫米,多年平均年径流量3.33亿立方米。富尔江江面开阔,河水清澈,水温冷凉,水质无污染。

富尔江流域山高林密,植被较好,森林覆盖率达60%以上,林木种类繁多,主要树种有柞树、红松、落叶松、云杉、白桦等。

流域洪涝灾害频繁,平均约10年就发生一次大洪水。1888年大水,江水泛滥,河流弯道发生急变,江南村、双碇子村受灾。1935年大水,洪水直奔旺清门街,将旺清门围困,江北岸水深达4尺。1960年大水,富尔江大小支流均涨水,冲毁房屋400余间,冲毁耕地800公顷,巨流河沿岸英盈、四道沟、响水河等村受灾严重。1977年特大暴雨,富尔江流域两岸40千米农田受灾,农作物受灾面积670余公顷,受灾人口约6 000人,倒塌房屋100余间。1985年8月16—19日,受第9号台风影响,流域内出现6级以上大风和暴雨,富尔江流域5个镇61个村屯受灾,冲毁房屋800间,损毁水利工程126项,河堤110千米,水淹农田3 067公顷;1995年特大洪水,全流域受灾,过水房屋7 300间,倒塌房屋1 150间,冲毁河堤140多千米。

1996年后,当地政府开始了沿江的大规模整治,共完成筑堤加固163.4千米,工程护砌46.1千米,生物护岸40.5千米。

富尔江流域是重点产粮区,也是东北水稻种植最早的地区之一。

2000年流域内有人口10.68万人,其中农业人口占90%,耕地面积1.57万公顷,其中水田面积0.472万公顷。

流域内新宾县有北四平、旺清门、响水河和红庙子4个乡镇67个村,多年平均粮食产量2.88万吨。该地区所产稻米,质白油亮,回味香醇,属绿色食品。

富尔江在桓仁满族自治县流经古城镇10个村,古城镇是清朝贡米的产区,其中洼泥甸村早在清光绪元年(1875年)就开始从事水稻生产,种植历史悠久,被称为"东北水稻第一村",全镇年产优质稻米1 000万千克。

7.2.1.8.8 桓仁水库

(Huanren Reservoir)

浑江中游的大型水库,坝址位于辽宁省桓仁满族自治县城东北约4千米处。工程于1958年5月开工兴建,1962年停建,1968年5月复工,1972年7月竣工。

概 述

桓仁水库坝址距离浑江汇入鸭绿江口185.6米,控制流域面积10 400平方千米,占浑江流域面积的67.6%。设计洪水标准为1 000年一遇,校核洪水标准为10 000年一遇。

枢纽工程由大坝、坝后发电厂房及泄水建筑物等组成。

桓仁水库

水库正常高水位300米,相应库容13.8亿立方米;死水位290米,相应库容13.8亿立方米;校核洪水位309.1米,总库容34.6亿立方米。

大坝为混凝土重力单支墩撑墙坝(大头坝),坝长593.3米,最大坝高78.5米,坝顶宽8~16.6米。大坝共分36个坝段,除左右各2个重力坝段外,其余32个为撑墙坝段。其中,5、6、7号坝段为引水坝段,13~24号坝段为溢流坝段,大坝左端28号坝段设有1条直径60厘米的农灌取水管。坝后式地面厂房(82.82米×19.8米×40.79米)位于水库右岸,内装1台7.25万千瓦和2台7.50万千瓦水轮发电机组,总装机容量22.25万千瓦,平均年发电量4.77亿千瓦时。设3条引水管道:1、2号管道长103.8米,内径5.0米;3号管道长103.57米,内径5.2米。泄水建筑物由高、中、低溢流口组成。溢流坝段总长234米,位于河中偏左岸。设有12个敞开式溢流口,闸门为12米×10米平板门,最大泄量18 200立方米每秒。

水库地处中温带湿润型大陆性季风气候区,多年平均气温6.3摄氏度,最高气温42摄氏度,最低气温-35.7摄氏度。库区多年平均年降水量887.4毫米,最大降雨水1 170毫米,最小640毫米。多年平均年蒸发量432毫米。年日照时数2 372小时,无霜期135天,最大冻土深114厘米。

库区地形地质条件较好。水库沿岸森林覆盖率达85%以上。

水库坝址以上多年平均年径流量44.8亿立方米,多年平均含沙量0.016千克每立方米,多年平均年输沙量6.39万吨。库区水质优良,2005年水质为地表水Ⅱ类。

桓仁水库是一座以发电为主,兼有防洪、灌溉、养鱼等综合效益的水利工程。作为浑江梯级龙头水库,其调蓄作用对梯级电站水量利用率及安全经济运行有着直接影响;作为补偿调节水电站,库容相对较大,可以保证对坝址所控制的径流进行不完全年调节,使浑江径流年内分配不均匀性在很大程度上得到了改变;弥补了回龙山水库、太平哨水库库容小、调节性能差的缺陷;对电力系统其他水电站进行补偿调节,提高了电力系统中水电站联合运行的可靠性,增加了水电站系统的保证出力;桓仁水利枢纽建成后,参加了东北南部超高压电力网运行,不仅为电网提供廉价的电能,还为电网的调峰和改善电压质量起到积极作用,同时是主电网和通化地区电网的联络枢纽,为东北地区工、农业的发展创造了有利条件。

纪 实

桓仁水库坝址位于桓仁满族自治县东北的莽牛哨峡谷

之中。

库区位于辽宁省桓仁满族自治县和吉林省通化县、集安市交界处。水库正常高水位时，回水长度107千米，水面面积98.7平方千米。坝上水面碧波万顷，最宽处4千米，平均水深15米，最深处60余米，是辽宁省淡水鱼养殖基地之一，具有得天独厚的水产养殖条件，生产经济价值较高的池沼公鱼、鲤、鲫、罗非、银鱼等水产品30多种。

水库库区周长671千米，狭长曲折，水域辽阔，山水相环，景色宜人，可谓"青山不墨千秋画，碧水无弦万古琴"。荡漾于群山之中的水库，烟波浩渺，水天一色。库中，游船往来，渔人荡舟。岸边，山花灿烂，水鸟嬉戏。周边，东部三层砬子高低不等，南部峰峦叠嶂，北部奇峰耸立，天开一线的"七音谷"居于中部，更有似梅花鹿吃草的西部"鹿头峰"。座座山峰绿树相竞，杂草丛生。

桓仁县地处辽东陲的长白山余脉，库周森林覆盖率高，山涧泉水甘醇。以浑江水系为主的大小河流有70多条，江河沿岸土质肥沃，空气清新，昼夜温差大，生态环境非常适宜水稻生长。早在清朝时期，桓仁大米即为贡米。

桓仁水库淹没影响辽宁省桓仁满族自治县，吉林省通化县、集安市所辖的7个乡镇、21个村，淹没耕地4 467公顷，淹没公路56.3千米、电信线路5.4千米，库区淹没总面积98.5平方千米，移民54 932人。

水库坝址位于新鲜基岩上，坝址区为一不对称的U形峡谷，峡谷长约500米，枯水期水面宽约360米，两岸均高于河床110米以上。坝址处河道宽500～600米，多岩石出露，仅左岸缓坡地段有亚黏土夹碎石或块石堆积。河床地质条件较好，岩石强度较高，为建筑高坝的良好地点。

水库绝大部分地区，由震旦纪以前的古老结晶变质岩系所组成，仅在下游靠近坝址一段，为中生代凝灰岩系所组成。坝址是一个由凝灰岩系或火山硝岩系组成的单面山，其东北坡为沿节理发育的单斜断崖，南坡为岩层层面，河谷窄，两岸陡，基岩露头为白垩纪的安山凝灰集块岩的互层。坝址区的北部即三层砬子后面有砂页岩的互层，这些砂页岩的成分以普通沉积物为主。

电站的建设经历了一个较为长期的演变过程。1942年6月日伪时期就选定此地段筑坝，至1945年日寇投降停工时，右岸围堰已全部完成，围堰内坝体基础已部分浇筑，左岸围堰的基础工程也部分施工，质量甚为低劣。

新中国成立后，1950年即进行查勘等工作，1956年7月开始初步设计，1958年8月工程正式开工。1962年因工程存在一些质量问题停建。1965年工程复工兴建。1972年7月机组投产发电。

水库经历了1971年与1995年两次较大洪水的考验。1971年洪峰流量为5 300立方米每秒，水库最大放流量为3 800立方米每秒，削减洪峰24.5%，最高库水位达303.14

桓仁电站

米。1995年入库洪峰流量为10 000立方米每秒，水库调洪最高水位达303.16米，最大下泄流量7 100立方米每秒，削减洪峰30%。桓仁水库的调洪效能减小了下游洪水灾害，为下游农业的发展提供了应有的保证，保护了人民群众生命和财产安全。

库区内山奇美、峰奇秀、水奇清、景奇幽。桓仁国家森林公园与桓仁水库山水相依，是人文景观与自然景观相结合的国家级湖区森林公园，面积为4 600公顷，被浩浩荡荡的万顷碧波划分出无数个形状各异的山峰。因地处长白与华北两大植被区系过渡带，境内拥有丰富的森林资源，林木种类繁多，最多的树种为柞树，最稀少的树种为东北红豆杉，最珍贵的要属天女木兰。山中林涛阵阵，欢鸟齐鸣。

库区气候温凉潮湿，土质肥沃，水质优良，自然生态环境优越，土特产品种类繁多，素以果、菌、菜、药、鱼、米、蛙著称。

7.2.1.8.9　大二河

(Daer River)

浑江右岸支流，又称六道河，亦称六河。发源于辽宁省桓仁满族自治县西北部老道冲岭。大二河上游分南、北二支，北支流经铧尖子镇、华来镇，南支流经木盂子镇，两支流在黑卧子附近汇合后流向东南，流经四道河子乡至六道河子乡东老台子村，汇入浑江。河长64千米，流域面积766平方千米，河道比降5.4‰。

大二河

流域西为南太子河，南临**大雅河**，北靠**富尔江**。流域内山多，森林繁茂，虽遇少雨之年，却能耐旱，民间有"十旱九收，十涝九丢"之说。

大二河多年平均气温6摄氏度，年日照时数2 372.2小时，年无霜期118～163天。冻土平均深度0.91米，多年平均最大风速9.4米每秒，多年平均径流量2.36亿立方米。

新中国成立前有记载的较大洪水灾害5次，其中1935年发生罕见洪水灾害。1949—1990年，共发生8次较大洪水灾害。1960年，是新中国成立以来第一次特大洪水灾害，河水水位在短时间内急剧上涨，全县受淹，农作物大面积受灾。1977年的洪水灾害是新中国成立以来的第二次特大洪水灾害，出现了当日降雨当日成灾。1949—1990年，境内发生较为严重的旱灾3次。1955年旱情，农作物和蔬菜大面积受灾。1958、1972年干旱持续时间长，旱灾处于大田作物孕穗开花、水稻打包关键季节，是一场"掐脖旱"，农作物普遍矮小，沙岗子地作物打篓干叶，受灾农作物大面积减产。时有低温冷害，对喜温作物有威胁，水稻扬花期遇到低温会影响产量。

截至2004年，大二河已建成堤防25.8千米，其中护砌长度14.1千米。流域内建有铧尖子小（1）型水库、果松川小（2）型水库。铧尖子水库位于大二河上游北支缩脖川河上，库容290.4万立方米，是集农业灌溉、养鱼于一体的综合型水库。

大二河流域内的华来镇位于桓仁满族自治县西部，距县城31千米，是辽宁省政府确定的小城镇建设中心镇之一。境内风景名胜有牛毛山、龙头山、五奶山等。据辽宁省考古部门发掘考证，华来镇已有3000多年的人类开发历史。现存的历史文化遗迹有龙头山青铜时代古文化遗址、柳林子高句丽时期土城遗址、釜山战国时期战场遗址、红塘石半截沟明代古战场遗址、前清瓦尔喀什寨遗址、五奶山革命烈士陵园等。著名的佛顶山（老秃顶子）风景区1998年被列为国家级自然保护区，总面积15万公顷，主峰海拔1367.63米，因植物物种丰富，群落组成复杂，垂直分布带谱比较明显，被称为东北"小长白"，是天然的动植物园。特别是金秋十月，雾海红枫，醉倒游人，成为国内摄影爱好者理想的创作之地。

流域内的红色旅游资源丰富，佛顶山是抗日联军第一军根据地，抗联名将杨靖宇曾在这里抗击日本侵略军。

7.2.1.8.10 大雅河
（Daya River）

浑江右岸支流。明代称东鄂、雅河，清代称大鸭水浒，后按谐音演变为大雅河。大雅河发源于辽宁省桓仁县满族自治八里甸子镇老秃顶子山，由西向东流经八里甸子、韭菜园子、臭李头、老漫子、大青沟、普乐堡、牛毛沟、联合、湾湾川等地，经雅河村入浑江。河长83.2千米，流域面积753.5平方千米，河道比降4.47‰。

大雅河西邻南**太子河**，北接六河，南靠**雅河**。

流域冬季寒冷干燥，夏季湿热。多年平均气温6摄氏度。多年平均年降水量870.4毫米，降水年内分配不均，7—8月占全年的50%以上；年际变化较大，最多年份为1332.6毫米（1985年），最少年份仅605毫米（1965年）。流域多年平均年蒸发量607毫米。多年平均年径流量2.37亿立方米。冬季多偏北风、西北风；夏季多偏南风，多年平均最大风速9.4米每秒。流域相对湿度在70%左右，最大冻土深1.5米，最大积雪厚度0.29米。

新中国成立前，有记载的较大洪水灾害5次，其中1935年发生罕见洪水灾害，桓仁全县成灾。1949—1990年，共发生4次较大洪水灾害。1960年是新中国成立以来大雅河发生特大洪水灾害，全县受灾，农作物受灾面积7333公顷；1977年7月，降雨量284.9毫米，8月3日2—17时，普降暴雨，15个小时降雨量达到166.4毫米，出现当日降雨当日成灾。

1949—1990年，桓仁县境内共发生旱情19次，较为严重的旱灾3次。1955年发生旱情，农作物和蔬菜受灾面积达1.24万公顷；1958年发生的旱情，受灾面积达6453公顷；1972年桓仁出现历史罕见的旱情，全县18座水库干塘，桓仁水库缺水，发电厂只能间歇发电，全县大部分河流枯干，受灾面积7200公顷。

新中国成立后，大雅河的治理被列入重要的水利建设项目。治理内容以固堤、疏浚、拦河坝、电灌站、大口井、方塘为主。包括旧堤拆除、加固，新堤建设，河道清障等。流域内建有小型水库1座，电灌站19座，拦河引水工程22个。在提高河道防洪标准、疏通河道、保证行洪安全的同时，加大流域水土流失治理力度，小流域治理面积达到4000余公顷。

大雅河上游河道比降大，水量充沛，水能资源丰富。1954年，雅河口村建起了全省第一座小水电站。流域内规划小水电站13级梯级开发，现已建成老漫子、跃进、普乐堡、牛毛

大雅河漂流

沟、联合、湾湾川、雅河、小泉眼8处小水电站，并建成小米仓沟小（2）型水库。

大雅河中下游地区是土质肥沃的小平原，为大雅河万亩灌区。大雅河水质优良，天然出产许多珍贵鱼类，是著名的细鳞鱼产地。

流域上游的辽宁屋脊——老秃顶子山国家级自然保护区山势磅礴，云海茫茫，有多种国家级保护珍稀动植物名录；还有"小桂林"、老虎洞沟、天后宫等自然人文景观，流域下游的望天洞，长度5000余米，洞内景观迷人，以"奇、特、险"闻名，其地下迷宫洞连洞，洞套洞，具有极高的地质研究和游览观光价值。

7.2.1.8.11 回龙山水库
（Huilongshan Reservoir）

浑江下游的大型水库，坝址位于辽宁省桓仁满族自治县向阳乡回龙山村，**桓仁水库**下游44千米处，是浑江中下游梯级开发的第二个水电站，总库容1.23亿立方米。1969年5月15日主体工程开工，1974年9月竣工。

水利枢纽采用混合式开发方式，以发电为主，为日调节水库。除发电外，工程在系统中担负调峰、调频和事故备用。回龙山水库正常蓄水位221.0米，相应库容0.90亿立方米，死水位219.0米，正常尾水位191.5米，调节库容0.18亿立方米。

回龙山水库

回龙山水库按50年一遇洪水设计，200年一遇洪水校核。水库枢纽工程由拦河坝、溢流坝、发电引水隧洞及地下厂房组成。拦河坝为混凝土重力坝，位于河床左岸，坝高33.5米，长280米，坝顶高程225米。溢流坝位于河床右岸，由13个溢流坝段组成，总长208米，堰顶高程213米，最大泄量12500立方米每秒。发电引水隧洞为马蹄形，洞径11米，长650米。厂房在地下70余米深处。电站装机2台，装机容量7.2万千瓦，最大发电流量330立方米每秒，多年平均年发电量2.06亿千瓦时。

坝址位于比较完整的半风化基岩上，电站厂房地基为新鲜坚硬的鞍山角砾岩，地质条件较好。坝址处河宽500～600米，两侧伴有阶地。

库区多年平均气温6.2摄氏度，1月平均气温-14.2摄氏度，最低气温-35.7摄氏度，7月平均气温23摄氏度，最高气温37.2摄氏度；多年平均年降水量900毫米，年内分配不均，多集中在7月、8月，年际变化较大，年降水量最大1384毫米，最小647毫米；年无霜期140天左右。

坝址以上控制流域面积12 500平方千米，桓仁—回龙山区间流域面积2 100平方千米，有**大二河**、**大雅河**两条较大支流流入回龙山库区。

7.2.1.8.12 雅河
(Yahe River)

浑江右岸支流，位于辽宁省宽甸满族自治县北部。明朝时称鸭儿浒，《满洲历史地理》中称鸭儿匮，因鸭儿浒音转而得名，又称小雅河。雅河发源于辽宁省宽甸满族自治县八河川镇雅河村西北果子岭，河源海拔1 270.5米，呈西北至东南流向，于青山沟镇雅河口村注入**太平哨水库**。河流长48.2千米，流域面积376.8平方千米。

雅河

雅河流域地势西北高东南低。流域上游山高岭大，流域内高山绵亘，山林茂密。雅河有3条河长10千米以上的支流，左侧为大虎寸子河、石绵河，右侧为钟家堡子河。

流域多年平均气温6.5摄氏度，多年平均年降水量1 051毫米，多年平均年蒸发量607毫米。年日照时数2 266.8小时，最大冻土深度1.32米，最大积雪深度0.23米。多年平均年径流量2.2亿立方米。雅河流域森林植被好，河床稳固，泥沙含量小。

雅河发源地果子岭坐落于八河川镇马鹿沟村北部，是宽甸满族自治县与桓仁满族自治县的分界岭，东连桓仁满族自治县老埂山大岭，西连马鹿岭，岭顶岩石裸露，嵯峨陡峭。雅河由西北向东南蜿蜒于山岭之间，河谷幽深呈U形，两岸分布着许多旅游景点。河水清澈，符合Ⅱ类水标准。岭上森林茂密，森林覆盖率90%以上，以柞、杨树为主，还有云杉、冷杉、红松、水曲柳、黄檗等珍贵树种。山上有黑木耳、人参、细辛、榛蘑、黄蘑、山葡萄等药材和菌果类。雅河出源头纵穿滚马岭，进入牛毛坞境内。

雅河流经宽甸满族自治县的八河川等3个镇。2005年流域内有人口38 151人，耕地3 470公顷，工农业总产值8.82亿元。八河川镇是宽甸满族自治县的"宽北小高原"，漫山遍野最多的就是树和矿产资源。国家天然林禁伐政策实施后，八河川镇经过内引外联，先后有4家选矿企业在这里落户。

雅河是暴雨洪水较频繁的河流，多发生局部地区性暴雨，历时短，强度大，洪水峰高流急，对环境破坏大。据宽甸县志记载，流域内大约10年就有一次大的洪灾，历史上较大的洪灾有：1208、1888、1922、1934、1940、1953、1960、1977、1985年等。每次灾害，均给工农业生产和人民生命财产造成很大的损失。

流域有河堤9.5千米，护岸林带120千米。在牛毛坞、张家堡子、铁路子等地先后开发水田，利用河水灌溉。在雅河中上游修建了铁路子电站，装机容量150千瓦，年发电量30万千瓦时。

青山瀑布

抗联遗址坐落于八河川镇雅河村雅河北岸400米处。1936年，这里是抗联的指挥部和后勤部所在地，杨靖宇将军曾在这里居住。现仍有一石砌火炕。

雅河青山沟冰瀑

雅河中下游的青山沟是国家级重点风景名胜区，由"青山湖""飞瀑涧""虎塘沟"三大景区组成。127平方千米的景区面积，散布着126个大小景点，有36条瀑布。最为称奇的是盛夏的冰凌奇观。

7.2.1.8.13 半拉江
(Banla River)

浑江右岸支流，位于辽宁省宽甸满族自治县东北部。因汇入浑江处犹如一半江水滚滚而来，因而得名。半拉江发源于宽甸满族自治县八河川镇响水沟村西北的果子岭，上源称北股河，出源后由西北向东南流经牛毛坞镇后，在太平哨镇南股河汇入后称半拉江，于太平哨镇坦甸子村注入浑江。流域面积1 315平方千米，河长95千米。河道平均比降4.55‰。

半拉江

概　　述

半拉江流域地势西南高、东北低，水流蜿蜒向东北流河流上源北股河发源地海拔 1 205.8 米，纵向穿行错草岭、高坎岭与轿顶子山脉之间，沿二龙渡、古河台和关门砬子等山脉间流入浑江之中。半拉江流域内山峦重叠、群峰林立、森林茂密、沟壑纵横。

半拉江有支流有 28 条，主要支流为南股河。

流域冬季寒冷，夏季湿热，多年平均气温 6.5 摄氏度，极端最高气温 34.7 摄氏度，极端最低气温 −38.5 摄氏度；多年平均年降水量 1 051 毫米，降水量在年内分配很不均匀，其中 7—8 月降水集中，占全年降水量的 60% 以上；多年平均年蒸发量 607 毫米；年日照时数 2 266.8 小时；最大冻土深度 1.32 米；最大积雪深度 0.23 米。

流域多年平均年径流量 8.55 亿立方米。半拉江水质较好，清澈透明，水质标准达到 Ⅱ 类，可作为农村饮用水水源。流域森林植被好，河床稳固，清水流量大，泥沙量少。

半拉江流经宽甸满族自治县的八河川等 6 个乡镇。据 2003 年统计，流域内人口约 12.3 万，有耕地 1.1 万公顷。经济以农业生产为主，农作物以玉米、大豆为主。

半拉江暴雨洪水较频繁，10 年左右就有一次大的洪灾。1960 年 7 月 22 日半拉江暴发洪水，洪峰流量 4 600 立方米每秒，洪水使太平哨镇内街道水深达 2.0 米；1977 年 8 月 1—3 日半拉江洪峰流量 5 400 立方米每秒，为近百年最大记录，太平哨街内水深齐房檐，可平地行舟。全县 30 年所建 7 千米防洪堤溃损，17 座小水电站被冲毁，0.46 万公顷耕地被冲毁，砂压耕地 0.52 万公顷，倒塌房屋 3 229 间，死亡 68 人，冲走家禽 9 400 只，摧毁公路 294 千米、桥涵 200 余座，流域直接经济损失 1 029 万元。

流域现有河堤 7 千米，其中太平哨镇的半拉江两岸均修建了护岸堤，设计防洪标准为 20 年一遇。轿顶子村、南吊子村、泡子沿村、坦甸子村等利用河水灌溉面积 87 公顷。流域现有水电站 6 座。

纪　　实

果子岭坐落在八河川镇马鹿沟村北，是北股河的发源地，也是宽甸与桓仁满族自治县的分界岭，海拔 1 205.8 米，东连桓仁满族自治县的老埂山大岭，西连马鹿沟，岭顶岩石裸露，嵯峨陡峭，有"宽北小高原"之称，是**大雅河**与北股河之分水岭。岭上森林茂密，覆盖率 90% 以上，林木以柞树、杨树为主，还有云杉、冷杉、红松、水曲柳、黄檗等珍贵树种，有黑木耳、人参、细辛、榛蘑、黄蘑、山葡萄等药材、菌类和山果。

北股河出源头，南流穿越八河川镇，偏东南流入牛毛坞镇，在东南方向流入太平哨镇。

四方顶子山是南股河的发源地，属白石砬子国家级自然保护区。四方顶子海拔 1 270.5 米，山峰杰秀，怪石嵯峨，山势由东而西巍然直耸，南麓有山泉奔腾而下，即为南股河源。

南股河出源头，纵向穿行五道岭、影壁山与帅虎岭山脉之间，由西南向东北流经过大川头、硼海镇，于太平哨从右岸汇入半拉江。南股河流程 68.9 千米，流域面积 501 平方千米，落差 1 090.5 米，河道平均比降 5.23‰。

南股河流经的硼海镇原名夹皮沟乡。由于硼海镇矿产资源丰富，有硼、石灰石、大理石等，其中硼藏量最多，矿脉遍及全镇，远景矿藏量 1.5 亿吨，硼砂产量占全国 50% 左右，后更名为硼海镇。

南股河汇入后，半拉江河道水面宽度 90 米左右，河道比降变小，由上游的 5.43‰ 变化到 1.28‰。沿江两岸山峦起伏，有二龙渡、古河台等名胜。太平哨镇坐落于半拉江左岸。据

半拉江

宽甸县志记载，此地自古为通往桓仁、集安等地的交通要衢，为历代兵家重地。光绪二十七年（1901 年）设太平哨镇，内设县佐衙门，分治宽东北四村十六屯。二龙渡曾称二龙斗，在半拉江两岸各有一山对峙，状如石龙，西部山峰较低为雌龙，东部山峰较高为雄龙。远远望去，宛如二龙隔江戏水，也似二龙渡水。古河台位于太平哨镇坦甸子村，在半拉江两岸各有一个土台子。西古河台位于半拉江西岸，地势平坦，有乡路通过；东古河台位于半拉江东岸，村落西临半拉江，北靠浑江，两台都有居民居住，依山傍水，是鱼米之乡。

7.2.1.8.14　太平哨水库
（Taipingshao Reservoir）

浑江下游的大型水库，坝址位于辽宁省宽甸满族自治县太平哨镇坦甸子村，总库容为 2.09 亿立方米。工程于 1976 年开工，1979 年 11 月下闸蓄水，1980 年底 4 台机组全部投入运行。

太平哨水库

概　　述

太平哨水库是浑江梯级开发的第三座水电枢纽工程，距上游**回龙山水库** 36.5 千米，距**桓仁水库** 80 千米。太平哨水库是日调节的大型水利枢纽，功能以发电为主。水库按 100 年一遇洪水设计，1 000 年一遇洪水校核。

水库坝址以上集水面积 12 961 平方千米，多年平均年入库水量 59 亿立方米。100 年一遇和 1 000 年一遇洪水时，入库洪峰流量分别为 12 400 和 17 500 立方米每秒。

坝址附近河道蜿蜒曲折，河谷较宽阔，江面宽 180~210 米。左岸山高陡峻，地形完整，右岸山体较低缓，且多冲沟切

割。坝址区基岩为前震旦系黑云母斜长石注入片麻岩和黑云母混合片麻岩，岩性比较均一，强度较高。坝基处岩石风化深度一般为2~7米，在河床中部有三层薄层大理岩，每层厚度0.5~4米，地表发现有溶沟溶槽现象。

库区四季分明，冬季严寒漫长，夏季温湿多雨，南北、高低气候差异大，立体气候明显。多年平均气温6.5摄氏度，最高气温34.7摄氏度（1962年6月16日），最低气温－38.5摄氏度（1959年1月4日）。最大积雪深41厘米（1957年3月8日）。多年平均年降水量900毫米，多年平均年蒸发量685毫米。

枢纽建筑物由主坝、副坝、溢洪道、引水隧洞和厂房等组成。自进水口至厂房出口沿河道长14.6千米。

主坝为混凝土重力坝，最大坝高42.2米，坝顶长547米，坝顶宽8米。共34个坝段，溢流坝段14个，底孔溢流坝段2个，其他为挡水坝段；副坝位于坝址上游7千米处，为混凝土重力坝，最大坝高11.8米，坝顶长30.8米，坝顶宽度2米，坝顶高程193.3米。溢洪道堰顶高程为181.5米，安设弧形闸门20扇，每扇尺寸为12米×10.5米，最大泄流量22 600立方米每秒。电站厂房为地面式，总装机容量16.1万千瓦，平均年发电量4.3亿千瓦时。

纪　　实

太平哨水库形成了面积为13.2平方千米的人工湖，淹没耕地357公顷，房屋1 560间，迁移520户3 098人。库区自然资源极其丰富，林木蓄积量居辽宁省首位。林木有36科80属183种，珍贵树种有水曲柳、刺楸、紫椴、黄檗、暴马子等。森林覆盖率达76.4%。林区可供采集的山货野果70余种，其中有山核桃、山葡萄、猕猴桃、山楂、板栗等。草场资源广阔，境内山多沟深，水草繁茂，草场广阔，有天然牧草200多种。

库区为辽东断块山地丘陵区，属长白山脉与千山山脉过渡地带，群山环绕，峰峦叠嶂。库区有**雅河**汇入。青山沟国家风景名胜区位于辽宁省宽甸满族自治县青山沟镇雅河下游。

太平哨水库气候温和，雨量充沛，水中有机物质丰富，没有工业污染，适合鱼类生长。淡水养殖水面面积1 300余公顷，库区有60余种鱼类，其中以鲤鱼、鲫鱼、鲢鱼和池沼公鱼较多。构成了这里以池沼公鱼为主的水产加工业，以及以生态游、民俗游为特色的旅游业等产业体系。

库区周边地质构造复杂，成矿条件好，地下资源十分丰富。初步探明有41种矿藏，其中有工业价值的27种，储量达8亿多吨，可供开采的有5.7亿吨，主要矿种有硼、铁等，其中宽甸县硼矿石储量较丰富，素有"硼都"之称。

7.2.1.9　水丰水库

（Shuifeng Reservoir）

鸭绿江干流下游的大型水库。坝址中国侧为辽宁省宽甸满族自治县长甸镇拉古哨村，朝鲜侧为平安北道朔州郡水丰区，距丹东市区90千米。工程始建于1937年，1941年开始发电，1943年竣工。厂房在朝鲜侧，由朝鲜运行管理，由于战争期间遭到破坏，1954—1958年进行修复和改建。水丰扩建工程1985年开工，1988年竣工。总库容149亿立方米。

概　　述

水丰水库是鸭绿江上修建的第一座大型水电工程，水丰水利枢纽工程是以发电为主，兼有防洪、旅游和养殖等综合效益的年调节水库。

水丰湖

水库地处中温带湿润气候区，夏季炎热多雨，冬季漫长而寒冷。库区多年平均气温6.5摄氏度，最低气温－38.3摄氏度，最高气温34.7摄氏度；多年平均年降水量980毫米，年内分配很不均匀，6—9月降水量占全年的72%左右，而7—8月占全年的50%左右；多年平均年蒸发量630毫米，坝址以上多年平均年径流量248.5亿立方米。

工程由混凝土重力坝、坝后式厂房、左岸开关站和拉古哨混凝土重力副坝组成。主坝自右到左依次为挡水坝段、溢流坝段、厂房坝段和左岸挡水坝段。坝顶全长900米，最大坝高106米。溢流坝段总长390米，有26个开敞式溢流孔，孔口宽12米，高7.3米，设有平板闸门，校核泄洪流量37 650立方米每秒。拉古哨副坝位于中国侧，为一开敞式溢洪道，长213米，有9个溢流孔，孔口宽9米，高10米，设有平板闸门，专供宣泄校核洪水用，校核洪水位时泄洪流量13 050立方米每秒。坝后式厂房内装有7台90兆瓦机组，中朝双方各3台专用机组，1台共用，总装机容量630兆瓦，年发电量39.3亿千瓦时。

中朝双方在本国境内各增加150兆瓦装机容量，水丰水库总装机容量930兆瓦，年总发电量44.81亿千瓦时。

纪　　实

1943年该工程投入使用后，主溢洪道消力坎及备用溢洪道（副坝）曾被水冲坏；1953年发电厂房供电设备遭到战争破坏。1955年经中朝两国政府代表谈判，签订协议，由中朝两国共同经营，委托朝方负责日常业务管理，所生产电量由中朝两国对半分配。1955年水库开始进行改建修复工程，将主坝溢洪道闸门加高0.5米，将损毁的水跃消力坎改建为三角形挑流鼻坎空间消能结构，加高坝顶挡水墙至131米高程，加高修复右岸备用溢洪道，补装完善水轮发电机组，全部改建修复工程于1958年完工。

水丰电站扩建工程是根据1971年中朝鸭绿江水力发电公司理事会四届六次（24次）会议决议，中朝双方在自己境内各自修建装机容量为15万千伏安的地上电站，作为备用以及汛期利用弃水发电。

中方扩建工程长甸电站位于坝址右岸，山体高程150~250米，地形坡角为25~35度，树枝状沟谷发育，切割较深，是中水头引水式电站，由主厂房、进水口、引水隧洞、调压井、压力管道、尾水渠、变电站等建筑物构成。

水丰水库控制集水面积52 912平方千米。水库上游干流上有**云峰水库**、**渭原水库**；鸭绿江右岸支流**浑江**上有桓仁、回龙山和**太平哨水库**；左岸支流虚川江、长津江上有长津江一库、莲头萍等9座跨流域引水的水库，将水引至朝鲜东海岸；在秃鲁江上有秃鲁江水库。扣除跨流域引水面积后坝址以上集水面积45 860平方千米。

1965年后，上游陆续建成云峰、桓仁、秃鲁江和里上里等4座大型水库，改变了水丰水库入库径流的不均匀性，改善了水库的调节性能，可进行多年调节。从而提高了发电效益。

水丰水库是鸭绿江国家风景名胜区的组成部分之一，从水丰大坝至东江，水面面积364.6平方千米。江面开阔。水库两侧峰峦叠嶂，库区植被丰富，近似原始状态。

水丰水库枢纽

主要景点有拉古哨、水丰湖、蟠龙峰、龙珠岛、蒲石河、江村红叶、水丰大坝等。

水丰湖

水丰水库淡水养殖水面面积12 000公顷，远看两岸青山叠翠，古树参天，水线以下刀削岩壁、沙石堆砌。主要景点有浪尖头、蟠龙峪大峡谷、庙沟、水下古城、东江哨卡、十二天门、绿江渔火、小青沟、五节楼、风洞、浑江口辽代瓦窑遗址等多处景点。其中，蟠龙峪九岛十八弯，岛岛有奇景，弯弯见幽深，山环水绕，令人叹为观止。绿江景区古朴自然，如明清水墨。小青沟洞幽谷深，野趣横生；更有人参之王"一柱参"的产地——石柱子村，有奇异石柱倚树而立，神奇无比。

7.2.1.10 太平湾水库
(Taipingwan Reservoir)

鸭绿江下游干流的大型水库。坝址中国侧位于辽宁省丹东市振安区太平湾街道（原宽甸满族自治县古楼子乡太平湾村），朝鲜侧位于平安北道朔州郡方山里。太平湾水库属于中朝两国合资兴建的大中型水利枢纽之一。距上游**水丰水库**29.6千米，距下游丹东市约40千米。水库正常高水位29.5米，相应库容1.7亿立方米，水库水面面积25.8平方千米。工程始建于1982年，1987年竣工。

太平湾水库是鸭绿江已建的第四座水电工程。

坝址区属低山地形，山体高程60～160米，坡角30～40度，两岸冲沟发育。库区水面宽400～500米，河谷底宽约1 100米。坝址基岩由前震旦系变质岩组成，主要岩石为变粒

太平湾水库

岩，夹有斜长云母片岩、绿泥石云母片岩等，并有岩脉穿插。坝址地质构造较复杂，岩层较破碎。

太平湾坝址以上集水面积53 576平方千米。上游已建成的水丰水库的集水面积为52 912平方千米，水丰—太平湾区间集水面积为664平方千米，仅占太平湾坝址以上集水面积的1.24%，故太平湾电厂的洪水和径流主要是水丰水库下泄流量。

枢纽工程按500年一遇洪水设计，5 000年一遇洪水校核。500年一遇的洪峰流量为44 600立方米每秒，5 000年一遇的校核洪峰流量为56 100立方米每秒。

枢纽建筑物由挡水坝、溢流坝、河床式厂房及变电站等组成。其中，太平湾水库大坝为混凝土重力坝，全长1 185.2米，由62个坝段构成，坝高31.5米。溢流坝长479米，设28个溢流孔，布置在河床中间和左岸部滩地上，以弧形闸门挡水，采用底流消能，最大泄流量56 100立方米每秒。主厂房长159米，宽71米，高62.6米，布置在中国侧，厂内安装4台机组，单机容量47.5兆瓦，总装机容量19万千瓦，平均年发电量7.7亿千瓦时。

太平湾水库以发电和防洪为主，兼有工农业供水、养殖、航运、旅游等综合效益。

太平湾电站获国家优质工程奖，主设备获国家银牌奖。

太平湾旅游区是鸭绿江国家风景名胜区中的重点景区，与朝鲜国平安北道朔州郡隔江相望。太平湾风景区环境幽雅，空气清新，气候宜人。水库淡水养殖水面面积1 333公顷。

7.2.1.11 蒲石河
(Pushi River)

鸭绿江右岸支流，古称泊沟口，又称铺西河，因"铺西"与"蒲石"谐音得名。蒲石河发源于辽宁省宽甸满族自治县大川头镇龙头村四方顶山西南麓，西南流经大川头、石湖沟、青椅山、毛甸子、永甸、杨木川、长甸、古楼子等8个乡镇，于古楼子镇注入鸭绿江。河长126.4千米，流域面积1 168.55平方千米，河道平均比降2.46‰。

概　　述

蒲石河流域地势西北高，东南低，流域上游多崇山峻岭。河流发源地四方顶海拔1 270.5米，中上游的峥嵘山海拔907.2米。流域下游山势逐步变缓，为低山丘陵地带，下游最高的南缸山，海拔629.4米。蒲石河属山区河流，上下游落差较大。流域范围内东西两侧分水岭为地势高峻的石质山区，群峰林立，山峦重叠，森林茂密，沟壑纵横，水系发达。蒲石河主要支流有16条，流域面积20平方千米以上的河流4条，

分别为甬子沟河、二道沟河、毛甸子沟和玄羊砬子河。

蒲石河

蒲石河流域属中温带湿润大陆性季风气候，冬季寒冷干燥，夏季温热多雨，多年平均气温6.5摄氏度，极端最高气温34.7摄氏度，极端最低气温-38.5摄氏度；多年平均年降水量1 051毫米，降水在年内分配很不均匀，其中7—8月降水最多，占全年降水量的60%以上；多年平均年蒸发量635毫米；年日照时数2 266.8小时，最大冻土深度1.32米，最大积雪深度0.23米。

蒲石河流域多年平均年径流量7.52亿立方米。蒲石河水质较好，清澈透明，达到Ⅱ类水质标准，是宽甸满族自治县9万多居民生活饮用水水源。

据2003年统计，流域内人口约22.19万，其中城镇人口9.05万，农村人口13.14万，耕地15万公顷。流域内以农业生产为主，农作物以玉米、大豆为主。

蒲石河洪水频繁。1888—2007年，发生暴雨洪水44次，大暴雨和特大暴雨29次。暴雨洪水多发生在中下游段。由于境内山高坡陡，集流迅速，水夹砂石，易形成山洪、泥石流，给流域内工农业生产和人们的生命财产安全造成不同程度的损失。

1960年8月3—4日暴雨中心为毛甸子公社（毛甸子镇），雨量556毫米，造成蒲石河流域洪灾，死亡74人，倒塌房屋1 855间，淹死牲畜千头。冲毁水利工程522处，水毁桥梁31处，农田受灾总面积0.24万公顷，绝收0.12万公顷。

1962年7月27日、8月6—8日以毛甸子镇蜂蜜砬子村为中心降两次特大暴雨，造成蒲石河流域内受灾农田0.27万公顷，减产粮食200万千克，倒塌房屋66间，冲毁道路3 472米，桥梁涵洞27处，死亡4人。

1985年7月25—27日，毛甸子镇降雨量474毫米，毛甸子镇街道水深近2.0米。流域内8个乡（镇），68个村，8 200户受灾，其中3 110户进水，倒塌、损坏房屋近1 700间，农田受灾4 627.4公顷，冲走粮食11万千克，冲走大小牲畜522头，冲毁堤坝20.6千米、公路233.1千米、通信线路119千米、输电线路149千米。

蒲石河两岸建有护坡和铁丝笼防洪堤48千米，河道达到5年一遇防洪标准，保护了蒲石河两岸人民财产安全。

蒲石河目前已经建成并运行的电站有9座，总装机容量9 894千瓦。

纪　　实

四方顶是蒲石河的发源地，白石砬子是国家级自然保护区。保护区内高山幽谷，清流潺潺，林木茂密。主要树种有红松、杉松、紫杉、云杉、槭树等。林下灌木有迎山杜鹃、东北刺人参、朝鲜越橘等。野生药材和菌类有人参、细辛、败浆、黑木耳、松茸等。保护区内有水獭、黄鼬、貉等保护兽类和珍禽鸳鸯等50多种鸟类。

蒲石河从源头到门坎哨电站为上游段，近于西北偏东南流向，穿行于大川头、石湖沟两乡镇的石质山区。沿河两岸山岩陡峭，林木繁茂，河道随山势蜿蜒曲折，山涧溪水长流不息。上游段有两座水电站，即城门洞电站和门坎哨电站。城门洞电站坐落在玄武岩地区，因河岸陡峭的岩壁在玄武岩纵向节理作用下形成一个个城门形的孔洞而得名。门坎哨电站拦河坝是钢筋混凝土双曲薄拱坝，坝高15米。库区是东北地区玄武岩地质构造的典型代表，门

蒲石河枫叶

坎哨两岸山峰对峙，如两排石壁插入云间，河床狭窄，形成U形河谷，蔚为壮观，现命名为玄武湖，每年接待几万名国内外游客到此观光。

蒲石河水从门坎哨电站大坝滚落以后，奔流倾泻，进入影壁山电站库区，由影壁山库区进入梨树园子电站，再沿着毛甸子镇与永甸镇的分界线穿行到

板栗

杨木川镇，跨越洼子沟电站来到望天岭电站，通过"九曲十八弯"进入长甸镇的金坑村继续南流，进入古楼子乡蒲石河电站，由大蒲石河口注入鸭绿江。

古楼子素有"板栗之乡"的美誉，板栗栽培有近百年的历史。现有板栗面积0.17万公顷，栗树90余万株，年产栗子700多吨。

7.2.1.12　爱河

(Aihe River)

鸭绿江右岸支流，唐代称乌骨江。爱河原为叆河，2006年丹东市地名委员会办公室因"叆"为生僻字，"叆河"更名为"爱河"。

概　　述

流域范围　爱河发源于辽宁省宽甸满族自治县双山子镇四平街村北千山山脉的摩天岭，又称高丽盘道岭，海拔1 205米。上游段又名牛牲河，西南流至灌水镇，接纳来自爱阳镇的旧帽河后始称爱河，流经凤城市爱阳、大兴、石城、大堡、东汤等镇及凤城市区，丹东市振安区汤山城、五龙

爱河

7.2.1.12 爱河

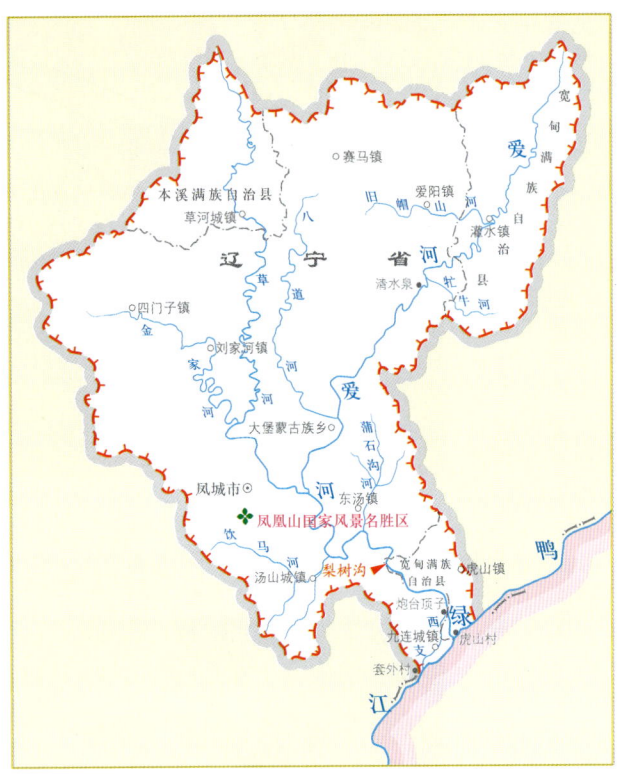

爱河水系示意图

背、楼房、九连城等镇，宽甸满族自治县虎山镇，于丹东市振安区九连城镇庙岭村炮台顶处分为东西两支，东支于宽甸满族自治县虎山镇汇入鸭绿江，西支于九连城镇套外村汇入鸭绿江。爱河地理位置为东经 124°08′～124°30′，北纬 39°59′～40°23′，全长 192 千米，流域面积 5 817.67 平方千米。

地貌 爱河流域地处长白山支脉，南临黄海，地势南低北高。爱河上中游群山叠嶂，山势较陡，河道弯多水急，河道平均比降在 2.5‰以上。下游为低山丘陵区，山矮坡缓，土地较多，且较肥沃，河道平均比降在 1.4‰以下。流域下游大部分属于辽东丘陵和低丘陵平原地带，为长白山脉向西南延伸的支脉的东南坡，地势由东北向西南逐渐降低，一般海拔 500 米以下，相对高差 50～150 米。

水系 流域水系发达，呈树枝状，流域面积 100 平方千米以上的一级支流有旧帽山河、牤牛河、八道河、草河、饮马河、东汤河。其中草河的流域面积大于 2 000 平方千米。

气候 流域属暖温带湿润大陆性气候，四季分明。流域多年平均气温 8.7 摄氏度，最高气温 34.3 摄氏度，最低气温 −28 摄氏度；多年平均年降水量 968.5～1 200 毫米，年内分配不均，主要集中在夏季，占全年的 65.9%，在地理分布上为东部多、西部少；多年平均年蒸发量 635 毫米；多年平均相对湿度 71%；多年平均风速 3.2 米每秒，最大风速 19.7 米每秒；多年平均年日照时数 2 447.3 小时，农作物生长期 4—9 月日照时数 1 272.3 小时；最大冻土深 0.88 米；最大积雪深 0.31 米。

水文 据梨树沟水文站记录，爱河多年平均年径流量 30.6 亿立方米，最大年径流量 69.8 亿立方米，最小年径流量 10.6 亿立方米。爱河多年平均含沙量 0.247 千克每立方米，最大含沙量 0.678 千克每立方米，多年平均年输沙量 82.17 万吨，最大年输沙量 226 万吨，多年平均年输沙模数 146 吨每平方千米。

经济社会 爱河流经丹东市所辖的宽甸满族自治县、凤城市和振安区。丹东市是我国最大的边境城市，资源丰富，75%以上面积是山区，森林覆盖率 61%，林木蓄积量居辽宁之首。爱河流域地下有金、铜、铅、硼、铁等 50 多种矿产资源，其中硼的储量占全国固体储量的 94%。山货野果、土特产品丰富，特别是柞蚕、烟草、人参、板栗、草莓等。沈丹铁路、沈丹（高速）公路等交通干线从流域通过。

2006 年流域内总人口约 67.5 万人，耕地面积 5.87 万公顷，地区生产总值约 33.7 亿元。

洪涝灾害 流域水灾频繁，据 1888 年以来的资料统计，平均每 3～4 年就发生一次水灾，其中造成重大伤亡和财产损失的主要有 3 次大洪水。

据安东县志记载，清光绪十四年（1888 年）进入七月初即大雨连绵，爱河、大洋河等河水齐涨，凤城县遭水灾，人民流离失所，景状凄惨。八月十一，爱河梨树沟洪峰流量高于 17 600 立方米每秒。

1960 年 8 月 3—5 日全流域普降大到暴雨，暴雨中心在爱河上游的爱阳镇，3 小时降雨 257 毫米，爱河及主要支流草河、八道河均出现新中国成立以来的最大洪水，梨树沟水文站的洪峰流量为 17 400 立方米每秒。

1985 年 7 月 25—26 日爱河流域普降特大暴雨，暴雨中心汤山城镇降雨 507 毫米，24 小时降雨 450 毫米，最大 3 小时降雨 163 毫米。26 日爱河梨树沟洪峰流量为 13 200 立方米每秒。这次降雨历时长、强度大，造成爱河堤防决口 5 处，丹东市振安区九连城镇河西甸子村平地水深 1～2 米。

河道整治 在爱河干流上已建成的防洪工程主要有爱阳城至土门岭段防洪堤，堤长 7 千米；草河镇大斜哨至闫家桥段，堤长 4.8 千米；草河镇上、下堡防洪堤，堤长 3.5 千米。2002 年 10 月至 2003 年 11 月对爱河西支防堤进行了加高培厚，并进行了护坡。治理后爱河西支防洪标准达到了 20 年一遇。

开发利用 爱河流域水力资源丰富，规划可建小水电站 32 座，装机容量 67 083 千瓦，年发电量 21 107 万千瓦时。爱河流域已建成水电站 10 座，装机容量 10 423 千瓦，设计年发电量 3 881 万千瓦时，其中干流上已建成的水电站有 6 座，装机容量 6 673 千瓦，设计年发电量 2 131 万千瓦时。

龙凤灌区是爱河中游段的重点灌区工程。干渠总长 7 350 米，设计灌溉面积 587 公顷，设计流量 1.79 立方米每秒。水源工程位于爱河中游的草河区花家堡，是凤城市城区供水的主要水源地，供水主管道 9.3 千米，设计日供水能力 2 万吨，水质为Ⅰ～Ⅱ类。

纪　实

上游 河源至宽甸满族自治县灌水镇为上游段。河流流经宽甸满族自治县双山子、灌水镇及凤城市黄旗镇，在灌水镇南有支流旧帽山河由右岸汇入。在凤城市爱阳镇凉水泉村北有牤牛河从左侧汇入。爱阳镇地处凤城市北部山区，总面积 362.7 平方千米，耕地 3 300 多公顷，林地 28 400 公顷，爱阳镇与西边邻镇赛马镇是丹东市境内的煤炭产地，辖 15 个村，总人口 3.7 万，满族人口占总人口的 61%。爱阳名称源于爱阳城村的一座古城，此古城为方城，边长 500 米，城内出土大量明朝瓷罐。现存完整门匾一块，匾上刻有"叆阳城" 3 个正楷字，落款为"成化柒年捌月中秋日立"十个小字。在爱阳城北 1.5 千米处，有明朝叆阳关遗址，是辽东长城第一关。爱阳城与灌水镇交界处有明辽东长城、清柳条边遗址。爱阳镇地区曾是抗日英雄杨靖宇将军率领抗联部队战斗过的地方。1946 年 10 月 31 日至 11 月 2 日，东北民主联军第四纵队以优势兵力将国民党军队号称"千里驹"的二十五师全歼于新开岭地区。现在爱阳镇富国村庙东堡北侧山丘上有"新开岭战役纪念碑"。

中游 灌水镇至草河口为中游段。爱河与凤上铁路线依傍而行。在大堡蒙古族乡三官庙村南有八道河从右侧汇入。爱河继续西南流,在凤城市草河街道花家堡子村东有爱河最大支流草河从右侧汇入。

凤城市位于爱河流域中游,历史悠久,早在2万年前就有人类生活在这块土地上。夏、商、周各朝为中国古代民族华夏族、东夷族、东胡族等民族杂居地区。公元前300年被燕昭王划入政区,隶属燕国辽东郡。公元前128年汉武帝设武次县,建武次城,人口达2万人以上,是东北地区最早设县建制的地区之一。晋朝在乌山(今凤凰山)建乌城,设乌城州。辽朝设龙原府(市地级建制)龙原县,建龙原城;后改称开州、开远县。辽圣宗曾到开州视察,是到过凤城地区的第一位皇帝。明朝在开州城址建凤凰城,并设定辽右卫(市地级建制)于凤凰城。清朝设凤凰城守尉、凤凰直隶厅、东边兵备道等旗民军政机构,设立启凤书院等文化机构和对朝贸易的经济管理机构,凤城成为辽东地区政治经济文化中心。

凤城名胜古迹众多,旅游资源丰富。凤凰山国家风景名胜区位于凤城市东南3千米处,属长白山余脉。凤凰山形成于1.5亿年前,新石器时代就有人居住,得名于3000年前的周朝,山名乌山。建于晋朝的乌城是最早的人文景观,第一高峰海拔836.4米,第二高峰箭眼峰海拔812米。以"壁立千仞""状类荆门三峡"而著称于世,吸引游人。隋唐时期称乌骨山,660年唐朝人张楚金撰写的《翰苑》是第一部记述凤凰山的史书。元朝称乌尔古山,明朝称凤凰山。1460年,明朝礼科给事中张宁《游凤凰山记》是描述凤凰山的第一篇游记。1488年明朝人修建的大宁寺(今紫阳观)是凤凰山最早的宗教建筑,现已成为道教活动的场所。清朝创办药王庙会,使游山成为一种群众性活动。1994年1月10日,凤凰山被国务院批准为国家级风景名胜区,跻身于中国名山行列。凤凰山的自然景观主要有攒云峰、箭眼峰、凤凰洞等22处,人文景观有紫阳观、观音阁、朝阳寺、古城墙等15处。凤凰山有奇花异草及各种珍贵药材,是一座天然植物园。

下游 草河口以下为下游段。河流转向东南流,该段河道蛇曲。在丹东市振安区汤山城镇北有饮马河汇入后,爱河又流回凤城市,在东汤镇前屯村南有东汤河从左侧汇入。

凤凰山

爱河下游由凤城市流入丹东市振安区境内。辖区东部和东北部多为鸭绿江、爱河之冲积平原,土地肥沃,为丹东市区主要蔬菜生产基地。

振安区历史悠久,风景秀丽。有夏商战国时期在辽东地区最早设立的边陲重镇——九连城镇,有西汉年代辽东郡属西安平县古址,还有"鸭绿江战绩"碑、"俄国坟"等日俄侵华战争遗迹。"鸭绿江战绩"碑俗称日本碑,现存于振安区九连城镇东北400米处的镇东山山顶,是1906年日俄战争结束后,日本帝国主义为了炫耀其"战胜国"的"胜利",为侵华日军歌功颂德而建造的。"鸭绿江战绩"碑是日军侵略的罪证,也是警示中国人民勿忘国耻的教科书。

坐落于五龙背镇和楼房镇交界的五龙山属长白山系,海拔699米,山势险峻,松柏幽幽,山南侧五龙山风景区是国家级鸭绿江风景区的重要景点。爱河流入振安区后,流经汤山城镇、楼房镇,其间有梨树河、横道河等15条支流汇入,于九连城镇炮台顶子处分为东西两支,汇入鸭绿江。

7.2.1.12.1　八道河
(Badao River)

爱河右岸支流,位于辽宁省凤城市境内,发源于凤城市赛马镇北部与本溪满族自治县交界处的和尚帽子山,流经赛马、弟兄山、刘家河等镇,在大堡镇武装村河北堡纳三股河,于大堡镇北山附近注入爱河。流域面积935.83平方千米,河长92.59千米,河道平均比降4.84‰。

八道河沿岸为群山环绕,植被较好。河流自北向南流,北部山高林密坡陡,向南山高渐低。沿岸两岸多为坡耕地,土质瘠薄,砂石较多,河道比较稳定,下游为丘陵区,土地较平坦肥沃。

八道河多年平均年降水量1 061.2毫米,最大年降水量1 849.7毫米,最小年降水量628毫米。多年平均年径流量4.48亿立方米,最大年径流量9.61亿立方米,最小年径流量1.04亿立方米。水质汛期为Ⅰ类,非汛期为Ⅲ类。

八道河上建有文化电站,装机容量650千瓦,平均年发电量240万千瓦时。

流域内现有獐毛灌区、联合村灌区、纪三灌区。总灌溉面积658公顷,其中纪三灌区最大,灌溉面积469公顷。

八道河防洪工程设计标准为10年一遇,主要为赛马镇段,保护耕地667公顷。双岭防洪堤保护耕地80公顷,黎明护岸工程保护耕地207公顷,联合村防洪工程保护耕地80公顷。

赛马镇位于凤城市北部山区,属八道河上游。全镇总面积413.8平方千米,2005年总人口31 456,满族人口占总人口的70%。赛马镇境内群山环绕,森林茂盛。北部八道河发源地和尚帽子山是凤城市境内第一高峰。赛马镇煤矿资源丰富,年产原煤100万吨。赛马是赛马集的简称,明朝称洒马吉,清朝称萨玛吉,萨玛吉是萨玛窝集的简称,汉语译为"知道山间多林木"的意思。1945年10月设赛马县、赛马乡,赛马县隶属安东省,以境内赛马集而得县名。赛马镇旅游资源主要有蒲石河原始森林公园、温洞村溶洞群、洒马吉堡遗址。

八道河中游流经凤城市的弟兄山镇和刘家河镇。弟兄山镇名源于镇北部与本溪县交界处海拔760.3米的弟兄山。此山二峰并立,状如弟兄,故称弟兄山。全镇总面积205.2平方千米,2000年总人口17 559人,满族人口占总人口的83.3%。境内马坊村有一明朝古城遗址。八道河出弟兄山镇之后便进入刘家河镇境内,流经该镇东部文化、松树、黑门子三个村。刘家河镇总面积355.8平方千米,2000年总人口25 190,满族人口占总人口的90.8%。沈丹甲乙线铁路在刘家河交会,国道304线(丹霍线)纵穿南北,沈丹高速公路在刘家河村境内设出入口。该镇西部火茸沟村翁泉沟铁硼矿是我国特大型铁硼矿床,矿石储量2.8亿吨。

八道河下游流经凤城市大堡蒙古族镇境内,于大堡镇镇政府驻地北部2千米处注入爱河。大堡镇总面积265.6平方千米，总人口24 000多人，蒙古族人口占总人口的22.3%。该镇境内武装村有新石器时代遗址，大堡村有汉朝武次县古城和辽朝贺州城遗址，爱路村积石墓为古代高句丽民族墓群。

7.2.1.12.2 草河
(Caohe River)

爱河右岸支流，发源于辽宁省本溪满族自治县（以下简称"本溪县"）草河掌乡长子山刘胡岭，由北向南流经草河城镇，凤城市弟兄山、刘家河、鸡冠山等镇，于凤城市草河街道花家堡子村南注入爱河。河长143.3千米，流域面积2 176.44平方千米，河道平均比降为2.5‰。

概　述

流域东临爱河支流**八道河**，西临**大洋河**，北临**太子河**，南面与爱河支流饮马河毗邻。草河流域属于辽东山地丘陵区，山地丘陵与小盆地相间，大体上呈西北东南向分布，局部为西东向分布。流域内地势由西北向东南成阶梯状

草河

降落，山地和丘陵地势陡峻，地层被切割成零乱分布，基岩部分裸露，受自然剥蚀较大，山上植被较发育。盆地和河谷平原地势较平坦，沉积了较薄的第四系地层。河流多绕流低山丘陵之间，流向多由西北至东南。

水系呈上宽下窄的扇形，草河支流较多，主要支流均在右侧，主要有金家河、南大河等。

草河流域夏季炎热多雨，冬季寒冷干燥。流域多年平均气温8.1摄氏度左右，12月至次年2月平均气温在0摄氏度以下，1月最冷，极端最低气温达-32.4摄氏度；7—8月平均气温高于23摄氏度，极端最高气温达37.3摄氏度。多年平均年日照时数2 387.8小时。

草河流域靠近海洋，空气湿润，降水量充沛，多年平均年降水量1 021.3毫米。降水量的年际变化较大，最大年降水量达1 692.3毫米，最小年降水量仅567.0毫米。降水在年内分配不均，多集中在夏季，6—9月约占全年降水量的77%，其中7—8月更为集中，占全年的57%。流域多年平均年蒸发量635毫米，多年平均年径流量10.6亿立方米。

草河流经本溪、凤城等县市。2005年流域内人口31.64万，耕地2.4万公顷，村屯40余个，工农业总产值约40亿元。草河流域是重点林区，有大面积天然次生林和驰名辽宁省的草河口人工红松林。种植业以玉米、水稻为主。流域内矿产资源丰富，已经开发的有煤、铜、铅等矿，较大企业有套峪铜矿和草河口化工厂。

草河流域主要灾害是洪水、干旱。1923年8月13日本溪县发生特大暴雨。1960年鸭绿江流域的特大暴雨，凤城县境内3小时降雨量达250~350毫米，山洪暴发，河水猛涨，是新中国成立以来最大洪水年。凤城县受灾3 931户21 730人，死亡284人，受灾面积13 700公顷。本溪县草河掌、草河城两镇因山洪淹没村庄14个，受灾人口2 500人，受灾面积1 333公顷，倒塌房屋150间。1971年7—8月凤城连降大暴雨，凤山公社大隈子草河堤被冲垮。1985年7月20、21日的大暴雨，本溪县有8个乡镇受重灾，农田受灾600公顷，冲毁、浸淹民房2 808间，冲毁公路110千米、桥涵59座、防洪堤18千米。1988年8月本溪县出现少有的持续高温干旱天气，一个月仅下了两场小雨，水库蓄水下降，小河断流，机井、方塘干涸，旱灾损失严重。

草河经过多年治理，现有堤防61.5千米，其中左堤长25.6千米（本溪段20.4千米，凤城段5.2千米）；右堤长35.9千米（本溪段28.5千米，凤城段7.4千米）。

草河流域建有白水寺和黑峪水库。白水寺为中型水库，库区水面面积3公顷，多年平均年降水量1 395万立方米。黑峪为小型水库，蓄水量130万立方米。

纪　实

草河的上游，是当地所称的"三草地区"，分别是草河口镇、草河城镇和草河掌镇。该区域有304国道、沈丹高速公路、沈丹铁路通过，是历史形成的物资交易集散地。草河口镇是本溪县南部的中心镇。该地区山脉多南北走向，地势北高南低。境内矿藏品种繁多，分布较广，目前已探明和开采的有硫化铁矿、赤铁矿、磁铁矿、铅锌铜伴生矿、铀矿等20多种。主要树种有落叶松、红松、油松、马尾松、黑松、水曲柳、黄檗、柞、槐树等，森林覆盖率81%。农副产品有水果、板栗和大苴。

草河出本溪县进入凤城市境内，凤城市通远堡镇，是辽东驿站第五站。据《岫岩志略》卷三《通远堡》条载："通远堡，城西北一百里，周围一里二百一十步，南一门。左一山城相隔二里，周围一里九十步，西一门。又一新城相隔二里，周围一里六十步，南一门。"经实地勘察，通远堡站城在今凤城市北通远堡镇所在地。附近有沈丹铁路线通远堡火车站。在车站东1千米的山城沟，发现了通远堡站的"山城"。山城建在山城沟的山上，平面作"凹"字形，系倚山就势修造而成，周围约700余米，称为土筑，遗址南有一门，右侧还有一墩台遗址。

在鸡冠山镇清沟村南有金家河从右岸汇入。此处有辽宁省著名的鸡冠山风景名胜区。该风景区位于凤城市西北部，距凤城市区46千米，属千山山脉，总面积84平方千米，是典型的山岳型风景名胜区。有通天沟、大西沟、石湖大峡谷、飞堤瀑布四大景区，分为山岳登高览胜区、野秋溪观赏区、层林叠碧观光区和飞瀑清潭休闲区。景区奇峰异石、森林古木、洞峡瀑布、溪

鸡冠山一景

水清潭各具特色，神韵天成，被誉为"中华奇境，北方桂林"。鸡冠山景区有海拔1 000米以上山峰13座，峭拔险峻，可登高俯览胜境。牛心峰如方盾直插云霄，壁立千仞；骆驼峰似跋涉的骆驼昂首独行；石浪峰犹如一巨大石猿，依附于牛心峰，构成石猿哺乳的奇观。层林叠碧的石湖大峡谷有辽东最大的瀑布群，有瀑布20余处，其中孔雀瀑布落差30余米，如银色孔雀居于涧中石上，栩栩如生；通天沟、大西沟谷幽水

奇，树高林密，涧泉清流叠瀑成潭，姿态万千；水帘洞洞中有水，水中有洞；飞堤瀑、净心湖清韵独特，山水相映，美不胜收。

草河流经凤城市的鸡冠山镇和凤城市区，在凤城市草河街道花家堡子村南注入爱河。

7.2.1.13　铁甲水库
（Tiejia Reservoir）

鸭绿江支流柳林河上游的大型水库，位于辽宁省东港市汤池镇境内，是以防洪、灌溉、城市供水为主，兼顾发电、养鱼等综合利用的大型水利枢纽工程。水库坝址东北距丹东市城区约26千米，南距东港市约24千米。

概　　述

铁甲水库库区位于黄海北部，鸭绿江下游地区，属东港市东北部的剥蚀侵蚀丘陵沟壑区，海拔在10～40米。库区上游植被较为茂盛，水库上游主要有广老河、常家河、红石河、三级台河、杨家河等支流汇入库中。

水库流域四季明显，雨量充沛，多年平均年降水量在1 000毫米以上，7—8月的降雨量占全年降雨量的43.77%。流

铁甲水库

域内气温以8月最高，平均气温在24摄氏度左右；1月气温最低，平均气温为−15～−8摄氏度。

水库于1958年动工兴建，1961年完成主坝工程，拦洪蓄水并开始受益，1964年主体工程全部完成。2001年10月进行除险加固，2006年底竣工验收。水库按200年一遇洪水标准设计，2 000年一遇洪水标准校核。坝址以上集水面积241平方千米，水库总库容2.55亿立方米，年调节水量1.18亿立方米。

主体工程由主坝、副坝、溢洪道、输水隧洞、水电站组成。主坝位于河谷地段，坝型为黏土心墙组合式土坝，坝长600米，坝顶宽8米，最大坝高24.65米，坝顶设1.1米高浆砌石防浪墙。副坝位于溢洪道左侧低凹山脊古风化岩壳上，坝型为黏土铺盖斜墙坝，坝长500米，最大坝高15.2米，坝顶宽4.4米，坝顶筑有高0.8米的混凝土防浪墙。溢洪道为正堰陡坡式，净宽52米，最大泄量为1 550立方米每秒，堰上设10.4米×5.2米弧形钢闸门5扇。输水洞长236米，洞径5.2米，为马蹄形断面，最大泄流量52.5立方米每秒，进口设平板闸门2扇。原水电站为河床式，装机容量1 600千瓦。1974年4月完成坝前式电站的机组安装，同年6月并网发电。1988年9月改建，1991年5月坝后式厂房新电站第一台机组并网发电，新电站装机容量为2×1 600千瓦，设计年发电量361万千瓦时，实际平均年发电量300万千瓦时，最大发电流量2×12立方米每秒。

铁甲水库保护下游1.6万公顷农田、24万人口及机场、铁路、高速公路等重要基础设施。水库设计灌溉水田1.34万公顷，实际灌溉1.2万公顷，并为东港市和前阳镇提供生活和工业用水，年均供水1 500万立方米。水库有养鱼水面面积1 333公顷，年均产商品鱼120吨。铁甲水库自运行以来，已累计为东港市提供工业、生活用水4亿多立方米，为农业提供灌溉用水42亿立方米。

纪　　实

流域内有4个乡镇，分别为东港市长安镇、十字街镇、汤池镇，丹东市振安区的同兴镇，以及16个村屯5 000多户，人口2.5万，有五龙金矿和群众自办矿100多处。

水库上游为低山丘陵区，因开矿采石，乱砍滥伐，人为破坏植被，给水库带来严重威胁。据统计，1960—1983年间，水库淤积量285万立方米，年均淤积12.4万立方米；1983—1988年间，淤积量212万立方米，年均淤积35万立方米，并有逐年加大的趋势。1985年大洪水，库区周围水冲砂压耕地52公顷，冲毁河堤40多千米，道路4千米，桥5座，房屋87间，受灾人口达到1 412人，死亡5人。

1987年以来，当地开展以小流域为单元的水土流失综合治理，在水库上游先后开辟了十几条小流域，治理面积达到333公顷，到2000年，水库上游治理面积达到1.3万公顷，水土流失得到了有效遏制，减少了水库的泥沙淤积量。与此同时，流域内群众人均粮食产量和收入都有了显著提高。

东港市历史悠久，文化源远流长。与铁甲水库近在咫尺的前阳镇山城山上，于1982年发现了"前阳人"古洞穴遗址，通过科学考察发现，早在1.8万年前的旧石器晚期，就有人类在此劳动和繁衍生息。

据史料记载，清朝的一个官员在坝址所在地修建房屋时挖出一块铁甲，遂将当地命名为铁甲房身。修建水库时，因坝址位于此地，水库便取"铁甲"二字命名。

7.2.2　大洋河
（Dayang River）

位于辽宁省岫岩满族自治县、东港市境内，是辽东半岛最大的一条独流入海的河流。清代称洋河，后因河流较长且水量较大而称大洋河。大洋河上游称东洋河，发源于岫岩满族自治县西北部偏岭镇北千山山脉海拔928.9米的一个树岭，在哨子河乡纳**哨子河**后称大洋河，于东港市黄土坎镇南注入黄海。河长179.7千米，流域面积6 168.52平方千米，河道平均比降1.06‰。

大洋河水系示意图

7.2.2 大洋河

概　述

地理位置为东经122°51′~124°07′，北纬39°49′~40°49′。流域东侧为**鸭绿江**支流**爱河**，北以千山山脉分水岭为界与**太子河**为邻，西侧有**英那河**，南临黄海。

大洋河流域地势北高南低，且自东、西两侧向中间倾斜。上游山区群山环抱，沟壑密布，植被较好，占流域面积的40%；中游丘陵起伏，河道弯曲，占流域面积的47%；下游平原地垫平坦，土地肥沃，占流域面积的11%；沙丘及其他占2%。

大洋河水系呈树枝状，流域面积超过100平方千米的支流有14条，分别是五道河、汤池河、雅河、牤牛河、沟连河、**哨子河**、三家子河、古洞河、青台峪河、青河、渭水河、亮子河、土牛子河、小洋河和双岔河。

流域属暖温带大陆性季风气候，寒冷期长，无霜期短，降雨集中，四季分明。春季日照增强，冷空气逐渐减弱，气温回升较快，风大干旱；夏季盛行东南季风，炎热潮湿，雨量集中，多连阴雨和暴雨天气；秋季西北风开始增强，日照减弱，气温迅速下降；冬季盛行西北季风，北方冷空气频繁入侵，气候严寒。流域内气温一般是南高北低，1月最冷，7月最热，温差达34摄氏度以上。多年平均气温7.5~8.0摄氏度。

大洋河流域暴雨比较集中，且强度大，多发生在7—8月，占全年降水量的58%左右。三清观站1987年最大1小时降水量达到108.3毫米，最大6小时降水量达到304.5毫米。

大洋河流域洪水主要由暴雨产生，多集中在7—8月。一次洪水过程一般在5天左右，最长达7天，洪量主要集中在1~3天之中，属于陡涨陡落的山区性河流。如果连续出现两次或两次以上的降雨过程，可形成双峰或多峰洪水过程，洪水持续时间可达15天以上。

大洋河沙里寨水文站多年平均年径流量20.79亿立方米，最大年径流量46.27亿立方米（1964年），最小年径流量6.17亿立方米（1972年）。

大洋河流域多年平均年径流量31亿立方米，流域内人均占有水资源量3 721立方米。

大洋河流域包括鞍山市、丹东市、大连市三市所辖的岫岩、凤城、东港及庄河4个县（市）的43个乡镇。2000年流域内有人口83.3万，其中农村人口72.6万，城镇人口10.7万。有耕地8.85万公顷，其中水田1.89万公顷，主要集中在东港市；旱田面积6.5万公顷，主要集中在岫岩县；菜田427公顷。

流域内2000年工农业总产值105亿元，其中工业产值89亿元，农业产值16亿元。

大洋河流域的主要自然灾害是洪灾。据历史记载，1879—1995年百余年间，共发生42次大小洪水，平均2.9年一次。发生特大洪水5次，即1888、1937、1960、1985和1996年。

洪水给该流域造成的经济损失很大，1996年7月28日的一场大洪水，凤城市沙里寨镇政府所在地全部被淹；夹信子村大部分房屋被毁，农作物被席卷，冲毁耕地0.24万公顷，有3 800户居民被淹，受灾人口达1.5万；大小洋河防洪堤防多处决口，东港市位于大洋河流域的12个乡镇93个村遭受了不同程度的洪灾，受灾人口20余万，受灾耕地2.67万公顷，倒塌房屋240间，冲毁、冲坏道路70多千米，多处水利工程被冲毁，本次洪涝灾害造成直接经济损失达1.34亿元。岫岩满族自治县受灾乡镇10个，共93个村，受灾人口2.38万，倒塌房屋284间，受灾农作物面积713公顷，其中经济作物80公顷，绝收53公顷，冲毁耕地466公顷，直接经济损失5 500万元。

大洋河河道整治始于清代后期。清光绪十六年（1890年），由于洪水危及岫岩满族自治县城镇，遂决定捐款修筑大洋河右岸城防堤。流域内现有堤防总长300多千米，其中主要河流堤防长度168.3千米。大洋河干流现有堤防长度43.4千米，其中岫岩满族自治县境内堤长4.1千米，设计流量3 500立方米每秒；凤城市境内堤长9.8千米，设计流量7 000立方米每秒；东港市境内堤防长度29.5千米，设计流量7 600立方米每秒。干流堤防现有防洪标准多数为10年一遇。

大洋河堤防主要集中在岫岩镇周围和下游哨子乡一带，岫岩满族自治县城附近现有堤防长度42千米，防洪标准左岸为20年一遇，右岸城区段为50年一遇。下游地区现有堤防长度15千米，防洪标准低。

大洋河流域水能资源理论蕴藏量3.6万千瓦，主要集中在大洋河和哨子河及其支流。目前哨子河上已建成三大步水电站，装机容量1 250千瓦，多年平均年发电量350万千瓦时；古龙水电站，装机容量750千瓦，多年平均年发电量260万千瓦时。罗圈背水库电站装机4台，装机容量1 600千瓦，多年平均年发电量157万千瓦时；土门子水库电站装机4台，装机容量2 860千瓦，多年平均年发电量400万千瓦时。

截至2000年底，流域内的灌溉工程共有116处，其中蓄水工程27处，引水工程32处，提水工程38处，井灌工程19处，实际灌溉面积2.5万公顷。

大洋河流域位于长白山、华北植物区的交叉分布地带，植物种类繁多，森林资源较丰富。但是，原始森林早已砍伐殆尽，现有森林植被均为天然次生林和人工林。主要品种有红松、沙松、刺柏、蒙古栎、核桃、猕猴桃等。流域内野生动物资源丰富，种类繁多，有黑鹳、丹顶鹤、大天鹅、鸳鸯、金雕等。白石砬子自然保护区近年发现有被称为"凤龙"的石尾榛鸡。

流域内矿产资源丰富，主要集中在上游岫岩县的广大山区。驰名中外的岫岩玉，产地位于岫岩县西北部山区，此处曾发掘出重达260吨的"玉石王"。玉石的开采、加工、销售带动了岫岩县相关行业和经济的发展。

纪　实

上游　河源至哨子河汇入口为上游段。大洋河上游称偏岭河，出源后东南流，在岫岩镇坝墙村北有汤池河从右岸汇入；过岫岩镇纳从右侧汇入的雅河；继续东南流，在岫岩镇大山嘴村东有牤牛河从左岸汇入；下行有沟连河在哨子河乡塘岭村西汇入；继续下行，于哨子河乡哨子河村东大洋河最大的支流哨子河从左岸汇入。哨子河汇入后，水量大增。

大洋河上游岫岩县杨家堡镇境内有娘娘城遗址，现仅存墙基和石碑一甬、古墓一座。城内出土过一些高句丽民族的遗物。

下游　哨子河汇入口至河口为下游段。哨子河汇入口以下进入凤城市和东港市境内，沿河两岸地势平坦。河流在凤城市沙里寨镇夹心子村东有亮子河汇入。亮子河上游有两股较大河流，一是发源于宝山镇宝石山（海拔高程667米）的红旗河，另一个是发源于宝山镇西北的戴家沟，两河于沙里寨镇亮子河村会合后名亮子河，复南流汇入大洋河。河流继续下行，在蓝旗镇镶白旗村南有土牛子河从左岸汇入。土牛子河中建有**土门子水库**。继续南流，在东港市黄土坎乡夹心子村北有小洋河从右岸汇入，小洋河中游建有**罗圈背水库**。大洋河

孤山湿地

在黄土坎乡南注入黄河。

大洋河出海口右岸，坐落着大孤山风景区，南濒黄海，孤峙海滨，总面积42平方千米，由大孤山古建筑群、小岛和鹿岛三个景区组成。

大洋河口附近可开发滩涂面积3.3万公顷，2000年已开发1.3万公顷，河口处近400米宽的河道和一望无际的芦苇荡是洄游鱼类繁殖、觅食的良好场所。

7.2.2.1 哨子河
(Shaozi River)

大洋河左岸支流，清代曾叫杓子河，因其落差大、哨口多而得现名。哨子河发源于辽宁省岫岩县牧牛乡韩家岭村北千山山脉黑背正岔岭，海拔906米，上游称牧牛河，据《岫岩县志》记载：清乾隆年间一次大洪水，从上游冲下一个防水的木牛子，恰好堵在即将冲垮的河岸处，幸免成灾，从此人们称此河为"木牛河"。清光绪年间将"木"字改为"牧"，沿用至今，该地也因此河而得名。牧牛河与三家子河汇流后，始称哨子河。哨子河流经韭菜沟、黄花甸、朝阳、苏子沟、红旗营子、大营子等乡镇，于哨子河乡小岭沟北入大洋河。哨子河流域面积2 258.6平方千米，河长137.07千米，河道比降1.27‰。

概　　述

流域处于山丘区，降水充沛，热量充足，土地肥沃，野生经济植物丰富，林草覆盖程度比较高。

哨子河支流众多，流域面积大于或接近100平方千米的一、二级支流有6条，即三家子河、石谷沟河、青台峪河及其支流青河、古洞河、渭水河。

哨子河流域具有典型的山丘区气候特点。四季分明，春秋两季干旱少雨，夏季湿热多雨，冬季寒冷少雪，盛行北风。流域多年平均气温为7.5～8摄氏度，多年平均年蒸发量648.6毫米，多年平均年降水量853.3毫米，降水量多集中在7—9月，最大年降水量1 580毫米，最小年降水量483毫米。据文家街水文站实测，哨子河多年平均流量为27.4立方米每秒，最大洪峰流量7 060.0立方米每秒（1960年8月4日）。多年平均年径流量9.83亿立方米，最大年径流量17.18亿立方米（1964年），最小年径流量2.59亿立方米（2000年），多年平均含沙量0.347千克每立方米，多年平均年输沙量30.5万吨。哨子河及各支流全年各时段的水质均达到或优于Ⅲ类水质。

由于年际和年内降水分布不均，流域曾发生多次旱灾，以1970、1973、1978和1979年灾情为重。

流域内2000年有人口166 640人，耕地1.67公顷，工农业生产总值629 488万元。

哨子河堤防工程建设始于20世纪60年代初，经过几次修建，已有干流堤长30.65千米，防洪能力为10年一遇至20年一遇；支流堤防长110千米，防洪能力为5年一遇至10年一遇。哨子河流域水田灌溉始于20世纪50年代，牧牛、三家子和大营子等乡镇共有零星水田面积250公顷。1972—1979年，哨子河流域先后建成古龙、石湖和三大步三座小型水电站，总装机容量2 185千瓦，年发电量约700万千瓦时。

纪　　实

哨子河出源后东南流，在牧牛乡双龙寺村转向东流，在三家子镇周堡子村东左纳发源于三家子镇孤山沟、河长24.63千米、流域面积194.3平方千米的三家子河。

哨子河上游的药山坐落于三家子、韭菜沟和石庙子三乡镇的交界处，因盛产中药材而得名。清代为奉天（今辽宁省）四大名山之一，曾与千山、医巫闾山、凤凰山齐名。药山山势高峻，由东北向西
药山自然保护区

南起伏绵延10余千米，共有大小奇异山峰40余座。主峰石花顶海拔887.7米，因其四座山峰联袂而立，峰顶各有一处岩石崩裂开来，远望犹如四朵莲花盛开，故名石花顶。

过药山后在黄花甸镇北有发源于石庙镇三道岭、河长39.53千米、流域面积294.7平方千米的青台峪河汇入。青台峪河河口以下河流转向南流，古洞河于黄花甸镇关门山村北从右岸注入哨子河，该河发源于大房身乡四方顶（海拔高程976米），河长33.4千米，流域面积198.1平方千米。河流下行转向东流，又折向南流，于朝阳乡东山嘴子村有南石湖沟河从左岸注入，该河发源于朝阳乡帽盔山南，河长22.73千米，流域面积99.0平方千米。

哨子河中游的石湖位于朝阳乡荒地村石湖沟内，源于青凉山岱王庙山下，汇集东、西二沟水流经该处，骤然跌落，清流触石，回旋激荡，年久成潭。石湖上下相连七瀑七潭，自高而下，首尾相顾，长500米，落差100米，蔚为壮观。在石湖沟口，立有两根3米高石柱，是新石器时代晚期至青铜器时代的一种纪念建筑物。每当盛夏多雨时节，石湖远观瀑布如丝垂帘，如银河落虹；近临潭水，澄碧四溅，喷云吐雾，使人心旷神怡，眷恋不舍。

河流继续南流，河道蛇曲，多急弯哨口，在大营子镇王家堡村有渭水河从左岸汇入。渭水河发源于大营子镇开家沟，河长34.03千米，流域面积298平方千米。河流继续南流，于哨子河乡小岭沟北汇入大洋河。

7.2.2.2 土门子水库
(Tumenzi Reservoir)

大洋河支流土牛子河上的以防洪、灌溉为主，兼顾发电、养鱼、旅游等功能的大（2）型水库，为多年调节水库。位于辽宁省凤城市境内，坝址距凤城市区西北60千米。

工程始建于1975年1月，1976年9月截流蓄水，1977年10月拦河坝主体工程竣工。水库控制流域面积276平方千米，多年平均年径流量1.77亿立方米。水库按100年一遇洪水设计，1 000年一遇洪水校核。总库容1.93亿立方米，其中防洪库容1.43亿立方米，兴利库容1.59亿立方米。

工程建筑物由大坝、溢洪道、输水洞、水电站组成。

大坝有主坝1座，副坝1座。主坝坝型为浆砌石重力坝，最大坝高36.6米，坝顶宽8~9米，坝长319米，坝顶筑有高1.2米的防浪墙。副坝位于主坝右侧土门岭上，坝体结构为黏土斜墙坝，坝高8米，坝长32米。溢流坝为实用堰。设有5孔12米×7米的弧形钢闸门，最大泄流量2880立方米每秒。输水洞为坝内钢筋混凝土压力涵管式渐变洞，洞长31.4米，最大过流量55.5立方米每秒。水电站为坝后式，4台机组总装机容量2860千瓦（2台×630千瓦、2台×800千瓦），多年平均年发电量576万千瓦时。

水库保护下游的红旗、蓝旗、龙王庙、小甸子等6个乡镇的0.87万公顷耕地、10万人口、40多家中小企业，以及凤城至大连公路等。

土门子水库自建库以来，先后成功拦蓄超过1000立方米每秒的较大洪水6次，特别是拦蓄了1982年和1996年的两次大洪水。1982年汛期，大洋河出现了8700立方米每秒洪峰流量的大洪水，超过下游堤防7600立方米每秒的防洪标准（10年一遇），大堤差0.4米漫顶。土门子水库错峰拦蓄，有效地保证了下游河道的安全度汛。1996年8月11日，大洋河再次发生大洪水，瞬时洪峰流量达到2174立方米每秒，水库只下泄流量795立方米每秒，削减洪峰63.4%，大大减免了下游的洪涝灾害，保护了下游6个乡镇10万人口、40多家中小企业及凤城至大连公路的安全。

土门子水库是东港市友谊灌区的主要供水水源，设计灌溉面积1.45万公顷，实际灌溉面积0.68万公顷，多年平均年灌溉用水量6465万立方米。水库现有养鱼水面933公顷，年产商品鱼300吨。

2003年，运行了近30年的土门子水库经专家鉴定为病险水库，除险加固工程于2007年完成。

土门子水库位于辽东半岛东部，靠近黄海北岸，属凤城南部的丘陵区，高程在200米以下，与河谷相对高差在100米左右。坝址位于土牛子河中游的大土门子附近，距入大洋河河口26千米。土牛子河上游有莫家河、谢家河、那家河3条支流汇入库中，形成土门子水库的3个入库口。

土门子水库坝址以上河道长约25千米，集水面积占流域总面积的44%。属于少沙河流，多年平均年输沙量16.5万立方米。坝址以上地貌为丘陵区，河谷呈U形，河床比较稳定。水库淹没区与库区两岸均是高山。水库坝址区系由少量变质岩、片岩类以及广泛分布的火成岩、花岗岩类组成。这里土层浅薄，森林覆盖率较低，水土流失较重，土地贫瘠。每遇暴雨，地表径流迅速集中，来势凶猛，形成陡峭集中的洪峰。

20世纪90年代以来，当地政府对水库上游及库区范围进行了综合治理，以防治水土流失为重点，完成了部分库区河道整治工程、造林工程等，不仅使库区的水土保持得到了加强，还有效地改善了库区环境。

土门子水库不仅有优美的自然风光，而且还有着深厚的文化积淀。水库库区上游有多座古庙遗址，水库上游有道教龙门派显应宫的遗址。传说在明朝初年，一位游方道士去凤凰山造访紫阳观，路过此地遇仙人指点，在此建庙普度众生。

7.2.2.3 罗圈背水库
(Luoquanbei Reservoir)

大洋河支流小洋河上的以防洪、灌溉为主，兼顾发电、养鱼等综合利用的中型水库，位于辽宁省东港市孤山镇境内，坝址距东港市城区约50千米。

工程于1970年9月动工修建，1972年10月竣工。坝址以上集水面积115平方千米。水库按100年一遇洪水标准设计，500年一遇洪水标准校核。水库总库容5424万立方米，其中防洪库容1826万立方米，兴利库容4950万立方米。年调节水量5000万立方米。

主体工程由拦河坝、溢洪道、输水隧洞、发电站组成。拦河坝坝型为浆砌石重力坝，最大坝高40米，坝长249.65米，坝顶宽9.3米。坝顶设有防浪墙，墙高1.25

罗圈背水库

米。大坝左侧为溢洪道。堰顶净宽35.4米，设有3孔11.8米×5.25米弧形钢闸门，最大泄洪流量717立方米每秒。输水洞为坝内埋管式，洞径2.5米，最大过流量68.4立方米每秒。坝后式水电站4台机组装机容量1800千瓦，设计年发电量163万千瓦时。

罗圈背水库保护下游2667公顷农田和21000人口的防洪安全，同时还保护201国道等重要的基础设施。水库运行以来，已成功地拦蓄了1985、1987、1998年3次大洪水，对下游农田和村屯起到有效的保护作用。

罗圈背水库设计灌溉面积4880公顷，有效灌溉面积3333公顷，平均年供水量3500万立方米。水库运行以来，已累计向下游农田供水11.2亿立方米，灌溉保证率达到87%。水库有养鱼水面245公顷，年均鱼产量20吨。水库电站年均发电量210万千瓦时。

罗圈背水库坝址位于小洋河上游地段，因坝下1千米处河道与山脉呈S形走向，被当地称为罗圈背，故名为罗圈背水库。小洋河属大洋河水系的一条支流，发源于岫岩满族自治县洋河镇马家堡子村太平岭，下游在孤山镇东大圩村肖家园汇入大洋河。小洋河流域面积241平方千米，河长40千米，坝址以上河长26.38千米。河道平均宽50米，汛期水面宽150米。两岸山坡较陡，约呈45~50度角，河谷呈U形，河床稳定，分水岭高且厚，加上库区植被较好，所以水库的淤积较小。

水库回水区以上河道辖属岫岩满族自治县，坝址以上河道长11.87千米，主河道上有三条支流汇入，依次为老庙沟河、鹿圈沟河、土门子河。

罗圈背水库于2005年进行除险加固。2007年6月底竣工。

7.2.3 湖里河
(Huli River)

又名石嘴河，发源于辽宁省庄河市塔岭镇围场沟北山，河源海拔333.9米，河长44千米，流域面积440平方千米，河道平均比降4.1‰，流经庄河市塔岭镇等3个乡镇，于鞍子山乡鳝鱼沟注入黄海。湖里河有一级支流7条。

湖里河地处辽东半岛的东北部，在千山余脉南延的地段上，南濒黄海，地处暖温带湿润季风气候区，具有气候温和、雨量充沛、四季分明的特征。流域多年平均气温8.6摄氏度，极端最高气温33.9摄氏度，极端最低气温为−28摄氏度，无霜期171天。流域多年平均年降水量780毫米，多年平均年径流深559毫米，多年平均年径流量2.46亿立方米，降水量年内分布不均，主要集中在7—8月，约占全年降水量的57%。降水量地域分布不均匀，暴雨中心多发生在上游山区，下游经常受风暴潮影响。

湖里河流域农作物以水稻、玉米等为主，工业以水产品和农副产品加工和小型化工为主。干流现有堤防37.6千米，防洪标准为10年一遇。2004年沿河两岸有村屯93个，人口5.21万，耕地1.04万公顷。

河流上游为低山丘陵区，山峦叠翠。干流建有**转角楼水库**，具有城市供水、防洪、灌溉、养鱼、发电等综合功能，水库集水面积146平方千米，总库容1.42亿立方米。中游丘陵起伏，溪流、谷地、盆地、小平原间杂其间，适宜林果种植。下游地势平坦开阔。

湖里河入海口东为南尖半岛，西为黑岛半岛，北靠丘陵，其滩面平坦宽广，大潮时潮水后退达7～8千米，且由于海水营养盐丰富，底质适宜，贝类资源特别丰富。滨海低地修筑养虾池港养对虾、围垦或植苇，滨海平原已辟为水稻田，丘陵岗地发展旱田和温带水果，经济效益和社会效益显著。

湖里河下游右岸的青堆子镇主街有始建于唐代的普化寺，其建筑气势宏伟，寺内雕像端庄肃穆，是辽南重要名胜古迹之一。1966年庙群遭到破坏，1987年开始恢复重建至现在规模。

普化寺

7.2.3.1 转角楼水库
(Zhuanjiaolou Reservoir)

湖里河干流上游的大（2）型水库，位于辽宁省庄河市青堆镇胡沟村，距庄河市城区40千米。

转角楼水库是一座以防洪为主，结合灌溉、城市供水、发电、养鱼等综合利用的大型水利枢纽工程。水库于1958年10月开始建设，1960年因故停建，1968年续建，1969年蓄水，2001年11月对水库进行了除险加固，2002年8月完工。水库按300年一遇洪水设计，2 000年一遇洪水校核，设计洪水位43.14米，相应库容1.42亿立方米。水库集水面积146平方千米。

水库所处流域地处北温带湿润大陆性季风气候区，具有一定的海洋性气候特征，气候温和，四季分明，降雨集中，日照丰富，季风盛行。域内多年平均气温8.9摄氏度，极端最低气温−25.2摄氏度，极端最高气温36.0摄氏度；多年平均年降水量869毫米，其中6—9月降水量占全年降水量的75%；多年平均年蒸发量702.4毫米；多年平均相对湿度69%；多年平均年日照时数2 454.6小时；多年平均风速2.9米每秒，最大风速23.7米每秒；无霜期251天，12月至次年2月为结冰期，冰厚约80厘米，最大冻土深为1米。

水库枢纽工程由主坝、副坝、溢洪道、输水洞、发电站和灌区建筑物组成。主坝为黏土心墙坝，坝长197米，坝顶宽6米，最大坝高24.9米。副坝为均质土坝，位于溢洪道右侧，坝长55米，最大坝高10米。溢洪道为宽顶堰，堰顶高程37米，净宽24米，设有3孔弧形钢闸门，陡坡段长197米，平均宽度26.4米，末端为挑流消能，最大泄流量659.66立方米每秒。输水洞为岩体内钢筋混凝土圆形压力隧洞，洞长93.3米，直径2米，平板铸铁闸门，最大过流量35立方米每秒。电站设有4台机组，总装机容量1 660千瓦，设计年发电量340万千瓦时。灌区设计灌溉面积8 320公顷，有6条主干渠，总长80.2千米，平均年供水量为1.1亿立方米。

转角楼灌区于1969年建成，实际灌溉青堆、鞍子山、大营、栗子房等4个乡镇的水田4 800公顷。灌区运行30多年来，累计放水38.6亿立方米，累计增产粮食2.7亿千克。灌区是水稻的主产区，其中"红果"牌大米享誉国内。水库水面面积624公顷，水质优良，适合多种淡水鱼类生长，年产各类鲜鱼150吨。

水库所在区域内地形坡降大，沟谷切割较深，地表径流发育，按岩性、构造、地貌等因素综合考虑，本地区地下水有松散岩类孔隙潜水和丘陵坡地风化裂隙水。库区周围多为群山环绕，山上树木成林，遍生松、杨、柳、榆、刺槐、柞等树木，绝大部分为天然林，森林覆盖率在80%以上。林间夹杂生长着榛秸、羊草等植物以及食用菌和山野菜。根据1986年与1958年所测库区地形图对比，变化不大，表明转角楼水库淤积并不严重。

水库建成蓄水后，沿河两岸淹没河滩良田247公顷，动迁213户，人口742人。

水库周边地区旅游资源丰富，库区西岸的雁沙滩为优质的金沙滩，沙质细腻、匀称、色泽金黄，因常有大雁、白鹭等水鸟栖息而得名，是沙滩浴、日光浴和游泳的好去处。位于库区东岸圈龙山南麓的西塔寺，相传建于明末清初，因寺庙西侧山上建有一塔与之相呼应，故称西塔寺。寺中有一四面佛，由一块坚硬的青色花岗岩雕成，石佛的四面，分别嵌雕着四尊姿态不同、表情各异的佛，莲花盆座底部呈八角状，用八根小石柱支撑，石柱中间又雕有麒麟、雄狮等四种石兽。据史料记载，该佛像为距今800多年前辽金时代的遗物，雕像构思巧妙，造型奇特，雕琢精美，具有较高的史学、文学和美学价值。在寺后的最高峰上，有一巨石独立崖上，名曰风动石，遇有大风和人力推动，有摇摇欲坠之感。

水库下游两岸和湖里河两岸有6 600多公顷涝洼地，曾是十年九不收，后因庄河市建成一批大、中、小型水库之后，逐步已改造成高产稳产的水稻田。

为了给转角楼灌区补充水源，在水库上游的塔岭镇境内修建了金屯隧洞，将**英那河水库**的水引入转角楼水库，年可引水7 800万立方米。

7.2.4 英那河
(Yingna River)

发源于辽宁省鞍山市岫岩满族自治县龙潭镇老北沟，由北向南贯穿庄河市中部，流经鞍山市岫岩县的龙潭镇、新甸镇和大连市庄河市的仙人洞、大营、吴炉和黑岛等镇，于庄河市黑岛镇蔡家村注入黄海。

概　述

英那河流域地处大连市东北部，流域面积1 004平方千米，河长95千米。河源海拔653.1米，河道平均比降2.31‰。英那河有一级支流6条。

英那河流域为低山丘陵区，属千山山脉南延部分，地势由南向北逐渐升高。北部群山逶迤，峰峦重叠，平均海拔在

500米以上，其中步云山为辽南群山之首。中部丘陵起伏，海拔在300米左右，溪流、峡谷、盆地、小平原间杂其间。南部沿海地势平坦宽阔，海拔在50米以下。流域地势分明，特点突出，自然地貌可概括为"五山一水三分田，一分道路和庄园"。

英那河流域地处北温带大陆性季风气候区，多年平均气温8.9摄氏度，极端最高气温35.6摄氏度，极端最低气温－26.6摄氏度，年无霜期173天。多年平均年降水量850毫米，多年平均年径流量4.51亿立方米，多年平均年径流深449.2毫米。

旱灾是英那河流域主要灾害之一，春旱又多于夏旱和秋旱，故有"十春九旱"和"十秋五吊"之说。1979年夏秋干旱，冬季降雪少，连续干旱173天，英那河水库仅剩死库容。

1912年流域内发生洪涝，流域下游黑岛一带，海面狂风暴雨，波浪滔天，仅大小南岛两屯，死亡渔民32人。1964年7月29日，流域内降特大暴雨，受灾面积787公顷，毁林木28万株。1975年7月31日，洪水使英那河下游蔡家段洪水水面抵至窗台，甚至高达房檐。

英那河流域有耕地1.1万公顷，流域内经济以特色农业种植、山羊、柞蚕养殖和海产品为主。流域内盛产优质稻米、柞蚕茧、庄河大骨鸡、绒山羊、滑子蘑、文蛤、杂色蛤等，享有盛名。

英那河干流的治理主要以疏浚、筑堤为主，提高河道行洪能力，理顺和控制主河槽，保证行洪通畅和河势稳定。中游主要以生物措施护岸为主，而下游地势较低，是大连市防汛的重点，采用工程措施护岸。河道现有堤防总长48.57千米，其中防洪标准20年一遇的堤防长27.34千米，防洪标准10年一遇的堤防长12.45千米，防洪标准5年一遇的堤防长8.78千米。

在英那河中游有以城市调水为主，兼有防洪、灌溉、养殖和旅游等综合效益的**英那河水库**。

纪　　实

英那河源头在鞍山市的岫岩满族自治县境内。

流域上游山岭连绵，奇峰突起，有辽南第一高峰步云山、辽南第二高峰老黑山。两峰巍峨挺拔，遥相对峙。老黑山上生长着辽南最原始的300多公顷青冈栎林；步云山"天意石坡"，一整面山体全部由巨石堆砌，其成因之谜仍未破解。大叶沟的"冰育荷叶"，即使在烈日炎炎的夏日，大如锅盖的山荷叶下仍有不化的冰凌，实为奇特。站在步云山上，几十里甚至上百里景色尽收眼底，可俯瞰海城、岫岩、庄河等县市，清晨观日则别有意境。步云山地下热水资源丰富，含多种对人体有益的微量元素。步云山多中药

英那河

材，盛产苹果、柞蚕丝、绒山羊，滑子蘑则以天然、绿色引人注目。岫岩满族自治县盛产玉石，有"岫玉之都"的美名。

在英那河支流小峪河汇口处有冰峪旅游度假区。该处山、河、穴、溪、林及野生动物互融共存，古朴自然，原始幽静，因而被称为"辽南桂林"。度假区内地貌奇特，岩洞众多，小峪河上游龙华山腰的仙人洞被称为"般若洞"，元末明初时由高僧宏真在洞中建庙，庙宇宏大典雅。与仙人洞相对应的龙华山脚下还有一处庙宇叫"圣水寺"，诗人对"圣水寺"的描述为："性空空色色氲霞，霞蔚云蒸妙严华，普贤愿力三千遍，青山捧出梵王家。"

英那河出冰峪旅游度假区即进入中游，中游多丘陵，坡度平缓，土层软厚。在干流建有大（2）型水库——英那河水库。英那河沿程有5条小支流先后汇入。

河水出英那河水库则入沃土平原，河水蜿蜒在庄河市黑岛镇的沙岭农场入黄海。远处海岛星罗棋布，著名旅游地海王九岛由疏密相宜的大海王、小海王、瘦龙、元宝、井蛙、海龟、双狮、团贺、观象共九岛组成，陆域面积6.9平方千米。海王九岛气候宜人，空气湿润，四季分明，日照充足。岛上风景优美，海蚀地貌仪态万千，奇礁异石千姿百态，斧凿天成，令人叹为观止。一代文人郭沫若曾在这里留下了"汪洋万顷青于靛，小屿珊瑚列画屏"的诗句。

英那河入海口处有海产品养殖圈80公顷，主要养殖海参、虾、贝类等。

7.2.4.1　英那河水库
（Yingnahe Reservoir）

英那河中游的大型水库，水库坝址位于辽宁省庄河市境内，距庄河城区40千米，是以城市供水为主，兼有防洪、灌溉、养殖、旅游等综合效益的多年调节的大型水利枢纽工程。

英那河水库

水库集水面积692平方千米。工程于1972年4月动工兴建，1974年8月竣工蓄水。正常高水位59米，相应库容3 000万立方米。为提高水库灌溉能力，1992年在溢流堰顶安装了2.7米高自动翻板闸门，使库容达到6 053万立方米。为使水资源得到充分利用，对英那河水库进行扩建并建设引英入连供水工程。工程于2001年4月开工，2003年11月竣工。大坝加高后水库正常高水位达到79.1米，库容为2.87亿立方米，成为大型水库，其主要任务是向大连市跨流域调水，年调水量2亿立方米。

英那河水库按500年一遇洪水设计，2 000年一遇洪水校核。水库由大坝、输水洞、金屯副坝等工程组成。水库大坝为浆砌石重力坝，坝长345.5米，最大坝高46.1米。金屯副坝为均质土坝，坝长90米，最大坝高5.1米。溢流坝段长115米，净宽90米，设有9孔弧形闸门，每孔宽10米，高7.8米，最大泄流量4 446立方米每秒，消能方式为挑流消能。输水洞位于左岸，洞径2米，设有平板钢闸门，最大过流量

28.34立方米每秒，洞内设有压力箱，分别设有大连城市引水管、河道放水管和渠道引水管。

英那河水库库区具有海洋性气候特征，气候温和，四季分明，降雨集中，日照丰富。流域内多年平均气温8.9摄氏度，极端最低气温-25.2摄氏度，极端最高气温36摄氏度，多年平均年降水量789.5毫米，多年平均年蒸发量702.4毫米，多年平均相对湿度为69%，年平均日照时数2 454.6小时。

英那河水库是向大连市城区供水的主要水源之一，其原水通过英那河泵站及两条长约110千米、管径1 800毫米的钢体输水管线送至调节库——洼子店水库，再送往大连市区。水库建成后，使下游的丹普公路桥防洪标准由原来不足20年一遇提高到50年一遇，水库平均每年提供农业灌溉用水4 000万立方米。

水库所在区域受构造和岩性控制，形成北高南低的地貌形态。山脉主要是由石英砂、花岗岩、片麻岩及混合岩所组成的构造侵蚀低山，海拔100～200米，大体呈北东—南西走向。山间谷地是由花岗岩类、混合岩类构成的剥蚀丘陵，顶部多呈圆顶状，丘脊呈波浪状、长橡状，呈南北或东西走向。河流两侧为侵蚀堆积阶地，河谷中为宽度十几米至百余米的河床及河漫滩。

英那河水库上游流域天然植被覆盖率67.6%，森林覆盖率24.5%。主要植被类型有暖温性蒙古栎林、暖温性杂木林、蒙古栎人工矮林、麻栎人工矮林、榛子灌丛、天椒灌丛、黄背草灌丛、野古草灌丛、丘陵结缕草草甸。

流域内鸟类种类较多。因本区地处海岸线边缘，属鸟类迁徙通道和停歇地，绝大多数为旅鸟和夏候鸟，常见的有40余种，有大杜鹃、黄鹂、大斑啄木鸟、红鹎等。

英那河水库扩建后，淹没了庄河市仙人洞、三架山、塔岭及岫岩满族自治县新甸等4个乡镇，迁移人口9 389人，淹没耕地13 540公顷、林地196公顷、果园10公顷。根据水库蓄水后剩余的耕地、林地和其他资源条件，移民工作以分散插户安置为主，集中建点安置为辅。贯彻开发性移民方针，将移民安置与农业综合开发相结合。

庄河市历史悠久，境内古迹分布广泛，自然风光秀丽，旅游资源丰富。该市目前有市级文物保护单位仙人洞庙、长隆德庄园、大荒地石排，以及冰峪沟国家自然保护区、旅游度假区等景观。扩建后的英那河水库是具有水利文化特色的旅游风景区，为发展旅游产业，带动水库周边群众致富提供了条件。

7.2.5 庄河
(Zhuanghe River)

发源于辽宁省庄河市蓉花山镇猴石岭山，河源海拔500.5米，流域面积618平方千米，流经庄河市的蓉花山等6个乡镇（街道），于庄河市城关街道龙王庙村注入黄海。据记载，清朝年间该河下游建有船坞，周围设有木桩，人们称此河为桩河，后改为庄河。河流全长56.5千米，河道平均坡降2.83‰，有支流3条。

庄河流域位于辽东半岛的东北部，在千山余脉南延的地段上，南濒黄海，地处温带湿润季风气候区，气候温和，四季分明。流域多年平均气温8.9摄氏度，极端最低气温-25.6摄氏度，极端最高气温35.3摄氏度；多年平均年降水量750毫米，降水量年内分布不均，主要集中在7、8月，占全年降水量的53%。降水分布自西南向东北递增，暴雨中心多发生在上游山区，下游经常受风暴潮的影响。流域多年平均年径

庄河

流量2.54亿立方米。

1958年于庄河西支流上建成**朱隈水库**，流域内还建有水文站1处、大型泵站1座、拦河闸4处。干流的平顶山拦河闸，通过与朱隈水库联合运用供给庄河市城市用水，同时也是徐岭镇农业灌溉水源。庄河干流左岸现有堤防总长36.84千米，右岸现有堤防总长43.96千米，防洪标准均为10年一遇。

沿河两岸2000年有23个村，138个自然屯，人口12.34万，耕地1.17万公顷。庄河流域农业优势明显，已成为全国无公害农产品生产示范基地和辽宁省水果、食用菌出口基地。歇马杏、绒山羊、庄河大骨鸡为流域特产。庄河大骨鸡被农业部列入《国家级畜禽品种保护名录》。

庄河流域上游沟谷幽深，重峦叠嶂，奇峰竞秀。中游歇马山下有银石滩国家森林公园。银石滩国家森林公园由歇马山等9座山峰组成，以森林景观为主体，苍山奇峰为

银石滩国家森林公园

骨架，清溪碧潭为脉络，银色巨石点缀其间。银石滩，因遍布坡峦、形态各异的银石而得名。据考证，歇马山是经过地壳运动，由地震引起山体崩裂，把完整的花岗岩山体震裂滑坡，才形成满山形态各异的白色巨石。

流域下游地势平坦，河流贯穿庄河市区，蜿蜒汇入黄海。2004年庄河市区人口15万，工业、商贸业发展迅速，其中"华丰家具"荣获"中国驰名商标"称号。蛤蜊岛位于庄河入海口东南海上，由一条长1.7千米的拦海大坝把小岛和陆地连成一体。岛上灌木丛生，藤蔓交错，花草繁茂，每当春天来临，小岛便换上绿装，宛如巨大的绿色绒球，各种野花点缀其中，色彩缤纷。环岛海滩，沙细且洁白柔软，海水清澈，沙滩边际山崖下的天然淡水泉，水质清凉、甘甜，可供饮用。环岛海域盛产鱼、虾、蟹等，尤其是贝类，味道鲜、品种全，被誉为"蚬库"。

河流入海口处有海产品养殖圈86公顷，主要养殖海虾、文蛤、杂色蛤等。

7.2.5.1 朱隈水库
(Zhuwei Reservoir)

庄河西支流上的大型水库，距庄河市城区22.5千米，距庄河入海口26.6千米。

概 述

朱隈水库库区气候温和湿润，四季分明。区内最低温度

−29.3 摄氏度，最高温度 36.6 摄氏度，最大冻土深 1.3 米；多年平均年蒸发量 702.4 毫米，多年平均年降水量 870.5 毫米，降水主要集中在 7—8 月，占全年降水量的 50.5%。区域内 10 月上中旬有初霜出现，下旬可初见结冰，冰冻期长达半年以上，年均日照时数 2 516 小时。

朱隈水库集水面积 260.1 平方千米，水面面积 17.85 平方千米，是一座以防洪、灌溉和城市供水为主，兼有养鱼和发电等综合利用的多年调节大型水利枢纽工程。坝址位于庄河市太平岭满族乡大赵村。工程于 1958 年 3 月动工兴建，同年 7 月竣工蓄水，当时水库按 20 年一遇洪水设计，100 年一遇洪水校核，总库容 7 380 万立方米。至 1997 年，先后对水库枢纽工程进行了 4 次改（扩）建和一次除险加固，使水库达到 100 年一遇洪水设计，2 000 年一遇洪水校核标准，总库容增至 1.66 亿立方米。

枢纽工程主要建筑物由主坝、副坝、溢洪道、输水洞组成。主坝为黏土心墙土坝，坝长 340 米，最大坝高 19.5 米。副坝 4 座，总长 450 米，最大坝高 9.8 米。溢洪道为宽顶堰形式，净宽 21 米，设有 3 孔弧形钢闸门，最大泄流量 610 立方米每秒。输水隧洞两条，其中一条为大坝左岸的发电引水隧洞，发电流量 14.2 立方米每秒，经发电后直接引入总干渠用于灌溉，另一条隧洞位于西侧山谷处，最大输水流量为 8 立方米每秒。电站安装 3 台发电机组，总装机容量 960 千瓦，设计年发电量 180 万千瓦时。

朱隈水库建成后，建成了朱隈灌区，共有 12 条干渠，灌溉面积 5 400 公顷。在庄河流域和*小寺河*流域修建了 5 座拦河闸，拦截区间回归水灌溉。由于工程配套合理，布局得当，庄河流域和小寺河流域的涝洼地得到彻底治理，使许多海滩和盐碱地变成肥沃良田。

随着庄河城区建设不断扩大及农村产业结构调整，使灌溉面积逐年萎缩，水库的供水功能由以农业灌溉为主向城市供水转变。现在朱隈水库还担负着枯水年份向大连城市补水任务，为了满足日益增长的用水需求，在庄河干流上，先后规划了两条引水线路，将水跨流域引入朱隈水库。目前，一期引水工程已投入运行，年向朱隈水库引水 1 740 万立方米；2004 年二期引水水源工程建设已完成，引水线路工程正在筹建，配套工程完成后，年可向朱隈水库引水 2 400 万立方米，为庄河市和大连市提供水源。

纪　　实

库区位于香炉山——旋城山的背斜部，库区两岸及回水区域涉及蓉花山、光明山、长岭、太平岭 4 个乡镇。

修建水库共淹没耕地 1 267 公顷，动迁 7 900 人，涉及 4 个乡镇 9 个村。为了使移民区和移民安置区的生产和生活得到改善，政府依靠水资源的优势，帮助农民建果园、温室大棚等庭院经济项目，帮助移民脱贫致富。

库区周边群山环绕，多以低山丘陵为主，植被较好，山上树木成林，主要树种有刺槐、柞树、松树和杨树等；动物以狐狸、野兔、野鸡为主，推行退耕还林后，库区周围已出现狍子和野猪。水库周边水土流失较少，根据 1988 年与 1967 年测绘库区地形图对比，变化不大，表明水库淤积并不严重。

朱隈水库流域内的蓉花山镇政府驻地德兴街历史悠久，清朝嘉庆、道光年间，名曰岔沟，光绪三十二年（1906 年）庄河厅建制，于此设岔沟区治所，成为县境北部政治、经济、文化和宗教重地。"九·一八"事变后，东北沦陷初期，长岭镇山区群众组织抗日大刀会，总部设于光明山镇财主房。1932 年 12 月，大刀会于太平岭乡土城子与日军开激战，击毙日军少将森秀树，大刀会在庄河抗日斗争史上谱写了光辉的一页。

流域内有新石器时代遗址 2 处，分别位于光明山镇赵家村大于顶和蓉花山镇五道沟村西北；有青铜器时代遗址 14 处，其中光明山镇 5 处、长岭镇 8 处、蓉花山镇 1 处，都具有较高的科考价值。

庄河市全境多山，是千山山脉的余脉。地下矿藏储量极丰，有硅、金、镁等 10 多种矿藏。这里工业基础雄厚，形成了以家具、化纤、电子为龙头的新的产业优势。

得天独厚的地理环境，造就了庄河市丰富的旅游资源。市区南部沿海有黑岛、蛤蜊岛等旅游区；中部有城山古城游览区；北部以冰峪旅游度假区为龙头，有 4 处自然风景保护区和 2 座生态山庄，构成了庄河纵横相连、点面结合、种类齐全、功能完备的旅游资源网络。鸡冠山北麓的史春英烈士陵园，是青少年爱国主义教育基地。

7.2.6　小寺河
（Xiaosi River）

发源于辽宁省庄河市光明山镇三角山，河源海拔 276.9 米，地处庄河市中部，流经庄河市光明山镇、徐岭镇、新华街道、昌盛街道，于昌盛街道老港注入黄海，河长 54.2 千米，流域面积 246 平方千米，河道平均比降 1.76‰。

小寺河流域的地貌主要受构造和岩性控制，形成了北高南低的地形，山脉大体呈北东—南西向展布。流域内为低山丘陵，植被好，中下游地势平坦，

小寺河

土壤肥沃，是水田集中的地方。农业以种植水稻、玉米、大豆为主，水果、蔬菜大棚为辅。

流域多年平均年降水量 789.5 毫米，多年平均年径流量 1.06 亿立方米。多年平均气温 8.9 摄氏度，极端最低气温 −25.2 摄氏度，极端最高气温 36.0 摄氏度，最大冻土深 1.2 米，多年平均年蒸发量 700 毫米。

小寺河沿岸现有堤防 33.5 千米，其中城区段 30 年一遇防洪标准堤防 4.76 千米，其余堤段防洪标准为 5 年一遇至 10 年一遇。可保护沿河两岸 87 个村屯和庄河市区部分街道，人口 13.56 万，耕地 0.3 万公顷。

小寺河左岸山上的红崖晓寺始建于 1600 年，1966 年在"文化大革命"运动中遭到破坏，1993 年重建，现有大雄宝殿等建筑。红崖晓寺是辽宁省富有特色的名寺之一。每年三月三庙会，这里是东北地区唯一供龙、祭龙的文化

红崖晓寺

圣地。

小寺河入海口两侧建有养殖圈65公顷，主要养殖贝类、虾、海参等。位于小寺河入海口的右侧是庄河港，距庄河市区11千米，是集货、渔为一体的港口，现有3个泊位，年吞吐能力95万吨，是东北亚航运中心的组成部分。

7.2.7 碧流河
(Biliu River)

原名苾里海，又名毕利河、毕里河。历史上流域内植被茂盛，河水清澈碧绿，故称碧流河。碧流河发源于辽宁省营口市辖盖州市的卧龙泉镇新开岭，在普兰店市城子坦镇注入黄海，地理位置在东经122°10′～122°53′，北纬39°24′～40°20′之间，流域跨大连市、营口市。

碧流河

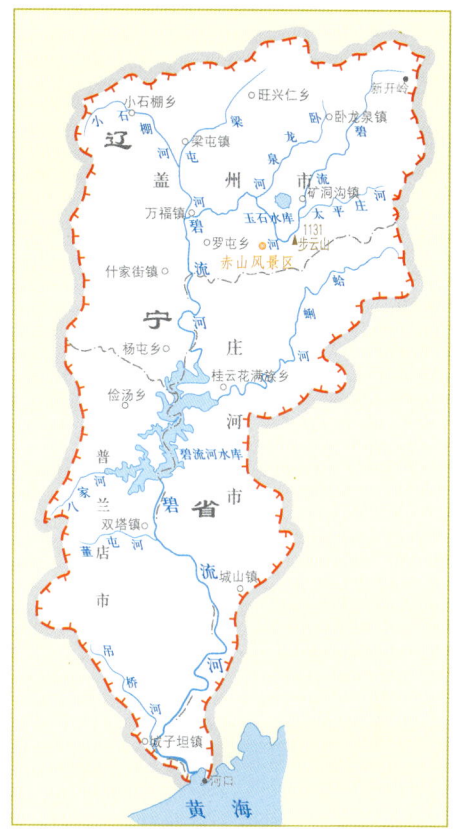
碧流河水系示意图

概 述

水系 碧流河流域地处辽宁省南部，流域面积2 814平方千米，河长156千米。河源海拔1 047米，入海口海拔-5.92米，河道比降从源头至碧流河水库大坝以上为4.05‰，以下为2.47‰。

碧流河100平方千米以上的一级支流有7条，分别是太平庄河、卧龙泉河、梁屯河、蛤蜊河、八家河、董屯河、吊桥河。

气候 碧流河流域地处北温带季风气候区，气候温和，四季分明，暖湿同季，日照丰富，雨量集中，季风盛行。域内多年平均气温6.8摄氏度，极端最高气温35摄氏度，极端最低气温-30摄氏度，最大冻土深1.1米，多年平均日照时数2 600小时左右，无霜期170天左右。

水文水资源 碧流河流域是辽南暴雨区之一，多年平均年降水量为710毫米，降水年内分布极不均匀，暴雨主要集中在6—9月，占全年降水量的75%。降水量年际变幅较大，位于上游的茧场水文站1964年实测年降水量为1 286.8毫米，1965年实测年降水量为367.1毫米，相差3.51倍。流域内多年平均年径流深304.5毫米，多年平均年径流量8.567 5亿立方米。碧流河水库坝址处多年平均年径流量为7.2亿立方米。

据2004年监测，碧流河水库大坝以上水质较好，水质符合Ⅱ类标准；距入海口8千米处至入海口的水质类别为劣Ⅴ类。

碧流河上游沟壑纵横，耕地较多，植被差，水土流失严重。河水含沙量较大，多年平均输沙率为16千克每秒，年输沙量为50.6万吨。

水旱灾害 清光绪五年（1879年）六月，庄河地区连雨十二昼夜，平地水深丈余，岫岩、盖州、复州等处，河水泛溢，两岸被淹，小宋家屯水文站发生的最大洪峰流量为7 900立方米每秒。清光绪十四年（1888年）七月七，庄河、普兰店大水，毁坏田宅，人畜淹没甚多。碧流河两岸可行船，持续七昼夜方退。

碧流河流域上游为山区岩石裸露，遇有暴雨，地表径流迅速集中，水位涨落快，形成暴涨暴落的洪峰，涨水流速大于落水流速。新中国成立以来，最大的一次洪水发生在1981年7月28日，小宋家屯水文站实测日降雨量达180毫米，最大洪峰流量达5 460立方米每秒，沿河的8个乡（镇）全部受灾，下游城子坦镇积水深达1米以上，受灾人口4万多，倒塌房屋数百间，受灾农田1.2万公顷。

碧流河流域的春旱多于夏旱和秋旱。1951年从春播开始，50天无雨。1979年严重秋旱，冬季降雪又少，到1980年5月12日连续干旱173天，河水断流，粮果严重减产。1989年6月后，雨量稀少，遭遇新中国成立以来最严重的伏旱，河流基本断流干涸，地下水位普遍下降，粮食减产60%。2001年上半年降水稀少，碧流河水库蓄水量仅为8 200万立方米，接近死库容，是建库以来最小蓄水量，下游河道断流。

经济社会 碧流河沿岸有水田0.3万公顷，旱田1.65万公顷，果树0.75万公顷。流域内以农业为主，以养殖业、水果及乡（镇）企业为辅。农作物以玉米、水稻、高粱等为主。

河道整治 碧流河上游从卧龙泉镇至桂云花满族乡段原来堤防防洪标准为10年一遇。1985年水利部门开始对碧流河中游的双荷桥至入海口段55千米长的河道整治进行规划，1998年4月开始实施《碧流河防洪规划设计方案》，2002年4月完成整治任务，共修建主堤和回水堤120千米，其中左岸47千米，右岸73千米，各种交叉建筑物182处（座）。绿化长度80千米，种植乔木、灌木80公顷，河道达到20年一遇的防洪标准。

流域开发 碧流河主河道建有大中型水库各1座，即**碧流河水库**和玉石水库。在支流吊桥河上建有中型水库红旗水库，拦河闸3处。其他支流共建小型水库8座。河道干流在金家哨建有自动翻板闸1处，中、下游提水泵站7处，支流董屯河上建有1处拦河闸。

为解决大连市的城市用水，1981年动工兴建引碧入连（引碧流河水入大连市）第一期工程，通过洼子店水库中转，将碧流河水送入大连市，于1983年竣工，新增日输水能力北段（碧流河水库至洼子店81.82千米）38万立方米，南段（洼子店至大连市区85.1千米）15万立方米。1988年4月动工修建引碧入连第二期应急工程，于1990年完工，北段日输水能力增至60万立方米，南段增至53万立方米，大连市用水紧张状况得到初步缓解。根据城市发展用水需求，1995年6月修建引碧入连第三期工程，从碧流河水库至洼子店全长67千米，采用地下暗渠自流输水，于1997年10月竣工，日供水能力渠首（碧流河水库）130万立方米，渠尾（洼子店）120万立方米。

纪　　实

碧流河流域地处千山余脉的辽东半岛南部，地势由东北向西南倾斜，上游为低山丘陵，群峰林立，最高山峰步云山海拔1 131米，地势陡峭。

碧流河源头一景

碧流河出源头，一路蜿蜒向南，在矿洞沟镇南左岸纳太平庄河，在步云山北拐向西北流，右岸有卧龙泉河汇入，河流南行至上屯村，建有玉石水库。该水库是一座以城市供水为主，旅游、交通为辅的中型水库，总库容为8 852万立方米。流域右岸赤山风景区。赤山乃辽东名山，以峰奇、洞异、泉清、石怪而著称，有五峰五洞、古刹名寺隐约见于苍松翠柏中，相映生辉，四季各有胜景。

碧流河流过赤山，向北转西流，右岸有梁屯河汇入后南行进入大连市境内，最大支流蛤蜊河在庄河市桂云花满族乡附近从左岸汇入后，碧流河干流进入中游丘陵区，前行不远，是大连市城市供水水源地碧流河水库。2004年7月1日碧流河被列入国家级水利风景区。从碧流河水库至入海口是普兰店市与庄河市的界河，地势较为平坦，两岸土地肥沃，为滨海平原。流域内山地占63%，丘陵占24%，平原占13%。河流右岸有八家河汇入水库，在双塔镇以下又有董屯河从右岸注入。在城子坦镇东南3.5千米处有吊桥河于右岸注入。

碧流河中游左岸的城山镇有城山古城，古城总面积31.5平方千米，始建于隋文帝开皇十年（590年）。古城分为前城、后城及夹河三部分。古城内有法华寺和五老宫两座宗教建筑。法华寺建于明万历四十二年（1614年），为佛教建筑；五老宫建于1938年，为道教建筑。两座建筑群在"文化大革命"运动时期遭到毁坏，1994年得以修复。每年的农历四月初八是庙会日，都会举办群众性的庙会活动。庙宇环抱整个古城区的前后城，城内山势险峻，巍然挺拔。

城山古城

碧流河中游右岸是普兰店市双塔镇，该镇所辖的唐屯村西山有金代石塔——一塔（又称唐屯石塔）。与一塔相距5千米是二塔（又称腾屯塔），双塔镇由此得名。在普兰店市双塔镇和尚帽山南坡的金代望海寺摩崖石刻，为省级文物保护单位，对研究金代佛教传播和石刻艺术有着重要历史价值。

碧流河下游湿地

碧流河下游入海口右岸是普兰店市城子坦镇。明永乐二十年（1422年），为防倭寇从黄海上岸入侵而建有归复堡城，驻兵把守，同时负责传讯报警和接纳商贾，后改为城子疃。1965年8月改城子疃为城子坦。城子坦镇历史悠久，镇内的三清观占地面积1 130平方米，建筑面积600多平方米，为明万历年间所建，1964年被毁，1994年重建。三清观内共有神像120多尊，有佛、儒、道三教诸神位，塑工精细，壁画雕刻十分精湛。观内还有千年古石匾，题有"归复堡"（城子坦原名）。

碧流河下游入海口左岸是庄河市明阳镇花园口，中日甲午战争、日俄甲辰战争期间，日本侵华军曾两度在此登陆。"花园口"纪念碑是大连市的爱国主义教育基地。

碧流河上游矿产资源丰富，有萤石矿、金矿、硅石、白银等。

碧流河在普兰店市城子坦镇注入黄海。入海口两侧建有养殖圈720公顷，主要养殖贝类、虾、海参、海蜇等。

7.2.7.1　碧流河水库

（Biliuhe Reservoir）

碧流河中游的大型水库。地处辽宁省普兰店市、庄河市和盖州市的交界处，距大连市区175千米。

概　　述

碧流河水库始建于1975年10月，1986年10月竣工。水库最大库容为9.34亿立方米，正常蓄水量7.14亿立方米，死库容0.7亿立方米，集水面积2 085平方千米，占流域面积的74.1%。水库是以城市供水为主，兼有防洪、发电、灌溉、养殖、旅游等综合效益的大（2）型水利枢纽工程。

碧流河水库作为大连市最大的水源地，利用大连与碧流河水库25米的自然落差实现自流供水，日供水能力120万立方米。自1984年实施供水以来，到2009年水库已累计供水近

41亿立方米。

由于实现科学化与信息化管理，2004年12月，碧流河水库管理局被水利部授予国家一级水利工程管理单位荣誉称号。

碧流河水库按500年一遇洪水设计、10 000年一遇洪水校核。枢纽工程由主坝、副坝、溢洪道、输水洞和发电站等组成。主坝由混凝土重力坝、沥青混凝土心墙土坝和堆石坝三种坝型组成，总长708.5米，最大坝高53.5米，坝顶宽10.5米。副坝有3座，一副坝为黏土心墙土坝，最大坝高21.7米，坝长227米；二副坝为均质坝，最大坝高9.3米，坝长380米；三副坝为沥青混凝土心墙堆石坝，最大坝高10米，坝长53.5米。溢洪道为实用堰，净宽108米，设有9孔弧形钢闸门，每孔宽12米，高10.1米，最大泄流量9 534立方米每秒，消能方式为挑流消能。输水洞为圆形，洞径3米，洞长35.12米，最大过流量53立方米每秒。电站为坝后式，设有3台机组，总装机容量5 250千瓦，设计年发电量1 100万千瓦时。

碧流河水库库区气候温和湿润，多年平均相对湿度为72%，最大湿度90%。多年平均年蒸发量836.2毫米，多年平均无霜期180天，结冰一般在11月上旬开始，12月末基本封库，至次年3月中旬融化。库水面最大结冰厚度为0.73米，地面冻深1.1米左右。

碧流河水库及上游流域年降水量变化幅度大，丰水年和枯水年相差3倍以上。多年平均年输沙量53.53万吨。水库建成后，上游人烟稀少，涵养林增多，水土流失情况逐年好转，下游的洪灾灾害也得到控制，水环境改善。

碧流河水库原设计灌溉面积5.57万公顷，由于碧流河水库现在的主要功能是确保大连城市用水，因此，已不具有灌溉功能。为保障下游的农田灌溉用水，在城子坦镇的小宋家屯修建了一座拦河闸，设计蓄水量70万立方米，用于拦截区间水和桃花水，为下游两岸提供农田灌溉用水。为充分发挥水利枢纽工程效益，实施了汛限水位动态控制，年最大增加洪水资源利用量0.34亿立方米。水库养鱼水面0.35万公顷，盛产鲢、鲤、草、鲫等鱼类70余种，从外地引进银鱼、青鱼等，其中以野生鳜鱼尤为名贵。最高捕捞量为每年600吨，淡水鱼远销黑龙江、吉林等地。

纪　　实

碧流河水库位于辽东半岛中南端，处在千山山脉余脉的辽南丘陵地带，呈南北狭长分布，上游两岸山势陡峭险峻，平均海拔700多米，境内的步云山海拔1 131米，为辽南第一高峰。

水库上游流域植被较好，多为树木、野草和灌木丛所覆盖，间有部分耕地。有野猪、野鸡、狐狸、山兔、獾、狍、娃娃鱼以及多种飞禽栖息其间，每年还有大量的丹顶鹤、大雁、白鹭等候鸟过境。流域上游有盖州境内的赤山国家森林公园、步云山森林公园、温泉旅游度假区、仙人洞国家森林公园以及冰浴沟国家AAAA级旅游风景区。

碧流河水库水质达到国家地表水Ⅱ级饮用水标准。水库周围有汉、满、蒙古、回等民族居住，其中以汉、满民族居多，庄河市有桂云花满族乡。

碧流河流域历史悠久，水库上游什字街镇的邢家沟，曾出土过红山文化时期的石斧、石刀等古人类生活器具。1971年10月，蛤蜊河下游曾出土春平侯剑，经郭沫若鉴定，系战国时期赵国相邦（宰相）春平侯监造的合金青铜剑，为国家一级文物。1975年，在庄河市桂云花满族乡出土了燕国刀币、布币，汉代五铢币、新莽五泉币，宋代的熙宁重宝、元祐通宝、政和重宝、元丰通宝、天盛元宝、崇宁重宝以及崇宁通宝等。城山古城位于庄河市城山镇境内，毁于"文化大革命"运动，现已修复。唐代薛仁贵征东，

碧流河水库

在城山（唐时称红旗山）安营扎寨，设烽火台、梳妆台、饮马湾、古城墙等，现为旅游名胜区，内有佛家、道家庙宇，香火旺盛。

花园口位于庄河市明阳镇，1894年，日本侵略者在庄河市明阳镇花园口登陆，中日甲午战争爆发。

2004年9月，经水利部批准，碧流河水库正式辟为国家水利风景区。

7.2.8　赞子河

(Zanzi River)

发源于辽宁省普兰店市莲山镇吴姑城大口子山，河源海拔176.2米，流经普兰店市的星台镇，于普兰店市皮口镇龙王庙村注入黄海，河长31千米，河道平均比降2.07‰，流域面积210平方千米。

赞子河自源头到入海口，沿途接纳大小支流10条，其中，流域面积30～50平方千米的支流有徐大房河和蔡屯河，流域面积5～30平方千米的支流有8条。

赞子河流域地处北温带湿润季风气候带，多年平均气温9.3摄氏度，极端最高气温35.8摄氏度，极端最低气温－23.5摄氏度，多年平均年蒸发量810毫米，无霜期170天，流域多年平均年降水量650毫米，年际变化较大，最大年降水量为1 033.7毫米，最小年降水量为394.1毫米，年降水分布很不均匀，6—9月雨量占全年降水量的75%，多年平均年径流量0.525亿立方米。

流域上游为低山丘陵，中、下游较平坦，适宜开展种植业。赞子河流域有旱田0.53万公顷，水田0.47万公顷，菜田66.7公顷。农业以玉米、水稻、蔬菜为主，入海口处发展养虾、海参等。

赞子河流域1951—1983年的33年间，有28年发生春伏旱。其中1980年严重春旱，受灾面积0.5万公顷，约占播种面积的50%，枯死果树2.2万株。1981—1997年的17年间，共发生5次较大洪水，总受灾人口3.8万人，有0.67万公顷耕地被水冲砂压，粮食平均减产3～5成，部分地块绝收。

1981年后，水利部门开始对赞子河进行治理，至2005年底，大部分堤防达到5年一遇至20年一遇的防洪标准。

赞子河源头普兰店市星台镇葡萄沟村，有始建于高句丽时代的巍霸山城，又名吴姑城。山城依山势起伏，环山一周约5千米，城墙为雕凿的长方楔形花岗岩青石砌筑。山城内有始建于明清时代的"清泉寺"，系一座寓佛、道、儒三教为一体的庙宇。该寺坐落于城内山谷平坦处，面向东方，平面布局呈长方形，占地面积1 700平方米。

赞子河入海口右侧是皮口镇，到2007年底，镇内企业总数达52家，总产值14.2亿元，以服装、水产品加工等为主的工业发展迅速。皮口镇的南侧筑有长4 200米的海上引堤伸向黄

海，建有皮口港，可乘潮停靠1 000吨级以下的客货船舶，一年四季皆可通航，年货物吞吐量35万吨，年运送旅客42万人次，是长

吴姑城

海县各岛通内陆的交通枢纽，也是一个集客、货、渔为一体的综合性港口，已开通海上航线30多条，与20多个城市和地区有业务往来。该港口不仅成为大连市对外联系的重要窗口，同时也成为辽南地区对外开放的海上黄金通道。

赞子河入海口建有养殖圈，主要养殖牡蛎、蛤、虾、海参等海产品。

7.2.9 大沙河
（Dasha River）

发源于辽宁省普兰店市安波镇鸡冠山南麓，流域面积964平方千米，流经瓦房店市祝华办事处，普兰店市的沙包、元台、杨树房、大刘家等镇，在普兰店市大刘家镇麦家村注入黄海。因河床构成为砂质，故称沙河。清朝末年《南金土志》已将该河称为沙河，后演变成大沙河。河源海拔471.2米，河长96.5千米，河道平均比降1.34‰。大沙河有一级支流8条。

大沙河流域北高南低，西高东低，千山山脉余脉贯穿其中。大体可分为北部低山区、东北及中部丘陵区、南部沿海丘陵平原区。流域地处北温带湿润季风气候区，冬无严寒，夏无酷暑，四季分明。流域全年平均气温在8.4～

大沙河

9.4摄氏度，极端最高气温35.4摄氏度，极端最低气温－23.5摄氏度，无霜期174～188天。多年平均年径流深256.6毫米，多年平均年径流量2.47亿立方米。降水量分布由南向北递增，上游及源头一带多年平均年降水量为750毫米，下游为630毫米，年内分布不均，7—9月降雨量占全年降水量的65%～80%。

大沙河流域上建有**刘大水库**、五四水库（中型）、洼子店水库（中型），建有小型水库11座，拦河闸3处，较大提水站5处，这些设施设计年总供水量9 784万立方米，是大连市水资源开发利用程度最高的一条河流。1954年建成的洼子店水库是一座以城市供水为主、兼顾防洪的中型水库，是引**碧流河**水入大连、引**英那河**水入大连供水的中转站。干流现有堤防总长41.7千米，防洪标准为5年一遇至20年一遇。

大沙河上游的安波镇地热资源丰富，"天开汤谷千秋暖，人到灵溪万虑清"，这是前人留下的赞美安波温泉的诗句。安波温泉水无色透明，微具硫化氢味，最高水温75摄氏度，含可溶性硅酸，水质属重碳酸、硫酸根钠型，泉水中含有100多种矿物质。据《钦定盛京通志》载，"复州城东百二十里有安博罗山"即此地。"安波"当系"安博罗"之谐音，温泉也以此为名。"温泉涤垢"，曾是古老的复州八景之一。

河流西南流至沙包镇西北入刘大水库。刘大水库是以防洪、灌溉和城市供水为主的大型水库。河继续西南流至元台镇，此处有一烽火台，建于高阜，呈圆形，高约10

米，有瞭望口，是明代为防御倭寇而修筑的辽东烽火台的一部分。

商周汀山遗址位于夹河镇唐家房小于屯汀山水库西50米。遗址面积2万平方米，文化层深度0.35米，1980年被发现，采集有陶片、陶罐和石锄等。

大沙河流域种植养殖业发达，北部山区以种植水果为主，是经济收入的重要来源。中部地区以粮食生产为主，主要农作物有玉米、水稻、大豆及薯类。南部地区以种植蔬菜和水产养殖为主。入海口处滩涂广阔，有港养对虾、河蟹及各种贝类。

7.2.9.1 刘大水库
（Liuda Reservoir）

大沙河上游的大（2）型水库，位于辽宁省普兰店市境内，距普兰店市城区50千米。

概 述

刘大水库是以防洪、灌溉和城市供水为主，兼有养鱼和发电等综合效益的多年调节大型水利枢纽工程，集水面积278.3平方千米，工程于1970年8月动工兴建，1971年9月竣工蓄水。

1974—2000年，水库陆续进行加固除险，使水库的防洪标准提高到100年一遇洪水设计，5 000年一遇洪水校核。水库总库容1.89亿立方米。水库枢纽主要由大坝、溢洪道、输水洞和发电站等工程组成。大坝为黏土心墙土

刘大水库

坝，坝长380米，坝高28.08米。溢洪道位于大坝右端，净宽16.6米，设有2孔平板钢闸门，最大泄流量1 006立方米每秒。输水洞位于大坝左端，为坝下埋管，管径2米，最大过流量31立方米每秒。电站为坝后式，设计年发电量100万千瓦时。

库区河道平坦，河宽80～100米，沿岸树木茂盛，以杨树、冬果树、柞树、柳树为主。左岸有四平河汇入，右岸有大盛河汇入。农作物以玉米、水稻为主，间作大豆、蔬菜等经济作物。库区内为低山丘陵区，植被茂密，主要以桑树、柞树、松树为主。水库地处北温带湿润季风气候区，同时具有海洋性气候特点，多年平均气温9.4摄氏度，多年平均年降水量634.5毫米，降雨集中，7、8月的降雨量约占全年降水量的53%，多年平均年日照时数2 791.2小时，无霜期205天。坝址处多年平均年入库水量0.78亿立方米，多年平均年输沙量53.5万吨，水质达到Ⅱ类水标准。

刘大水库使下游防洪标准由5年一遇提高到20年一遇，可保护瓦房店市铁路和部分街道，普兰店市元台等7个乡镇、5万人、13 000多公顷耕地。1981年7月，大沙河发生大洪水，洪峰流量为2 230立方米每秒，超过下游河道安全流量，经水库调节下泄流量降至364立方米每秒，削减洪峰83%，大大减轻了洪水对下游地区的威胁。水库还承担普兰店市城市和瓦房店市铁东区供水任务，年均供水1 800万立方米，同时也是大连市备用水源地。刘大水库年灌溉用水量3 000万立

方米，灌溉面积0.45万公顷。

纪　实

库区位于大沙河上游普兰店市北部的丘陵区，海拔65～96米。水库周边植被覆盖率达85%，其中森林覆盖率达到38%，树种为柞树、松树和桑树。

水库建成蓄水后，淹没土地668公顷，迁移村民642户、3 997人。近年来普兰店市为了加快库区周边经济发展，采取了投资倾斜政策，先后修建了环库柏油路、淹没区农村饮水工程、小流域治理工程，建设蔬菜大棚、水果大棚等富民工程，使库区上下游农民围绕水库形成一条完整的农业产业链，农村面貌焕然一新，库区移民生活水平明显提高。

刘大灌区位于普兰店市中西部，使10个镇受益，水稻稳定高产，为普兰店市商品粮基地建设作出了重要贡献。

7.2.10　登沙河
(Dengsha River)

发源于辽宁省普兰店市太平街道二龙山，因其流域风化层较厚，雨季冲刷带入河道大量砂粒，含沙量很大，又因古时整个流域植被很好，河水清澈见底，故取名"澄沙河"，后称登沙河。

河源海拔307.4米，自西北向东南流经金州区的向应镇、华家屯镇，于登沙河镇南海头注入黄海。河长26千米，流域面积229平方千米，河道平均比降2.42‰。登沙河有一级支流7条。

登沙河

登沙河流域地貌属黄海海岸侵蚀剥蚀丘陵，基岩以片麻岩和混合岩为主，抗风化能力弱，经长期风化侵蚀后，已经发育成侵蚀剥蚀平原，中下游平坦开阔，土质肥沃。

登沙河流域地处北温带湿润大陆性季风气候区，多年平均气温10.7摄氏度，极端最高气温38.0摄氏度，极端最低气温-24摄氏度。多年平均日照时数2 482.8小时，无霜期177天。登沙河多年平均年径流深222.7毫米，多年平均年径流量0.51亿立方米，多年平均流量1.62立方米每秒，多年平均年降水量583.7毫米，6—9月的降水量占全年降水量的81.4%，多年平均年蒸发量880毫米，实测最大含沙量23.7千克每立方米，最大年输沙率为9.6千克每秒。

据洪水调查，1913年8月，华家镇杨家店洪峰流量达2 110立方米每秒。在华家屯镇杨家店建有登沙河水文站，2001年8月17日实测最大洪峰流量1 390立方米每秒。每逢旱年，大部分河段枯干断流。

登沙河现有堤防34.36千米，防洪标准均为20年一遇，可保护耕地470.9公顷，人口7 160人。干流上建有2座翻板闸，总蓄水量为70.24万立方米。登沙河两岸先后修建了24座平塘、1座橡胶坝，总蓄水

关向应纪念馆

量达135万立方米，主要用于农作物的灌溉。河流两岸土地比较肥沃，农作物以玉米、大豆、水稻、果树为主，河流入海口开发水产品养殖30公顷，主要是蚬子、海参等。

登沙河入海口右岸是大连登沙河临港工业园区，占地面积9.12平方千米，园区是精品钢材和汽车零部件基地。东北特钢集团大连钢厂迁址于此。

登沙河上游向应镇关家村建有关向应纪念馆，占地52 000平方米，是爱国主义教育基地。关向应（1902—1946年），是大连市金州人，满族，担任过

关向应雕像

共青团中央总书记、红三军政委、红二方面军总政委、八路军一二〇师政委等职务。毛泽东同志曾题词"忠心耿耿、为党为国，向应同志不死"。

7.3　入渤海水系
(Rivers Flowing into the Bohai Sea)

指以渤海为汇集中心的辐聚水系，由**复州河**、**浮渡河**、**熊岳河**、**沙河**、**大清河**、**大凌河**、**小凌河**、**连山河**、**五里河**、**兴城河**、烟台河、**六股河**、**狗河**、石河和**九江河**等组成。

渤海是中国的内海。三面环陆，在辽宁、河北、山东、天津三省一市之间。渤海在辽宁省部分称辽东湾。本水系所列河流都流入辽东湾。

流域范围　流域地处辽宁省南部，西、北以努鲁尔虎山与**辽河**为邻，东南以千山与流入黄海西岸的**大洋河**、**碧流河**、**大沙河**为分界，西南以黑山与**滦河**为分界。地理位置位于东经119°00′～123°00′，北纬38°43′～42°30′；控制流域面积约38 840平方千米，其中渤海东岸4 110平方千米，西岸34 730平方千米。

地质地貌　流域位于中朝准台地北缘，地质构造复杂，多数河流受燕山运动影响，以断裂形式出现为主，褶皱形式为辅。渤海东岸出露地层千山山脉主要为侏罗系安山岩。渤海西岸山地大部分由火成岩构成，岩性均匀，抵抗和侵蚀的力量比较一致，因而造成浑圆雄伟的山峰。

辽东湾的地势由北向南、自东西向中部倾斜，山地丘陵大致分列于东西两侧，大部分自东、西、北三个方向渤海汇集。地貌大致可分东部山地丘陵区和西部山地丘陵区。

东部山地丘陵区为长白山支脉千山，峰峦起伏，山势比较陡峻，北起连山关，南至老铁山。本区北宽南窄，北高南低，除少数山峰（绵羊顶子山海拔1 045米、老帽山海拔848米）外，大部分均在海拔500米以下，坡降平缓，山势浑圆。西部山地丘陵区位于彰武、北宁、北镇、小凌河河口一线以西，为辽西低山丘陵。地势由西北向东南倾斜，是内蒙古高原向辽河平原的过渡地带。山体由东北一西南走向的近似相互平行的努鲁尔虎、松岭、医巫闾山等组成。努鲁尔虎山海拔1 000多米，主峰四道营子山海拔1 256米，山势浑圆壮阔，并厚积黄土，是辽河、大凌河上游的分水岭；医巫闾山位于义县、北镇至阜新一代，主峰望海寺山海拔866.6米；松岭山脉斜卧在北票至建昌一带，主峰大青山海拔1 223米，松岭南部被小凌河、**女儿河**、六股河等切割，地形破碎，海拔一般在

300～500米之间。松岭以南至渤海，是海拔仅50米的狭长的滨海平原，称"辽西走廊"，此处依山面海，形势险要，是沟通关内外的重要通道，在军事、经济上有重要意义。

河湖水系 辽东湾沿岸河流纵横，流域面积100平方千米以上河流近100条，流域面积1 000平方千米以上河流6条，流域面积10 000平方千米以上河流1条，为大凌河。

气候水文 流域属暖温带湿润季风气候，四季分明，夏季炎热多雨，冬季寒冷干燥。水系流域内多年平均气温7.2～12摄氏度，由西北向东南递增，气温年内变化较大，极端最高气温41.5摄氏度，极端最低气温-37摄氏度。

区域内多年平均年降水量渤海东岸地区700毫米左右，渤海西岸地区530～800毫米，从北向南递增；降水量年内分配很不均匀，6—9月降水量占全年的70%～81.3%以上，而7—8月降水量占全年的50%左右。

区域多年平均年水面蒸发量渤海东岸地区600毫米左右，渤海西岸地区为900～1 200毫米，从努鲁尔虎山区向沿海递减。

区域多年平均年水资源量56.1亿立方米，多年平均年径流深渤海东岸地区200毫米左右，渤海西岸地区为50～200毫米，从西北向东南递增。

经济社会 2000年区域总人口1 188.14万人，耕地面积25.3万公顷，地区生产总值841.7亿元。区域工业主要以石油、化工、煤炭、港口、造船、电子、有色金属等为主，其中锦州地区石油、化工、煤炭、电子等比较发达，而葫芦岛地区造船、有色金属等占工业比重较大。

区域主要农作物为小麦、大豆、玉米、高粱、谷子等，经济作物有棉花、烤烟、麻类等，丘陵地区适宜林果生产，以苹果和白梨为主，还有酸枣、山杏、大枣等，被国家农业部定为优质水果生产基地；养殖业如渔业、畜牧业等也在农业中占有一定的份额。近海鱼场盛产对虾、毛虾、海蜇、马鲛鱼、梭子蟹、贝类，海珍产品有海参、海龙、海马等。海沙蚕属兴城特产，远销日本。渤海沿岸营口、葫芦岛、兴城等地建有数处通商口岸，近年来，随着改革开放的深入，本地区与朝鲜、韩国、日本等国的国际贸易发展较快，贸易额逐年增加。另外，区域自然和历史人文资源也使当地旅游业逐年发展。

7.3.1 复州河
(Fuzhou River)

复州河原名沙河，据《读史方舆纪要》记载："复州卫沙河，卫南八里"。因流经复州城，清朝时改名复州河。

概　　述

复州河发源于辽宁省普兰店市同益乡老帽山南麓，自东北向西南流，流经普兰店市的同益等4个乡镇和瓦房店市复州城等9个乡镇（办事处），于瓦房店市三台满族乡西兰旗的老羊头注入渤海。复州河流域面积1 638平方千米，河流全长137千米，河道平均比降1.5‰。复州河有一级支流17条，左岸以岚崮河为最大，右岸以九道河为最大。

流域内地势复杂，山地丘陵占86%，平原占14%，中下游平原和丘陵交错地带土质较好。上游河床为卵石，水流湍急；中游河床为粗砂和砾石；下游河床为细沙，水流较为平稳。

复州河流域地处北温带半湿润大陆性季风气候区，气候温和，四季分明，暖湿同季。流域多年平均气温8.3～10.3摄氏度，极端最高气温35摄氏度，极端最低气温-24摄氏度，

年无霜期181天，多年平均年降水量675.4毫米，降水年内分布不均匀，6—9月降水量约占全年降水量的75%。1981年7月28日，**松树水库**上游（西韭雨量站）实测最大三日降雨量644毫米，为有记载以来的最大值。

复州河流域水资源总量为3.01亿立方米，地表水资源量2.98亿立方米。据关家屯水文站实测，最大年径流量为5.92亿立方米（1964年），最小年径流量为0.32亿立方米（1993年）。

流域内旱灾和水灾频繁出现，旱灾多于水灾。1844年西兰旗发生洪水，洪峰流量为4 500立方米每秒。1949年8月洪峰流量为2 600立方米每秒。1981年7月28日的一次暴雨，松树水库将入库5 450立方米每秒的洪峰流量削减为1 270立方米每秒。1985年第9号台风（8月19日）关家屯水文站实测降雨量为210.0毫米，洪峰流量为1 460立方米每秒，河水猛涨，水位变幅达5.29米。

1939年，瓦房店市夏季大旱，年降水量260.8毫米，6—8月降雨仅75.9毫米。1989年，复州河流域出现新中国成立以来最严重的伏旱，河流全部断流干涸，地下水水位下降。松树水库仅有的500万立方米水留作城市供水，4万多公顷玉米近乎绝收，300万株果树严重减产。

复州河

2004年复州河流域内有农田4.718万公顷，人口66.5万。

复州河干流左右岸现有堤防总长60.17千米，其中防洪标准20年一遇的堤防3.93千米，保护村屯45个，人口1.33万，耕地0.303万公顷。

纪　　实

复州河发源于普兰店市同益乡老帽山，主峰海拔848米。老帽山雄伟壮观、景色宜人，怪石千姿百态，山涧清泉四季长流。老帽山动植物资源非常丰富，天津木兰、杜鹃花、山梨、山葡萄、狐狸、狍子、野兔、松鼠随处可见，苦参、四叶参、天麻等中药材较为丰富；老帽山蛤蟆湾中有着国家二级保护野生动物——北极小鲵。

复州河从源头向南流进入安波镇，安波镇内有地下高热温泉，平均日供水量1 400立方米，为大连市温泉旅游度假区。复州河出安波镇后，一路向西流约30千米到达瓦房店市松树镇

长兴岛一角

境内，这里建有大（2）型的松树水库，是瓦房店市的主要水源地，兼顾防洪、灌溉、发电、养殖等综合功能。

河水出松树水库向西南奔涌，进入中游，河道呈M形蜿蜒前伸约40千米，到达另一座大型水库——**东风水库**。河水

7.3.1 复州河

出东风水库即进入下游，河道地势低缓开阔，水流平稳，砂石资源丰富。河水始而向南，折而向西，复又向西南蜿蜒约50千米，最后注入渤海的复州湾。沿河两岸均为肥沃的耕地和果园。

复州河入海口有一海岛长兴岛，犹如镶嵌在龙口的明珠，有"海上明珠"之称。长兴岛四面环渤海，水深岸阔，终年不冻，为天然良港；全岛面积252.5平方千米，仅一桥与陆地相连，为长江以北第一大岛，中国第五大岛。海滨石林耸立，浴场沙软滩平，森林葱郁，山峦绵绵；"横山远眺""龙口甘泉"为复州八景之二；娘娘宫、三堂庙历史遗迹远近闻名。已建成的长兴岛工业园区是振兴东北老工业基地的重要项目。

复州河流域有悠久的历史文化和丰富的矿产资源。右岸的复州城是辽南文明古镇，城区面积7平方千米，古城始建为土城，明代改建为石城，后改砌砖城，今尚存城墙一段，为大连市文物保护单位。城内有清道光二十四年（1844年）建的横山书院。永丰塔和永丰寺为当地的名胜古迹，"永丰夕照"为复州八景之一。辛亥革命志士石蕊曾就义于塔下，塔的左侧建有烈士陵园，是大连市爱国主义教育基地。

复州河流域以农业为主，农民收入靠水果、水产、蔬菜和畜牧业。左岸岚崮河流域已探明的金刚石总储量占全国总储量的54%，金刚石纯度、色泽均居全国之首。亚洲最大的金刚石矿1999年投产，宝石级含量高达60%～70%。

复州河入海口处有海产品养殖圈650公顷，主要养殖海参、虾、贝类等。

7.3.1.1 松树水库
（Songshu Reservoir）

复州河上的大（2）型水库，坝址位于辽宁省瓦房店市松树镇境内，距瓦房店市城区30千米。

松树水库

概　述

松树水库是以防洪、供水为主，兼有养鱼等综合效益的多年调节大型水利枢纽工程。水库集水面积302.4平方千米。工程于1970年动工兴建，1971年7月竣工蓄水，按100年一遇洪水设计，500年一遇洪水校核。1984—1987年进行第一次除险加固，2004年进行第二次加固后，防洪标准提高到500年一遇洪水设计，5 000年一遇洪水校核，总库容1.67亿立方米。

水库枢纽工程主要由主坝、副坝、溢洪道、输水洞和电站等工程组成。主副坝均为黏土心墙坝，主坝长320米，最大坝高34.87米；副坝长716米，最大坝高16.58米。溢洪道最大泄流量1 652立方米每秒。输水洞为有压隧洞，长238.68米，最大过流量28.0立方米每秒。水电站装机容量640千瓦。

松树水库地处北温带季风气候区，春季干燥少雨，回暖较快；夏季潮湿多雨，气温稍高；秋季云雨骤减，气候凉爽；冬季雨雪少，干冷风大。库区多年平均风速4米每秒，最大风速25米每秒；多年平均年降水量700毫米，多集中在7、8月，占全年降水量的80%；多年平均年水面蒸发量887.6毫米；多年平均气温10.4摄氏度，最高气温36.7摄氏度，最低气温-25.1摄氏度；多年平均相对湿度66%，最大冻土深1.15米。

松树水库可使复州河下游0.64万公顷农田免受10年一遇洪水的威胁，保护下游的长大铁路。1981年7月26—28日，发生了特大暴雨，总历时63小时，洪水总量1.27亿立方米，超过千年一遇洪水标准，入库最大洪峰流量5 450立方米每秒，超过万年一遇洪水标准；经水库调蓄后，下泄流量仅1 270立方米每秒，削减洪峰76.7%。

松树水库电站于1975年10月投入运行，至1999年共发电1 734万千瓦时，电站因设备老化，1999年以后停止发电。

松树水库拥有养鱼水面160公顷，放养鲢、鳙、草、鲂、池沼公鱼等，年产鱼量达75吨左右。

近年来，水库新增向城市供水功能；水库不向下游放水时，下游河道基本干涸。

纪　实

松树水库地形受岩性构造控制，自然形成沟系，并在长期剥蚀作用下逐渐形成东高西低的地形，主要地层为前震旦系鞍山群城子坦组上段。流域内岩性主要为花岗岩、石英闪长岩及花岗闪长岩。

松树灌区1972年9月开始兴建，1974年灌区骨干工程基本结束。灌区总干渠从水库起到和平孔屯止，全长33千米，引水流量8立方米每秒，有渡槽25座，长3 953米；倒虹吸4座，长218米；隧洞7座，长5 094米。设计灌溉农田面积1.39万公顷，实际灌溉面积为1.08万公顷。1983年由于供水结构的调整，松树水库改为向工业及城市生活用水，每年平均供水6 700万立方米。1994年，松树水库下游的东风水库建成后，农业灌溉用水由东风水库提供，松树水库成为瓦房店市唯一的供水水源地，现在每天向瓦房店市供水5.5万立方米。

松树水库周边的松树镇土地总面积1.32万公顷，其中农业面积800公顷。全镇居民有汉族、满族、回族、蒙古族、锡伯族及朝鲜族。松树镇群众文化很有地方性特色，高跷、旱船、小车会、跑驴、龙灯、花棍、花篮等形式众多。

松树镇一带，远古时代就有人类活动。1975年和1982年在松树镇沙屯和刘店分别发现的石制圆形棍棒头和六角棍棒头，系原始社会狩猎用具。

松树镇雁过州屯，有一处雁过州土城，为晋代修建，城墙高3米多，宽4米，长710余米，总面积2 840平方米。城内居民多为姜姓，现今已被松树水库淹没。

松树镇半拉山村有一座宋庆功德碑，碑高2.5米。宋庆系清朝山东登州莱阳人，因南征北战，屡建奇功，受到朝廷嘉奖，中俄战争时期，宋庆奉命带兵一路南下，对敌作战，势如破竹，直捣旅顺，受到人民称赞，大家赠银立碑纪念，现今石碑迁至复州横山书院。

石朋庙位于松树镇台子河北屯北山坡。据考证，属青铜器时期的墓葬。

7.3.1.2 东风水库
（Dongfeng Reservoir）

复州河中游的大型水库，坝址位于辽宁省瓦房店市境内，距瓦房店市城区25千米。

概　述

东风水库库区地处北温带海洋性季风气候区，多年平均气温8.3～10.4摄氏度，极端最高气温36.9摄氏度，极端最低气温-28.1摄氏度；多年平均年降水量640毫米，降雨主要集中在7、8月，占全年降水量的53%；多年平均年水面蒸发量887.6毫米；多年无霜期165～185天；平均相对湿度66.7%；年平均风速4.17米每秒，最大冻土深度1.15米；多年平均年入库沙量7.0万吨。

东风水库是以灌溉和防洪为主，兼有供水、发电与渔业养殖等综合效益的多年调节大型水利枢纽工程，坝址以上集水面积663平方千米。东风水库曾于1958和1976年两次动工兴建，均因各种原因停工。1992年6月动工复建，1995年6月竣工蓄水。水库按100年一遇洪水设计，2 000年一遇洪水校核，总库容1.42亿立方米，正常库容1.03亿立方米。

枢纽工程由大坝、溢洪道、输水洞和发电站等组成。大坝为黏土心墙土坝，坝长765米，最大坝高25.55米，坝顶宽6米。溢洪道设在大坝右岸，为河岸正堰开敞式，净宽50米，设有5孔弧形钢闸门，最大泄流量2 696立方米每秒，消能方式为挑流鼻坎消能。输水洞位于大坝左侧，洞径2.5米，洞长279米，最大泄流量44立方米每秒。电站位于输水隧洞分岔支洞出口处，设有2台机组，总装机容量640千瓦，设计年发电量128万千瓦时。

东风水库

东风水库的建成使复州河下游河道的防洪标准由5年一遇提高到20年一遇，安全泄流量达到1 500立方米每秒。在栾店、玉皇阁、杏树园建有水田灌溉用的拦河闸3座，通过与东风水库联合调节可有效灌溉下游1.04万公顷耕地。

2000年以来，瓦房店地区持续干旱，为了增加瓦房店市新的水源地，2003年，开始建设"引东入瓦"（即引东风水库的水进瓦房店市）应急供水工程，工程于2004年4月全部完工。

纪　实

东风水库坝址坐落在复州河流域王店村附近一相对狭窄的河谷中，河谷为第四系所覆盖。两岸岩石裸露，岩石出露均为震旦系永宁组砂砾岩，断层不发育。库尾在巴里滚子村西南。库区呈狭长的河道型，为东南至西北走向。

在水库溢洪道西200米处，有一片占地3万平方米的陈屯汉代古墓群。1992年复建东风水库时，涉及此保护区，实施了考古挖掘，共发掘古墓171座，出土文物500余件，较为引人注目的是出土了至今为止较为罕见的汉代巨型铁印。后来，此考古发现被定为"陈屯城址"，并列为大连市文物保护单位。

水库流域内的瓦房店市，城区总人口30万，是辽宁省重要的工业和旅游城市。全市有工业企业8 000余家，其中最为著名的是瓦房店市轴承厂，其生产的轴承名扬国内外，瓦房店因此被誉为"中国轴承工业的摇篮"。

流域内有两处著名的旅游景区——大连龙潭道观和瓦房店涌泉寺。

大连龙潭道观游览区位于瓦房店市北部得利寺镇龙潭山上。龙潭山海拔425.3米，分南北两峰，挺拔对峙，风光秀丽；始建于隋朝的古城墙依山势而建，长约4千米；山城有东西两座城门，城内绿树参天，遮天蔽日；山中另有一"龙华宫"古刹，为辽南地区道教活动中心；山坳处的一汪碧潭，名曰"龙潭"，久旱不涸，久雨不溢，深不可测，堪称一奇。大连古复州八景之一的"龙潭灵异"，即指此潭。

瓦房店涌泉寺位于瓦房店北郊大明山下，始建于明永乐年间，时名为甘泉寺，民国6年（1917年）改名为涌泉寺，现分佛、道两院，是辽南有名的寺庙。涌泉寺青山环绕，空气清新，春游山花烂漫，夏赏荷花绿草，秋看枫叶染丹，冬观满树银花。

流域内地理位置和自然条件得天独厚，适合多种水果、蔬菜生长，是闻名中外的"苹果之乡"和国家重点果品生产基地，主要水果品种有苹果、樱桃、梨、葡萄、桃、杏等。库区周边植被良好，以灌木、次生林为主，粮食作物以玉米为主。

建库之初，瓦房店市区及普兰店市工业区瓦窝镇城市生活污水、工业废水经复州

涌泉寺

河支流回头河排入东风水库，水库水质因此恶化。后经对回头河进行治理，使污水与河水分离，并兴建了污水处理厂，污水经处理达标排放，解决了水质污染问题。水库水经坝下净水处理厂处理后，达到饮用水标准。

7.3.2　浮渡河

（Fudu River）

原名铁场河，亦称龙口河、李官河。发源于辽宁省瓦房店市万家岭镇老帽山西麓，河源海拔795.4米，由东南向西北流经右岸盖州市的归州等3个乡镇，左岸瓦房店市的万家岭等3个镇，在李官镇注入渤海。浮渡河长45.0千米，中下游是盖州市与瓦房店市的界河，流域面积474平方千米。

浮渡河是一条暴涨暴落的山溪性河流，上游为丘陵山区，山峦起伏，沟壑发育，河谷狭长，呈V形，秃石多，植被差，水土流失严重，易发生泥石流。浮渡河上游河道比降8.8‰，中下游河道比降6.1‰，有一级支流10条。

浮渡河流域处于北温带大陆性季风气候区，四季分明。流域多年平均气温9.1摄氏度，极端最高气温35.0摄氏度，极端最低气温-25.4摄氏度；年日照时数2 807.7小时。流域多年平均年降水量550～700毫米，降水年内分布不均，6—9月降水量占全年的71%；多年平均年蒸发量900毫米，年无霜期168天，多年平均年径流量0.85亿立方米。

流域内有小型水库13座，向农业、乡镇工业年供水量3 062万立方米，在瓦房店市境内有堤防32千米，盖州市境内有堤防16.2千米，防洪标准为10年一遇至20年一遇。

1981年7月28日，浮渡河受特大暴雨袭击，流域内马屯雨量站实测最大24小时降雨量为391.9毫米，山洪暴发，最大洪峰流量达1 700立方米每秒，浮渡河许屯以上至万家岭段共发生山体滑坡3 136处，大量泥石流顺流而下，河床被淤积，两岸25千米堤防全部被冲毁，水冲沙压地533公顷，沿河铁路、公路交通中断，农村通信、供电、广播线路被毁，损失严重。

浮渡河上游建有万家岭李子农业现代园区，园区占地133.4公顷，主要发展水果种植及其加工；中下游两岸较为平坦，沿岸主要粮油作物以玉米、高粱、

大石棚

大豆为主，苹果、梨、葡萄、桃、李、杏等水果为支柱产业。

浮渡河入海口建有海产品养殖圈，主要养殖贝类、虾、海参等。

在盖州市的二台镇浮渡河北岸发现新石器晚期和青铜器早期的一种墓葬建筑——大石棚。大石棚以6块大石板建成，呈长方形，1块大石板铺地面，用4块高2.4米的石板围成四壁，壁上平放一块长8.6米，宽5.7米，厚约0.5米的大石板做盖，现南壁已不存在。因极似小屋，故名大石棚，是东北地区目前保存时间最长的地上建筑。

7.3.3 熊岳河
(Xiongyue River)

发源于辽宁省盖州市杨运镇的老帽山，由东向西北流经盖州市的杨运、陈屯、九垄地和营口市鲅鱼圈区的果园、熊岳等乡镇，在熊岳镇的于园子村西注入渤海；河流长41.9千米，流域面积322.54平方千米。

熊岳河

熊岳河上游六道河村至头道河村为半山区，河床狭窄，由大中卵石组成；头道河村至熊岳河水文站流经平原区，河床宽浅，多为小卵石和粗砂；熊岳河水文站以下为冲积平原，多为细沙和淤泥。

熊岳河流域属暖温带半湿润大陆性季风气候。冬季寒冷，春季多风少雨，夏季炎热，暴雨集中，秋季凉爽；多年平均气温8~10摄氏度，流域多年平均年降水量600~790毫米，主要降水集中在7—8月，约占年雨量的2/3；多年平均日照时数2600~2900小时，多年平均年径流量0.587亿立方米。

熊岳河流域内2000年有人口约9.32万，耕地455公顷。

新中国成立以来，熊岳河流域发生两次大暴雨洪水。1975年7月31日，熊岳镇降特大暴雨，降雨量达310.5毫米；1981年7月28日，盖州市杨运镇八道雨量站降雨量289.2毫米，熊岳河水位猛涨，最大流量2200立方米每秒，为历史最大洪水。

熊岳河两岸现有堤防23.2千米，左岸11.5千米，右岸11.7千米，在历年防洪中发挥了重大作用。

熊岳河出杨运镇后进入陈屯镇，青龙山风景区位于该镇的太平沟村。青龙山主峰海拔272.4米，山中苍松翠柏一年四季郁郁葱葱，在辽代即被列为熊岳八景之一，名曰"古洞烟樵"，又称喇嘛洞山。明末清初在平山

熊岳河

腰的喇嘛洞内建庙三间，洞外建有偏殿三间，名曰望海寺。

熊岳河从熊岳镇内穿过。熊岳镇历史悠久，素有"苹果之乡"的美称，1998年被农业部列为国家优质苹果生产基地。该镇旅游资源得天独厚，望儿山距古城熊岳2千米，是国家AAA级旅游景区，省级爱国主义教育基地，山顶有一藏式青砖塔，建于明末清初，远看如一位老妇伫立山头，日夜眺望大海，盼望远行的儿子归来，望儿山由此得名。整个园区占地面积1.08平方千米，有慈母像、步母石、哺乳轩、望儿塔、报母泉、母恩池、念母寺等10余处以母爱为主题的人文景观，与望儿山古老的自然景观融为一体。2005年修建慈母馆，每年来自海内外的拜母者络绎不绝。"母爱世界"亦为展现古今中外伟大母爱的庞大雕塑群，雕塑形态各异，栩栩如生。

每年5月，正当果花盛开时节，以爱母亲、爱家乡、爱祖国为主旋律的营口望儿山母亲节在这里举办。

7.3.4 沙河
(Shahe River)

又名塌头河，因河床以沙土为主故取名沙河。沙河发源于辽宁省盖州市双台镇黄土岭，自东南向西北流经双台镇、芦屯镇和鲅鱼圈区望海街道，在望海街道南汇入渤海。沙河全长29.5千米，流域面积201.38平方千米。

沙河上游两岸多山，植被较差，河床宽30~200米，河道比降3.67‰；下游为丘陵平原区，河沙极多，河床宽100~200米，河道比降1.4‰。沙河从双台镇西双村到芦屯镇北里屯村河道比降小，河床不稳定；沙河主要支流有安平河、簸箕寨河。

流域内多年平均气温9.7摄氏度，最低气温-28.1摄氏度，最高气温36.6摄氏度；多年平均年降水量659.7毫米，年内降水分布不均，6—9月降水占全年降水量的73.1%；多年平均年水面蒸发量806.6毫米；夏季以东南风为主，最大风速29米每秒；最大积雪深度22厘米，最大冻土深度1.1米；多年平均年径流量0.366亿立方米。

沙河防洪标准不高，主要是由于河道堤防不连续，而且防洪标准较低，致使两岸周边农作物多次受灾。

沙河流域内共建有小型水库6座，其中沙河水库库容109万立方米，杨屯水库58万立方米，后安平水库9.15万立方米，何家沟水库33.8万立方米，栾窝水库11.3万立方米，小望海水库22.5万立方米。6座水库的主要作用是解决下游百姓生活用水及农村灌溉用水，其次是养鱼及旅游。

沙河出源后，由东南向西北流，穿过双台镇，有双台温泉旅游度假区、农业观赏区和工业园区分布于河畔两岸。观赏农业区有欧亚花卉基地，特种鱼养殖场，饲养着十几种世界名优奇特的水产品，有泰国鳄鱼、美国大胭脂鱼、日本鳗鲡等。

沙河下游流经营口古镇芦屯镇。芦屯镇位于辽东半岛中部、渤海之滨，境内长大铁路、哈大公路、沈大高速公路纵穿南北，鲅孔公路、芦杨公路、疏港

双台温泉

公路横贯东西,区位优势得天独厚。境内地下矿产资源丰富,开发利用前景广阔。

7.3.5 大清河
(Daqing River)

位于渤海东岸辽东半岛,史称清河,亦称清沙河,俗名南大河。

大清河发源于辽宁省大石桥市建一镇千山山脉东大岭,流经黄土岭镇及盖州市的榜式堡、高屯、团甸、暖泉等镇和盖州市区,在该市西海街道西河口村分南北两个入海口注入辽东湾。流域包括海城、大石桥、盖州3个县级市的20个乡镇,河流长98.9千米,流域面积1 473.46平方千米。

大清河

概　　述

大清河上中游为低山丘陵,面积占全流域的71%,下游为平原,面积占全流域的29%。石门水库以上为山区,河道比降9‰,石门水库以下河道比降3.15‰。流域内最高峰老轿顶海拔1 033.6米,其余山地高程200~1 000米,植被尚好。

大清河一级支流共有21条,主要支流有吕王河、西大清河、徐屯河等。

大清河流域位于暖温带半湿润季风气候区,多年平均年降水量670~760毫米,降水年内分配不均,主要集中在7、8月,占全年降水量的54%;年无霜期170天左右,多年平均年结冰期150天,地面冻深1.0米左右;多年平均年径流量3.5亿立方米。

2002年流域内人口86万,地区生产总值269亿元。

大清河水灾比较频繁,据史料记载,严重水灾年有1523、1879、1888年,有水文资料记载的1953、1960、1982、1994年也发生过较严重的水灾,其中1960年望宝山水文站洪峰流量达到2 450立方米每秒,为实测资料中最大洪峰。

河流两岸有堤防58.8千米,其中左岸28.4千米,右岸30.4千米。

大清河上游建有**石门水库**,坝址距河口61.5千米,建于1971年,坝址以上集水面积410平方千米,最大库容10 120万立方米。水库以防洪、灌溉为主,兼供水、养鱼、发电等综合利用。大清河二级支流北窑河上建有中型水库**三道岭水库**,小型水库二道房水库、周家水库。大清河下游盖州市城区段建有橡胶坝景观工程,建有拦河闸2座、滚水坝3座。大清河灌区包括西海、青石岭、团山3个水田灌区和高屯、团甸、暖泉、太阳升等镇(街道)4个667万亩旱作物灌区,除西海灌区建于1943年,其余灌区都是1971年石门水库建成后发展起来的。

纪　　实

建一镇东大岭是大清河的发源地。建一镇原名"接官厅",古时为迎接过往官吏传递文书的休息站所。1947年,该区区长丁隽一(原名丁是余)被国民党杀害于此地。1956年为纪念丁隽一烈士,更名"建一",沿用至今。

东大岭山奇水异,林葱木秀。沿大清河支流后松河上溯数千米,便是以黄安口为代表的风景区。进入黄安口林场,眼前景致跳跃变幻,群山环抱,沟壑纵横,苍翠欲滴,豁然开朗。此处最高峰海拔967.8米,有树龄百年以上的原始森林6公顷多,有银杏、梧桐等名贵树种30多种,貉子、狍子等40多种珍稀野生动物。林中盛产野菜、真菌及珍贵药材人参等。景区内有两座天池隔河相对,四处古寺庙遗址清晰可辨,两片6公顷多的杜鹃林遥相呼应,河道掩隐山中。

吕王河在大石桥市黄土岭镇西从左岸汇入。在距大清河源头以下39.2千米为石门水库坝址。石门水库水波涟漪,鱼儿跳跃,是旅游度假的好去处。石门水库以下是盖州市榜式堡镇,传说清雍正年间,榜式堡南山有一洞穴,里面有两条大蟒,由此得名蟒式堡,后因此地有一人在京做官,因官榜上有名改为榜式堡。榜式堡盛产苹果、桃、李子等水果,山林以柞树为主,饲养柞蚕历史悠久,年产柞蚕约437吨。

过石门水库,在盖州市高屯镇现屿村南,西大清河从右岸汇入;在盖州市徐屯镇后松屯村西,徐屯河从左岸汇入。

盖州市金、元、明代设盖州,清代改称盖平,1965年改名盖县,1991年更名为盖州市。盖州市是全国重要的优质果品生产和出口基地、海蜇生产和出口基地,2010年人口72万,有汉、回、满、朝鲜、蒙古等12个民族。现今盖州古城风貌犹存,钟鼓楼为辽宁省文物保护单位,正殿又称观音阁,为前出卷棚抱厦式建筑,上覆青瓦,下为朱色圆柱挺立。整个建筑古朴典雅,巍峨壮观。上帝庙位于盖州市古城西大街,属辽宁省文物保护单位,建于辽代,迄今已600余年。

大清河在盖州市西海街道西河口村注入辽东湾。大清河入海之滨,礁石嶙峋,龙宫矗立,有海滨浴场,沙滩细腻松软,夏季游人如织,海鲜美味招来八方游客。

7.3.5.1 石门水库
(Shimen Reservoir)

石门水库是**大清河**上游的以防洪、灌溉、城市供水为主,兼顾发电、养鱼功能的大(2)型水利枢纽工程,位于辽宁省盖州市境内,坝址距盖州市区35千米。

水库建于1970年,1971年11月基本竣工。坝址以上控制流域面积410平方千米,多年平均年径流量1.17亿立方米。水库按200年一遇洪水设计,3 000年一遇洪水校核,总库容1.022亿立方米。

水库主体工程由大坝、溢洪道、输水洞、水电站组成。大坝坝型为黏土心墙坝。最大坝高47米,坝长350米。水库设2个溢洪道,均为直泄陡槽式,堰顶净宽均为30米。第一、第二溢洪道分别设有3扇10米×8米的弧形钢闸门,最大泄流量均为2 295立方米每秒。输水洞为圆形压力洞,洞径2.2米,最大过流量60立方米每秒。水电站为坝后式电站,3台机组装机容量2 000千瓦,多年平均年发电量240万千瓦时。

水库保护下游盖州市区及所属的11个乡镇,哈大公路、中长铁路、沈大高速公路及重要的军事、通信设施等,影响人口20万,耕地1.33万公顷。

水库运行至今,发挥了巨大的兴利除害效益。水库每年平均为营口市、盖州市提供工业、城市生活用水0.25亿立方米,提供农业用水0.36亿立方米,实灌农田0.73万公顷。截至2005年,水库已累计为营口市、盖州市提供工业、生活用水8.75亿立方米,为农业提供灌溉用水12.96亿立方米。

石门水库有养鱼水面333公顷,年均产鱼量125吨,已经确权划界的土地资源847公顷(含库区淹没面积)。

石门水库运行以来,共出现过两次比较大的险情。1975年2月4日,辽南海城、营口地区发生了7.3级大地震。受地震影响,上游坝体出现了大面积滑坡,滑坡面积达1.5万平方米,滑坡方量2.15万立方米。1974年经辽宁省批准将水库列为续建工程，1975 年 10 月续建工程结束，将大坝加高 0.7 米，续建后水库设计洪水标准为 50 年一遇，校核洪水标准达到 500 年一遇，最大库容达到 1.012 亿立方米。

1986 年，对水库进行了提高标准的安全加固，完成了大坝加高 0.3 米，大坝前坡培厚抛石压重，新开第二溢洪道等。经过加固后的石门水库设计洪水标准为 200 年一遇，校核洪水标准为 10 000 年一遇，最大库容达到 1.08 亿立方米。

1994 年 8 月 16 日，受 15 号台风的影响，水库上游普降暴雨，入库洪峰流量 1 390 立方米每秒。溢洪道开闸泄洪，泄流量 520 立方米每秒，使溢洪道陡槽被冲坏，冲毁钢筋混凝土底板 10 块。右边墙和挑流鼻坎基础下部土和强风化岩被淘空冲走，形成深坑，最深处达 6.6 米，冲走方量 4 920 立方米。坝下右导流堤冲毁 37 米，致使第一溢洪道无法使用。

1999 年石门水库被水利部列为病险水库。除险加固工程于 2001 年 10 月开工，水库除险加固工程完成的主要项目有大坝迎水坡抛石，输水洞加固，第一溢洪道陡槽段边墙加固，新建第二溢洪道尾水渠，大坝观测设备改造，上坝公路改建，输水洞出口闸门及启闭机室改造，电站升压站迁址。经过除险加固，水库的设计洪水标准仍为 200 年一遇，校核洪水标准降为 3 000 年一遇，相应库容 1.022 亿立方米。

水库坝址以上大清河长 39.2 千米，盛产苹果、尖把梨，其果肉细腻，产量较高，远销东南亚及俄罗斯，苹果深加工企业已成为当地支柱产业之一。

水库控制流域范围内的树种以柞树为主，此地柞蚕远近闻名，是辽宁省柞蚕业基地。当地有大茧加工企业 40 余家，茧丝及其制成品远销海内外。

库区内的大庙沟一带是辽宁省绒山羊的养殖基地。2000 年以来绒山羊养殖业发展迅速，先后为内蒙古、山西、河北等地培育出大批的优质绒山羊种羊。这里的绒山羊羊绒产量高，质地柔软，有"软黄金"之称。

7.3.5.2 三道岭水库
(Sandaoling Reservoir)

大清河支流北窑河上的以防洪、灌溉为主，兼顾发电、养鱼等综合功能的年调节中型水库，位于辽宁省大石桥市周家镇境内，坝址距大石桥市区 25 千米。

水库工程 1973 年 3 月开工，1974 年 7 月基本竣工。1975 年 2 月海城地震后，进行震损维修（包括前期尾工）。水库坝址以上集水面积 133 平方千米。按 50 年一遇洪水设计，1 000 年一遇洪水校核，总库容 3 490 万立方米，其中防洪库容 1 900 万立方米，兴利库容 1 590 万立方米，净调节水量 1 905 万立方米。

水库主体工程由大坝、溢洪道、输水洞、灌溉洞和引水建筑物 5 部分组成。大坝为黏土心墙与混凝土混合坝，最大坝高 17 米，坝长 575 米，其中混凝土坝段长 57 米。溢洪道为实用堰，堰顶净宽 20 米，设有 2 扇 10 米×3.5 米的弧形钢闸门，最大泄流量 635 立方米每秒。输水洞为长方形压力洞。洞径 2 米×2 米，洞长 16 米，最大过流量 35 立方米每秒。灌溉洞为长方形压力洞。洞径 1.1 米×1.5 米，洞长 13.5 米，最大过流量 11 立方米每秒。引水建筑物从灌溉洞内侧引出，为地下直径 0.9 米混凝土管道，引水口至营口市自来水公司管线全长 53.2 千米，设计流量 0.694 立方米每秒。

2000 年 4 月至 2003 年 10 月，三道岭水库按 1 000 年一遇洪水作为非常运用洪水标准进行了除险加固。加固工程完成的主要项目有：溢洪道尾水的处理；土坝加高 0.3 米，培厚 1.6 米；交通及附属工程；防汛调度办公楼的改建等。

水库保护下游大石桥市和盖州市的 9 个镇区、20 个厂矿企业、1~3 个农场，以及长大铁路、沈大公路等重要交通设施，影响人口 30 万，耕地 2 万公顷。

三道岭水库建库运行至今，在两次较大洪水中防洪效益显著。1985 年 7 月 20 日，入库洪峰流量 1 299 立方米每秒，水库成功削减洪峰流量 70%；1989 年 7 月 18 日，入库洪峰流量 958.8 立方米每秒，水库削减洪峰流量 60%。

三道岭水库自运行以来至 1991 年，为供水范围内的农业用户提供灌溉用水 8 368 万立方米。截至 2005 年累计为营口市工业、城市生活供水 1.12 亿立方米，平均年供水量为 700 万立方米。

三道岭水库所在的北窑河，多年平均含沙量为 0.35 千克每立方米，属少沙河流。水库上游河长 18.2 千米，有后窑河和石柱河两条河流。流域属于半山区半丘陵地带，山峰高程一般 120~200 米，最高点高程为 242 米。山丘占 70% 以上，森林面积 6 716 公顷，森林覆盖率 50.5%。林木中针叶树以落叶松为主，阔叶树以柞树为主。

7.3.6 大凌河
(Daling River)

辽宁省西部地区流域面积最大、流程最长的入渤海的河流。北魏时称白狼河，辽代称灵河，金代称凌河，元代称凌水，明代始称大凌河。大凌河发源于辽宁省建昌县要路沟乡水泉沟，流经建昌县、喀喇沁左翼蒙古族自治县（以下简称喀左县）、朝阳县、北票市、义县和凌海市，于盘山县与凌海市交界处注入渤海。大凌河流域面积 23 549 平方千米，河长 435 千米，河道平均比降 0.96‰。

概　述

流域范围　流域内包括朝阳、阜新两市市区及朝阳、葫芦岛、阜新、锦州、盘锦市的凌源、建昌、喀左、朝阳、北票、清河门、义县、凌海、盘山 9 个县（市、区），地理坐标为东经 118°53′~121°52′，北纬 40°28′~42°38′。大凌河流域西北以努鲁尔虎山为界与**辽河**上游段老哈河、**教来河**相邻，东南以松岭为界与**小凌河**、六股河相邻，东北

大凌河

以医巫闾山为界毗邻**绕阳河**，西邻海河流域**滦河**支流**青龙河**。

地貌　大凌河发源于燕山山脉北侧，上游崇山峻岭，峰峦交替，但面积不大，以下基本都流经山丘区，到凌海市后才进入平原区，山丘区面积约占全流域的 89%，平原区面积仅占 11%。流域内植被较差，水土流失严重，洪峰涨跌迅速。

水系　大凌河支流众多，且多集中于左侧，流域面积在 100 平方千米以上的一、二级支流达 56 条，其中**细河**、**牤牛河**的流域面积在 2 000 平方千米以上，**大凌河西支**、**第二牤牛河**、**老虎山河**的流域面积均大于 1 000 平方千米。流域面积在 1 000 平方千米以下的较大支流有凉水河、**渗津河**、**依玛图河**、**清河**等。

7.3.6 大凌河

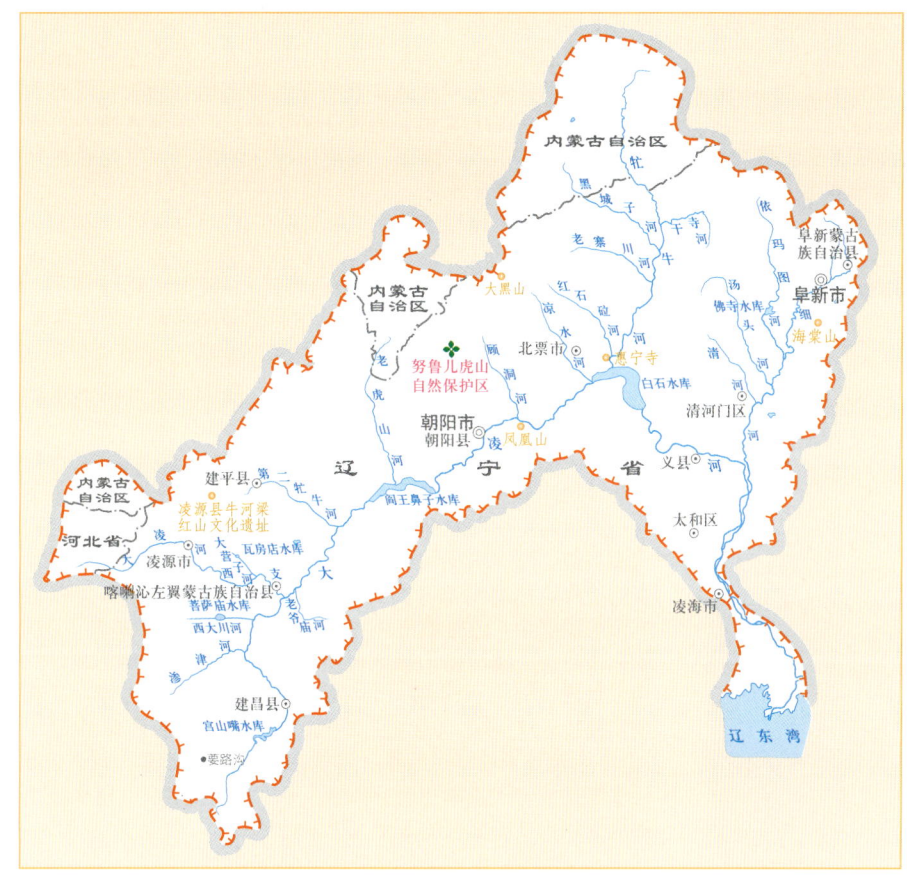

大凌河水系示意图

气候 大凌河流域属暖温带大陆性季风气候区，受南来暖湿气团与北来大陆气团交互影响及季风环流影响，夏季炎热多雨，

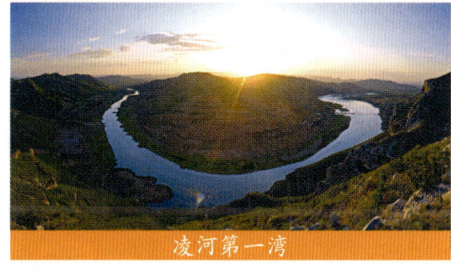

凌河第一湾

冬春少雨干燥，是辽宁省的干旱地区，有"十年九旱"之称。流域内多年平均气温7.2～8.9摄氏度，最高气温38～42摄氏度，最低气温-25～-37摄氏度；多年平均年降水量450～610毫米，由南向北递减，降水量年际变化较大，丰、枯年比值可达3.5倍，降水量年内分配不均，多集中在6～9月，约占全年降水量的80%，汛期降水量又多集中在7、8月的几次暴雨之中；多年平均相对湿度50%～82%，多年平均年蒸发量1143.2毫米，多年平均风速2.9～4.3米每秒，最大风速19.3米每秒；最大积雪深度17厘米，最大冻土深度131厘米。

水文水资源 大凌河流域多年平均年水资源总量19.65亿立方米，其中地表水18.55亿立方米、地下水9.1亿立方米，人均水资源量仅301.3立方米，是辽宁省的干旱缺水地区。大凌河流域洪水主要由大暴雨形成，由于大凌河流域面积较大，且受地形影响，降水在地区分布上极不均匀，除大水年外，一般多为局部产流。据统计，大凌河洪水主要来源于干流上窝堡以上及左侧支流老虎山河、牤牛河、细河等；洪水多集中在7—8月，洪水陡涨陡落，峰高量大，一次洪水历时一般3～5天，双峰间隔时间3～4天。大凌河站自1930年以来，洪峰流量超过10 000立方米每秒的就有6次，1949年洪峰流量达30 400立方米每秒。

大凌河属多泥沙河流，据凌海市水文站记载，多年平均年输沙量2 143万吨，多年平均含沙量18.08千克每立方米。泥沙主要来自中游地区发源于内蒙古奈曼旗、库伦旗半移动沙丘、黄土丘陵区的多泥沙支流，如牤牛河、第二牤牛河、老虎山河等。流域内年输沙量变幅上游比下游大，支流比干流大，说明大凌河流域局部暴雨产沙的特点。由于暴雨大多发生在汛期，所以沙量年内分配极不均匀，大部分集中在汛期几场洪水中。

经济社会 2000年大凌河流域共有人口652.1万，其中城区人口203.8万，地区生产总值为179.5亿元，主要工业门类有发电、造纸、钢铁、化工、采矿、煤炭等。

水旱灾害 大凌河流域洪水灾害频繁，1917年以来发生9次较大洪水，其中以1949、1962和1994年洪水灾害最重。

1949年7月中旬到8月中旬，辽宁省大部分地区阴雨绵绵达40多天，据调查为大凌河历史上发生的最大洪水，义县站洪峰流量30 400立方米每秒，凌海站亦在30 000立方米每秒以上。洪水在大凌河左岸石窗子至沈山线之间出槽，漫顶决口19处，沿岸大部分土地淤成黄沙，几乎不能耕种。在义县，洪水漫过城墙，进入城内，造成县城内洪水泛滥。这次洪水大凌河两岸受灾面积64 867公顷，受灾人口13万，死亡297人，倒塌房屋14 407间，沈山铁桥和桥头路基被冲毁，交通中断35天。

1962年，辽西地区大凌河中上游普降暴雨，造成大凌河河水暴涨，发生了1962年7月26日的大凌河实测最大洪水，朝阳站洪峰流量10 700立方米每秒，义县站洪峰流量17 300立方米每秒，锦县站洪峰流量14 600立方米每秒。造成朝阳市哨口营子村左堤决口，洪水冲入市区，平均水深2米，最深处达3.5米，使朝阳市区受淹面积12.6平方千米，3个工厂被冲毁，65%的商业网点被迫停业，锦承铁路停运3天，公路多处被冲毁，交通损失达1.66亿元（1962年不变价）。市郊村屯大部分受灾，淹没农田1 333公顷，直接经济损失4 400万元，锦县（现凌海市）以下两岸决堤75处，受灾农田36 000公顷，受灾人口9.5万，倒塌房屋7 338间。

1994年7月13日，锦县站洪峰流量达12 800立方米每秒，洪水殃及锦州市范围内6个县区的63个乡镇，受灾人口9.8万，损坏倒塌房屋3 176间。辽河油田1 049眼油井停产10余天，沈山线铁路桥洪水位超过警戒水位，客货列车停运451列。

治理与开发 流域防洪工程修建较早，《辽史·地理志》记载辽代统和八年（990年）"大凌河砌石成堤，以防水患"，具体地点为大凌河中游的义县北关。大凌河现有防洪堤长132.7千米，其中朝阳市城市防洪堤14.4千米（左岸9.5千米，右岸4.9千米），左岸防洪标准100年一遇（洪峰流量9 535立方米每秒），右岸防洪标准20年一遇；义县有不连续

7.3.6 大凌河

堤防 7.1 千米，仅能抵御常遇洪水；下游凌海市市界以下基本为连续堤防，长 111.2 千米（左岸 58.4 千米，右岸 52.8 千米），防洪标准为 7 年一遇至 20 年一遇。建有土丁坝 67 座，总长 2 110 米，顺坝 558 座，总长 30 072 米。

流域内已建有**宫山嘴水库**、**佛寺水库**、**阎王鼻子水库**和**白石水库** 4 座大型水库。白石水库坝址以上集水面积 17 649 平方千米，占全流域的 76%，总库容 16.45 亿立方米，结合下游堤防，可保护下游 64 667 公顷农田，将下游（包括义县义州镇、凌海市区及欢喜岭和锦州采油厂）的防洪标准提高到 50 年一遇。

纪 实

大凌河是辽西人民的母亲河，她孕育了辽西地区的文明。距今 10 多万年前的鸽子洞遗址位于喀左县水泉乡瓦房村西南的云山峭壁上，洞口面临大凌河，高出河床 35 米，对岸为开阔的扇形台地。

在大凌河畔的喀左县东山嘴红山文化古遗址中，发现了石磨盘、祭坛、玉佩和孕妇陶像等。在凌源市牛河梁红山文化遗址中，发现了女神庙和女神头像，说明 5 000 年前大凌河流域曾存在一个具有国家雏形的原始文明社会。红山文化，即黄帝族大本营文化。牛河梁可能为黄帝时期遗址，说明了大凌河流域古文化的辉煌。

大凌河又是古代沟通东北与中原的交通枢纽，齐国北伐山戎、曹魏征讨乌桓、前燕入主中原、北齐攻打契丹、隋唐平定高丽，均以大凌河河谷为行军主道。

凤凰山

自古以来，九曲凌河就是一道风景长廊，尤其是凤凰山脚下，山环水绕，负阴抱阳，虎踞龙盘，素来为"福德之地"，慕容鲜卑曾在此修筑龙宫和龙腾苑，引水入宫，成为大凌河开发史上的一座丰碑。

上中游段 大凌河在宫山嘴水库以上地势较陡，河道比降在 5‰ 以上，宫山嘴水库以下地势趋向平缓，河道比降在 1‰ 左右。

大凌河出宫山嘴水库后，东北流经建昌县城，在城东 12 千米处有大黑山，主峰海拔 1 140 米，大黑山风景区如气势恢弘的大型山水画。

河流过建昌后转向西北，进入喀左县折向东北流，在喀左县平房子镇桃花池村东，渗津河从左岸汇入；在喀左县坤都营子乡三台村东，西大川河从左岸汇入；在喀左县城东南有大凌河西支从左岸汇入；在喀左县城东南百利生营子村西有**老爷庙河**从右岸汇入；继续下行，第二牤牛河在喀左县水泉乡东从左岸汇入；续流，老虎山河在朝阳市大平房镇西从左岸汇入阎王鼻子水库。

阎王鼻子水库坝址以上集水面积 9 482 平方千米，控制大凌河流域面积的 41%。水库名称起因于地名，阎王鼻子山以险峻著称。大凌河从陡峭的山峰中穿过，两座山峰像卫士一样守护着大凌河，但它没有控制住大凌河的肆虐泛滥，大凌河给朝阳人民的生命和财产造成严重的威胁以致损失。2006 年建成了拦河大坝，形成了高山平湖，使昔日不驯的河水造福于子孙万代。

大凌河出阎王鼻子水库，进入朝阳市区。朝阳市位于科尔沁沙地南缘，干旱少雨，水资源严重短缺，且时空分布不均。大凌河由南向北穿城而过，城区段河道长 9.1 千米，河床宽而不稳，滩多水少，沙随风起，市区污水直接入河，地表水水质下降，汛期洪水峰高，城市防洪受到严重威胁。为保证城市防洪安全，改善城市环境，提高城市品位，2002 年 9 月，朝阳市启动大凌河朝阳城区段整治工程，到 2004 年 7 月，一期工程建设完工，建成一个集娱乐、休闲健身于一体，展现朝阳独特人文历史文化的滨河景观园林。滨河两岸修建了 7 000 余延长米的排污暗涵，将城市污水集中处理，实现城市污水零排放。人工湖达到景观娱乐 A 类水质标准，3 道橡胶坝形成面积为 200 公顷的 3 个人工湖。

大凌河朝阳城市段

大凌河行至朝阳市长宝营子乡东北，有顾洞河从左岸汇入；过朝阳市后，在北票市南八家子乡流入白石水库。白石水库是辽西地区最大的人工湖泊，库容 16.45 亿立方米，是一座以防洪、灌溉为主，兼顾发电、养鱼等综合利用的大型水利枢纽工程。凉水河在北票市凉水河蒙古族乡东、红石砬河

凤凰山

在三宝乡红石砬村东从左岸汇入白石水库，牤牛河在北票市马友营蒙古族乡告老村南从左岸汇入白石水库。

大凌河出白石水库改向西南流入义县境内。义县县名源于辽代宜州，金时改为义州，1913 年（民国 2 年）全国统一县名，遂改为义县。在义县县城东大街坐落着奉国寺。奉国寺建于辽开泰九年（1020 年），因其供奉七尊大佛，又称七佛寺或大佛寺，是辽宁省现存最早的寺院建筑，为第一批全国重点文物保护单位。

细河在义县大榆树堡镇鲁家屯村从左岸汇入大凌河。

下游段 大凌河下行进入平原区，区内人口密集，耕地广阔，是辽西重要的粮食产地。区域内有辽河油田欢喜岭采油厂、锦州采油厂及众多的油井，有东北最大的造纸厂金城股份有限公司和省原种场，以及连接关内外的京沈高速公路、京沈高速铁路、京沈公路、京沈铁路等重要交通干线。

大凌河下游段平面摆动较大，河口迁徙不定，历史上其下游河道曾有 5 次变迁。明代以前大凌河主流偏于辽河口三角洲的北侧，经右卫屯（锦州市东北 15 千米）东流入海。明代后期河身移向西南，从王段村东南流经大有屯至元宝抵折向南流入海。沈山铁桥修建后，铁桥以上河段因有桥梁、路基及堤防控制，河道未发生改道，而铁桥以下变迁仍较剧烈。清光绪年间，大凌河北移，自王段经古龙湾、狼坨子至鸳鸯沟入海。民国初年，大凌河主流再次北移至右卫屯南半里，经黄屯、龙王庙北再折南入渤海。1930 年大洪水后，大凌河沈山铁桥以下河段向西南方向滚动，形成现在的河道。当代的大凌河是从明清的两条故道之间入海的。卫星图像上可明显看出 4 条古河道，位于现大凌河东侧的有 3 条，分布在西侧的有 1 条，显示了大凌河向西移动的迹象。

义县奉国寺

利洲古塔

天成观

辽河油田

7.3.6.1 宫山嘴水库
(Gongshanzui Reservoir)

大凌河上游的以防洪为主，兼顾城市供水、发电、灌溉、养鱼等综合利用的大（2）型水库，位于辽宁省建昌县宫山嘴村境内，坝址在建昌县城西南 9 千米处。

概　述

库区地处燕山准地槽的东北部，整个库区都处在曲折的高山峡谷中，岩性比较简单。出露的岩石绝大部分为安山斑岩，仅在库区的个别地方分布有火山凝灰岩（嘎拉山一带的半山坡）。坝址南段及库区左岸接近分水岭的边缘地带，分布有火山集块岩、凝灰角砾岩等。回水线以上的坤都营子盆地周围山上出露的是砂岩和页岩。第四系地层有砾石层、红黏土、砂壤土以及砂卵石。因水库坝址位于宫山嘴村附近，故名宫山嘴水库。

工程于 1958 年 9 月动工兴建，1976 年 7 月全部竣工。水库集水面积 656 平方千米，按 100 年一遇洪水设计，5 000 年一遇洪水校核。水库总库容为 1.0886 亿立方米，其中防洪库容 0.4661 亿立方米，兴利库容为 0.5811 亿立方米。

水库主体工程由大坝、溢洪道、输水洞、电站和引水建筑物组成。

大坝有主副坝各 1 座。主坝为黏土心墙砂壳坝，最大坝高 33.7 米，坝长 457.5 米；副坝为均质土坝，最大坝高 9.1 米，坝长 230.5 米。溢洪道为直泄陡槽式，堰顶净宽 108 米，设有 9 扇 12 米×6.5 米的弧形钢闸门，最大泄洪流量 6 562 立方米每秒。第一输水洞为坝内埋管结构，直径 1.6 米，最大过流量 20.06 立方米每秒。第二输水洞为隧洞，直径 1.6 米，最大过流量为 3.8 立方米每秒。梯级电站 4 座，8 台机组，总装机容量 3 105 千瓦，平均年发电量 584 万千瓦时。引水建筑物包括黑山灌区渠首工程（第二输水洞）和建昌县城市及环境引水口，通过黑山灌渠调水到**六股河**，供葫芦岛市城市用水，平均年供水 3 776.2 万立方米。

水库防洪保护下游的建昌县城和喀左县城及沿岸居民 25 万人、耕地 2.5 万公顷，以及魏塔线铁路、通向关内的国防公路及军用通信光缆等基础设施。

水库建成后，发挥了显著的防洪减灾效益。

1962 年汛期，经过水库拦蓄调节，入库洪峰流量 2 238.1 立方米每秒，最大泄流量仅为 1 070 立方米每秒。1977 年汛期，入库洪峰流量 1 200 立方米每秒，最大泄流量 650 立方米每秒。1984 年 8 月 18 日，入库洪峰流量为 1 500 立方米每秒，水库持续错峰 8 个半小时，下泄流量仅为 143.4 立方米每秒，削减了洪峰流量 91%。

纪　实

库区内以农业为主，上游没有工业污染，因此水库水质无污染。

库区处于大凌河上游。河流两岸为荒山秃岭，无林木，水土流失极为严重。水库修建以前，这里经常发生洪水，淹没房屋，冲走人畜，直接威胁河流两岸人民的生命财产安全。

水库控制流域内有 2 座小（1）型水库，总库容 1 437.8 万立方米。水库库区有着独特的自然景观和人文景观，成为旅游资源。水库建成蓄水后，在两山之间形成了一个长约 9 千米、面积 7 平方千米的狭长的库区水域。在库区中游嘎拉山一带，分布着白垩纪地质年代的火山凝灰岩，形成了独特的溶洞群。此外，在碾子沟附近还有雄伟壮丽的龙头山、虎头山等自然景观。

库区历史悠久，文化积淀深厚。据《建昌县志》记载，早在新石器时期就有人类在此繁衍生息，夏、商、周朝时这里已形成部落村庄。

宫山嘴水库库区

7.3.6.2 渗津河
（Shenjin River）

大凌河左岸支流，金时称"狗河"，汉朝称"石城川水"，蒙古语称"僧机图河"。发源于辽宁省凌源市三家子乡宣杖子平顶山，由喀喇沁左翼蒙古族自治县平房子镇桃花池村汇入大凌河；地理位置为东经119°22′～119°38′，北纬40°52′～40°57′，流域总面积728.3平方千米，河长76.2千米，河道平均比降2.04‰。

概　述

渗津河流域地势西北高，东南低，属辽西低山丘陵地貌区，海拔1 056～324米。山脉东西走向，山顶岩体裸露，山腰局部有沙壤土和红黏土覆盖。山脚下、河流两岸地势平坦，农田肥沃。渗津河有胡杖子河、奎胜店河、平地河、歪脖山河、宣杖子河、道虎沟河、胡家沟河、炕杖子河、海岛营子河等9条支流汇入，其中奎胜店河流域面积在100平方千米以上。

渗津河流域地处暖温带大陆性季风气候区，为半干旱半湿润型气候过渡区；多年平均气温8.3摄氏度，多年平均年蒸发量1 253.1毫米，无霜期141天，多年平均年日照时数2 869.7小时，最大冻层深1 670毫米，最大积雪280毫米。流域多年平均年降水量517.3毫米，其中6—8月降水量占全年的72%，多年平均年水资源总量7 553.9万立方米。

据史书及有关资料记载，清光绪十五年（1889年）到2004年的116年间，流域内发生旱灾62次，其中大旱26次；发生水灾41次，其中大水灾19次。

渗津河流域内有6个乡镇，2004年总人口13.96万，其中城镇人口1.4万，农村人口12.56万。

截至2004年，流域内修筑堤防119.38千米。境内有小（1）型水库4座，小（2）型水库3座，总库容1 864.0万立方米，控制流域面积137.27平方千米，占流域总面积的18%，灌溉面积2 114.7公顷。

纪　实

渗津河源头山高坡陡，树木茂盛，山脚下有1957年建的老厂子水库，此处可谓青山绿水。沟门子镇境内平直畅通的河道穿过魏塔铁路朱杖子大桥，经过两山夹一沟，行至四合当镇处，河水渗入地下，时暗时明，实为一奇。干砌石护岸在各个险段间隔分布，起到了防洪保安作用。坐落在三家子乡天盛号庄东，始建于金大定十年（1170年）的五柱头四栏板单孔石拱桥，是当地历史最古老的跨河建筑物。渗津河弯弯曲曲进入喀左县山嘴子镇境内，沿河两岸护岸林枝叶茂盛，保护两岸平坦肥沃的农田、村庄。清清河水由渠道引入农田，灌溉着各种农作物。

渗津河右侧有松岭山脉的主要山峰大阳山，奇峰异石，巍峨壮观。太阳山南麓有白塔子镇，北麓有山嘴子镇，距喀左县城30千米。山势呈东西走向，主峰海拔881.4米。大阳山汉时称白狼山，北魏时称白鹿山，清初时称大羊石山，后称大阳山。此山即曹操伐乌桓所登白狼山，山上有一巨大石砬子，远看似一只绵羊（或似狼和鹿），故称之为大阳山（大羊山）。

石拱桥

《喀左县志》记载，渗津河右岸山嘴子镇黄家店村历史悠久，西汉时称为石城县，晋十六国前燕慕容燕复置石城县、广城县，又置石城郡（郡治在今黄家店村东）。

7.3.6.3 菩萨庙水库
（Pusamiao Reservoir）

大凌河支流西大川河上的中型水库，位于辽宁省凌源市四官营子镇大房申村境内，坝址距凌源市区34千米，原名东风水库。

水库坝址以上集水面积118平方千米，河长22.2千米。菩萨庙水库1968年11月8日开工，1973年投入运行，但未达到设计标准，属于病险水库。1977—1979年对大坝进行补坡和输水洞灌浆。1999年水库完成除险加固，工程达到了50年一遇洪水设计，1 000年一遇洪水校核标准。水库总库容1 225万立方米，其中防洪库容491万立方米，兴利库容745万立方米。

水库主体工程由大坝、溢洪道、输水隧洞和水电站组成。大坝为黏土斜墙坝，坝长369米，最大坝高25.546米。大坝左岸设有驼峰堰型溢洪道，堰顶宽80米，最大泄流量1 550立方米每秒。输水隧洞位于左岸，洞长120米，最大过流量9立方米每秒。坝后引水式水电站，2台发电机组装机容量250千瓦，最大年发电量14.4万千瓦时。

水库保护下游四官营子镇大房申、两家、四官营子、东营子、窑上5个村2 782户12 045人、1 089公顷土地及3 500多座冷暖棚。配套有灌区工程，设计灌溉面积1 280公顷，实际最大灌溉面积933公顷。

水库淹没区与库区上游是石质山和丘陵地，植被稀疏，水土流失较重，土地贫瘠，库区两岸有多条沟壑溪流汇入库中。水库坝址段河床宽100～300米，覆盖层为透水性良好的砂砾石，其厚度为10米左右。水库位于四官营子—三家子侏罗系堆积盆地西侧边缘，刀尔登褶皱带的东侧，水库淹没区位于古生界奥陶系石灰岩向斜构造的东翼。库区主要岩层为海相碳酸盐沉积，岩性基本稳定。

为治理大凌河上游严重的水土流失，1981年在水库控制流域内进行了以小流域为单元的水土流失综合治理工作。重点是水库上游牛营子乡境内的白尺沟小流域，共修建水平梯田（农业用地）2 263公顷，占流域面积的9.2%；水土保持林面积3 538公顷，经济林面积189公顷，林地占流域面积的22%，大大改善了水库上游的生态环境。

7.3.6.4 大凌河西支
（West Branch of Daling River）

大凌河左岸支流。辽、金、元时称"榆河"，蒙古语称

"图尔根河"。发源于河北省平泉县台头山乡郑杖子村南塔山脉棺材山,河源高程1 097米,从源头自西向东流经内蒙古自治区宁城县、辽宁省凌源市,于辽宁省喀喇沁左翼蒙古族自治县大城子镇小河湾村附近汇入大凌河。地理位置为东经118°56′～119°34′,北纬41°03′～41°07′。流域面积2 889平方千米,河长106.5千米。

概　述

大凌河西支处于辽、冀、内蒙古三省区交会地区,阴山至燕山东西构造带与大兴安岭努鲁尔虎山山系北东向构造的两大体系复合带上,是内蒙古高原、冀北山地、辽西山地三大地貌单元交接地带的低山丘陵区,海拔一般在1 000～300米,东西南多为石质山,山峦起伏,岩石裸露;北部山低坡缓,土层厚。流域面积中,山地丘陵占72.6%,平地占16.5%。上游山高坡陡,水流湍急。

大凌河西支有流域面积大于100平方千米的主要支流有7条,右岸有大王杖子河、黄金带河,左岸有驿马吐河、小城子河、热水河、沙海河、六官营子河。

大凌河西支流域属暖温带大陆性季风气候,四季分明,日照充足,气温、降水年际变化大,地域性差异明显;域内多年平均气温8.3摄氏度,最高气温43.3摄氏度,最低气温-29.5摄氏度;多年平均年降水量482.8毫米,降水年内分配不均,6—8月约占全年降水量的61%;多年平均年水面蒸发量1 031.2毫米;多年平均日照时数2 822.7小时;最大冻土深度1.67米,最大积雪深度280毫米。

流域多年平均年径流量9 375万立方米,多年平均含沙量13.4千克每立方米,多年平均年输沙量213.31万吨。河床比降自上而下逐渐变缓,为12‰～2.1‰。

2004年,大凌河西支流域内有20个乡镇、5个办事处、152个村,总人口49.18万人,其中城市人口16.07万人,农村人口31.11万人。

大凌河西支是水旱灾害多发区。自清道光十五年(1835年)至2004年170年中,发生旱灾51次,其中大旱24次。清光绪十一年(1885年)经年无雨,地未耕耘;1961年流域出现严重干旱,全年仅降雨97.7毫米,最大一次降雨仅14.4毫米,颗粒未收,80%井水干枯,农民吃水困难;1984年春旱加伏旱带秋吊,主干断流,地下水下降2～4米,库井大部分干涸。1835—2004年170年中发生水灾46次,其中大水灾21次,光绪九年(1883年)八月发生特大暴雨致凌源城南崔家屯被冲毁;1962年7月降水476.6毫米,受灾农田8 080公顷,倒塌房屋23 212间;1984年8月10日降雨200毫米,干流洪水出槽,路毁堤决85.5千米,凌源城区炸堤排洪,共造成直接经济损失3.25亿元。

截至2004年,流域两岸建堤防245.56千米,其中左岸堤长122.28千米,右岸堤长123.28千米。从2003年起,凌源、喀左城区河段按50年一遇标准治理,完成砂堤长12 000米,混凝土坡防900米。流域内建有水库2座:瓦房店水库库容3 300万立方米,朝阳沟水库库容18万立方米。干支流建排洪闸24座、城市水源井6眼、拦河坝10座,灌溉面积4 133公顷。

纪　实

大凌河西支出源头流经河北省平泉县台头山和榆树林子2个乡镇,至凌源市宋杖子镇康官营子村入辽宁省境内。河流左岸依山耸立着5级梯形宫殿寺庙——万祥寺,为清雍正七年(1729年)乾隆去盛京(沈阳)驻于此赐名,是旅游佛事圣地。河流下行走侯杖子有锦承铁路和101国道桥梁跨越,在二十里堡有房申河汇入,是凌源市区生产、生活饮用水及木兰山矿泉水地下源泉。大凌河在凌源市宋杖子镇楼杖子村南左纳驿马吐河,在南营子村北右纳大王杖子河;继续东行至凌源市。其支流大王杖子河发现1.5亿年前晚侏罗纪古生物化石,出土的中华龙鸟引起国内外学者高度关注。河流继续东行至凌源市。

凌源,因是大凌河西支发源之地而得名,境内支流热水河发源于热水汤,地下储藏着丰富的热水资源,出水温度47摄氏度,现已开发为热水汤度假村。河流前行,大凌河在喀左县六官营子镇南左纳六官营子河。

坐落在大凌河西支下游的喀左县城(辽代称利州)历史悠久,文化灿烂。流域内出土的商周时期的大量青铜器证明,早在3 000多年前这里就是政治、

热水汤温泉

经济、军事、文化要地,历史上曾有山戎、东胡、乌桓、鲜卑、契丹、女真等少数民族在此活动,形成了具有鲜明特色的民族风俗文化和人文景观。县城内始建于清康熙六年(1667年)的天成观,占地2 000平方米,规模宏阔,颇具皇家道观遗风。

位于大凌河与大凌河西支汇流处,有始建于辽代的八角楼阁式和密檐式相结合的利州古塔,空心到顶,现存塔高34米。古塔浮雕造型优美,风格朴实,既是极为可贵的砖雕艺术珍品,又是大凌河西支古老历史的见证。

7.3.6.4.1　瓦房店水库
(Wafangdian Reservoir)

位于辽宁省喀喇沁左翼蒙古族自治县境内**大凌河西支**支流大营子河上,是以防洪、灌溉为主,兼具发电和养鱼功能的多年调节中型水库。坝址距喀左城区15千米。

水库集水面积120平方千米。工程于1976年动工兴建,1982年竣工蓄水。2003年被鉴定为病险水库,2006年汛后进行了除险加固。水库加固后防洪标准为100年一遇洪水设计,2 000年一遇洪水校核,总库容2 409万立方米,其中防洪库容1 290万立方米,兴利库容839万立方米。

水库工程由大坝、溢洪道、泄洪隧洞(输水洞)、发电站组成。大坝为黏土心墙砂壳坝,坝长389.5米,坝高33.3米,坝顶宽7米,坝顶设1.2米高防浪墙。溢洪道位于大坝右侧,形式为开敞式宽顶堰,最大泄流量1 720立方米每秒。泄洪洞(输水洞)位于右岸山体内,与溢洪道平行,中心线距离70米,内径2米,最大泄流量38立方米每秒。输水洞支洞出口处设有坝后引水式发电站,安装2台机组,装机容量250千瓦,平均年发电量23万千瓦时。

瓦房店水库建成运用以来效益显著,使喀左县城的防洪标准由5年一遇提高到10年一遇,六官营子镇的防洪标准由10年一遇提高到50年一遇。1984、1994、2005年3年汛期,大凌河西支流域均发生大洪水,经水库调节,削减洪峰都在80%以上。瓦房店水库是瓦房店灌区的主要供水水源。设计灌溉面积2 013公顷,平均年供水量400万立方米。

瓦房店水库所在的大营子河海拔382～550米,河长26.8

千米，流域面积230平方千米。坝址以上河道长18.6千米。水库淹没区与库区上游是半山区，岩石一部分裸露，一部分覆盖较薄，植被稀疏，水土流失十分严重。地貌分土石山区和丘陵地区两类。历史上这里有森林覆盖，明清后烧炭，致使森林砍伐殆尽。至水库建成时，流域内林地面积为6平方千米，占流域面积的5%。由于水库集水区的水土流失十分严重，河道携带大量泥沙淤积到水库之中，使总库容减少了3060万立方米。

从20世纪80年代开始，当地政府对瓦房店水库流域进行大规模的综合治理。以小流域为单元，以水土流失严重地区为重点，经济和生态效益相结合，防治与开发相结合，整体推进水土保持工作。共完成治理面积80平方千米，占流域面积的60%，不仅改善了库容库貌，也使水库的淤积大幅度减少。

7.3.6.5　老爷庙河
(Laoyemiao River)

大凌河右岸支流，原名芍药河，别名无名河。发源于辽宁省建昌县石佛乡小杨树沟村，由东南向西北流经建昌县境内的石佛乡，喀喇沁左翼蒙古族自治县十二德堡、老爷庙、尤杖子、东哨四个乡镇，于喀左县东哨乡大马架子村汇入大凌河。地理位置东经119°48′~119°48′，北纬41°05′~41°06′；流域面积322平方千米，河长32.8千米，河道平均比降7.2‰。

概　　述

老爷庙河地处大凌河上游，流域地势东南高，西北低，河流贯穿东西，有4条主要支流，其中支流尤杖子河流域面积在100平方千米以上。流域东南两侧为地势高峻的石质山区，群峰林立，沟壑纵横，山峦重叠，最高峰楼子山海拔1091米。河流行经的中间地带为黄黏土和红土层所覆盖，丘陵地带海拔一般在295~1091米。

老爷庙河流域暖属温带大陆性季风气候区，多年平均气温8.3摄氏度，多年平均年水面蒸发量1253.1毫米；年无霜期141天，多年平均日照时数2869.7小时；多年平均年降水量在510毫米，其中6—8月降水量占全年的72%；多年平均年径流量约623万立方米。

老爷庙河是水旱灾害频繁的河流。1949年以来共有5个年份发生较大的洪水灾害，其中1962和1994年经济损失都在千万元以上；有4个年份旱灾严重，1960和1972年大旱造成农民吃水困难，粮食产量减产80%。

截至2000年，流域内有喀左县4个乡镇，建昌县1个乡，总人口7.6万。其中城镇人口0.8万，农村人口6.8万，工农业总产值6.7亿元。

老爷庙河流域从1990年开始搞小流域综合治理，完成整地造林2400公顷，修水平梯田574公顷，改善了生态环境，减少了水土流失；打机电井67眼；修储水方塘11座，增加灌溉面积934公顷。

纪　　实

老爷庙河自源头北行1千米，进入喀左县十二德堡乡喇叭洞沟村，此地山峰高峻陡峭，奇石林立，洞穴多，林木茂盛；河流东北行5千米至十二德堡乡所在地，沿河两岸多为坡耕地、蔬菜大棚和果园；转弯往北行10千米进入老爷庙镇，两岸地势平坦肥沃。距十二德堡乡10千米处，有清代嘉庆七年（1802年）建造的龙凤山朝阳洞天台寺，在大雄宝殿前有"关东第一柏""关东第二柏"，是喀左县著名的自然风景区之一。朝阳洞四季如画，春夏青松吐翠，百余种奇花异草争奇斗艳，清新爽口的大叶金梅茶遍布全山，秋季柞叶摇丹，碧玉镶翠，青天如洗，白云驻足，胜似仙境。自康熙二年（1663年）至今，天台寺已历十二代法师，其间高僧辈出。

老爷庙继续北流，于喀左县东哨乡大马架子村从右岸汇入大凌河。

7.3.6.6　第二牤牛河
(Diermangniu River)

大凌河左岸支流，史称土里根河、土河、朱录河。第二牤牛河因水势凶猛、东冲西撞似牤牛而得名，发源于辽宁省建平县与凌源市交界的努鲁儿虎山脉牛河梁，自西北向东南流经建平县富山镇、叶柏寿镇、万寿镇和喀喇沁左翼蒙古族自治县中三家镇、公营子镇，于水泉镇汇入大凌河。地理位置为东经119°30′~119°57′，北纬41°22′~40°57′。流域面积1102平方千米，河长48.1千米，河道平均比降8.3‰。

概　　述

流域内地势为西北高东南低，河源高程627.2米，河口高程557.3米，河道两岸为地势高峻的石质山区，群峰林立，山峦重叠，海拔241~1000米，河流流经地带土质为沙壤土及红土层，河道两岸沟壑纵横，构成了一脉三川的自然地理特点。

河流沿途有建平县二道莫河、深井河及喀左县大长皋河等3条流域面积100平方千米以上支流汇入。

流域春季干旱少雨，多风沙，夏季炎热多雨，冬季严寒漫长，域内多年平均气温8.0摄氏度，年降水量491毫米，风速2.3米每秒；多年平均年日照时数2892.05小时，年无霜期141天；最大冻土深度178厘米；最大积雪深度29厘米；多年平均年径流量7449.3万立方米。

朝阳洞森林公园

第二牤牛河流域内有 6 个镇，2000 年总人口 19.04 万，其中农村人口 11.34 万，城镇人口 7.7 万；工农业总产值约 12.15 亿元。

自 1741 年以来，第二牤牛河有 12 年发生较大洪水，出现特大干旱 15 次。其中 1949 年洪水最大，叶柏寿水文站调查洪峰流量为 2 540 立方米每秒，超过百年一遇洪水标准，叶柏寿镇进水，公路桥被冲毁，沿河乡镇的耕地、林地被淹，村屯进水，房屋倒塌。

在第二牤牛河叶柏寿 1 号桥上游建有铁丝石笼防洪顺坝 1 座，在万寿镇小平房处建有浆砌石顺坝 1 座，在叶柏寿镇城区段左岸建有路坝结合式防洪堤 3 650 米，防洪标准 20 年一遇。在支流二道莫河万寿村东建有 618 米防洪坝 10 座，保护耕地 1 096 公顷。流域建有多座水库，其中山口水库位于支流山口河建平县富山镇山口处，总库容 143 万立方米，主要作用是调洪。丛元号水库位于支流大长皋河中游，总库容 430 万立方米，主要任务是防洪、灌溉、养鱼等。

纪　　实

第二牤牛河发源于举世闻名的牛河梁红山文化遗址处，东距建平县城（叶柏寿镇）13.4 千米，西南距凌源市 15 千米。牛河梁红山文化遗址因牤牛河源出山梁东麓而得名，呈半山地半丘陵地貌。遗址坐落在一处逶迤 10 余千米的山梁上，在 50 平方千米范围内连绵起伏的山冈上，有规律地分布着祭坛、女神庙和积石冢群，并由它们组成一个规模宏大的宗教祭祀中心。坐落在主梁顶上的女神庙供奉着围绕主神的女神群像，一般为真人原大，位于主室中心的大鼻、大耳为真人的 3 倍。神像以真人为依据而塑成，比例适中且极富表情，权威人士认为是红山人的女祖，也就是中华民族的祖先之一。

女神庙、积石冢、大型土台建筑遗址是牛河梁文化遗址的代表性建筑。此 3 个遗址点依山势按南北轴线分布，坛庙冢三位一体，规模宏大，气势雄伟，是红山文化最高层次祭祀中心场所。它为研究中华文明起源、上古时期黄帝等代表人物在北方活动及宗教史、建筑史、美术史都提供了丰富的实物资料。

牛河梁红山文化遗址

牛河梁是五千年"古文化、古国、古城"之所在。它的出现，将中华文明史提前了 1 000 多年，被称为"中华文明史新曙光"。

河源至县城叶柏寿段，河道宽度为 50~300 米，河道较顺直，流向为自西向东，两岸为丘陵山地，建平县政府位于河道左岸。县城叶柏寿至建平、喀左两县交界处河段，河道宽度为 300~1 000 米，流向为东南，左岸傍山，有多处岩石裸露，右岸开阔，有平坦耕地和茂密的林地。

喀左县中三家、公营子、水泉三个乡镇位于第二牤牛河下游，矿产资源丰富，有铁、猛、铜、金、银、钼等，是开发资源项目的主要地区。河流两岸土地平坦、肥沃，是喀左县主要产粮区。公营子镇内有锦承铁路、101 国道横穿东西。

公营子镇土城子村在辽代时曾以土地肥沃、物产丰富而闻名。该镇农业以粮食为主，兼营林、牧、副业。粮食以玉米、高粱、谷子为主；经济作物有棉花、大豆、大麻、芝麻、葫芦等。全镇造林 7 800 公顷，果树主要有苹果、梨、山楂。建有小（2）型水库 1 座，塘坝 5 座，自流灌溉渠道 3 条，渠长 7.5 千米。

第二牤牛河经公营子之富庶故城，南流 15 千米，于水泉村北汇入大凌河。

7.3.6.7　老虎山河
（Laohushan River）

大凌河左岸支流，发源于内蒙古自治区敖汉旗金厂沟梁镇横道子村努鲁儿虎山脉西麓，源头称金厂沟梁河，由东北向西南流 23.5 千米，在敖汉旗四家子镇李家营子村约 200 米处与热水汤河汇合后始称老虎山河，在汇合点后流向基本由北向南，流经辽宁省建平县喀喇沁镇、朝阳县北沟门子乡、贾家店农场、杨树湾乡，至朝阳市龙城区大平房镇汇入大凌河上的**阎王鼻子水库**。河长 79.2 千米，流域面积 1 412 平方千米，河道平均比降 4.13‰。

老虎山河

老虎山河地貌为中低山、丘陵区和山间河谷。境内群山环绕，丘陵起伏，河谷相间，沟壑纵横，地势北高南低。山地丘陵面积占流域面积的 84.3%，河谷平原面积只占 15.7%。河流两侧过渡到两岸山前坡积裙和丘陵边缘，主河床外边以河漫滩及冲洪积阶地为主，属山区 V 形河谷，河道蜿蜒曲折。流域地处两省三县交界，森林覆盖率达 49.7%，树种以油松为主；高产、高效、优质农业发展较快；凭借山多草茂的优越条件，畜牧业发展迅速。

老虎山河有流域面积 100 平方千米以上的支流 4 条：其中热水汤河流域面积 143.7 平方千米，河长 21 千米，在敖汉旗四家子镇南从右岸汇入；喀喇沁河流域面积 159.9 平方千米，河长 23.9 千米，在辽宁省建平县喀喇沁镇北从右岸汇入；青松岭河流域面积 200.3 平方千米，河长 28.2 千米，在建平县喀喇沁镇东洼子店村北从右岸汇入；二道河子流域面积 298.7 平方千米，河长 32.9 千米，在朝阳县北沟门子乡北汇入。

流域夏季多雨而炎热，冬季则降水甚少而干燥，四季变化分明，多年平均气温 7.0~8.0 摄氏度，多年平均年降水量 450~500 毫米，多年平均年水面蒸发量 1 031.2 毫米，多年平均年径流量 1.07 亿立方米。

老虎山河下游于 1958 年建成德立吉水库，主要作用是农田灌溉、防洪。水库坝址以上集水面积 1 283 平方千米、河长 63 千米。大坝坝长 320 米，总库容 6 000 万立方米。

自 1949 年至今该河发生较大洪水 2 次，其中 1962 年最大，1984 年次之。

1962 年 7 月 26 日德立吉水文站测得最大 6 小时降雨 91.9

毫米，7月24—26日降雨217.1毫米，是该流域有史以来的最大降雨。水库在超负荷运行的情况下于7月26日7时20分决口，决口宽150米，造成锦承铁路黄花滩大桥被冲断，三条公路干线遭破坏，累计毁坏长度160千米，倒塌房屋29 289间，财产损失在5 000万元以上。决口后德立吉水库未再恢复。

2000年老虎山河流域旱灾严重，受灾人口48 966人，受灾面积9 980.5公顷，农作物产量仅76.76千克每亩。

该河在朝阳县杨树湾乡李家湾大桥上游于1992年修建截潜工程1处，十几年来发挥着灌溉取水作用。

2000年老虎山河流域内有人口15.7万，耕地面积3.12公顷，地区生产总值14.2亿元。

在老虎山河源头的正北侧，坐落着著名的红山文化积石冢，位于敖汉旗四家子镇东郊草帽山的山梁上，北依大王山，南临老虎山河，高出河床约40米。

7.3.6.8 阎王鼻子水库
（Yanwangbizi Reservoir）

位于辽宁省朝阳县境内**大凌河**干流上的以城市供水、防洪为主，兼顾发电、灌溉、养殖和旅游的大型水库。坝址距朝阳市区25千米。

概　述

工程于1996年10月开工建设，2006年主体工程全部完工。水库按百年一遇洪水设计，千年一遇洪水校核，校核洪

阎王鼻子水库枢纽

水位216.15米，总库容2.17亿立方米，其中防洪库容1.28亿立方米，兴利库容1.22亿立方米。坝址以上集水面积9 482平方千米，占全流域的41%。坝址以上多年平均年径流量8.08亿立方米。水库水面面积22.46平方千米。

水库的挡水建筑物为混凝土重力坝。大坝全长383米，最大坝高34.5米，坝顶高程217.5米。混凝土重力坝由挡水坝段、10孔溢流坝坝段、3孔冲砂闸坝段、农业取水口坝段、工业取水口坝段和坝后式电站等组成。溢流坝堰顶高程201米，最大泄流量15 000立方米每秒。电站安装2台水轮发电机组，总装机容量2 100千瓦，年发电量为800万千瓦时。

阎王鼻子水库建成后，使下游城区的防洪标准由40年一遇提高到50年一遇，每年向城市供水6 919万立方米，补充地下水1 069万立方米，灌溉农田8 867公顷，养殖水面2 267公顷，年产水产品210吨。宽阔的水面和优美的环境，使当地成为旅游的好去处。

纪　实

水库坝址和库区上游的地质形成于二三百万年前更新世早期，由低山、丘陵、坡洪积扇裙、冲沟等组成，两岸被茫茫无际的黄、棕色第四系亚黏土、亚砂土覆盖。深厚的松散黄土层被雨水切割成千沟万壑，形成典型的沟梁相间的地貌特征。库区海拔194～600米，多石山及风化沙土，植被较差，水土流失严重。

库区多年平均年降水量为490毫米，多年平均气温8.4摄氏度，多年平均年日照时数2 854小时，年无霜期160天。坝址处多年平均流量为25.62立方米每秒，根据实测，最大流量为10 700立方米每秒（1962年7月26日），最小流量为0.09立方米每秒（1983年4月17日）。大凌河为多泥沙河流，坝址处多年平均含沙量15.6千克每立方米，入库沙量890万立方米。

阎王鼻子水库坐落在人杰地灵的历史名城朝阳市。水库大坝下游东侧的柏山峭壁险崖间，有一处突兀山石矗立在陡壁上，当地人称其为阎王鼻子，水库由此而得名。朝阳市历史悠久，有距今约15万年前的鸽子洞，是古人类的摇篮，被列为辽宁省文物保护单位。新石器时代的牛河梁红山文化遗址，将华夏四千年文明史提前了1 000余年。夏代朝阳属古"九州"之一的幽州地；殷商代为孤竹国领地；西周时为山戎、孤竹国的活动范围。从春秋战国到明清时代，在朝阳曾设置过都、州、府、道、郡、厅、县的建制，成为东北地区最古老的历史文化名城。

在朝阳市区域内，分布着种类多、储量大的2亿～4亿年前形成的古生物化石群，被科学界誉为"世界古生物化石宝库"，有多处被列为国家级化石自然保护区。水库库区有古代文化遗址13处，其中商周时代4处，秦汉时代4处，辽金时代4处，清代1处。

从1987年开始，朝阳市加大了对大凌河流域的综合治理力度。到2004年，治理面积达到3 300平方千米，占应治理面积的53%。其中造林2 310平方千米，修建水平梯田495平方千米，种草165平方千米，其他治理措施330平方千米。

阎王鼻子水库

水土流失治理后，库区山清水秀、植被繁茂、鸟语花香、美不胜收，已成为辽西旅游胜地链上的一颗璀璨明珠。水库定名为朝阳燕山湖风景区，并被评为国家AA级风景旅游区。

7.3.6.9 牤牛河
(Mangniu River)

大凌河左岸支流。《水经注》称牤牛河为"滥真河"，清初名土尔壤河，蒙语为"土尔根河"，又称"土木伦河"。

牤牛河发源于内蒙古自治区奈曼旗沙日浩来镇台力虎村西北2千米处的山顶，流向西南，流经辽宁省北票市的台吉营乡、黑城子镇和阜新蒙古族自治县于寺镇、化石戈乡等11个乡镇，至下府独岗寺汇入白石水库库区。牤牛河河长136千米，流域面积4 747平方千米，河道平均比降2.51‰。

牤牛河

牤牛河流域地势西高东低，西侧分水岭为地势高峻的石质山区，流域地貌类型为低山、丘陵，属坡洪沟扇及阶地，海拔一般在200～500米。河道平均宽785米，平均水深0.5～1.5米。

牤牛河流域面积大于100平方千米的支流共有9条，左岸为石碑河、官营子河、化石戈河、马友营河，右岸为达尔沁河、黑城子河、宝国老河（老寨川河）、十八台河、蒙古营河（红石砬河）。

牤牛河流域属温带大陆性季风气候，多年平均气温8.3摄氏度，最高气温40.7摄氏度，最低气温－26.4摄氏度；多年平均年降水量450毫米，年内分配不均；多年平均年蒸发量1 143.2毫米；多年平均风速3.1米每秒；多年平均年日照2 962.6小时；多年平均年无霜期146天；多年平均年径流量3.035亿立方米。

2000年流域内有人口约34.25万，耕地27.85万公顷。流域地处半农半牧区，农作物以小麦、玉米、高粱及辣椒、豆类为主。流域内矿产资源煤、铁等比较丰富，北票市的宝国老镇、黑城子镇均为重要的铁矿与煤矿所在地。

1718—2000年283年间，牤牛河流域发生严重旱灾24次。自清乾隆五十三年（1788年）至2000年的213年间，发生洪灾16次。1949年8月13、14日，流域内连降大雨，河水上涨，水淹农田1 400公顷，死亡近百人。

牤牛河流域共建成小型水库4座，总库容148.2万立方米。黑城子灌区灌溉面积700公顷。

牤牛河在其源头奈曼境内牤牛河两岸多为台地，台地高出河床20米，现为耕地和牧地。该河段两岸土地肥沃，人口稠密。此处发现有古遗址、古墓葬。1956年在沙日浩来苏木的水泉村发现原始野牛角化石两件、颚骨1件。1959年，国家自然博物馆从白音昌乡的牤牛河畔发现一枚长轴18厘米、短轴15厘米的鸵鸟蛋化石（现藏于国家自然博物馆）。1976年，吉林省考古队又在其附近发现一枚大小、形状与其相同的鸵鸟蛋化石。1973—1991年在牤牛河畔的附近村庄，发现野牛角化石、野牛上颚骨化石、披毛犀骨化石和猛犸象牙化石。

牤牛河出奈曼旗进入阜新蒙古族自治县境内，主要流经该县西北部的于寺镇、太平乡、化石戈乡和大五家子镇、八家子乡、紫都台乡。该地区多黄土丘陵，植被达50%以上，于寺镇的杨家窝堡、官营子等村附近有局部平原，水草茂盛，是阜新市畜牧业基地之一。

牤牛河过北票市台吉营、兴顺德进入黑城子。该镇曾为沁布多尔济王府所在地，现有黑城子川州古城址，北城墙保存较完好，曾出土一方铜质"元帅府合扎都提控印"，为金代官印。此地有大力虎古人类文化遗址，有万缘楼、八角井等古建筑。惠宁寺是清乾隆初年的建筑，模仿北京金銮殿和雍和宫的建筑风格，汇金、铜、木、石、泥像为一堂，气势宏伟，彩绘华丽，雕塑精美。流域内大黑山山势巍峨，林木参天，山顶至今可见辽代军事哨所的建筑遗址和遗物。山下有低温矿泉和国有鹿场。观松涛林海，听泉水潺潺，鹿鸣呦呦，置身其中，恍若仙境，妙不可言。

7.3.6.10 白石水库
(Baishi Reservoir)

大凌河干流上的以防洪、灌溉、城市供水为主，兼顾发电、养鱼等综合利用并多年调节的大型水利枢纽。位于辽宁省朝阳市北票境内，坝址距北票市区46千米，距义县县城45千米。

概　　述

工程始建于1995年5月，2000年8月正式落闸蓄水，同年年底基本建成。坝址以上集水面积17 649平方千米。水库按500年一遇洪水设计，5 000年一遇洪水校核。水库总库容16.45亿立方米，其中防洪库容3.89亿立方米，兴利库容8.7亿立方米，死库容1.3亿立方米，多年平均年调节水量5.28亿立方米。水面面积约80平方千米。

主体工程由拦河坝、泄洪排沙底孔、溢流表孔、水电站和取水口组成。大坝坝型为碾压混凝土重力坝，最大坝高49.3米，坝顶长513米。泄洪排沙底孔12孔，底孔进口宽4米、高7米，最大泄洪流量6 013立方米每秒。溢流表孔11孔，总净宽132米；设弧形钢闸门，每扇弧门宽12米、高15.8米，最大泄洪流量20 613立方米每秒。坝后式水电站安装3台机组，设计年发电量2 213万千瓦时。取水口设计日取水能力30万吨。

水库保护下游义县、凌海市耕地6.5万公顷；保护辽河油田、沈山和锦承铁路桥、京沈高速公路桥、秦沈高速铁路等国家大型企业和重要的交通设施。水库将下游的防洪标准从20年一遇提高到50年一遇。

水库每年向阜新、锦州等城市提供2.02亿立方米的城市用水；向辽河三角洲地区提供2.67亿立方米的农业用水，缓解了辽西地区严重缺水的局面。水库有养鱼水面4 533公顷，年产商品鱼340吨。

纪　　实

白石水库1959年开工兴建，1961年停建。20世纪90年代，被列为辽宁省"九五"期间水资源开发建设的重点工程项目。1995年开始前期准备，1997年主体工程开工，2000年

白石水库

投入使用。

水库坝址以上大凌河长317千米，集水面积17 649平方千米，占大凌河流域总面积的76%。白石水库库区处于低山丘陵区，大致分为4个地带：一是山地丘陵带，高程180～300米基岩裸露；二是侵蚀阶地带，高程120～180米，为基座阶地，第四系沉积物很薄，主要由黏土、粉质黏土组成，呈零星块状分布于河床两岸山丘边缘地带；三是堆积阶地带，高程100～120米，主要由粉质黏土、黏土及砂砾石组成，沿河呈带状分布；四是高低漫滩带，高程94～105米，以不规则条块状分布于河床两岸，由沙砾石组成。

白石水库大坝巍峨壮观，两岸青山翠绿，上游形成一个巨大的湖泊，湖周青山绵延。置身其中，有一种"人在坝上、坝在水中、水在山间"之感。

白石水库枢纽

水库上游约18千米处有建于乾隆初年的惠宁寺，属藏传佛教中的喇嘛庙。该庙原位于北票市城东南15千米处的下府蒙古族乡下府村，是一座规模宏伟、建筑秀丽、金碧辉煌、风格独特的建筑群。整个建筑2万多平方米，共有殿堂176间。于2003—2005年整体搬迁到原址以上约500米的山坡处复建。

流域内有着丰富的动植物、矿产和古生物化石资源。据统计，流域内已发现鱼类、两栖类、爬行类、鸟类、哺乳类、叶肢类、介形虫类、昆虫类、楔叶类、真蕨类、苏铁类、银杏类、松柏类、被子植物类等古生物化石，总计45类318属604种，分属11个门，36个纲，64个目，169个科，几乎涵盖了热河生物群的所有生物；特别是鸟类化石，过去一直很少发现。朝阳地区现已发现鸟化石14属19种，数量达2 000多枚，无论在种属上，还是数量上，都超过了世界各地发现的总和。此外还有龙类化石18属19种，植物化石157属340种。数量品种之多，化石保存之完整，科研价值之高，堪称世界之最。朝阳地区大量鸟类及"带毛恐龙"化石的出现，动摇了德国始祖鸟的地位。以奥斯特隆为首的欧美专家考察队在结束对朝阳的考察时，一致认为朝阳地区是世界上解决鸟类起源和演化问题答案的最完美地点。

7.3.6.11 细河

(Xihe River)

大凌河左岸支流，是横穿辽宁省阜新市中心区的一条主要城市河流，发源于阜新蒙古族自治县（以下简称"阜蒙县"）阜新镇东骆驼山（清初名摩该波罗山）北坡牌楼营子附近，由东北向西南流经阜蒙县阜新镇、阜蒙县县城、经阜新市区、东梁镇、伊吗图镇、阜新市清河门区蔡家屯入义县，在义县大榆树堡镇鲁家屯村汇入大凌河。河流长114千米，流域面积3 308.3平方千米。地理位置在东经121°12′30″～121°48′00″，北纬41°41′30″～42°19′30″之间。

概　述

细河流域西北部与**牤牛河**流域相邻，北与**柳河**流域相邻，东南为**绕阳河**流域。东南有医巫闾山，西北有努鲁儿虎山作为天然屏障，是一个呈树叶形、四周为山岭所包围的自然闭合盆地。流域东西

细河

宽约50千米，南北长70千米，上游为低山丘陵区，海拔一般在180～600米，河流两侧为低山丘陵，杨家荒以上比降超过5.9‰，河宽160～300米。杨家荒以下至支流汤头河汇流口为河流中游，河宽200～500米，比降为1.5‰～2.5‰，其中，细河流经阜新市区段城市河道长27.2千米，从北起阿金夕桥西至氟化学总厂，河道宽200～300米；汤头河汇入口至河口段为河流的下游段，进入平原区，地势较为平坦，河宽500～800米，比降1‰～1.5‰。全流域山丘区面积约占总面积的68%，平原约占总面积的32%。

细河支流多集中在上中游，其中流域面积大于100平方千米的支流有10条。右岸有高林台河、九营子河、**依玛图河**、汤头河、**清河**，左岸有金家洼子河、五道桥河、稍户营子河、东沙河、大榆树河等。

细河流域属暖温带大陆性季风气候区，四季分明，雨热同期，光照充足，适合农作物生长，但降水分布不均，冬季严寒少雪、夏季炎热多雨；常有干旱、冰雹、大风、暴雨、霜冻

等不利天气。

流域多年平均气温 7.4 摄氏度，最高 40.6 摄氏度（1972 年 6 月 10 日）；最低 -28.4 摄氏度（1966 年 1 月 11 日）；多年平均风速 1.9 米每秒，最大风速为 25 米每秒；流域多年平均年无霜期 151 天，最多为 157 天（1976 年），最少 128 天（1977 年）；最大冻土深 1.78 米；多年平均年蒸发量 1 085.7 毫米；多年平均年降水量 503.7 毫米，降水量由北向南递增，最北部的八家子站多年平均年降水量为 465.2 毫米，最南部的复兴堡站为 546.1 毫米。降水在年内分布很不均匀，6—9 月降水量占全年降水量的 78.5%，其中 7—8 月占 52.4%，降水年际变化较大，丰枯年降水相差约 3 倍。

细河上有两个水文站。上游有海州水文站，集水面积 342 平方千米。1954—1999 年间，多年平均年径流量 2 079 万立方米，最大 6 058 万立方米（1994 年），最小 952 万立方米（1967 年）。下游为复兴堡站，集水面积 2 932 平方千米，1954—1999 年间，多年平均年径流量 21 116 万立方米，最大 69 778 万立方米（1994 年），最小 3 805 万立方米（1982 年）。

细河杨家荒以上河段为季节性河流，汛期有水，并建有阜蒙县县城的水源地，在非汛期断流。杨家荒以下河段流经阜新市区，长年承接城市排水，不断流。

细河流域多灾害性天气，主要有干旱、冰雹、大风、暴雨、霜冻等，以降雨影响为主，其特点是时空分布不均，旱涝灾害频繁，并具有交替性、突发性和连续性。丘陵山地水土流失较重，易旱，洼地排水不畅致涝。在同一年内既旱又涝，发生春旱、夏涝、秋吊等现象；在全范围内，在同时期内旱涝同时发生，即一些地区干旱成灾而另一些地区却受到洪涝威胁。

1949—2000 年细河流域水灾年份有 24 个，大约每 2 年一次；旱灾发生年份有 25 次，平均 2 年一次。1953、1962、1963、1984 年等出现反常的自然灾害，雹灾与暴雨、大风相伴发生，并先旱后涝，有低温寡照等自然灾害。流域内平均年受灾面积约 10%，粮食减产幅度高达 30%。

流域内阜新地区建成水库 8 座，其中大型 1 座（**佛寺水库**），小（1）型 2 座，为四合水库（库容 311 万立方米）、敖喇嘛沟水库（库容 128 万立方米）；小（2）型 5 座，塘坝 46 座，共控制流域面积约 700 平方千米。佛寺水库为阜新市的主要供水水源之一。

2000 年，细河流域（阜新地区）总供水量 9 436 万立方米，其中地表水供水量 3 315 万立方米，地下水供水量 6 121 万立方米。在总供水量中，农业灌溉用水量 3 967 万立方米。

2005 年流域内人口约 107 万，其中城市人口 78 万，农村人口 29 万，产值约 135 亿元。

纪　实

上游　细河发源于阜蒙县阜新镇北端的骆驼山（海拔 626.6 米）西麓，从发源地到支流依玛图河的汇入口段为细河上游段，流程约 65 千米。此区间流向自东北向西南，河流由北向南从新邱区穿过；折向西行，过阜蒙县城于乍海西纳高林台河，流经阜新市区于沙海纳九营子河；再折向南行，中途纳入左侧的胡家营子河、右侧的依玛图河等主要支流。

河流由北向南流至王家沟段，此段流程约 9 千米。此河段有沟奈公路穿过细河河谷腹地，河流流向与公路走向相同，公路在河流的左岸。在王家沟公路桥处，公路折向河流对岸离开河谷。王家沟公路大桥以上河段两岸广布低山丘陵，河槽呈 V 形或 U 形。河槽内以砾石、卵石为主，间或有孤石，河床基本稳定，水流通畅。

细河继续南行约 16 千米，与 101 国道交叉过杨家荒公路桥，此处河道断面逐渐开阔，河宽 150～250 米不等，河床比降变缓，河道内河床组成以粗砂为主，含水层较厚。此河段间建有阜蒙县城供水厂一座，位于细河主流上游阜新镇马蹄营子村（杨家荒桥上 3 千米）。

河流向下游行进约 3 千米，过阜彰公路阿金罗桥进入细河城市段，河流由北向南流，于长营子大桥下游 200 米折向西行，由东向西流经阜新市区段。细河城市段河道长 27.2 千米，河道宽度有堤段为 160～220 米，无堤段有两处，河道宽度为 300～800 米。

细河在阜新市区段河堤虽然形成多年，但河堤高低不平，河床宽窄不一，原河堤是由粉煤灰、河床砂土及建筑垃圾混杂修建，河道内积存大量的建筑垃圾和生活垃圾，加上细河城市中心段两岸的城市污水排放细河，污染相当严重，杂草丛生，蚊虫繁衍。2001 年对细河城市中心段进行综合治理。细河治理工程自东环路大桥到迎宾大桥下游 400 米，总长 6.48 千米，总投资 11 954 万元，建设 4 座橡胶坝，形成 4 个库区，水面面积 68 万平方米；建设污水截流工程，对老河堤进行改造，新修建河堤 2.1 千米，腾出绿化用地 18 公顷，同时实施道路及绿化工程。细河治理工程于 2003 年竣工。

阜新市细河城防城市段

依玛图河在阜蒙县伊吗图镇福兴地村东从右岸汇入。依玛图河上建有**佛寺水库**，为阜新地区唯一的大型水库，也是阜新城市的主要供水水源地。细河流域有清朝时所建的佛寺等寺庙及清初喇嘛教"海州庙"遗址，其中以佛寺瑞应寺最为壮观，有"东藏"之称，为辽宁省文物保护单位，也是阜新旅游景点之一。

下游　细河在支流依玛图河汇入口以南至细河河口为下游段。河段长约 49 千米，共有 6 条较大支流汇入：稍户营子河于义县稍户营子镇西东从左岸汇入，汤头河于阜新市清河门区乌龙坝镇细河堡村西东从右岸汇入，清河于义县高台子镇西高家屯东从右岸汇入。

瑞应寺

细河下游为从山区向平原的过渡带，在河谷冲积平原分布有一、二级阶地。河流断面变得宽阔，下游河道较缓，泥沙落淤严重，形成了河漫滩和游荡性河床，宽 500～800 米，主流来回摆动。经沿河两岸人民群众多年的治理，加上上游地区的水土保持工程和控制性工程，现下游河道能满足10年一遇的防洪标准。

7.3.6.11.1 依玛图河
(Yimatu River)

细河右岸支流，发源于辽宁省阜新蒙古族自治县八家子乡乌兰木头山南麓，于伊玛图镇的福兴地村东汇入细河。河源高程为831.4米，汇入点高程为94米，河流总落差737.4米。河长74.6千米，流域面积783平方千米，河道平均比降4.02‰。

概 述

依玛图河流域地处细河流域的中上游，属于低山丘陵区，山势走向基本是东西向，最高山峰831.4米，山地面积328.07平方千米，丘陵面积281.86平方千米，平地面积173.04平方千米。

流域属暖温带大陆性季风气候区，四季分明，温差较大，降雨时空分布不均；域内多年平均气温7.2摄氏度，极端最高气温40.6摄氏度，极端最低气温-28.4摄氏度；

依玛图河

多年平均年降水量为523.2毫米，多集中在汛期，7—8月的降水量占全年的53.82%，降水多以几场暴雨形式出现；多年平均日照时数2 865小时，年无霜期155天。平均风速12.8米每秒，最大风速24米每秒；多年平均年蒸发量1 015.9毫米，最大冻深1.78米；多年平均年径流量0.464亿立方米。

地下水资源主要分布在河流沿岸，为第四系孔隙潜水，河床漫滩，地下水埋深6~7米，含水层厚3~6米。

依玛图河流域主要灾害是旱灾，十年九旱，1949—2000年发生旱灾24次，严重旱灾不到3年就发生一次；另有山洪灾害。

流域内现有大（2）型水库1座（**佛寺水库**），小型水库4座，塘坝54座。

王府水厂位于佛寺水库流域内，依玛图河上游，设计日供水能力6.5万立方米。

纪 实

依玛图河河源被乌兰木头山东、西麓分为两汊，均由北向南流，长度约16千米，黑山被环抱于两汊之中，于山的南面四甲营子合流成依玛图河。两汊沿途两岸冲沟发育，河床比降大，呈冲刷状态，河谷呈V形或U形。两汊流汇合继续向南流约39千米，进入红帽子乡后，河道比降变小，受佛库水库尾水顶托作用，河道开始落淤抬高，同时，河床变宽，河道宽度500~2 000米。河流经红帽子乡和王府镇在羊圈子附近纳王府东河，途经伊马图山（海拔568.5米）东侧向南流，于佛寺镇流入佛寺水库。

红帽子乡和王府镇境内，有辽代以来州城、王府遗址多处。在红帽子乡、王府乡一带建有7座水源井，日产水平均4万吨，是阜新市区重要供水基地。佛寺水库兴建后，又被辟为市区供水水源地。

佛寺水库以西2千米有瑞应寺，蒙古族人称"葛根苏木"，俗称佛喇嘛寺，位于阜新蒙古族自治县佛寺镇佛寺村。该寺始建于清康熙八年（1669年），到康熙四十四年（1705年）初具规模，皇帝赐满、蒙、藏、汉四种文字"瑞应寺"匾额，该寺历经3个世纪的建设，成为东北地区最大的喇嘛寺院，与普安寺并列称藏传佛教东方中心，民间有"东藏"之称，是辽宁省文物保护单位，也是阜新市旅游景点之一。

河流出佛寺水库后，由北西向东南下游流约18千米，于胜利窝堡东南汇入细河。此段为河流的中下游段。自佛寺水库1983年落闸蓄水以来，河道河床稳定，满足正常行洪要求。

7.3.6.11.1.1 佛寺水库
(Fosi Reservoir)

位于辽宁省阜新蒙古族自治县佛寺镇境内**依玛图河**上的具有防洪、供水、养鱼等综合功能且多年调节的大型水库，坝址距阜新市20千米。

水库始建于1976年3月，1984年9月竣工。由于建库时资金短缺等原因的影响，水库留有部分尾工，加之水库多年建筑物出现老化失修现象，1999年经鉴定为病险水库。除险加固工程于2001年6月底开工，2005年11月底竣工。

佛寺水库位于依玛图河中下游。佛寺水库坝址以上河长55.55千米，河道比降4.79‰，集水面积600平方千米，占依玛图河流域面积的74.6%。多年平均年径流量0.3932亿立方米。

流域上游为低山丘陵地带，风沙干旱，水土流失较为严重；多年平均气温7摄氏度，多年平均年降水量500毫米，多年平均年蒸发量1 015.9毫米；最大冻土深1.4米。

水库按100年一遇洪水设计，2 000年一遇洪水校核，总库容1.45亿立方米，其中防洪库容1.08亿立方米，兴利库容0.37亿立方米。坝址以上控制流域面积600平方千米，水库正常蓄水位水面面积761.43公顷。

主体工程由大坝、溢洪道、输水洞组成。主坝为黏土心墙砂壳坝，最大坝高23.05米，坝长720米；副坝为均质土坝，坝高6.76米，坝长273米。溢洪道位于大坝右岸，溢洪道为岸边开敞式，曲线型实用堰，堰顶净宽36米，堰顶设有4扇5米×9米弧形钢闸门，最大泄流量2 688立方米每秒。输水洞为有压圆形隧洞，洞长230米，洞径2米，进出口分别设1.8米×1.8米平板检修和弧形工作钢闸门，最大过流量22.8立方米每秒。

水库下游保护人口20余万，耕地1.5万公顷，以及新义铁路、阜锦疏港公路和高速公路、多处厂矿及通信设施等，水库下游10千米处的阜锦公路桥、新义铁路桥的防洪标准由原来的50年一遇提高到300年一遇。

佛寺水库先后抗御了1984年和1994年两次大洪水，水库成功拦蓄洪水近4 000万立方米，洪峰流量2 440立方米每秒，避免了下游人民群众生命财产遭受损失。

水库自1986年向阜新市供水，年平均供水达到1 200万立方米，截至2005年年底，已累计供水19 363万立方米，水库养鱼水面530公顷，年产商品鱼约100吨。

佛寺水库不仅有着优美的自然风光，而且距离有"东藏"之称的瑞应寺只有2千米。

7.3.6.11.2 清河
(Qinghe River)

细河右岸支流，清乾隆年间称翁格勒库河，汉名麝香河，发源于辽宁省北票市帽子山（海拔656米）西坡莲花山北沟，在黄花沟南入阜新蒙古族自治县（以下简称"阜蒙县"）蜘蛛山乡,经双山子入清河门区,于义县高台子镇高家屯东汇入细河,汇入点高程78米,总落差497米。流域共涉及北票市、阜蒙县、阜新市清河门区、义县4个县(市、区)。河流长33千米,流域面积239平方千米,河道平均比降7.67‰。

概　述

清河流域除河沟两侧为山前堆积地形和山间冲洪积谷地外,均为剥蚀高丘地形。上游山体陡峻,岩石裸露,冲沟发育,侵蚀作用强烈;中游逐渐开阔,由低山向丘陵过渡,地势逐渐平坦,滩地增多;下游丘陵分布,山间堆积二级阶地发育,地势平坦,呈蝶形、扇形不等。

流域多年平均气温7.2摄氏度,最高温度40.6摄氏度,最低温度-28.4摄氏度;年平均日照时数2 865小时,年无霜期157天,最大冻土深1.78米;平均风速12.8米每秒,最大风速24米每秒;多年平均年水面蒸发量1 015.9毫米,干旱指数1.96。

流域多年平均年降水量539.9毫米,降水年内分配不均,7—9月降水量占全年的68.7%;多年平均年径流量903.8万立方米,河流含沙量8.68千克每立方米。

清河河道比降大,汇流时间短,河水暴涨暴落,洪水峰高量大,洪水灾害经常发生。历史上罕见的"30·8"暴雨中心距清河很近,给清河两岸造成很大灾害。1949、1963、1984、1994年本流域降雨都很大。1963年7月19日降雨量185.9毫米,3日清河门降雨量289毫米。1984年8月10日降雨量200毫米,3日降雨量225毫米,受洪水危害的有阜蒙县的蜘蛛山乡、清河门区的河西镇及清河门城区,计10个村356户1 758人。

潜流工程是清河开发利用中建设较早的截潜引水工程,始建于1975年,位于清河门区北园子村上游1千米,与潜流工程配套的工程有东、西两条引水干渠,长度分别为9千米和4千米,当地人称"二龙吐须工程"。潜流建成后,基本上解决了清河门区河西镇后窑村、六台村、河西村2万余村民生活及200公顷耕地(其中大棚120公顷)多年缺水的问题;因清河门河段有煤矿水源井和市区水源井,日供水量分别为6 000立方米和4 000立方米,清河截潜流工程实际未达到设计要求。为了更好地发挥截潜流工程效益,2005年8月对清河截潜流进行了改造,改造后日供水量7 000立方米,其中农业灌溉及农村饮水4 000立方米每日,剩余的3 000立方米日供水量为金山电厂生产生活用水。

纪　实

源头至阜蒙县与阜新市清河门区界为上游,河段长21.7千米。上游有三条支流,在陡峻地形约束下,各支流比降较大,均大于10‰,河谷断面呈V形,河道曲折多变,沿程宽窄相间,河流以下切为主,在各支流汇流口处有卵石边滩。上游河床由基岩、乱石和卵石组成,卵石最大粒径达到50～200毫米,呈松散式堆积。主河道流入阜蒙县蜘蛛山大营子河段,河床形态有所变化,河道逐渐开成U形断面,河谷较成熟,断面宽深比增加到80,枯水期有河心的卵石心滩出露。

阜新市清河门区境内河段为中游,河段长5.8千米。进入该区河段后,河谷平面形态呈现阶梯状,河态垂直下切出一、二级阶地,河向相对稳定。洪水陡涨陡落,洪水和枯水流量相差悬殊,洪水持续时间不长,河流长期处于干涸状态。本河段水力条件和泥沙运动规律基本是山区河流特点,比降大(比降达到5‰)、流速快,携沙能力强,洪水含沙量大,处于不饱和状态。过锦阜公路桥,河道比降变缓,卵石粒径逐渐减小。由于特殊的边界、水流条件,部分河段抗冲性能强,冲刷受到抑制。整个清河门区的清河河道,由于锦阜高速公路建设、清河门火车站改线铁路路基建设、新建金山煤矿石热电厂铁路专线路基建设,河砂开采多,2005年以来清河城区河床在不断下切。

清河出阜新市清河门区进入义县境内河段为下游,河段长约5.5千米。由于河道内砂石资源相对少,河床组成大多为粉砂土,利用价值不大,下游部分河段发生临时性的淤积和冲刷,且属于农村河段,河道宽度在300～350米,沿岸没有重要保护对象,属无堤段自然河道状态。

7.3.7　小凌河
(Xiaoling River)

辽宁省西部地区独流入渤海的河流,辽代名小灵河,元代易名小凌河。小凌河发源于辽宁省朝阳县瓦房子镇牛粪洞子村明安喀喇山脉,河源海拔454.2米,由西向东流经朝阳县、葫芦岛市南票区、锦州市区,于凌海市注入渤海。流域面积5 475平方千米,河长206.2千米,河道平均比降1.13‰。

概　述

流域北与**大凌河**毗邻,地理位置为东经120°45′～120°46′,北纬41°07′27″～41°11′07″。

流域内为低山丘陵、坡积扇(裙)组成,海拔700～68米,流域内多为荒山秃岭,水土流失严重,河流含沙量大,气

小凌河水系示意图

候干旱，是严重的资源性缺水地区。

小凌河有流域面积大于100平方千米的支流14条，流域面积大于1 000平方千米的支流只有**女儿河**一条。

小凌河流域地处辽宁省西部，属暖温带大陆性季风气候，冬季严寒干燥，夏季炎热多雨，汛期与枯水期界限分明。流域内多年平均气温8.4摄氏度，多年平均年降水量543毫米，年内降水分配极不均匀，6—9月平均降水量占全年降水量的69.7%；多年平均年径流量为6.65亿立方米。

1949—2000年51年间流域内共发生大洪水12次。

小凌河上游地区有"十年九旱"之称，大旱大灾，小旱小灾。2000年小凌河流域朝阳县12个乡镇农作物受灾面积58 928.26公顷。

2000年小凌河流域共有人口173.89万，耕地13.8万公顷，水浇地1.0万公顷，地区生产总值139.14亿元。

流域以农业为主，农作物以玉米、高粱、谷子、豆类为主。小凌河源头有丰富的矿产资源，瓦房子锰矿是鞍山钢铁公司主要锰石来源之一。

有防洪丁坝15千米，顺坝20千米，部分河段堤防达到10年一遇至20年一遇洪水标准。

元宝山水库 位于小凌河上游，集水面积158平方千米，总库容0.2677亿立方米，主要任务是防洪、工业用水、农田灌溉，兼顾养鱼及旅游。支流女儿河上游建有**乌金塘水库**，水库位于辽宁葫芦岛市区东北35千米处，因地下煤炭储量丰富而得名，水库总库容2.91亿立方米。

纪　实

上游　河源至羊山镇为上游段。小凌河出源头南流10余千米便是鞍山钢铁公司锰矿石的生产基地，在20世纪30年代已经开采。出矿区5千米处，建有元宝山水库，库区泓清澄澈，碧波荡漾，是旅游、垂钓的好去处，有淡水鱼30余种。库区外两条干渠犹如两条银河在万亩良田中穿行。

河流继续东行3千米处为朝阳县六家子镇。这里集市贸易发达，交通便利，在1948年辽沈战役进攻锦州过程中，这里曾是可靠的后方，重伤员都安置在周围村屯，在八家子村南安葬有47名烈士。

小凌河左岸有塔山一座。西安事变中，逼蒋介石抗战的将领刘贵武、民族抗日英雄赵尚志都出生、成长在塔山脚下。

小凌河出六家子镇进入黑牛营子乡、尚志乡至羊山镇，此段河流林地较多，河道比降大，汛期洪水暴涨暴落。此段支流汇入情况：在黑牛营子乡大车户沟村西北有大车户沟河从右岸汇入，在黑牛营子乡小四家子村东北有黑牛营子河从左岸汇入，在尚志乡西北有大四家子河从左岸汇入，在羊山镇南有滚龙河从左岸汇入，在羊山镇东有四台营子河从右岸汇入。

中游　羊山镇至松岭门蒙古族乡为中游段。小凌河出羊山镇东北流至二十家子镇属山谷型河道，主河槽较窄，河道蜿蜒曲折，林地少。

1999年，小凌河流域由辽宁省人民政府批准为中华鳖省级自然保护区，范围划定为元宝山水库至根德营子乡境内小凌河河床。保护区总面积为585公顷，其中核心区为羊山镇、东升乡、二十家子镇境内河段，面积为245公顷，全长73.1千米。自然保护区主要保护对象是小凌河流域中华鳖、瓦氏雅罗鱼等野生生物物种及其生存环境。

小凌河过二十家子镇至松岭门蒙古族乡河道比较稳定，主河槽与边滩较分明；边滩有较多林地，滩地较宽；有锦朝高速公路网，交通畅通，是锦州港与朝阳经济发展的纽带。小凌河在该段支流汇入情况：在二十家子镇东有二十家子河从左岸汇入，在二十家子镇于班营子村东有根德河从右岸汇入，在松岭门蒙古族乡西有巴图营子河从左岸汇入。

凌河公园

下游　松岭门蒙古族乡以下为下游段。小凌河过松岭山脉流入锦州境内。小凌河贯穿锦州市城区。历史上，锦州"八景"中即有"凌河烟雨""锦水回纹"等。史料载："锦州小凌河之穿睛鲫为最上品，清时岁取入贡"。2000年7月，依傍小凌河建成凌河公园，总面积约12公顷。林萌广场可容万人，是一处具有乡土风韵的游憩场所。小凌河地表水是锦州市地下水的补给水源之一，滋润着锦州一方水土，养育了锦州一方生灵。

女儿河在锦州市凌河区从右岸汇入小凌河，北小河在凌河区百官屯村从左岸汇入小凌河。

出锦州市区，小凌河于凌海市娘娘宫镇龙王庙南注入渤海。

7.3.7.1　元宝山水库
（Yuanbaoshan Reservoir）

位于辽宁省朝阳县境内**小凌河**上游的中型水库，坝址距

元宝山水库

朝阳市区78千米。

工程于1970年10月开工，1975年1月建成蓄水。水库坝址以上控制流域面积158平方千米，多年平均年径流量2040万立方米。2001—2004年，水库按100年一遇洪水设计，1000年一遇洪水校核的标准进行了除险加固。水库总库容2677万立方米，其中防洪库容1582万立方米，兴利库容1132万立方米。正常蓄水位库区水面面积369.6万平方米。

水库主体工程由大坝、溢洪道、输水洞组成。大坝为黏土心墙坝，坝长320米，最大坝高26米，坝顶筑有钢筋混凝土防浪墙。大坝右岸设实用堰溢洪道，安装4孔弧形闸门，每孔净宽10米，最大泄洪流量2498立方米每秒。输水洞位于大坝左端，洞长191米，洞身为城门洞形钢筋混凝土衬砌，最大泄流量8.6立方米每秒。

水库从建成运行到1997年，主要功能是为原鞍山钢铁公司瓦房子锰矿提供工业用水。1998年后，主要功能改为防洪和农业灌溉。每年汛期，经过水库调节，削减小凌河上游的洪峰，缓解洪水对下游村镇安全的威胁。

2003—2004年当地对元宝山水库灌区进行了改建，设计灌溉面积3600公顷，年均供水量1134万立方米，为下游的农业生产和农村经济发展起到了积极的保障作用，水面养殖及综合经营效益也在逐年提高。

水库上游地貌由低山丘陵、坡积扇、坡积裙、冲沟及河漫滩、河床组成，海拔262～707.5米。建库前这里植被稀疏，土地贫瘠，水土流失严重。水库建成后，由于库区内瓦房子镇小锰矿业的发展，致使水土流失加重，生态环境恶化。经过20多年以小流域为单元的水土流失综合治理，完成了近50平方千米的治理面积，生态环境有了很大程度的改观。

元宝山水库因坝址坐落在朝阳县六家子镇老虎沟村的元宝山下而得名。水库除险加固后，库容库貌和库区的生态环境大为改善，成为当地人们休闲、度假和游玩的好去处。

7.3.7.2 女儿河
(Nuer River)

小凌河右岸支流，发源于辽宁省兴城市药王满族乡五顶泉，河源高程696.7米，流经葫芦岛市的兴城市、南票区及连山区，在锦州市凌河区汇入小凌河。河流长124.9千米，流域面积1492.59平方千米，河道平均比降1.49‰。

女儿河地处辽西低山丘陵区，西南高，东北低。上中游位于丘陵区，一般海拔在200～300米，沟谷发育；下游位于平原区，河谷开阔，地形较为平缓，一般海拔在30～50米。

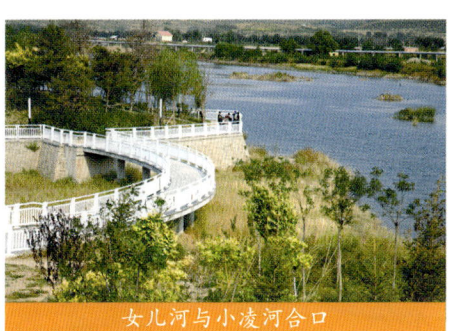
女儿河与小凌河合口

女儿河流域属暖温带大陆性季风气候区，温度变化较大，寒暖、干湿变化明显；域内多年平均气温9摄氏度，极端最低气温－26.7摄氏度；平均相对湿度48%～82%；多年平均年降水量595.4毫米，降水量年内分配极不均匀，汛期（6—9月）雨量集中，占年降水量的79%；多年平均年蒸发量1062.7毫米；多年平均风速3.6米每秒，年最大风速21.7米每秒；最大冻土深1.12米；多年平均年径流量2.17亿立方米。

辽西地区素有十年九旱之说，旱灾突出表现在春旱和秋吊上。根据葫芦岛市气象部门1954—2000年47年的资料分析，4月中旬至5月中旬的春旱共发生22年，8月中旬至9月上旬的秋吊共发生16年。根据洪水调查，1849年洪水在调查考证期内排第一位，1930和1949年发生的洪水排在第二和第三位。每次洪水都给工农业生产与人民生命财产安全造成不同程度的损失。

女儿河锦州段左岸城堤长度5.9千米，50年一遇防洪标准。

女儿河上建有**乌金塘水库**，为防洪、城市供水、养鱼、发电等多功能的大型水利工程。河流上游建有小（1）型、小（2）型水库各一座，控制面积33.65平方千米，总库容300.5万立方米。

三教寺

女儿河上游兴城市药王乡西部的五顶山东麓有一座三教寺，寺院被群山环绕，泉水抱流，天然美景怡人。古典建筑别具一格，每逢佛诞之日，寺院内外香烟缭绕，人流如潮。

女儿河出兴城市进入葫芦岛市连山区境内，河两岸水源充足，地势平坦，土质肥沃。新台门镇是辽西果树带重点乡镇；连山区钼矿资源丰富，产品有钼精砂、氧化钼、钼铁、钼酸铵和水泥。

女儿河出连山区，流入南票区乌金塘水库。

女儿河于金星镇高台子女儿河造纸厂附近流入锦州市，经过女儿河乡进入城区。于锦州市凌河区汇入小凌河。

7.3.7.2.1 乌金塘水库
(Wujintang Reservoir)

辽宁省葫芦岛市境内**女儿河**上的以防洪、城市供水为主，兼顾发电、养鱼、旅游等综合功能并多年调节的大型水库。坝址位于南票区黄土坎乡，距葫芦岛市城区42千米，距锦州市城区39千米。

工程兴建于1970年2月，当年7月拦洪蓄水，1973年6月主体工程竣工。1978年底完成提高标准施工。水库按100年一遇洪水设计，可能最大洪水校核。总库容2.91亿立方米，其中调洪库容2.05亿立方米，兴利库容0.9158亿立方米，多年平均年调节水量1.21亿立方米。

水库流域属暖温带半湿润气候，冬季漫长寒冷，夏季炎热多雨，气温7月最高，1月最低，多年平均年降水量600毫米，7、8月降水量占全年的53.9%。坝址以上多年平均年径流量1.47亿立方米。

水库主体工程由大坝、溢洪道、输水洞、水电站和引水

7.3.8 连山河

乌金塘水库

建筑物组成。

大坝有主坝和2座副坝。主坝坝型为黏土心墙砂壳坝，最大坝高33米，坝长288米，坝顶宽4.5米，坝顶设有1米高的防浪墙。2座副坝坝高分别为19米和11米，总长度201米。溢洪道有主溢洪道和非常溢洪道。主溢洪道为开敞直泄式，堰顶净宽45米。设有5扇9米×6米的弧形钢闸门，最大泄流量5 120立方米每秒。非常溢洪道为自溃坝式实用堰，净宽40米，自溃坝长66米，高7米，最大泄流量2 600立方米每秒。输水洞为圆形压力隧洞。直径2.5米，洞长195米，最大过流量59立方米每秒。水电站设在输水洞支洞上。有4台320千瓦卧式水轮发电机，设计年发电量350万千瓦时。引水建筑物向葫芦岛市供水。

乌金塘水库地处辽西走廊西部山区，女儿河中下游，临近渤海湾。坝址以上河长86千米，集水面积940平方千米，占女儿河流域面积的61%。源头山高林密，植被茂盛，水体清澈见底，终年不结冰。八道河子、倒流河在水库库区与女儿河主流汇流，因而，水库建成蓄水以后，就形成了3个主要入库口。

水库流域上游多为山丘地带，山地占总面积的80%。地势西高东低，以中低山地形为主，山体高程一般在400～700米，最高点高程880米（葫芦岛市张相公屯乡萝卜窖村）。

流域内岩石裸露较多，森林覆盖率较差。国有林以针叶树为主，经济林主要有果树和杨树。水库上游为林业农业混合种植区，工业不发达。水库下游主要以工业为主，林、农业为辅。

水库重点防洪保护葫芦岛市部分乡镇和锦州市城区，影响人口89.7万人，同时有5家大中型企业和京哈高速铁路、高速公路、沈山铁路及重要的通信设施等。

水库建成以来，效益比较显著。在抵御建库以来遭遇的4次大洪水中，削减洪峰均在50%以上，控制在下游河道安全行洪的标准之内，发挥了显著的减灾作用。水库日供水量9.3万立方米，保证了葫芦岛市国民经济和社会的健康发展。水库水产养殖、水力发电、水库旅游、林果业等综合经营项目效益良好。

水库集水区内有一中型的虹螺山水库，总库容1 166万立方米。

乌金塘水库不仅有着优美的自然景色，而且还有着浓厚的文化积淀，水库库区及上下游地区有众多的古迹和历史传说。

7.3.8 连山河
(Lianshan River)

连山河为辽宁省西南部独流入渤海的河流。发源于葫芦岛市连山区沙河营乡大虹螺山南坡，流经寺儿堡镇、连山区城区北部，过龙港区北港街道，入渤海锦州湾。连山河河源高程724米，流域面积169.44平方千米，河长33.95千米，河道平均比降4.1‰。多年平均年径流量3 071万立方米。

连山河

流域内地势由西北向东南呈阶梯式降低。西部多低山和丘陵地区，经东部狭长的"辽西走廊"，进入洪积平原入海。

连山河上游在连山区沙河营乡境内，群山环绕，丘陵起伏，地势北高南低，北半部属丘陵地区，平均海拔100～200米，南半部多漫岗。北依大、小虹螺山，大虹螺山是连山河发源地，主峰海拔900.8米；小虹螺山主峰海拔717.2米。大小虹螺山风景秀丽，景致壮观，有"虹螺晚照"之美称。这里雄奇险峻，谷岭交错，奇石幽洞，庙宇巍峨，阴面草木丛生，有大片天然次生林。2005年由辽宁省人民政府批准为自然保护区。有望海寺、龙泉寺、双龙寺、范仙洞、梳妆台等景区。

连山河过连山区城区北部流入龙港区北港镇，新开发的北港工业园区距离葫芦岛港仅3千米，连接新港和京沈高速公路的疏港路纵穿整个工业区。孙中山先生在《建国方略》中提出"拟中国沿海，建九个三等港"，自北至南排列，葫芦岛居其首。后张学良将军修建了葫芦岛港。

连山河流出北港镇，于葫芦岛锌厂厂区处与**五里河**汇流入海。

7.3.9 五里河
(Wuli River)

辽宁省西部独流入渤海的河流。发源于葫芦岛市连山区寺儿堡镇后峪村歪桃山，海拔401.2米，流经寺儿堡镇、锦郊街道，穿过葫芦岛市区，过龙港区玉皇街道、连湾街道入渤海。河流长37.1千米，流域面积155平方千米，河道平均比降2.97‰。

五里河

五里河流域地势西北高，东南低，上游为低谷丘陵区，中下游为葫芦岛市城区和沿海平原，地势较为平缓。山丘面积约占整个流域面积的71%。

五里河流域属暖温带大陆性季风气候，四季分明，雨热同季，日照充足，温差较大；域内多年平均气温8.9摄氏度，最高气温41.5摄氏度，最低气温-26.7摄氏度；多年平均年日照时数为2 785.4小时；多年平均年降水量594.2毫米，降水在年内分配不均，7—8月降水量占全年的55%左右；多年平均年水面蒸发量939.9毫米，多年平均相对湿度60%；多年平均风速3.6米每秒，最大风速20米每秒；最大冻深1.12米；多年平均年径流量2 520万立方米。

2000年末，流域内人口约22.73万，耕地约0.207万公顷，地区生产总值30.48亿元。流域有连山区和龙港区。

五里河流域十年九旱。根据葫芦岛市气象部门1954—2000年47年的资料分析，4月中旬至5月中旬的春旱共发生22年，占旱灾的47%，8月中旬至9月上旬的秋吊共发生16年，占旱灾的34%。

五里河洪水均由暴雨形成，洪水多发生在7—8月。1991年7月29日流域发生洪水，城区内水深平均0.5～1.0米，造成了工业停产、商店停业、学校停课、部分国家机关不能正常有效运作、国道102线中断、供水供电不足等严重后果。2006年6月29日，洪水使五里河2处决口，数百户民房进水。

2005年以来，葫芦岛市政府对五里河城区段进行规划整治，治理4千米，形成一条沿河带状公园，成为老百姓休闲娱乐的好场所，防洪标准达50年一遇。

五里河从源头由南转东流，沿程纳蜂蜜沟、碾盘沟后，从锦郊街道团山子村进入城区。河流上游多山地丘陵，植被较好；中下游经葫芦岛市城区，人口稠密，企事业单位众多。

五里河流入葫芦岛城区，过龙港玉皇街道、连湾街道入渤海，沿途有多家石油、石化国有大型企业。企业污水直接排入五里河，使河水污染严重。经过治理，在解决了污水排放的问题后，经过层层拦蓄，改变了季节性河流长年干涸的状态，五里河带状公园已初步建成，使水面相连，绿树成荫。五里河过葫芦岛城区流经龙港区的玉皇街道，与连山河汇流后入渤海。

7.3.10 兴城河
(Xingcheng River)

辽宁省西部独流入渤海的河流，明朝称宁远河。兴城河发源于兴城市郭家镇把石沟老岭，河源高程367.1米，流经郭家、旧门、白塔、红崖子、羊安、兴城市区、曹庄、钓鱼台等8个乡镇，于钓鱼台街道红石碑注入渤海。河流长50.4千米，流域面积702.92平方千米，河道平均比降2.28‰。

概　　述

流域上游为山丘区，海拔200～400米，下游为平原。流域面积中山丘区占72%，平原区占28%。兴城河主要支流有红崖子河、清水河、元台子河等。

兴城河流域属温带大陆性季风气候，冬季寒潮侵袭，天气较冷，春秋两季气候凉爽，夏季多雨。流域内多年平均气温8.7摄氏度，最高气温40.8摄氏度，最低气温-25摄氏度；多年平均年降水量630毫米，降水量在年内分配不均，其中7—8月降水量占全年的56%；多年平均年水面蒸发量939.9毫米；多年平均相对湿度63.94%；最大风速26.3米每秒；多年平均年日照时数2 809小时，平均冻土层深1.0～1.2米；多年平均年径流量1.56亿立方米。

兴城河流域内人口约26万，其中城市人口8.5万，农村人口17.5万，产值约33亿元。兴城市位于兴城河下游，有沈山铁路、沈秦高速铁路、京哈高速公路、102国道4条交通干线通过。

兴城河旱涝灾害频繁。新中国成立后发生严重洪涝灾害的年份有6年。1995年全市受灾面积6 667公顷，受灾人口10万余人，倒塌房屋2万余间，给沿河人民生命财产和农业造成了极大的损失。旱灾以春旱最多，夏旱次之。1935—1982年48年中不同程度和类型的干旱发生频率为65%，一年春、夏两季发生干旱的频率达21%。

流域上游完成小流域治理150平方千米。兴城市城防堤已达到20年一遇防洪标准。

纪　　实

兴城河出源后西北流，在旧门满族乡转向东南流，在红崖子满族乡二道边村有红崖子河从右岸汇入，在白塔满族乡清水村南有清水河（朗月河）从左岸汇入。

兴城河由西向东流经兴城市北部地区，于兴城市区入海。兴城山清水秀，气候宜人，是一座历史悠久的城市。殷商时属孤竹国地，战国时属燕国的辽西郡，辽代始设兴城县，明代改称宁远卫，1914年改称兴城县。1986年12月，经国务院批准撤县设市。兴城市现有保存完整的明代古城，瑞气升腾的温泉，挺拔俊美的首山，烟波浩渺的大海，仙境般的菊花岛，集"城、泉、山、海、岛"五大景观于一地，合自然景色与人文景观于一身，是我国北方新兴的旅游城市。兴城古城墙为全国重点文物保护单位。1988年3月，国务院将兴城列入扩大沿海经济开发区范围。2005年1月，正式将兴城城墙与西安、赣州、南京城墙以捆绑的形式申报世界文化遗产。

兴城物产丰富，拥有5.87万公顷肥沃土地，0.8万公顷沿海滩涂，1 400万株果树，20多种金属和非金属矿藏，盛产粮食和油料，是重要的商品粮生产基地、水果生产基地和东北最大的花生集散地。省级井盐水工厂化养殖开发区和花生产业园区坐落在兴城，海产品、水果、花生、马铃薯、大根萝卜闻名遐迩。

兴城海滨

宁远（今辽宁省兴城市）是袁崇焕建立功勋的英雄之城。明末清初，宁远为关门屏障，系京师安危，关天下兴亡。宁远人民为保社稷、卫家园而同心协力、英勇拼搏。

兴城河在兴城城区东有元台子河从左侧汇入，

兴城古城

于兴城市钓鱼台街道红石碑注入渤海。

7.3.11 碱厂水库
(Jianchang Reservoir)

辽宁省兴城市碱厂满族乡偏道庙村境内烟台河上的一座具有防洪、灌溉、养鱼等功能并多年调节的中型水库，烟台河为独流入海的河流。坝址距兴城市区40千米。

碱厂水库工程于1967年4月开工，1968年7月竣工。坝址以上集水面积126.3平方千米。水库按100年一遇洪水设计，5 000年一遇洪水校核。总库容4 890万立方米，其中防洪库容3 005万立方米，兴利库容2 490万立方米，多年平均调节水量1 982万立方米。水库原设计标准为100年一遇洪水，校核标准为 1 000 年一遇洪水，1976 年进行了除险加固，将大坝加高培厚。1981 年再次提高标准，浇筑了混凝土防浪墙，使校核标准达到 5 000 年一遇洪水。2002 年在水库溢洪道新建了充气式橡胶坝 1 座。橡胶坝高 1.5 米，每年可增加蓄水 670 万立方米。该水库是新建烟台河至兴城供水工程的后备水源。

水库主体工程由大坝、溢洪道、输水洞、电站组成。大坝分主坝和副坝。主坝坝型为均质土坝，最大坝高 22.5 米，坝长 280 米；副坝坝高 10.71 米，坝长 120 米。溢洪道为实用宽顶堰，堰顶净宽 44.16～48.5 米，最大泄流量 1 516 立方米每秒。输水洞为坝内埋管，管径 1 米，最大过流量 6.54 立方米每秒。电站为坝后式电站，2 台机组，总装机容量 150 千瓦，设计年发电量 45 万千瓦时。

水库保护下游南大山、沙后所、望海、海滨 4 个乡镇和兴城市轴承厂、八三输油管道等工矿企业，以及京沈高速公路、高速铁路及光缆等交通、通信设施，影响人口 5.5 万人，耕地面积 5 667 公顷。

水库多年平均每年为新民灌区和海滨灌区提供农业用水 1 000 多万立方米，灌溉农田 867 公顷。水库有养鱼水面 333 公顷，多年平均产商品鱼 200 吨。

水库所处的烟台河长 40 千米，流域面积 340 平方千米。烟台河发源于兴城市西北部老荒顶山，流向由西北到东南，注入渤海。河流地势为西北高东南低，一般高程 10～100 米，丘陵占全流域一半以上。流域内土壤多为沙壤土，植被以草皮、荆条为主。库区内宜林面积 29 公顷。流域内多年平均气温 8～10 摄氏度，多年平均年降水量 550～650 毫米，多年平均年水面蒸发量 939.9 毫米。

7.3.12　六股河
(Liugu River)

辽宁省西部独流入海河流，又称蒬集河，汉代称封大水，辽、金、元、明、清时期，因大明、建州等 6 州的水汇流称六州河，后因上流、本流和支流是 6 股河流汇流而成，所以叫六股河。

六股河发源于辽宁省建昌县谷杖子乡双庙村北箓子山，海拔 1 092 米，流经建昌县、兴城市和绥中县，于绥中县小庄子镇大渔厂村附近注入渤海，地理位置为东经 120°00′～120°24′，北纬 40°09′～41°00′；流域面积 3 102.47 平方千米，河长 162.5 千米，河道平均比降 1.32‰。

概　　述

六股河流域地处辽西低山丘陵区东南边缘，西北高、东南低，河流自西北向东南注入渤海。流域西北部为低山丘陵

六股河建昌境内段

区，中部为丘陵，东南部为河谷平原和山前裙扇区。

六股河有流域面积大于 100 平方千米的支流 8 条，较大的支流为黑水河和王宝河。黑水河发源于建昌县养马甸子乡，于绥中县西平乡坡满族汇入六股河，流域面积 559 平方千米。王宝河发源于绥中县大王庙镇，于高台镇汇入六股河，流域面积 414 平方千米。

六股河流域属暖温带大陆性季风气候区，四季冷暖干湿分明；域内多年平均气温 8～9 摄氏度；多年平均年降水量 587 毫米，降水量年内分配不均匀，6—9 月的降水量约占全年的 70%，降水量年际变化亦较大；多年平均年径流量 6.03 亿立方米；多年平均风速为 3 米每秒，最大风速可达 20.0 米每秒；全年日照时数 2 700～2 900 小时，最大冻土深度达 1.30 米。

六股河流域辖绥中县、兴城市、建昌县 18 个乡镇，2000 年总人口 50.87 万，有耕地 5.46 万公顷和果树面积 2.02 万公顷。

流域内旱涝灾害比较频繁。据 1954—2000 年 47 年的资料分析，有 22 年发生春旱，16 年发生秋旱。六股河流域又是暴雨发生较多的地区，1930 年以来，发生 5 次较大洪水。1930 年洪水是六股河 150 年来第二位大洪水，绥中水文站洪峰流量达到 10 900 立方米每秒，平地水深 7 尺。1949 年绥中水文站洪峰流量 7 380 立方米每秒，六股河拦河坝上游防洪堤决口，绥中县城受淹，死亡 29 人，倒塌房屋 29 852 间，受灾耕地 2.3 万公顷。1959 年绥中水文站洪峰流量 8 720 立方米每秒，**龙屯水库**、**八一水库** 等 4 座水库相继漫顶垮坝，绥中县城段防洪堤决口，死亡 696 人，倒塌房屋 25 429 间，受灾耕地 2.2 万公顷。

六股河流域建昌县辖区河道堤防工程共计 67.45 千米。绥中县位于六股河下游右岸，现有堤防长度 26.8 千米。兴城市位于六股河下游左岸，现有河道防洪工程共计 24 千米。

1976 年，在支流王宝河上建成大型的 **龙屯水库**，集水面积 214 平方千米，总库容 1 亿立方米；1961 年建成中型的马道子

湿地

水库,集水面积62平方千米,总库容1 120万立方米;位于支流云山洞河上的平山水源工程,集水面积1 400平方千米。

六股河干支流已建成小型水库16座,水库灌区18处,引水工程33处,提水工程16处,乡镇供水45处。

纪　实

六股河上游段起于发源地建昌县谷杖子乡,从源头流经玲珑塔、二道湾子、药王庙、杨树湾子等4个乡镇,流程93千米进入绥中县和兴城市。该河段属山区河流,河流总落差892米,河槽断面为V形,河槽平均宽50~60米,河流两岸为山体,山峰峭立,自然景观秀丽。

六股河中下游段起于建昌县、绥中县和兴城市交界处,为兴城市和绥中县的界河,左岸为兴城市,右岸为绥中县,流经兴城市的三道沟满族乡、围屏满族乡、高家岭满族乡、大寨满族乡、东辛庄镇、刘台子满族乡及绥中县的宽帮镇、西平坡满族乡、高台镇、绥中镇、小庄子镇,流入渤海。

绥中县位于六股河流域,沈山铁路、102国道、沈山高速公路、秦沈高速铁路都经过城区。六股河绥中镇至入海口河段河槽宽阔,砂石资源丰富。右岸堤内耕地土质肥沃,是绥中重点产粮基地。

六股河入海口段俗称"二河口",被列入国家湿地保护工程重点湿地区域,保护区规划总面积1 011公顷。

7.3.12.1　龙屯水库
(Longtun Reservoir)

辽宁省葫芦岛市绥中县高甸子满族乡境内**六股河**支流王宝河上的以防洪、灌溉为主,兼有水产养殖等综合效益的多年调节大型水利枢纽工程。坝址距绥中县城约25千米。

概　述

工程始建于1958年春,1959年7月被大水冲垮,1974年12月复建,1976年11月17日竣工。坝址以上集水面积214平方千米。水库总库容1.19亿立方米,其中防洪库容7 100万立方米,兴利库容4 800万立方米,多年平均年调节水量3 500万立方米。

水库主体工程由大坝、溢洪道、输水洞组成。大坝为黏土斜墙砂壳坝,最大坝高24.1米,坝长742米,坝顶宽5.5米。溢洪道为开敞式实用堰。堰顶高程67米,堰顶

龙屯水库

净宽40米,上部有4孔弧形闸门,最大泄流量2 854立方米每秒。输水洞为圆形断面,洞径1.8米,洞长181米,最大过流量23立方米每秒。

水库保护下游的绥中县城和高甸子乡、高台镇20多万人口、1万公顷耕地,以及军用机场、沈山铁路、沈山公路、沈山高速铁路、京沈高速公路及306国道等国家重要基础设施。

水库配有灌区工程,灌溉水田2 000公顷。库区养鱼水面650公顷,年产商品鱼300吨。

纪　实

水库所处的王宝河古时盛产元鱼,俗称王八河。因名称不雅,取其谐音改为王宝河。王宝河上游系由两支流组成:北支发源于大王庙镇黄羊沟村老秦家西五花顶,由石山河、吴二沟河、水泉河、砬子山河等几条小河汇流在一起,流经李金屯、黄土坎子、大王庙、西双山子后注入龙屯水库,全长18千米;南支发源于大王庙镇专杖子村玉苍大顶,流经高甸子、山嘴子、黄家屯、孤山子,至叶红旗村注入龙屯水库,全长20千米。水库合二水为一,流经高甸子乡的古城子、下马屯、冯家屯,再经高台镇的高台堡、莲花池、朱家岭、龙王山,在巫家河沿村注入六股河。王宝河长53千米,河宽200~500米,流域面积448平方千米。

库区内最高山峰海拔约300米,高出河床240米。库周相对高度均低于200米,基本上属构造剥蚀丘陵地貌。低丘多平缓,植被稀少,山丘下部多为河滩耕地,河谷较宽,河漫滩由砂卵石组成,河漫滩一级阶地多为亚黏土组成,高出河滩1~2米,已成耕地。水库地质条件比较简单,岩层主要为前震旦系混合花岗岩,燕山期侵体之正常花岗岩、红晶岩以及部分火山岩类。水库的水文地质条件为基岩裂隙潜水及第四系孔隙潜水,前者补给后者,二者以河道为排泄通道。

1959年7月21—22日绥中县普降特大暴雨。龙屯水库上游红庙子降雨426毫米,山洪暴发,河水猛涨。因未达到设计标准,处于建设期间的龙屯水库于22日6时20分决口,决口时水位高达14.6米(坝高15米)。六股河大堤被洪水冲垮当时受灾自然屯179个,其中被全部冲走的有30个;倒塌及冲走房屋24.536万间,受灾户7 355户,其中重灾户1 138户,死亡人口710人;冲走大牲畜485头,损失粮食1 916吨,林木84.2万株。全县企业固定资产损失和商品削价损失共计金额297.47万元,造成沈阳至北京的12次特快列车被困在前卫附近三天三夜。

1986年,水库库区定为市级元鱼自然保护区。水库的水质、淤层、环境为元鱼的生长、繁殖提供了优越的自然条件。经过30多年的治理和改善,水库又吸引了多种鸟类来此生息。

7.3.13　狗河
(Gouhe river)

辽宁省西部地区独流入渤海的河流。原名为高儿河,因其河流较长,沿河加入的小河较多,后演变为"沟儿河",取其谐音,称为狗河。狗河发源于辽宁省绥中县加碑岩乡窝岭村大锥子山板石顶,源头海拔946.3米,流经加碑岩、秋子沟、荒地等8个乡镇,于网户满族乡前王虎三屯注入渤海。流域面积606平方千米,河长83.4千米,河道平均比降3.58‰。

概　述

流域位于黑山及燕山山脉衔接的低山丘陵区,山丘面积占全流域面积的65%以上,上游分水岭海拔多在500~1 100米,境内20余座山峰连绵,河道上游支流较多,地势较陡峻,坡角多数大于25°。狗河由西北向东南纵贯绥中境内,主要有下洼子、谭杖子、落凤台、三岔河、加碑岩、杨树沟、条石沟7条小河汇入。

狗河

狗河流域属暖温带大陆性季风气候区,多年平均气温10摄氏度,多年

平均年降水量650毫米,多年平均年水面蒸发量932.9毫米,多年平均年日照时数2 699小时,多年平均年无霜期178天;多年平均年径流量为1.35亿立方米,多年平均年输沙量38万吨。

2000年流域人口11.39万,其中城镇人口4 800人;耕地1.3万公顷。

狗河上中游为山丘区,河流两岸耕地土质瘠薄,以种植高粱、玉米为主,坡地多栽植梨树,是绥中白梨主产区之一,山区坡地亦适于种植人参。中下游为平原区,河流两岸阶地土地肥沃,以种植高粱、玉米、大豆为主。

从1930年至今,流域共发生洪水灾害50余次。1959年7月21日,绥中县普降特大暴雨,狗河流域上游秋子沟降雨433.7毫米,狗河洪峰流量6 250立方米每秒,为历史首位,洪水冲毁耕地1 300多公顷,受灾人口达6万人。

白梨

狗河两岸修建防洪堤26千米,其中达标防洪堤11.5千米,修建防洪丁坝120座1 800延长米,对于保护沿河及人民群众生命财产安全发挥了巨大作用。

狗河流域建有小型水库4座。中下游河床组成为砂卵石,贮量丰富,在河道治理疏浚的同时开采砂石。

纪　　实

狗河源头至秋子沟乡24.23千米段属于上游山区河段。两岸山峰叠翠,植被种类繁多,林地多为柳树、杨树、槐树。狗河秋子沟至明水河段左岸有温泉。

狗河中下游河段长47.05千米,右岸有条石沟支流汇入。条石沟流域面积54平方千米,河流长11千米,河流两岸山峰秀丽,松柏参天,有石林、南星、北月、鱼小姐宫等自然景观;河口处建有普济寺,寺庙建筑面积达1 800余平方米,现有僧人10余名。

狗河向东经龙门山绵延而下,入前卫镇与范家满族乡境内。三山三峰并立,高耸入云,主峰海拔710米,山顶有六宓塔一座,始建于1939年,因呈白色,又名白塔,六面三层,高约20米。登塔远眺,东望**六股河**,南观渤海,西览长城,北瞰狗河,大自然的景色尽收眼底。

狗河入海口以上8千米处有京沈铁路桥,沈山铁路桥上游4千米有G102国道公路桥,再上游有京沈高速公路桥、秦沈高速铁路桥等。

狗河流域河水清澈,水质良好。

7.3.14　大风口水库
（Dafengkou Reservoir）

辽宁省绥中县境内石河中游的以防洪、工业供水、灌溉为主,兼顾发电、水产养殖等综合利用的大型水库,坝址距绥中县城45千米。石河为独立入海河流。

概　　述

水库始建于1958年4月,但由于1959年7月22日遇特大洪水土坝漫顶垮坝而停工;1959年10月复建,1961年又下马停工;1972年4月20日开始续建,至1974年11月15日竣工。水库坝址以上集水面积251平方千米,多年平均年径流量0.67亿立方米。水库按100年一遇洪水设计,5 000年一遇洪水校核。水库总库容2.08亿立方米,其中调洪库容1.35亿立方米,兴利库容7 260万立方米,正常蓄水位水面面积68.58平方千米。

主体工程由大坝、溢洪道、输水洞组成。大坝坝型为黏土心墙砂壳坝,最大坝高45.3米,坝长275米,坝顶宽6米,坝顶筑有高1.2米的浆砌石防浪墙。溢洪道位于大坝右侧的山坳处,系河岸开敞式;堰净宽18.5米,设2扇9.25米×5.5米的平板钢闸门;最大泄流量1 799立方米每秒。输水洞长220米,洞径2米,进口为2米×2米的平板钢闸门,出口为1.75米×1.75米弧形钢闸门,最大过流量45立方米每秒。

水库建成后使下游20千米处的沈山铁路、公路桥防洪标准由5年一遇提高到20年一遇。水库有效保护了下游前卫、王宝、高岭、网户4个乡镇的7万多人、1.56万公顷耕地,以及石油管线、通信设施等的防洪安全。

大风口水库是王石灌区和绥中发电厂的主要供水水源,设计灌溉面积2.08万公顷,工业供水1 200万立方米;水库实际平均年供水量3 500万立方米,其中农业灌溉用水2 500万立方米,工业供水1 000万立方米。

纪　　实

大风口水库所在河流原名石子河,简称石河,发源于绥中县加碑岩乡大岭根,河源海拔925米,流经绥中县永安堡、高岭、前卫、王宝4个乡镇,于王宝镇注入渤海;河流长67.7千米,流域面积448平方千米。坝址以上河长38.7千米,占河流全长的57%,比降5.8‰,河流两岸地势险峻,群山连绵,岩石裸露,植被稀疏,河床卵石覆盖,砂很少。

石河为山溪河流,洪水突涨突落,历时较短。石河分东南2个支流,两支流在将军石下汇合入大风口水库。枯水期断流,丰水期经常发生洪水。整个流域呈扇形,地势自西北向东倾斜,流域上游地质构造属侏罗-白垩系侵入岩,呈小岩株产出,分布最广的为碱性花岗岩。

水库大坝位于石河山谷末端,两岸山体较陡,为V形河谷,河漫滩宽度一般为100～200米。出山峡口一年四季都有风刮过,冬季更是大风不断,故此水库以大风口命名。

石河流域属于暖温带大陆性季风气候区,冬季盛行西北季风,夏季盛行东南季风,温度变化较大,四季寒暖干湿分明。域内多年平均气温为9.1摄氏度,最高气温为39.8摄氏度,最低气温-26.3摄氏度。流域内多年平均年降水量为796.2毫米,降水量年际变化较大,丰水年（1959年）为1 456.8毫米,枯水年（1989年）为425.2毫米,相差3.4倍,降水量年内分配也极不均匀,汛期（6—9月）占年降水量的81.8%,且又集中于7、8两月;流域多年平均年水面蒸发量为939.9毫米,4—6月蒸发量较大,占年蒸发量的42%。

石河流域100多年来发生了5次较大洪水。1959年7月大洪水,3日最大降水量为398.9毫米,大风口水库坝址的洪峰流量为3 640立方米每秒。

流域内有着美丽的自然景观和著名的人文景观。在石河西源支流永安堡乡塔子沟村小米山上,有辽代乾统年间建的妙峰寺双塔,是辽宁省文物保护单位。

在东源支流永安堡乡有两段辽东长城,修建于明正统七年（1442年）。辽东长城是中国古代重要的军事防御体系万里长城的重要组成部分,是古代长城建筑的典范,现为国家重点文物保护单位。

绥中长城

石河东西两支流汇流处有一座山峰，巍峨挺拔，高耸入云。在峭壁之上，至今还留有"风景华山"四个大字，虽经历了几百年风雨剥蚀，字体已大部分模糊，但那遒劲的笔触依然显露着神韵。明末清初，白大将军奉旨带兵与妙峰寺反清复明的僧兵作战，因战败饮恨撞死山下。后人称此山为将军石，所以大风口水库又称"将军湖"。

小河口长城

大风口水库南侧并排耸立3座山峰，峰峦奇伟，形如笔架，名曰三山，古时叫三州山，也称东岐山，海拔710米。山下有普济寺。据绥中县志记载："创建无考，民国初年重修"。寺院为具有典型北方寺院风格的建筑群，金碧辉煌，雄伟壮观，曾誉为"关外第一寺"。现今只存有井泉和林木，寺庙早已不在。山顶有六恣塔一座，民国28年（1939年）修建，白色，又名白塔，为玉皇大帝塑像，塔顶有"天运泰开"四个字，现仍立山巅。

20世纪80年代，绥中县开展了石河流域生态修复，通过治理流域的水土流失，恢复和改善流域的生态环境，绿化美化流域环境，增加了多种效益，并控制了水库和河道的淤积。

7.3.15 九江河
(Jiujiang River)

辽宁省西部流入渤海的河流。古称"九门河"，后改名为九江河。该河发源于河北省抚宁县驻操营镇东贺庄苗城子燕山山脉，源头海拔525米，流经河北境内11千米后穿过古长城，于辽宁省绥中县万家镇河北村南注入渤海。流域面积180平方千米，其中河北省境内为32平方千米，辽宁省绥中县境内148平方千米。河流全长33千米，河道平均比降6.64‰。

概 述

河流在九江河上游河北省抚宁县境内比降较大，河床为卵石；下游辽宁省绥中县境内为沿海丘陵，水土流失严重，属于强度侵蚀区。

九江河在绥中县境内有秋皮沟支流汇入。秋皮沟发源于李家堡乡北石门村锥子山，河长22.44千米，流域面积64.5平方千米，河道平均比降6.06‰，于李家堡乡马营子村汇入九江河。

九门口水上长城

流域属暖温带大陆性季风气候区，多年平均气温约12摄氏度，多年平均年降水量800毫米左右，多年平均年水面蒸发量939.9毫米，多年平均年无霜期178天；多年平均年径流量0.4亿立方米，多年平均年输沙量30万立方米。

2000年九江河流域绥中境内人口65 931人，有耕地6 861.73公顷，农作物以高粱、玉米、大豆为主，坡地90%以上为林果，是全县水果重点产区。

1959年7月大洪水，洪峰流量高达2 913立方米每秒。洪水出槽，受灾人口近万人，沈山铁路桥被冲断裂，倒塌房屋450间，造成严重灾害损失。

九江河沿岸修建标准防洪堤10.5千米，九门口长城下游段3.5千米防洪堤为浆砌石结构，有拦水截潜坝8道，蓄水深度1.5～2.0米，回水倒流过古长城城下，使古长城成为"水上长城"，为九门口古长城的旅游增添了一大亮点。

九江河流域上游建有小型水库3座；中下游建引水闸2座，自流引水，灌溉稻田；下游河床组成为沙卵石，贮量丰富，一般埋深在4～6米。

纪 实

从源头到九门口河段流经燕山山脉，属于河北省境内，为山区河流，河槽较窄，呈V形，河流两岸为高山，山势险峻，坡地自然植被较好。每逢夏季，两岸绿树成荫，在河流的衬托下，更加显示出青山绿水独有的自然风光。

九江河自源头流经11千米，到达九门口（原名一片石）。九门口始建于1 450年，是万里长城的重要关隘，号称"京东首关"。东门外为边城关，正向东又折而东南，直抵角山之背。九门口长城跨河而建，并排修筑9个水门，门洞中有坚固门扇，平时关闭，泄洪时开启，可谓"城在水上走，水在城下流"。九门口作为历史上的雄关天险，防御设施完备，敌楼密集，有战台7座、烽火台1座、哨楼4座。

九门口是古交通要道，山高地险，为历代兵家所必争。明末，李自成曾率领农民起义军在这里与吴三桂和清军展开激烈的厮杀。民国年间，奉系军阀张作霖与直系军阀吴佩孚也曾鏖战在九门口。

据史料记载，九门口水上长城毁于清朝末年，1984年9月开始修复，历时4年全部完成。如今的九门口已恢复了历史原貌，跨河而建，两岸峰岭雄峙，烽火墩台坚固，城墙雄伟秀丽，九门口景区已逐渐成为旅游胜地。

九门口下游2千米段（景区河段）建有两道拦河坝，蓄水水位至长城城址，即使遇有干旱年份，长城景区河段流水不断。九江河中游22.8～24.92千米段跨河桥梁比较多，有秦沈高速铁路桥、秦沈高速公路桥、G102国道公路桥等，是沟通关内外的交通要道。为确保公路、铁路及两岸人民生命财产安全，该河段两岸修建了防洪堤，迎水坡为浆砌石护砌，既起到了防洪作用，同时也为高速铁路、公路两侧的美化增添了亮点。九江河下游沈山铁路至入海口河段属于平原河段，河槽较宽阔，河床成宽浅型，宽度200～300米。

九江河于辽宁省绥中县万家镇河北村南注入渤海。

附　　录
Appendix

附表一　　　　　　　　**黑龙江、辽河卷列条河流一览表**

序号	条目编号	河名	水系	发源地	入河（湖、海）口	河长（km）	流域面积（km²）	多年平均年径流量（亿 m³）	行经地区	备注
1	1	黑龙江	黑龙江	北源为发源于蒙古人民共和国境内的肯特山东麓、流经俄罗斯境内的石勒喀河，南源为发源于我国大兴安岭西坡、中俄界河段称额尔古纳河	于俄罗斯境内尼古拉耶夫斯克（我国曾称庙街）附近注入鄂霍茨克海的鞑靼海峡	以石勒喀河为源头全长4 416，以海拉尔为源头全长4 344	1 840 000	黑龙江省洛河水文站多年平均径流量为275亿立方米，中游卡伦山水文站为1 060亿立方米，俄罗斯哈巴罗夫斯克（伯力）水文站为2 785亿立方米，入海口处为3 550亿立方米	蒙古人民共和国肯特山，俄罗斯境内，中国的内蒙古自治区、黑龙江省、吉林省	
2	1.1	库都尔河	黑龙江上源海拉尔河右岸支流	内蒙古自治区牙克石市北部大兴安岭中段庆格勒图山西麓	内蒙古自治区乌尔其汉镇西北	186.9	3 484	5.25	内蒙古自治区牙克石市	
3	1.2	免渡河	黑龙江上源海拉尔河左岸支流	内蒙古自治区牙克石市乌奴耳镇大兴安岭北麓牛房山	内蒙古自治区牙克石市以北莫拐牧场附近	194	6 704	8.669	内蒙古自治区牙克石市乌奴耳镇大兴安岭、牙克石市莫拐牧场	
4	1.2.1	乌奴耳河	免渡河左岸支流	内蒙古自治区牙克石市大兴安岭牛房山东南麓	内蒙古自治区牙克石市乌奴耳镇以东与哈日扎拉河汇合后	104.9	2 595	0.33	内蒙古自治区牙克石市境内	
5	1.2.2	扎墩河	免渡河右岸支流	内蒙古自治区牙克石市大兴安岭西麓安伊克奈山	内蒙古自治区牙克石市免渡河镇以南	125.7	2 750.8	0.35	内蒙古自治区牙克石市免渡河镇境内	
6	1.3	特尼河	黑龙江上源海拉尔河右岸支流	内蒙古自治区牙克石市大兴安岭新峰山西麓山顶	海拉尔区蒙根陶海苏木	128.4	1 400	0.46	内蒙古自治区呼伦贝尔市陈巴尔虎旗、海拉尔区	
7	1.4	伊敏河	黑龙江上源海拉尔河左岸支流	内蒙古自治区鄂温克族自治旗红花尔基镇南部依和高古达山北麓	内蒙古自治区呼伦贝尔市海拉尔城区以北汇入	359.4	22 640	12.75	内蒙古自治区鄂温克族自治旗、新巴尔虎左旗	
8	1.4.1	敖宁高勒	伊敏河右岸支流	内蒙古自治区呼伦贝尔市鄂温克族自治旗南部摩天岭东南麓	内蒙古自治区呼伦贝尔市鄂温克族自治旗头道桥村西	87	2 137	1.20	内蒙古自治区鄂温克族自治旗境内	
9	1.4.2	苇特根河	伊敏河右岸支流	内蒙古自治区鄂温克族自治旗东南部大兴安岭山脉伊和布德尔山西北麓	内蒙古自治区呼伦贝尔市伊敏河镇附近	142.3	1 640	0.92	内蒙古自治区鄂温克族自治旗东南部	
10	1.4.3	锡尼河	伊敏河右岸支流	内蒙古自治区鄂温克族自治旗东哈日陶海嘎查东南山顶	内蒙古自治区鄂温克族自治旗锡尼河镇附近	123	1 565	0.88	内蒙古自治区鄂温克族自治旗锡尼河苏木巴彦托海镇	
11	1.4.4	辉河	伊敏河左岸支流	内蒙古自治区鄂温克族自治旗南部大兴安岭乌月山东北2千米附近	内蒙古自治区鄂温克族自治旗巴彦托海镇104米处	437	11 470	1.47	内蒙古自治区新巴尔虎左旗、陈巴尔虎旗、鄂温克族自治旗	
12	1.5	莫尔格勒河	黑龙江上源海拉尔河右岸支流	内蒙古自治区陈巴尔虎旗大兴安岭西麓鄂温克苏木阿散嘎查东北山顶	内蒙古自治区陈巴尔虎旗巴彦哈达嘎查以东	319	4 987	1.43	内蒙古自治区陈巴尔虎旗	

续表

序号	条目编号	河 名	水 系	发源地	入河（湖、海）口	河长(km)	流域面积(km²)	多年平均年径流量(亿 m³)	行经地区	备注
13	1.6.1	克鲁伦河	呼伦湖	蒙古人民共和国肯特山东麓	内蒙古自治区呼伦贝尔市新巴尔虎右旗阿尔山苏木西日塔拉山东	1 146.5	92 670	6.3	蒙古人民共和国中央省、戈壁苏木贝尔省、肯特省、东方省及我国新巴尔虎右旗	
14	1.6.2	乌尔逊河	呼伦湖	贝尔湖	内蒙古自治区新巴尔虎右旗甘珠花嘎查以西	223.28	10 400	7.35	内蒙古自治区新巴尔虎左旗、新巴尔虎右旗	
15	1.6.2.1	哈拉哈河	呼伦湖	大兴安岭南麓吉里革先山南坡五道沟附近	内蒙古自治区新巴尔虎左旗巴音塔拉苏木以南进入蒙古人民共和国	399.23	8 375.82	13.7	内蒙古自治区阿尔山市新巴尔虎左旗、科尔沁右翼前旗、蒙古人民共和国	
16	1.6.2.3	好来音河	乌尔逊河右岸支流	内蒙古自治区新巴尔虎左旗阿木古郎宝力格苏木南部宝力根敖包	只在大水年份河水汇入乌尔逊河	145.7	2 243.69	0.22	内蒙古自治区阿木古郎宝力格苏木及吉布胡朗图苏木	
17	1.7	根河	黑龙江右岸支流	内蒙古自治区大兴安岭伊吉奇山西南侧	内蒙古自治区额尔古纳市四卡上 12 千米处	461	15 800	23.3	内蒙古自治区根河市、陈巴尔虎旗、额尔古纳市	
18	1.7.1	图里河	根河左岸支流	内蒙古自治区牙克石市图里河镇库都汉林场以东山麓	内蒙古自治区牙克石市图里河镇赵家店村以西	134.8	3 647.68	7.25	内蒙古自治区牙克石市图里河镇	
19	1.7.1.1	伊图里河	图里河右岸支流	内蒙古自治区牙克石市伊图里河镇喀其林场东北山顶	内蒙古自治区牙克石市伊图里河镇道木达以西	96.6	1 122	2.24	内蒙古自治区牙克石市伊图里河镇境内	
20	1.7.2	依根河	根河左岸支流	内蒙古自治区牙克石市西尼气南部山麓	内蒙古自治区额尔古纳市上库力乡小孤山东北	114	1 302	1.63	内蒙古自治区牙克石市、额尔古纳市	
21	1.8	得耳布尔河	黑龙江右岸支流	内蒙古自治区根河市得耳布尔镇东北静岭山	内蒙古自治区额尔古纳市黑山头镇古城屯西	188	6 816	6.24	内蒙古自治区根河市和额尔古纳市境内	
22	1.8.1	哈乌尔河	得耳布尔河右岸支流	内蒙古自治区大兴安岭支脉黑山	内蒙古自治区额尔古纳市苏沁乡红旗屯以西	181.3	1 938	1.77	内蒙古自治区额尔古纳市境内	
23	1.9	莫尔道嘎河	黑龙江右岸支流	内蒙古自治区额尔古纳市中部大秀山北麓	内蒙古自治区额尔古纳市大新屯以西	108	2 674	4.19	内蒙古自治区额尔古纳市中部	
24	1.10	激流河	黑龙江右岸支流	内蒙古自治区大兴安岭山脉西北麓根河市牛耳河镇雉鸡场西麓三望山附近	内蒙古自治区额尔古纳市奇乾镇激流河乡以西	468	16 700	30.86	内蒙古自治区根河市、额尔古纳市	
25	1.10.1	阿龙山河	激流河右岸支流	内蒙古自治区根河市阿龙山镇雉鸡场山西麓	内蒙古自治区根河市阿龙山镇北	86	1 500	2.77	内蒙古自治区根河市阿龙山境内	
26	1.10.2	满归河	激流河右岸支流	内蒙古自治区根河市满归镇大兴安岭雉鸡场山西麓	内蒙古自治区根河市满归镇以北	66.8	901.6		内蒙古自治区根河市满归镇	
27	1.10.3	敖鲁古雅河	激流河右岸支流	内蒙古自治区根河市满归镇大兴安岭西麓雉鸡场山	内蒙古自治区根河市敖鲁古雅乡以北	78	1 390	2.57	内蒙古自治区根河市满归镇	
28	1.10.4	安格林河	激流河左岸支流	内蒙古自治区额尔古纳市莫尔道嘎镇加疙瘩山北麓	内蒙古自治区额尔古纳市奇乾荒火地村以南	91	1 600	4.16	内蒙古自治区额尔古纳市莫尔道嘎镇	
29	1.11	阿巴河	黑龙江右岸支流	内蒙古自治区额尔古纳市奇乾东北部大兴安岭西麓石礁山	内蒙古自治区奇乾东北	137	2 391	4.63	内蒙古自治区额尔古纳市	
30	1.12	乌玛河	黑龙江右岸支流	内蒙古自治区额尔古纳市恩和哈达镇大兴安岭山脉石礁山西麓	内蒙古自治区额尔古纳市乌玛村以南	76.2	1 829	2.74	内蒙古自治区额尔古纳市恩和哈达镇	
31	1.13	恩和哈达河	黑龙江右岸支流	内蒙古自治区额尔古纳市恩和哈达镇大兴安岭山脉石礁山	内蒙古自治区额尔古纳市恩和哈达镇附近	108	2 139	3.21	内蒙古自治区额尔古纳市恩和哈达镇	
32	1.14	额木尔河	黑龙江	大兴安岭山脉东坡	黑龙江省漠河县兴安镇古城岛附近	469	16 121	28.2	黑龙江省漠河县阿木尔林业局、图强林业局、漠河县城	

续表

序号	条目编号	河名	水系	发源地	入河（湖、海）口	河长(km)	流域面积(km²)	多年平均年径流量(亿 m³)	行经地区	备注
33	1.14.1	老槽河	额木尔河左岸支流	黑龙江省漠河县大兴安岭伊勒呼里山的北坡面包山西麓	黑龙江省漠河县西林吉镇东部	114	1 627	3.03	黑龙江省漠河县	
34	1.14.2	大林河	额木尔河左岸支流	大兴安岭石堆山北麓	黑龙江省漠河县西林吉水文站上游500米	147	4 553	7.18	黑龙江省漠河县	
35	1.14.2.1	古莲河	大林河左岸支流	黑龙江省漠河县西部的富克山	黑龙江省漠河县古莲河林场古莲河车站南侧	80	1 200		黑龙江省漠河县	
36	1.14.3	二龙河	额木尔河右岸支流	黑龙江省漠河县大兴安岭北麓	黑龙江省漠河县龙河林场以下4千米处	65	1 423	2.24	黑龙江省漠河县	
37	1.15	盘古河	黑龙江右岸支流	黑龙江省塔河县白卡鲁山	黑龙江省塔河县开库康乡马伦村下游8千米处	165	3 638	7.00	黑龙江省塔河县	
38	1.16	西尔根气河	黑龙江右岸支流	黑龙江省塔河县伊勒呼里山北麓西罗奇山脉	黑龙江省塔河县开库康乡双合站上游	228	3 857	6.75	黑龙江省塔河县	
39	1.16.1	小西尔根气河	西尔根气河右岸支流	黑龙江省塔河县西罗奇山岭的最高峰蒙克山	距西尔根气河口约22千米处	189	1 675	2.93	黑龙江省塔河县	
40	1.17	呼玛河	黑龙江右岸支流	黑龙江省大兴安岭地区呼中林业局伊勒呼里山北麓	黑龙江省呼玛县荣边乡	526	31 197	70.10	黑龙江省大兴安岭地区呼中区、塔河县、呼玛县	
41	1.17.1	卡玛兰河	呼玛河左岸支流	黑龙江省大兴安岭地区雄鸡场山东麓	黑龙江省呼玛县碧水镇西南1.3千米	94	2 048	4.70	黑龙江大兴安岭地区呼中区	
42	1.17.2	塔河	呼玛河右岸支流	黑龙江省大兴安岭地区伊勒呼里山西端北坡	黑龙江省塔河县城东南4千米	187	6 589	16.29	黑龙江省大兴安岭地区塔河县、新林区	
43	1.17.3	倭勒根河	呼玛河右岸支流	黑龙江省大兴安岭地区新林区翠岗镇沙兰山北麓	黑龙江省呼玛县日升利村	325	3 859	8.30	黑龙江省大兴安岭地区新林区呼玛县	
44	1.17.3.1	内倭勒根河	倭勒根河右岸支流	黑龙江省大兴安岭地区新林区翠岗镇沙兰山北麓	黑龙江省呼玛河十八站林业局境内	160	1 232	3.17	黑龙江省呼玛县、新林区、十八站林业局	
45	1.17.4	绰纳河	呼玛河右岸支流	黑龙江省大兴安岭地区伊勒呼里山北麓	黑龙江省呼玛县兴隆林场	171	2 240	8.53	黑龙江省呼玛县	
46	1.17.5	古龙干河	呼玛河右岸支流	黑龙江省大兴安岭地区伊勒呼里山东侧	黑龙江省呼玛县愚涯山附近	98	2 130	3.73	黑龙江省呼玛县	
47	1.18	宽河	黑龙江左岸支流	黑龙江省黑河市北部伊勒呼里山北麓	黑龙江省呼玛县三卡村上游500米处	76	2 134	3.73	黑龙江省黑河市、呼玛县	
48	1.18.1	汗达河	宽河右岸支流	黑龙江省呼玛县境内的铁帽山西北麓	黑龙江省呼玛县宽河桥下游400～500米处	66	1 021	1.79	黑龙江省呼玛县三卡林场境内	
49	1.19	法别拉河	黑龙江右岸支流	小兴安岭山脉东坡北大沟	黑龙江省黑河市上马厂乡法别拉村附近	151	2 902	5.08	黑龙江省黑河市爱辉区	
50	1.20	公别拉河	黑龙江左岸支流	小兴安岭东麓黑龙江省黑河市爱辉区罕达汽镇境内的大黑山	黑龙江省黑河市坤河达斡尔族满族乡	165	2 803	6.3	黑龙江省黑河市爱辉区	
51	1.21	逊毕拉河	黑龙江右岸支流	小兴安岭东坡黑龙江省黑河市爱辉区二站乡大岭林场北部	黑龙江省逊克县车陆乡西双河村附近	279	15 743	27.55	黑龙江省孙吴县和逊克县	
52	1.21.1	辰清河	逊毕拉河右岸支流	黑龙江省小兴安岭北坡的五大连池市高巍山山谷内	黑龙江省孙吴县孙吴镇北三屯村东	104	2 032	3.6	黑龙江省五大连池市及孙吴县	
53	1.21.2	卧牛河	逊毕拉河左岸支流	黑龙江省小兴安岭西坡黑河市爱辉区的石古山和库纳山山脚下	黑龙江省孙吴县腰屯乡卧牛屯南1千米处	98	1 075	2.18	黑龙江省黑河市爱辉区、孙吴县	
54	1.21.3	茅兰河	逊毕拉河右岸支流	黑龙江省逊克县新鄂乡立新林场附近的山谷	黑龙江省孙吴县腰屯乡四不漏子桥南2千米处	63	830	1.5	黑龙江省孙吴县、逊克县	

续表

序号	条目编号	河 名	水 系	发源地	入 河（湖、海）口	河长(km)	流域面积(km²)	多年平均年径流量(亿 m³)	行经地区	备注
55	1.21.4	沾河	逊毕拉河右岸支流	黑龙江省逊克县小兴安岭山脉北坡汤元山南麓	黑龙江省逊克县逊河镇辖区的双河村西附近	260	6 578	13.9	黑龙江省逊克县	
56	1.21.4.1	都鲁河	沾河右岸支流	黑龙江省小兴安岭石仓山西南麓、江心山东麓的山谷内	黑龙江省逊克县沾河林业局坤得林场施业区	112	1 598	3.8	黑龙江省逊克县	
57	1.21.5	乌底河	逊毕拉河右岸支流	黑龙江省逊克县中部小兴安岭北麓大寿山的北坡和西坡	黑龙江省逊克县松树乡二龙村和兴亚村之间	88	1 029	1.9	黑龙江省逊克县	
58	1.22	库尔滨河	黑龙江右岸支流	小兴安岭北麓的白鹿山南坡	黑龙江省逊克县车陆乡库尔滨村	221	4 968	9.83	黑龙江省逊克县	
59	1.22.2	二皮河	库尔滨河左岸支流	黑龙江省小兴安岭大寿山东麓	黑龙江省逊克县宝山乡二皮河村下游约20千米处	77	1 089	2.0	黑龙江省逊克县	
60	1.23	乌云河	黑龙江右岸支流	黑龙江省逊克县境内乌云山东南麓	黑龙江省嘉荫县团结村东北3千米处	123	2 949	5.40	黑龙江省逊克县、嘉荫县	
61	1.24	结烈河	黑龙江右岸支流	黑龙江省伊春市小兴安岭守虎山	黑龙江省嘉荫县沿江村北4千米处	129	1 014	2.50	黑龙江省嘉荫县	
62	1.25	乌拉嘎河	黑龙江右岸支流	黑龙江省嘉荫县乌拉嘎镇西南部	黑龙江省嘉荫县保兴乡南部	90	1 166	2.92	黑龙江省嘉荫县	
63	1.26	嘉荫河	黑龙江右岸支流	黑龙江省伊春市新青区与鹤岗市交界的 927 高地东麓和 904 高地西北麓	黑龙江省嘉荫县嘉荫河口村东	123	2 101	5.25	黑龙江省伊春市新青区、嘉荫县	
64	1.27	松花江	黑龙江右岸支流	大兴安岭伊勒呼里山中段南侧	黑龙江省同江市	2 309	556 800	783.97	内蒙古自治区、黑龙江省、吉林省、辽宁省	
65	1.27.1	罕诺河	松花江嫩江右岸支流	内蒙古自治区鄂伦春自治旗伊勒呼里山东麓条阿泥塔山	内蒙古自治区鄂伦春自治旗朝阳村以下约25千米处	213	1 384	2.32	内蒙古自治区鄂伦春自治旗	
66	1.27.2	卧都河	松花江嫩江左岸支流	黑龙江省黑河市爱辉区滨南林场小兴安岭河界山	黑龙江省嫩江县卧都河林场	92	1 488	2.6	黑龙江省黑河市爱辉区、嫩江县	
67	1.27.3	那都里河	松花江嫩江右岸支流	内蒙古自治区鄂伦春自治旗伊勒呼里山坡	内蒙古自治区鄂伦春自治旗古里乡勃音那林场以东	236	5 428	10.1	内蒙古自治区鄂伦春自治旗	
68	1.27.3.1	古里河	那都里河支流	内蒙古自治区鄂伦春自治旗古里乡伊勒呼里山东南麓	内蒙古自治区鄂伦春自治旗古里乡古里农场附近	157	2 879	5.84	内蒙古自治区鄂伦春自治旗	
69	1.27.4	多布库里河	松花江嫩江右岸支流	内蒙古自治区鄂伦春自治旗古里乡伊勒呼里山南侧	内蒙古自治区鄂伦春自治旗古里乡牧屯南约25千米处	329	5 760	12.3	内蒙古自治区鄂伦春自治旗	
70	1.27.5	欧肯河	松花江嫩江右岸支流	内蒙古自治区鄂伦春自治旗古里乡翠峰村东南山丘	内蒙古自治区鄂伦春自治旗古里乡小石山屯东约15千米处	163	1 602	3.41	内蒙古自治区鄂伦春自治旗	
71	1.27.6	门鲁河	松花江嫩江左岸支流	黑龙江省黑河市爱辉区北师河乡小兴安岭山脉西南坡伊里沙地区	黑龙江省嫩江县门鲁河种畜场二分场约4千米处	142	5 378	9.18	黑龙江省黑河市爱辉区、嫩江县	
72	1.27.6.1	泥鳅河	门鲁河右岸支流	黑龙江省黑河市罕达气镇小兴安岭狼母猪沟	黑龙江省嫩江县霍龙门乡前泥鳅村	135.5	2 392	4.33	黑龙江省黑河市、嫩江县	
73	1.27.7	科洛河	松花江嫩江左岸支流	黑龙江省孙吴县正阳山乡东岗村东南小兴安岭西麓	黑龙江省嫩江县联兴乡哈什太村南	324	8 539	10.6	黑龙江省五大连池市朝阳乡、孙吴县、嫩江县	
74	1.27.7.1	沐河	科洛河右岸支流	黑龙江省嫩江县塔溪乡小兴安岭西坡	黑龙江省嫩江县科洛乡科后村东3千米处	88	1 785	2.27	黑龙江省嫩江县塔溪乡、科洛乡	
75	1.27.8	甘河	松花江嫩江右岸支流	内蒙古自治区鄂伦春自治旗甘河镇甘源村以北雉鸡冠山西麓	内蒙古自治区莫力瓦达斡尔族自治旗额尔和乡	501	19 670	40.7	内蒙古自治区鄂伦春自治旗、莫力达瓦达斡尔族自治旗	

续表

序号	条目编号	河名	水系	发源地	入河（湖、海）口	河长（km）	流域面积（km²）	多年平均年径流量（亿 m³）	行经地区	备注
76	1.27.8.1	克一河	甘河右岸支流	内蒙古自治区鄂伦春自治旗克一河镇库布春林场以北大兴安岭山脉南麓	内蒙古自治区鄂伦春自治旗甘河镇以东	86	1 780	3.53	内蒙古自治区鄂伦春自治旗	
77	1.27.8.2	阿里河	甘河左岸支流	内蒙古自治区鄂伦春自治旗伊山林场伊勒呼里山南侧	内蒙古自治区鄂伦春自治旗阿里河镇东南阿东良种场附近	124	2 183	4.39	内蒙古自治区鄂伦春自治旗	
78	1.27.8.3	奎勒河	甘河右岸支流	内蒙古自治区鄂伦春自治旗奎源林场以西大兴安岭莫格吉大山东麓	内蒙古自治区莫力达瓦达斡尔族自治旗巴彦鄂温克民族乡以东乌日根塔拉	242	4 733	8.87	内蒙古自治区鄂伦春自治旗、莫力达瓦达斡尔族自治旗	
79	1.27.8.3.1	卧罗河	奎勒河右岸支流	内蒙古自治区鄂伦春自治旗诺敏河镇宜里农场七连以上山区	内蒙古自治区鄂伦春自治旗奎勒河镇以西	99.9	1 249.42	2.58	内蒙古自治区鄂伦春自治旗	
80	1.27.9	霍日里河	松花江嫩江右岸支流	内蒙古自治区莫力达瓦达斡尔族自治旗塔温敖宝七旗山东南麓	内蒙古自治区莫力达瓦达斡尔族自治旗腾克镇后霍日里村以东	142	1 312.39	2.72	内蒙古自治区莫力达瓦达斡尔族自治旗	
81	1.27.11	讷谟尔河	松花江嫩江左岸支流	黑龙江省北安市小兴安岭西南坡佛仑山岭	黑龙江省讷河县城西南39.6千米处	569	13 945	15.48	黑龙江省北安市、五大连池市、克山县、讷河市、嫩江县	
82	1.27.11.2	石龙河	讷谟尔河支流	黑龙江省五大连池市西北部格拉球山以北的沼泽地	黑龙江省五大连池市团结乡永发村东侧	61	723	0.65	黑龙江省五大连池市	
83	1.27.11.3	老莱河	讷谟尔河右岸支流	黑龙江省嫩江县尖山	黑龙江省讷河市东郊	147	2 306	0.865	黑龙江省嫩江县、讷河市	
84	1.27.12	北引渠道	松花江嫩江左岸	黑龙江省讷河市拉哈镇北约5千米	黑龙江省安达市红旗泡水库和大庆市大庆水库太平庄镇总干渠末端节制闸	243		4.65	黑龙江省讷河市、富裕县、依安县、林甸县、青冈县、明水县、大庆市萨尔图区、安达市	
85	1.27.13	诺敏河	松花江嫩江右岸支流	内蒙古自治区鄂伦春自治旗托扎敏乡大兴安岭支脉西尼气山东南麓	内蒙古自治区莫力达瓦达斡尔族自治旗博荣乡以东4.5千米处	466	25 966	46.41	内蒙古自治区鄂伦春自治旗、阿荣旗、莫力达瓦达斡尔族自治旗，黑龙江省甘南县	
86	1.27.13.1	毕拉河	诺敏河右岸支流	内蒙古自治区鄂伦春自治旗诺敏镇莫那根林场西南大兴安岭东侧加尔敦山西北坡	内蒙古自治区鄂伦春自治旗诺敏镇以北约15千米处	253	7 844	12.6	内蒙古自治区鄂伦春自治旗	
87	1.27.13.1.1	讷门河	毕拉河左岸支流	内蒙古自治区鄂伦春自治旗西甘特旗林场西部大兴安岭山脉的哈达岭南麓	内蒙古自治区鄂伦春自治旗北大河口防火站处	102	3 364	4.86	内蒙古自治区鄂伦春自治旗	
88	1.27.13.1.2	扎文河	毕拉河左岸支流	内蒙古自治区鄂伦春自治旗诺敏镇北部大兴安岭山脉赛浪格吉达山东南麓	内蒙古自治区鄂伦春自治旗诺敏镇西侧大四方山东麓	92	1 340	2.44	内蒙古自治区鄂伦春自治旗	
89	1.27.13.2	格尼河	诺敏河右岸支流	内蒙古自治区阿荣旗阿力格亚林场西北部加尔敦山东南麓	内蒙古自治区莫力达瓦达斡尔族自治旗宝山镇	206	4 975	8.14	内蒙古自治区阿荣旗、莫力达瓦达斡尔族自治旗	
90	1.27.14	黄蒿沟	松花江嫩江右岸支流	内蒙古自治区阿荣旗孤山镇长安村大兴安岭东坡白桦山	黑龙江省甘南县东阳镇东北	120	1 270	0.108	内蒙古自治区阿荣旗、黑龙江省甘南县	
91	1.27.15	阿伦河	松花江嫩江右岸支流	内蒙古自治区阿荣旗大兴安岭东坡吉勒肯奇山	黑龙江省齐齐哈尔市梅里斯额尔门沁附近	319	6 700	8.44	内蒙古自治区阿荣旗、黑龙江省甘南县、齐齐哈尔市梅里斯区	
92	1.27.16	音河	松花江嫩江右岸支流	内蒙古自治区扎兰屯市北部与阿荣旗西部交界处的大兴安岭多伦山南麓	黑龙江省齐齐哈尔市郊梅里斯区卧牛吐乡音钦村	215	2 617	1.51	内蒙古自治区阿荣旗、黑龙江省甘南县、齐齐哈尔市	
93	1.27.18	库勒河	松花江嫩江右岸支流	黑龙江省龙江县鲁河乡德源村	黑龙江省齐齐哈尔市富拉尔基区杜尔门沁达斡尔族乡前罕伯岱村英武矶	76	843	0.42	黑龙江省龙江县、齐齐哈尔市富拉尔基区	

续表

序号	条目编号	河名	水系	发源地	入河（湖、海）口	河长(km)	流域面积(km²)	多年平均年径流量(亿 m³)	行经地区	备注
94	1.27.19	雅鲁河	松花江嫩江右岸支流	内蒙古自治区牙克石市博克图镇北岭南工区大兴安岭东麓	黑龙江省龙江县头站乡新建村	398	19 640	26.4	内蒙古自治区牙克石市、扎兰屯市，黑龙江省齐齐哈尔市碾子山区、龙江县	
95	1.27.19.1	阿木牛河	雅鲁河右岸支流	内蒙古自治区牙克石市绰源镇西大兴安岭山脉东麓	内蒙古自治区扎兰屯市鄂伦春民族乡西北	87.5	1 814	3.06	内蒙古自治区牙克石市、扎兰屯市	
96	1.27.19.2	卧牛河	雅鲁河左岸支流	内蒙古自治区扎兰屯市卧牛河镇北部与阿荣旗交界处的乌色奇山北部	内蒙古自治区扎兰屯市卧牛河镇	98.3	1 460	2.0	内蒙古自治区扎兰屯市卧牛河镇	
97	1.27.19.3	济沁河	雅鲁河右岸支流	内蒙古自治区扎兰屯市鄂伦春民族乡济沁河林场以西大兴安岭东南麓呼里雅克山	黑龙江省龙江县碾子山南	143	2 738.34	4.29	内蒙古自治区扎兰屯市，黑龙江省龙江县	
98	1.27.19.4	罕达罕河	雅鲁河右岸支流	内蒙古自治区扎兰屯市哈多河镇太阳坡村火龙山东南坡	黑龙江省龙江县景星镇保安屯	162	4 356	3.21	内蒙古自治区扎兰屯市，黑龙江省龙江县	
99	1.27.20	绰尔河	松花江嫩江右岸支流	内蒙古自治区牙克石市绰源镇大兴安岭英吉尔达山东坡	黑龙江省泰来县江桥镇上游9千米处	573	17 435	22.7	内蒙古自治区牙克石市、扎兰屯市、扎赉特旗，黑龙江省龙江县、泰来县	
100	1.27.20.1	哈布气河	绰尔河右岸支流	内蒙古自治区扎兰屯市柴河镇兴安林场以西与阿尔山市交界处大兴安岭东麓	内蒙古自治区扎兰屯市柴河镇赤卫村以东	85.2	1 097.50	1.5	内蒙古自治区扎兰屯市	
101	1.27.20.2	托欣河	绰尔河右岸支流	内蒙古自治区兴安盟阿尔山市好森沟西南山顶	内蒙古自治区扎赉特旗巴彦乌兰苏木黑哈拉萨村附近	103.9	1 919.02	2.62	内蒙古自治区阿尔山市、扎赉特旗	
102	1.27.21	二龙套河	松花江嫩江右岸支流	内蒙古自治区扎赉特旗宝力根花苏木胡尔勒宝力高村西北的盖吉盖山脉	吉林省镇赉县莫莫格湿地	302	5 090	1.69	内蒙古自治区扎赉特旗、黑龙江省泰来县、吉林省镇赉县	
103	1.27.22	乌裕尔河	松花江嫩江左岸无尾河	黑龙江省北安市通北林业局前进林场南山工段小兴安岭西麓	消逝于黑龙江省齐齐哈尔市扎龙湿地	576	23 110	8.13	黑龙江省北安市、克东县、克山县、克泉县、依安县、富裕县、齐齐哈尔市、林甸县、杜尔伯特蒙古族自治县	
104	1.27.22.1	润津河	乌裕尔河左岸支流	黑龙江省拜泉县上升乡中心村	黑龙江省克山县双河乡梁万昌村西	105	1 201	0.644	黑龙江省拜泉县、克东县、克山县	
105	1.27.22.2	泰西河	乌裕尔河右岸支流	黑龙江省克山县西河镇于连屯北约1千米小兴安岭西麓	黑龙江省依安县依安镇大南屯	50	522	0.192	黑龙江省克山县、依安县	
106	1.27.22.3	双阳河	乌裕尔河左岸无尾河	黑龙江省拜泉县新生乡新育村小兴安岭西侧丘陵区	泄入黑龙江省齐齐哈尔市扎龙湿地及杜尔伯特蒙古族自治县的连环湖	161	4 772	0.5	黑龙江省拜泉县、依安县、林甸县	河长以西支计算
107	1.27.26	洮儿河	松花江嫩江右岸支流	内蒙古自治区阿尔山市白狼镇北大兴安岭东麓索岳尔洛山	吉林省大安市月亮湖水库	563	33 070	17.4	内蒙古自治区阿尔山市、科尔沁右翼前旗、乌兰浩特市，吉林省洮南市、镇赉县、大安市	
108	1.27.26.1	哈干河	洮儿河左岸支流	内蒙古自治区科尔沁右翼前旗索伦镇大兴安岭东坡架子山	内蒙古自治区科尔沁右翼前旗好仁苏木以西	75.6	1 013.44	1.08	内蒙古自治区科尔沁右翼前旗	
109	1.27.26.3	归流河	洮儿河右岸支流	内蒙古自治区兴安盟科尔沁右翼中旗巴日哲里木镇吉木图音达巴东山顶	内蒙古自治区乌兰浩特市南小靠山屯以东	277.3	9 522.65	4.1	内蒙古自治区乌兰浩特市、科尔沁右翼中旗、科尔沁右翼前旗	
110	1.27.26.3.1	阿德河	归流河右岸支流	内蒙古自治区科尔沁右翼前旗桃合木苏木和勒木农点村西南山顶	内蒙古自治区科尔沁右翼前旗阿力得尔苏木光明村	102.5	2 170.18	0.978	内蒙古自治区科尔沁右翼前旗	
111	1.27.26.4	蛟流河	洮儿河右岸支流	内蒙古自治区兴安盟突泉县西北部大兴安岭山脉的老头山	吉林省洮南市东北	245	10 719	4.42	内蒙古自治区突泉县，吉林省洮南市	

续表

序号	条目编号	河 名	水 系	发源地	入 河（湖、海）口	河长(km)	流域面积(km²)	多年平均年径流量(亿 m³)	行经地区	备注
112	1.27.26.4.1	那金河	蛟流河左岸支流	内蒙古自治区科尔沁右翼前旗白辛乡散家屯西北山顶	吉林省洮南市永茂乡兴德村	104.7	1 608	1.23	内蒙古自治区科尔沁右翼前旗、吉林省洮南市	
113	1.27.26.4.2	额木特河	蛟流河右侧无尾河	内蒙古自治区突泉县太和乡和宝村六道沟以北山区	吉林省洮南市大通乡勤俭屯	141	4 396	1.09	内蒙古自治区科尔沁右翼中旗、突泉县，吉林省通榆县、洮南市	河长以北股计算
114	1.27.27	霍林河	松花江嫩江右岸支流	内蒙古自治区扎鲁特旗阿日昆都楞苏木福特勒罕山北麓	吉林省前郭尔罗斯蒙古族自治县查干泡	590	36 623	4	内蒙古自治区霍林郭勒市、扎鲁特旗、科尔沁右翼中旗，吉林省通榆县、洮南市、乾安县、大安市、前郭县、长岭县	
115	1.27.27.1	坤都冷河	霍林河右岸支流	内蒙古自治区扎鲁特旗阿拉坦大巴（全岭）南麓阿巴斯	内蒙古自治区科尔沁右翼中旗吐列毛都镇	154	4 025	1.13	内蒙古自治区扎鲁特旗、科尔沁右翼中旗	
116	1.27.28	第二松花江	松花江右岸支流	长白山天池	吉林省松原市三岔河镇	958	73 400	164.16	辽宁省，吉林省延边、通化、吉林、四平、长春、白城等六市（州）	
117	1.27.28.2	五道白河	第二松花江上源二道白河右岸支流	朝鲜民主主义人民共和国	吉林省安图县松江镇	125.5	2 596	8.37	吉林省安图县松江镇	
118	1.27.28.4	古洞河	第二松花江上段二道松花江右岸支流	吉林省和龙市西城镇老岭峰东谷	吉林省安图县两江镇西江村	156.6	4 303	14.7	吉林省和龙市安图县	
119	1.27.28.4.1	富尔河	古洞河右岸支流	吉林省敦化市大蒲柴河镇富尔岭鸡爪顶子山东北	吉林省安图县两江镇四岔子屯	123	1 501	7.33	吉林省敦化市和安图县	
120	1.27.28.5	头道白河	第二松花江上段二道松花江左岸支流	吉林省安图县西南部	吉林省安图县两江镇白河村	80.5	523	2.6	吉林省安图县	
121	1.27.28.6	露水河	第二松花江上段二道松花江左岸支流	吉林省抚松县泉阳镇错草顶子峰南坡	吉林省抚松县露水河镇新立屯	63.4	594	2.53	吉林省抚松县	
122	1.27.28.7	头道松花江	第二松花江左岸支流	吉林省抚松县漫江镇望天鹅峰东北坡	吉林省抚松县兴参镇	224.9	7 927	39.25	吉林省抚松县靖宇县	
123	1.27.28.7.2	锦江	头道松花江右岸支流	吉林省抚松县漫江镇东南	吉林省抚松县漫江镇锦江村西南	56.4	492	2.98	吉林省抚松县	
124	1.27.28.7.3	松江河	头道松花江右岸支流	吉林省抚松县东岗镇白云峰西麓	吉林省抚松县城北部	143	1 935	11.04	吉林省抚松县	
125	1.27.28.7.3.2	大蒲春河	松江河右岸支流	吉林省抚松县北岗镇西南	吉林省抚松县抚松镇鸡冠砬子村海岛屯	19.7	99.4	0.42	吉林省抚松县	
126	1.27.28.7.4	珠子河	头道松花江右岸支流	吉林省靖宇县蒙江乡大四方顶子峰东北谷	吉林省靖宇县三道湖镇四道沟村东北	80.3	953	4.1	吉林省靖宇县	
127	1.27.28.7.5	那尔轰河	头道松花江左岸支流	吉林省靖宇县景山镇亮甸子四方顶子山东南坡	吉林省靖宇县赤松乡贾家楼村	69.9	820	3.0	吉林省靖宇县	
128	1.27.28.9	山麻河	第二松花江上游右岸支流	吉林省桦甸市老金厂镇五道沟屯黄泥岭山北麓	吉林省桦甸市老金厂镇	39.2	578	1.96	吉林省桦甸市	
129	1.27.28.11	辉发河	第二松花江左岸支流	辽宁省清原县龙岗山脉中部	吉林省桦甸市头道沟许家店	267.7	14 900	35.94	辽宁省清原县，吉林省梅河口市、辉南县、磐石市、松甸市	
130	1.27.28.11.2	大横道河	辉发河支流白云河左岸	吉林省东丰县横道河镇	吉林省东丰县横道河镇	29.2	196	0.36	吉林省东丰县	
131	1.27.28.11.3	莲河	辉发河左岸支流	吉林省东丰县杨木林乡兴安村老爷岭山东麓	吉林省梅河口市莲河村	80.1	1 066	0.66	吉林省东丰县、梅河口市	

续表

序号	条目编号	河名	水系	发源地	入河（湖、海）口	河长(km)	流域面积(km²)	多年平均年径流量(亿m³)	行经地区	备注
132	1.27.28.11.4	大沙河	辉发河左岸支流	吉林省磐石市朝阳山镇青石村青顶子山南麓	吉林省梅河口市海龙镇	82	1 014	0.76	吉林省磐石市、东丰县、梅河口市	
133	1.27.28.11.5	一统河	辉发河右岸支流	吉林省柳河县向阳镇金厂岭	吉林省辉南县朝阳镇南	140.4	1 547	1.42	吉林省柳河县、梅河口市、辉南县	
134	1.27.28.11.6	三统河	辉发河右岸支流	吉林省柳河县红石镇瓮圈岭	吉林省辉南县高集岗镇马家岭西	137	2 434	5.52	吉林省柳河县、辉南县	
135	1.27.28.11.9	挡石河	辉发河左岸支流	吉林省磐石市朝阳山镇红石砬子山东侧	吉林省磐石市牛心镇兰家村	51.6	999	0.76	吉林省磐石市	
136	1.27.28.11.10	富太河	辉发河左岸支流	吉林省磐石市石嘴镇老爷岭屯	吉林省磐石市牛心镇茶尖村下陡沟屯	55	455	1.11	吉林省磐石市	
137	1.27.28.11.11	呼兰河	辉发河左岸支流	吉林省磐石市棺材砬子山南侧	吉林省磐石市黑石镇呼兰河口屯	41.3	320	0.99	吉林省磐石市	
138	1.27.28.11.12	金沙河	辉发河左岸支流	吉林省桦甸市八道河子镇黑风顶子山西北侧	吉林省桦甸市金沙乡福兴村西南	70.3	1 209	3.11	吉林省桦甸市	
139	1.27.28.12	漂河	第二松花江右岸支流	吉林省蛟河市白石山镇威虎岭山脉新开岭北侧	吉林省蛟河市漂河镇蛇岭沟村	68.6	763	2.02	吉林省蛟河市	
140	1.27.28.13	蛟河	第二松花江右岸支流	吉林省蛟河市前进乡二秃顶子山西麓	吉林省蛟河市池水乡	84.7	2 470	7.25	吉林省蛟河市	
141	1.27.28.13.1	拉法河	蛟河右岸支流	吉林省蛟河市新站镇老爷岭山脉东侧	吉林省蛟河市区	56.7	885	2.7	吉林省蛟河市	
142	1.27.28.15	温德河	第二松花江左岸支流	吉林省永吉县北大湖镇肇大鸡山西北侧	吉林省吉林市丰满区小白山乡	64.5	1 179	1.79	吉林省永吉县、吉林市丰满区	
143	1.27.28.16	牤牛河	第二松花江右岸支流	吉林省蛟河市天岗镇生菜顶子山西侧	吉林省吉林市龙潭区江北乡唐王村西	78.4	874	1.59	吉林省蛟河市、吉林市龙潭区	
144	1.27.28.17	鳌龙河	第二松花江左岸支流	吉林省永吉县一拉溪镇黑大顶子山西侧	吉林省吉林市昌邑区土城子乡	89.9	1 528	1.08	吉林省永吉县，吉林市船营区、昌邑区、九台市	
145	1.27.28.17.1	大绥河	鳌龙河右岸支流	吉林省吉林市船营区大绥河镇磨盘山西北麓	吉林省吉林市昌邑区桦皮厂镇新胜村	40.4	183	0.26	吉林省吉林市船营区、昌邑区	
146	1.27.28.18	团山子河	第二松花江右岸支流	吉林省蛟河市天北镇南庆岭山南侧	吉林省龙潭区大口钦满族镇前团村	73.7	853	1.94	吉林省蛟河市天北镇和龙潭区、舒兰市二道乡	
147	1.27.28.19	沐石河	第二松花江左岸支流	吉林省九台市沐石河镇桦树背山东南	吉林省德惠市松花江镇张述口子屯东	112.5	1 464	1.15	吉林省九台市、德惠市	
148	1.27.28.20	饮马河	第二松花江左岸支流	吉林省伊通满族自治县河源镇老爷岭东南侧	吉林省农安县靠山镇东南	386.8	18 247	9.27	吉林省伊通、东丰、公主岭、磐石、双阳、永吉、九台、德惠、农安等（县市区）	
149	1.27.28.20.1	双阳河	饮马河左岸支流	吉林省长春市双阳区太平镇将军岭西南罗泉背	吉林省长春市二道区四泉乡新光村东	94.8	1 290	1.12	吉林省长春市	
150	1.27.28.20.2	岔路河	饮马河右岸支流	吉林省磐石市取柴河镇太平岭北侧	吉林省永吉县万昌镇吴家屯	102.6	1 076	2.6	吉林省磐石市、永吉县	
151	1.27.28.20.4	雾开河	饮马河左岸支流	吉林省长春市二道区泉眼镇	吉林省德惠市建设街道西王家窝堡屯北	132	1 198	0.55	吉林省长春市二道区、德惠市、九台市	
152	1.27.28.20.5	伊通河	饮马河左岸支流	吉林省伊通满族自治县河源镇大酱缸村青顶子山北麓	吉林省农安县靠山镇	342.5	8 440	4.97	吉林省伊通满族自治县、东丰县、长春市城区、德惠市、农安县	
153	1.27.28.20.5.2	新凯河	伊通河左岸支流	吉林省伊通满族自治县景台镇大黑山庙岭	吉林省农安县华家镇郑大壕屯东	113.7	2 289	0.68	吉林省伊通满族自治县、公主岭市、长春市绿园区、农安县	

379

续表

序号	条目编号	河名	水系	发源地	入河（湖、海）口	河长(km)	流域面积(km²)	多年平均年径流量(亿 m³)	行经地区	备注
154	1.27.28.20.5.2.2	宝泉河	新凯河支流注中高排水总干渠右岸支流	吉林省公主岭市双城堡镇东北	吉林省农安县三岗乡	28.9	144	0.11	吉林省公主岭市、农安县	
155	1.27.29	安肇新河	松花江左岸支流	黑龙江省安达市王花泡	黑龙江省肇源县古恰乡	108	14 000		黑龙江省明水、青冈、林甸、安达、大庆、肇东、肇州、肇源 8 个市县	
156	1.27.30	夹津沟	松花江右岸支流	吉林省扶余县增盛镇福民屯	吉林省扶余县石桥乡戴家屯北	62.97	1 953	0.20	吉林省扶余县	
157	1.27.31	拉林河	松花江右岸支流	黑龙江省五常市张广才岭西麓老爷岭	吉林省扶余县东北部的蚂蚁哈	450	19 215	35.03	黑龙江省五常市、尚志市、双城市，吉林省舒兰市、榆树市、扶余市	
158	1.27.31.2	溪浪河	拉林河左岸支流	吉林省舒兰市上营乡老爷岭山脉秃老婆顶子山东侧	黑龙江省五常市山河镇以北	147	2 904	2.32	吉林省舒兰市，黑龙江省五常市	
159	1.27.31.2.1	霍伦河	溪浪河右岸支流	吉林省舒兰市新安乡张广才岭山脉大秃顶子山东侧	吉林省舒兰市平安镇双河屯西	128	1 502	4.35	吉林省舒兰市	
160	1.27.31.2.1.1	桃源河	霍伦河左岸支流	吉林省舒兰市新安乡南大顶子山北麓	吉林省舒兰市新安乡新安屯东	20.8	123	0.2	吉林省舒兰市	
161	1.27.31.3	牤牛河	拉林河右岸支流	黑龙江省五常市冲河镇秃顶子山西坡	黑龙江省五常市马青山屯	225	5 280	14.47	黑龙江省五常市	
162	1.27.31.3.2	大泥河	牤牛河右岸支流	黑龙江省尚志市珍珠山乡	黑龙江省五常市志广乡	94	1 976	2.002	黑龙江省尚志市、五常市	
163	1.27.31.4	卡岔河	拉林河左岸支流	吉林省舒兰市	吉林省榆树市青山乡曹家村西	213	3 136	2.19	吉林省舒兰市、榆树市	
164	1.27.31.4.2	二道河	卡岔河右岸支流	吉林省舒兰市天德乡大房屯北	吉林省榆树市城发乡后四合屯	79.8	735	0.687	吉林省舒兰市、榆树市	
165	1.27.31.5	大荒沟	拉林河左岸支流	吉林省榆树市刘家镇吉顺村朝阳堡	吉林省榆树市育民乡丰泉村	69.5	643	0.51	吉林省榆树市	
166	1.27.32	阿什河	松花江右岸支流	黑龙江省尚志市帽儿山镇大青山东坡尖石砬子沟	于哈尔滨市东郊	181	3 532	4.58	黑龙江省尚志市、五常市、哈尔滨市	
167	1.27.33	呼兰河	松花江左岸支流	黑龙江省铁力市东北的三个大山和太平岭之间的太平沟	黑龙江省哈尔滨市呼兰区张家店村	506	31 424	40.30	黑龙江省北安市、克东县、拜泉县、明水县、海伦市、绥棱县、铁力市、庆安县、绥化市北村区、望奎县、青冈县、兰西县、哈尔滨市呼兰区	
168	1.27.33.1	依吉密河	呼兰河右岸支流	黑龙江省伊春市太平岭西北 938 高地	黑龙江省柴德福屯东南 1 千米处	71	1 777	5.76	黑龙江省伊春市鹿鸣林场、二股林场、建设林场、北关农场、三屯农场	
169	1.27.33.2	安邦河	呼兰河左岸支流	黑龙江省铁力市平顶山西南麓	黑龙江省双丰镇幸福屯偏西北约 5 千米处	81	1 679	3.77	流经黑龙江省双鸭山、集贤县、桦川等市县	
170	1.27.33.3	欧根河	呼兰河右岸支流	黑龙江省庆安高岚山南麓	黑龙江省庆安县至绥棱县公路的呼兰河大桥东	90	2 040	5.025	黑龙江省绥化市庆安县东方红、茂林、九连、卫东等林场，铁力农场、发展、同乐、勤劳、致富等乡镇	
171	1.27.33.4	津河	呼兰河左岸支流	黑龙江省庆安县民乐乡彭家岗屯西	黑龙江省绥化市北林区津河镇于坨子村北	44	192	0.14	黑龙江省绥化市庆安县的民乐镇、北林区的东津镇和津河镇	
172	1.27.33.5	努敏河	呼兰河右岸支流	黑龙江省绥棱县北股流林场以上山区	黑龙江省北林区秦家镇西口子村西南	285	5 759	9.23	黑龙江省绥棱县、绥化市北林区、望奎县	

380

续表

序号	条目编号	河名	水系	发源地	入河（湖、海）口	河长(km)	流域面积(km²)	多年平均年径流量(亿 m³)	行经地区	备注
173	1.27.33.5.1	克音河	努敏河右岸支流	黑龙江省绥棱县半截河林场北部山区	黑龙江省望奎县海丰镇前八方屯东	124	2 200	2.04	黑龙江省海绥棱、望奎、绥化市北林区 4 县区	
174	1.27.33.6	通肯河	呼兰河右岸支流	黑龙江省海伦市东北部布伦山的五岳山	黑龙江省青冈、望奎和兰西三县交界处	378	10 583	7.8	黑龙江省海伦市、北安市、拜泉县、明水县、青冈县、望奎县	
175	1.27.33.6.1	扎音河	通肯河左岸支流	黑龙江省海伦市东北部井家店林场	黑龙江省海伦市永和乡供销村西北	145	1 326	1.550	黑龙江省海伦市井家店、双河、双禄、护林等林场，红光农场，东林、长发、海北、向荣、爱民、永和等镇	
176	1.27.33.6.2	海伦河	通肯河左岸支流	黑龙江省海伦市东风镇五行村	黑龙江省海伦市伦河镇沿伦村西北	74	1 141	0.393	黑龙江省海伦市东风、前进、乐业、祥富、共和、海兴、丰山、百祥、伦河等乡镇	
177	1.27.33.7	泥河	呼兰河左岸支流	黑龙江省巴彦县东北部宫家坟	黑龙江省兰西县兰西乡律家店屯西南	240	2 100	1.100	黑龙江省哈尔滨市巴彦、呼兰，绥化市庆安、北林、兰西五县区	
178	1.27.34	蜚克图河	松花江右岸支流	黑龙江省宾县吊水湖岭之东北	黑龙江省宾县老山头	85	1 101	0.79	黑龙江省哈尔滨市宾县平坊、宾州、居仁、宾西、永和、糖坊和哈尔滨市区的蜚克图、巨源等乡镇	
179	1.27.35	少陵河	松花江左岸支流	小兴安岭余脉黑龙江省木兰县大青顶子山南麓	黑龙江省巴彦县松花江乡乔家崴子屯	107	2 469	2.36	黑龙江省巴彦县	
180	1.27.36	木兰达河	松花江左岸支流	黑龙江省木兰县东兴镇境内小兴安岭余脉官爷大山的西麓	黑龙江省木兰县木兰镇西约 17 千米	96	1 619	3.17	黑龙江省木兰县东兴、新民、大贵、利东、吉兴等乡镇	
181	1.27.37	岔林河	松花江左岸支流	黑龙江省通河县青山岭	黑龙江省通河镇西侧	105	1 929	6.00	黑龙江省哈尔滨市通河县	
182	1.27.38	蚂蚁河	松花江右岸支流	黑龙江省尚志市鱼池朝鲜族自治乡境内虎峰岭西南坡的蚂秃岭	黑龙江省方正县松南乡老龙岗西	285	10 547	21.1	黑龙江省尚志市、延寿县、方正县	
183	1.27.38.1	黄泥河	蚂蚁河右岸支流	黑龙江省尚志市境内三合顶子北坡	黑龙江省延寿县山河拦河坝下	63	677	1.38	黑龙江省尚志市、延寿县	
184	1.27.38.2	亮珠河	蚂蚁河左岸支流	黑龙江省尚志市亮河乡境内大秃顶子山	黑龙江省延寿县加信镇利民村	130	2 614	7.98	黑龙江省尚志市、延寿县、方正县	
185	1.27.40	牡丹江	松花江右岸支流	吉林省敦化市马家乡马家店村西南长白山牡丹岭	黑龙江省依兰县城西北 5 千米处	725	38 909	89.5	吉林省敦化市，黑龙江省宁安市、牡丹江市区、海林市、林口县、依兰县	
186	1.27.40.1	小石河	牡丹江左岸支流	吉林省敦化市翰章乡张广才岭新开岭西	吉林省敦化市区东北部	54.7	259	0.7	吉林省敦化市翰彰乡、江南镇	
187	1.27.40.2	黄泥河	牡丹江左岸支流	吉林省敦化市黄泥河镇张广才岭山脉东大碇子山	吉林省敦化市秋梨沟镇横道河子屯东	82.4	670	1.99	吉林省敦化市黄泥河镇、秋梨沟镇	
188	1.27.40.3	沙河	牡丹江右岸支流	吉林省敦化市大石头镇烟筒砬子屯北	吉林省敦化市西崴子水电站下游 600 米处	186.5	1 849	5.14	吉林省敦化市的大石头、大桥、沙河沿、官地等 4 个乡镇	
189	1.27.40.4	珠尔多河	牡丹江左岸支流	吉林省敦化市额穆镇张广才岭老白山西南	吉林省敦化市黑石乡丹南村西北	80.1	1 750	8.08	吉林省敦化市额穆镇	
190	1.27.40.6	蛤蟆河	牡丹江右岸支流	黑龙江省穆棱市蛤蟆岭	黑龙江省宁安镇大桥东侧	130	1 860	3.16	黑龙江省穆棱市、宁安市	
191	1.27.40.7	海浪河	牡丹江左岸支流	吉林省敦化市海源林场琵琶顶子	黑龙江省牡丹江市城区	222.3	6 193	21.0	黑龙江省海林市长汀、新安、海林、海南等乡镇	

续表

序号	条目编号	河名	水系	发源地	入 河（湖、海）口	河长(km)	流域面积(km²)	多年平均年径流量(亿 m³)	行经地区	备注
192	1.27.40.8	五虎林河	牡丹江右岸支流	黑龙江省林口县宝林乡南麓大楚山	黑龙江省海林市柴河镇附近	63	1 840	1.22	黑龙江省林口县宝林镇、柳树镇、朱家镇和牡丹江市阳明区五林等镇	
193	1.27.40.9	三道河子	牡丹江左岸支流	张广才岭黑龙江省海林市北部	黑龙江省苍鹭自然保护区	88	1 455	6.29	黑龙江省海林市	
194	1.27.40.11	乌斯浑河	牡丹江右岸支流	黑龙江省林口县龙爪镇和朱家镇交界处锅盔山东坡	黑龙江省刁翎镇东岗子村	156	4 042	6.49	黑龙江省林口、古城、建堂、刁翎等乡镇	
195	1.27.41	倭肯河	松花江右岸支流	黑龙江省勃利县境内完达山脉北麓冷寒宫西南侧	黑龙江省依兰县城区东侧	292	11 123	13.95	黑龙江省七台河市、勃利县、桦南县和依兰县4个市县	
196	1.27.41.2	七虎力河	倭肯河右岸支流	黑龙江省桦南县东部完达山脉阿尔哈山	黑龙江省桦南县阎家镇桦兴村西北	84	1 750	1.81	黑龙江省佳木斯市桦南种蓄场、桦南镇、阎家镇	
197	1.27.41.3	八虎力河	倭肯河右岸支流	黑龙江省桦南县东部完达山脉阿尔哈山	黑龙江省梨树乡清河村西	110	1 800	2.41	黑龙江省佳木斯市桦南镇、曙光、历家、梨树乡	
198	1.27.42	巴兰河	松花江左岸支流	黑龙江省伊春市铁力县境内小兴安岭山脉青山岭南麓	黑龙江省依兰县迎兰朝鲜族乡以东2千米处	122	2 083	6.316	黑龙江省伊春市铁力县、哈尔滨市依兰县、丹清河林场、劈山场、烟筒山林场、满天星、永乐屯、北新屯、迎兰乡	
199	1.27.43	汤旺河	松花江左岸支流	黑龙江省小兴安岭主脉的乌伊岭区桔源林场563高地南麓	黑龙江省汤原县新发村附近	492	20 557	56.1	黑龙江省伊春市、汤原县	
200	1.27.43.1	友好河	汤旺河右岸支流	黑龙江省伊春市友好区565高地南麓	黑龙江省伊春市友好区东南部	125	1 650	4.13	黑龙江省伊春市友谊林场、广川林场、友好区	
201	1.27.43.2	双子河	汤旺河右岸支流	黑龙江省伊春市友好区517高地南麓	黑龙江省伊春市友好区双子河镇东南部	99	1 866	4.67	黑龙江省伊春市东卡、三合和密林场、双子河镇	
202	1.27.43.3	伊春河	汤旺河右岸支流	黑龙江省伊春市翠峦区境内的601高地东麓	黑龙江省伊春市东北部	89	2 472	6.07	黑龙江省伊春市翠峦区、乌马河区、伊春市区	
203	1.27.43.4	五道库河	汤旺河左岸支流	黑龙江省伊春市小白山东南麓	黑龙江省伊春市美溪区南部	80	1 773	5.09	黑龙江省伊春市金沙河林场、五道库经营所、美溪区	
204	1.27.43.5	大丰河	汤旺河右岸支流	黑龙江省伊春市老白山西北麓921高地	黑龙江省伊春市金山屯区南侧	80	1 094	3.54	黑龙江省伊春市白山林场、丰岭林场、金山屯区	
205	1.27.43.6	西南岔河	汤旺河右岸支流	黑龙江省铁力市小城墙砬子西北1149高地	黑龙江省铁力市绿潭车站东部	121	2 735	8.88	黑龙江省铁力市朗乡林业局和带岭、南岔两个区	
206	1.27.44	梧桐河	松花江左岸支流	黑龙江省鹤岗市小兴安岭山脉邵家店北沟	黑龙江省汤原县振兴乡	160	4 565	11.35	黑龙江省鹤岗市、汤原县和新青、鹤北、鹤岗市林业局、鹤岗市区东部及宝泉岭农管局	
207	1.27.45	都鲁河	松花江左岸支流	黑龙江省萝北县四方山林场的葡萄沟	黑龙江省汤原县新房以南和梧桐河农场九队正南2千米处	245	1 848.8	3.89	黑龙江省鹤岗市萝北、汤原两县	
208	1.27.46	安邦河	松花江右岸支流	黑龙江省双鸭山市境内安邦河农场	黑龙江省桦川县新河宫	167	1 678.9	0.98	黑龙江省双鸭山市岭东、关山、集贤和佳木斯市桦川等县区	
209	1.27.47	蜿蜒河	松花江左岸支流	黑龙江省绥滨县新富乡东部的大片沼泽地	黑龙江省绥滨县境内二九〇农场5分场	92.4	1 230	0.92	黑龙江省鹤岗市绥滨县	

续表

序号	条目编号	河 名	水 系	发源地	入 河（湖、海）口	河长(km)	流域面积(km²)	多年平均年径流量(亿 m³)	行经地区	备注
210	1.28	浓江	黑龙江右岸支流	黑龙江省同江市青龙山农场南部重湿沼泽地	黑龙江省抚远县抚远镇西	145	4 051	3.00	黑龙江省同江市、抚远县	
211	1.28.1	鸭绿河	浓江左岸支流	黑龙江省同江市额图山南侧湿地	黑龙江省抚远县大力加湖出口	95	894	0.670 5	黑龙江省同江市、抚远县	
212	1.29	乌苏里江	黑龙江右岸支流	俄罗斯境内锡霍特阿林山脉西麓	俄罗斯境内哈巴罗夫斯克（伯力）附近	890	187 000	623.5	俄罗斯哈巴罗夫斯克，中国黑龙江省虎林市、饶河县、抚远县	
213	1.29.2	松阿察河	乌苏里江左岸支流	黑龙江省密山市兴凯湖	黑龙江省虎林市八五八农场7队附近	172	2 200	1.65	黑龙江省密山市、虎林市	
214	1.29.3	穆棱河	乌苏里江左岸支流	黑龙江省完达山脉老爷岭东坡穆棱市窝集岭	黑龙江省虎林市虎头镇南18千米处	834	18 136	22.67	黑龙江省穆棱市、鸡西市区、鸡东县、密山市、虎林市	
215	1.29.3.2	亮子河	穆棱河右岸支流	黑龙江省东宁市太平岭石碇子山	黑龙江省穆棱市亮子河村	77.6	583	0.73	黑龙江省东宁穆棱市	
216	1.29.3.3	哈达河	穆棱河左岸支流	黑龙江省鸡东县哈达碇子东沟	黑龙江省鸡东县哈达镇附近	63	548	0.706 9	黑龙江省鸡东县	
217	1.29.3.4	黄泥河	穆棱河右岸支流	黑龙江省鸡东县红叶山杨木林沟	黑龙江省鸡东县东海镇东升村附近	84	1 873	2.34	黑龙江省鸡东县	
218	1.29.3.5	裴德河	穆棱河左岸支流	黑龙江省密山市西北部大碇子山	黑龙江省虎林市杨岗镇附近	78	1 730	2.16	黑龙江省密山市、虎林市	
219	1.29.4	七虎林河	乌苏里江左岸支流	黑龙江省完达山老爷岭南麓虎林市七虎林山	黑龙江省虎林市虎头镇北15千米处大王家附近	262	2 689	7.39	黑龙江省虎林市	
220	1.29.5	阿布沁河	乌苏里江左岸支流	黑龙江省虎林市完达山脉神顶山南麓	黑龙江省虎林市虎头镇北24千米处李家店附近	145	1 667	5.42	黑龙江省虎林市	
221	1.29.6	挠力河	乌苏里江左岸支流	黑龙江省七台河市境内的黑山	黑龙江省饶河县东安镇	609	22 495	26.1	黑龙江省七台河市、双鸭山市宝清县、友谊县、集贤县、饶河县和国营农场总局的建三江、红兴隆2个国营农场管理局所属的17个大型农场	
222	1.29.6.2	蛤蟆通河	挠力河右岸支流	黑龙江省宝清县完达山北麓蛤蟆顶	黑龙江省宝清县河口亮子东北	150.3	1 400	3.69	黑龙江省宝清县	
223	1.29.6.3	七星河	挠力河左岸支流	黑龙江省双鸭山市宝清县兰棒山北侧	黑龙江省宝清县炮台亮子	214	4 001	4.517	黑龙江省双鸭山市、宝清县、友谊县、富锦市	
224	1.29.6.4	七里沁河	挠力河右岸支流	完达山脉那丹哈达岭之神顶山与皮克山之间	在红旗岭农场十二队汇入挠力河	75	1 204	2.38	黑龙江省饶河县、宝清县	
225	1.29.6.5	外七星河	挠力河左岸支流	黑龙江省富锦市南端与宝清县交界处	黑龙江省富锦市、饶河县交处菜嘴子以上4千米处	183	6 703	5.671	黑龙江省双鸭山市、集贤县、友谊县、富锦市等区县（市）	
226	1.29.7	别拉洪河	乌苏里江左岸支流	黑龙江省富锦市建三江管理局创业农场北部重湿地	黑龙江省抚远县抓鸡镇	267.8	4 503	3.377	黑龙江省富锦市、建三江管理局，同江市、饶河县、抚远县	
227	2	辽河		河北省七老图山脉的光头山	辽宁省盘锦市	1 345	219 630	137.2	河北省、内蒙古自治区、吉林省和辽宁省	
228	2.1	黑里河	辽河上游段老哈河左岸支流	内蒙古自治区宁城县黑里河镇北七老图山脉榛垂山南麓	内蒙古自治区宁城县甸子镇黑城村	58.9	653.16	1.005	内蒙古自治区宁城县	
229	2.2	坤兑河	辽河上游段老哈河左岸支流	内蒙古自治区宁城县存金沟乡韭菜沟村附近，七老图山脉榛垂山东麓	内蒙古自治区宁城县汐子镇黑牛湾村	101.5	1 748.6	1.02	内蒙古自治区宁城县	

续表

序号	条目编号	河 名	水 系	发源地	入 河（湖、海）口	河长(km)	流域面积(km²)	多年平均年径流量(亿 m³)	行经地区	备注
230	2.3	英金河	辽河上游段老哈河左岸支流	河北省围场县七老图山脉水台子山东南麓	内蒙古自治区赤峰市风水沟镇兴隆坡村	120.3	11 008	5.3	河北省围场县，内蒙古自治区喀喇沁旗、宁城县、赤峰市区	
231	2.3.1	西路嘎河	英金河右岸支流	河北省围场县东部七老图山脉小美林沟	内蒙古自治区赤峰市郊区小河东村	116	2 309	1.57	河北省围场县，内蒙古自治区喀喇沁旗、赤峰市郊区	
232	2.3.2	锡伯河	英金河右岸支流	内蒙古自治区喀喇沁旗南台子乡七老图山脉东侧	内蒙古自治区赤峰市红山区北大桥上游	117	2 968.34	1.03	内蒙古自治区喀喇沁旗、赤峰市	
233	2.3.3	召苏河	英金河左岸支流	内蒙古自治区赤峰市大六份乡西北部七老图山脉灯笼河东南侧	内蒙古自治区赤峰市红山区桥北镇	105.39	1 059.37	0.383	内蒙古自治区赤峰市	
234	2.4	蚌河	辽河上游段老哈河右岸支流	辽宁省建平县西天门山	内蒙古自治区赤峰市敖汉旗小河沿村	97	1 297.59	0.511	辽宁省建平县，内蒙古自治区敖汉旗	
235	2.5	羊肠子河	辽河上游段老哈河左岸支流	内蒙古自治区翁牛特旗西部七老图山脉灯笼河村东南麓	内蒙古自治区赤峰市哈拉道口乡波罗和硕	175.4	2 320.1	0.894	内蒙古自治区翁牛特旗、赤峰市城区	
236	2.7	西拉木伦河	辽河中游段西辽河左岸支流	内蒙古自治区克什克腾旗大红山北麓白槽沟	内蒙古自治区翁牛特旗大兴乡海流吐村	397	32 539	10.61	内蒙古自治区克什克腾旗、林西县、巴林右旗、阿鲁科尔沁旗、翁牛特旗	
237	2.7.1	萨岭河	西拉木伦河右岸支流	内蒙古自治区克什克腾旗南部乌兰布统乡面子山	内蒙古自治区克什克腾旗沟门村附近	76	1 230.4	0.846	内蒙古自治区克什克腾旗	
238	2.7.2	大克头河	西拉木伦河左岸支流	内蒙古自治区克什克腾旗乌苏图杜尔宾山北麓	内蒙古自治区克什克腾旗红山子乡葫芦头村	41.5	219.1	0.186	内蒙古自治区克什克腾旗	
239	2.7.3	必如河	西拉木伦河左岸支流	内蒙古自治区克什克腾旗黄岗梁南麓	内蒙古自治区克什克腾旗黑水桥东	49	1 038.5	0.5	内蒙古自治区克什克腾旗	
240	2.7.4	百岔河	西拉木伦河右岸支流	内蒙古自治区克什克腾旗七老图山脉大冰朗沟山顶	内蒙古自治区克什克腾旗上陈家营子村附近	136.2	1 786	0.57	内蒙古自治区克什克腾旗	
241	2.7.5	苇塘河	西拉木伦河右岸支流	内蒙古自治区克什克腾旗达拉罕敖包山	内蒙古自治区克什克腾旗清水口村附近	81	1 420	0.406	内蒙古自治区克什克腾旗、翁牛特旗	
242	2.7.6	查干木伦河	西拉木伦河左岸支流	内蒙古自治区巴林右旗北部罕山灰通河	内蒙古自治区翁牛特旗胡日哈村附近	213.7	11 450	3.98	内蒙古自治区巴林右旗、林西县、巴林左旗、翁牛特旗	
243	2.7.6.1	巴尔汰河	查干木伦河右岸支流	内蒙古自治区克什克腾旗园蛋山	内蒙古自治区林西县九连庄	69.2	1 324	0.298	内蒙古自治区克什克腾旗、林西县	
244	2.7.6.2	嘎斯汰河	查干木伦河右岸支流	内蒙古自治区克什克腾旗黄岗梁阎清奎沟	内蒙古自治区巴林右旗哈布其勒村	127	2 616.33	0.986	内蒙古自治区克什克腾旗、林西县、巴林右旗	
245	2.7.6.3	古力古台河	查干木伦河左岸支流	内蒙古自治区巴林右旗罕山洪浩尔沟	内蒙古自治区巴林右旗新立村附近	105.5	2 465.17	0.59	内蒙古自治区巴林右旗	
246	2.7.7	少冷河	西拉木伦河右岸支流	内蒙古自治区翁牛特旗大梁头山	内蒙古自治区翁牛特旗新河林场	204.2	2 793.75	0.703	内蒙古自治区翁牛特旗	
247	2.10	教来河	辽河中游段西辽河右岸支流	内蒙古自治区敖汉旗金厂沟梁北大洼	内蒙古自治区科尔沁左翼中旗姜家窝堡村附近	482.2	18 300	2.36	内蒙古自治区敖汉旗、奈曼旗、开鲁县、科尔沁区、科尔沁左翼中旗	
248	2.10.1	孟克河	教来河左岸支流	内蒙古自治区敖汉旗新地乡努鲁儿虎山北麓	内蒙古自治区奈曼旗（入舍力虎水库）	157.5	2 655.05	0.474	内蒙古自治区敖汉旗、奈曼旗	
249	2.11	新开河	辽河中游段西辽河左岸支流	内蒙古自治区台河口水利枢纽	吉林省双辽县小瓦房村东南	384	8 942.8	5.6	内蒙古自治区阿鲁科尔沁旗、开鲁县、科尔沁左翼中旗，吉林省双辽县	

续表

序号	条目编号	河名	水系	发源地	入河（湖、海）口	河长(km)	流域面积(km²)	多年平均年径流量(亿 m³)	行经地区	备注
250	2.12	乌力吉木伦河	辽河中游段西辽河左岸支流	内蒙古自治区巴林左旗大兴安岭南麓大罕山老秃顶山	内蒙古自治区科尔沁左翼中旗小房村附近	457.5	35 300	5.912	内蒙古自治区巴林左旗、阿鲁科尔沁旗、扎鲁特旗、开鲁县、科尔沁左翼中旗、科尔沁右翼中旗，吉林省通辽县	
251	2.12.1	乌兰白旗河	乌力吉木伦河右岸支流	内蒙古自治区巴林左旗白音乌拉苏木海力根台庙东南山顶	内蒙古自治区巴林左旗七家村	49	1 144.4	0.621	内蒙古自治区巴林左旗	
252	2.12.2	大欧木伦河	乌力吉木伦河左岸支流	内蒙古自治区阿鲁科尔沁旗坤都镇查干花村拜钦达巴山顶	内蒙古自治区阿鲁科尔沁旗道德苏木额尔墩花村	120	2 304.11	0.24	内蒙古自治区阿鲁科尔沁旗	
253	2.12.3	黑沐伦河	乌力吉木伦河左岸支流	内蒙古自治区巴林左旗哈达那拉	内蒙古自治区阿鲁科尔沁旗天合隆村	212	6 044.8	1.321	内蒙古自治区巴林左旗、阿鲁科尔沁旗	
254	2.12.3.1	苏吉高勒	黑沐伦河左岸支流	内蒙古自治区阿鲁科尔沁旗北部罕山	内蒙古自治区阿鲁科尔沁旗浑德仓敖苏木	70.9	1 175.6	0.51	内蒙古自治区阿鲁科尔沁旗	
255	2.12.4	广兴堡河	乌力吉木伦河左岸支流	内蒙古自治区扎鲁特旗巴彦保力皋苏木石碇子山东南坡	无尾河	102	1 648.7	0.21	内蒙古自治区扎鲁特旗	
256	2.12.5	胜利河	乌力吉木伦河左岸支流	内蒙古自治区扎鲁特旗海日罕林场北罕乌拉山	无尾河	114	2 045.2	0.26	内蒙古自治区扎鲁特旗	
257	2.12.6	乌鲁格奇河	乌力吉木伦河左岸支流	内蒙古自治区扎鲁特旗乌兰哈达苏木巴彦扎拉嘎以北山顶	无尾河	120.8	1 898.8	0.24	内蒙古自治区扎鲁特旗、科尔沁右翼中旗	
258	2.13	东辽河	辽河左岸支流	吉林省东辽县宴平乡安乐村小葱顶山东南	辽宁省昌图县福德店	359.6	11 450	8.249	吉林省东辽、龙山、西安、梨树、伊通、公主岭、双辽，辽宁省西丰、昌图、康平等县市(区)，内蒙古自治区科尔沁左翼后旗	
259	2.13.1	灯杆河	东辽河右岸支流	吉林省东辽县安石镇石峰村	吉林省东辽县寿山镇卫国村南	30.5	283	0.361	吉林省东辽县	
260	2.13.2	渭津河	东辽河左岸支流	吉林省东辽县渭津镇年丰村偏脸背山西麓	吉林省辽源市城区福镇街	33	383	0.56	吉林省东辽县、辽源市城区	
261	2.13.3	大梨树河	东辽河左岸支流	吉林省东辽县安恕镇关门村长青屯三县顶子山北麓	吉林省辽源市城区	41	242	0.388	吉林省东辽县、辽源市龙山区	
262	2.13.4	半截河	东辽河右岸支流	吉林省辽源市西安区灯塔乡丰收村北岭	吉林省辽源市龙山区区政府西侧	12.7	35.5	0.04	吉林省辽源市西安区、龙山区	
263	2.13.5	乌龙半截河	东辽河左岸支流	吉林省东辽县小乌龙岭	吉林省东辽县白泉镇白泉水文站下游2千米	17.2	71.7	0.09	吉林省东辽县	
264	2.13.7	卡伦河	东辽河右岸支流	吉林省伊通满族自治县黄岭子镇柳树杨村	吉林省公主岭市大榆树镇刑家老院屯穿越秦家屯区总干渠	60.8	523	0.486	吉林省伊通满族自治县、公主岭市	
265	2.13.8	小辽河	东辽河右岸支流	吉林省公主岭市双城堡镇五道泉子村罗圈沟	吉林省公主岭市桑树台镇冷家屯双山灌区渠首上游	88.4	1 140	0.57	吉林省公主岭市、长岭县	
266	2.13.9	兴开河	东辽河左岸支流	吉林省梨树县万发镇西万发村	吉林省梨树县刘家馆镇大力虎村陈家坨子屯西	89.7	808	0.36	吉林省梨树县	
267	2.14	公河	辽河右岸支流	辽宁省沈阳市康平县三门郭家村北马家铺屯	辽宁省康平县郝官屯镇老山头	37.1	1 459.8	0.582	辽宁省康平县	
268	2.14.1	李家河	公河右岸支流	辽宁省康平县西关屯乡姜家沟	辽宁省康平县郝官屯镇老山头	39.5	1 155.9	0.461	辽宁省康平县	
269	2.14.1.2	八家子河	李家河左岸支流	辽宁省康平县小城子镇三家窝堡	辽宁省康平县郝官屯镇	45.6	511.22	0.329	辽宁省康平县	

续表

序号	条目编号	河名	水系	发源地	入河（湖、海）口	河长(km)	流域面积(km²)	多年平均年径流量(亿 m³)	行经地区	备注
270	2.15	招苏台河	辽河左岸支流	吉林省梨树县哈达岭大黑山赫里峰	辽宁省昌图县通江口乡北	212.5	3 018	0.552	吉林省梨树县，辽宁省昌图县	
271	2.15.1	条子河	招苏台河左岸支流	吉林省梨树县石岭镇郭家村兰家沟屯	辽宁省昌图县曲家店西	89.5	861	0.158	吉林省梨树县，辽宁省昌图县	
272	2.15.2	二道河	招苏台河左岸支流	吉林省四平市山门镇大黑山西北麓	吉林省铁岭市昌图县保力镇南	118.9	1 598	0.292	吉林省四平市，辽宁省昌图县	
273	2.16	王河	辽河右岸支流	辽宁省法库县慈恩寺白石砬子山区	辽宁省铁岭县镇西堡乡大台山下	50.8	442	0.278	辽宁省法库县、调兵山市、铁岭县	
274	2.17	清河	辽河左岸支流	辽宁省清原满族自治县英额门镇三道沟庙岭	辽宁省开原市业民乡清辽村	171.1	4 846	11.728	辽宁省清原满族自治县、开原县、铁岭市清河区	
275	2.17.2	碾盘河	清河右岸支流	辽宁省西丰县和隆乡九如村城墙背岭西	辽宁省开原市耿王庄南	49.2	542.72	1.313	辽宁省西丰县、开原市	
276	2.17.3	寇河	清河右岸支流	辽宁省西丰县振兴镇河源屯的老爷岭西北	辽宁省开原市老城镇东南	118	1 551.6	3.755	辽宁省西丰县、开原市	
277	2.18	沙河	辽河左岸支流	辽宁省开原市松山堡乡二道沟	辽宁省铁岭市平顶堡乡山头堡	62	570.2	1.38	辽宁省开原市、铁岭县	
278	2.19	柴河	辽河左岸支流	辽宁省清原满族自治县南八家乡朱家沟东北	辽宁省铁岭市银州区双安桥北双岔河	142.8	1 501	3.48	辽宁省抚顺市的清原满族自治县、铁岭市的开原市、铁岭县、银州区	
279	2.20	凡河	辽河左岸支流	辽宁省铁岭县白旗寨乡东滚马岭	辽宁省铁岭县凡河镇药王庙村	118.2	1 001.72	2.424	辽宁省铁岭县白旗寨乡、鸡冠山乡、大甸子镇、催阵堡乡、铁岭市种畜场、凡河镇	
280	2.21	拉马河	辽河右岸支流	辽宁省法库县慈恩寺乡门家沟	辽宁省铁岭县阿吉乡陈平村	59	786.85	0.495	辽宁省沈阳市法库县、铁岭市铁岭县	
281	2.23	秀水河	辽河右岸支流	内蒙古自治区科尔沁左翼后旗白音花乡大官营子村沙丘坨甸	辽宁省新民市辽滨塔	184	3 002	1.89	内蒙古自治区科尔沁左翼后旗、辽宁省阜新市彰武县、沈阳市康平县、法库县、新民市	
282	2.24	养息牧河	辽河右岸支流	辽宁省彰武县漳古台镇西大一间房	辽宁省新民市高台子乡	106.7	1 861	0.863	辽宁省阜新市彰武、沈阳市新民市	
283	2.25	柳河	辽河右岸支流	发源于内蒙古自治区奈曼旗新镇双山子东坡	辽宁省新民市关家窝堡南	253	5 791	3.57	内蒙古自治区奈曼旗、库伦旗、科尔沁左翼后旗，辽宁省阜新蒙古族自治县、彰武县、新民市	
284	2.25.1	养畜牧河	柳河左岸支流	内蒙古自治区库伦旗平安乡五星村东南山顶	内蒙古自治区库伦旗三家子镇刺林村东	103	828	1.39	内蒙古自治区库伦旗	
285	2.26	太平河	辽河右岸支流	辽宁省盘山县高升镇文奎屯南	辽宁省盘锦市新生街道	41.6	177.5	0.018	辽宁省盘山县、盘锦市市区	
286	2.27	绕阳河	辽河右岸支流	辽宁省阜新蒙古族自治县扎兰营子乡哈尔山	辽宁省盘山县万金滩南	290.4	10 483	2.586	辽宁省阜新市、沈阳市、锦州市、鞍山市、盘锦市	
287	2.27.1	东沙河	绕阳河右岸支流	辽宁省阜新蒙古族自治县阜新镇少等阜南山	辽宁省北镇市东南柳家乡大兴庄附近	141.9	2 099	1.36	辽宁省阜新蒙古族自治县、锦州市北镇市	
288	2.27.1.1	八宝海河	东沙河右岸支流	辽宁省阜新蒙古族自治县老河土乡梅力板村于家沟	辽宁省黑山县赖坨子子附近	35	233.12	0.14	辽宁省阜新蒙古族自治县、锦州市黑山县	
289	2.27.2	羊肠河	绕阳河左岸支流	辽宁省阜新蒙古族自治县国华乡二道沟西侧大岭	辽宁省北镇市新立乡	98	624	0.375	辽宁省阜新市蒙古族自治县、锦州市黑山县、北镇市	
290	2.27.3	锦盘河	绕阳河右岸支流	辽宁省凌海市白台子乡英明山鹰窝砬子	辽宁省盘锦市淤河盖北	44.9	645.27	0.116	辽宁省锦州市、盘锦市	

续表

序号	条目编号	河名	水系	发源地	入河（湖、海）口	河长（km）	流域面积（km²）	多年平均年径流量（亿 m³）	行经地区	备注
291	2.28	浑河	辽河入海段大辽河左岸支流	辽宁省清原满族自治县龙岗山滚马岭	辽宁省鞍山市海城市三岔河	415	11 481	24.04	辽宁省抚顺、沈阳两市市区及抚顺、沈阳、辽阳、鞍山四市所辖的清原、新宾、抚顺、灯塔、辽阳、辽中、海城、台安8县(市)	
292	2.28.2	苏子河	浑河左岸支流	辽宁省新宾满族自治县红升乡关家村上游五凤楼岭	辽宁省抚顺市新宾满族自治县古楼村	119	2 230	6.141	辽宁省新宾满族自治县	
293	2.28.3	社河	浑河左岸支流	辽宁省抚顺县后安镇馒首村新开岭西侧	辽宁省抚顺县得力俄哈村（大伙房水库淹没区）北	59.27	468.42	1.29	辽宁省抚顺县	
294	2.28.5	章党河	浑河右岸支流	辽宁省铁岭县横道乡鲢鱼沟村王疙瘩岭	辽宁省抚顺县下章党大桥	36.6	326	0.79	辽宁省铁岭县、抚顺县	
295	2.28.6	东洲河	浑河左岸支流	辽宁省抚顺县救兵乡高家店村东柜子石	辽宁省抚顺市东洲区	58.5	537.6	0.806	辽宁省抚顺县、抚顺市东洲区	
296	2.28.7	蒲河	浑河右岸支流	辽宁省铁岭县横道河子乡想儿山	辽宁省辽中县老官坨乡黑鱼沟村	205	2 540	3.9	辽宁省铁岭县，沈阳市棋盘山开发区、东陵区、沈北新区、于洪区、新民市，辽中县	
297	2.29	太子河	辽河入海段大辽河左岸支流	辽宁省新宾满族自治县南部老秃顶红石砬子山	辽宁省海城市三岔河	413	13 883	39	辽宁省本溪、辽阳两市市区，及本溪、鞍山、辽阳三市所辖的新宾、桓仁、本溪、灯塔、辽阳、辽中、海城7个县(市)	
298	2.29.1	三道河	太子河左岸支流南太子河的右岸支流	辽宁省本溪满族自治县东营坊乡车道沟	辽宁省本溪满族自治县碱厂镇三家子	16.9	103.5	0.293	辽宁省本溪满族自治县	
299	2.29.3	小汤河	太子河左岸支流	辽宁省本溪满族自治县草河掌乡高老堡子岭白砬子山	辽宁省本溪满族自治县小市镇观音阁村	57	466	1.319	辽宁省本溪满族自治县	
300	2.29.4	小夹河	太子河右岸支流	辽宁省本溪满族自治县高官乡高头岭	辽宁省本溪满族自治县偏岭乡小夹河村	29	198	0.561	辽宁省本溪满族自治县	
301	2.29.5	细河	太子河左岸支流	辽宁省凤城市青城子镇白云山	辽宁省辽阳县	118	1 126	3.62	辽宁省凤城市、本溪满族自治县、辽阳县	
302	2.29.6	兰河	太子河左岸支流	辽宁省辽阳县东部鸡爪山麓	兰河在辽阳县后蒿甸子村（入葠窝水库）	55	417	0.971	辽宁省辽阳县	
303	2.29.8	汤河	太子河左岸支流	辽宁省辽阳县吉洞乡韩家岭	辽宁省辽阳县西双庙村	90.7	1 466	3.414	辽宁省辽阳县	
304	2.29.9	北沙河	太子河右岸支流	辽宁省抚顺市西南大顶子山班猫岭	辽宁省灯塔市河洪堡	117	1 618	2.76	辽宁省抚顺、本溪、沈阳、辽阳四个市的抚顺、溪湖、苏家屯、灯塔等县(区、市)	
305	2.29.9.1	十里河	北沙河左岸支流	辽宁省灯塔市铧子镇东小堡	辽宁省灯塔市大河南镇羊角湾	41.19	202	0.345	辽宁省灯塔市	
306	2.29.10	柳壕河	太子河左岸支流	辽宁省辽阳县兰家乡石桥子南山	辽宁省辽阳县兰家乡杨家河滩	33.9	508.8	0.666	辽宁省辽阳县	
307	2.29.11	南沙河	太子河左岸支流	辽宁省鞍山市千山风景区仙人台	辽宁省辽阳县唐马寨镇下口子	58.06	458	0.69	辽宁省鞍山市、辽阳县	
308	2.29.12	运粮河	太子河左岸支流	辽宁省鞍山市玉佛山风景区	辽宁省辽阳县唐马寨小河口	36.4	268.12	0.654	辽宁省鞍山市中心区、辽阳县	
309	2.29.13	杨柳河	太子河左岸支流	辽宁省鞍山市千山区唐家房镇摩云山村大榆树沟双塔岭偏岭	辽宁省海城市新台子镇小河口北	57.95	209.2	0.51	辽宁省鞍山市千山区、海城市、辽阳县	
310	2.29.14	五道河	太子河左岸支流	辽宁省海城市什司县镇三通沟	辽宁省海城市望台镇刘家台与三通河汇合入太子河	69	326.79	0.486	辽宁省鞍山市海城市	

387

续表

序号	条目编号	河名	水系	发源地	入河(湖、海)口	河长(km)	流域面积(km²)	多年平均年径流量(亿 m³)	行经地区	备注
311	2.29.15	海城河	太子河左岸支流	辽宁省海城市孤山镇松砣子弟兄山	辽宁省海城市牛庄镇西小姐庙	90.8	1 293.17	2.251	辽宁省鞍山市海城市	
312	2.30	大辽河	辽河入海段	辽宁省海城市三岔河	辽宁省营口市市区	96	1 963	1.65	辽宁省鞍山市、盘锦市、营口市的海城、盘山、大洼、大石桥、老边等县(市、区)	
313	7.1.1	绥芬河	日本海	吉林省汪清县复兴镇盘岭山脉北麓	日本海阿穆尔湾	443	17 321	13.1	吉林省汪清县,黑龙江省东宁县	
314	7.1.1.1	小绥芬河	绥芬河左岸支流	黑龙江省穆棱市黑松山	黑龙江省东宁县道河镇小地营村	137	3 435	6.01	黑龙江省穆棱市、东宁县	
315	7.1.1.2	瑚布图河	绥芬河右岸支流	俄罗斯桑杜加山西侧	黑龙江省东宁县三岔口镇泡子沿村	114	1 732	1.85	黑龙江省东宁县	
316	7.1.2	图们江	日本海	中国和朝鲜的边界长白山东麓	至中国吉林省图们市转向东南流入海	525(其中中朝界河段507)	33 168(中国侧 22 632)	51.6	吉林省和龙、龙井、图们、珲春等市	
317	7.1.2.2	红旗河	图们江左岸支流	吉林省延边朝鲜族自治州和龙市龙城镇西部海拔1 676米的甄峰山西麓	吉林省和龙市崇善镇上天村东南	65.8	1 199	2.28	吉林省和龙市	
318	7.1.2.2.1	大马鹿河	红旗河右岸支流	吉林省和龙市龙城镇百里村西南海拔1 398米的长山岭东麓	吉林省和龙市长红公路55千米处	52.2	599	1.78	吉林省和龙市	
319	7.1.2.3	嘎呀河	图们江左岸支流	吉林省汪清县老松岭山脉三长山西侧	吉林省图们市东北	205.2	13 565	10.48	吉林省汪清县图们市	
320	7.1.2.3.1	桦皮甸子河	嘎呀河左岸支流	吉林省汪清县鸡冠乡高岭山脉北麓	吉林省汪清县天桥岭镇东新村南	81.4	633	1.08	吉林省汪清县	
321	7.1.2.3.2	春阳河	嘎呀河右岸支流	吉林省延边朝鲜族自治州汪清县春阳镇哈尔巴岭山脉东麓	吉林省汪清县天桥岭镇东	60	940	0.662	吉林省汪清县	
322	7.1.2.3.3	前河	嘎呀河右岸支流	吉林省汪清县春阳镇大兴沟林业局业岭东林场后沟哈尔巴岭山脉东麓	吉林省汪清县大兴沟镇河南村东	56.4	729	0.2	吉林省汪清县	
323	7.1.2.3.4	汪清河	嘎呀河右岸支流	吉林省汪清县东光镇盘岭山脉北麓	吉林省汪清县汪清镇柳树河子村西南	85.9	1 250	2.92	吉林省汪清县	
324	7.1.2.3.5	布尔哈通河	嘎呀河右岸支流	吉林省安图县与敦化市交界的哈尔巴岭东麓	吉林省图们市月晴镇下嘎村附近	172	7 065	13.48	吉林省安图县、龙井市延吉市	
325	7.1.2.3.5.1	福兴河	布尔哈通河右岸支流	吉林省安图县明月镇西部哈尔巴岭山脉东麓	安图县明月镇南	34.4	383	0.559	吉林省安图县	
326	7.1.2.3.5.2	朝阳河	布尔哈通河左岸支流	吉林省延吉市三道湾镇支边村哈尔巴岭山脉南麓	吉林省龙井市朝阳川镇光石村江屯南	75.1	775	1.75	吉林省延吉市、龙井市	
327	7.1.2.3.5.3	海兰河	布尔哈通河右岸支流	吉林省和龙市长白山支脉甄峰山脉主岭峰东南老里克沼泽地	吉林省延吉市小营镇河龙屯北	145	2 934	5.4	吉林省和龙、龙井、延吉三市	
328	7.1.2.3.5.3.1	蜂蜜河	海兰河左岸支流	吉林省和龙市西城镇甲山村西南甄峰岭山脉老岭峰东麓	吉林省和龙市西城镇前进村南	55.4	610	1.58	吉林省和龙市	
329	7.1.2.3.5.3.2	长仁河	海兰河左岸支流	吉林省和龙市与安图县交界的黄沟岭东麓	吉林省和龙市头道镇长仁桥附近	50.5	344	0.792	吉林省和龙市	
330	7.1.2.4	密江	图们江左岸支流	吉林省珲春市密江乡大荒沟林场北图们江与绥芬河分水岭盘岭山脉南坡	吉林省珲春市密江乡密江村南河东水文站以下8 000米处图们江大转弯处	56	771	2.18	吉林省珲春市	

388

续表

序号	条目编号	河名	水系	发源地	入河（湖、海）口	河长(km)	流域面积(km²)	多年平均年径流量(亿 m³)	行经地区	备注
331	7.1.2.5	珲春河	图们江左岸支流	吉林省珲春市与汪清县交界的盘岭山脉北侧	吉林省珲春市板石镇南河口屯	198	3 963	14.53	吉林省汪清县、珲春市	
332	7.1.2.5.1	兰家趟子河	珲春河左岸支流	吉林省珲春市春化镇兰家趟子村西北吉林、黑龙江两省省界大龙岭南坡	吉林省珲春市春化镇西土门子村南	54	624	1.34	吉林省珲春市	
333	7.2.1	鸭绿江	鸭绿江	长白山主峰南麓	辽宁省东港市大东镇	816	64 500（中国侧32 000）	320	吉林省长白县、临江市、白山市、集安市，辽宁省宽甸县、丹东市、东港市	
334	7.2.1.1	十九道沟河	鸭绿江右岸支流	吉林省长白朝鲜族自治县马鹿沟镇红山头附近	吉林省长白朝鲜族自治县马鹿沟镇横山林场附近	51.1	363	2.19	吉林省长白朝鲜族自治县	
335	7.2.1.2	十三道沟河	鸭绿江右岸支流	吉林省长白朝鲜族自治县长白山脉望天鹅峰南麓	吉林省长白朝鲜族自治县十二道沟镇十三道沟村	26.6	150	0.675	吉林省长白朝鲜族自治县	
336	7.2.1.3	八道沟河	鸭绿江右岸支流	吉林省长白朝鲜族自治县长白山脉望天鹅峰南麓	吉林省长白朝鲜族自治县八道沟镇镇	84.9	718	3.23	吉林省长白朝鲜族自治县	
337	7.2.1.4	五道沟河	鸭绿江右岸支流	吉林省临江市东缘草平山南坡	吉林省临江市四道沟镇河南村西北	103	512	2.06	吉林省临江市	
338	7.2.1.5	三道沟河	鸭绿江右岸支流	吉林省临江市桦树镇花盖山东南	吉林省临江市临城村	83.6	747	3	吉林省临江市	
339	7.2.1.8	浑江	鸭绿江右岸支流	吉林省白山市江源区西北部三岔子镇龙岗山脉羊岔子掌峰东北侧	吉林省吉安市凉水朝鲜族乡杨木林村西南	446.5	15 381	77.3	吉林省白山市八道江区、通化市二道江区、东昌区、通化县、集安市、辽宁省桓仁县、宽甸县	
340	7.2.1.8.1	红土崖河	浑江左岸支流	吉林省白山市八道江区红土崖镇六道岔村老岭山脉西麓	吉林省白山市八道江区河口街道境内	56.9	587	2.73	吉林省白山市八道江区、江源区	
341	7.2.1.8.2	大罗圈河	浑江左岸支流	吉林省通化县石湖镇棒棰园子前山东侧	吉林省通化县鸭园镇鸭园村	65.9	733	3.43	吉林省通化县、通化市二道江区	
342	7.2.1.8.3	哈泥河	浑江右岸支流	吉林省柳河、靖宇、辉南三县接壤的龙岗山脉大四方顶子峰东南	吉林省通化市东昌区江东乡自安村	137	1 489	7.7	吉林省柳河县、通化县、通化市东昌区	
343	7.2.1.8.4	蝲蛄河	浑江右岸支流	吉林省通化县四棚乡头棚村东南龙岗山脉南麓	吉林省通化县快大茂镇河口村	73.9	787	2.55	吉林省通化县	
344	7.2.1.8.5	苇沙河	浑江左岸支流	吉林省集安市清河镇文字村南	吉林省集安市头道镇东村	49.3	683	3.63	吉林省集安市	
345	7.2.1.8.6	小新开河	浑江左岸支流	吉林省集安市台上镇老岭村以南	吉林省集安市财源镇霸王村	70.4	727	3.91	吉林省集安市	
346	7.2.1.8.7	富尔江	浑江右岸支流	辽宁省新宾满族自治县与吉林省通化县交界的龙岗山金厂岭	辽宁省桓仁县北甸子村盛家街	108.44	2 316	3.33	辽宁省新宾满族自治县、桓仁县	
347	7.2.1.8.9	大二河	浑江右岸支流	辽宁省本溪市桓仁县西北部老道冲岭	辽宁省本溪市桓仁县至六道河子乡东老台子村	64	766	2.36	辽宁省本溪市桓仁县	
348	7.2.1.8.10	大雅河	浑江右岸支流	辽宁省本溪市桓仁县八里甸子镇老秃顶子山	辽宁省本溪市桓仁县雅河村	83.2	753.5	2.37	辽宁省本溪市桓仁县	
349	7.2.1.8.12	雅河	浑江右岸支流	辽宁省丹东市宽甸满族自治县八河川镇雅河村西北果子岭	辽宁省丹东市宽甸满族自治县青山沟镇雅河口村	48.2	376.8	2.2	辽宁省丹东市宽甸满族自治县	
350	7.2.1.8.13	半拉江	浑江右岸支流	辽宁省丹东市宽甸满族自治县八河川镇响水沟村西北果子岭	辽宁省丹东市宽甸满族自治县太平哨镇坦甸子村	95	1 315	8.55	辽宁省丹东市宽甸满族自治县	

续表

序号	条目编号	河名	水系	发源地	入河(湖、海)口	河长(km)	流域面积(km²)	多年平均年径流量(亿 m³)	行经地区	备注
351	7.2.1.11	蒲石河	鸭绿江右岸支流	辽宁省丹东市宽甸满族自治县大川头镇龙头村四方顶山西南麓	辽宁省丹东市宽甸满族自治县古楼子镇	126.4	1 168.55	7.52	辽宁省丹东市宽甸满族自治县	
352	7.2.1.12	爱河	鸭绿江右岸支流	辽宁省丹东市宽甸县、本溪市交界处的摩天岭	东支：辽宁省丹东市宽甸县虎山乡；西支：九连城镇套外村	192	5 817.67	30.6	辽宁省丹东市宽甸县、凤城市、丹东市振安区	
353	7.2.1.12.1	八道河	爱河右岸支流	辽宁省丹东市凤城市赛马镇北部与本溪县交界处的和尚帽子山	辽宁省丹东凤城市大堡镇北山附近	92.59	935.83	4.48	辽宁省丹东市凤城市	
354	7.2.1.12.2	草河	爱河右岸支流	辽宁省本溪县本溪市草河掌乡长子山刘胡岭	辽宁省丹东市凤城市草河乡花家堡子	143.3	2 176.44	10.6	辽宁省本溪县、凤城市	
355	7.2.2	大洋河	黄海	辽宁省鞍山市岫岩县西北部偏岭镇北千山山脉一棵树岭	辽宁省丹东市的东港市黄土坎镇南	179.7	6 168.52	31	辽宁省鞍山市岫岩、丹东市凤城、东港及大连市庄河4个县	
356	7.2.2.1	哨子河	大洋河	辽宁省鞍山市岫岩县韩家岭村北千山山脉黑背正岔岭	辽宁省鞍山市岫岩县哨子河乡小岭沟北	137.07	2 258.6	9.83	辽宁省岫岩县	
357	7.2.3	湖里河	黄海	大连市庄河市塔岭镇围场沟北山	大连市庄河市鞍子山镇鳝鱼沟	44	440	2.46	辽宁省大连市、庄河市塔岭镇等3个乡镇	
358	7.2.4	英那河	黄海	辽宁省鞍山市岫岩市龙潭乡老北沟	辽宁省大连市庄河市黑岛镇蔡家村	95	1 004	4.51	辽宁省鞍山市岫岩县、大连市的庄河市	
359	7.2.5	庄河	黄海	辽宁省大连市庄河市蓉花山镇猴石岭山	辽宁省大连市庄河市城关街道龙王庙村入黄海	56.5	618	2.54	辽宁省大连市的庄河市蓉花山等乡镇	
360	7.2.6	小寺河	黄海	辽宁省大连市庄河市光明山镇三角山	辽宁省大连市庄河市昌盛街道老港	54.2	246	1.06	辽宁省大连市庄河市光明山镇、徐岭街道、新华街道、昌盛街道	
361	7.2.7	碧流河	黄海	辽宁省营口市盖州市卧龙泉新开岭	辽宁省大连市普兰店市城子坦镇	156	2 814	8.57	辽宁省营口市的盖州、大连普兰店市和庄河市边界	
362	7.2.8	赞子河	黄海	辽宁省大连市普兰店市莲山镇吴姑城大口子山	辽宁省大连市普兰店市皮口镇龙王庙村	31	210	0.53	辽宁省大连市普兰店市	
363	7.2.9	大沙河	黄海	辽宁省普兰店市安波镇鸡冠山南麓	辽宁省普兰店市大刘家镇麦家村	96.5		2.47	辽宁省普兰店市	
364	7.2.10	登沙河	黄海	辽宁省大连市普兰店市太平乡二龙山	辽宁省大连市金州区登沙河镇南海头	26	229	0.51	辽宁省大连市的金州区向应乡、登沙河镇、太平镇	
365	7.3.1	复州河	渤海	辽宁省大连市普兰店市同益乡老帽山南麓	辽宁省大连市瓦房店市三台子乡西兰旗的老羊头	137	1 638	3.92	辽宁省大连市的普兰店、瓦房店市	
366	7.3.2	浮渡河	渤海	辽宁省大连市瓦房店市万家岭镇的老帽山西麓	辽宁省大连市瓦房店市李官镇	45	474	0.85	辽宁省盖州市、瓦房店市	
367	7.3.3	熊岳河	渤海	辽宁省营口市盖州市杨运镇的老帽山	辽宁省营口市熊岳镇的于园子村西	41.9	322.54	0.59	辽宁省盖州市、营口市鲅鱼圈区	
368	7.3.4	沙河	渤海	辽宁省盖州市双台镇黄土岭南	辽宁省盖州市鲅鱼圈区望海街道南	29.5	201.38	0.366	辽宁省盖州市	
369	7.3.5	大清河	渤海	辽宁省营口市大石桥市建一镇千山山脉东大岭	辽宁省营口市盖州市西海办事处西河口村分南北两个入海口	98.9	1 473.46	3.5	辽宁省海城市、大石桥市、盖州市	
370	7.3.6	大凌河	渤海	辽宁省葫芦岛市建昌县要路沟乡水泉沟	辽宁省盘锦市盘山县与锦州市的凌海市交界处	435	23 549	18.55	辽宁省朝阳市、北票市、喀左县、葫芦岛市建昌县、锦州市、凌海市、义县	
371	7.3.6.2	渗津河	大凌河左岸支流	辽宁省朝阳市凌源市三家子乡宣杖子平顶山	辽宁省朝阳市喀左县平房子镇桃花池村	76.2	728.3	0.255	辽宁省凌源市、喀左县	

续表

序号	条目编号	河 名	水 系	发源地	入 河（湖、海）口	河长(km)	流域面积(km²)	多年平均年径流量(亿 m³)	行经地区	备注
372	7.3.6.4	大凌河西支	大凌河左岸支流	河北省平泉县台头山乡郑杖子村南塔山脉棺材山	辽宁省喀喇沁左翼蒙古族自治县大城子镇小河湾村	106.5	2 889	0.94	河北省平泉县，辽宁省凌源市、喀左县，内蒙古自治区宁城县	
373	7.3.6.5	老爷庙河	大凌河右岸支流	辽宁省葫芦岛市建昌县石佛乡小杨树沟村	辽宁省朝阳市喀左县东哨乡大马架子村	32.8	322	0.06	辽宁省建昌县、喀左县	
374	7.3.6.6	第二牤牛河	大凌河左岸支流	辽宁省葫芦岛市建平县与朝阳市凌源县交界的努鲁儿虎山脉牛河梁	辽宁省朝阳市喀左县水泉镇	48.1	1 102	0.74	辽宁省建平县、喀左县	
375	7.3.6.7	老虎山河	大凌河左岸支流	内蒙古自治区敖汉旗金厂沟梁镇横道子村努鲁儿虎山脉西麓	辽宁省朝阳市朝阳县龙城区大平房镇	79.2	1 412	1.07	内蒙古自治区敖汉旗、辽宁省建平县、朝阳县	
376	7.3.6.9	牤牛河	第二松花江左岸支流	内蒙古自治区奈曼旗沙日浩来镇台力虎村西北2千米处的山顶	辽宁省阜新县下府独岗寺汇入白石水库	136	4 747	3.04	内蒙古奈曼旗、辽宁省北票市、阜蒙县	
377	7.3.6.11	细河	大凌河左岸支流	辽宁省阜蒙县阜新镇东骆驼山北坡牌楼昔子附近	辽宁省义县大榆树堡镇鲁家屯村	114	3 308.3	0.21	辽宁省阜蒙县、阜新市清河门区、义县	
378	7.3.6.11.1	依玛图河	细河右岸支流	辽宁省阜新市阜蒙县八家子乡乌兰木头山南麓	辽宁省阜新市阜蒙县伊玛图镇的福兴地村东	74.6	783	0.464	辽宁省阜蒙县	
379	7.3.6.11.2	清河	细河	辽宁省朝阳市北票市帽子山西坡莲花山北沟	辽宁省锦州市义县高台子镇高家屯东	33	239	0.09	辽宁省北票市、阜蒙县、阜新市清河门区、义县	
380	7.3.7	小凌河	渤海	辽宁省朝阳市朝阳县瓦房子镇牛粪洞子村明安喀喇山脉	辽宁省锦州市凌海市	206.2	5 475	6.65	辽宁省朝阳市、葫芦岛南票区、锦州市区、凌海市	
381	7.3.7.2	女儿河	小凌河右岸支流	辽宁省葫芦岛市兴城市药王庙乡五顶泉	辽宁省锦州市凌河区	124.9	1 492.59	2.17	辽宁省兴城市、葫芦岛市南票区、连山区、锦州市凌河区	
382	7.3.8	连山河	渤海	辽宁省葫芦岛市连山区沙河营乡大虹螺山南坡	辽宁省葫芦岛市龙港区北港街道	33.95	169.44	0.31	辽宁省葫芦岛市	
383	7.3.9	五里河	渤海	辽宁省葫芦岛市连山区寺儿堡镇后峪村歪桃山	辽宁省葫芦岛市连山区连湾街道	37.1	155	0.25	辽宁省葫芦岛市连山区葫芦岛市区、龙港区	
384	7.3.10	兴城河	渤海	辽宁省葫芦岛市兴城市郭家镇把石沟老岭	辽宁省葫芦岛市兴城市钓鱼台乡街道红石碑	50.4	702.92	1.56	辽宁省葫芦岛市兴城市	
385	7.3.12	六股河	渤海	辽宁省建昌县谷仗子乡双庙村北簸子山	辽宁省绥中县小庄子乡大渔场附近	162.5	3 102.47	6.03	辽宁省建昌县、兴城市和绥中县	
386	7.3.13	狗河	渤海	辽宁省葫芦岛市绥中县加碑岩乡窝岭村大锥子山板石顶	辽宁省葫芦岛市绥中县网户乡前王虎三屯	83.4	606	1.35	流经辽宁省绥中县	
387	7.3.15	九江河	渤海	河北省抚宁县驻操营镇东贺庄苗城子燕山山脉	辽宁省绥中县万家镇甘家屯	33	180	0.4	河北省抚宁县，辽宁省绥中县	

附表二　　　　黑龙江、辽河卷列条湖泊一览表

序号	条目编号	湖　名	湖泊性质	水　系	湖面面积（km²）	蓄水量（万 m³）	所　在　地　区
1	1.6	呼伦湖	淡水湖	黑龙江	2 342.5	1 385 000	内蒙古自治区呼伦贝尔市新巴尔虎左旗与新巴尔虎右旗境内
2	1.6.2.2	贝尔湖	淡水湖	黑龙江·呼伦湖	611.2	488 000	绝大部分位于蒙古人民共和国，我国部分属内蒙古呼伦贝尔市新巴尔虎右旗
3	1.27.11.2.1	五大连池	火山堰塞湖	石龙河	18.47	15 700	黑龙江省五大连池市西北部
4	1.27.17	鸿雁泡	内陆碱水湖	松花江嫩江	2.7	2 660	黑龙江省龙江县哈拉海乡与黑岗乡交界处
5	1.27.20.3	龙江湖	内陆碱水湖泊	绰尔河	13	2 600	黑龙江省龙江县杏山乡境内
6	1.27.20.4	岱古敖泡	咸水湖	绰尔河·呼尔达河	20	2 200	黑龙江省泰来县泰来镇境内
7	1.27.21.1	洋沙泡	轻碱性湖	二龙套河	37.5	8 000	吉林省白城市镇赉县东屏镇
8	1.27.21.2	苇子沟泡	微碱性湖	二龙套河	10	1 500	吉林省白城市镇赉县东屏镇
9	1.27.21.3	高棉泡	轻碱性湖	二龙套河	5	1 600	吉林省镇赉县莫莫格蒙古族乡苏克马村
10	1.27.22.4.2	克钦湖	淡水湖	乌（乌裕尔河）双（双阳河）	18.16	2 000	黑龙江省齐齐哈尔市铁锋区境内
11	1.27.22.4.3	南山湖	淡水湖	乌裕尔河	40	8 000	黑龙江省泰来县大兴镇境内
12	1.27.22.4.4	连环湖	微咸水湖	乌（乌裕尔河）双（双阳河）	470	115 000	黑龙江省杜尔伯特蒙古族自治县
13	1.27.22.4.5	齐家泡	内陆淡水湖（碱性）	乌（乌裕尔河）双（双阳河）	15	230 000	黑龙江省杜尔伯特蒙古族自治县
14	1.27.22.4.6	月饼泡	淡水湖	乌（乌裕尔河）双（双阳河）	22.87	800 000	黑龙江省杜尔伯特蒙古族自治县敖林西伯乡东北和绿色草原牧场交界处
15	1.27.22.4.7	庄头泡	淡水湖	乌（乌裕尔河）双（双阳河）	9	380 000	黑龙江省杜尔伯特蒙古族自治县敖林西伯乡庄头屯偏西北1.8千米
16	1.27.22.4.8	马勒盖泡	淡水湖	乌（乌裕尔河）双（双阳河）	24	7 200	黑龙江省大庆市大同区和平牧场五棵树蒙古族风情村西
17	1.27.22.4.9	五棵树泡	淡水湖	乌（乌裕尔河）双（双阳河）	11.3	750	黑龙江省大庆市大同区和平牧场五棵树蒙古族风情村南0.5千米
18	1.27.22.4.10	喇嘛寺泡	淡水湖	松花江嫩江	55	2 051 000	黑龙江省杜尔伯特蒙古族自治县巴彦查干乡
19	1.27.22.4.11	石人沟后堵泡	淡水湖	松花江嫩江	15	525 000	黑龙江省杜尔伯特蒙古族自治县境内
20	1.27.22.4.12	大金泡	淡水湖	松花江嫩江	13	305 000	黑龙江省杜尔伯特蒙古族自治县巴彦查干乡大庙村境内
21	1.27.22.5.1	西大海	淡水湖	库里泡	32	5 100	黑龙江省大庆市大同区双榆树乡
22	1.27.22.5.2	东大海	淡水湖	西大海	18.5	2 460	黑龙江省大庆市大同区双榆树乡东北部
23	1.27.22.6	茂兴湖	淡水湖	松花江嫩江	18	8 740	黑龙江省大庆市肇源县的茂兴镇与民意乡之间
24	1.27.23	哈尔挠泡	淡水湖	松花江嫩江	40	13 500	吉林省镇赉县大屯镇东部
25	1.27.24	老鸹窝泡	微碱性湖泊	松花江嫩江	18	2 700	吉林省镇赉县沿江镇国营渔场东北部13千米处
26	1.27.25	莫什海泡	微碱性湖泊	松花江嫩江	9	1 500	吉林省镇赉县沿江镇东南12.5千米、望月滩国营渔场东北1.5千米的嫩江岸边
27	1.27.26.6	嘎海后泡	微碱性湖泊	洮儿河	10	1 500	吉林省镇赉县黑鱼泡镇嘎海泡后嘎海屯北0.5千米处
28	1.27.26.7	西二龙泡	微碱性湖泊	洮儿河	20	3 000	吉林省镇赉县沿江镇西二龙村北部1千米处
29	1.27.26.8	新荒泡	微碱性湖泊	洮儿河	40	6 000	吉林省大安市安广镇新荒村洮儿河主河道的末端
30	1.27.26.9	莫莫格泡	微碱性湖泊	洮儿河	11	675	吉林省镇赉县莫莫格蒙古族乡政府南部1.5千米处
31	1.27.26.10	鹅头泡	微碱性湖泊	洮儿河	10	2 000	吉林省镇赉县莫莫格蒙古族乡才力村鹅头屯西南0.3千米处
32	1.27.26.11	弯垅泡	微碱性湖泊	洮儿河	10	1 300	吉林省镇赉县莫莫格蒙古族乡乌兰召村明噶屯西北1.5千米处
33	1.27.27.2	四海泡	淡水湖	霍林河	10	4 600	吉林省洮南市安定镇四海村境内

续表

序号	条目编号	湖 名	湖泊性质	水 系	湖面面积（km²）	蓄水量（万m³）	所 在 地 区
34	1.27.27.3	十三泡	淡水湖	霍林河闭流区	12.9	1 290	吉林省长岭县太平川、正北两镇交界处
35	1.27.27.4	四十六泡	淡水湖	霍林河闭流区	12.7	1 270	吉林省长岭县太平川镇前四十六屯东南，处于太平川、北正两镇交界处
36	1.27.27.5	腰井泡	微碱性湖泊	霍林河	12	1 200	吉林省长岭县三十号乡和北正镇
37	1.27.27.6	牛心套堡泡	淡水湖	霍林河	36	6 000	吉林省大安市西南部
38	1.27.27.7	大布苏湖	盐碱湖泊	霍林河	37	6 032.7	吉林省松原市乾安县城西约35千米，大布苏、所字两镇交界处
39	1.27.27.8	张家泡	碱性湖泊	霍林河	12	2 040	吉林省乾安县道字乡境内
40	1.27.27.9	花敖泡	碱性湖泊	霍林河	13	1 699	吉林省松原市乾安县城西约12千米水字镇与道字乡交界处
41	1.27.27.10	小西米泡	淡水湖	霍林河	14.4	980	吉林省大安市两家镇同安村小西米屯
42	1.27.27.11	利民泡	碱性湖泊	霍林河	10.6	900	吉林省大安市海坨乡前进村宋家围子屯西北
43	1.27.27.12	新庙泡	淡水湖	霍林河	30.72	6 200	吉林省松原市前郭尔罗斯蒙古族自治县北部
44	1.27.27.13	查干湖	淡水湖	霍林河	228.5	58 900	吉林省松原市前郭尔罗斯蒙古族自治县西北部
45	1.27.27.14	大库里泡	淡水湖	安肇新河	14	3 500	吉林省松原市前郭尔罗斯蒙古族自治县长山镇库里村
46	1.27.28.1	天池	火山口湖淡水湖	第二松花江	9.82	204 000	吉林省安图县和抚松县
47	1.27.28.11.7	大龙湾	火山口湖淡水湖	辉发河	0.81	1 600	长白山系龙岗山脉中段吉林省辉南县金川镇
48	1.27.28.11.8	三角龙湾	淡水湖	辉发河	0.48	956	长白山系龙岗山脉中段吉林省辉南县金川镇
49	1.27.28.20.6	波罗湖	淡水湖	辉发河	82.7	16 000	吉林省农安县伏龙泉、永安、三盛玉、巴吉垒四乡镇交界地带
50	1.27.29.1	王花泡	淡水湖	安肇新河	207	27 700	黑龙江省安达市境内
51	1.27.29.2	北二十里泡	淡水湖	安肇新河	74.5	9 200	黑龙江省大庆市龙凤区卧里屯附近
52	1.27.29.3	中内泡	淡水湖	安肇新河	32.3	6 300	黑龙江省大庆市红岗区东南部与安达市交界处
53	1.27.29.4	库里泡	淡水湖	安肇新河	142	27 000	黑龙江省大庆市大同区、肇源县、肇州县交界处
54	1.27.29.5	培利滨泡	淡水湖	安肇新河	15.2	1 590	黑龙江省大庆市让胡路区喇嘛甸镇东北部与林甸县交界处
55	1.27.29.6	兴隆泡	淡水湖	安肇新河	9	2 700	黑龙江省安达市西北5千米处
56	1.27.29.7	六十六号泡	淡水湖	安肇新河	21	900	黑龙江省大庆市红岗区杏树岗镇兴隆村西北2千米
57	1.27.39	跃进泡	淡水湖	松花江	12	4 800	黑龙江省通河县祥顺镇兴隆村
58	1.27.45.1	老等泡	淡水湖	都鲁河	14	2 100	黑龙江省东部、梧桐河农场境内
59	1.29.1	兴凯湖	淡水湖	乌苏里江	1 080	300 000	密山市
60	7.1.2.1	天女浴躬池	淡水湖	图们江	0.04	0	吉林省长白山天文峰东30.4千米

附表三　　　　　　　　　黑龙江、辽河卷列条水库一览表

序号	条目编号	库名	所在河流	水面面积（km²）	库容（万 m³）	坝型	坝长（m）	坝高（m）	功用	坝址所在地
1	1.19.1	象山水库	法别拉河	17.8	33 400	混凝土心墙堆石坝	385	50.7	发电为主，兼有防洪、养鱼等综合利用	黑龙江省黑河市
2	1.20.1	西沟水库	公别拉河	18.67	14 600	沥青混凝土心墙堆石坝	646	36	发电为主，兼有防洪、旅游、养殖综合效益	黑龙江省黑河市西岗子镇
3	1.22.1	库尔滨水库	库尔滨河	43.7	39 000	沥青混凝土心墙堆石坝	410	23.5	防洪发电为主，兼有水产养殖和旅游等综合效益	黑龙江省逊克县
4	1.27.10	尼尔基水库	松花江嫩江干流	498.3	861 000	沥青混凝土心墙砂砾石坝	1 658.31	40.55	防洪及工农业供水为主，结合发电、航运及水环境	右岸为内蒙古自治区莫力达瓦达斡尔族自治旗尼尔基镇，左岸为黑龙江省讷河市二克浅乡
5	1.27.11.1	山口水库	讷谟尔河	100	99 500	沥青混凝土心墙堆石坝	763	35.7	防洪、发电、灌溉、供水及养鱼等	黑龙江省五大连池市龙镇山口村
6	1.27.12.1	大庆水库	北引渠道	60	17 800	均质土坝	33 000	4.5	大庆石油生产和居民生活用水的重要水源地	黑龙江省大庆市萨尔图区以东15千米处
7	1.27.12.2	红旗泡水库	北引渠道	35	11 600	均质土坝	166 700	5.36	大庆石油化工生产及居民生活用水的重要水源地	黑龙江省大庆市龙凤区与安达市结合部
8	1.27.14.1	太平湖水库	黄蒿沟	32	15 300	均质土坝	750	16.15	防洪、灌溉为主，兼顾养鱼、旅游	黑龙江省甘南县查哈阳农场
9	1.27.16.1	音河水库	音河	34.39	25 600	黏壤土均质坝	1 750	20.65	防洪、灌溉、养鱼、发电及旅游	黑龙江省甘南县城西北4千米
10	1.27.22.3.1	双阳河水库	双阳河	74.25	29 800	黏土均质坝	7 948	10.5	防洪为主，结合灌溉、养鱼	黑龙江省依安县依龙镇东南5千米
11	1.27.22.4	东升水库	乌裕尔河	78.8	16 100	黏性均质土坝	9 200	5	灌溉为主，兼顾防洪、育苇、养鱼、湿地供水等	黑龙江省大庆市林甸县西北三合乡
12	1.27.22.4.1	龙虎泡水库	乌（乌裕尔河）双（双阳河）流域	113	40 200	均质土坝	4 100	4.1	大庆市水源	黑龙江省大庆市杜尔伯特蒙古族自治县一心乡
13	1.27.22.5	南引水库	嫩江下游与松花江汇合处以北	270	40 500	均质土坝	47 440	5	养鱼育苇、改善草原、发展农田灌溉、恢复生态平衡等	黑龙江省肇源县、杜尔伯特蒙古族自治县与大庆市交界处
14	1.27.26.2	察尔森水库	洮儿河	79.54	125 300	壤土心墙砂砾壳坝	1 712	39.7	以防洪、灌溉为主，结合发电、养鱼	内蒙古自治区科尔沁右翼前旗
15	1.27.26.4.2.1	向海水库	南额木太河	65.2	22 100	黄土状砂壤土均质坝	408.20	7.65	以滞洪为主，结合灌溉、养苇、湿地供水	吉林省白城市通榆县向海蒙古族乡
16	1.27.26.5	月亮湖水库	洮儿河	204	119 900	均质土坝	1 975	9.57	防洪、灌溉、养鱼	吉林省白城市大安市、镇赉县交界处
17	1.27.28.3	两江水库	第二松花江上段二道松花江	12	21 100	混凝土面板堆石坝	273	56.6	以发电为主，结合灌溉、防洪、养鱼和旅游	吉林省延边朝鲜族自治州安图县两江镇
18	1.27.28.7.1	松山水库	头道松花江	4.19	13 300	混凝土面板堆石坝	256.26	80.8	以蓄水与供水为主漫松引水工程的主体	吉林省白山市抚松县东岗镇松山村
19	1.27.28.7.3.1	小山水库	松江河	3.85	10 500	混凝土面板堆石坝	302.26	86.3	以发电为主，结合防洪、养殖、兼漫松跨流域引水	吉林省白山市抚松县松江河镇
20	1.27.28.8	白山水库	第二松花江	127.8	621 500	三心圆混凝土重力拱坝	676.5	149.5	以发电为主，兼有防洪、航运、养鱼	吉林省东部山区桦甸与靖宇两县交界处
21	1.27.28.10	红石水库	第二松花江	15	28 400	混凝土重力坝	438	46	发电为主，兼有养鱼	吉林省桦甸县红石镇
22	1.27.28.11.1	海龙水库	辉发河上游大柳河	548	31 600	黏土斜墙铺盖坝	552	31.3	防洪、灌溉为主，结合养鱼、发电等	辽宁省抚顺市清源县与吉林省梅河口市小杨满族朝鲜族乡境内

续表

序号	条目编号	库 名	所在河流	水面面积 (km²)	库容 (万 m³)	坝型	坝长 (m)	坝高 (m)	功 用	坝址所在地
23	1.27.28.14	丰满水库	第二松花江	457.5	1 098 800	混凝土重力坝	1 080	91.7	以发电为主，兼有防洪、灌溉、城市及工业供水、航运、养殖和旅游等	吉林省吉林市
24	1.27.28.20.2.1	星星哨水库	岔路河	14.96	26 500	黏土心墙多种土质坝	510	33.2	以灌溉为主，兼顾防洪、发电、养鱼和旅游	吉林省吉林市永吉县岔路河镇
25	1.27.28.20.3	石头口门水库	饮马河	100.57	127 700	粉质黏土均质坝	445	21.5	以防洪除涝、城市供水为主，结合灌溉发电、养鱼	吉林省九台市西营城镇石头口门村
26	1.27.28.20.5.1	新立城水库	伊通河	68.67	59 200	均质土坝	2 680	18.15	以防洪、工业和城市供水为主，兼顾除涝、环保、旅游与养鱼	吉林省长春市南关区新立城镇
27	1.27.28.20.5.2.1	太平池水库	新凯河·翁克河	34.3	20 100	均质土坝	主坝 3 200 副坝 2 700	8	以防洪为主，兼顾灌溉、养鱼	吉林省长春市农安县龙王乡太平池村
28	1.27.31.1	磨盘山水库	拉林河	28.62	52 300	黏土心墙土石坝	406	49.9	以城镇供水为主，兼顾防洪、灌溉、环境用水	黑龙江省五常市沙河子镇沈家营村
29	1.27.31.3.1	龙凤山水库	牤牛河	36.4	27 700	碾压式黏土斜墙砂砾石坝	916	21.7	防洪、灌溉为主，兼顾养鱼、发电、旅游等	黑龙江省五常市龙凤山乡蔡家街村
30	1.27.31.4.1	亮甲山水库	卡岔河	20.74	19 250	土石混合坝	541	17.3	以防洪为主，兼顾灌溉、发电、养鱼和旅游	吉林省舒兰市亮甲山乡下洼子屯
31	1.27.32.1	西泉眼水库	阿什河	40.86	47 800	砾质黏土心墙土石坝	400.56	29.1	防洪、除涝、灌溉、养鱼、发电、城市供水等	黑龙江省哈尔滨市阿城区平山镇
32	1.27.33.6.1.1	东方红水库	扎音河	20.6	21 300	均质土坝	520	19.54	防洪、灌溉为主，兼顾城镇供水、养鱼、发电等	黑龙江省海伦市
33	1.27.33.7.1	泥河水库	泥河	44	11 300	亚黏土均质坝	6 160	6.8	防洪除涝为主，兼顾灌溉、养鱼等	黑龙江省兰西县、绥化市、呼兰区的交界处
34	1.27.40.5	镜泊湖水库	牡丹江	125	182 400	重力式混凝土挡水坝	2 753	8.3	发电为主，兼有灌溉、城市供水、旅游等	黑龙江省宁安市
35	1.27.40.6.1	桦树川水库	蛤蟆河	10	13 200	黏土斜墙土石混合坝	320	33.8	灌溉为主，兼顾防洪、发电、养鱼、旅游等	黑龙江省宁安市
36	1.27.40.10	莲花水库	牡丹江	133	418 000	钢筋混凝土面板堆石坝	902	71.8	以发电为主，兼顾防洪、灌溉、航运、养鱼等	黑龙江省牡丹江市海林市三道河乡木兰集村
37	1.27.41.1	桃山水库	倭肯河	26.3	26 400	黏土心墙土石坝	514	19.75	城市供水、防洪为主，兼顾灌溉、养鱼等	黑龙江省七台河市
38	1.27.41.3.1	向阳山水库	八虎力河·小八虎力河	22.1	15 700	黏土心墙坝	1 244	19	防洪、灌溉为主，兼顾养鱼、旅游、发电等	黑龙江省佳木斯市桦南县东北
39	1.29.3.1	团结水库	穆棱河	6.9	8 630	黏土心墙土石混合坝	280	35.5	防洪、灌溉、养鱼、发电等	黑龙江省穆棱市境内
40	1.29.3.5.1	青年水库	裴德里河	71	40 100	黏土均质坝	1 750	15.2	防洪灌溉防洪为主，结合发电、养鱼等	黑龙江省密山市
41	1.29.6.1	龙头桥水库	挠力河上游	46.78	61 500	土斜墙土石混合坝	760	25.7	防洪、灌溉为主，兼顾发电、养鱼和旅游等	黑龙江省宝清县境内
42	1.29.6.2.1	蛤蟆通水库	蛤蟆通河上游	34.4	15 100	设有垂直防渗帷幕的黏土斜墙堆土坝	800	13	灌溉、防洪为主，结合养鱼	黑龙江省宝清县境内
43	2.1.1	打虎石水库	黑里河	540	15 600	黏土心墙砂壳碾压土坝	529	42.1	灌溉、防洪、发电、养鱼等	内蒙古自治区宁城县西泉乡
44	2.6	红山水库	辽河上游段老哈河	24 468	256 000	均质土坝	1 174	31	灌溉、发电、养鱼等	内蒙古自治区翁牛特旗红山镇
45	2.8	孟家段水库	辽河中游段西辽河	0	10 800	均质土坝	1 700（上库），5 350（下库）	8（上库），7（下库）	灌溉、分洪、养殖等	内蒙古自治区奈曼旗

续表

序号	条目编号	库 名	所在河流	水面面积（km²）	库容（万 m³）	坝型	坝长（m）	坝高（m）	功 用	坝址所在地
46	2.9	莫力庙水库	辽河中游段西辽河	0	15 200	均质粉细沙坝	6 400	10.76	防洪、城市供水、灌溉等、养殖、旅游	内蒙古自治区通辽市科尔沁区胜利乡
47	2.10.2	舍力虎水库	孟克河	2 655	11 800	均质土坝	60	7.5	灌溉、防洪、养殖等	内蒙古自治区奈曼旗太和乡
48	2.10.3	吐尔基山水库	教来河	6 851	12 000	均质砂坝	1 500	11.85	灌溉、防洪、养殖、旅游等	内蒙古自治区通辽市科尔沁区与科尔沁左翼后旗交界处
49	2.11.1	他拉干水库	新开河	0	13 500	均质土坝	3 375	5	引洪、灌溉、养殖、旅游	内蒙古自治区开鲁县坤都岭乡
50	2.13.6	二龙山水库	东辽河	122.2	179 200	复式断面黏土心墙坝	419	32.16	防洪、城市供水、灌溉、发电、养鱼	吉林省梨树县石岭镇二龙山村
51	2.14.1.1	卧龙湖水库	辽河·马莲河	66.7	9 620	混凝土闸	7.4	7	灌溉、养殖、旅游	辽宁省康平县
52	2.16.1	泡子沿水库	王河	8.09	4 760	均质土坝	600	11.7	防洪、工业供水、养鱼、旅游	辽宁省法库县柏家沟镇
53	2.17.1	清河水库	清河	60.8	97 100	碾压式黏土斜墙砂壳坝	1 622	39.6	防洪、灌溉、工业供水、养鱼、旅游	辽宁省铁岭市清河区
54	2.17.3.1	南城子水库	寇河·叶赫河	13.9	23 500	黏土心墙砾石坝	550	31.9	防洪、城市供水、养鱼、发电	辽宁省开原市
55	2.19.1	柴河水库	柴河	24.8	61 400	黏土心墙砂壳坝	982	42.3	防洪、供水、发电、养鱼、旅游	辽宁省铁岭县
56	2.20.1	榛子岭水库	凡河	12.4	21 000	黏土心墙坝	365	35.8	防洪、灌溉、养鱼、发电、旅游	辽宁省铁岭县鸡冠山乡
57	2.22	石佛寺水库	辽河	16	18 500	均质土坝	12 440	12.1	防洪、城市供水	辽宁省沈阳市新城子区、法库县、铁岭县境内
58	2.25.2	闹德海水库	柳河	6.25	21 700	混凝土重力坝	173	41.5	科研、防洪滞沙、灌溉、工业及城市供水	辽宁省彰武县与内蒙古自治区库伦旗交界处
59	2.25.3	大清沟水库	柳河·大清沟	1.06	1 120	细粉砂均质坝	320	23.5	防洪、灌溉、养鱼、旅游	辽宁省彰武县大冷乡
60	2.28.1	小孤家水库	浑河·浑河支流	1.12	2 000	黏土心墙坝	347	30.5	城镇供水、灌溉	辽宁省清原满族自治县清原镇
61	2.28.2.1	红升水库	浑河·苏子河	3.3	3 071	黏土心墙坝	280	27.7	防洪、灌溉、发电、养鱼、供水、旅游	辽宁省新宾满族自治县红升乡
62	2.28.4	大伙房水库	浑河	91.2	226 800	碾压式黏土心墙坝	1 367	49.8	防洪、工业及城市供水、灌溉为主兼顾发电、养鱼、旅游	辽宁省抚顺县境内
63	2.28.6.1	关山水库	东洲河·夹河	2.59	4 440	黏土心墙坝	426	44.66	防洪、城市供水、灌溉、养殖、旅游	辽宁省抚顺县救兵乡
64	2.28.7.1	棋盘山水库	蒲河	5	8 020	均质土坝	272	23	防洪、旅游、灌溉、养鱼	辽宁省沈阳市棋盘山开发区
65	2.29.2	观音阁水库	太子河	61	216 800	碾压混凝土重力坝	1 040	82	防洪和供水为主，兼顾灌溉、发电、养鱼	辽宁省本溪满族自治县
66	2.29.3.1	关门山水库	小汤河	2	7 661	混凝土面板堆石坝	183.6	58.5	防洪、工业供水、发电、养鱼、旅游	辽宁省本溪满族自治县
67	2.29.7	葠窝水库	太子河	40.52	79 100	混凝土重力坝	532	50.3	防洪、灌溉	辽宁省辽阳县
68	2.29.8.1	汤河水库	汤河	31.63	72 300	黏土斜墙砂壳坝	455	48.5	防洪、工业及生活供水、灌溉、养鱼、发电	辽宁省辽阳市汤河镇
69	2.29.14.1	上英水库	五道河	1.2	2 919	黏土心墙砂壳坝	575	29.5	防洪、灌溉、供水	辽宁省海城市王石镇
70	2.29.15.1	山嘴水库	海城河·黑峪河	0.5	1 118	黏土心墙坝	414	32.6	防洪、灌溉、养鱼、旅游	辽宁省海城市接文镇
71	2.29.15.2	王家坎水库	海城河·八里河	2.8	1 706	黏土斜墙坝	535	18	防洪、灌溉为主，兼顾发电	辽宁省海城市

续表

序号	条目编号	库名	所在河流	水面面积 (km²)	库容 (万 m³)	坝型	坝长 (m)	坝高 (m)	功用	坝址所在地
72	7.2.1.6	云峰水库	鸭绿江	102	372 000	混凝土宽缝重力坝	828	113.75	发电、防洪、旅游、养殖	吉林省集安市青石镇
73	7.2.1.7	渭原水库	鸭绿江	39	62 600	混凝土重力坝	627	55	以发电为主，结合航运、灌溉、养鱼	吉林省集安市榆林镇
74	7.2.1.8.8	桓仁水库	浑江	98.7	346 000	混凝土单支墩撑墙坝	593.5	78.5	以发电为主，兼顾防洪、灌溉、养殖	辽宁省桓仁县
75	7.2.1.8.11	回龙山水库	浑江	9.68	12 300	混凝土重力坝	280	33.5	发电、防洪、旅游、养殖	辽宁省恒仁县
76	7.2.1.8.14	太平哨水库	浑江	13.2	20 900	混凝土重力坝	547	42.2	以发电为主，兼顾养殖	辽宁省宽甸县
77	7.2.1.9	水丰水库	鸭绿江	364.6	1 490 000	混凝土重力坝	900	106	以发电为主，兼顾防洪、旅游、养殖	辽宁省宽甸县
78	7.2.1.10	太平湾水库	鸭绿江干流	25.8	17 000	混凝土重力坝	1 185.2	31.5	发电和防洪为主，兼有工农业用水、养殖、航运、旅游等	辽宁省丹东市
79	7.2.1.13	铁甲水库	鸭绿江·柳林河	17.38	25 500	黏土心墙组合式土坝	600	24.65	防洪、灌溉、城市供水为主，兼顾发电、养鱼	辽宁省东港市汤池镇
80	7.2.2.2	土门子水库	大洋河·土牛子河	14.46	19 300	浆砌石重力坝	319	36.6	防洪、灌溉为主，兼顾发电、养鱼、旅游	辽宁省凤城市
81	7.2.2.3	罗圈背水库	大洋河·小洋河	3.58	5 424	浆砌石重力坝	249.65	40	防洪、灌溉为主，兼顾发电、养鱼	辽宁省东港市孤山镇
82	7.2.3.1	转角楼水库	湖里河	15.55	14 200	黏土心墙坝	197	24.9	防洪为主，兼顾灌溉、供水、发电、养殖	辽宁省庄河市青堆镇
83	7.2.4.1	英那河水库	英那河	23.31	28 700	浆砌石重力坝	345.5	46.1	供水为主，兼顾防洪、灌溉、养殖、旅游等	辽宁省庄河市塔岭镇
84	7.2.5.1	朱隈水库	庄河	17.85	16 600	黏土心墙土坝	340	19.5	防洪、灌溉、供水为主，兼有养殖和发电	辽宁省庄河市太平岭乡
85	7.2.7.1	碧流河水库	碧流河	55.5	93 400	混凝土重力坝、沥青混凝土心墙土坝、堆石坝	708.5	53.5	供水为主，兼有防洪、发电、灌溉、养殖、旅游	辽宁省普兰店市双塔镇
86	7.2.9.1	刘大水库	大沙河	11.67	18 900	黏土心墙土坝	380	28.08	防洪、灌溉、供水为主，兼有养殖和发电	辽宁省普兰店市沙包镇
87	7.3.1.1	松树水库	复州河	11.46	16 700	黏土心墙坝	320	34.87	防洪、供水、养殖	辽宁省瓦房店市松树镇
88	7.3.1.2	东风水库	复州河	11.6	14 200	黏土心墙土坝	765	25.55	防洪、灌溉、供水、发电、养殖	辽宁省瓦房店市
89	7.3.5.1	石门水库	大清河	41	10 220	黏土心墙坝	350	47	防洪、灌溉、城市供水为主，兼顾发电、养鱼	辽宁省盖州市
90	7.3.5.2	三道岭水库	北窑河	1.33	3 490	黏土心墙坝、混凝土坝	575	17	防洪、灌溉、供水为主，兼顾发电、养鱼	辽宁省大石桥市周家镇
91	7.3.6.1	宫山嘴水库	大凌河	7.62	10 886	黏土心墙砂壳坝	457.5	33.7	防洪为主，兼顾城市供水、发电、灌溉、养殖	辽宁省建昌县宫山嘴乡
92	7.3.6.3	菩萨庙水库	大凌河·西大川河	0.84	1 225	黏土斜墙坝	369	25.546	防洪、灌溉	辽宁省凌源市四官营子镇
93	7.3.6.4.1	瓦房店水库	大凌河西支·大营子河	1.41	2 409	黏土心墙砂壳坝	389.5	33.3	防洪、灌溉为主，兼顾养鱼、发电	辽宁省喀左县
94	7.3.6.8	阎王鼻子水库	大凌河	22.46	21 700	混凝土重力坝	383	34.5	防洪、城市供水为主，兼顾发电、灌溉、养鱼、旅游	辽宁省朝阳市
95	7.3.6.10	白石水库	大凌河	80	164 500	碾压混凝土重力坝	513	49.3	防洪、灌溉、城市供水为主，兼顾发电、养鱼	辽宁省北票市
96	7.3.6.11.1.1	佛寺水库	伊玛图河	7.6143	14 500	黏土心墙砂壳坝	720	23.05	防洪、供水、养鱼	辽宁省阜新县佛寺镇
97	7.3.7.1	元宝山水库	小凌河	3.696	2 677	黏土心墙坝	320	26	防洪、灌溉	辽宁省朝阳县

续表

序号	条目编号	库名	所在河流	水面面积 (km²)	库容 (万 m³)	坝型	坝长 (m)	坝高 (m)	功用	坝址所在地
98	7.3.7.2.1	乌金塘水库	女儿河	12.663	29 100	黏土心墙砂壳坝	288	33	防洪、城市供水为主，兼顾发电、养鱼、旅游	辽宁省葫芦岛市南票区
99	7.3.11	碱厂水库	烟台河	4.08	4 890	均质土坝	280	22.5	防洪、灌溉为主，兼顾养鱼、发电	辽宁省兴城市碱厂乡
100	7.3.12.1	龙屯水库	六股河·王宝河	7.04	11 900	黏土斜墙砂壳坝	742	24.1	防洪、灌溉为主，兼顾养鱼	辽宁省绥中县高甸子乡
101	7.3.14	大风口水库	石河	68.58	20 800	黏土心墙砂壳坝	275	45.3	防洪、工业供水、灌溉为主，兼顾发电、养鱼	辽宁省绥中县

附表四　　黑龙江、辽河卷灌溉面积在 2 万公顷以上的灌区一览表

序号	条目编号	所在河流	灌区名称	水　源	灌溉面积（万 hm²）	建成年份	受　益　地　区
1	1.27.11	讷谟尔河	卫星灌区	讷谟尔河	2.17	1958	黑龙江省齐齐哈尔市
2	1.27.13	诺敏河	查哈阳	诺敏河	2.3333	1941	内蒙古自治区查哈阳农场
3	1.27.16	音河	音河灌区	音河	3.667	1960	黑龙江省甘南县
4	1.27.22	乌裕尔河	江东灌区	乌裕尔河	4.97	1997	黑龙江省齐齐哈尔市郊区
5	1.27.22.5	南引水库	白沙滩灌区	乌裕尔河	3.1	1932—1980	吉林省镇赉县丹岱、嘎什根等乡
6	1.27.26.2	察尔森水库	洮儿河灌区	洮儿河	6.65	1992—2002	吉林省白城市的洮北、洮南、镇赉、大安等县（市、区）的 20 个乡、镇、场
7	1.27.28.16	牤牛河	龙凤山灌区	牤牛河	2.65	1998	黑龙江省五常市
8	1.27.28.20	饮马河	饮马河灌区	饮马河	2.6	1949—1966	吉林省九台、德惠两市饮马河两岸之东湖、饮马河、西营城、菜园子、达家沟等乡镇
9	1.27.28.20.5	伊通河	前郭灌区	伊通河	0.5	1943—1957	吉林省前郭尔罗斯蒙古族自治县第二松花江左岸之吉拉吐、新立、达里巴等乡镇及莲花泡、红光等农场
10	1.27.31	拉林河	友谊灌区	拉林河	2.27	1967	黑龙江省双城市
11	1.27.31.4	卡岔河	松沐灌区	卡岔河	2.159	1970—1978	吉林省德惠市之松花江、岔路口、大房身、朝阳、五台等乡镇
12	1.27.32	阿什河	西泉眼灌区	阿什河	2.02	2002	黑龙江省哈尔滨市阿城区
13	1.27.33.5	努敏河	长阁灌区	努敏河	2	1955	黑龙江省绥棱县
14	1.27.36	木兰达河	香磨山灌区	木兰达河	2.05	1982	黑龙江省木兰县
15	1.27.40	牡丹江	响水灌区	牡丹江及其支流	2.26	2000	黑龙江省宁安市
16	1.27.41	倭肯河	倭肯河灌区	倭肯河	2.15	1958	黑龙江省依兰县
17	1.27.42	巴兰河	悦来灌区	巴兰河	2.01	1958	黑龙江省桦川县
18	1.27.43	汤旺河	引汤灌区	汤旺河	2.68	1958	黑龙江省汤原县
19	1.27.43.1	友好河	江川灌区	友好河	2.07	1970	黑龙江省江川农场
20	1.27.43.2	双子河	幸福灌区	双子河	2.04	1997	黑龙江省富锦市
21	1.27.44	梧桐河	梧桐河灌区	梧桐河	2.41	1941	黑龙江省梧桐河农场
22	1.29.1	兴凯湖	兴凯湖灌区	兴凯湖	12.47	1957	黑龙江省兴凯湖农场
23	1.29.3	穆棱河	鸡东灌区	穆棱河	2.07	2001	黑龙江省鸡东县
24	1.29.6	挠力河	龙头桥灌区	挠力河	3.4	2003	黑龙江省宝清县
25	1.29.6.2	蛤蟆通河	蛤蟆通灌区	蛤蟆通河	2.07	1979	黑龙江省八五二农场
26	2.3	英金河	英金河灌区	英金河	1.76		内蒙古自治区赤峰市郊区、元宝山区等 6 个乡镇
27	2.9	莫力庙水库	莫力庙灌区	莫力庙水库	2.8		内蒙古自治区通辽市科尔沁区胜利乡等、开鲁县、科尔沁左翼中旗部分乡镇等 13 个乡、8 个农场
28	2.10.2	舍力虎水库	舍力虎灌区	舍力虎水库	2.13	1968	内蒙古自治区通辽市奈曼旗的桥河乡、先锋乡、昂乃乡等 11 个乡镇
29	2.13.6	二龙山水库	梨树灌区	二龙山水库	3.55	1943—1959	吉林省梨树县东辽河左岸之小宽、孤家子、沈洋、刘家馆子、小城子等乡镇
30	2.29	浑河	辽河灌区	苏家堡枢纽	2.54	1970	内蒙古自治区通辽市开鲁县北兴乡、三义井乡、道德乡等 7 个乡镇、2 个农场

索　引
Index

条题汉字笔画索引

一画

一统河 …………………… 132

二画

二龙山水库 ……………… 249
二龙河 …………………… 30
二龙套河 ………………… 87
二皮河 …………………… 46
二道河 …………………… 161
二道河 …………………… 252
十九道沟河 ……………… 312
十三泡 …………………… 110
十三道沟河 ……………… 312
十里河 …………………… 284
七里沁河 ………………… 218
七虎力河 ………………… 189
七虎林河 ………………… 211
七星河 …………………… 217
八虎力河 ………………… 189
八宝海河 ………………… 267
八家子河 ………………… 252
八道沟河 ………………… 312
八道河 …………………… 329
入日本海水系 …………… 290
入黄海水系 ……………… 304
入渤海水系 ……………… 343
九江河 …………………… 371

三画

三角龙湾 ………………… 134
三统河 …………………… 132
三道沟河 ………………… 313
三道岭水库 ……………… 350
三道河 …………………… 278
三道河子 ………………… 183
土门子水库 ……………… 333
大二河 …………………… 321
大马鹿河 ………………… 297
大丰河 …………………… 195
大风口水库 ……………… 370
大布苏湖 ………………… 111
大龙湾 …………………… 133

大辽河 …………………… 288
大伙房水库 ……………… 272
大庆水库 ………………… 71
大克头河 ………………… 234
大库里泡 ………………… 113
大沙河 …………………… 132
大沙河 …………………… 342
大林河 …………………… 30
大欧木伦河 ……………… 243
大罗圈河 ………………… 318
大金泡 …………………… 96
大泥河 …………………… 160
大荒沟 …………………… 161
大洋河 …………………… 331
大凌河 …………………… 350
大凌河西支 ……………… 354
大绥河 …………………… 140
大梨树河 ………………… 248
大清沟水库 ……………… 264
大清河 …………………… 349
大雅河 …………………… 322
大蒲春河 ………………… 124
大横道河 ………………… 131
上英水库 ………………… 286
小山水库 ………………… 124
小石河 …………………… 179
小辽河 …………………… 249
小寺河 …………………… 338
小西尔根气河 …………… 32
小西米泡 ………………… 112
小夹河 …………………… 280
小汤河 …………………… 279
小孤家水库 ……………… 271
小凌河 …………………… 363
小绥芬河 ………………… 293
小新开河 ………………… 319
山口水库 ………………… 67
山麻河 …………………… 127
山嘴水库 ………………… 287
凡河 ……………………… 259
广兴堡河 ………………… 244
门鲁河 …………………… 58
女儿河 …………………… 365
马勒盖泡 ………………… 95

四画

丰满水库 ………………… 136
王花泡 …………………… 151
王河 ……………………… 253
王家坎水库 ……………… 287
天女浴躬池 ……………… 297
元宝山水库 ……………… 364
云峰水库 ………………… 313
扎文河 …………………… 74
扎音河 …………………… 169
扎墩河 …………………… 12
木兰达河 ………………… 172
五大连池 ………………… 68
五里河 …………………… 366
五虎林河 ………………… 183
五棵树泡 ………………… 95
五道白河 ………………… 119
五道库河 ………………… 195
五道河 …………………… 313
五道河 …………………… 286
太子河 …………………… 276
太平池水库 ……………… 149
太平河 …………………… 265
太平哨水库 ……………… 324
太平湖水库 ……………… 76
太平湾水库 ……………… 326
友好河 …………………… 193
瓦房店水库 ……………… 355
少冷河 …………………… 236
少陵河 …………………… 172
中内泡 …………………… 152
贝尔湖 …………………… 20
内倭勒根河 ……………… 36
水丰水库 ………………… 325
牛心套堡泡 ……………… 110
长仁河 …………………… 303
长白山天池 ……………… 118
公别拉河 ………………… 39
公河 ……………………… 251
月饼泡 …………………… 94
月亮湖水库 ……………… 105
乌力吉木伦河 …………… 241
乌云河 …………………… 46

乌龙半截河 … 248	他拉干水库 … 241	兴城河 … 367
乌尔逊河 … 19	外七星河 … 218	兴隆泡 … 153
乌兰白旗河 … 243	兰河 … 281	安邦河 … 166
乌奴耳河 … 12	兰家趟子河 … 304	安邦河 … 198
乌玛河 … 27	半拉江 … 323	安格林河 … 26
乌苏里江 … 201	半截河 … 248	安肇新河 … 150
乌拉嘎河 … 47	头道白河 … 121	讷门河 … 74
乌金塘水库 … 365	头道松花江 … 122	讷谟尔河 … 65
乌底河 … 44	必如河 … 234	那尔轰河 … 125
乌斯浑河 … 185	尼尔基水库 … 63	那金河 … 103
乌鲁格奇河 … 245	召苏河 … 231	那都里河 … 56
乌裕尔河 … 88		好来音河 … 21
六十六号泡 … 154	**六画**	观音阁水库 … 278
六股河 … 368		红土崖河 … 317
巴尔汰河 … 236	托欣河 … 86	红山水库 … 231
巴兰河 … 190	老爷庙河 … 356	红升水库 … 272
双子河 … 194	老虎山河 … 357	红石水库 … 127
双阳河 … 90	老莱河 … 69	红旗河 … 297
双阳河 … 142	老鸹窝泡 … 97	红旗泡水库 … 71
双阳河水库 … 91	老等泡 … 198	
	老槽河 … 29	**七画**
五画	西二龙泡 … 106	
	西大海 … 97	运粮河 … 285
打虎石水库 … 229	西尔根气河 … 31	苇子沟泡 … 88
甘河 … 60	西沟水库 … 40	苇沙河 … 319
古力古台河 … 236	西拉木伦河 … 232	苇特根河 … 15
古龙干河 … 37	西南岔河 … 195	苇塘河 … 235
古里河 … 57	西泉眼水库 … 162	花敖泡 … 111
古洞河 … 120	西路嘎河 … 230	克一河 … 61
古莲河 … 30	百岔河 … 234	克钦湖 … 93
石人沟后堵泡 … 95	夹津沟 … 154	克音河 … 168
石门水库 … 349	毕拉河 … 73	克鲁伦河 … 18
石龙河 … 67	吐尔基山水库 … 240	苏子河 … 271
石头口门水库 … 144	团山子河 … 140	苏吉高勒 … 244
石佛寺水库 … 261	团结水库 … 209	杨柳河 … 285
布尔哈通河 … 300	回龙山水库 … 322	李家河 … 251
龙屯水库 … 369	朱隄水库 … 337	两江水库 … 119
龙凤山水库 … 159	伊图里河 … 23	辰清河 … 42
龙头桥水库 … 215	伊春河 … 194	连山河 … 366
龙江湖 … 86	伊通河 … 145	连环湖 … 93
龙虎泡水库 … 92	伊敏河 … 13	别拉洪河 … 219
东大海 … 97	向阳山水库 … 189	牡丹江 … 176
东升水库 … 92	向海水库 … 104	牤牛河 … 139
东风水库 … 346	多布库里河 … 57	牤牛河 … 158
东方红水库 … 170	庄头泡 … 95	牤牛河 … 359
东辽河 … 245	庄河 … 337	利民泡 … 112
东沙河 … 266	刘大水库 … 342	秀水河 … 261
东洲河 … 274	齐家泡 … 94	佛寺水库 … 362
卡伦河 … 249	羊肠子河 … 231	岔林河 … 173
卡玛兰河 … 34	羊肠河 … 267	岔路河 … 142
卡岔河 … 160	关山水库 … 274	免渡河 … 11
北二十里泡 … 152	关门山水库 … 280	条子河 … 252
北引渠道 … 69	灯杆河 … 248	饮马河 … 141
北沙河 … 283	汗达河 … 38	库尔滨水库 … 45
归流河 … 102	汤旺河 … 191	库尔滨河 … 45
四十六泡 … 110	汤河 … 282	库里泡 … 153
四海泡 … 110	汤河水库 … 282	库都尔河 … 11
白山水库 … 125	兴开河 … 250	库勒河 … 80
白石水库 … 359	兴凯湖 … 204	汪清河 … 299

401

沐石河	140
沐河	60
沙河	179
沙河	257
沙河	348
社河	272
罕达罕河	83
罕诺河	56
张家泡	111
阿木牛河	82
阿什河	161
阿巴河	27
阿布沁河	212
阿龙山河	26
阿伦河	77
阿里河	61
阿德河	103
努敏河	167

八画

青年水库	210
坤兑河	229
坤都冷河	109
拉马河	260
拉林河	154
拉法河	136
招苏台河	252
茂兴湖	97
英那河	335
英那河水库	336
英金河	229
茅兰河	43
松山水库	123
松江河	123
松花江	49
松阿察河	206
松树水库	346
卧牛河	42
卧牛河	82
卧龙湖水库	251
卧罗河	62
卧都河	56
欧肯河	57
欧根河	166
转角楼水库	335
呼兰河	134
呼兰河	163
呼伦湖	17
呼玛河	32
罗圈背水库	334
图们江	294
图里河	22
岱古敖泡	87
依吉密河	165
依玛图河	362
依根河	23
舍力虎水库	239
金沙河	135

狗河	369
闹德海水库	263
法别拉河	38
沾河	43
泡子沿水库	253
泥河	170
泥河水库	171
泥鳅河	59
波罗湖	149
宝泉河	149
孟克河	239
孟家段水库	237
细河	280
细河	360

九画

春阳河	299
挠力河	212
挡石河	134
草河	330
南山湖	93
南引水库	96
南沙河	285
南城子水库	256
查干木伦河	235
查干湖	112
柳河	262
柳壕河	284
奎勒河	62
星星哨水库	143
蚂蚁河	173
哈干河	100
哈乌尔河	24
哈布气河	86
哈尔挠泡	97
哈达河	210
哈拉哈河	20
哈泥河	318
科洛河	59
复州河	344
胜利河	245
弯垅泡	107
亮子河	209
亮甲山水库	160
亮珠河	176
音河	78
音河水库	79
养息牧河	262
养畜牧河	263
前河	299
洮儿河	98
济沁河	83
洋沙泡	87
浑江	314
浑河	268
浓江	200
津河	167
宫山嘴水库	353

逊毕拉河	40
结烈河	47
绕阳河	265

十画

泰西河	90
珠子河	124
珠尔多河	180
珲春河	303
敖宁高勒	14
敖鲁古雅河	26
都鲁河	44
都鲁河	197
莲花水库	184
莲河	131
莫力庙水库	237
莫什海泡	98
莫尔格勒河	16
莫尔道嘎河	24
莫莫格泡	106
桓仁水库	320
桦皮甸子河	299
桦树川水库	181
桃山水库	188
桃源河	158
格尼河	74
根河	21
柴河	257
柴河水库	258
鸭绿江	305
鸭绿河	201
蚌河	231
哨子河	333
恩和哈达河	27
铁甲水库	331
特尼河	12
倭肯河	185
倭勒根河	35
爱河	327
高棉泡	88
海龙水库	131
海兰河	301
海伦河	170
海城河	286
海浪河	182
浮渡河	347
润津河	90
宽河	37
诺敏河	72
通肯河	168
绥芬河	290

十一画

教来河	238
培利滨泡	153
黄泥河	175
黄泥河	179
黄泥河	210

黄蒿沟 …… 75	黑里河 …… 228	榛子岭水库 …… 260
菩萨庙水库 …… 354	黑沐伦河 …… 244	碱厂水库 …… 367
萨岭河 …… 233	鹅头泡 …… 107	蜚克图河 …… 171
梧桐河 …… 196	湖里河 …… 334	裴德河 …… 210
跃进泡 …… 176	温德河 …… 138	嘎呀河 …… 297
第二牤牛河 …… 356	渭津河 …… 248	嘎海后泡 …… 106
第二松花江 …… 114	渭原水库 …… 314	嘎斯汰河 …… 236
得耳布尔河 …… 23	富太河 …… 134	蜿蜒河 …… 198
盘古河 …… 31	富尔江 …… 319	漂河 …… 135
象山水库 …… 39	富尔河 …… 120	察尔森水库 …… 100
章党河 …… 274	登沙河 …… 343	熊岳河 …… 348
阎王鼻子水库 …… 358		
清河 …… 253	**十三画**	**十五画**
清河 …… 362		
清河水库 …… 254	瑚布图河 …… 294	碾盘河 …… 255
鸿雁泡 …… 80	蒲石河 …… 326	蝲蛄河 …… 318
渗津河 …… 354	蒲河 …… 274	额木尔河 …… 27
寇河 …… 255	雾开河 …… 145	额木特河 …… 104
密江 …… 303	蜂蜜河 …… 303	
绰尔河 …… 84	锡尼河 …… 15	**十六画**
绰纳河 …… 36	锡伯河 …… 230	
	锦江 …… 123	霍日里河 …… 63
十二画	锦盘河 …… 268	霍伦河 …… 158
	腰井泡 …… 110	霍林河 …… 107
塔河 …… 35	新开河 …… 240	镜泊湖水库 …… 180
覆窝水库 …… 281	新立城水库 …… 148	赞子河 …… 341
朝阳河 …… 301	新凯河 …… 148	穆棱河 …… 207
棋盘山水库 …… 275	新庙泡 …… 112	磨盘山水库 …… 156
雅河 …… 323	新荒泡 …… 106	激流河 …… 24
雅鲁河 …… 80	满归河 …… 26	
辉发河 …… 128	溪浪河 …… 157	**十八画**
辉河 …… 16	福兴河 …… 300	
喇嘛寺泡 …… 95		鳌龙河 …… 139
蛤蟆河 …… 181	**十四画**	
蛤蟆通水库 …… 216		**二十一画**
蛤蟆通河 …… 216	碧流河 …… 339	
蛟河 …… 135	碧流河水库 …… 340	露水河 …… 121
蛟流河 …… 103	嘉荫河 …… 48	

条题外文索引

A

Aba River	27
Abuqin River	212
Ade River	103
Aihe River	327
Ali River	61
Alongshan River	26
Alun River	77
Amuniu River	82
Anbang River	166
Anbang River	198
Angelin River	26
Anzhaoxinhe River	150
Aolong River	139
Aoluguya River	26
Aoninggaole River	14
Ashi River	161

B

Babaohai River	267
Badaogou River	312
Badao River	329
Baertai River	236
Bahuli River	189
Baicha River	234
Baishan Reservoir	125
Baishi Reservoir	359
Bajiazi River	252
Balan River	190
Banghe River	231
Banjie River	248
Banla River	323
Baoquan River	149
Beier Lake	20
Beiershilipao Lake	152
Beisha River	283
Beiyin Channel	69
Bielahong River	219
Bila River	73
Biliuhe Reservoir	340
Biliu River	339
Biru River	234
Boluo Lake	149
Buerhatong River	300

C

Caohe River	330
Chaersen Reservoir	100
Chagan Lake	112
Chaganmulun River	235
Chaihe Reservoir	258
Chaihe River	257
Chalin River	173
Chalu River	142
Changbaishan Tianchi Lake	118
Changren River	303
Chaoer River	84
Chaoyang River	301
Chenqing River	42
Chunyang River	299
Chuona River	36

D

Dabusu Lake	111
Daer River	321
Dafengkou Reservoir	370
Dafeng River	195
Dahengdao River	131
Dahuanggou River	161
Dahuofang Reservoir	272
Dahushi Reservoir	229
Daiguaopao Lake	87
Dajinpao Lake	96
Daketou River	234
Dakulipao Lake	113
Daliao River	288
Daling River	350
Dalin River	30
Dalishu River	248
Dalongwan Lake	133
Daluoquan River	318
Damalu River	297
Dangshi River	134
Dani River	160
Daoumulun River	243
Dapuchun River	124
Daqinggou Reservoir	264
Daqing Reservoir	71
Daqing River	349
Dasha River	132
Dasha River	342
Dasui River	140
Dayang River	331
Daya River	322
Deerbuer River	23
Denggan River	248
Dengsha River	343
Diermangniu River	356
Diersonghua River	114
Dongdahai Lake	97
Dongfanghong Reservoir	170
Dongfeng Reservoir	346
Dongliao River	245
Dongsha River	266
Dongsheng Reservoir	92
Dongzhou River	274
Dulu River	197
Dulu River	44
Duobukuli River	57

E

Emuer River	27
Emute River	104
Enhehada River	27
Erdao River	161
Erdao River	252
Erlong River	30
Erlongshan Reservoir	249
Erlongtao River	87
Erpi River	46
Etoupao Lake	107

F

Fabiela River	38
Fanhe River	259
Feiketu River	171
Fengman Reservoir	136
Fengmi River	303
Fosi Reservoir	362
Fudu River	347
Fuer River	120
Fuer River	319
Futai River	134
Fuxing River	300
Fuzhou River	344

G

Gahaihoupao Lake	106
Ganhe River	60
Gaomianpao Lake	88
Gasitai River	236
Gaya River	297
Genhe River	21

Geni River ··· 74	Hulan River ··· 134	Lanjiatangzi River ··· 304
Gongbiela River ··· 39	Hulan River ··· 163	Laocao River ··· 29
Gonghe River ··· 251	Huli River ··· 334	Laodengpao Lake ··· 198
Gongshanzui Reservoir ··· 353	Hulun Lake ··· 17	Laoguawopao Lake ··· 97
Gouhe River ··· 369	Huma River ··· 32	Laohushan River ··· 357
Guangxingpu River ··· 244	Hunchun River ··· 303	Laolai River ··· 69
Guanmenshan Reservoir ··· 280	Hunhe River ··· 268	Laoyemiao River ··· 356
Guanshan Reservoir ··· 274	Hunjiang River ··· 314	Liangjiang Reservoir ··· 119
Guanyinge Reservoir ··· 278	Huolin River ··· 107	Liangjiashan Reservoir ··· 160
Gudong River ··· 120	Huolun River ··· 158	Liangzhu River ··· 176
Guiliu River ··· 102	Huorili River ··· 63	Liangzi River ··· 209
Gulian River ··· 30		Lianhe River ··· 131
Guligutai River ··· 236	**J**	Lianhuan Lake ··· 93
Guli River ··· 57		Lianhua Reservoir ··· 184
Gulonggan River ··· 37	Jiajingou River ··· 154	Lianshan River ··· 366
	Jianchang Reservoir ··· 367	Liaohe River ··· 220
H	Jiaohe River ··· 135	Lijia River ··· 251
	Jiaolai River ··· 238	Liminpao Lake ··· 112
Habuqi River ··· 86	Jiaoliu River ··· 103	Liuda Reservoir ··· 342
Hada River ··· 210	Jiayin River ··· 48	Liugu River ··· 368
Haernaopao Lake ··· 97	Jielie River ··· 47	Liuhao River ··· 284
Hagan River ··· 100	Jiliu River ··· 24	Liuhe River ··· 262
Haicheng River ··· 286	Jingbohu Reservoir ··· 180	Liushiliuhaopao Lake ··· 154
Hailang River ··· 182	Jinhe River ··· 167	Longfengshan Reservoir ··· 159
Hailan River ··· 301	Jinjiang River ··· 123	Longhupao Reservoir ··· 92
Hailong Reservoir ··· 131	Jinpan River ··· 268	Longjiang Lake ··· 86
Hailun River ··· 170	Jinsha River ··· 135	Longtouqiao Reservoir ··· 215
Halaha River ··· 20	Jiqin River ··· 83	Longtun Reservoir ··· 369
Hama River ··· 181	Jiujiang River ··· 371	Luoquanbei Reservoir ··· 334
Hamatong Reservoir ··· 216		Lushui River ··· 121
Hamatong River ··· 216	**K**	
Handahan River ··· 83		**M**
Handa River ··· 38	Kacha River ··· 160	
Hani River ··· 318	Kalun River ··· 249	Malegaipao Lake ··· 95
Hannuo River ··· 56	Kamalan River ··· 34	Mangniu River ··· 139
Haolaiyin River ··· 21	Kelulun River ··· 18	Mangniu River ··· 158
Hawuer River ··· 24	Keluo River ··· 59	Mangniu River ··· 359
Heili River ··· 228	Keqin Lake ··· 93	Mangui River ··· 26
Heimulun River ··· 244	Keyin River ··· 168	Maolan River ··· 43
Heilongjiang River ··· 1	Keyi River ··· 61	Maoxing Lake ··· 97
Hongqipao Reservoir ··· 71	Kouhe River ··· 255	Mayi River ··· 173
Hongqi River ··· 297	Kuanhe River ··· 37	Mengjiaduan Reservoir ··· 237
Hongshan Reservoir ··· 231	Kuduer River ··· 11	Mengke River ··· 239
Hongsheng Reservoir ··· 272	Kuerbin Reservoir ··· 45	Menlu River ··· 58
Hongshi Reservoir ··· 127	Kuerbin River ··· 45	Miandu River ··· 11
Hongtuya River ··· 317	Kuile River ··· 62	Mijiang River ··· 303
Hongyanpao Lake ··· 80	Kule River ··· 80	Moerdaoga River ··· 24
Hua'aopao Lake ··· 111	Kulipao Lake ··· 153	Moergele River ··· 16
Huanghaogou River ··· 75	Kundui River ··· 229	Molimiao Reservoir ··· 237
Huangni River ··· 175	Kunduleng River ··· 109	Momogepao Lake ··· 106
Huangni River ··· 179		Mopanshan Reservoir ··· 156
Huangni River ··· 210	**L**	Moshihaipao Lake ··· 98
Huanren Reservoir ··· 320		Mudan River ··· 176
Huapidianzi River ··· 299	Lafa River ··· 136	Muhe River ··· 60
Huashuchuan Reservoir ··· 181	Lagu River ··· 318	Mulanda River ··· 172
Hubutu River ··· 294	Lalin River ··· 154	Muling River ··· 207
Huifa River ··· 128	Lama River ··· 260	Mushi River ··· 140
Huihe River ··· 16	Lamasipao Lake ··· 95	
Huilongshan Reservoir ··· 322	Lanhe River ··· 281	**N**

405

Naduli River ········· 56
Naerhong River ········· 125
Najin River ········· 103
Nanchengzi Reservoir ········· 256
Nanshan Lake ········· 93
Nansha River ········· 285
Nanyin Reservoir ········· 96
Naodehai Reservoir ········· 263
Naoli River ········· 212
Neiwolegen River ········· 36
Nemen River ········· 74
Nemoer River ········· 65
Nianpan River ········· 255
Nierji Reservoir ········· 63
Nihe Reservoir ········· 171
Nihe River ········· 170
Niqiu River ········· 59
Niuxintaobaopao Lake ········· 110
Nongjiang River ········· 200
Nuer River ········· 365
Numin River ········· 167
Nuomin River ········· 72

O

Ougen River ········· 166
Ouken River ········· 57

P

Pangu River ········· 31
Paoziyan Reservoir ········· 253
Peide River ········· 210
Peilibinpao Lake ········· 153
Piaohe River ········· 135
Puhe River ········· 274
Pusamiao Reservoir ········· 354
Pushi River ········· 326

Q

Qianhe River ········· 299
Qihulin River ········· 211
Qihuli River ········· 189
Qijiapao Lake ········· 94
Qiliqin River ········· 218
Qinghe Reservoir ········· 254
Qinghe River ········· 253
Qinghe River ········· 362
Qingnian Reservoir ········· 210
Qipanshan Reservoir ········· 275
Qixing River ········· 217

R

Raoyang River ········· 265
Rivers Flowing into the Bohai Sea ········· 343
Rivers Flowing into the Japan Sea ········· 290
Rivers Flowing into the Yellow Sea ········· 304

Runjin River ········· 90

S

Saling River ········· 233
Sandaogou River ········· 313
Sandaohezi River ········· 183
Sandaoling Reservoir ········· 350
Sandao River ········· 278
Sanjiaolongwan Lake ········· 134
Santong River ········· 132
Shahe River ········· 179
Shahe River ········· 257
Shahe River ········· 348
Shangying Reservoir ········· 286
Shankou Reservoir ········· 67
Shanma River ········· 127
Shanzui Reservoir ········· 287
Shaoleng River ········· 236
Shaoling River ········· 172
Shaozi River ········· 333
Shehe River ········· 272
Shelihu Reservoir ········· 239
Shengli River ········· 245
Shenjin River ········· 354
Shenwo Reservoir ········· 281
Shifosi Reservoir ········· 261
Shijiudaogou River ········· 312
Shili River ········· 284
Shilong River ········· 67
Shimen Reservoir ········· 349
Shirengouhoudupao Lake ········· 95
Shisandaogou River ········· 312
Shisanpao Lake ········· 110
Shitoukoumen Reservoir ········· 144
Shuangyanghe Reservoir ········· 91
Shuangyang River ········· 142
Shuangyang River ········· 90
Shuangzi River ········· 194
Shuifeng Reservoir ········· 325
Sihaipao Lake ········· 110
Sishiliupao Lake ········· 110
Songacha River ········· 206
Songhua River ········· 49
Songjiang River ········· 123
Songshan Reservoir ········· 123
Songshu Reservoir ········· 346
Suifen River ········· 290
Sujigaole River ········· 244
Suzi River ········· 271

T

Tahe River ········· 35
Taipingchi Reservoir ········· 149
Taipinghu Reservoir ········· 76
Taiping River ········· 265
Taipingshao Reservoir ········· 324
Taipingwan Reservoir ········· 326

Taixi River ········· 90
Taizi River ········· 276
Talagan Reservoir ········· 241
Tanghe Reservoir ········· 282
Tanghe River ········· 282
Tangwang River ········· 191
Taoer River ········· 98
Taoshan Reservoir ········· 188
Taoyuan River ········· 158
Teni River ········· 12
Tiannuyugongchi Lake ········· 297
Tiaozi River ········· 252
Tiejia Reservoir ········· 331
Tongken River ········· 168
Toudaobai River ········· 121
Toudaosonghua River ········· 122
Tuanjie Reservoir ········· 209
Tuanshanzi River ········· 140
Tuerjishan Reservoir ········· 240
Tuli River ········· 22
Tumen River ········· 294
Tumenzi Reservoir ········· 333
Tuoxin River ········· 86

W

Wafangdian Reservoir ········· 355
Waiqixing River ········· 218
Wanghe River ········· 253
Wanghuapao Lake ········· 151
Wangjiakan Reservoir ········· 287
Wangqing River ········· 299
Wanlongpao Lake ········· 107
Wanyan River ········· 198
Weijin River ········· 248
Weisha River ········· 319
Weitang River ········· 235
Weitegen River ········· 15
Weiyuan Reservoir ········· 314
Weizigoupao Lake ········· 88
Wende River ········· 138
West Branch of Daling River ········· 354
Wodu River ········· 56
Woken River ········· 185
Wolegen River ········· 35
Wolonghu Reservoir ········· 251
Woluo River ········· 62
Woniu River ········· 42
Woniu River ········· 82
Wudalianchi Lake ········· 68
Wudaobai River ········· 119
Wudaogou River ········· 313
Wudaoku River ········· 195
Wudao River ········· 286
Wudi River ········· 44
Wuerxun River ········· 19
Wuhulin River ········· 183
Wujintang Reservoir ········· 365
Wukai River ········· 145

Wukeshupao Lake 95	Xihe River 360	Yimatu River 362
Wulaga River 47	Xilamulun River 232	Yimin River 13
Wulanbaiqi River 243	Xilang River 157	Yingjin River 229
Wulijimulun River 241	Xiluga River 230	Yingnahe Reservoir 336
Wuli River 366	Xinancha River 195	Yingna River 335
Wulongbanjie River 248	Xingcheng River 367	Yinhe Reservoir 79
Wulugeqi River 245	Xingkai Lake 204	Yinhe River 78
Wuma River 27	Xingkai River 250	Yinma River 141
Wunuer River 12	Xinglongpao Lake 153	Yitong River 132
Wusihun River 185	Xingxingshao Reservoir 143	Yitong River 145
Wusuli River 201	Xinhuangpao Lake 106	Yituli River 23
Wutong River 196	Xini River 15	Youhao River 193
Wuyuer River 88	Xinkai River 148	Yuanbaoshan Reservoir 364
Wuyun River 46	Xinkai River 240	Yuebingpao Lake 94
	Xinlicheng Reservoir 148	Yuejinpao Lake 176
	Xinmiaopao Lake 112	Yuelianghu Reservoir 105
	Xiongyue River 348	Yunfeng Reservoir 313
	Xiquanyan Reservoir 162	Yunliang River 285

X

Xianghai Reservoir 104	Xiushui River 261	
Xiangshan Reservoir 39	Xunbila River 40	

Y

Z

Xiangyangshan Reservoir 189	Yahe River 323	Zanzi River 341
Xiaogujia Reservoir 271	Yalu River 201	Zhadun River 12
Xiaojia River 280	Yalu River 305	Zhangdang River 274
Xiaoliao River 249	Yalu River 80	Zhangjiapao Lake 111
Xiaoling River 363	Yangchang River 267	Zhanhe River 43
Xiaoshan Reservoir 124	Yangchangzi River 231	Zhaosu River 231
Xiaoshi River 179	Yangliu River 285	Zhaosutai River 252
Xiaosi River 338	Yangshapao Lake 87	Zhawen River 74
Xiaosuifen River 293	Yangximu River 262	Zhayin River 169
Xiaotang River 279	Yangxumu River 263	Zhenziling Reservoir 260
Xiaoxiergenqi River 32	Yanwangbizi Reservoir 358	Zhongneipao Lake 152
Xiaoximipao Lake 112	Yaojingpao Lake 110	Zhuanghe River 337
Xiaoxinkai River 319	Yichun River 194	Zhuangtoupao Lake 95
Xibo River 230	Yigen River 23	Zhuanjiaolou Reservoir 335
Xidahai Lake 97	Yijimi River 165	Zhuerduo River 180
Xiergenqi River 31		Zhuwei Reservoir 337
Xi'erlongpao Lake 106		Zhuzi River 124
Xigou Reservoir 40		
Xihe River 280		

内 容 索 引

A

阿巴河　27
阿巴昔河　27
阿卜河　180
阿卜隆湖　180
阿布沁河　212
阿城河　161
阿德河　103
阿尔滨河　39
阿尔浑德仑郭勒　109
阿吉尔嘎廷浑迪　16
阿吉羊河　33
阿加拉河　215
阿库里河　202
阿勒楚喀毕拉　161
阿里河　61
阿力得尔河　103
阿凌河　27
阿陵河　39
阿龙山河　26
阿鲁戈埃河　34
阿伦河　77
阿木尔河　28
阿木牛河　82
阿木珠苏河　73
阿穆尔河　1
阿什河　161
阿廷河　45
啊也苦河　294
艾河　245
艾青河　256
爱河　327
爱林沟　166
爱也窟河　294
叆河　327
安邦河　166，198
安出虎　161
安格林河　26
安平河　348
安全河　195
安肇新河　150
敖包泡　93
敖鲁古雅河　26
敖伦诺尔水库　237
敖宁高勒　14
鳌龙河　89
鳌龙河　139
奥拉里耐河　30
奥鲁斯连耐河　30

B

八百响泡　92
八宝海河　267
八宝栏子河　125
八岔沟　150
八岔河　80
八道沟　167
八道沟　168
八道沟河　312
八道河　135
八道河　181
八道河　302
八道河　329
八道河子　366
八道卡河　27
八虎力河　189
八家河　340
八家子河　134
八家子河　140
八家子河　252
八里罕河　224
八里河　287
八里湾河　32
八一幸福运河　93
巴都尔河　11
巴尔格歹河　102
巴尔汰河　236
巴虎河　138
巴兰河　190
巴润浩来音沟　21
巴润毛盖河　16
巴图营子河　364
巴彦湖　20
巴彦塔拉河　236
芭藁碴子河　183
白狼河　350
白棱河　205，208
白马夫河　138
白庙子河　139
白泡子河　205
白山湖　123
白山水库　125
白石沟　129
白石水库　359
白水滩　285
白塔堡河　268
白塔河　238
白音巨流河　244
白云河　129，131

百岔河　234
拜布尔察罕大泊　112
拜拉马坎河　26
板桥河　284
板石河　122
半截沟　158
半截河　161
半截河　211
半截河　248
半拉江　323
半圆河　196
半支箭河　231
蚌河　231
宝丰河　103
宝国老河　359
宝健河　1
宝林河　183
宝马沟　121
宝密河　213
宝清河　213
宝泉河　149
宝石河　214
保林河　173
报马川河　130
鲍家河　147
北岔河　168
北岔子河　60
北大河　12
北地河　285
北二道河　143
北二根河　31
北二十里泡　152
北沟　135
北河　136
北黑河　122
北黄泥河　124
北津泡　93
北锦江　123
北京窑河　135
北柳树河　135
北琴海　204
北沙河　283
北师河　58
北太子河　276，277
北头道河　143
北头河　12
北小河　66
北小河　224
北小河　364
北窑河　350

408

北引渠道 **69**	查拉班河 34	达拉河 27
北沽河 43	察尔森水库 **100**	达赉毕诺湖 73
北朱奇河 134	岔林河 **173**	达赉湖 17
贝尔茨河 24	岔路河 **142**	达勒林高勒 244
贝尔湖 **20**	柴河 84	达鲁西亚河 27
背荫河 159	柴河 **257**	打虎石水库 **229**
本溪湖 278	柴河水库 **258**	大阿鲁阿亚河 26
崩河 231	屠蠡水 297	大板石河 124
比金河 202	长春岭沟 140	大勃吉河 130
必如河 **234**	长津江 305	大布苏湖 **111**
毕尔腾湖 180	长岭子河 135	大布苏泡 111
毕罕河 195	长桥子河 139	大长皋河 356
毕拉河 **73**	长青河 193	大车户沟河 364
毕里河 339	长清河 42	大虫江 314
毕力格河 73	长仁河 **303**	大创忽儿河 252
毕利河 339	长山河 281	大顶子沟 145
苾里海 339	长水河 66	大东北岔河 173
碧流河 **339**	长太河 117	大肚泡 109
碧流河水库 **340**	长太河 141	大额木特河 104
边家沟 150	长兴河 300	大二河 **321**
扁石河 217	常家河 331	大房身河 140
杓子河 333	场北河 135	大丰河 **195**
别拉洪河 **219**	场东河 135	大风口水库 **370**
别拉雅河 219	钞铁河 287	大疙瘩奇河 77
别拉亚河 207	朝阳河 136	大姑家河 136
兵马河 285	朝阳河 **301**	大孤河 215
波鲁夏里河 30	朝阳山东河 132	大古里河 57
波罗湖 **149**	朝阳寺河 267	大官地沟 139
波罗泡 149	潮查河 21	大寒葱河 293
波泥河 142	辰清河 **42**	大浩来图河 234
玻璃河 142	成文沟 150	大横道河 **131**
播根里河 59	承紫河 205	大虎寸子河 323
泊汋口 326	城子街河 140	大荒沟 120
博拉府河 30	乘槎河 116，118	大荒沟 133
博拉葛里河 31	澄沙河 343	大荒沟 **161**
簸箕寨河 348	池家屯河 146	大荒沟河 185
卜柴沟 120	赤松河 125	大黄泥河 117
布尔噶水 185	冲河 159	大伙房水库 **272**
布尔根湖 96，97	臭松沟 174	大伙棚河 139
布尔哈通河 **300**	出万河 142	大鸡爪河 167
布尔哈图河 300	啜水 84	大夹皮沟河 122
布尔湖里 297	床金河 236	大佳河 213
布列亚河 7	春阳河 **299**	大结鲁当河 29
布雨尔湖 20	戳尔河 84	大金泡 **96**
	绰尔河 **84**	大九井子西泡 97
C	绰勒河 172	大克头河 **234**
	绰纳河 **36**	大库里泡 113
蔡屯河 341	慈城江 305	大奎勒河 62
参柳河 239	鸬鹭河 248	大拉海泡 96
槽子河 122，124	刺尔滨河 38	大砬子沟 133
草河 **330**	刺芽沟 301	大梨树河 **248**
草庙子河 138	翠峦河 194	大梨树沟 299
草爬子河 123		大力加湖 200
查干白旗河 243	**D**	大连河 174
查干楚鲁沟 87		大连泡河 211
查干湖 **112**	达布库湖 205	大梁水 276
查干木伦河 87	达尔滨湖 74	大亮子河 175
查干木伦河 **235**	达尔滨湖沟 74	大辽河 **288**
查干诺尔 17	达尔沁河 359	大辽水 220
查干泡 112	达拉罕河 36	大林河 30

409

大凌河 175	大文布奇河 77	东二道河 134
大凌河 350	大翁泉河 47	**东方红水库 170**
大凌河西支 354	大乌蛇沟河 294	东风沟 162
大柳河 128	大乌苏河 35	东风河 142
大柳树河 155	大西尔根气河 32	**东风水库 346**
大龙虎泡 92	大西沟 230	东卡尔河 194
大龙湾 133	大西林河 193	**东辽河 245**
大龙湾 266	大西毛伊西河 29	东柳树河 175
大龙湾沟 130	大小五家泡 96	东龙湾 133
大罗圈河 318	大兴凯湖 205	东马莲河 251
大马鹿沟 297	大兴屯河 132	东南沟 195
大马鹿沟支沟 297	大鸭水浒 322	东牛角沟 83
大马鹿河 297	**大雅河 322**	东诺敏河 72,73
大马鹿支沟 297	大雁河 4	东沙河 140
大马蹄河 217	大羊岔河 121	**东沙河 266**
大莫拐河 11	大杨木背河 185	东沙河 360
大穆伦河 172	大杨气河 57	**东升水库 92**
大泥河 160	**大洋河 331**	东石河 130
大泥黑河 162	大营子河 355	东汤河 329
大牛沟河 124	大渔泡 112	东响水河 143
大欧木伦河 243	大榆树河 360	东小河 224
大蒲柴河 121	**岱古敖泡 87**	东兴隆河 134
大蒲春河 124	丹青河 190	**东洲河 274**
大青沟河 123	**挡石河 134**	董屯河 340
大清沟 263,264	挡石河 194	都尔滨河 45
大清沟水库 264	刀毕河 201	都冷河 109
大清河 349	倒流河 366	都力河 130
大庆水库 71	倒木河 143	**都鲁河 44**
大色金别河 213	倒木圈河 176	**都鲁河 197**
大色力河 130	道芬河 291	斗不起河 42
大沙河 132	道虎沟河 354	斗银河 182
大沙河 155	道水河 123,126	豆满江 294
大沙河 189	**得耳布尔河 23**	杜家河 48
大沙河 342	德库里特夹河 29	肚带河 142
大沙滩河 132	德龙泡 93	**多布库里河 57**
大山家子河 117	德胜河 133	多里纳河 30
大猞猁河 171	德兴屯河 133	
大盛河 342	德源桓河 171	**E**
大石河 177	德扎奇必也河 63	
大石河 281	**灯杆河 248**	鹅头泡 107
大石头沟 299	登岭河 245	额尔格奇河 60
大石头河 155	**登沙河 343**	额尔古纳河 1
大石头河 159	滴道河 207	额勒敏河 141
大石头河 160	地河 261	**额木尔河 27**
大石头河 207	地河 262	额木斯台河 101
大时尼奇河 77	地局子沟 171	**额木特河 104**
大水泊 112	**第二牤牛河 356**	额木廷高勒 104
大水河 140	**第二松花江 114**	额穆索河 180
大四家子河 364	吊桥河 339,340	额伊浑河 166
大绥河 140	东安河 157	恶龙河 259
大索伦河 213	东半截河 215	鄂尔逊河 19
大索洛霍奇河 78	东北岔河 125	鄂勒欢绥芬河 293
大坦平河 133	东北岔河 180	鄂里特河 56
大铁古鲁河 82	东北沟 195	鄂列雅沟 38
大通河 176	东北泡子 205	鄂头河 60
大头卡河 31	东背河 227	鄂依那河 14
大王杖子河 355	**东大海 97**	**恩和哈达河 27**
大威虎河 180	东德河 136	尔站河 181
大苇沙沟 133	东地河 205	二八股泡 93
大苇子沟 147	东鄂 322	二部沟 210

二岔河 121	房身沟 150	格德日根宝力皋河 109
二道白河 116，119	房身河 231	格拉河 45
二道半河 135	房身河 287	格木克河 165
二道沟 135	**蜚克图河 171**	**格尼河 74**
二道沟 303	沸流水 314	葛拉曼河 38
二道沟河 305	费岳和河 135	根德 364
二道海浪河 183	费杂图河 171	根多河 83
二道河 66	丰林河 192	**根河 21**
二道河 117	**丰满水库 136**	公别河 130
二道河 135	丰屯河 265	**公别拉河 39**
二道河 159	蜂蜜沟 303	公河 251
二道河 161	蜂蜜沟 367	**宫山嘴水库 353**
二道河 162	蜂蜜河 120	龚沙河 127
二道河 179	**蜂蜜河 303**	共青河 192
二道河 188	**佛寺水库 362**	沟儿河 369
二道河 211	伏尔基河 197	沟浪河 42
二道河 218	**浮渡河 347**	沟连河 332
二道河 219	福洞河 302	狗河 354
二道河 246	福利沟 133	**狗河 369**
二道河 251	福民河 133	沽源河 255
二道河 252	**福兴河 300**	姑子庵河 172
二道河 262	抚育河 194	孤家沟 60
二道河 266	**复州河 344**	轱辘滚河 88
二道河子 163	**富尔河 120**	古城子河 268
二道河子 179，184	**富尔江 319**	**古洞河 120**
二道河子 357	富岗河 140	古洞河 332，333
二道莫河 356	富克山河 30	古恩宝力皋沟 87
二道欧根河 167	**富太河 134**	古尔布干河 23
二道漂河 135		古兰河 38
二道松花江 116	**G**	**古里河 57**
二道松江河 124		**古力古台河 236**
二道乌龙沟 168	嘎海后沟子 106	古利库河 52
二道子河 219	**嘎海后泡 106**	**古莲河 30**
二更河 66	嘎库河 183	**古龙干河 37**
二河沟 176	嘎拉基河 196	古鲁干河 32
二龙河 30	嘎拉通河 205，207	古纳河 24
二龙湖 249	嘎斯河 181	谷头河 308
二龙山泡 96	**嘎斯汰河 236**	固固河 52
二龙山水库 249	嘎呀河 117	固里河 84
二龙套河 87	嘎呀河 135	顾洞河 352
二龙涛河 87	**嘎呀河 297**	拐把河 159
二龙湾 133	噶哈哩河 297	拐子坑河 134
二龙湾 266	干棒河 157	**关门山水库 280**
二皮河 46	干部河 35	**关山水库 274**
二青河 192	干沟河 284	**观音阁水库 278**
二十家子河 364	干沟子河 146	官营子河 359
二十三道沟河 312	干沟子河 238	广老河 331
二十四道沟河 308	干明益河 183	广坪沟 296
二十五道沟河 308	干雾海河 145	**广兴堡河 244**
二十一站河 32	**甘河 60**	归勒河 102
	岗阳河 146	**归流河 102**
F	高城子河 140	贵列河 102
	高儿河 369	滚龙河 364
发别河 130	高里大沟 31	郭恩河 64
法别拉河 38	高立河 122	郭家店河 134
凡河 259	高林台河 361	锅子沟 174
樊家沟 162	**高棉泡 88**	
汎河 259	高山河 122	**H**
范河 259	高榆树沟 132	
房申河 355	戈西 284	哈布气河 86

411

哈布塔泡 94	旱河 112	洪河 240
哈达河 22	旱河 140	**鸿雁泡 80**
哈达河 210	濠河 170	后河 133
哈达砬子沟 210	**好来音河 21**	后马场沟 143
哈达密河 198	好森沟 86	后松河 349
哈达苏台河 236	合兰河 301	后仙人河 132
哈岱坎河 83	合宁果河 86	后窑河 350
哈尔巴岭沟 180	何发河 82	呼尔达河 87
哈尔边河 260	和安河 120	呼尔海全 180
哈尔挠泡 97	河北泡 96	呼汗海 180
哈干河 100	河北屯河 185	呼和诺尔 17
哈黑尔河 244	曷懒水 301	呼吉仁诺尔 19
哈拉根台河 101	贺家排干 259	呼拉哈河 176
哈拉沟 12	赫尔苏河 245	呼兰沟 134
哈拉哈格勒 20	赫图河 272	**呼兰河 134，163**
哈拉哈河 20	鹤河 22	呼里改江 176
哈拉河 83	鹤立河 196	呼伦池 17
哈拉河 133	黑背河 139	**呼伦湖 17**
哈拉穆河 1	黑城子河 359	呼玛尔河 33
哈励哈河 20	黑顶子河 142	**呼玛河 32**
哈蚂河 155	**黑里河 228**	呼雨哩 88
哈泥河 318	黑林河 160	呼裕尔 88
哈日诺尔 19	**黑龙江 1**	呼裕尔河 88
哈日扎拉河 12	**黑沐伦河 244**	忽刺温江 163
哈沙羊营泡 96	黑牛圈沟 132	忽尔哈河 176
哈山河 271	黑牛营子河 364	忽汉河 176
哈图莫河 102	黑水 1	忽兰叶河 88
哈乌尔河 24	黑水河 368	胡刺温江 163
哈乌鲁河 24	黑瞎子河 136	胡尔哈河 176
蛤蜊河 340	黑鱼沟 146	胡尔勒河 87
蛤蟆河 130	黑鱼沟河 266	胡家沟河 354
蛤蟆河 181	黑峪河 287	胡家营子河 361
蛤蟆通河 216	横道河 131	胡里改江 176
蛤蟆通水库 216	横道河 135	胡杖子河 354
蛤蟆屯 263	横道河 217	**湖里河 334**
蛤蚂河 139	横道河 329	**瑚布图河 294**
海城河 286	红丹水 295	瑚尔哈河 176
海岛营子河 354	红甸子河 182	瑚裕尔河 88
海沟河 162	红河 270	虎尔哈河 176
海拉尔河 1	红花尔基河 86	虎沟子河 133
海兰河 120	红旗沟 185	**花敖泡 111**
海兰河 301	红旗河 192	华集沟 303
海兰江 301	**红旗河 297**	化石戈河 359
海浪河 182	**红旗泡水库 71**	**桦皮甸子河 299**
海勒斯台郭勒 102	红山河 253	桦皮河沟 48
海龙河 125	**红山水库 231**	桦皮河 123，143
海龙水库 131	**红升水库 272**	桦皮羊子河 195
海伦河 170	红石河 133	**桦树川水库 181**
海青河 136	红石河 331	桦树河 132
海棠河 224	红石湖 123	桦新河 135
骇浪河 301	红石砬河 352	怀都坤兑河 235
寒葱沟 157	**红石水库 127**	怀家沟 162
寒葱河 120	红土水 295	**桓仁水库 320**
寒葱河 135	**红土崖河 317**	荒沟 119
寒葱河 155	红溪河 297	黄草沟 83
寒葱河 176	红星河 139	**黄海水系 304**
寒葱河 185	红崖子河 367	**黄蒿沟 75**
罕达罕河 83	红源泡 93	黄金带河 355
罕诺河 56	红嘴河 252	黄梁河 157
汗达河 38	洪尔都河 207	黄泥河 130

黄泥河	132	加道梯河	45	巨力河	103
黄泥河	162,163	加尔图库河	318		
黄泥河	174	加疙瘩河	27	**K**	
黄泥河	**175**	加工河	139		
黄泥河	**179**	加吉河	181	**卡岔河**	**160**
黄泥河	**210**	加木护力罕河	32	卡路	117
黄泥河	293	夹金河	48	**卡伦**	**249**
黄泥河子	157	**夹津沟**	**154**	卡伦湖	142
黄玉河	175	夹皮沟	127	**卡玛兰河**	**34**
潢水	232	夹信子沟	139	卡西春河	42
幌子河	138	嘉禾河	271	喀喇其主沟	22
灰扒江	128	**嘉荫河**	**48**	喀喇沁河	357
珲春河	**303**	贾荒沟	140	喀穆尼喀俄佛罗	69
珲春水	303	贾家沟	133	喀穆图河	216
辉发河	**128**	碱草沟	146	开拉气主沟	22
辉河	**16**	碱厂沟	130	开源沟	147
辉腾高勒	16	碱厂沟	133	砍都河	56
回跋江	128	碱厂河	122	康家河	140
回霸江	128	**碱厂水库**	**367**	抗美河	192
回龙山水库	**322**	碱水河	132	炕杖子	354
回头河	347	江畔小河	167	靠边王河	146
会全栈河	127	姜家河	145	**科洛河**	**59**
浑蠢水	303	姜家营沟	230	克波河	30
浑河	**268**	将军湖	371	**克尔芬河**	**45**
浑江	**314**	**蛟河**	**135**	**克林河**	**45**
混江	314	**蛟流河**	**103**	**克鲁伦河**	**18**
混同江	1	焦家亮子河	207	**克钦北湖**	**93**
混同江	49	角刀木河	22	**克钦湖**	**93**
混同江	114	**教来河**	**238**	**克钦南湖**	**93**
活刺浑河	163	**结烈河**	**47**	**克一河**	**61**
火儿赤纳河	241	结雅	7	**克音河**	**168**
火龙沟	86	解放河	195	肯尼根河	58
火龙河	130	解升图河	109	扣河子河	262
火烧黑泡	93,97	金厂沟梁河	357	**寇河**	**255**
霍尔河	202	金岗河	271	哭泪泡	153
霍吉河	45	金河	24	库除河	57
霍拉盆河	30	金家河	330	**库都尔河**	**11**
霍里奇坎河	63	金家洼子河	360	库都里河	11
霍林河	**107**	**金沙河**	**135**	**库尔滨河**	**45**
霍龙门沟	59	金沙河	174	**库尔滨水库**	**45**
霍伦	**158**	金沙河	187,188	库尔奇勒河	80
霍洛台河	30	金沙河	210	库金沟	147
霍日里河	**63**	金沙河	267	库库河	82
		金银别河	117	**库勒河**	**80**
J		金银库河	205	**库里泡**	**153**
		津河	**167**	库力河	21
机水洞沟	301	**锦江**	**123**	库力库都沟	11
鸡鸣山河	145	**锦盘河**	**268**	库伦河	77
鸡秦河	83	静安河	135	库伦泡子	153
鸡爪河	89,194	**镜泊湖水库**	**180**	库纳森河	36
激流河	**24**	九道沟	91	宽沟子	90
吉布吐郭勒	109	九道沟	168	宽沟子河	66
吉尔撒河	131	九道河	344	**宽河**	**37**
吉龙河	36	九河沟	93	**奎勒河**	**62**
吉庆河	129	**九江河**	**371**	奎勒河	102
吉兴河	188	九龙河	275	奎胜店河	354
济勒钦河	217	九那大沟河	37	**坤都冷河**	**109**
济沁河	82	九水河	301	**坤兑河**	**229**
济沁河	**83**	九营子河	361	坤尼气河	82
加碑岩	369	旧帽山河	327,328	坤头河	229

413

L

拉法河	**136**
拉古河	268
拉哈提河	31
拉拉岗沟	120
拉拉河	132
拉林河	**154**
拉林清河	165
拉马河	**260**
拉民河	193
拉气河	56
砬子山河	369
喇嘛河	84
喇嘛寺泡	**95**
蝲蛄河	**318**
蝲哈多布库河	318
来财河	188
兰棒河	213
兰河	**281**
兰家趟子河	**304**
兰陵河	154
兰山河	133
兰山河	274
岚崮河	344
拦山河	133
滥真河	359
狼河	241
浪彩河	121
浪柴河	117
老槽河	**29**
老潮河	29
老等泡	**198**
老恶河	117
老鸹窝泡	**97**
老哈河	220
老黑河	122
老黑山河	293
老虎沟	132,150
老虎山河	**357**
老莱河	**69**
老庙沟河	334
老少沟	140
老梧桐河	196
老爷庙河	**356**
老跃沟	140
老寨川河	359
乐洋河	265
勒富河	205
冷布落河	21
梨树沟	123,126
梨树沟	301
梨树河	329
李大院沟	132
李官河	347
李家河	147
李家河	251
李家河	**251**
里马鹿沟河	122
丽林河	192
利民泡	**112**
栗河	241
栗末水	114
栗子河	135
连环湖	**93**
连山河	**366**
连珠河	187
莲河	**131**
莲花水库	**184**
莲山屯沟	129
联河	134
簗子河	140
凉水河	133
凉水河	352
梁家河	134
梁家河	139
梁水	276
梁屯河	340
两江水库	**119**
亮甲山水库	**160**
亮珠河	**176**
亮子河	134
亮子河	140,179
亮子河	**209**
亮子河	332
辽河	**220**
辽水	220
辽水	268
临江河	117
灵河	350
凌河	350
凌水	350
刘大水库	**342**
刘家堡河	117
刘屯河	139
柳洞河	296
柳沟	284
柳壕河	**284**
柳河	165
柳河	**262**
柳棱河	190
柳林河	331
柳毛河	187
柳毛河	210
柳泡河	159
柳树沟	132
柳树河	130
柳树河	175
柳树河	181
柳树河	183
柳树河	189
柳树河	198
柳树林子河	136
六八石沟	129
六道沟河	190
六道河	155
六道河	159
六道河	302
六道河	321
六股河	**368**
六官营子河	355
六河	321
六河沟	93
六十六号泡	**154**
六州河	368
龙凤河	136
龙凤湖	159
龙凤山水库	**159**
龙湖河	187,188
龙虎泡水库	**92**
龙华河	103
龙江湖	**86**
龙居河	18
龙口河	347
龙泉河	172
龙泉龙湾	125,133
龙潭	118
龙头桥水库	**215**
龙屯水库	**369**
龙湾河	125
漏河	98
卢朐河	18
芦家沟	160
鲁北河	245
鲁新河	194
鹿鸣河	124
鹿圈沟河	334
路沟河	260
露水河	**121**
吕家沟	78
吕王河	349
率水	172
罗家沟	133
罗圈背水库	**334**
罗圈河	301
罗泉河	187
罗子沟	291
裸河	59
洛格河	205
洛新河	194
落凤台	369

M

麻屯河	282
马布库拉河	73
马大尔河	31
马峰	284
马河	75
马家河	57
马勒盖泡	**95**
马路河	122
马其克外河	26
马桥河	207
马圈泡	93
马营泡	112
马友营河	359
马仲河	254
马訾水	305

玛珥湖	133	木孙河	195	讷谟尔河	65
玛哈舟	274	木曾河	196	内倭勒根河	36
玛玛诺泡	96	沐河	60	嫩江	49
蚂螂河	173	沐石河	140	尼尔基水库	63
蚂蜒河	173	牧牛河	333	尼日里泡	87
蚂蚁河	**173**	暮棱水	172	尼莎气河	84
蚂蚁河	319	穆棱河	158	泥尔根河	165
满归河	**26**	**穆棱河**	**207**	**泥河**	**170**
曼拉开河	35	穆伦河	172	**泥河水库**	**171**
漫江	122	穆书河	140	**泥鳅河**	**59**
牤牛河	**139**			泥鳅河	213
牤牛河	**158**	**N**		年截河	159
牤牛河	224			鲇鱼河	146
牤牛河	328	那丹伯河	146	碾盘沟	367
牤牛河	332	**那都里河**	**56**	**碾盘河**	**255**
牤牛河	**359**	**那尔轰河**	**125**	碾子河	187
茅兰河	**43**	那河	49	娘娘库河	119
茅栏河	43	那家河	334	娘娘庙沟	150
茂兴湖	**97**	**那金河**	**103**	鸟林河	136
梅河	129	那什代泡	93	聂河	31
梅花河	193	纳赫尔湖	92	牛场河	138
湄沱河	180	纳塞里格河	27	牛尔坑河	73
湄沱湖	180	乃大乌鲁河	26	牛耳河	6, 25
湄沱湖	204	乃木河	62	牛汾台河	101
美林河	193	奶头河	121	牛毛沟水库	96
美林河	230	奈曼西湖	239	牛圈沟	299
门德沟	86	南北河	66	牛牲河	327
门鲁河	**58**	南岔子河	60	牛心河	183
蒙古营河	359	南柴河	258	牛心河	301
蒙江	124	**南城子水库**	**256**	**牛心套堡泡**	**110**
孟家段水库	**237**	南大河	330	**浓江**	**200**
孟克河	**239**	南大河	349	努布企沟	87
糜子河	252	南甸心河	133	**努敏河**	**167**
密江	**303**	南湖河	147	努木尔根河	20
密江河	183	南黄泥河	122	**女儿河**	**365**
密江河	296	南锦江	123	诺罗河	212
密什哈河	117	南宽河	37	**诺敏河**	**72**
免渡河	**11**	南龙湾	133	诺敏河	167
庙沟河	299	南清河	122		
庙台沟	162	南沙河	139	**O**	
磨盘山水库	**156**	南沙河	257		
莫尔道嘎河	24	**南沙河**	**285**	**欧根河**	**166**
莫尔格勒河	16	**南山湖**	**93**	**欧肯河**	**57**
莫家河	334	南石湖沟河	333	欧拉伶河	33
莫克河	84	南苏水	245	呕罕河	185
莫勒恩河	158	南塔河	122		
莫力庙水库	**237**	南台子河	230	**P**	
莫莫格泡	**106**	南太子河	277, 279		
莫什海泡	**98**	南天门河	122	盘古河	31
莫什河	140	南条子河	252	盘挂河	31
母子宫河	57	南阳河	66	盘山楼	263
牡丹川	298	南腰小河	66	磐石河	134
牡丹江	**176**	南窑堡沟	143	庞家河	265
木沟河	66	**南引水库**	**96**	**泡子沿水库**	**253**
木箕河	117	南沾河	43	**培利滨泡**	**153**
木兰达河	**172**	南朱奇河	130	**裴德河**	**210**
木楞河	172	难水	49	裴德里河	210
木瑞河	22	**挠力河**	**212**	琵河	135
木石河	140	**闹德海水库**	**263**	匹古敦水	171
木石匣河	236	**讷门河**	**74**	偏岭河	332

415

漂尔河 117	清河水库 254	三道河 278
漂筏河 218	清洪河 240	三道河 281
漂河 135	清江河 123，126	**三道河子 183**
漂河 172	清沙河 349	三道花园河 123，126
撒拉河 168	清水河 367	**三道岭水库 350**
平地沟 135	邱屯河 257	三道漂河 135
平地河 354	秋皮沟 371	三道松江河 122，124
平顶河 42	楸树河 248	三道乌龙沟 168
平洋河 148	屈利水 72	三股河 329
坡洛霍黑河 33	屈裂儿河 102	三官地沟 139
婆猪江 314	取柴河 142	三级台河 331
仆汗水 185	圈河 219，296	三家子沟 146
铺西河 326	全胜河 133	三家子河 332，333
菩萨庙水库 354	泉呼河 56	三间河 148
葡萄沟 140	泉水洞河 303	**三角龙湾 134**
蒲河 274	泉眼沟 80	三龙湾 266
蒲石河 326	泉眼沟 168	三通河 132
蒲与路河 88	泉眼河 56	三通河 286
蒲峪路河 88	泉眼河 172	**三统河 132**
		三屯河 132
Q	**R**	三纵河 132
		色洛河 117，128
七寸河 159	饶乐水 232	僧机图河 354
七道沟 168	**绕阳河 265**	沙巴尔廷浑迪 16
七道河 139	绕盈河 132	沙巴汰河 236
七道河 155	热水河 355	沙房子河 196
七虎力河 189	热水汤河 357	沙海河 355
七虎林河 211	**入渤海水系 343**	沙河 131
七家子泡 94	**入日本海水系 290**	沙河 155
七里沁河 218	润津河 90	**沙河 179**
七里星河 218	弱水 49	**沙河 257**
七台河 187		沙河 285
七星河 217	**S**	沙河 342
齐家泡 94		沙河 344
齐心河 205	萨尔浒河 268	**沙河 348**
祁堡河 281	萨哈连乌拉 1	沙河子 174
奇拉河 197	萨吉气 22	沙河子 265
棋盘山水库 275	萨里克河 233	沙河子河 157
麒麟河 257	萨鳞河 173	莎拉沟 75
恰库河 124	**萨岭河 233**	山口河 357
前二道河 138	萨仁河 233	**山口水库 67**
前河 299	三八沟 89	**山麻河 127**
前窑河 140	三八河 148	山市河 183
茄子河 187，188	三岔河 117	**山嘴水库 287**
青背河 117	三岔河 121	杉松岗河 133
青河 332	三岔河 155，157	善丁诺尔 19
青林沟 166	三岔河 190	上二道河 161
青龙河 125	三岔河 369	上柳树河 158
青年水库 210	三道白河 116，119	**上英水库 286**
青山沟 301	三道白河 121	烧锅河 132，140
青山口河 195	三道沟 78，127，132，142，168	稍户营子河 361
青松岭河 357	三道沟 304	芍药河 356
青台峪河 332	**三道沟河 313**	少贝河 253
青台峪河 333	三道河 44	少郎河 236
清河 192	三道河 117	**少冷河 236**
清河 240	三道河 159	**少陵河 172**
清河 253	三道河 160	哨子河 333
清河 279	三道河 181	奢岭河 142
清河 349	三道河 190	**舍力虎水库 239**
清河 362	三道河 262	社河 272

麝香河	362	石柱河	350	苏呼河	20
深井河	356	石嘴河	334	**苏吉高勒**	**244**
葭窝水库	**281**	时家店河	133	苏克素河	271
沈新辽	275	室伪水	282	苏密河	130
渗津河	**354**	寿山河	135	苏完河	142
升平河	245	刷烟河	142	**苏子河**	**271**
胜利沟	90	帅水	172	速末水	114
胜利河	205	双岔河	297	酸河	142
胜利河	**245**	双岔河	332	**绥芬河**	**290**
胜利河	261	双顶子沟	132	孙家沟	139
圣水河	132	双发河	103	缩脖川河	321
盛水河	145	双河	123，188		
施家沟	143	双龙堡河	267	**T**	
十八道沟河	309	双庙河	146		
十八台河	359	双山子沟	132	**他拉干水库**	**241**
十道沟	168	双胜河	135	他拉海泡	53
十道沟河	309	双台子河	227，265，288	他拉红泡	93
十二道沟河	312	双兴沟	130	他漏河	49
十九道沟河	**312**	双鸭河	189	他什海泡	97
十里堡河	145	**双阳河**	**90**	塌头河	348
十里河	**284**	**双阳河**	**142**	塔尔气河	84
十六道沟河	309	**双阳河水库**	**91**	塔二丈河	274
十三道嘎呀河	297	双榆沟	145	塔哈河	53，89
十三道沟	167	**双子河**	**194**	**塔河**	**35**
十三道沟河	**312**	水道沟	129	塔拉宝拉格河	236
十三泡	**110**	**水丰水库**	**325**	塔拉湖	178
十四道沟河	309	水泉沟	171	塔拉坎河	27
十五道沟河	309	水泉河	369	塔里亚河	31
十一道沟	168	水新河	135	塔莫河	205
石安河	287	顺利河	195	塔七沟	233
石板河	122	硕罗河	172	塔溪河	60
石碑沟河	230	司家街河	134	塔子沟河	252
石碑河	359	斯帕索夫卡河	205	挞鲁古河	98
石槽河	117	四道白河	116，119	挞鲁河	98
石城川水	354	四道沟	83	闼门泡	118
石底河	66	四道河	125	太康河	157
石佛寺水库	**261**	四道河	159	太鲁水	98
石河	370	四道河	179	**太平池水库**	**149**
石虎河	117	四道河子	166	太平沟	11
石勒喀河	1	四海龙湾	125，133	太平沟	147
石龙河	**67**	**四海泡**	**110**	太平沟	163
石门沟	174	四合后泡	93	太平沟	183
石门河	167	四间河	138，147	**太平河**	**265**
石门河	172	四龙湾	266	太平河	314
石门水库	**349**	四怒河	60	**太平湖水库**	**76**
石门子河	143	四平北河	252	**太平哨水库**	**324**
石门子河	291	四平河	342	**太平湾水库**	**326**
石绵河	323	**四十六泡**	**110**	太平庄河	339
石人沟后堵泡	**95**	四台营子河	364	**太子河**	**276**
石山河	369	**松阿察河**	**206**	太子湖	97
石头河	122	松花湖	123，138	**泰西河**	**90**
石头河	155	**松花江**	**49**	谭杖子	369
石头河	162	松桦河	124	汤池河	332
石头河	174	**松江河**	**123**	汤河	122
石头河	175	松木河	188	**汤河**	**282**
石头河	196	**松山水库**	**123**	汤河东支	282，283
石头河	296	**松树水库**	**346**	**汤河水库**	**282**
石头河子	181	松乙河	181	汤头河	361
石头口门水库	**144**	苋集河	368	**汤旺河**	**191**
石乙水	295	搜登河	139	唐坊河	139

糖坊沟 171	徒们河 294	苇沙河 123
洮儿河 98	土城子河 117	苇沙河 127
桃核木郭勒 103	土尔根河 359	苇沙河 174
桃山水库 188	土尔壤河 359	**苇沙河 319**
桃源河 158	土河 356	**苇塘河 235**
特默河 84	土里根河 356	苇塘河 266
特尼 74	土鲁木河 66	**苇特根河 15**
特尼河 12	土门子河 334	**苇子沟泡 88**
腾格里郭勒 245	**土门子水库 333**	**渭津河 248**
腾克力河 238	土木伦河 359	渭水河 332
腾泥河 159	土牛子河 332，333	渭水河 333
梯子河 123	土石沟 60	渭原江 305
天池 118	**吐尔基山水库 240**	**渭原水库 314**
天德河 160，161	吐护真水 232	温查尔河 66
天女浴躬池 297	吐库吐河 73	温池河 260
条石沟 370	**团结水库 209**	**温德河 138**
条子沟 139	**团山子河 140**	温德河 247
条子河 134	退搏河 135	温德赫思河 138
条子河 159	屯河 191	温德亨河 138
条子河 252	屯田北沟 301	温凉泊 118
铁场河 347	托哈那珲河 125	文牛格尺河 243
铁哈拉泡 93	托里苏玛河 27	汶水河 142
铁甲水库 331	托列拉河 20	翁格勒库河 362
铁牛河 262	托吾儿 98	翁锦河 185
通古斯河 1，10	**托欣河 86**	翁克河 147，148，149
通江 204	拖安鼓里河 27	翁泉河 47
通江河 192		倭和河 185
通肯河 168	**W**	**倭肯河 185**
通气河 117		倭坑河 185
通什河 274	挖金别河 187	**倭勒根河 35**
通天河 116，118	洼中高排水总干渠 149	窝木那扎拉格沟 109
佟佳江 314	**瓦房店水库 355**	窝棚河 187，188
铜匠沟 140	瓦金诺尔泡 95	沃尔会河 75
铜匠河 138	歪脖山河 354	**卧都河 56**
桶子河 175	外辽河 227，288	卧龙河 181，195
头岔沟 121	**外七星河 218**	**卧龙湖水库 251**
头岔河 121	外倭勒根河 35	卧龙泉河 340
头道白河 121	外新河 11	**卧罗河 62**
头道沟 304	**弯坨泡 107**	卧牛沟 129
头道沟河 305	**蜿蜒河 198**	**卧牛河 42**
头道河 162	万良河 124	**卧牛河 82**
头道河 179，184	万两河 117	斡朗改 176
头道河 188	万两河 280	乌伯牛 275
头道河 211	万泉河 261	乌布混都郭勒 109
头道花园河 123，126	万泉河 268	乌岔沟 11
头道碇子河 117	**汪清河 299**	乌德邻池 68
头道溜河 117	王宝河 368，369	**乌底河 44**
头道漂河 135	王府东河 362	乌额格其郭勒 245
头道松花江 122	**王河 253**	乌尔其根河 84
头道乌龙沟 168	**王花泡 151**	乌尔塔南泡 96
头二道河 219	**王家坎水库 287**	乌尔塔泡 53，94
头青河 192	王家炉河 146	乌尔图绰农河 241
秃都河 135	王家趟子沟 301	乌骨江 327
秃鲁江 305，314	王老好河 66	乌海河 145
突泉河 104	望建河 1	乌鸡河 132
图尔根河 355	威那宁高勒 15	乌吉干河 90
图里河 22	威特很高勒 15	乌吉密河 175
图门水 132	威特很河 15	**乌金塘水库 365**
图们泊 118	维纳河 15	乌克里沟 11
图们江 294	卫乐江 128	乌拉嘎河 47

乌拉河 201	西北岔河 48	细林河 130
乌兰白旗河 243	西北岔河 120	细鳞河 117
乌兰哈达音郭勒 109	西北岔河 121	细鳞河 157
乌兰毛都河 83	西北河 167	细鳞河 196
乌兰诺尔 19	西北河 168	细鳞河 300
乌兰苏河 235	西北楞河 185	峡河 274
乌力代河 230	西背河 227	下露河 317
乌力吉木伦河 241	西岔河 121	下洼子 369
乌力牙斯廷浑迪 16	西大川河 354	下峪河 260
乌龙半截河 248	西大地河 143	相木林子河 135
乌龙干河 27	**西大海 97**	响水河 133
乌鲁格奇河 245	西大清河 349	响水河 148
乌鲁古气河 26	西地河 205	响水河 158
乌鲁河 256	西都鲁河 44	**向海水库 104**
乌鲁卡河 57	西都鲁河 197	向阳河 146
乌鲁木河 45	**西尔根气河 31**	向阳河 189
乌马河 194	**西二龙泡 106**	向阳河 192
乌玛河 27	**西沟水库 40**	向阳湖 190
乌尼日河 12	西孤顶河 134	**向阳山水库 189**
乌奴耳河 12	西合堡河 148	**象山水库 39**
乌努格沟 103	西葫芦泡 93	小阿鲁阿亚河 26
乌色奇沟 83	西湖 97	小八虎力河 189
乌山沟 12	西湖 275	小勃吉河 130
乌斯浑河 185	西库堤河 83	小城子河 355
乌斯孟河 43	**西拉木伦河 232**	小川河 139
乌苏里江 201	西里尼亚河 35	小创忽儿河 252
乌羽尔河 88	西里涅河 31	小东北岔河 173
乌雨尔 88	西亮珠河 176	小东湖 93
乌裕尔河 88	西辽河 221	小富太河 136
乌云河 46	西柳树河 175	**小孤家水库 271**
乌珠河 175	**西路嘎河 230**	小古里河 57
无名河 195	西马莲河 251	小汗达河 38
吴儿江 319	西玛鲁河 45	小河沿河 146
吴二沟河 369	西南岔河 48	小河子 252
梧桐河 196	西南岔河 125	小黑河 166
梧桐花河 231	**西南岔河 195**	小黑河 205
五大连池 68	西尼气东源 22	小横道河 131
五道白河 119	西尼气河 22	小呼兰河 164
五道沟河 313	西诺敏河 72，73	小荒沟 140
五道河 159	**西泉眼水库 162**	小荒沟 143
五道河 262	西沙河 266	小黄河 162
五道河 286	西汤旺河 192	小黄河 218
五道河 332	西头水 295	小黄泥沟 133
五道库河 195	西瓦图河 73	小黄玉河 175
五道林河 43	西莘河 146	小浑河 275
五道桥河 360	西渭河 248	**小夹河 280**
五虎林河 183	西梧桐河 196	小佳河 213
五家子河 261	西小河 42	小江 117
五棵树泡 95	西小河 225，261	小蛟河 136
五里河 138	西新河 148	小金沙河 175
五里河 366	西阳河 138	小寇河 256
五人班沟 129	西友好河 193	小奎勒河 62
五四一排水 251	西哲里木河 109	**小辽河 249**
五一沟 172	**锡伯河 230**	小辽水 268
靰鞡沟子 170	**锡尼河 15**	小灵河 363
雾开河 145	**溪浪河 157**	小岭河 260
	喜鹊河 58	**小凌河 363**
X	细河 268	小柳河 172
	细河 280	小柳树河 132
西巴尔河 255	**细河 360**	小柳树河 155

419

小龙虎泡 92	新发河 135	鸭绿江 **305**
小龙湾 133	新房子河 183	鸭绿水 305
小龙爪河 185	新合沟 132	鸭通河 139
小洛河 271	新华沟 291	鸭子河 49
小南沟 12	**新荒泡 106**	牙门气泡 93
小南沟 147	新开河 148	雅尔河 80
小南沟 298	新开河 252	雅格河 21
小南河 142	新开河 288,319	雅河 322
小南河 252	**新开河 240**	**雅河 323**
小挠力河 214	**新凯河 148**	雅河 332
小泥河 160	**新立城水库 148**	**雅鲁河 80**
小泥河 167	新立沟 147	亚河 185
小牛群河 230	**新庙泡 112**	亚吉里西河 27
小蒲春河 124	新民河 134	亚里河 33
小青沟 123	新农沟 147	烟集河 300
小青河 207	新七星河 218	烟台河 367
小青河 211	新土河 205	盐难水 314
小青河 217	新裕河 134	**阎王鼻子水库 358**
小清沟 263,264	信义沟 162	颜河 78
小取柴河 143	兴安河 28	颜喜河 168
小三道河 161	兴安河 42	衍水 276
小沙河 119	**兴城河 367**	羊草蒿泡 93
小沙河 125	兴家甸河 138	羊肠河 262
小沙河 132	兴喀淀 204	羊肠河 263
小山水库 124	**兴开河 250**	**羊肠河 267**
小尚泡 93	**兴凯湖 204**	**羊肠子河 231**
小猞猁河 171	兴隆沟 139	羊角河 38
小石河 179	兴隆 37	羊乃河 267
小石头河 159	兴隆 135	羊山泡 87
小寺河 338	兴隆 246	杨八郎沟 145
小绥芬河 293	**兴隆泡 153**	杨岔河 125
小绥河 140	兴隆镇沟 87	杨桎木河 262
小索伦河 213	兴木沟河 56	杨家河 331
小索洛霍奇河 77	星火沟 119	杨柳河 148
小汤河 279	星显水 300	**杨柳河 285**
小通沟河 133	**星星哨水库 143**	杨木背沟 132
小头道沟 135	杏树河 142	杨树沟 145
小图们 297	**熊岳河 348**	杨树沟 183
小汪清河 299	秀湖 275	杨树沟 369
小苇子沟 143,147	秀水河 132	洋河 331
小乌蛇沟 294	秀水河 159	**洋沙泡 87**
小五站河 187	**秀水河 261**	**养息牧河 262**
小西尔根气河 32	虚川江 309	养息牧河 263
小西林河 193	徐大房河 341	**养畜牧河 263**
小西米泡 112	徐屯河 349	妖精泡 176
小新开河 319	宣杖子河 354	**腰井泡 110**
小兴凯湖 205,207	学田八户河 103	腰小河 66
小雅河 323	逊比拉河 40	腰营河 183
小洋河 332,334	**逊毕拉河 40**	摇福卡河 27
小依吉密河 166	逊别拉河 40	药泉河 68
小营子河 142	逊河 40	药泉湖 68
小峪河 336		鹬鹦河 265
晓奇河 75	**Y**	野猪河 132
晓瓦力毕拉罕河 58		亚尔兴河 260
晓瓦力毕拉罕湖 58	押京河 265	叶赫河 254
笑山河 48	鸦鹊河 138	叶赫河 256
泄水干渠 96	鸭儿浒 323	一拉溪 139
谢家河 334	鸭渌江 305	一迷河 141
新宾二道河 271	鸭绿河 130	**一统河 132**
新甸泡 112	**鸭绿河 201**	**伊春河 194**

伊丹河 146，148	永翠河 196	沾河 43
伊敦河 145	永丰河 139	瞻河 255
伊勒门河 141	永陵二道 271	张家泡 111
伊里吉其河 27	永宁河 134	张世通沟 68
伊里库窝图河 234	油房沟 143	张油房沟 129
伊里英卡河 205	**友好河 193**	张庄子河 117
伊力坎河 29	于沟子河 132	**章党河 274**
伊利斯塔亚河 205	于家台 275	章舟 274
伊洛特河 56	于屯河 140	杖房河 231
伊曼河 202	孟库依河 26	招斯太河 252
伊迷河 141	鱼池东沟 174	**招苏台河 252**
伊敏河 13	鱼亮子河 66	**召苏河 231**
伊宋河 13	鱼鹰河 271	赵家沟河 147
伊通河 145	榆河 354	赵烟官河 66
伊统河 132	榆树沟 117	折棱河 190
伊图里河 23	榆树河 123	折铁河 89
依奔河 13	榆树河 126	哲罗河子 181
依根河 23	玉道沟 138	**榛子岭水库 260**
依吉密河 165	玉岗沟 89	正岔河 190
依兰河 300	玉泉河 162	正身河 123
依玛图河 362	欲水 1	正身河 126
依沙溪河 34	元宝河 160	正心河 187，188
依通河 167	**元宝山水库 364**	支窝集河 139
依秀河 145	元池 297	直趟子河 31
移里闵河 141	元台子河 367	中富河 134
义马河 136	原沟 301	中耐碱泡 152
义民河 132	原林河 11	**中内泡 152**
义气罕河 40	圆池 297	中心河 187，188
义气河 135	援朝河 192	忠满江 305
义气松河 167	约安里 22	钟家堡子河 323
亦迷河 141	**月饼泡 94**	钟家沟 147
易屯河 145	**月亮湖水库 105**	仲坪河 298
驿马河 141	月亮泡 53	朱录河 356
驿马河 142	**跃进泡 176**	**朱隈水库 337**
驿马河 176	跃力嘎沟 82	珠宝沟 123
驿马吐河 355	越河 72	珠宝沟 126
益州江 305	**云峰水库 313**	**珠尔多河 180**
阴河 78	云山洞河 369	珠尔干河 27
阴河 230	运粮沟 285	珠津河 119
阴凉河 230	**运粮河 285**	珠琦河 158
音河 78	运气河 217	珠山河 213
音河水库 79		**珠子河 124**
殷家沟 150		珠子河 265
银浪河 120	**Z**	猪蹄河 172
银岭河 12		主爪河 214
引龙河 66	赞子河 341	**转角楼水库 335**
饮马河 18	**扎墩河 12**	转心湖沟 82
饮马河 141	扎喀河 169	**庄河 337**
饮马河 329，330	扎兰鄂罗木河 4，17	**庄头泡 95**
英额河 268	**扎文河 74**	庄武河 56
英金河 229	扎音河 66	桩河 337
英那河 335	**扎音河 169**	锥子河 265
英那河水库 336	札琳河 195	准毛盖河 16
永安河 261	翟麻子河 207	左小河 227
永春河 148	沾别拉河 43	

《中国河湖大典 黑龙江、辽河卷》
编辑出版人员名单

总 编 辑：汤鑫华

副总编辑：胡昌支

特约编辑：谢良华

责任编辑：冯红春　王　丽　王德鸿　吴　娟　李金玲　吉鑫丽　王海琴

英文编辑：方　平　李金玲

美术编辑：刘一燊　芦　博

地图编辑：樊启玲　黄云燕

封面设计：刘一燊

版式设计：王国华　黄云燕

责任排版：吴建军　郭会东　孙　静　丁英玲　聂彦环

责任校对：张　莉　黄淑娜　梁晓静　吴翠翠

责任印制：崔志强　焦　岩　孙长福　王　凌